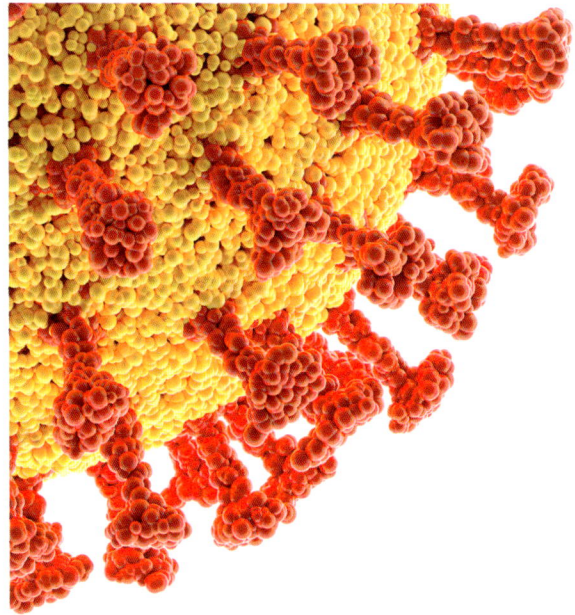

DK

探索大百科

人与自然的全景画卷

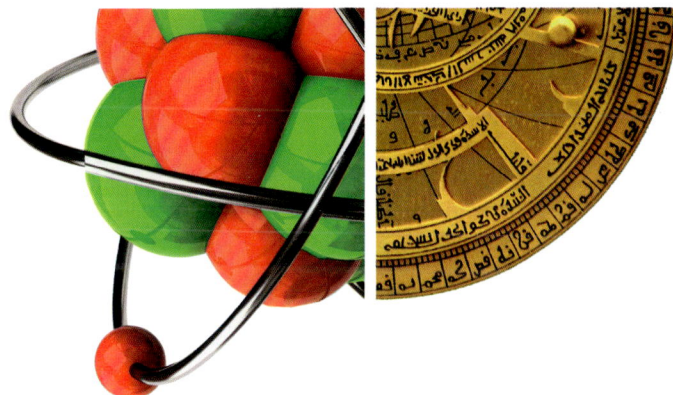

英国DK公司　编著

叶兆宁　周建中　詹玲　等译

科学普及出版社
·北　京·

DK | Penguin Random House

Original Title: The Visual Encyclopedia
Copyright © Dorling Kindersley Limited, 2020
A Penguin Random House Company
本书由英国DK公司授权 科学普及出版社出版
版权登记号：01-2021-0219
版权所有 侵权必究

图书在版编目（CIP）数据

探索大百科 / 英国DK公司编著；叶兆宁等译. --
北京：科学普及出版社, 2025.3
　　书名原文：The Visual Encyclopedia
　　ISBN 978-7-110-10148-3

　　Ⅰ. ①探… Ⅱ. ①英… ②叶… Ⅲ. ①科学知识－青
少年读物 Ⅳ. ①Z228.2

中国版本图书馆CIP数据核字(2020)第172593号

责任编辑	李世梅　邓　文
封面设计	中文天地
责任校对	焦　宁　吕传新　邓雪梅　张晓莉
责任印制	马宇晨

出　　版	科学普及出版社
发　　行	中国科学技术出版社有限公司
地　　址	北京市海淀区中关村南大街 16 号
邮　　编	100081
发行电话	010–62173865
传　　真	010–62173081
网　　址	http://www.cspbooks.com.cn

开　　本	787mm × 1092mm　1/8
字　　数	1400 千字
印　　张	63
版　　次	2025 年 3 月第 1 版
印　　次	2025 年 3 月第 1 次印刷
印　　刷	北京华联印刷有限公司
I S B N	978–7–110–10148–3/Z · 282
定　　价	398.00 元

（凡购买本社图书，如有缺页、倒页、脱页者，
本社销售中心负责调换）

顾问

Alison Ahearn，伦敦帝国理工学院教育发展部首席教育研究员
Jamie Ambrose，作家、编辑、研究员和记者，专攻自然、历史和艺术领域
Alexandra Black，专攻文化和经济史的作家和顾问
Steve Brusatte，古生物学家和进化生物学家，爱丁堡大学的研究探险家
Jack Challoner，科学和数学教师，伦敦科学博物馆教育工作者；著有 40 多本
　　　　　　　科学和技术书籍
Giles Chapman，汽车领域作家、顾问和记者
Chris Clennett，园艺学家、植物学家
Kim Dennis-Bryan，开放大学生命和环境科学副讲师
Chris Hawkes，体育作家和编辑
Rob Hume，鸟类学家，作家，记者，英国珍稀鸟类委员会前主席

Hilary Lamb，科技作家兼顾问；《工程与技术》杂志特约记者
David Macdonald，牛津大学野生动物保护学教授
Philip Parker，作家、顾问和出版人，专门研究古代和中世纪的政治和军事制度
Kristina Routh，医学博士和公共卫生领域认证专家
Julius Sen，伦敦政治经济学院副院长兼高级项目顾问
Marianne Talbot，牛津大学继续教育系哲学研究室主任
Christopher Thorpe，埃克塞特大学社会学讲师
Mark Viney，利物浦大学动物学教授，进化、生态和行为学系主任
Karl Warsi，作家兼牛津出版公司顾问
Philip Wilkinson，建筑、历史、神话和艺术顾问
John Woodward，关于动物生态和自然界方面 40 多本专著的作者

翻译

叶兆宁　周建中　詹　玲　陈　晔
杨安康　杨元魁　顾捷昕　赵庆丰
胡方浩　孙　健　戴晓青　叶　艳
黄澄澄　吴可会　刘璐露　许碧洹

编辑

李世梅　邓　文　郭　佳　马跃华
王一琳　李　睿　林　然　白李娜
王　帆　王惠珊　王　蕊　郑珍宇
刘基源　吴雷雷　薛梦媛　张　惠
倪婧婧　郭春艳　李文巧　阎晓慧
边二华　王丝桐　刘　岩　林晓萌
云　瞳

审订

寇　文　北京天文馆
马志飞　北京市地质矿产勘查院
徐　磊　北京师范大学附属实验中学教育集团
冉　浩　中国科学院昆明动物研究所
吴宝俊　中国科学院大学
郭　庚　山西医科大学第一医院
付中梁　国家航天局探月与航天工程中心
姜　茜　北京师范大学附属实验中学教育集团
吴　林　北京师范大学附属实验中学教育集团
章河涛　北京师范大学附属实验中学教育集团
郑永春　深圳科学技术馆/深圳理工大学
吴　冰　商务印书馆
赵　勇　中国少年儿童新闻出版总社
王德领　北京联合大学
莫常红　北京联合大学
于虹呈　图画书作家
陈夕涛　城市出版社

参与编写者

Jamie Ambrose, Roxana Baiasu, Dr Amy-Jane Beer, Alexandra Black,
Giles Chapman, Chris Clennett, Kat Day, Clive Gifford,
Dr Sophie Gilbert, Derek Harvey, Jeremy Harwood, Rob Houston,
Tom Jackson, Hilary Lamb, Philip Parker, Steve Parker, Gill Pitts,
Julius Sen, Giles Sparrow, Dr Ann Marie Stanley,
Dr Christopher Thorpe, Karl Warsi, Philip Wilkinson

目录 CONTENTS

太空

地球

生命

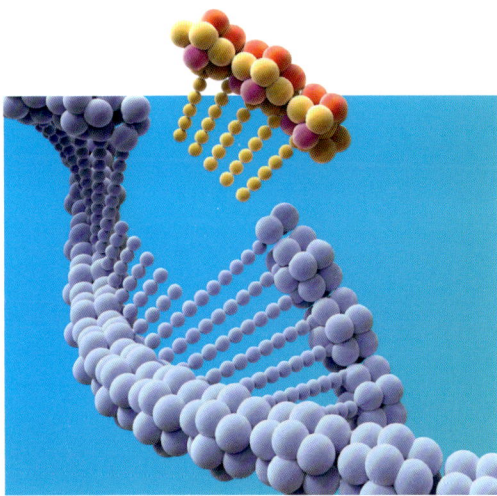

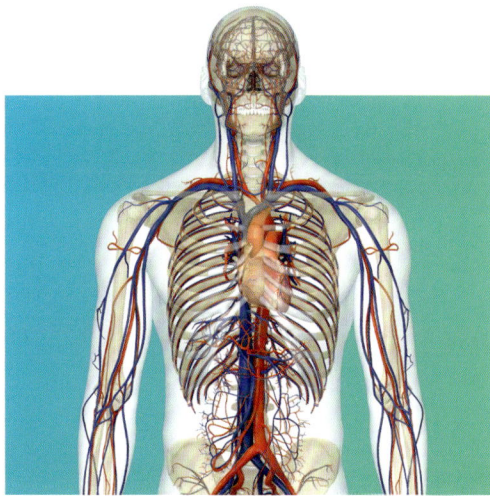

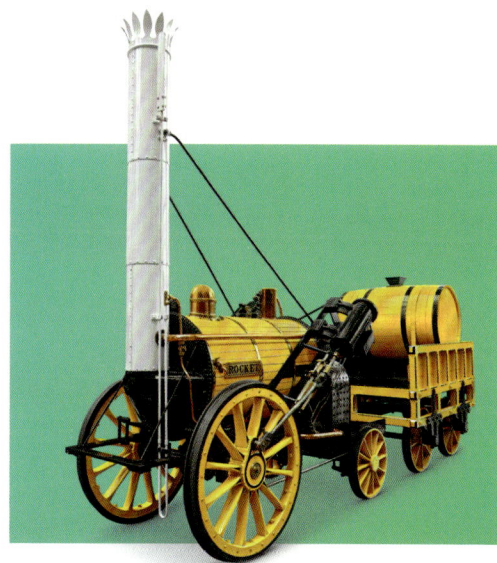

科学与技术

历史

哲学与社会

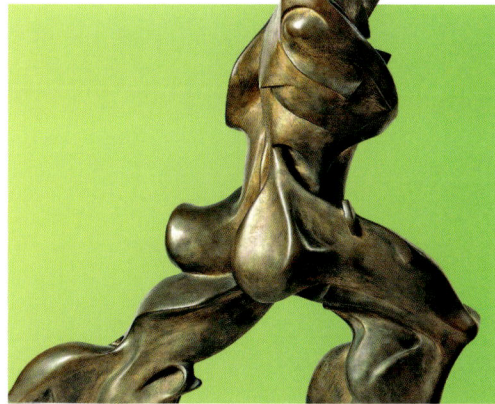

艺术与休闲

太空

太阳系

用不同的希腊字母表示星座中恒星的亮度等级

观察太空

几千年来，人类诉说着不同的故事去描述夜空中的星光。虽然早期的观星者已经认识到他们所看到的许多天体表现得各不相同，但是直到公元前 6 世纪的古希腊，天文学才开始走向系统化。古希腊的天文学家划分了星座，制定了星等来描述星星亮度，并尝试建立行星运动的模型。1609 年第一架天文望远镜发明以后，各种天体间的外在差异更显而易见，促进了科学的爆发式发展。

星图

这张星图是天文学家梅西耶在追踪 1769 年的大彗星时绘制的。在这个时期，星座只是由亮星连线组成的图案；后来，它们被定义为环绕天球的 88 个特定区域。

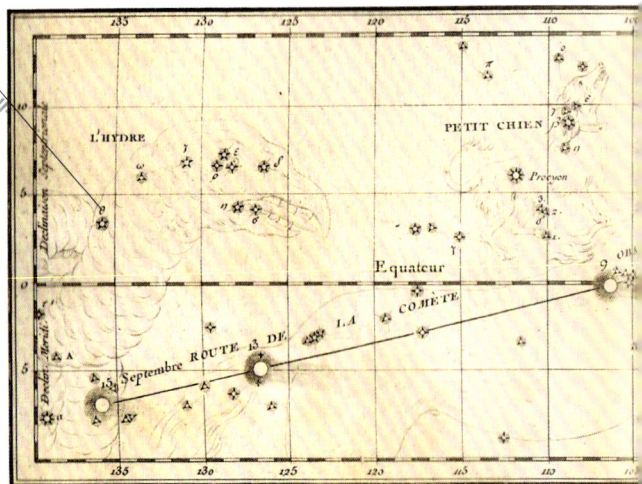

天体

宇宙中有无数大大小小的天体。在太阳系中，我们的很多近邻因反射太阳光而可以被看到，如小行星、行星和月亮。它们以遥远的看似不动的明亮恒星、闪亮的星云和众多的河外星系为背景运动。

行星
行星近似球形，在轨道上围绕恒星运动，其轨道上几乎没有其他天体。

矮行星
这些小天体也围绕着恒星运动，但在它们的轨道上还有其他天体。

卫星
这些天体围绕着行星运动。它们从小的岩石到复杂的卫星系统各不相同。

小行星
小行星是围绕着像太阳这样的恒星运动的行星碎片，通常由岩石或金属组成。

彗星
当彗星靠近太阳时，这些由冰物质构成的天体会形成由气体和尘埃组成的尾巴。

太阳系

太阳系由太阳统辖的空间及此空间内所有的物质构成。太阳周围环绕着 8 颗大行星、5 颗以上的矮行星及大量的小天体。

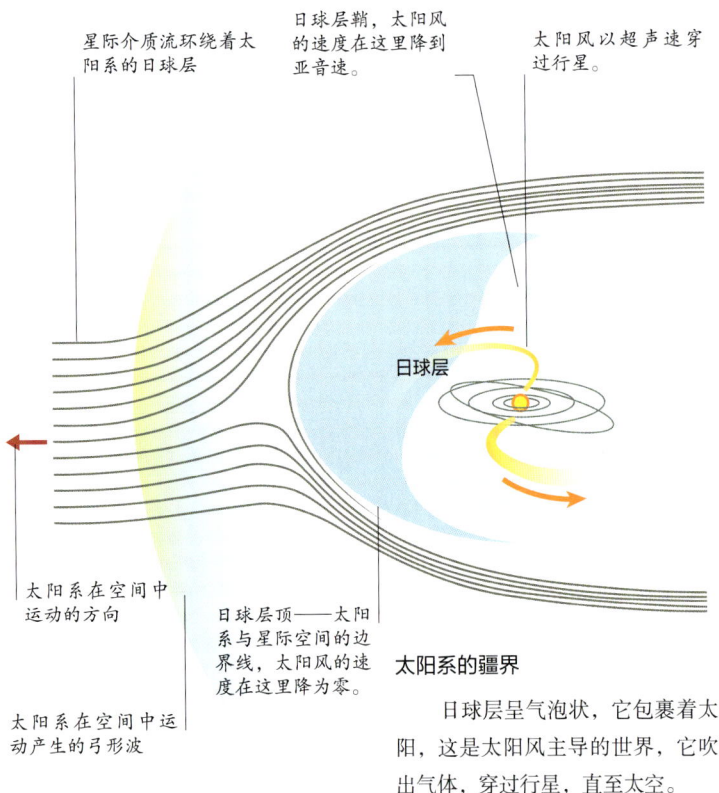

星际介质流环绕着太阳系的日球层

日球层鞘，太阳风的速度在这里降到亚音速。

太阳风以超声速穿过行星。

日球层

太阳系在空间中运动的方向

日球层顶——太阳系与星际空间的边界线，太阳风的速度在这里降为零。

太阳系在空间中运动产生的弓形波

太阳系的疆界

日球层呈气泡状，它包裹着太阳，这是太阳风主导的世界，它吹出气体，穿过行星，直至太空。

太阳系是怎么形成的

约 46 亿年前，在太阳刚诞生之时，原来围绕着太阳的行星盘坍缩，逐渐形成一种中等大小的物体——星子，星子最终会成长为现在的行星，从而形成了太阳系。

❶ 形成环绕太阳的环
太阳风和太阳的热量把内部区域的冰与气体赶走，只留下了岩石和金属微粒。

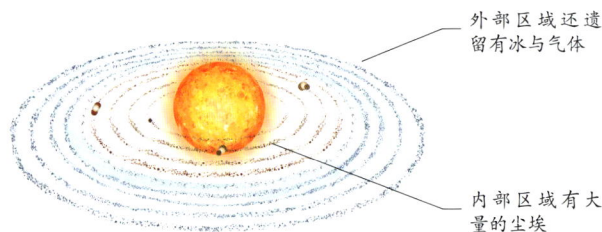

外部区域还遗留有冰与气体

内部区域有大量的尘埃

❷ 岩核的生长
鹅卵石大小的颗粒积聚在一起形成了星子。星子巨大的引力又能吸引来更多的物质。

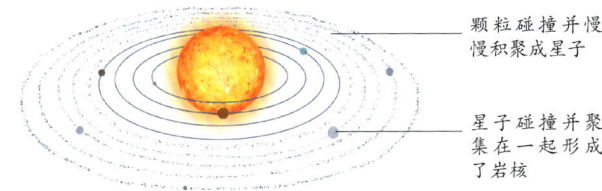

颗粒碰撞并慢慢积聚成星子

星子碰撞并聚集在一起形成了岩核

❸ 巨行星出现
在远离太阳的地方，快速形成的岩冰核吸附了大量未逃离太阳系的气体。

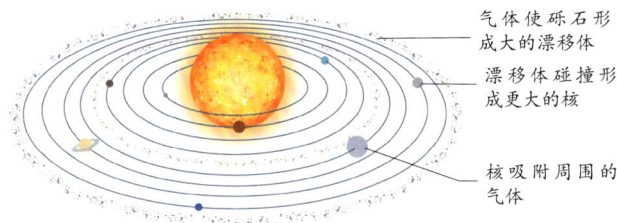

气体使砾石形成大的漂移体

漂移体碰撞成更大的核

核吸附周围的气体

参见 **岩质行星**：第 14—15 页 ▶ **巨行星**：第 16—17 页 ▶ **古希腊**：第 312—313 页 ▶ **启蒙运动**：第 346—347 页 ▶

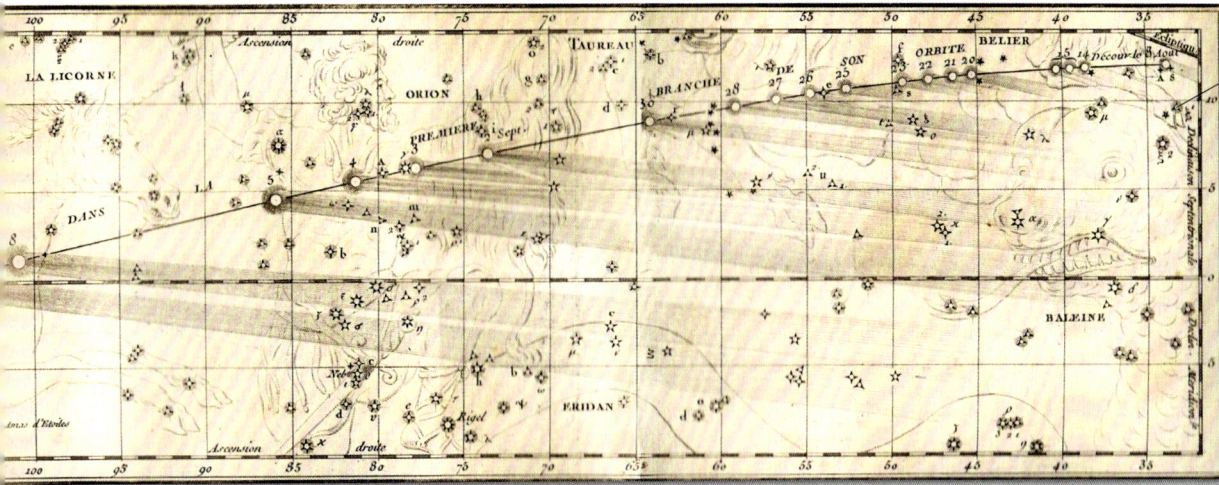

图中恒星的星等分为1~9等,用大小不同的星点来表示。星等数字越小,恒星越亮

在绝佳的观测条件下,裸眼可以看到约4000颗恒星

恒星
恒星是一个巨大的炽热发光气体球,核心的核聚变使恒星能发光。

星组
星组是恒星在天空中组成的图案,就像这把镰刀,它们是构成星座的基础。

星团
一群恒星相互绕转,形成了松散的疏散星团或致密的球状星团。

星云
星云由星际物质组成,受附近恒星激发能发出微光。

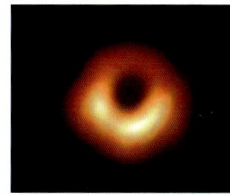

黑洞
这是一种非常致密的天体,由濒死的恒星在星系中心形成。

星系
星系是由上亿颗恒星、气体云和尘埃构成的天体系统,星系内的成员由引力束缚在一起。

开普勒行星运动定律

开普勒在1609年到1619年间发现的三条定律揭示了行星绕太阳运动的规律,对一个天体在椭圆轨道上围绕另一个天体运动的情况都适用。这些规律反映了引力作用如何随着距离的变化而变化。

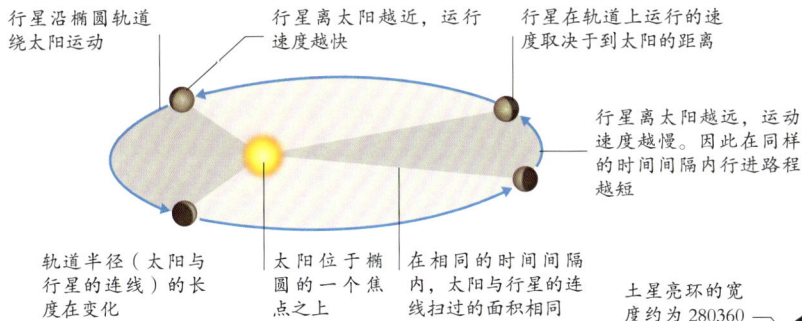

行星沿椭圆轨道绕太阳运动

行星离太阳越近,运行速度越快

行星在轨道上运行的速度取决于到太阳的距离

行星离太阳越远,运动速度越慢。因此在同样的时间间隔内行进路程越短

轨道半径(太阳与行星的连线)的长度在变化

太阳位于椭圆的一个焦点之上

在相同的时间间隔内,太阳与行星的连线扫过的面积相同

系外行星

从20世纪90年代开始,天文学家在太阳系之外发现了数千颗“系外行星”,这些系外行星也围绕恒星旋转。热类木星是公转轨道非常接近其母恒星的巨系外行星。在一些双星系统中,一些热类木星围绕着一颗甚至两颗恒星运行。

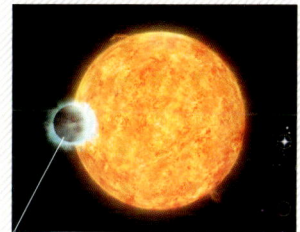

Wasp-18b围绕其母恒星旋转的周期不到23小时

热类木星

太阳系中行星的大小

在太阳系内部区域中,地球是最大的岩质行星。但是它与外部区域的气态巨行星相比,又显得很小。这些气态巨行星和巨大的太阳相比,又显得小巧了很多。

木星的直径约为139820千米

太阳的直径约为140万千米

土星亮环的宽度约为280360千米

按大小排列的行星

水星　火星　金星　地球　海王星　天王星　土星　木星　太阳

岩质行星

太阳　水星金星地球火星　木星　土星

内行星

水星、金星、地球和火星这 4 颗行星位于太阳系的中心区域，与太阳系其他天体相比，它们的轨道更靠近太阳。内行星和个头更大的外行星中间隔着一条充满岩质小天体的小行星带。内行星形成于年轻太阳系中温暖、不结冰的区域，因此它们的主要物质是岩石和金属等高熔点的物质。

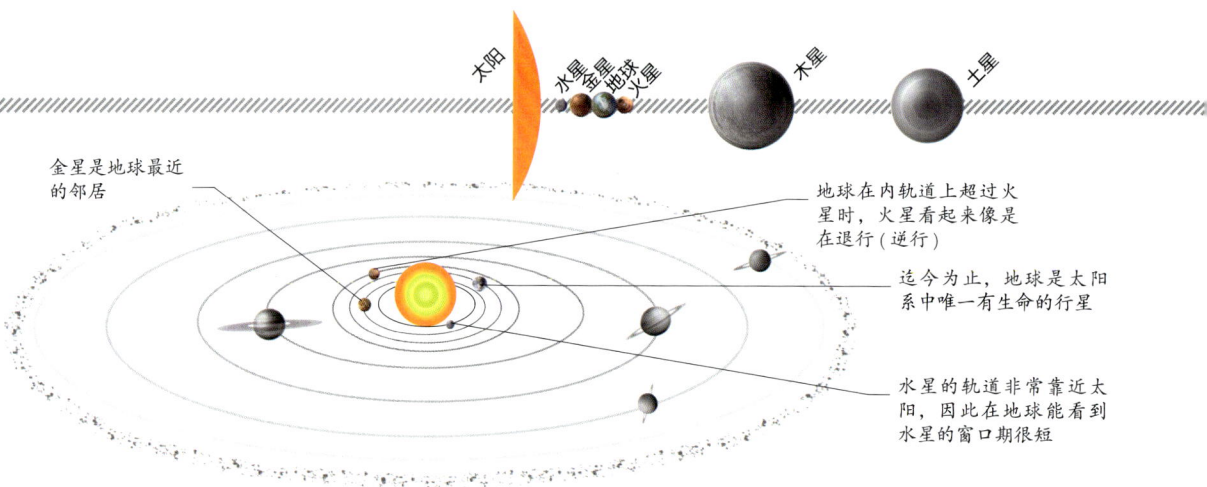

金星是地球最近的邻居

地球在内轨道上超过火星时，火星看起来像是在退行（逆行）

迄今为止，地球是太阳系中唯一有生命的行星

水星的轨道非常靠近太阳，因此在地球能看到水星的窗口期很短

水星

所有行星中，水星的质量最小，表面布满陨击坑，大气层稀薄。在过去的岁月里，水星遭受的大量小行星碰撞与相对广泛的火山活动，在水星表面留下了大量的环形山，所以水星的表面看起来和月球表面很像。

特亚加拉贾环形山

索贝克平原，以古埃及的信使之神命名

水星内部

相对于水星的个头来说，水星核很大。或许是早期一场剧烈的星际碰撞把水星的幔层炸飞了。

固体壳层　中心为固体的熔融核　固体硅酸盐幔层

稀薄的大气层

平均直径	4880 千米
质量（地球质量 =1）	0.055
赤道引力（地球引力 =1）	0.38
到太阳的平均距离（日地距离 =1）	0.39
自转轴倾角	0.01°
自转周期（天）	58.6 个地球日
公转周期（年）	87.97 个地球日
最低温度	−180℃
最高温度	430℃
卫星数	0

水星上的一天相当于地球上的 176 天

金星

虽然金星的直径只比地球小了一点儿，轨道也只是比地球轨道更靠近太阳一些，但就是这些小小的不同，产生了根本性的影响。金星上由二氧化碳导致的温室效应失去了控制，在金星上制造出了酷热而浓厚的大气，同时，火山喷发对塑造金星表面的影响最大。

玛阿特山是金星的第二高峰

格里纳韦环形山底部高低不平，对雷达呈亮色

黛安娜和达利深谷组成的深谷系统长达 7400 千米

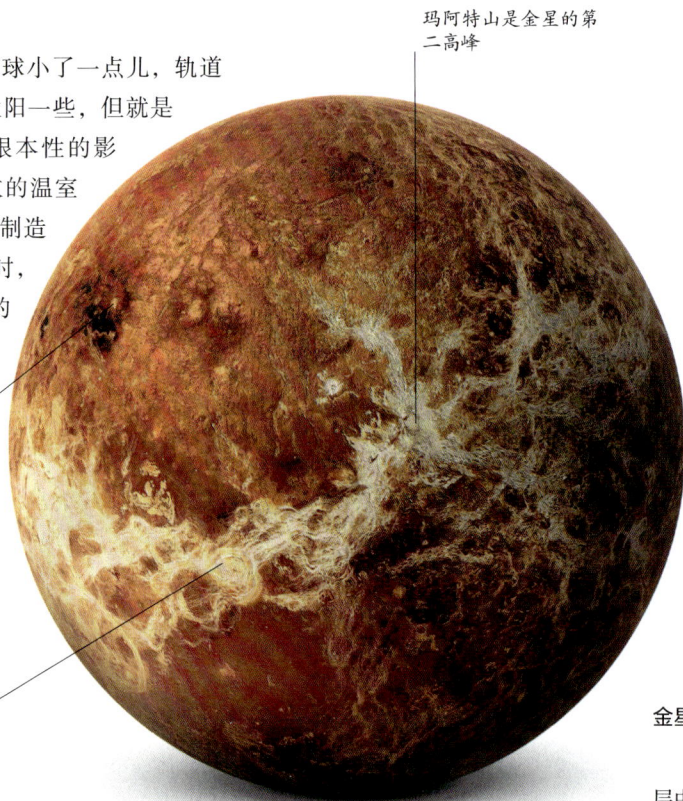

平均直径	12104 千米
质量（地球质量 =1）	0.82
赤道引力（地球引力 =1）	0.9
到太阳的平均距离（日地距离 =1）	0.72
自转轴倾角	177.4°
自转周期（天）	243 个地球日
公转周期（年）	224.7 个地球日
表面平均温度	462℃
卫星数	0

壳　核　幔　大气层

清澈致密的二氧化碳层（96%）

大气中含氮（3.5%）

硫酸云（>1%）

金星内部

金星缺水，避免了壳层分裂成不同的板块，继而把热量锁在了幔层中。这些热量只有在偶发的全球范围的火山喷发中才会被释放出来。

地球

地球是太阳系中最大的岩质行星。由于地球到太阳的距离正合适，让水在地表能以固态、液态和气态的形式存在，并在地球岩石壳层之上形成了一个复杂的液体环境。因此，虽然地球的结构和它的邻居很像，但只有地球上的条件适合生命生存。

平均直径	12742 千米
自转轴倾角	23.5°
自转周期（天）	23 小时 56 分
公转周期（年）	365.26 个地球日
表面最低温度	−89℃
表面最高温度	58℃
卫星数	1

太平洋是地球上最大的水域

水蒸气上升形成了云，之后可能会以雨、雨夹雪、雪或冰雹的形式落下来

月球

45 亿年前的一次星际大碰撞形成了月球。月球表面亮度不一，多坑的高原偏亮，因火山喷发形成的低洼熔岩平原偏暗。

哥白尼环形山有几座高耸的中央峰与阶梯状的坑壁

月球正面

月相

当月球绕地球公转时，月球方位的变化使得月球正面被太阳照亮的区域发生了改变，这就产生了周期性变化的月相。

新月	蛾眉月	上弦月	盈凸月	满月	亏凸月	下弦月	残月

自转与公转

月球绕地球转一圈的时间为 27.3 天。潮汐力使月球自转变慢，最终自转周期等于公转周期，这也使得月球始终保持同一面（近地面）朝向地球。

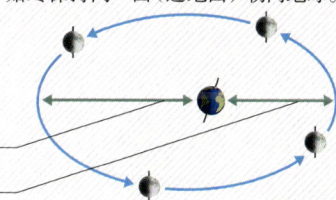

远地点的距离为 405000 千米

近地点的距离为 362000 千米

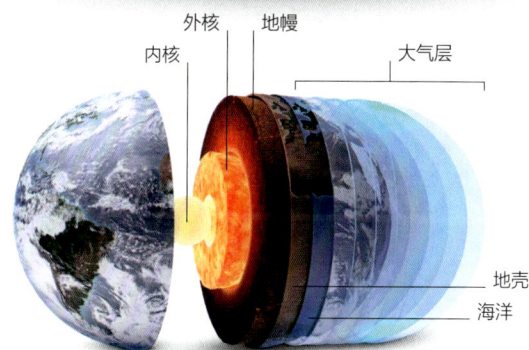

内核　外核　地幔　大气层

地壳

海洋

地球内部

地球外核中剧烈搅动的熔融金属产生了包围地球的强磁场，同时地球内热通过地幔向外传导形成的力改变着壳层的形状。

火星

火星是行星中最像地球的一颗。火星大气稀薄，冰冷干燥的表面覆盖着一层锈红色的尘土，两极有冰盖，土壤中含有大量冻结的水，表面还有古老的河床与巨型死火山。

奥林匹斯山是火星上最大的火山

水手谷是一条巨大的峡谷，位于火星赤道附近

平均直径	6779 千米
质量（地球质量 =1）	0.11
赤道引力（地球引力 =1）	0.38
到太阳的平均距离（日地距离 =1）	1.52
自转轴倾角	25.2°
自转周期（天）	24.6 小时
公转周期（年）	687 个地球日
最低温度	−143℃
最高温度	35℃
卫星数	2

火星的卫星

火星有两颗卫星——火卫一和火卫二，它们可能是被火星引力俘获的两颗小行星，也有可能是很久之前发生的星际大碰撞的碎片。

火星自转周期是 24 小时 37 分

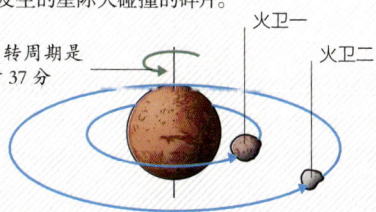

火卫一

火卫二

挪亚台地是火星南部高原上的一处大陆

壳层　幔层　大气层

核

火星内部

火星核很小，这意味着和其他行星相比，火星内热流失的速度更快。稀薄的大气层也不能留住来自太阳的热量。

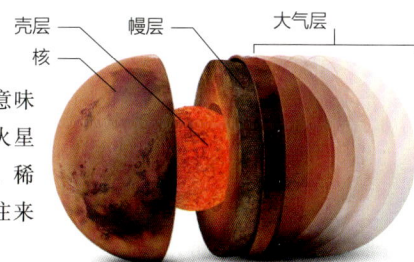

参见银河系：第 26—27 页 ▶　宇宙：第 30—33 页 ▶　地球内部：第 46—47 页 ▶　地球演化：第 50—51 页 ▶

巨行星

外行星

小行星带把太阳系行星分成带内、带外两部分。木星、土星、天王星和海王星这四颗巨行星就位于小行星带以外的广袤空间中。巨行星也被称为"气态巨行星"，形成于年轻太阳系中富含冰与气体的区域，它们各自的结构取决于其组成部分。

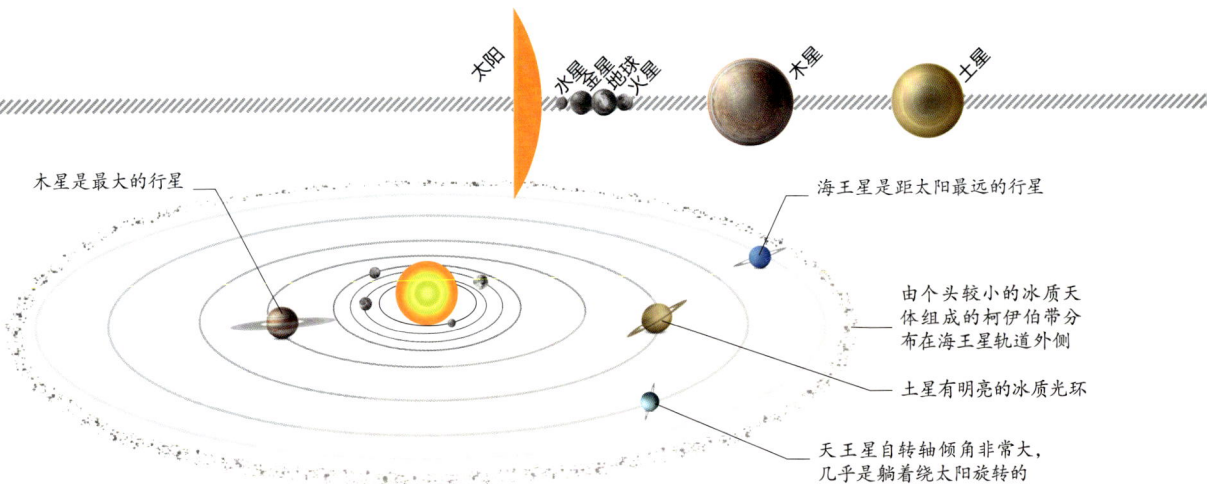

木星是最大的行星

海王星是距太阳最远的行星

由个头较小的冰质天体组成的柯伊伯带分布在海王星轨道外侧

土星有明亮的冰质光环

天王星自转轴倾角非常大，几乎是躺着绕太阳旋转的

木星的卫星

木星至少有 79 颗卫星，太阳系最大的卫星中有四颗是木星的卫星。木星巨大的引力加热了卫星内部，也激发了木卫一表面上与木卫二冰壳下的火山活动。

木卫二　　木卫一　　木卫四　　木卫三

木星

大到能装下超过 1300 个地球的木星主要由氢这种最轻、最简单的元素组成。木星大气顶部的云层被其他的化学物质染成了彩色，而木星的快速自转又使得它们缠绕成了一条条与赤道平行的云带。

一系列环绕木星的薄尘埃环

木星

赤道直径	142984 千米
质量（地球质量 =1）	318
赤道引力（地球引力 =1）	2.4
到太阳的平均距离（日地距离 =1）	5.20
自转轴倾角	3.13°
自转周期（天）	9.93 小时
公转周期（年）	11.86 个地球年
云层顶部温度	−145℃
卫星数	79+

表面下被压缩的氢分子形成了一层厚 1000 千米的液氢层

顶层大气主要由气态氢组成

液态金属氢层，行星内部深处氢分子破裂形成金属氢

木星核——如果木星核存在，那它的体积应该很小

对流循环

木星大气层中的云带包含位置高的浅色"亮带"与位置低的近棕色"带纹"。其颜色的不同与化学物质在不同温度和高度下凝结有关。

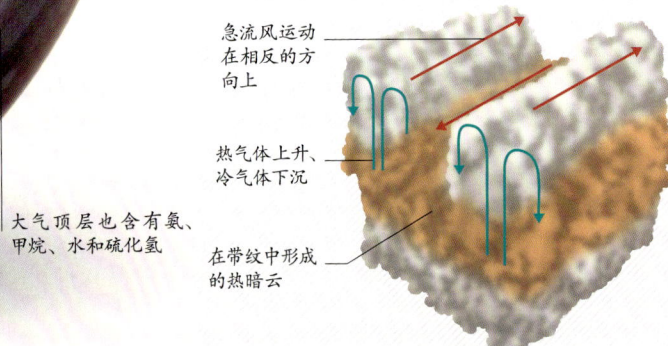

急流风运动在相反的方向上

热气体上升、冷气体下沉

在带纹中形成的热暗云

大气顶层也含有氦、甲烷、水和硫化氢

大红斑是一个巨大的椭圆形风暴，从木星内部浮出的化学物质将其染成红色

木星内部

天王星 　　　　　海王星

土星

　　土星上层大气中乳白色的云层掩盖了其下狂风暴雨的环境。土星的引力比木星还弱，因此其外层膨胀，使得这颗行星的密度比水还低。土星的光环系统中有上万亿颗冰质颗粒，每个颗粒都在自己的轨道上绕土星旋转，这些颗粒组成了一个个窄的细环，细环又排列组成更宽的环围绕着土星赤道。

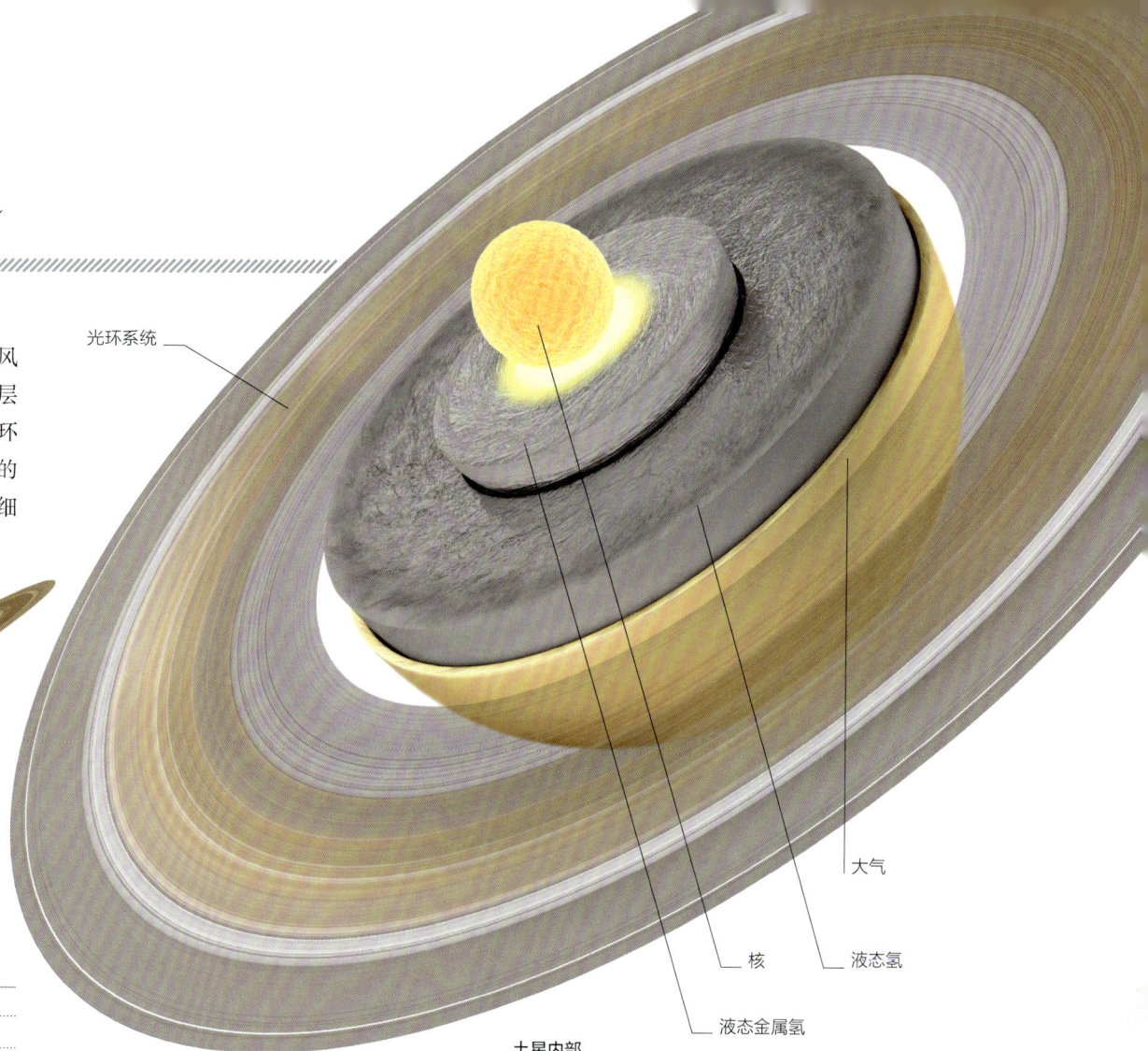

光环系统

大气

核　　液态氢

液态金属氢

土星内部

两极都有旋涡状的风暴

环只有 20 米厚

土星

土星上闪电的能量是地球
闪电的 10000 倍

赤道直径	120536 千米
质量（地球质量 =1）	95.2
赤道引力（地球引力 =1）	1.02
到太阳的平均距离（日地距离 =1）	9.58
自转轴倾角	26.7°
自转周期（天）	10.7 小时
公转周期（年）	29.46 个地球年
云层顶部温度	−250℃
卫星数	82+

土星的卫星

　　土星的卫星数量众多、形态不一，有环境复杂、体积巨大的土卫六，也有体积很小、表面下有液态水湖泊的土卫二。

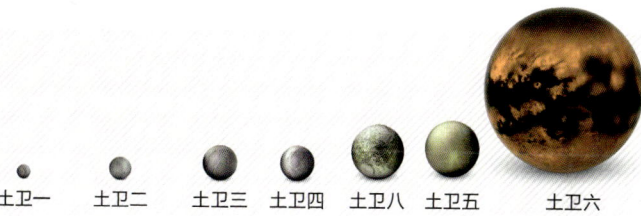

土卫一　土卫二　土卫三　土卫四　土卫八　土卫五　土卫六

天王星

　　与木星、土星相比，天王星体积更小，密度更大，它是一颗"冰质巨行星"，其内部是由水冰、氨和甲烷等化学物质混合而成的。它的自转轴倾角竟有 97.8°，因而行星在绕太阳旋转一周的旅途中经历了极端的季节变化。

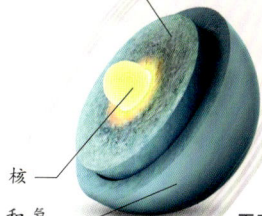

复杂的冰幔

核

由氢和氦组成的大气

天王星内部

尘埃和岩质物质构成的环

天王星

赤道直径	51118 千米
质量（地球质量 =1）	14.6
赤道引力（地球引力 =1）	0.89
到太阳的平均距离（日地距离 =1）	19.2
自转轴倾角	97.8°
自转周期（天）	17.2 小时
公转周期（年）	84.0 个地球年
云层顶部温度	−197℃
卫星数	27

海王星

　　海王星是距离太阳最远的行星，也是一颗冰质巨行星。它和天王星的大气类似，但更活跃，拥有太阳系中最强劲的风。海王星的这些活动由行星内部——核附近物质的化学变化产生的热量驱动。

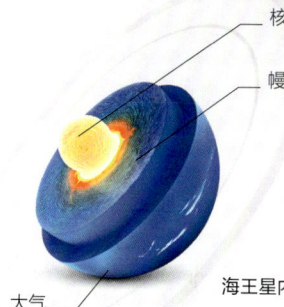

核

幔

大气

海王星内部

凝结的甲烷形成的纤维状云

海王星

赤道直径	49528 千米
质量（地球质量 =1）	17.15
赤道引力（地球引力 =1）	1.1
到太阳的平均距离（日地距离 =1）	30.07
自转轴倾角	28.3°
自转周期（天）	16.1 小时
公转周期（年）	164.8 个地球年
云层顶部温度	−201℃
卫星数	14

参见银河系：第 26—27 页 ▶　宇宙：第 30—33 页 ▶　**17**

小天体

游弋在大行星之间及之外的是无数的岩质和冰质天体,它们大小不一——从巨石到矮行星不等。绝大多数小行星、冰矮天体和彗星都沿着近圆轨道运动,它们运行的区域远离大行星的引力。那些在更扁的椭圆轨道上运动的天体,在近距离经过大行星时有被摧毁或被放逐出太阳系的风险。

小天体带

大多数天体位于火星与木星之间的小行星带、海王星之外的冰质柯伊伯带或更远的奥尔特云(见下页)中。

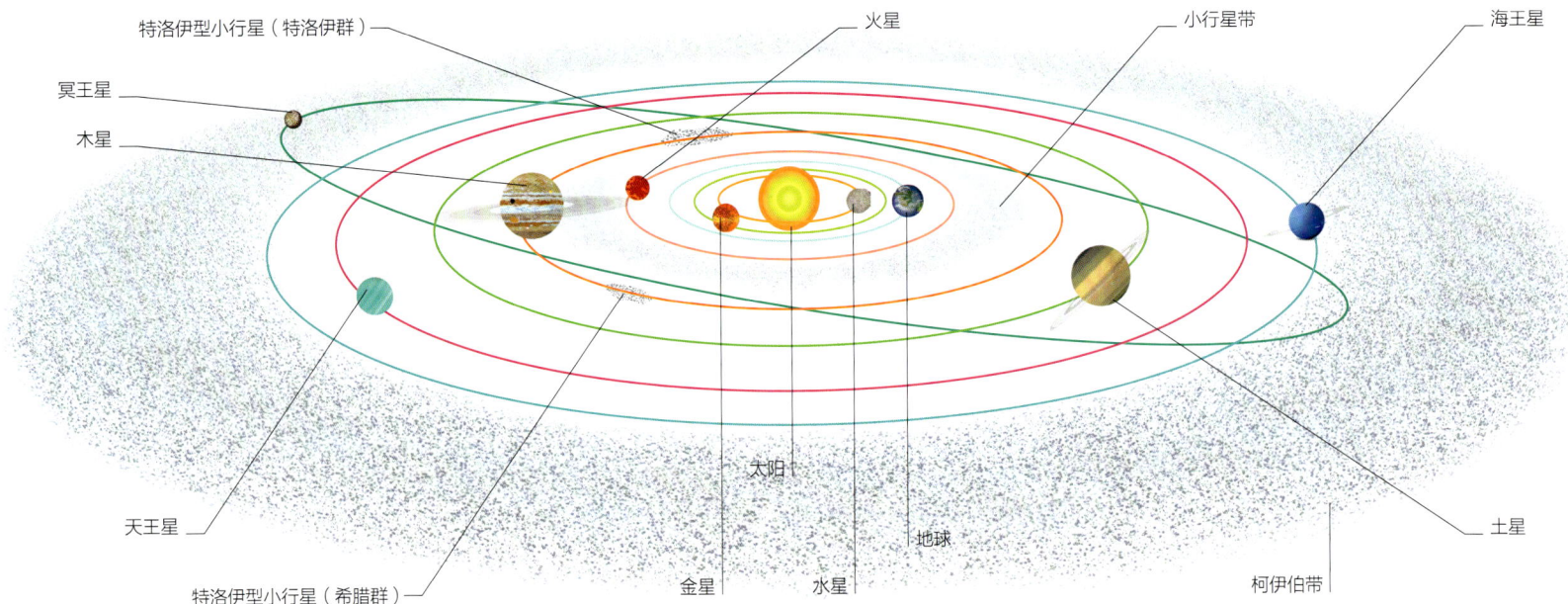

特洛伊型小行星(特洛伊群)
火星
小行星带
海王星
冥王星
木星
天王星
太阳
特洛伊型小行星(希腊群)
金星
水星
地球
土星
柯伊伯带

小行星

在形成的初期,遍布内太阳系的小行星是一种小型岩质天体,受附近行星引力的影响不能成长为更大的天体。今天,小行星主要分布在火星与木星之间的小行星带中,小行星在这里经常碰撞,所以它们的结构与轨道都在随时间变化。这些所谓的特洛伊型小行星分成两个"阵营"(就像荷马史诗《伊利亚特》中的希腊和特洛伊一样),在木星轨道上的日-木引力平衡点上绕日运行。

据估算,火星与木星之间的小行星主带中有110万~190万颗小行星

近地小行星

碰撞和近距离接触都能把小行星推到更靠近太阳的轨道上。如果时间足够,这些小行星最终会被摧毁或被从太阳系中弹射出去。根据它们的轨道可以将近地小行星分成下列几类。

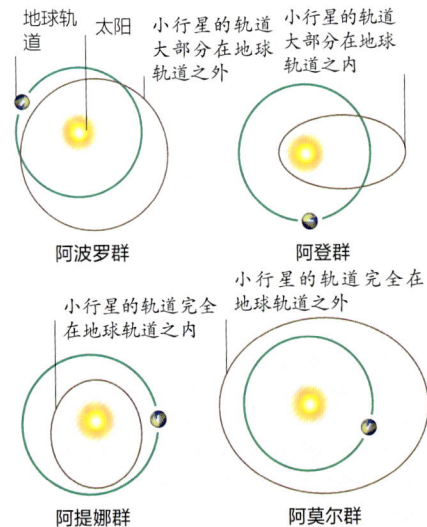

地球轨道　太阳

小行星的轨道大部分在地球轨道之外

小行星的轨道大部分在地球轨道之内

阿波罗群

阿登群

小行星的轨道完全在地球轨道之内

小行星的轨道完全在地球轨道之外

阿提娜群

阿莫尔群

小行星分类

小行星的大小和成分都各不相同。一些小行星有深色的富碳表面,形成后基本没有变化。另外一些小行星显示出高金属含量或有过地质活动的迹象。对落到地球上的陨石的研究促进了我们对小行星的了解。

深色的富碳表面

明亮的硅酸盐表面

镍铁合成物

碳质小行星 C 型

石质小行星 S 型

金属小行星 M 型

小行星演化

碰撞在不同类型小行星的形成及成分组成中扮演了很关键的角色。小天体的热量不足以使其内部熔化、分层。但大的天体可以,大天体被撞击而崩裂出的碎片后来形成了新的小行星,这些小行星中的核区物质与幔区物质的数量各不相同。

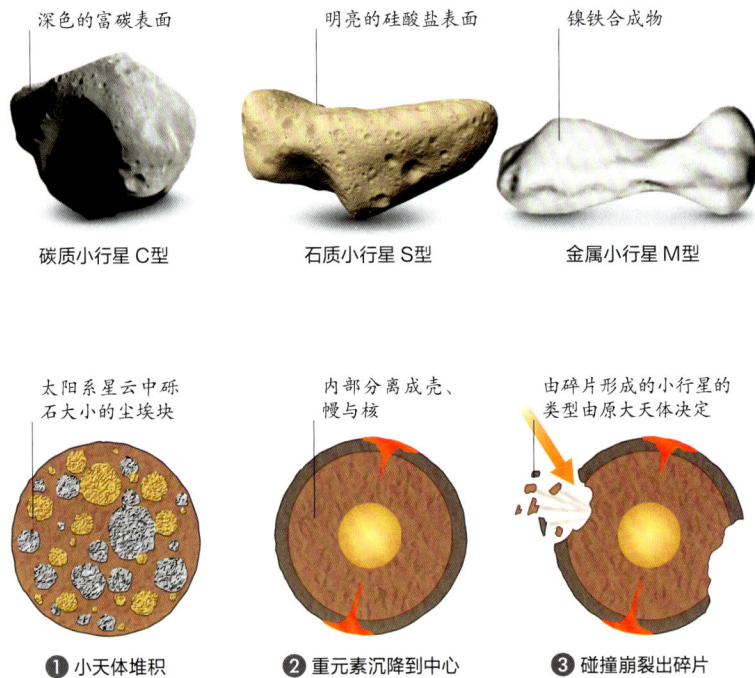

太阳系星云中砾石大小的尘埃块

内部分离成壳、幔与核

由碎片形成的小行星的类型由原大天体决定

❶ 小天体堆积

❷ 重元素沉降到中心

❸ 碰撞崩裂出碎片

◀ 参见**太阳系**:第 12—13 页　　◀ **岩质行星**:第 14—15 页　　◀ **巨行星**:第 16—17 页

矮行星

如果不是有大量的小天体和它们共用轨道，这些绕太阳旋转、体积较大的非卫星天体都会被认为是行星。矮行星的定义是：这一类天体有足够大的引力将自身拉扯成球形；能加热内部物质，驱动表面的地质活动；但又不能清空自己轨道上的小天体。最后一条正是矮行星和太阳系中行星的差别。

五颗已知的矮行星

小行星带中最大的天体——谷神星是一颗矮行星，另外四颗矮行星的轨道都在海王星之外，它们是冥王星、阋神星、鸟神星和妊神星。在太阳系的边缘还有可能发现更多的矮行星。

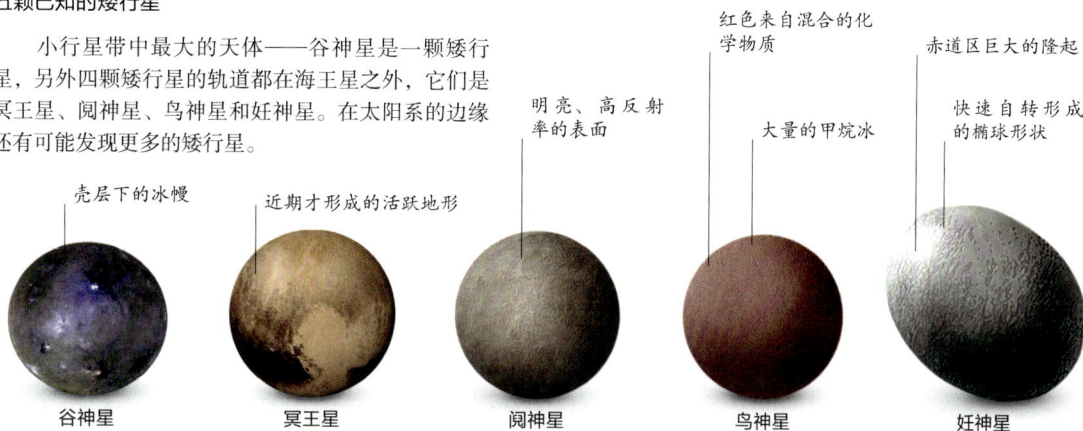

壳层下的冰幔

近期才形成的活跃地形

明亮、高反射率的表面

红色来自混合的化学物质

大量的甲烷冰

赤道区巨大的隆起

快速自转形成的椭球形状

谷神星　　冥王星　　阋神星　　鸟神星　　妊神星

冥王星在 1930 —2006 年的 76 年中，曾被认为是太阳系中的第九大行星

柯伊伯带

在外层太阳系的柯伊伯带中，可能有超过 10 万颗直径大于等于 100 千米的天体。这些冰质天体大多在巨行星之外的区域中形成，但它们的轨道发生了与天王星、海王星一样的变化——在太阳系早期向外移动了。这个直径 36 千米、样子像雪人的天体阿罗科斯，是除冥王星外唯一一颗被近距离研究过的柯伊伯带天体。

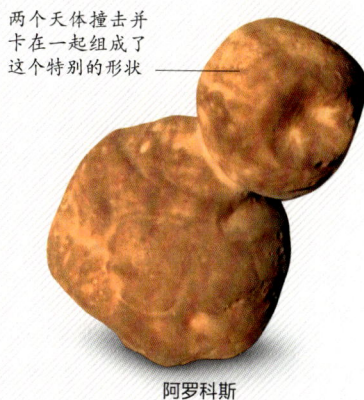

两个天体撞击并卡在一起组成了这个特别的形状

阿罗科斯

彗星

彗星是个头较小的冰质天体，大小通常只有几千米。当它们从外太阳系接近太阳时变得可见，它们在这里被加热，产生了大量的气体和逃逸的冰冷彗尾。有约 1 万亿颗彗星隐藏在太阳系的边缘区域。

彗星的起源

大多数彗星位于一个叫奥尔特云的球状壳层里。这个冰质天体组成的球形区域向外延伸至距太阳约 1 光年的位置。

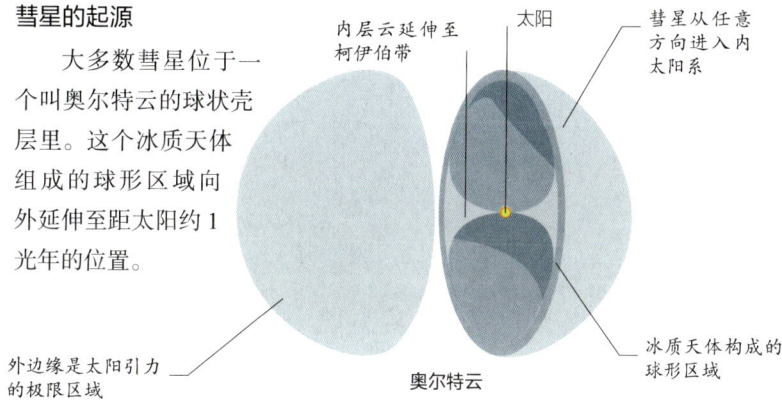

内层云延伸至柯伊伯带

太阳

彗星从任意方向进入内太阳系

外边缘是太阳引力的极限区域

冰质天体构成的球形区域

奥尔特云

彗星的结构

活跃的彗星有一颗体积小的固体核，核被一个行星大小、由稀薄气体构成的彗发包围着，彗发后面拖着一条或多条长长的彗尾。

尘埃彗尾

气体彗尾

彗发

彗核

太阳的方向

彗星运动的方向

彗星的结构

彗尾

在太阳风的作用下，尘埃和电离气体被吹离彗星，从而形成彗尾，所以彗尾总是指向背离太阳的方向。

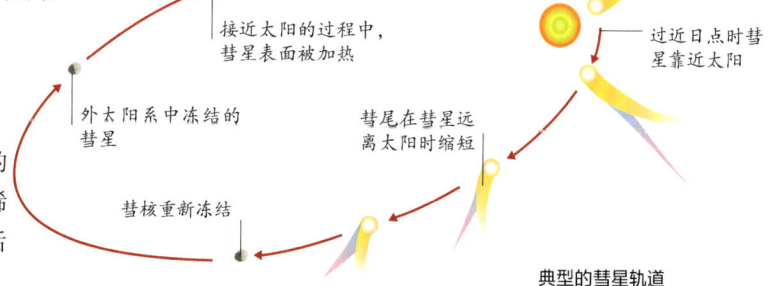

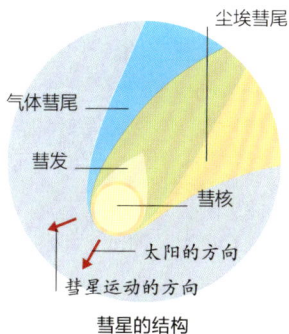

气体彗尾指向背离太阳的方向

尘埃彗尾是弯曲的

过近日点时彗星靠近太阳

接近太阳的过程中，彗星表面被加热

外太阳系中冻结的彗星

彗尾在彗星远离太阳时缩短

彗核重新冻结

典型的彗星轨道

彗星类型

彗星根据它返回内太阳系的周期来分类。彗星的轨道一直被改变着——开始是在奥尔特云中被影响，然后又被一颗或多颗行星影响。

短周期彗星

这一类彗星的回归周期小于 200 年。多次经历快速加热的过程，会使彗星的冰成分损失，从而可能导致亮度降低。

哈雷彗星

长周期彗星

这一类彗星的回归周期大于 200 年。由于回归次数少而保有更多的冰，所以这类彗星回归时经常很壮观。

百武彗星

非周期彗星

这一类彗星一生只回归一次，它们不是和太阳撞个满怀，就是被弹射出太阳系。

麦克诺特彗星

参见宇宙：第 30 —33 页 ▶　太阳系探测任务：第 38 —39 页 ▶

太阳

太阳是离我们最近的恒星，是一个主要由氢和氦组成的巨型球形天体，其中心有核聚变反应，使太阳可以发出耀眼的光芒。太阳年复一年的周期性活动改变着它的表面形态，同时，从太阳表面向外发出的电磁辐射与粒子流影响着整个太阳系。

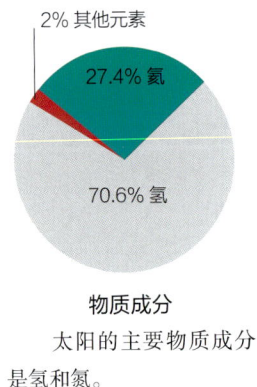

2% 其他元素
27.4% 氦
70.6% 氢

物质成分
太阳的主要物质成分是氢和氦。

活动周期

太阳活动周期约为 11 年，主要是指位于光球层的太阳黑子及大气高层的太阳耀斑爆发活动的周期性变化。这种周期性是由太阳磁场变化引起的。

外层的半影温度可达 3500℃

暗黑的本影温度较低，为 2500℃

太阳黑子

图中是太阳黑子 AR1944（图中地球的大小是按比例显示的，照片拍摄于 2014 年 1 月）。

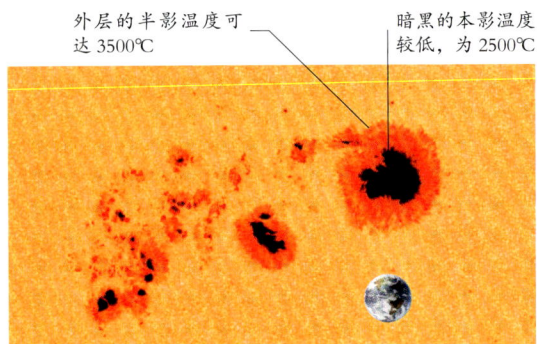

日食

在朔日，月球运行到地球与太阳中间，且三者在一条直线上时，就会发生日食。由于月球轨道和地球轨道之间有一定的倾角，所以不是每一次新月时都会发生日食。日食发生所需要的这种精确对准也意味着每次日食发生时，地球上只有有限的区域能看到。

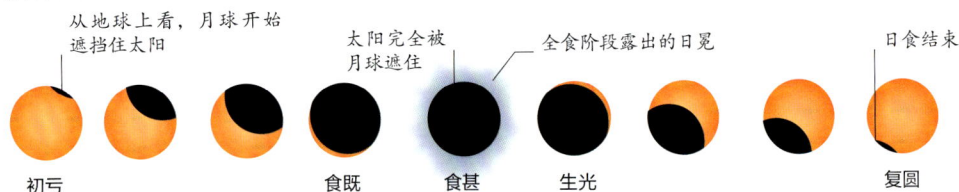

从地球上看，月球开始遮挡住太阳

太阳完全被月球遮住

全食阶段露出的日冕

日食结束

初亏　　食既　　食甚　　生光　　复圆

日全食

在食甚之前，月球遮住太阳的面积越来越大，整个全食阶段最多能持续 7 分钟。

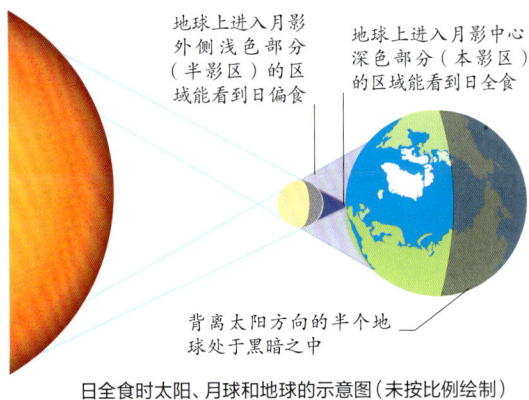

地球上进入月影外侧浅色部分（半影区）的区域能看到日偏食

地球上进入月影中心深色部分（本影区）的区域能看到日全食

背离太阳方向的半个地球处于黑暗之中

日全食时太阳、月球和地球的示意图（未按比例绘制）

太阳的分层结构

太阳的结构可分为多层，每一层都由不同的太阳活动主导。能量在核心区域产生并通过辐射区和对流区向外传导。光球是太阳的表面，太阳气体在这里变得透明，因此光球层可以被观测到。光球之上是薄薄的色球与巨大的外层大气或日冕。

颜色示例
- 核反应区
- 辐射区
- 对流区
- 光球
- 色球
- 日冕

各层大小未按实际比例表示

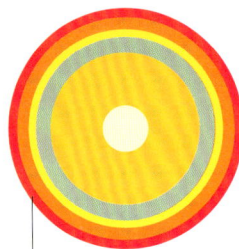

太阳的结构

使用特殊的滤镜和相机可以探测可见光波段以外的电磁辐射，揭示出太阳耀眼的表面以及表面以上区域的很多细节，这些细节为了解隐藏在光球下面的复杂结构提供了线索。

太阳的能量源泉

太阳核心处的温度和压强非常高，引发了核聚变反应。在这个反应中，轻质量的氢核（单个粒子时也叫质子）经过一系列的反应最终聚合成氦核。聚合的过程中释放出了更轻的粒子（正电子和中微子）和以伽马射线形式存在的能量。

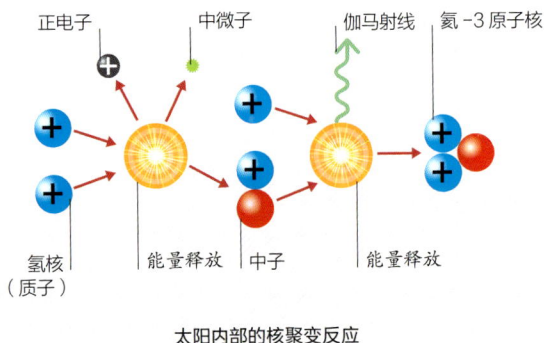

这种短时的气体喷流叫太阳针状体，它们高 10000 千米，散布在太阳表面

被称为日珥的巨大气体喷出物以冕环的形式悬浮在太阳表面，可以持续数天甚至数周

正电子　中微子　伽马射线　氦-3 原子核

氢核（质子）　能量释放　中子　能量释放

太阳内部的核聚变反应

日冕物质抛射
当磁环在太阳日冕外层短路后，在释放出巨大能量的同时还会以每小时数百万千米的速度向外抛射大量的气体云。

在斑驳的太阳表面上出现的非常亮的斑点被称为光斑，通常伴随黑子一起出现

参见**恒星的分类 / 恒星的生命周期：**第 22—25 页 ▶　**宇宙：**第 30—33 页 ▶　**太阳系探测任务：**第 38—39 页 ▶

从南极到北极的磁力线

太阳两极旋转得较慢（转一圈需35天）

赤道区域旋转得较快（转一圈需25天）

磁力线断开并以磁环的形式出现在太阳表面

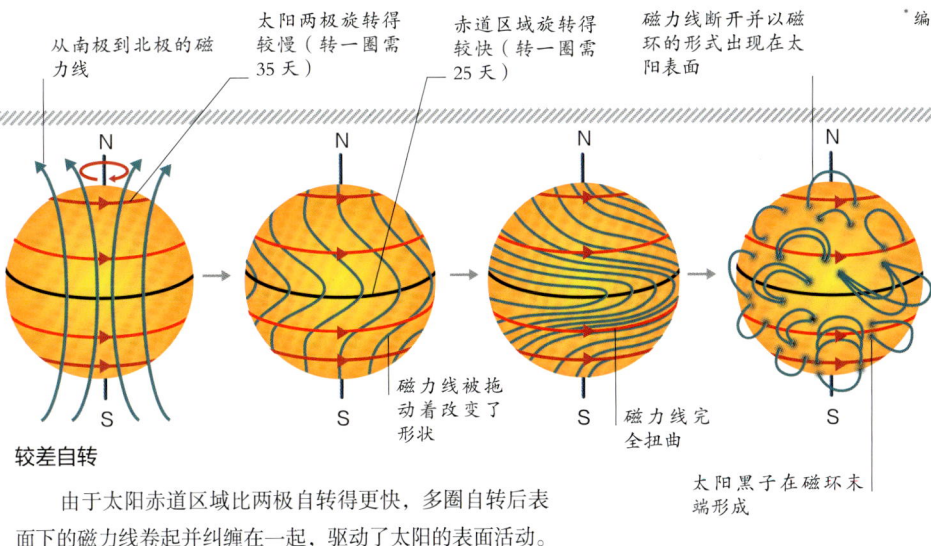

*编者注：图中 N 为北极，S 为南极。

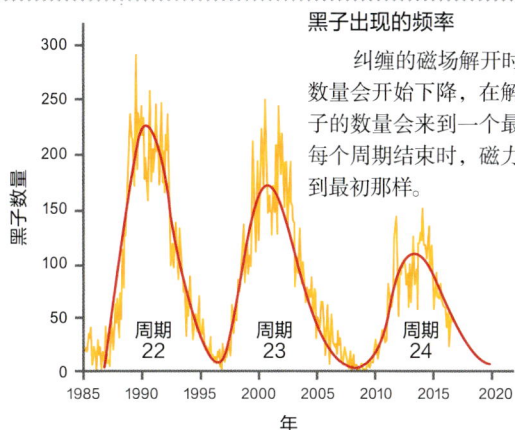

磁力线被拖动着改变了形状

磁力线完全扭曲

太阳黑子在磁环末端形成

较差自转

由于太阳赤道区域比两极自转得更快，多圈自转后表面下的磁力线卷起并纠缠在一起，驱动了太阳的表面活动。

黑子出现的频率

纠缠的磁场解开时，黑子的数量会开始下降，在解开之前黑子的数量会来到一个最高值。在每个周期结束时，磁力线又恢复到最初那样。

（纵轴：黑子数量 300 250 200 150 100 50 0）
周期 22　周期 23　周期 24
（横轴：年 1985 1990 1995 2000 2005 2010 2015 2020）

太阳风

在太阳的外边缘处，日冕融入了太阳风，大量的游离粒子被后面的辐射压吹离太阳。当太阳风经过地球时，会使地球磁场扭曲。太阳风不断地向着太阳系外运动，直到远离海王星轨道后才开始减速。

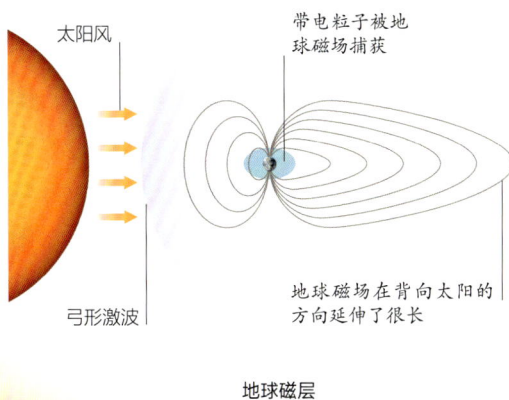

太阳可以容纳 130 万个地球

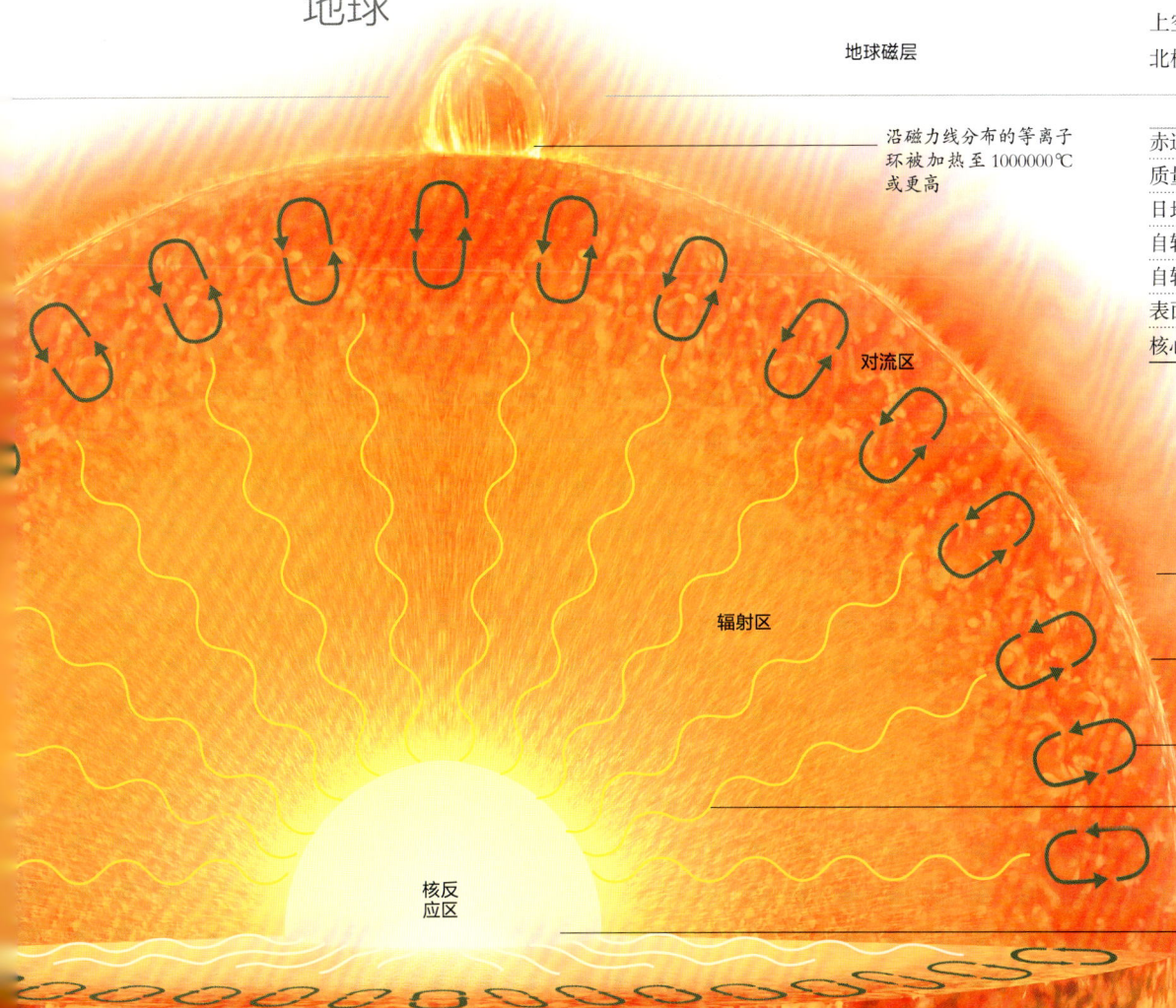

太阳风

带电粒子被地球磁场捕获

弓形激波

地球磁场在背向太阳的方向延伸了很长

地球磁层

北极光

来自太阳的带电粒子沿着地球磁场来到地球两极上空，激发或电离高层大气中的空气分子，在南极和北极生成了绚丽的极光。

沿磁力线分布的等离子环被加热至1000000℃或更高

对流区

辐射区

核反应区

赤道半径	139.2 万千米
质量（地球质量 =1）	330000
日地平均距离	1.496 亿千米
自转周期（极区）	35 个地球日
自转周期（赤道）	25 个地球日
表面温度	6000℃
核心温度	15000000℃

日冕向外延伸至距色球数百万千米的太空中

光球上面那层不规则的大气被称为色球

能量与光可以从太阳表面逃逸的透明区域被称为光球

对流区中的对流元传输能量并产生了磁场

辐射区内的能量以光子的形式通过电磁辐射传播

核反应发生在太阳的中心

参见光与物质：第 188—189 页 ▶

21

恒星的分类

恒星是由大量星际气体云坍缩形成的巨型气体球。恒星因中心核聚变反应释放的能量而发光。除了这两个共性，恒星间的属性（如亮度、大小、颜色和质量）差异巨大。它们从小巧且暗淡的矮星到巨大而明亮的巨星各不相同。

恒星如何形成

数十光年宽的气体和尘埃云坍缩、分裂成很多"结"，这些名为博克球状体的小区域，每一个都会成长为一颗恒星或聚星系统。

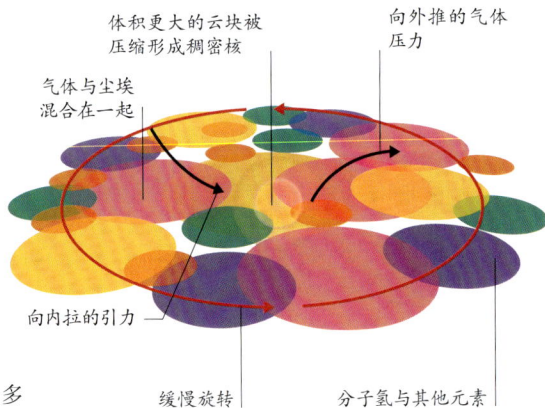

体积更大的云块被压缩形成稠密核

向外推的气体压力

气体与尘埃混合在一起

向内拉的引力

缓慢旋转

分子氢与其他元素

❶ 分子云

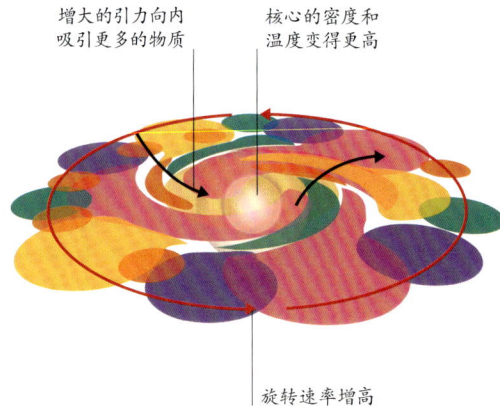

增大的引力向内吸引更多的物质

核心的密度和温度变得更高

旋转速率增高

❷ 中心坍缩

恒星的分类

恒星的光谱型是从蓝色的 O 型星到红色的 M 型星，它反映了恒星的温度与颜色。按更复杂的光度分类，恒星大体上分为矮星（在主序带上或者光度比主序带上相同颜色的恒星更暗的恒星）和更亮的巨星。

赫罗图

根据颜色和光度将恒星标注在图表的不同位置，绝大多数恒星都在那条倾斜的主序带上。

分类	颜色	表面平均温度	典型星
O	蓝色	超过 30000℃	弧矢增二十二（船尾座 ξ）
B	深蓝白色	20000℃	参宿七（猎户座 β）
A	蓝白色	8500℃	天狼星 A（大犬座 α）
F	白色	6500℃	南河三 A（小犬座 α）
G	黄白色	5300℃	太阳
K	橙色	4000℃	毕宿五（金牛座 α）
M	红色	3000℃	参宿四（猎户座 α）

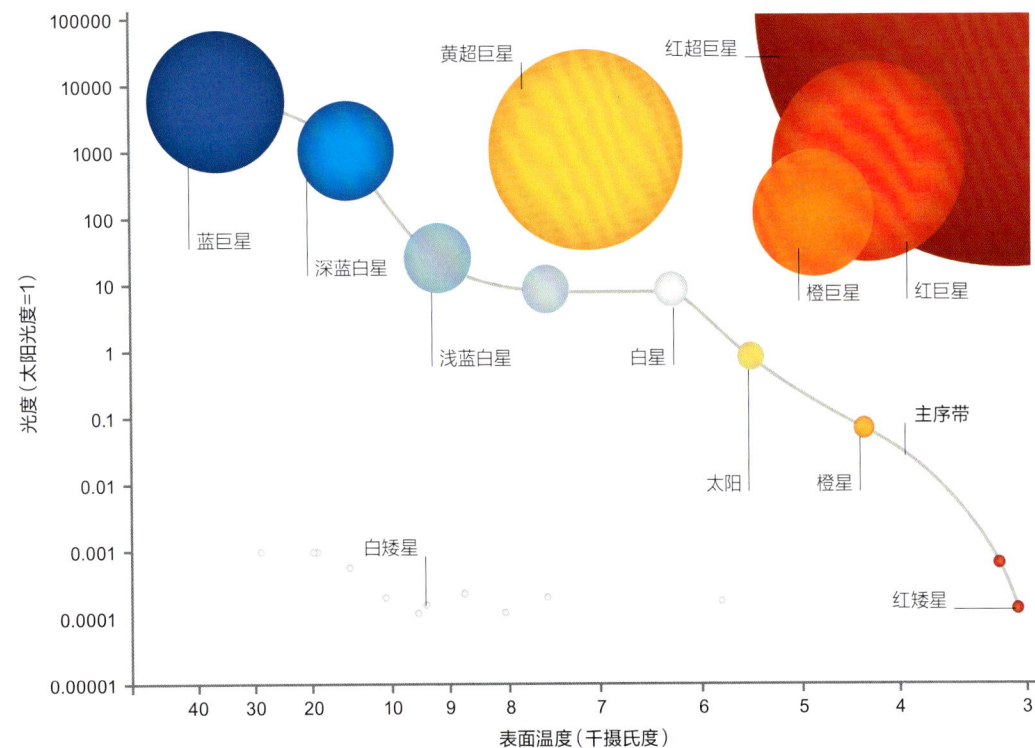

黄超巨星

红超巨星

蓝巨星

深蓝白星

浅蓝白星

白星

橙巨星

红巨星

主序带

太阳

橙星

白矮星

红矮星

光度（太阳光度=1）

100000
10000
1000
100
10
1
0.1
0.01
0.001
0.0001
0.00001

40 30 20 10 9 8 7 6 5 4 3

表面温度（千摄氏度）

恒星内部分层

根据能量在不同区域的不同传导方式，将质量和太阳相当的恒星的内部分成三层：核反应区、辐射区和对流区。更小质量和更大质量的恒星有不同的内部结构。

更大质量恒星内部

包围着核心区的气体吸收能量后以对流的方式将能量向外传导。能量以光的形式通过辐射区后，最终在透明的光球层被向外释放。

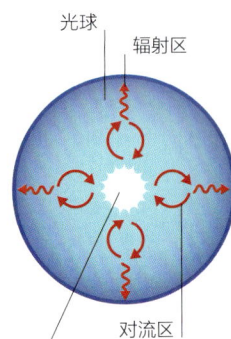

光球

辐射区

对流区

生成能量的核心区

更小质量恒星内部

在核心区产生的能量被附近的气体吸收，再通过对流的方式传导至表面，在光球层以光的形式被向外释放。

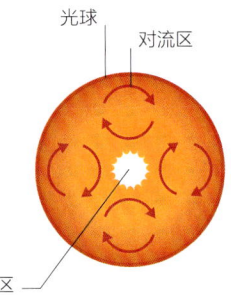

光球

对流区

生成能量的核心区

力的平衡

在大多数恒星的绝大部分生命中，引力和辐射压力一直保持平衡，恒星的体积保持不变。

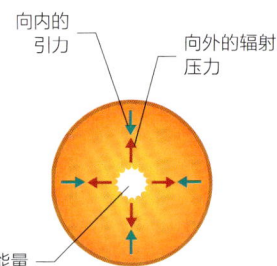

向内的引力

向外的辐射压力

核心区生成能量

◀ 参见太阳系：第 12—13 页　◀ 太阳：第 20—21 页

据天文学家估算，银河系中约 80% 的恒星都是暗淡的红矮星，亮星只是少数

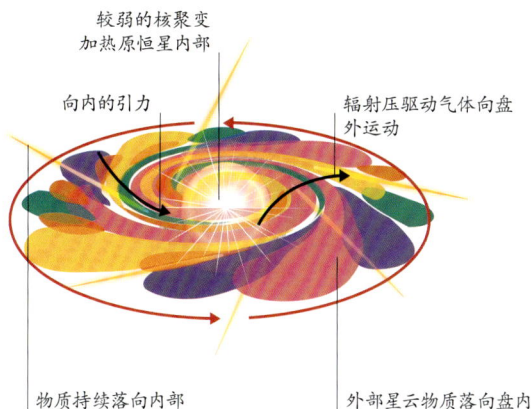

较弱的核聚变加热原恒星内部

向内的引力

辐射压驱动气体向盘外运动

物质持续落向内部

外部星云物质落向盘内

❸ 原恒星形成

恒星从两极喷射出多余的物质

向外的压力增加

原行星盘

中心的氢开始核聚变反应

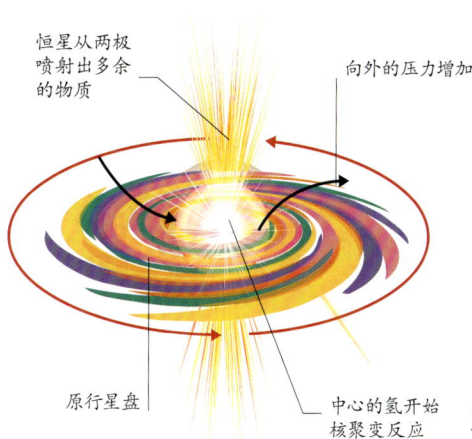

❹ 恒星点燃核反应

安妮·詹普·坎农

美国天文学家坎农（1863—1941）创立了应用最为广泛的恒星分类方法。经过对上千颗恒星的光谱分析，她找到了在恒星距离未知的情况下也能计算出恒星实际光度的办法。

宇宙中每年约有 7000 亿颗恒星诞生

聚星系统

在恒星形成时，经常会出现两颗或多颗恒星相互绕转组成系统的情形。研究这种系统可以知道相关恒星的质量，除此之外，还能知道拥有不同属性的恒星如何以不同的速率演化。

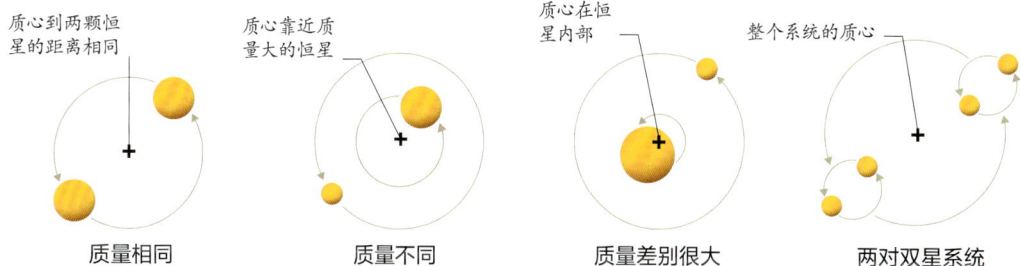

周期最短的双星系统只需 3 小时就能绕转一圈，而最长的则需要几十万年

质心到两颗恒星的距离相同

质量相同

当双星系统中两颗恒星的质量相同时，两颗恒星到系统的质心距离相同。

质心靠近质量大的恒星

质量不同

如果一颗恒星的质量大于另一颗恒星，质量大的恒星运行轨道更靠近质心，质量小的恒星运行轨道离质心较远。

质心在恒星内部

质量差别很大

有时质心在更大质量恒星的内部，这颗大质量恒星围绕着质心"摆动"，而质量小很多的伴星在远处轨道上绕质心旋转。

整个系统的质心

两对双星系统

在某些聚星系统中，有两对双星系统在相互绕转。每一对双星系统在围绕各自的质心旋转的同时，还围绕整个系统的质心旋转。

诞生恒星的星云

随着第一代恒星在星云中诞生并发光，周围的气体被恒星的辐射激发进而发出了淡淡的辉光。剧烈的恒星星风能在星云中吹出洞穴状的空间。同时，辐射压力使因富含尘埃而不透明的分子云变成细长的尘埃柱。在被星风和辐射压包围的区域中，恒星形成正在持续，物质压缩是抵御物质流失的最好办法。

神秘山

这个壮丽的区域位于船底座星云，由恒星星风与辐射塑造而成。尘埃柱中新生的恒星通过两极正向外喷射多余的物质。

恒星的轮回

恒星在其整个生命周期中将轻元素转化为重元素，并在它们的生死轮回中把碎片散布到太空中。当重元素充实形成新恒星的富氢星云时，也导致恒星燃烧得更快、更亮。

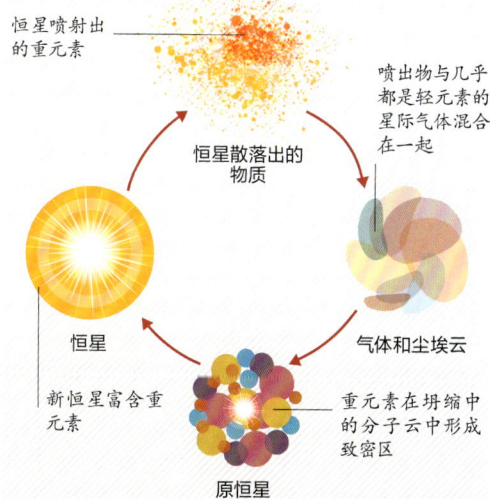

恒星喷射出的重元素

喷出物与几乎都是轻元素的星际气体混合在一起

恒星散落出的物质

恒星

气体和尘埃云

新恒星富含重元素

原恒星

重元素在坍缩中的分子云中形成致密区

参见**恒星的生命周期**：第 24—25 页 ▶　**宇宙**：第 30—33 页 ▶　**地球的历史**：第 298—299 页 ▶

恒星的生命周期

虽然很多恒星的亮度在数小时到数年的周期内有微小的变化，但是恒星的生命周期实在太长，天文学家无法直接看到它们从一个类型的恒星转变成另一个类型。但是，我们可以观测天空中不同类型的恒星，了解它们的性质，进而建立不同类型恒星内部演化的模型，最终拼凑出恒星的一生。恒星的演化路径取决于它的初始质量。

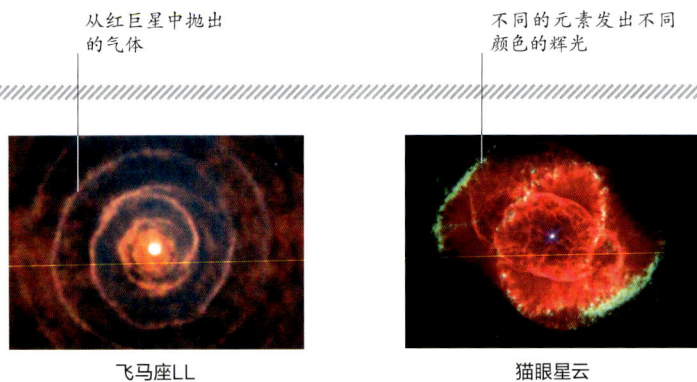

从红巨星中抛出的气体

不同的元素发出不同颜色的辉光

飞马座LL

猫眼星云

不同的生命周期

一般来说，恒星质量越大，亮度越高，生命也越短。太阳质量8倍以上的恒星的死亡方式比低质量恒星的死亡方式来得更加壮烈。

向外的辐射支撑着恒星的最外层

表面温度较低，约为3000℃

在外露核心的辐射激发下，被抛出的气体发出辉光

太阳质量恒星

初始质量相对较低的恒星以较慢的速率消耗恒星中心的核原料——氢，这些恒星能发光数十亿年。

红巨星

当恒星消耗完核内的氢以后，氦开始聚变。这使恒星可以保持发光，且光度增加，并膨胀成一个巨大的星球。

行星状星云

最终，所有的燃料都消耗殆尽，红巨星变得不稳定并开始脉动，向外抛出了一连串的壳层，最后形成了行星状星云。

原恒星

恒星在坍缩的气体和尘埃云中形成。当它们开始发光时，会经历剧烈的脉动，通过喷射出多余的物质获得稳定。

强力的星风将外层物质吹向太空

膨胀的外层大气

恒星外层燃料聚变引起的爆炸

质量最小的恒星能发出微弱的光芒，可能经过数万亿年都还没有消耗完它们的燃料

大质量恒星

大质量恒星内部的核反应速度比普通恒星快很多，这使它们更加明亮，但生命也更短。

超巨星

在大质量恒星生命的晚期，它们通过燃烧不同壳层上的不同元素来维持发光。它们膨胀得非常大，最终变成不稳定的超巨星。

超新星

超巨星消耗完核内的燃料后，周围的壳层开始坍缩，然后向外反弹，这就是超新星爆发，它比整个星系还亮。

超巨星的大小

超巨星是最大的恒星，它们的亮度是太阳的100万倍甚至更多，但巨大的辐射压力使恒星外层膨胀得非常大。红超巨星又是超巨星中最大的一种。如果把红超巨星（如参宿四）放到太阳所在的位置，它的边缘几乎能延伸至木星轨道。

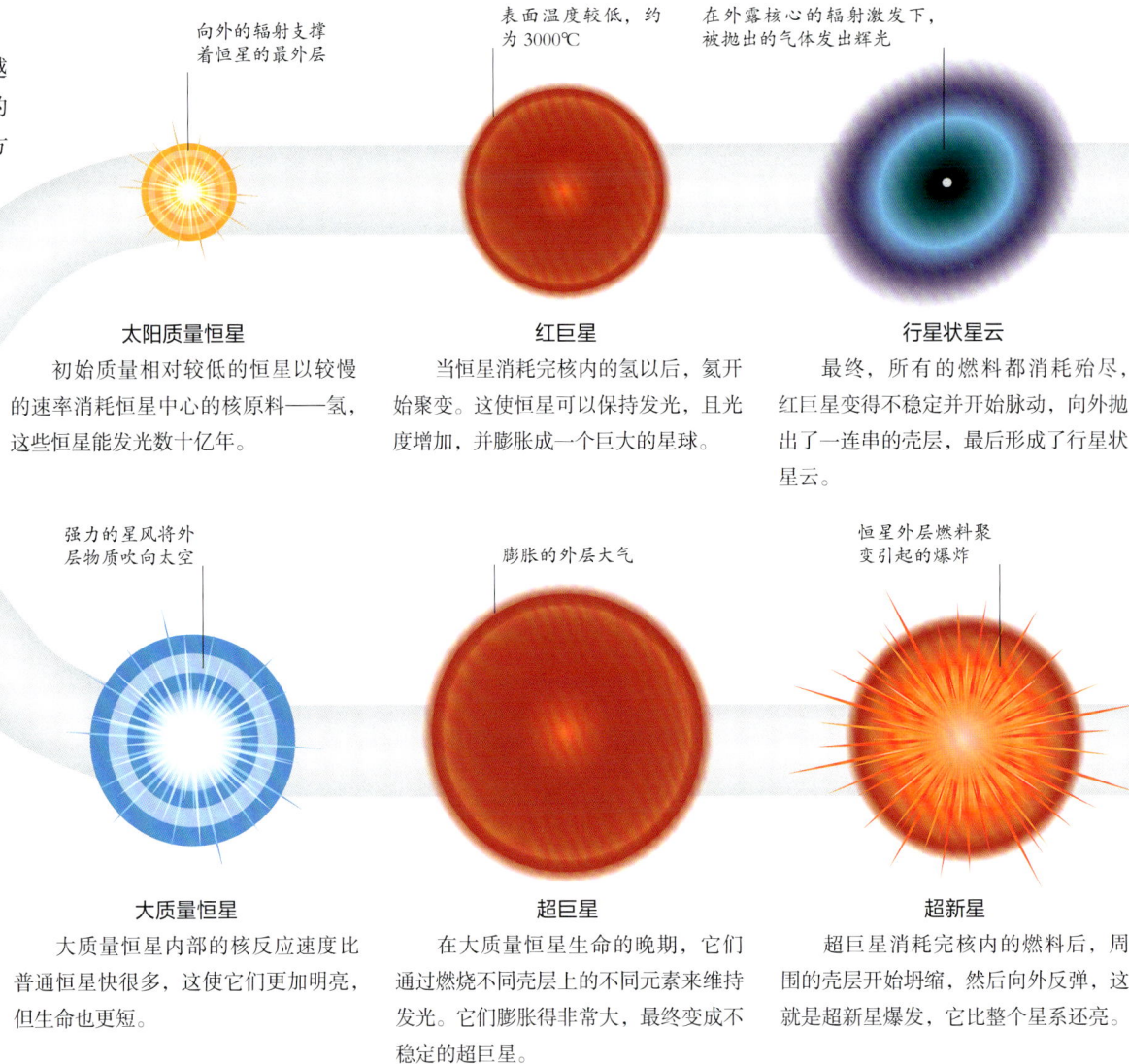

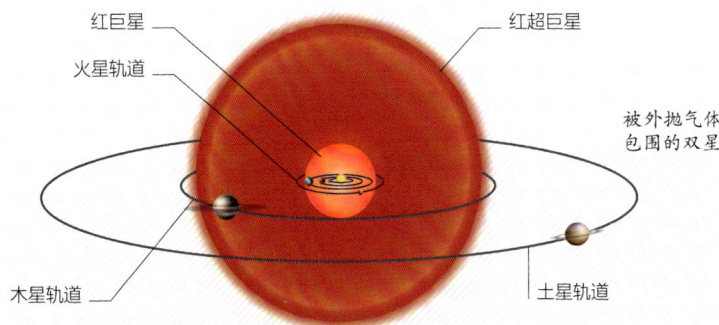

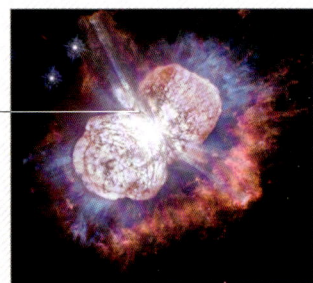

红巨星

红超巨星

火星轨道

木星轨道

土星轨道

被外抛气体包围的双星

正在接近生命终点的超巨星：船底座 η

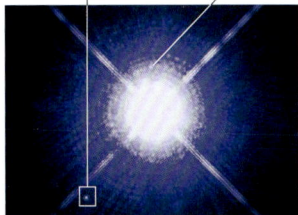
天狼星B

天狼星 B 是一颗与太阳质量相当的白矮星

天狼星的质量是太阳的两倍

生命的三个阶段

这些图片记录了类太阳恒星死亡时刻的情景，恒星变大，成为不稳定的红巨星，抛出的壳层物质形成了行星状星云，恒星核变成一颗燃尽的白矮星。

亚原子粒子之间的斥力支撑着白矮星

因宇宙太年轻，还没有形成黑矮星

白矮星

行星状星云中心只有燃尽的恒星核。没有了核反应产生的能量支撑，恒星核会在引力作用下坍缩到地球大小。

黑矮星

初始还明亮的白矮星在随后的数十亿年中慢慢冷却、变色。最终会变成一颗冰冷的死星，被称为黑矮星。

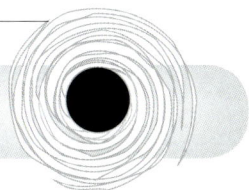

任何靠近黑洞的物质都会被吸进去

黑洞

超新星爆发把超大质量恒星的核压缩成一个近乎无限致密的小点——黑洞。

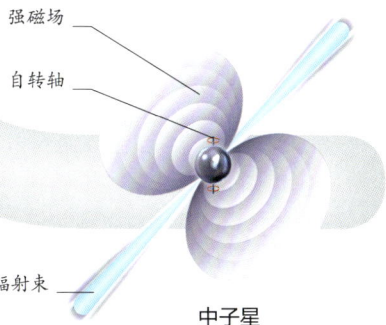

强磁场

自转轴

辐射束

中子星

大多数超新星爆发会把恒星核压缩成一个密度超大、只有一座城市大小的中子星。

一茶匙中子星物质的质量可重达 30 亿吨

宇宙灯塔

超新星爆发时，超巨星的核被压缩成一颗中子星，中子星保留了之前恒星的角动量。因体积被压缩，中子星自转的速度比原来的恒星快很多。被增强的中子星磁场使中子星的辐射变成束状，从而形成了宇宙灯塔——脉冲星。

蟹状星云

1054 年，人类在地球上观察到蟹状星云位置上发生的一次超新星爆发。在它的中心有一颗快速自转的脉冲星发射着有规律的射电信号。

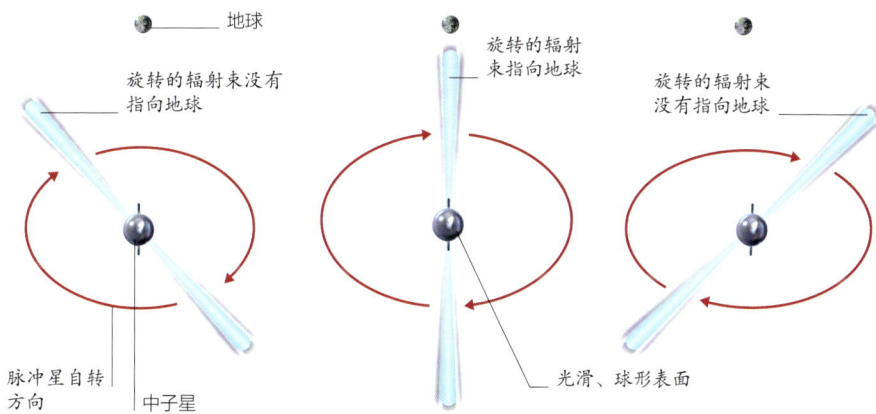

地球

旋转的辐射束没有指向地球

旋转的辐射束指向地球

旋转的辐射束没有指向地球

脉冲星自转方向

中子星

光滑、球形表面

脉冲消失

脉冲星的辐射与磁场方向一致。如果磁场方向与自转轴之间有倾角，脉冲星的辐射束就会扫过天空。

脉冲出现

如果一条或两条辐射束碰巧指向地球，脉冲星每自转一周，地球上就能看到一次短暂的闪耀。

脉冲消失

脉冲星自转速度很快，大多数自转周期小于 1 秒，辐射束很快就移开了。

自转最快的中子星每秒旋转超过 700 周

黑洞

在超新星爆发过程中，如果被压缩的恒星核质量超过太阳质量的 1.4 倍，那就无法阻止引力作用下导致的坍缩。恒星被压缩成空间中的一个点，这个点被称为奇点。事件视界是环绕奇点的一片时空区域，包含光在内的任何物质都不能从事件视界中逃出，因此命名这种天体为黑洞。

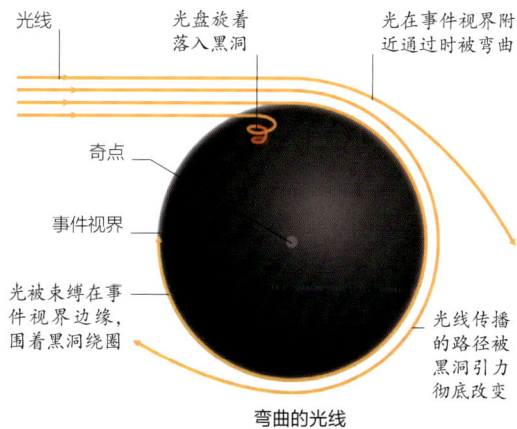

光线

光盘旋着落入黑洞

光在事件视界附近通过时被弯曲

奇点

事件视界

光被束缚在事件视界边缘，围着黑洞绕圈

光线传播的路径被黑洞引力彻底改变

弯曲的光线

参见宇宙：第 30—33 页 ▶ 相对论和大统一理论：第 196—197 页 ▶ 宇宙的历史：第 294—295 页 ▶

银河系

银河系的结构

银河系是一个巨大的旋涡星系，由恒星、气体和尘埃组成。根据近期的估算，银河系至少有15万光年宽，有1000亿~4000亿颗恒星。我们所在的位置在银河系内部，不能测量到银河系的精确结构，但知道它有几条从中心棒两端引出的旋臂（旋臂的名称来源于旋臂主要跨越的星座）。不同类型的恒星分布在星系的不同区域中。

在地球上看到的银河

由于是从银河系内部看过去，所以星系盘形成了一条横跨天空的光带。银河中最亮的区域是星系的中心，看起来是在人马座。

球状星团在
银晕中运行 ┄┄ 恒星构成的厚盘 ┄┄ 中央核球 ┄┄ 银晕中分布着大量暗物质

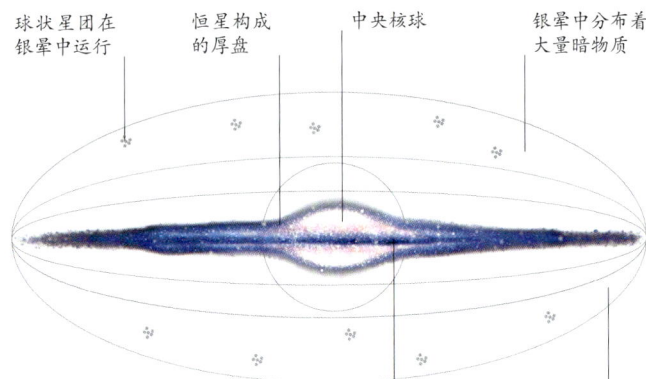

银河系截面图

恒星与形成恒星的尘埃、气体构成的薄盘

银晕中的流浪恒星

恒星与形成恒星的物质集中在一个扁平的银盘上，银盘中心是一个鼓起的核球区，核球区内主要分布着红色和黄色的恒星。

银河系内 90% 的恒星及球状星团都分布在银心附近不超过 5 万光年的区域内

星系的旋臂是如何形成的

旋臂不是一个物理结构，而是一个由在轨道上运动的物质减速并挤到一起的区域。在附近小星系的影响下，椭圆轨道外部慢速运动区域的大规模对齐形成了旋臂区（密度波）。

天体在椭圆轨道上绕星系中心运动

极度有序的轨道

轨道沿多个方向对齐

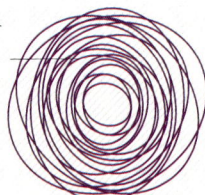

混沌轨道

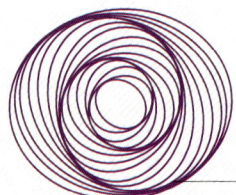

邻近星系的引力把轨道拉成了螺旋形状

密度波

旋臂看起来很亮，是因为绝大多数的亮星与寿命最短的恒星一生没有离开过它们的诞生地

千光年

40　　　　30　　　　20　　　　10

英仙臂

外缘旋臂

仙王座MY所在的区域，它是已知最大的恒星之一

暗物质占了星系质量的大部分

银河系俯视图

这张图片描绘了银河系中央区域的结构。一个由恒星组成的棒状结构横穿银河系的核球，聚集在一起的气体和新形成的恒星勾勒出了四条旋臂的轮廓。

韦斯特豪特 31，大型的恒星形成区

盾牌-半人马臂

三千秒差距臂在距离核球约 1 万光年的位置上绕核球运动

矩尺臂

人马臂

三千秒差距臂（远）

三千秒差距臂（近）

核球中心有一个质量为 400 万个太阳质量的超级黑洞

半人马座 ω（NGC 5139）是银河系内最大的球状星团

恒星形成区集中在旋臂之上

太阳和太阳系在距离银心 2.6 万光年的位置上，太阳绕银心转一圈的时间约为 2.25 亿～2.5 亿年

猎户射电支是一条紧挨太阳的分支旋臂

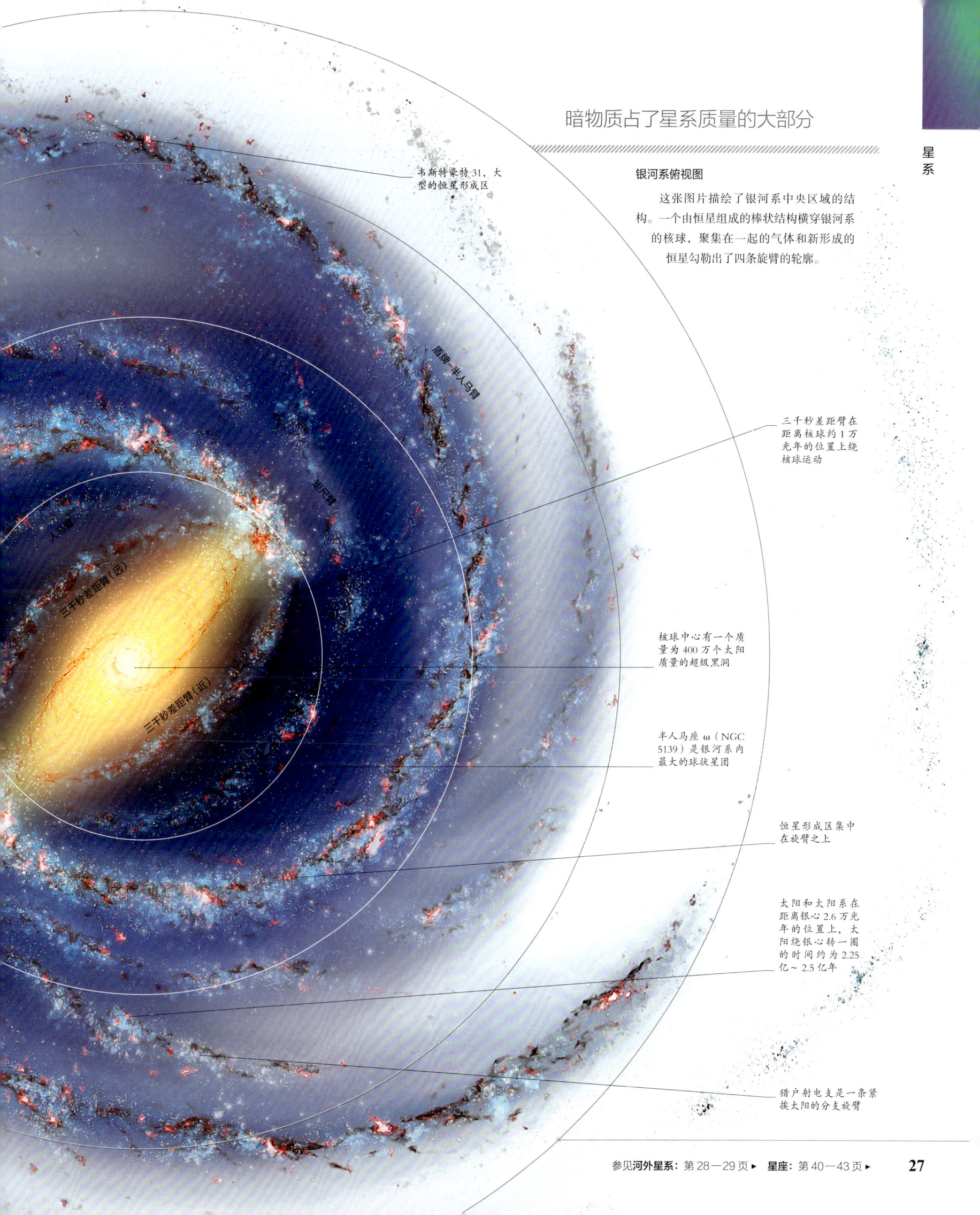

参见 **河外星系**：第 28—29 页 ▶ **星座**：第 40—43 页 ▶

河外星系

就我们有限的观测来看，宇宙中可能有数千亿个星系。它们的形状和大小各不相同，有些是由恒星组成的小松散星团，有些像我们的银河系一样是螺旋状的，还有一些是在碰撞中形成的巨大球状星系。有时人们会受星系外观启发，给它取一个令人难忘的名字，如雪茄星系，但是绝大多数的星系是以编号和星系所在的星座来命名的。

哈勃分类

音叉图是哈勃在20世纪20年代设计的一种很有影响力的星系分类系统。它包括了绝大多数主要的星系分类，但它不是演化树图：有证据表明，星系的演化需要经过一系列更为复杂的并合。

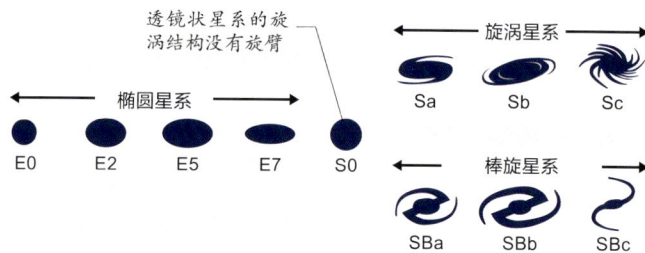

透镜状星系的旋涡结构没有旋臂

椭圆星系 ← → E0 E2 E5 E7 S0

旋涡星系 ← → Sa Sb Sc

棒旋星系 ← → SBa SBb SBc

旋涡星系

这种星系有一个由恒星组成的巨球，被由恒星、气体和尘埃组成的扁平盘环绕。新的恒星在气体被压缩的盘中形成，光芒照亮了螺旋结构。根据旋臂的松紧程度又分成不同的星系次型。

M31 仙女星系 仙女座

M64 黑眼睛星系 后发座

NGC 1448 时钟座

NGC 6753 孔雀座

NGC 7793 玉夫座

棒旋星系

包括银河系在内的很多星系，它们的旋臂开始于中央棒状结构的末端。和普通旋涡星系一样，棒和旋臂都是致密的区域，在这里，盘上的物质减速并聚集在一起。

NGC 1015 鲸鱼座

NGC 1300 波江座

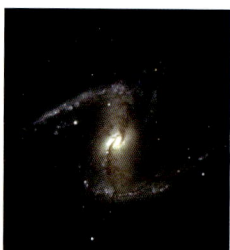
NGC 1365 天炉座

NGC 2500 天猫座

NGC 6872 孔雀座

透镜状星系

这种奇特的星系看起来像旋涡星系的中心被由恒星组成的扁平盘环绕，但是没有旋臂。这可能是星系处在一场巨大碰撞或相互作用被破坏后的"恢复"阶段。

ESO 381-12 半人马座

M102 纺锤星系 天龙座

NGC 4111 猎犬座

NGC 2787 大熊座

NGC 6861 望远镜座

椭圆星系

这种球形的星系根据大小和扁度来分类，E0 "巨椭圆星系"是所有星系类型中最大的。椭圆星系多由红、黄老年恒星组成，罕有新星形成的迹象。

ESO 325-G004 半人马座

M49 室女座

M87 室女座

NGC 1132 波江座

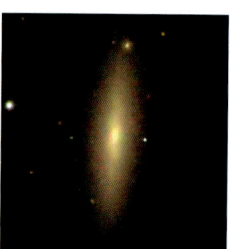
NGC 4623 室女座

◀ 参见**太阳系**：第12—13页　◀ **恒星的生命周期**：第24—25页　◀ **银河系**：第26—27页

绝大多数星系的中央都有一个超大质量的黑洞，
其质量从数百万个太阳质量到数十亿个太阳质量不等

不规则星系

这些富含气体、不成形的云块被认为是更大星系的组成部分。这里经常有剧烈的恒星形成活动，它们中许多大型的星系展现出了旋涡结构的端倪。

IC 4710 孔雀座

I ZWICKY 18 大熊座

M82 雪茄星系 大熊座

小麦哲伦云 杜鹃座/长蛇座

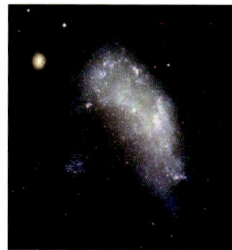

NGC 1427A 波江座

矮星系

除了银河系的近邻，矮星系经常因体积小、亮度低而被忽略，但大部分的星系可能都是矮星系。它们的范围从富含气体的不规则星系到由老年恒星构成的矮椭圆星系与矮椭球星系。

KISO 5639 大熊座

M110 仙女座

PGC 51017 牧夫座

人马不规则矮星系 人马座

UGC 4459 大熊座

活动星系

只用恒星活动不能解释很多星系所表现出来的活动性，比如射电发射云或明亮且快速变化的星系核。这些现象通常与星系中心巨大的黑洞吞噬物质有关。

3C 273 室女座

M77 鲸鱼座

NGC 1275 英仙座

NGC 5128 半人马座

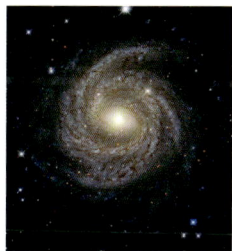

NGC 6814 天鹰座

相互作用星系与碰撞星系

很多不能与标准分类很好吻合的天体实际上是一对正在相互碰撞或在近距离接触中通过引力相互作用的星系；或者只是一对刚好位于天空中同一个方向的星系

两个旋涡星系碰撞产生了"触须"的形状，此时它们的核正在并合，旋臂正在展开

NGC 4038/4039
触须星系
乌鸦座

ARP 273 仙女座

AM 0500-620 剑鱼座

NGC 1531/1532 波江座

NGC 3314 长蛇座

参见宇宙：第30—33页 ▶ 星座：第40—43页 ▶ 宇宙的历史：第294—297页 ▶ **29**

宇宙

宇宙是天地万物的总称：一个正在膨胀的巨大（或许是无限大）空间，包含所有的恒星、星系、行星以及空间内的一切物质。宇宙大尺度结构是由巨大的星系团构成的，其中的物质呈链状和片状聚集。最远可见星系的距离只受光在宇宙诞生以后能传播多远的限制。

星系团与超星系团

目前约有一半的已知星系分属不同星系团。比如银河系所在的本星系群是由包含银河系在内的三个旋涡星系与几十个小星系组成。几十个甚至几百个星系在引力的作用下聚集成星系团，多个星系团的边缘相连组成更大的超星系团。

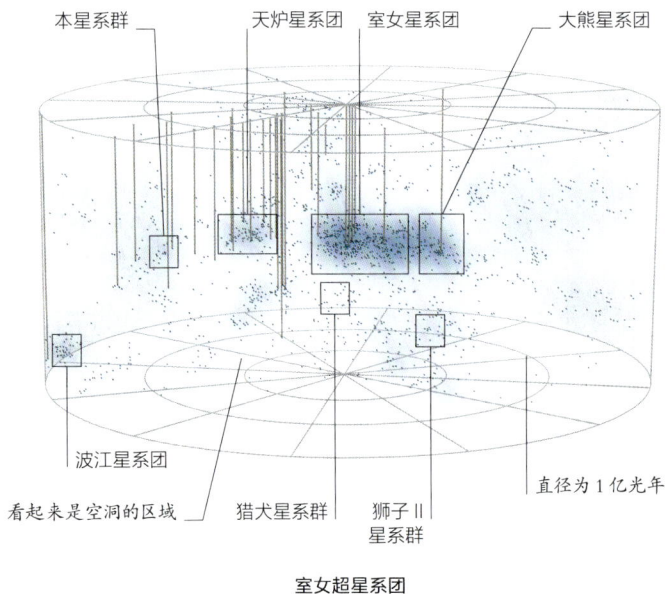

本星系群　天炉星系团　室女星系团　大熊星团

波江星系团

看起来是空洞的区域　猎犬星系群　狮子 II 星系群　直径为 1 亿光年

室女超星系团

可观测宇宙

虽然地球不是宇宙的物理中心，但由于光速有限，地球在各个方向看到的距离相同，因此地球成了可观测宇宙的中心。这张图表以对数的形式展示了宇宙的大小，其中每个分区都比前一个分区大 10 倍。

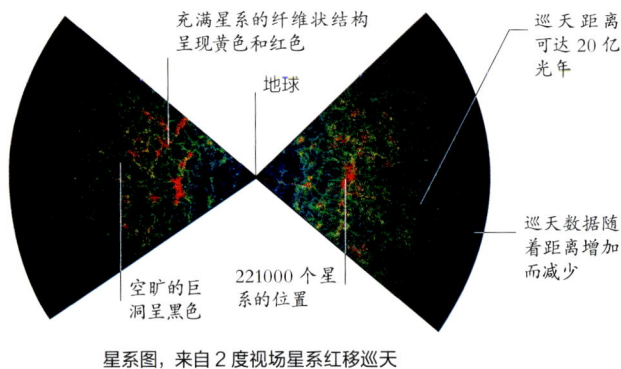

光传播到地球所需的时间

地球　1 分钟　1 小时　1 天　1 年　10 年　100 年　1000 年　1 万年

月球　金星　土星　天狼星　老人星（船底座 α）　鹰状星云

1 光分　太阳　火星　木星　南门二（半人马 α）　天津四（天鹅座 α）　毕宿五（金牛座 α）

1 光时　海王星　柯伊伯带　海山二（船底座 η）

奥尔特云

1 光日　昂星团

1 光年　参宿四（猎户座 α）　猫眼星云

10 光年　小麦哲伦云

到地球的实际距离

100 光年　猎户星云　杜鹃座 47 球状星团

1000 光年　巴纳德星系

1 万光年

10 万光年

100 万光年　室女星系团

1000 万光年

1 亿光年

10.4 亿光年

162 亿光年

465 亿光年

我们所看到的遥远天体是它们数百万年甚至数十亿年前的样子，在那时，它们的光刚开始朝向地球而来

纤维状结构与巨洞

巡天显示超星系团中的星系集中在丝状和薄片状结构中（纤维状结构），它们围绕着几亿光年大小的空旷区域（巨洞）。这或许就是早期宇宙的物质分布情况。

充满星系的纤维状结构呈现黄色和红色　地球　巡天距离可达 20 亿光年

空旷的巨洞呈黑色　221000 个星系的位置　巡天数据随着距离增加而减少

星系图，来自 2 度视场星系红移巡天

引力透镜

引力透镜效应就是空间中如星系团那样的大质量天体能使位于它们后面的遥远星系的光偏折并放大。这让我们能看到那些本来用最强大望远镜都看不到的遥远天体扭曲的图像。

光线偏折

构成宇宙的"时空"被大量聚集的物质弯曲时就会引起透镜效应。其结果就是引力可以改变没有质量的光线的传播方向。

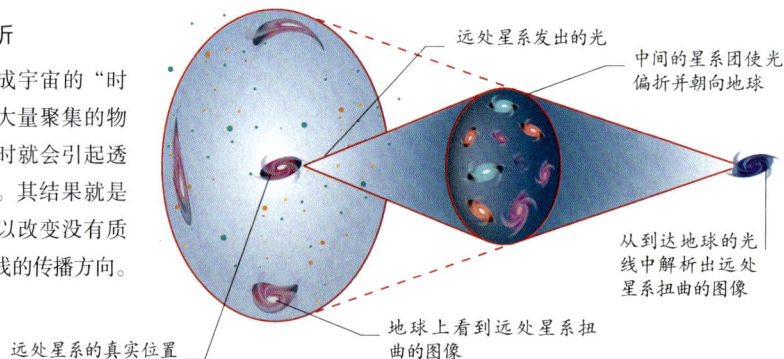

远处星系发出的光　中间的星系团使光偏折并朝向地球

从到达地球的光线中解析出远处星系扭曲的图像

地球上看到远处星系扭曲的图像

远处星系的真实位置

 ◀ 参见恒星的生命周期：第 24—25 页　◀ 银河系：第 26—27 页

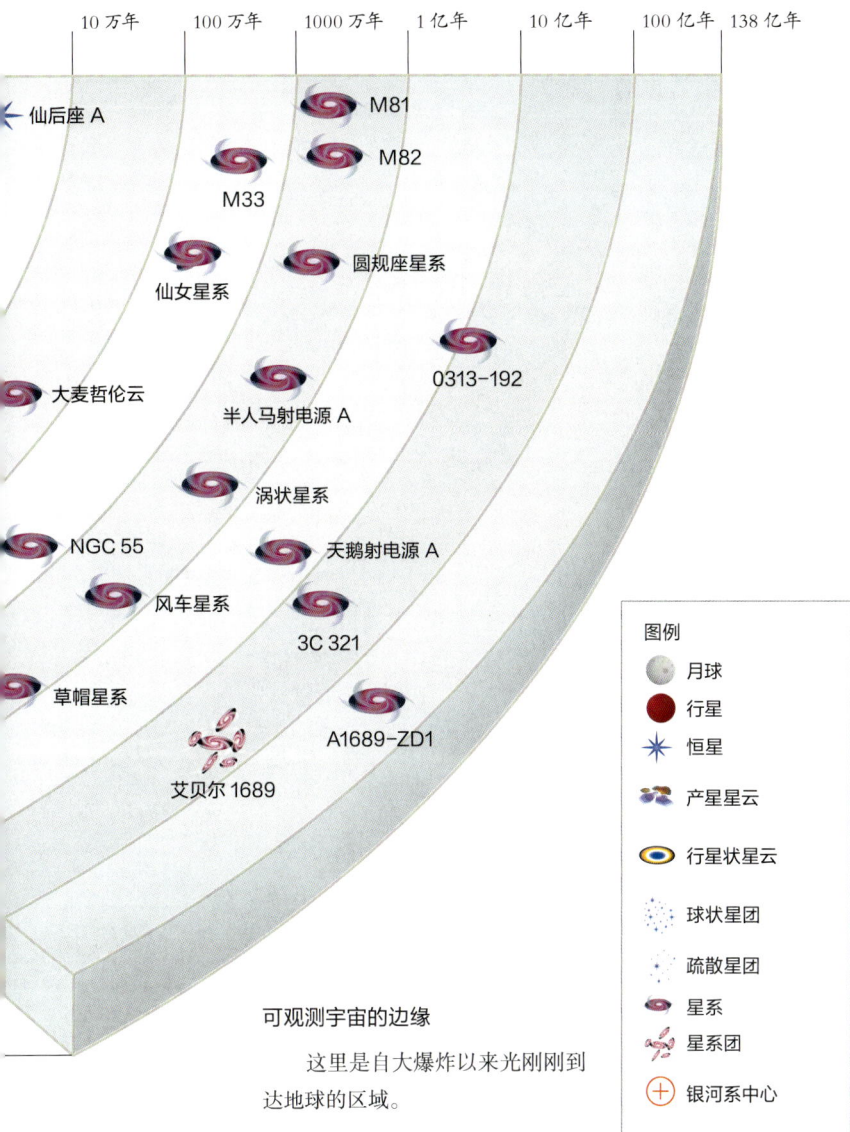

| 10 万年 | 100 万年 | 1000 万年 | 1 亿年 | 10 亿年 | 100 亿年 | 138 亿年 |

仙后座 A

M81

M82

M33

圆规座星系

仙女星系

大麦哲伦云

半人马射电源 A

0313-192

涡状星系

NGC 55

天鹅射电源 A

风车星系

3C 321

草帽星系

A1689-ZD1

艾贝尔 1689

图例
- 月球
- 行星
- 恒星
- 产星星云
- 行星状星云
- 球状星团
- 疏散星团
- 星系
- 星系团
- 银河系中心

可观测宇宙的边缘

这里是自大爆炸以来光刚刚到达地球的区域。

哈勃常数

哈勃常数就是宇宙膨胀的速率。它得名于 1929 年发现宇宙膨胀的天文学家爱德文·哈勃。哈勃常数描述了单位距离下的膨胀速度：距离越远的天体，分离速度越快。现在估算的哈勃常数为 22 千米每秒每百万光年。

斜线的斜率就是哈勃常数

偏离是其他星系吸引所致

根据距离和退行速度标出星系

退行速度（千米／秒）

到地球的距离（百万光年）

膨胀的宇宙

关于宇宙，最令人意想不到是它正在膨胀。虽然在小尺度下，引力让恒星、星系及星系团聚集在一起；而在大尺度下，宇宙中的任何天体都在相互远离。

增大的空间

天体随着空间一起膨胀，且正在相互远离，就像葡萄干摊在蛋糕糊里一样。宇宙膨胀的速度随时间增大；离得越远的天体，分离的速度越快。

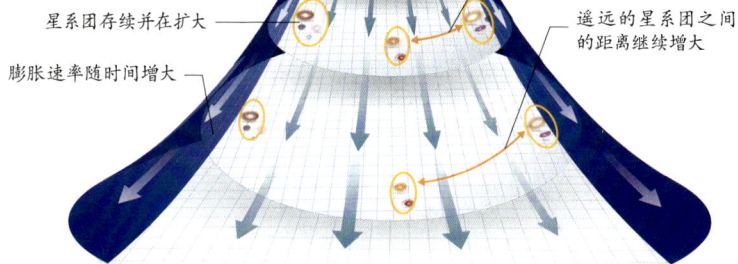

在遥远的过去，星系都聚集在一起

星系团被引力束缚在一起

空间膨胀后，天体分开了

星系团存续并在扩大

遥远的星系团之间的距离继续增大

膨胀速率随时间增大

多普勒频移

运动的天体发射的光波会被拉长或压缩，导致光波的颜色变红或变蓝，这就是多普勒频移。可以使用多普勒频移来测量膨胀。对比频移后谱线的颜色与谱线原来的颜色就可以知道频移的大小。

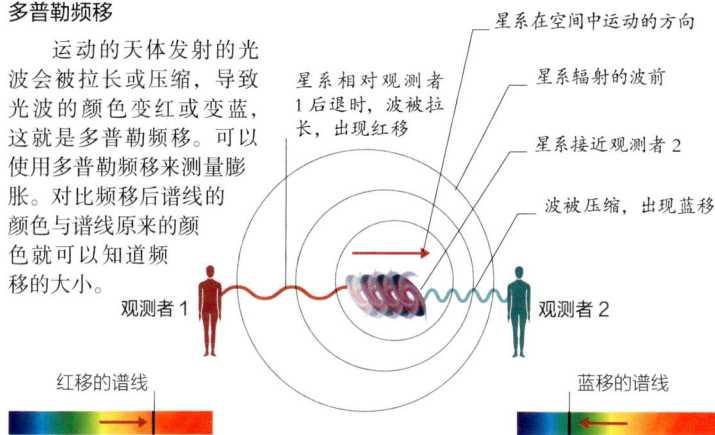

星系在空间中运动的方向

星系相对观测者 1 后退时，波被拉长，出现红移

星系辐射的波前

星系接近观测者 2

波被压缩，出现蓝移

观测者 1

观测者 2

红移的谱线

蓝移的谱线

共动距离

考虑到空间的膨胀，天文学家使用"共动距离"来描述遥远星系现在与地球的距离，而不是光实际走的"回溯距离"。

共动距离让我们在所有方向上都能看到距地球 465 亿光年的物体

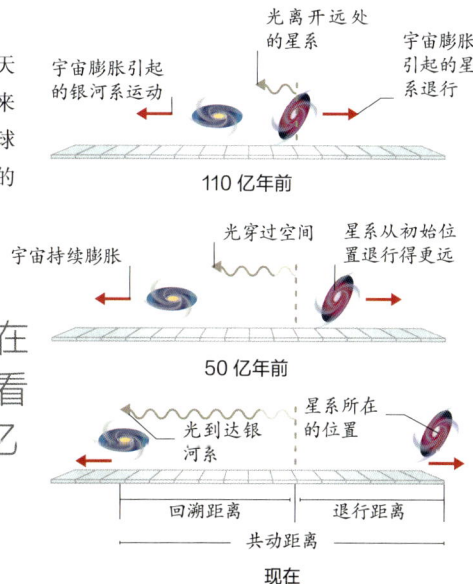

光离开远处的星系

宇宙膨胀引起的星系退行

宇宙膨胀引起的银河系运动

110 亿年前

宇宙持续膨胀

光穿过空间

星系从初始位置退行得更远

50 亿年前

光到达银河系

星所所在的位置

回溯距离

退行距离

共动距离

现在

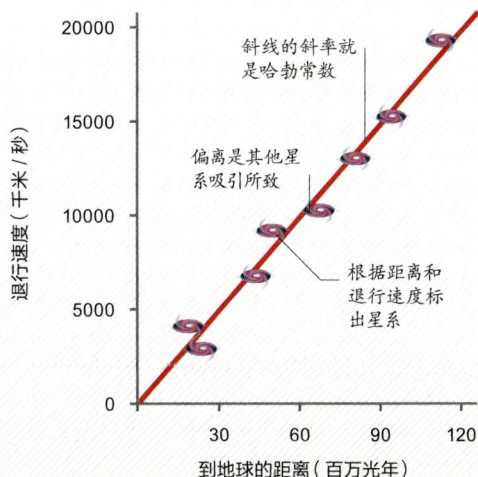

参见**宇宙**：第 32—33 页 ▶ **波**：第 186—187 页 ▶ **宇宙的历史**：第 294—297 页 ▶

宇宙的起源与结构

膨胀的宇宙经过时间反演，可以回溯至一个比现在宇宙体积更小、温度更高且物质更致密的时代。最终，可以回溯至138亿年前的一个点——宇宙大爆炸。

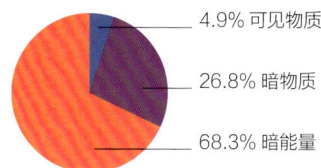

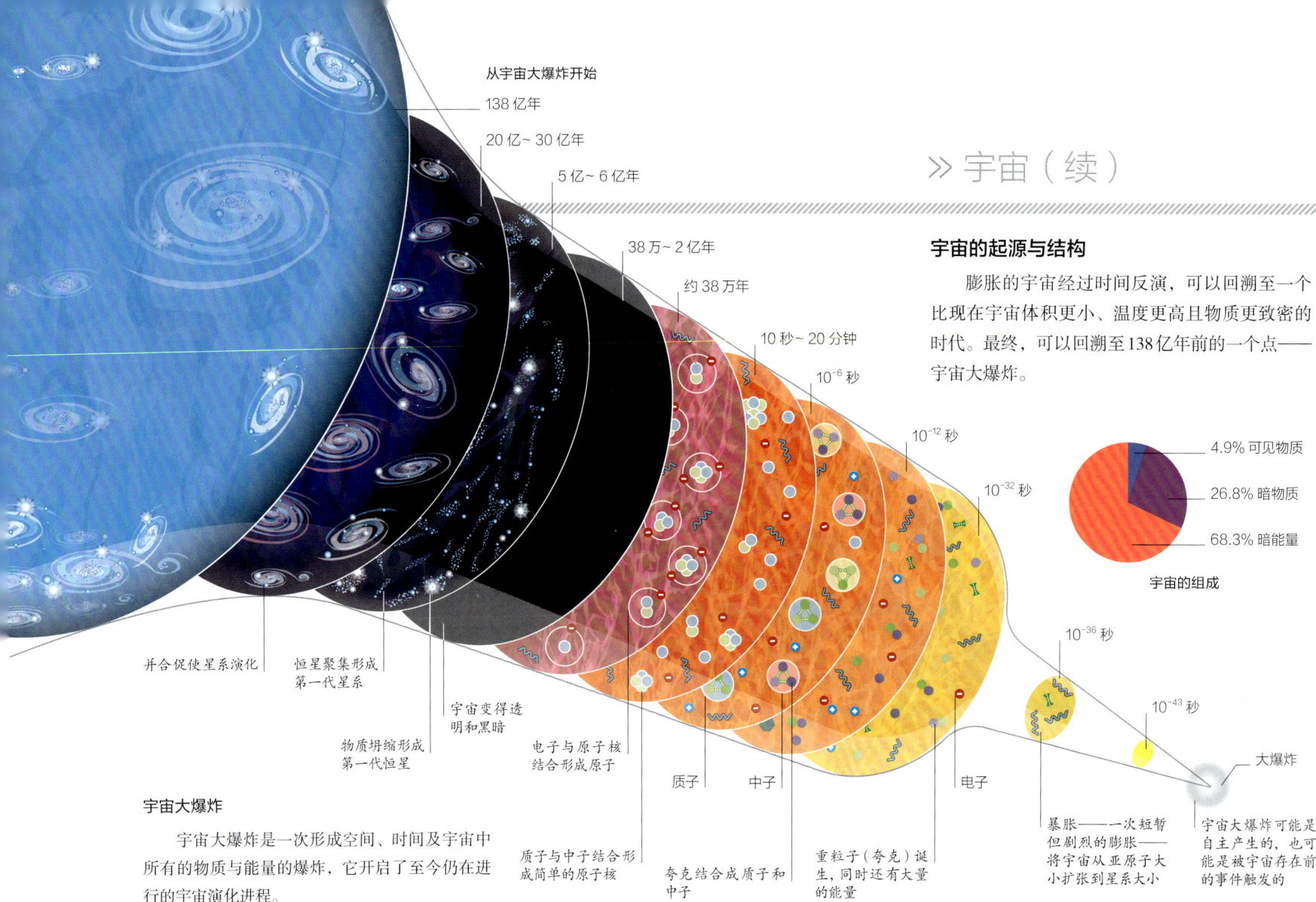

从宇宙大爆炸开始

138 亿年

20 亿~ 30 亿年

5 亿~ 6 亿年

38 万~ 2 亿年

约 38 万年

10 秒~ 20 分钟

10^{-6} 秒

10^{-12} 秒

10^{-32} 秒

10^{-36} 秒

10^{-43} 秒

- 4.9% 可见物质
- 26.8% 暗物质
- 68.3% 暗能量

宇宙的组成

并合促使星系演化

恒星聚集形成第一代星系

宇宙变得透明和黑暗

物质坍缩形成第一代恒星

电子与原子核结合形成原子

质子

中子

电子

暴胀——一次短暂但剧烈的膨胀——将宇宙从亚原子大小扩张到星系大小

大爆炸

宇宙大爆炸可能是自主产生的，也可能是被宇宙存在前的事件触发的

宇宙大爆炸

宇宙大爆炸是一次形成空间、时间及宇宙中所有的物质与能量的爆炸，它开启了至今仍在进行的宇宙演化进程。

质子与中子结合形成简单的原子核

夸克结合成质子和中子

重粒子（夸克）诞生，同时还有大量的能量

暗物质

恒星、气体和尘埃这些能发出光或其他辐射的可见物质，只占宇宙总质量的1/6。其他的所谓暗物质不仅黑，还完全透明，只有通过它对可见天体的影响才能对其有所了解。

大质量星系蜻蜓 44 中超过 99% 的物质被认为是暗物质

探测暗物质

暗物质不反射、吸收或发射光，只能通过引力效应探测。星系团含有大量的物质从而形成引力透镜（参见第 30 页），可以让更远天体发出的光偏折。天文学家研究引力透镜效应并建立起隐藏物质的分布图。

热气体（可见物质）辐射 X 射线（粉红色）

计算机估测的暗物质聚集区（蓝色）

子弹星系团，图片由可见光、X 射线与引力信号合成

中微子探测器

绝大多数的中微子穿过物质而不留痕迹。借助数百米深的岩石来隔绝其他粒子的影响，地底探测器有时可以探测到中微子与物质间罕有的相互作用。

光电管探测由中微子相互作用产生的信号

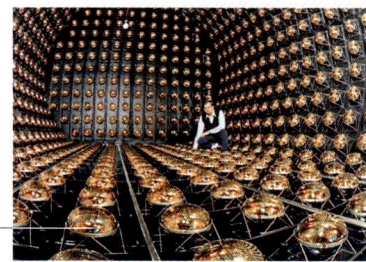

暗物质的来源

1998 年，物理学家发现了中微子，这是一种产生于恒星内部或超新星的粒子，它曾经被认为没有质量，实际上中微子有质量，但还没有确定的数值。中微子可能和部分暗物质有关。来自超新星 1987A 的中微子比爆炸发出的光更早到达地球，并被专门的探测装置记录了下来（见右图）。

超新星 1987A 的遗迹

◂ 参见恒星的生命周期：第 24 — 25 页　◂ 银河系：第 26 — 27 页　◂ 宇宙：第 30 — 31 页

引力与时空

被无数实验证明的爱因斯坦广义相对论认为，大质量天体，如恒星和星系，都能使附近的时空弯曲，产生引力效应。宇宙是由四维"时空"组成的，在四维时空中，极端的引力产生的扭曲被称为引力井。

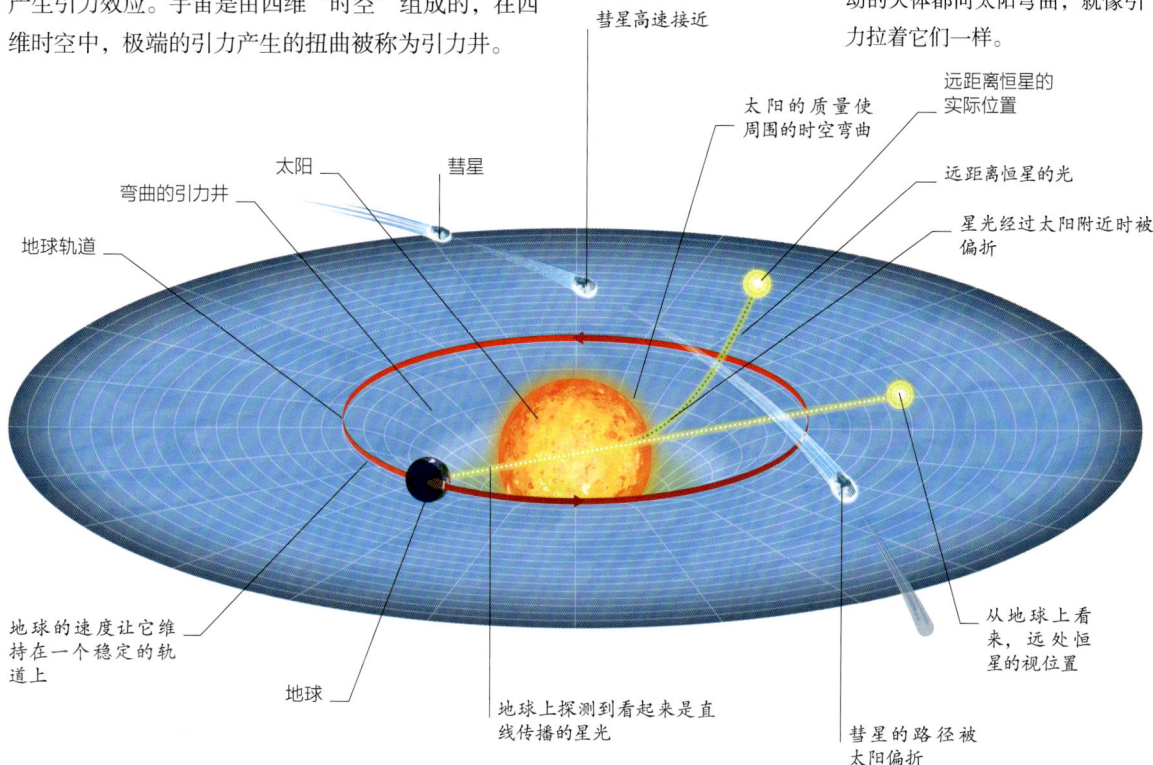

彗星高速接近

太阳的质量使周围的时空弯曲

彗星

太阳

弯曲的引力井

地球轨道

地球的速度让它维持在一个稳定的轨道上

地球

地球上探测到看起来是直线传播的星光

弯曲的时空

太阳扰乱了附近的时空，就像胶皮片上的重球。光和直线运动的天体都向太阳弯曲，就像引力拉着它们一样。

远距离恒星的实际位置

远距离恒星的光

星光经过太阳附近时被偏折

从地球上看来，远处恒星的视位置

彗星的路径被太阳偏折

宇宙的形状

就如恒星和星系会弯曲附近时空一样，整个宇宙也会被其内的物质弯曲。它的结果是三种可能的几何形状之一，现在我们的宇宙被认为是平直的。

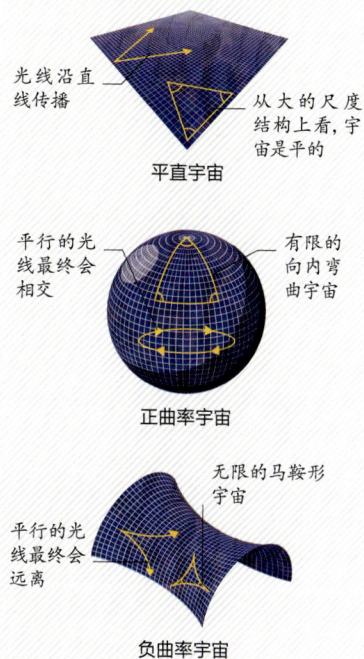

光线沿直线传播

从大的尺度结构上看，宇宙是平的

平直宇宙

平行的光线最终会相交

有限的向内弯曲宇宙

正曲率宇宙

无限的马鞍形宇宙

平行的光线最终会远离

负曲率宇宙

宇宙的命运

宇宙膨胀与宇宙内所有物质向内的引力之间的平衡，决定了宇宙的膨胀是最终会停止并往回收缩，还是会永远持续下去。

天文学家曾经认为膨胀只是由大爆炸引起并必然会减速。但是在 20 世纪 90 年代，他们发现宇宙其实是在加速膨胀，加速膨胀的原因就是暗能量。

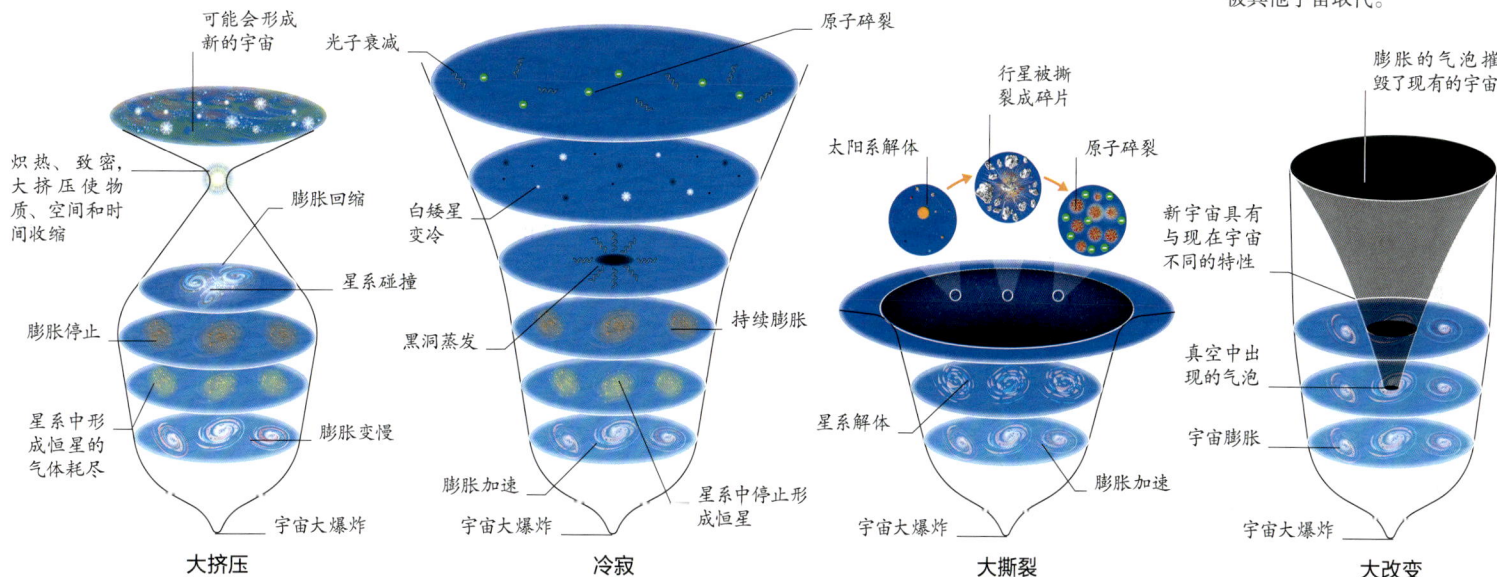

宇宙的未来

宇宙的命运一直是备受争论的话题。相互竞争的理论有宇宙可能会完全坍缩、逐渐冷却消失、自我撕裂、被其他宇宙取代。

可能会形成新的宇宙

炽热、致密，大挤压使物质、空间和时间收缩

膨胀回缩

星系碰撞

膨胀停止

星系中形成恒星的气体耗尽

膨胀变慢

宇宙大爆炸

光子衰减

原子碎裂

白矮星变冷

黑洞蒸发

持续膨胀

膨胀加速

宇宙大爆炸

星系中停止形成恒星

原子碎裂

行星被撕裂成碎片

太阳系解体

新宇宙具有与现在宇宙不同的特性

星系解体

膨胀加速

宇宙大爆炸

膨胀的气泡摧毁了现有的宇宙

真空中出现的气泡

宇宙膨胀

宇宙大爆炸

大挤压

引力使得膨胀减速并转为收缩。之后出现"大挤压"：星系碰撞、恒星死亡，之后再次宇宙大爆炸形成新的宇宙。

冷寂

宇宙会永远膨胀下去，随着宇宙逐渐冷却，停止形成新的恒星。

大撕裂

暗能量的力量一直增长，直至最终把所有物质撕裂。

大改变

现有宇宙中自主产生了一个新的宇宙，新宇宙膨胀并覆盖之前的宇宙。

观测宇宙

光与其他形式的电磁辐射（比如伽马射线和射电波）是我们研究与了解宇宙中其他天体的重要途径。望远镜与相关的设备以不同的方式收集并分析来自远处的光，是了解宇宙大小、年龄与如何形成等的重要仪器。

和银河系相似的旋臂

蓝色的天体是星团

遥远的星系

星系 NGC 1232 的光要行走 6000 万年才能到达地球，这为天文学家提供了一种观测过去的途径。

光学望远镜

发明于 17 世纪早期的望远镜能捕捉来自遥远天体的平行光并聚焦，生成一个放大的图像。收集光的透镜或镜片（物镜）越大，得到的图像就越亮越精细。

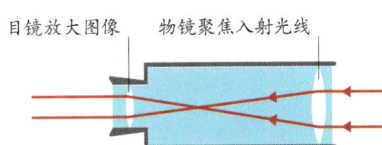

目镜放大图像　　物镜聚焦入射光线

折射望远镜

这种设计是使用一个玻璃透镜作为物镜，将光线偏折至焦点处，然后使用第二块透镜作为目镜将图像放大。

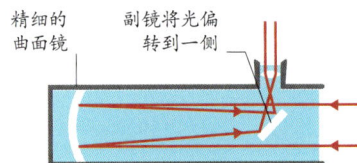

精细的曲面镜　　副镜将光偏转到一侧

反射望远镜

这种设计是使用一块弯曲的镜子作为主镜收集并聚焦光线，再使用副镜将光对准目镜。

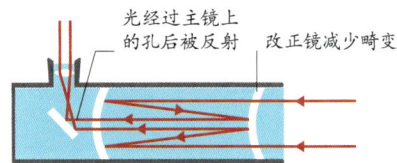

光经过主镜上的孔后被反射　　改正镜减少畸变

折反射望远镜

先进的望远镜设计将透镜状的前置改正镜与反射镜结合在一起，以减少光学畸变。

巨型望远镜

现代望远镜的特点是直径大、厚度薄，常常是由多个部分组成。欧洲南方天文台所管理的位于智利的帕拉纳尔天文台使用了干涉测量技术，将不同望远镜的观测结果结合，得到一张超清图像。

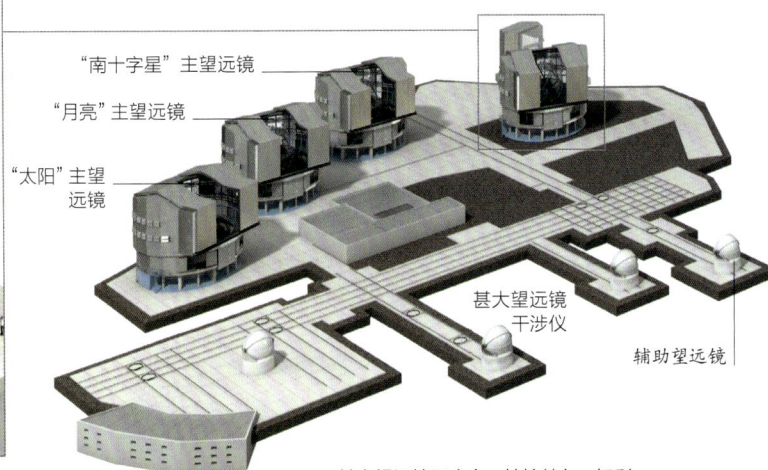

盒子状的天文台有可以关闭的房顶用于保护望远镜

电脑控制望远镜运动

8.2 米的主镜

甚大望远镜 (VLT) 是第一台直接观测系外行星的望远镜

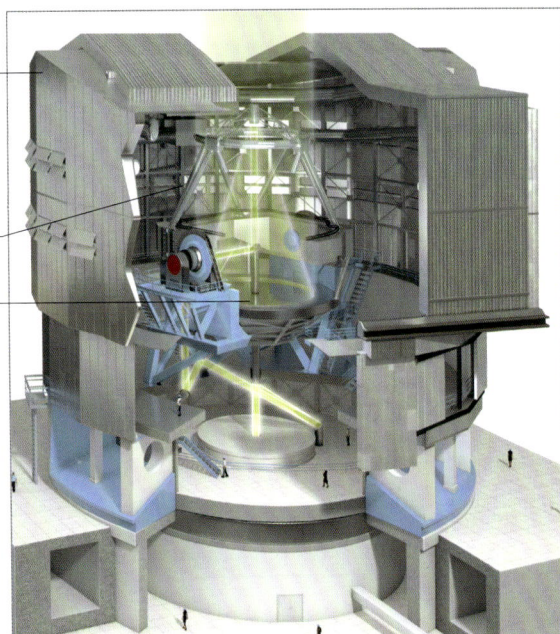

"明星"主望远镜

"南十字星"主望远镜

"月亮"主望远镜

"太阳"主望远镜

甚大望远镜干涉仪

辅助望远镜

甚大望远镜天文台，帕拉纳尔，智利

聚光面积

自 20 世纪 90 年代以来，随着制造技术和电脑控制技术的发展，反射望远镜主镜尺寸有了巨大的增长。这些进步提高了地基望远镜和空间望远镜拍摄照片的质量。

| 0 | 10 | 20 | 米 |
| 0 | 25 | 50 | 英尺 |

世界上最大的折射望远镜，透镜口径 1 米

叶凯士天文台

两台相同的 10 米口径望远镜

凯克望远镜

1993 年以前功能最强大的望远镜，反射镜口径 5 米

海尔反射望远镜

主镜由 36 块镜片组成，等效口径为 10.4 米

加那利大型望远镜

第一台组合镜面望远镜，后来被单镜面代替

多镜面望远镜

4 台口径 8.2 米的单镜面望远镜

甚大望远镜（VLT）

空间光学望远镜

哈勃空间望远镜

7 块口径 8.4 米的镜片构成的组合镜面

巨型麦哲伦望远镜

红外空间望远镜

詹姆斯·韦布空间望远镜

由 798 块镜片组成的组合镜面，等效口径为 39.3 米

欧洲极大望远镜

哈勃空间望远镜和一辆校车差不多大

地基射电望远镜

射电波的长波长让观测它们成为一项挑战。巨大的碟形天线将波汇聚到接收天线上，波在接收天线中产生微弱的电流。望远镜巡视天空制作射电辐射图。可联合多台射电望远镜得到更精密的图像。

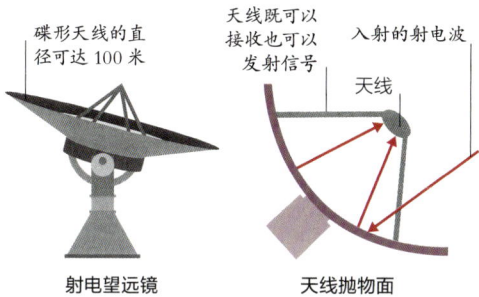

碟形天线的直径可达 100 米

天线既可以接收也可以发射信号

入射的射电波

天线

射电望远镜

天线抛物面

卫星天文台

望远镜位于绕地轨道或更远的位置，几乎可以不受日光或不好天气的影响连续观测。在大气层之上观测不仅可以确保得到最精密的图像，还能接收到那些在到达地基天文台之前就被阻拦或淹没的辐射。

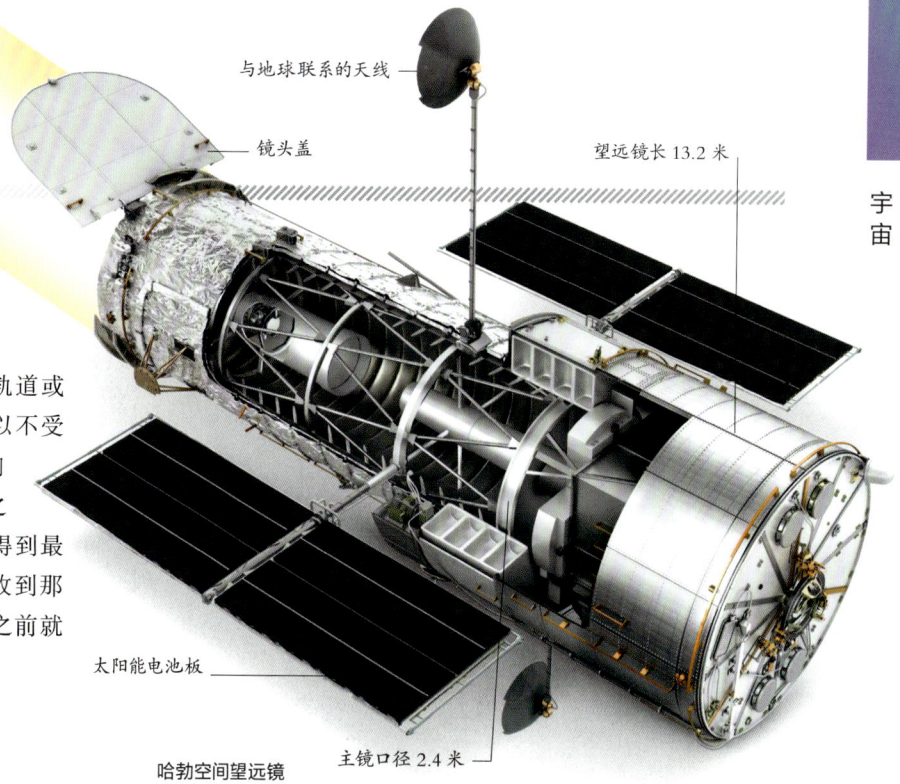

与地球联系的天线

镜头盖

望远镜长 13.2 米

太阳能电池板

主镜口径 2.4 米

哈勃空间望远镜

不同的波长

恒星的辐射主要集中在可见光波段，而其他温度更高或更低的天体所发出的波长更短或更长的辐射用眼睛看不见。这些辐射只有很少的部分能到达地面，其他的都被地球大气层挡住了。

二维分光

分光镜将不同波长的光偏折不同的角度，这样就可以分析其中的颜色组成（发射光谱）。天体能发射或吸收的光与组成该天体的原子和分子相关。

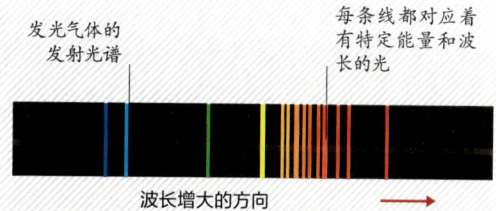

发光气体的发射光谱

每条线都对应着有特定能量和波长的光

波长增大的方向

600 千米

10 千米

山顶天文台减少了大气干扰的影响

地球大气对可见光波段透明

X 射线被大气中的气体阻拦

地面超纯水罐可以探测到伽马射线触发的粒子簇射

只有较长波长的信号才能完整地到达地面

射电波　微波　红外线　可见光　紫外线　X 射线　伽马射线

遮光板

反射镜

形成恒星的气体与尘埃

旋涡星系

红外望远镜

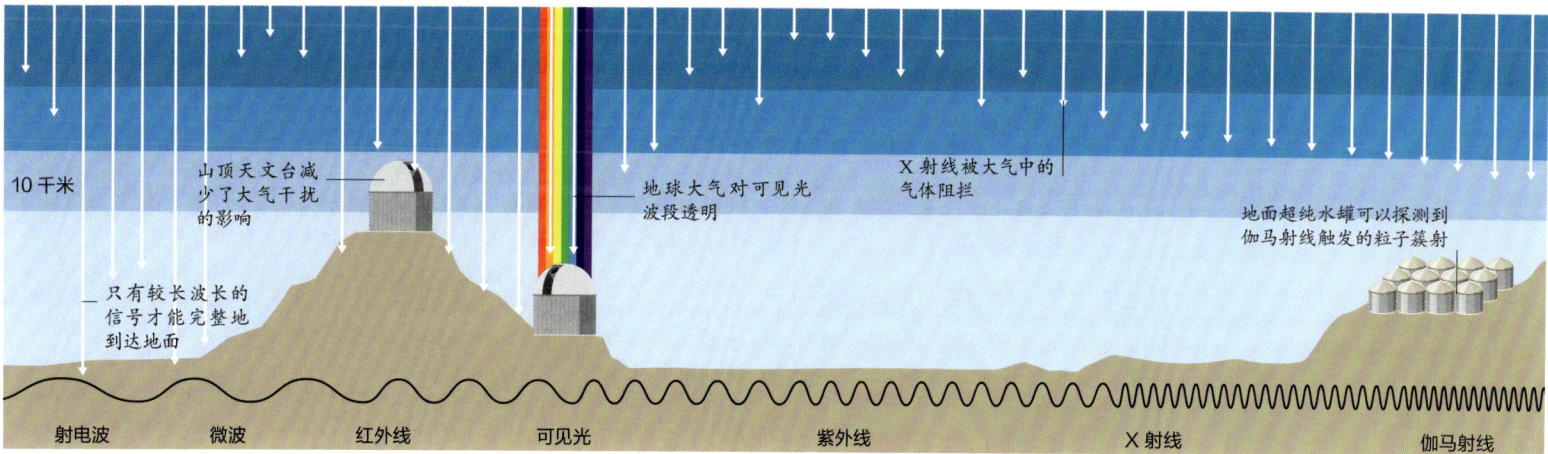

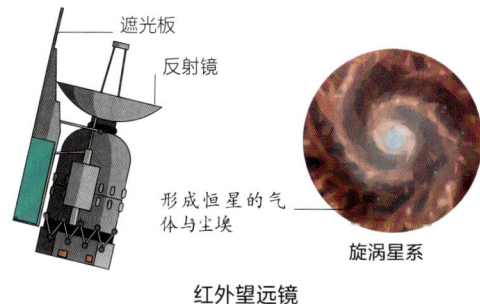

通过红外辐射能了解体积小、温度低的恒星与星际尘埃。为了避免望远镜自身的热量覆盖微弱的信号，卫星必须被制冷并隔热。

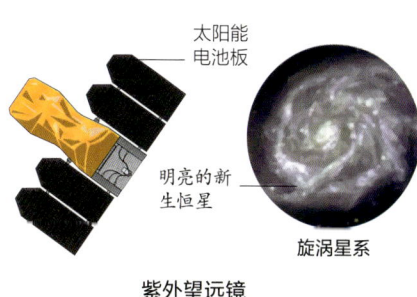

太阳能电池板

明亮的新生恒星

旋涡星系

紫外望远镜

质量远大于太阳的大质量恒星的辐射主要集中在光谱的紫外波段，但是绝大多数紫外光会被大气中的臭氧层拦截。

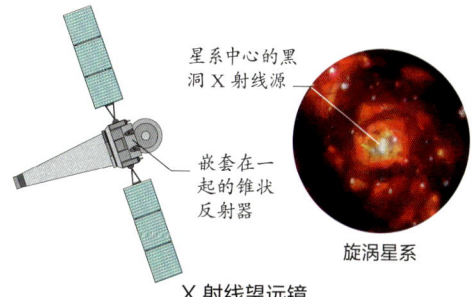

星系中心的黑洞 X 射线源

嵌套在一起的锥状反射器

旋涡星系

X 射线望远镜

X 射线能直接穿透反射镜，所以像钱德拉（1999年发射）这样的 X 射线天文台，使用可以使 X 射线汇聚的弯曲锥形体聚焦射线。

参见波：第 186—187 页 ▶　光与物质：第 188—189 页 ▶　宇宙的历史：第 294—297 页 ▶

空间探测

苏联与美国之间的太空竞赛被 1957 年 10 月发射的第一颗人造卫星引发，1969—1972 年的阿波罗登月计划将其推至顶峰。从那以后，空间探测更多聚焦于科学，将卫星和望远镜推入轨道，把宇航员送入太空执行长周期任务，向太阳系其他天体发射越来越复杂的无人探测器。

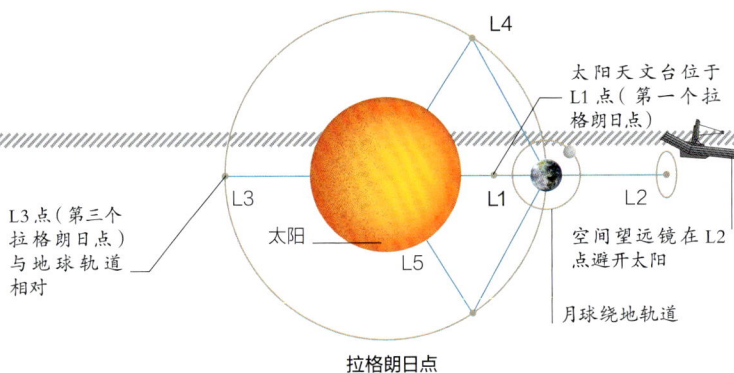

太阳天文台位于 L1 点（第一个拉格朗日点）

L4

L3 点（第三个拉格朗日点）与地球轨道相对

L3

太阳

L1

L5

L2

空间望远镜在 L2 点避开太阳

月球绕地轨道

拉格朗日点

约 18 世纪 70 年代，莱昂哈德·欧拉与约瑟夫 – 路易斯·拉格朗日发现两个天体引力的平衡点，在这里，第三个天体相对于其他两个天体基本保持静止。这些点后来被用来安置许多卫星与航天器。

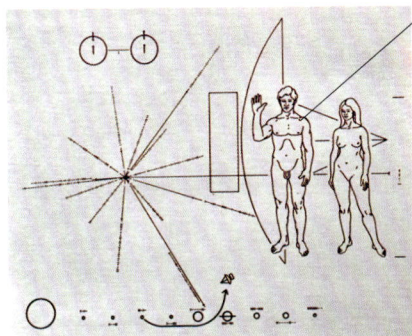

金属板上刻有地球位置信息与人类图像

1972 年 3 月，美国国家航空和航天局（简称 NASA）发射了先驱者 10 号，这是第一个飞掠木星的探测器。它传回了约 500 张图片。

先驱者 10 号携带的金属板

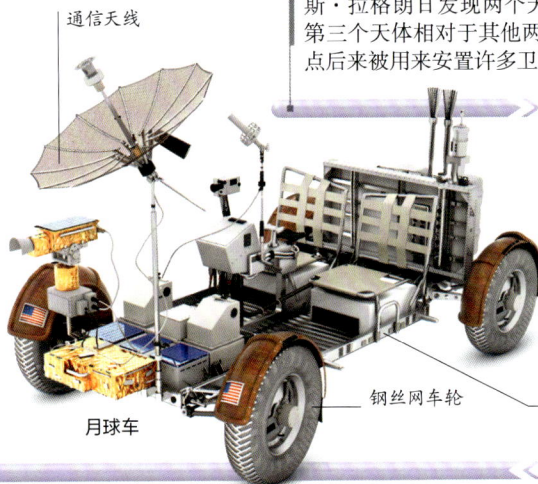

通信天线

1971 年 7 月，阿波罗 15 号宇宙飞船将美国第一辆月球车带到月球。让宇航员在月球表面可以探索更广阔的区域。

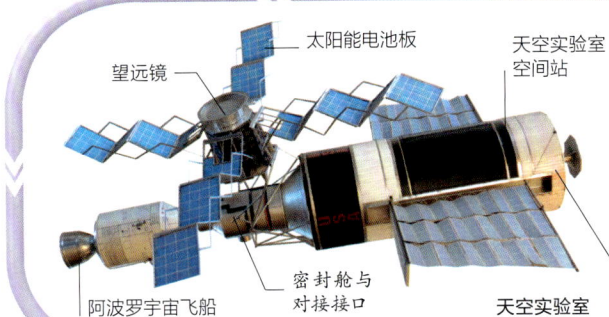

钢丝网车轮

轻质铝合金框架

月球车

太阳能电池板

天空实验室空间站

望远镜

密封舱与对接接口

阿波罗宇宙飞船

美国国家航空和航天局 1973 年 11 月发射的天空实验室是美国第一座空间站。在 9 个多月的时间内，有三批宇航员分别访问了空间站，在空间站内进行了数百次实验。

1973 年 12 月，美国国家航空和航天局发射了水手 10 号无人探测器，目的是飞掠最靠近太阳的水星，并测试在后续任务中使用的控制技术。

被改造的火箭箭体

天空实验室

1975 年 7 月，被土星 1B 运载火箭发射升空的美国阿波罗宇宙飞船与苏联联盟号宇宙飞船在地球轨道成功对接，这就是阿波罗 – 联盟测试计划，它标志着太空竞赛的结束。

两级火箭

土星 1B 运载火箭

2005 年 1 月，欧洲空间局的惠更斯号探测器以伞降的方式落到大气浓厚的土卫六表面上并传回图像。土卫六是土星最大的卫星。

射电天线

2004 年，美国国家航空和航天局的"双胞胎"火星车勇气号与机遇号在火星的两侧着陆。这两台无人探测器分别在火星表面探测了 6 年和 14 年。

导航与全景相机

2003 年 10 月，宇航员杨利伟乘坐神舟五号飞船进入太空，中国成为第三个能自主载人航天的国家。

按比例缩小的土星运载火箭

飞船总重量为 20820 千克

燃烧氢气的新引擎

太阳能电池板

多功能机械臂

显微照相机与化学光谱仪

全地形悬挂系统

勇气号火星车

2006 年 1 月，在执行了近 7 年的探测任务后，美国国家航空和航天局星尘号探测器的返回舱带回了怀尔德 2 号彗星的彗尾样品。随后，科学家对这些样品进行了研究，在其中发现的星际尘埃与形成太阳的物质类似。

2007 年 10 月，日本月亮女神号探测器进入月球轨道。在超过 20 个月的时间里，它传回了大量高分辨率的月面图，建立了月面的三维地图。

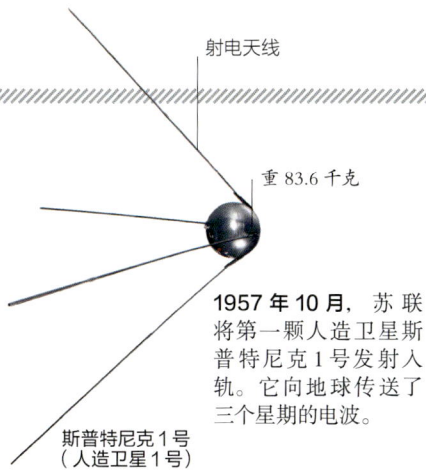

1957 年 10 月，苏联将第一颗人造卫星斯普特尼克 1 号发射入轨。它向地球传送了三个星期的电波。

重 83.6 千克

射电天线

斯普特尼克 1 号
（人造卫星 1 号）

1958 年 2 月，美国第一颗人造卫星探险者 1 号运行在比斯普特尼克 1 号更高的轨道上，并发现了两处由地球磁场产生的危险辐射带。

1961 年 4 月，尤里·加加林乘坐苏联东方一号宇宙飞船进入太空，成为进入太空并环绕地球飞行的第一人。

尤里·加加林

1965 年 3 月，苏联宇航员阿列克谢·列昂诺夫成为第一位太空行走者，他在上升 2 号宇宙飞船外待了 12 分钟。

隐蔽式压力服

生命保障系统供应口

结实但灵活的外层

阿波罗号的宇航服

1971 年，苏联发射了世界上第一个空间站礼炮 1 号。然而，运送宇航员进入礼炮 1 号的任务以三名宇航员的死亡而告终。

死亡的宇航员

礼炮 1 号邮票

1970 年 11 月，在输掉载人登月的竞赛后，苏联的月球车 1 号登陆月球，这是第一辆开展月球表面探测的无人月球车。

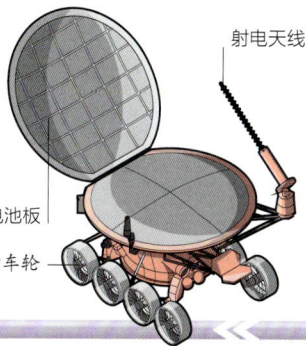

射电天线

太阳能电池板

8 个分开的车轮

月球车 1 号

1969 年 7 月，在美国阿波罗 11 号的登月任务中，尼尔·阿姆斯特朗和巴兹·奥尔德林成为首次月球漫步的人。

波音 747 改成的运输飞机

滑翔式的航天飞机

企业号航天飞机

1976 年 9 月，美国国家航空和航天局首次展示了新型航天飞机的原型企业号，用于新型航天飞机再入测试。

1981 年 4 月，美国发射了哥伦比亚号航天飞机，它是美国可重复使用航天飞机编队中的第一架，它们为美国接下来 30 年的太空探索提供服务。

哥伦比亚号航天飞机

1990 年 4 月，哈勃空间望远镜由发现号航天飞机带到太空。哈勃空间望远镜被证明是一个非常重要的研究工具，也是历史上第一个进入太空的大型光学望远镜。

太阳能电池阵列

空间站美国舱段

曙光号功能货舱

国际空间站

2001 年 2 月，美国国家航空和航天局的会合 – 舒梅克号探测器降落在近地小行星爱神星上，成为第一个登陆小行星的探测器。

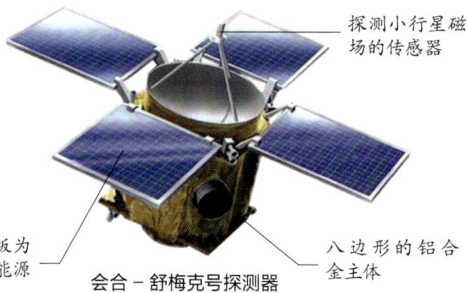

探测小行星磁场的传感器

太阳能电池板为探测器提供能源

八边形的铝合金主体

会合 – 舒梅克号探测器

2000 年 11 月，国际空间站首批常驻宇航员的到来和第一长期考察组工作的启动，标志着人类在太空中连续活动近 20 年的开始。

1998 年 11 月，俄罗斯曙光号功能货舱的发射标志着国际空间站开始建设，两周后与由奋进号航天飞机送入太空的团结号节点舱成功对接。

被撞击而四散的富水物质

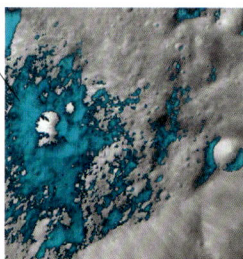

2008 年 10 月，印度空间研究组织发射了印度首颗月球卫星。这颗卫星用 10 个月的时间勘测月球表面的矿物。

月球矿物学

2011 年 9 月，中国发射了自己的第一个空间站天宫一号。在接下来的两年里，它被无人飞船访问一次，被载人飞船访问两次，其中一次载人任务搭载了中国首位女航天员 *。

2013 年 12 月，欧洲空间局发射了盖亚卫星，它利用恒星视差，即恒星在方向上微小的变化来测量数十亿颗恒星的距离。

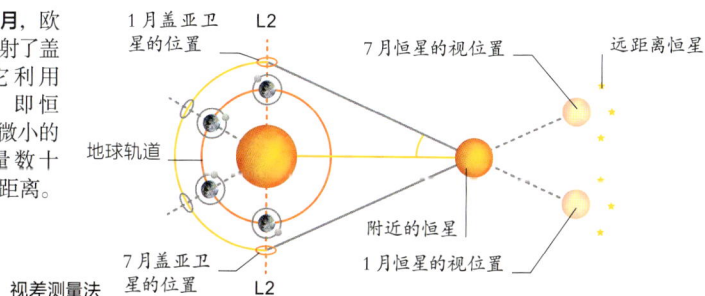

1 月盖亚卫星的位置   L2

7 月恒星的视位置

远距离恒星

地球轨道

7 月盖亚卫星的位置   L2

附近的恒星

1 月恒星的视位置

视差测量法

* 编者注："航天员"与"宇航员"在本质上没有区别，但在不同的国家和地区这两个词的使用有所不同，中国采用"航天员"这一称呼，故作区分。

◀ 参见观测宇宙：第 34 — 35 页　太阳系探测任务：第 38 — 39 页 ▶

太阳系探测任务

现在，太阳系是宇宙中人类唯一可以直接探索的区域，以补充从遥远恒星、星系发出的光及其他形式辐射中收集的信息。在对太阳系的探索中，人类已经成功登陆月球，但也仅限于月球。人类已经制造了多种多样的无人探测器去探索太阳系其他行星和小天体，加深我们对邻近天体的认识。

月球探测任务

美国在 1969 年至 1972 年间将 12 位宇航员送上了月球，是人类探索宇宙所取得的重大成就之一。这距第一颗人造卫星发射仅过了 12 年，距尤里·加加林第一次进入太空仅过了 8 年。美国的登月探测任务带回了非常有价值的科学数据，其中就有揭示了太阳系起源与历史的岩石样本。

空间实验室

20 世纪 70 年代以来，人类的太空飞行被限制在近地轨道上，距离地球表面只有几百千米。为实现地球附近空间的科学考察，了解并利用在轨的失重状态，需要更大的航天器来支撑宇航员执行长周期任务。在苏联发射了一系列越来越复杂的空间站的同时，美国国家航空和航天局制造了一批能重复使用的航天飞机。自 1998 年以来，有来自许多国家的宇航员在国际空间站（国际空间站是由美国、俄罗斯、

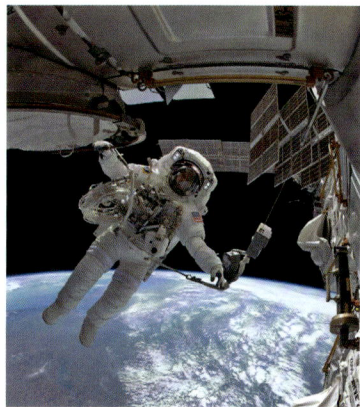

宇航员离开国际空间站，开始太空行走

◄ 探索月球

1971 年，执行阿波罗 15 号任务的宇航员大卫·斯科特。在后续的阿波罗任务中使用的月球车（背景）来扩大探索范围。

欧洲、日本和加拿大的航天机构联合运营的一个项目）进行实验。

着陆器和探测车

第一批月球探测器的目标仅仅是撞击月球表面并传回最后阶段拍摄的照片。

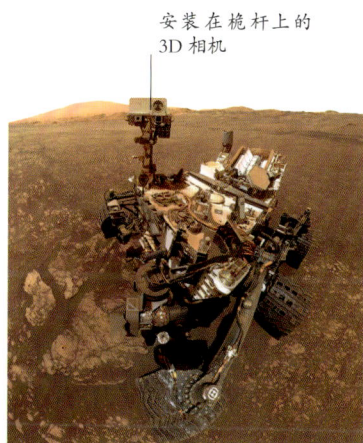

安装在桅杆上的 3D 相机

美国国家航空和航天局的好奇号火星车

但科学家很快就研制了更复杂的软着陆器。在 20 世纪 70 年代，以金星和火星为目标开展的类似任务，都取得了不同程度的成功。苏联第一批金星号探测器在地狱般的金星大气中下降时被损坏，但后来的探测器中有一个幸存了一段短暂的时间，并传回了金星大气和地貌的信息。

美国国家航空和航天局的海盗号火星探测器取得了极大的成功，"双胞胎"探测器在 1976 年登陆火星后，分别收集数据至 1980 年和 1982 年，工作时间远远超出任务设计的 90 天。2005 年，在太阳系更远的地方，欧洲空间局的惠更斯号传回了土星卫星——土卫六表面结冰的地形照片，传输持续了数小时。自 20 世纪 90 年代以来，几个以火星为目标的探测器都携带了像好奇号火星车那样的机器人探测车。火星车能探测更广的区域，可以拍摄和分析更多的行星表面。

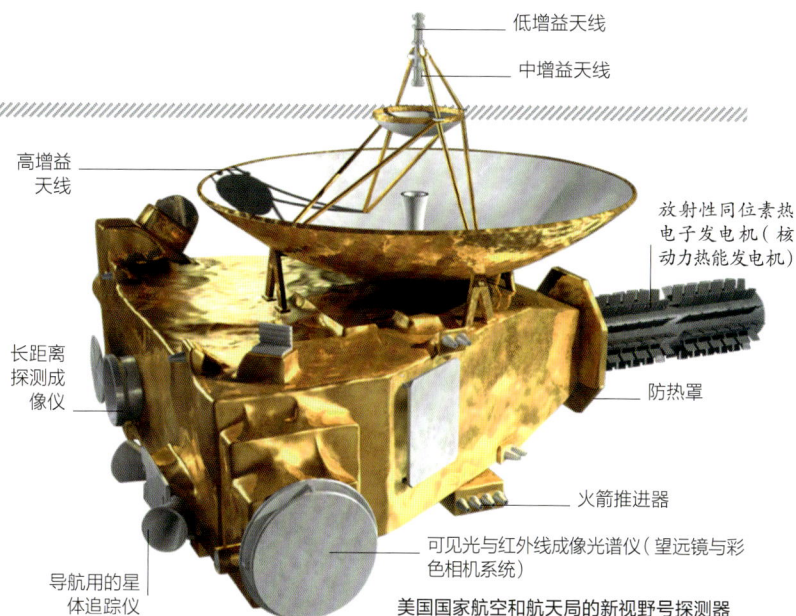

低增益天线
中增益天线
高增益天线
放射性同位素热电子发电机（核动力热能发电机）
长距离探测成像仪
防热罩
火箭推进器
可见光与红外线成像光谱仪（望远镜与彩色相机系统）
导航用的星体追踪仪

美国国家航空和航天局的新视野号探测器

轨道飞行器

研究其他太阳系天体最好的办法之一就是将探测器送入该天体的轨道，这样就能长期观测研究。轨道飞行器会面临一个很大的挑战：它必须携带引擎与燃料，在经过高速的太空飞行后，才能减速被目标天体的引力俘获。1971 年发射的水手 9 号探测器，第一次揭示了火星的火山、大峡谷及古老的河床，后续的探测器则绘制了更精细的火星地图。在 20 世纪 90 年代早期，麦哲伦号探测器使用雷达穿透金星大气揭示了金星表面细节。伽利略号（1989—2003 年）和卡西尼号（1997—2017 年）探测木星和土星的任务不限于观测两颗巨行星，还观测了它们大量的卫星与土星壮丽的光环系统。

飞掠任务

太空探测中的飞掠任务就是将探测器发射到一条能快速经过行星、小行星或彗星的轨道上，提供一次短暂但近距离观测的机会。著名的飞掠任务有：1959 年的月球 3 号探测器拍到了月球背面的图像；1965 年水手 4 号传回了火星的特写镜头；水手 10 号在 1974—1975 年分别飞掠了金星和水星；先驱者 10 号在 1973 年实现了首次木星飞掠，1979 年先驱者 11 号利用飞掠木星的机会改变了航向和速度，向着土星而去；旅行者 2 号更进一步地使用了这项技术，在 1979—1989 年，通过一系列引力弹射，经过了木星、土星、天王星和海王星。飞掠是小重量、高速度探测器探测的理想解决方案，例如在 2015 年，美国国家航空和航天局的新视野号探测器飞掠冥王星，它只用了不到 10 年的时间就飞到了太阳系的边缘。

> "我们在宇宙海洋的海岸逗留的时间已经足够长了，终于准备好起航去寻找星辰了。"
>
> 卡尔·萨根，《宇宙》，1980

彗星和小行星探测任务

第一次彗星飞掠是一支国际探测器"舰队"在 1986 年对哈雷彗星探测时实现的。2000 年，会合－舒梅克号探测器开始了为期 1 年的绕爱神星探测任务。像曙光号小行星探测器绕小行星灶神星和谷神星运行任务，罗塞塔号探测器着陆绕日彗星的任务都获得了大量的观测发现。

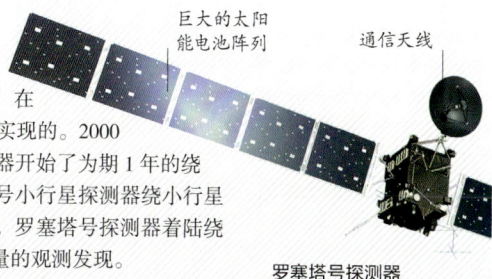

巨大的太阳能电池阵列
通信天线

罗塞塔号探测器

◄ 参见空间探测：第 36—37 页

星座

绘制星图

古代的观星者根据天空中不同的恒星组合想象出不同的图案，依据这些不同的图案划分出一个个星座。今天，整个天空被分成 88 个星座，星座之间有精确的边界以保证每一颗恒星都对应一个星座。星组是由星座中最亮的那些恒星组成的图案。晚上特定的时间能看到什么星座取决于观测者在地球上的位置及太阳在周年运动中所处的位置。

天球

天文学家将天空绘制为以地球为中心的"天球"的内部。当地球绕轴自转时，天空每天自转一次。与此同时，地球的年轨道意味着太阳在一年中沿着一条被称为黄道的路径出现在不同的星座上。

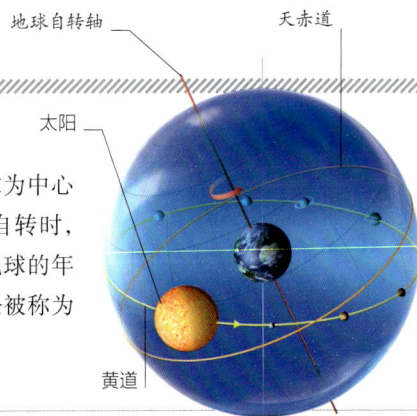

地球自转轴　天赤道

太阳

黄道

北极天空

北天极附近的恒星对于大多数北半球的观测者来说整年可见。这些恒星不会从地平线下升起，也不会落到地平线以下去，只是在围绕着北天极旋转时变换着方位，它们被称为拱极星。

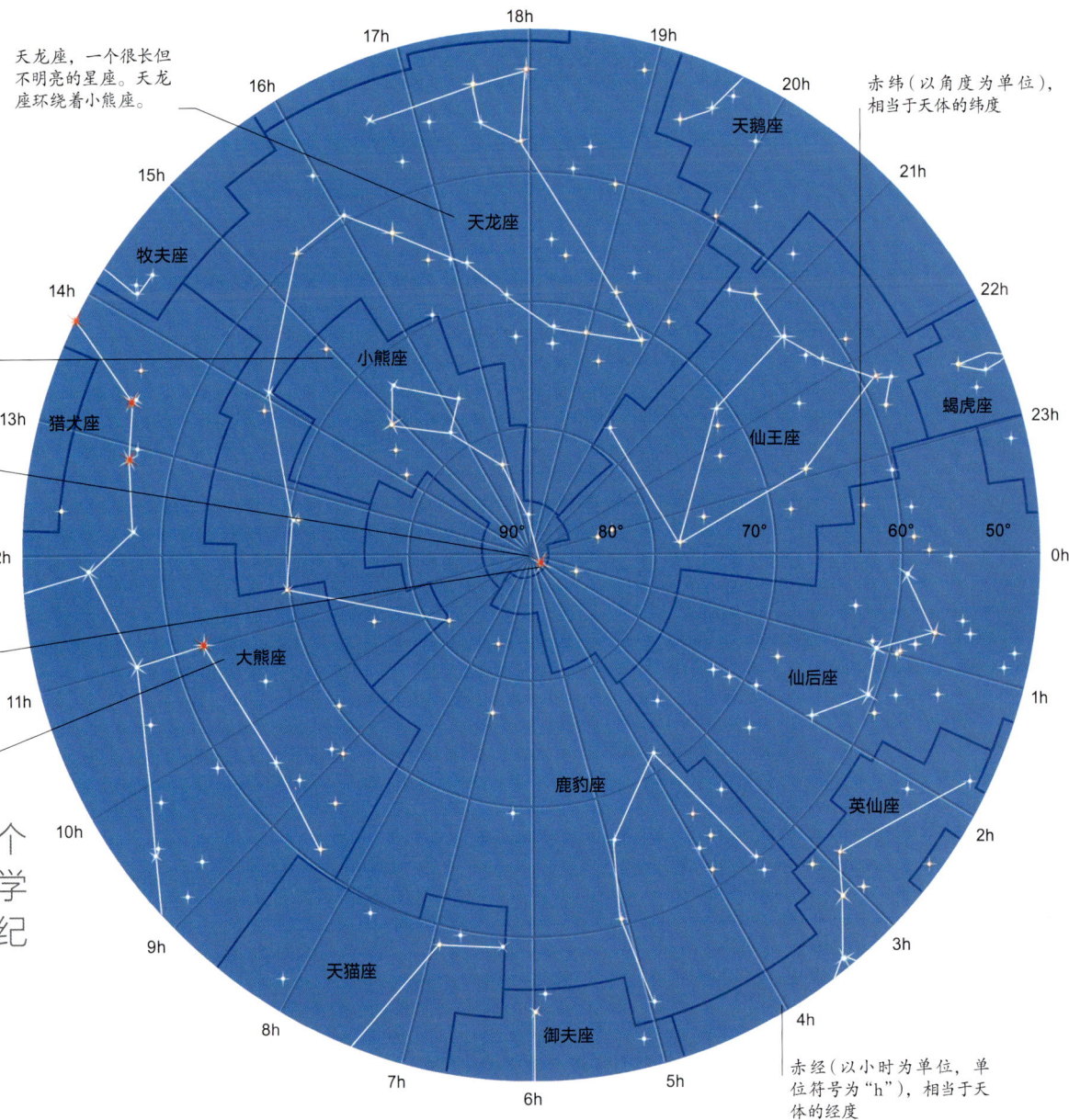

现代 88 星座中有 48 个星座来源于古希腊天文学家托勒密在公元 2 世纪编制的星座表

天龙座，一个很长但不明亮的星座。天龙座环绕着小熊座。

赤纬（以角度为单位），相当于天体的纬度

小熊座，北极星位于小熊尾巴尖上

北天极，与地球北极相对应

勾陈一（北极星），离北天极距离不到半度

大熊座，北斗七星就位于大熊座

赤经（以小时为单位，单位符号为"h"），相当于天体的经度

天鹅座　天龙座　牧夫座　小熊座　猎犬座　仙王座　蝎虎座　仙后座　大熊座　鹿豹座　英仙座　天猫座　御夫座

✦ 亮星

星座	恒星	星等
大熊座	玉衡	1.77
大熊座	天枢	1.79
大熊座	摇光	1.86
小熊座	北极星	1.98（平均）
大熊座	开阳	2.04

位置

星等

天文学家使用星等来描述星星在天空中的亮度。星等数字越小，星星越亮。最亮的星可以有负的星等（小于 0 的数字）。裸眼可见星星的亮度可以从 –1.46 等（天狼星的亮度，夜空中最亮的恒星）一直到 6 等左右。

◀ 参见太阳系：第 12—13 页　◀ 银河系：第 26—27 页

观看星座

地球的大小决定了我们在同一时刻只能看到半个天球。对于地球上绝大多数地方而言，天球的可见区域会随着地球自转而变化。对于一个特定地方的观测者来说，有些过于偏北或偏南的恒星永远也没有机会看到。

整个星座不可见
部分星座可见
整个星座可见

地球上不同区域大犬座的可见性

大犬座

南极天空

南天拱极星对于大部分南半球的区域是恒显星，但对于北半球来说则是恒隐星。和北天拱极星一样，南天拱极星也是不升不落，只随时间变化改变方位。

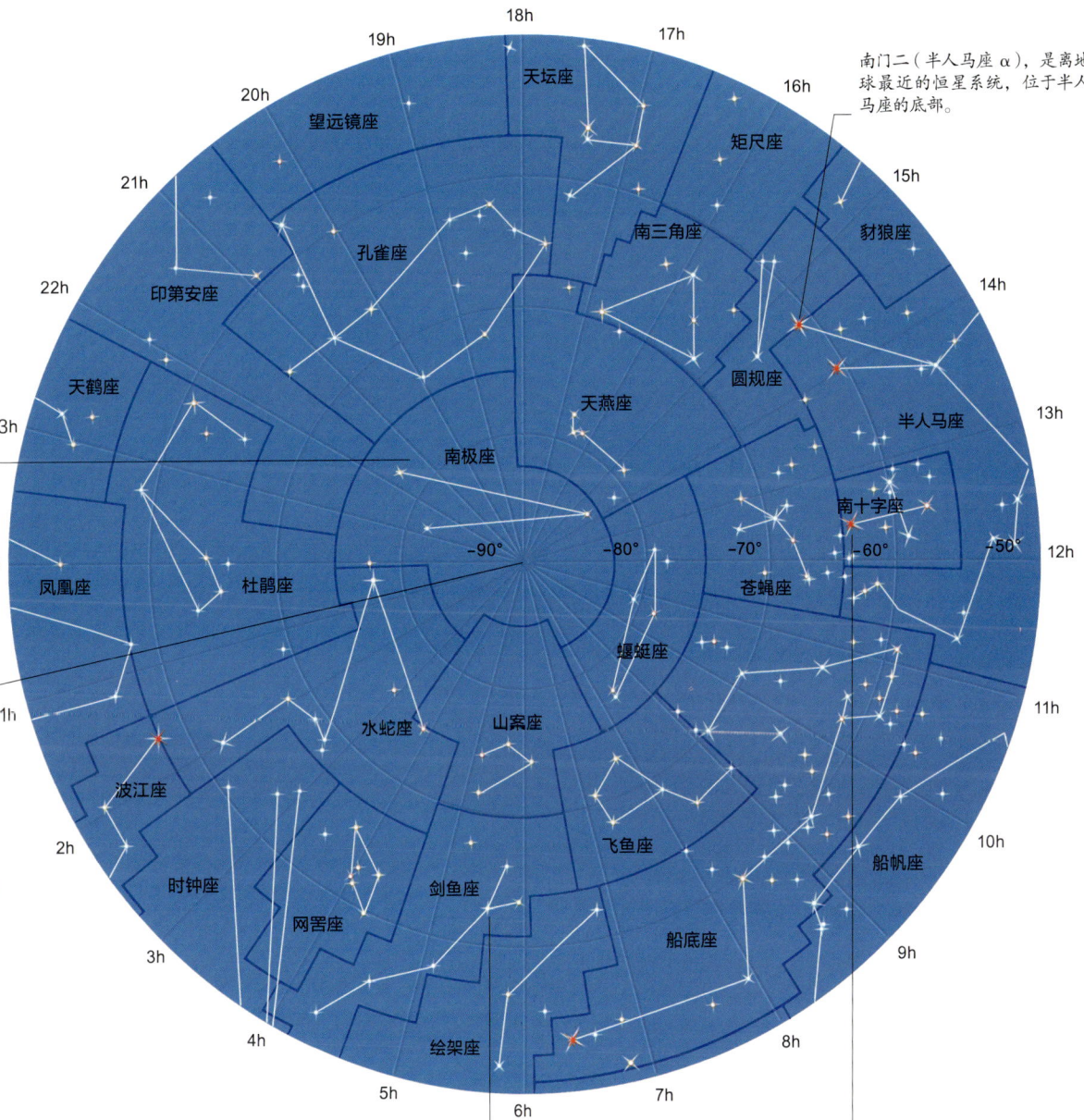

南门二（半人马座 α），是离地球最近的恒星系统，位于半人马座的底部。

南极座，南天极所在的星座。其中三颗星组成的三角形象征八分仪（一种航海仪器）

南天极附近没有类似北天极附近的勾陈一那样的亮星

南天极附近的星座主要是欧洲的探险家和天文学家从 16 世纪开始编制的

剑鱼座，银河系的卫星星系大麦哲伦云就位于此星座

南十字座，南天星空中最明亮、最负盛名的星座

✳ 亮星

星座	恒星	星等
船底座	老人星	−0.74
半人马座	南门二	0.27
波江座	水委一	0.46（平均）
半人马座	马腹一	0.61
南十字座	十字架二	0.76

位置

参见航海历史：第 280－281 页 ▶

» 星座（续）

赤道带星空：九月、十月、十一月

太阳沿着黄道运动，这意味着除了北极附近的星座，一年中的不同时间会有不同的星座出现在天空中。秋季是飞马座和鲸鱼座这两个大星座最显眼的季节。北半球的观测者可以看到这两个星座高挂在南方天空，而南半球的观测者会发现它们上下颠倒出现在北部天空。

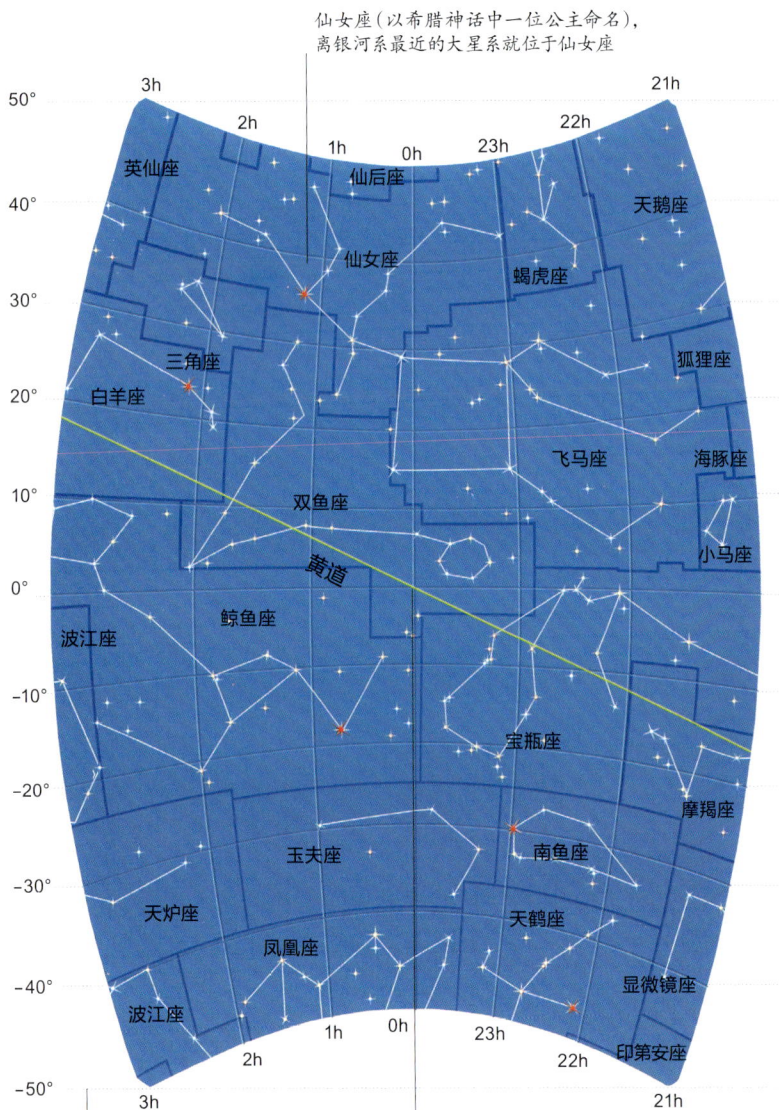

赤道带星空：六月、七月、八月

七月前后，一条炫丽宽阔的银河（银河系的银道面）横跨南北，穿过天鹅座、天鹰座、盾牌座、人马座和天蝎座。在这些星座及它们相邻的星座中，有很多星团和正在形成恒星的星云。银河系中心看起来是在人马座，这里有银河系中最致密、最明亮的星云。

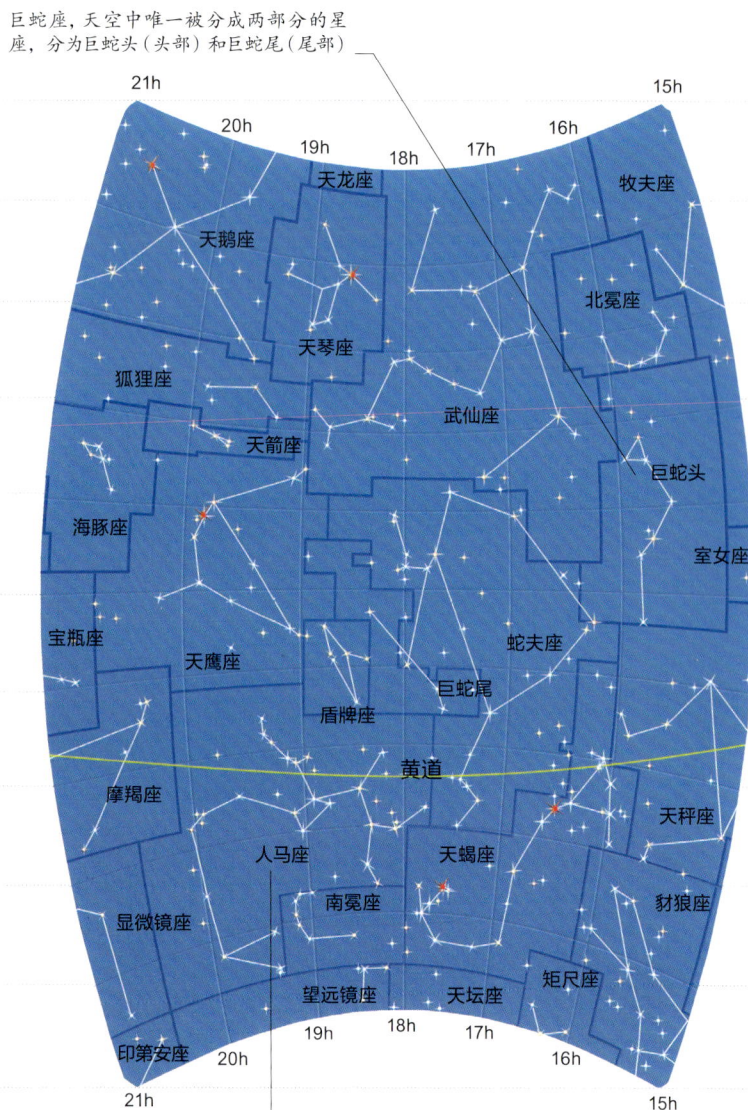

仙女座（以希腊神话中一位公主命名），离银河系最近的大星系就位于仙女座

巨蛇座，天空中唯一被分成两部分的星座，分为巨蛇头（头部）和巨蛇尾（尾部）

赤纬（以角度为单位），相当于天体的纬度

春分点，图中位于双鱼座。赤经以春分点为起点（以小时为单位），相当于天体的经度

银河系的中心看起来是在人马座，距离地球 27000 光年

★ 亮星

星座	恒星	星等
南鱼座	北落师门	1.16
天鹤座	鹤一	1.74
白羊座	娄宿三	2.00
鲸鱼座	土司空	2.02
仙女座	奎宿九	2.05（平均）

位置

★ 亮星

星座	恒星	星等
天琴座	织女星	0.03（平均）
天鹰座	河鼓二（牛郎星）	0.76
天蝎座	心宿二	0.96（平均）
天鹅座	天津四	1.26（平均）
天蝎座	尾宿八	1.62

位置

◀ 参见太阳系：第 12—13 页 ◀ 银河系：第 26—27 页

飞马座的样子一般是画成倒立的样子——只有南半球的观测者能看到正立的飞马座

赤道带星空: 三月、四月、五月

四月前后天空中的星座为看向银河系之外提供了绝佳的机会。观测者此时的视线远离了拥挤的银盘，透过相对稀少的前景天体，可以看到数百万光年以外的河外星系。通过望远镜，在离本星系团最近的后发-室女星系团中，可以拍摄到很多星系。

赤道带星空: 十二月、一月、二月

在岁末年初之际，可以看到银河的另外一部分，这里同样富含星团与星云。银河穿过了很多亮星云集的星座，如英仙座、御夫座、猎户座和大犬座。猎户座是希腊神话中的猎人，他带着大犬座和小犬座这两条猎狗一起面朝着金牛座——一个由其他亮星组成的星座。

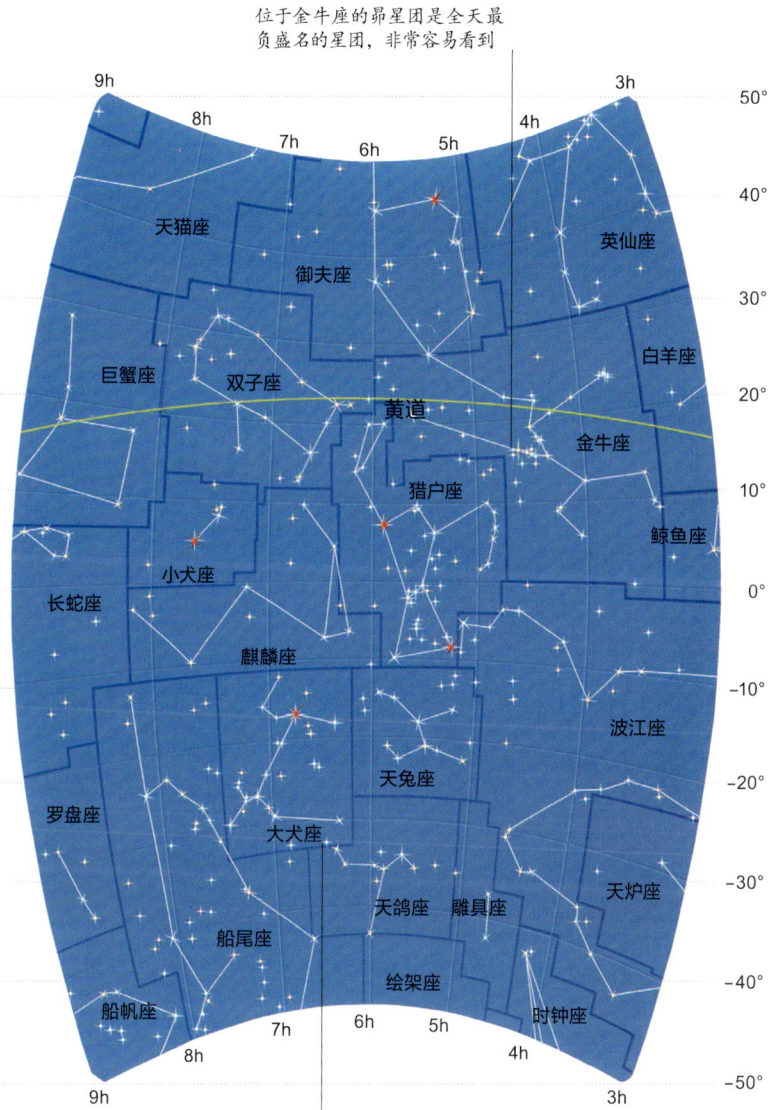

长蛇座，天空中长度最长、面积最大的星座

位于金牛座的昴星团是全天最负盛名的星团，非常容易看到

室女座，离地球最近的星系团就位于室女座，距离地球约5000万光年

大犬座，天狼星——夜空中最亮的恒星就位于大犬座

✳ 亮星

星座	恒星	星等
牧夫座	大角星	−0.05
室女座	角宿一	0.97（平均）
狮子座	轩辕十四	1.39
长蛇座	星宿一	2.00
狮子座	轩辕十二	2.08

位置

✳ 亮星

星座	恒星	星等
大犬座	天狼星	−1.46
御夫座	五车二	0.08（平均）
猎户座	参宿七	0.13（平均）
小犬座	南河三	0.34
猎户座	参宿四	0.50（平均）

位置

参见航海历史: 第 280—281 页 ▶ **43**

地球

地球内部

地球内部主要由少数几种元素组成。其中，最重要的是氧、硅、铝、铁、钙、钾、钠和镁，其他元素的含量较少。尽管这些物质来自太阳形成后不久绕其旋转的尘埃和气体，但经过 45 亿年的化学和地质作用过程，它们已转化为复杂多样的岩石和矿物。不同的热量、压力和化学成分使地球内部在不同的深度具有不同的特性，从而形成了三层结构：岩石地壳、地幔和部分熔融的金属地核。外核中翻腾的铁产生的电流形成了地球的磁场。

地球的化学成分

在地球形成的过程中，重的元素倾向于向地球中心下沉，而轻的元素则倾向于向地壳上升。因此，地壳和地幔中富含硅和轻金属的矿物，而重金属则主要集中在地核。

陆壳

洋壳

地幔

地核

图例

- 二氧化硅
- 氧化铝
- 铁和氧化铁
- 氧化钙
- 氧化镁
- 氧化镍
- 其他

地震波

地质学家通过探测地震引起的地震波在地球中的传播路径来研究地球的内部结构。当波穿过地球内层时，由于每一层都有不同的特性，因此波的速度也会改变。

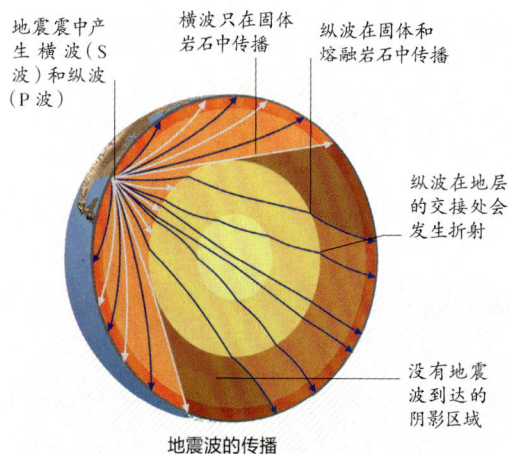

地震震中产生横波（S波）和纵波（P波）

横波只在固体岩石中传播

纵波在固体和熔融岩石中传播

纵波在地层的交接处会发生折射

没有地震波到达的阴影区域

地震波的传播

地球的圈层

依据化学成分、热量和重力特征，将地球分成了多个圈层，从固态内核到液态海洋和气态大气层。

地壳被分割成多个构造板块，这些板块在上地幔岩层上缓慢移动

地球表面的液态水自然流向低洼的湖泊和海洋盆地

大气圈延伸到大约 10000 千米，但是大部分气体集中在对流层——最底层，离地面约 9~17 千米

地球的水圈容积为 13.86 亿立方千米

大气圈

◀参见**岩质行星**：第 14—15 页　◀**太阳**：第 20—21 页

温度和压力会削弱地幔中
岩石的机械强度，使其
保持固体状态的同时，能
够拉伸和流动

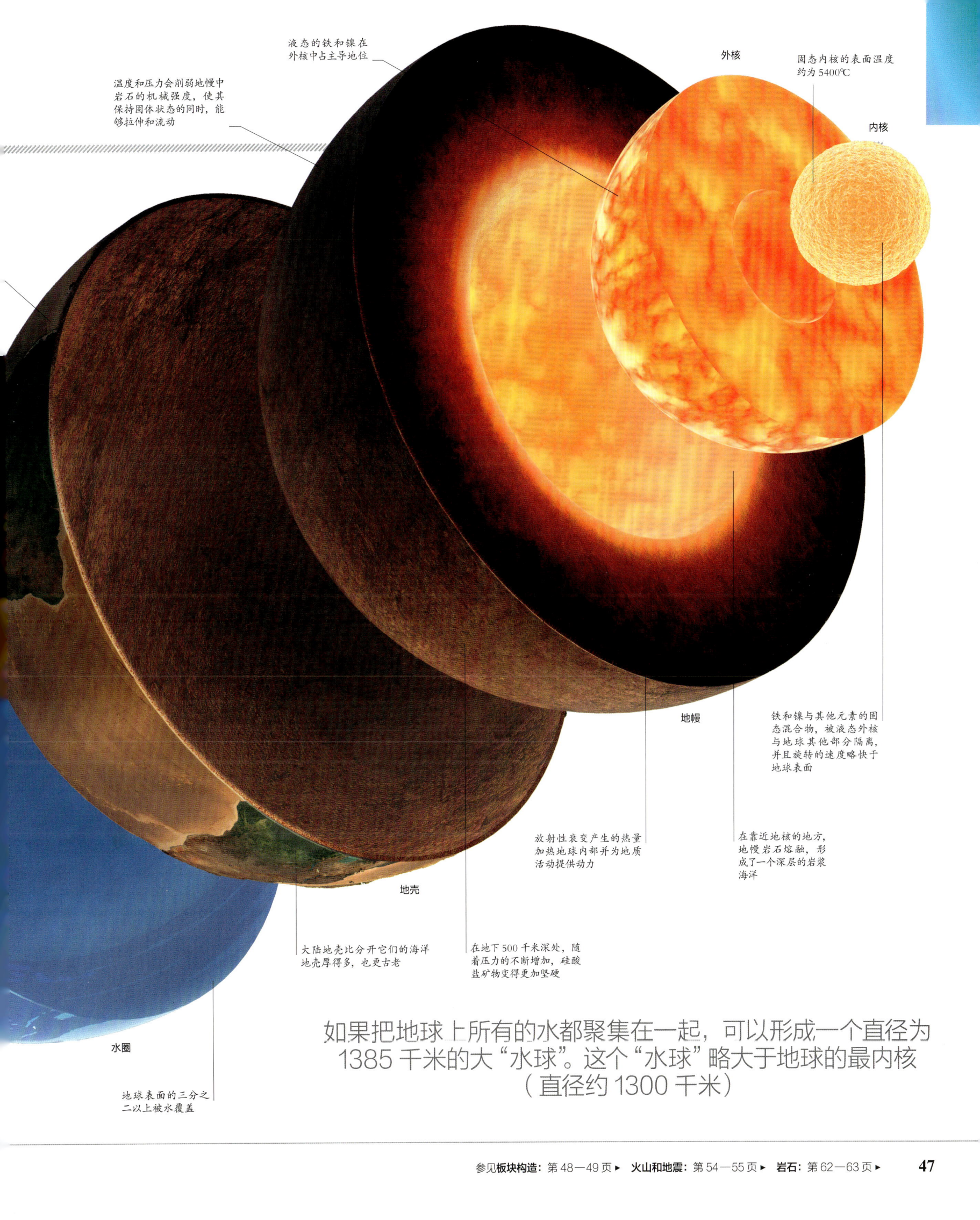

液态的铁和镍在
外核中占主导地位

外核

固态内核的表面温度
约为 5400℃

内核

温度和压力会削弱地幔中
岩石的机械强度，使其
保持固体状态的同时，能
够拉伸和流动

铁和镍与其他元素的固
态混合物，被液态外核
与地球其他部分隔离，
并且旋转的速度略快于
地球表面

地幔

放射性衰变产生的热量
加热地球内部并为地质
活动提供动力

在靠近地核的地方，
地幔岩石熔融，形
成了一个深层的岩浆
海洋

地壳

大陆地壳比分开它们的海洋
地壳厚得多，也更古老

在地下 500 千米深处，随
着压力的不断增加，硅酸
盐矿物变得更加坚硬

水圈

如果把地球上所有的水都聚集在一起，可以形成一个直径为
1385 千米的大"水球"。这个"水球"略大于地球的最内核
（直径约 1300 千米）

地球表面的三分之
二以上被水覆盖

参见**板块构造**：第 48—49 页 ▶   **火山和地震**：第 54—55 页 ▶   **岩石**：第 62—63 页 ▶

板块构造

地球表面被一层薄薄的固体岩石所覆盖，称为地壳。它不是一个完整的壳，而是由称为构造板块的部分组成。这些板块不是固定的，而是相对于彼此缓慢移动。板块的运动塑造了大地貌特征，例如海沟和山脉。

地球板块

地球表面总共有几十个板块，但大部分被七个主要的构造板块所覆盖。下图标记了较大的几个板块。其他较小的板块被称为微板块，它们构成了地壳中容易发生地震的不稳定部分。地震是由板块边界的突然运动引起的。

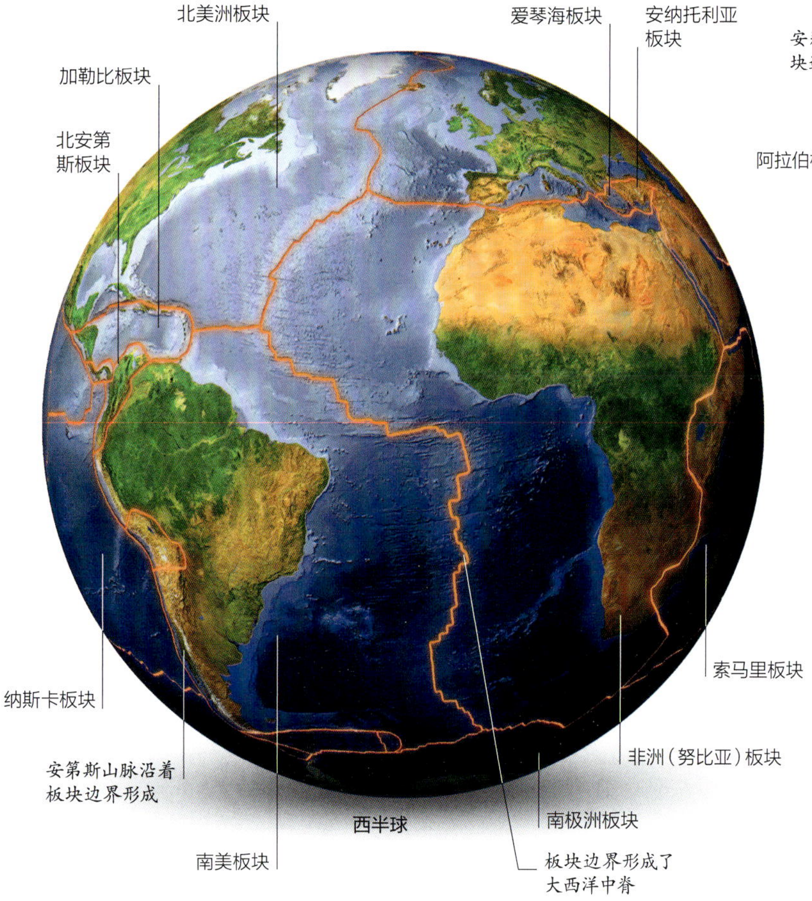

北美洲板块
爱琴海板块
安纳托利亚板块
加勒比板块
北安第斯板块
纳斯卡板块
安第斯山脉沿着板块边界形成
南美板块
西半球
索马里板块
非洲（努比亚）板块
南极洲板块
板块边界形成了大西洋中脊

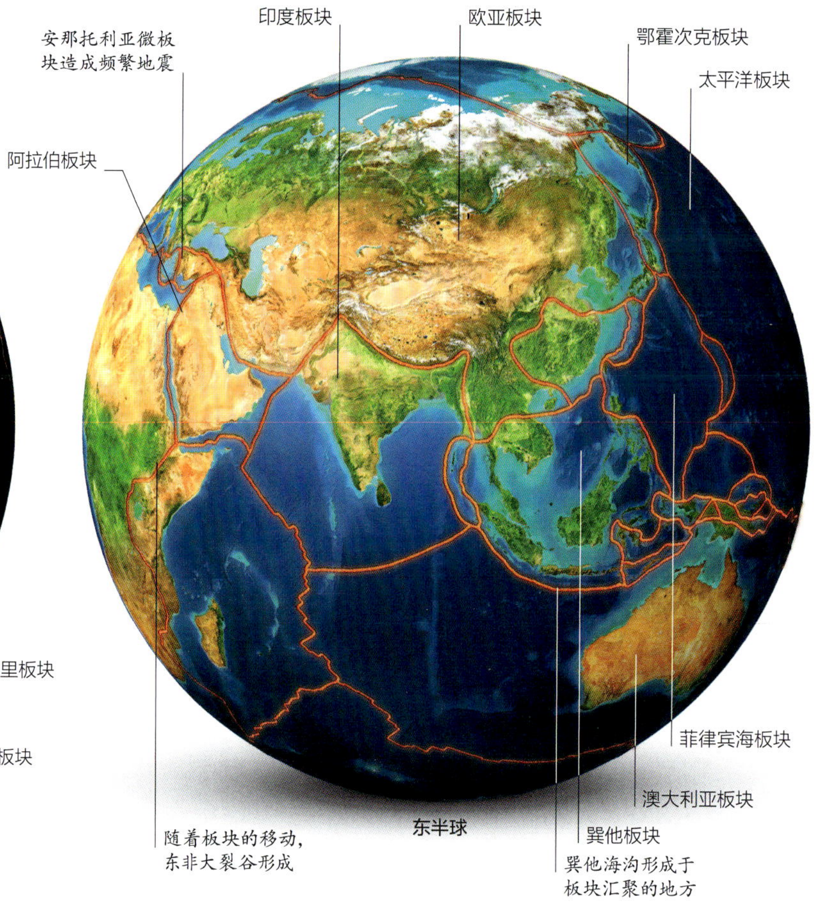

安那托利亚微板块造成频繁地震
印度板块
欧亚板块
鄂霍次克板块
太平洋板块
阿拉伯板块
菲律宾海板块
澳大利亚板块
巽他板块
巽他海沟形成于板块汇聚的地方
东半球
随着板块的移动，东非大裂谷形成

板块如何移动

在固体地壳下面是一个更深的层，叫地幔（参见第46—47页）。来自地核的热量使地幔中的岩石保持永久流体状态。构造板块漂浮在这种流体物质上，并在缓慢上下穿过地幔的对流作用下而移动。

在复活节岛附近，太平洋板块和纳斯卡板块之间的裂缝每年以15厘米的速度扩张

向下的热流将地壳拖入地幔，并在那里熔化
地表板块随着上地幔的运动而漂移
向上的地幔柱迫使板块分开
板块
热物质从下地幔升起
上地幔
下地幔
地核

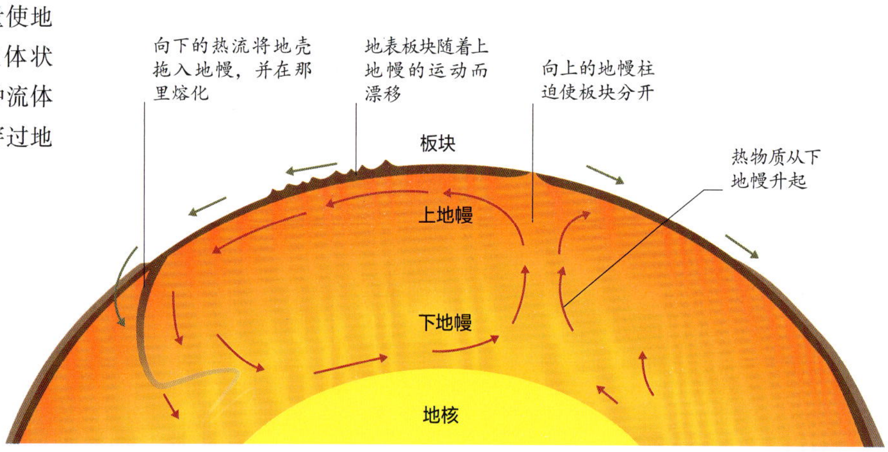

地幔对流

地幔的运动是由对流驱动的（参见第185页），它将热量从地核转移到近地表。

干涉测量法

板块运动可以通过干涉测量法来跟踪。这种方法利用遥远星系发射的无线电波来精确测量不同板块上射电望远镜之间缓慢变化的距离。

无线电信号在不同的时间到达每台望远镜
时间延迟可用来测量望远镜之间的距离

◂ 参见地球内部：第46—47页　地球演化：第50—51页 ▸　大陆：第52—53页 ▸　火山和地震：第54—55页 ▸

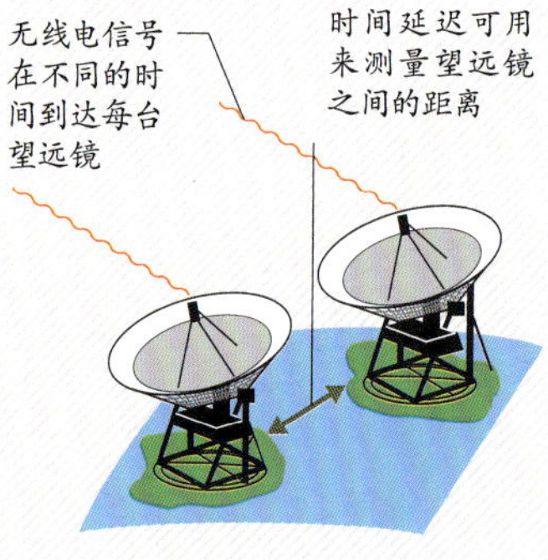

离散边界

地幔中的热对流拖动板块分离，导致地壳出现裂谷，这种现象通常发生在海底。熔融的岩浆填充裂隙形成新的地壳，最终构建出大洋中脊。

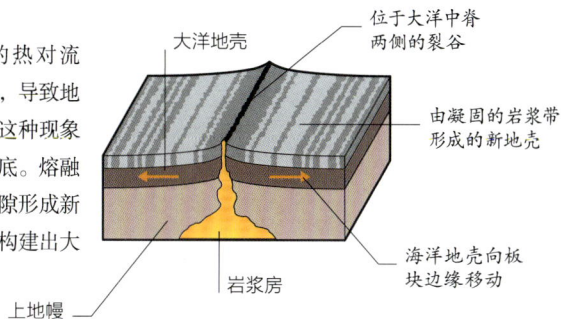

大洋地壳

位于大洋中脊两侧的裂谷

由凝固的岩浆带形成的新地壳

海洋地壳向板块边缘移动

岩浆房

上地幔

汇聚边界

一个板块被挤压到另一个板块下方，俯冲到地幔中并熔化。如果上层板块是大陆地壳，则会被推挤形成褶皱山脉，并且常常伴随着火山活动。

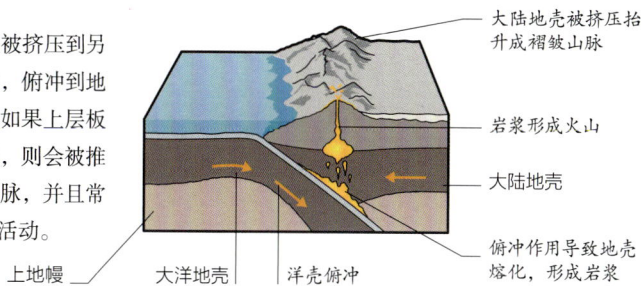

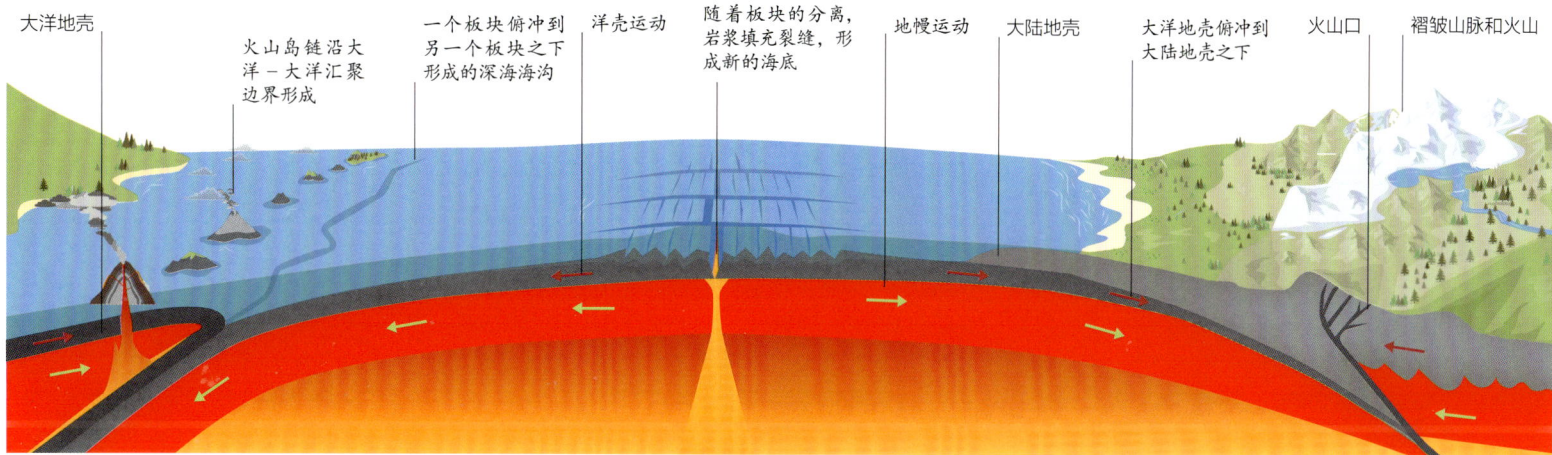

大陆地壳被挤压抬升成褶皱山脉

岩浆形成火山

大陆地壳

俯冲作用导致地壳熔化，形成岩浆

上地幔

大洋地壳

洋壳俯冲

大洋地壳

火山岛链沿大洋–大洋汇聚边界形成

一个板块俯冲到另一个板块之下形成的深海海沟

洋壳运动

随着板块的分离，岩浆填充裂缝，形成新的海底

地幔运动

大陆地壳

大陆地壳俯冲到大陆地壳之下

火山口

褶皱山脉和火山

板块边界

地球表面在构造板块的逐渐相互作用下不断形成和改造。板块之间的边界是新地壳产生和旧地壳被破坏的地方。此外，这些地方是大型地表特征形成的地方，如山脉和岛链（参见第 56—57 页），也是地震和火山爆发等破坏性事件经常发生的地方（参见第 54—55 页）。

转换板块边界

板块相遇时并不总是分离或汇聚。有些板块平行移动，从而形成一个转换边界。其中一个例子是圣安德烈斯断层，它是加利福尼亚州太平洋板块和北美板块的边界。

大陆漂移

经过数百万年，构造板块的缓慢运动改变了大陆的形状和位置。这一理论最早是在 16 世纪被提出的，当时第一批世界地图集显示，各大陆像一块巨大拼图的组成部分一样组合在一起，而且曾经肯定分离过。这一理论被称为大陆漂移学说。

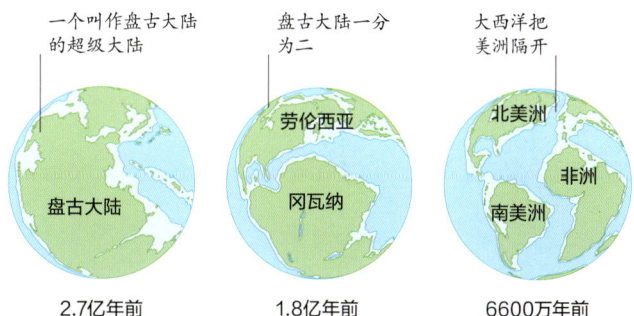

大陆碰撞

印度板块被称为一个次大陆，在与亚洲大陆发生碰撞之前，它是一块独立的大陆。这两块大陆相互挤压，形成了喜马拉雅山脉。

欧亚板块

赤道

印度板块从南半球向北移动

图例

今天的印度板块
1000万年前
3800万年前
5500万年前
7100万年前

印度板块

印度洋

阿尔弗雷德·魏格纳

1912 年，这位德国探险家证实了大陆的移动。他指出，美洲和欧洲的几个岩层实际上是在同一个地点形成的，只是随着大陆的分裂而分开。

一个叫作盘古大陆的超级大陆

盘古大陆

2.7亿年前

盘古大陆一分为二

劳伦西亚

冈瓦纳

1.8亿年前

大西洋把美洲隔开

北美洲

非洲

南美洲

6600万年前

参见**山的形成**：第 56—57 页 ▶ **岩石**：第 62—63 页 ▶ **海洋**：第 64—65 页 ▶ **热力学**：第 184—185 页 ▶ **地球的历史**：第 298—301 页 ▶

地球演化

与其他已知的岩石行星相比，地球的表面是多变的。自45亿年前诞生以来，它的地壳一直在板块构造的作用下不断重塑，其表面和大气也因生命的演化而改变。这种活跃性归因于液态水。水是生命化学反应的介质，水的存在使地球的岩浆特别具有流动性，内部的对流驱动了地表的构造变化。人们不断在岩石中发现地球形成时期的痕迹，持续修正对早期重大事件发生时间的估计。

45.6 亿年前 太阳系中最古老的物质（构成地球和其他行星）是通过原行星盘分布在年轻太阳周围的。这些物质包括岩石、灰尘和气体。

45.4 亿年前 地球由灰尘、金属和冰颗粒的逐渐积聚形成，然后聚集形成一个引力强大到足以拉近附近其他物体的天体。

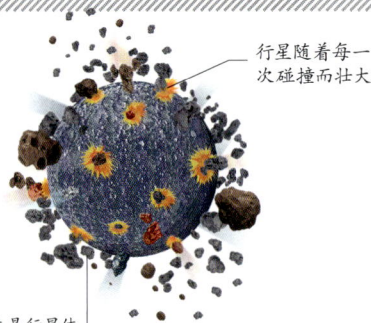

行星随着每一次碰撞而壮大

地球的形成

小物体是行星体

氧气与岩石中的铁结合形成的红色氧化铁带

24 亿—21 亿年前 发生大氧化事件，因为氧气在空气中积聚，但在光合作用进化之前空气中很少发现氧气。

光合细菌形成丝状菌落

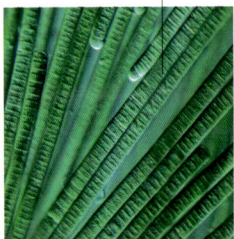

35 亿—32 亿年前 蓝细菌（蓝绿藻）进化出光合作用，利用光能把二氧化碳和水结合起来产生糖，并释放出氧气作为废物。

35 亿年前 地球的磁场已经形成了（新的证据表明它的年龄比之前估计的还要老5亿~7亿年）。这种磁场被认为是由地球固态内核在液态金属外核内旋转产生的。

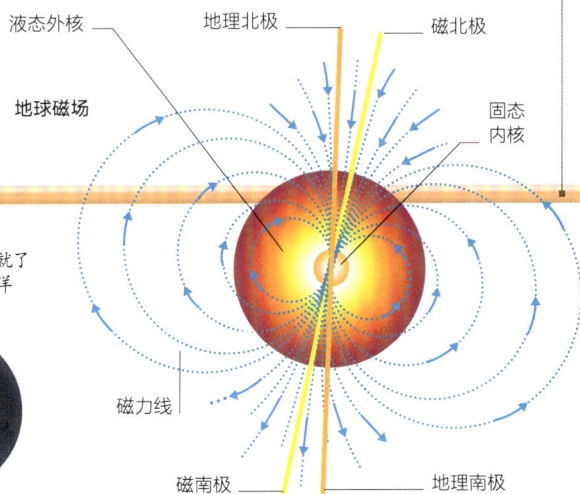

带状铁石

颤藻蓝细菌

液态外核　　地理北极　　磁北极

地球磁场

固态内核

13 亿—7.5 亿年前 从13亿年前开始，地球上所有的陆地合并成一个叫作罗迪尼亚的超大陆。罗迪尼亚的碎片存在于今天所有的现代大陆中。

当今大陆的部分地区

古代大陆

7.2 亿—6.35 亿年前 地球进入极端冰川期，几乎整个表面都被冰雪覆盖。这种冷却可能是由于光合作用减少了空气中的二氧化碳所致。

冰盖融化造就了伊阿佩托斯洋

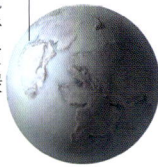

磁力线

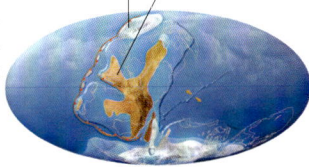

罗迪尼亚超大陆

雪球地球

磁南极　　地理南极

当板块相互远离时，洋脊就形成了

构造板块被拉开，形成新的海底

2.15 亿—1.75 亿年前 特提斯洋出现在一个裂谷中，它将盘古大陆分为两个部分——北部的劳伦西亚和南部的冈瓦纳。今天的特提斯洋遗迹包括地中海和中东的石油沉积带。

2.52 亿—2.5 亿年前 在地球历史上最大规模的一次火山活动中，裂缝爆发形成了洪流玄武岩，被称为西伯利亚地盾。这次火山活动可能是导致地球史上最严重的大规模灭绝事件的原因之一。

来自地球熔融核心的热量导致地壳下的岩浆上升

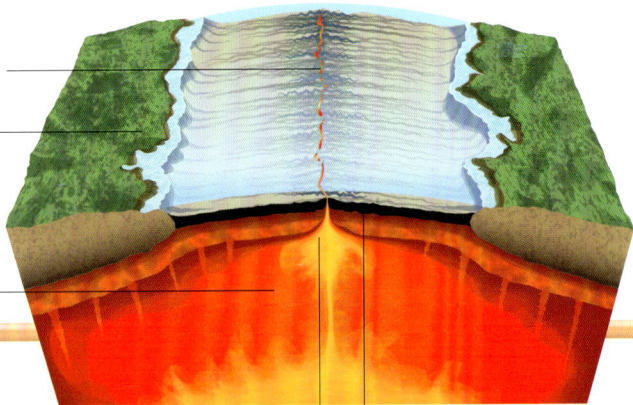

特提斯洋的形成

喜马拉雅山

上升的岩浆充满了地壳的空隙

石油由死去的浮游生物在海底形成

2.01 亿—0.66 亿年前 地球没有极地冰盖，比今天更暖和，南极洲正在向南漂移，但仍然有森林和恐龙，如冰脊龙。

6600 万年前 印度发生了大规模火山喷发，形成了厚厚的熔岩原；同时，墨西哥发生了一次巨大的小行星撞击。这两起事件共同导致了气候的快速变化，最终引发了包括巨型恐龙在内的大量物种灭绝。

6500 万年前 非洲板块和印度板块与欧亚板块发生碰撞，导致了一段时期的山体建造活动，形成了从西部的阿特拉斯山脉和阿尔卑斯山脉到东部的喜马拉雅山脉等一系列山脉。

5550 万年前 由于火山释放的二氧化碳，地球在古新世–始新世进入有记录以来最温暖的时期。

冰脊龙

矿物质可能结合形成"原细胞"——生命的开始

原细胞被释放到周围的海水中

火山喷口水中的矿物质

海底火山喷口烟囱

生命的起源

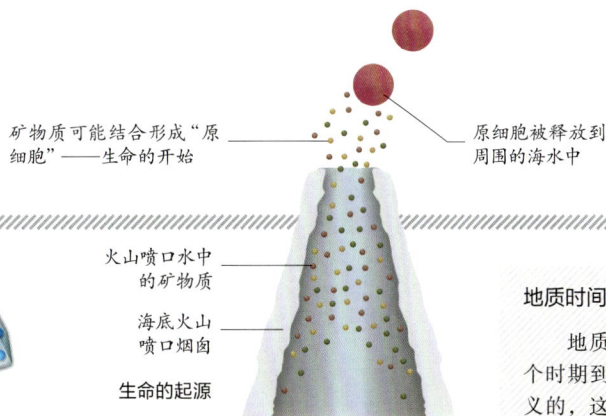

44亿年前 晶体的形成，表明地球已存在固态地壳。晶体的年龄是通过其内部放射性杂质的已知衰变率来测定的。

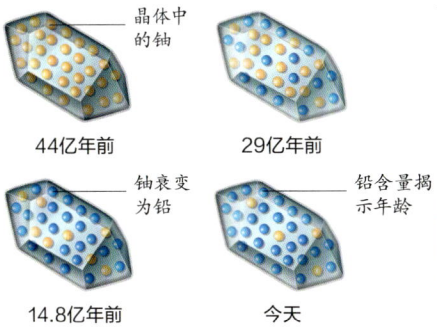

晶体中的铀

44亿年前　　29亿年前

铀衰变为铅

铅含量揭示年龄

14.8亿年前　　今天

放射性测年法

41亿年前 与生命相关的化学物质，如脂肪、蛋白质和核酸（RNA和DNA），可能是在海底沉积物或热液喷口的强烈化学活动中形成的。

轻质岩石岛屿碰撞　　不同岩石构成的大陆　　地壳增厚　　岩层压缩　　洋壳

海洋地壳遭到破坏

大陆的诞生

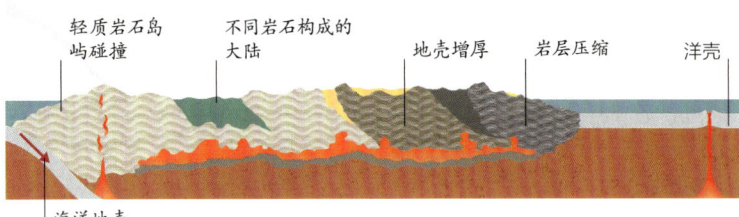

41亿—39亿年前 在后期重轰炸期，许多小行星撞击地球，这蒸发了海洋中大部分的水，并熔化了部分地壳。

40亿—36亿年前 最早的大陆开始形成，这些大陆是由火山岛——较轻的晶体物质通过火山喷发到达地表——被第一次板块运动推挤在一起组成的。

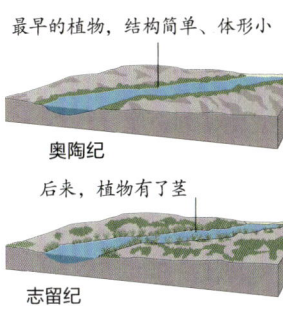

最早的植物，结构简单、体形小

4.7亿—4.25亿年前 藻类和海洋动物在奥陶纪早期就进化生活在陆地上。到了志留纪时期，陆地节肢动物和高大植物逐渐多样化。

奥陶纪

后来，植物有了茎

志留纪

参天大树高达30多米

包括蕨类植物的茂密植被

石炭纪

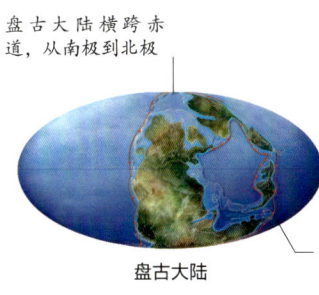

2.8亿年前 现今各大陆的基底汇聚形成一个超级大陆——盘古大陆，由于很少有雨云到达深远的内陆，因此，内陆地区是一片广阔的沙漠。

盘古大陆横跨赤道，从南极到北极

当今各大洲的轮廓

盘古大陆

3.59亿—2.99亿年前 在树木进化出来3.85亿年后，森林在温暖潮湿的石炭纪蔓延开来，它们的遗骸形成了今天的煤炭沉积。

4500万—3400万年前 地球进入一个寒冷期，经历了一系列冰河时代。在大约一亿年前已经漂移到南极的南极大陆发育了永久的冰盖。

冰盖覆盖了98%的南极大陆

南极冰盖

260万年前 第四纪冰河期开始，冰盖从两极向外扩展。长毛猛犸象生活在附近的草原上。

厚实的皮毛能经受严寒

长毛猛犸象

地质时间尺度

地质学家把地球的历史分成不同的时期。从一个时期到下一个时期的转变是由一个全球性事件定义的，这些事件可以被化石证据所证实。宙始于重大事件，而世通过较小的事件划分。例如显生宙开始于多细胞生物的进化，而全新世开始于最后一个冰河时代结束之后。

宙	代	纪	世
显生宙	新生代	第四纪	全新世
			更新世
		新近纪	上新世
			中新世
		古近纪	渐新世
			始新世
			古新世
	中生代	白垩纪	
		侏罗纪	
		三叠纪	
	古生代	二叠纪	
		石炭纪	
		泥盆纪	
		志留纪	
		奥陶纪	
		寒武纪	
元古宙			
太古宙			
冥古宙			

11700年
2.58百万年
5.3
23
34
56
66
145
201
252
299
359
419
444
485
541
2500
4000
4600百万年

沉积岩层提供了地质记录

地质记录

大陆

地球上约三分之一的表面被称为大陆的广阔陆地覆盖。如果地壳光滑且厚度均匀，那么地球将被覆盖在一块辽阔无垠的海洋中。大陆地壳比海洋地壳更厚，更易浮起，因此大多数大陆地壳都高于海平面。

克拉通

地球的大陆围绕着被称为地盾的稳定区域构建。这些地盾对应于被称为克拉通的古老核心——由早期山脉的遗迹组成，厚实且深根于地壳的部分。大部分克拉通是太古宙形成的，已经历了 20 亿年的板块构造变化。

加拿大地盾

图例
■ 太古宙克拉通

地壳类型

大陆地壳的密度略低于形成海底的地壳。当大陆地壳与海洋地壳碰撞时，大陆地壳总是停留在上方，并被向上推挤形成褶皱山脉。因此，它可以变得比海洋地壳厚七倍。

地球的岩石圈

地壳漂浮于地幔深处的流体岩石层之上。上地幔的化学组成与地壳不同，但其物理性质表现为固态，并与地壳共同构成了岩石圈。

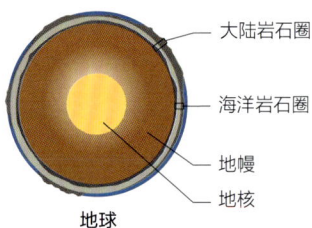

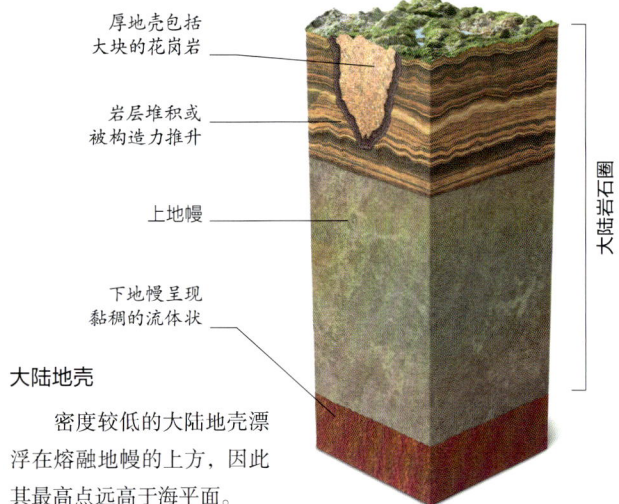

大陆岩石圈
海洋岩石圈
地幔
地核

地球

厚地壳包括大块的花岗岩

岩层堆积或被构造力推升

上地幔

下地幔呈现黏稠的流体状

大陆岩石圈

大陆地壳

密度较低的大陆地壳漂浮在熔融地幔的上方，因此其最高点远高于海平面。

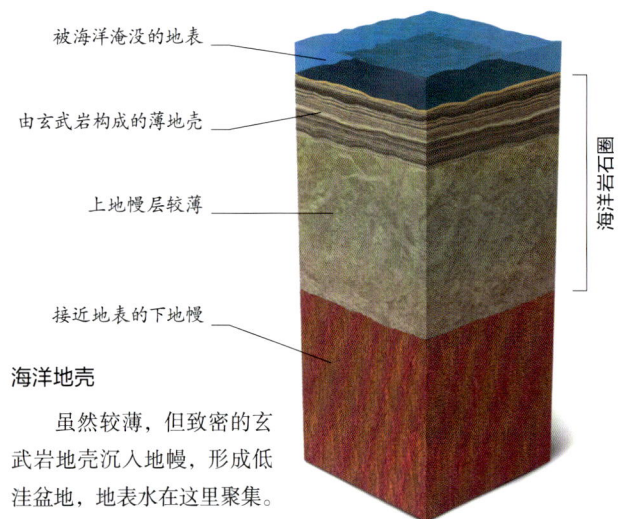

被海洋淹没的地表

由玄武岩构成的薄地壳

上地幔层较薄

接近地表的下地幔

海洋岩石圈

海洋地壳

虽然较薄，但致密的玄武岩地壳沉入地幔，形成低洼盆地，地表水在这里聚集。

布鲁克斯山脉　落基山脉　大平原

北美洲

阿特拉斯山脉

加拿大地盾是北美洲大陆的核心，从北极一直延伸到五大湖，没有明显的地形起伏

亚马孙河流域

博尔博雷马高原

安第斯山脉是由于快速移动的构造板块从西侧挤压而形成的，形成了一系列褶皱山脉和新的火山，以及至今仍在发生的地震

南美洲

安第斯山脉

巴西高原

❶　❷

地球的七大洲

地球有四个不同的大陆：美洲大陆、非洲－欧亚大陆、大洋洲和南极大陆。由于历史、文化和地理原因，这些大陆被分为七大洲。这张地图上的编号线与对页的横截面图相对应。

火地岛

玛丽·伯德地

◀ 参见地球内部：第 46—47 页　◀ 板块构造：第 48—49 页　◀ 地球演化：第 50—51 页

非洲是海岸线与面积比例最低的大陆；
欧洲的比例最高

❶ 北美洲

北美洲是第三大洲，从北极延伸到热带地区的巴拿马地峡。该地峡形成于大约 300 万年前。

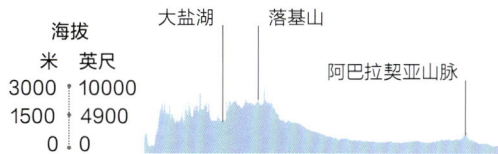

海拔
米 英尺
3000 · 10000
1500 · 4900
0 · 0

大盐湖　落基山　阿巴拉契亚山脉

❷ 南美洲

南美洲是世界上第四大洲，包括亚马孙河流域——世界上最大的河流流域，占南美洲面积的三分之一以上。

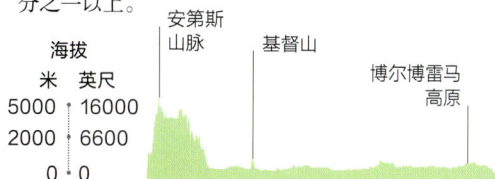

海拔
米 英尺
5000 · 16000
2000 · 6600
0 · 0

安第斯山脉　基督山　博尔博雷马高原

❸ 欧洲

欧洲被定义为大陆可以说只是出于历史原因，它由欧亚大陆的半岛组成。传统上，欧洲的东部边界由乌拉尔山脉形成。

海拔
米 英尺
2000 · 6600
0 · 0
-2000 · -6600

地中海　阿尔卑斯山　北欧平原　北海

❹ 非洲

非洲占地球陆地面积的 20%，是世界第二大洲。它的大部分地区被广阔的高原覆盖，有一些古老的山脉。

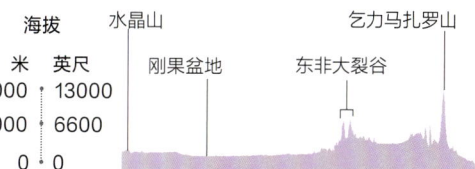

海拔
米 英尺
4000 · 13000
2000 · 6600
0 · 0

水晶山　刚果盆地　东非大裂谷　乞力马扎罗山

❺ 亚洲

亚洲是世界上最大的洲，占欧亚大陆的 80%。亚洲拥有地球上最高的地方——喜马拉雅山脉，以及最深的湖——贝加尔湖，其湖床位于海平面以下 1187 米。

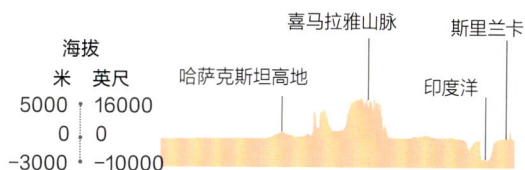

海拔
米 英尺
5000 · 16000
0 · 0
-3000 · -10000

哈萨克斯坦高地　喜马拉雅山脉　印度洋　斯里兰卡

❻ 大洋洲

面积最小的大洋洲是地球上地势最低、最平坦，也是最古老的洲。

海拔
米 英尺
1000 · 3300
0 · 0
-5000 · -16000

哈默斯利山脉　塔斯曼海　南阿尔卑斯山

❼ 南极洲

这是极端条件最显著的大陆，由于它厚厚的冰盖，保持着最低的温度、最干燥的气候和最高的平均海拔的纪录。

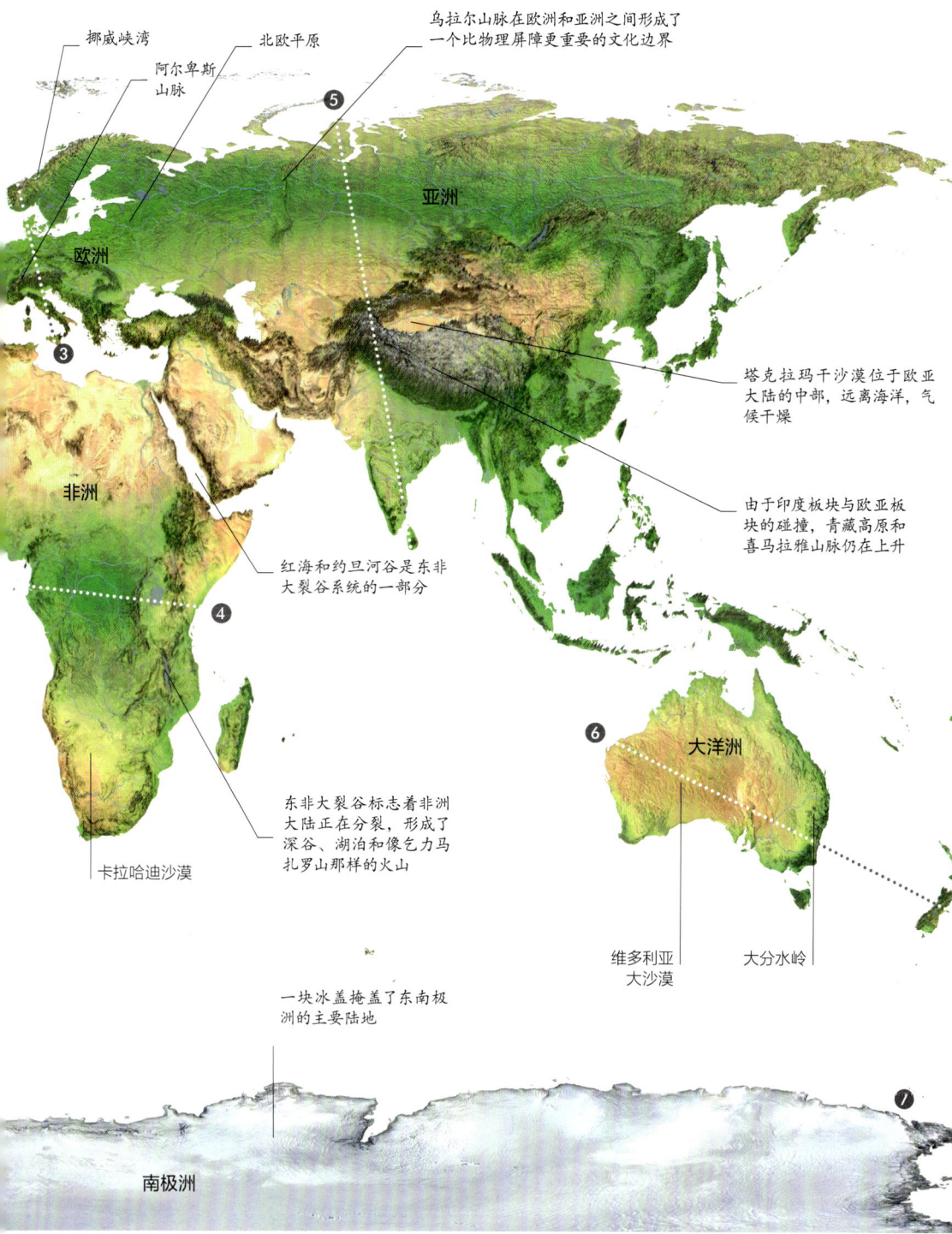

海拔
米 英尺
3500 · 11500
2000 · 6600

玛丽·伯德地　罗斯冰架　东南极冰盖

挪威峡湾

阿尔卑斯山脉

北欧平原

乌拉尔山脉在欧洲和亚洲之间形成了一个比物理屏障更重要的文化边界

亚洲

欧洲

❸

非洲

塔克拉玛干沙漠位于欧亚大陆的中部，远离海洋，气候干燥

由于印度板块与欧亚板块的碰撞，青藏高原和喜马拉雅山脉仍在上升

红海和约旦河谷是东非大裂谷系统的一部分

❹

东非大裂谷标志着非洲大陆正在分裂，形成了深谷、湖泊和像乞力马扎罗山那样的火山

卡拉哈迪沙漠

❻ 大洋洲

维多利亚大沙漠　大分水岭

一块冰盖掩盖了东南极洲的主要陆地

南极洲

火山和地震

火山和地震是地球上最剧烈的地质活动，从地球内部释放出大量的能量。火山是通过熔融岩石喷发释放地核热能，地震则是板块缓慢移动时相互挤压摩擦、锁闭、突然断裂而引发的地震波现象。

压力突然释放造成的烟灰柱

熔融岩石形成的爆炸性"火山弹"

岩浆溢出地表形成熔岩的侧喷口

下方补给的岩浆房

一层层凝固的熔岩形成一个锥形

火山结构

火山位于一个充满岩浆的岩浆房之上。岩浆通过裂隙到达地表，以熔岩的形式在地表喷发，冷却后形成岩石层。岩浆的特性决定其具有多种喷发类型（模式）。

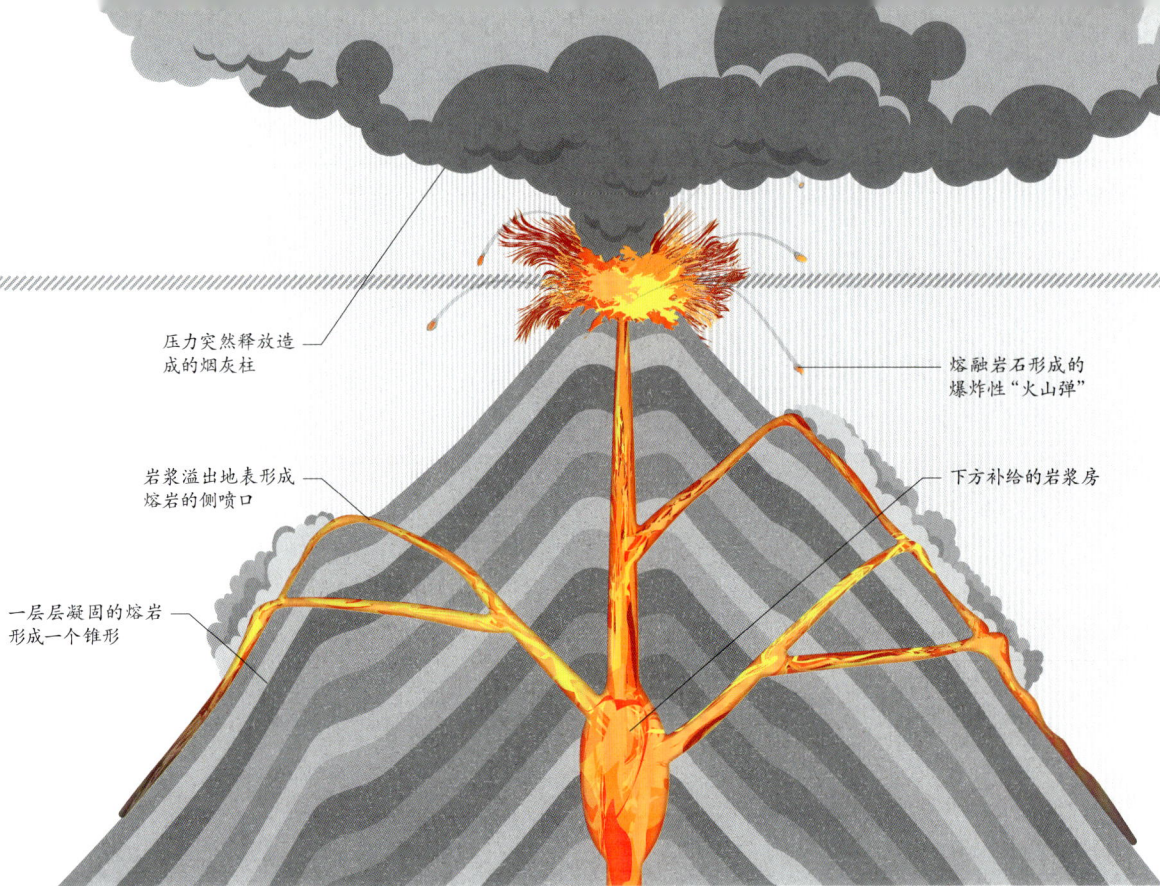

火山喷发类型

火山喷发的强度和喷发物质的性质决定了其类型。一次火山喷发事件在其过程中可以表现不同的类型，这取决于来自地下的压力、岩浆的化学成分和黏度，以及其中的气体含量。

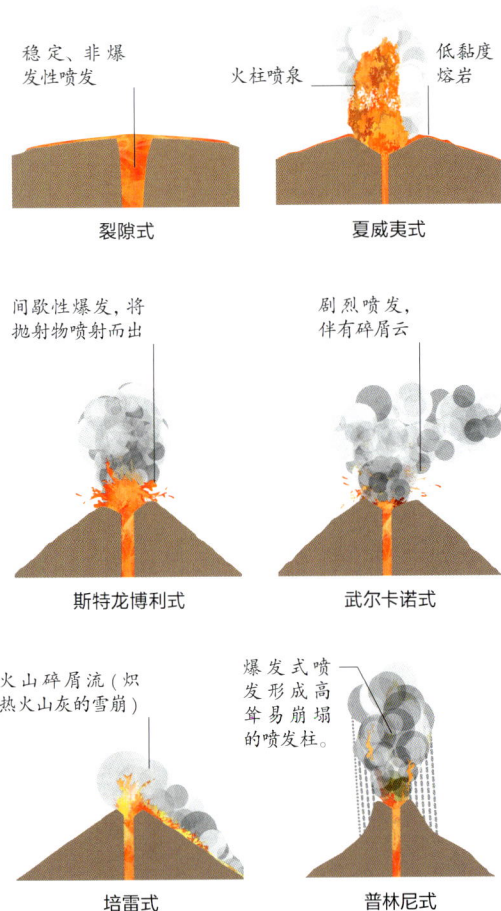

稳定、非爆发性喷发

火柱喷泉

低黏度熔岩

裂隙式

夏威夷式

间歇性爆发，将抛射物喷射而出

剧烈喷发，伴有碎屑云

斯特龙博利式

武尔卡诺式

火山碎屑流（炽热火山灰的雪崩）

爆发式喷发形成高耸易崩塌的喷发柱。

培雷式

普林尼式

地震

尽管构造板块在不断运动，但在它们相遇的地方，岩石倾向于"锁"在一起，产生张力。当张力变得太大时，它们会突然断裂和移动，释放地震波（冲击波）。

构造板块运动

板块交汇处的断层

稳定地表

① **隐伏断层**

断层线

地震大多发生在主要断层线附近——两个构造板块相互移动的边界。

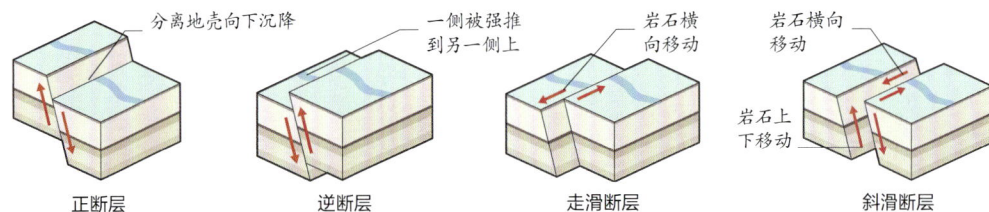

分离地壳向下沉降

正断层

一侧被强推到另一侧上

逆断层

岩石横向移动

走滑断层

岩石横向移动

岩石上下移动

斜滑断层

地震的影响

张力会沿着主要断层（构造板块相互移动）长期积累。当应力释放时，冲击波从震源（岩石最终断裂和移动的点）扩散开来，在震中（地表上正好位于震源上方的点）处最强。当冲击波在地球表面传播时，它们会震动地面，改变地貌。

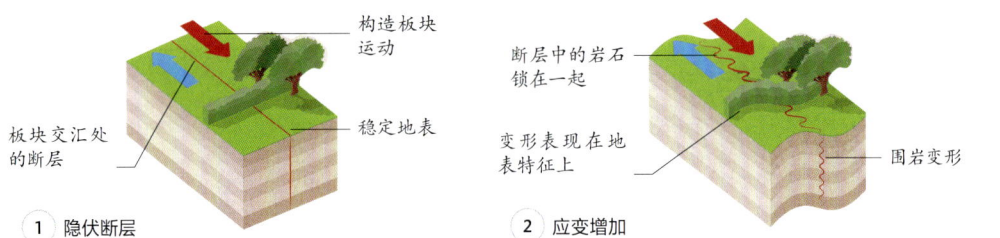

断层中的岩石锁在一起

变形表现在地表特征上

围岩变形

② **应变增加**

每年有多达 90 万次地震没有被注意到

海啸

海底的地震可以把海水向上推，产生一系列向外扩散的长而低的表面波。当它们进入大陆架的浅水时，会变得更短更陡，越来越高，成为毁灭性的海啸。

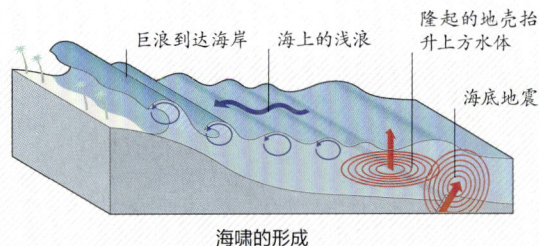

巨浪到达海岸

海上的浅浪

隆起的地壳抬升上方水体

海底地震

海啸的形成

◀ 参见**地球内部**：第 46—47 页　◀ **板块构造**：第 48—49 页

瓦努阿图的亚苏火山自 1774 年以来一直在持续喷发

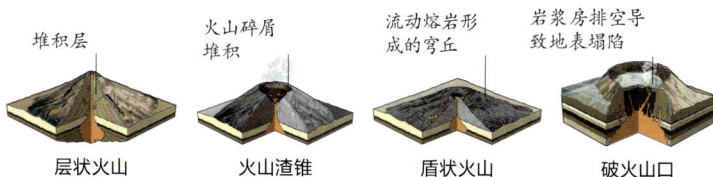

火山如何形成

岩浆房的形成是由地壳和上地幔边界的地质活动驱动的，当条件适宜时，可以在各种不同的地方发生。

火山类型

火山的形状和结构取决于其喷发的速度和性质。这里展示了四种最常见的形状。

堆积层	火山碎屑堆积	流动熔岩形成的穹丘	岩浆房排空导致地表塌陷
层状火山	火山渣锥	盾状火山	破火山口

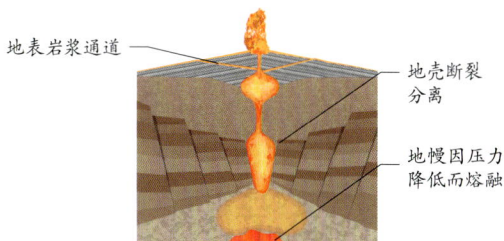

裂谷火山

在两个构造板块分离的地方，新的物质会涌上来填补空隙，形成裂谷火山。无论在大陆还是海洋，都有这种现象。

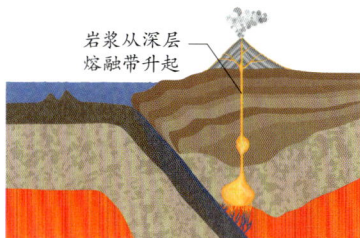

俯冲带火山

当水下一个海洋板块被推到另一个板块之下时，它所携带的水可以帮助熔融地幔岩石，形成一个火山活动弧。

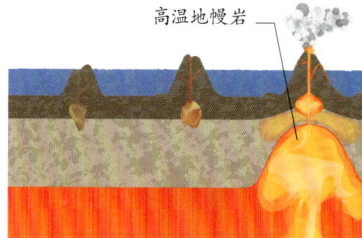

热点火山

稳定的热柱穿过地幔上升，为火山爆发提供燃料。如果地幔柱上方的地壳在移动，就会产生一系列的火山。

有记录以来，最强的地震是发生在 1960 年 5 月 22 日的智利地震，它引发的海啸最远波及了日本和阿拉斯加

测量地震

地震强度是用对数尺度的"震级"来描述的。震级每增加一个整数，相当于地面扰动增加 10 倍，释放的能量增加约 32 倍。大多数地震非常小，以致几乎不被注意到，只能被称为地震检波器的灵敏仪器记录下来。

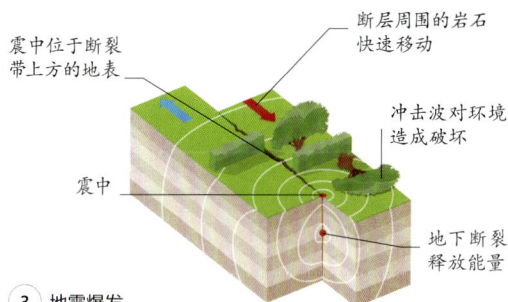

③ 地震爆发

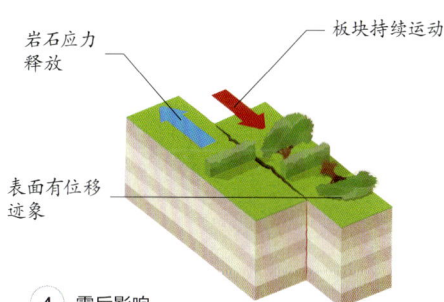

④ 震后影响

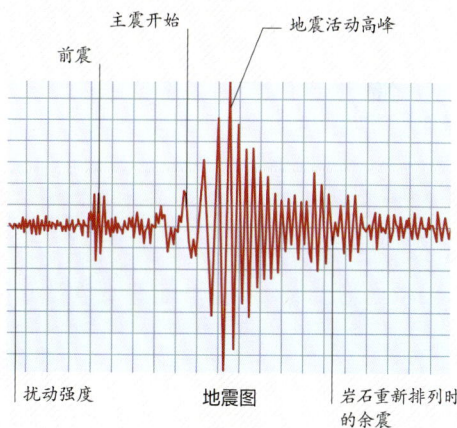

地震带

地震发生在世界各地移动的构造边界上，但最频繁的活动集中在太平洋和纳斯卡板块的边缘。这个地区也被称为环太平洋火山带。

图例
- ◉ 主要地震
- ── 环太平洋火山带
- ── 构造板块边界

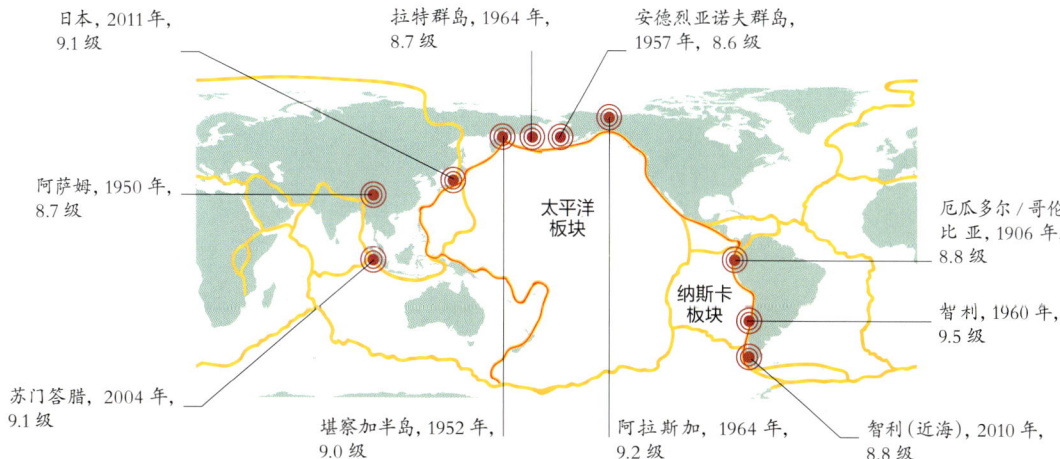

日本，2011 年，9.1 级
拉特群岛，1964 年，8.7 级
安德烈亚诺夫群岛，1957 年，8.6 级
阿萨姆，1950 年，8.7 级
太平洋板块
厄瓜多尔 / 哥伦比亚，1906 年，8.8 级
纳斯卡板块
智利，1960 年，9.5 级
苏门答腊，2004 年，9.1 级
堪察加半岛，1952 年，9.0 级
阿拉斯加，1964 年，9.2 级
智利（近海），2010 年，8.8 级

震级	水平	影响
1.0~1.9	轻微的	探测不到
2.0~3.9	较小的	轻微晃动
4.0~4.9	轻度	可察觉的震动
5.0~5.9	中度	小范围中度震感，部分破坏
6.0~6.9	强烈	大面积受灾，破坏明显
7.0~7.9	严重	广泛严重破坏
8.0 及更高	巨大	严重破坏，永久性地貌改变

参见**山的形成**：第 56—57 页 ▶   **岩石**：第 62—63 页 ▶

山的形成

山脉是地球上最高的陆地区域，它们之所以能够高耸于地表，主要是因为其下方存在深根结构，这些根基深入到地球内部密度更大的岩石中，从而抵抗了重力的作用。形成这些巨大的岩石需要强大的地质力量，这些力量在地壳板块相互碰撞时被释放出来。除了折叠和改造现有的岩石外，几种类型的板块碰撞还伴随着火山活动，将新的火成岩喷发到地表，逐层堆积形成新的山峰。

山脉形成的地方

地球有两种不同类型的地壳——较厚的大陆地壳和较薄但密度较大的海洋地壳。地壳单元之间的碰撞使它们在相遇的边界上形成了山脉。

大陆－大陆边界

当两块轻质的大陆地壳发生碰撞时，由于它们相对的浮力较大，都不容易被俯冲（即不会被强制向下推入地幔），而是会发生直接碰撞，形成广泛的褶皱带。在这里岩石会被折叠并向上和向下推移，形成巨大的山脉，这些山脉往往还会强化之前由海洋地壳俯冲形成的火山链。

形成喜马拉雅山麓的古老海床上有 5400 万年前的鲸的化石

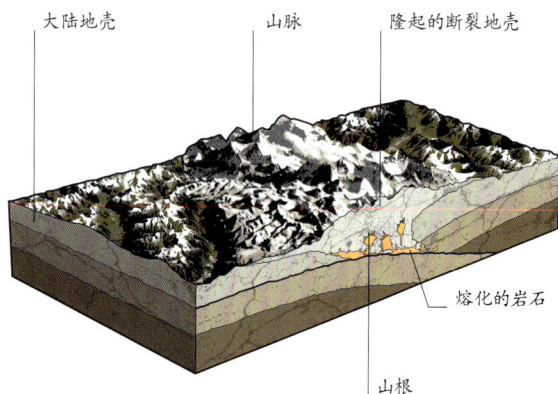

大陆地壳　山脉　隆起的断裂地壳

熔化的岩石

山根

阿尔卑斯山脉

欧洲分布最广的山脉是阿尔卑斯山脉，它是由欧亚板块和非洲板块碰撞形成的。

海洋－大陆边界

当薄的海洋地壳和厚的大陆地壳相互挤压时，密度较大的海洋地壳在俯冲带被挤压并向下移动，形成了通常位于近海的海沟。下沉的海洋地壳中的水被释放到上层岩石中，改变了岩石的化学成分，从而降低了其熔点。这引发了岩浆的形成，为火山活动提供了能量。

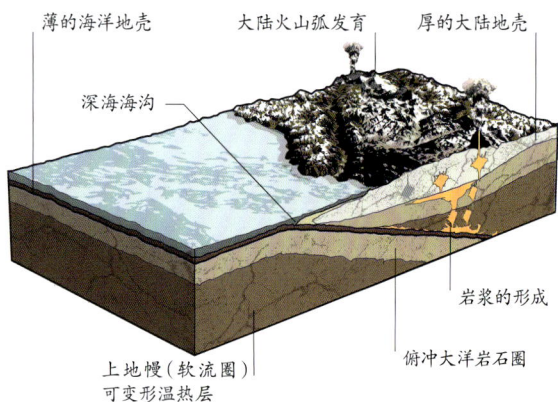

薄的海洋地壳　大陆火山弧发育　厚的大陆地壳

深海海沟

岩浆的形成

上地幔（软流圈）可变形温热层

俯冲大洋岩石圈

圣海伦火山

这座位于北美洲西北部喀斯喀特山脉的著名活火山是由海洋地壳的俯冲所驱动的。

海洋－海洋边界

当大洋板块碰撞时，一个板块不可避免地被压到另一个板块下面，在它的下潜处形成了一条深海海沟。下沉板块在上地幔熔化时释放的水导致上覆板块的火山活动。沿边缘向海中喷发的熔岩迅速冷却并堆积，最终浮出海面形成弧形的火山岛。

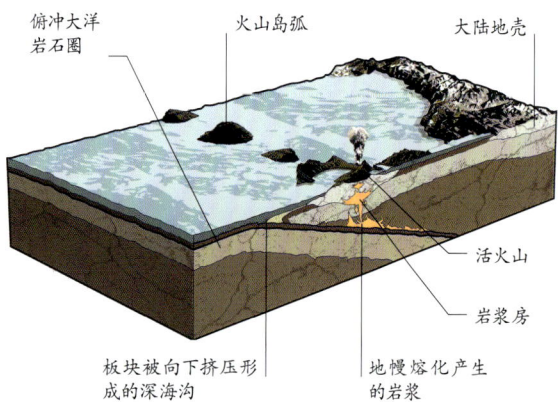

俯冲大洋岩石圈　火山岛弧　大陆地壳

活火山

岩浆房

板块被向下挤压形成的深海海沟　地幔熔化产生的岩浆

阿留申岛弧

这条火山链形成于太平洋板块俯冲到一块残余洋壳之下的区域，而该残余洋壳现已拼合到北美大陆之上。

山脉

世界上主要的山脉记录着构造板块边界过去和现在的造山运动，常以线形链形式呈现，称为造山带。例如，阿尔卑斯山脉和喜马拉雅山脉仍在不断隆升，而安第斯山脉和落基山脉则主要形成于 6000 万年前。其他山脉，如阿巴拉契亚山脉，则要古老得多。

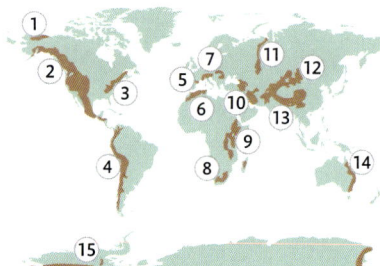

图例	
① 阿拉斯加山脉	⑨ 埃塞俄比亚高原
② 落基山脉	⑩ 高加索山脉
③ 阿巴拉契亚山脉	⑪ 乌拉尔山脉
④ 安第斯山脉	⑫ 天山
⑤ 比利牛斯山脉	⑬ 喜马拉雅山脉
⑥ 阿特拉斯山脉	⑭ 大分水岭
⑦ 阿尔卑斯山脉	⑮ 横贯南极山脉
⑧ 德拉肯斯山脉	

最长的山脉

虽然环绕全球的海洋中脊系统形成了约 65000 千米长的连续山脉，但大多数地质学家认为山脉是由海平面以上的山峰群组成，由高地连接起来。根据这一定义，位于南美洲西部边缘的安第斯山脉构成了世界上最长的山脉。

山脉长度

安第斯山脉，南美洲	7200 千米
落基山脉，北美洲	4800 千米
大分水岭，澳洲	3500 千米
横贯南极山脉，南极洲	3200 千米
喜马拉雅山脉，亚洲	2500 千米

受欧亚板块和印度板块碰撞的推动，喜马拉雅山仍在以每年 1 厘米的速度抬升

山脉的形成

山脉是构造活动的结果，这种活动使地壳发生变形，通常发生在构造边界附近。在构造活动期间，地壳岩块会以各种方式断裂，从而在其形成的山脉的地质学上留下印记。这种破坏的性质取决于构造边界的性质以及两侧岩石的特性。

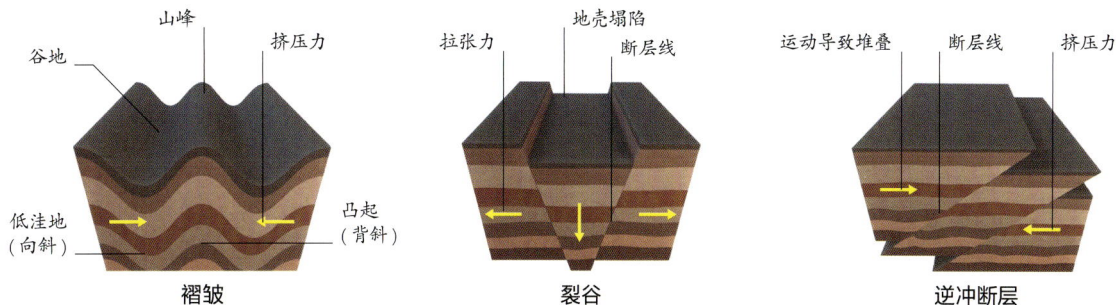

褶皱

压力和热量可以使岩层柔韧到足以弯曲和折叠而不会断裂，从而形成不同规模的褶皱。

裂谷

当大陆板块分离或分裂时，地壳会沿着断层线向下下沉，形成两侧为山脉的山谷。

逆冲断层

在压力大的区域，沿着断层线（称为逆冲断层）的断裂使地壳向上堆叠。

测量山脉高度

随着山脉海拔的升高，它们会拥有多种不同的气候。通过研究发现的植物化石，地质学家可以估算出这些植物生长时期所在山脉的海拔高度。

垂直自然带

山脉中常常有独特的地带，那里生长着不同类型的植物。

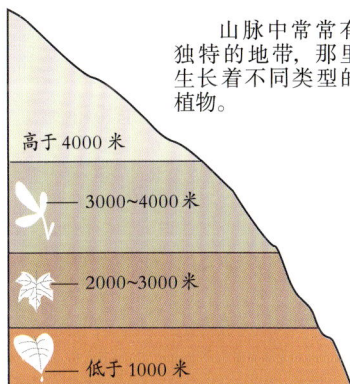

高于 4000 米	
	3000~4000 米
	2000~3000 米
	低于 1000 米

世界上最高的山峰

地球上的百座最高峰都集中在喜马拉雅山脉及其他邻近的山脉。这些山脉是印度板块和欧亚板块碰撞产生的。亚洲以外最高的山峰是阿根廷的阿空加瓜山，海拔 6961 米。

山峰大致高度

珠穆朗玛峰，喜马拉雅山脉	8848.86 米
乔戈里峰，喀喇昆仑山脉，	8611 米
干城章嘉峰，喜马拉雅山脉	8586 米
洛子峰，喜马拉雅山脉	8516 米
马卡鲁峰，喜马拉雅山脉	8485 米

水下山脉

除了岛弧，还有许多其他地质作用会塑造海底山脉。在大洋板块相互分离的地方，火山爆发将熔岩倾泻到海底，在中央裂谷的两侧形成山脉。地幔中的"热点"也可以在上覆地壳中形成局部火山。

隐藏的高度

海拔 8848.86 米的珠穆朗玛峰是地球上海拔最高的山峰。然而，如果以从海底到山顶的总高度来衡量，那么夏威夷的莫纳克亚山的海拔 10207 米，远远超过了珠穆朗玛峰。莫纳克亚山是一座高耸的死火山，形成于地幔热点之上。

珠穆朗玛峰海拔 8848.86 米

莫纳克亚火山 高 10207 米

4207 米 海平面以上

6000 米 海平面以下

斯弗拉裂缝

大西洋中脊穿过冰岛时形成了这条 60 米深的构造裂缝。

山脊沿着转换断层呈阶梯状移动

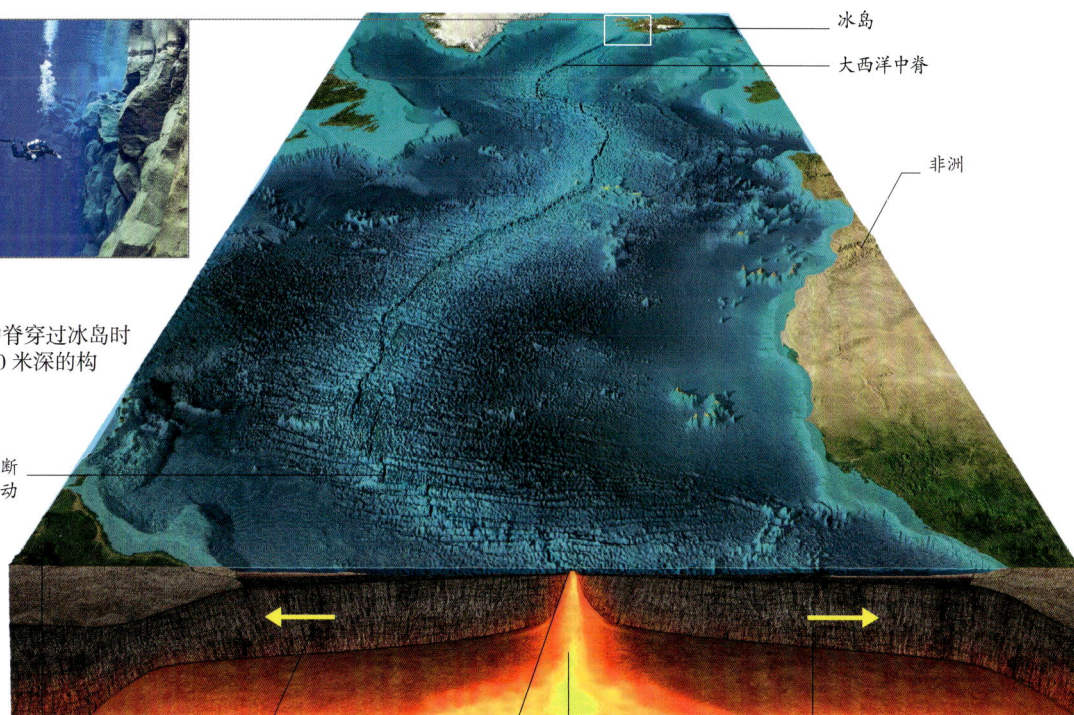

冰岛

大西洋中脊

非洲

南美洲

南美板块正在向西移动

岩浆在海底喷发，形成熔岩，冷却后形成新的地壳

岩浆在洋中脊的中央裂谷下形成

非洲板块的东移

参见**岩石**：第 62—63 页 ▶

侵蚀、风化和沉积

火山活动和板块构造作用是岩石形成和隆升的原因，但是地球表面的形态同样受到岩石磨损、转化、搬运过程的影响。侵蚀包括各种分解岩石并将其带走的过程，风化则是指岩石在没有直接转运过程情况下分解。

单个雨滴造成的"飞溅侵蚀"可以将土壤颗粒溅射到高达 0.6 米的地方

河流侵蚀

水流是侵蚀和沉积最有力的因素之一，陆地上许多侵蚀形式最终都可以追溯到河流的作用，无论是过去还是现在。

河流的流动

当一条河流从源头流向大海时，其流速的变化以及侵蚀与沉积之间的平衡变化会改变河流形状。在河水快速流动的地方，河流会侵蚀地形，但是随着河流的减速，河水中携带的沉积物会堆积下来，逐渐使地势更加平坦。

高地降水
河流横穿景观
沉积物沉积在河流变慢的地方
河流在漫漫平原上蜿蜒
河流曲折更加明显
牛轭湖指示以前的河道
沉积在三角洲的泥质沉积物

上游　　中游　　下游

风蚀

如果松散的沉积物颗粒可以在空气中悬浮很长时间，那么，风将成为一种强大的侵蚀力。例如，在非常干燥的气候下，如沙漠，那里几乎没有水分或植被来固定土壤，夹带着颗粒的风可以将岩石塑造成各种形状。通过沙子的搬运和沉积，风也形成了沙丘。

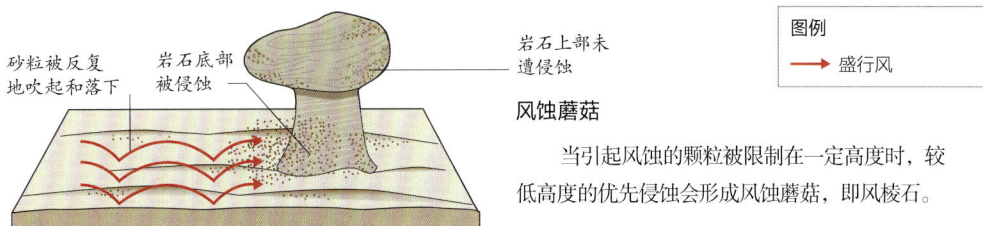

砂粒被反复地吹起和落下
岩石底部被侵蚀
岩石上部未遭侵蚀

图例
→ 盛行风

风蚀蘑菇

当引起风蚀的颗粒被限制在一定高度时，较低高度的优先侵蚀会形成风蚀蘑菇，即风棱石。

荒漠砾幂

沙漠地区的平坦地形通常由称为砾幂的坚实区域组成。这些砾幂由交错的中等大小的鹅卵石和较大的岩石组成，是由较细颗粒（沙子）被风蚀后形成的。

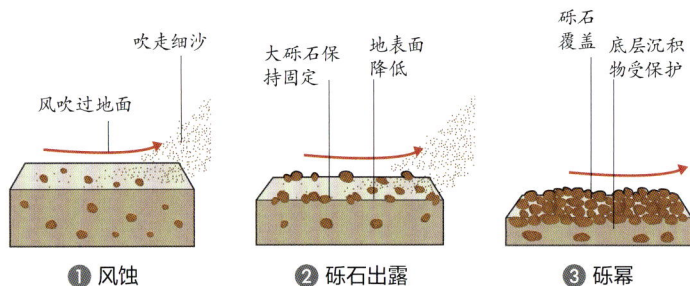

吹走细沙
风吹过地面
① 风蚀

大砾石保持固定
地表面降低
② 砾石出露

砾石覆盖
底层沉积物受保护
③ 砾幂

沙丘

沙丘是由细沙颗粒的跃移（反复被风吹起和落下）产生的大型沙堆。它们的形状取决于盛行风。沙丘可能迁移，也会因植被的生长而变得稳定。

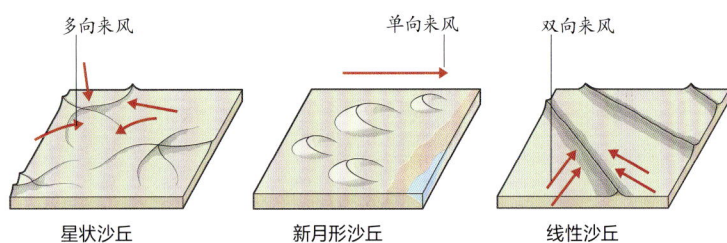

多向来风　　单向来风　　双向来风

星状沙丘　　新月形沙丘　　线性沙丘

海岸侵蚀

冲刷海岸线的波浪是一种强大的侵蚀力量。根据波浪的强度和基岩的性质，以不同的方式磨损岩石并搬运沉积物。

基岩海岸

波浪冲击岩石峭壁时，对峭壁底部的侵蚀速度比对峭壁顶部的侵蚀速度更快，最终导致峭壁崩塌。

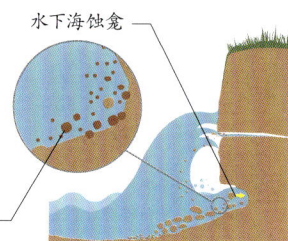

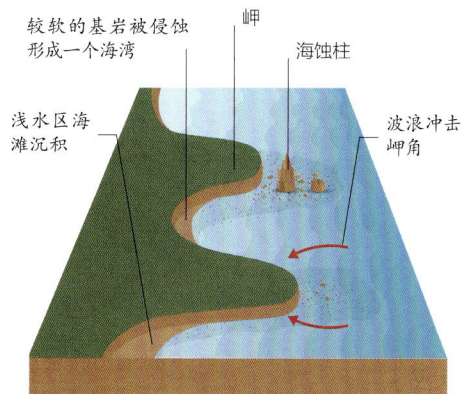

水下海蚀龛
泥沙丰富的水底流

较软的基岩被侵蚀形成一个海湾
岬
海蚀柱
浅水区海滩沉积
波浪冲击岬角

具备软基岩和硬基岩的海岸

坚硬的基岩比柔软的基岩更能抵抗侵蚀，形成了海岬和被海湾隔开的孤立的沙坝。当海浪首先冲蚀海岬时，海湾可以免受海浪能量的直接影响。

大峡谷是经过数百万年的侵蚀而形成的

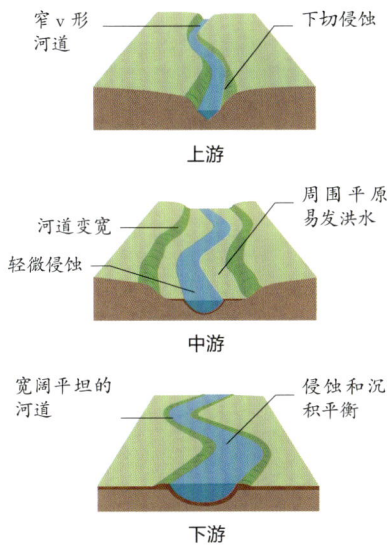

河道

窄V形河道 — 下切侵蚀

上游

河道变宽 — 周围平原易发洪水

轻微侵蚀

中游

宽阔平坦的河道 — 侵蚀和沉积平衡

下游

当河流从源头附近的高地最终流入大海时，河道的轮廓会发生变化。一条典型的河流有三段河道。

洞穴系统

在石灰岩地区，弱酸性的雨水会溶解岩石并切穿它，形成一条更直接的下山路线。当水流经地下时，它会蚀空岩层并形成大型洞穴系统，这些洞穴系统可能会崩塌形成峡谷。

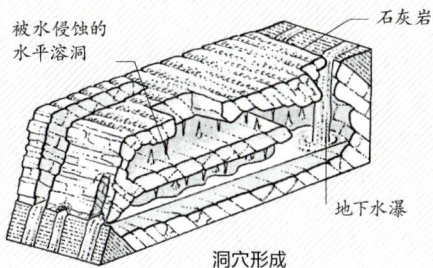

被水侵蚀的水平溶洞 — 石灰岩

地下水瀑

洞穴形成

侵蚀

水的侵蚀力很大程度上来自它输送不同大小沉积物颗粒的能力。水流将这些颗粒带走，而颗粒侵蚀四周的地形。

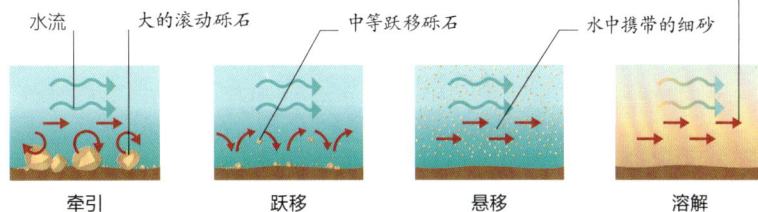

水流 — 大的滚动砾石 — 中等跃移砾石 — 水中携带的细砂 — 溶于水中的化学物质

牵引 — **跃移** — **悬移** — **溶解**

风化

风化过程涉及岩石的分解，但不涉及搬运，通常是通过物理作用或生物作用使岩石破碎。化学风化可通过雨水与大气中的二氧化碳相互作用形成弱酸性降雨而发生。

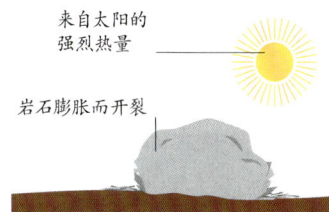

来自太阳的强烈热量

岩石膨胀而开裂

物理风化

反复冷热循环、周围压力的变化以及其他物理因素都可能造成岩石产生物理风化。

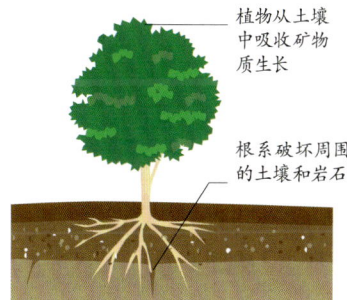

植物从土壤中吸收矿物质生长

根系破坏周围的土壤和岩石

生物风化

植物和地衣以化学形式改变岩石，产生内应力，使它们破碎。植物的根也可以使岩石破裂。

冰川侵蚀

冰川是移动缓慢的冰体，具有强大的侵蚀力量。从冰川底部剥离的岩石会变成磨蚀颗粒，侵蚀周围的地形，而冰川边缘的反复冻融会导致附近岩石的物理风化。

冰河

冰川是由许多层持久的冰形成的，这些冰在自身重量的作用下开始向下流动，形成一种缓慢但几乎不可阻挡的力量。

地表融水形成的溪流 — 由冰川内部携带的岩石和粉尘组成的冰川碎屑

冰碛（岩石在表面运输）

光滑的基岩 — 冰面的深楔裂缝 — 岩屑沿着冰川的两侧拖曳并沉积下来

沉积

沉积是沉积物被搬运后，在一个新的地点沉积下来。沉积物沉积在不同的位置，取决于它们的大小、形状和质量，以及携带它们的风或水的速度，这本身就受到当地地理的影响。沉积物的积累反过来会改变当地的地理环境。

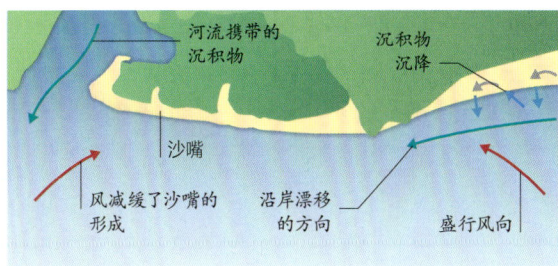

沉积分选

不同沉积物在海岸线上的不同沉积地点表明了携带它们的水的能量。

黏土 — **粉砂** — **砂** — **砾** — **巨砾**

河流携带的沉积物 — 沉积物沉降

沙嘴

风减缓了沙嘴的形成 — 沿岸漂移的方向 — 盛行风向

沉积淤积

沿岸流以不同角度沿着海岸移动沉积物并来回往复。沉积物也在缓慢移动或在静止的水中沉积。

牛轭湖的形成

蜿蜒的河流不断冲刷和侵蚀弯曲处的外部河岸，而沉积物在内侧河岸沉积。随着时间的推移，河曲的颈部变窄，最终河流裁弯取直。

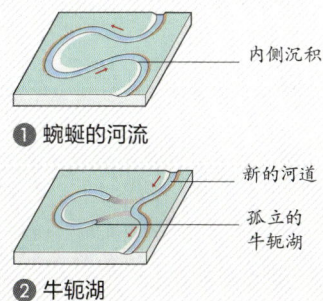

内侧沉积

❶ 蜿蜒的河流

新的河道 — 孤立的牛轭湖

❷ 牛轭湖

参见**岩石**：第 62—63 页 ▶　**淡水和冰**：第 68—69 页 ▶　**59**

矿物

矿物质是具有重复分子结构的天然存在的固体结晶物质。从纯元素（例如金或硫）到金属和化学元素的复杂混合物，每种矿物质都有明确的化学成分。矿物质根据其结构中主要的"阴离子"分为几类。

晶体形状和结构

矿物化合物的重复几何结构形成了一系列的晶体形状，根据其对称性，可以将它们分为六个体系。

立方晶系　正交晶系　六方晶系　四方晶系　单斜晶系　三斜晶系

石英岩块　　热液中沉积的金

自然元素

在地壳中作为纯固体存在的元素被称为自然元素。矿物学家将天然合金（金属混合物）也归类为自然元素。

葡萄状（球状）结构
砷

正交晶体
硫

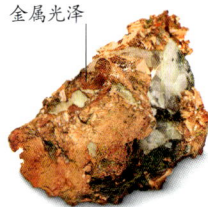
金属光泽
铜

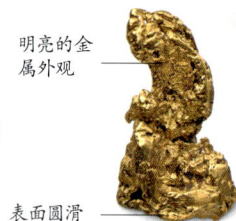
明亮的金属外观
表面圆滑
金

硫化物

硫化物普遍存在于自然界中，通常具有鲜艳的颜色和光泽。它们是金属或半金属与硫阴离子结合形成的。

鲜红色汞化合物
朱砂

放射状含锑晶体
辉锑矿

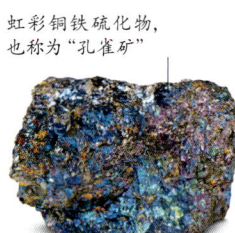
虹彩铜铁硫化物，也称为"孔雀矿"
斑铜矿

含铅立方晶体
方铅矿

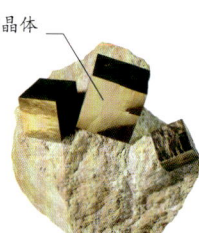
立方对称晶体
黄铁矿

卤化物

卤化物是一类相对较软的矿物质，当金属与卤素阴离子（如氯、氟、溴或碘）结合时，卤化物就形成了。

元素杂质引起的颜色
萤石

岩盐——一种氯化钠化合物
岩盐

半透明、玻璃状外观
钾盐

氟化钠铝沉积物
冰晶石

正交晶体
光卤石

氧化物

氧化物是一类坚硬的矿物质，当金属或半金属与氧或以氧为主的阴离子复合物结合时，就会产生称为氧化物的矿物。

常见于火成岩或变质岩的基质中
铬引起的红色
红宝石（刚玉）

蓝色表示含有铁和钛
蓝宝石（刚玉）

半透明的针状晶体
金红石

钢灰色表面
赤铁矿

铁杂质引起的深色
锡石

黑色金属光泽
铬铁矿

红色氧化铜晶体
赤铜矿

锌的红色氧化物
锌酸盐

◀ 参见**地球内部**：第 46—47 页　　◀ **侵蚀、风化和沉积**：第 58—59 页

目前已知的矿物约有 5500 种，每种都有独特的化学成分或结构

碳酸盐

当金属与由一个碳原子和三个氧原子（CO_3^{2-}）组成的碳酸根离子结合时，就形成了颜色鲜艳、质地较软的碳酸盐矿物。

深蓝色碳酸铜晶体

蓝铜矿

巨大而独特的晶体结构

方解石

颜色始终为绿色

孔雀石

不透明的晶体形成大理石和白云岩

白云石

颜色从粉红色到红色不等

菱锰矿

硫酸盐

当金属元素与硫酸根离子（SO_4^{2-}）结合时，就会产生质地较软、重量较轻的硫酸盐矿物。

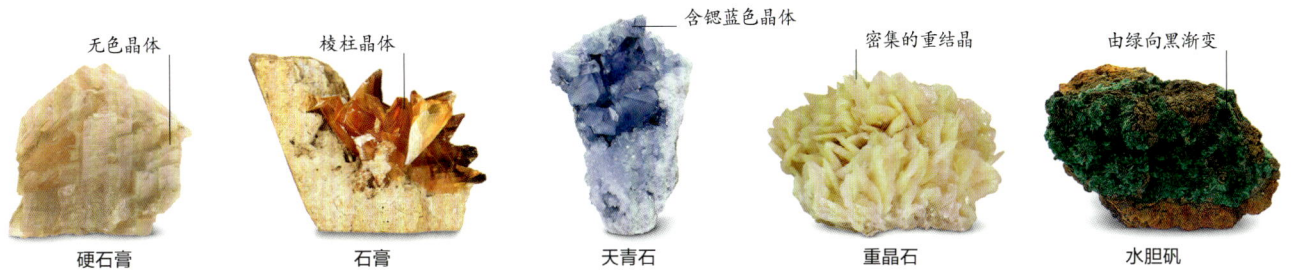

无色晶体

硬石膏

棱柱晶体

石膏

含锶蓝色晶体

天青石

密集的重结晶

重晶石

由绿向黑渐变

水胆矾

磷酸盐

这一大类矿物中磷和氧元素以 1:4（PO_4^{3-}）比例构成，包括许多相对罕见的矿物化合物。

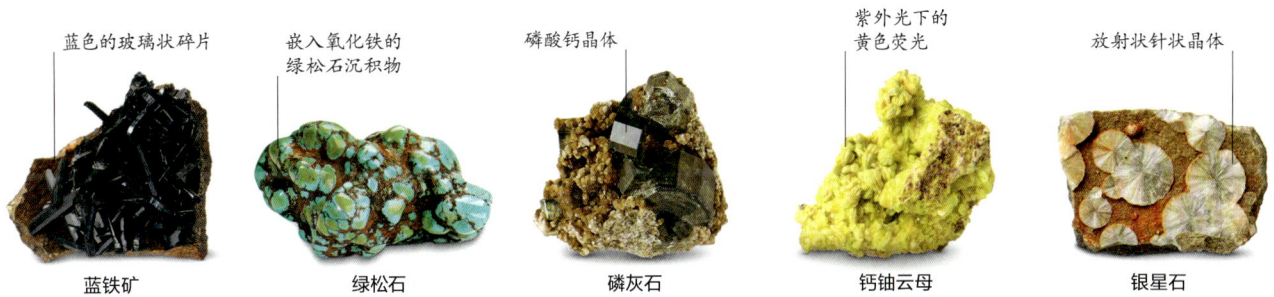

蓝色的玻璃状碎片

蓝铁矿

嵌入氧化铁的绿松石沉积物

绿松石

磷酸钙晶体

磷灰石

紫外光下的黄色荧光

钙铀云母

放射状针状晶体

银星石

砷酸盐

在结构上类似于磷酸盐，比较稀有，含有基于有毒类金属元素砷的砷酸根离子——AsO_4^{3-}。

葡萄状结构

砷铅矿

玻璃光泽

臭葱石

深绿色的蓝色晶体

光线石

板状绿色晶体

云母铜矿

亮粉色"钴花"

钴华

硅酸盐

地壳的 90% 都是由硅酸盐构成。硅酸盐由金属与硅酸根离子构成，是含量最大、种类最丰富的矿物群。

细长晶体

绿帘石

铁杂质引起的浅蓝色

绿柱石

透明表面

橄榄石

柱状晶体

透辉石

肥皂般的表面质地

滑石

玻璃光泽

方钠石

辐射和杂质引起的紫色

玻璃状晶体

紫水晶

参见**岩石**：第 62—63 页 ▶

岩石

岩石的形成

岩石是由不同矿物颗粒大规模聚集形成的。因为各种不同的化学和物理过程作用于喷涌出地表的岩浆，岩石的形成方式各异。岩石的转化是在不断的岩浆喷发、热量、压力、侵蚀和化学风化作用（矿物与周围环境中的物质的反应）下形成的，这种转化是一个持续不断没有尽头的过程。

挤压是指岩浆从火山中以熔岩和火山灰的形式逸出

冰川和溪流侵蚀岩石

岩石循环

岩石的"生命过程"是一个循环的过程，不同的力以不同的方式改变它。

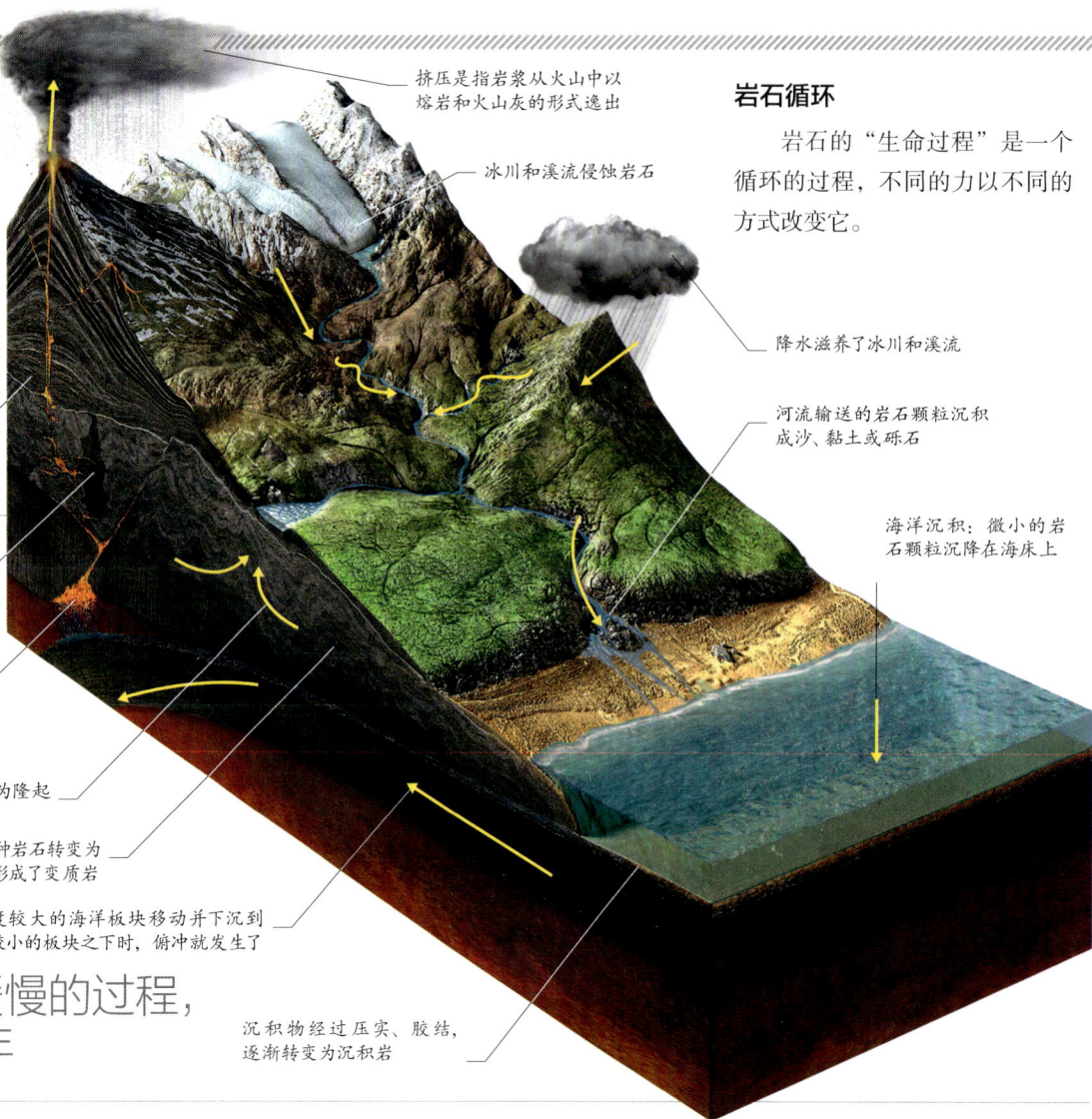

降水滋养了冰川和溪流

河流输送的岩石颗粒沉积成沙、黏土或砾石

火成岩是由先前存在的岩石熔化并随后冷却而形成的

海洋沉积：微小的岩石颗粒沉降在海床上

侵入体：地球内部岩浆的结晶体

岩浆是含有溶解气体的高温液态岩石

岩体的向上运动称为隆起

当热和压力将一种岩石转变为另一种岩石时，形成了变质岩

当密度较大的海洋板块移动并下沉到密度较小的板块之下时，俯冲就发生了

岩石循环是一个非常缓慢的过程，需要数百万年

沉积物经过压实、胶结，逐渐转变为沉积岩

火成岩

岩浆（熔岩、矿物和溶解气体的混合物）凝固而成的岩石称为火成岩。不同类型的火成岩因其矿物含量、化学成分和物理结构的不同而不同。

火山的形成

岩浆在地球表面喷出或地下侵入冷却和凝固，会产生具有不同矿物特性的岩石。

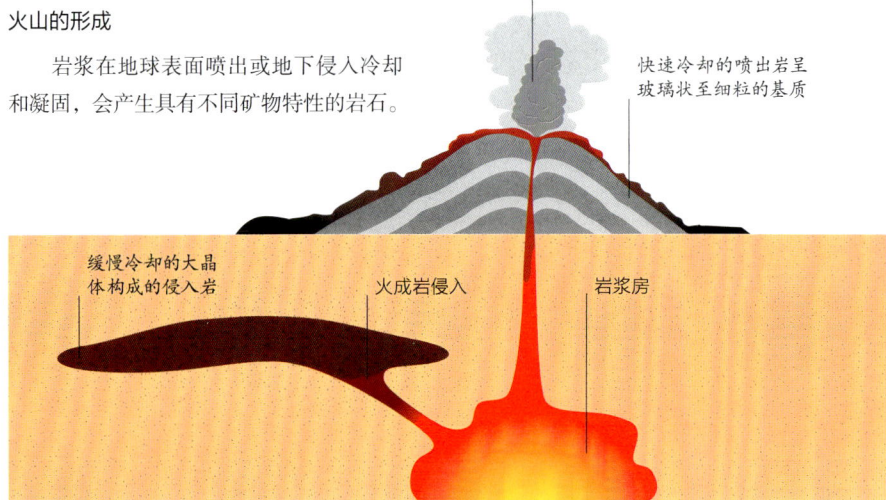

火山灰烬

快速冷却的喷出岩呈玻璃状至细粒的基质

缓慢冷却的大晶体构成的侵入岩

火成岩侵入

岩浆房

魔鬼塔

美国怀俄明州的这座著名的岩石峰是一种火成岩侵入体，它在地下冷却和凝固。周围的地面和沉积物被侵蚀后，它就暴露出来了。

细粒	粗糙结构	玻璃质结构	
玄武岩	金伯利岩	黑曜石	火山砾

石英晶体	电气石晶体		粉红色长石
流纹岩	伟晶岩	闪长岩	花岗岩

◀ 参见**板块构造**：第48—49页 ◀ **矿物**：第60—61页

沉积岩

风、水和温度变化的作用侵蚀着岩石，并将碎屑带走。它们通常以沉积物的形式堆积在湖泊和海床中。随着时间的流逝，沉积物受重力压实，从而产生新的岩石类型。

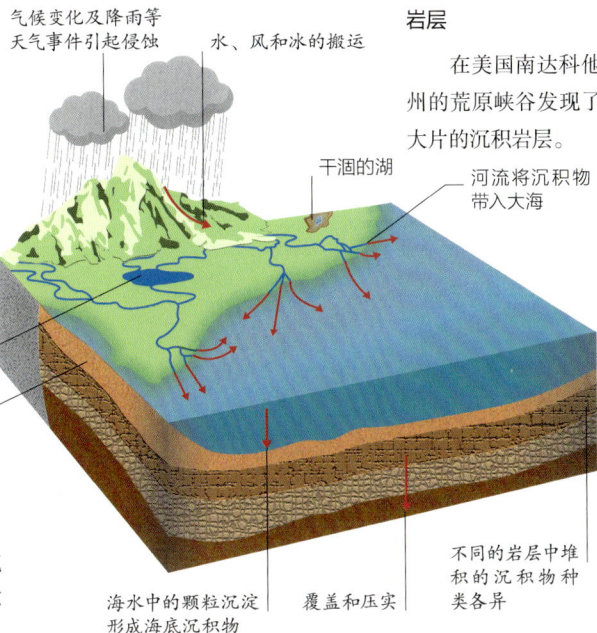

岩层

在美国南达科他州的荒原峡谷发现了大片的沉积岩层。

气候变化及降雨等天气事件引起侵蚀

水、风和冰的搬运

干涸的湖

河流将沉积物带入大海

淡水湖

海床

海水中的颗粒沉淀形成海底沉积物

覆盖和压实

不同的岩层中堆积的沉积物种类各异

沉积物形成

沉积岩由碎屑堆积而成，随着沉积的物质类型和数量发生变化，形成不同的岩层。

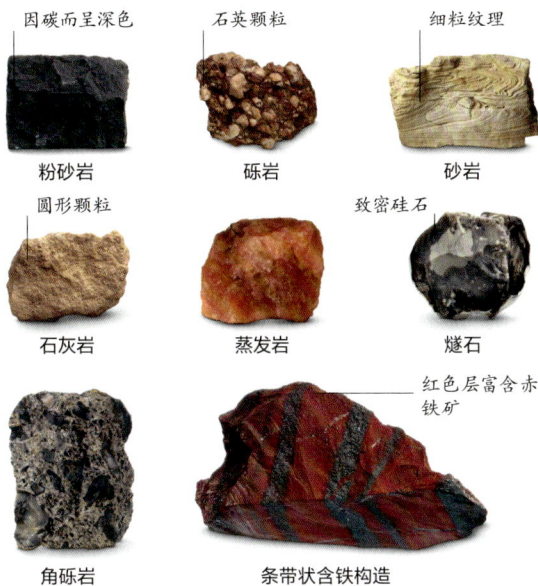

因碳而呈深色 — 粉砂岩

石英颗粒 — 砾岩

细粒纹理 — 砂岩

圆形颗粒 — 石灰岩

蒸发岩

致密硅石 — 燧石

角砾岩

条带状含铁构造 — **红色层富含赤铁矿**

只有 7.9% 的地壳由沉积岩构成

变质岩

当岩石在地壳中经历高温高压时，它们的矿物成分和物理结构会发生改变，从而形成变质岩。有一种类型的变质作用称为冲击变质作用，发生在热量和压力因撞击而产生时，如小行星撞击。

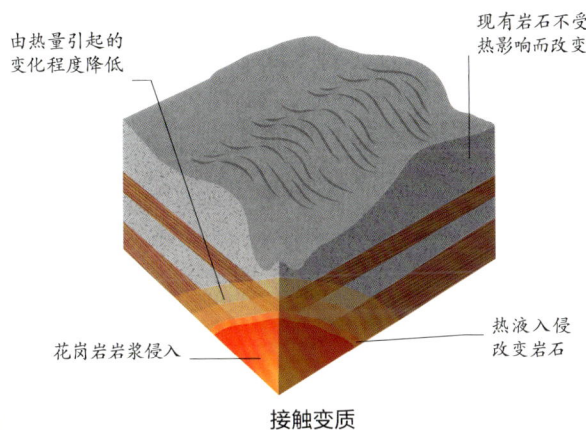

由热量引起的变化程度降低

现有岩石不受热影响而改变

花岗岩岩浆侵入

热液入侵改变岩石

构造板块

由压力和热产生的变质岩

地幔

俯冲板块

接触变质

在局部范围内，地下岩浆房周围的岩石可能会随着温度提升（达到数百摄氏度）而发生变质。从周围的岩石中引入的其他化学物质（通常由水携带）会导致明显的化学变化。

区域变质

大面积的岩石可能由于地壳深处的高温和垂直压力而变质，或者当地壳的各个板块因板块构造而发生移动和变形时，它们可能因承受水平力而变质（参见第48—49页）。

采石场

板岩是一种灰色岩石，由无数薄层组成。它是页岩在高温高压下发生变质而形成的。

细粒岩石 — 板岩

片麻岩

红石榴石 — 榴辉岩

粗颗粒 — 蛇纹岩

如同雷击形成的不规则形状岩石 — 角页岩

闪电熔岩

石灰石变质而成大理石 — 大理岩

矽卡岩

砂岩变质的石英岩 — 石英岩

参见**淡水和冰**：第68—69页 ▶

海洋

地球是一颗水行星，71% 的表面被海洋覆盖，平均深度为 3700 米。海洋占地球表面所有水体的 97% 以上。

海洋的构成

海洋通常分为太平洋、大西洋、印度洋和北冰洋，有时也包括南大洋。然而，这五者是相互关联的，水在它们之间不断流动。

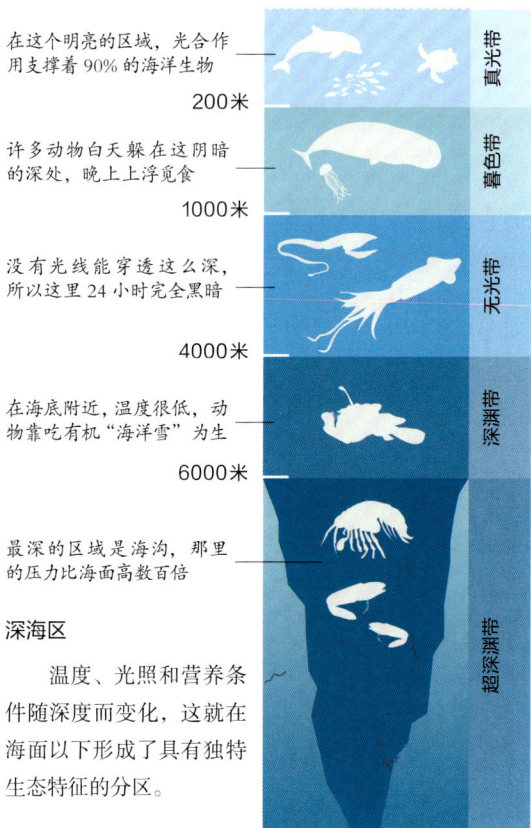

在这个明亮的区域，光合作用支撑着 90% 的海洋生物 ——

200 米

真光带

许多动物白天躲在这阴暗的深处，晚上上浮觅食

1000 米

暮色带

没有光线能穿透这么深，所以这里 24 小时完全黑暗

4000 米

无光带

在海底附近，温度很低，动物靠吃有机"海洋雪"为生

6000 米

深渊带

最深的区域是海沟，那里的压力比海面高数百倍

超深渊带

深海区

温度、光照和营养条件随深度而变化，这就在海面以下形成了具有独特生态特征的分区。

热液喷口

海底也有温泉。火山活动使海底裂隙中的海水变暖，并以富含化学物质的水流返回地表。当热液遇到冷海水时，溶解的化学物质形成浑浊的悬浮液。

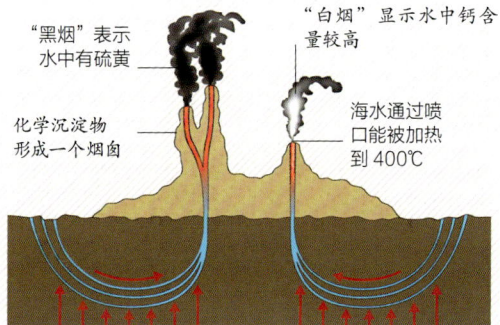

"黑烟"表示水中有硫黄

"白烟"显示水中钙含量较高

化学沉淀物形成一个烟囱

海水通过喷口能被加热到 400℃

海洋盆地

海洋填充了由地球岩石地壳厚度变化形成的广阔盆地。海洋地壳大约有 8 千米厚，而大陆地壳的厚度通常为 40~50 千米。

大西洋中脊连接着北冰洋和印度洋类似的洋脊

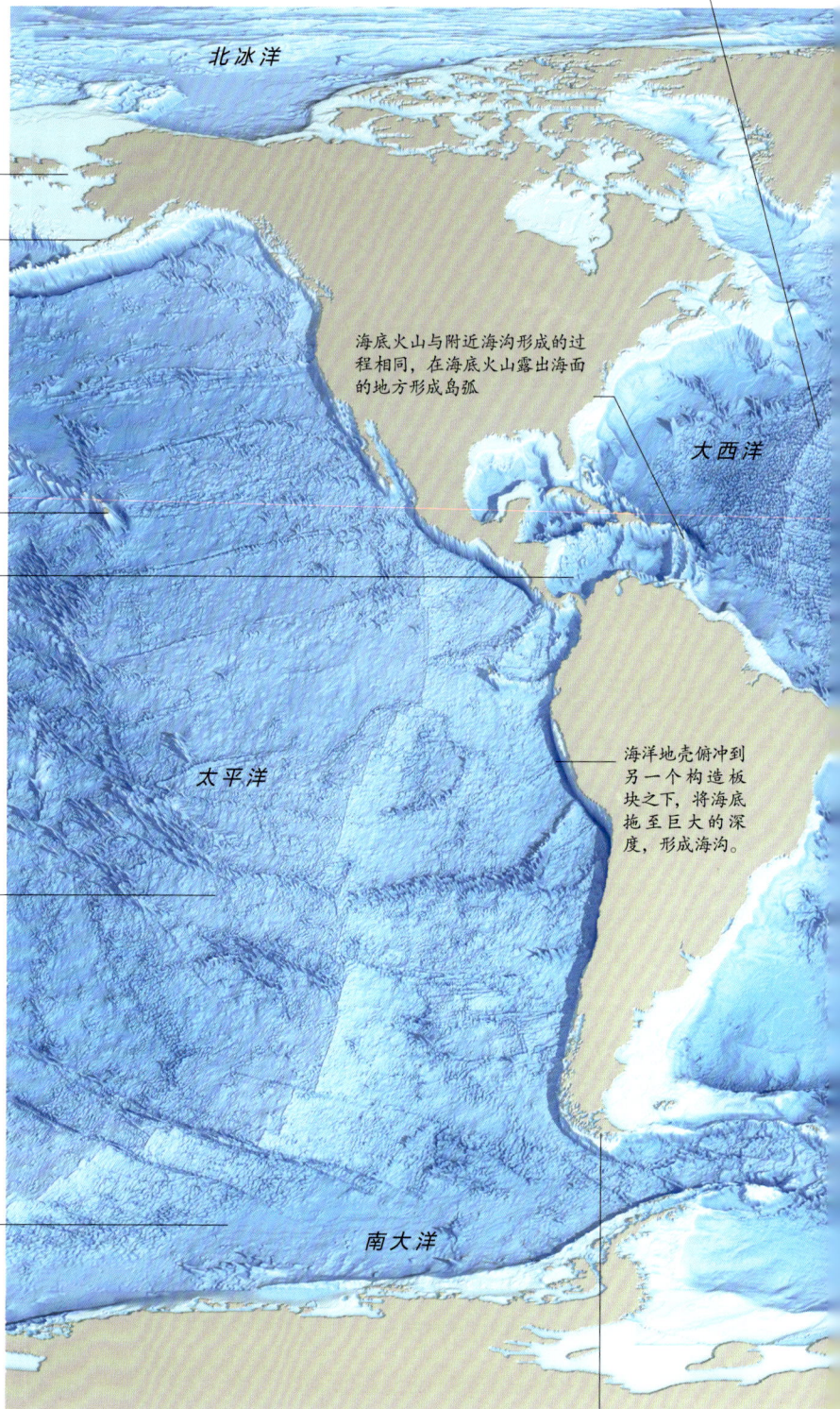

北冰洋

直到 11000 年前，西伯利亚和阿拉斯加之间的大陆架还是陆地

阿留申群岛的岛弧形成于阿留申海沟的北部

海底火山与附近海沟形成的过程相同，在海底火山露出海面的地方形成岛弧

大西洋

夏威夷岛链形成于一个"热点"之上——一个深层的岩浆源，为海底火山提供岩浆，这些火山最终形成岛屿

海岸附近地理上不同的海洋区域被称为海，例如加勒比海

海洋地壳俯冲到另一个构造板块之下，将海底拖至巨大的深度，形成海沟

太平洋

太平洋占地球海洋总面积的 46%

南极洲周围的南大洋没有明显的盆地，因此一些地理学家并不将南大洋视为一个独立的海洋

南大洋

两个大洋或海域之间的边界常以海角或陆地岬角为标志，例如，太平洋和大西洋之间的合恩角

传统的海洋深度测量单位是英寻,
这是基于一个人伸展手臂后的宽度而确定的,1 英寻 =1.829 米

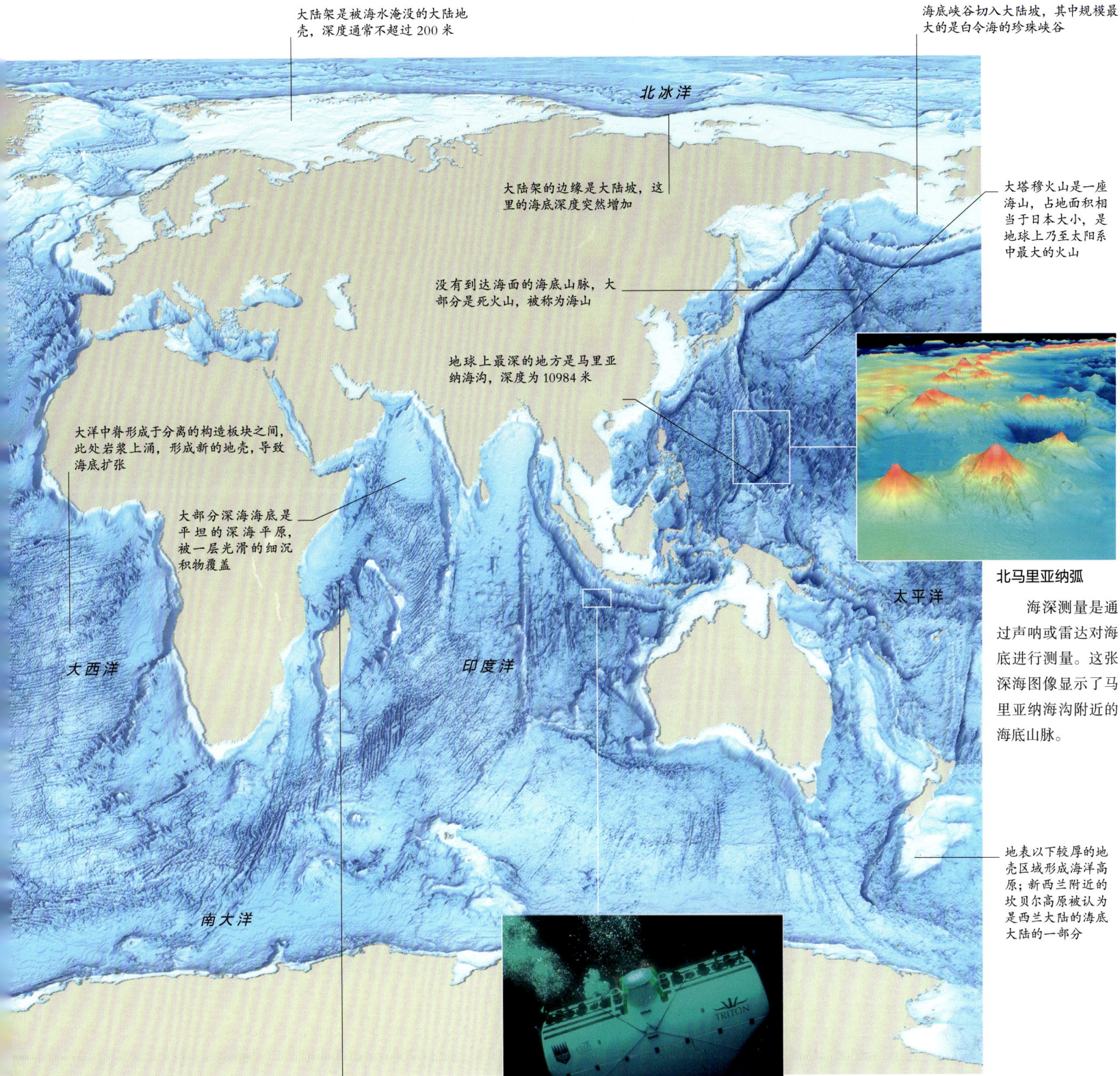

大陆架是被海水淹没的大陆地壳,深度通常不超过 200 米

海底峡谷切入大陆坡,其中规模最大的是白令海的珍珠峡谷

北冰洋

大陆架的边缘是大陆坡,这里的海底深度突然增加

大塔穆火山是一座海山,占地面积相当于日本大小,是地球上乃至太阳系中最大的火山

没有到达海面的海底山脉,大部分是死火山,被称为海山

地球上最深的地方是马里亚纳海沟,深度为 10984 米

大洋中脊形成于分离的构造板块之间,此处岩浆上涌,形成新的地壳,导致海底扩张

大部分深海海底是平坦的深海平原,被一层光滑的细沉积物覆盖

太平洋

北马里亚纳弧

海深测量是通过声呐或雷达对海底进行测量。这张深海图像显示了马里亚纳海沟附近的海底山脉。

大西洋

印度洋

南大洋

地表以下较厚的地壳区域形成海洋高原;新西兰附近的坎贝尔高原被认为是西兰大陆的海底大陆的一部分

深渊探险

印度洋和西太平洋的许多岛屿,如塞舌尔群岛,都是由海山峰顶的珊瑚礁形成的

在 2018—2019 年,维克托·维斯科沃驾驶 Triton 36000/2 型潜水器 DSV Limiting Factor 分别抵达了五大洋的最深处。

洋流、海浪和潮汐

海水在不断运动。在海面，海水由于风产生的波浪而上下起伏。与此同时，海水由于潮汐的影响，按一定规律沿着海岸线涨退——潮汐是由于月球引力引起的海洋的周期性涨落。在宏观尺度上，海洋受不同深度洋流的影响，洋流缓慢但持续不断混合着水体，并深刻影响着地球的气候模式。

可视化洋流

当浮游生物大量繁殖时，可以从太空中观测到洋流。浮游生物——主要是受洋流支配漂浮的微小海洋生物，在阳光和营养供应适宜的情况下大量生长，这时就会发生藻华。

藻华

洋流

洋流是以每小时几千米的速度朝一个方向持续流动的水体。洋流的路径是由深度、温度、盐度、海岸形状和地球自转等复杂因素相互作用决定的。

表层洋流

表层洋流，许多都有特定的名字，它们对气候影响很大。沿热带海岸的寒流带来极端干燥的天气，而温暖的水流带来降雨。表层洋流与深水洋流间存在相互作用与交换。

图例
→ 暖流
→ 寒流

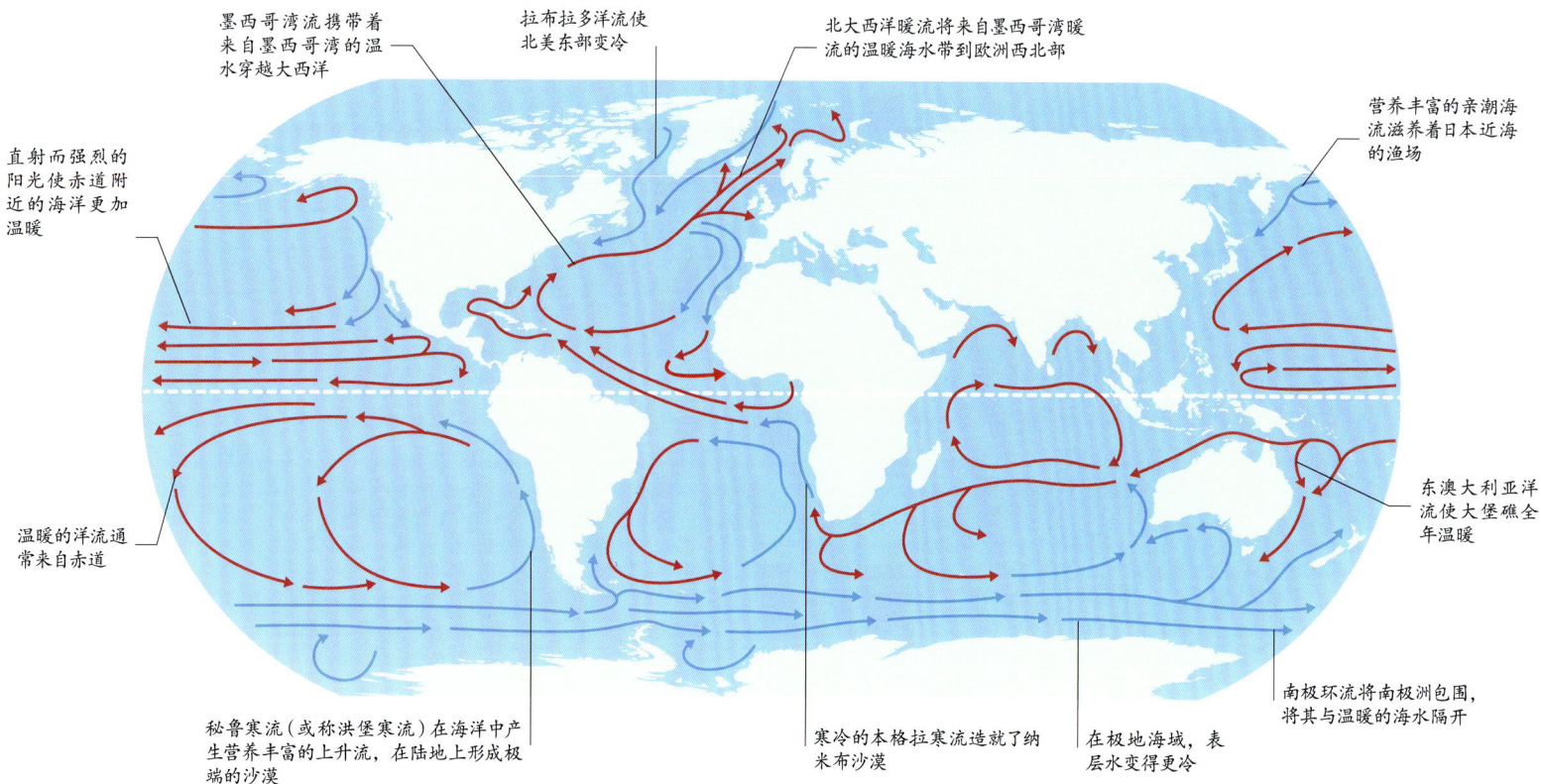

墨西哥湾流携带着来自墨西哥湾的温水穿越大西洋

拉布拉多洋流使北美东部变冷

北大西洋暖流将来自墨西哥湾暖流的温暖海水带到欧洲西北部

营养丰富的亲潮海流滋养着日本近海的渔场

直射而强烈的阳光使赤道附近的海洋更加温暖

温暖的洋流通常来自赤道

东澳大利亚洋流使大堡礁全年温暖

秘鲁寒流（或称洪堡寒流）在海洋中产生营养丰富的上升流，在陆地上形成极端的沙漠

寒冷的本格拉寒流造就了纳米布沙漠

在极地海域，表层水变得更冷

南极环流将南极洲包围，将其与温暖的海水隔开

海浪

海浪是由水面和风之间的摩擦引起的。海浪形成于一个称为受风区域的开阔水域。当风区越长（可能有几百千米），风速越高，持续时间越久，形成的波浪就越大。15米以上的风浪很少见。海啸（参见第54页）由水体的突然扰动引起，形成的浪涌可能更高。

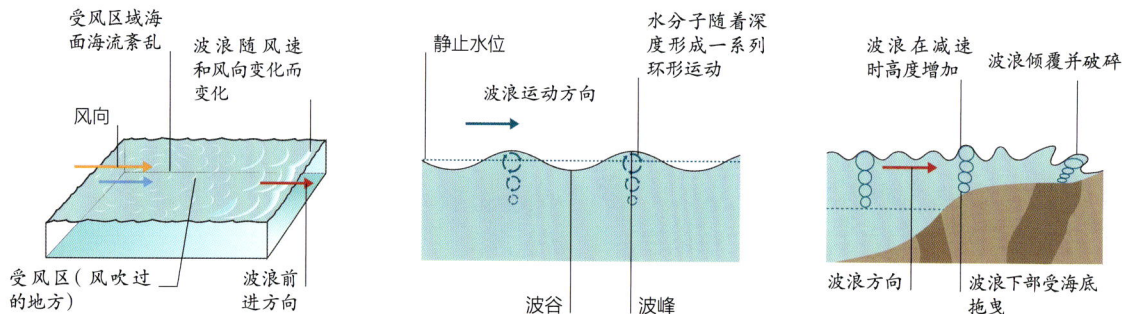

受风区域海面海流紊乱

波浪随风速和风向变化而变化

风向

受风区（风吹过的地方）

波浪前进方向

❶ 造浪
风吹过受风区域时产生一个波纹区域，这些波纹结合成方向一致的波浪。

静止水位

波浪运动方向

水分子随着深度形成一系列环形运动

波谷　波峰

❷ 水运动
水分子不会向前移动。水以环形管状的路径运动，这就产生了称为浪涌的上升和下降。

波浪在减速时高度增加

波浪倾覆并破碎

波浪方向

波浪下部受海底拖曳

❸ 近岸破浪
当波浪进入浅水区时，波浪的底部受到拖曳，但上部持续减缓并破碎。

有记录以来最大的海啸是 1958 年由阿拉斯加海岸的山体滑坡引起的，它涌起 520 米高的水墙

海洋浮游生物

任何缺乏强大的逆流游动能力的海洋生物都被归类为浮游生物。它们从微观细菌到巨型水母，种类繁多，可以分为植物性浮游植物和以它们为食的动物性及类动物性浮游动物。

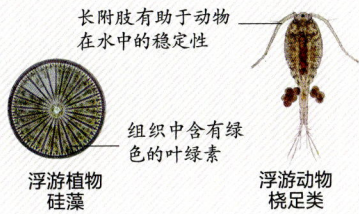

长附肢有助于动物在水中的稳定性

组织中含有绿色的叶绿素

浮游植物硅藻

浮游动物桡足类

大洋环流

地球的自转使风和风力驱动的洋流偏离它们原本的路线，尤其是那些向北和向南流动的洋流。这种现象被称为科里奥利效应，导致形成海洋大规模的环流，称为大洋环流。

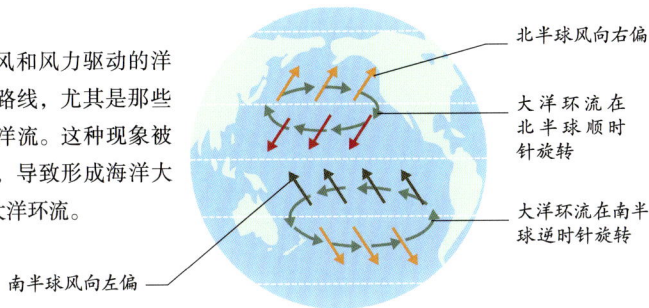

北半球风向右偏

大洋环流在北半球顺时针旋转

大洋环流在南半球逆时针旋转

南半球风向左偏

大洋传送带

洋流通过一种叫作海洋传送带的大规模环流相互连接。表层洋流通过被称为上涌和下涌的垂直水流运动与深层洋流相连。传送带由不同盐度和温度引起的海水密度差异驱动。

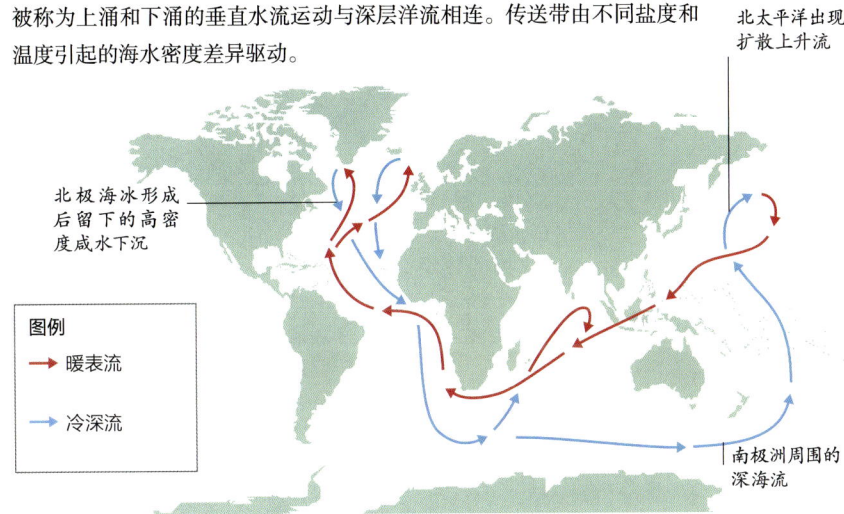

北太平洋出现扩散上升流

北极海冰形成后留下的高密度咸水下沉

图例
- → 暖表流
- → 冷深流

南极洲周围的深海流

冰封大海

咸海水在零下 2 摄氏度冻结成海冰。水结冰时密度降低（海水更是如此，因为它将盐留在水中），因此冰漂浮在海面。世界上大约八分之一的海洋每年都会在某个时候结冰，但海冰的范围在夏季和冬季之间有很大差异，特别是在南极，海冰面积在夏季会减少近 85%。寒冷海洋中的冰山不是海冰，而是由冰川崩解而来的。

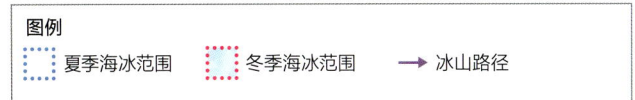

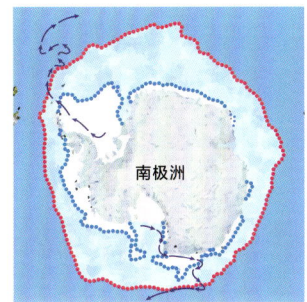

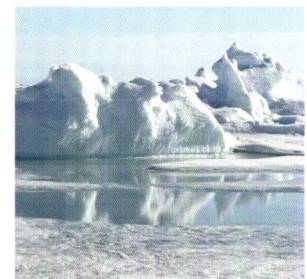

图例
- ┄ 夏季海冰范围
- ┄ 冬季海冰范围
- → 冰山路径

亚洲

格陵兰

北美洲

北冰洋

南极洲

南大洋

浮冰

海冰可以由随洋流漂流的浮冰（漂流冰）或与海岸相连的固定冰组成。

多年冰

一个冬天后，海冰有 1~2 米厚，但更厚的隆起（上图）可以保持多年冻结。

潮汐

月球和太阳的引力在海洋表面形成了隆起，当地球自转时，隆起会扫过地球。在开阔水域，潮汐的高度只有 60 厘米，而当它遇到陆地形成涨潮时，会涌向海岸。

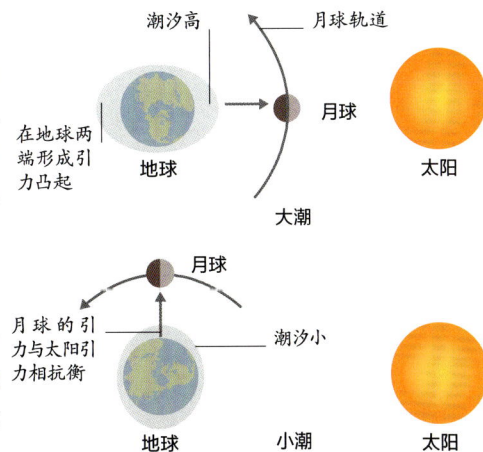

潮汐高

月球轨道

在地球两端形成引力凸起

地球

月球

太阳

大潮

大潮和小潮

当月球和太阳的引力在同一方向时，就会出现大潮，尤其是高潮和低潮。当它们的引力相互抵消时，会产生较温和的小潮。

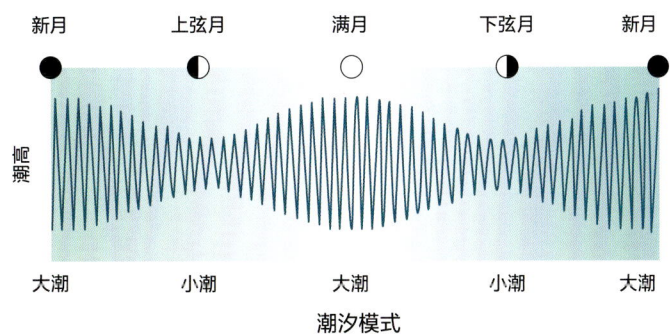

月球

月球的引力与太阳引力相抗衡

潮汐小

地球

小潮

太阳

新月　上弦月　满月　下弦月　新月

大潮　　小潮　　大潮　　小潮　　大潮

潮汐高度

潮汐模式

大潮和小潮的模式遵循月相的变化。月相表示月球和太阳的相对位置。在新月和满月期间，太阳和月球几乎在一条直线上，此时会发生相应的大潮。

淡水和冰

地球上的水大部分是咸水，其中含有多种溶解矿物质。只有一小部分水是淡水，也就是说每百万个水分子中盐分子低于 500 个。淡水存在于冰盖、冰川、地表下以及湖泊、小溪和河流中。

水循环

地球上的水在陆地、海洋和大气之间流动，处于恒定的运动状态。在这个被称为水循环的过程中，太阳加热河流、湖泊和海洋中的水，将其蒸发成水蒸气。水蒸气凝结并形成云，最终以雨或雪的形式降落。这些降水重新分配了地球表面的水，并再次启动这一过程。

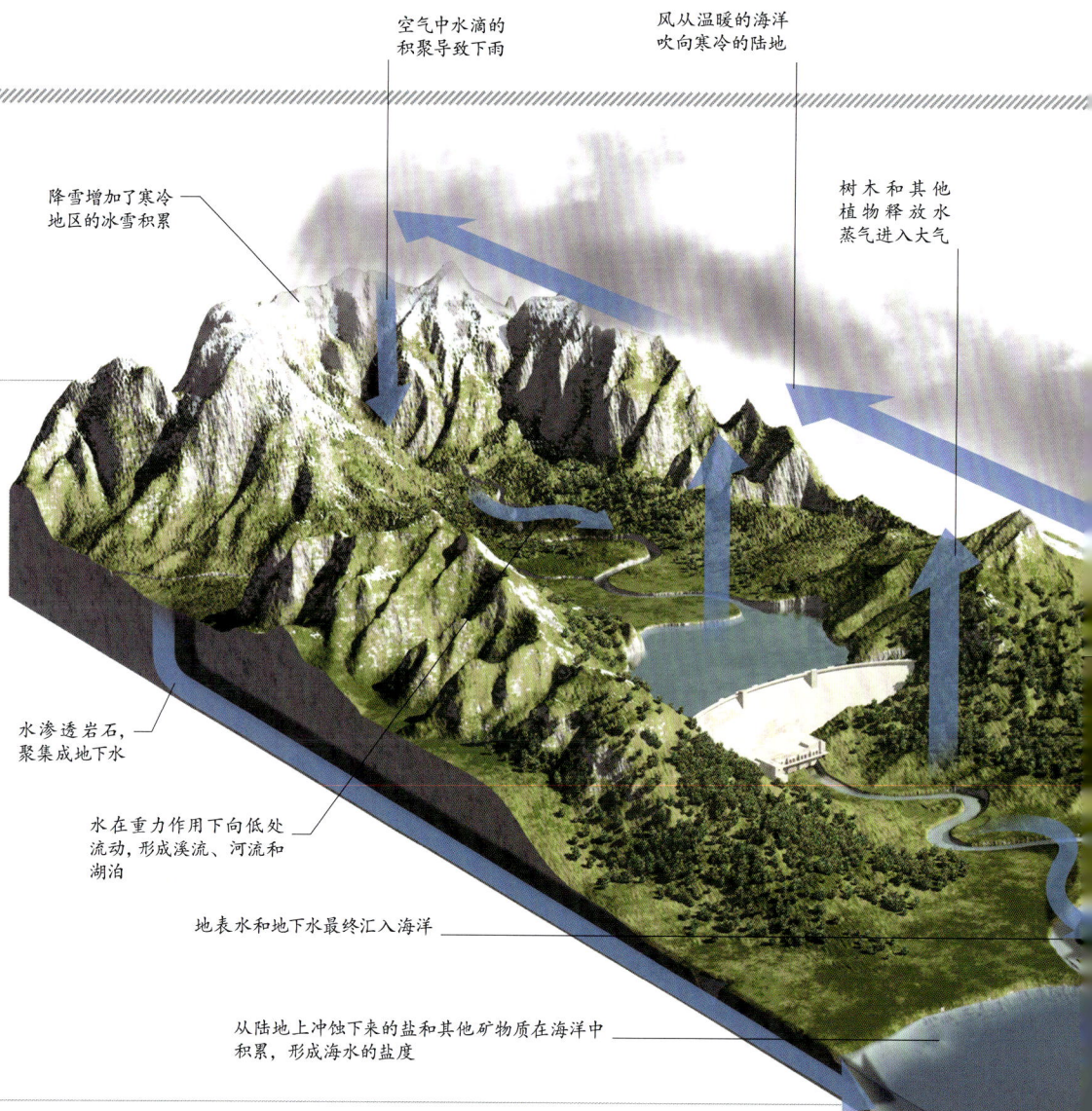

除了小行星和彗星撞击带来的冰，地球自诞生以来，水和冰的体积保持不变

空气中水滴的积聚导致下雨

风从温暖的海洋吹向寒冷的陆地

降雪增加了寒冷地区的冰雪积累

树木和其他植物释放水蒸气进入大气

水渗透过岩石，聚集成地下水

水在重力作用下向低处流动，形成溪流、河流和湖泊

地表水和地下水最终汇入海洋

从陆地上冲蚀下来的盐和其他矿物质在海洋中积累，形成海水的盐度

湖泊

在任何周边被高地包围的盆地中，当水通过一些汇水渠道向下流入盆地，湖泊就形成了。与河流不同的是，湖泊通常没有稳定的水流，尽管有些湖泊有入湖河道或风形成的水流。

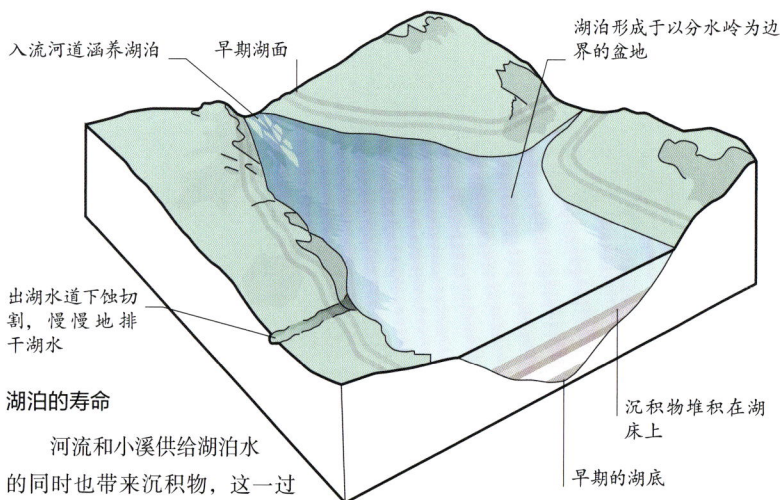

入流河道涵养湖泊

早期湖面

湖泊形成于以分水岭为边界的盆地

出湖水道下蚀切割，慢慢地排干湖水

湖泊的寿命

河流和小溪供给湖泊水的同时也带来沉积物，这一过程意味着所有的湖泊最终都会被填满并逐渐干涸。

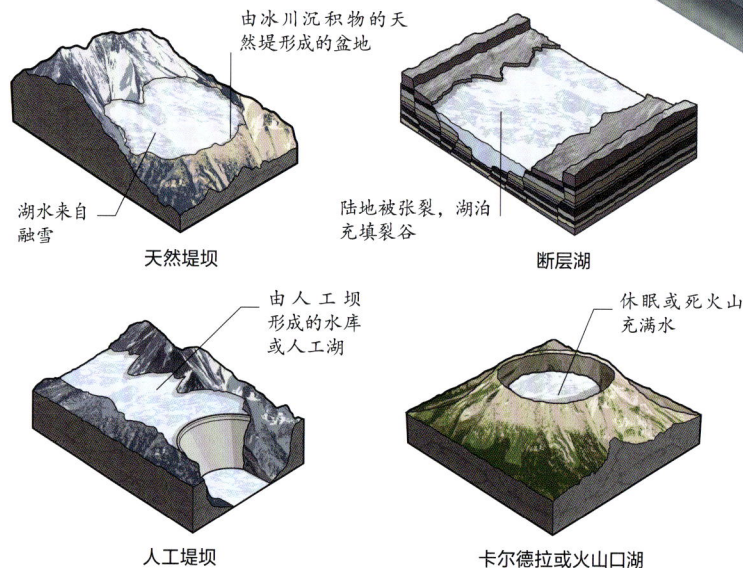

沉积物堆积在湖床上

早期的湖底

由冰川沉积物的天然堤形成的盆地

湖水来自融雪

天然堤坝

陆地被张裂，湖泊充填裂谷

断层湖

由人工坝形成的水库或人工湖

人工堤坝

休眠或死火山充满水

卡尔德拉或火山口湖

湖泊类型

湖泊盆地的形成有多种方式——这只是四个例子。它们可能由人类、山体滑坡或冰川而形成。最大最深的湖——俄罗斯的贝加尔湖，是由地球构造板块运动形成的断层湖。然而，世界上海拔最高的湖泊往往是火山口湖，当水在火山口聚集时形成。火山口湖可以是活跃的，也可以是不活跃的。

随着温度下降，更大的水滴在云中形成

在高空，水蒸气冷却并凝结成微小的水滴云

太阳能加热使水变成水蒸气上升到空气中

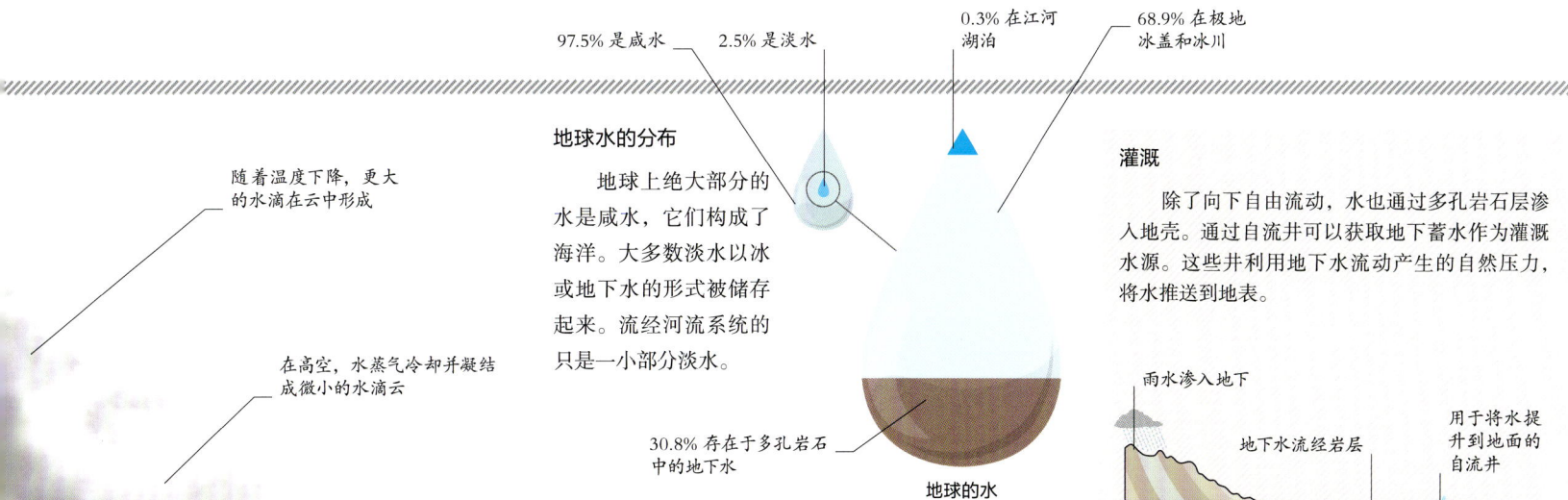

地球水的分布

地球上绝大部分的水是咸水，它们构成了海洋。大多数淡水以冰或地下水的形式被储存起来。流经河流系统的只是一小部分淡水。

97.5% 是咸水　　2.5% 是淡水

0.3% 在江河湖泊

68.9% 在极地冰盖和冰川

30.8% 存在于多孔岩石中的地下水

地球的水

灌溉

除了向下自由流动，水也通过多孔岩石层渗入地壳。通过自流井可以获取地下蓄水作为灌溉水源。这些井利用地下水流动产生的自然压力，将水推送到地表。

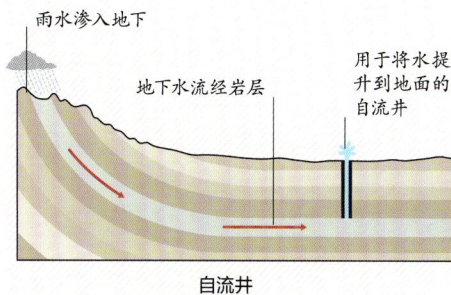

雨水渗入地下

地下水流经岩层

用于将水提升到地面的自流井

自流井

兰伯特冰川是世界上最大的冰川，覆盖面积超过 100 万平方千米

海水淡化

在淡水稀缺的沿海沙漠地区，可以通过一种脱盐的工业过程，将海水去除盐分。最有效的方法是通过反渗透技术，将水在高压下通过滤膜过滤盐分。

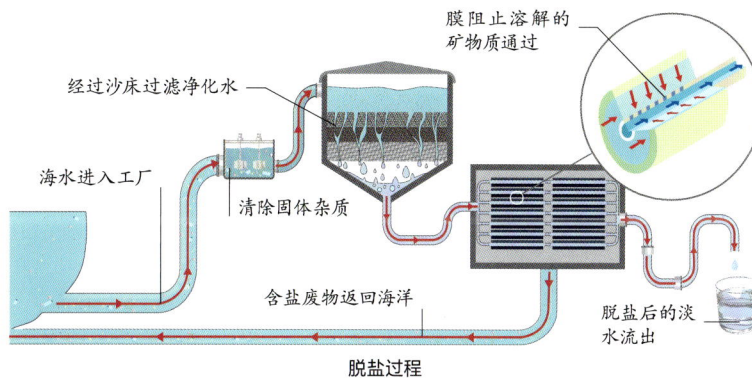

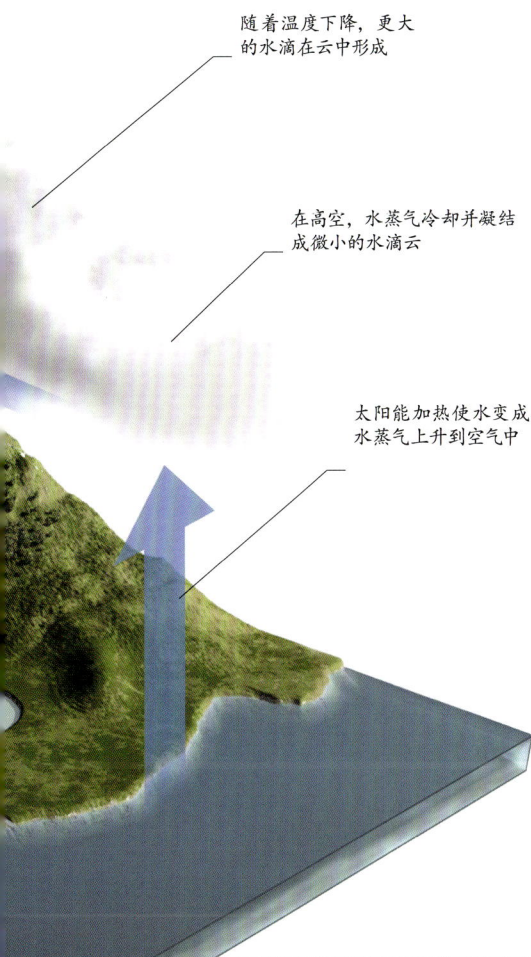

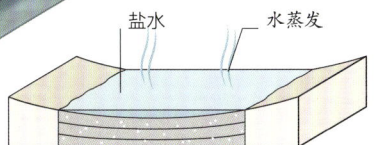

膜阻止溶解的矿物质通过

经过沙床过滤净化水

海水进入工厂

清除固体杂质

含盐废物返回海洋

脱盐后的淡水流出

脱盐过程

盐水　　水蒸发

盐湖

水通过湖床排出，形成盐水层

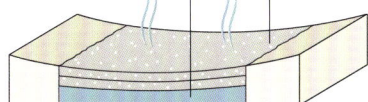

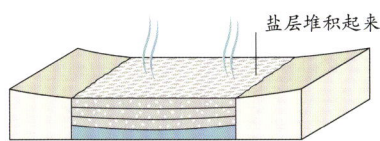

干湖床

盐田

盐层堆积起来

盐结皮

盐湖

盐湖的形成是因为没有流出，蒸发量超过流入量。蒸发会留下溶解的矿物质，并积聚在剩余的水中。当流入的水量很少时，湖泊就会干涸形成盐滩。

冰

大多数淡水被覆盖在寒冷的极地和山顶的冰所冻结。这块冰沿其边缘不断融化。冰山是从冰川或冰盖上脱落并漂向大海的巨大冰块。

冰盖

冰盖是覆盖陆地的一层厚厚的永久性冰层。南极洲的冰盖厚度超过 2 千米，容纳了地球上 61% 的淡水。另一个巨大的冰原在格陵兰岛。在上一个冰河时期，冰盖也覆盖了北美洲和欧洲的大片地区。

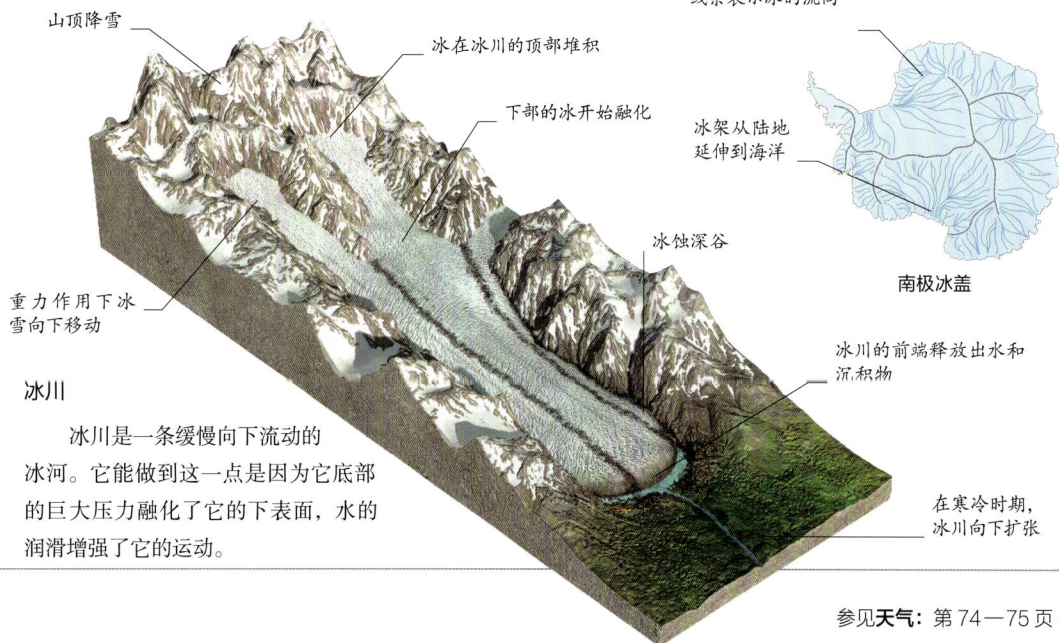

线条表示冰的流向

山顶降雪

冰在冰川的顶部堆积

下部的冰开始融化

冰架从陆地延伸到海洋

冰蚀深谷

重力作用下冰雪向下移动

冰川的前端释放出水和沉积物

南极冰盖

冰川

冰川是一条缓慢向下流动的冰河。它能做到这一点是因为它底部的巨大压力融化了它的下表面，水的润滑增强了它的运动。

在寒冷时期，冰川向下扩张

参见天气：第 74—75 页 ▶

地球大气

地球被一层称为大气的混合气体层包裹着。这层气体延伸到距离地表数千千米的高度。随着海拔高度的增加，大气层变得越来越稀薄，大约四分之三的大气质量位于离地面 11 千米的范围内。这个最低、密度最大的大气层是地球上所有天气现象发生的介质，因此它对地球表面的条件有着深远的影响。

成分

大气层中的混合气体称为空气。空气的组成处于一种动态平衡之中，这种平衡是由自然过程，特别是生物过程不断添加和移除不同气体所维持的。地球是太阳系中唯一在空气中含有大量氧气的行星。

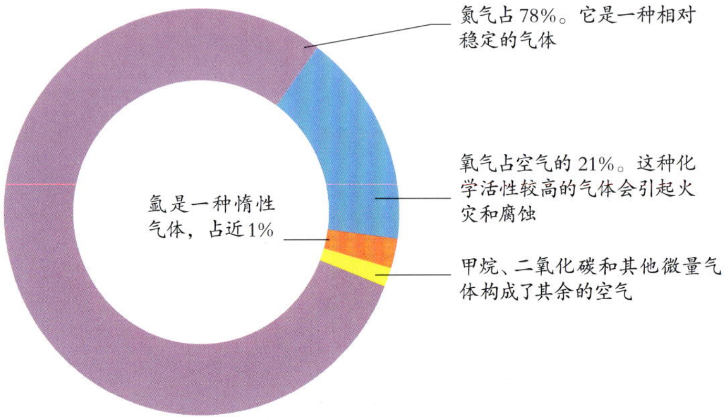

氮气占 78%。它是一种相对稳定的气体

氢是一种惰性气体，占近 1%

氧气占空气的 21%。这种化学活性较高的气体会引起火灾和腐蚀

甲烷、二氧化碳和其他微量气体构成了其余的空气

气体组成

气压

大气压力是空气施加在另一个物体上的力，这可以被看作是所有位于物体上方的空气的重量向下压的结果。在海平面上，大气压力相当于施加在地球表面每平方厘米约 1 千克的重量。需要注意的是，确切的值随位置和时间而变化。

气压系统

冷空气比暖空气密度更大、重量更重，因此容易下沉。冷气团下方的大气压力因而高于暖气团下方的大气压力。从高压区被挤出的空气形成风吹向低压区。

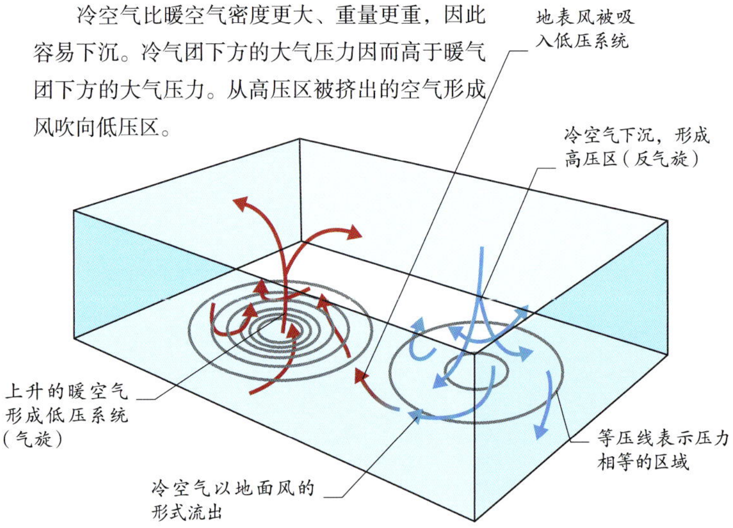

地表风被吸入低压系统

冷空气下沉，形成高压区（反气旋）

上升的暖空气形成低压系统（气旋）

冷空气以地面风的形式流出

等压线表示压力相等的区域

吸热

大气对来自太空的阳光基本上是透明的，因此阳光能够直射进来（蓝光散射很广，使天空显得蔚蓝）。相比之下，从地球表面辐射的热量被大气中的温室气体所捕获，这提高了地球的平均温度。

温室效应

这种变暖过程被称为温室效应，因为这些气体就像温室的玻璃起到的作用一样，允许光进来，但阻止一些热量逸出。

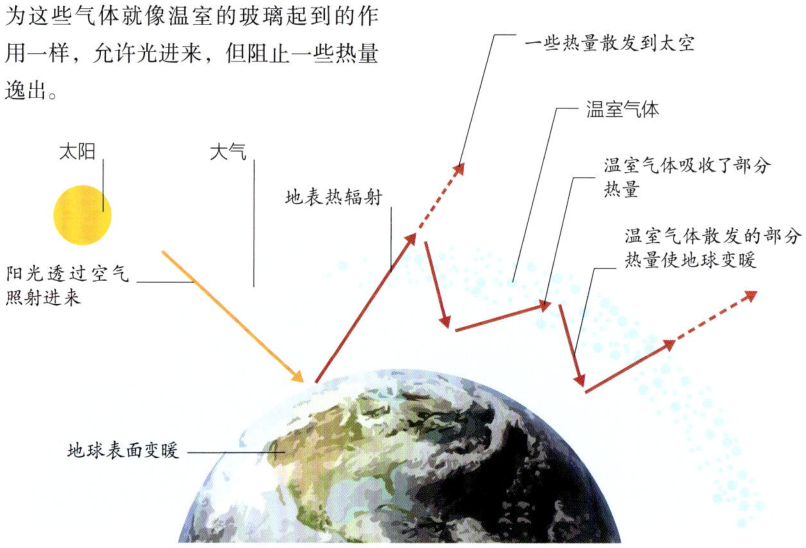

太阳

大气

地表热辐射

阳光透过空气照射进来

一些热量散发到太空

温室气体

温室气体吸收了部分热量

温室气体散发的部分热量使地球变暖

地球表面变暖

大气中的光

有一些现象会引起大气中的光干扰，其中最著名的就是极光现象。极光是一种形成于大气层高处的发光粒子模式，在极地地区最为常见。在遥远的北方，这被称为北极光（见第 21 页）；在最南端，则是南极光。

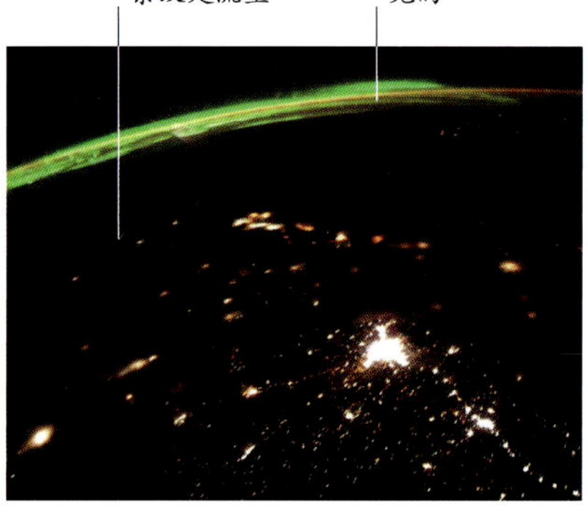

这幅图中微弱的光条纹是流星

绿色极光是最常见的

从太空看到的极光

大气中的水

当地球表面的液体蒸发时，水以蒸汽的形式进入空气。空气中水蒸气的含量是以湿度来衡量的，而在温暖的热带地区，大气往往更潮湿。当空气冷却时，其中的水蒸气会凝结成小水滴，形成云和雨。

极光是如何形成的

地球的磁场形成了一个保护性的边界，也将太阳风拉向两极。这些来自太阳的高能粒子与大气中的气体发生碰撞，产生发光现象，形成绚丽的颜色。颜色的变化取决于粒子碰撞的高度以及被碰撞的原子类型。

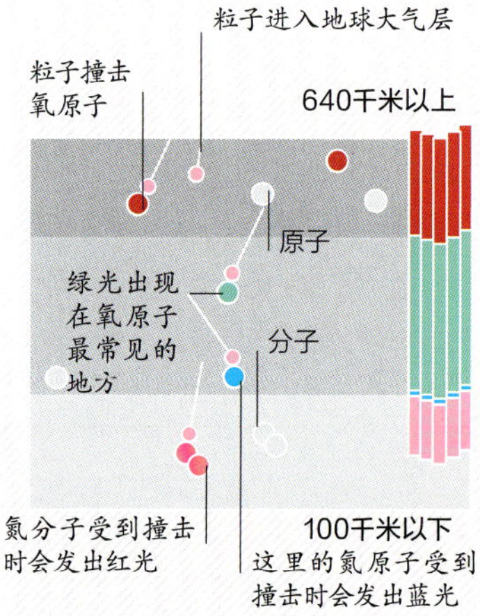

粒子进入地球大气层

粒子撞击氧原子

640千米以上

原子

绿光出现在氧原子最常见的地方

分子

氮分子受到撞击时会发出红光

100千米以下
这里的氮原子受到撞击时会发出蓝光

引人注目的原子

地球大气层中的气体重 5000 万亿吨，不到地球总质量的百万分之一

保护地球

在海拔 15~35 千米的高空有一个稀薄的臭氧层。臭氧是一种不稳定的氧，它的分子是由三个氧原子组成的。来自太阳的高能紫外线辐射被臭氧吸收，通过这种方式，臭氧层过滤掉了阳光中的危险射线。

臭氧耗竭

臭氧是由紫外线自然产生的，也会被紫外线破坏，但是冰箱和喷雾剂中称为氯氟烃的人工气体也会破坏臭氧，久而久之，臭氧层上便出现了一个洞。在 20 世纪 80 年代，这些化学物质被禁止使用。

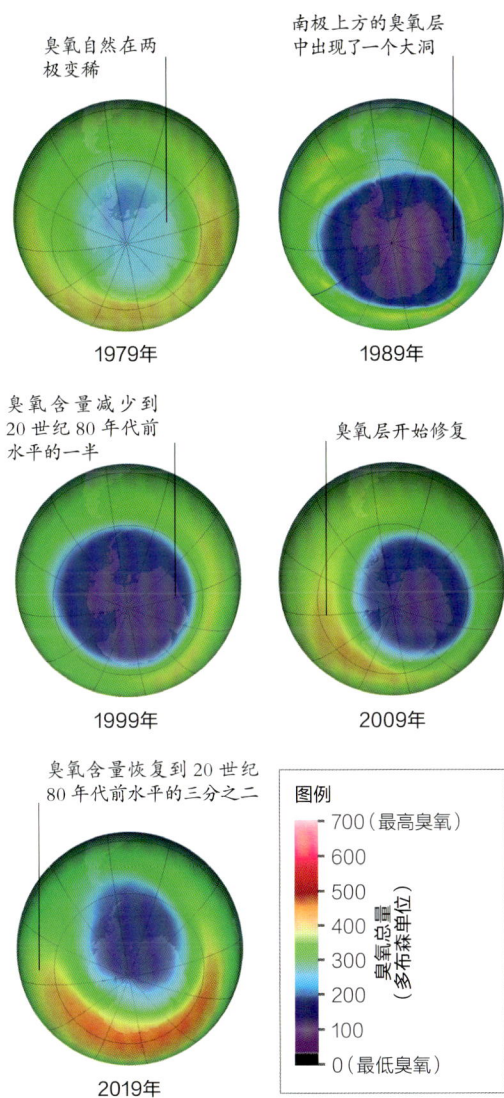

臭氧自然在两极变稀

南极上方的臭氧层中出现了一个大洞

1979年

1989年

臭氧含量减少到 20 世纪 80 年代前水平的一半

臭氧层开始修复

1999年

2009年

臭氧含量恢复到 20 世纪 80 年代前水平的三分之二

图例
700（最高臭氧）
600
500
400
300
200
100
0（最低臭氧）
臭氧总量（多布森单位）

2019年

在臭氧层，每百万个空气分子中就有 10 个臭氧分子，是正常空气中的 30 倍

大气层

虽然大气压力随着海拔升高以相对均匀的方式递减，但空气温度的变化却并非如此。温度随海拔波动的独特方式，在大气五个垂直分层之间形成了明确的分界。

边界

在大气的最低层，即对流层，温度随海拔高度的增加而降低。然而，温度在平流层随海拔高度增加而升高。中间层形成了大气中最冷的部分，温度为零下 85 摄氏度，在中间层之上的两层温度非常高，尽管这两层大气变得非常稀薄。

图例
高温
温度变化
低温

外逸层
600~10000千米
温度
全球定位系统和其他中地球轨道卫星在运行时会穿过外逸层
外层大气是密度非常低的气体，最终与太阳风相融合

热层
80~600千米
温度约为 1500 摄氏度
极光主要在热层中形成

热层的下部有一层带电气体区域，这一区域被称为电离层

流星在中间层燃烧，因为这里的空气已经足够稠密，能够产生摩擦力

中间层
50~80千米

臭氧层过滤掉阳光中的有害辐射

平流层
16~50千米

太阳辐射

阳光使平流层变暖，因此温度随海拔高度增加而上升

气象气球从高空收集信息

高空风又被称为高空急流，在对流层顶部，即对流层和平流层的边界流动

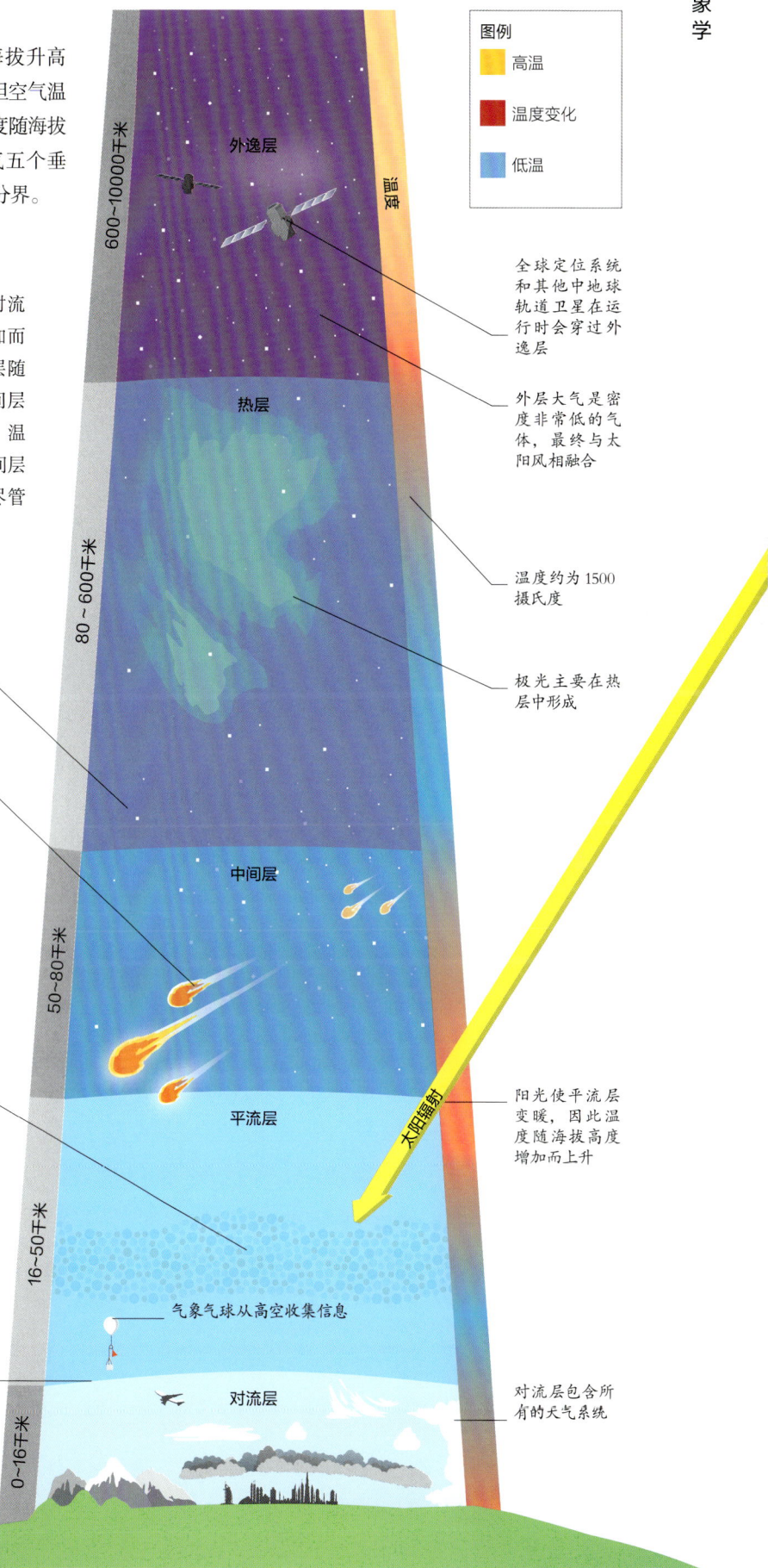

对流层
0~16千米

对流层包含所有的天气系统

参见**大气环流**：第 72—73 页 ▶ **天气**：第 74—75 页 ▶ **生物群区**：第 76—77 页 ▶

大气环流

大气始终处于运动之中，气团的流动形成了风。气团的运动是由太阳辐射加热驱动的，太阳辐射不均匀地温暖地球表面，导致赤道地区比两极要温暖得多。当温暖、较轻的空气上升，较冷、较稠密的空气下沉时，大气环流就形成了。这些空气的运动形成了风，进而将热量分布到全球。

大尺度环流

在全球范围内，空气在称为"环流圈"的三维区域内循环，每个环流圈都在特定纬度上环绕地球。赤道附近上升的暖空气向北和南流动，形成哈得来环流圈，而在极地环流圈中也发生类似的循环。位于哈得来环流圈与极地环流圈之间的费雷尔环流圈内的空气则朝相反方向流动。

极地沙漠

极地环流圈中循环的空气比其他环流圈中的空气冷得多，也干燥得多。这导致极地地区降水稀少，且大部分以雪而不是雨的形式落下，因此地球的极地地区被归类为沙漠。几乎所有的淡水都以冰的形式存在。

迪斯科湾，格陵兰岛

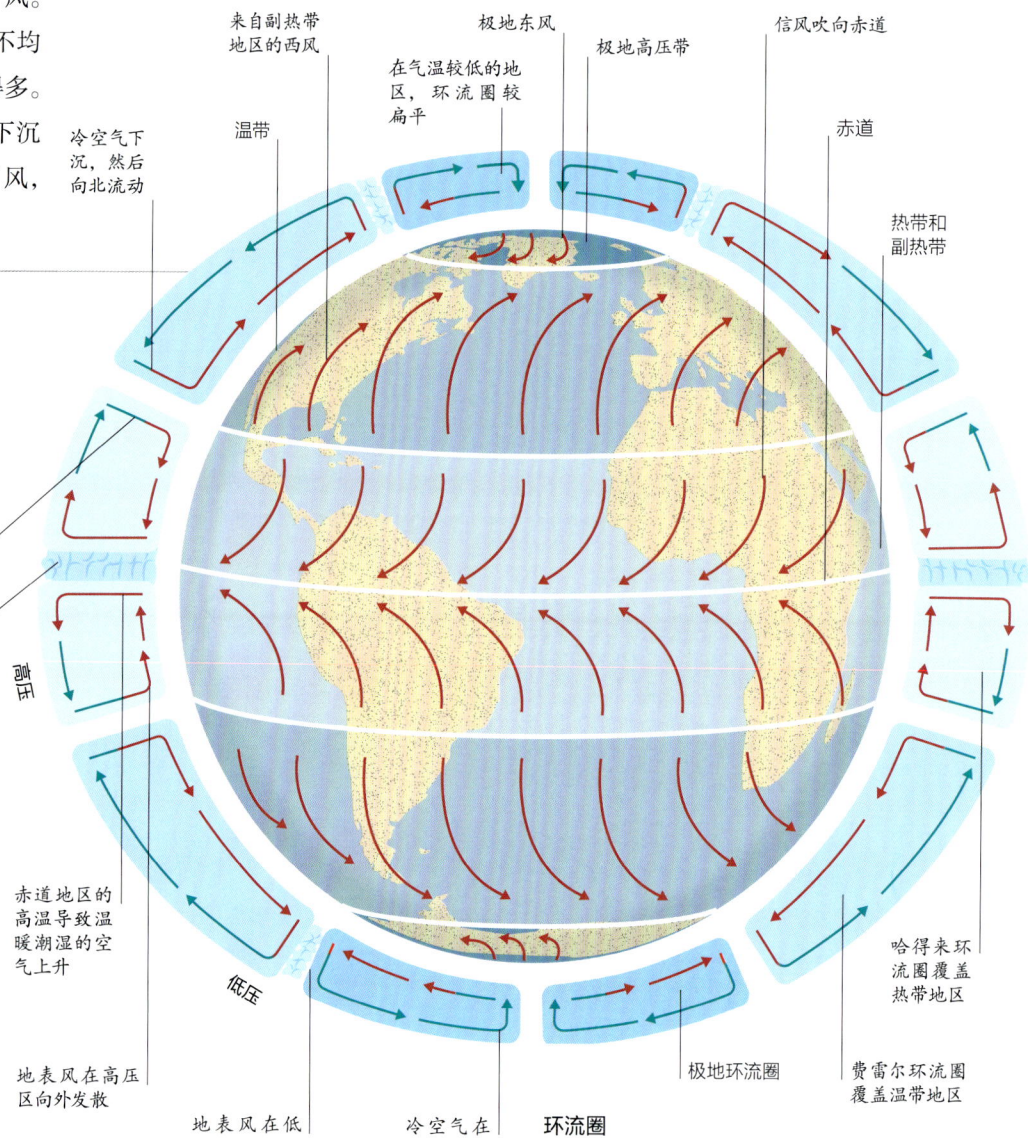

冷空气下沉，然后向北流动

来自副热带地区的西风

极地东风

在气温较低的地区，环流圈较扁平

极地高压带

信风吹向赤道

温带

赤道

热带和副热带

干燥的空气下沉到副热带地区，造成了平静、干旱的环境

赤道辐合带，或称无风带，以阴沉的天气而闻名

高压

低压

赤道地区的高温导致温暖潮湿的空气上升

地表风在高压区向外发散

地表风在低压区汇聚

冷空气在两极下沉

极地环流圈

哈得来环流圈覆盖热带地区

费雷尔环流圈覆盖温带地区

环流圈

对流圈在暖空气上升时形成，被更多上升的暖空气取代并开始冷却，随后较冷的空气下沉取代了上升的暖空气。

科里奥利效应

地球表面的风不是简单地直接向北或向南，而是会偏离原来的路径，形成对角线方向的西风和东风。这种现象主要是由于地球自西向东旋转产生的科里奥利效应，它使北半球的风顺时针偏转，南半球的风逆时针偏转。科里奥利效应在极地最为强烈。

转速

赤道上的点比高纬度的点东移得更快。吹向高纬度的风的速度超过了地球表面的东移速度，因此，在地图上绘制时，风的实际方向就会发生改变。

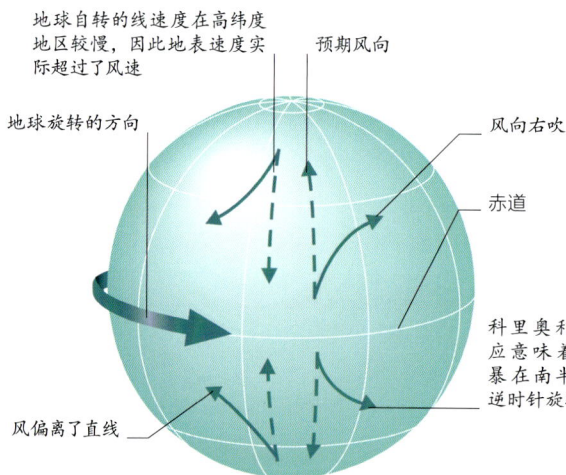

地球自转的线速度在高纬度地区较慢，因此地表速度实际超过了风速

预期风向

地球旋转的方向

风向右吹

赤道

科里奥利效应意味着风暴在南半球逆时针旋转

风偏离了直线

科里奥利

科里奥利效应是以法国数学家和工程师加斯帕德－古斯塔夫·德·科里奥利（1792—1843）的名字命名的，他在1835年解释了这一现象。1651年，科学家首次在意大利注意到这种效应，他们发现远程发射的炮弹偏离了目标。

◀参见洋流、海浪和潮汐：第66—67页　◀淡水和冰：第68—69页　◀地球大气：第70—71页

盛行风产生洋流，非航行的商船利用洋流来加速航行

盛行风

大尺度环流圈在世界各地产生了风带。地球表面的每个区域都有盛行风，它吹向一个可预测的方向。冷风吹向赤道，而暖风吹向两极。副热带的高压地带被称为无风带，以其平静和经常无风的条件而闻名。

地表风

地球表面被划分为几个盛行风区，主导风主要根据其吹来的方向来命名。

急流

高空快速移动的空气带被称为高空急流，它们在两个大气环流圈相遇的地方形成。主要的高空急流环绕两极和副热带地区，它们沿着波浪形路径移动，对天气产生很大的影响，这些急流通过形成高、低压区来塑造天气模式。异常的巨浪与极端的天气条件有关，比如干旱和洪水。

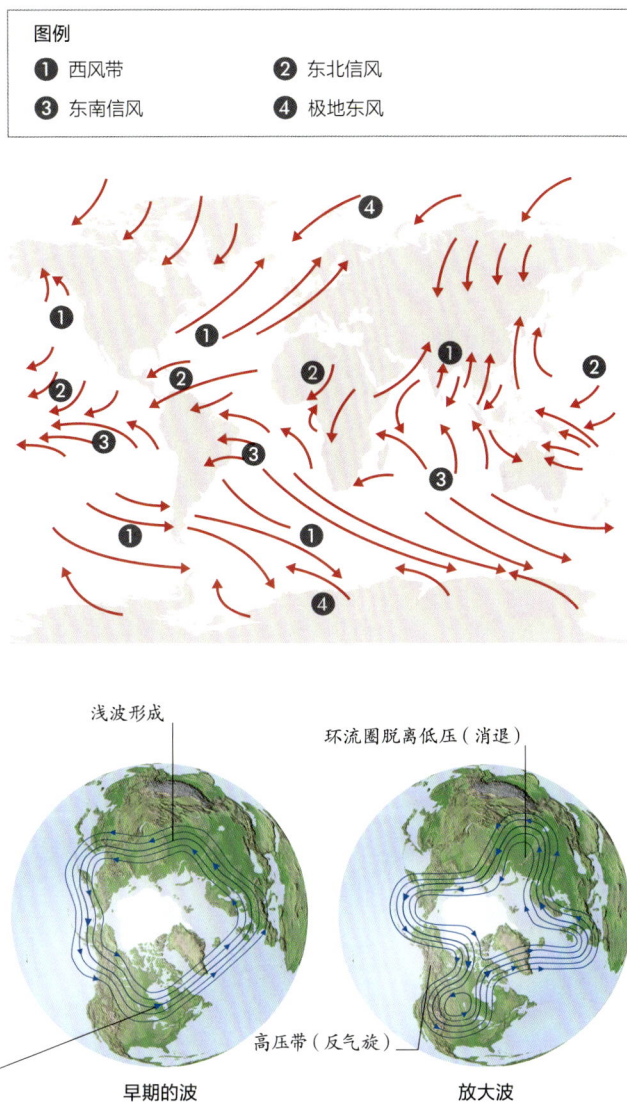

图例
1 西风带
2 东北信风
3 东南信风
4 极地东风

浅波形成

环流圈脱离低压（消退）

急流向南转移带来潮湿的天气

高压带（反气旋）

早期的波

放大波

主要高空急流的风速经测量可达每小时 400 千米

蒲福风力等级

1805 年，爱尔兰海军军官弗朗西斯·蒲福爵士根据海况开发了一种风力等级标准。后来，该标准被调整用于陆地上的风力评估。

蒲福等级	风速（千米/小时）	描述
0	0~2	无风，烟垂直上升，空气感觉静止
1	2~6	软风；烟雾飘散
2	7~11	轻风；脸上有风，树叶会动
3	12~19	微风习习；树叶和树枝会动
4	20~29	清新的和风；松散的纸四处乱吹
5	30~39	清风；小树摇摆不定
6	40~50	强风；难以使用雨伞
7	51~61	疾风；整棵树弯曲
8	62~74	大风；树枝折断，行走困难
9	75~87	烈风；屋顶瓦片被风吹走
10	88~101	暴风；树木折断并被连根拔起
11	102~119	狂风；损坏范围很广，汽车翻倒
12	120+	飓风；广泛的破坏

季节性变化

由于太阳辐射加热量的变化，不同季节的大气条件差异很大。这是地球倾斜轴的结果，这意味着夏季时，太阳高悬于天空，给予长时间的日照；冬季时，太阳低垂于天际，日照时间缩短。

二至点和二分点

春分或秋分是指春天或秋天中白天和黑夜长度相同的一天。夏至时白昼最长，冬至时黑夜最长。

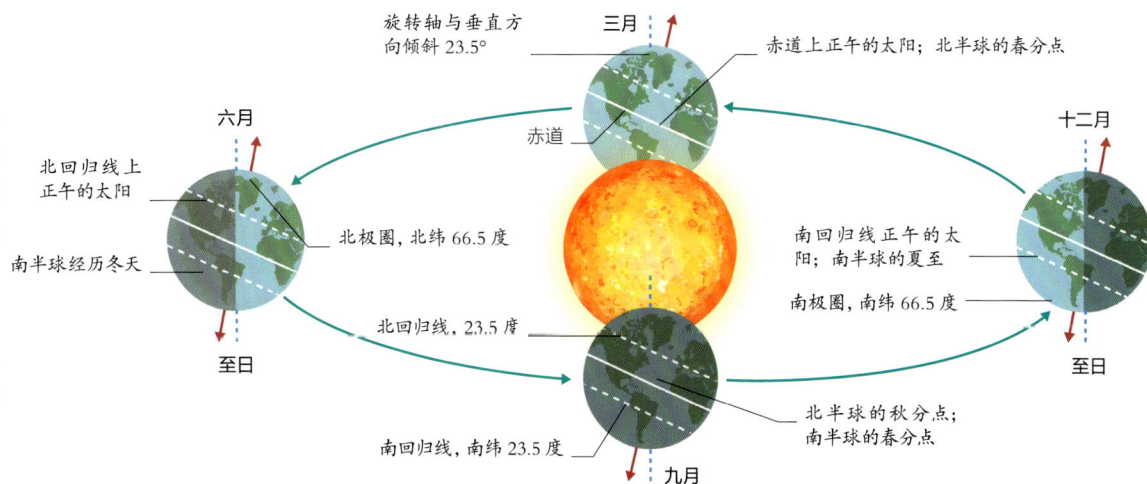

旋转轴与垂直方向倾斜 23.5°

三月

赤道上正午的太阳；北半球的春分点

六月

赤道

十二月

北回归线上正午的太阳

北极圈，北纬 66.5 度

南回归线正午的太阳；南半球的夏至

南半球经历冬天

南极圈，南纬 66.5 度

至日

北回归线，23.5 度

至日

北半球的秋分点；南半球的春分点

南回归线，南纬 23.5 度

九月

参见天气：第 74—75 页 ▶ 生物群区：第 76—77 页 ▶

天气

天气科学被称为气象学。事实上，几乎所有的天气现象都发生在对流层，即延伸到大约 10 千米高度的大气层底层。天气是特定时间和地点的大气状态，包括温度、湿度和气压等因素。这些因素相互作用，创造了带来降雨等天气现象的天气条件。

气团

大气被分成一系列巨大的气团，每个气团都与一个特定的地理区域相关联，并且它们会随着季节的变化而扩张或收缩。气团之间的边界是天气变化频繁的区域。

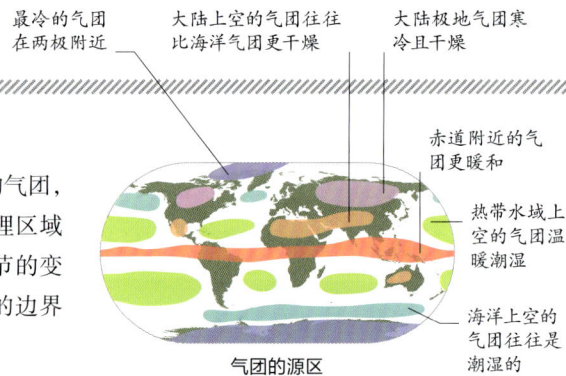

最冷的气团在两极附近

大陆上空的气团往往比海洋气团更干燥

大陆极地气团寒冷且干燥

赤道附近的气团更暖和

热带水域上空的气团温暖潮湿

海洋上空的气团往往是潮湿的

气团的源区

天气锋面

当具有不同特征（如温度和湿度）的气团相遇时，天气就会发生变化。这些气团之间的边界被称为锋面，锋面附近的特定条件决定了未来天气系统的走势。

暖锋

当温暖、潮湿的空气推入到干燥的冷空气上方时，这个系统就形成了。暖湿气流在较冷的气团上缓慢上升，形成一个持续小雨的区域。

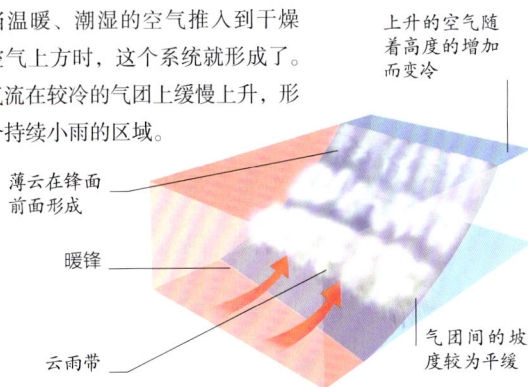

薄云在锋面前面形成

暖锋

云雨带

上升的空气随着高度的增加而变冷

气团间的坡度较为平缓

冷锋

当寒冷、干燥的空气遇到温暖、潮湿的空气时，这个系统就形成了。温暖的空气被迅速推高，形成强烈但持续时间短的暴雨。

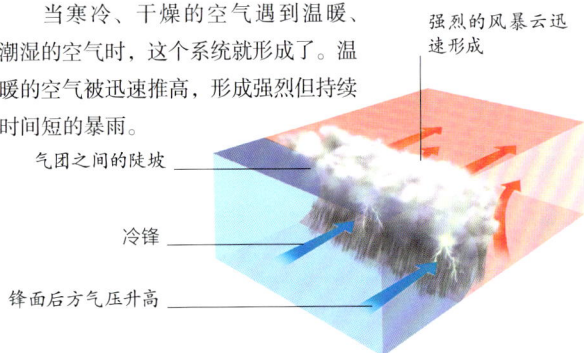

气团之间的陡坡

冷锋

锋面后方气压升高

强烈的风暴云迅速形成

锢囚锋

这种锋面形成干暖锋与冷锋相遇并融合时。气团之间的边界被抬离地面，出现了一系列不稳定的天气。

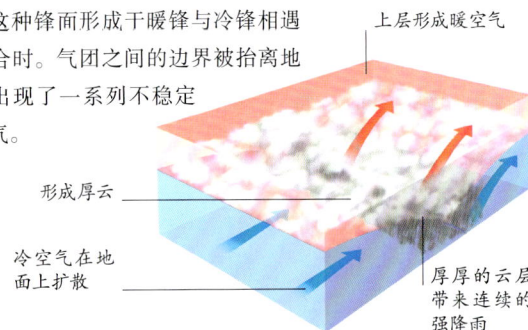

形成厚云

冷空气在地面上扩散

上层形成暖空气

厚厚的云层带来连续的强降雨

云的类型

云是由悬浮在空气中的水滴和冰晶组成的。云有三种基本类型，在某些情况下不同类型的云可以合并或相互转化。积云蓬松，卷云纤细，层云分层。

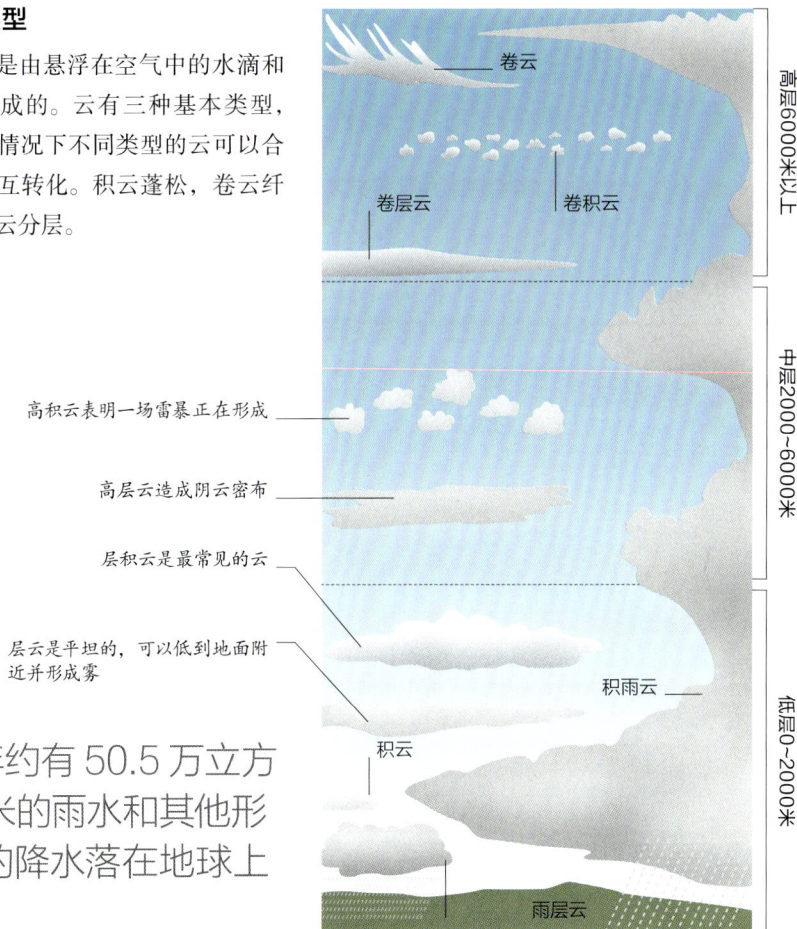

卷云

卷层云   卷积云

高积云表明一场雷暴正在形成

高层云造成阴云密布

层积云是最常见的云

层云是平坦的，可以低到地面附近并形成雾

积雨云

积云

雨层云

高层6000米以上

中层2000~6000米

低层0~2000米

每年约有 50.5 万立方千米的雨水和其他形式的降水落在地球上

降水及其类型

从天空落下的任何形式的水都叫作降水。一开始，小水滴形成云层，但当水滴变得太大而无法悬浮在空中时，它们就会因重力而下降。

雨	雪	雨夹雪	冰雹	雾和霭
最常见的降水形式是当空气冷却时，水蒸气凝结成液态水滴或冰晶。	当吹过非常冷且潮湿的空气时，微小的冰晶在特定条件下相互粘连，逐渐形成蓬松的雪花。	当雪花落下时开始融化，这种混合了雨和冰的降水类型被称为雨夹雪。	当雨水被强烈的上升气流吹向高空，在那里冻结并逐渐增大时就形成了冰雹。这个过程重复会使冰雹变大。	当一团悬浮的水滴接触地面时，就会形成雾和霭。

◀ 参见淡水和冰：第 68—69 页　◀ 地球大气：第 70—71 页　◀ 大气环流：第 72—73 页

1979 年的一场名为"泰培台风"的风暴，直径约为 2220 千米

天气系统

预测像龙卷风和飓风这样的危险天气可以减少人员伤亡和破坏。为了预测天气，气象学家需要了解每种天气系统的形成和运作机制。所有的天气系统都是不同温度、湿度和压力的空气之间相互作用的结果。

龙卷风

龙卷风也被称为旋风，它是雷雨云接触地面时形成的漏斗状风。龙卷风的边缘有地球上测量到的最快风速，最大的龙卷风以每小时 480 千米的速度旋转。龙卷风的中心是一个低压区。

❶ 第一阶段

龙卷风由一种被称为超级单体风暴的大型雷暴形成。超级单体风暴是由快速上升的暖空气在陆地上形成的。

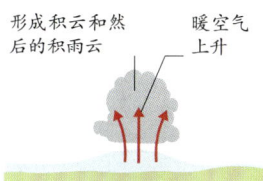

形成积云和然后的积雨云
暖空气上升

❷ 第二阶段

在雷暴云的高处，一个区域开始缓慢旋转。这导致了一种叫作中气旋的结构的形成。

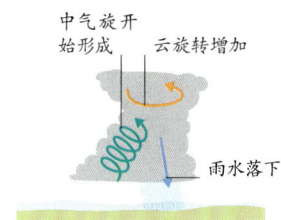

中气旋开始形成
云旋转增加
雨水落下

❸ 第三阶段

当中气旋向下延伸并接触地面时，它会将空气吸入风暴中。

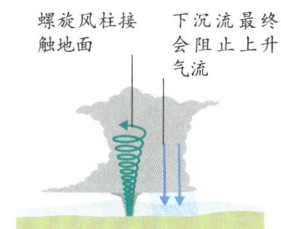

螺旋风柱接触地面
下沉流最终会阻止上升气流

季风

季风是一种随季节变化而改变方向的风。这种风向的转变带来了季节性的天气变化。当季风从海洋吹向内陆时，会带来大量水汽，形成强降雨的"季风季节"。而当风向逆转时，空气就会变得干燥。季风现象通常出现在热带地区。

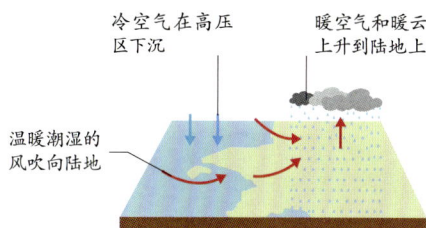

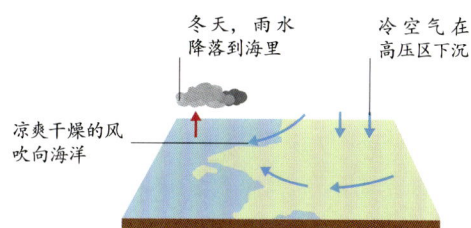

冷空气在高压区下沉
暖空气和暖云上升到陆地上
温暖潮湿的风吹向陆地

冬天，雨水降落到海里
冷空气在高压区下沉
凉爽干燥的风吹向海洋

雨季

在夏季，暖空气在陆地上空上升得更快，将海洋中的潮湿空气吸引进来。潮湿的空气上升，最终以降雨的形式落下。

旱季

在冬天，海洋比陆地温暖，所以空气的循环模式会发生逆转。冷空气在陆地上空下沉并向海洋移动，形成干燥的风。

热带风暴

最大的风暴系统形成于赤道附近的海洋上，那里表面水温超过 26 摄氏度。来自海洋的暖空气形成了巨大的旋转风暴。

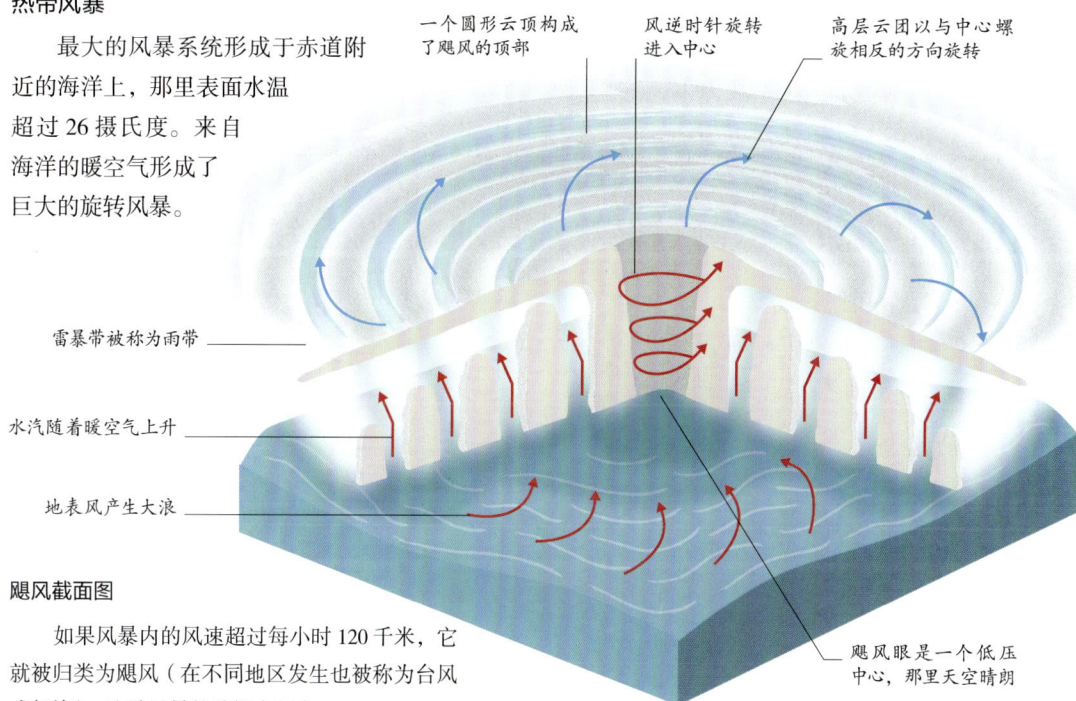

一个圆形云顶构成了飓风的顶部
风逆时针旋转进入中心
高层云团以与中心螺旋相反的方向旋转
雷暴带被称为雨带
水汽随着暖空气上升
地表风产生大浪
飓风眼是一个低压中心，那里天空晴朗

飓风截面图

如果风暴内的风速超过每小时 120 千米，它就被归类为飓风（在不同地区发生也被称为台风或气旋）。这种风暴的破坏力很大。

气候

天气是对特定时间大气状态的描述，而气候是对一个地区一年中可能经历的天气类型的理解。天气变化频繁，但一个地区的气候在几十年内变化缓慢。地球被划分为广阔的气候区，这些气候区与纬度紧密相连。

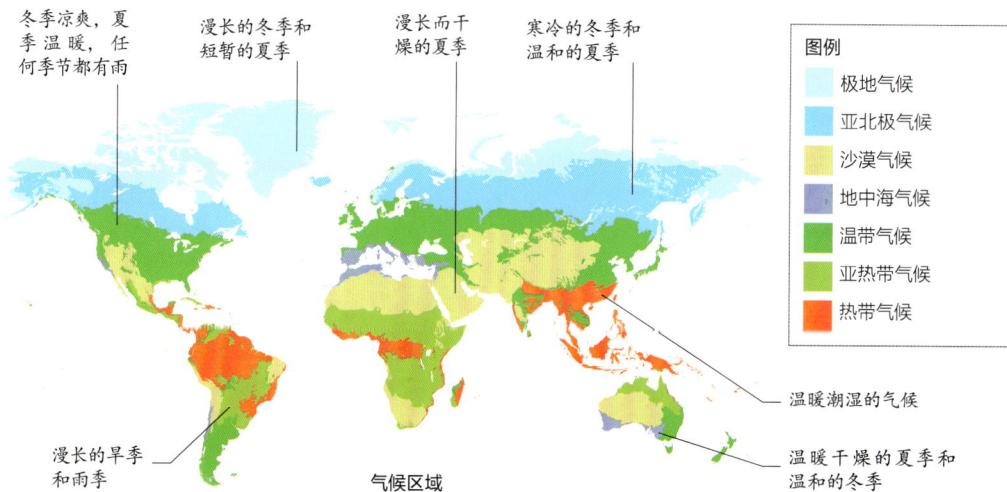

每年有 14 亿次闪电和雷鸣

冬季凉爽，夏季温暖，任何季节都有雨
漫长的冬季和短暂的夏季
漫长而干燥的夏季
寒冷的冬季和温和的夏季

图例
极地气候
亚北极气候
沙漠气候
地中海气候
温带气候
亚热带气候
热带气候

温暖潮湿的气候
温暖干燥的夏季和温和的冬季
漫长的旱季和雨季

气候区域

参见生物群区：第 76—77 页 ▶

生物群区

生物群区是与特定气候密切相关的生态区。地球的陆地表面可以分为不同的生物群区，这些群区与不同的气候带密切相关。一个生物群区并不占据一个连续的区域，而是散布于各个大洲。尽管生物群区在全球范围内分布不连续，但同一种生物群区具有相似的环境条件，从而造成了相似的植被类型，无论是灌木丛还是阔叶林。尽管不同大洲的具体物种可能有所不同。

世界生物群区

这张地图将地球表面分为 16 个生物群区，它们主要位于陆地上。生物群区之间的气候条件有所不同，包括降水量、温度范围以及季节变化。极地和寒带地区一年中大部分时间都很冷。温带地区气候温和，而热带地区全年炎热。生物群区的概念可以扩展到海洋生境，如珊瑚礁和红树林。

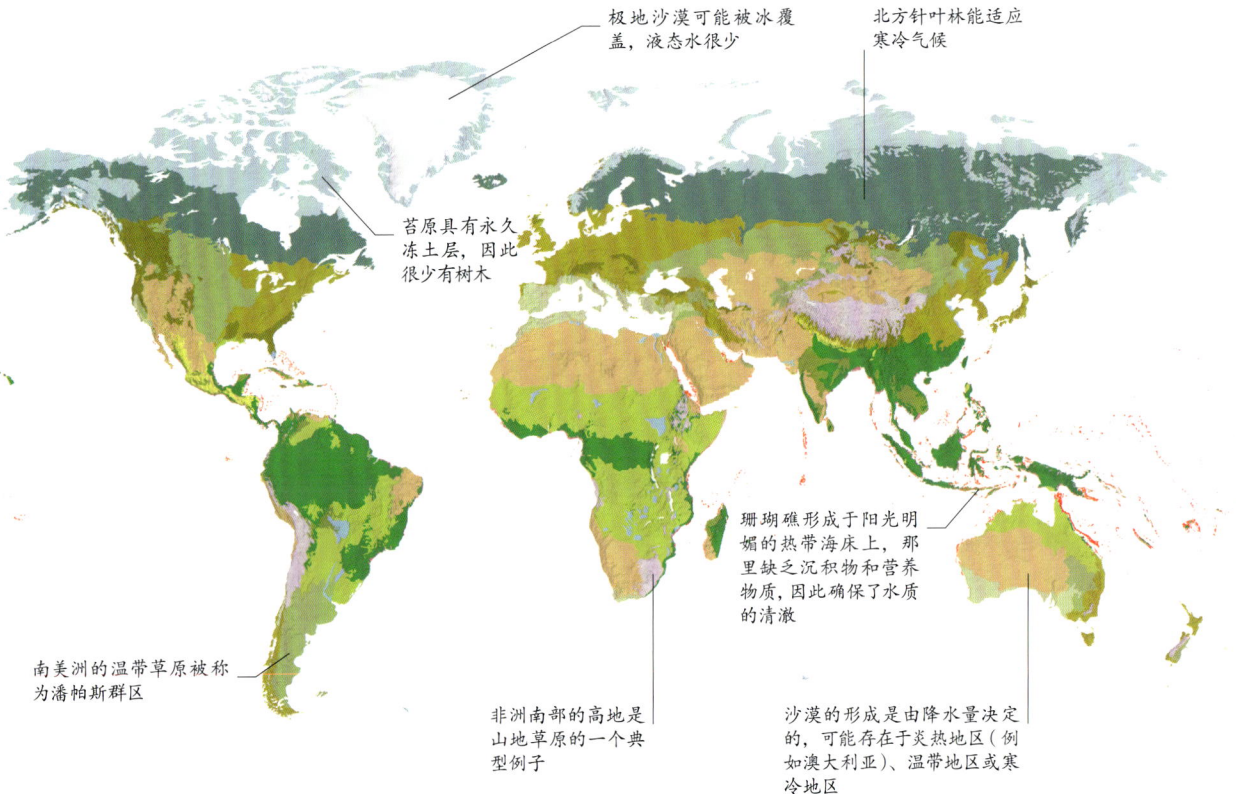

极地沙漠可能被冰覆盖，液态水很少

北方针叶林能适应寒冷气候

苔原具有永久冻土层，因此很少有树木

珊瑚礁形成于阳光明媚的热带海床上，那里缺乏沉积物和营养物质，因此确保了水质的清澈

南美洲的温带草原被称为潘帕斯群区

非洲南部的高地是山地草原的一个典型例子

沙漠的形成是由降水量决定的，可能存在于炎热地区（例如澳大利亚）、温带地区或寒冷地区

图例

热带湿阔叶林	温带针叶林	北极苔原	温带草原
热带干阔叶林	北方针叶林	极地沙漠	山地草原
热带针叶林	地中海灌木林	热带稀树草原	珊瑚礁
温带阔叶林	沙漠和旱生灌丛	泛滥稀树草原	红树林

在稀薄的土壤中，根支撑着树木

树木在森林地面上方 30 米处形成了浓密的树冠

生长缓慢的热带稀树草原树木有很深的根来汲取水分

开阔的草原适合大型快速奔跑的动物

一些沙漠树木的根部很深，可以寻找埋藏在地底深处的水源

雨水迅速渗入干燥的沙土

肉质沙漠植物能保水

去除其宝贵的绿色叶绿素后，叶子变成褐色

落叶创造了一片深厚肥沃的土壤

热带阔叶林

常绿热带森林（雨林）生长在一年四季都温暖湿润的地区，这里土壤很浅，养分循环很快。季雨林是季节性干燥的变型，属于落叶林。

热带稀树草原

也被称为萨瓦纳草原，这种生物群落存在于降水量不足以支持茂密树林生长但又多于沙漠区的地方。只要下雨，生长迅速的草就会发芽。

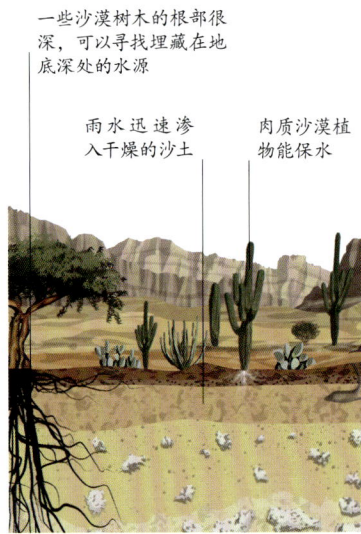

沙漠

年降水量低于 250 毫米的地区都会形成沙漠，而低于 600 毫米的土地将成为半沙漠。由于水资源有限，沙漠中的动植物十分稀少。

温带阔叶林

这些林地分布在冬季短暂寒冷的纬度地区。为了防止霜冻的破坏，大多数温带树木都是落叶的，秋天落叶，春天长出新叶。

垂直分层

因为气候随海拔高度的变化而变化，所以生物群落在山坡上形成不同的分区。高海拔地区空气稀薄，因此热量较少、温度较低。另外，由于高海拔地区障碍物少，高空风速大，这会产生干燥效果。

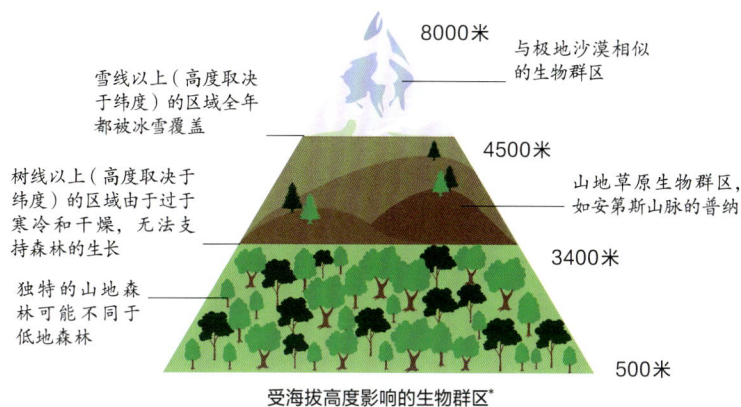

8000米

与极地沙漠相似的生物群区

雪线以上（高度取决于纬度）的区域全年都被冰雪覆盖

4500米

树线以上（高度取决于纬度）的区域由于过于寒冷和干燥，无法支持森林的生长

山地草原生物群区，如安第斯山脉的普纳

3400米

独特的山地森林可能不同于低地森林

500米

受海拔高度影响的生物群区*

纬度地带性

地球的季节循环对不同纬度的生物群区有不同的影响。热带地区全年气候温暖，季节变化对生态系统影响较小。温带地区冬季短而冷，而极地地区冬季长，能接收的阳光很少。

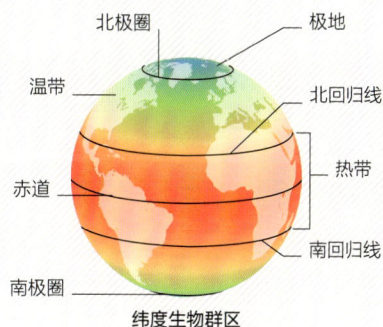

北极圈

极地

温带

北回归线

热带

赤道

南回归线

南极圈

纬度生物群区

小生境

在一个生物群区中存在着许多环境条件各不相同的小生境，生活在不同小生境的生物需要应对不同的生存挑战。在热带雨林突出树冠层的高大乔木区域，生物所面临的环境远比林地表层更加干燥、多风且光照更强。

露生树生长在树冠层之上，能够获得更多的阳光

树冠层是在高大树木的树冠相互连接并形成一个密集层次时所构成的

下木层生长着较小的灌木和树木，它们在阴暗的环境中生长

在地面上，树苗等待树冠层出现空隙

热带雨林小生境

森林分层

热带雨林是一个高度复杂的生态系统，至少有四个可识别的小生境，这些小生境形成了层次分明的结构。

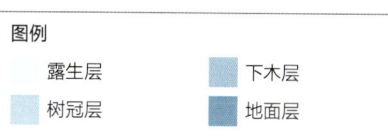

图例

露生层   下木层

树冠层   地面层

生态演替

一个生物群区意味着一个顶级的生物群落，它最大限度地利用栖息地及其气候。如果因为山体滑坡、火山爆发或人类活动而出现新的裸地，那么通过演替过程，群落就会发育起来。有许多因素可以阻碍演替达到顶级，如土壤渍水形成湿地而不是森林。

最高的树线约 4900 米，位于安第斯山脉和西藏南部

温带森林的演替

森林的发育需要数百年的时间。它需要几个阶段，每个阶段都为下一个阶段铺平了道路。在每个阶段，生境都被过渡群落所占据，这些群落逐渐以可预测的方式向顶极群落过渡。

高大树木的树冠留有空隙，空地上生长着较小的植物

成熟的森林有 50 年以上的树龄

大约 25 年后，一片新生的森林出现了

这些茎粗的植物能存活几年

灌木代替了先锋植物

先锋植物——草和快速生长的蕨类植物萌芽

树木倒下可能会导致出现裸地

*审者注：这张图可以作为一个示例，但对应的数值在不同的地区会有变化。严格来说，海拔高度并非单一的生态因子，它对生物分布的影响是由降雨、光照、温度、气压等一系列生态因子综合作用而显现出来的结果。

◀参见 **大气环流**：第 72—73 页   ◀ **天气**：第 74—75 页   **生命之网**：第 80—81 页 ▶

碳循环

碳是所有生命类型的基本成分。所有的生物都以各种形式从环境中摄取碳，并将其释放回环境中。这些生物过程与物理过程共同构成了碳循环。碳循环在自然状态下是平衡的，但人类活动正在打破这种平衡。

环境中的碳

碳的化合物存在于空气、水、土壤和岩石中。碳循环中最快的部分是植物通过光合作用从空气和水中吸收二氧化碳（CO_2），以及所有生物通过呼吸作用释放二氧化碳或在腐烂时释放二氧化碳。

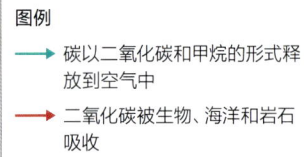

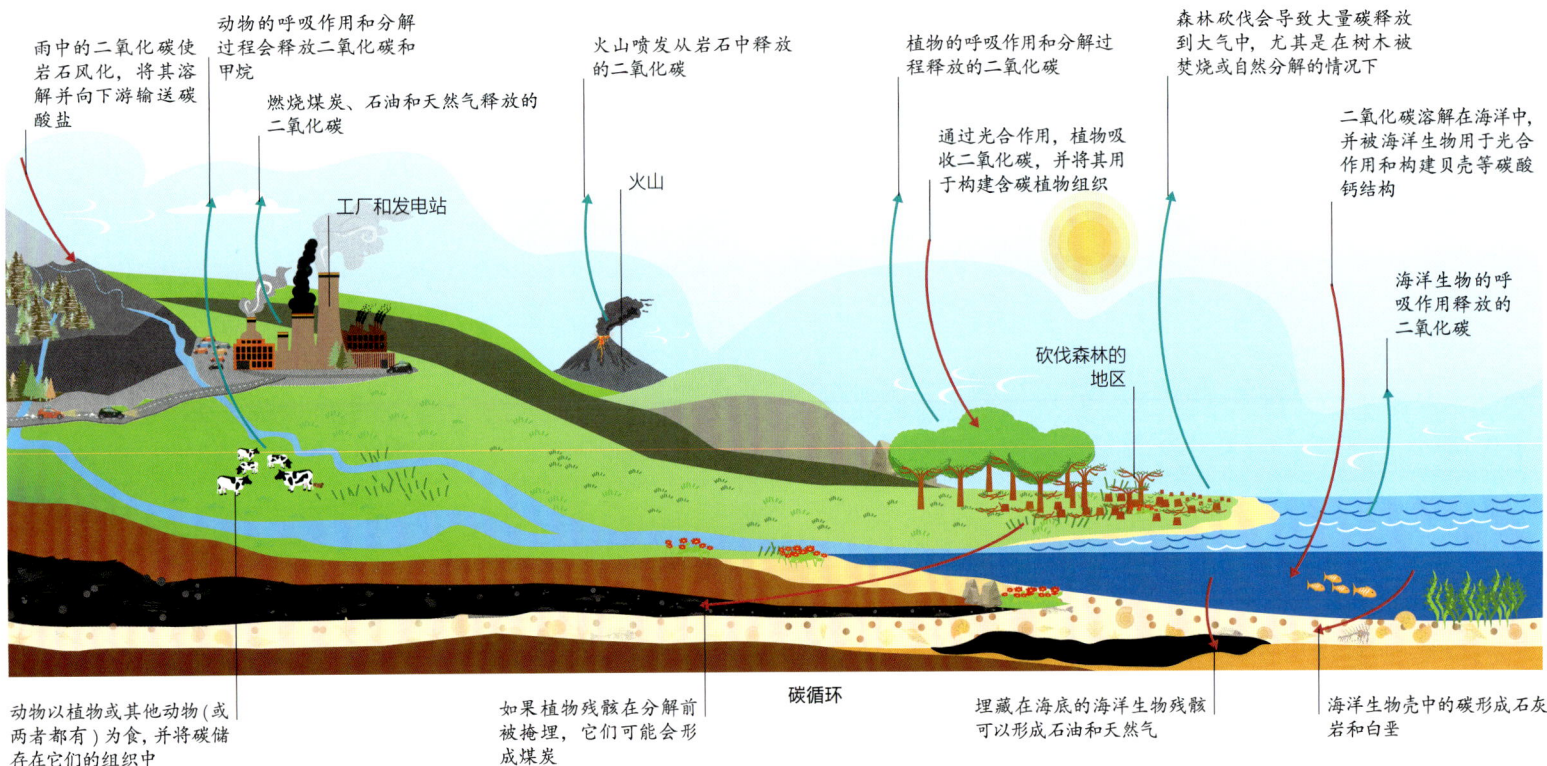

图例
→ 碳以二氧化碳和甲烷的形式释放到空气中
→ 二氧化碳被生物、海洋和岩石吸收

雨中的二氧化碳使岩石风化，将其溶解并向下游输送碳酸盐

动物的呼吸作用和分解过程会释放二氧化碳和甲烷

燃烧煤炭、石油和天然气释放的二氧化碳

工厂和发电站

火山喷发从岩石中释放的二氧化碳

火山

植物的呼吸作用和分解过程释放的二氧化碳

通过光合作用，植物吸收二氧化碳，并将其用于构建含碳植物组织

森林砍伐会导致大量碳释放到大气中，尤其是在树木被焚烧或自然分解的情况下

二氧化碳溶解在海洋中，并被海洋生物用于光合作用和构建贝壳等碳酸钙结构

海洋生物的呼吸作用释放的二氧化碳

砍伐森林的地区

动物以植物或其他动物（或两者都有）为食，并将碳储存在它们的组织中

如果植物残骸在分解前被掩埋，它们可能会形成煤炭

碳循环

埋藏在海底的海洋生物残骸可以形成石油和天然气

海洋生物壳中的碳形成石灰岩和白垩

长期自然碳汇

碳的化合物并不总是快速地在环境中循环。除了短期的生物和物理过程外，还有多个途径将碳转移到长期储存的"碳汇"中，在这些碳汇中，碳可以被封存数千年甚至更长时间。这些长期碳汇中的碳储量大约是大气、土壤和海洋中碳总量的 30 倍。

石灰岩和白垩

许多海洋生物的贝壳都是由碳酸钙构成的，碳酸钙沉积在海床上，形成含碳酸盐的岩石。

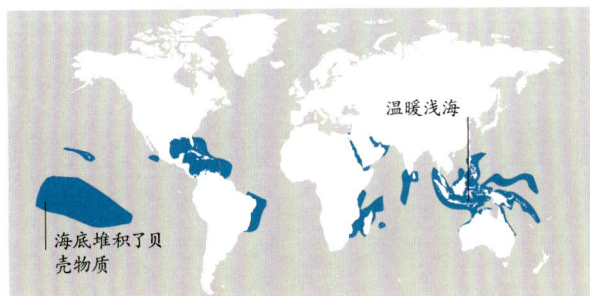

外壳由海水中吸取的碳构成

颗石藻

温暖浅海

海底堆积了贝壳物质

今天的石灰岩和白垩形成地区

煤的形成

煤炭是由植被遗体在未完全腐烂之前被埋藏，随后在数百万年的地质过程中，在上方沉积物的压力下逐渐转化而成的富含碳的岩石。

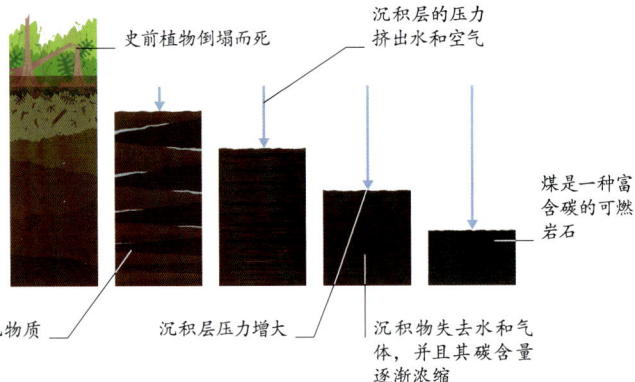

史前植物倒塌而死

沉积层的压力挤出水和空气

煤是一种富含碳的可燃岩石

沼泽土壤中的死亡有机物质腐烂而形成泥炭

沉积层压力增大

沉积物失去水和气体，并且其碳含量逐渐浓缩

钻石是怎样形成的

钻石是纯碳的硬晶体，它们在巨大的压力和高温条件下形成。虽然小行星撞击可以创造类似的条件，但大多数钻石是在地球内部的地幔中形成的，特别是在那些与造山运动相关的地区。

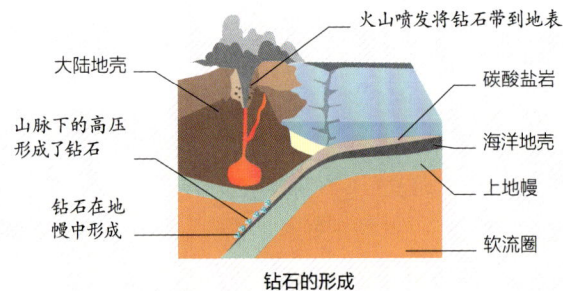

火山喷发将钻石带到地表

大陆地壳

碳酸盐岩

山脉下的高压形成了钻石

海洋地壳

上地幔

钻石在地幔中形成

软流圈

钻石的形成

◀ 参见 岩石：第 62—63 页　◀ 地球大气：第 70—71 页　环境影响：第 82—83 页 ▶

碳是地球上第 15 位丰富的元素

令人不安的循环

人类活动正在破坏碳循环，主要是通过向大气中添加比自然过程所能移除更多的二氧化碳（参见第 82 页）。这些额外的二氧化碳大部分是通过燃烧化石燃料释放的，这些燃料中的碳是在数以百万年计的时间内被封存起来的。由于二氧化碳是一种温室气体（参见第 70 页），其存在过量会导致地球大气平均温度上升和气候变化（参见第 83 页）。

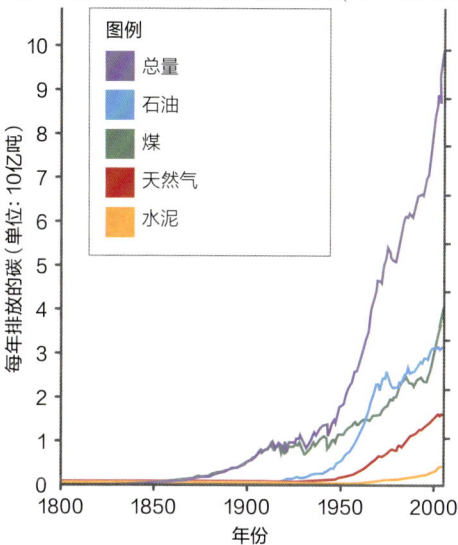

树木死亡，雨林面积减少
树木向大气中释放出更多的碳
气候变化造成热带森林干旱
剩下的树木不能吸收多余的碳

雨林枯萎

海底温度升高
海床沉积物中的甲烷融化
较高温度会温暖海水
甲烷（一种温室气体）进入大气层

海底甲烷释放

苔原的永久冻土融化
甲烷释放到空气中

永久冻土融化

北极冰融化
深色的海水吸收热量

北极海冰融化

向大气排放碳

自 1950 年以来，人类活动向大气中排放的二氧化碳大部分来自燃烧化石燃料和生产水泥等过程，其中，生产水泥的过程涉及煅烧碳酸盐矿物。

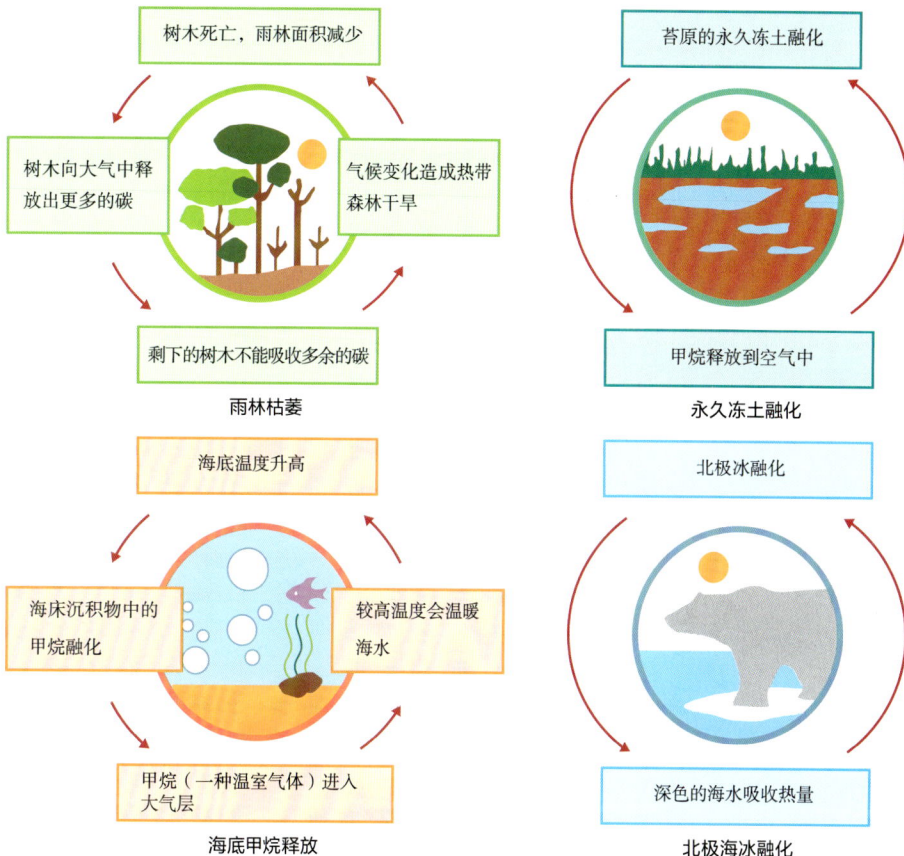

每年排放的碳（单位：10亿吨）

图例
- 总量
- 石油
- 煤
- 天然气
- 水泥

年份

恶性循环

地球温度的上升正在碳循环中引发反馈机制。其中一些反馈机制，如植物和浮游生物光合作用速率的增加，可以抵消人为气候变化的影响，并起到调节作用。相比之下，正反馈机制（如上）形成了恶性循环，它们会导致大气中碳含量的进一步增加，进而导致温度的进一步升高。

碳捕获

为了减少大气中二氧化碳的积累和减缓全球变暖，仅仅减少或停止排放是不够的。因此，专家们正在开发能够从空气中去除二氧化碳并将其隔离的方法，使其不会返回大气层。

新的和重新种植的森林

如果森林被替换或重新种植，生长中的树木会在生长过程中从大气中吸收碳并将其存储在生物质中。

土壤储存

生物炭是在缺氧条件下加热植物废料制成的炭材料，这一过程防止了植物废料的分解。将生物炭添加到土壤中可使土壤成为有效的长期碳储存库。

海洋施肥

向海洋中添加大量富含铁的化学物质将促进藻类的生长。藻类的遗骸将增加天然碳汇。

生物能和碳捕获

植物生长时会吸收碳。如果植物物质在配备了碳捕获技术的发电站中燃烧，就不会向大气中释放二氧化碳。

加速风化

将某些能够与溶解在雨水中的 CO_2 反应的矿物质粉碎并散布在土地上，从而加快碳从大气中转移到海底的过程。

直接在空气捕获

新技术有可能从空气中直接捕获二氧化碳。但截至目前，还没有任何系统在工业规模上证明其有效性和经济可行性。

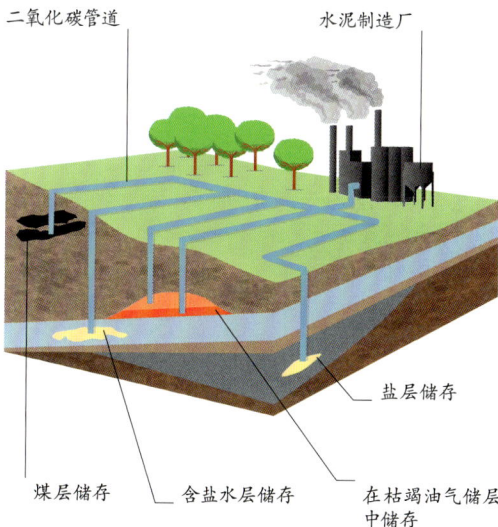

二氧化碳管道
水泥制造厂
盐层储存
煤层储存
含盐水层储存
在枯竭油气储层中储存

捕获的碳储存

如果不将发电厂和水泥厂产生的二氧化碳直接排放到大气中，这些二氧化碳可以被捕获、液化并封存在人工碳汇中，如废弃的矿井和油田。

参见有机化学：第 208—209 页 ▶ 环境化学：第 212—213 页 ▶ 呼吸与新陈代谢：第 222—223 页 ▶ 能源：第 262—263 页 ▶

生命之网

没有一个物种能在其栖息地独立于其他生物而生存。所有生物都是相互关联的，形成一个错综复杂的生命网络。其中最明显的联系是食物链，即一个物种以另一个物种为食，形成连锁关系。此外，还有各种类型的合作关系，毫不相关的物种间互助共生。

顶级掠食者非常罕见，雪豹的活动范围可能超过 200 平方千米

物种间的相互作用

每个有机体都必须获得生存和繁殖所需的资源和生存空间。为此，它必须与自己的同类竞争，也必须与其栖息地的其他相近物种竞争，以避免被捕食者或消费者吃掉。一些生物与其他物种有很强的匹配联系，以共生的亲密关系生活。共生意思是"生活在一起"，可能对双方都有利，也可能对一方没有影响或者有害。

图例
→ 从关系中获益　→ 被关系伤害

物种间关系类型

物种间的相互作用可以根据对彼此有害或有利的影响来分类。共生，即两个物种之间关系密切，比如合作（互利共生）和寄生。

竞争
秃鹫和鬣狗都是食腐动物，它们会为了同一种食物而互相竞争。
秃鹫　鬣狗

捕食
捕食者和猎物处于不断的竞赛中。老虎试图捕获躲避追捕的山羊。
老虎　山羊

寄生
蜱虫从它的宿主刺猬那里获取食物，刺猬因此被削弱了，但不会被这种关系杀死。
蜱　刺猬

共生
两个物种都受益。花朵为蜜蜂提供食物，蜜蜂在花朵之间传递花粉。
有花植物　蜜蜂

捕食者—猎物循环

在特定的条件下，捕食者种群的数量和它的猎物种群数量遵循一个循环。随着猎物数量的增加，捕食者的数量也在增加，但捕食者越多，猎物数量就会越少。捕食者数量减少，猎物数量得以恢复，这样循环往复。

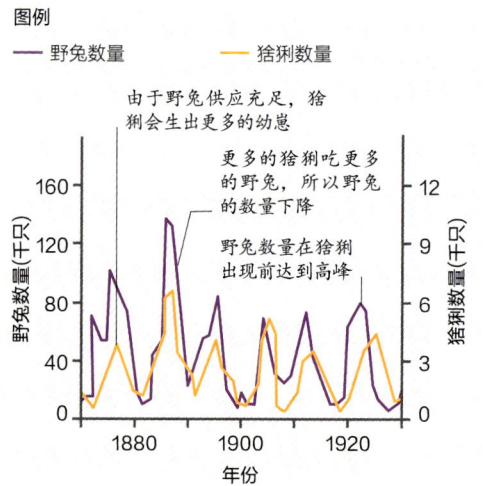

图例
— 野兔数量　— 猞猁数量

由于野兔供应充足，猞猁会生出更多的幼崽
更多的猞猁吃更多的野兔，所以野兔的数量下降
野兔数量在猞猁出现前达到高峰

野兔数量（千只）　猞猁数量（千只）
160　12
120　9
80　6
40　3
0　0
1880　1900　1920
年份

生态位

每个物种都通过其解剖结构和行为来适应独特的栖息环境，所以从理论上讲，没有两个物种会共享相同的觅食生态位。例如，涉禽的喙的长度和形状因饮食而异。

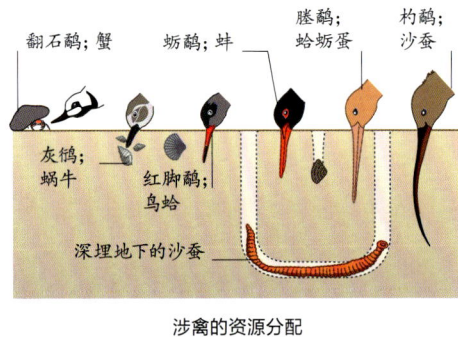

翻石鹬；蟹　蛎鹬　蚌　膝鹬；哈蛎蛋　杓鹬；沙蚕
灰鸻；蜗牛　红脚鹬；鸟蛤
深埋地下的沙蚕

涉禽的资源分配

盖亚假说

这个想法是由英国化学家詹姆斯·洛夫洛克和美国生物学家林恩·马古利斯在20世纪70年代提出的，它展示了地球上所有的生物活动和物理活动是如何相互作用，从而形成一个自我调节的生物圈，以维持生命所需的稳定条件。

生态层次

自然界可以在多个层次或尺度上理解和研究。最小的层次是一个特定物种的个体，最大的层次是整个生物圈——地球上所有支持生命的部分。在这两者之间有各种各样复杂的生物集合。

生态尺度

每个生态层次都揭示了生物如何相互作用、生存和进化的不同现象，以及它们如何因环境破坏而灭绝。

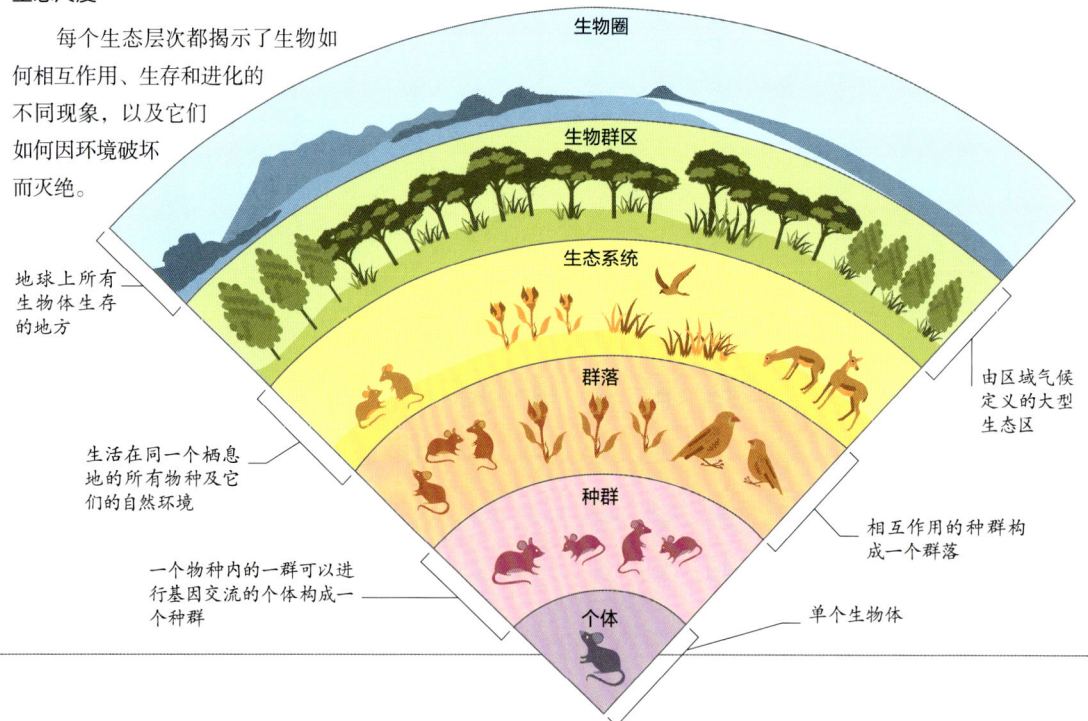

生物圈
生物群区
生态系统
群落
种群
个体

地球上所有生物体生存的地方
由区域气候定义的大型生态区
生活在同一个栖息地的所有物种及它们的自然环境
相互作用的种群构成一个群落
一个物种内的一群可以进行基因交流的个体构成一个种群
单个生物体

◀ 参见**生物群区**：第76—77页

食物网

在所有群落中，一个生物种群以另一个种群为食，在物种之间形成了一个关系网。植物、藻类等光合作用生物不摄取食物，它们是自养生物，或叫生产者，是食物网的起点。动物是食物网的消费者，或称异养生物。

营养级

食物网中的成员，根据它们吃什么和被什么吃来确定其位置。植物和藻类等生产者在一端，而没有天敌的顶级捕食者则位于另一端。

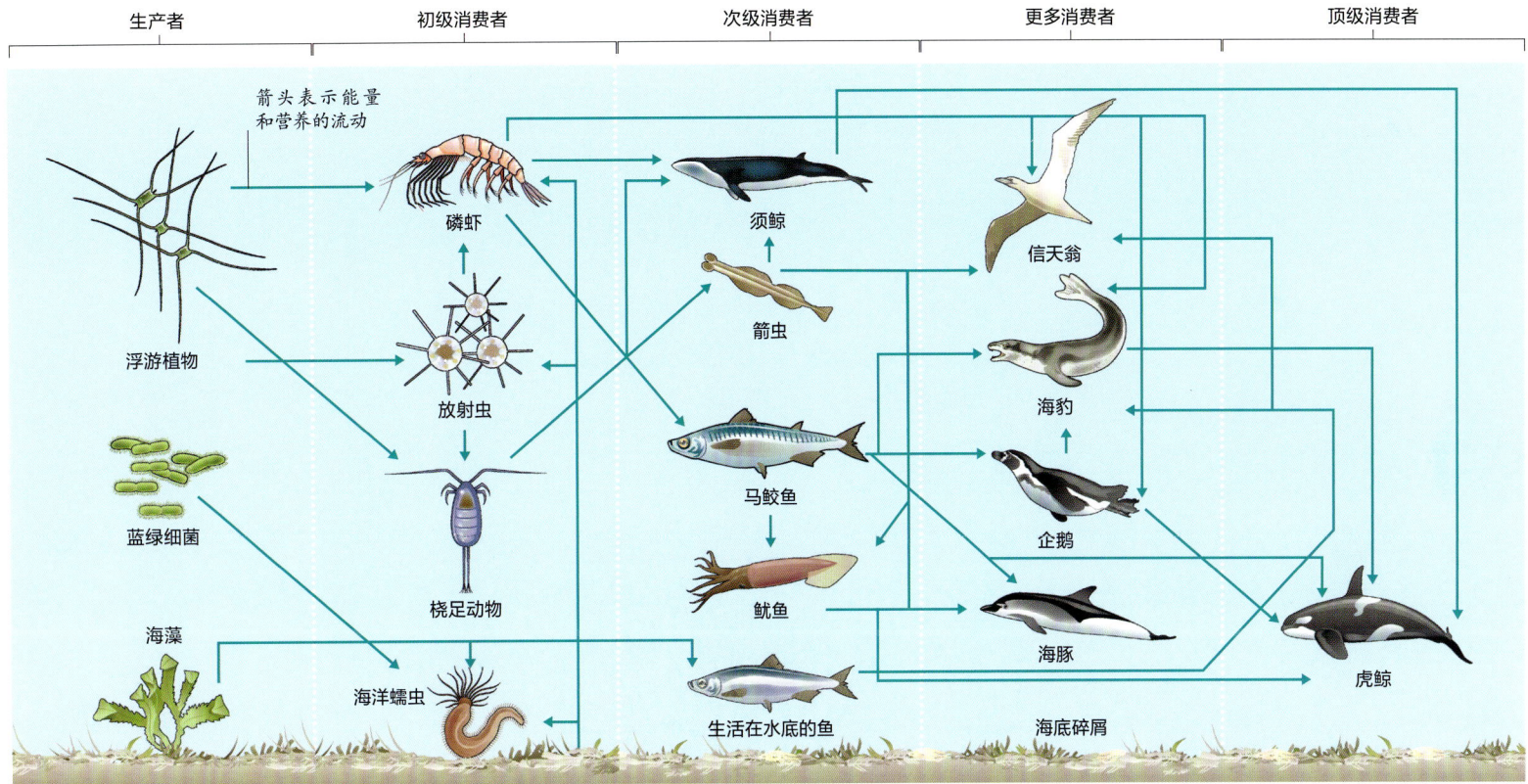

生产者　　初级消费者　　次级消费者　　更多消费者　　顶级消费者

箭头表示能量和营养的流动

磷虾　须鲸　信天翁

浮游植物　放射虫　箭虫　海豹

蓝绿细菌　桡足动物　马鲛鱼　企鹅

海藻　海洋蠕虫　鱿鱼　海豚

生活在水底的鱼　海底碎屑　虎鲸

化能自养生物

在黑暗的海床上，热液喷口或黑烟囱周围的食物网不是基于光合作用生物，相反，它始于从水里的化学物质中提取能量的化能自养生物。

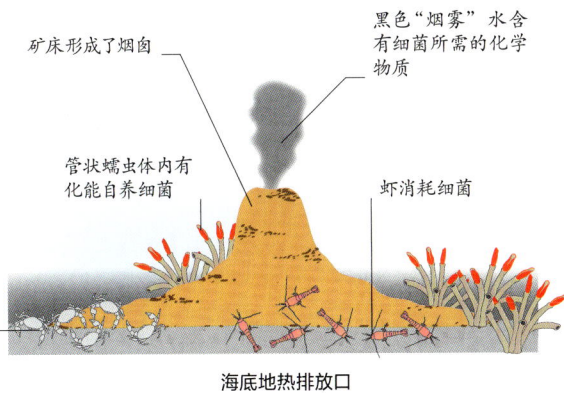

矿床形成了烟囱

黑色"烟雾"水含有细菌所需的化学物质

管状蠕虫体内有化能自养细菌

虾消耗细菌

螃蟹是次级消费者

海底地热排放口

腐食者

所有的食物网都有食腐动物——这些动物将死亡的生物有机体和动物粪便摄入体内并消化吸收。真菌和细菌是分解者，它们通过体外的化学和生物过程分解和吸收有机物中的营养物质。

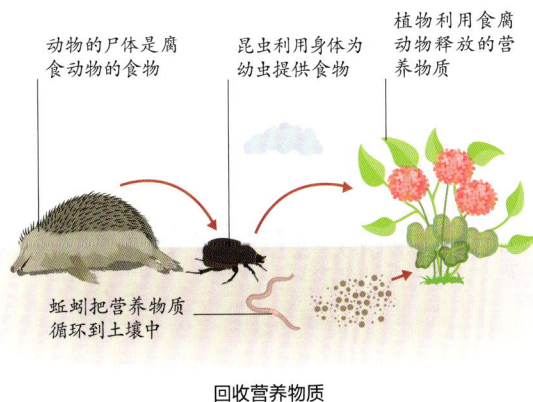

动物的尸体是腐食动物的食物

昆虫利用身体为幼虫提供食物

植物利用食腐动物释放的营养物质

蚯蚓把营养物质循环到土壤中

回收营养物质

能量金字塔

生态学家用能量金字塔来描绘食物网中能量和生物质能（生物物质）的分布。只有一小部分（大约10%）的能量从一个营养级传递到下一个营养级。这就是为什么捕食者总是比被捕食者少。

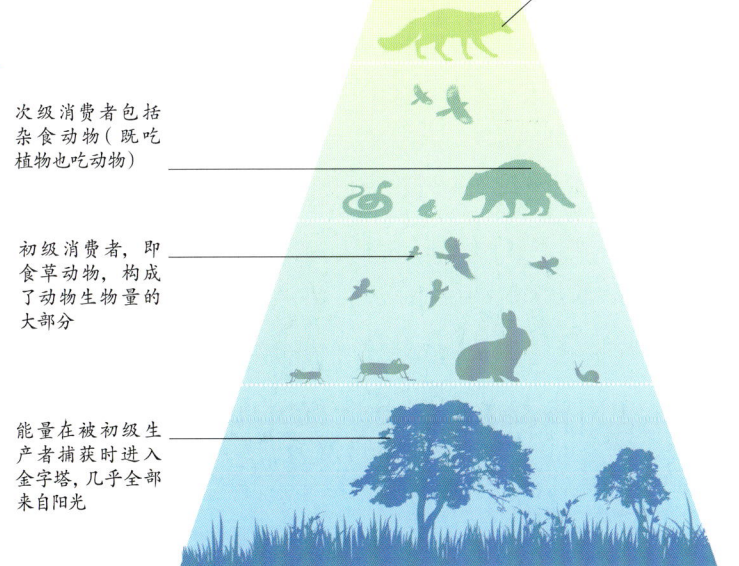

顶级消费者只能获取植物所获取的原始能量的一小部分

次级消费者包括杂食动物（既吃植物也吃动物）

初级消费者，即食草动物，构成了动物生物量的大部分

能量在被初级生产者捕获时进入金字塔，几乎全部来自阳光

参见**生命的故事**：第86—87页 ▶ **生物种类**：第216—217页 ▶ **演化**：第228—229页 ▶

环境影响

人类活动对生态系统产生影响。通常情况下，人为的改变会破坏野生动物群落经过多代逐渐进化而来的共存能力。一些物种受益于人类活动，数量激增，成为害虫，但更多的物种因人类的影响而濒临灭绝。

自 1970 年以来，人类活动使野生动物的数量平均减少了 60%

污染

污染是向环境中排放过量有害物质，从而对生态系统产生有害影响的现象。最常见的污染物是添加到土壤、水和空气中的化学物质，但声音、光和热也可以成为污染源。

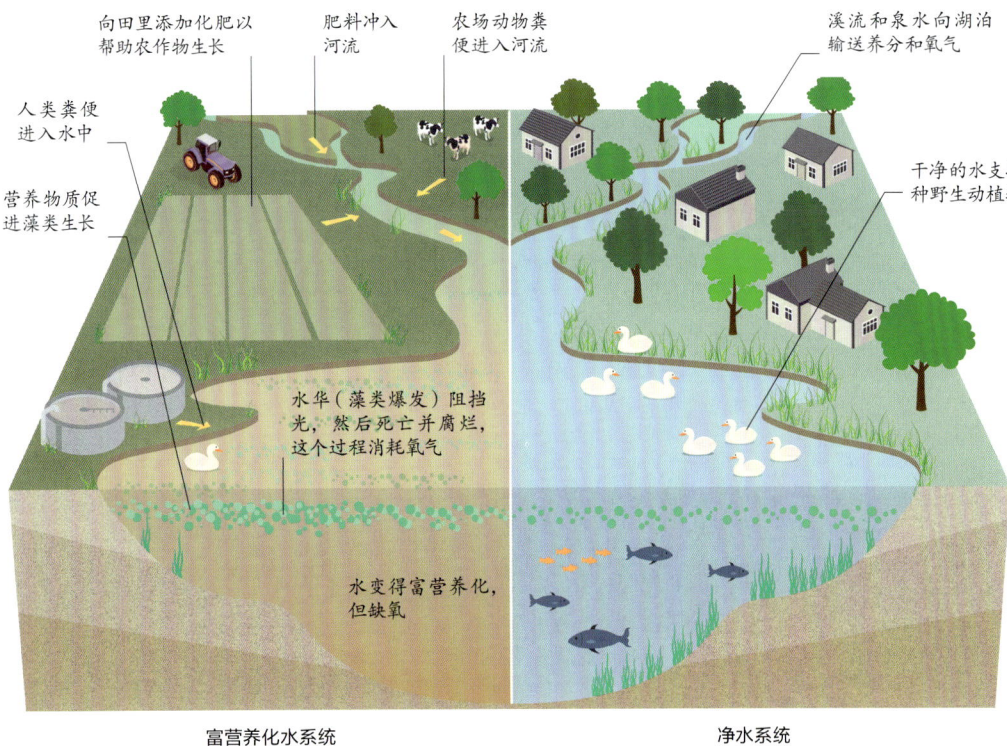

被污染的河道

有毒化学物质如果进入河流中会杀死野生动物，任何具有生物活性的化学物质，比如药物和化肥，都会造成污染。肥料中过量的营养物质对自然植物群没有好处，反而以牺牲其他物种为代价，促进藻类过度生长。

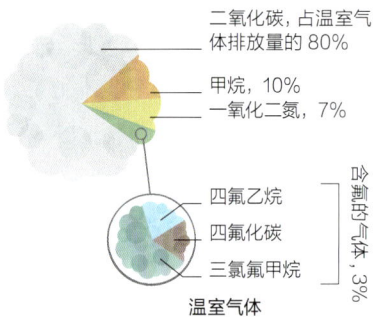

二氧化碳，占温室气体排放量的 80%
甲烷，10%
一氧化二氮，7%

四氟乙烷
四氟化碳
三氯氟甲烷

含氟的气体，3%

温室气体

大气污染

一些气体被排放到空气中，导致酸雨和烟雾。其他气体则加剧了温室效应。一些人造温室气体（含氟温室气体）即使在极少量时也是具有很大影响的。

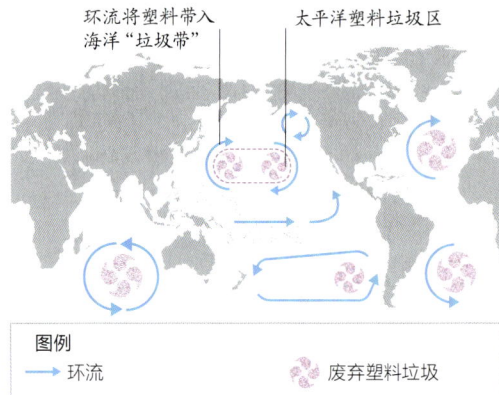

向田里添加化肥以帮助农作物生长
肥料冲入河流
农场动物粪便进入河流
溪流和泉水向湖泊输送养分和氧气

人类粪便进入水中
营养物质促进藻类生长
干净的水支持各种野生动植物

水华（藻类爆发）阻挡光，然后死亡并腐烂，这个过程消耗氧气

水变得富营养化，但缺氧

富营养化水系统

净水系统

环流将塑料带入海洋"垃圾带"
太平洋塑料垃圾区

图例
环流
废弃塑料垃圾

海洋塑料

每年有超过 800 万吨塑料被倾倒到海洋中，塑料不会腐烂，碎片进入食物链并积聚在海底沉积物中。

栖息地破坏

人类活动可以破坏自然栖息地，以城市或农田取而代之。栖息地也会因碎片化和退化而受到破坏。这一点在诸如热带雨林这样的复杂栖息地最为明显，那里有许多特殊的物种，它们甚至不能适应微小的变化。

人类已经砍伐了地球上 46% 的森林栖息地

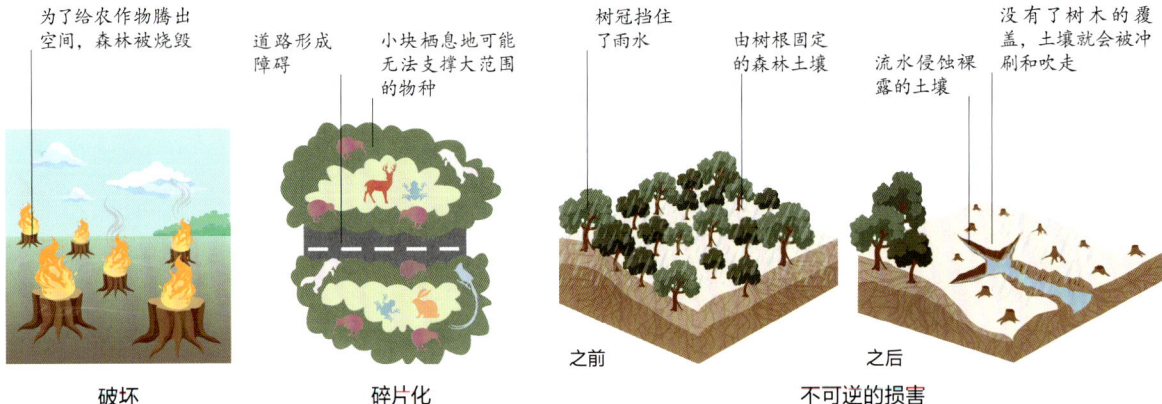

为了给农作物腾出空间，森林被烧毁
道路形成障碍
小块栖息地可能无法支持大范围的物种

树冠挡住了雨水
由树根固定的森林土壤
流水侵蚀裸露的土壤
没有了树木的覆盖，土壤就会被冲刷和吹走

之前
之后

破坏

人们为了开垦农田和动物牧场而大量砍伐雨林，自然植被和动物栖息地因此消失了。

碎片化

道路把剩下的森林分割开来，支离破碎的栖息地比同样面积的连续栖息地多样性要差。

不可逆的损害

把热带雨林变成农田是一种不可持续的变化。森林的土壤很薄，养分通过树木快速循环。经过几年的耕种，土地变得贫瘠了。但是，由于不可逆转的水土流失，这片土地即使被遗弃，也可能在几个世纪内都不会恢复为森林。

◀ 参见洋流、海浪和潮汐：第 66—67 页 ◀ 淡水和冰：第 68—69 页 ◀ 地球大气：第 70—71 页 ◀ 天气：第 74—75 页

从 1880 年到 2020 年，由于冰川融化和热膨胀，全球海平面平均上升了约 24 厘米

气候变化

气候变化不仅仅是全球变暖，还包括天气模式的变化。这种变化是由于大气中二氧化碳和其他温室气体的增加所致（见第 79 页），这加强了温室效应（见第 70 页），导致地球热量滞留。在 20 世纪，地球的平均温度上升了约 0.8℃，而且预计还会继续上升。

极端天气

1980 年至 2015 年，风暴、洪水和野火等与气候有关的灾害发生的频率显著增加，而其他自然灾害发生的频率没有变化。可能的原因是全球变暖——大气中更多的热能驱动更强烈的风暴，并使天气模式变得更剧烈。

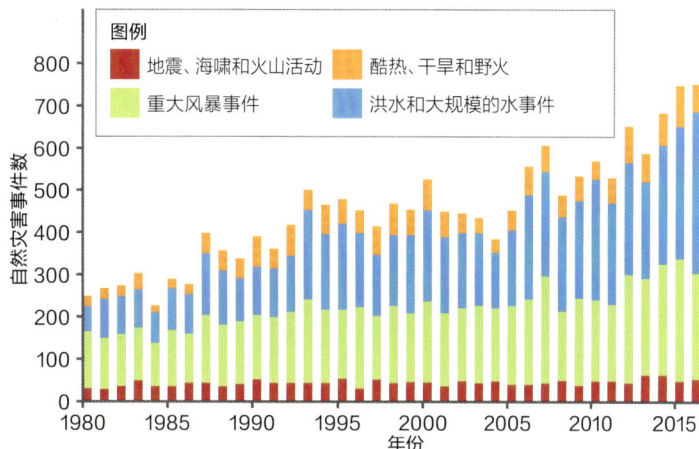

图例
- 地震、海啸和火山活动
- 酷热、干旱和野火
- 重大风暴事件
- 洪水和大规模的水事件

（柱状图：纵轴 自然灾害事件数 0—800，横轴 年份 1980—2015）

珊瑚白化

当珊瑚受到更高的海水温度和酸度的影响时，会发生白化现象。酸度升高是由更多的溶解二氧化碳引起的。如果白化现象反复且持续，珊瑚就会死亡。

藻类生活在健康的珊瑚体内，为珊瑚提供营养

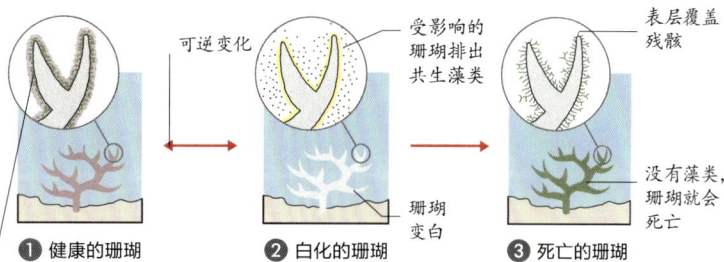

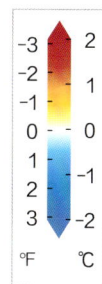

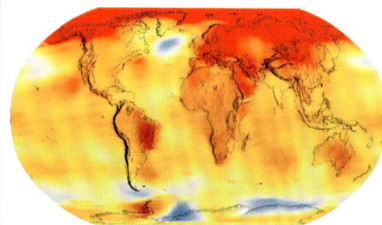

❶ 健康的珊瑚 — 可逆变化 — ❷ 白化的珊瑚（受影响的珊瑚排出共生藻类；珊瑚变白） — ❸ 死亡的珊瑚（表层覆盖残骸；没有藻类，珊瑚就会死亡）

平均温差：2015—2019 年相比 1951—1980 年的变化

不均匀变暖

全球变暖并不均衡——北部地区的变暖速度更快。虽然平均温度上升较小，但这些区域的温度范围也在扩大，导致最高温度大幅升高。

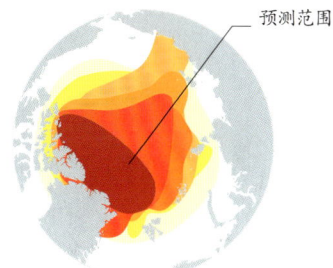

图例
- 1970 年
- 1980 年
- 1990 年
- 2000 年
- 2007 年
- 2012 年
- 2030 年

预测范围

夏季北极海冰

北极海冰

覆盖北极的海冰面积冬季增加，夏季减少。自 1970 年以来，随着北极气温的逐年上升，夏季冰盖的范围不断缩小。预计到 2100 年，北冰洋在夏天可能完全无冰。

全球粮食供给

地球陆地表面大约三分之一被用来种植粮食。随着人口的增长，需求也在增加。农民通过增加耕地面积或使用化肥和农药来提高粮食产量，这两种策略都损害了自然环境。

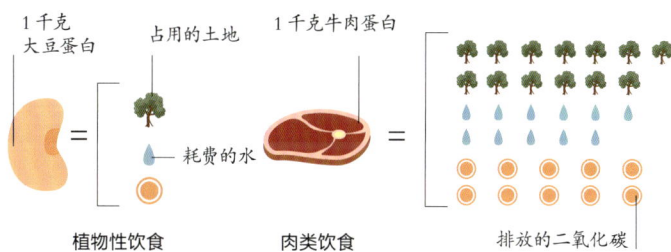

1 千克大豆蛋白 = 占用的土地 / 耗费的水 / 排放的二氧化碳（植物性饮食）

1 千克牛肉蛋白 = （肉类饮食；排放的二氧化碳）

食用肉类的影响

植物性食物的生产效率更高。牛肉生产需要的土地是大豆生产的 13 倍，水是大豆生产的 11 倍，排放的二氧化碳是大豆生产的 10 倍。

人类人口

自然种群发展受到生态系统中各种因素的限制，如食物、空间的可用性以及疾病和天敌的威胁。但人类文明发展能够通过医学和技术来减少这些限制，因此，全球人口可呈指数级增长。然而，21 世纪中叶人口数量将趋于平稳。

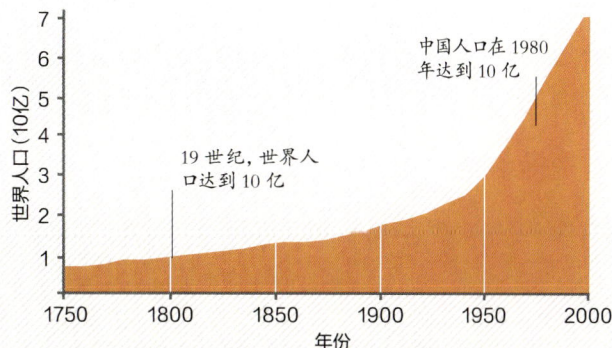

（面积图：纵轴 世界人口 (10亿) 1—7，横轴 年份 1750—2000）

19 世纪，世界人口达到 10 亿

中国人口在 1980 年达到 10 亿

生物多样性

地球上大约有 900 万个物种——可能还会更多。这种多样性很大程度上来自那些只生活在小型和孤立的生态系统中的物种。在所有被评估的物种中，大约有四分之一面临灭绝的风险。

濒危物种

像这两种濒临灭绝的动物，可以通过保护它们的栖息地、禁止狩猎和帮助它们繁殖来保护它们。

数量不足 250 只 — 鸮鹦鹉

极度濒危 — 苏门答腊猩猩

灭绝

人类活动使物种灭绝率增加了至少 10 倍。至少有 900 种动植物因人类活动而灭绝了。

最后一只白鳍豚死于 2002 年 — 白鳍豚

最后一次出现是在 1941—1943 年 — 加利福尼亚甜灰蝶

◀ 参见生物群区：第 76—77 页 ◀ 碳循环：第 78—79 页 ◀ 生命之网：第 80—81 页 环境化学：第 212—213 页 ▶

生命

生命的故事

地球上生命已存在超过 40 亿年，生命开始出现时地球的年龄只有现在的 1/10。随着这颗炙热的新行星冷却并形成海洋，第一批生命出现了——可能是在年轻的、有稳定环境的海底。经过几百万年，第一批活细胞演化成了微生物——在那之后的数十亿年，世界只属于它们。更大、更复杂的生命形式——多细胞生命，是 10 亿年才出现的。这些生物演化成了我们如今熟悉的现代动植物。正是从那时，生命从微观世界中脱颖而出，海洋和陆地到处分布着绿色植物和能快速移动的动物。

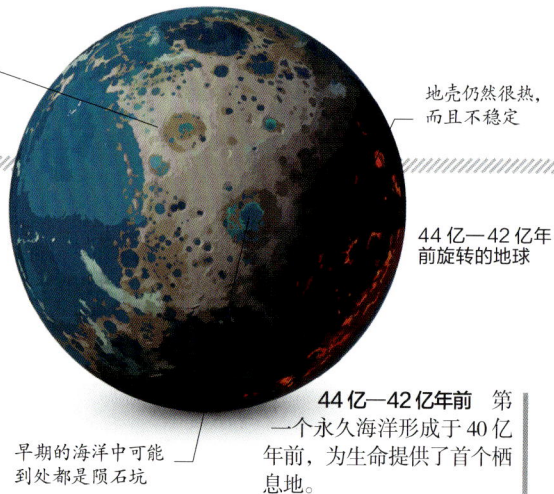

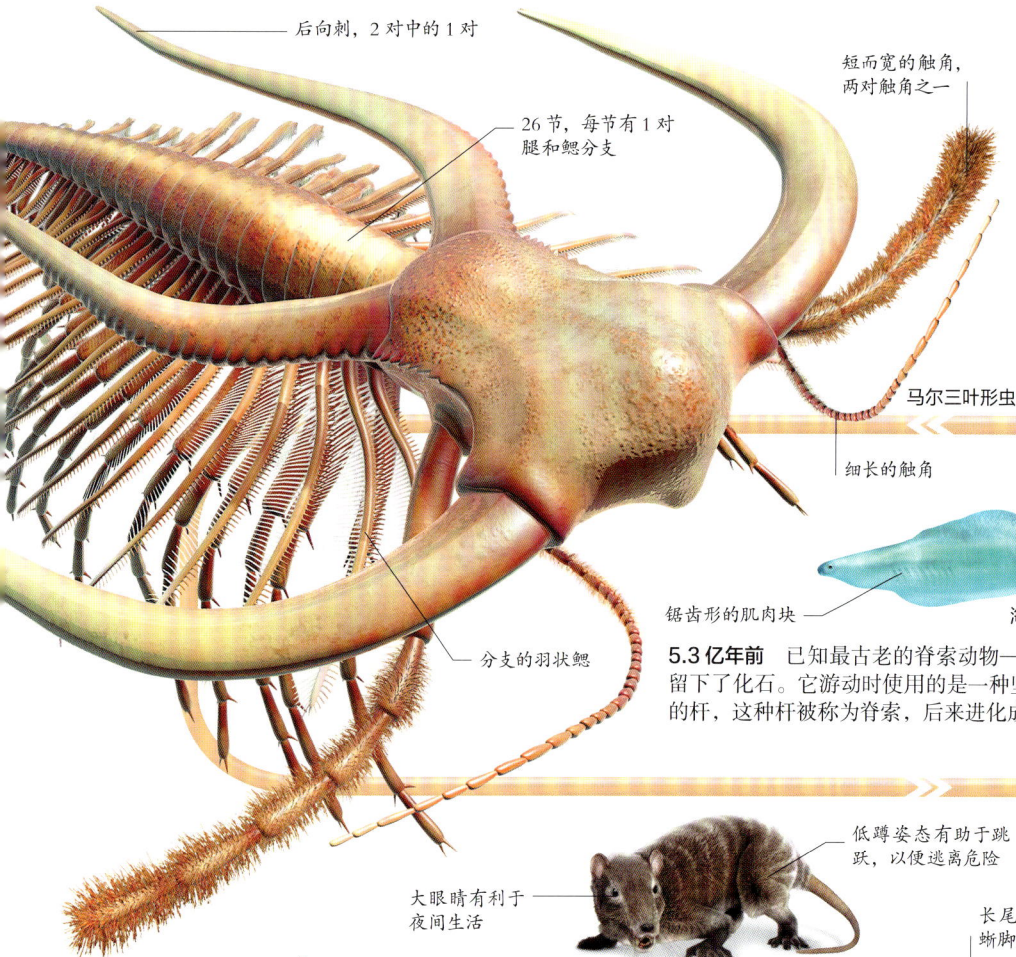

在构造山形成之前，高地是由火山口边缘形成的

地壳仍然很热，而且不稳定

44 亿—42 亿年前旋转的地球

早期的海洋中可能到处都是陨石坑

44 亿—42 亿年前 第一个永久海洋形成于 40 亿年前，为生命提供了首个栖息地。

后向刺，2 对中的 1 对

26 节，每节有 1 对腿和鳃分支

短而宽的触角，两对触角之一

5.41 亿—4.85 亿年前 寒武纪出现了动物生命的"大爆发"，动物迅速进化出许多不同的身体形态，包括早期的节肢动物，如马尔三叶形虫。

6.35 亿—5.41 亿年前 从 6 亿年前开始，海洋中出现了一波实验性的进化浪潮，出现了一系列早期动物，统称埃迪卡拉动物群。恰尼虫是一种来自海底的植物。

叶状结构也许已经能进行光合作用

恰尼虫化石

细长的触角

马尔三叶形虫

坚硬而柔韧的身体

海口鱼

锯齿形的肌肉块

分支的羽状鳃

5.3 亿年前 已知最古老的脊索动物——海口鱼，留下了化石。它游动时使用的是一种坚硬而灵活的杆，这种杆被称为脊索，后来进化成了脊柱。

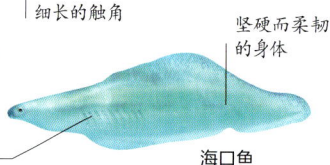

4.19 亿—3.59 亿年前 几种主要鱼类的出现使得这一时期被称为"鱼的时代"。脊椎动物的颌骨最先进化，就像巨型食肉动物邓氏鱼所展示的那样。

邓氏鱼

大眼睛有利于夜间生活

低蹲姿态有助于跳跃，以便逃离危险

大带齿兽

长尾，典型的蜥脚类动物

宽大的胸腔

颈部由长椎骨组成

2.52 亿—6600 万年前 在"爬行动物时代"，恐龙主宰陆地，翼龙主宰空中，鱼龙、蛇颈龙、上龙等主宰海洋。

2.25 亿—2.01 亿年前 哺乳动物是由爬行动物的祖先进化来的。从 2.01 亿年前的侏罗纪开始出现哺乳动物，早期的哺乳动物之一有大带齿兽。

直立行走的步态

蜥脚类恐龙
巨脚龙
Barapasaurus

满嘴牙齿，就像非鸟类恐龙一样

与现代鸟类不同，长尾巴由骨头支撑

1.6 亿—1.5 亿年前 已知的最早的鸟类出现了，典型的如始祖鸟（1.5 亿年），以及其他相关物种，如曙光鸟（1.6 亿年）。这些动物是从类似鸟的恐龙演化来的。

6600 万年前 非鸟恐龙、翼龙和大型海洋爬行动物全部灭绝。这可能归咎于一颗小行星，它与地球相撞，在墨西哥留下了一个陨石坑。

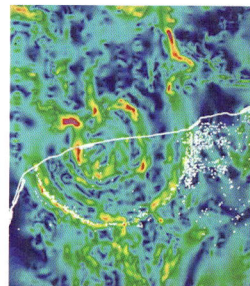

始祖鸟

用来飞行的羽毛是不对称的，就像现代鸟类的羽毛

墨西哥希克苏鲁伯陨石坑

◄ 参见**地球内部**：第 46—47 页　◄ **地球演化**：第 50—51 页　◄ **生命之网**：第 80—81 页

化石足迹是 5.3 亿年前未知节肢动物登上陆地的标志

42 亿—35 亿年前 生命产生于非生命物质。自组装分子构成了第一个细胞,这些细胞只需分裂成两个就完成了繁殖。

环状 DNA 出现
RNA(DNA 的祖先)

母细胞分裂

每个子细胞都含有其母体的 RNA
细胞膜

子细胞

细菌
鞭毛

29 亿—26 亿年前 如今存活的最简单的生命体——细菌入侵陆地。富含有机质的土壤最早出现在 29 亿年前,第一个土壤表面细菌化石被发现距今则有 26 亿年。

22 亿—15 亿年前 包裹在细胞核中的复杂细胞可能最早是由细菌与其他简单细胞组合而成的。生活史更加复杂,但仍然是单细胞生物。

硅藻是一种单细胞海藻

许多海洋微生物都有防止下沉的刺

复杂细胞

藻的形状有雪茄状、橄榄球状等

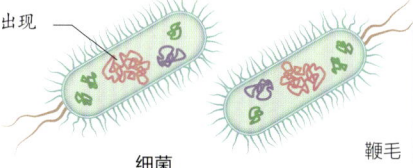

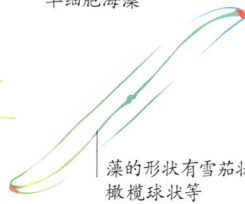

16 亿—10.5 亿年前 最早的多细胞生物出现了。目前发现的化石中有一种来自 10.5 亿年前,是一种红藻,叫拟红毛菜。它因与现代海藻红毛菜看起来很相似而得名。

单个细胞

细胞以丝状连接

红毛菜属

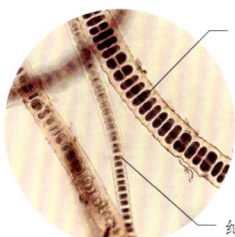

24 亿—21 亿年前 一些微生物可以进行光合作用,并逐渐向空气中释放氧气——以前空气中没有氧气,许多微生物灭绝了,但新的微生物出现了。

释放到空气中的氧气
蘑菇状的微生物菌落

古老的微生物灭绝
天空变蓝

新的好氧微生物茁壮成长

富铁岩石与氧反应,形成红色条带

证据被掩埋

氧化中
氧化后

3.85 亿—3.59 亿年前 早期树木以化石的形式保存了下来,为原始森林的存在提供了证据。早期树木包括古羊齿属,它们拥有与一些现代针叶树相似的浓密枝杈。

现代针叶树状轮廓
古羊齿属

3.75 亿年前 最早的陆生脊椎动物(四足动物),是由叶鳍鱼进化而来的,这种鱼有短骨支撑的鳍。早期的四足动物指(趾)数量不同,但最终标准变成了 5 个。

肱骨
桡骨
尺骨
鳍条

总鳍鱼

肢体骨骼是由鳍柄骨骼进化而来的

手指是由鳍条进化而来的

早期四足动物

5 个指头

后期四足动物

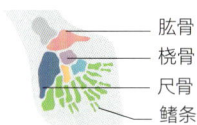

多面复眼

翼展达 69 厘米

翅膀是由一种叫作几丁质的蛋白质构成的

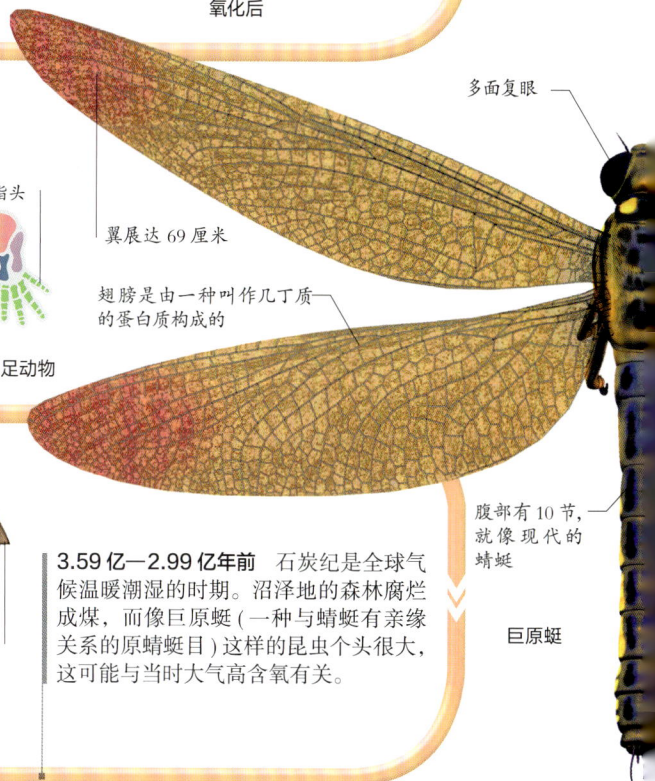

2.52 亿年前 地球史上最大规模的物种灭绝被称为"大灭绝"事件,90% 的植物物种、70% 的陆生动物和 96% 的海洋物种消亡,包括最后的三叶虫。陆地上罕见的幸存者包括古爬行动物二齿兽。

肾形眼

桶形身体适宜消化植物性食物

坚韧的角质喙

三叶虫
双切尾虫
Ditomopyge

从头部伸出的刺毛

二齿兽下目
水龙兽
Lystrosaurus

3.59 亿—2.99 亿年前 石炭纪是全球气候温暖潮湿的时期。沼泽地的森林腐烂成煤,而像巨原蜓(一种与蜻蜓有亲缘关系的原蜻蜓目)这样的昆虫的头很大,这可能与当时大气高含氧有关。

腹部有 10 节,就像现代的蜻蜓

巨原蜓

巨大的喙能够咬开坚果和种子

6500 万—3000 万年前 新的动物不断出现,填补了那些在大灭绝中消失动物空出的生态位。第一批大型陆生食肉动物是巨大的"恐鸟"。哺乳动物种类繁多,可以分为有蹄类和许多其他类型。

身体大小近似肉食性的恐鸟,高 2 米

恐鸟
冠恐鸟
Gastornis

偶数趾蹄足

有蹄哺乳动物
中岳齿兽
Mesoreodon

260 万年前 地球进入了众多冰期时代中距今最近的一次,被称为更新世冰期时代。它一直持续到 1 万年前。这一时期,长着厚厚毛皮的哺乳动物生活在冰层旁边的苔原栖息地。

浓密的内毛上有蓬松的外毛

前角长 1 米

披毛犀

参见植物界:第 96—97 页 ▶ 动物界:第 106—107 页 ▶ 生物种类:第 216—217 页 ▶

史前植物

登陆

植物开始登陆，它们是由淡水藻类演化而来的。至少在 4.7 亿年前，藻类产生了抗干旱的孢子，可能是为了分散到其他池塘或河流，又或者是为干旱期做准备。然而，要成为陆生植物，它们需要进一步适应，包括有气孔（开口）的角质层（一种隔水的覆盖物），可以摄入二氧化碳。

先锋植物

浮游植物约在 4.1 亿年前演化出来，与最初的陆生植物相似。它可能有角质层和气孔，但像今天的苔藓一样，它没有坚硬的维管（水分运输）组织。

孢子囊产生生殖孢子

直立茎

小根

吸水和支撑

陆生植物需要快速吸收水分以补充由气孔失去的水分，它们演化出了维管组织——水分运输导管。这些导管需要避免萎陷，所以要用木质素（木质中的坚硬物质）加固。

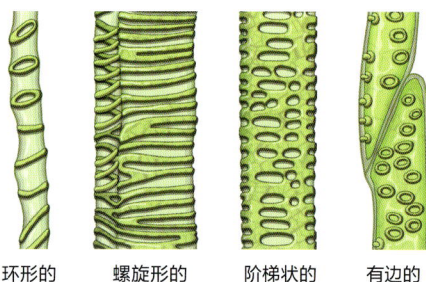

环形的　　螺旋形的　　阶梯状的　　有边的

支撑导管

为水分传输而进化出的导管以不同的模式变厚。它们质地坚硬，为植物提供了支撑，使它们能够向上生长。

有小的鳞片状"叶子"覆盖

主枝间隔有侧枝

向上生长

最早的维管植物是石松类植物（类似今天的石松），如星木属。4.1 亿年前，星木属是最高的植物之一，有大约 50 厘米高。

蕨状复叶高达 2.4 米

脱落的叶子留下的疤痕

化石是怎样形成的

化石可以揭示早已灭绝的生物的生命形态和结构细节。如果死去的植物或动物在尸体腐烂前就被埋葬，那么它们的组织在数百万年后就会变成岩石。生长在沼泽、红树林或河漫滩的植物经常在洪水或风暴潮期间被掩埋。

❶ 活的树

水源充足的平原、沼泽或红树林的树木生活在经常被水淹没的栖息地。

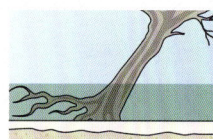

❷ 刚死去的树

当一棵枯树倒下，它可能在腐烂前被洪水带来的泥土或沙子掩埋。

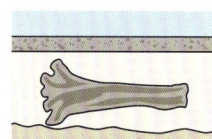

❸ 树化石

富含矿物质的水渗透被掩埋的树木的多孔组织，其中的矿物质沉积成岩石。

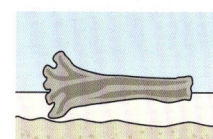

❹ 化石出露

这棵树变成了岩石，如果其上面的岩石被侵蚀，它可能会暴露出来。

树

具有强大支撑组织的植物，有现今的蕨类、石松和木贼的祖先。这些类型中的一些可以长到几米高，成了第一批树木。这些植物也分化出许多种类，如今早已灭绝。其中有一组原裸子植物，包括第一批长出致密木质和真叶的植物。

叶状枝，有些长有含孢子的蒴果

最高可达 20 米

生长形态类似现代马尾

最高可达 40 米

树皮上有着独特的菱形花纹

树干的木质致密

顶籽羊齿属 _Eospermatopteris_

早期树木之一是顶籽羊齿属，一种蕨类植物，生活在 4 亿年前左右。

古羊齿属 _Archaeopteris_

3.85 亿年前的裸子植物古羊齿属形成了第一个全球范围的森林。

芦木属 _Calamites_

生长在 3.5 亿年前的石炭纪的芦木形似巨大的马尾。

鳞木属 _Lepidodendron_

在石炭纪的沼泽煤林中占据主导地位的是巨大的鳞木属石枫。

> 形成第一片煤化林的树木不是针叶树，而是巨大的石松

在地球历史上，植物登陆只发生过一次

种子植物

种子是植物进化过程中的一次巨大飞跃。它们在约 3.6 亿年前出现，与花粉的进化同步——这两种适应性进化都打破了植物对水体的依赖，使它们得以在陆地上定居。

非种子植物

在花粉出现之前，所有植物都是通过释放孢子繁殖的，就与今天的蕨类和苔藓一样。孢子长成配子体，将精子释放到水或潮湿的土壤中。如果精子与另一个配子体卵子结合即完成受精，就会长出新的蕨类植物。

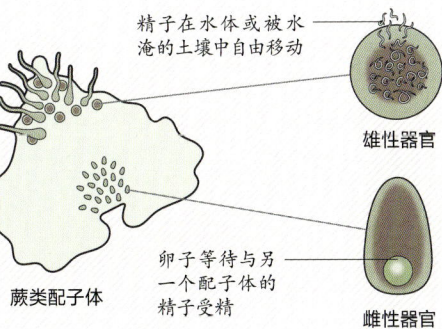

精子在水体或被水淹的土壤中自由移动

雄性器官

卵子等待与另一个配子体的精子受精

雌性器官

蕨类配子体

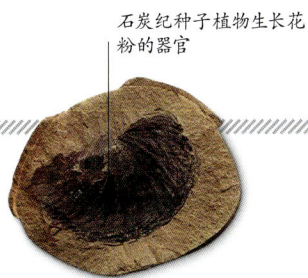

石炭纪种子植物生长花粉的器官

花粉

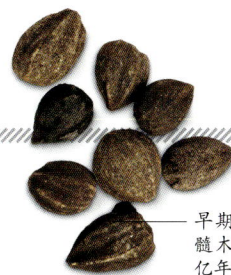

早期种子植物——髓木的种子化石（3 亿年前）

种子

花粉落在成熟植物上，直接或通过植物组织中移动的精子使胚珠受精。一些种子植物在特殊的器官中产生花粉。

种子是一种不透水的胶囊，内含植物的胚胎，它可以保持休眠状态，只有在适宜的环境下才会发育。

早期种子植物的类型

早期的种子植物被称为种子蕨，因为它们的叶子形状与蕨类植物类似，但它们与今天的蕨类植物没有关系。由于不具有真正的果实或花朵，它们的种子生长在叶子上的胚珠包裹中。

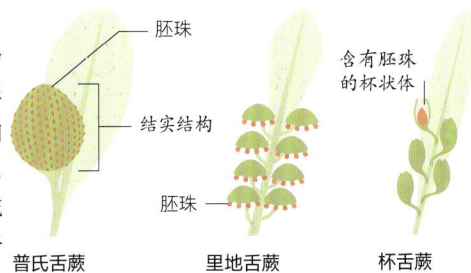

胚珠

结实结构

胚珠

含有胚珠的杯状体

普氏舌蕨　里地舌蕨　杯舌蕨

针叶树及其近缘植物

种子植物发育出球果，为种子提供保护。针叶树（球果植物）大约出现在 3.2 亿年前。在二叠纪时期（2.99 亿—2.52 亿年前），由于干旱的生活环境，针叶树和其他被称为裸子植物的新类群一起接管陆地并变得多样化。

保护层

种子

南洋杉球果化石

花苞状叶片　中央花托

威廉姆逊苏铁的"花"的化石

智利南洋杉

南洋杉是侏罗纪时期（2.01 亿—1.45 亿年前）的一种分布广泛的针叶树，如今仍然像我们熟悉的智利南洋杉树那样生活。

本内苏铁

被称为本内苏铁的一类种子植物演化出了非常像花的结构。侏罗纪时期的威廉姆逊苏铁就是一个例子。

花

真正的花是植物在约 1.2 亿年前演化出来的，也就是恐龙时代的后半段（参见第 90—91 页）。被子植物（开花植物）有宽阔而有叶脉的叶和花，可以产生花粉、种子或两者兼有。种子在果实内发育。被子植物与后来的恐龙一起多样化发展，但在恐龙灭绝后进一步扩展，并在 5600 万年前形成了第一个封闭的树冠森林。

包含种子的紧密排列的毛囊

花瓣状花被

阔叶

凸出的中脉

古花

艳丽的花朵

在这株 1 亿年前的木兰类植物上，花又大又显眼——这证明当时的被子植物已经在吸引昆虫授粉了。

草地和草原

草类早在约 5500 万年前（古近纪）演化出来，但直到气候变得更凉爽和干燥的 1500 万—900 万年前（新近纪）草才成片出现并成为草原。草类演化成功的关键包括它们演化出了依靠风媒传粉的花朵和从根部开始生长的特性，使它们能够不断生长并蔓延成覆盖地面的草原，尽管它们会被食草动物吃掉。

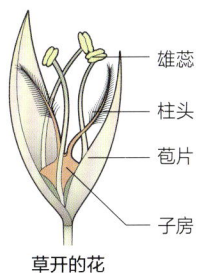

雄蕊

柱头

苞片

子房

草开的花

热带草原（出现于 100 万年前）

草原的出现创造了一个新的栖息地。草构成了新的食物链基础，包括大型食草动物（有蹄哺乳动物）和小型食草动物（白蚁）。

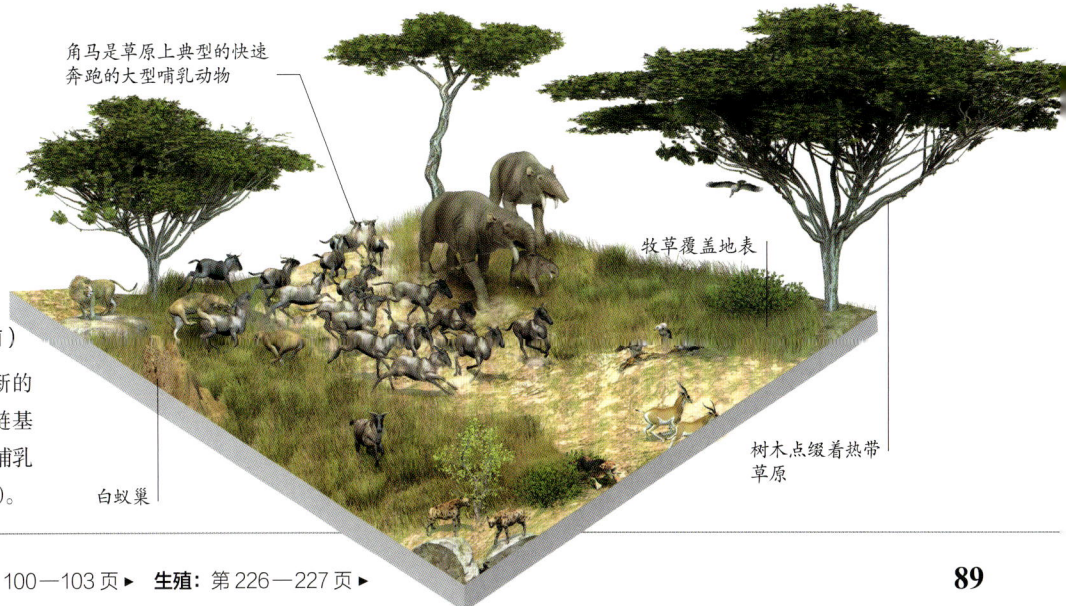

角马是草原上典型的快速奔跑的大型哺乳动物

牧草覆盖地表

树木点缀着热带草原

白蚁巢

参见有花植物：第 100—103 页 ▶ 生殖：第 226—227 页 ▶

恐龙时代

统治地球的爬行动物

在中生代（2.52亿—6600万年前），地球上生活的主要是大型爬行动物。恐龙只是众多爬行动物中的一类。海洋中的爬行动物与恐龙并没有密切的关系，如海龟、蛇颈龙、鳄目动物，甚至巨型蜥蜴；而有翼爬行动物是恐龙翼龙的近亲。在陆地上，除了恐龙，还有许多爬行动物，如现代蜥蜴和鳄的祖先。

恐龙的演化

中生代早期出现了多种大型爬行动物，其中就有主龙（初龙）。有些主龙向不同的方向演化，不仅发展出直立行走的步态，还发展出两足行走（用两条腿行走）。恐龙是从这样一群先进的两足主龙演化来的。

鬃毛状的羽毛可能已经存在

捕食者典型的前视眼

嗅觉器官高度发达

尾部起平衡作用

巨大的头部

恐龙的表亲

后鳄是一种与鳄关系密切的主龙。它显示出一些类似恐龙的特征，但它的直立姿势是其髋部与恐龙不同的适应性演化来的。

通常以两足（后肢）行走

短前肢偶尔支撑身体

长尾巴

早期的恐龙

埃雷拉龙是已知最早的恐龙之一，出现自2.31亿年前。它的髋部和腿骨使它的后肢可以完全直立，这是所有恐龙的特征。

前肢很短

完全直立行走的步态

完全双足支撑

直立的姿态

随着主龙的演化，有些主龙开始直立行走，而且与蜥蜴和鳄伸开的腿不同的是，它们的腿支撑着身体离地，使它们能够敏捷迅速地奔跑。

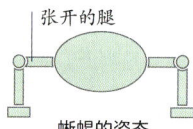

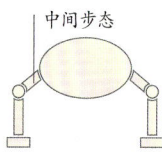

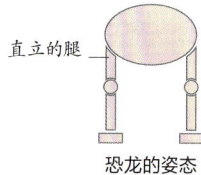

张开的腿

蜥蜴的姿态

中间步态

鳄的姿态

直立的腿

恐龙的姿态

锯齿状的牙齿常见于兽脚类恐龙

靠3个脚趾尖行走

拇趾或露爪

暴龙

海洋爬行动物

中生代海洋中栖息着巨大的爬行动物。除了乌龟和鳄，它们都与恐龙一起灭绝了。最大的海洋爬行动物——沧龙的长度可以超过13米。

大眼鱼龙有非常大的眼睛

鱼龙

这些呈流线型、酷似海豚的捕猎者用鲨鱼一样的尾巴在水中游动，并在水中生产。

沧龙的尾巴很可能具有鲨鱼那样的尾巴形态

薄片龙有很长的脖子

四肢呈桨状

沧龙

被称为沧龙的巨型海洋蜥蜴是从生活在陆地上的小型蜥蜴进化来的。

蛇颈龙

这类食肉爬行动物有4个鳍。许多种类有长长的脖子和小脑袋。

滑齿龙有类似鳄的牙齿

上龙类

这些食肉动物是蛇颈龙的一类，但它们的脖子很短，头很大，下巴很有力。

翼龙

这些爬行动物出现在约2.28亿年前，是最早进化出动力飞行的脊椎动物。早期翼龙的脖子短、尾巴长。后来进化出的物种，如翼手龙，凭借短尾巴、长脖子的身体结构在空中获得了更大的灵活性。

短颈

长尾

喙嘴龙

1根指骨拉紧翅膀

由皮肤构成的翅面

风神翼龙

长颈

◀ 参见**地球演化**：第50—51页　◀ **生命的故事**：第86—87页

长达 1.3 米的两个眉角

头骨后部的头盾

通过对某些保存完好的皮肤化石进行显微镜观察，可以推断出一些恐龙的颜色。

无齿的喙用来啃食植物

科学家已经确认并命名了 1000 多种恐龙

恐龙多样性

早期的恐龙很快就演化为两类——蜥臀类和鸟臀类。蜥臀类演化成了食草性蜥脚类和捕食性兽脚类。鸟臀类后来演化成 5 种主要类型，都是以植物为食的动物——甲龙类、剑龙类、鸟脚类、肿头龙类和角龙类。

三角恐龙

角龙类

角龙是陆生动物中头骨较大的一类，它们长有角和头盾，有小型的两足行走动物，也有重达数吨的四足行走动物。

沉重的身体　长颈

长尾

梁龙

蜥脚类

早期的物种（原蜥脚类动物）是两足行走的，但这一类群的大多数（蜥脚类动物）后来演化为靠四条腿行走，有长长的脖子和尾巴。有些种类体形巨大。

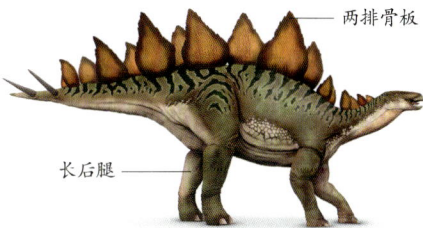

两排骨板

长后腿

剑龙

剑龙类

这些大型食草动物的背部和尾巴上长有骨板和尖刺，有时肩膀上也会有凸起，它们的防御能力很强。

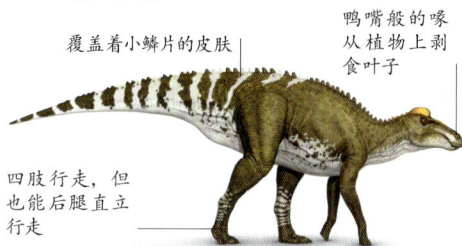

覆盖着小鳞片的皮肤

鸭嘴般的喙从植物上剥食叶子

四肢行走，但也能后腿直立行走

埃德蒙顿龙

鸟脚类

在这些演化极为成功且种类繁多的食草动物中，有些拥有艳丽的冠饰和数百颗能咬碎植物的牙齿。较小的物种用两条腿行走。

皮骨板（骨生在皮肤内）

腹面没有保护

楯甲龙

甲龙类

各种各样的骨板和尖刺武装着这些食草恐龙宽厚的身体，许多物种遇到危险也会挥舞尾巴末端的骨棒。

柔软的羽毛覆盖物

三指手

中华鸟龙

兽脚类

兽脚类恐龙是两足行走的动物，就像最早的恐龙一样。它们的种类包括小型的似鸟动物及庞大的霸王龙等。它们几乎都是食肉动物，但有些以植物为食。

厚厚的高圆顶头骨

剑角龙

肿头龙类

这些两足行走的食草动物的头部是为了战斗而生的，头骨呈扁平或圆顶状，厚可达 25 厘米，这可以保护它们的大脑免受沉重的打击。

鸟类的演化

生物学家认为鸟类是从 1.5 亿年前不会飞的兽脚类进化而来的会飞的恐龙。鸟类的近亲如伶盗龙，有像鸟类一样旋转的腕关节。与始祖鸟一样（参见第 86 页），近鸟龙的飞行能力很弱。辽西鸟有更强壮的飞行肌肉。

羽毛的演化

羽毛最初呈丝状或簇状，可能从恐龙时代进化而来。后来，一些羽毛发展出了坚硬的羽轴。一些这样的羽毛有倒钩和小羽枝编织成的平面，但只有那些前缘较短的羽毛符合空气动力学，适合飞行。

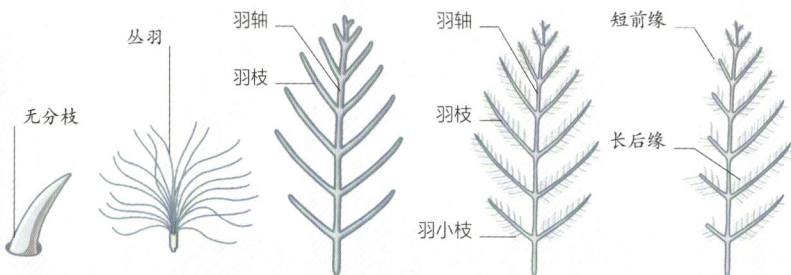

丛羽

羽轴
羽枝

无分枝

羽轴　短前缘

羽枝

羽小枝

长后缘

可能覆盖有可以保温的羽毛

秀颌龙

羽毛可能用来展示

柔性手腕上的长手指

伶盗龙

对称的羽毛

有尾骨的尾巴

齿颌

近鸟龙

不对称的飞羽　有齿的喙

羽毛构成的尾巴，没有尾骨

可栖息在树枝上的脚

辽西鸟

参见爬行动物：第 126－133 页 ▶　鸟类：第 134－139 页 ▶　分类：第 158－163 页 ▶

史前哺乳动物

哺乳动物是如何演化的

哺乳动物是由 2.3 亿—2.05 亿年前三叠纪时期被称为犬齿兽的类哺乳动物（爬行类）进化来的。如今，哺乳动物被定义为有毛的、有腺体的（尤其是乳腺）动物，但没有相关的直接化石记录。有大量关于头骨和牙齿演化的化石记录。

恐龙灭绝时，哺乳动物已经生存了 1.4 亿~1.6 亿年

狗的牙齿

与其他的犬齿兽类一样，犬颌兽长有尖锐的犬齿。爬行动物的牙齿形状一致，而哺乳动物的牙齿则形态各异。

较小的颊齿 / 犬齿

颌骨到耳骨

爬行动物和其他脊椎动物只有一块耳朵听骨（一种被称为砧骨的小骨），其可以将声音传递到内耳。哺乳动物进化出了更多的听骨及更好的排列方式。额外的听骨是由方骨和关节骨进化来的，这些骨失去了在颌骨铰链中的作用，与砧骨相连，形成了高度敏感的听觉。

鳞状骨 / 方骨 / 放大显示 / 镫骨 / 关节骨 / 下颌角 / 齿骨
爬行动物祖先（异齿龙）

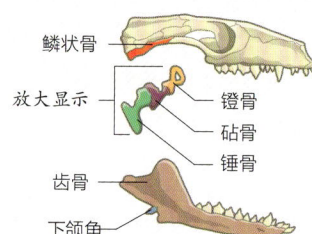

有毛的爬行动物

犬齿兽类可能逐渐长出毛发而变得温血。图中这种犬齿兽类动物——三尖叉齿兽，被描绘成有毛发的样子，尽管我们还无法确定它是否真的长有毛发。

臀部前方有明显的腰部，像哺乳动物一样 / 腿位于身体下方，与爬行动物不同

类哺乳动物形态

到了三叠纪晚期，已经演化出了非常像哺乳动物的动物。一些专家认为，摩尔根兽是一种哺乳动物。而在其他专家看来，它是一种哺乳性动物，或者说是"类似哺乳动物的形态"。

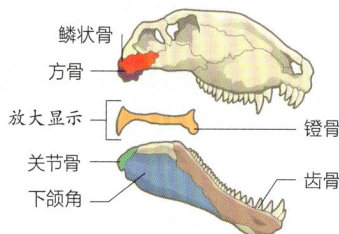

可能存在哺乳动物的外耳瓣

鳞状骨 / 放大显示 / 齿骨 / 下颌角 / 镫骨 / 砧骨 / 锤骨
类哺乳类（犬齿兽）

中生代的哺乳动物

在中生代（恐龙的时代——三叠纪、侏罗纪和白垩纪），许多哺乳动物只有部分现代哺乳动物的特征。它们可能都是有毛的，但几乎都能产卵。它们大多体形很小，可能昼伏夜出，很多都是熟练的穴居者或攀爬者。它们中的大多数都早已灭绝了。

还不是真正的哺乳动物

与许多中生代动物一样，中国锥齿兽有着复杂的特征——有哺乳动物的耳骨，但它的牙齿一生都在被替换，就像爬行动物的牙齿一样。

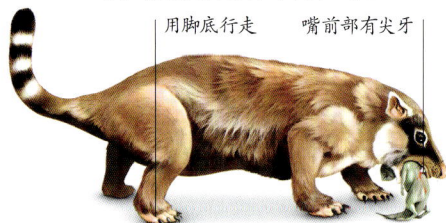

细长的鼻子 / 粗壮的下颌

恐龙"猎人"

大多数恐龙时代的哺乳动物都很小。然而，爬兽是一种体形如獾的食肉动物，可能会捕食恐龙幼崽。

用脚底行走 / 嘴前部有尖牙

啃咬的开始

耐梅盖特兽是一种多瘤齿兽——在白垩纪时期广泛分布的一种哺乳动物。它的牙齿预示着啮齿动物的黎明。

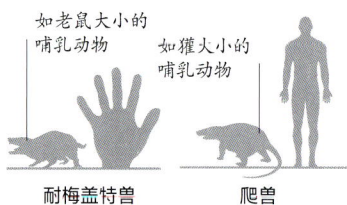

类似啮齿动物的门齿 / 带爪的趾

小恐龙的近邻

爬兽比中生代的普通哺乳动物大得多。大多数和耐梅盖特兽一样大，或略小。

如老鼠大小的哺乳动物 / 如獾大小的哺乳动物
耐梅盖特兽 / 爬兽

有袋类和胎盘类

中生代的幸存者有两个类群——真兽类和后兽类。后兽类动物进化出了有袋类动物，一些真兽类动物演化成了胎盘动物。

有袋类

有袋动物不是卵生的，其可直接生下幼崽。阿法齿负鼠生活在至少 7000 万年前，但有袋类动物的化石记录可以追溯到 1.25 亿年前。

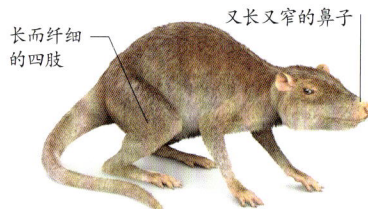

像负鼠一样的头 / 嗅觉灵敏

胎盘哺乳动物

重褶齿猬是真兽类。真兽类在白垩纪时期演化出了胎盘——哺乳动物用胎盘孕育未出生的幼崽。

长而纤细的四肢 / 又长又窄的鼻子

哺乳的证据

现代哺乳动物喉部有一块关节骨，叫作舌骨，可以灵活地吮吸。大多数犬齿兽都有类似爬行动物的坚硬舌骨，但似哺乳形类（最像哺乳动物的犬齿兽类）动物的舌骨与哺乳动物的舌骨相似，这表明它们能哺乳。

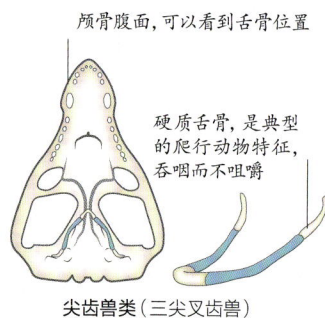

颅骨腹面，可以看到舌骨位置

硬质舌骨，是典型的爬行动物特征，吞咽而不咀嚼
尖齿兽类（三尖叉齿兽）

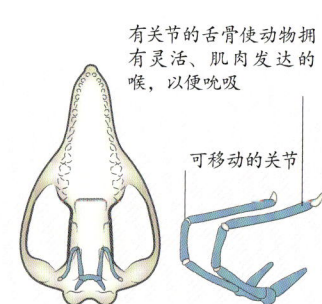

有关节的舌骨使动物拥有灵活、肌肉发达的喉，以便吮吸

可移动的关节
似哺乳形类（微小柱齿兽）

◀ 参见**生命的故事**：第 86—87 页 ◀ **恐龙时代**：第 90—91 页

5000 万—3500 万年前，鲸由有蹄哺乳动物逐渐演化而来

恐龙灭绝后

6600 万年前，随着大多数大型陆生动物的灭绝，对于幸存物种来说，有许多空缺的生态位可以填补。哺乳动物，包括有袋动物和胎盘动物，种类繁多，有蹄哺乳动物繁荣发展。"恐鸟"（参见第 87 页）是第一批取代食肉恐龙的大型陆生掠食者，此外还有被称为肉齿兽的掠食哺乳动物。

角状的凸起不是角，而是头骨上的骨赘

一条细长而灵活的尾巴能把叮咬的昆虫赶走

上犬齿拉长变为獠牙，可能用于展示

由脚趾后的楔形软组织支撑的脚

早期的有蹄哺乳动物
尤因他兽 *Uintatherium*

灭绝的巨型动物

2 万年前，地球上的大型哺乳动物比如今丰富得多。许多动物，包括美洲的巨型犰狳和地懒，它们刚与人类共存时就灭绝了。其他动物可能在冰河世纪结束时因气候变化而灭绝。

用脚的两侧行走

有锋利的牙齿

巨大的爪子可以将植物拉到嘴里

巨型树懒
大地懒 *Megatherium*

由 1000 余块骨板组成的圆顶壳

巨型犰狳
雕齿兽 *Glyptodon*

厚厚的毛皮

毛猛犸象
猛犸象 *Mammuthus primigenius*

快速演化

在恐龙灭绝后的 1000 万年内，主要哺乳动物类群的祖先，如灵长类动物、鲸、蝙蝠和啮齿动物的祖先，都已经演化出来。

有类似松鼠的特征，与现代灵长类不同

锋利的爪可用来爬树

灵长类祖先
近猴 *Plesiadapis*

在水下时，眼睛和鼻孔的位置有助于视物和呼吸

强壮的四肢帮助其在陆地上行走

鲸的祖先
游走鲸 *Ambulocetus*

长指支撑翼

前两个手指构成爪

早期的蝙蝠
伊神蝠 *Icaronycteris*

飞行翼膜

早期的啮齿动物
古攀鼠 *Eomys*

现代哺乳动物

4000 万—1000 万年前，哺乳动物变得与如今的类群更加接近。鲸失去了后肢，变成了完全的海洋生物，马失去了除中脚趾以外的所有脚趾，第一批猫科动物和类人猿出现了。

适合在树上荡秋千的长臂

早期类人猿
森林古猿 *Dryopithecus*

前肢变成了鳍状肢

尾巴末端为尾鳍

早期的鲸
龙王鲸 *Basilosaurus*

身体有豹子那么大

剑齿

早期的猫科动物
始剑齿虎 *Eusmilus*

三趾脚

有蹄子的中趾承担了身体的所有重量

早期的马
中新马（北美）*Merychippus*

哺乳动物的里程碑

哺乳动物一步一步地演化了数以百万年计的时间，有些里程碑事件只在化石记录中有暗示。例如，虽然乳腺不太可能变成化石，但摩根棘齿龙幼体化石的发育模式表明，它们是靠母乳喂养的。

2.25 亿年前 隐王兽演化出来。由于其与哺乳动物有类似的内耳，曾被称为最早的哺乳动物，它可能是所有哺乳动物的祖先

2.1 亿年前 类似哺乳动物的摩尔根兽幼体没有牙齿，随后发育出"乳牙"，然后被成体牙齿取代

1.65 亿年前 微小柱齿兽化石显示出最早的关节舌骨，这是哺乳的证据

1.6 亿年前 侏罗兽演化出来。它是已知的最古老的真兽类，并处于胎盘哺乳动物的演化路线

1.25 亿年前 中国袋兽出现。有些科学家将其描述为已知最早的有袋动物，但也有些科学家认为它是真兽类

6600 万—6300 万年前 最早的无可争议的胎盘哺乳动物出现了，如早期的食肉动物食肉形类萨温猎兽

参见哺乳动物：第 140—157 页 ▶ 分类：第 158—163 页 ▶ 地球的历史：第 298—301 页 ▶

人类的演化

约 1000 万年前，人类的祖先——古人类（猿人），从黑猩猩的祖先中分离出来。最初的不同之处在于，它们越来越多地用两条腿直立行走，但有些物种有了更多的进步特征，包括有更大的脑和制作、使用复杂石器工具的能力。20 多种古人类出现并灭绝，但只有一种——智人——存活了下来。

丹尼索瓦人是一个人科物种，人们通过一些骨头化石和其 DNA 来了解他们，但至今还没有一个科学名称

人种

约 700 万年前，生活在非洲的沙赫人有了直立行走的迹象，一些专家认为其是最早的古人类。随后出现了多样的早期古人类。有些物种有强有力的下颌和巨大的白齿，非常适合吃硬的、富含纤维的食物。另一些古人类则出现了相对于身体较大的脑和较小的颌和牙齿。以下是包括人类在内的 10 个物种。

厚重的眉弓
宽阔的颧骨延伸到眼窝外
鼻子又宽又平，与人类的鼻子不同

沙赫人
其可能用两条腿走路，这使他们更接近古人类而不是其他类人猿。

颅骨里的脑比黑猩猩的脑大不了多少

南方古猿阿法种
南方古猿的体形与黑猩猩相似，但他们直立行走，大脑略大。

眼睛之间的距离很小
圆颅

南方古猿非洲种
这种非洲南部的物种的下巴和颊齿比南方古猿阿法种更大，手臂更长。

眼睛睁得更大
鼻子更明显

能人
这是已知的第一个演化出来的人属成员，这个物种又被称为"杂工"，因为它们会使用石器工具。

脑比南方古猿略大
鼻孔朝下，像现代人一样

匠人
像所有早期的原始人一样，它们只生活在非洲。由于它们有手工艺，所以名字的意思是"工匠"。

直立行走

人类和猿类在解剖学上的许多不同之处与人类独特的两足（两条腿）运动和直立姿势有关。其体现了整个骨骼的演化。

圆锥形的胸腔为攀岩提供了最大的肩部灵活性
腿骨比人类的短得多
大猩猩和黑猩猩是用指关节走路的

脚
人类的大脚趾没有抓取功能。它与身体其他部位保持一致，构成了一个支持性平台。

大猩猩

脊髓穿过颅底
桶形的胸廓，行走时手臂摆动自如
足弓有弹性，起减震器的作用

人类

头骨
大猩猩的头骨与脊椎骨的后部相连，而人类的头骨则与脊椎骨的底部相连。

脊柱
脊柱的曲线使躯干在臀部以上保持平衡，并能够吸收走路和跑步的冲击。

骨盆
宽阔平坦的骨盆使脊柱的底部靠近髋关节，在直立时保持身体稳定。

工具制造技术

考古学家发现，古人类的工具制造越来越复杂。最早的被称为洛梅奎文化。这些工具是约 330 万年前的未知古人类制造的。虽然很粗糙，但它们比大猩猩使用的任何工具都要好。

刀刃可以通过打击来制造

奥杜威小斧头
奥杜威工具是由 250 万年前的能人制造，是通过"石锤"打造的简单核心和薄片。

两边因被击打而变得锋利的刀刃

阿舍利石斧
阿舍利人的工具与直立人或匠人有关，其制作更精细，也更锋利。

从 400 万年前的南方古猿到今天的智人，最大的古人类大脑的体积已经扩大了 3 倍

演化时间线

随着越来越多的化石被发现，人类的族谱也在不断地被修正。这张图根据目前的数据给出了过去 500 万年的概况。每个条形表示一个物种的存在时间，它的颜色表示该物种所在的属。

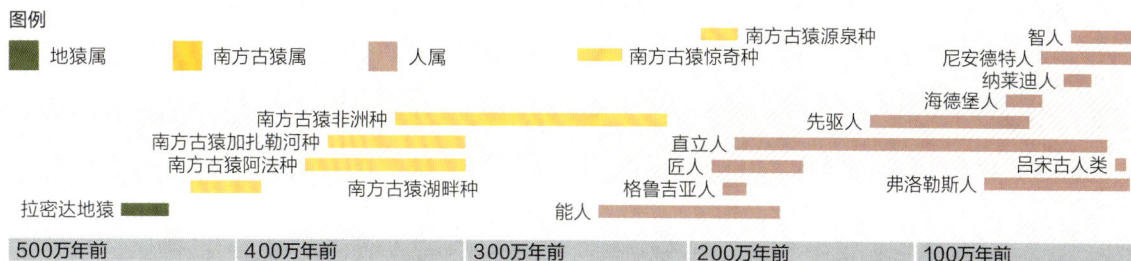

图例
- 地猿属
- 南方古猿属
- 人属
- 南方古猿源泉种
- 南方古猿惊奇种

智人
尼安德特人
纳莱迪人
海德堡人
先驱人
南方古猿非洲种
南方古猿加扎勒河种
南方古猿阿法种
南方古猿湖畔种
直立人
匠人
格鲁吉亚人
吕宋古人类
弗洛勒斯人
拉密达地猿
能人

500万年前　　400万年前　　300万年前　　200万年前　　100万年前

直立人
这一物种可能是古人类第一次在非洲以外的地方出现，最远到达了中国和印度尼西亚。

宽阔的鼻子 / 与早期类人猿相比，脸部更小，更窄 / 宽扁的颧骨

弗洛勒斯人
这个体形矮小的物种很可能是从直立人演化而来，并且被隔离在印度尼西亚的弗洛勒斯岛上。

长而倾斜的额头 / 上唇较深

海德堡人
这种分布广泛的古人类很可能是非洲现代人类和欧洲尼安德特人的祖先。

粗大的眉脊

尼安德特人
尼安德特人生活在西亚和欧洲，与智人和神秘的丹尼索瓦人共存，并与之杂交。

大而突出的鼻子 / 头颅低而宽 / 宽阔而向后倾斜的颧骨 / 鼻子比尼安德特人小得多

智人
最古老的智人化石具有"古老"的特征，如早期物种一样没有突出的下巴。

沉重的眉脊

人类统治世界

人类开始在非洲生活，但是从 210 万年前开始，他们分散在非洲以外的地方。50 万年前，可能有几个人类物种生活在世界的不同地区。但是，从 20 万年前开始，智人开始在非洲扩张。在某些地方，它与更早的物种共存和杂交，但最终，它取代了其他所有人类物种。

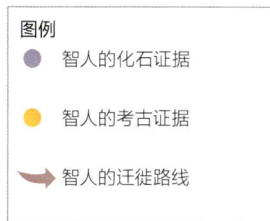

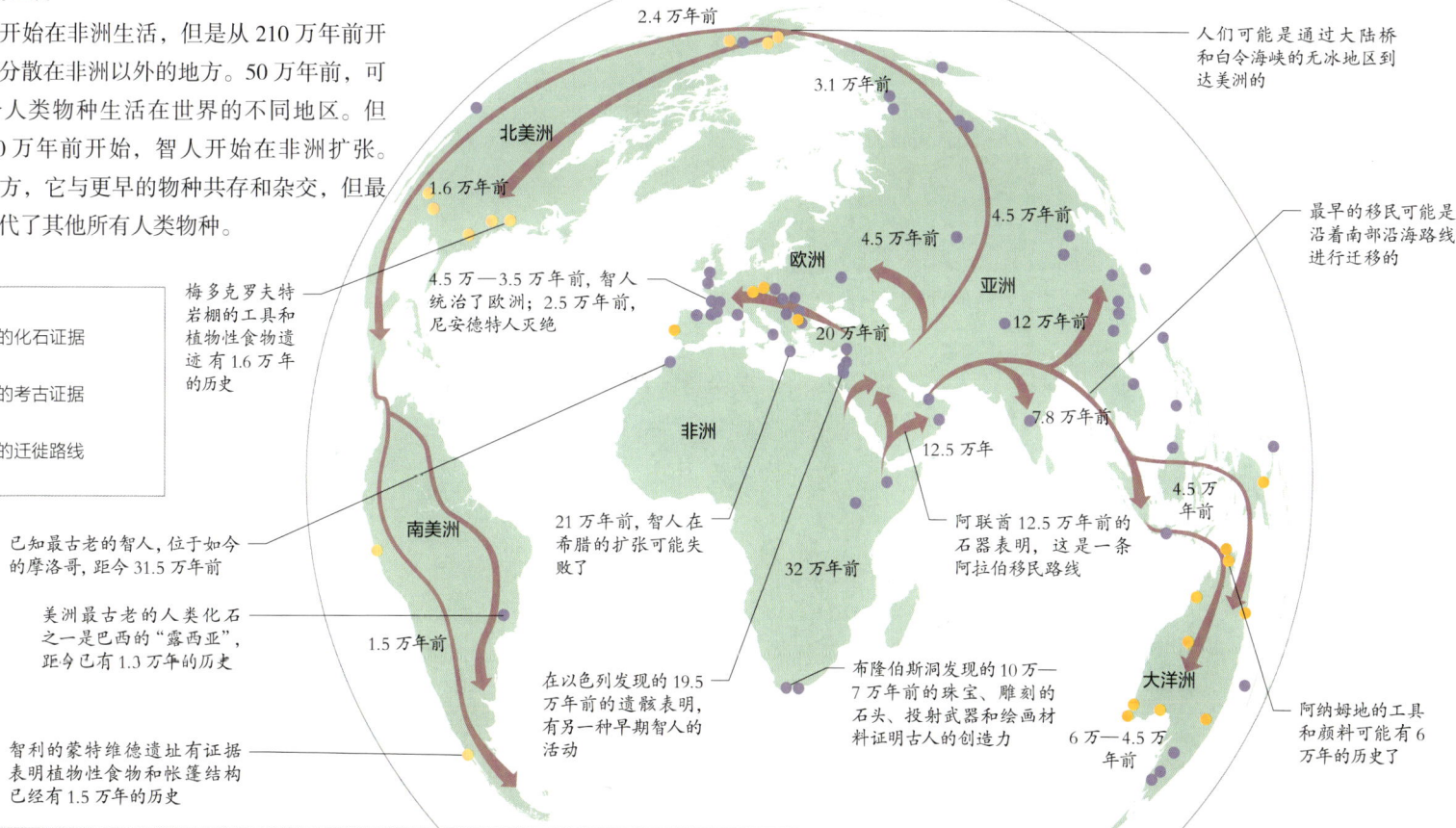

图例
- 智人的化石证据
- 智人的考古证据
- 智人的迁徙路线

2.4 万年前
3.1 万年前
北美洲
1.6 万年前
人们可能是通过大陆桥和白令海峡的无冰地区到达美洲的
4.5 万年前
4.5 万年前
欧洲
亚洲
梅多克罗夫特岩棚的工具和植物性食物遗迹有 1.6 万年的历史
4.5 万—3.5 万年前，智人统治了欧洲；2.5 万年前，尼安德特人灭绝
20 万年前
12 万年前
最早的移民可能是沿着南部沿海路线进行迁移的
非洲
7.8 万年前
12.5 万年
阿联酋 12.5 万年前的石器表明，这是一条阿拉伯移民路线
4.5 万年前
南美洲
已知最古老的智人，位于如今的摩洛哥，距今 31.5 万年前
21 万年前，智人在希腊的扩张可能失败了
32 万年前
美洲最古老的人类化石之一是巴西的"露西亚"，距今已有 1.3 万年的历史
1.5 万年前
在以色列发现的 19.5 万年前的遗骸表明，有另一种早期智人的活动
布隆伯斯洞发现的 10 万—7 万年前的珠宝、雕刻的石头、投射武器和绘画材料证明古人的创造力
大洋洲
阿纳姆地的工具和颜料可能有 6 万年的历史了
智利的蒙特维德遗址有证据表明植物性食物和帐篷结构已经有 1.5 万年的历史
6 万—4.5 万年前

参见**人体**：第 230—231 页 ▶　**骨骼系统**：第 232—233 页 ▶　**从史前时代到公元前 3000 年**：第 302—303 页 ▶

植物界

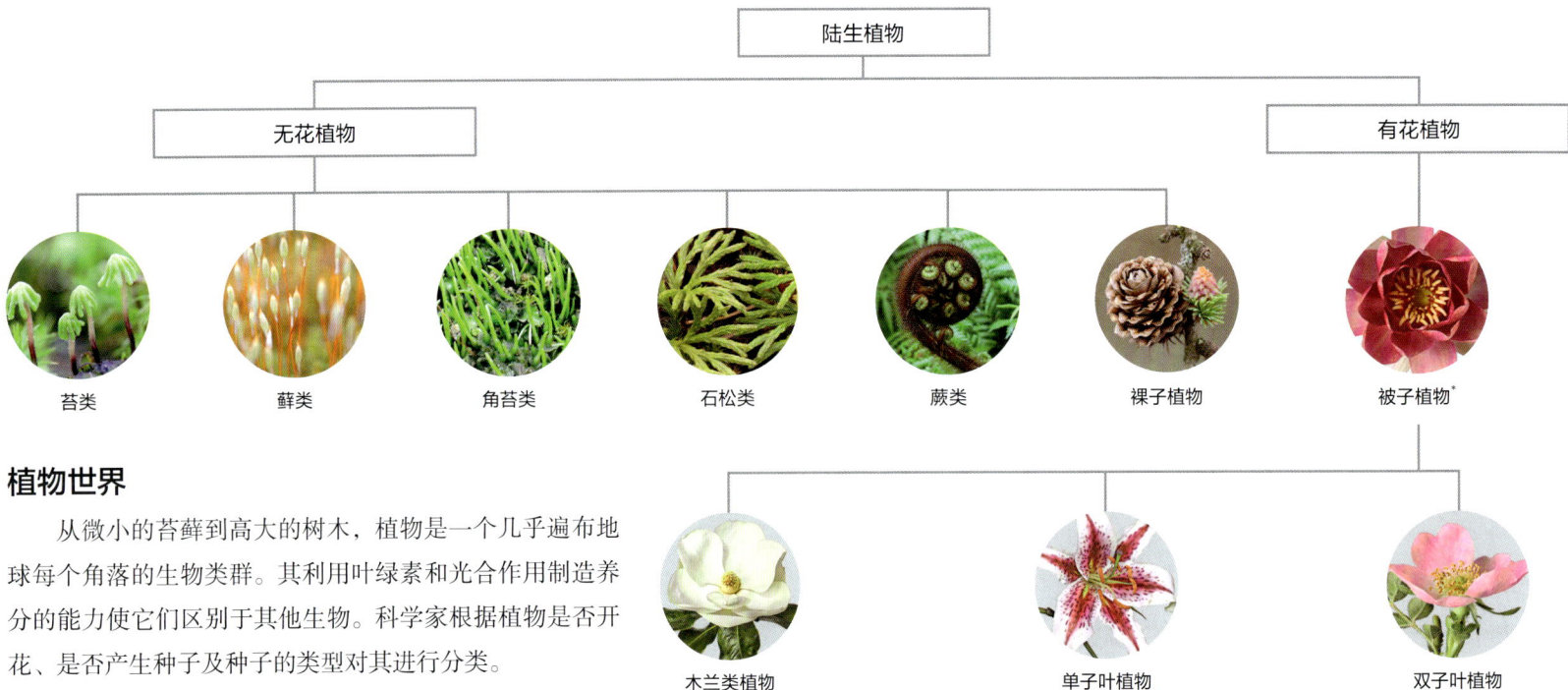

陆生植物

无花植物 | 有花植物

苔类　蘚类　角苔类　石松类　蕨类　裸子植物　被子植物*

木兰类植物　单子叶植物　双子叶植物

植物世界

　　从微小的苔藓到高大的树木，植物是一个几乎遍布地球每个角落的生物类群。其利用叶绿素和光合作用制造养分的能力使它们区别于其他生物。科学家根据植物是否开花、是否产生种子及种子的类型对其进行分类。

植物的组成部分

　　被子植物、蕨类植物和裸子植物被称为"维管植物"。它们含有特殊的组织，可以将生长所需的水和养分沿着茎和枝运输到根、叶和花。

花为生殖器官，而且通常颜色鲜艳

叶子利用阳光为植物的生长提供能量，并通过蒸腾作用释放体内多余的水分

叶柄可长可短，或完全没有

枝条使叶子可以远离茎部，这样它们就能接收更多的阳光

茎支撑着植物，并从根部将养分输送上来

根把植物固定在地上，从土壤中吸收水分和养分

植物类型

　　植物学家和园艺工作者根据植物的外在特征对其进行非正式的分类。这些特征可能是生活史、生长习性、木质茎还是草质茎、是否有鳞茎、所属的植物门类、其生长繁衍所需的栖息地条件等。

树体高大，有明显的主干

依附别的植物或支持物攀缘生长

丛生

乔木　灌木　藤本植物

木本植物

植物的叶

　　叶有不同的形状和大小。它们的多样性揭示了植物如何在不同的生境中平衡光合作用和蒸腾作用：一片较大的叶子可能会捕获更多的光，但同时它也会因为蒸腾作用而散失更多的水分。

雪不易在针叶上集聚

小型叶可以减少水分的流失

鳞状叶

针叶

每年都会落叶

植物体上全年保留一些绿叶

落叶阔叶

肉质叶用来储存水分

肉质叶

常绿阔叶

光合作用

　　在叶片内部，具有吸光叶绿体的叶肉细胞利用光、二氧化碳和水来制造葡萄糖，葡萄糖再转化成蔗糖，这些糖类是植物的养分，为其生长提供能量。

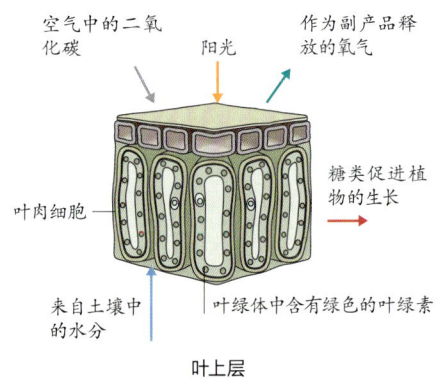

空气中的二氧化碳

阳光

作为副产品释放的氧气

叶肉细胞

糖类促进植物的生长

来自土壤中的水分

叶绿体中含有绿色的叶绿素

叶上层

◀ 参见史前植物：第 88—89 页　　无花植物：第 98—99 页 ▶　　有花植物：第 100—103 页 ▶

*审者注：在现在的一些分类观点中，木兰类和双子叶植物合并为木兰纲植物，单子叶植物则作为百合纲植物。

植物如何生长

所有的种子植物都遵循相似的生长模式。当种子暴露于破坏其休眠状态的条件时开始发芽，从而触发其调节生长的各种激素的释放。

① 种子发芽
胚释放赤霉素，刺激种子发芽。根首先长出，然后是芽。

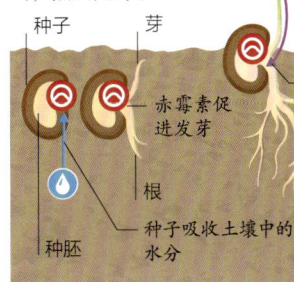

种子　芽

赤霉素促进发芽

根

种胚

种子吸收土壤中的水分

② 主茎和根延长
茎尖产生的生长素使细胞增大并伸长。

生长素促进根的生长

细胞分裂素促进侧根生长

③ 茎长得越来越高
顶芽释放的生长素抑制侧枝和分枝生长。

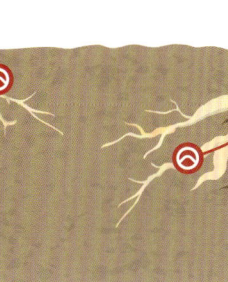

赤霉素促进叶片生长

顶芽

赤霉素与植物生长素一起作用，促进茎的生长

④ 侧枝的生长
来自根部的细胞分裂素促使侧芽和侧枝的生长。

⑤ 茎变粗
强壮的茎能支持更多叶片生长。侧枝及其次生枝干的生长可形成木质树干。

运输管道
树皮
木质部

⑥ 花朵出现
植物叶片中的化学物质在光的作用下生成成花素，从而诱导花蕾绽放。

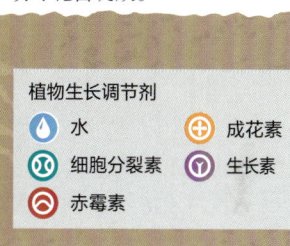

植物生长调节剂

💧	水	⊕	成花素
⊗	细胞分裂素	Ƴ	生长素
⟳	赤霉素		

生活史为一年的草本植物

在两年生活史中的第二年开花

植物的地上部分每年凋亡，第二年再次生长

球茎储存食物

花长在穗状花序上

分段的茎

刺和肉质茎有助于保存水分

叶子吸收空气中的水分

| 一年生草本植物 | 二年生草本植物 | 多年生草本植物 | 球茎植物 | 草类 | 竹子 | 仙人掌 | 气生植物 |

草本植物

花的组成部分

花有雄性和（或）雌性器官，花周围的萼片和花瓣可以为它们提供保护，同时也可以吸引传粉者。

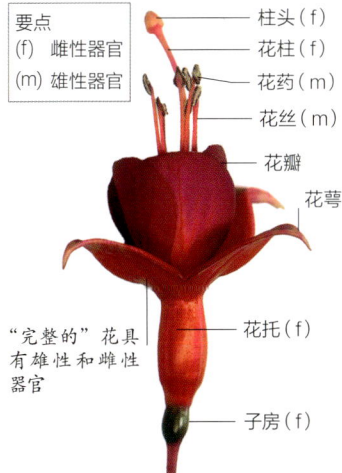

要点
(f) 雌性器官
(m) 雄性器官

柱头(f)
花柱(f)
花药(m)
花丝(m)
花瓣
花萼
花托(f)
子房(f)

"完整的"花具有雄性和雌性器官

授粉和受精

当花药产生的雄性精子细胞（花粉）传播到雌蕊的柱头上时，授粉就发生了。花粉通过昆虫、鸟、动物或风从一朵花传到另一朵花，使得多花植物可以实现"自花授粉"。

受精

花粉粒萌发出长长的花粉管，将雄性精子细胞送入花的子房，在那里它们与雌性胚珠融合。

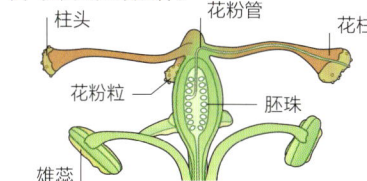

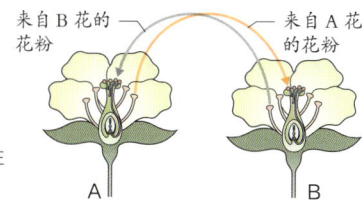

柱头
花粉管
花柱
花粉粒
胚珠
雄蕊

来自B花的花粉
来自A花的花粉

A　　B

异花授粉

异花授粉——当花粉来自同种植物的不同个体——有助于维持该物种的遗传多样性。

种子和果实

裸子植物和被子植物的种子要么是"裸露的"（不受保护的），要么被包裹在由花的子房发育而来的果实中。果实具有不同的作用：如可以促进种子的传播，或可以保护种子，直到满足发芽的条件。

种子长在鳞片的上部

果实的翅膀由花的心皮发育而来

每个小果（核果）都有一颗种子

坚硬的果皮包裹着种子

| 球果 | 翅果 | 肉质果 | 坚果 |

无花植物

约 5 亿年前，当原始植物从水里迁移到陆地上时，它们需要具备新的生理方式才能生存。最初，微小的绿色植物被迫生活在潮湿的地方。随着时间的推移，新的物种演化出了适应机制，以减少对水的依赖。它们能够在更恶劣的环境中生长和繁殖。这些进化阶段的许多植物至今仍然存在。

苔类

大多数苔类是扁平的绿色植物。它们没有传递水分或营养物质的系统，因此这些物质只能在细胞之间移动。为了繁殖，雄性精子依靠地表水游向雌性生殖细胞，如藓类（见下文）。

星状结构的雌性生殖器官（颈卵器）

雌性植株

地钱
(*Marchantia polymorpha*)

角苔类

这些苔类植物的近亲为莲座状。雄性和雌性器官位于扁平的植物体内。在孢子形成阶段，形成长长的角状结构（孢蒴），从顶部裂开并释放孢子。

孢蒴

配子体

角苔
(*Anthoceros* sp.)

石松类

石松类能长成比藓类或苔类更大的植物，因为它们有维管细胞来输送水分和营养物质。绿色的植物体是孢子形成阶段的样子。古老的、树状的石松类植物形成了大部分的煤矿。

孢子囊在直立的孢子囊穗上发育

叶子在营养枝上呈螺旋状排列

鹿角石松
(*Lycopodium clavatum*)

叶柄

幼叶或羽片

细小的绒毛可以保护正在发育的叶子不受昆虫侵害

蕨类及其近亲

蕨类及其近亲是大型的有孢子的植物，跟苔类和藓类植物相比可以在更干燥的条件下生存，它们有真正的根和维管细胞，可以在植物内部运输水分和营养物质。

幼嫩的蕨类植物复叶从一个形似"提琴头"的紧密螺旋中展开

欧洲鳞毛蕨
(*Dryopteris filix-mas*)

藓类

大多数藓类是微小的、成簇的植物，没有真正的根。它们的孢子从高高的蒴柄上的孢蒴中脱落到风里，但它们的雄性精子仍然需要依靠地表水到达雌性生殖器官。藓类植物的绿色叶状部分被称为配子体。它能够利用太阳能生产养分，但藓类植物没有叶脉来运输水和营养物质，而是被细胞直接吸收。

孢蒴

配子体

细叶真藓
(*Bryum capillare*)

藓类植物的生活史

这种复杂的生活史被称为世代交替。孢子长成独立的雄性或雌性植物。雄性生殖细胞游向雌性生殖细胞，然后形成孢蒴，产生新的孢子。

孢蒴

雌株长出新芽（孢蒴）

雄株

雌株

❶ 散落孢子

❷ 生殖器官发育

表面的水可以使雄性精子细胞游向卵子

雄性生殖器官产生精子

雌株茎尖的雌性器官和卵子

❸ 受精

❹ 孢蒴生长

藓类植物早在 3 亿年前就已经生长在潮湿的地方了

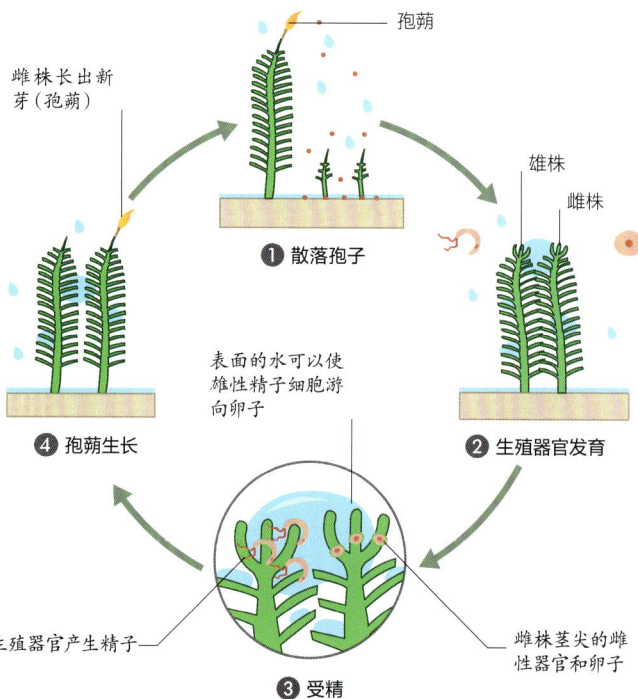

◀ 参见**史前植物**：第 88—89 页

目前已知的蕨类植物有 10500 多种

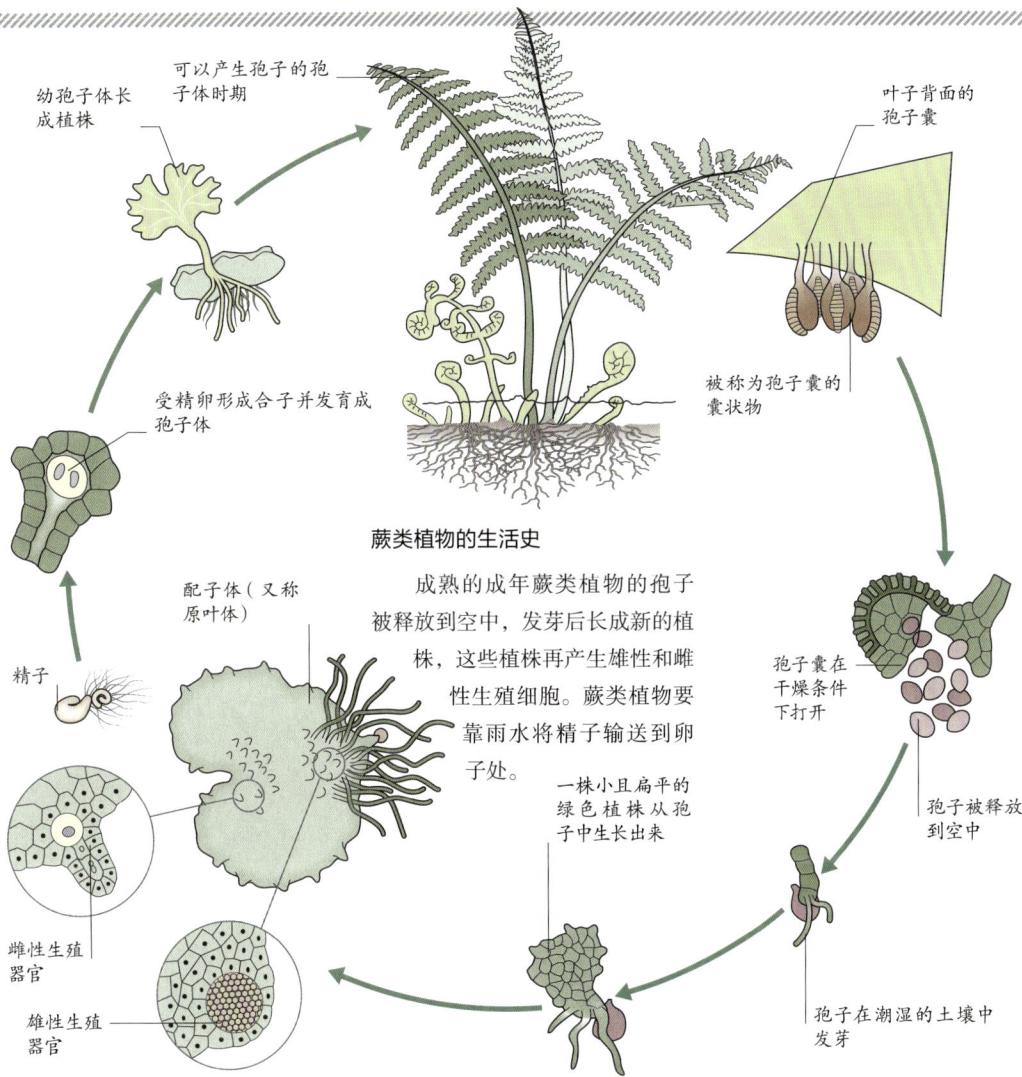

幼孢子体长成植株

可以产生孢子的孢子体时期

叶子背面的孢子囊

被称为孢子囊的囊状物

受精卵形成合子并发育成孢子体

蕨类植物的生活史

成熟的成年蕨类植物的孢子被释放到空中，发芽后长成新的植株，这些植株再产生雄性和雌性生殖细胞。蕨类植物要靠雨水将精子输送到卵子处。

配子体（又称原叶体）

精子

一株小且扁平的绿色植株从孢子中生长出来

雌性生殖器官

雄性生殖器官

孢子囊在干燥条件下打开

孢子被释放到空中

孢子在潮湿的土壤中发芽

木贼类

这些蕨类植物的近亲通常生长在潮湿的土壤中。春天，其特殊的短枝上会产生孢子，并通过单独的绿枝进行光合作用。

在不育的茎上轮生的绿色嫩枝

问荆
(*Equisetum* sp.)

瓶尔小草

松叶蕨和瓶尔小草是蕨类植物的原始亲属。它们的有性生殖阶段通常在地下完成，其产孢子植株很小。

长在可育叶上的孢子囊

不育叶

瓶尔小草
(*Ophioglossum* sp.)

自然克隆

有些蕨类植物可以通过克隆自身进行无性繁殖。它们可以直接在叶片上长出小植株（珠芽）。珠芽沿着叶脉发育，随着生长慢慢拱向地面，然后作为新的植株独立生长，没有经历任何有性阶段。

小小的"提琴头"在生长生长素促进根的生长

多生菜蕨
(*Diplazium proliferum*)

裸子植物

这些不开花的植物有木质的茎、坚硬的叶子和种子。它们可以在其他不开花植物不能适应的、更恶劣的环境中生长，因为大多数裸子植物在生殖阶段对水的依赖都更小，包括繁殖阶段。

叶冠直接从树干上长出

苏铁
(*Cycas revoluta*)

苏铁类

这类木本植物有坚硬的叶子。巨大的雄性和雌性孢子叶球生长在不同的植株上（雌雄异株），雄性生殖细胞以花粉的形式到达雌性生殖细胞。

银杏
(*Ginkgo biloba*)

复叶：叶轴两侧有小叶

银杏

雌雄异株的银杏在不同的植株上产生雄性花粉或雌性胚珠。雄性花粉到达胚珠后，胚珠则发育成一种气味难闻的果实状结构。

松柏类

松柏类广泛分布于气候寒冷的林地。它们窄小的叶子能抵御寒冷和干旱。种子形成于球果中，可能需要 3 年才能成熟。

独特的苞片

花旗松
(*Pseudotsuga menziesii*)

茂密的木质球果

巨杉
(*Sequoiadendron giganteum*)

北非雪松
(*Cedrus atlantica*)

位于球果鳞片间种子

美国大果松
(*Pinus coulteri*)

买麻藤类

与其他裸子植物不同，该类植物拥有先进的水分输送导管（就像开花植物所具有的结构）。

两片常绿的叶子

百岁兰
(*Welwitschia mirabilis*)

种子位于果实状假种皮内

欧洲红豆杉（黄色型）
(*Taxus baccata* 'Lutea')

◀ 参见植物界：第 96—97 页   有花植物：第 100—103 页 ▶

有花植物

尽管有些有花植物依靠风来传粉，但花的进化方向是利用昆虫作为传粉者。有花植物主要有三类：木兰类植物、单子叶植物和真双子叶植物。最先进的有花植物已经进化出复杂的花和独特的生长方式，以确保它们自身的生存、产生种子和繁殖后代。

根

根可以固定植物，从土壤中吸收水分和养分以促进植株生长。有些植物，如胡萝卜的根，也能储存营养物质供以后使用。

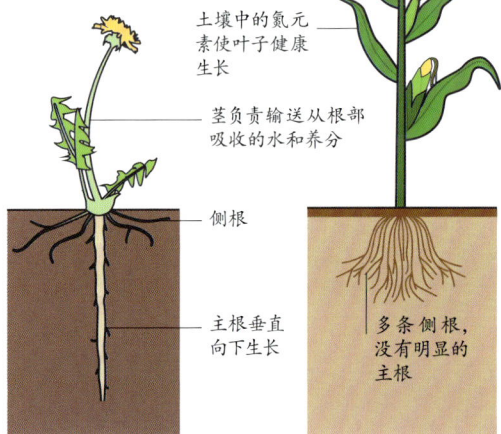

土壤中的氮元素使叶子健康生长

茎负责输送从根部吸收的水和养分

侧根

主根垂直向下生长

多条侧根，没有明显的主根

蒲公英（双子叶植物）

玉米（单子叶植物）

种子

一颗种子包含一个胚，种子的营养物质储存在胚乳或子叶中。作为保护层的种皮可以保护胚胎，直到条件允许再发芽。

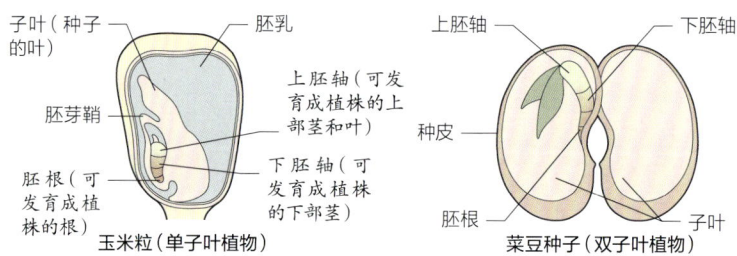

子叶（种子的叶）

胚乳

上胚轴（可发育成植株的上部茎和叶）

胚芽鞘

胚根（可发育成植株的根）

下胚轴（可发育成植株的下部茎）

玉米粒（单子叶植物）

上胚轴

下胚轴

种皮

胚根

子叶

菜豆种子（双子叶植物）

叶

叶子是植物的能源工厂。由于单子叶植物的叶脉不分枝，其叶一般很窄；而真双子叶植物的叶通常很宽。

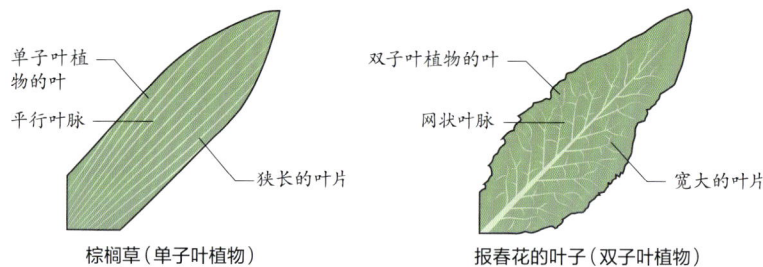

单子叶植物的叶

平行叶脉

狭长的叶片

棕榈草（单子叶植物）

双子叶植物的叶

网状叶脉

宽大的叶片

报春花的叶子（双子叶植物）

花

花是植物的生殖器官。雄蕊为雄性生殖结构，有花粉；子房、花柱和柱头为雌性生殖结构。花的外部结构与植物的授粉方式有关。

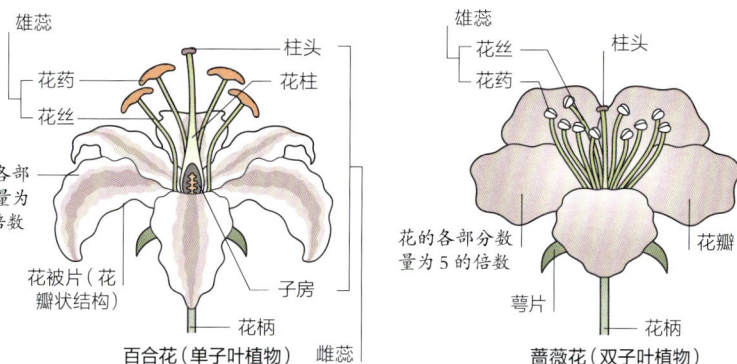

雄蕊

花药

花丝

柱头

花柱

花的各部分数量为3的倍数

花被片（花瓣状结构）

子房

花柄

百合花（单子叶植物）

雌蕊

雄蕊

花丝

花药

柱头

花的各部分数量为5的倍数

花瓣

萼片

花柄

蔷薇花（双子叶植物）

木兰类

它们是最原始的开花植物之一。它们的花的结构通常很简单，可能没有花瓣，也不会产生花蜜。许多木兰类植物属于乔木或灌木，可以制作精油和香料，如肉桂、肉豆蔻、黑胡椒。

肉质果内的单个大型种子

用来吸引甲虫的花被片

常绿的革质叶

鳄梨
(*Persea americana*)

柱头和子房呈圆锥状

多个大型花被片

荷花玉兰
(*Magnolia grandiflora*)

基部被子植物

在有花植物进化的早期，这种被称为基部被子植物的类群从其他被子植物中分化出来。这类植物的花具有多片花瓣和其他花的结构。其中许多是水生植物，但有些是灌木。水生植物的花在水面上盛开，使传粉者能够接触。这些古老的被子植物包括八角和睡莲。

睡莲
(*Nymphaea* sp.)

单子叶植物

这类开花植物的特点是它们的种子只有一片子叶。代表植物有许多重要的经济作物，如小麦、大麦、水稻、玉米和小米，此外还有牧草、棕榈、鸢尾、百合和兰科植物。

起保护作用的佛焰苞

雄花和雌花都长在穗上，雄花在雌花之上

天南星类

这类植物的花长在穗上。微小的彼此分开的雄花和雌花长在一个密集的穗状花序中，这个花序通常被一个叫作佛焰苞的保护性苞片包围。

拉库魔芋
(*Pseudodracontium lacourii*)

丝状物（花柱）可以接受花粉

禾草和谷物（禾本植物）

这类植物的花没有花瓣，因为它们是靠风来传粉的。它们的叶子是从根部而不是顶端长出来的，这使得它们能够在动物的取食中生存下来。

可以保护子房的外壳

玉米
(*Zea mays*)

百合类植物

这类植物大多是草本植物，只有少数进化为木本植物。其中许多种类都有鳞茎，可以在寒冷或干旱的环境中生存。它们的 3 片萼片和 3 片花瓣不可区分，统称为花被片。

花穗

五彩缤纷的花被片

依次开放的花朵

星象家百合
(*Lilium orientalis* 'Stargazer')

花着生的茎部（花序轴）

火把莲
(*Kniphofia uvaria*)

强壮的木质茎

侧枝生长在节上

竹子类

竹子是一种植株个体较大的、木质的草本植物。最高的竹子能长到 25 米，其 24 小时可以长 90 厘米。许多竹子结种子后就会死亡。

竹子
(*Phyllostachys* sp.)

弯曲的茎（花序轴）

被颖片保护的花（苞片）

宽叶林燕麦
(*Chasmanthium latifolium*)

兰花类

兰花的种类比其他任何植物都要多。它们是演化程度最高的单子叶植物。许多兰花有着非常特殊的授粉系统，导致它们呈现出奇特的外观。

大型的色彩斑斓的花瓣能够吸引传粉者

花瓣

高度特化的花瓣

唇状或拖鞋状萼片

兜兰
(*Paphiopedilum* sp.)

花秆（花柄）

有些兰花可以活到 100 多岁

棕榈类

它们是世界上唯一的能长成树一样的单子叶植物。它们的主体通常只有一根又高又细的茎，不能像真正的树木那样变粗或分枝。

分裂的羽状叶

椰子
(*Cocos nucifera*)

发育中的幼小果实

叶轴把小叶分在两边

老叶的基部可以保护茎

色彩鲜艳、直立的萼片

细窄的、不分枝的茎干

花通过模仿昆虫来吸引传粉者

丘鹬眉兰
(*Ophrys scolopax*)

生长过叶子的地方留下的疤痕依然清晰可见

>> 有花植物（续）

真双子叶植物

大多数树木、观赏花卉、水果和蔬菜都是真双子叶植物。与其他被子植物不同，真双子叶植物的花粉粒有 3 个或更多的孔，花粉管从这些孔中伸出并生长。它们是多样化和高度复杂的有机体，这里仅选择了部分有代表性的真双子叶植物进行介绍。

仙人掌及其近亲

这一多样化的植物类群包括所有的仙人掌和许多多肉植物，它们已经演化出了储存水的结构，可以在长期干旱的环境中生存下来。石竹目植物还包括一些攀缘植物和一年生植物，如藜麦。

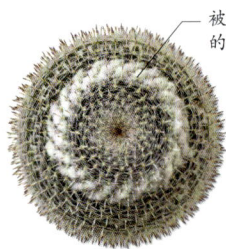

橡树、桦树和山毛榉

这类植物（壳斗目）的特征是通常有单独的雄花和雌花，雄花生长在长而浓密的柔荑花序中。它们通常依靠风来传粉，春天，在叶子生长前开花。

甘蓝

虽然人们是依靠花的瓣数来区分卷心菜和西蓝花的，但十字花目的其他植物其实更具多样性。这类植物中很多是可食用的，且含有硫代葡萄糖苷或芥子油。

石南

石南是寿命较长的木本植物。茶树就是这个目（杜鹃花目）的成员。然而，它们的其他亲属还有像报春花这样的草本植物，更奇怪的是，其中还有食虫植物——美洲瓶子草。

欧芹与胡萝卜类

胡萝卜及其大部分近亲的特征是：小花长在大而平的花序中，被称为伞形花序。因此这一类植物被称为伞形目植物，其成员还包括常春藤和人参。

山龙眼类

山龙眼目是原始（或基础）的真双子叶植物。它们大多数源产自南半球，具有依靠鸟类或小型哺乳动物授粉的复杂花朵。

倾斜的花丝（用来呈现花粉的结构）

多朵小花组成的花序

针垫花
(*Leucospermum cordifolium*)

帝王花
(*Protea cynaroides*)

被刺和毛保护的花蕾

大福球
(*Mammillaria perbella*)

由许多小花组成的大脑袋

鸡冠花
(*Celosia cristata*)

五彩的苞片环绕着白色的花

光叶子花
(*Bougainvillea glabra*)

色彩鲜艳的花簇生在一起

神刀
(*Crassula perfoliata* var. minor)

树冠可以伸展，长成枝繁叶茂的大树

夏栎
(*Quercus robur*)

带刺的壳斗里有 2 个坚果

欧洲栗
(*Castanea sativa*)

雄花生长在下垂的菜荑花序中

红桦
(*Betula albosinensis*)

会凋落的大型叶片

斯特兰贾栎
(*Quercus hartwissiana*)

紧密包裹的叶子

野甘蓝
(*Brassica oleracea*)

色彩鲜艳的花瓣吸引着有长舌头的传粉者

旱金莲
(*Tropaeolum majus*)

散发芳香的花朵吸引着传粉者

紫罗兰
(*Matthiola incana*)

浆果里面有黑色的种子

番木瓜
(*Carica papaya*)

长在叶子上方的小花

帚石南
(*Calluna vulgaris*)

草莓样的果实需要一年的时间才能成熟

草莓树
(*Arbutus unedo*)

花成簇生长

阿尔布雷克特杜鹃
(*Rhododendron albrechtii*)

叶子能够诱捕并消化昆虫

瓶子草
(*Sarracenia* sp.)

扁平伞形序中的小花

野胡萝卜
(*Daucus carota* 'Dara')

由小花组成的卵形花序

滨海刺芹
(*Eryngium maritimum*)

苞片上面的小花

大星芹
(*Astrantia major* 'Rubra')

头状花序开花后向内卷曲

野胡萝卜
(*Daucus carota*)

◀ 参见植物界：第 96—97 页　　◀ 无花植物：第 98—99 页　　◀ 有花植物：第 100—101 页

超过 50%的植物是真双子叶植物

毛茛类

毛茛目的植物是真双子叶植物中一个相对原始的类群，开着大而对称的花，依靠蜜蜂传粉。大多数毛茛目植物是草本植物，也有一些木本植物。

又大又鲜艳的花能够吸引蜜蜂

具有许多花瓣的重瓣花

每朵花只开1天

长在大大的穗状花序上的花

匍枝毛茛
(*Ranunculus repens*)

"浓情巧克力"花毛茛
(*Ranunculus* 'Pauline Chocolate')

虞美人
(*Papaver rhoeas*)

豆类

它们的豆荚沿着背缝和腹缝开裂，花的结构也与众不同。许多粮食作物都属于这一类，如豌豆、菜豆和花生。

双色花

荚果里的豌豆种子

色彩缤纷的大花瓣

草质果（荚果）

绣球小冠花
(*Coronilla varia*)

豌豆
(*Pisum sativum*)

香豌豆
(*Lathyrus odoratus*)

羽扇豆
(*Lupinus* sp.)

蔷薇和桑树

蔷薇目植物物种繁多，从草莓、玫瑰到无花果、桑葚和大麻。这类植物的果实许多是人类可食用的，主要依靠昆虫传粉。

重瓣花

花序轴内部有许多小花

果实由一个个单独的小果组成

依靠动物广泛传播种子

"香云"月季
(*Rosa* 'Fragrant Cloud')

无花果
(*Ficus carica*)

覆盆子
(*Rubus idaeus*)

苹果
(*Malus domestica*)

槭树类

无患子目植物大多是乔木和灌木，通常开着细小的花，依靠蜜蜂和苍蝇传粉，如枫树和荔枝，还有柑橘类植物（橙子、柠檬及其近亲）。

下垂的花朵

有两个心皮的花发育成具有两个翅的果实

长在增大了的花萼内的红色果实

叶片在秋季呈现火红色

"玛丽安的奇迹"钟南香
(*Correa* 'Marian's Marvel')

茶条枫
(*Acer tataricum* subsp. ginnala)

睡茄
(*Withania somnifera*)

挪威枫
(*Acer platanoides*)

毛地黄类

这类植物（唇形目）大多数有管状的花，呈扁平唇形，非常适合由蜜蜂传粉。这类植物的花只有一条对称线。

穗状花序中的管状花

叶子上的绒毛能够保持自身水分

苞片吸引着传粉者

盘花

毛地黄
(*Digitalis purpurea*)

薰衣草
(*Lavandula* sp.)

紫叶鼠尾草
(*Salvia officinalis* 'Purpurascens')

菊类

菊目植物是最高级的真双子叶植物。它们的花结构很复杂，每个头状花序看起来像一朵花，但实际上是由许多细小的花［小花（专指菊科小花）］组成的，每朵小花都有花瓣、雄蕊和心皮。

呈放射状排列的小花构成了色彩鲜艳的环

可育的小花被不育的小花包围着

位于中心的深色盘花

带刺的苞片

"星尘"骨子菊
(*Osteospermum* 'Stardust')

可以活到100多岁的兰花
(*Dahlia* 'Ivanetti')

矢车菊
(*Centaurea cyanus*)

刺苞菜蓟
(*Cynara cardunculus*)

参见**分类**：第 158—159 页 ▶

菌物

什么是菌物

如果与植物一起分类，菌物就被归入它们自己的界——菌物界。它们可能是简单的单细胞生物，如酵母菌、能够形成可见菌落的扁平霉菌，也可能是复杂的多细胞生物，如蘑菇。菌物广泛存在于地球上的大多数栖息地。

分生孢子链（含有孢子）

茎状分枝

成熟的黑色孢子和白色菌丝

青霉菌

青霉菌属的某些物种可以产生药用抗生素青霉素；另一些物种则可用于制作奶酪。

霉菌

像所有菌物一样，霉菌也要从已经死亡和腐烂的有机体或活的植物、动物身上获取营养物质。

地衣

地衣实际上是 2~3 种生物的共生体。由 1 种菌物、1 种藻类和（或）1 种蓝细菌结合在一起，它们作为独立的实体共同发挥作用。菌物不能进行光合作用或固定氮（第 212 页），但藻类和蓝细菌可以，它们为菌物提供营养物质以换取菌物的保护，包括吸收有害的紫外线。

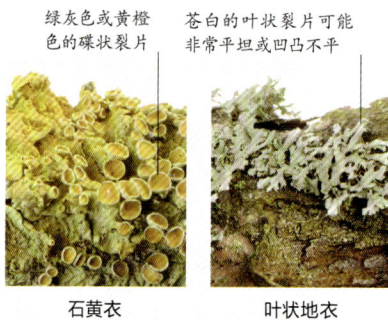

绿灰色或黄橙色的碟状裂片

苍白的叶状裂片可能非常平坦或凹凸不平

石黄衣

叶状地衣

蘑菇的生活史

一株蘑菇一天或许能释放 10 亿个孢子（生殖细胞），但只有少数会萌发。在有足够的水分和营养物质的情况下，孢子会在地下长出细细的线状菌丝，这些菌丝会扩散形成菌丝体。随着菌丝体的生长，两种孢子交配型的菌丝融合在一起。当环境条件合适时，会触发菌丝将子实体顶出地面，成熟后长成蘑菇，释放新的孢子。

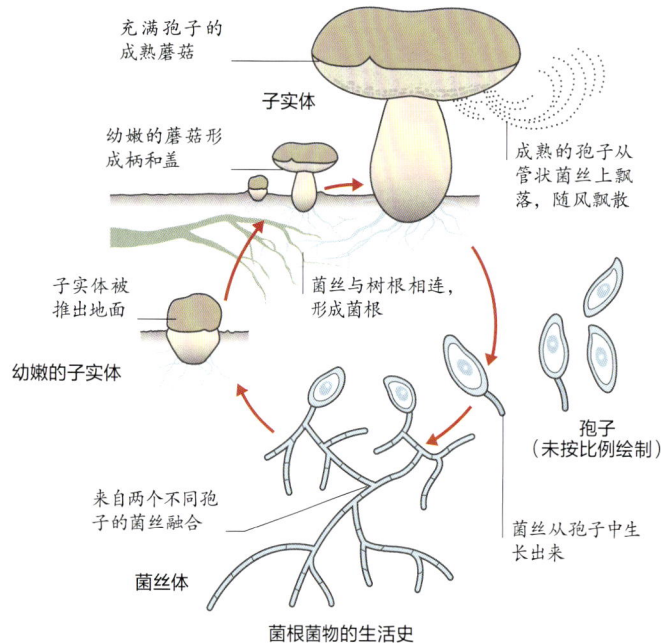

互利关系

菌根菌物的菌丝能够穿透植物的根系，帮助植物从土壤中吸收水分和养分。作为回报，菌物可以获得植物通过光合作用产生的碳水化合物。

充满孢子的成熟蘑菇

子实体

幼嫩的蘑菇形成柄和盖

成熟的孢子从菌状菌丝上飘落，随风飘散

子实体被推出地面

菌丝与树根相连，形成菌根

幼嫩的子实体

孢子（未按比例绘制）

来自两个不同孢子的菌丝融合

菌丝从孢子中生长出来

菌丝体

菌根菌物的生活史

蘑菇和毒蕈

蘑菇和毒蕈都是菌物的子实体，对于人类来说，它们是菌物最常见的形态。"毒蕈"经常被用来指有毒的蘑菇种类。

解剖蘑菇

蘑菇那令人熟悉的菌柄和菌盖，实际上是一种巨大的可见生殖结构或产孢结构。除了繁殖期，这些菌物总是隐藏在地下，通过一种被称为菌丝的细线状分枝结构形成的网络吸收水分和营养物质。整个菌丝网络被称为菌丝体，在土壤温度和降雨量适宜繁殖之前，它一直处于休眠状态。

蘑菇几乎 90% 都是水

菌丝

菌丝是所有菌物的基础结构。它们的管状细胞的细胞壁很坚硬，通常由几丁质（一种葡萄糖衍生物）组成。在一些菌丝中，细胞被称为隔膜的多孔"横壁"隔开。菌丝细胞除了吸收营养物质，还含有遗传物质。

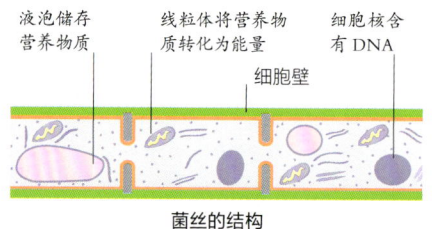

液泡储存营养物质

线粒体将营养物质转化为能量

细胞核含有 DNA

细胞壁

菌丝的结构

子实体

虽然蘑菇的菌柄和菌帽是迄今为止最常见的菌物子实体，但子实体的形状有很多种。它们要么单独出现，要么成群出现，从海绵状的羊肚菌或架子状的多孔菌到球状马勃菌、杯状菌、星状菌，甚至还可能长有触手状的附属物。

球形的

球状

光滑的，类似耳朵或杯子的形状

杯状

鸟巢菌形似装满蛋的鸟巢

鸟巢状

凹槽处（子囊）释放孢子

裂片状

同心圆状的"年轮"显示其生长周期

架子状

参见生命之网：第 80—81 页　分类：第 158 页

整个森林通过菌根连接在一起，形成了一个庞大的网络

菌盖

许多菌物产生的带有菌盖的子实体顶在凸起的菌柄上。菌盖的形状从经典的圆顶状到带有褶皱或类似于海绵的蜂窝状褶皱不等。虽然菌盖形状有助于鉴定菌物，但随着子实体的成熟，菌盖的形状也会发生变化。

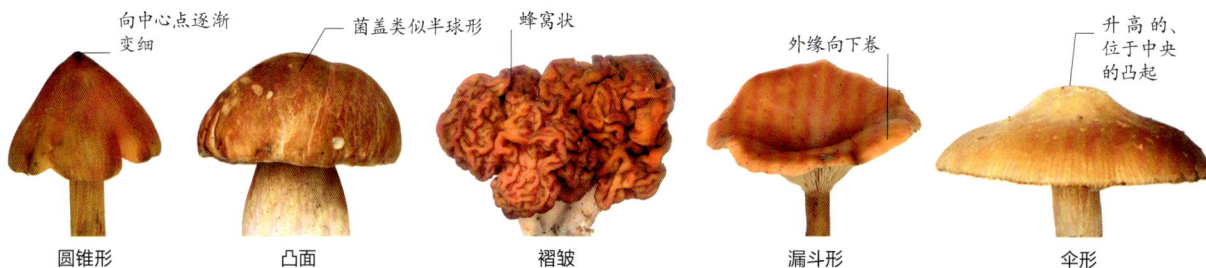

向中心点逐渐变细

圆锥形

菌盖类似半球形

凸面

蜂窝状

褶皱

外缘向下卷

漏斗形

升高的、位于中央的凸起

伞形

扁平或半球形的猩红色菌盖

疣脱落后形成的洞

随着蘑菇的老化，疣会脱落

凸起的白色疣

毒蝇伞
(*Amanita muscaria*)

菌柄

菌物的菌柄为某些物种的鉴定提供了依据。它们有长有短，有厚有薄，有些还可能有环状、球状或其他形状结构。

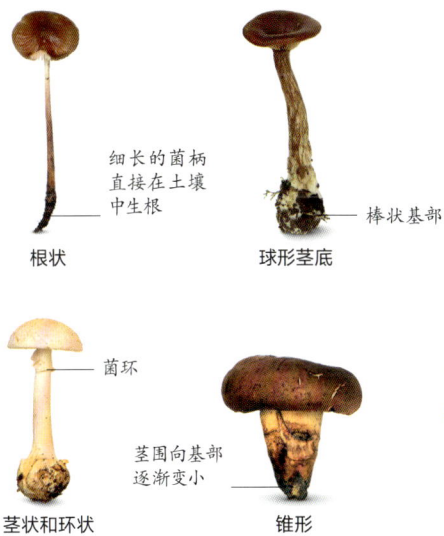

细长的菌柄直接在土壤中生根

根状

棒状基部

球形茎底

菌环

茎状和环状

茎围向基部逐渐变小

锥形

菌柄

凸起的疣是原始白色膜的残余物

菌环

菌托

剖面图

菌褶和菌孔

大多数（但不是所有）的有柄菌物的菌盖下面具有真正的菌褶或层状结构。孢子排列在菌褶的表面，准备扩散。菌褶的厚度、间距，以及它们与菌柄的连接方式，有助于物种鉴别。

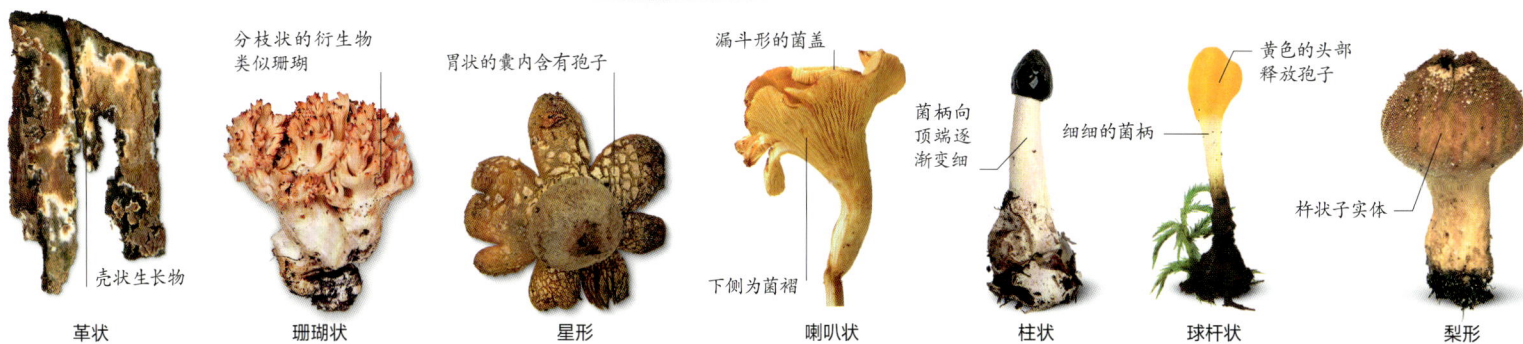

没有菌盖和菌褶附着的菌柄

紧密排列的平行菌褶

窄间隙

宽间隙的菌褶连接着菌柄

宽间隙

菌褶连接着菌柄

菌褶的长度不同

不等长

菌褶从菌盖延伸到菌柄

等长

非常宽的、分枝的、鳃状的气孔

菌盖下的小孔

分叉状

气孔状

壳状生长物

革状

分枝状的衍生物类似珊瑚

珊瑚状

胃状的囊内含有孢子

星形

漏斗形的菌盖

菌柄向顶端逐渐变细

下侧为菌褶

喇叭状

柱状

黄色的头部释放孢子

细细的菌柄

球杆状

杵状子实体

梨形

参见**环境化学**：第 212 页 ▶ **生物种类**：第 216—217 页 ▶ **医学史**：第 250—251 页 ▶ **当代医学**：第 252—253 页 ▶ **105**

动物界

目前，科学界已经描述了约 150 万种动物，也许还有数百万个新的物种有待发现。它们形成了一个由多细胞生物构成的生物界，有别于植物、菌物、原生生物、色藻、细菌和古生菌。动物的大小、形态和生活方式千差万别，它们有的生活在地球上一些最恶劣的环境中。

羽毛状的触肢会将食物困住并送到中央的嘴里

触肢也用于游泳或爬行

动物特性

动物是异养生物，这意味着它们通过消耗有机物质（包括其他有机体的组织）来获得生存所需的能量。除了极少数动物，其他动物都摄入氧气，大部分动物在生活史上的某个时刻都是进行有氧呼吸的。大多数动物通过产生卵子和精子来繁殖，但许多动物也可以无性繁殖。

虽然这颗羽毛星乍一看像一种植物，但它实际上是一种海百合，一种捕食性海洋动物

根状的卷毛会在白天隐藏，夜间觅食时，会将羽毛星固定在适当的位置

动物分类

根据共有特征对动物进行分级分类。

▼ **界**：以基本相似的方式工作的有机体的整体分支，如动物界。

▼ **门**：界的主要次级分划，包含一个或多个纲，如脊索动物门。

▼ **纲**：门的主要次级分划，包含一个或多个目，如哺乳动物纲（第 140 页）。

▼ **目**：纲的主要次级分划，包含一个或多个科，如食肉目（第 152 页）。

▼ **科**：目的次级分划，包含一个或多个属，如犬科（第 152 页）。

▼ **属**：科的次级分划，包含一个或多个种，如犬属。

▼ **种**：一群能交配并产生正常后代的相似个体，如灰狼（*Canis lupus*）（第 152 页）。

▼ **亚种**：与同一物种的其他群体有显著差异的一组个体，如家犬（*Canis lupus familiaris*）（第 153 页）。

▼ **品种**：一群由人类饲养的具有特定外观和特征的驯养动物，如拉布拉多犬。

动物的体形大小不一，有巨大的蓝鲸，也有肉眼几乎看不见的仙女蝇

微生物

微生物多为单细胞生物，分属不同界，其中许多有类似动物的异养特征；另一些则像植物一样，可以通过光合作用等制造自己所需的营养物质；还有一些则两种方式兼备。

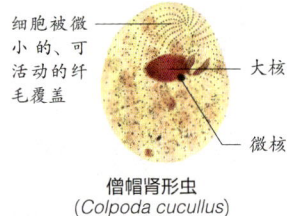

由硅质和藻类细胞壁残骸等构成的多刺壳

针棘匣壳虫
（*Centropyxis aculeata*）

1 根尾鞭毛随着身体摆动

4 根前鞭毛

白蚁鞭毛虫
（*Trichomonoides trypanoides*）

放射状脊骨融合成中心体

星状放射虫
（*Astrolithium* sp.）

细胞被微小的、可活动的纤毛覆盖

大核

微核

僧帽肾形虫
（*Colpoda cucullus*）

细胞摄取的绿藻

包在矿化壳中的细胞

深凹陷表壳虫
（*Arcella bathystoma*）

叶绿体

光敏眼点

绿眼虫
（*Euglena viridis*）

用来捕食的丝状伪足

硅质表面鳞片

鳞状丝足虫
（*Euglypha* sp.）

囊泡虫

囊泡虫最显著的特征是有一层支撑着细胞膜的扁平囊泡。纤毛虫和鞭毛虫都属于囊泡虫。

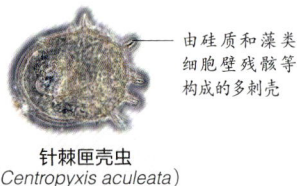

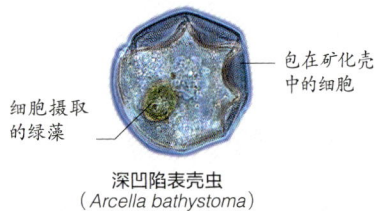

变形虫

广义的"变形虫"指能够延伸触手状伪足的各种裸露的和具有外壳的单细胞生物。

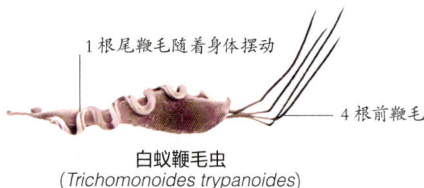

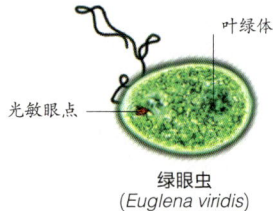

鞭毛虫

鞭毛虫是具有鞭状结构（鞭毛）的单细胞生物。鞭毛可以推动细胞在水中运动或产生摄食电流。

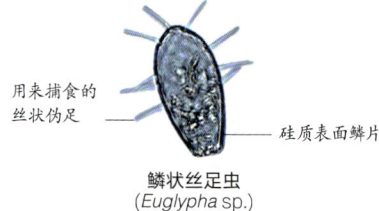

有孔虫

具有硅质玻璃状透明多孔外壳。一些有孔虫的壳是由方解石、沙子或有机物构成的。有些丝状虫也具有壳结构。

无脊椎动物

什么是无脊椎动物

无脊椎动物是由 30 多个动物门组成的松散多样的生物集合，包括地球上绝大多数的动物物种。这些动物没有脊索动物的脊椎骨。

动物种类

无脊椎动物是已知动物类群的主要组成部分，至今已经被描述的无脊椎动物超过 140 万种，而脊索动物约有 6.7 万种。

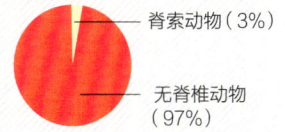

脊索动物（3%）

无脊椎动物（97%）

海绵动物

定栖的海绵动物既没有特化的器官，也没有循环系统、消化系统和神经系统。海绵里的微小鞭毛击打周围的水引起水流，形成连通的孔隙和通道，从而吸入外界的水，同时被困在这些狭小通道里的食物颗粒则会被通道里的细胞吞噬。

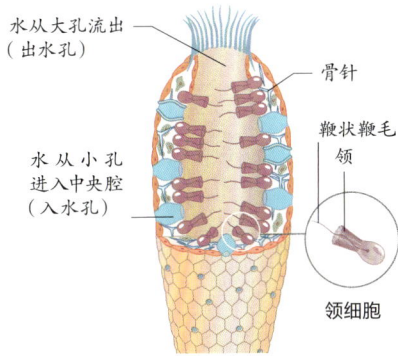

水从大孔流出（出水孔）

骨针

鞭状鞭毛领

水从小孔进入中央腔（入水孔）

领细胞

简单海绵动物身体系统

蠕虫

"蠕虫"是一个用来描述几种不同门类动物的词语，这些动物拥有柔软的、管状的身体。它们广泛分布于海洋、淡水和陆地生境，许多蠕虫是寄生性的。

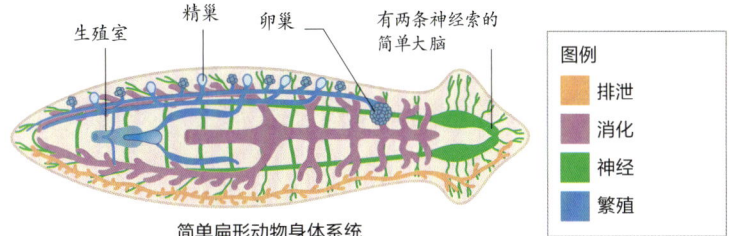

生殖室　　精巢　　卵巢　　有两条神经索的简单大脑

图例
- 排泄
- 消化
- 神经
- 繁殖

简单扁形动物身体系统

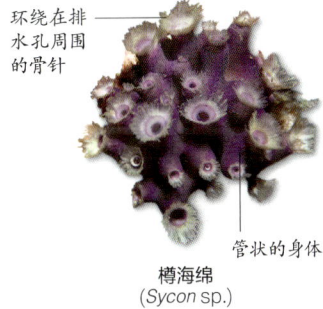

环绕在排水孔周围的骨针

管状的身体

槽海绵
(Sycon sp.)

钙质海绵

约有 650 种钙质海绵生活在相对较浅的水域。胶质体的海绵由碳酸钙构成的骨针支撑，每个骨针具有 3 个尖状辐射凸起。

由骨针组成的网格结构

黄色的茎

茎球海绵
(Bolosoma sp.)

玻璃海绵

玻璃海绵的骨骼由 4 个或 6 个硅质骨针组成，骨针融合在一起形成坚固的晶格。玻璃海绵遍布世界各地，一般比钙质海绵生活的水域更深。

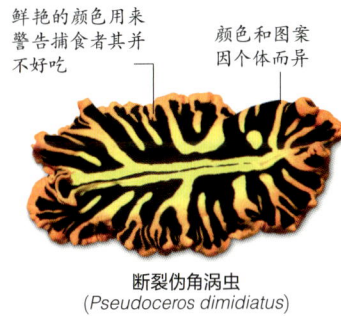

鲜艳的颜色用来警告捕食者其并不好吃

颜色和图案因个体而异

断裂伪角涡虫
(Pseudoceros dimidiatus)

扁形动物

扁形动物（包括涡虫、吸虫和绦虫）结构简单，没有呼吸和循环器官，神经系统简单。食物在只有一个开口的简单"袋子"里消化。

穿孔口器

坚硬的外角质层

旋毛虫
(Trichinella spiralis)

线形动物

线形动物又称线虫，是地球上分布最广、数量最丰富的动物。它们的长度从几微米到超过 100 厘米不等。其中 1/3 的已知物种的营养方式为寄生。

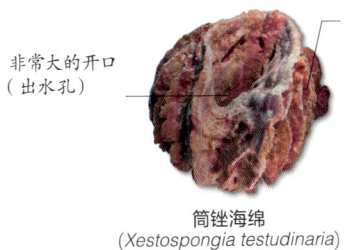

非常大的开口（出水孔）

深脊状的身体长达 2 米

由超过 30 根长管子组成

简锉海绵
(Xestospongia testudinaria)

寻常海绵

这是一个由 7000 多个物种组成的多样化群体，包括有硬壳的、丘状的、管状的等多种形态。绝大部分寻常海绵生活在海洋里，但也有约 150 种生活在微咸水或淡水里。

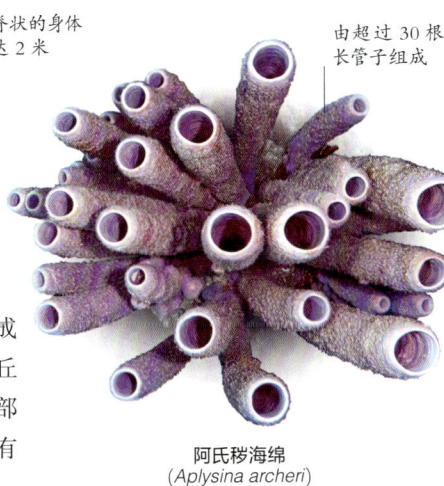

阿氏秽海绵
(Aplysina archeri)

环节动物

环节动物的身体由重复的体节构成。环节动物包括海洋中的沙蚕和管虫，陆地上的蚯蚓和水蛭。

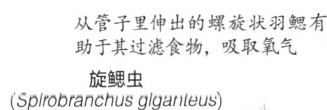

尾　　　　头

陆正蚓
(Lumbricus terrestris)

从管子里伸出的螺旋状羽鳃有助于其过滤食物，吸取氧气

旋鳃虫
(Spirobranchus giganteus)

以群体生活的硬珊瑚建造形成珊瑚礁
——世界上最大的生物结构

刺胞动物

这类简单的水生动物以独居或群居的方式生活。刺胞动物的外形是辐射对称的，其表皮上布满了用来捕捉猎物和自卫的刺细胞。有些刺胞动物的生命形态会在水母型和水螅型之间交替变换。

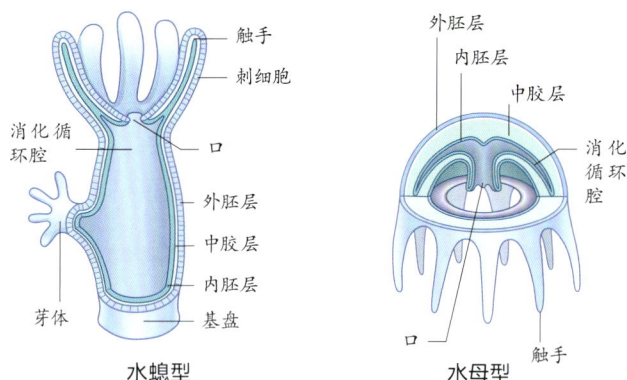

水螅型

水螅型是静态的，其通常附着在海底或其他基质上，呈放射状的触手可以将猎物引向中央朝上开的口里。

水母型

水母型如钟状，通常可以自由游动。它们的触手用来捕捉猎物，口位于底部中心。

海葵和珊瑚

珊瑚纲的动物均生活在海中，包括海葵和软、硬珊瑚。珊瑚群能够分泌构成珊瑚礁的石质基质，对保护生物多样性有促进作用。海葵以浮游幼虫的形态移动，之后定居并蜕变为固着珊瑚。大多数海葵既可以进行有性繁殖，也可以通过出芽进行无性繁殖。

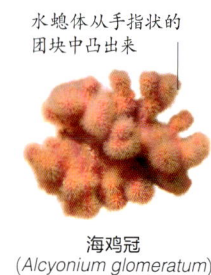

公主海葵
(Heteractis magnifica)

海鸡冠
(Alcyonium glomeratum)

海扇
(Gorgonia ventalina)

橘色海鳃
(Ptilosarcus gurneyi)

脑叶状珊瑚
(Lobophyllia sp.)

软体动物

这是一个物种数量多达11万种的庞大类群，生活在海洋、淡水区域及陆地。绝大多数软体动物都有一个或多个由碳酸钙和蛋白质构成的保护性外壳。少数如蛞蝓和头足类动物，它们的壳要么缩小了，要么缺失了，要么在体内。

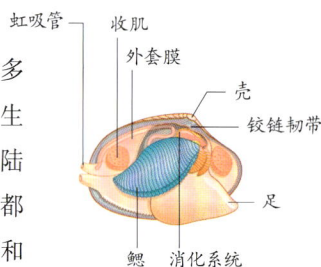

双壳类

双壳类的贝壳由两片壳片组成，以一个柔性铰链连接在一起，通过内收肌实现贝壳打开或关闭。

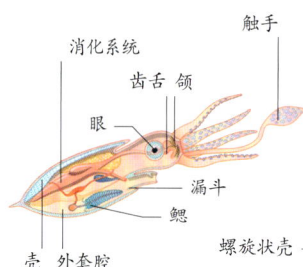

头足类

头足类动物中只有鹦鹉螺保留了外壳。鱿鱼、乌贼和章鱼的壳则在体内蜕化或消失了。

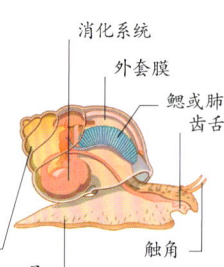

腹足类

所有的现代腹足类动物都是由一个共同的祖先进化来的，其只有一个壳和一只肌肉发达的足。

头足类

头足类动物是一类有触手的、活动灵敏的、可以变色的软体动物，大王酸浆鱿就是其中之一，它是世界上最大的无脊椎动物，长达13米。头足类动物属食肉动物，以捕食其他海洋动物为生。

双壳类

双壳类动物是完全水生的滤食性动物，生活史中有浮游幼虫阶段。大多数物种成年后都会定栖生活，通过产生足丝附着在岩石或硬物的表面。少数双壳类动物，如扇贝，它们可以凭借迅速开合自身的贝壳游动。

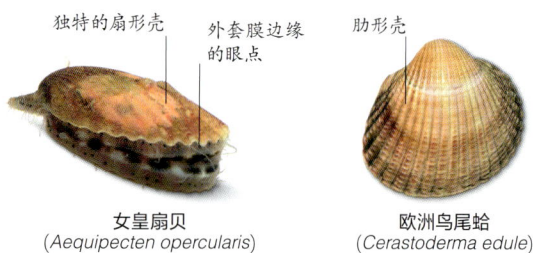

大砗磲
(Tridacna gigas)

女皇扇贝
(Aequipecten opercularis)

欧洲鸟尾蛤
(Cerastoderma edule)

西非樱蛤
(Peronaea madagascariensis)

贻贝
(Mytilus edulis)

◀ 参见洋流、海浪和潮汐：第67页

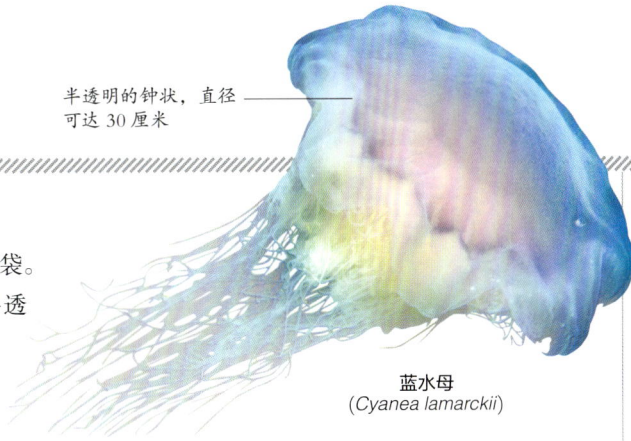

半透明的钟状，直径
可达 30 厘米

水母

钵水母口在中央，直通 4 个胃袋。
水母体的外皮层和内胃层间有一层透
明的胶状物，叫作中胶层。

蓝水母
(*Cyanea lamarckii*)

水母如何游动

水母利用环绕钟形身体的肌肉纤维（冠状肌）游动。
与其他刺胞动物一样，水母没有大脑，但简单的感觉器官
使它们能够对光和重力做出反应，许多种类的水母在夜间
会游到水面觅食，白天则会沉到深水区。

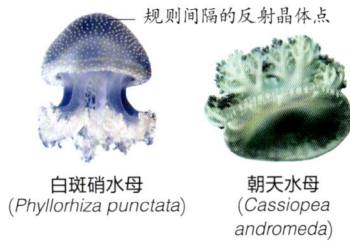

规则间隔的反射晶体点

白斑硝水母
(*Phyllorhiza punctata*)

朝天水母
(*Cassiopea andromeda*)

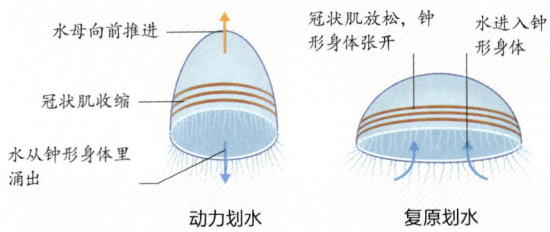

水母向前推进

冠状肌收缩

水从钟形身体里
涌出

动力划水

冠状肌放松，钟
形身体张开

水进入钟
形身体

复原划水

海月水母
(*Aurelia aurita*)

水螅

大部分水螅纲动物的生命形态包括水螅型和水母
型，形成世代交替。绝大多数水螅纲动物为群居动物，
每个群体由数十个到上千个水螅体组成。僧帽水母是
一种由 4 种不同水螅体组成的群体，但它们给人的印象
是一种较为复杂的动物单体。

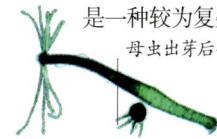

母虫出芽后代

普通水螅
(*Hydra vulgaris*)

分枝群落
顶端

火焰多孔螅
(*Millepora* sp.)

分枝茎尖上的
水螅体

红心筒螅
(*Tubularia* sp.)

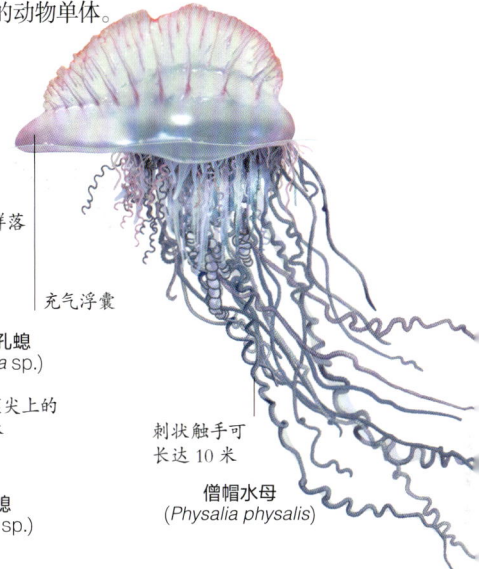

充气浮囊

刺状触手可
长达 10 米

僧帽水母
(*Physalia physalis*)

动
物

腹足类

腹足纲动物是目前统计的软体动物中数量最多的
一类，包括人们庭院里常见的蛞蝓、蜗牛。有些腹足
纲动物是优雅的游泳者，有些是行动缓慢的草食动物，
而锥螺则能向猎物发射含有麻痹性神经毒素的物质。

带小室的、有浮
力的外壳

鹦鹉螺
(*Nautilus pompilius*)

8 条腕和 2 条触手
与头部相连

普通乌贼
(*Sepia officinalis*)

鲜艳的警戒色

大蓝环章鱼
(*Hapalochlaena lunulata*)

一只真蛸体内约有 5 亿个神经元，
其中大部分分布在它的腕上

凸出且机敏的眼睛

真蛸
(*Octopus vulgaris*)

杯状吸盘上有味
觉和触觉器官

皮肤可以改变颜色
或质地

光滑的外壳

黑星宝螺
(*Cypraea tigris*)

喇叭口状的壳

女王凤螺
(*Lobatus gigas*)

其眼睛在第一对触角
的顶端

罗马蜗牛
(*Helix pomatia*)

两对感官触角

福寿螺
(*Ampullariidae*)

呼吸孔

庭院蛞蝓
(*Arion distinctus*)

用来呼吸的鳃
裸露在外

触角（嗅角）
对触碰和化学
物质敏感

外套膜

安娜多彩海蛞蝓
(*Chromodoris annae*)

参见**无脊椎动物**：第 159 页 ▶ **生殖**：第 226—227 页 ▶

» 无脊椎动物（续）

棘皮动物

棘皮动物成年后呈五辐对称结构。所有棘皮动物都有一个碳酸钙质的介壳，大部分有可活动的棘刺。棘皮动物没有大脑，其通过水管系统连接液压管足来移动、进食和呼吸。

海胆

成年的海胆身体是很坚固的，其表面多刺，整体呈球状或盘状，身体由带有微小穿孔的骨片支撑，管足通过小孔向外伸出。它们用由 5 个颌骨组成的咀嚼器进食，这个结构又称"亚里士多德提灯"。

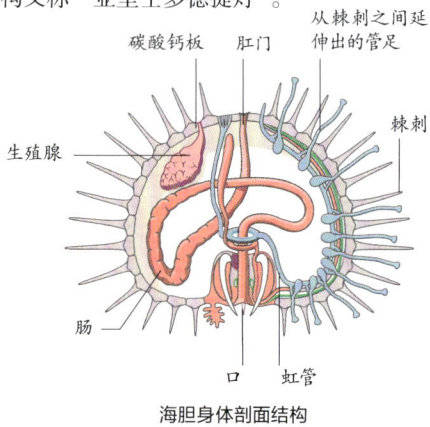

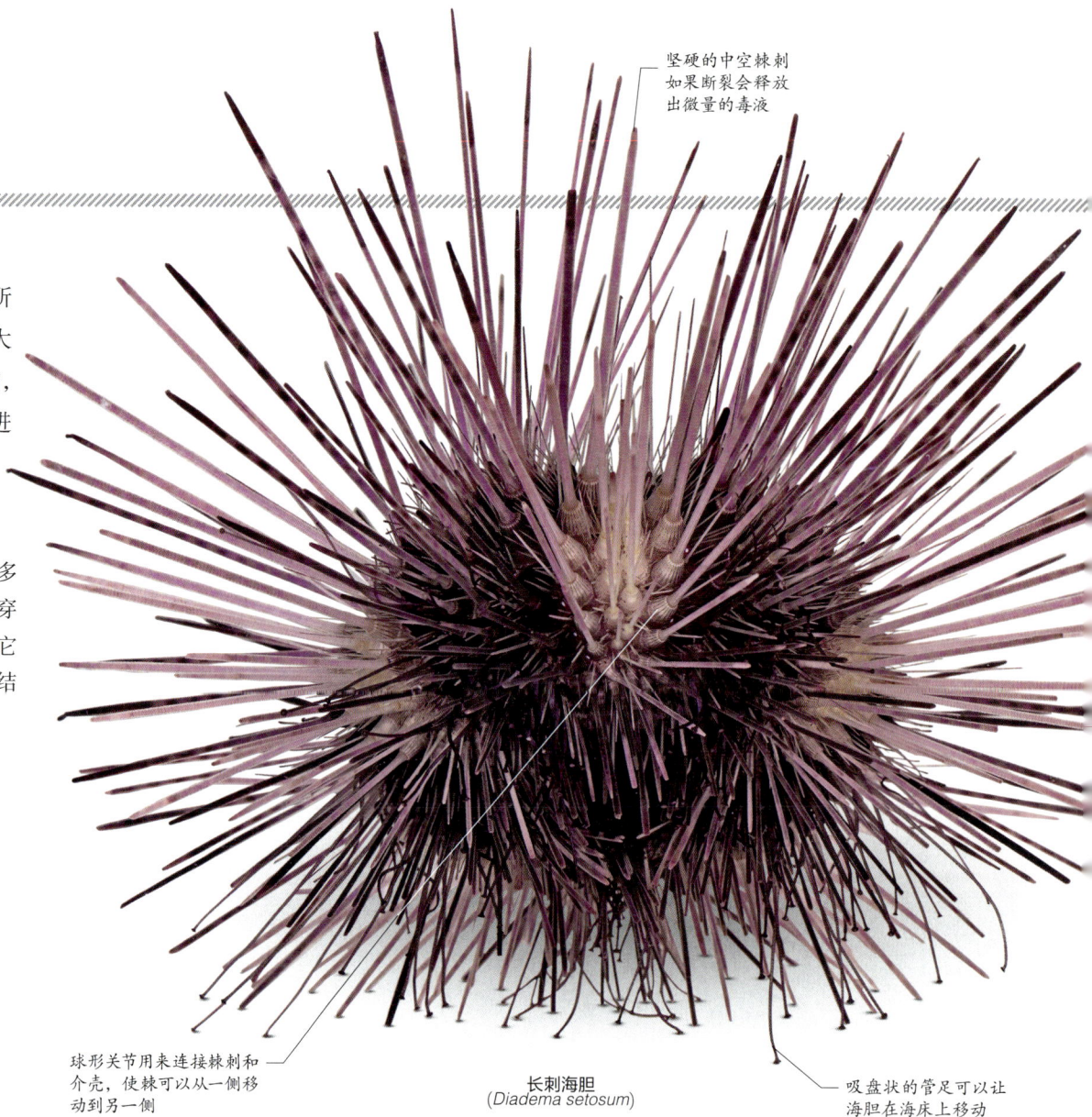

坚硬的中空棘刺如果断裂会释放出微量的毒液

从棘刺之间延伸出的管足

碳酸钙板　肛门

生殖腺

棘刺

肠

口　虹管

海胆身体剖面结构

球形关节用来连接棘刺和介壳，使棘可以从一侧移动到另一侧

长刺海胆
(*Diadema setosum*)

吸盘状的管足可以让海胆在海床上移动

海蛇尾

海蛇尾看起来很像瘦长的、极度活跃的海星，它们的腕很灵活，有利于在开阔的水域爬行、攀爬甚至游动。与海星一样，海蛇尾的腕如果断了也可以再生。

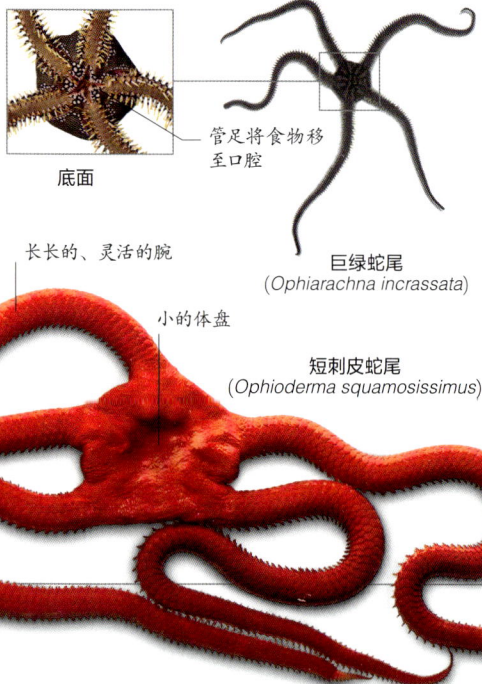

管足将食物移至口腔

底面

长长的、灵活的腕

小的体盘

巨绿蛇尾
(*Ophiarachna incrassata*)

短刺皮蛇尾
(*Ophioderma squamosissimus*)

海星

从滩涂到海底，都有海星的踪迹。大多数海星有 5 条腕，但也有一些种类的海星有 5 条以上的腕。它们的口和管足位于底部的凹槽中。大多数海星是食肉动物，可以用管足打开双壳类动物的壳。

短腕

红皮包海星
(*Porania pulvillus*)

有 7~13 条腕

英德太阳海星
(*Solaster endeca*)

拉长的腕

表面平滑、无棘刺

蓝指海星
(*Linckia laevigata*)

锋利的、有轻微毒性的棘刺

长棘海星
(*Acanthaster planci*)

海参

拉长的身体使得海参有前端和后端之分，但五辐射对称的特征在大多数物种身上仍然非常明显，具体表现在摄食触角的排列及沿身体分布的成排管足上。

嘴周围有一圈分支的摄食触手

5 排管足中的 1 排

海苹果
(*Pseudocolochirus violaceus*)

棘刺状凸起

黄海参
(*Colochirus robustus*)

8 只羽毛状的摄食触手伸入水流

◂ 参见动物界：第 106 页

全世界此时有 1000000000000000000 只昆虫生活在地球上

灵活的介壳使海胆能够钻进裂缝

变异囊海胆
(*Asthenosoma varium*)

口位于前端

独特的"心"形

心形海胆
(*Echinocardium cordatum*)

钝而坚硬的棘刺

直径达 15 厘米的球形介壳

石笔海胆
(*Heterocentrotus mamillatus*)

海百合

海百合的口面向上，它们的 5 条腕上有许多分支。它们的形态有两种：有柄的海百合和无柄的羽星。

张开腕进食

美丽羽星
(*Cenometra emendatrix*)

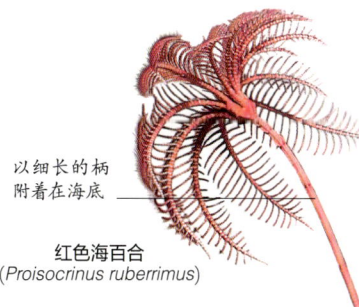

以细长的柄附着在海底

红色海百合
(*Proisocrinus ruberrimus*)

节肢动物

节肢动物门的动物种类和数量约占已知动物物种的 80%。节肢动物的特征是：两侧对称，身体分区，附肢分节，具有外骨骼。它们能适应各种各样的栖息环境。

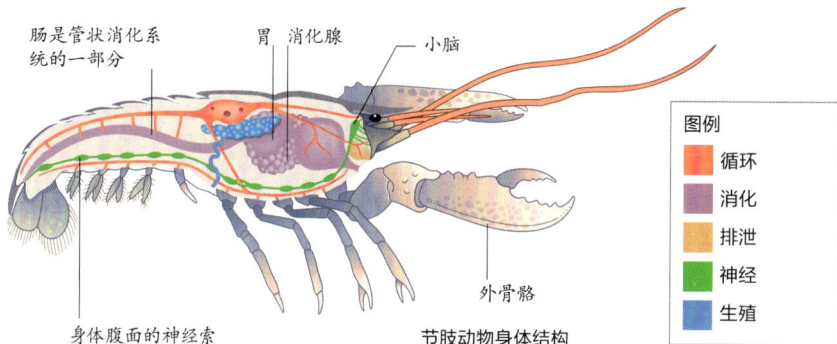

肠是管状消化系统的一部分　胃　消化腺　小脑

身体腹面的神经索

外骨骼

节肢动物身体结构

图例
- 循环
- 消化
- 排泄
- 神经
- 生殖

昆虫

可以说 10 种节肢动物中有 9 种是昆虫。它们有 6 条腿，身体分为 3 个部分：头部、胸部和腹部。它们是唯一能够进行动力飞行的无脊椎动物类群。

昆虫外骨骼

轻巧、坚硬的外骨骼为昆虫提供了巨大的保护作用。成年昆虫通过开口呼吸。

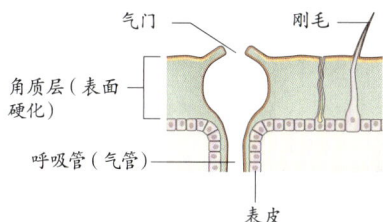

气门　刚毛

角质层（表面硬化）

呼吸管（气管）

表皮

胸

休息时，前翅会部分覆盖后翅

腹

头顶上的单眼

头

气门

可移动的分段触角可以探测空气中的气味

复眼

有些蜜蜂后腿上有花粉篮

用来切割和咀嚼的口器

第四腿段（胫节）

第三腿段（股节）

爪

第五腿段（跗节）

足（跗节）

意大利蜜蜂
(*Apis mellifera*)

变态发育

大多数昆虫都会经历从幼虫到成虫的变态发育过程。完全变态发育是其中的一种，幼虫的身体在蛹的阶段经过液化重塑为成虫。

帝王蝶的幼虫附着在绢垫上，绢垫被纺好并附着在细树枝上

蛹通过蠕动脱掉旧皮

旧的外皮脱落，露出绿色的蛹

在重塑成蝶的过程中，其外面的壳能够保护自己

❶ 准备化蛹　　❷ 蛹露出　　❸ 蛹　　❹ 变态

翅膀纹路明显

蛹在 9～10 天后变黑，蝴蝶的身体也变黑

柔软的、皱巴巴的翅膀

蝴蝶在靠近蛹底部的裂口处用力

当液体从身体泵入翅脉，翅膀张开成合适的形状

胖胖的、沾满液体的身体

纤瘦的身体

坚硬且干燥的翅膀

❺ 一切就绪　　❻ 蛹裂　　❼ 变形　　❽ 翅膀展开　　❾ 展翅高飞

参见无脊椎动物：第 112—113 页 ▶　甲壳类动物 / 蛛形类：第 114—115 页 ▶

昆虫目

　　昆虫的物种数量比任何其他类别的物种都多。目前已命名的昆虫超过 100 万种，但科学家认为还有数百万种尚未被发现。根据它们共有的特征，昆虫被归类为不同的目。从简单的无翅昆虫，如衣鱼、寄生虱和跳蚤，到高度社会化的蜜蜂、黄蜂和蚂蚁，这些是世界上最先进的昆虫，昆虫的多样性非常广泛。

大小

　　谁能荣获世界上最大的飞行昆虫这一奖项，取决于裁判测量的是昆虫的身体长度还是翼展，而雄性长戟大兜虫的身体总长比人类的手还要长。相比之下，世界上最小的飞行昆虫仙女蝇（寄生蜂类）非常小，甚至可以放在一个句号标点内，其雄性甚至比雌性还小，但没有翅膀。

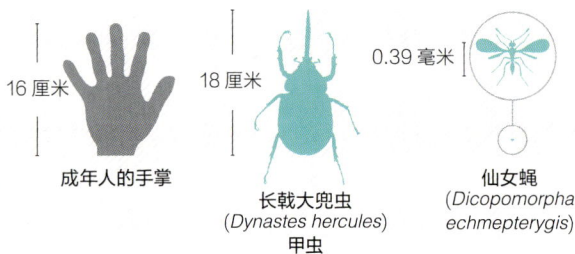

16 厘米
成年人的手掌

18 厘米
长戟大兜虫
(*Dynastes hercules*)
甲虫

0.39 毫米
仙女蝇
(*Dicopomorpha echmepterygis*)

透明、狭窄的翅膀折叠在身体上方

长而扁平的身体

台湾衣鱼
(*Lepisma saccharina*)
衣鱼科

直立的三角形大前翅

欧蜉
(*Ephemera danica*)
蜉蝣科

腹钳

普通蠼螋
(*Forficula auricularia*)
蠼螋科

后腿强壮，适于跳跃和起飞

褐色雏蝗
(*Chorthippus brunneus*)
剑角蝗科

鲜艳的颜色表明这是一只雄性

多刺的后腿抬起后可进行防御

新西兰沙螽
(*Deinacrida rugosa*)
剑角蝗科

革质的、扁平的椭圆形身体

美洲大蠊
(*Periplaneta americana*)
蜚蠊科

深色的繁殖蚁

美古白蚁
(*Zootermopsis angusticollis*)
原白蚁科

长长的腹部

非常大的复眼

大而多刺的前腿适于捕捉猎物

薄翅螳
(*Mantis religiosa*)
螳螂科

腹部和胸部扁平，呈叶状

巨叶䗛
(*Phyllium giganteum*)
叶䗛科

休息时翅膀伸出

平原春蜓
(*Gomphus externus*)
春蜓科

天蓝细蟌
(*Coenagrion puella*)
细蟌科

扁平的梨形身体

头虱
(*Pediculus humanus capitis*)
虱科

前翅比后翅大

瘤头蜡蝉
(*Phrictus quinquepartitus*)
蜡蝉科

凸出的眼睛

喜马拉雅秋蝉
(*Pycna repanda*)
蝉科

盾形

欧洲白桦盾虫
(*Elasmostethus interstinctus*)
蜷科

长长的线状触角

欧洲泥蛉
(*Sialis lutaria*)
泥蛉科

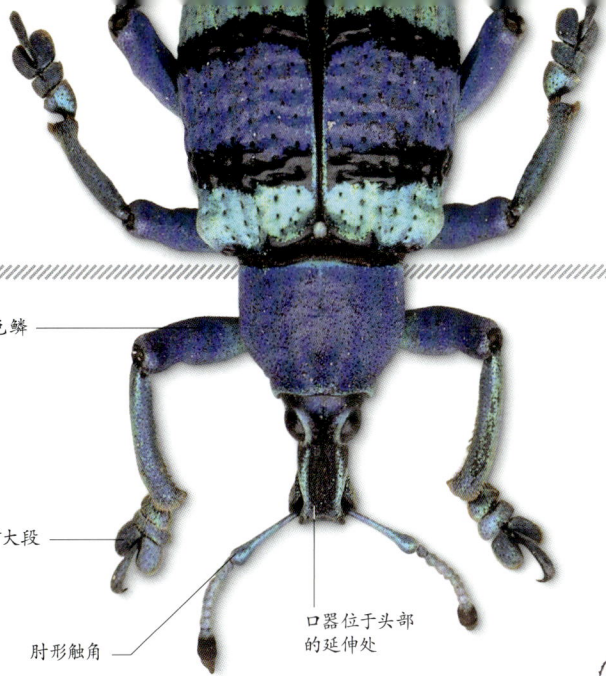

棒状触角

地中海蚁蛉
(*Palpares libelluloides*)
蚁蛉科

休息时，网纹状的翅膀覆盖在身体上

普通草蛉
(*Chrysoperla carnea*)
草蛉科

腿和身体上微小的彩虹色鳞片呈现出明亮的蓝色

蹠节扩大段

肘形触角

口器位于头部的延伸处

林氏印尼象甲
(*Eupholus linnei*)
象甲科

坚韧的前翅像外壳一样覆盖在后翅上

非洲巨花金龟
(*Goliathus cacicus*)
花金龟科

膜质的后翅只在飞行中伸展

大栗鳃金龟
(*Melolontha melolontha*)
鳃金龟科

鲜艳的颜色可以威慑捕食者

七星瓢虫
(*Coccinella septempunctata*)
瓢虫科

增大的下腭用来同其他雄性争夺雌性

欧洲深山锹形虫
(*Lucanus cervus*)
锹甲科

细长的颈用来卷叶子或打架

长颈卷叶象甲
(*Trachelophorus giraffa*)
卷象科

体侧扁平，无翅

猫栉首蚤
(*Ctenocephalides felis*)
蚤科

一对翅

黄颜食蚜蝇
(*Syrphus ribesii*)
食蚜蝇科

凸出的红色复眼

家蝇
(*Musca domestica*)
蝇科

长长的口器

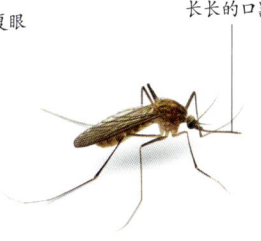

库蚊
(*Culex pipiens*)
蚊科

休息时翅膀展开

红天蛾
(*Deilephila elpenor*)
天蛾科

羽状触角

月形天蚕蛾
(*Actias luna*)
大蚕蛾科

丰满的、毛茸茸的身体

豹灯蛾
(*Arctia caja*)
灯蛾科

休息时翅膀折合

猫头鹰蝴蝶
(*Caligo eurilochus*)
蛱蝶科

色彩斑斓的上翼面

亚历山大鸟翼凤蝶
(*Ornithoptera alexandrae*)
凤蝶科

胸部和腹部多毛

翅膀和身体上覆盖着微小的重叠鳞片

孔雀蛱蝶
(*Aglais io*)
蛱蝶科

咀嚼式口器

红褐林蚁
(*Formica rufa*)
蚁科

细腰

普通黄胡蜂
(*Vespula vulgaris*)
胡蜂科

飞翔时，两对翅由小钩子连接在一起

结实的身体

熊蜂
(*Bombus pascuorum*)
蜜蜂科

参见无脊椎动物：第 159 页 ▶

113

>> 无脊椎动物（续）

甲壳类动物

甲壳类动物因其具有支撑和保护作用的外骨骼而得名。其种类繁多，包括微小的浮游生物和腿跨度达 4 米的蜘蛛蟹。其中大多数物种是水生的。

2 个分支触角

柄复眼

头部与胸部融合在一起（头胸部）

长而硬的触角

用于切割的大而锋利的可动指

用于压碎的较大的不可动指

腹部末端扁平的尾扇

普通龙虾
(*Homarus gammarus*)

蟹类及其近亲

超过一半的甲壳类动物为螃蟹、龙虾、虾或水蚤。它们的身体可分为 20 个（有的是 21 个）部分，以适应游动、爬行及在水中或陆地上穴居等各种生活方式。

8 条腿中的 1 条

扁平的身体

尖脑袋

鼠妇
(*Oniscus asellus*)

箭蟹
(*Stenorhynchus debilis*)

二手房

寄居蟹有 1000 多种，其腹部柔软卷曲，它们通常生活在软体动物的壳中，以此来保护自己。随着身体的长大，它们每隔一段时间就要去掉旧壳，换个更大的壳，以确保身体被全部覆盖。对空壳的竞争可能非常激烈。

椭圆形外壳可以保护头部和胸部

雄性有一只大螯

弹簧式棍状步足折叠在身体下方

普通黄道蟹
(*Cancer pagurus*)

凹指招潮蟹
(*Uca vocans*)

雀尾螳螂虾
(*Odontodactylus scyllarus*)

大螯挡住了贝壳的入口

前 3 对腿有爪子

多毛的身体和腿

透明的身体

西伯利斯陆寄居蟹
(*Coenobita clypeatus*)

白螯虾
(*Austropotamobius pallipes*)

红毛猩猩虾
(*Lauriea sigiani*)

锯齿长臂虾
(*Palaemon serratus*)

藤壶和桡足类

颚足纲是一类特化的小型水生甲壳类动物。成年藤壶可以倒挂在一个基质上，用它们布满刚毛的腿自由捕食。桡足类中有丰富的浮游动物，但约一半物种是寄生的。

头部与胸部融合

敏感的羽状蔓足可以过滤浮游生物

附在柔性杆上的主体

全长 0.8 ~ 1.6 毫米

钙质板保护壳

低潮时顶板关闭，防止身体变干

二刺剑水蚤
(*Cyclops bicuspidatus*)

普通藤壶
(*Semibalanus balanoides*)

鹅颈藤壶
(*Lepas anatifera*)

◄ 参见洋流、海浪和潮汐：第 67 页　◄ 节肢动物：第 111 页

蛛形类

蛛形纲动物的身体都分为两个主体部分：头胸部、腹部和 4 对腿。附肢被称为螯和足爪，具有感觉、进食、生殖和防御等功能。蜘蛛纲动物包括常见的蜘蛛、蝎子、盲蛛、螨和蜱等。

蛛丝是一种富有弹性的蛋白质，其抗拉强度大于钢

触须

大毒牙（螯肢）

腿上长满了触感毛

大而多毛的身体

墨西哥红膝蛛
(*Brachypelma smithi*)

1 排 4 只大眼睛

弓拱猎蛛
(*Evarcha arcuata*)

毒螯可向猎物喷射黏稠的有毒液体

胸斑花皮蛛
(*Scytodes thoracica*)

蜘蛛

分类学家所描述的 46000 多种蜘蛛中，除了 1 种，其他都是捕食性的，许多雌性蜘蛛会吃掉它们的配偶。

制作蛛网陷阱

蜘蛛从腹部腺体中挤出蛛丝，并利用附肢纺丝。蜘蛛可以用分泌的沾满黏液的蛛丝诱捕路过的昆虫。

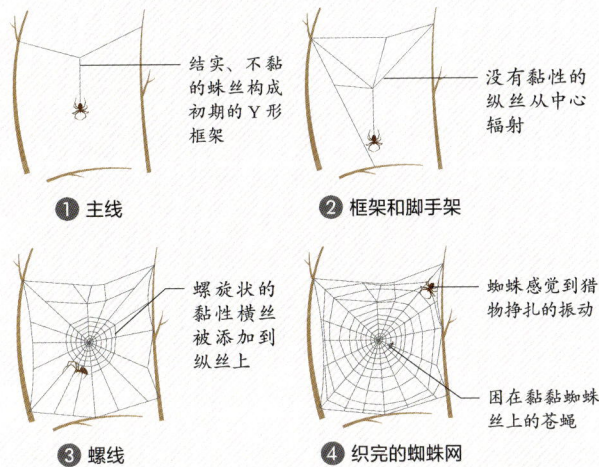

结实、不黏的蛛丝构成初期的 Y 形框架

没有黏性的纵丝从中心辐射

① 主线

② 框架和脚手架

螺旋状的黏性横丝被添加到纵丝上

蜘蛛感觉到猎物挣扎的振动

③ 螺线

因在黏黏蜘蛛丝上的苍蝇

④ 织完的蜘蛛网

扁平的身体

8 只眼睛

白额巨蟹蛛
(*Heteropoda venatoria*)

雄性的红色腹部带有黑色斑点

体长约 1 厘米

科氏隆头蛛
(*Eresus kollari*)

细腿

圆腹

红背蜘蛛
(*Latrodectus hasseltii*)

腹部的角突

乳头蜘蛛
(*Gasteracantha cancriformis*)

等待猎物时，颜色变成花一样的黄色

秋麒麟蟹蛛
(*Misumena vatia*)

前腿置于水面，以感应猎物的振动

水涯狡蛛
(*Dolomedes fimbriatus*)

蝎子及其近亲

蝎子的触须进化成了钳子。上翘的长尾巴顶端有毒刺，用于狩猎和防御。鞭蝎的尾巴呈鞭状、无刺；伪蝎的尾部呈球茎状。

平均长度 20 厘米

钳肢

帝王蝎
(*Pandinus imperator*)

利比亚金蝎的毒液对人类来说非常危险

位于粗尾末端的毒刺

头顶上的一双眼睛

可移动的可动指紧握固定的不可动指

钳肢抓住猎物，然后用毒刺螫刺

非洲肥尾蝎
(*Androctonus amoreuxi*)

足爪（跗节）

身长 2 毫米

有毒的钳子（触须）

宽头土伪蝎
(*Chthonius ischnocheles*)

腹部腺体可分泌酸性物质用来防御

强壮的钳子（触须）挖洞

巨鞭蝎
(*Mastigoproctus giganteus*)

参见**无脊椎动物**: 第 159 页 ▶ **115**

鱼类

什么是鱼

最早的脊椎动物与鱼类相似，但"鱼"是一个由 33000 多种水生动物组成的动物类群，这些动物有不同的祖先，但都有被脑壳（头骨）包裹的脑，大部分是脊椎动物，可分为硬骨鱼（骨骼由硬骨构成）、软骨鱼（骨骼由软骨构成），以及原始的无颌鱼。大部分鱼是冷血动物，只能生活在水中，有鳞片，用鳃呼吸。

第二背鳍　侧线　第一背鳍

鼻孔

眼

尾鳍

臀鳍　鳞片　鳃盖

腹鳍　胸鳍　口

金鲈
(*Perca flavescens*)

鱼是怎样呼吸的

大多数鱼通过鳃获得氧气。水通过口吸入进入鳃。富含血液的鳃丝吸收氧气，并将其通过血液循环输送到全身。同时，血液中的二氧化碳被排出到水中。

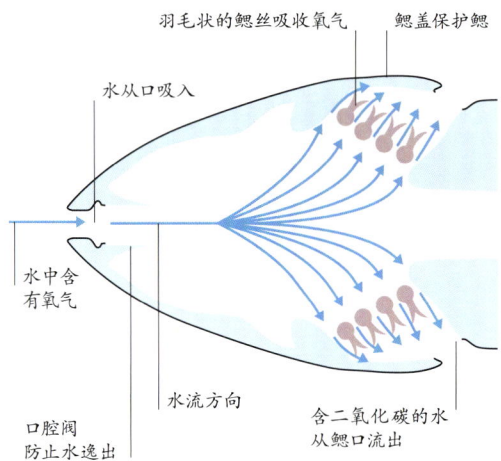

羽毛状的鳃丝吸收氧气　鳃盖保护鳃

水从口吸入

水中含有氧气

水流方向

口腔阀防止水逸出

含二氧化碳的水从鳃口流出

探测活动

鱼类用来导航的器官称为侧线。侧线分布于鱼的头部和身体两侧，侧线管内含有神经丘，能够将水压的细微变化转化为电流脉冲，提醒鱼类躲避捕食者。

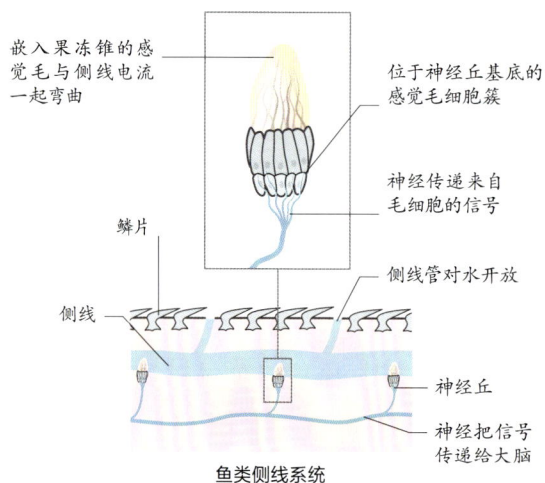

嵌入果冻锥的感觉毛与侧线电流一起弯曲

位于神经丘基底的感觉毛细胞簇

神经传递来自毛细胞的信号

鳞片

侧线

侧线管对水开放

神经丘

神经把信号传递给大脑

鱼类侧线系统

鱼是怎样游动的

大多数鱼在水中游动时，会在鳍的辅助下摆动尾巴、弯曲身体。水对鱼身的侧向阻力和鱼身、鱼尾的反作用力使鱼向前和侧向运动。当尾巴和身体向相反的方向运动时，两个侧向力相互抵消，两个向前的力结合产生向前的动力，推动鱼向前移动。

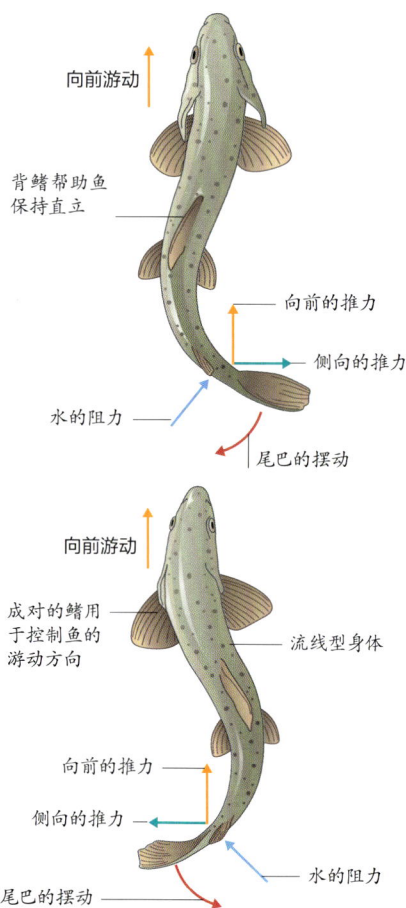

向前游动

背鳍帮助鱼保持直立

向前的推力

侧向的推力

水的阻力

尾巴的摆动

向前游动

成对的鳍用于控制鱼的游动方向

流线型身体

向前的推力

侧向的推力

水的阻力

尾巴的摆动

无颌鱼

七鳃鳗和盲鳗都没有可以咬合的颌、成对的鳍、鳞片和胃。虽然盲鳗有一个简单的、柔软的脑壳，但它们没有脊椎，所以不是真正的脊椎动物。

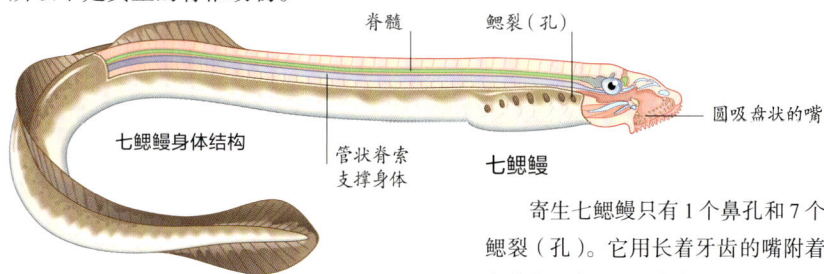

脊髓　鳃裂（孔）

七鳃鳗身体结构

管状脊索支撑身体

圆吸盘状的嘴

七鳃鳗

寄生七鳃鳗只有 1 个鼻孔和 7 个鳃裂（孔）。它用长着牙齿的嘴附着在其他鱼身上，喝食寄主的血。

桨状的尾巴

3 对感觉触须

后指齿

盲鳗

栖息在海底的盲鳗以靠嗅觉和感觉触须发现的死亡或濒死的鱼为食。它们通过将自己从头到尾打成"结"来刮除身体上的防御黏液。

大西洋盲鳗
(*Myxine glutinosa*)

软骨鱼

与硬骨鱼不同，鲨鱼和鳐鱼等软骨鱼类的骨骼是由软骨构成的。它们暴露在外的鳃没有像硬骨鱼那样受到保护。一些底栖物种通过呼吸孔（头顶上方眼睛后面的呼吸孔）及鳃进行呼吸。软骨鱼有小而硬的板状鳞片或小齿（微小的齿状鳞片，背面有倒刺），不对称的尾鳍，并通过体内受精繁殖。

牙齿

软骨鱼的牙齿体现了它们的食性。鳐鱼用扁平牙齿来压碎软体动物的壳，而鲨鱼则需要尖利的牙齿和有锯齿的牙齿来咬碎或撕碎肉。

头骨可以保护大脑

眼睛位于头骨的杯状结构中，这一结构被称为眼眶

软骨杆支撑鳍

口的第一排约有50颗锯齿状的牙齿，还有250颗正在发育中

大而有力的下颌

鳃弓可以保持鳃裂是打开的

柔韧的脊柱由约180根椎骨组成，以保护脊髓

辅助胸鳍运动和摄食的胸带

鲨鱼骨架

颌骨

扁平的、紧密相连的牙齿

锯齿状边缘

尖端

研磨型

切割型

锯齿型

一条大白鲨一生可以长出 20000 颗牙齿

繁殖

与大多数体外受精的硬骨鱼不同，软骨鱼通常要么生下活的幼鱼，要么生下被卵鞘包裹的受精卵。

保护性的革质卵壳

猫鲨卵8～9个月孵化

缠绕在海藻上的卷须保证了受精卵的安全

猫鲨幼鱼

孵化中的猫鲨卵

感应电场

有电感受能力的身体结构——用于感应电场变化——在鲨鱼和鳐鱼体内高度发达。集中在鲨鱼头部的被称为罗伦氏壶腹的结构，能感应肌肉运动产生的微小电场，每当猎物移动时，就会提醒鲨鱼。

管底感觉细胞

神经向大脑发送信号

脑

罗伦氏壶腹

猎物肌肉产生的电场

皮肤外孔

凝胶充填管

神经

鲨鱼

孔

鲨鱼能探测到十亿分之一伏特的电信号变化

参见分类：第158页 ▶ 鱼类分类：第160页 ▶ 生物种类：第217页 ▶

≫ 鱼类（续）

鲨类

作为地球早期的脊椎动物捕食者，鲨鱼出现在 4 亿年前。如今有超过 500 种鲨鱼，几乎存在于每个海洋栖息地。所有鲨鱼都有牙齿，除了 1 种外均为食肉动物。最小的鲨鱼体长不到 30 厘米，最大的是鲸鲨。

鲸鲨

世界上最大的鱼——鲸鲨可长达 20 米，但平均长约 12 米。它不具攻击性，以浮游生物为食（第 67 页）。

背脊

侧面有 3 条凸出的脊

每条鲸鲨都有独特的斑点和条纹

进入口的海水从大鳃裂中排出

大胸鳍用来稳定鱼体和提供升力

张大嘴巴吸入含有浮游生物的海水

鲸鲨
(*Rhincodon typus*)

锤头侧面的眼睛能提供全方位的视野

背鳍

三角背鳍

大的三角形锯齿

双髻鲨
(*Sphyrna lewini*)

灰六鳃鲨
(*Hexanchus griseus*)

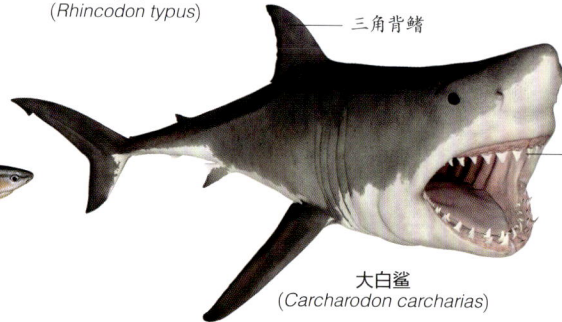

大白鲨
(*Carcharodon carcharias*)

眼脊

尾鳍背叶大于尾鳍腹叶

像猫一样的大眼睛

宽大的翼状胸鳍表明其属于扁鲨科

长长的身体形似鳗鱼

"褶边"鳃裂形成"领"形

佛氏虎鲨
(*Heterodontus francisci*)

小斑猫鲨
(*Scyliorhinus canicula*)

杜氏扁鲨
(*Squatina dumeril*)

皱鳃鲨
(*Chlamydoselachus anguineus*)

鳐类

鳐类用扩大的胸鳍推动它们扁平的身体，许多鳐类在海底休息时通过头部的呼吸孔呼吸。有些种类的鳐鱼具有有毒的尾刺，还有些物种则会从头部器官发出电击。

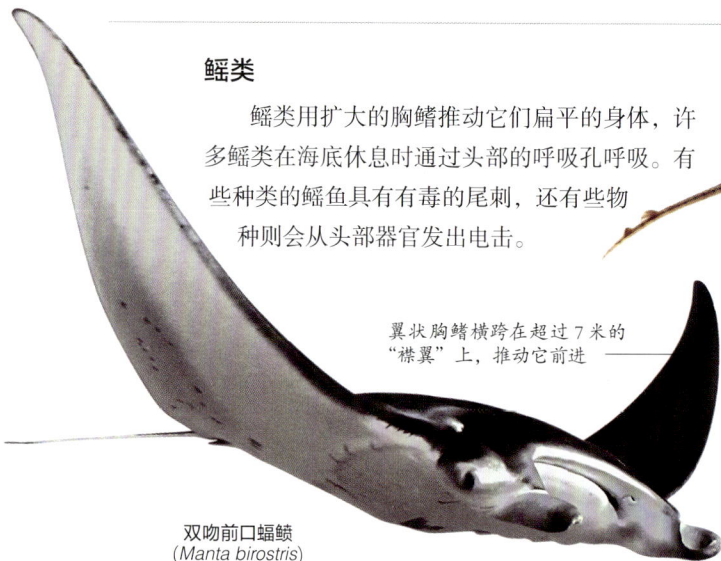

口

鳃裂

底部

普通鳐
(*Raja clavata*)

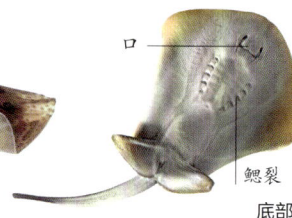

银鲛

银鲛又称鬼鲨或兔鱼，主要生活在深水区，在海底捕猎。它们向下的嘴上有 3 对永久性磨牙板。

翼状胸鳍横跨在超过 7 米的"襟翼"上，推动它前进

两个有毒的尾刺

眼睛长在头顶上

顶部

大脑袋上有一双绿色的大眼睛

双吻前口蝠鲼
(*Manta birostris*)

蓝斑条尾魟
(*Taeniura lymma*)

科氏兔银鲛
(*Hydrolagus colliei*)

◀ 参见洋流、海浪和潮汐：第 67 页　◀ 生命的故事：第 86 页

硬骨鱼

在鱼类的三大类群中，硬骨鱼是最后进化的，被认为是最先进的。硬骨鱼有32000多种，是地球上最大的脊椎动物类群，约占所有鱼类的96%。从深海到高海拔湖泊，几乎所有的水生栖息地都有这类鱼，大多数硬骨鱼都具有鳞片、两个鼻孔、1个鳔和1对鳃。

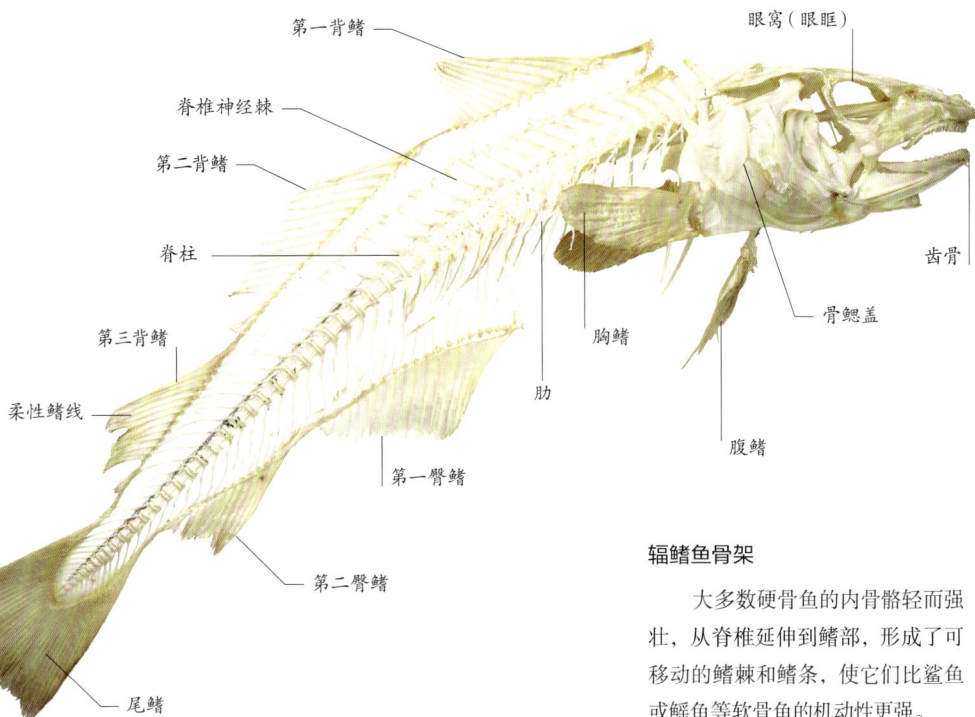

- 第一背鳍
- 脊椎神经棘
- 第二背鳍
- 脊柱
- 第三背鳍
- 柔性鳍线
- 第一臀鳍
- 第二臀鳍
- 尾鳍
- 眼窝（眼眶）
- 齿骨
- 骨鳃盖
- 胸鳍
- 肋
- 腹鳍

辐鳍鱼骨架

大多数硬骨鱼的内骨骼轻而强壮，从脊椎延伸到鳍部，形成了可移动的鳍棘和鳍条，使它们比鲨鱼或鳐鱼等软骨鱼的机动性更强。

浮力

大多数硬骨鱼体内都有一个可膨胀的、通常充满气体的浮力器官，称为鳔。通过调节鳔中的气体（主要是氧气）含量，鱼在水中游动时可以保持在一定的深度，或上浮、下潜。软骨鱼没有鳔，但是有一个大大的充满油脂的肝脏，油脂的密度比水小，所以能增加它们的浮力。有些底栖鱼没有鳔。

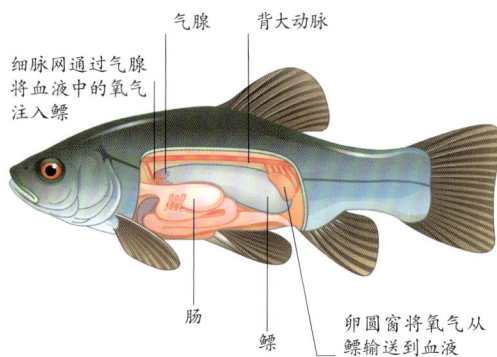

- 气腺
- 背大动脉
- 细脉网通过气腺将血液中的氧气注入鳔
- 肠
- 鳔
- 卵圆窗将氧气从鳔输送到血液

深海鱼的鳔中氧气浓度较高

从鳍到四肢

大多数鱼类用鳍游泳，但对于某些鱼来说，鳍还有其他的运动功能。在飞鱼身上，细长的胸鳍如同滑翔翼；但在弹涂鱼身上，它们的鳍已经进化成可以帮助它们在陆地上移动的结构。一些生活在海底的鱼类，如鮟鱇和一些鲉，也利用特化的鳍在海底爬行或"行走"。鮟鱇的胸鳍有一个灵活的关节，使其能够弯曲，从而在行走时有更好的控制力。

- 疣状的、五颜六色的皮肤起伪装作用
- 腹鳍可以向下推，以获得额外的推力
- 胸鳍推动鱼前进

鮟鱇

鮟鱇通过特化的腹鳍沿着海床缓慢地"行走"，它们通过在两眼之间摆动一根"钓竿"来吸引猎物。

- 通过湿润的皮肤吸收氧气
- 长且肌肉发达的胸鳍可以提供推力
- 腹鳍使鱼体保持稳定

弹涂鱼

弹涂鱼大部分时间生活在陆地上，眼睛在空气中比在水下看得更清楚。进化的鳍和"肩"关节使它们能够攀缘和爬行。

肉鳍鱼

像腔棘鱼和肺鱼这样的肉鳍鱼被认为与陆生脊椎动物有共同的祖先。不同于其他硬骨鱼，它们的鳍条已经消失或大大减少，其高度活动的鳍上覆盖着肌肉。腔棘鱼生活在深海中，而肺鱼生活在湖泊、河流和沼泽，可以用它们原始的肺呼吸空气。

- 三叶尾鳍
- 身体上覆盖着坚硬的鳞片
- 鳍的肉质基部

腔棘鱼
(*Latimeria chalumnae*)

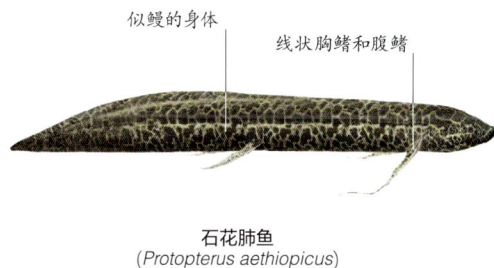

- 似鳗的身体
- 线状胸鳍和腹鳍

石花肺鱼
(*Protopterus aethiopicus*)

≫ 鱼类（续）

辐鳍鱼

这类硬骨鱼的鳍由一些坚硬、有韧性、被称作鳍条的棒状结构支撑，鳍条被皮肤覆盖。值得注意的是，迄今为止，辐鳍鱼是地球上最大的鱼类类群，约有32000种，被分为10多个超目。然而，随着科学家不断发现新物种并进一步了解它们之间的关系，辐鳍鱼的分类也在不断变化。

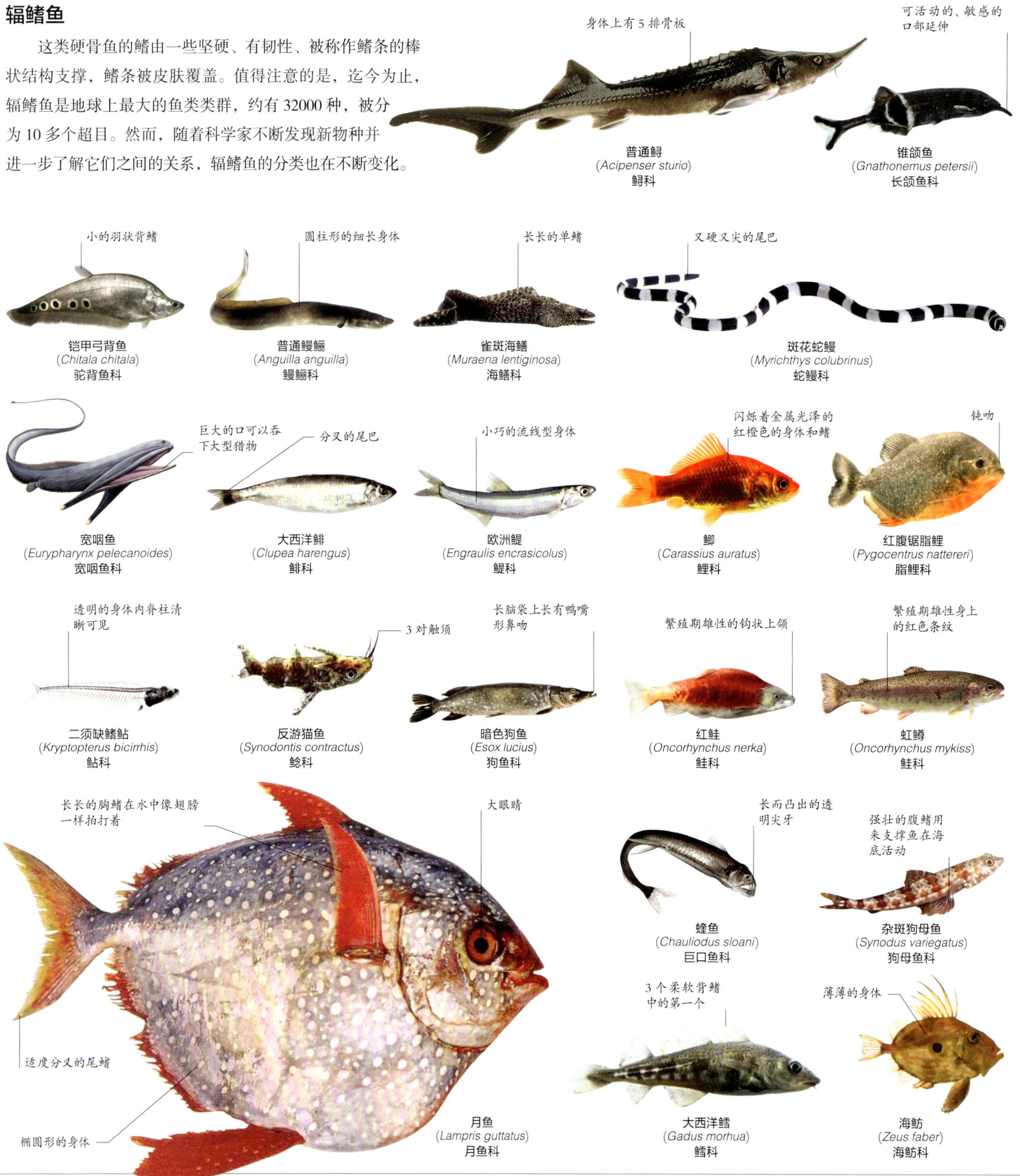

身体上有5排骨板

可活动的、敏感的口部延伸

普通鲟
(*Acipenser sturio*)
鲟科

锥颌鱼
(*Gnathonemus petersii*)
长颌鱼科

小的羽状背鳍

圆柱形的细长身体

长长的单鳍

又硬又尖的尾巴

铠甲弓背鱼
(*Chitala chitala*)
驼背鱼科

普通鳗鲡
(*Anguilla anguilla*)
鳗鲡科

雀斑海鳝
(*Muraena lentiginosa*)
海鳝科

斑花蛇鳗
(*Myrichthys colubrinus*)
蛇鳗科

巨大的口可以吞下大型猎物

分叉的尾巴

小巧的流线型身体

闪烁着金属光泽的红橙色的身体和鳍

钝吻

宽咽鱼
(*Eurypharynx pelecanoides*)
宽咽鱼科

大西洋鲱
(*Clupea harengus*)
鲱科

欧洲鳀
(*Engraulis encrasicolus*)
鳀科

鲫
(*Carassius auratus*)
鲤科

红腹锯脂鲤
(*Pygocentrus nattereri*)
脂鲤科

透明的身体内脊柱清晰可见

3对触须

长脑袋上长有鸭嘴形鼻吻

繁殖期雄性的钩状上颌

繁殖期雄性身上的红色条纹

二须缺鳍鲇
(*Kryptopterus bicirrhis*)
鲇科

反游猫鱼
(*Synodontis contractus*)
鲇科

暗色狗鱼
(*Esox lucius*)
狗鱼科

红鲑
(*Oncorhynchus nerka*)
鲑科

虹鳟
(*Oncorhynchus mykiss*)
鲑科

长长的胸鳍在水中像翅膀一样拍打着

大眼睛

长而凸出的透明尖牙

强壮的腹鳍用来支撑鱼在海底活动

适度分叉的尾鳍

椭圆形的身体

蝰鱼
(*Chauliodus sloani*)
巨口鱼科

杂斑狗母鱼
(*Synodus variegatus*)
狗母鱼科

月鱼
(*Lampris guttatus*)
月鱼科

3个柔软背鳍中的第一个

薄薄的身体

大西洋鳕
(*Gadus morhua*)
鳕科

海鲂
(*Zeus faber*)
海鲂科

翻车鲀重达 2300 千克，是世界上最大的硬骨鱼

背鳍上有 13 根有毒的棘

眼睛上方的肉质触须

棘鳍鱼

棘鳍鱼类几乎占所有鱼类的一半，是辐鳍鱼中最大的超目，包括 32 个目。除了有柔韧的鳍条，棘鳍鱼的背鳍、臀鳍和腹鳍前还有坚硬、尖锐的骨刺。在一些鱼身上，这些骨刺进化成了防御或攻击的武器。如鲉科的狮子鱼，它的棘有毒。

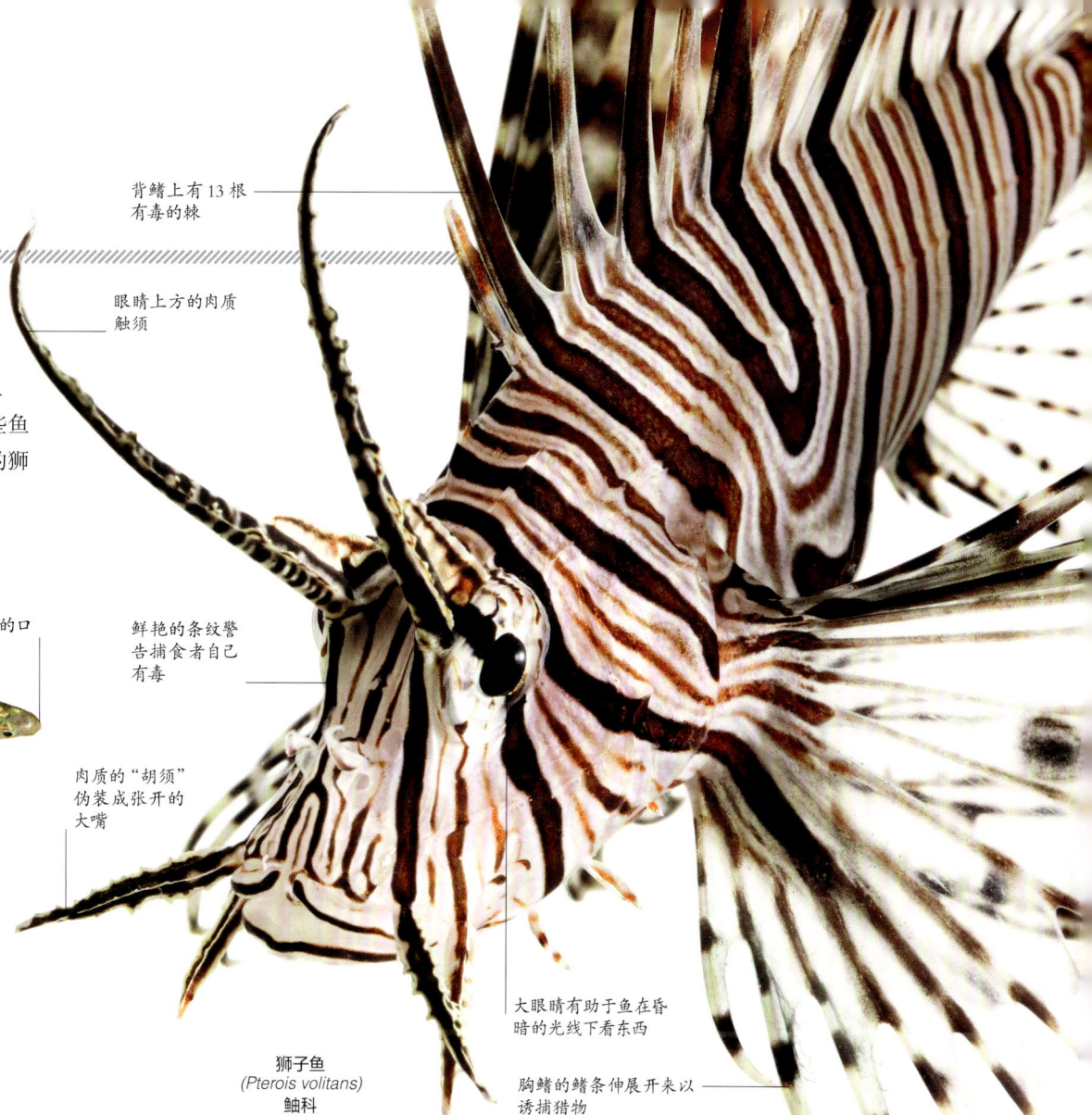

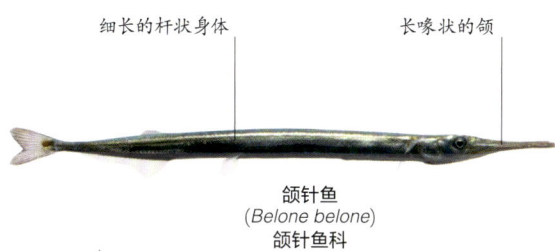

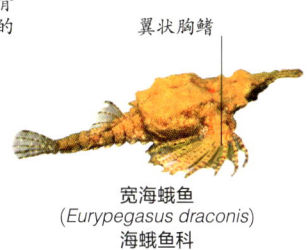

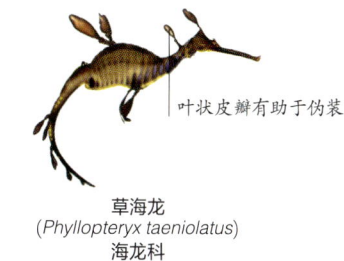

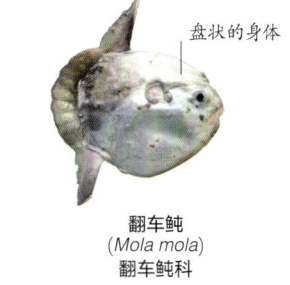

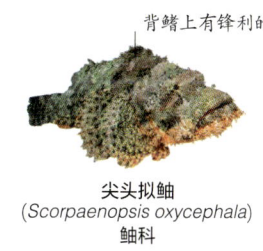

第一背鳍上有 5 根尖棘

凸出的口

鲜艳的条纹警告捕食者自己有毒

肉质的"胡须"伪装成张开的大嘴

鲻鱼
(*Chelon labrosus*)
鲻科

加利福尼亚滑银汉鱼
(*Leuresthes tenuis*)
拟银汉鱼科

细长的杆状身体

长喙状的颌

大眼睛有助于鱼在昏暗的光线下看东西

颌针鱼
(*Belone belone*)
颌针鱼科

狮子鱼
(*Pterois volitans*)
鲉科

胸鳍的鳍条伸展开来以诱捕猎物

翼状胸鳍展开，在水面上滑行

雄性的大背鳍竖立展示

雄性的独特花纹和色彩

全身覆盖着厚实的盔甲状鳞片

分叉的尾鳍

异尾须唇飞鱼
(*Cheilopogon heterurus*)
飞鱼科

宽帆鳉
(*Poecilia latipinna*)
胎鳉科

美国旗鱼
(*Jordanella floridae*)
旗鱼科

澳洲光颌松球鱼
(*Cleidopus gloriamaris*)
松球鱼科

尖吻棘鳞鱼
(*Sargocentron spiniferum*)
金鳞鱼科

僵硬的身体被骨质鳞板和锋利的棘刺保护着

翼状胸鳍

叶状皮瓣有助于伪装

身体的顶端是鱼的右侧

卷尾

三刺鱼
(*Gasterosteus aculeatus*)
刺鱼科

宽海蛾鱼
(*Eurypegasus draconis*)
海蛾鱼科

草海龙
(*Phyllopteryx taeniolatus*)
海龙科

管海马
(*Hippocampus kuda*)
海龙科

普通鲽
(*Pleuronectes platessa*)
鲽科

鲜艳的颜色警告捕食者自己有毒

盘状的身体

背鳍上有锋利的毒棘

融合的牙齿形成喙

宽尾鳍

米点箱鲀
(*Ostracion meleagris*)
箱鲀科

翻车鲀
(*Mola mola*)
翻车鲀科

尖头拟鲉
(*Scorpaenopsis oxycephala*)
鲉科

白鹦哥鱼
(*Cetoscarus bicolor*)
鹦嘴鱼科

花斑连鳍鲻
(*Synchiropus splendidus*)
鲻科

参见分类：第 158 页 ▶　鱼类分类：第 160 页 ▶

两栖动物

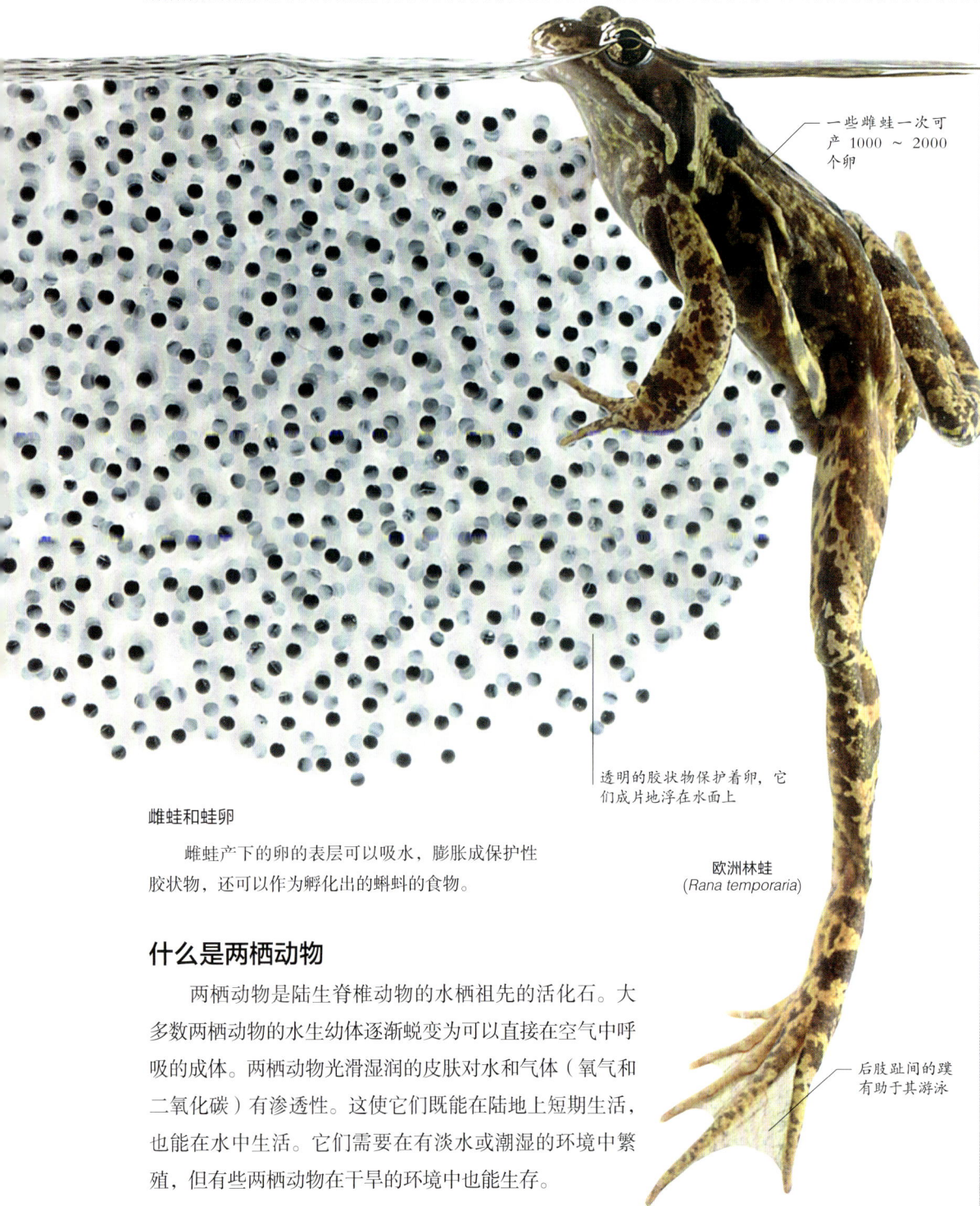

一些雌蛙一次可产 1000 ～ 2000 个卵

透明的胶状物保护着卵，它们成片地浮在水面上

雌蛙和蛙卵

雌蛙产下的卵的表层可以吸水，膨胀成保护性胶状物，还可以作为孵化出的蝌蚪的食物。

欧洲林蛙
(*Rana temporaria*)

后肢趾间的蹼有助于其游泳

什么是两栖动物

两栖动物是陆生脊椎动物的水栖祖先的活化石。大多数两栖动物的水生幼体逐渐蜕变为可以直接在空气中呼吸的成体。两栖动物光滑湿润的皮肤对水和气体（氧气和二氧化碳）有渗透性。这使它们既能在陆地上短期生活，也能在水中生活。它们需要在有淡水或潮湿的环境中繁殖，但有些两栖动物在干旱的环境中也能生存。

四足动物

四足动物起源于最早的陆生脊椎动物。一些四足动物，如海豹和鲸，已经恢复到半水栖或完全水栖的生活方式，四肢具有适应性地变成鳍状肢或鳍。大多数四足动物还是四足行走的（利用四肢在陆地上活动的动物），但也有例外，如蚓螈、蛇、鸟和人类。

蝾螈和蛙身上都能看到的大眼睛

早期四足动物——两栖动物*

前肢和后肢大小相同

蚓螈

蚓螈是无腿两栖动物，容易被误认为蚯蚓或蛇。它们约有 200 个物种，大多数都能直接产下活的幼体，少数从卵中孵化出鳗鱼状的幼体。幼体逐渐变为成体，以白蚁和蠕虫等小型无脊椎动物为食。

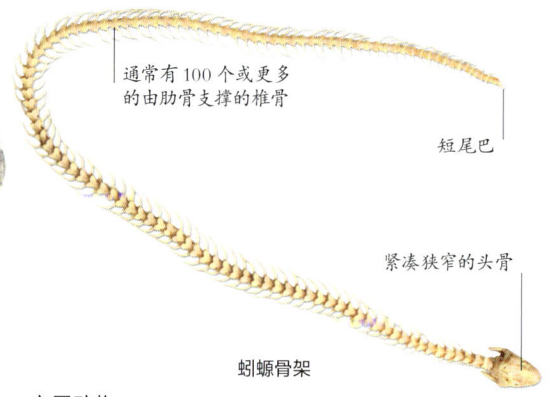

通常有 100 个或更多的由肋骨支撑的椎骨

短尾巴

紧凑狭窄的头骨

蚓螈骨架

穴居动物

大多数的蚓螈生活在土壤或落叶层中，利用肌肉推进身体来挖洞。它们的小眼睛只能感觉到光线的明暗。鼻子上短短的感觉触须可以用来寻找猎物或配偶。

身体上有清晰的环

环管蚓
(*Siphonops annulatus*)

被皮肤和骨头覆盖的未发育的眼睛

多褶裸蚓螈
(*Gymnopis multiplicata*)

游泳动物

有些蚓螈非常擅长游泳。作为成年的水生动物，蚓螈有时被称作橡胶鳗，它们的尾巴上有一个随身体摆动的低鳍。它们如鳗鱼般蠕动，在水底沉积物中游泳和挖洞。达岛鱼螈在陆地上产卵，但幼体在水中生活。

沿着身体分布的黄色条纹

达岛鱼螈
(*Ichthyophis kohtaoensis*)

◀ 参见生命的故事：第 87 页
*审者注：早期登陆的古两栖动物和现生两栖动物并不能完全混为一谈，如很多早期的古两栖动物的趾数要多于 5 个。

大而扁平的头骨

后肢五趾

短肋骨

前肢四趾

长脊柱

与前肢长度相似的短后肢

长尾巴

鲵和蝾螈

与最早的陆生脊椎动物一样，大多数鲵和蝾螈都有细长的身体，长长的尾巴，四肢伸向身体两侧。光滑、湿润、娇嫩的皮肤使得它们需要生活在水中或阴凉、潮湿的地方。

蝾螈骨架

蝾螈的四肢呈现出五趾结构，所有四足动物的脚都是从这一结构进化而来的，但现生蝾螈的前肢只有四个脚趾。

中国大鲵是世界上最大、寿命最长（50 年以上）的两栖动物

蝾螈和欧洲鲵

鲵是半水生蝾螈，其生活史包括蝌蚪状幼体期、被称为"水蜥"的陆栖幼体期，最后是成体期。

雄性的背冠

冠欧螈
(Triturus cristatus)

一排毒腺

鳍状尾巴有助于游动

明亮的黄色斑纹警告食肉动物自己有毒

红瘰疣螈
(Tylototriton shanjing)

阿尔卑斯螈
(Ichthyosaura alpestris)

真螈
(Salamandra salamandra)

复杂的生活史

两栖蝾螈幼体从幼年的"水蜥"阶段过渡到陆地生活阶段，而水生蝾螈幼体则在水中发育。陆栖的蝾螈幼体是在陆地上产卵孵化出来的，也在陆地上变为成体。

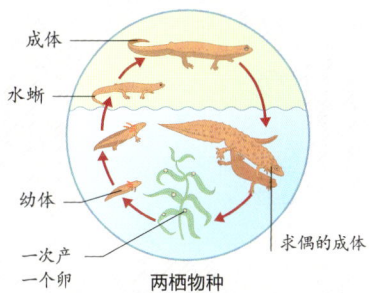

成体
水蜥
幼体
一次产一个卵
求偶的成体
两栖物种

钝口螈

北美的钝口螈白天主要生活在洞穴里，夜晚出来觅食。但有些特化的、濒危的钝口螈长期保持着幼年特征，如具有外鳃，从幼年到成年一直在水中生活。

血液丰富、羽毛状的外鳃

钝圆的鼻吻

美西钝口螈
(Ambystoma mexicanum)

虎纹钝口螈
(Ambystoma tigrinum)

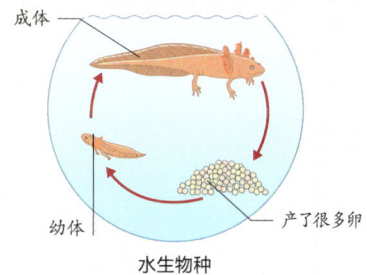

成体
幼体
产了很多卵
水生物种

无肺螈

这是迄今为止最大的蝾螈科，有 400 多个物种。它们没有肺，通过湿润的皮肤呼吸。它们主要以小型无脊椎动物为食，并拥有一个额外的嗅觉器官，位于鼻孔和嘴巴之间的垂直缝隙中。

黏黏的皮肤分泌物可以保护蝾螈免受捕食者侵害

凸出的眼睛

密西西比无肺螈
(Plethodon mississippi)

蹼脚

埃氏剑螈
(Ensatina eschscholtzii)

条纹游舌螈
(Bolitoglossa striatula)

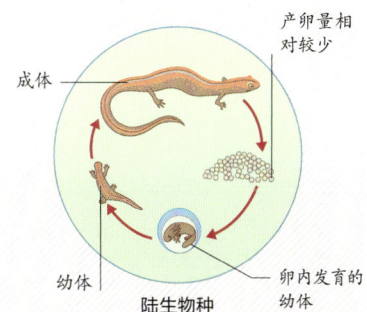

成体
产卵量相对较少
幼体
卵内发育的幼体
陆生物种

大鲵

中国大鲵的成体可以长到 1.8 米，体重 47 千克。美国隐鳃鲵的长度为 30 ~ 60 厘米。

张开的四肢

扁平的头有助于掘穴

中国大鲵
(Andrias davidianus)

美国隐鳃鲵
(Cryptobranchus alleganiensis)

>> 两栖动物（续）

蛙和蟾蜍

严格来说，所有 7000 多种无尾目动物都属于蛙，而蟾蜍是其中皮肤有疣的子类。大多数蛙和蟾蜍以水生幼体（蝌蚪）的形式开始生活，然后通过逐渐的变态发育长成用肺呼吸的四足成体。蛙是活跃的捕食动物，它们的皮肤具有鲜艳的颜色，用来伪装或警告其他动物它们能够分泌防御毒素。

肌肉发达的长腿
光滑湿润的皮肤
躯体短
大而凸出的眼睛
鼻孔在口鼻部上方
耳鼓（耳膜）清晰可见
声囊
短前肢

泽鱼蛙
(Lithobates palustris)

美洲狗鱼蛙有毒的皮肤使它成为
美国本土唯一的有毒蛙

大眼窝
宽而平的头骨
短而硬的脊椎，以承受跳跃和着陆的压力
延长的骨盆关节上连接着长而有力的腿
前肢短趾
长脚趾

蛙骨架

成年蛙没有尾巴。折叠在身体下面的腿，用于爬行、跳跃和游泳。扁平的头骨上有大的眼窝、宽的口裂和细小的牙齿。

准备登陆

从有鳃的鱼状幼体（蝌蚪）到能在空气中呼吸的四足成体的转变经过了一个复杂的蜕变过程，这个过程在几个星期或几个月内逐渐发生。随着肺的发育，鳃消失了。尾巴收缩，腿代替成为运动器官，而摄食行为也变得越来越具有掠夺性。

尾巴上的长鳍
后肢先于前肢发育
尾巴开始退化
前肢发育
尾巴退化成残体

蝌蚪
（8 周）

蝌蚪
（10 周）

幼蛙
（12 周）

前肢和后肢

蛙和蟾蜍的四肢已经演化得能够帮助其适应生活环境。趾间的蹼提高了游泳效率，宽阔的足垫有助于抓握树叶等光滑表面，而一些善于爬行或掘穴的蛙的后肢上还演化出了角质凸起。

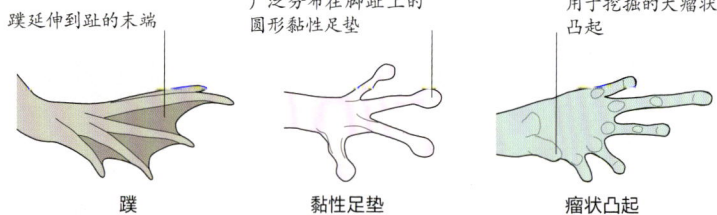

蹼延伸到趾的末端
广泛分布在脚趾上的圆形黏性足垫
用于挖掘的大瘤状凸起

蹼

黏性足垫

瘤状凸起

交流

蛙利用一系列听觉、触觉和视觉信号来分享它们的状态信息。它们用各种各样的表现来警告潜在的掠食者、恐吓对手，并吸引潜在的伴侣。

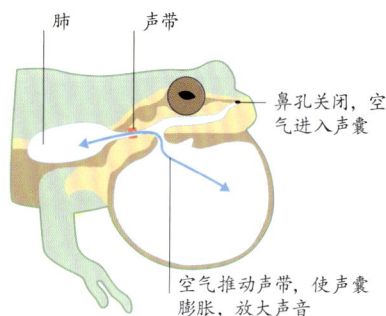

肺
声带
鼻孔关闭，空气进入声囊
空气推动声带，使声囊膨胀，放大声音

声音

大多数蛙都有独特的鸣声。它们的叫声通过空气和水传播，可以超过100 分贝，有的像摩托车一样响。

雌性轻抚被选中的雄性来表示它已经准备好产卵了

触摸

触摸是蛙求偶的一个重要表现，进而引发叫声和其他行为。这种人们近来发现的蛙的交流方式可能在蛙类中很普遍。

挥手向雄性竞争对手宣誓领地

姿势

视觉信号对生活在嘈杂环境（水流湍急的地方）中的物种很有用。这类信号包括手臂挥动、腿部伸展、上下摆动和左右摇摆。

 ◀ 参见**两栖动物**：第 122—123 页

金毒镖蛙是世界上最毒的动物，它的皮肤中含有足以杀死 10 个人的毒素

眼睛上方的"角"

蛙

蛙的特点是皮肤光滑、湿润、具有渗透性。这种独特的皮肤也是它们最大的弱点，因为这使得它们容易感染真菌病。热带雨林中的蛙类是最具物种多样性的。

南美洲角花蟾

这种动物长着宽大的嘴巴，拥有贪婪的胃口，使得它们有个"吃豆蛙"的绰号。有些个体甚至试图吞下几乎和自己一样大的猎物。

饰纹角蟾
(*Ceratophrys ornata*)

箭毒蛙

这些南美微小蛙类的艳丽色彩警告人们，它们的皮肤分泌物有剧毒。当地猎人将箭毒蛙的毒素抹在飞镖或箭尖上，用来迅速麻痹大型猎物。

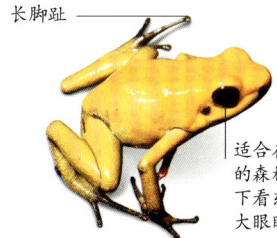

眼睛后面有特征性黑斑

圆鼻吻

木蛙
(*Lithobates sylvaticus*)

皮肤上的疣和脊

嘴巴很宽

非洲牛蛙
(*Pyxicephalus adspersus*)

黏性皮肤分泌物可以保护自己免受捕食者的侵害

安东暴蛙
(*Dyscophus antongilii*)

长脚趾

适合在昏暗的森林光线下看东西的大眼睛

金毒镖蛙
(*Phyllobates terribilis*)

真蛙

这些蛙家族的成员分布在六大洲。它们的腿又长又有力，大小从 8 毫米到 33 厘米不等。

牛蛙

"牛蛙"包含几个不同科的物种，其特点是体形大。一只非洲牛蛙能活 30 年，雄牛蛙体重可达 2 千克。

狭口蛙

小巧的狭口蛙大多数为地栖，都有胖胖的身体、短鼻吻及粗短的后肢。它们捕食小猎物，如蚂蚁和白蚁。

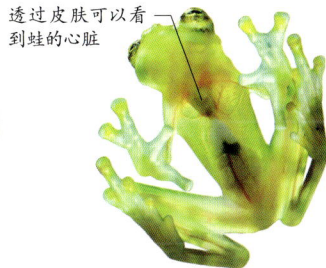

鲜艳的颜色警告捕食者它有毒

草莓箭毒蛙
(*Oophaga pumilio*)

伸展开的具蹼的脚使其能够在相隔很远的树丛间滑翔

斑纹的形状因个体而异

脚趾上有黏黏的足垫

透过皮肤可以看到蛙的心脏

黑掌树蛙
(*Rhacophorus nigropalmatus*)

红眼树蛙
(*Agalychnis callidryas*)

拉帕尔马玻璃蛙
(*Hyalinobatrachium valerioi*)

黄条丛蛙
(*Dendrobates leucomelas*)

飞蛙

有些亚非树蛙的脚趾间有宽大的蹼，起降落伞的作用，能够将跳跃延伸为长距离的滑翔。

树蛙

树栖蛙在积水的水坑或浮于水面的叶子上产卵，这样孵化出来的蝌蚪就可以直接入水。

玻璃蛙

树栖玻璃蛙因其腹部透明的皮肤而得名，它们在树叶上产卵，雄蛙在卵孵化前负责保护卵不受食肉动物的侵害。

颜色因个体而异

花丛蛙
(*Dendrobates tinctorius*)

蟾蜍

蟾蜍在生物学上与蛙没有区别，但这个词通常用来形容皮肤较厚、长疣、行动缓慢的陆栖蛙类。与其他蛙相比，蟾蜍的皮肤渗透性较差，这使得一些蟾蜍能够在干旱的栖息地（包括沙漠）生存，不过它们可能只在雨后才能繁殖。蟾蜍身上的"疣"与腺体有关，腺体分泌出气味难闻的化合物，对捕食者具有威慑作用。

大的耳后腺分泌强大的毒素

蔗蟾
(*Rhinella marina*)

垂直的瞳孔

附着在雄性背部的卵

产婆蟾
(*Alytes obstetricans*)

短胖的身体

库氏锄足蟾
(*Scaphiopus couchii*)

蟾蜍

蟾蜍科的大多数成员体形都很相像，前肢缩短，后肢用来行走或跳跃。

产婆蟾

雄性产婆蟾将受精卵背在背上或缠在后肢上，以保护它们免受捕食者的侵害。

北美锄足蟾

其脚上的角质生长有助于这一类物种快速掘穴。它们大多生活在地下，能够在干旱的条件下生存。

参见**两栖动物分类**: 第 160 页 ▶

125

爬行动物

什么是爬行动物

爬行动物是冷血（变温）脊椎动物，依靠环境来调节体温。虽然不少爬行动物在水中度过大部分的生命阶段，但所有的爬行动物都用肺呼吸空气。它们的身体表面全部或部分覆盖着鳞片，这些鳞片由角蛋白或骨板组成。所有爬行动物都会蜕皮，要么像蛇一样整体蜕皮，要么像短吻鳄一样成片蜕皮。

大眼睛

长长的身体覆盖着小鳞片

绿色使其能够隐蔽在树枝上

长爪的脚趾

长后肢，利于跑步、游泳和攀爬

横向扁平的鞭状尾巴，用于游泳和防御

长鬣蜥
(Physignathus cocincinus)

恐龙

2.4 亿年前，早期爬行动物主龙类（初龙类）演化出成了恐龙。恐龙大小不一，有和鸡一样小的，也有长达 40 米的阿根廷龙，它们统治了地球 1.64 亿年。因为腿位于身体下方，恐龙比其他爬行动物的行动更为敏捷、耐力更强。

脖子很长，可以吃到树顶的叶子

阿根廷龙

带壳的卵

虽然有些蛇和蜥蜴可以直接产下活的幼仔（卵胎生），但大多数爬行动物在体内受精后产卵，将卵埋在土壤或沙子里孵化。温度对胚胎的发育至关重要，对于某些物种来说，温度决定了幼体的性别。

发育完全的早熟幼体

未吸收的卵黄囊

半软壳在 6 ~ 8 个月后变硬

坚韧的壳

豹纹陆龟
(Stigmochelys pardalis)

齿状喙

爬行动物卵的内部

与硬壳鸟蛋不同的是，大多数爬行动物的卵被包裹在更坚韧的革质壳里。充满液体的囊（羊膜）包围并保护胚胎，而卵黄在胚胎发育时为其提供营养。

可渗透供呼吸的气体的卵壳

胚胎

羊膜

气室

尿囊将氧气传递给胚胎

卵黄囊

短吻鳄卵的横截面

热调节

小型爬行动物的活动时间很短，轻微的温度变化就会影响它们的新陈代谢率。在温暖的环境中，体温升高，但随着温度下降，其活动水平迅速下降。夜间，一些物种的新陈代谢几乎减慢到了迟钝的程度。

图例

— 气温
— 蜥蜴的体温

晒太阳
正常活动

避寒
避暑

温度 /℃

温度 / ℉

06:00 09:00 12:00 15:00 18:00 20:00

一日内的不同时刻

活化石

新西兰的喙头蜥是一个古老爬行动物类群的唯一幸存者。它们没有可见的耳孔，头顶上感光的"第三只眼"被认为可以帮助它们感知季节或一天中的时间。它们栖息于洞穴里。

柔软的锯齿状的冠

头部布满小鳞片

喙头蜥
(Sphenodon punctatus)

粗壮的四肢

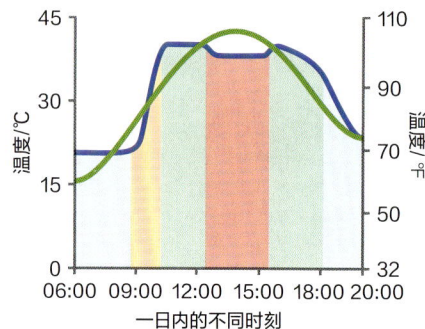

骨弓

除了海龟和陆龟，所有爬行动物的眼窝（眼眶）后面都有开口

喙头蜥的头骨

牙齿

锯齿状颌

喙头蜥的牙齿实际上是颌骨的锯齿状延伸。它的下颌有一排牙齿，可以嵌入上颌的两排牙齿之间，这是一种可怕的结构，便于它们撕开主要猎物——硬壳甲虫。

海龟和陆龟

海龟和陆龟是原始的爬行动物，除了北极和南极，世界各地都有分布。它们的身体被坚硬的保护壳包裹着，保护壳由骨板组成，骨板上要么覆盖着由角蛋白构成的角质鳞甲，要么盖着坚韧的革质皮肤。海龟除了爬上岸产卵或晒太阳外，大部分时间都在水里度过，陆龟则在陆地上生活。

赤蠵（红海龟）
(*Caretta caretta*)

淡水龟

在湿地、溪流和河流中发现的大多数淡水龟都有坚硬的壳，一旦受到威胁就会缩回壳里。有些淡水龟整个冬天都待在水下，从水中获取氧气。

红耳龟
(*Trachemys scripta elegans*)

蹼足

呈桨状的脚蹼

流线型的身体
绿海龟
(*Chelonia mydas*)

眼睛和鼻孔在头顶上
饰纹箱龟
(*Terrapene ornata*)

短脖子可将头收进壳里
欧洲龟
(*Emys orbicularis*)

壳上有一排脊

伪图龟
(*Graptemys pseudogeographica*)

皮革般的壳
棱皮龟
(*Dermochelys coriacea*)

鹰钩状的上下喙提供强大的咬合力
大鳄龟
(*Macrochelys temminckii*)

长颈侧弯，可使头部处于外壳边缘下
东澳长颈龟
(*Chelodina longicollis*)

以伸长的鼻吻为通气管
刺鳖
(*Apalone spinifera*)

海龟

现存的 7 种海龟都是在热带或亚热带海滩上挖出巢穴产卵，然后返回海洋。有些海龟以海草为食，有些则以水母、海绵或螃蟹为食。

陆龟

陆龟和海龟属于同目不同科。陆龟是严格意义上的陆栖动物，生活在沙漠和热带森林等多种栖息地。大多数是食草动物，体形大小不一，从 8 厘米到 2 米不等。

有些陆龟能活 200 多年

龟骨

龟壳由椎骨、背部和腹部肋骨及部分肩部和骨盆带构成。其两侧由角质皮肤覆盖层内生长的多余的骨头连接。

鞍背状龟壳有利于陆龟在灌木丛中觅食

加拉帕戈斯象龟
(*Chelonoidis nigra*)

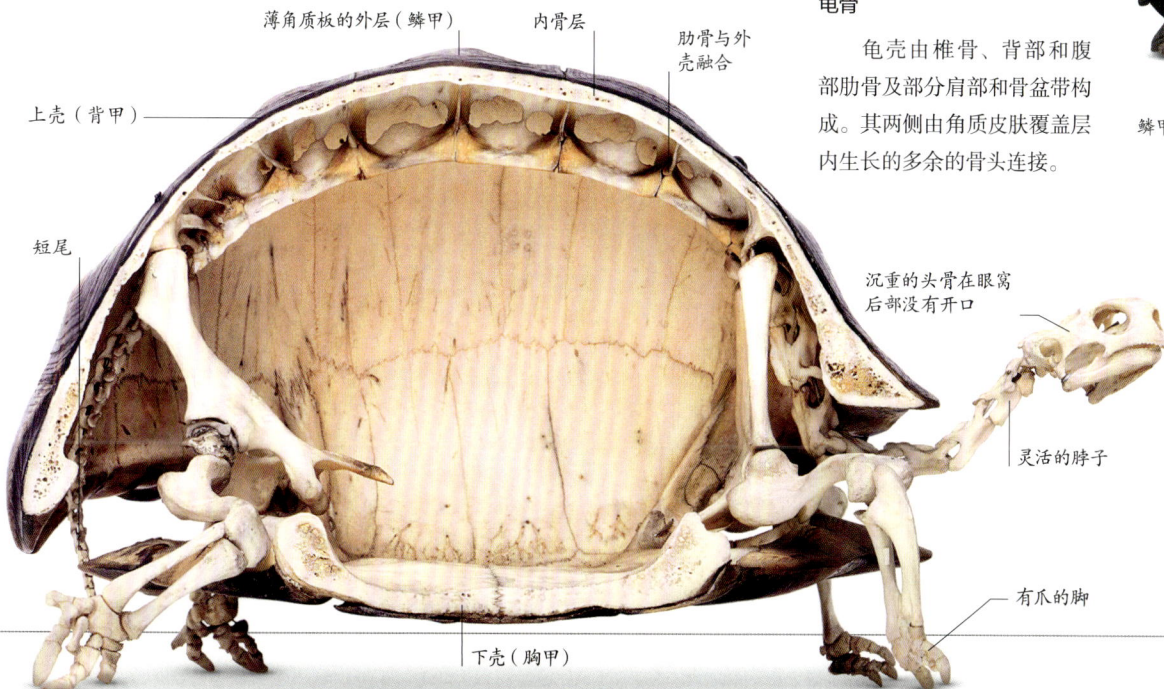
薄角质板的外层（鳞甲）
内骨层
肋骨与外壳融合
上壳（背甲）
短尾
沉重的头骨在眼窝后部没有开口
灵活的脖子
有爪的脚
下壳（胸甲）

鳞甲上的生长环

阿氏沙龟
(*Gopherus agassizii*)

拱形鳞甲

印度星龟
(*Geochelone elegans*)

参见生物种类：第 217 页 ▶ **127**

蛇

这些无腿、表皮有鳞的捕食性爬行动物的体形大小不一，从小到可以缠绕在硬币上的线蛇，到体长超过6米，能吞下猪、鹿甚至成年人类那样大的猎物的蚺和蟒。除了南极洲，其他大洲都有蛇的分布。

蟒蛇在枯叶间休息时，深褐色和棕褐色的斑纹可以起到伪装作用。

平滑、有鳞的表皮

细长的小脑袋没有外耳孔

尖尾

长长的、肌肉发达的身体

球蟒
(Python regius)

灵活的骨架

尽管没有四肢，但蛇的骨骼比其他脊椎动物都多。其椎骨可多达400块，几乎每个椎骨都有一对肋骨。松散连接的下颌骨可以分开，让蛇能够将比自己的头大得多的猎物整个吞下。

下颌的左侧和右侧前端由一条有弹性的韧带而不是骨头连接在一起，因此下颌可以侧向张开

沿着身体的肋骨

高度灵活的骨架及铰链式的椎骨可以防止脊椎扭曲

尾部没有肋骨

蟒蛇骨架

蛇的感官

蛇没有外耳，但对通过地面或水传播的振动非常敏感。许多蛇的视力很差，但有些白天活动的和树栖的蛇视力较好。蛇通常依靠其他感官来发现猎物。

大眼睛、无眼睑、瞳孔垂直

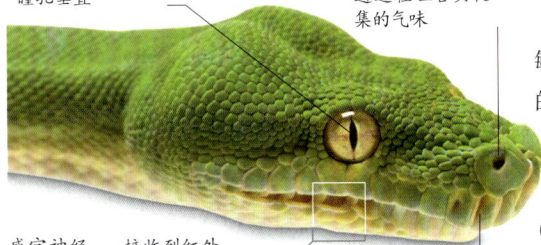

鼻孔可辅助感受通过轻吐舌头收集的气味

感官神经的延伸终结于凹陷底部

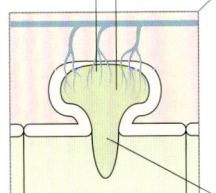

接收到红外线的组织会触发神经

鼻吻和嘴唇上的凹陷

绿树蟒
(Morelia viridis)

红外探测结构

有些蛇鳞片上的微小凹陷中有红外传感结构，可以在黑暗中探测哺乳动物或鸟类的身体。

鳞片

凹陷开口

品闻空气

蛇具有犁鼻器，嗅觉很灵敏。舌头的两个尖端将气味分子传递到口腔顶部的雅各布森器官。

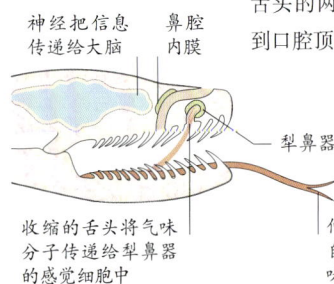

神经把信息传递给大脑

鼻腔内膜

收缩的舌头将气味分子传递给犁鼻器的感觉细胞中

犁鼻器

伸出的舌头收集来自空气或地面的气味分子

蛇是如何移动的

蛇行动敏捷，它们宽大的腹部鳞片有很强的抓地力。不同的移动方式使其能够适应各种各样的栖息环境，包括沙滩和水域。

直线式

大型蛇在跟踪猎物时缓慢爬行，不会左右摇摆。肌肉产生波动依次推动腹鳞向前，推动蛇前进。

腹部鳞片的后缘为其提供抓地力

蜿蜒式

蛇最常见的一种移动方式是通过侧向波动沿蛇的身体传递，蛇身体一侧抵着岩石、树枝通过波浪状运动前进。

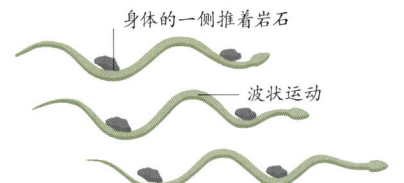

身体的一侧推着岩石

波状运动

伸缩式

当蛇在洞穴中穿行时，穴居蛇会利用身体形成的环来发力，它们先固定住身体后部，同时将前部向前伸展；然后固定住前部，拉回尾部。

尾巴从后面推动身体

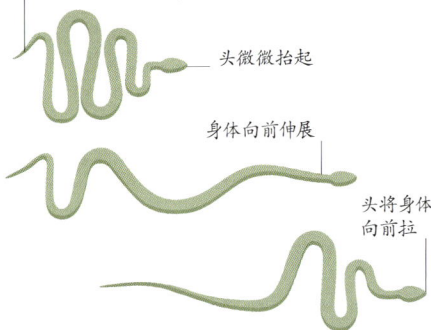

头微微抬起

身体向前伸展

头将身体向前拉

侧绕式

侧绕式移动适用于在如沙地斜坡的松散表面移动。蛇以肌肉波动抬起部分身体，并推动自己向前移动。

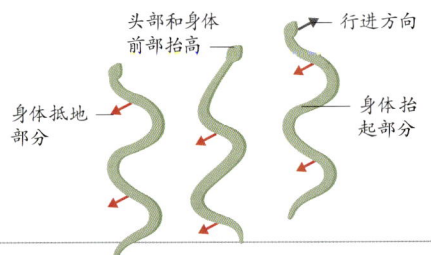

头部和身体前部抬高

行进方向

身体抵地部分

身体抬起部分

◀ 参见爬行动物：第126—127页

蛇没有眼睑，无法眨眼，它们是睁着眼睛睡觉的

蚺

　　一些蚺的力量强大、体型巨大，这类蛇通过缠绕绞杀捕猎。它们的身体会随着猎物的每次呼气不断缩紧。猎物一旦死亡，其头部会先被蚺吞下。除了一种蚺，其他蚺都直接生产幼体而非卵。

强大的缠绕力可用来支撑身体和杀死猎物

巨蚺
(*Boa constrictor*)

分叉的舌头

玫瑰蚺
(*Lichanura trivirgata*)

眼睛上有一层透明鳞片

水蚺
(*Eunectes murinus*)

翡翠树蚺
(*Corallus caninus*)

水蚺体重可达 250 千克，是世界上最重的蛇

蟒

　　蟒用嘴咬住猎物，然后通过收缩身体勒死猎物。蟒与外表相似的蚺的区别在于：雌性产卵后，在孵化的 2 ~ 3 个月内，蟒会盘曲在卵的周围保护卵免受捕食者的侵害。

绿树蟒
(*Morelia viridis*)

鲜艳的绿色有助于其在树丛中伪装

头上的箭头状斑纹

缅甸蟒
(*Python bivittatus*)

长长的、肌肉发达的身体

网纹蟒
(*Python reticulatus*)

最长的蛇

2米

　　网纹蟒长达 9 米，是世界上最长的蛇。那些关于个别网纹蟒身长达 12 米的报道是根据其拉伸后的蜕皮测得的。

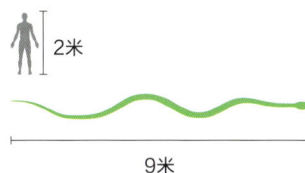

9米

游蛇

　　游蛇科的蛇种类繁多，占所有蛇类的 70%。有的游蛇积极捕食小猎物，有的则埋伏等待。三分之一的游蛇通过分泌毒液毒杀猎物，其他游蛇则通过收缩身体勒死猎物。许多种类都是卵生。

特殊的黄色领环

水游蛇
(*Natrix natrix*)

宠物蛇特有的颜色和花纹

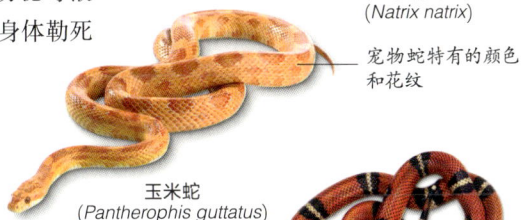

毒液通过口腔后部坚固的尖牙中的毒液的输送管注入猎物伤口

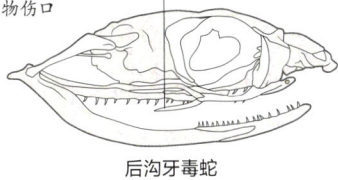

玉米蛇
(*Pantherophis guttatus*)

颜色与某些毒蛇类似

后沟牙毒蛇

锡纳奶蛇
(*Lampropeltis polyzona*)

眼镜蛇及其近亲

　　眼镜蛇及其近亲（包括树眼镜蛇和海蛇），都是有毒的。其中许多会产生对人类致命的强效神经毒素。

鲜艳的颜色警告捕食者自己是有毒的

黑纹珊瑚蛇
(*Micrurus nigrocinctus*)

固定的、有细沟的毒牙注入毒液

展开颈褶以示警告

前沟牙毒蛇

孟加拉眼镜蛇
(*Naja kaouthia*)

蝰

　　蝰蛇通过嘴前部长长的管状毒牙将慢效毒液注入猎物的重要器官，不使用时毒牙会折叠起来。大多数蝰蛇为胎生。蝰蛇的热感应能力比其他蛇更强。

短短的尾巴

粗壮的身体

大三角头

加蓬咝蝰
(*Bitis gabonica*)

大声警告

　　响环由松散连接的节段组成，每次蛇蜕皮时都会增加新的节段。当蛇振动尾巴时，这些节段会相互碰撞发出声响，起到警示作用。

小的初生响环

两层响环容纳在更旧的响环中

外部清晰可见的干节段

最新的响环上还有活的组织

响器

响器升起并振动以示警告

西部菱斑响尾蛇
(*Crotalus atrox*)

眼睛和鼻孔之间的热感应凹陷

红口蝮
(*Calloselasma rhodostoma*)

参见爬行动物分类: 第 160 页 ▶

>> 爬行动物（续）

蜥蜴

蜥蜴是最大、进化最成功的爬行动物类群。它们适宜生活的栖息地范围很广，从森林、沙漠到湿地甚至海洋。大多数蜥蜴有四肢，少数是无肢的。有些蜥蜴是胎生的，但大多数为卵生。

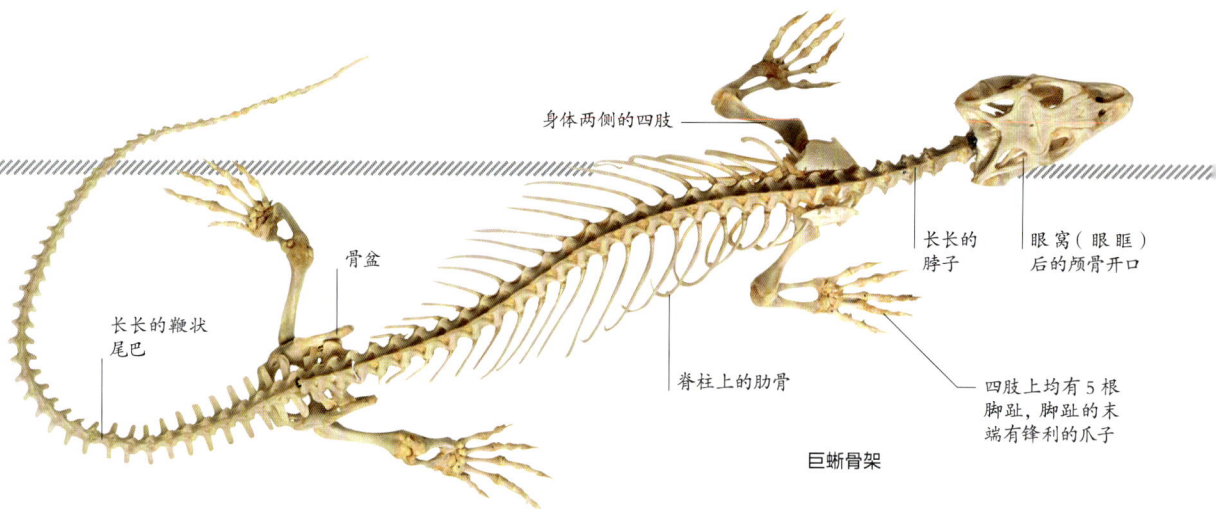

身体两侧的四肢

长长的脖子

眼窝（眼眶）后的颅骨开口

长长的鞭状尾巴

骨盆

脊柱上的肋骨

四肢上均有5根脚趾，脚趾的末端有锋利的爪子

巨蜥骨架

避役（变色龙）

避役是主要分布在非洲和欧亚大陆的可变色的爬行动物。它们有弹性很强的舌头，伸开后长度可以达到体长的两倍。避役用它来捕获猎物，如昆虫和其他小动物。

眼睛可以向任何方向转动

体形和颜色像枯叶

高冠避役
(*Chamaeleo calyptratus*)

脚趾合并以抓住树枝

卷尾

短尾枯叶侏儒避役
(*Rieppeleon brevicaudatus*)

改变颜色

雄性避役通过改变皮肤细胞中晶体和色素的分布来改变体表颜色。鲜艳的颜色表示其当前兴奋或具有攻击性，而当避役处于放松状态时，皮肤是绿色的。

豹纹避役
(*Furcifer pardalis*)

光

皮肤呈绿色
黄色色素层
晶体反射的蓝光

晶体合并

皮肤呈橙色

晶体反射的红光

晶体分离

鬣蜥及其近亲

虽然成年鬣蜥体形庞大，看着有些可怕，但其实它们是以植物为食的。鬣蜥主要生活在美洲及加勒比海和太平洋的岛屿上。它们的小型表亲安乐蜥和冠蜥，大多生活在美洲大陆，是身体纤细、敏捷的树居动物。

肤色随情绪或周围温度变化

细长的尾巴

绿安乐蜥
(*Anolis carolensis*)

脚趾上锋利的爪子和脚垫有助于攀爬

雄性通过甩出粉红色的大喉帆（垂肉）向雌性或雄性竞争对手发出信号

在防御中用作鞭子的长尾

美洲鬣蜥
(*Iguana iguana*)

凸出的盔状头冠

海鬣蜥打喷嚏是为了通过鼻腺排出血液中过滤的盐分

雄性海鬣蜥从生长在加拉帕戈斯群岛南部的海藻中提取色素，以鲜艳的颜色吸引雌性

高背嵴和尾嵴有助于游泳

扁平的桨状尾巴有助于游泳

用来抓牢岩石的长脚趾和爪子

双嵴冠蜥
(*Basiliscus plumifrons*)

黏性脚可以支撑体重为 300 克的壁虎倒挂

壁虎

大多数壁虎都有柔软、薄薄的皮肤，上面通常覆盖着很小的颗粒状鳞片。它们大多栖息在树上，因为有特殊进化的脚，它们可以附着在光滑的表面上，甚至可以倒挂在天花板上。很多壁虎被捕食者抓住后会断掉尾巴（然后会再长出新的尾巴），有些壁虎的尾巴是头形的，用来迷惑捕食者。

长爪脚趾

环尾弓趾虎
(*Cyrtodactylus louisiadensis*)

鲜艳的颜色

马加残趾虎
(*Phelsuma madagascariensis*)

大眼睛能帮助这种在夜间活动的壁虎能在黑暗中看得很清楚

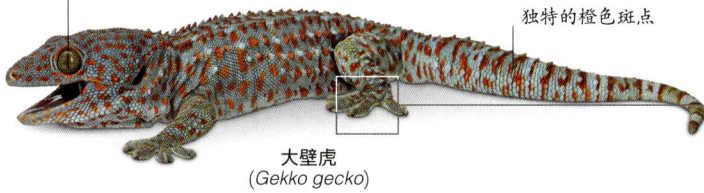

独特的橙色斑点

大壁虎
(*Gekko gecko*)

黏性脚

壁虎的脚趾垫上覆盖着数以百万计的、紧密排列的微小纤毛，这些纤毛能产生强大的黏附力。

当它着陆时，皮肤的颜色和皮瓣有助于其与树皮融为一体

侧翼、襟翼可以防止其在滑翔时摔倒

扁平的尾巴

褶虎
(*Ptychozoon kuhli*)

蹼足

"飞行"壁虎的蹼足和皮瓣可以在它们受到威胁时将跳跃转变为控制良好的滑行。

鬣蜥

许多鬣蜥都有引人注目的装饰物，如尾刺、棘刺或五颜六色的褶皱，可以作为武器或用来恐吓潜在的掠食者及竞争对手。

老年雄性海鬣蜥的高背嵴

钝吻中的尖牙用于刮取水下岩石上的海藻

海鬣蜥
(*Amblyrhynchus cristatus*)

较短的四肢

受到威胁时，嘴巴张大

在防卫、争夺领地或求爱时会竖起颈褶

斗篷蜥
(*Chlamydosaurus kingii*)

脖子上胖胖的"假脑袋"

颜色类似沙质栖息地

澳洲刺蜥
(*Moloch horridus*)

繁殖期雄性的体色

彩虹飞蜥
(*Agama agama*)

石龙子及其近亲

石龙子科为厚颈蜥蝪，头部有骨质鳞片。大多数为穴居，也有许多种类攀爬敏捷，还有的善于游泳。有的石龙子为卵生，有的为胎生，还有的（至少有 1 种）既可以卵生又可以胎生。

短的四肢

蓝舌蜥
(*Tiliqua scincoides*)

长长的尾巴和身体

费氏侏蜥
(*Lepidothyris fernandi*)

尖尖的鼻吻有助于其在沙漠中移动

砂鱼蜥
(*Scincus scincus*)

壁蜥和环尾蜥

壁蜥多为纤细、敏捷的食肉动物，而环尾蜥的名字源于其尾巴上有棘状鳞片环。

蓝斑蜥
(*Timon lepidus*)

胎蜥
(*Zootoca vivipara*)

嘴咬着带刺的尾巴形成保护环

犰狳环尾蜥
(*Ouroborus cataphractus*)

参见爬行动物：第 132—133 页 ▶   爬行动物分类：第 160 页 ▶

>> 爬行动物（续）

强大的颌骨和槽生齿可以给猎物带来含有剧毒的噬咬

蛇蜥

这个多样化的类群包括毒蜥、无腿蜥蜴及蜥蜴中最大的巨蜥。野生科莫多巨蜥的平均体重为70千克，是世界上最重的蜥蜴。

其中许多物种是活跃的食肉动物，但也有些是植食性的。蛇蜥类可能是蛇的祖先类群，它们像蛇一样用灵活的舌头来感受气味，寻找潜在的食物源。

闪亮的珠状鳞片

吉拉毒蜥
(*Heloderma suspectum*)

笨重的身体

肌肉发达的长尾巴

宽大的头部，短粗的脖子

皮肤的颜色和花纹会随着环境的变化而改变

科莫多巨蜥
(*Varanus komodoensis*)

长而分叉的舌头

强大的前肢用来挖掘

西非巨蜥
(*Varanus exanthematicus*)

真鳄和短吻鳄

这个有 2.5 亿年历史的类群在恐龙称霸地球的6600 万年里几乎没有改变。所有鳄目动物，包括真鳄、短吻鳄、凯门鳄和恒河鳄，都在陆地上繁殖，尽管它们的腿很短，而且通常采取趴伏的姿势，但它们仍能短距离冲刺。它们在水中捕食各种猎物，动力来自那条足以将整个身体完全抛向空中的尾巴。

母体关照

鳄宝宝是从埋在沙子、泥土或植物堆里的卵中孵化出来的，破壳而出后就会呼唤它们的守护在一旁的鳄妈妈。幼鳄很容易被捕食，通常情况下鳄妈妈会用嘴把它们带到相对安全的水域。如果鳄妈妈感觉到危险，她可能会反复转移幼崽，并会陪伴它们几个月。

鳄

这些热带爬行动物是可怕的半水生食肉动物。湾鳄和尼罗鳄的咬合力是最强大的，尽管负责张开鳄鱼嘴巴的肌肉却出人意料地弱。

喉咙和侧面有黑斑

鳄目动物的骨质大型鳞片会单独脱落或成块脱落

尾部龙骨状鳞片

菱斑鳄
(*Crocodylus rhombifer*)

晒太阳时张开嘴巴防止身体过热

鳄的眼睛和鼻子位于头部的高处，当身体被水淹没时它们仍然可以观察周围和呼吸

鳞片下面的骨板使其背部更加结实

短后肢有 4 个脚趾，前肢有 5 个脚趾

尼罗鳄
(*Crocodylus niloticus*)

◀ 参见爬行动物：第126页

湾鳄重达 1 吨，是现存最大的爬行动物

能量以脂肪形式
储存在尾巴里

与蛇的不同之处在于
其有眼睑

平滑且紧密重
叠的鳞片

普通蛇蜥
(*Anguis fragilis*)

蚓蜥

尽管大多数蚓蜥没有四肢，但这些穴居爬行动物与蜥蜴的关系比与蛇的关系更密切。它们的身体像蠕虫一样，有鳞片状的环，这有助于其抓住土壤。与蚯蚓不同的是，蚓蜥的牙齿发育良好，是昆虫、幼虫和蠕虫的掠食者，它们一般在洞穴中捕食。

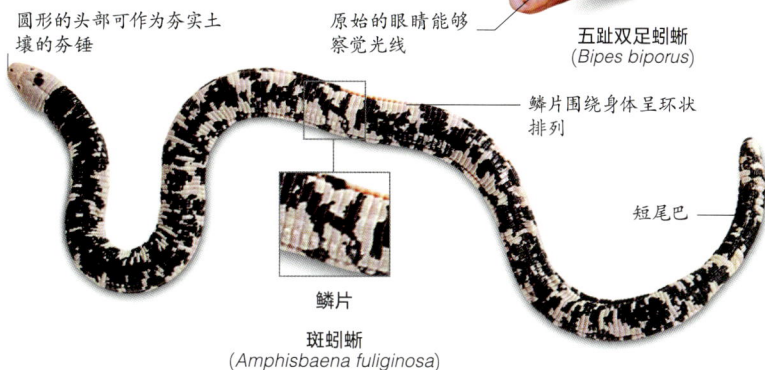

圆形的头部可作为夯实土
壤的夯锤

原始的眼睛能够
察觉光线

这个物种保留
着前肢

五趾双足蚓蜥
(*Bipes biporus*)

鳞片围绕身体呈环状
排列

短尾巴

鳞片

斑蚓蜥
(*Amphisbaena fuliginosa*)

挖地道

蚓蜥有坚硬、紧实的头骨，这使它们能够头朝前进行挖掘。它们特殊的皮肤使其也能向后挖掘。

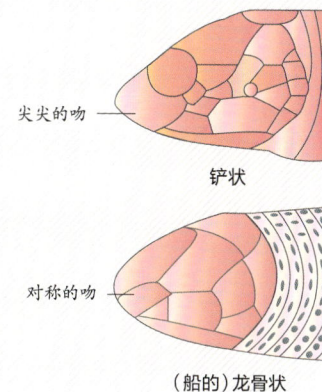

尖尖的吻

铲状

对称的吻

（船的）龙骨状

鼻吻形状

鳄目动物可以通过鼻吻形状及下颌接合的方式来区分。短吻鳄的第 4 颗下牙在嘴巴闭上时正好陷在上颌的一个凹槽内。

相对较短的、
圆形的鼻子

短吻鳄

狭长的吻

恒河鳄

下颌闭合时可见
第 4 颗下牙

真鳄

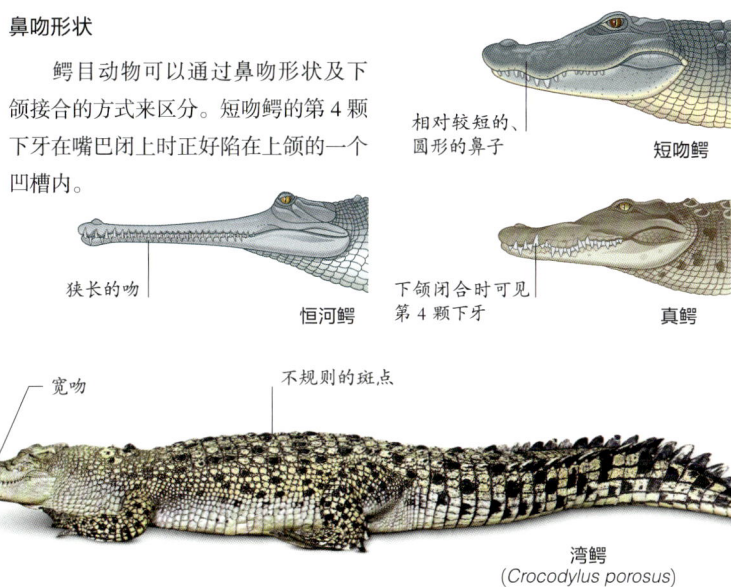

宽吻

不规则的斑点

湾鳄
(*Crocodylus porosus*)

短吻鳄和凯门鳄

这些鳄目动物的低耗能生活方式使大型成年个体能够在一年或更长时间里不吃东西。它们捕猎像闪电一样迅速。它们很少有天敌，除了美洲虎，即使是大型凯门鳄也有可能被美洲虎猎杀。

两眼之间的骨脊看起来像眼镜

中美凯门鳄
(*Caiman crocodilus*)

有力的下颌
能撕咬但
不能咀嚼

美洲短吻鳄
(*Alligator mississippiensis*)

部分蹼状
后脚

长而有力的尾巴推动鳄
在水中前进

恒河鳄

这些长着纤细鼻子的猎鱼专家是游泳健将，但其在陆地上行动却很笨拙。成年的恒河鳄不得不用腹部拖着自己，因为它们的腿无法支撑身体。

下颌有 100—110 颗非常锋利
的小型牙齿

灰色或橄榄
色的皮肤

恒河鳄
(*Gavialis gangeticus*)

鸟类

什么是鸟类

鸟类是如今世界上唯一有羽毛的脊椎动物。这些长着角状无牙喙的卵生动物与爬行动物关系最为密切，但它们是温血动物（恒温动物），和哺乳动物一样都有四腔心脏。中空的骨骼和流线型的翅膀使得10000多种鸟类的大多数种类都可以飞行。鸟类是两足行走的动物，它们用两条后肢跳跃、行走、奔跑、蹚水、栖息或捕捉猎物。它们遍布各大陆及许多偏远的岛屿。

第一批鸟类

约1.5亿年前，鸟类由食肉恐龙进化而来。19世纪60年代，当著名的侏罗纪鸟类化石——始祖鸟化石被发现时，化石上的翅膀、飞羽和尾羽都显示出它具有基本的飞行能力，但与当时的小型有羽翼恐龙（兽脚类恐龙）一样，它有牙齿及一条颀长的骨质尾巴。它的体形像乌鸦那么大（见下面的骨骼）。

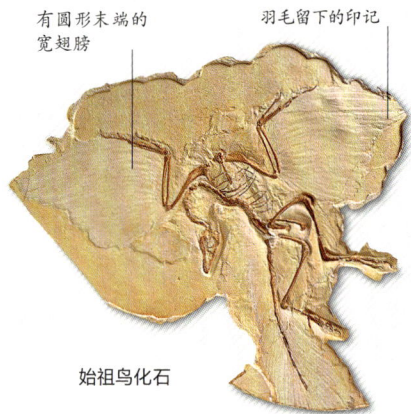

有圆形末端的宽翅膀

羽毛留下的印记

始祖鸟化石

初级飞羽

次级飞羽

尾上覆羽

尾羽

尾下覆羽

肩羽

中覆羽

颈项

颈

冠

额

腋羽

喙

颔

喉

胸

腹

臀

大覆羽

次级覆羽

小覆羽

初级覆羽

泄殖腔

足

腹面

白头海雕
(*Haliaeetus leucocephalus*)

背面

骨骼

鸟类的骨骼是薄壁、坚固、致密、中空的。它们的骨骼数量比爬行动物或哺乳动物少，许多骨骼体积很小甚至融合在一起，如其腕部和翅膀上的指骨。与其他脊椎动物不同，许多鸟类能同时移动上下颌。

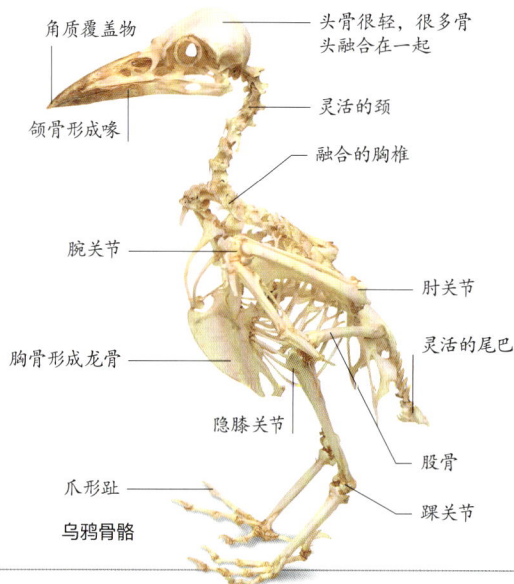

大多数飞鸟的骨骼比羽毛轻

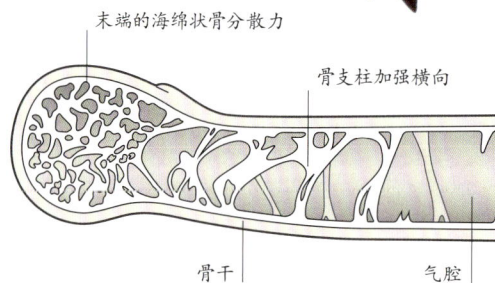

角质覆盖物

颔骨形成喙

头骨很轻，很多骨头融合在一起

灵活的颈

融合的胸椎

腕关节

肘关节

灵活的尾巴

胸骨形成龙骨

隐膝关节

股骨

爪形趾

踝关节

乌鸦骨骼

末端的海绵状骨分散力

骨支柱加强横向

骨干

气腔

中空骨

鸟的骨头并不是所有都含有骨髓，即产生血细胞的物质。取而代之的是，许多骨头都有空气腔和被称作小梁的内部骨骼支撑，小梁的功能就像飞机机翼内的支柱，防止骨骼在鸟类飞行过程中因压力过大而塌陷。

 ◀ 参见**生命的故事**：第86—87页　◀ **恐龙时代**：第90—91页

飞行

为了飞行，鸟以强有力的肌肉反复地扇动翅膀。空气在翅膀弯曲的上表面流动的速度比在下面流动的速度快，翅膀上下出现压力差，从而使鸟上升，而拍打翅膀会产生推力，推动其向上和向前飞行。

融合的指
融合的腕骨
屈肌折叠翼尖
肱三头肌在飞行中伸展翅膀
肌腱
肌腱
翅膀结构
肱二头肌将翅膀折叠在身体上
喙上肌
胸肌

活动中的翅膀

翅膀是鸟类进化后的前肢，关节分别对应于人的肩膀、肘部和手腕。操控翅膀的肌肉包括强有力的胸肌，它的重量是整只鸟体重的三分之一。

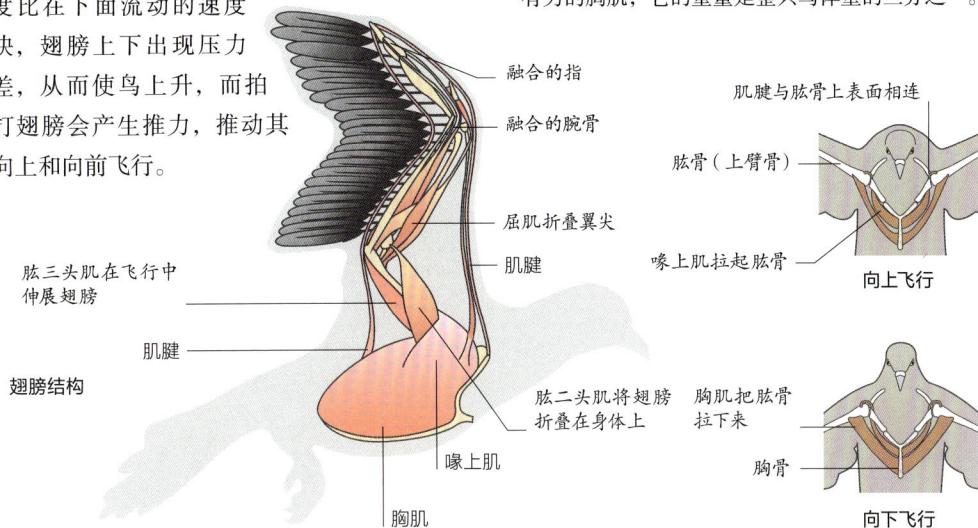

肌腱与肱骨上表面相连
肱骨（上臂骨）
喙上肌拉起肱骨
向上飞行

胸肌把肱骨拉下来
胸肌
向下飞行

长翅膀可以在长时间飞行时节省能量
翅膀完全伸展
主要推力来自翅膀下去时
在下一次向上飞行前，翼尖几乎在身体下方相遇
向上飞行
向下飞行
翅膀弯曲，使尖端靠近身体

扑翼飞行

起飞时，向下拍打的翼压缩下面的空气，将鸟向上推。随着拍打速度的加快，空气对鸟的翅膀产生向上的升力，使得鸟儿在连续拍打时使自身向前移动的同时保持飞行高度。

羽毛

鸟的羽毛有很多种功能，从调节体温到展示或伪装。它们有多种形态，但一般分为 3 种。

绒羽

短小的羽毛紧贴身体，形成厚厚的一层，以保存身体的温度。

松软的羽小枝

正羽

正羽像瓦片一样叠在一起，使得鸟的身体和翅膀呈流线型。

坚韧的羽小枝和毛茸茸的基部

飞羽

翅膀上大而硬的羽毛支持着鸟的飞行，并且可以以最小的阻力穿透空气。长长的尾羽用于辅助飞行和转向。

不对称翼羽

大叶尾羽

飞羽结构

飞羽有一片宽的和一片窄的羽片，由一个中心轴（羽轴）分隔。每个羽片都有羽枝，这些羽枝会生出许多平行的羽小枝，相邻的羽小枝上的钩、槽彼此钩连，形成一个光滑的流线型表面。

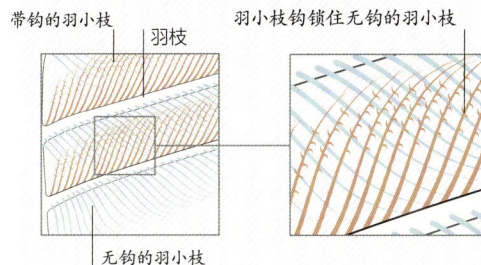

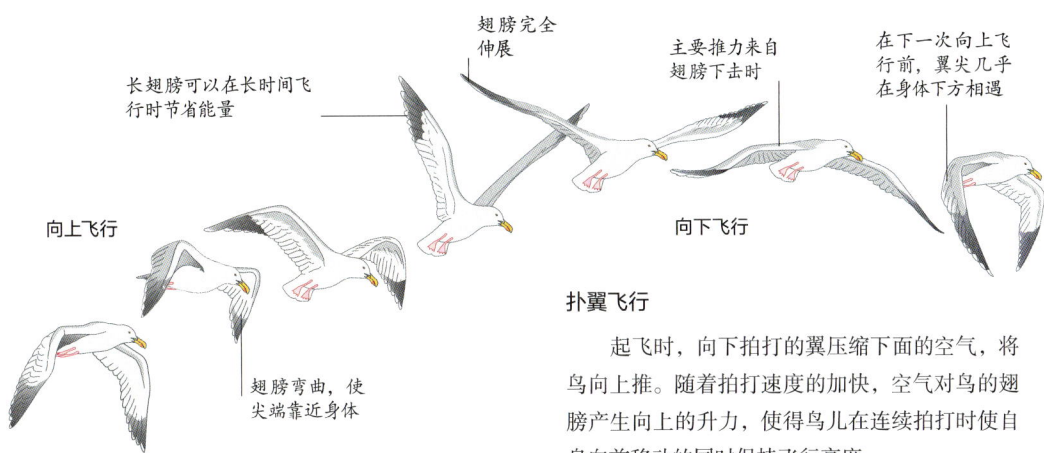

带钩的羽小枝
羽枝
羽小枝钩锁住无钩的羽小枝
无钩的羽小枝

脚的类型

鸟脚的形状和结构取决于鸟的运动方式、生境和食性。掠食性鸟类用锋利的爪子来抓捕猎物，而雀形目鸟类的脚趾排列整齐，三趾向前，一趾向后，使它们能够抓住树枝，并在跳跃时保持平衡。水禽和其他会游泳的鸟类的脚趾之间有柔韧的蹼状皮肤。

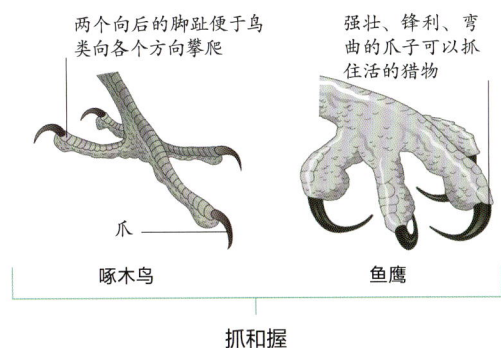

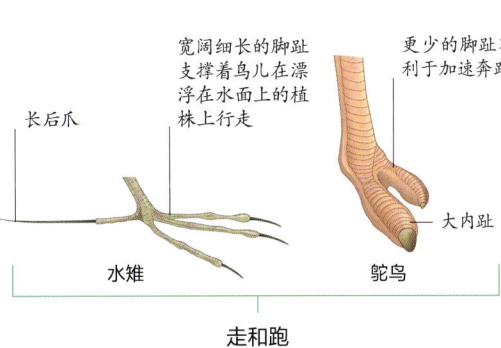

鸵鸟能以 70 千米 / 小时的速度奔跑

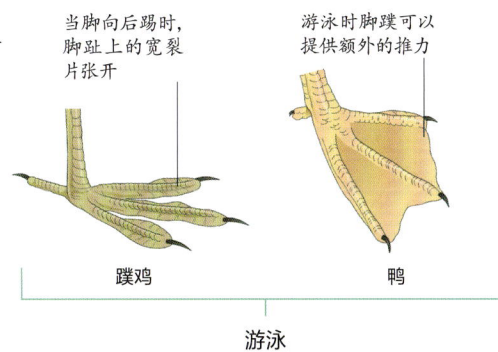

两个向后的脚趾便于鸟类向各个方向攀爬
爪
啄木鸟

强壮、锋利、弯曲的爪子可以抓住活的猎物
鱼鹰

抓和握

长后爪
宽阔细长的脚趾支撑着鸟儿在漂浮在水面上的植林上行走
水雉

更少的脚趾有利于加速奔跑
大内趾
鸵鸟

走和跑

当脚向后踢时，脚趾上的宽裂片张开
蹼鸡

游泳时脚蹼可以提供额外的推力
鸭

游泳

参见**鸟类分类**：第 161 页 ▶ **生物种类**：第 217 页 ▶

≫ 鸟类（续）

呼吸系统

与其他脊椎动物相比，鸟类的肺相对于它们的体形来说更小，但其身体结构弥补了这一点，鸟类全身不同的部位有 9 个气囊。这些气囊不断地将新鲜空气直接输送到鸟类的肺部，这意味着鸟类可以在吸气和呼气的同时补充氧气。

气囊

来自气囊的气流是单向的，因此只有新鲜空气进入肺部，肺吸收更多的氧气扩散到血液中。

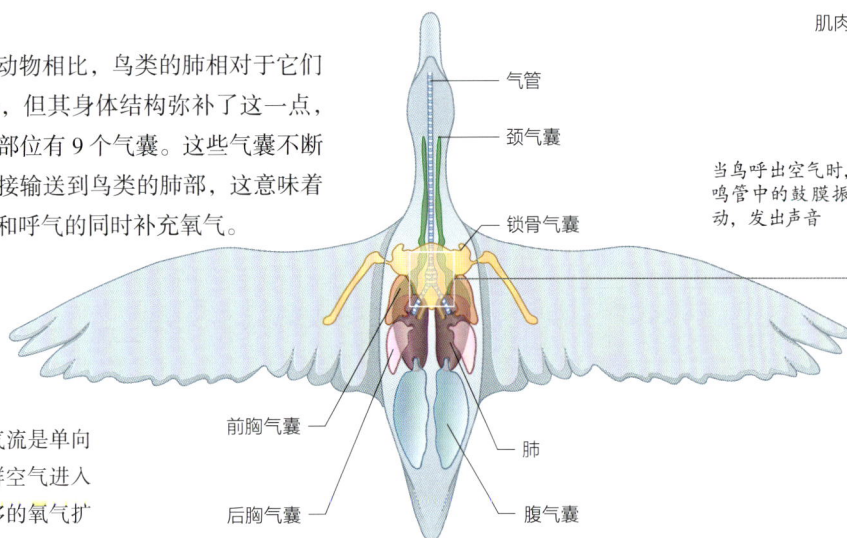

气管
颈气囊
锁骨气囊
前胸气囊
肺
后胸气囊
腹气囊

当鸟呼出空气时，鸣管中的鼓膜振动，发出声音

肌肉
气管
呼出的空气
软骨环通过收紧或放松来控制音调
支气管通向肺

鸣管

气管在鸣管处分为两条主要气道（支气管）。鸣管是鸟类独有的，像哺乳动物的喉头，可以用来发声。

摄食

根据鸟嘴的形状可以推测鸟类的食物来源和它是如何适应栖息地的。虽然许多物种既吃活的猎物，也吃季节性植物，但大多数物种只吃特定的食物，如鱼、昆虫或花蜜。

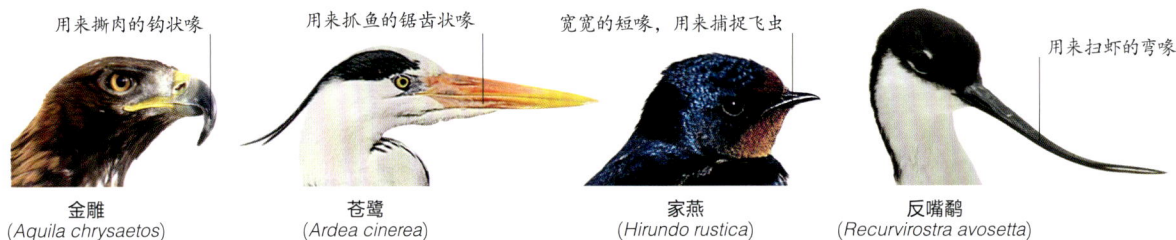

用来撕肉的钩状喙
金雕
(*Aquila chrysaetos*)

用来抓鱼的锯齿状喙
苍鹭
(*Ardea cinerea*)

宽宽的短喙，用来捕捉飞虫
家燕
(*Hirundo rustica*)

用来扫虾的弯喙
反嘴鹬
(*Recurvirostra avosetta*)

鸟巢类型

所有鸟类都需要一个安全的产卵场所，但鸟巢千差万别，如简单的窝，高度复杂的巢，以及危险的悬崖边的"住所"。有些鸟，如蛎鹬，仅依靠伪装用的贝壳来保护自己的卵。

大多数鸟筑开放式的巢，并用柔软温暖的材料铺在巢里

杯状巢

燕子用又软又黏的泥土和草筑巢

附着巢

啄木鸟用它们强壮而锋利的喙在树干上凿洞筑巢

洞巢

鹳在高大的树或建筑物上筑巢

平台巢

鸊鷉用杂草筑巢

浮巢

有些滨鸟直接在地面上产卵

无巢

织巢

雄性织巢鸟通过将草和树叶编织在一根树枝的末端来建造精致的空心巢，其建造的巢有一个向下的入口。

巢穴挂在细树枝上，大多数捕食者都够不到

强壮的脚使它更容易倒挂

喙用来割草和编草

入口在巢的底部

黑额织巢鸟
(*Ploceus velatus*)

视线

鸟类主要通过两种方式观察世界。眼睛位于头部两侧的物种依靠单只眼产生的眼视觉，两只眼睛可以同时聚焦在不同的物体上，以帮助它们避开捕食者。掠食性鸟类朝前的眼睛利用的是双目视觉，以双眼聚焦猎物。

鹰在 3 千米外就可以看到和兔子一样小的猎物

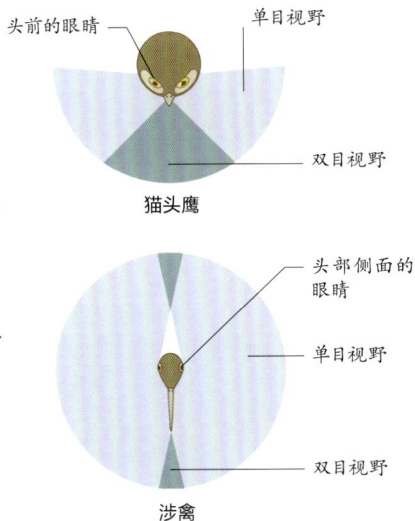

头前的眼睛
单目视野
双目视野
猫头鹰

头部侧面的眼睛
单目视野
双目视野
涉禽

迁徙

许多鸟类只在一个区域生活，有的鸟类则需要为了寻找食物或筑巢地而定期更换生活区域，即迁徙。有些鸟的飞行距离很短，如从高海拔的地方飞到低海拔的地方，而有些鸟一年会飞行两次，飞行距离达数千千米。

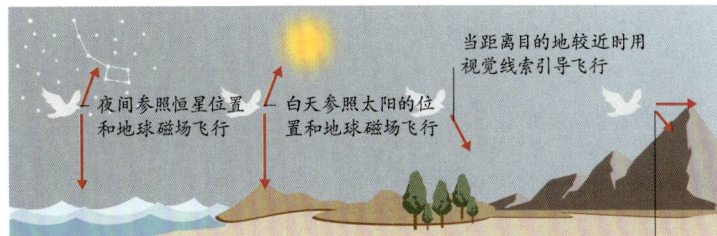

夜间参照恒星位置和地球磁场飞行
白天参照太阳的位置和地球磁场飞行
当距离目的地较近时用视觉线索引导飞行

导航

磁场、恒星和太阳等天体、山脉和其他地标被认为有助于鸟类迁徙。

用视觉线索和独特气味找到家

长喙可用来寻找泥土中的虫子
长嘴麻鹬
（*Numenius americanus*）

布满刚毛的喙可以过滤微生物
小红鹳
（*Phoeniconaias minor*）

细喙用来摘取植物种子
红额金翅雀
（*Carduelis carduelis*）

可用来咬碎坚果的强有力的喙
金刚鹦鹉
（*Ara ararauna*）

可用来采摘浆果的尖喙
乌鸫
（*Turdus merula*）

长而尖的喙可用来汲取花蜜
辉紫耳蜂鸟
（*Colibri coruscans*）

坚硬的白垩质多孔外壳

小鸭子扭动着身子并用嘴轻敲着蛋壳

① 初裂

小鸭子在壳上敲开小洞，使更多的空气进入

② 突破

小鸭子绕着蛋壳划了一圈，大声地向鸭妈妈叫着

③ 锯齿状边缘

用来敲打蛋壳的卵牙（喙上的硬而尖的凸起）

孵化

雏鸟一般需要经过数小时或数天才能破壳而出。大多数雏鸟都有卵牙，它们首先利用卵牙在蛋壳上打一个小洞，然后再划一圈裂缝，直到蛋壳破裂。大多数幼雏都没睁开眼睛，也没有羽毛，所以必须由父母照顾，但水禽和陆禽的幼雏有绒羽，孵化数小时后就能自己觅食了。

全世界每年消耗超过一万亿枚鸡蛋

驯化

人类有目的地驯化的动物演化出了与野生动物不同的特征。最具代表性的家养鸟类是鸡，人们饲养鸡已经有 10000 年了。据说，基因突变使得家养鸡一年四季都能繁殖和下蛋。DNA 分析表明，它们的野生祖先之一是红原鸡（*Gallus Gallus*），原产于东南亚。

小鸭用脚推开蛋壳，蠕动着从蛋里出来
④ 后部出来

小鸭子刚孵出来时虽然虚弱，但睁着眼睛、十分警觉
⑤ 破壳

腿和脚还不足以支撑身体
粗短的翅膀没有飞羽
潮湿的绒羽
⑥ 晾干

参见鸟类分类: 第 161 页 ▶

» 鸟类（续）

鸟目

　　DNA 分析和物种比较的进步彻底改变了现代鸟类的分类方式，特别是在目一级。分类学的依据各种各样，本书所用的系统根据基因组和形态学相似性将鸟类分为 40 个目（如图所示）。其中有些目仅包含少数物种，例如，几维鸟是其目的唯一成员，但鸣禽所在的雀形目有 6000 多个物种。

不会飞的鸟类

　　在进化的不同阶段，许多鸟类丧失了飞行能力，进化出了致密的骨骼、较小的翅膀和较大的身体。有些鸟类，如陆栖的鹬鸵和鸵鸟，被称为平胸类，有扁平的胸骨。平胸类没有"龙骨"——固定飞行肌肉的骨脊。企鹅保留了龙骨，但进化出了桨状翅膀以在水下"飞行"。

适于游泳的坚硬的鳍状翅膀

帝企鹅
(*Aptenodytes forsteri*)
企鹅科

丰满的身体

红翅鹬
(*Rhynchotus rufescens*)
鹬科

二趾足

普通鸵鸟
(*Struthio camelus*)
鸵鸟科

三趾足

大美洲鸵
(*Rhea americana*)
美洲鸵科

蓬松的、像头发一样的羽毛

双垂鹤鸵
(*Casuarius casuarius*)
鹤鸵科

鼻孔在喙尖

北褐几维
(*Apteryx mantelli*)
无翼科

宽而扁平的喙

绿头鸭
(*Anas platyrhynchos*)
鸭科

雄性有色彩鲜艳的羽毛

蓝孔雀
(*Pavo cristatus*)
雉科

流线型身体

红喉潜鸟
(*Gavia stellata*)
潜鸟科

短而硬的重叠羽毛形成厚厚的羽毛层

王企鹅
(*Aptenodytes patagonicus*)
企鹅科

管状鼻孔

南方皇家信天翁
(*Diomedea epomophora*)
信天翁科

小脑袋，细脖子

凤头䴙䴘
(*Podiceps cristatus*)
䴙䴘科

斜喙

智利红鹳
(*Phoenicopterus chilensis*)
红鹳科

飘带般的长尾

白尾鹲
(*Phaethon lepturus*)
鹲科

匕首般的喙

白鹳
(*Ciconia ciconia*)
鹳科

伸长的脚趾

美洲红鹮
(*Eudocimus ruber*)
鹮科

---

4 个脚趾通过蹼相连

蓝脚鲣鸟
(*Sula nebouxii*)
鲣鸟科

强有力的钩状喙

白头海雕
(*Haliaeetus leucocephalus*)
鹰科

雄性竖起颈部羽毛进行展示

小鸨
(*Tetrax tetrax*)
鸨科

短而圆的翅膀

白胸拟鹑
(*Mesitornis variegatus*)
拟鹑科

喙基部隆起的羽冠

红腿叫鹤
(*Cariama cristata*)
叫鹤科

雀形目的物种数比其他目鸟类物种数量的总和还要多

坚硬的金色羽冠

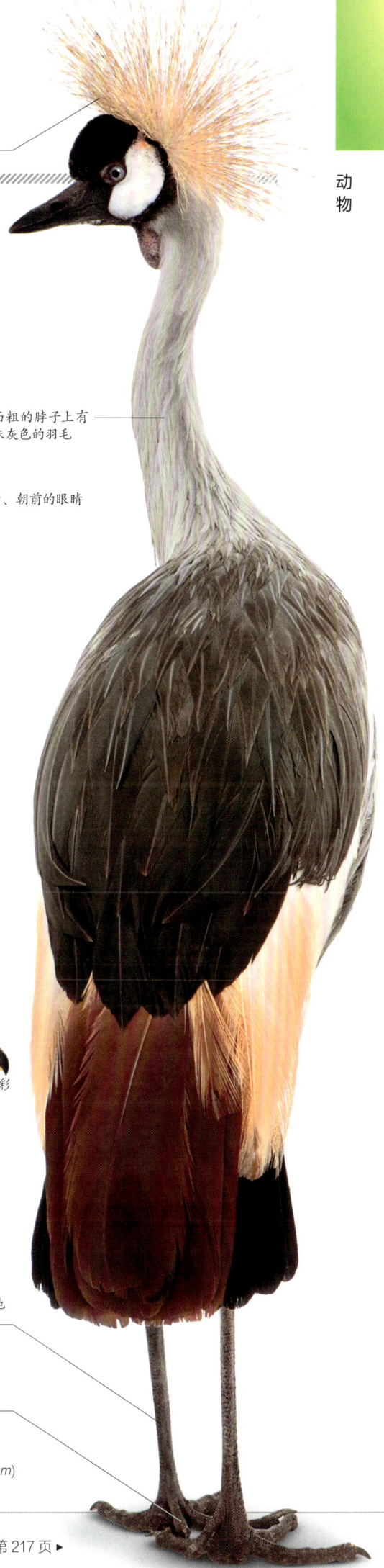

长而粗的脖子上有珍珠灰色的羽毛

细长的喙

日鳽
(*Eurypyga helias*)
日鳽科

色彩鲜艳的大型喙

北极海鹦
(*Fratercula arctica*)
海雀科

小脑袋

花头沙鸡
(*Pterocles coronatus*)
沙鸡科

身体胖胖的，胸部丰满

原鸽
(*Columba livia*)
鸠鸽科

宽大的翅膀有助于身体平衡

麝雉
(*Opisthocomus hoazin*)
麝雉科

翅膀上的红色是因为有羽红素

红冠蕉鹃
(*Tauraco erythrolophus*)
蕉鹃科

长长的尾巴

走鹃
(*Geococcyx californianus*)
杜鹃科

大大的、朝前的眼睛

仓鸮
(*Tyto alba*)
草鸮科

看似喙很小，但能张得很大，喙基有鬃毛

欧亚夜鹰
(*Caprimulgus europaeus*)
夜鹰科

高度灵活的翅膀

辉紫耳蜂鸟
(*Colibri coruscans*)
蜂鸟科

眼睛周围裸露的皮肤

可逆的外脚趾

蓝枕鼠鸟
(*Urocolius macrourus*)
鼠鸟科

铜尾美洲咬鹃
(*Trogon elegans*)
咬鹃科

两个脚趾朝前，两个脚趾朝后

鹃鴗
(*Leptosomus discolor*)
鹃鴗科

大大的头和喙

紫胸佛法僧
(*Coracias caudatus*)
佛法僧科

扇形羽冠

戴胜
(*Upupa epops*)
戴胜科

大大的、色彩鲜艳的喙

鞭笞巨嘴鸟
(*Ramphastos toco*)
鵎鵼科

喙上的小"牙"

灵活的钩状喙

游隼
(*Falco peregrinus*)
隼科

金刚鹦鹉
(*Ara macao*)
鹦鹉科

雀形目特有的脚，可以牢牢抓住植物的小茎

蓝山雀
(*Cyanistes caeruleus*)
山雀科

长腿有利于在草地和沼泽地中行走

发达的后脚趾有助于栖息在树上

灰冠鹤
(*Balearica regulorum*)
鹤科

参见鸟类分类：第 161 页 ▶ 生物种类：第 217 页 ▶

哺乳动物

什么是哺乳动物

哺乳动物是一个高度多样化的类群，生活在地上、地下、林中或海洋，但它们有一些共同的特征，这使它们有别于其他动物。它们有毛发，下颌与头骨直接相连，还有 3 块中耳骨，雌性哺乳动物通过乳腺分泌乳汁喂养幼崽。所有哺乳动物都是温血动物（恒温动物），这也是它们与鸟类的共同特征。

身体大部分覆盖着毛发

哺乳幼崽

分泌乳汁

雌性哺乳动物拥有乳腺——由汗腺进化而来。初期，乳房产生含有抗体和蛋白质的初乳，随后分泌富含脂肪的乳汁，通常由导管或乳头渗出。

幼猫直接吮吸母猫的乳头获取乳汁

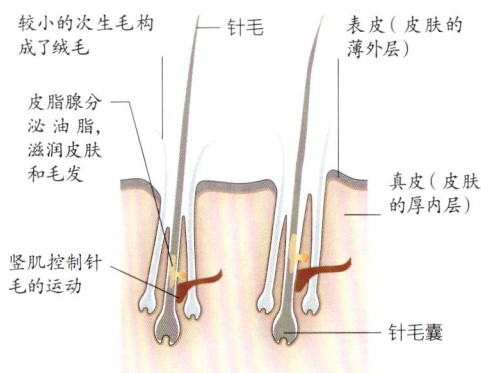

较小的次生毛构成了绒毛

针毛

表皮（皮肤的薄外层）

皮脂腺分泌油脂，滋润皮肤和毛发

真皮（皮肤的厚内层）

竖肌控制针毛的运动

针毛囊

毛

哺乳动物的毛是由一种叫作角蛋白的丝状蛋白质构成的，覆盖了哺乳动物体表的大部分。哺乳动物的毛有 3 种形式：柔软、隔热的绒毛，坚韧的针毛，以及敏感的触毛。

哺乳动物身体系统

像所有的脊椎动物一样，哺乳动物的身体通过相互依赖的系统运行，从保护性皮肤到骨骼框架，以及由大脑信号通过神经系统激活的肌肉。缺少其他系统的配合，控制血液循环的大脑和心肌就无法正常工作。只有系统间相互作用才能维持个体的生存。

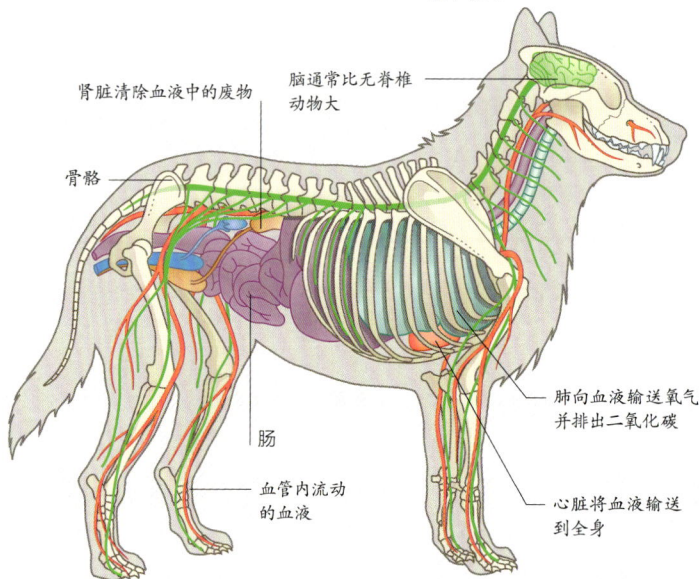

肾脏清除血液中的废物

脑通常比无脊椎动物大

骨骼

肺向血液输送氧气并排出二氧化碳

肠

血管内流动的血液

心脏将血液输送到全身

图例

- 🟦 生殖系统
- 🟥 循环系统
- 🟩 神经系统
- 🟪 消化系统
- 🟧 排泄系统
- 🟩 呼吸系统

单孔目动物

单孔目动物只在澳大利亚和新几内亚有发现，它们是卵生而不是胎生。现存的物种只有 5 种——鸭嘴兽和 4 种针鼹。所有单孔目动物都有高度特化的喙状口鼻，成年单孔目动物没有牙齿。

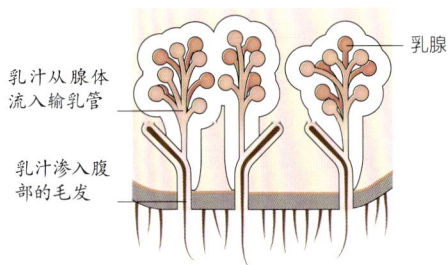

乳汁从腺体流入输乳管

乳腺

乳汁渗入腹部的毛发

单孔目动物的乳腺

单孔目动物没有乳头。雌性单孔目动物通过输乳管将乳汁直接分泌到皮肤上，这些输乳管形成了两个扁平的、覆盖着皮毛的乳腺区，幼崽可以从这些乳腺区中取食。

刺比毛长

用长管状的鼻吻搜寻食物

防水的皮毛

扁平的喙

扁平的尾巴充当方向舵

有蹼的前足

短吻针鼹
(*Tachyglossus aculeatus*)

鸭嘴兽
(*Ornithorhynchus anatinus*)

针鼹幼崽刚孵化出来时身长约 12 毫米，体重仅为 0.57 克

高度灵敏的喙

鸭嘴兽闭上眼睛、耳朵和鼻孔潜入水下，但它喙中的特殊受体细胞使它能够捕食水底的甲壳类动物、昆虫幼虫和蠕虫。其喙上约有 4 万个电感受器，能探测到猎物肌肉收缩时发出的电信号，约有 6 万个机械性刺激感受器能追踪水中压力和运动的变化。

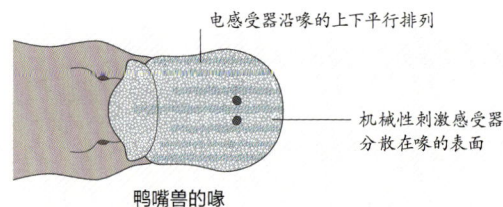

电感受器沿喙的上下平行排列

机械性刺激感受器分散在喙的表面

鸭嘴兽的喙

两边长满毛的大耳朵

伸长的口吻

有袋动物

虽然不是所有的有袋动物都有一个育儿袋，但有袋哺乳动物的名字来源基于其有"袋"。其幼崽是胎生的，但没有胎盘。所以，有袋动物的胚胎是由自己的卵黄囊滋养的，且在极短的妊娠期后出生。刚出生的幼崽像胎一样小，没有睁开眼睛，弱小无助，它爬进母体的育儿袋，在那里吮吸乳头继续发育。

强有力的尾巴支持两足站立，同时在跳跃时平衡身体

小袋鼠会在母袋鼠的育儿袋里待11个月

东部灰袋鼠
(*Macropus giganteus*)

澳大利亚食肉有袋动物

袋獾是体形最大的食肉有袋动物，有攻击性，它以蛇及腐肉等为食，而比袋獾体形小得多的袋食蚁兽以白蚁为食。

头部和颈部相对于身体更大

有力的足爪可以撕开白蚁丘

袋食蚁兽
(*Myrmecobius fasciatus*)

袋獾
(*Sarcophilus harrisii*)

美国负鼠

弗吉尼亚负鼠是墨西哥北部发现的唯一有袋动物，是生活在美洲的103种负鼠中的一种。与大多数负鼠一样，它是一种半树栖杂食动物，以动物卵、小型哺乳动物、昆虫和水果为食。许多物种都有一条可缠绕的尾巴，当它们攀爬时，尾巴可以抓住树枝。

裸耳

草地负鼠
(*Lestodelphys halli*)

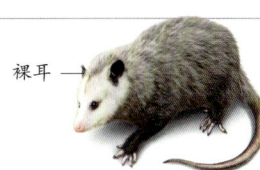

弗吉尼亚负鼠
(*Didelphis virginiana*)

易于缠绕的长尾巴

小鼠负鼠
(*Marmosa murina*)

小尾鼠负鼠
(*Marmosa demerae*)

小袋鼠在母袋鼠妊娠 28 天左右出生

双子宫

雌性有袋动物有两个阴道与两个子宫相连，还有一个中间的阴道为产道。在袋鼠体内，一个胚胎在一个子宫内发育时，另一个胚胎则处于休眠状态。

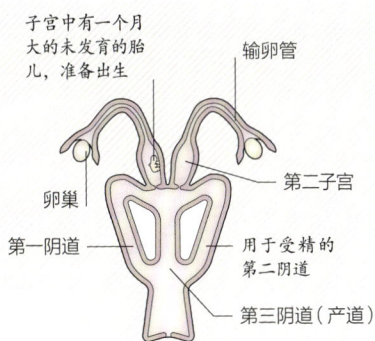

子宫中有一个月大的未发育的胎儿，准备出生

输卵管

第二子宫

卵巢

第一阴道

用于受精的第二阴道

第三阴道（产道）

袋鼹

目前，世界上只有两种袋鼹，且只生活在澳大利亚。与真正的鼹鼠不同的是，它们在挖洞的过程中不会挖出隧道，只是在沙土中移动并寻找猎物。

前脚上的大爪子用于挖掘和抓捕猎物

南袋鼹
(*Notoryctes typhlops*)

袋鼠及其近亲

袋鼠属于巨足动物科，因其拥有有力的后腿而闻名。尽管外表差异较大，但树袋熊、袋熊、袋鼯和负鼠都是巨足动物的近亲，都属于袋鼠目。

小树袋熊离开了妈妈朝下的育儿袋后，被妈妈背在背上

长尾用来保持身体平衡

多丽树袋鼠
(*Dendrolagus dorianus*)

紧凑的身体和短腿有利于挖掘

普通袋熊
(*Vombatus ursinus*)

前肢和后肢之间有毛茸茸的滑翔膜

蜜袋鼯
(*Petaurus breviceps*)

树袋熊
(*Phascolarctos cinereus*)

参见哺乳动物分类：第 162—163 页 ▶ 生物种类：第 217 页 ▶

>> 哺乳动物（续）

有胎盘的子宫

胎盘是由多层组织组成的复杂器官，一旦胎儿被植入子宫，胎盘就会在子宫内形成。胎盘通过脐带将母体与胎儿连接起来，从母体输送氧气和营养物质给胎儿，同时带走胎儿体内产生的二氧化碳和废物。

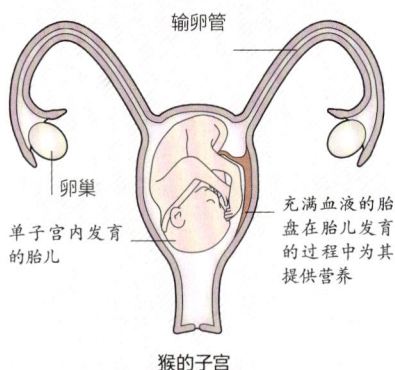

输卵管

卵巢

单子宫内发育的胎儿

充满血液的胎盘在胎儿发育的过程中为其提供营养

猴的子宫

有胎盘的哺乳动物

除了单孔目动物和有袋动物，其他哺乳动物都是有胎盘的（真兽类）。相比非胎盘哺乳动物，从微小的鼩鼱到巨大的蓝鲸，所有这些动物都会产下在子宫内经过了长得多的时间发育的幼崽。如此长的妊娠期为真兽类动物的胎儿提供了更多的营养。

幼崽由母亲携带、喂养和照料3～4年

黑猩猩母亲和黑猩猩幼崽

生产幼崽时，乳腺会对幼崽生时母体释放的激素作出反应而分泌乳汁

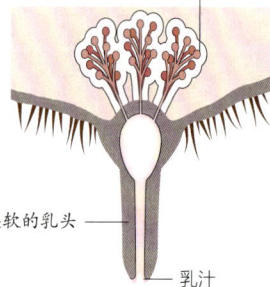

柔软的乳头

乳汁

乳腺

乳腺是一种特化的汗腺聚集在一起形成的可以分泌乳汁的器官，雌性真兽类具有乳头。

普通马岛猬最多能产下 32 个幼崽，但雌性的乳头最多只有 29 个

马岛猬和金鼹

金鼹是穴居动物，马岛猬则能适应各种栖息地。这些小型食虫动物分别是非洲和马达加斯加特有的。

如果感受到威胁就会滚成刺球

马岛猬
(Echinops telfairi)

有刺的粗糙皮毛

低地纹猬
(Hemicentetes semispinosus)

长长的、柔软的皮毛覆盖着身体

荒漠金鼹
(Eremitalpa granti)

象鼩

象鼩原产自非洲。它们以食虫为主，也捕食蜘蛛和蚯蚓，它们用长而灵活的鼻子来探测猎物。它们的后腿又长又有力，跑得很快。

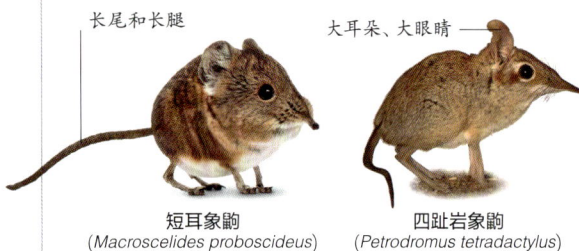

长尾和长腿

短耳象鼩
(Macroscelides proboscideus)

大耳朵、大眼睛

四趾岩象鼩
(Petrodromus tetradactylus)

土豚

虽然土豚外形很像食蚁兽，但它与大象的亲缘关系更为密切，是非洲的本土物种。夜间它从洞穴里出来嗅找蚂蚁和白蚁，并用又长又黏的舌头捕食。

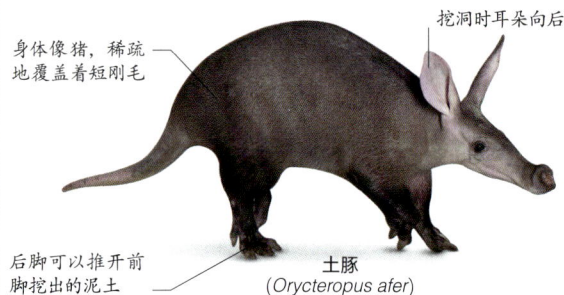

挖洞时耳朵向后

身体像猪，稀疏地覆盖着短刚毛

后脚可以推开前脚挖出的泥土

土豚
(Orycteropus afer)

儒艮和海牛

儒艮和海牛是地球上唯一的草食性海洋哺乳动物，主要以海草为食。儒艮主要分布在印度洋和西太平洋的浅海地区，海牛则栖息在美洲东部、亚马孙河流域和西非缓慢流动的河流、海湾和沿海地区。

厚实的皮肤，流线型的身体

分叉的、扁平的尾巴

儒艮
(Dugong dugon)

浓密的感觉鬃毛

桨形尾巴

鼻孔在水下关闭

桨状前肢

西印度海牛
(Trichechus manatus)

◀ 参见 史前哺乳动物：第 92—93 页 ◀ 哺乳动物：第 140—141 页

象

象可重达 6.8 吨，是地球上最大的陆生动物。这些高智商、群居的哺乳动物是"自然景观设计师"，它们会在茂密的灌木丛中开辟道路，清理树木和灌木，并在所到之处排泄出种子，多年后长成森林。非洲草原象原产于撒哈拉沙漠以南地区，而体形较小的亚洲象原产于印度和东南亚地区。

非洲草原象的鼻子末端有两个相对的手指状凸起

一只非洲象的鼻子有 40000 个肌束

雄象长而粗、向前弯曲的象牙（上门牙）重量可超过 100 千克

大大的、多褶的耳朵可以散发多余的热量

坚韧、松弛、有皱纹的皮肤

睫毛长可达 12.7 厘米

非洲草原象
(*Loxodonta africana*)

象鼻有一个手指状的尖端

较小的耳朵

柱子一样的腿

亚洲象
(*Elephas maximus*)

头骨变轻

成年象的头骨平均重 52 千克，对于如此庞大的动物来说，这是相对较轻的。微小的气腔遍布头骨，使骨骼密度降低，但仍足够支持颈部肌肉活动。

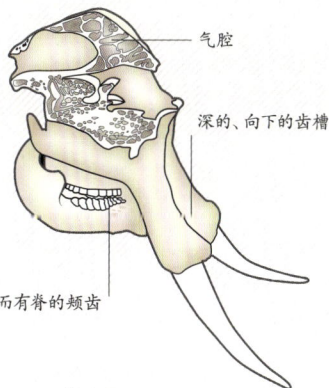

气腔

深的、向下的齿槽

大而有脊的颊齿

缓冲脚

大象是趾行动物，也就是说它是用脚趾走路的。脚趾由脚底厚厚的脂肪组织垫支撑，有减震作用，即使在不平坦的地面行走也能保持稳定。

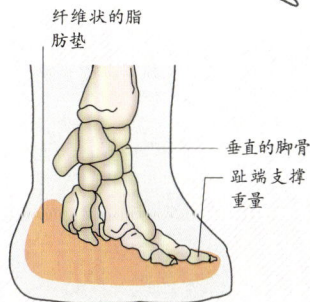

纤维状的脂肪垫

垂直的脚骨

趾端支撑重量

蹄兔

蹄兔原产于非洲和西南亚，是食草动物，有一对不断生长的獠牙状上门齿，可用于防御。它们后脚的第一趾和第三趾是有蹄的，说明蹄兔与原始有蹄哺乳动物有亲缘关系。

丰满的身体

南非树蹄兔
(*Dendrohyrax arboreus*)

后脚上的对趾

潮湿的脚就像硬表面上的吸盘

岩蹄兔
(*Procavia capensis*)

参见哺乳动物分类：第 162—163 页 ▶

犰狳

犰狳与树懒和食蚁兽有亲缘关系，只生活在美洲，大部分生活在赤道附近。它们的食物包括昆虫、植物和卵。犰狳科的 21 个物种都利用有角蛋白覆盖的分节骨板（皮内成骨）来保护自己免受捕食者的伤害。

6～8 个骨质带甲

六带犰狳
(*Euphractus sexcinctus*)

尾巴没有保护皮内成骨

五趾裸尾犰狳
(*Cabassous centralis*)

当缩成防御性球状时，披甲的头部会折叠在尾巴旁

由柔韧的皮肤连接的铰链式盖甲

三带犰狳
(*Tolypeutes tricinctus*)

树懒和食蚁兽

树懒、食蚁兽和犰狳都有额外的腰椎关节，可以加强其背部和臀部的力量。这样它们就可以腾出前肢去挖掘昆虫或觅食树叶，为这些新陈代谢很慢的动物节省能量。

前脚有 2 个具钩爪的脚趾（后脚有 3 个）

前肢比后肢长

林氏二趾树懒
(*Choloepus didactylus*)

毛发从腹部长出来

树懒的前肢结构

树懒的四肢进化到可以将身体悬挂在树枝上，脚趾的数量减少，最后进化成了细长的钩状爪子。前肢的牵引肌更强，而后肢的伸展肌更强。

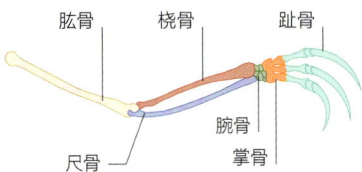

肱骨　桡骨　趾骨

尺骨　腕骨　掌骨

管状长吻

大食蚁兽
(*Myrmecophaga tridactyla*)

足有 3 趾

卷曲的尾巴

褐喉三趾树懒
(*Bradypus variegatus*)

小食蚁兽
(*Tamandua tetradactyla*)

穴兔、旷兔和鼠兔

这些食草动物属于兔形目。它们被食肉动物广泛猎食，其大眼睛和大耳朵有助于察觉危险，长后腿使它们能够快速奔跑，从而逃脱捕食者的追捕。

短而厚的皮毛

耳朵两面都有毛

北美鼠兔
(*Ochotona princeps*)

眼睛在头部两侧

巨大的耳朵可以散发身体多余的热量

长后腿

棕色的皮毛到冬季会变成白色

安哥拉兔
(*Oryctolagus cuniculus*)

黑尾兔
(*Lepus californicus*)

欧洲兔
(*Lepus europaeus*)

雪兔
(*Lepus timidus*)

鼯猴

鼯猴原产于东南亚，夜间活动的鼯猴可利用有毛发覆盖的翼膜在树木之间滑翔，距离可达 70 米。

巽他猫猴
(*Galeopterus variegatus*)

树鼩

树鼩科动物生活在东南亚，其以昆虫和水果为食，一些物种还会舔食巨型猪笼草的花蜜，并将粪便留在猪笼草的管内作为肥料。

鼻吻上没有胡须

普通树鼩
(*Tupaia glis*)

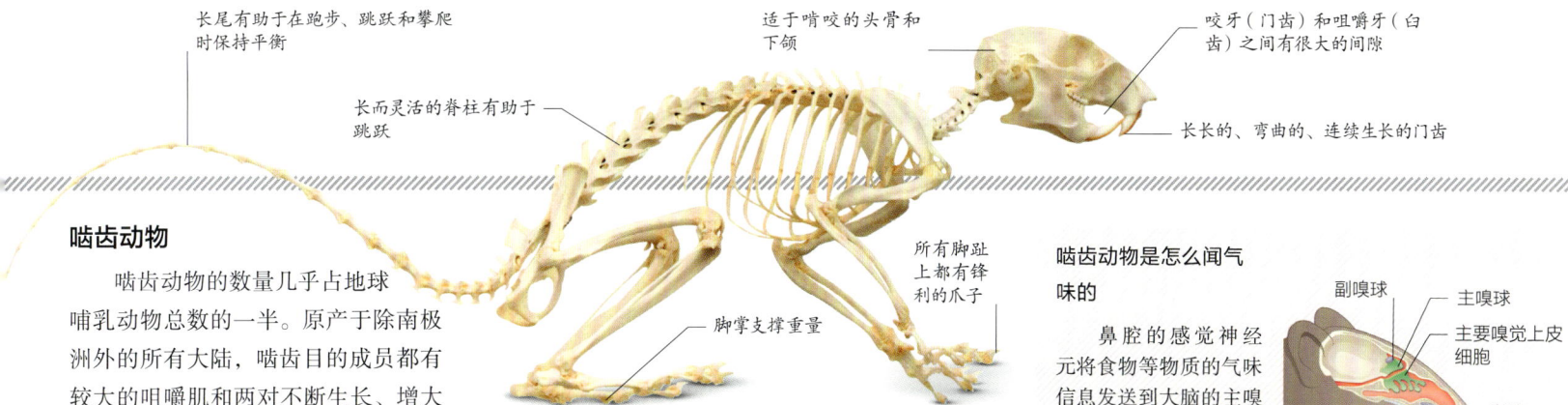

长尾有助于在跑步、跳跃和攀爬时保持平衡

适于啃咬的头骨和下颌

咬牙（门齿）和咀嚼牙（臼齿）之间有很大的间隙

长而灵活的脊柱有助于跳跃

长长的、弯曲的、连续生长的门齿

所有脚趾上都有锋利的爪子

脚掌支撑重量

啮齿动物

啮齿动物的数量几乎占地球哺乳动物总数的一半。原产于除南极洲外的所有大陆，啮齿目的成员都有较大的咀嚼肌和两对不断生长、增大的上下门齿。大多数都有敏锐的嗅觉和听觉，还有长长的触须。

松鼠骨骼

生活在树上的松鼠有爪状的脚趾、结实的下颌骨和许多陆生啮齿动物常见的长尾。松鼠会跳跃和攀爬，需要更长的后肢。

啮齿动物是怎么闻气味的

鼻腔的感觉神经元将食物等物质的气味信息发送到大脑的主嗅球。犁鼻器检测其他动物的信息素并与副嗅球相连。

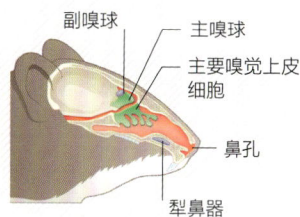

副嗅球 / 主嗅球 / 主要嗅觉上皮细胞 / 鼻孔 / 犁鼻器

小鼠的嗅觉系统

松鼠形啮齿动物

它们是穴居的地栖动物或筑巢的树栖动物，生活在热带雨林和北极苔原等不同的栖息地。大多以植物、种子和坚果为食。

前爪抓食物

毛茸茸的尾巴

尾巴几乎和身体一样长

欧亚赤松鼠
(*Sciurus vulgaris*)

东美花鼠
(*Tamias striatus*)

靠近头部的小耳朵

大大的黑眼睛

黑尾草原犬鼠
(*Cynomys ludovicianus*)

非洲睡鼠
(*Graphiurus sp.*)

鼠形啮齿动物

老鼠及其近亲是世界上最小的啮齿动物之一，通常生活在人类居住的环境中。也是最成功的进化者，因为它们出生率高、适应能力强。

大大的颊囊在觅食时可以储存食物

一只雌性褐家鼠一年内可能有 15000 只后代

卷曲的尾巴缠绕在植物茎上

在高速跳跃时用来保持身体平衡的尾巴

裸露的尾巴

前爪空出可以抓住另一根茎

马岛仓鼠
(*Hypogeomys antimena*)

金仓鼠
(*Mesocricetus auratus*)

非洲跳鼠
(*Jaculus jaculus*)

褐家鼠
(*Rattus norvegicus*)

巢鼠
(*Micromys minutus*)

豚鼠形啮齿动物

豚鼠形啮齿动物包括天竺鼠、长耳豚鼠和如猪般大小的水豚（现存最大的啮齿动物），它们只生活在南美洲。新大陆豪猪和旧大陆豪猪与其他啮齿动物的不同之处在于其尾巴较小，体型较大、较重，四肢较短。

倒钩状的棘刺

耳朵、眼睛和鼻子都长在头上

厚而柔软的皮毛可以保暖

大脑袋，钝鼻吻

南非豪猪
(*Hystrix africaeaustralis*)

巴拿马水豚
(*Hydrochoerus hydrochaeris*)

毛丝鼠
(*Chinchilla lanigera*)

长毛豚鼠
(*Cavia porcellus*)

跳兔

发达的后肢使这些非洲啮齿动物成为优秀的跳跃者，而有利爪的前肢使它们能够挖掘洞穴。跳兔是食草动物，主要以植物的茎、根和果实为食。

竖直的大耳朵

坐着时用来支撑的尾巴

南非跳兔
(*Pedetes capensis*)

河狸形啮齿动物

河狸是大型啮齿动物，体重可达 30 千克。它们在湿地和溪流中建造大型水坝，改变景观。由于其颌骨和牙齿结构的相似性，它们与更格卢鼠和囊鼠被归为一类。

长胡须有助于在黑暗中感知空间

笨重的身体

扁平的、有鳞的尾巴拍打水面作为警报

用于跳跃的长长的后腿和脚

奥氏更格卢鼠
(*Dipodomys ordii*)

美洲河狸
(*Castor canadensis*)

参见哺乳动物分类：第 162—163 页 ▶

眼镜猴不能移动它们的大眼睛，
但可以将头旋转近 180 度

灵长类

灵长类是仅次于啮齿动物和蝙蝠的第三大哺乳动物类群，共有 480 种，分为原猴、猴和猿（包括智人）。所有灵长类动物的大脑都比较大，手和脚都有 5 个指头，大多数灵长类动物的手指和脚趾上都有扁平的指甲。

除了改善卫生，梳理
毛发也是一种放松

社交性梳理

大多数灵长类动物生活在群体中，成员之间的关系通过梳理毛发得以增进，就像这些猕猴一样。

猴的手臂结构

大多数原猴和猴都是四足行走的动物，它们的手臂和手的基本结构与人类相似，但其手臂骨骼较长，更强壮，便于负重和移动。

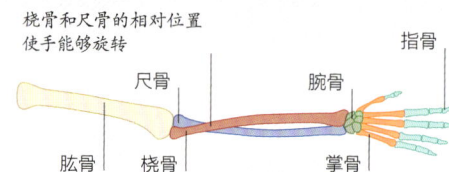

桡骨和尺骨的相对位置
使手能够旋转

指骨

尺骨　　腕骨

肱骨　桡骨　　　掌骨

原猴类

原猴意为"前猴"，是最原始的灵长类动物。大多数是树栖动物，嗅觉比其他灵长类动物更发达。第二个脚趾上的长爪是用来梳理毛发的。

狐猴

超过 100 种狐猴生活在马达加斯加。白天活动的物种群居生活，夜间活动的物种则独居。较小的狐猴以昆虫和水果为食，而大多数较大的狐猴为食草性。

身材修长，身体像猫一样

狭窄的脸

尾巴用来向队伍里的其他成员发出信号

环尾狐猴
(*Lemur catta*)

狐猴是世界上最小的
灵长类动物

长尾有助于保持身体平衡

可活动的大耳朵

大眼睛

粗尾猴
(*Otolemur crassicaudatus*)

蓬尾婴猴
(*Galago moholi*)

婴猴

婴猴是生活在树上的小型灵长类动物，原产于撒哈拉以南的非洲。它们的脚有细长的骨头，脚掌上有厚而粗糙的脚垫，可以抓住树枝，以适应树栖的生活方式。婴猴都是夜间活动的，主要以水果、昆虫、树胶和花蜜为食。

用来判断距离的前向
眼睛

阿劳特拉驯狐猴
(*Hapalemur alaotrensis*)

雄性有红棕色的脸颊

厚厚的毛

长且毛发浓密的尾巴

獴美狐猴
(*Eulemur mongoz*)

脂肪储存在尾巴和后腿

赤褐鼠狐猴
(*Microcebus rufus*)

懒猴和树熊猴

这些小型灵长类动物在森林的树枝间缓慢移动，手脚紧紧地贴在一起。懒猴和树熊猴原产于亚洲和非洲，它们用含有轻度毒性的唾液舔舐皮毛来自卫。

钳形的手掌

倭蜂猴
(*Nycticebus pygmaeus*)

举起手臂
保持平衡

毛茸茸的
大耳朵

肌肉发达的
腿可以使其
在开阔地带
灵活奔跑

科氏冕狐猴
(*Propithecus coquereli*)

很矩的尾
巴，只有
5 厘米长

大狐猴
(*Indri indri*)

有白色针毛的
粗糙毛皮

指猴
(*Daubentonia
madagascariensis*)

眼镜猴

眼镜猴原产于东南亚地区，夜间活动，以昆虫为食。它们的腿很长，脚跟也很长，每次能跳 3 米远，手指又长又细，趾尖有盘状的脚垫，便于抓握。

眼睛比大脑还要重一点

邦加眼镜猴
(*Tarsius syrichta*)

◀ 参见**史前哺乳动物**：第 92—93 页　　◀ **人类的演化**：第 94—95 页

猴

其可分为两个地理上不同的亚群，300 多个物种使其成为最大的灵长类群。猴和猿都是好学的动物，大脑很大，但猴的身体较小，胸部较窄，而且大多数都有长长的尾巴。

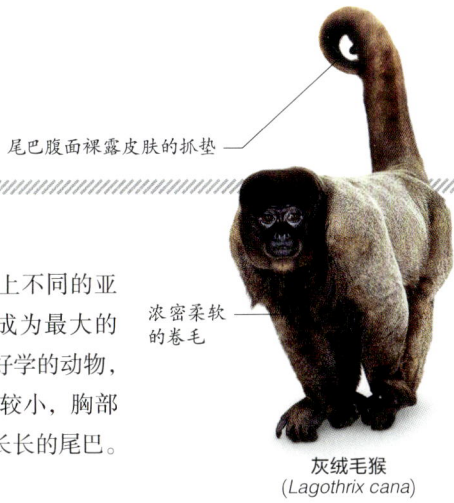

尾巴腹面裸露皮肤的抓垫

浓密柔软的卷毛

灰绒毛猴
(*Lagothrix cana*)

成年雄性有长而浓密的胡须，雄性和雌性都会咆哮

有力的可抓握的尾巴可作为第五肢，辅助支撑身体

扁平的指甲可以保护敏感的指尖

红吼猴
(*Alouatta seniculus*)

红吼猴的叫声可以达到 90 分贝 ——大到足以损害听力

新世界猴

新世界猴有扁平的鼻子和侧向的鼻孔。它们分布在墨西哥及中南美洲，包括从 85 克的侏儒狨猴到 14.5 千克的吼猴，等等。大多数没有对生拇指，许多有可用来抓握的尾巴（卷缠尾）。

和猫头鹰的面部相似，别名为猫头鹰猴

手指和脚趾上的大指垫

北夜猴
(*Aotus trivirgatus*)

独特的白色眼周毛发

非卷曲的尾巴，仅用于保持身体平衡

普通松鼠猴
(*Saimiri sciureus*)

头顶黑色，像戴了黑色皮毛帽

相对较短的四肢

卷曲的尾巴上没有裸露的皮肤

簇绒卷尾猴
(*Sapajus apella*)

成年的雄性和雌性都有白色胡须

有爪的手指和脚趾

长须猴
(*Saguinus imperator*)

旧世界猴

原产于亚洲、中东、非洲和直布罗陀，旧世界猴的鼻子狭窄，鼻中隔细长，鼻孔朝下。它们一般比新大陆猴体形大，它们的臀部无毛，有臀垫，其中很多种类有对生的拇指。

臀部的硬臀垫

前额有明显的白色条纹

东非绿猴
(*Chlorocebus pygerythrus*)

大颊囊可以用来储存食物

白腹长尾猴
(*Cercopithecus mona*)

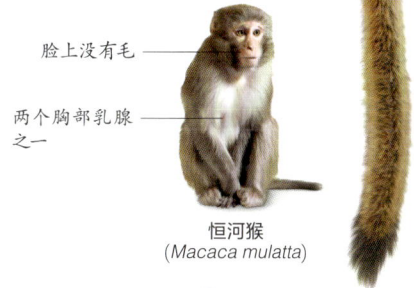

脸上没有毛

两个胸部乳腺之一

恒河猴
(*Macaca mulatta*)

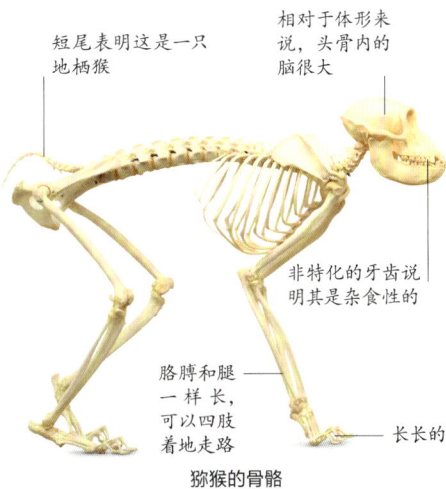

短尾表明这是一只地栖猴

相对于体形来说，头骨内的脑很大

非特化的牙齿说明其是杂食性的

胳膊和腿一样长，可以四肢着地走路

长长的手指

猕猴的骨骼

长长的、像狗一样的鼻吻

裸露的臀部和脸

山魈
(*Mandrillus sphinx*)

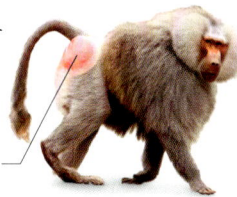

阿拉伯狒狒
(*Papio hamadryas*)

没有颊囊

手上有未完全发育的拇指

成年雄性背部毛发又长又厚

灵巧的手在其坐着的时候可以采集食物

狮尾狒
(*Theropithecus gelada*)

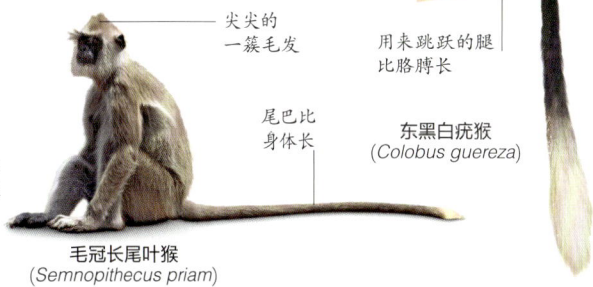

尖尖的一簇毛发

尾巴比身体长

毛冠长尾叶猴
(*Semnopithecus priam*)

用来跳跃的腿比胳膊长

东黑白疣猴
(*Colobus guereza*)

参见猿：第 148 页 ▶ 哺乳动物分类：第 162—163 页 ▶

≫ 哺乳动物（续）

猿

被称为猿的高智商灵长类动物是人类的近亲。猿与其他灵长类动物有几个不同之处，如有更大、更复杂的大脑，没有可见的外部尾巴。

大猩猩

大猩猩原产于非洲和东南亚热带雨林，是猿类中体型最大的。最大的山地大猩猩能长到 1.82 米高，重达 220 千克。晚上，它们在用树叶、树枝做成的窝里或地上睡觉。

高拱形的头顶

成年雄性具有银背

向前看的眼睛

长而有力的手臂

行走时指关节承受身体重量

大脚趾和其他脚趾相对

西部大猩猩
(Gorilla gorilla)

猩猩是世界上最大的树栖哺乳动物

山地亚种有长而蓬松的毛皮

东部大猩猩
(Gorilla beringei)

鼻孔向下紧闭

婆罗洲猩猩
(Pongo pygmaeus)

脸上裸露的皮肤随着年龄的增长而变黑

黑猩猩
(Pan troglodytes)

头顶的毛发从中间分开

倭黑猩猩
(Pan paniscus)

灵巧的手

4 根手指和与之对生的拇指使大猩猩的抓握有力并精细。拇指与其他手指相对，使其能够独立活动，这样猿类既能够操纵小树枝之类的小物体，也能抓住较大的树枝等以获得支撑。

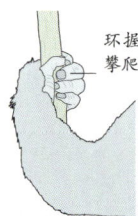

环握树枝攀爬

强力抓握

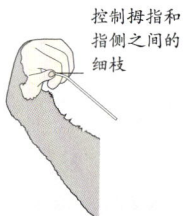

控制拇指和指侧之间的细枝

精密抓握

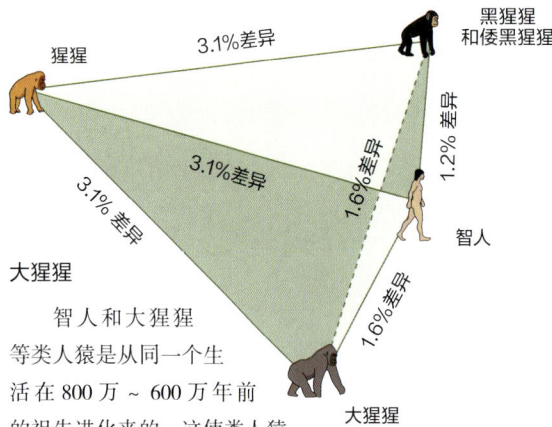

猩猩

黑猩猩和倭黑猩猩

3.1%差异

3.1%差异

3.1%差异

1.6%差异

1.2%差异

智人

1.6%差异

大猩猩

大猩猩

智人和大猩猩等类人猿是从同一个生活在 800 万～600 万年前的祖先进化来的，这使类人猿物种之间的基因差异非常小。智人的近亲是黑猩猩和倭黑猩猩，我们共享 98.8% 的非编码 DNA。

小型无尾猿

只在东南亚热带森林中被发现的小型无尾猿，或称为长臂猿，是猿类中体形最小的，身长不到 1 米，体重为 8 千克。它们主要以植物为食，大脑比类人猿小。长臂猿有紧密的雌雄成对关系，通常通过唱二重唱来加强这种关系。

钩子一样的长手指

手臂的长度为躯干的 2.5 倍

大脚趾与其他脚趾相对，用于沿着树枝直立行走

合趾猿
(Symphalangus syndactylus)

雌性和雄性大声鸣叫，完成二重唱

雌性白掌长臂猿
(Hylobates lar)

大多数长臂猿具有性别双色二态性，雄性长臂猿的颜色要深得多

雄性白掌长臂猿
(Hylobates lar)

独特的白眉毛

白眉长臂猿
(Bunopithecus hoolock)

这个物种的两性有相同的颜色

银白长臂猿
(Hylobates moloch)

臂跃行动

长臂猿主要栖息在树上，通过一种被称为臂跃的方式，即一只手接一只手地摆动在树木间移动。超长的前肢和高度灵活的肩关节、肘关节和腕关节使它们能够轻松且省力地移动。

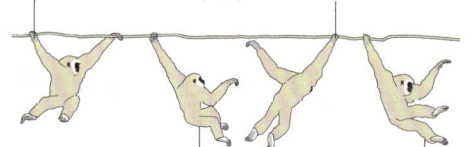

腕部独特的球型关节

长臂猿摇摆着寻找距其 2.25 米远的下一个抓手

手腕允许身体旋转近 180 度

长臂猿转回另一个方向，重复摆动周期

◂ 参见史前哺乳动物：第 92—93 页　◂ 灵长类：第 146—147 页

蝙蝠

蝙蝠是唯一能够真正飞行的哺乳动物。除了极地和极端沙漠地区，几乎在地球上的各个栖息地都能找到蝙蝠的身影。许多蝙蝠是贪婪的食虫动物，每天晚上都要吃掉与自身同等重量的昆虫。有 300 多种植物依靠蝙蝠传粉。

大而且灵活的耳朵

身体上覆盖皮毛

尾膜像袋子一样将用翅膀捕获的大型昆虫送到口中

翼膜上可见血管

软骨杆（跟骨）使尾膜绷紧

灰长耳蝠
(*Plecotus austriacus*)

蝙蝠翼解剖学

蝙蝠翅膀的骨头和人类的前臂和手一样，只是比例有很大的调整。细长的手指支撑着翼膜，翼膜在手臂和身体之间展开。

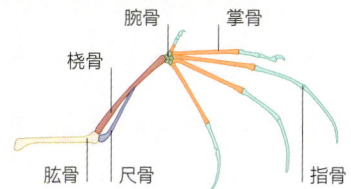

腕骨 掌骨
桡骨
肱骨 尺骨 指骨

回声定位

有些蝙蝠视力很好，所有蝙蝠嗅觉都很灵敏，但所有小蝙蝠亚目的蝙蝠都依靠回声定位在夜间捕猎和导航。它们的嘴或鼻子发出声音脉冲（声波）击中物体，产生回声，反射回耳朵，获得有关物体大小、形状和位置的信息。

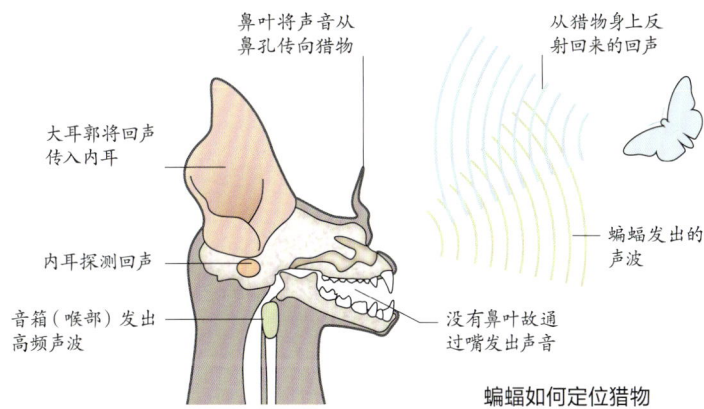

鼻叶将声音从鼻孔传向猎物

从猎物身上反射回来的回声

大耳郭将回声传入内耳

内耳探测回声

音箱（喉部）发出高频声波

没有鼻叶故通过嘴发出声音

蝙蝠发出的声波

蝙蝠如何定位猎物

冬眠

生活在冬季或寒冷地区的蝙蝠要么迁徙到温暖的地方过冬，要么冬眠。它们倒挂在洞穴或建筑物中，或挤进山体的裂缝中。它们的体温会降低，新陈代谢和呼吸也会减慢，在寒冷的时候可以进入深度睡眠。

水凝结在冬眠蝙蝠冰冷的身体上

纳氏鼠耳蝠
(*Myotis nattereri*)

大蝙蝠亚目

这些热带和亚热带蝙蝠又被称为果蝠，如狐蝠。它们主要以鲜花和水果为食。它们通常比小蝙蝠亚目的物种体形大，有一双大眼睛，在晚上看东西很清楚，耳朵小，食指有爪。它们长有长型口鼻，没有进行回声定位的必要特征。

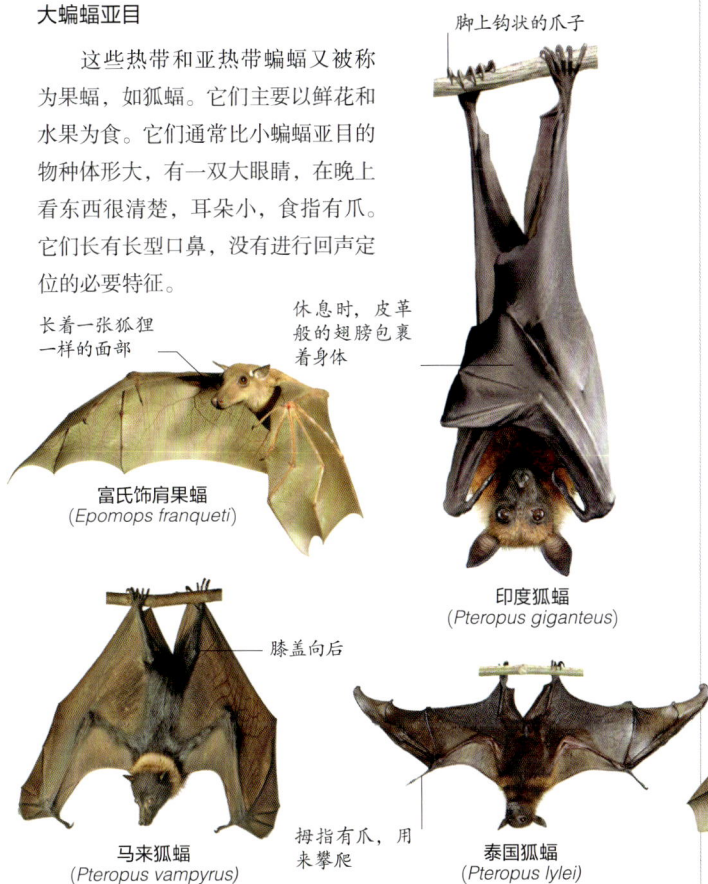

长着一张狐狸一样的面部

富氏饰肩果蝠
(*Epomops franqueti*)

休息时，皮革般的翅膀包裹着身体

脚上钩状的爪子

印度狐蝠
(*Pteropus giganteus*)

膝盖向后

马来狐蝠
(*Pteropus vampyrus*)

拇指有爪，用来攀爬

泰国狐蝠
(*Pteropus lylei*)

小蝙蝠亚目

大多数蝙蝠都是"小型蝙蝠"，分布在从热带到温带的世界各地。大多数蝙蝠捕食昆虫，也有些较大的物种以小型脊椎动物为食，所有吸血蝠（3 种）只以血为食。

重量只有 1.5 克的猪鼻蝠是世界上最小的哺乳动物。

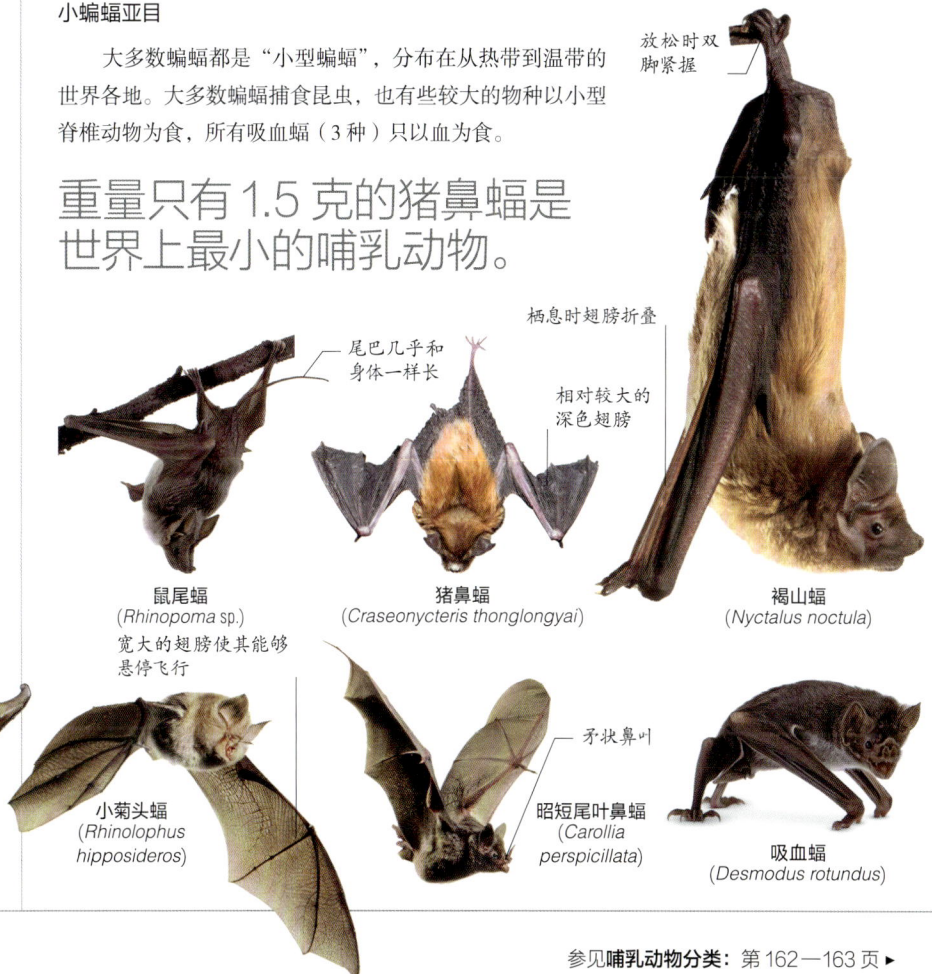

放松时双脚紧握

栖息时翅膀折叠

相对较大的深色翅膀

尾巴几乎和身体一样长

鼠尾蝠
(*Rhinopoma sp.*)

猪鼻蝠
(*Craseonycteris thonglongyai*)

褐山蝠
(*Nyctalus noctula*)

宽大的翅膀使其能够悬停飞行

小菊头蝠
(*Rhinolophus hipposideros*)

矛状鼻叶

昭短尾叶鼻蝠
(*Carollia perspicillata*)

吸血蝠
(*Desmodus rotundus*)

刺猬和月鼠

虽然刺猬和月鼠外表看起来不一样，但它们来自同一个古老的类群。刺猬原产于欧亚大陆和非洲，月鼠和刺氏鼩猬则生活在东南亚。它们既吃无脊椎动物，也以水果为食，为杂食性，且都是游泳健将和攀岩高手。

大耳朵有助于散热

长且有鳞的尾巴

大耳猬
(*Hemiechinus auritus*)

月鼠
(*Echinosorex gymnura*)

刺猬的防御

刺猬身上长满了空心刺。它们出生后 1 小时左右会长出临时的刺，1 ~ 2 天后会长出永久的刺。蜷缩起来的刺猬能抵御大多数食肉动物的侵害。毛茸茸的月鼠则不同，它们受到威胁时会释放有毒的气味。

保护所有易受伤部位

一旦危险解除，其头部和前腿就会伸出来

刺被认为是一种特化的毛发，长 2 ~ 3 厘米

蜷缩成一团

头和前腿从球里伸出

欧洲猬
(*Erinaceus europaeus*)

鲸类动物

大多数现代鲸类都是海洋哺乳动物，被认为是从约 5000 万年前由陆生哺乳动物进化而来的。相适应的进化包括以脚蹼代替前肢，以尾巴代替后肢，通过头顶的气孔呼吸。有些鲸类动物生活在淡水中。

尾部有两个水平尾鳍

穿山甲

高度濒危的穿山甲用它们特别长的舌头（长达 40 厘米）来捕食白蚁和蚂蚁。它们没有牙齿，靠肌肉发达的胃来"研磨"食物。它们的身体几乎完全被坚硬、重叠的鳞片保护着，非洲和亚洲所有的穿山甲（共 8 种）在受到威胁时都会滚成一个球。

尾巴上锋利的鳞片可以抵御外敌

依靠手腕行走以保护长爪

南非穿山甲
(*Manis temminckii*)

鳞片的形成

与人的毛发一样，穿山甲鳞片是由角蛋白构成的，但穿山甲的角蛋白融合形成重叠、不断生长的盔甲状鳞片。

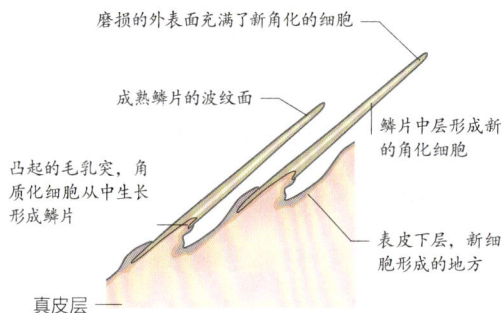

磨损的外表面充满了新角化的细胞

成熟鳞片的波纹面

鳞片中层形成新的角化细胞

凸起的毛乳突，角质化细胞从中生长形成鳞片

表皮下层，新细胞形成的地方

真皮层

柯氏喙鲸可以下潜近 3 千米，在水下可停留 2 小时 18 分钟

鼩鼱和鼹鼠

鼹鼠前肢发达便于挖洞，而食虫水栖鼹鼠的前脚掌进化出了半蹼以便在水下狩猎。沟齿鼩和鼩鼱利用有毒的唾液捕食昆虫和其他猎物。

苍白的皮毛会随着年龄的增长变黑

海地沟齿鼩
(*Solenodon paradoxus*)

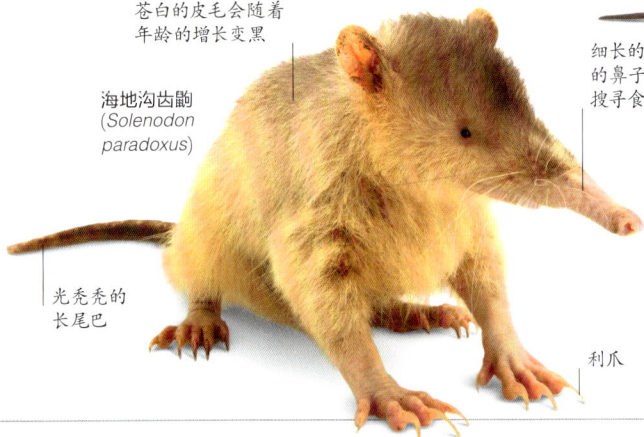

细长的、可移动的鼻子，有助于搜寻食物

脚上的硬毛和尾巴能辅助游泳

被短毛遮住的耳朵

小小的眼睛

水鼩鼱
(*Neomys fodiens*)

微小鼩鼱
(*Cryptotis parva*)

光秃秃的长尾巴

利爪

长鼻子作为通气管，也可用来搜寻食物

前脚可以左右推土

比利牛斯鼬鼹
(*Galemys Pyrenaicus*)

欧鼹鼠
(*Talpa europaea*)

海豚的鳍状肢解剖学

鳍状肢有助于鲸类在水下转动，防止身体翻滚。尽管经过了长时间的进化，但其骨骼与陆生哺乳动物的前肢仍相同。腕骨的数量因物种而异。有些鲸目动物也用鳍状肢来进行社交接触。

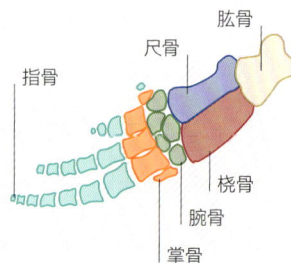

肱骨

尺骨

指骨

桡骨

腕骨

掌骨

◀ 参见**史前哺乳动物**：第 92—93 页

背鳍有助于身体稳定

无毛、流线型的身体

气孔

下颌延伸形成喙

用于转向的脚蹼

长吻真海豚
(*Delphinus capensis*)

须鲸

须鲸由角蛋白构成的梳子状鲸须可以将磷虾等浮游生物困在嘴里，并排出海水。它们有 2 个气孔。蓝鲸体长可达 32.6 米，是地球上最大的动物。

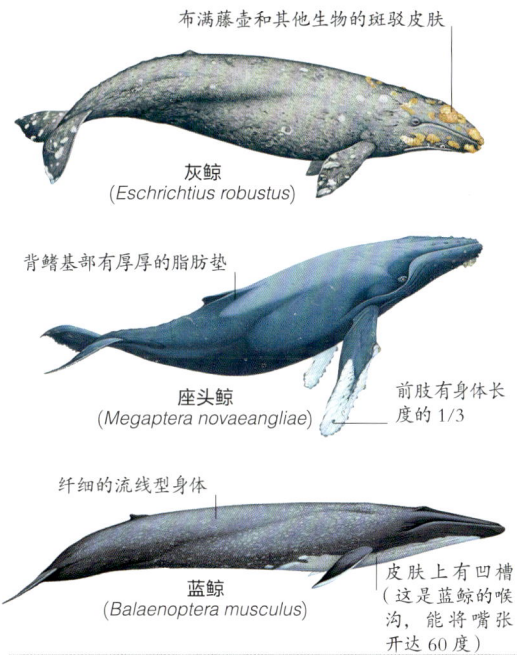

布满藤壶和其他生物的斑驳皮肤

灰鲸
(*Eschrichtius robustus*)

背鳍基部有厚厚的脂肪垫

座头鲸
(*Megaptera novaeangliae*)

前肢有身体长度的 1/3

纤细的流线型身体

蓝鲸
(*Balaenoptera musculus*)

皮肤上有凹槽（这是蓝鲸的喉沟，能将嘴张开达 60 度）

齿鲸

齿鲸有构造简单的尖牙，有 1 个气孔。它们有极度濒危的 1.5 米长的加湾鼠海豚（*Phocoena sinus*）和 19.2 米长的抹香鲸。

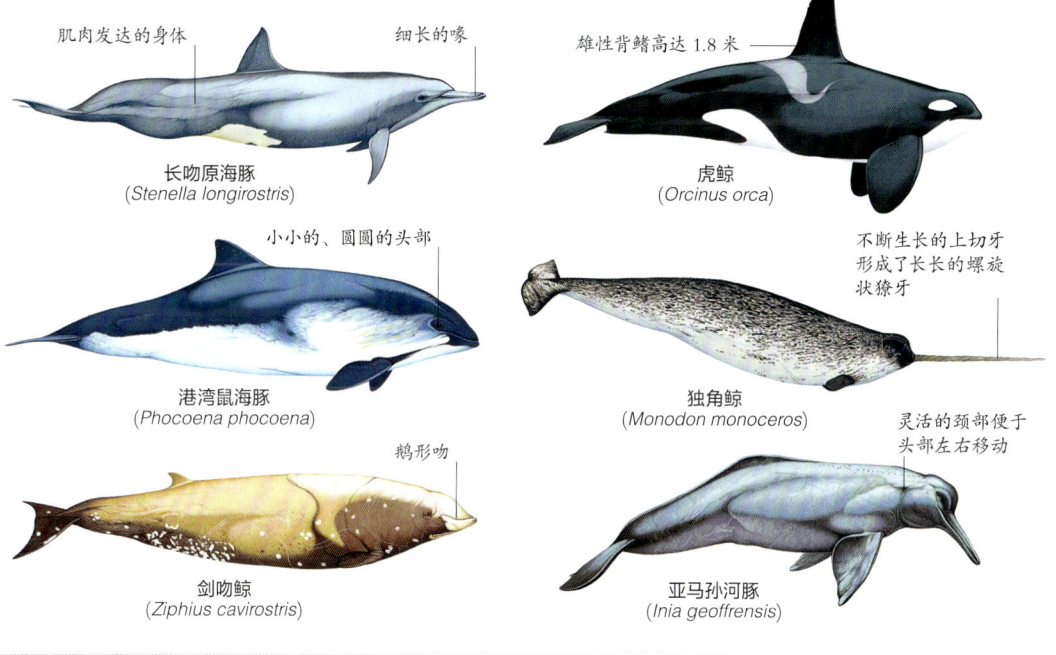

肌肉发达的身体

细长的喙

长吻原海豚
(*Stenella longirostris*)

小小的、圆圆的头部

港湾鼠海豚
(*Phocoena phocoena*)

鹅形吻

剑吻鲸
(*Ziphius cavirostris*)

巨大的钝状头部占体长的 1/3

抹香鲸
(*Physeter catodon*)

雄性背鳍高达 1.8 米

虎鲸
(*Orcinus orca*)

不断生长的上切牙形成了长长的螺旋状獠牙

独角鲸
(*Monodon monoceros*)

灵活的颈部便于头部左右移动

亚马孙河豚
(*Inia geoffrensis*)

下颌和牙齿

宽大的嘴巴和灵活的下颌使须鲸能够吸入大量含有食物的海水，并排出海水。齿鲸的嘴较窄，强壮的下颌有助于捕捉和抓住猎物。

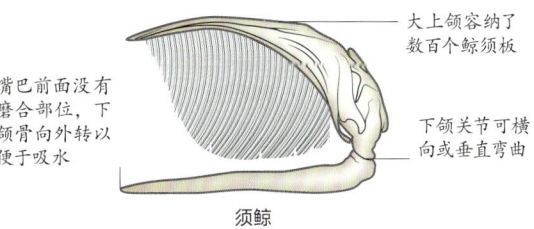

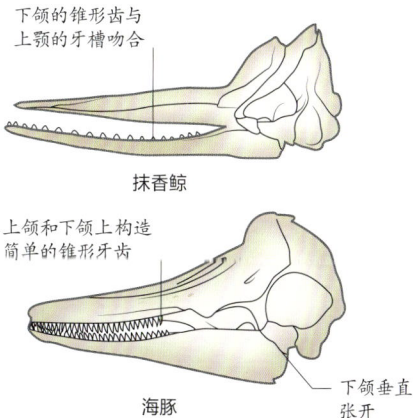

嘴巴前面没有磨合部位，下颌骨向外转以便于吸水

大上颌容纳了数百个鲸须板

下颌关节可横向或垂直弯曲

须鲸

下颌的锥形齿与上颚的牙槽吻合

抹香鲸

上颌和下颌上构造简单的锥形牙齿

下颌垂直张开

海豚

回声定位

齿鲸发出的高频声波会被其头上充满脂肪的器官（额隆）聚焦。齿鲸依靠猎物等反射的声波来定位目标。

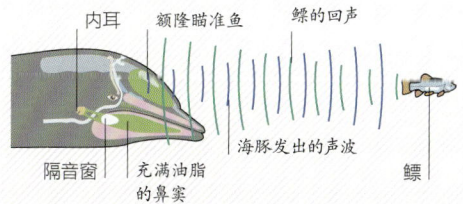

内耳

额隆瞄准鱼

鲦的回声

隔音窗

充满油脂的鼻窦

海豚发出的声波

鲦

参见哺乳动物分类：第 162—163 页 ▶

>> 哺乳动物（续）

食肉类

食肉目的哺乳动物必须通过猎食其他动物或吃动物尸体才能生存。陆生食肉动物可小到黄鼠狼（体重只有 25 克），也可大到北极熊（体重高达 650 千克）。

骨架

食肉动物必须比猎物更聪明、移动速度更快、体力更强，或更狡猾。其短的前肢、长而有力的后肢有助于在狩猎时保持身体稳定和高速移动。

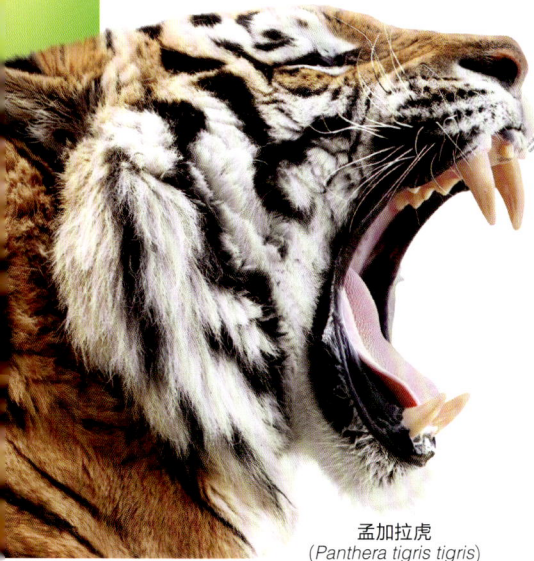

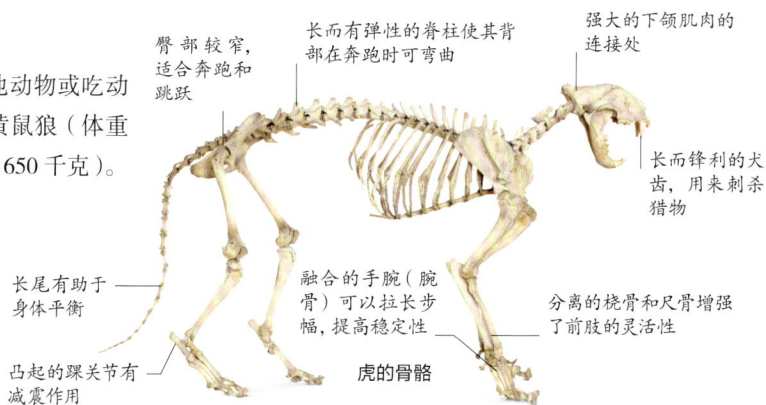

孟加拉虎
(Panthera tigris tigris)

臀部较窄，适合奔跑和跳跃

长而有弹性的脊柱使其背部在奔跑时可弯曲

强大的下颌肌肉的连接处

长而锋利的犬齿，用来刺杀猎物

长尾有助于身体平衡

融合的手腕（腕骨）可以拉长步幅，提高稳定性

分离的桡骨和尺骨增强了前肢的灵活性

凸起的踝关节有减震作用

虎的骨骼

海狮、海豹和海象

鳍脚类（鳍足类海洋哺乳动物）也是食肉动物。鱼类、头足类和甲壳类动物是它们常见的猎物，但豹海豹也捕食其他鳍足类动物。

海象以獠牙为"冰镐"，将自己拖到浮冰或陆地上

小型外耳

加州海狮
(Zalophus californianus)

在陆地上时，其后脚蹼向前转动

岛海狮
(Arctocephalus gazella)

后脚蹼在陆地上不提供任何支撑

灰海豹
(Halichoerus grypus)

雄性肉鼻

南象海豹
(Mirounga leonina)

成年雄性的超大獠牙（犬齿）可长达 1 米

海象
(Odobenus rosmarus)

犬及其近亲

像狼这样的肉食动物的食物中至少 70% 是肉。然而，大多数犬科动物食物中 30% ~ 70% 为肉，同时也觅食植物（浆果和根茎）或菌物。

每个脚趾上都长有结实的足垫

灰狼
(Canis lupus)

狼的头骨和牙齿

猎食性食肉动物有巨大的臼齿——骨质刀片，上前臼齿和下臼齿通过开合进行切割。

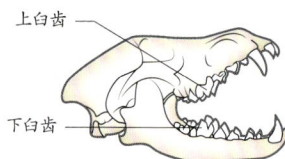

上臼齿

下臼齿

野生犬类

犬科动物的成员依靠嗅觉、听觉和视觉来追踪猎物。狐狸和土狼往往单独或成双成对狩猎，而狼和非洲野犬则成群结队地狩猎。

长而尖的鼻口

白色冬毛的厚度是夏季的两倍

北极狐
(Alopex lagopus)

毛长而浓密的尾巴

赤狐
(Vulpes vulpes)

宛如戴着黑色面罩

腿部的毛很短

貉
(Nyctereutes procyonoides)

竖立的大耳朵

修长的腿

鬃狼
(Chrysocyon brachyurus)

黑背胡狼
(Canis mesomelas)

皮毛花纹体现了拉丁学名的由来（意为"画狼"）

前脚有 5 根脚趾（后脚有 4 根脚趾）

非洲野犬
(Lycaon pictus)

短、钝、不可伸缩的爪子在奔跑时提供牵引力

走路或奔跑时，脚趾支撑身体

郊狼
(Canis latrans)

◀ 参见史前哺乳动物：第 92—93 页　◀ 哺乳动物：第 140 页

突出的肩峰

直立姿势便于发现威胁或食物

熊猫的食物中竹子占99%

圆脸

口鼻较大

浓密的被毛通常是深棕色的，也可能是黑色或金色的

美洲黑熊
(*Ursus americanus*)

大熊猫
(*Ailuropoda melanoleuca*)

长而粗糙的皮毛

小耳朵可以减少热量散失

棕熊
(*Ursus arctos*)

大而结实的脚掌在行走或站立时可以支撑身体

熊

熊是地球上最大的陆生食肉动物。除 1 种外，在其他 8 种熊的食物中，肉的占比不到 30%。那个唯一的例外是北极熊，它主要以海豹为食。

长爪不可伸缩，可用来挖掘和攀爬

懒熊
(*Melursus ursinus*)

北极熊
(*Ursus maritimus*)

家犬

灰狼和犬是 40000—15000 年前由同一个现在已灭绝的狼的祖先分化来的。犬是在至少 14000 年前被驯养的。

Chaser 是一只边境牧羊犬，它被训练可识别 1022 种物体的名字

宽阔的头部和胸部

耳朵位置高而下垂

大大的口鼻内有气味检测传感器

可防风雨的双层毛被保护着肌肉发达、运动型的身体

狭长的头部

雪纳瑞犬
实用犬类

边境牧羊犬
牧羊犬类

短毛腊肠犬
嗅觉型猎犬类

萨路基猎犬
视力型猎犬类

拉布拉多猎犬
猎犬类

短而有力的腿和爪子，可用于挖掘

卷曲的长尾巴竖在背上

强壮有力、肌肉发达的大腿

杰克罗素梗
㹴犬类

比熊犬
观赏犬类

西伯利亚雪橇犬
工作犬类

大小不同

尽管家犬的驯化历史悠久，但大多数现代犬种都是过去几个世纪选育出来的，选育目的通常是执行任务，如放牧、猎杀害虫或作为小型伴侣犬。现在，从茶杯大小的吉娃娃到体形巨大的爱尔兰猎狼犬都有。

13 厘米

吉娃娃

81 厘米

爱尔兰猎狼犬

参见哺乳动物：第 154—155 页 ▶　哺乳动物分类：第 162—163 页 ▶　**153**

猫科动物

从家猫到美洲豹和老虎，猫科动物的37个物种都是高度专业化的猎手。在野外，它们完全依靠捕获的猎物为生，几乎完全是肉食性的。

野生猫科动物

除南极洲和澳大利亚外，几乎世界上的每个地方都有原生猫科动物。从非洲大草原上浅黄色的狮子到斑驳雨林树荫下捕食的美洲虎，它们毛色各异，与它们的栖息地环境相呼应。

敏锐的听觉

与大多数哺乳动物一样，猫科动物的耳朵由内耳、中耳和外耳构成，但其可活动的三角形外耳郭可通过耳道将声音传到中耳深处，使其能够探测到范围极广的声音，并准确定位声源。

浓密的深色鬃毛是成年雄性健康的标志

狮
(Panthera leo)

体表独特的玫瑰花纹起到伪装效果

美洲豹
(Panthera onca)

长而厚实的毛尾巴可以包裹住身体，提高保暖性

短肢有助于攀登

雪豹
(Panthera uncia)

哺乳动物的耳朵结构

耳道

耳骨（听小骨）振动并将声音传到内耳的液体中

听神经将信号传递给大脑

耳郭将声波传入耳道

耳蜗把声波转换成电信号

耳膜（鼓膜）因声波作用而振动

中耳

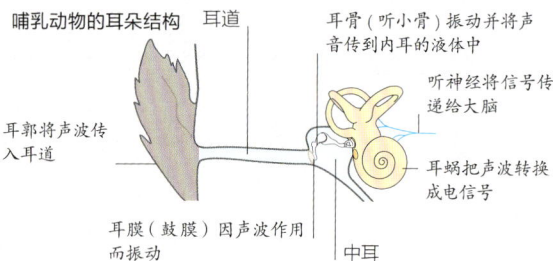

尾巴在高速转弯时起平衡身体的作用

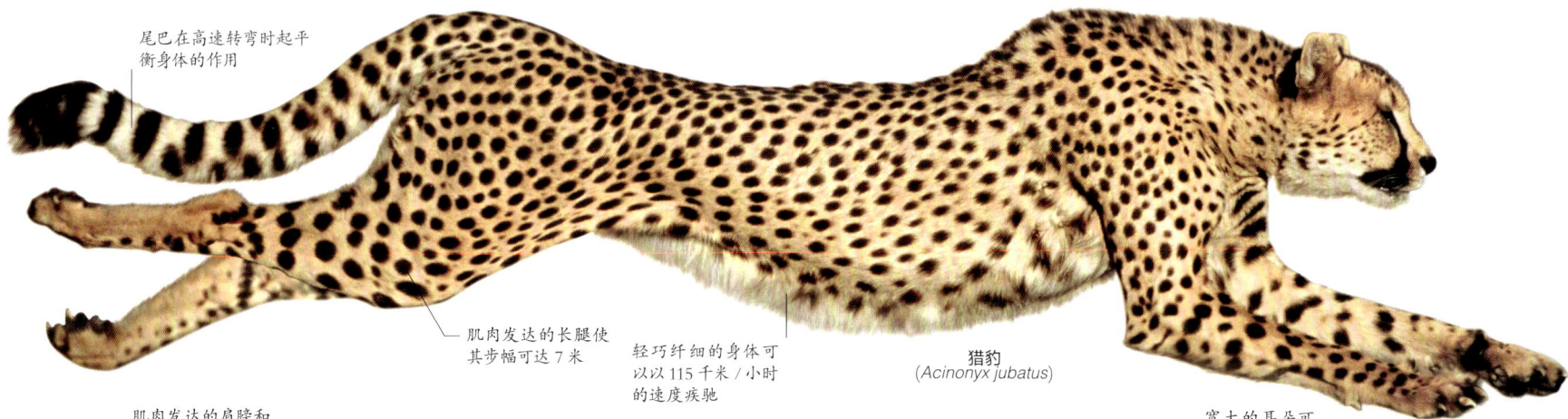

肌肉发达的长腿使其步幅可达7米

轻巧纤细的身体可以以115千米/小时的速度疾驰

猎豹
(Acinonyx jubatus)

肌肉发达的肩膀和前肢使其可以把猎物拖到树上

健硕的前肢和非常大的爪子可以按住猎物

独特的耳毛

短而浓密的皮毛

宽大的耳朵可以精确定位猎物的位置

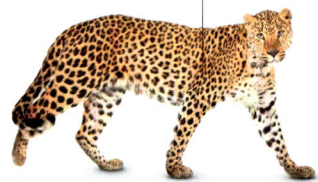

豹
(Panthera pardus)

短平的尾巴

美洲狮
(Puma concolor)

加拿大猞猁
(Lynx canadensis)

虎猫
(Leopardus pardalis)

薮猫
(Leptailurus serval)

家猫

家猫有100多个品种，这是人类对猫的体形、毛发类型和习性进行选育的结果。

很多品种的皮毛都有花纹

英国短毛猫

深色的四肢

暹罗猫

短口鼻

波斯猫

厚而蓬松的皮毛

缅因猫

短短的蓝色皮毛

柯拉特猫

猫的野生祖先

据说，所有家猫都是北非/西南亚野猫的后裔。其驯化过程是在约1.2万年前人类开始种植粮食作物时开始的。人类储存的粮食吸引了啮齿动物，而啮齿动物又吸引了猫，于是人类和猫便建立了关系。

非洲野猫（利比亚猫）
(Felis silvestris lybica)

细尾獴可以发现 300 米外的空中掠食者

獴科动物

非洲、亚洲和欧洲共有 30 多种獴科动物。虽然它们体形很小，但却是食肉动物，会捕食啮齿动物、蜥蜴，甚至毒蛇和蝎子。

眼睛周围的黑斑可以降低沙漠地区强烈的阳光对眼睛的刺激

粗糙、灰白的皮毛

瞭望时的直立姿态

条纹獴
(*Mungos mungo*)

细尾獴
(*Suricata suricatta*)

灵猫类及其近亲

灵猫类虽然长得像猫，但身体长、尾巴长、腿短、口鼻长。它们的食物有小型动物、鸟蛋和水果。

细长的身体

锥形口鼻

小斑獛
(*Genetta genetta*)

鬣狗和土狼

虽然它们的外形惊人地相似，但土狼主要吃白蚁。鬣狗则是食肉动物，拥有强大的、能咬碎骨头的下颌。它们与猫科动物、灵猫类动物的亲缘关系都比与狼密切。

背部从肩到尾向下倾斜

颈部和背部有鬃毛

土狼
(*Proteles cristata*)

缟鬣狗
(*Hyaena hyaena*)

黄鼠狼及其近亲

鼬科有近 60 个物种。其通常体形较长，腿较短。它们有肛腺，能释放刺激性气味。大多数是陆生动物，但也有水貂和水獭等半水生和完全水生的物种。

小而扁平的头部有助于进入鼠类的洞穴

纤细的脖子和身体

部分蹼足利于其在水中和陆地上狩猎

伶鼬
(*Mustela nivalis*)

北美水鼬
(*Neovison vison*)

毛茸茸的尾巴

背部和两侧有长而粗的毛发

松貂
(*Martes martes*)

欧洲獾
(*Meles meles*)

坚硬的胡须能探测水中猎物的位置

结实的熊型身材

强壮的下颌

欧亚水獭
(*Lutra lutra*)

狼獾
(*Gulo gulo*)

胡须

胡须又称触须，是一种能感应信息的特殊毛发，能将环境中的信息传递给大脑。触碰、水流或空气的变化会激活触须毛囊中心的神经。

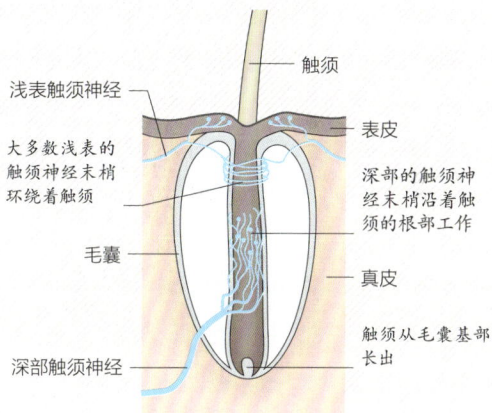

触须

浅表触须神经

表皮

大多数浅表的触须神经末梢环绕着触须

深部的触须神经末梢沿着触须的根部工作

毛囊

真皮

深部触须神经

触须从毛囊基部长出

浣熊及其近亲

这些中小型哺乳动物原产于美洲。它们是杂食性动物，以水果、坚果、植物、啮齿动物、鸟蛋、昆虫、青蛙和小龙虾为食。

宛如戴着独特的黑色面罩

缠绕能力很强的尾巴

普通浣熊
(*Procyon lotor*)

蜜熊
(*Potos flavus*)

臭鼬

美洲臭鼬和亚洲臭獾都有肛腺，当其受到威胁时便会喷出刺激性液体。

黑白相间的警戒色

条纹臭鼬
(*Mephitis mephitis*)

小熊猫

小熊猫是小熊猫科目前唯一现存的物种。它生活在中国和喜马拉雅山的山地森林中，主要以竹子、水果、菌物和小型动物为食。

柔软、浓密的皮毛

小熊猫
(*Ailurus fulgens*)

参见哺乳动物分类：第 162—163 页 ▶ **155**

奇蹄类哺乳动物

有蹄类哺乳动物是主要的陆生食草动物。其中的许多物种已被人类驯化。在奇蹄类哺乳动物中，其身体重量主要由中央脚趾（第三脚趾）承担，脚趾由坚硬的角化蹄保护。

犀牛腿解剖学

相较犀牛的体形，它们的腿相对纤细，但短而结实的腿部骨骼可以支撑 4 条腿之上重量达 2.3 吨的体重。足部脂肪垫可以分散脚趾承受的部分负荷。

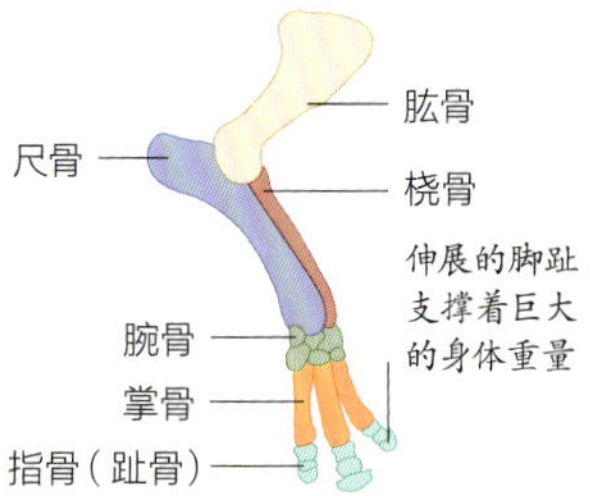

肱骨
尺骨
桡骨
伸展的脚趾支撑着巨大的身体重量
腕骨
掌骨
指骨（趾骨）

犀牛

犀牛是非常庞大的陆生动物。由于人类过度猎杀犀牛以获得其角质化的角，野生犀牛濒临灭绝；不同种类的犀牛有一个或两个角。非洲有 2 个物种，亚洲有 3 个物种。

宽大的嘴巴可以像割草机一样进食

尖尖的上唇可以卷起来吃草

南白犀
(*Ceratotherium simum*)

黑犀
(*Diceros bicornis*)

貘

貘生活在森林地区，白天觅食水果和植物枝叶。如果受到威胁，它们会逃入水中；有时会待在水中使自己保持凉爽，它们是游泳健将。

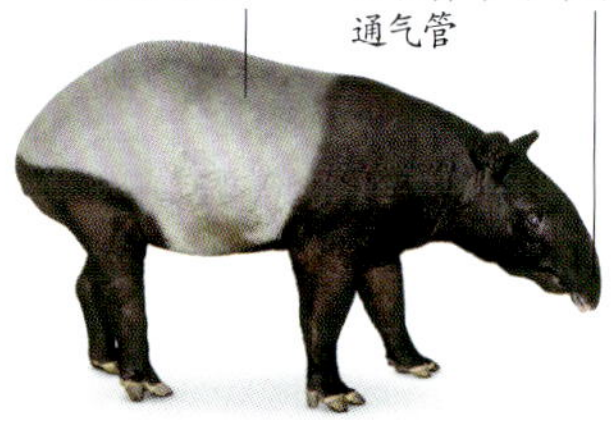

皮肤坚韧，体形像猪

短短的、可扩张的长鼻子可作为通气管

马来貘
(*Tapirus indicus*)

马及其近亲

马科动物的每只脚只有一个脚趾，呈单蹄状。它们天生就是为了速度和耐力而生的。尽管有些物种吃树皮、树叶及其他植物，但马科动物的主要食物是草，它们大多数生活在由一只雄性控制的兽群中。

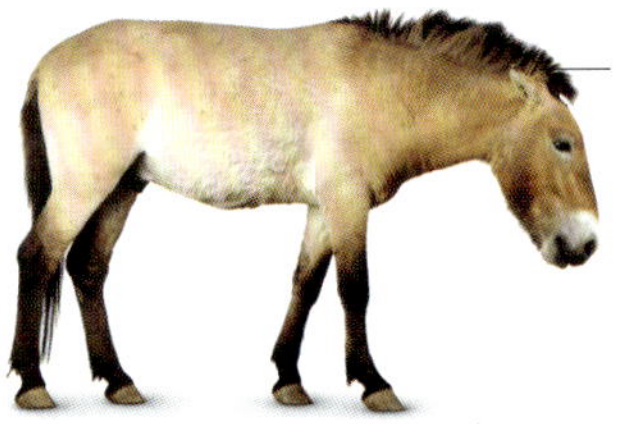

直立的鬃毛

普氏野马
(*Equus caballus przewalskii*)

长而粗糙的毛发

驴
(*Equus asinus asinus*)

独特的条纹

格氏草原斑马
(*Equus quagga boehmi*)

马和驴约在 5500 年前被人类驯化

马腿解剖学

细长的马腿适合快速、高效的移动方式，当受到威胁时（或在比赛中），其能以 70 千米 / 小时或更高的速度短时间奔跑。

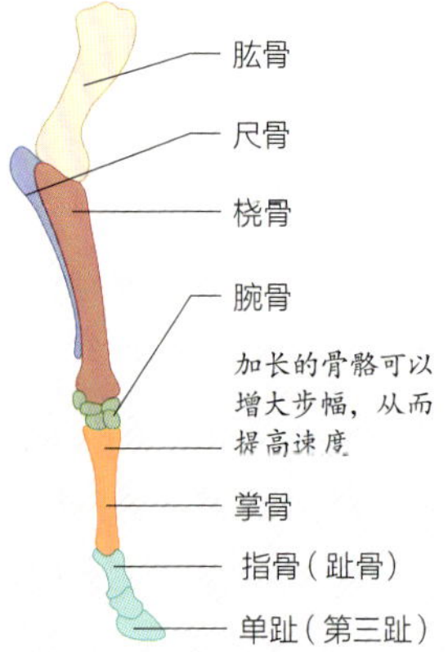

肱骨
尺骨
桡骨
腕骨
加长的骨骼可以增大步幅，从而提高速度
掌骨
指骨（趾骨）
单趾（第三趾）

耳朵
项部
鬃毛
门鬃
颈脊
后躯
眼睛
肩隆
尻端
鼻孔
肚带
背
尾根
腰
尻
颊
臀端
喉部
气管
尾础
颈静脉沟
颈础
肩端
前胸
后膝
肘
腹
胫
前膊
肋部
飞端
附蝉（前腿内侧的一块粗糙组织）
前膝（相当于人类的腕关节、腕骨）
胫骨
蹄冠
球节
距
蹄
系
蹄踵

家马
(*Equus caballus*)

长颈鹿的舌头是黑色的，在吃东西时可以避免被太阳光灼伤

偶蹄类哺乳动物

这类动物中的大多数每只脚都有二到四个脚趾，每个脚趾都包在角质化的蹄子里。除了猪和河马，其他都是反刍动物，其胃有多个腔室。

长而尖的耳朵上有一撮毛

短短的骨质化软骨骨突被皮肤覆盖

猪

虽然大多数野猪生活在森林中，但疣猪生活在非洲大草原上。所有的猪类都有灵敏的嗅觉和强壮的鼻子，鼻子末端是软骨状的鼻盘，用来拱食植物和动物。

红河猪
(*Potamochoerus porcus*)

强壮的鼻子在觅食时像推土机一样寻找食物

野猪
(*Sus scrofa*)

骆驼及其近亲

骆驼的脚都有宽大的足垫，这是为了适应在沙地或雪地上行走而进化来的。两个大脚趾由趾甲保护，而不是蹄子。野生双峰驼有两个驼峰储存脂肪，单峰驼只有一个驼峰。

修长的腿

上唇开裂

薄薄的可活动的嘴唇有助于吃草

颈部长达2.4米

单峰驼
(*Camelus dromedarius*)

原驼
(*Lama guanicoe*)

长颈鹿和霍加狓（*Okapia johnstoni*）

长颈鹿是世界上现存最高的动物，高达5.5米，而它们的近亲霍加狓则矮小得多。它们都原产于非洲。长颈鹿栖息在大草原上，而霍加狓则生活在茂密的热带雨林中。长颈鹿的脚直径约30厘米，这可以防止其走在松散的沙地上时身体下沉。

网纹长颈鹿
(*Giraffa camelopardalis reticulata*)

鹿

大多数鹿都有分叉的、坚硬的鹿角。这些鹿角每年都会从头骨上脱落，然后次年再生。除了驯鹿，其他鹿类的雌性通常没有角或只有小鹿角。雌性和雄性都没有角的鹿通常有类似獠牙的犬齿。

掌状鹿角

多点分叉的鹿角

驼鹿
(*Alces americanus*)

马鹿
(*Cervus elaphus*)

河马

河马体重可达4.5吨，白天大部分时间都在水中度过。这有助于支撑它们的体重并保持皮肤湿润。它们的嘴张开后有1.2米宽，是陆生动物中嘴最大的。

皮肤几乎无毛

眼睛、耳朵和鼻孔均长在头顶

河马
(*Hippopotamus amphibius*)

上翘的牛角

长长的毛发

美洲野牛
(*Bicon bison*)

蓬乱的被毛和胡须

印度野牛
(*Bos gaurus*)

巴戈特山羊
(*Capra hircus*)

牛腿解剖学

所有的牛及其近亲都有分开的蹄，每只脚上的两个中央脚趾支撑着身体。与所有有蹄类哺乳动物一样，其每条腿都嵌入体内，直至肘关节或膝关节。

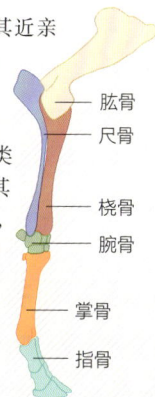

肱骨
尺骨
桡骨
腕骨
掌骨
指骨

牛及其近亲

牛和其他牛科动物有不分枝的骨质角，骨角周围覆盖有角蛋白外层。在大多数物种中，雌性和雄性都有角，且从不脱落。牛科动物包括行动优雅、肢体细长的羚羊，也有高大的野牛和印度野牛。

雄性的角可能和其骨骼一样重

雄性长着长长的螺旋状的羚角

大角羊
(*Ovis canadensis*)

扭角林羚
(*Tragelaphus strepsiceros*)

参见哺乳动物分类：第163页 ▶

分类

分类原则

几个世纪以来，科学家已经把各种生物分成一系列分类单元（阶元）。系列中向上的每个分类单元都更具包容性、所指范围更大，且有更高的"等级"。物种与其他类似物种归为属，属向上归为科，以此类推，在这个层次结构中最高的分类单元是界（参见第 106 页、第 216 页）。自 19 世纪中期以来，科学家一直在研究生物的进化史，通过分析生物间共同的特征来确定它们之间的亲缘关系。

系统发育分类学（支序分类学）

如果生物的分类反映了演化史，那其就更具有合理性。支序分类学是一套帮助我们实现这一目标的规则。支序分类学中的每个分类单元都必须是一个"分支"。该分支是一个包含特定祖先的所有后代的集合，这些后代共享一个或多个在该祖先中首次发现的独有特征。应用支序分类学意味着重新组织类群，在某些地方放弃了经典分类的整齐的层次和阶元。

脊椎动物支序分类

支序分类学把鱼拆分为多个类群，最后一个类群是肉鳍鱼。这一类有成千上万的后代——所有陆生脊椎动物或者叫四足动物（爬行动物、两栖动物、哺乳动物和鸟类）。

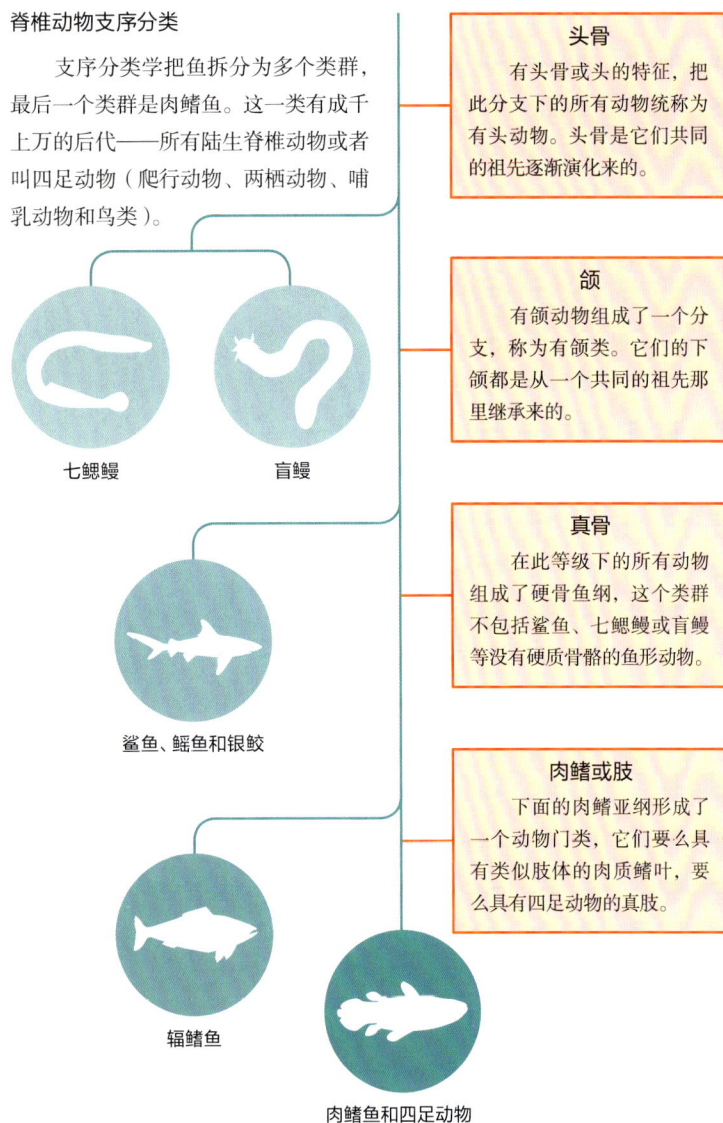

头骨
有头骨或头的特征，把此分支下的所有动物统称为有头动物。头骨是它们共同的祖先逐渐演化来的。

颌
有颌动物组成了一个分支，称为有颌类。它们的下颌都是从一个共同的祖先那里继承来的。

真骨
在此等级下的所有动物组成了硬骨鱼纲，这个类群不包括鲨鱼、七鳃鳗或盲鳗等没有硬质骨骼的鱼形动物。

肉鳍或肢
下面的肉鳍亚纲形成了一个动物门类，它们要么具有类似肢体的肉质鳍叶，要么具有四足动物的真肢。

七鳃鳗　　盲鳗

鲨鱼、鳐鱼和银鲛

辐鳍鱼　　肉鳍鱼和四足动物

生物界

随着知识的积累，科学家将生物划分为不同等级的分类单元，其中最高级别的类群，称为界*。在本书中，我们使用的是七界系统（界、门、纲、目、科、属、种）。细菌和古生菌都是单细胞生物。原生动物和嗜铬菌也主要是单细胞生物，但更多的是有细胞分化的生物。

细菌

界	细菌界	门	30个	种	数百万个

古生菌

界	古生菌界	门	约12个	种	约百万个

原生动物

界	原生动物界	门	约7个	种	约50000个

色藻

界	色藻界	门	约10个	种	约165万个

菌物

界	菌物界	门	5个	种	220万～380万个

植物

界	植物界	门	约10个	种	约40万个

红藻类 门 红藻门	种	约6400个	金鱼藻 门 角苔植物门	种	约300个
绿藻类和藻类 门 绿藻门	种	约5400个	石松类 门 石松门	种	约1200个
轮藻 门 轮藻门	种	约750个	蕨类植物 门 蕨类植物门	种	约12000个
苔类 门 地钱门	种	约9000个	裸子植物 门 裸子植物门	种	约1000个
苔藓 门 苔藓植物门	种	约12000个	被子植物（开花植物）门 被子植物门	种	约352000个

动物

界	动物界	门	30个以上	种	约130万个

动物类群和命名

这些页面中总结了动物界的部分分类方案（参见第 106—157 页）。它代表了当前的思想，是支序分类学和传统分类法之间的折中。在支序分类学中，群体是"嵌套"的，以显示它们之间的关系；非正式的传统分类没有明显的生物学特性，如第 160 页的无颌鱼，以虚线为界。一些物种总数，特别是无脊椎动物的总数，是基于估计的，可能会迅速变化。虽然科学家已经描述了超过 100 万种昆虫，但是他们认为地球上可能还存在更多的昆虫物种。

◀ 参见 植物界：第 96—97 页　◀ 菌物：第 104—105 页　◀ 动物界：第 106 页　◀ 无脊椎动物：第 107—115 页

*审者注：目前最高的生物分类阶元是"域"，在界之上。由于生物分类学在不断发展，通常科普读物不会使用最新的分类学成果，而是引用某个经典的分类系统，比如本书采用的七界系统。

无脊椎动物

无脊椎动物是一类多样化集合，涵盖 30 多个门类，差异也很大。将其简单地归为一类是因为它们都没有脊柱或脊索。它们占已知动物物种的绝大部分（97%）。本书的动物界部分只讲到了几个主要的无脊椎动物门类（参见第 106—115 页）。下面列出的几乎所有小门类都包含海洋物种或生活在潮湿生境中的动物。

小门类

栉水母			**毛颚动物**		
门 栉水母动物门	种 约200个		门 毛颚动物门	种 约150个
花生蠕虫			**水熊虫**		
门 星虫动物门	种 约150个		门 缓步动物门	种 约1000个
苔藓动物			**天鹅绒蠕虫**		
门 苔藓动物门	种 约6000个		门 有爪动物门	种 约180个
轮虫动物			**匙形虫**		
门 轮虫动物门	种 约2000个		门 螠虫动物门	种 约200个
丝带蠕虫			**半脊索动物**		
门 纽形动物门	种 约1400个		门 半索动物门	种 约130个
腕足动物					
门 腕足动物门	种 约400个				
马蹄蠕虫			**10种其他小型无脊椎动物门**		
门 帚虫动物门	种 约20个				

海绵动物
门 海绵动物门　纲 3个　目 24个　科 127个　种 约10000个

刺胞动物
门 刺胞动物门　纲 6个　目 24个　科 300个　种 约11000个

扁形动物
门 扁形动物门　纲 6个　目 41个　科 424个　种 约30000个

环节动物
门 环节动物门　纲 4个　目 17个　科 130个　种 约18000个

线虫
门 线虫动物门　纲 2个　目 17个　科 160个　种 约26000个

软体动物
门 软体动物门　纲 7个　目 53个　科 609个　种 约110000个

棘皮动物
门 棘皮动物门　纲 5个　目 38个　科 173个　种 约7000个

脊索动物

脊索动物是有脊椎或脊索（脊椎的进化前身）的动物，它们属于脊索动物门。其被分成 3 个亚门：一个是脊椎动物（第 160 页）；另外两个只有脊索，没有脊椎。文昌鱼等物种一生都有一根脊索，但大多数被囊动物（包括海鞘）只在它们蝌蚪一样的幼体时期有脊索。

被囊动物
亚门 尾索动物亚门　纲 3个　目 7个　科 36个　种 约2900个

头索动物
亚门 头索动物亚门　纲 1个　目 1个　科 1个　种 30个

节肢动物分类
门　节肢动物门

具腭动物
亚门 有腭亚门　纲 16个　目 109个　科 约2230个　种 约120万个

六足类
总纲 六足总纲　纲 4个　目 32个　科 约1047个　种 约110万个

弹尾虫
纲 弹尾纲　目 1个　科 32个　种 约8100个

原尾虫
纲 原尾纲　目 1个　科 7个　种 约760个

双尾虫
纲 双尾纲　目 1个　科 8个　种 975个

昆虫类
纲 昆虫纲　目 29个　科 约1000个　种 约110万个

无翼昆虫			**寄生虱虫子**		
目 石蛃目	种 约470个		目 虱毛目	种 约5200个
银鱼			**小昆虫**		
目 缨尾目	种 约570个		目 半翅目	种 约88000个
蜉蝣			**蓟马**		
目 蜉蝣目	种 约3000个		目 缨翅目	种 约7400个
豆娘和蜻蜓			**蛇蜻蜓和鱼蛉**		
目 蜻蜓目	种 约5600个		目 广翅目	种 约300个
蟋蟀和蚱蜢			**蛇蛉**		
目 直翅目	种 约10500个		目 蛇蛉目	种 约200个
石蝇			**蚁狮、草蛉虫及其近亲**		
目 襀翅目	种 约3000个		目 脉翅目	种 约11000个
蚤蝼			**甲虫**		
目 蛩蠊目	种 30个		目 鞘翅目	种 约37万个
�蜚			**捻翅虫**		
目 革翅目	种 约1900个		目 捻翅目	种 约580个
竹叶虫			**蝎蛉**		
目 竹节虫目	种 约2500个		目 长翅目	种 约550个
螳螂			**跳蚤**		
目 螳螂目	种 约2300个		目 蚤目	种 约2500个
蟑螂			**苍蝇**		
目 蜚蠊目	种 约4600个		目 双翅目	种 约15万个
白蚁			**石蛾**		
目 等翅目	种 约3000个		目 毛翅目	种 约1万个
足丝蚁			**飞蛾和蝴蝶**		
目 纺足目	种 约400个		目 鳞翅目	种 约16.5万个
天使之虫			**蜜蜂、黄蜂、蚂蚁和叶蜂类**		
目 缺翅目	种 约43个		目 膜翅目	种 约19.8万个
树虱和书虱					
目 啮虫目	种 约5600个				

多足类动物
纲 多足纲　纲 2个　目 21个　科 171个　种 约13150个

甲壳动物
纲 甲壳纲　纲 7个　目 56个　科 约1000个　种 约7万个

螯肢动物
亚门 螯肢亚门　纲 3个　目 14个　科 675个　种 约104350个

海蜘蛛
纲 海蜘蛛纲　目 1个　科 13个　种 约1330个

马蹄蟹
纲 肢口纲　目 1个　科 1个　种 4个

蛛形纲动物
纲 蛛形纲　目 12个　科 661个　种 约103000个

脊椎动物

鱼类分类 🐟

4类

　　"鱼"指从数个不同的祖先演化而来的各种水生脊椎动物。本书中，现存的30000多种鱼类可被分为以下4类。

无颌鱼

盲鳗						
纲　盲鳗纲	目	1个	科	1个	种	78个
七鳃鳗						
纲　头甲纲	目	1个	科	1个	种	43个

软骨鱼

纲　软骨鱼纲	目	14个	科	54个	种	约1200个
鲨鱼和鳐鱼 亚纲　鲨鳐亚纲						
鲨鱼	目	9个	科	34个	种	约510个
鳐鱼	目	4个	科	17个	种	约650个
银鲛 亚纲　全头亚纲	目	1个	科	3个	种	48个

硬骨鱼

纲　硬骨鱼纲	目	67个	科	481个	种	约31000个
肉鳍鱼 亚纲　肉鳍鱼亚纲	目	2个	科	4个	种	48个
辐鳍鱼 亚纲　辐鳍鱼亚纲						
原始辐鳍鱼	目	4个	科	5个	种	49个
骨舌鱼 目　骨舌鱼目	目	1个	科	5个	种	244个
大海鲢和鳗鱼 总目　海鲢总目	目	4个	科	24个	种	约1000个
鲱及其近亲 总目　鲱形总目	目	1个	科	5个	种	405个
黑头鱼和肩管鱼 总目　黑头鱼总目	目	1个	科	3个	种	137个
鲶鱼及其近亲 总目　骨鳔总目	目	5个	科	85个	种	约10500个
鲑及其近亲 总目　原棘鳍总目	目	2个	科	14个	种	355个
胡瓜鱼和龙鱼 总目　胡瓜鱼总目	目	4个	科	14个	种	约600个
灯笼鱼及其近亲 总目　灯笼鱼总目	目	2个	科	19个	种	约520个
总目　圆鳞总目	目	1个	科	1个	种	13个
皇带鱼 总目　月鱼总目	目	1个	科	6个	种	22个
鳕及其近亲 总目　副辐鳍鱼总目	目	5个	科	24个	种	667个
刺鳍鱼 总目　棘鳍鱼总目	目	32个	科	284个	种	约14800个

两栖动物分类 🐸

纲　两栖纲

　　虽然每年都有新的蛙类物种被发现，但薄薄的、潮湿的皮肤使它们特别容易感染壶菌病。在过去的近50年里，约有90种蛙类在野外灭绝。

鲵和蝾螈				
目　有尾目	科	9个	种	707个
蚓螈科动物				
目　蛇蜥目	科	10个	种	205个
蛙和蟾蜍				
目　无尾目	科	56个	种	约6700个

爬行动物分类 🐍

纲　爬行纲

　　爬行纲动物（如蛇、蜥蜴）是迄今幸存最多的爬行动物，占目前存活物种的95%以上。斑点楔齿蜥是古老爬行动物类群的最后幸存者。

陆龟和水龟				
目　龟鳖目	科	14个	种	346个
斑点楔齿蜥				
目　喙头目	科	1个	种	1个
有鳞类				
目　有鳞目	科	52个	种	10000个
蛇 亚目　蛇亚目	科	19个	种	约4500个
盲蛇和细盲蛇 总科　盲蛇总科	科	5个	种	441个
蚺蛇、蟒蛇及其近亲 总科　原蛇总科	科	12个	种	218个
游蛇及其近亲 总科　新蛇总科	科	3个	种	4000个
游蛇	科	游蛇科	种	3300个
蛭蛇	科	蛭蛇科	种	337个
眼镜蛇	科	眼镜蛇科	种	361个
蜥蜴 亚目　蜥蜴亚目	科	37个	种	约6300个
鬣蜥及其近亲 总科　似鬣蜥总科	科	14个	种	1840个
壁虎和蛇蜥蜴 总科　壁虎总科	科	7个	种	约1700个
石龙子及其近亲 总科　石龙子总科	科	8个	种	2477个
角形蜥蜴 总科　蛇蜥总科	科	9个	种	250个
蚓蜥 亚目　蚓蜥亚目	科	6个	种	196个
鳄				
目　鳄目	科	3个	种	25个

哥伦比亚拥有近 1900 种鸟类，比其他任何国家都多

鸟类分类

纲　鸟纲

在本书使用的分类方案中，根据鸟类的遗传组成和生理相似性，可以将其分为 40 个目。雀形目是目前最大的目，有 130 多个科。

鹬 目　鹬形目	科　1个	种　47个	
鸵鸟 目　鸵形目	科　1个	种　2个	
美洲鸵 目　美洲鸵鸟目	科　1个	种　2个	
鹤鸵和鸸鹋 目　鹤鸵目	科　2个	种　4个	
鹬鸵 目　无翼目	科　1个	种　5个	
水禽 目　雁形目	科　3个	种　177个	
鸡形鸟 目　鸡形目	科　5个	种　299个	
潜鸟 目　潜鸟目	科　1个	种　6个	
企鹅 目　企鹅目	科　1个	种　18个	
信天翁和海燕 目　鹱形目	科　4个	种　147个	
䴙䴘 目　䴙䴘目	科　1个	种　23个	
火烈鸟 目　红鹳目	科　1个	种　6个	
鹳鸟 目　鹳形目	科　1个	种　3个	
鹳 目　鹳形目	科　1个	种　19个	
苍鹭及其近亲 目　鹈形目	科　5个	种　118个	
鲣鸟、鸬鹚及其近亲 目　鲣鸟目	科　4个	种　60个	
鹰、雕及其近亲 目　鹰形目	科　4个	种　265个	
鸨 目　鹤形目	科　1个	种　26个	
拟鹑类 目　拟鹑目	科　1个	种　3个	

叫鹤 目　叫鹤目	科　1个	种　2个	
鹭鹤和日鳽 目　日鳽目	科　2个	种　2个	
秧鸡、鹤及其近亲 目　鹤形目	科　6个	种　189个	
涉禽、鸥和海雀 目　鸻形目	科　19个	种　384个	
沙鸡 目　沙鸡目	科　1个	种　16个	
鸽子 目　鸽形目	科　1个	种　342个	
麝雉 目　麝雉目	科　1个	种　1个	
冠蕉鹃 目　蕉鹃目	科　1个	种　23个	
杜鹃 目　鹃形目	科　1个	种　149个	
猫头鹰 目　鸮形目	科　4个	种　242个	
夜鹰和蟆口鸱 目　夜鹰目	科　4个	种　123个	
蜂鸟和雨燕 目　雨燕目	科　4个	种　470个	
鼠鸟 目　鼠鸟目	科　1个	种　6个	
咬鹃 目　咬鹃目	科　1个	种　43个	
鹃鴗 目　鹃鴗目	科　1个	种　1个	
翠鸟及其近亲 目　佛法僧目	科　6个	种　160个	
犀牛和犀鸟 目　犀鸟目	科　4个	种　74个	
啄木鸟和巨嘴鸟 目　䴕形目	科　9个	种　447个	
隼和卡拉卡拉鹰 目　隼形目	科　1个	种　66个	
鹦鹉 目　鹦形目	科　4个	种　397个	
雀形目鸟类 目　雀形目	科　131个	种　6430个	

参见**鸟类**：第 134—139 页 ▶ **161**

» 脊椎动物（续）

哺乳动物分类

纲　哺乳纲

分类体系可能有所不同，本书中哺乳动物被划分为 29 个目。其中有袋类动物（即有袋哺乳动物）被划分为 7 个目，归于有袋类下纲；猴类与猿类则被划分为两个不同的类群。

卵生哺乳动物					
目　单孔目	科	2个	种	5个	

有袋类					
下纲　有袋下纲	科	19个	种	363个	
北美负鼠					
目　负鼠目	科	1个	种	103个	
澳大拉西亚食肉有袋类					
目　袋鼬目	科	2个	种	75个	
袋狸					
目　袋狸目	科	3个	种	19个	
袋鼹					
目　袋鼹目	科	1个	种	2个	
袋鼠及其近亲					
目　袋鼠目	科	11个	种	156个	
鼩负鼠					
目　鼩负鼠目	科	1个	种	6个	
智鲁负鼠					
目　小负鼠目	科	1个	种	1个	

象鼩					
目　象鼩目	科	1个	种	15个	

马岛猬和金鼹					
目　非洲鼩目	科	2个	种	51个	

土豚					
目　管齿目	科	1个	种	1个	

儒艮与海牛					
目　海牛目	科	2个	种	4个	

象					
目　长鼻目	科	1个	种	3个	

非洲蹄兔					
目　蹄兔目	科	1个	种	5个	

犰狳					
目　有甲贫齿目	科	1个	种	21个	

树懒和食蚁兽					
目　披毛目	科	4个	种	10个	

穴兔、旷兔和鼠兔					
目　兔形目	科	2个	种	92个	

啮齿动物					
目　啮齿目	科	34个	种	2478个	
松鼠形啮齿动物					
亚目　松鼠形亚目	科	3个	种	332个	
海狸形啮齿动物					
亚目　河狸亚目	科	3个	种	109个	
鼠状啮齿动物					
亚目　鼠形亚目	科	7个	种	1737个	
豚鼠形啮齿动物					
亚目　豪猪亚目	科	18个	种	301个	
跳鼠及其近亲					
亚目　鳞尾松鼠亚目	科	2个	种	9个	

鼯猴					
目　皮翼目	科	1个	种	2个	

树鼩					
目　树鼩目	科	2个	种	20个	

灵长类					
目　灵长目	科	12个	种	480个	
原猴类					
亚目　原猴亚目	科	4个	种	139个	
猿猴类					
亚目　类人猿亚目					
猴		科	6个	种	315个
猿		科	2个	种	26个

蝙蝠					
目　翼手目	科	18个	种	1330个	

猬及其近亲					
目　猬形目	科	1个	种	24个	

鼩鼱及其近亲					
目　鼩鼱目	科	4个	种	428个	

穿山甲					
目　鳞甲目	科	1个	种	8个	

◀ 参见**哺乳动物**：第 140—157 页

与其他动物相比，野生哺乳动物是罕见的——在全球范围内，节肢动物的生物量是哺乳动物的 143 倍

食肉动物

目 食肉目	科	16个	种	279个
犬及其近亲	科	犬科	种	35个
熊	科	熊科	种	8个
海狮和海豹	科	海狮科	种	34个
海象	科	海象科	种	1个
无耳海豹	科	海豹科	种	18个
臭鼬	科	臭鼬科	种	12个
浣熊及其近亲	科	浣熊科	种	13个
小熊猫	科	熊猫科	种	1个
鼬鼠	科	鼬科	种	57个
马达加斯加食肉动物	科	食蚁狸科	种	8个
非洲椰子猫	科	双斑狸科	种	1个
猫鼬	科	獴科	种	34个
灵猫及其近亲	科	灵猫科	种	34个
林狸	科	林狸科	种	2个
猫科动物	科	猫科	种	37个
鬣狗和土狼	科	鬣狗科	种	4个

奇蹄哺乳动物

目 奇蹄目	科	3个	种	17个
马及其近亲	科	马科	种	7个
犀牛	科	犀牛科	种	5个
貘	科	貘科	种	5个

偶蹄哺乳动物

目 偶蹄目	科	10个	种	376个
猪	科	猪科	种	17个
西貒	科	西貒科	种	3个
河马	科	河马科	种	2个
骆驼及其近亲	科	骆驼科	种	7个
鹿	科	鹿科	种	53个
鼷鹿	科	鼷鹿科	种	10个
麝鹿	科	麝科	种	7个
叉角羚	科	叉角羚科	种	1个
长颈鹿和霍加狓	科	长颈鹿科	种	5个
牛及其近亲	科	牛科	种	279个

鲸类

目 鲸目	科	4个	种	89个
须鲸 亚目 须鲸亚目	科	4个	种	14个
齿鲸 亚目 齿鲸亚目	科	10个	种	75个

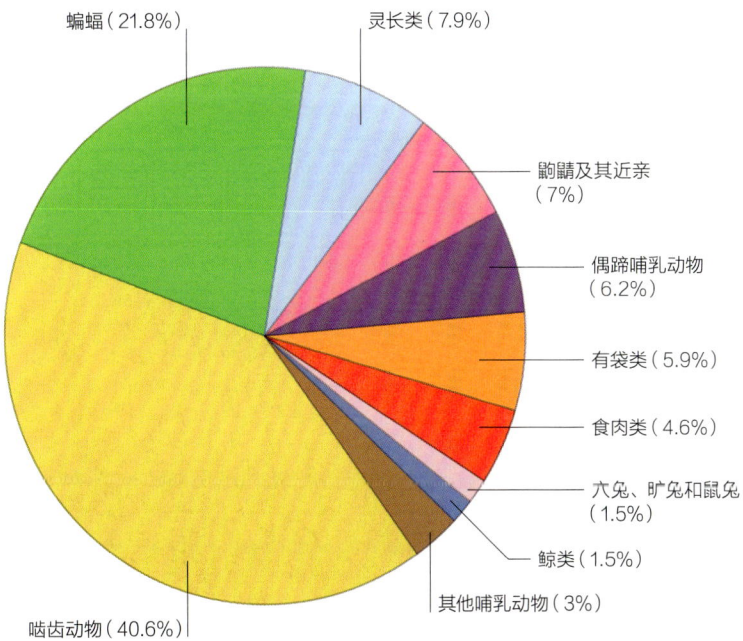

饼图：蝙蝠（21.8%）、灵长类（7.9%）、鼩鼱及其近亲（7%）、偶蹄哺乳动物（6.2%）、有袋类（5.9%）、食肉类（4.6%）、兔兔、旷兔和鼠兔（1.5%）、鲸类（1.5%）、其他哺乳动物（3%）、啮齿动物（40.6%）

世界上最大的啮齿动物是水豚，体重达 65 千克，最小的是侏儒三趾跳鼠，体重仅 4 克

按类群划分的哺乳动物物种

在现存的 6000 多种哺乳动物中，啮齿动物是最大的类群，有近 2500 种，几乎占全球哺乳动物总物种数的一半。它们与第二大类蝙蝠一样，生活在除南极洲以外的所有大陆。

参见演化：第 228—229 页 ▶ **163**

科学与技术

数字

计数的必要性

计数这项技能可能起源于史前时期。虽然有证据充分表明哺乳动物和其他一些动物能够不通过数字进行计数，但随着狩猎者的生活方式逐渐被定居文化取代，以及涉及土地、牲畜和贸易的活动而促使人类发展出使用计数的需求。

1
整数
正整数、负整数和零的统称。

−2
负数
小于零的数。

$\frac{1}{3}$
分数
把一个单位分成若干等份，表示其中的一份或几份的数。

0.4
小数
形式上不带分母的十进分数，是十进分数的特殊表现形式。

数字

许多古代文明发展出自己的符号系统来表示数字。国际通用的印度–阿拉伯数字系统（阿拉伯数字）是在印度和中世纪阿拉伯文化中演变来的。

古代数字系统

印度–阿拉伯数字被认为是最容易用于计数的数字系统，而罗马数字如今依然用在钟表上。

阿拉伯数字	1	2	3	4	5	6	7	8	9	10
玛雅数字	•	••	•••	••••	—	⋅—	••—	•••—	••••—	=
中文数字	一	二	三	四	五	六	七	八	九	十
罗马数字	I	II	III	IV	V	VI	VII	VIII	IX	X
古埃及数字	│	‖	‖│	‖‖	‖‖│	‖‖‖	‖‖‖│	‖‖‖‖	‖‖‖‖│	∩
古巴比伦数字	𒁹	𒐖	𒐗	𒐘	𒐙	𒐚	𒐛	𒐜	𒐝	‹

数的类型

数字可以被归类到不同的数集中。自然数是整数的子集。整数和分数构成了一个大的数集，称为有理数。有理数又属于更大的实数集合。而复数集合又包含实数和虚数。随着科学技术的进步，每个数集都有实际的应用。

自然数

自然数由所有的正整数和 0 构成，且向正无穷大延伸，但不包括负数。

> 数学上，0 是偶数

1
第一个数字
数字 1 是计数序列中的第一个数字，也是数字系统的基本单位。

2
偶质数
数字 2 是质数中唯一的偶数。

3
三角形数
三角形数是连续整数的和，例如 1 + 2 = 3。

4
合数
数字 4 是第一个合数，是一个非质数的正整数。

5
质数
数字 5 是一个质数，因为它除了 1 和本身外没有其他因数。

6
完全数
如果一个数的所有真因子（即除了自身外的约数）之和等于该数本身，那么这个数就是完全数，例如 6 = 1 + 2 + 3。

7
非平方和
数字 7 是第一个不是三个整数平方之和的整数。

8
斐波那契数
在斐波那契数列中（参见第 171 页），从第 3 个数字开始，每个数字都是前面两个数字相加的和。

9
最大个位数
这是十进制系统中最大的个位数，也是一个平方数。

10
底数（亦称基数）
数字 10 是十进制的基础，就是以 10 为单位的计数系统。

整数

这个数集包括所有的自然数和负整数。

−2 —— 负数

有理数

有理数集合包括所有可以表示为分数 $\frac{a}{b}$ 的数，其中 a 和 b 是整数，且 $b \neq 0$。

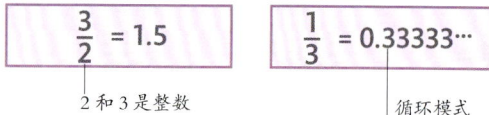

$\frac{3}{2} = 1.5$
2 和 3 是整数

$\frac{1}{3} = 0.33333\cdots$
循环模式

实数

这个数集包括有理数和无理数，其中无理数是不能用两个整数之比表示的数，例如 $\sqrt{2}$ 和 π。

$\sqrt{2} = 1.41421\cdots$
小数没有循环模式

$\pi = 3.141592\cdots$
无限不循环小数

复数

复数集合包括实数和虚数，其中虚数是负数的平方根。

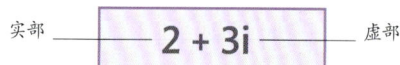

实部 —— **2 + 3i** —— 虚部

平方（二次幂）

一个数的幂表示该数与其本身相乘一定次数。方根可以被认为是幂的逆运算。

平方数

在几何学中，平方数代表正方形的面积。

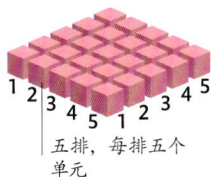

五排，每排五个单元

数的平方

5^2 表示 "5 的 2 次幂" 或 "5 的 2 次方"，意思是 5 与自身相乘一次。

$$5 \times 5 = 5^2$$

指数

数的平方根

平方根与自身相乘得到根号下的数字。

正平方根

$$\sqrt{25} = 5$$

立方

一个数乘以自身两次得到它的立方。立方数的指数是 3。立方根与自身乘以两次，等于求根的数。

立方数

一个立方数可以表示为一个立方体，所有边的单元数相同。

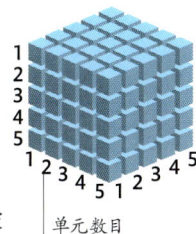

单元数目

数的立方

一个数乘以自身两次被称为这个数的 "立方"。

$$5 \times 5 \times 5 = 5^3$$

指数

数的立方根

立方根被立方（自乘三次）时，等于立方根符号下的数。

立方根符号　立方根

$$\sqrt[3]{125} = 5$$

科学记数法

科学记数法用于简洁地表示非常大和非常小的数字。这些数字以 $a \times 10^n$ 的形式书写，其中 $1 \leqslant |a| < 10$，n 是整数。

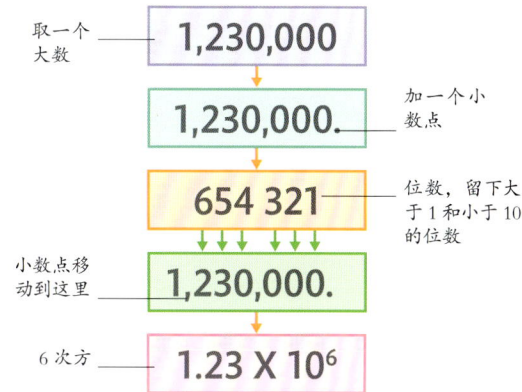

取一个大数

1,230,000

加一个小数点

1,230,000.

位数，留下大于 1 和小于 10 的位数

654 321

小数点移动到这里

1,230,000.

6 次方

1.23 X 10^6

使用科学记数法

大的数字（绝对值大于 10）用科学记数法书写时，乘以 10 的正指数，而小的数字（绝对值小于 1）则乘以 10 的负指数。

质数（素数）

质数是只能被 1 和它本身整除的正整数。这看起来可能并不重要，但是每个整数都可以通过将质数相乘来得到。质数的另一个特点是它们没有明显的规律。

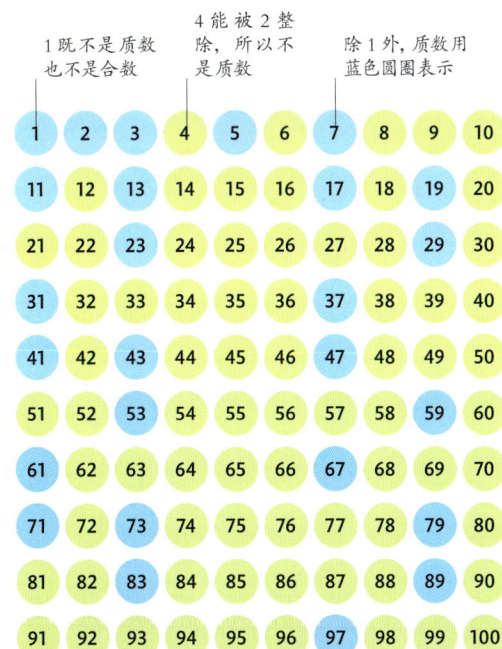

1 既不是质数也不是合数

4 能被 2 整除，所以不是质数

除 1 外，质数用蓝色圆圈表示

1	2	3	4	5	6	7	8	9	10
11	12	13	14	15	16	17	18	19	20
21	22	23	24	25	26	27	28	29	30
31	32	33	34	35	36	37	38	39	40
41	42	43	44	45	46	47	48	49	50
51	52	53	54	55	56	57	58	59	60
61	62	63	64	65	66	67	68	69	70
71	72	73	74	75	76	77	78	79	80
81	82	83	84	85	86	87	88	89	90
91	92	93	94	95	96	97	98	99	100

埃拉托斯特尼筛法

这种寻找小质数的方法被称为埃拉托斯特尼筛法，以一位希腊数学家的名字命名。使用流程图（右）计算质数。

筛选法：

此流程图用于计算 1～100 之间的整数是否为质数，方法是检查它能否被 2、3、5 和 7 这些质数整除。

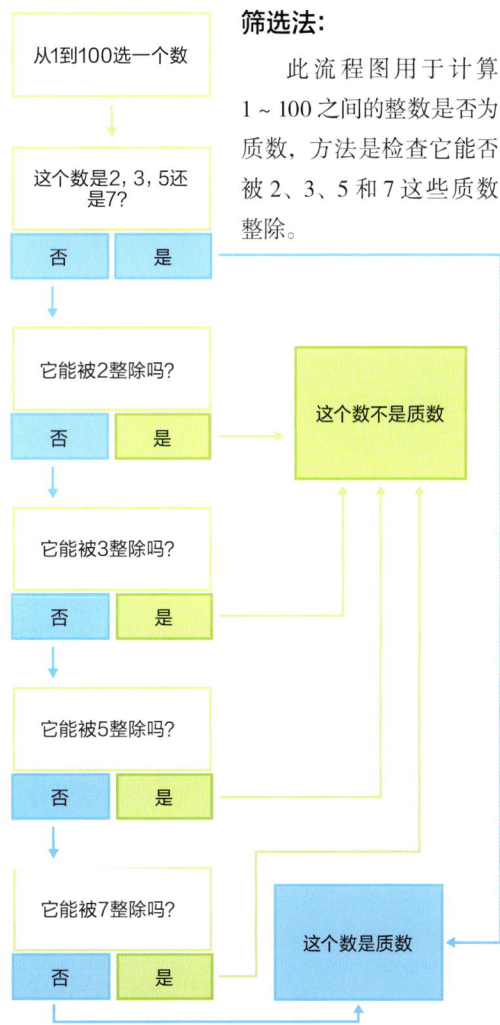

从1到100选一个数

这个数是2, 3, 5还是7？
否　是

它能被2整除吗？
否　是

它能被3整除吗？
否　是

它能被5整除吗？
否　是

它能被7整除吗？
否　是

这个数不是质数

这个数是质数

已知最大的质数有 41024320 位

质数在网络安全中的应用

一种被称为 RSA 的算法能够使用质数对电子邮件等电子信息进行加密。这个系统的工作原理是将两个质数相乘得到一个非常大的数（作为加密密钥的一部分），而（破解时）要找到这些质数因子是极其困难的。

马林·梅森

马林·梅森（1588—1648），法国数学家，因其提出生成质数的公式而闻名。他发现公式 $2^n - 1$ 在某些特定的 n 值时会生成质数。这种类型的质数被称为梅森素数。

参见计算机技术：第 274—275 页 ▶

计算

数字的概念经过了几千年的演变，自然而然地发展出了将两个或更多的数字结合起来的需求。基本的计算可能起源于交易和比较货物的需要，例如通过加法来总计不同商品的数量，或者通过减法来比较两种商品的数量。随着时间的推移，数学家们设计出了越来越复杂的计算问题和规则。

数字和运算

计算通常涉及对一个或多个数字进行某种运算。最常见的运算包括加、减、乘、除。这些运算通常位于两个数字之间，例如 12 × 7。

$$17 - (4 + 6) \div 2 + 36 = 48$$

加、减、乘、除四则运算

加法、减法、乘法、除法是四种基本的运算，它们之间有着内在的联系。减法、乘法和除法都可以被认为是从加法的概念中衍生出来的。算术的早期发展主要集中在开发使用这些运算的有效方法上，包括算盘等机械辅助工具。

加法

加法是最基本的运算，就是两个或多个数量的和。例如，1 加 3 等于 4。

加号

减法

减法是加法的逆运算。你可以换一种方式看上面的计算，也就是 4 减 3 等于 1。

减号

乘法

乘法可以看作是重复的加法。所以 5 × 3 是 3 + 3 + 3 + 3 + 3 的简写形式，它也可以表示为 5 + 5 + 5。

除法

除法的意思是将某物平均分配或分组，但也可以看作是重复的减法。

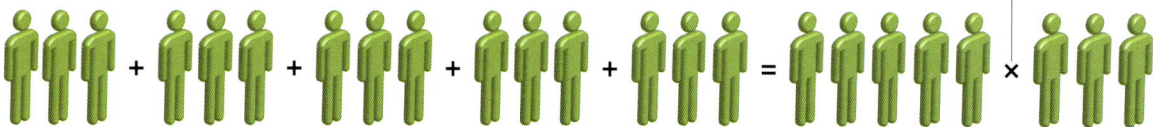

除号

乘号

约翰·奈皮尔

约翰·奈皮尔（1550—1617）出生于一个富裕的苏格兰家庭。虽然他在数学方面很有天赋，但他把大部分时间都花在了自己的庄园和新教神学的发展上。他现在最为人所知的发明是对数，这项发明是为了能够计算大数。奈皮尔还推广了小数点的使用。

运算顺序

当进行多个运算时，不同的计算顺序可能导致不同的结果。例如，2 + 3 × 4 如果看作 5 × 4，给出的答案是 20。然而，根据规定的运算优先顺序，正确答案应是 14。运算顺序通常被缩写为 BIDMAS（或 BODMAS），代表括号、指数（或运算）、除法、乘法、加法和减法。

四四挑战

使用四个 4，写出答案从 0 到 20 的计算公式。可以使用带括号和平方根的 +、−、× 和 ÷（加减乘除）四则运算。如下面的例子。

$$4 \times (2 + 3) = 20$$

❶ 括号

当计算被括在括号中时，这是一条要先进行计算的指令。这里要先计算 2 加 3，然后将结果再乘以 4。

$$5 + 2 \times 3^2 = 23$$

❷ 指数

指数在运算顺序中优先级最高。在本例中，2 次方或平方，它指示你将这个数乘以它本身。所以 $3^2 = 3 \times 3$。

$$6 + 4 \div 2 = 8$$

❸ 除法

除法和乘法在运算顺序中排在第二位。在本例中，先计算 4 除以 2，然后将结果与 6 相加。

$$8 \div 2 \times 3 = 12$$

❹ 乘法

乘法和除法的优先级相同。当它们一起出现时，如本例所示，规定从左到右进行计算。

$$9 \div 3 + 12 = 15$$

❺ 加法

加法和减法在运算顺序中排在最后。在本例中，先计算 9 除以 3，然后将结果与 12 相加。

$$10 - 3 + 4 = 11$$

❻ 减法

减法和加法的优先级相同。如果这两个操作同时出现，如本例所示，规定从左到右进行计算。

$$4 + 4 - 4 - 4 = 0$$

$$44 \div 44 = 1$$

$$\frac{4}{4} + \frac{4}{4} = 2$$

$$(4 + 4 + 4) \div 4 = 3$$

$$\sqrt{4} + \sqrt{4} + 4 - 4 = 4$$

$$\sqrt{4} + 4 - \frac{4}{4} = 5$$

目前公认的世界上第一台机械式计算机，是法国数学家
布莱士·帕斯卡于 1642 年发明的加法机

百分比计算

百分比是百分制的分数，所以，35% 和 $\frac{35}{100}$ 结果是一样的。当数量增加或减少时，你可以计算出比例。在涉及金钱和呈现大量信息的情况下，百分比尤其有用。

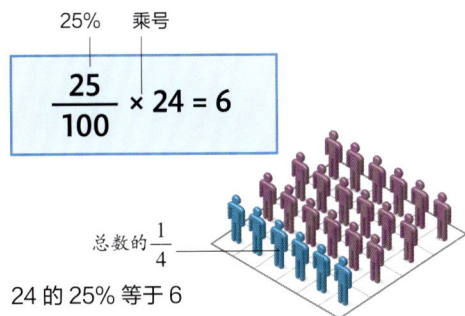

25%　乘号

$$\frac{25}{100} \times 24 = 6$$

总数的 $\frac{1}{4}$

24 的 25% 等于 6

你可以用更小的分数来简化计算。记住，25% 等于 $\frac{1}{4}$。因此，24 的 $\frac{1}{4}$ 就是 24÷4=6。

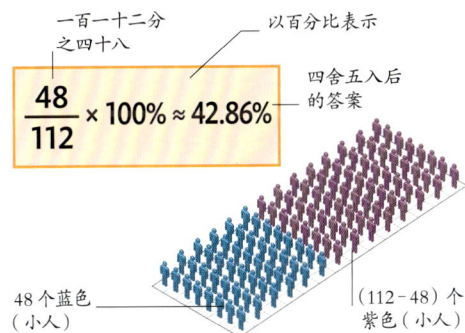

一百一十二分之四十八　以百分比表示

$$\frac{48}{112} \times 100\% \approx 42.86\%$$

四舍五入后的答案

48 个蓝色（小人）　(112-48) 个紫色（小人）

48 占 112 的百分比

计算出一个数字占总数的百分比（比例）意味着用这个数字除以总数。几分之几是一个除法指令，在本例中是 48 ÷ 112。

计算利息

银行为储户投资的资金（本金）支付利息，并对从银行借款收取利息。利息是按百分比计算的，包括两种类型：单利和复利。复利的利息可以每年多次加到本金上。例如，当每个月都增加利息时，复利率是 12。有效利率（EIR），也称为有效年利率（AER），是通过考虑复利周期的次数来计算的，以便比较不同复利率的产品。

单利

不问期限长短，仅按本金计算利息，其所生利息不再加入本金重复计算利息。

本金　利率　年数

$$\frac{10000 \times 3 \times 1}{100} = 300$$

使用左边浅绿色的公式　利息

本金　利息　总额

$$10000 + 300 = 10300$$

在第一年结束时给出总额

本金　利率　年数

$$利息 = \frac{P \times R \times T}{100}$$

单利计算公式

利息

$$\frac{10000 \times 3 \times 1}{100} = 300$$

还是按原来的一万计算

$$10300 + 300 = 10600$$

在第二年末给出总额

复利

经过一定期间（如一年），将所生利息加入本金再计利息，逐期滚算。

期数

$$10000 \times \left(1 + \frac{3}{100}\right) = 10300$$

本金　利率

第一年后共计总额　利息

$$10300 - 10000 = 300$$

本金

本金　利率　期数　　期数

$$本利和 = P\left(1 + \frac{R}{100}\right)^T$$

$$10000 \times \left(1 + \frac{3}{100}\right)^2 = 10609$$

复利计算公示　使用左边深绿色的公式

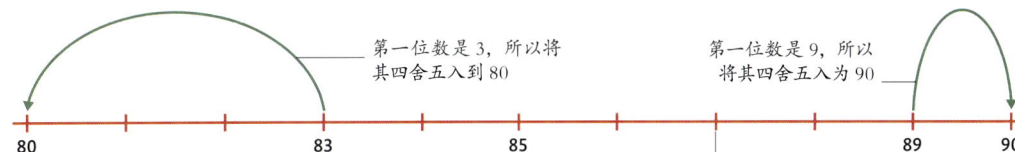

第二年后共计总额　本金　利息

$$10609 - 10000 = 609$$

注意：复利不同于单利

舍入与估算

舍入是用另一个数字替换当前数字，以使计算更简便。估算用于在不需要精确答案的情况下，例如，大致计算完成任务所需的时间或物体的高度。

第一位数是 3，所以将其四舍五入到 80　　　第一位数是 9，所以将其四舍五入为 90

80　　83　　85　　89　90

在各种尺度上都可以进行舍入，例如，舍入到最接近的 5、10、100 或 1000

舍入

当四舍五入到最接近的 10 时，小于"5"的数字向下舍弃；大于或等于"5"的数字向上取整进位。四舍五入也常用于测量。

$$2847 + 4102 = ? \quad 3000 + 4000 = 7000 \quad 2847 + 4102 = 6949$$

估算答案为 7000　　实际答案

估算

当两个数相加或相乘时，可以使用估算。分别对这两个数字进行四舍五入，然后将四舍五入后的数字相加（或相乘）。比较一下你的估算和实际答案，进行简单的核对。

无论尺子多么精确，
所有的长度测量都
需要一些舍入

参见代数：第 170—171 页 ▶　统计与概率：第 176—177 页 ▶

代数

随着处理数字和运算的技术发展，存在一些在所有情况下都适用的规则。例如，可以按照任何顺序将数字相加，得到的结果相同。广义算术的思想促使了代数这个数学分支的诞生，其中字母和符号代表数字和它们之间的关系。我们所有的电子设备都依赖于这些代数公式。

代数的基本组成元素

每个人从小学习至少一种语言作为日常交流的手段。代数就像一门语言，它可以让人们以一种普遍理解的方式进行数学交流，包含自身的基本组成元素（"单词"）和规则（"语法"）。

2	+	?b	=	8
项	**运算**	**变量**	**等于**	**常数**
项可以是字母、数字或两者的组合。	加、减、乘、除都是运算。	这是一个你正在求解的未知量。	这意味着方程式的两边是平衡的。	表示常量的数。

表达式

表达式是由符号（如加号或减号）及其分隔的项（数字、字母或两者的组合）的集合。

等式（含有未知数的等式叫方程式）

等式是由等号分隔的一对表达式。等式两边必须相等。

用代数解方程

解方程意味着求未知量的值。中世纪的阿拉伯学者，如阿尔·花剌子模，正式制定了解决这些问题的规则。随着方程逐渐被用来描述更加复杂的现象，它们的求解方法也变得更加复杂。

有些方程只能在计算机的帮助下求解

不等式

不等式表明一个量与另一个量不同。不等式符号（如 < 表示"小于"）表示符号两边的数字大小不同。不等式常用于商业、计算机编程和工程中。

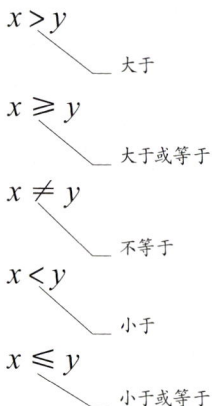

$x > y$ —— 大于
$x \geq y$ —— 大于或等于
$x \neq y$ —— 不等于
$x < y$ —— 小于
$x \leq y$ —— 小于或等于

线性方程

这些是最简单的方程。在本例中，解是 $x = 4$（$3 \times 4 = 12$；$12 - 2 = 10$）。

$3x - 2 = 10$ —— 用逆运算求解

二次方程

它们包含一个平方项和一个线性表达式，如右边的例子。这些方程通常有两个解。

$3x^2 + 2x - 8 = 0$ —— 解是 $x = \frac{4}{3}$ 和 $x = -2$

方程组

这些是包含相同未知变量 x 和 y 的方程组。它们可通过消元法、替换法或图解法求解。

$4x + 5y = 17$ —— y 项可以被消去
$3x - 5y = 4$ —— 解是 $\begin{cases} x = 3 \\ y = 1 \end{cases}$

阿尔·花剌子模

9世纪，伊斯兰世界已经成为一个伟大的数学学习中心。其中最优秀的学者是阿尔·花剌子模（约780—约850）。他在巴格达智慧之家的工作为我们今天使用的代数奠定了基础。他的成就之一是关于印度数字的论文，这促使了"阿拉伯数字"如今在全世界广泛使用。

代数的用途

代数的主要目的是用来"求x"，或是计算出一个未知量。但它还有其他重要的目的，例如，用数学模型描述我们周围的世界。这涉及将正在研究的现象，如三角形中的角，简化为在所有情况下都适用的数学形式。

证明结果

代数不仅使我们能够精确地表达规则，而且还能证明这些规则是正确的。现代最著名的例子之一是英国数学家安德鲁·怀尔斯对费马大定理的证明，它将数论和代数等不同的数学领域结合在一起。

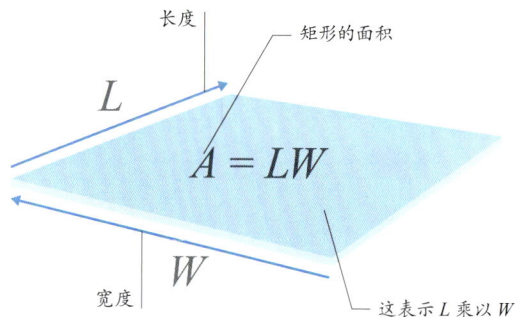

长度
矩形的面积
L
$A = LW$
W
宽度
这表示 L 乘以 W

矩形地板

公式

公式是联系变量的数学规则，用于描述真实世界的现象，如声速或贷款利息。在上图中，公式 $A = LW$ 用于计算矩形地板的面积。

◀ 参见**数字**：第 166—167 页　◀ **计算**：第 168—169 页

代数与数列

在数字的序列和形状中隐藏着许多模式，我们使用代数规则来描述这些模式。这些规则还使我们能够预测模式将如何演变，这有许多实际用途。数列可以用来预测人口增长，代数可以用来预测人口规模。

等差数列

在一个等差数列中，连续数字（或"项"）之间的差是相同的。换句话说，每次增加（或减少）相同的数量。

每次加 2

数列一直延续到无穷大

$$2, 4, 6, 8, 10 \cdots$$

+2 +2 +2 +2

等比数列

在一个等比数列中，连续项之间的比值（而不是差值）是常数。例如，数列中的每一项都可能是前一项的三倍。

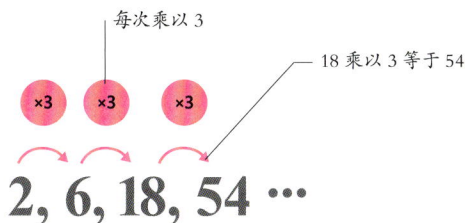

每次乘以 3

18 乘以 3 等于 54

×3 ×3 ×3

$$2, 6, 18, 54 \cdots$$

平方数

当一个项与自身相乘时，就形成了一个平方数。它可以用一个正方形图案来表示，其中一条边的长度表示自身相乘的数。

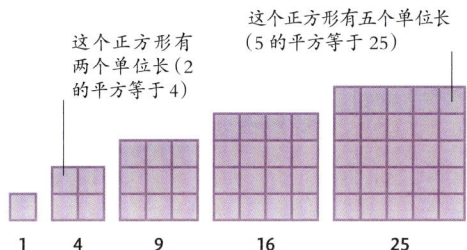

这个正方形有两个单位长（2 的平方等于 4）

这个正方形有五个单位长（5 的平方等于 25）

1   4   9   16   25

斐波那契数列

斐波那契数列是自然界中常见的数列，从第 3 个数字开始，它通过将前两个项相加得到下一个项。这个数列可以在贝壳、蕨类植物和向日葵的形状中找到。

每一项都是前面两个数的和

这个数列将永远持续下去

1+1 1+2 2+3 3+5 5+8

$$1, 1, 2, 3, 5, 8, 13 \cdots$$

黄金螺线

如果你把斐波那契数列表示为正方形（正方形的边长与数列相对应），然后通过对角画一条弧线，你会得到一个近似于自然界中鹦鹉螺壳形状的螺旋线。

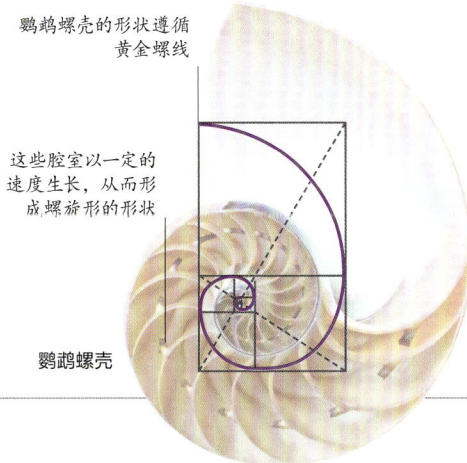

鹦鹉螺壳的形状遵循黄金螺线

这些腔室以一定的速度生长，从而形成螺旋形的形状

鹦鹉螺壳

图形（化）代数（其本质是解析几何）

法国哲学家和数学家勒内·笛卡尔（1596—1650）发明了一种以图形的形式，通过几何来表示代数的方法（反之亦然）。理解一张图通常比理解一个方程式更容易：一张图可以让你看到方程的基本形状，并让你可以近似地求解它。

线性（直线）

用于表示线性序列和线性方程，这些图形具有统一的斜率或梯度。它们通常用于表示比例关系。

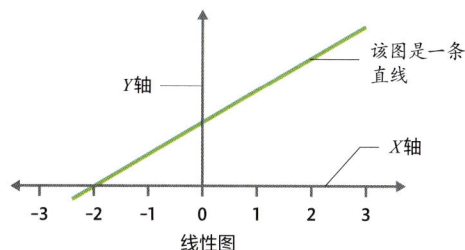

Y轴

该图是一条直线

X轴

-3 -2 -1 0 1 2 3

线性图

二次曲线

用于表示二次方程，这些图形具有单个顶点（最高或最低点）的抛物线形状。它们可以用来模拟物体抛向空中的运动轨迹。

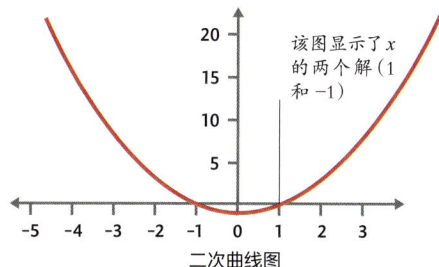

20
15
10
5

该图显示了 x 的两个解（1 和 −1）

-5 -4 -3 -2 -1 0 1 2 3

二次曲线图

三次曲线

与包含 x^3 项的三次方程相关，它们通常沿曲线有一个最大值点和一个最小值点。三次方程一般有三个解，可以从图上读出。

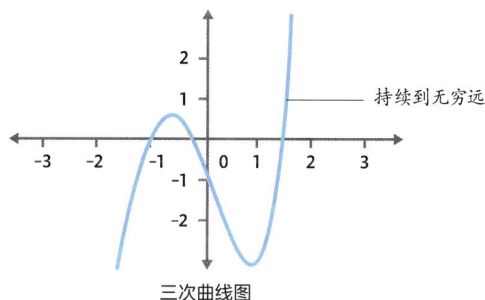

2
1
-1
-2

持续到无穷远

-3 -2 -1 0 1 2 3

三次曲线图

指数曲线

指数曲线在任一点的变化率与该点的值有关。如右图所示，值越大，增长越快。

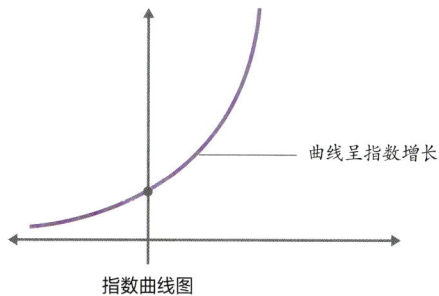

曲线呈指数增长

指数曲线图

微积分

这个数学分支试图解决两个不同问题的结果。一个是需要建模和预测变化率，另一个是计算曲线下形状的面积。第一个产生了微分学，第二个产生了积分学。在代数中，这两个互为逆过程。

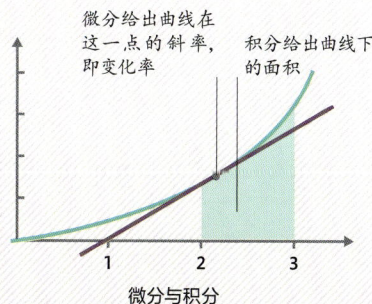

微分给出曲线在这一点的斜率，即变化率

积分给出曲线下的面积

1 2 3

微分与积分

参见**几何**：第 172—173 页 ▶   **测量和结构图**：第 174—175 页 ▶

171

几何

几何学是数学的一个分支，它研究的是空间和图形性质，例如，直线、角度、对称性和面积。该术语源于古希腊语，意为"地球测量"。早期人类在周围世界中观察到无数的图形，其中许多是不规则的。然而，几何学发展了一个系统，通过使用抽象的图形来模拟这个世界，使其变得有序。这里将讨论最常见的图形及其性质。

基本的平面（2D）和立体（3D）图形

我们所在的世界是三维的，然而一些最熟悉的图形只有二维——它们存在于平面上。三角形是最简单的封闭二维图形，具有直角边，这种高度稳定的图形通常用于建筑中。

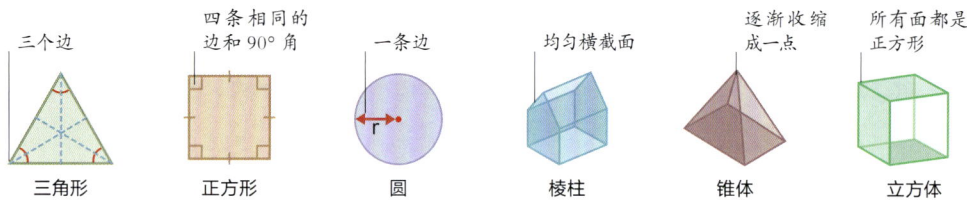

三个边	四条相同的边和90°角	一条边	均匀横截面	逐渐收缩成一点	所有面都是正方形
三角形	正方形	圆	棱柱	锥体	立方体

四边形

有许多边的图形，如三角形、四边形、五边形等统称为多边形。四边形或四条边的形状，有许多不同的类型，通常用于设计中。

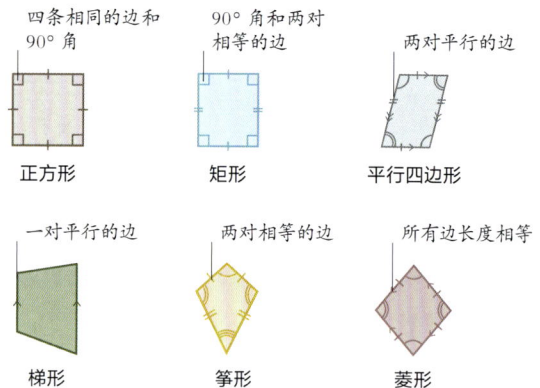

四条相同的边和90°角
90°角和两对相等的边
两对平行的边

正方形　　矩形　　平行四边形

一对平行的边
两对相等的边
所有边长度相等

梯形　　筝形　　菱形

圆

圆被定义为这样一种图形，其单一曲边（圆周）到固定点（圆心）的距离等于定长（半径）。在现实世界中，完美的圆很少或者几乎不存在。

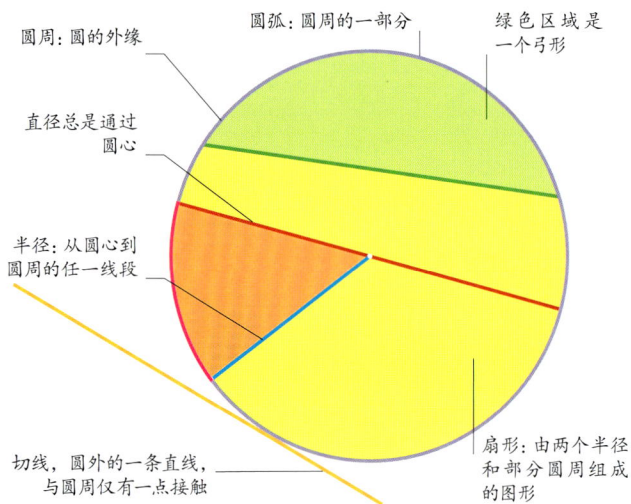

圆弧：圆周的一部分
绿色区域是一个弓形
圆周：圆的外缘
直径总是通过圆心
半径：从圆心到圆周的任一线段
切线，圆外的一条直线，与圆周仅有一点接触
扇形：由两个半径和部分圆周组成的图形

角度

角度是两条相交线在一点处的方向变化或旋转的度量。角度通常以度（°）为测量单位，一圈是360°。根据其大小，角度有四种主要类型。

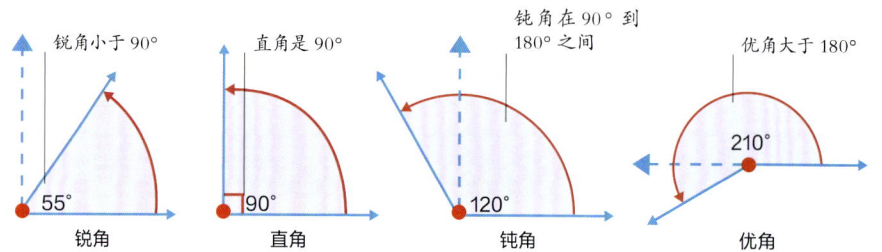

锐角小于90°
直角是90°
钝角在90°到180°之间
优角大于180°

55° 锐角　　90° 直角　　120° 钝角　　210° 优角

角度之和

一个圆的所有角度之和为360°，一条直线的所有角度之和为180°，这使我们能够解决几何问题。

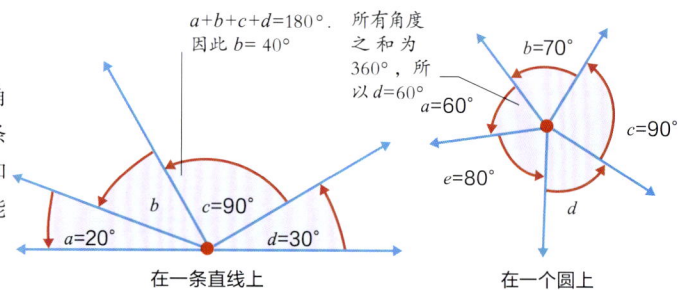

$a+b+c+d=180°$
因此 $b=40°$
所有角度之和为360°，所以 $d=60°$

b　$c=90°$　$a=20°$　$d=30°$
在一条直线上

$b=70°$　$a=60°$　$c=90°$　$e=80°$　d
在一个圆上

球体，圆锥体和圆柱体

一些三维的图形在现实世界中很常见。圆柱体和球体在工程中经常使用，而圆锥体是由光源（如手电筒）发出的光所形成的形状。

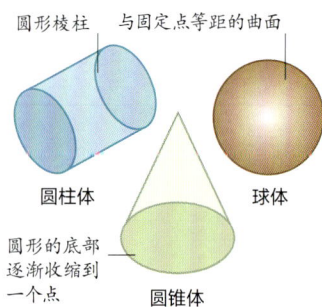

圆形棱柱
与固定点等距的曲面
圆柱体
球体
圆形的底部逐渐收缩到一个点
圆锥体

坐标几何

在坐标系（称为笛卡尔坐标系）上绘制几何图形可以帮助数学家确定图形的位置，并可以计算运动的结果，例如，旋转和平移（参见第173页）。

坐标

在二维笛卡尔坐标系中，点是由两个坐标来描述的：它们到固定点的水平距离和垂直距离。

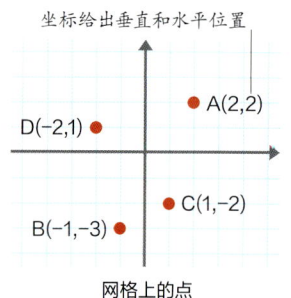

坐标给出垂直和水平位置
D(-2,1)　A(2,2)
C(1,-2)
B(-1,-3)
网格上的点

◀ 参见代数：第170—171页

反射对称

图形可以用它们的性质来描述，其中最基本的是对称性。大多数植物和动物都具有反射对称或线对称，就是我们通常认为的"左侧与右侧匹配"。

对称线

如下图所示，等腰三角形有一条对称线，而正方形有四条对称线。

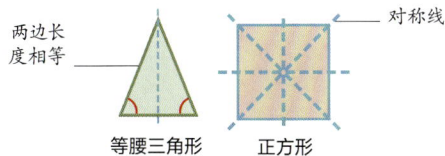

两边长度相等
对称线

等腰三角形　　正方形

对称面

三维图形具有反射对称的平面，而不是线条，如下图所示。

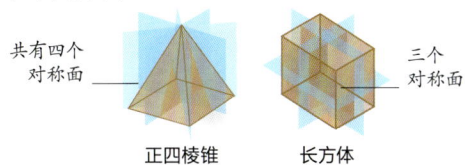

共有四个对称面

三个对称面

正四棱锥　　长方体

旋转对称

当一个图形可以绕着一个中心点移动，并且仍然与它原来的轮廓重合时，就说它具有旋转对称性。当一个图形旋转时，它能以多少种方式与其原始轮廓重合，被称为旋转对称的"阶次"。

对称点

二维图形围绕一个点具有旋转对称性。等边三角形——边长相等——具有三阶旋转对称。正方形具有四阶旋转对称。

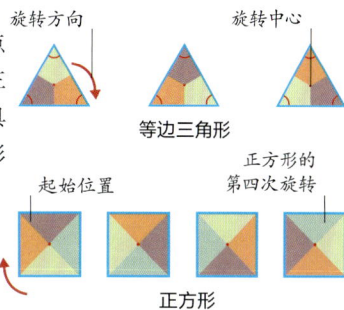

旋转方向　　旋转中心

等边三角形

起始位置　　正方形的第四次旋转

正方形

对称轴

与围绕一个点旋转的二维图形不同，三维图形可围绕一个轴或多个轴旋转。

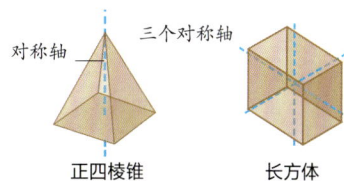

对称轴　　三个对称轴

正四棱锥　　长方体

镶嵌图案

镶嵌指的是形状嵌合或精确地配合在一起。如下图所示，正六边形图案可以在所有方向上无限延伸。

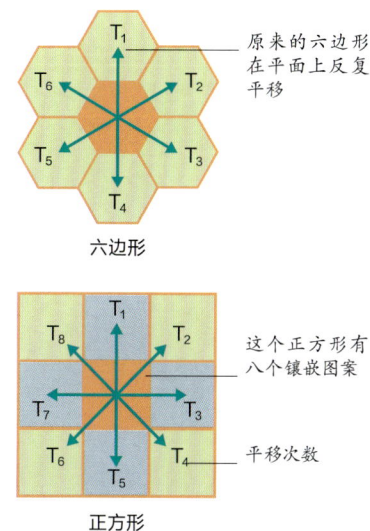

T_1　原来的六边形在平面上反复平移
T_6　T_2
T_5　T_3
T_4

六边形

T_8　T_1　T_2　这个正方形有八个镶嵌图案
T_7　T_3
T_6　T_5　T_4　平移次数

正方形

旋转、反射、平移和放大

图形可以被变换，这种思想常用于平面设计。二维变换的四种主要类型是反射、旋转、平移和放大。具体方法是对初始对象进行变换，从而生成图像。

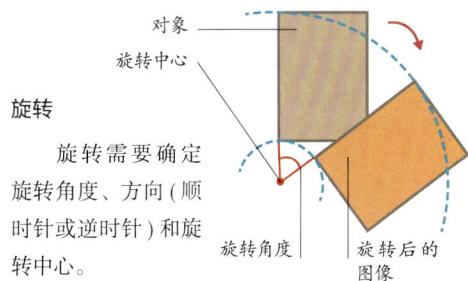

旋转

旋转需要确定旋转角度、方向（顺时针或逆时针）和旋转中心。

对象
旋转中心
旋转角度
旋转后的图像

反射

反射仅由它的镜像线来定义，也就是反射轴。

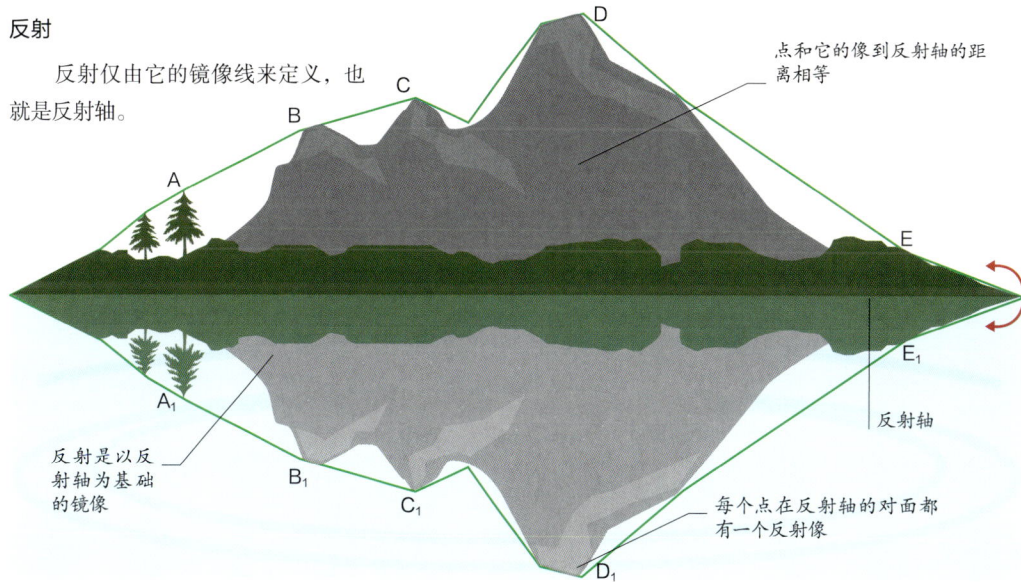

点和它的像到反射轴的距离相等

反射是以反射轴为基础的镜像

每个点在反射轴的对面都有一个反射像

反射轴

平移

平移是在平面内移动对象的动作。该对象可以水平或垂直移动，但应保持方向不变。在图像中，对象的所有点都从其初始位置移动了相同的距离。

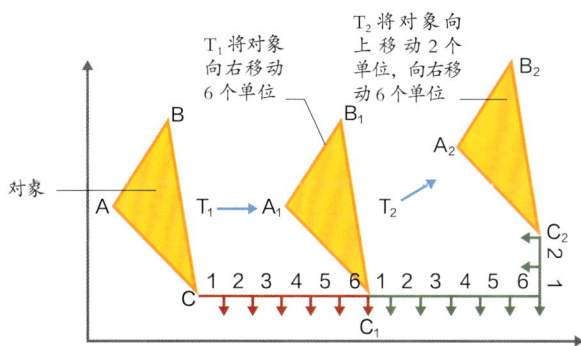

T_1 将对象向右移动 6 个单位
T_2 将对象向上移动 2 个单位，向右移动 6 个单位

对象

放大

放大是一种变换，它产生形状相同但大小不同的物体图像。

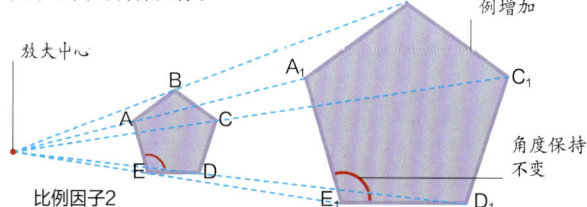

边长根据比例因子成比例增加

放大中心

角度保持不变

比例因子2

参见测量和结构图：第 174—175 页 ▶

173

测量和结构图

当人类第一次制造物体时，测量的概念就变得至关重要。为了进行测量，人类创建了标准单位，用于长度、质量和容量等量度。通过测量和结构图（精确的绘图），几何规则可以应用到日常生活的许多方面。建筑师和工程师利用这些规则设计和建造安全的建筑，导航系统也需要用到几何学来规划路线。

计算圆周率 π

所有的圆都有相同的比值。古代人类面临的一个最大的挑战就是确定圆的周长与其直径的比值。这个比值用希腊字母π（Pai）表示，它的值是 3.141592…

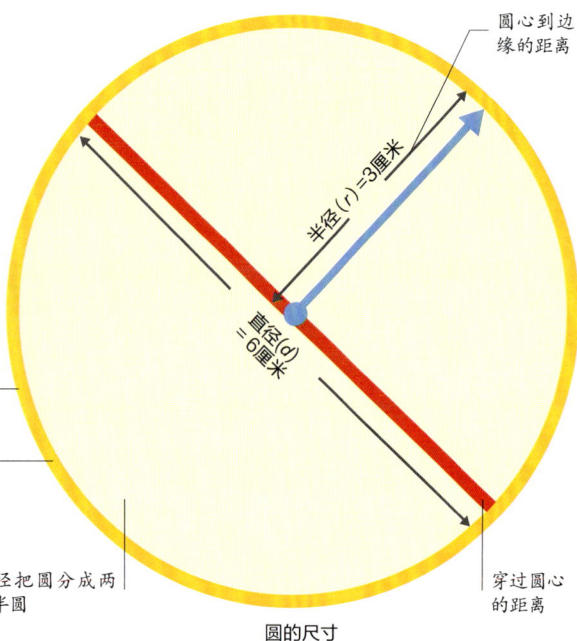

圆周是围绕圆的边缘（周长）一圈的距离

周长可以用 π 乘以直径来计算

π 已经被计算到超过 31 万亿位数

圆心到边缘的距离

半径（r）=3 厘米

直径（d）=6 厘米

直径把圆分成两个半圆

穿过圆心的距离

圆的尺寸

几何工具

目前应用的许多几何仪器源自几个世纪前的工具。这里重点展示测量和绘制图形的仪器。

圆规

圆规主要用于绘制圆或圆弧。绘制方法是铅笔围绕中心点以固定的距离移动。

直尺

直尺用于测量和绘制直线，通常有不同的刻度，如毫米或英寸。

三角板

三角板最适合绘制常见的角度，通常有两种规格：90°、45° 和 45°；90°、60° 和 30°。

计算器

计算器用于对测量值进行计算或应用三角函数公式。

量角器

量角器用于测量和绘制角度，通常标记为 0° 至 180°。

结构图

结构图是使用直尺和圆规创建的，用于精确的技术绘图。右图显示了一条垂直平分线，它是一条经过某一条线段的中点，并且垂直于这条线段的直线。

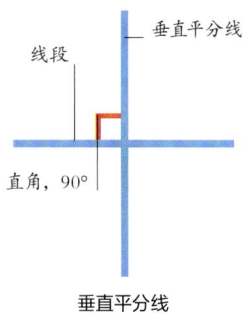

垂直平分线

线段

直角，90°

垂直平分线

几何学的大部分内容来自古希腊哲学家欧几里得

比例图

建筑师和工程师应用比例图为物体创建精确的平面图。通过使用一套比例系数来转换实际测量值，可以将大型物体（如桥梁）的绘制按比例缩小，或将小型物体（如电子部件）的绘制按比例放大。

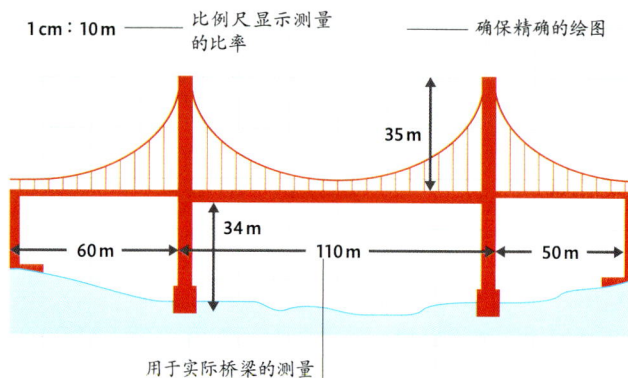

1 cm : 10 m — 比例尺显示测量的比率

确保精确的绘图

35 m

60 m   34 m   110 m   50 m

用于实际桥梁的测量

轨迹

轨迹是在给定的条件下，动点所描出的图形。例如，平面上到定点的距离等于定长的动点的轨迹是圆。

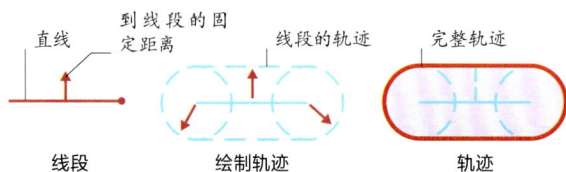

直线

到线段的固定距离

线段的轨迹

完整轨迹

线段   绘制轨迹   轨迹

方位

使用角度的度数，方位可以精确描述方向。它们是从北按照顺时针方向进行测量。方位可以用于引导船只或飞机进行远距离航行，还可以绘制包括方向变化在内的路线。

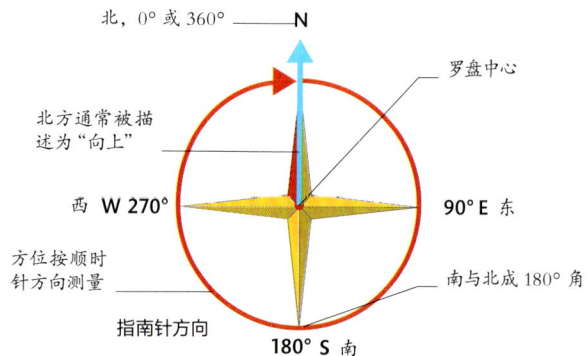

北，0° 或 360°   N

罗盘中心

北方通常被描述为"向上"

西 W 270°   90° E 东

方位按顺时针方向测量

南与北成 180° 角

指南针方向

180° S 南

> "我一直钦佩毕达哥拉斯的神秘主义之道，以及数字的神秘魔力。"
>
> 托马斯·布朗爵士，《医生的宗教》，1634 年

平面图形的周长和面积

测量平面图形主要关注两点：周长和面积。对于许多平面图形，如果知道它们的某些尺寸，就可以计算其周长和面积。

计算周长

要求一个图形的周长，你可以使用一个简单的公式，或者只是把它各条边的长度加起来。

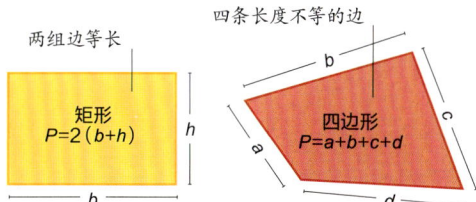

两组边等长

矩形
$P=2(b+h)$

四条长度不等的边

四边形
$P=a+b+c+d$

计算面积

如果你知道规则图形的尺寸，结合公式就可以计算它们的面积。面积以平方单位测量。

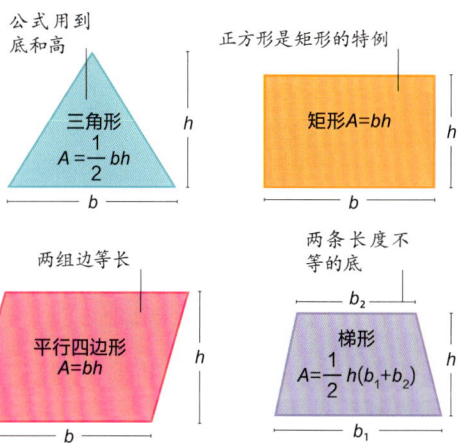

公式用到底和高

三角形
$A=\dfrac{1}{2}bh$

正方形是矩形的特例

矩形 $A=bh$

圆的半径

圆
$A=\pi r^2$

两组边等长

平行四边形
$A=bh$

两条长度不等的底

梯形
$A=\dfrac{1}{2}h(b_1+b_2)$

体积和表面积

我们所在的世界是三维的，其中物体具有体积（V）和表面积（SA）。体积是一个物体所占空间大小的量度；表面积是其表面的总面积。体积以立方单位测量，表面积以平方单位测量。

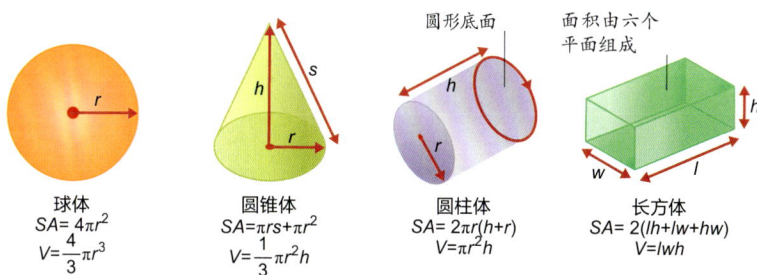

圆形底面

面积由六个平面组成

球体
$SA=4\pi r^2$
$V=\dfrac{4}{3}\pi r^3$

圆锥体
$SA=\pi rs+\pi r^2$
$V=\dfrac{1}{3}\pi r^2 h$

圆柱体
$SA=2\pi r(h+r)$
$V=\pi r^2 h$

长方体
$SA=2(lh+lw+hw)$
$V=lwh$

质量和密度

所有物体都有质量（M），在重力作用下，我们感受到的是重量。特定物质在给定体积（V）内的质量称为密度（D）。知道了其中两个测量值，就可以计算出第三个。

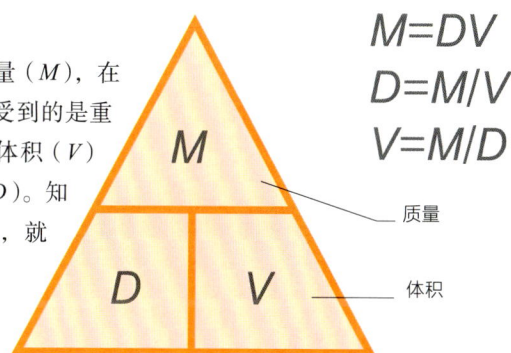

$M=DV$
$D=M/V$
$V=M/D$

质量

体积

三角学

三角学利用三角形的边长和角之间的关系来计算未知的边或角。目前，它的应用包括电子工程和卫星导航。

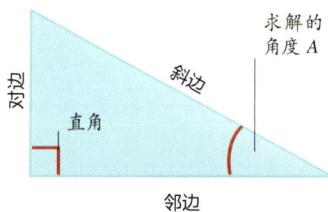

求解的角度 A
斜边
对边
直角
邻边

正弦公式

对于直角三角形，正弦（sin）是对边与斜边的比值。

$$\sin A = \dfrac{对边}{斜边}$$

余弦公式

对于直角三角形，余弦（cos）是邻边与斜边的比值。

$$\cos A = \dfrac{邻边}{斜边}$$

正切公式

对于直角三角形，切线（tan）是对边与邻边的比值。

$$\tan A = \dfrac{对边}{邻边}$$

毕达哥拉斯定理

这个著名的定理描述了直角三角形各边之间的关系：两条短边的平方和等于长边的平方。对这个定理证明方法不止一种。

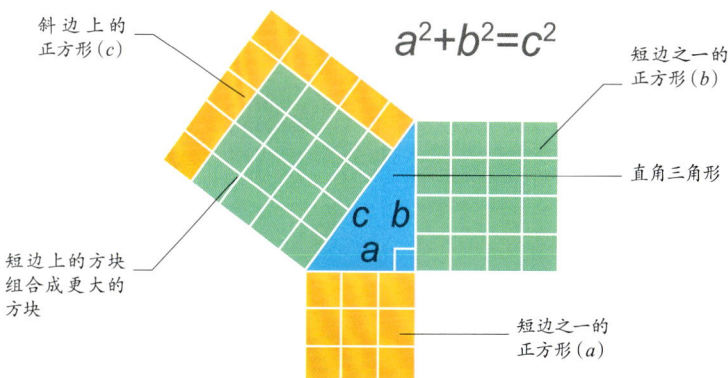

斜边上的正方形（c）

$a^2+b^2=c^2$

短边之一的正方形（b）

直角三角形

短边上的方块组合成更大的方块

c b a

短边之一的正方形（a）

毕达哥拉斯

毕达哥拉斯是古希腊哲学家。他最著名的定理是与二角形有关的定理，他定居于意大利南部时，招收门徒，对数字的理解以及它们与现实生活的关系方面取得了进展。他认为宇宙中的一切都可以通过数学规则来解释。

参见符号、图表和测量：第180—181页 ▶ 结构与构造：第266—267页 ▶

统计与概率

数学往往与确定性联系在一起。然而,我们生活在一个数据日益成为重要资源的世界中,处理这些数据需要统计学。此外,在过去的一百年里,科学家已经建立了一个基于不确定性的新的宇宙"量子"模型,这也需要对概率有深入的理解。

数据

在现代社会,数据正以非常快的速度增长。统计学就是要解释这些数据,它通常始于一个问题、一个陈述或假设,这些问题、假设可以用一系列技术进行分析。

> "事实固然难以改变,
> 但统计数据可以
> 改变。"
>
> 马克·吐温

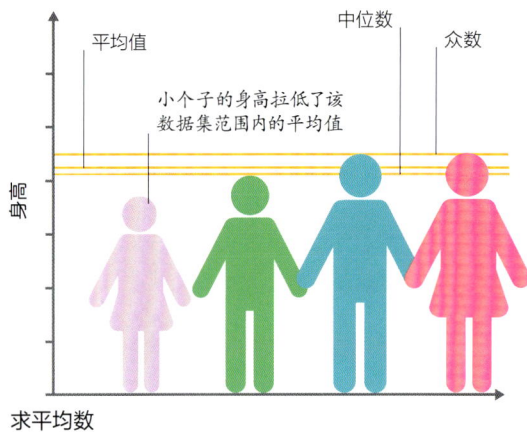

数据处理周期

分析数据:平均值

数据分析通常从确定典型值或平均值开始,并查看它们如何受到范围或分布中的异常值的影响。

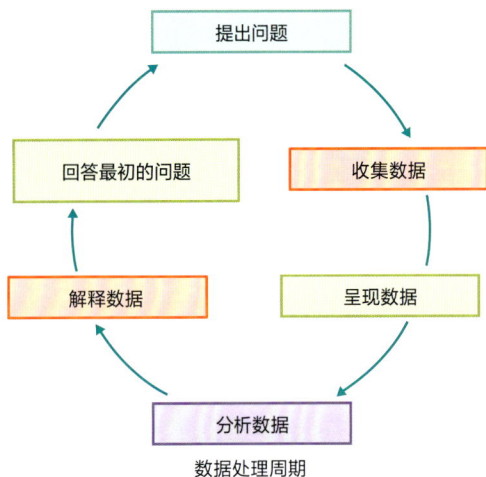

求平均数

平均数有三种计算方法。众数是出现次数最多的值;中位数是中间值;平均值是所有值的总和除以它们的个数。

呈现数据

从调查、实验或电子数据采集中收集到原始数据,需要通过图表来表示,以便评估数据的分布或形态。使用的图表取决于数据的类型。数据可以是连续的数值,如长度;也可以是离散的数值,如腿的数量;或者是定性的属性,如颜色。然而,在数据采集过程中,定性数据可以被统计为在某一特定类别(分类数据)中的出现频率,并像离散数值数据和连续数值数据那样进行数值分析。

类别	频数
绿色	4
橙色	8
黄色	6
蓝色	4
淡紫色	5

数据表

表格是一种分析数据的简单方法。如果是分类数据,用频数(频率)来衡量一个值在一个类别中出现的次数。

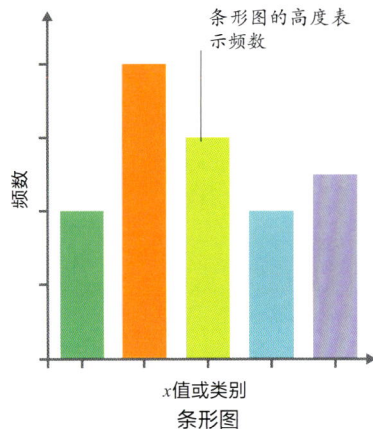

条形图

条形图可以显示具有离散 x 值或类别的数据。每个值出现的次数就是频数。

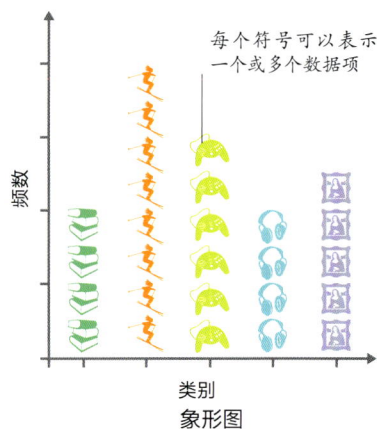

象形图

象形图类似于条形图,但用图片显示频数,更适合分类数据。

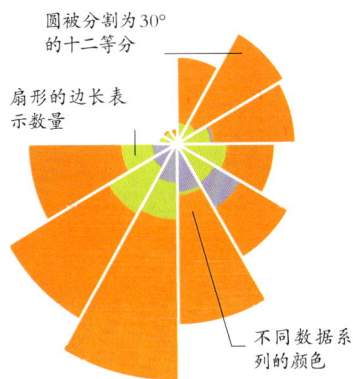

玫瑰图

玫瑰图类似于径向条形图,适用于具有周期性 x 值的数据,例如,一年中的月份。

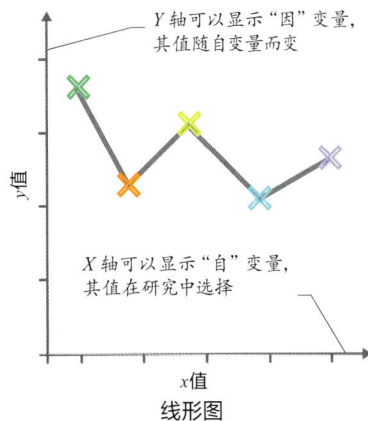

线形图

线形图最适合用于连续的定量数据,这些数据可以采用某个范围内的任何值,例如,一段时间内的变化趋势。

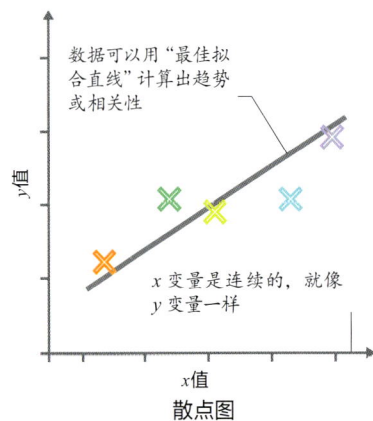

散点图

散点图可用于 x 和 y 变量连续的数据。它可以显示 x 和 y 之间是否有关联。

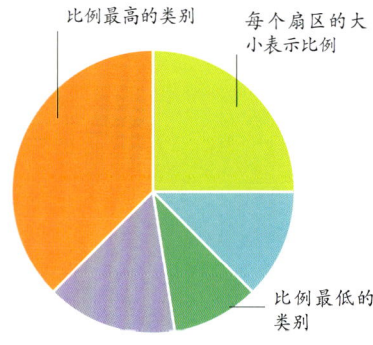

饼图

饼图是用扇形面积表示总体中各部分占比的图形。

"万事都不确定，一切皆有可能。"

克里斯蒂安·惠更斯，《全集》，1673 年

概率

概率是对不确定性的研究，用来表示随机事件发生可能性大小的量，其在医药研发和保险等领域有广泛的应用。

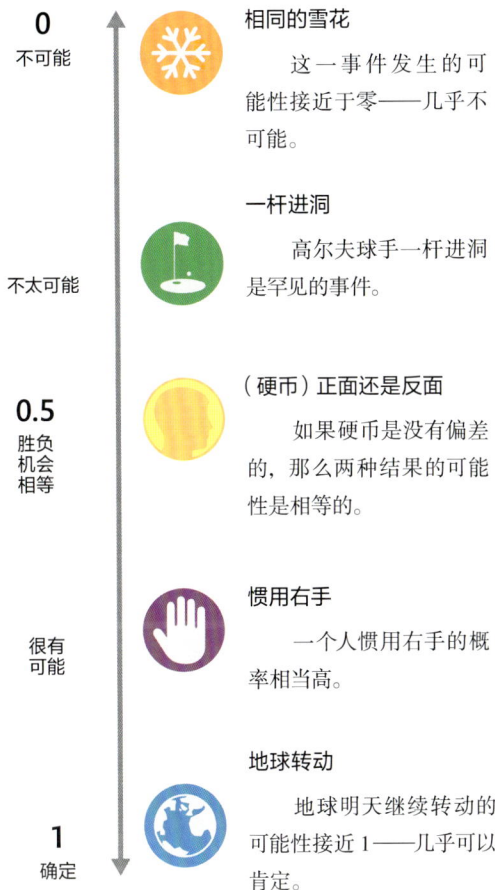

0 不可能

相同的雪花
这一事件发生的可能性接近于零——几乎不可能。

不太可能

一杆进洞
高尔夫球手一杆进洞是罕见的事件。

0.5 胜负机会相等

（硬币）正面还是反面
如果硬币是没有偏差的，那么两种结果的可能性是相等的。

很有可能

惯用右手
一个人惯用右手的概率相当高。

地球转动
地球明天继续转动的可能性接近 1——几乎可以肯定。

1 确定

概率标度

概率用分数、小数或百分比表示。你可以将其视为从 0（不可能）到 1（确定）的尺度。

理论概率

理论概率是建立在假设上的，这些假设可能是准确的，也可能不是。例如，在掷骰子时，假设每个"结果"（它所对应的数字）的可能性是相等的。

一次只掷一个骰子可能的结果

掷骰子有 6 种可能的结果：1、2、3、4、5 或 6。每个数字出现的可能性都是相等的，这意味着任何一个数字出现的概率都是 $\frac{1}{6}$。

掷出 2 的结果

组合概率

如果我们想要确定两个完全不相关或"独立"的事件同时发生的可能性；或者想要计算出

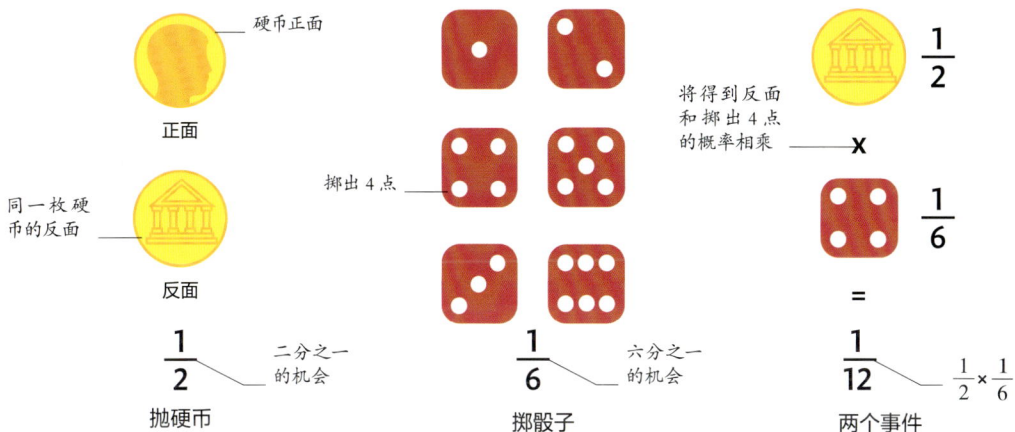

硬币正面
正面

同一枚硬币的反面
反面

$\frac{1}{2}$ 二分之一的机会

抛硬币
抛一枚均匀的硬币会有两种可能的结果，"正面"或"反面"，每种结果的概率为 $\frac{1}{2}$。

掷出 4 点

$\frac{1}{6}$ 六分之一的机会

掷骰子
掷一个无偏差的骰子会有六种可能的结果，每种结果的概率为 $\frac{1}{6}$。

试验概率

试验概率是以试验为基础的。例如，通过多次投掷骰子，我们可以确定得到每个结果的实际可能性。

概率试验的结果

实际上，掷 6 次骰子不太可能就得到 1、2、3、4、5 和 6 的结果，但是在 1000 次尝试中，每个数字出现的次数都差不多。

掷出三个 6 和三个 5 的结果

某个事件发生的概率有多大，则可以使用简单的算术来计算这些组合概率。

将得到反面和掷出 4 点的概率相乘 **x**

$\frac{1}{2}$

$\frac{1}{6}$

=

$\frac{1}{12}$ $\frac{1}{2} \times \frac{1}{6}$

两个事件
抛出硬币反面和掷出 4 点骰子的结果的组合概率，可以通过乘法来计算。

相关事件

许多组合事件并不是相互独立的。例如，一种疾病可能影响已知比例的人口。诊断测试的结果——阳性或阴性——取决于个体是否患有该疾病。利用检测结果和已知的疾病流行率，可以用概率来估计检测的可靠性。

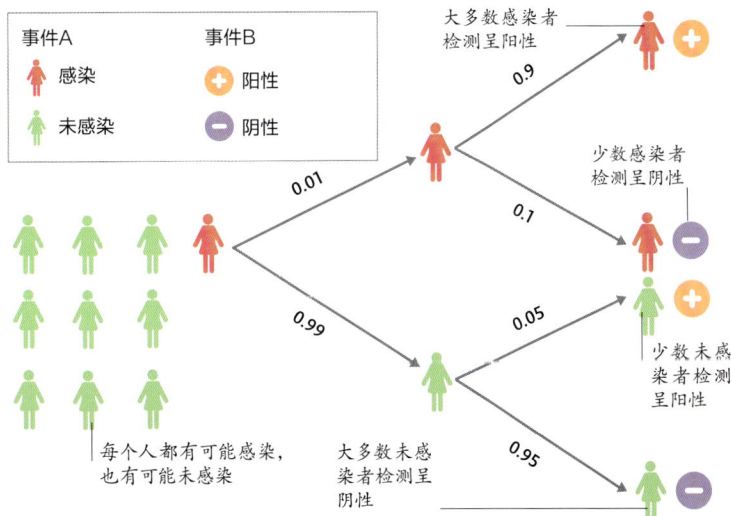

事件A
感染
未感染

事件B
阳性
阴性

大多数感染者检测呈阳性 0.9

少数感染者检测呈阴性 0.1

0.01

0.99

少数未感染者检测呈阳性 0.05

大多数未感染者检测呈阴性 0.95

每个人都有可能感染，也有可能未感染

贝叶斯定理

贝叶斯定理可以计算出左图描述的"条件"概率。在诊断测试的例子中，假设已经感染了疾病（事件 A），那么，可以计算出阳性结果（事件 B）的可能性。贝叶斯定理的公式如下所示：

事件 A 在事件 B 发生的条件下发生的概率

事件 B 在事件 A 发生的条件下发生的概率

事件 A 的概率

$$P(A|B) = \frac{P(B|A)\,P(A)}{P(B)}$$

事件 B 的概率

现代数学

20世纪初是数学发展的关键时期。德国数学家大卫·希尔伯特（1862—1943）是这一时期的核心人物，他在19世纪的工作包括发展了现代几何学的公理化方法。希尔伯特在1900年提出的23个未解决的主要数学问题，推动了20世纪及以后的数学研究，包括集合论、逻辑学以及混沌理论等方向的发展。

拓扑学

拓扑学起源于18世纪瑞士数学家莱昂哈德·欧拉对多面体的研究。拓扑学研究几何图形在连续改变形状时所能保持不变的一些特性，它只考虑物体间的位置关系而不考虑它们的距离和大小。

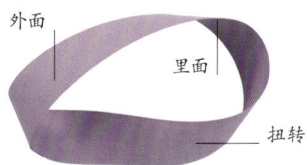

外面

里面

扭转

莫比乌斯带

莫比乌斯带是一种只有一个表面的几何结构。取一根纸条，将其扭转180°，并连接两端制作而成。

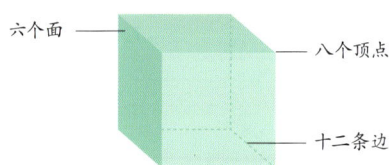

六个面

八个顶点

十二条边

欧拉公式

对于任何多面体，例如立方体，顶点（V）、边（E）和面（F）的数量由欧拉公式确立的关系为 $V+F-E=2$。

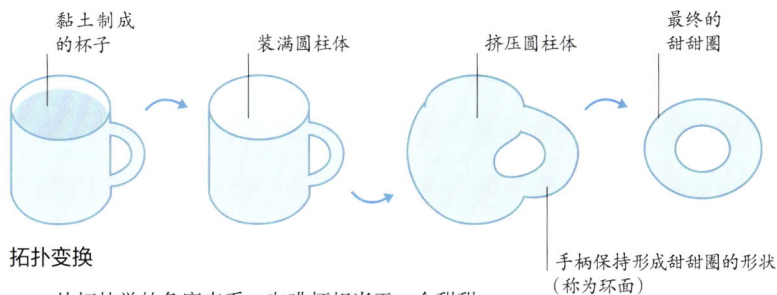

黏土制成的杯子

装满圆柱体

挤压圆柱体

最终的甜甜圈

拓扑变换

从拓扑学的角度来看，咖啡杯相当于一个甜甜圈，因为二者可以被塑造或转化成另一个。

手柄保持形成甜甜圈的形状（称为环面）

> "拓扑学是研究星座活动的基本模式和结构关系的科学。"
>
> 巴克敏斯特·富勒，1963年

航天中的数学

在电子计算机出现之前，航天发展所需的复杂计算必须由数学家来完成。数学家、工程师玛丽·杰克逊（1921—2005）在美国国家航空和航天局的水星计划中率先使用计算机来计算航天器的轨道、发射窗口和安全返回路线。

美国国家航空和航天局兰利研究中心的玛丽·杰克逊

混沌理论

混沌理论通过"蝴蝶效应"而流行开来。这种理论认为，一只蝴蝶在一个地方扇动翅膀会导致另一个地方的龙卷风。许多动力学现象是可以预测的，例如轨道行星。然而，一旦你引入任何更大的复杂性，就会产生高度的不可预测性。混沌理论试图在这种不可预测性中寻找规律。

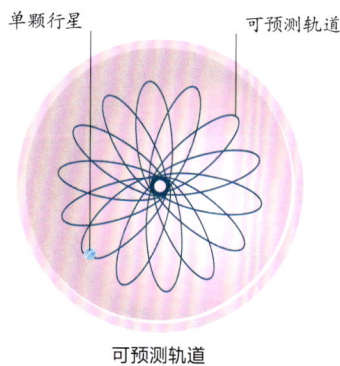

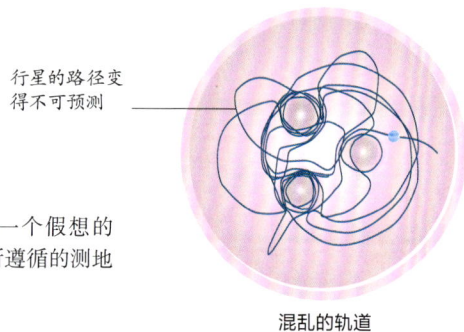

单颗行星

可预测轨道

可预测轨道

行星的路径变得不可预测

混乱的轨道

测地线路径

当其他天体影响一个假想的行星的引力场时，它所遵循的测地线路径变得不可预测。

单一路径不会重复

吸引子边界

相互作用的变量

美国数学家爱德华·洛伦茨致力于气候建模的研究，他设计了一个图来表示三个气候变量是如何相互作用的。虽然一个变量微小的变化可能会导致其他变量的巨大差异，但整个系统或"洛伦茨吸引子"是稳定的，并且具有明确的形状。

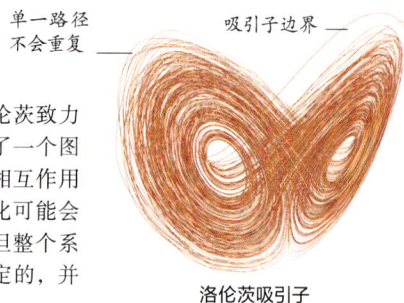

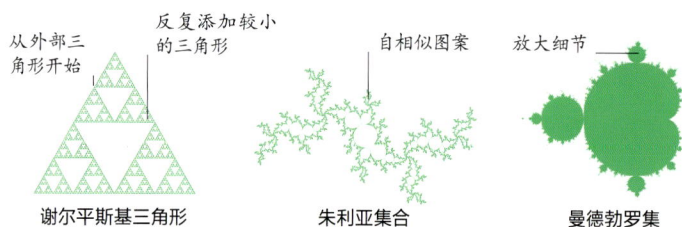

洛伦茨吸引子

不平滑

移除每个片段的中间1/3

第二次迭代

第三次迭代

魏尔斯特拉斯函数

康托尔集

科赫曲线

从外部三角形开始

反复添加较小的三角形

自相似图案

放大细节

谢尔平斯基三角形

朱利亚集合

曼德勃罗集

分形

19世纪后期，数学家对具有自相似性的图形产生了兴趣。当放大图形时，你会发现一个更小的图形复制品。最著名的分形图形是曼德勃罗集。

> "在人们的心中，分形是看到无限的一种方式。"
>
> 詹姆斯·格雷克，2011年

> "现在已经有了一种能够研究山脉和云层的几何学。"
>
> 曼德勃罗，《分形讲座》，1990 年

图论

现实世界中的许多问题可以通过将它们"建模"为网络来进行数学解释；例如，从仓库配送货物的最有效方式。图论建立了将网络中的点（节点）与其路径（弧）相关联的规则和算法（规则序列）。它在计算机科学和生物学等领域都有应用。

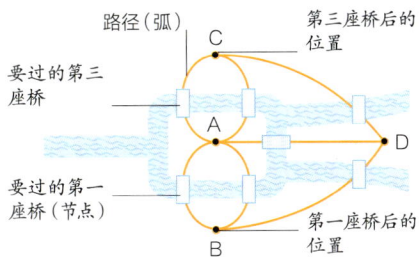

路径（弧）
第三座桥后的位置
要过的第三座桥
要过的第一座桥（节点）
第一座桥后的位置

柯尼斯堡七桥问题

在这个问题中，不可能找到一条只穿过每座桥（节点）一次并返回起点（A）的路径（弧）。

社会数学

社会数学关注连通性的概念，并寻找量化或表征它的方法。与图论相关，社会数学在现代社会媒体时代变得越来越重要，同时它在心理学、社会学和理论流行病学等不同领域都有应用。

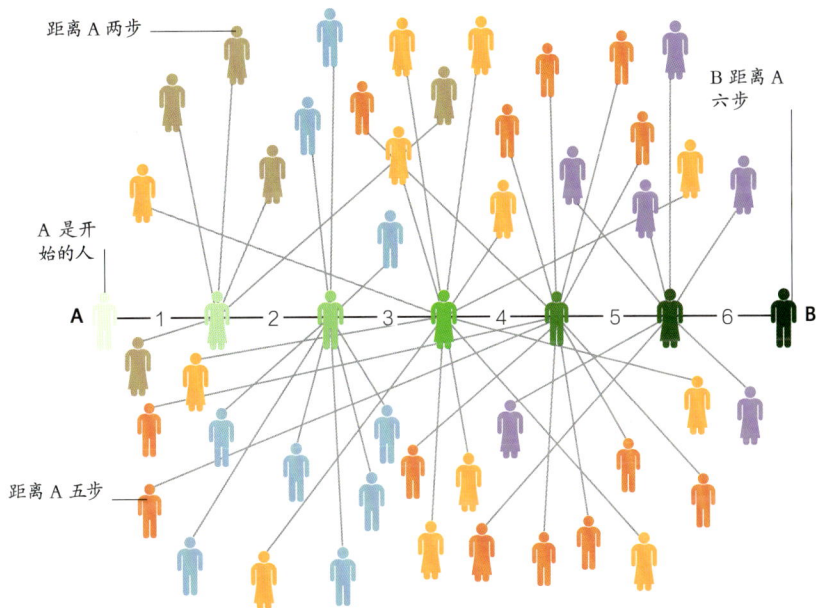

距离 A 两步
A 是开始的人
距离 A 五步
B 距离 A 六步

A — 1 — 2 — 3 — 4 — 5 — 6 — B

六度分离理论

六度分离理论认为，平均而言，世界上的每个人与其他人的相识距离只有六步（度）。

六度分离理论有时也被称为六次握手规则

四色定理

任何一张世界地图通常都是这样着色的，没有两个相邻的国家颜色相同。这就提出了一个问题："给地图上色最少需要多少种颜色？" 2005 年由计算机证明的四色定理指出，不超过四种颜色就可以确保两个相邻区域具有不同的颜色。

蓝色区域与所有其他蓝色区域都分隔开

地图是被分割成连续区域的平面

集合论与逻辑

集合论是数学家在寻找一种新的处理数字的公理化方法时提出来的。它将布尔代数（值为真或假）应用于数字或元素集，并研究其性质。

逻辑门

逻辑门提供了操作计算机二进制代码（由 0 和 1 组成）的方法。不同类型的逻辑门按照布尔运算进行分类，例如，与（AND）、或（OR）、非（NOT）或它们的组合。

非门

非门只有一个输入 A。输出与输入相反，因此它将信号反转。

单输入，0 或 1

输入	输出
1	0
0	1

与门

与门有两个输入：A 和 B，但只有当 A 和 B 都为1时，输出才能为1。

两个输入

输入		输出
A	B	A和B
0	0	0
0	1	0
1	0	0
1	1	1

或门

或门也有两个输入：A 和 B。如果 A 或 B（或两者）是1，则或门的输出为1。

输入		输出
A	B	A和B
0	0	0
0	1	1
1	0	1
1	1	1

与非门

与非门是一个与门（结果为 0, 0, 0, 1）后跟一个非门。只有当它的两个输入都是 1 时，它的输出才是 0。

表示非门

输入		输出
A	B	A和B
0	0	1
0	1	1
1	0	1
1	1	0

或非门

或非门是一个或门后跟一个非门。只有当它的两个输入都是 0 时，它的输出才是 1。

输入		输出
A	B	A和B
0	0	1
0	1	0
1	0	0
1	1	0

维恩图

布尔运算（与、或、非）可以在维恩图中表示。这些图通常用于两个或三个集合，如右图所示。

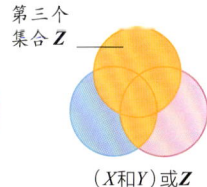

X 和 Y 同时出现的重叠区域
X和Y

X、Y 或两者
X或Y

只有 X，没有 Y
X非Y

第三个集合 Z
（X和Y）或 Z

参见**疾病传播与控制**：第 254—255 页 ▶

符号、图表和测量

数学是一个庞大的学科，涵盖了对数字、数量、模式和结构的研究，以及实体之间的关系和可以对它们执行的操作。尽管数学的许多部分看起来很复杂，但常用的符号、计算、测量和变换在日常生活中都有实际应用。总结如下。

平方、立方和方根

平方数是指像 1×1=1，2×2=4 这样的数。反之，9 的平方根是 ±3，因为 3×3=9。这些可以缩写为 $3^2=9$ 或 $\sqrt{9}=3$ 等。同理，4 的立方，即 4^3，等于 4×4×4，即 64。反之，$\sqrt[3]{64}=4$。

数	平方	立方	平方根	立方根
1	1	1	±1.000	1.000
2	4	8	±1.414	1.260
3	9	27	±1.732	1.442
4	16	64	±2.000	1.587
5	25	125	±2.236	1.710
6	36	216	±2.449	1.817
7	49	343	±2.646	1.913
8	64	512	±2.828	2.000
9	81	729	±3.000	2.080
10	100	1000	±3.162	2.154

质数

质数是一个自然数（整数），它只有两个因数：1 和它本身。例如，17 是一个质数，因为它只能被 1 和 17 整除。根据这个定义可知 1 不是质数。下表给出了前 100 个质数。

2	3	5	7	11	13	17	19	23	29
31	37	41	43	47	53	59	61	67	71
73	79	83	89	97	101	103	107	109	113
127	131	137	139	149	151	157	163	167	173
179	181	191	193	197	199	211	223	227	229
233	239	241	251	257	263	269	271	277	281
283	293	307	311	313	317	331	337	347	349
353	359	367	373	379	383	389	397	401	409
419	421	431	433	439	443	449	457	461	463
467	479	487	491	499	503	509	521	523	541

> "如果数字不美，
> 我不知道什么是美。"
>
> 保罗·埃尔德什

乘法表

心算在日常生活的许多方面都很有用。乘法表是一套可供学习的运算方法，这有助于提高基本的运算能力。下表给出了数字 1 到 12 的倍数。

	1	2	3	4	5	6	7	8	9	10	11	12
1	1	2	3	4	5	6	7	8	9	10	11	12
2	2	4	6	8	10	12	14	16	18	20	22	24
3	3	6	9	12	15	18	21	24	27	30	33	36
4	4	8	12	16	20	24	28	32	36	40	44	48
5	5	10	15	20	25	30	35	40	45	50	55	60
6	6	12	18	24	30	36	42	48	54	60	66	72
7	7	14	21	28	35	42	49	56	63	70	77	84
8	8	16	24	32	40	48	56	64	72	80	88	96
9	9	18	27	36	45	54	63	72	81	90	99	108
10	10	20	30	40	50	60	70	80	90	100	110	120
11	11	22	33	44	55	66	77	88	99	110	121	132
12	12	24	36	48	60	72	84	96	108	120	132	144

数学符号

数学就像一门语言，它有一套被普遍接受的符号。其中有一些变体，例如，乘法可以用 × 或 · 表示。不同的数学分支有专门的符号，这里列出的是最常见的符号。

符号	描述
+	加；正
−	减；负
±	加或减；正或负；精度
∓	减或加；负或正
×	乘以（6×4）
·	乘以（6·4）；两个向量的数量积（$a·b$）
÷	除以（6÷4）
/	除以；比率（6/4）
—	除以；比值（$\frac{6}{4}$）
=	等于
≠	不等于
≡	等同于；与……一致
≢	不等同于
≙	对应于
:	比率（6:4）
::	比例相等（1:2::2:4）
≈, ≑, ≃	约等于；相当于；类似
≅	全等于；等同于
>	大于
≫	远大于
≯	不大于

符号	描述
<	小于
≪	远小于
≮	不小于
≥ ≧ ≥	大于或等于
≤ ≦ ≤	小于或等于
∝	与……成正比
( )	括号，可以表示乘法
—	连线：分隔 $w(a-b)$；圆的弦或线的长度（AB）
$\overrightarrow{AB}$	向量
$\overline{AB}$	线段
$\overleftrightarrow{AB}$	线条
∞	无穷大
n^4	幂
$\sqrt[2]{\ }$, $\sqrt[3]{\ }$	平方根，立方根，等
%	百分比
°	度（℃，90°）
∠, ∠s	角（S）
π	π = 3.141592…
⊥	垂直
∟	直角
∥	平行

◀ 参见**数字**：第166—167页　◀ **计算**：第168—169页　◀ **代数**：第170—171页

1889—1960 年，一米被定义为在由铂和铱制成的合金棒原型上标记的两条线之间的距离

计量单位

纵观历史，人们一直试图创建标准的计量单位，以便能够量化或比较长度、质量和温度。现行通用的国际单位制是从法国公制发展而来的。但是基于英制的计量单位仍在使用。

温度

	华氏度/°F	摄氏度/℃	开尔文/K
水的沸点(标准大气压下)	212	100	373
水的冰点(标准大气压下)	32	0	273
绝对零度	−459	−273	0

液体体积

公制

1000毫升	=	1升
100升	=	1百升
10百升	=	1千升
1000升	=	1千升

英制

8液盎司	=	1杯
20液盎司	=	1品脱
4及耳	=	1品脱
2品脱	=	1夸脱
4夸脱	=	1加仑

长度

公制

10毫米	=	1厘米
100厘米	=	1米
1000毫米	=	1米
1000米	=	1千米

英制

12英寸	=	1英尺
3英尺	=	1码
1760码	=	1英里
5280英尺	=	1英里
8弗隆	=	1英里

质量

公制

1000毫克	=	1克
1000克	=	1千克
1000千克	=	1吨

英制

16盎司	=	1磅
14磅	=	1英石
112磅	=	1英担
20英担	=	1吨

时间

公制和英制

60秒	=	1分钟
60分钟	=	1小时
24小时	=	1天
7天	=	1周
52周	=	1年

面积

公制			英制		
100平方毫米	=	1平方厘米	144平方英寸	=	1平方英尺
10000平方厘米	=	1平方米	9平方英尺	=	1平方码
10000平方米	=	1公顷	1296平方英寸	=	1平方码
100公顷	=	1平方千米	43560平方英尺	=	1英亩
1平方千米	=	1000000平方米	640英亩	=	1平方英里

换算表

公制单位是世界上最常用的计量单位，但是在公制和英制之间有时会进行换算。了解常用计量单位之间的换算规则，可以轻松地进行转换。

面积

公制		英制	英制		公制
1平方厘米	=	0.155平方英寸	1平方英寸	=	6.4516平方厘米
1平方米	=	10.764平方英尺	1平方英尺	=	0.0929平方米
1平方米	=	1.196平方码	1平方码	=	0.8361平方米
1公顷	=	2.4711英亩	1英亩	=	0.4047公顷
1平方千米	=	0.3861平方英里	1平方英里	=	2.59平方千米

长度

公制		英制
1毫米	=	0.03937英寸
1厘米	=	0.3937英寸
1米	=	1.0936码
1千米	=	0.6214英里

英制		公制
1英寸	=	2.54厘米
1英尺	=	0.3048米
1码	=	0.9144米
1英里	=	1.6093千米
1海里	=	1.853千米

质量

公制		英制
1毫克	=	0.0154格令
1克	=	0.0353盎司
1千克	=	2.2046磅
1吨	=	0.9842英吨

英制		公制
1盎司	=	28.35克
1磅	=	0.4536千克
1石	=	6.3503千克
1英担	=	50.802千克
1英吨	=	1.016吨

体积

公制		英制
1立方厘米	=	0.061立方英寸
1立方分米	=	0.0353立方英尺
1立方米	=	1.308立方码
1升/1立方分米	=	1.76品脱

英制		公制
1立方英寸	=	16.387立方厘米
1立方英尺	=	0.0283立方米
1液盎司	=	28.413毫升
1品脱/20液盎司	=	0.5683升
1加仑/8品脱	=	4.5461升

◄ 参见 **几何**：第 172—173 页　　◄ **测量和结构图**：第 174—175 页

经典力学

经典力学是物理学中描述物体运动的一门学科。从体育竞技到外太空探索，它适用于一切运动的物体。具有能量的物体对其他物体施加力，使其发生运动状态或形状的变化，这是经典力学的基本原理。几个世纪前艾萨克·牛顿建立起经典力学，它可准确预测物体的运动或确定它们的运动状态。

能量的不同形式

对物体施加力改变其运动状态需要向该物体传递能量（例如"做功"），能量会以不同的形式存在，并可以在这些不同的形式之间转换。

化学能
物体在发生化学反应时所释放或吸收的能量。

弹性势能
物体因发生弹性形变而储存的能量。

辐射能
可见光是一种以电磁波形式传播的能量。

内能
物体内所有分子热运动的分子动能与分子势能的总和

核能
原子核具有大量的可被释放的能量。

声能
声波通过挤压或拉伸介质时产生的能量。

重力势能
物体受到重力作用而具有的能量。

电势能
电池所具有的驱动电荷在电路中定向运动产生电流的势能。

电能
电路元件或设备吸收或发出的能量。

动能
物体由于运动而具有的能量。

能量守恒

能量既不能被创造也不能消失，它可以不断地在不同的形式之间转换。像把一车砖推上斜坡这样简单的过程中就涉及能量在多种形式之间的转换。

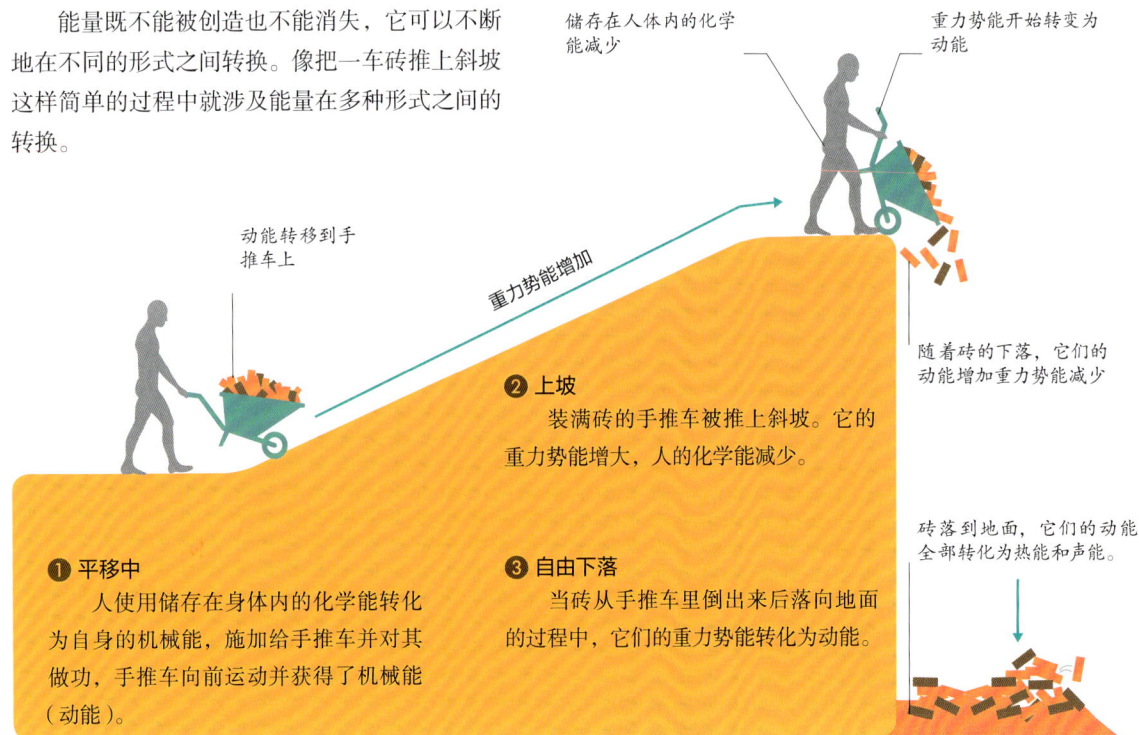

动能转移到手推车上

重力势能增加

储存在人体内的化学能减少

重力势能开始转变为动能

随着砖的下落，它们的动能增加重力势能减少

砖落到地面，它们的动能全部转化为热能和声能。

❷ 上坡
装满砖的手推车被推上斜坡。它的重力势能增大，人的化学能减少。

❶ 平移中
人使用储存在身体内的化学能转化为自身的机械能，施加给手推车并对其做功，手推车向前运动并获得了机械能（动能）。

❸ 自由下落
当砖从手推车里倒出来后落向地面的过程中，它们的重力势能转化为动能。

惯性

除非受到外力的作用，物体的运动是不会改变的。例如，运动中的汽车突然刹车，车上乘客由于惯性还要保持向前运动的趋势。这种阻止运动状态变化的性质称为惯性。地球上的重力和阻力（如摩擦力）部分地掩盖了惯性的效果，使移动的物体看起来似乎总要减速。

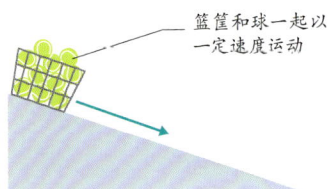

篮筐和球一起以一定速度运动

匀速直线运动
篮筐和球一起以一定的速度沿同一个方向运动直到有力作用在它们上面。

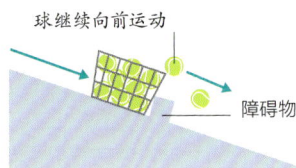

球继续向前运动

障碍物

惯性迁移
篮筐在障碍物施加的外力作用下停了下来，但球由于惯性继续向前运动。

做功

通过施加力的作用使物体运动发生变化被称为"做功"，比如打网球时对球施加力就能使它迅速奔向一个新的方向。

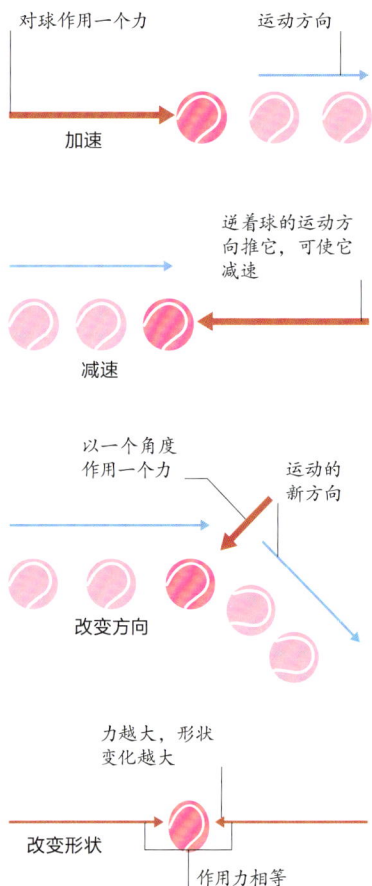

对球作用一个力　　运动方向

加速

逆着球的运动方向推它，可使它减速

减速

以一个角度作用一个力

运动的新方向

改变方向

力越大，形状变化越大

改变形状

作用力相等

参见**热力学**：第184—185页 ▶　**电磁学**：第190—191页 ▶　**量子力学**：第192—193页 ▶

艾萨克·牛顿在他有生之年完成了百万字的著作

牛顿运动定律

牛顿三定律描述了作用在一个有形物体上的力是如何影响它运动的。牛顿三定律构成了经典力学的核心，并可作为预测和解释物理学中一系列现象的起点，如向外太空发射火箭。为了让火箭升空，它需要力来改变其静止运动状态。火箭的加速度取决于它的质量和燃烧所提供的推力。同时由于空气阻力的阻碍作用，加速度会有所减小。

向上的力

> "如果我看得更远，那是因为我站在巨人的肩膀上。"

艾萨克·牛顿在给罗伯特·胡克的一封信，1676 年

艾萨克·牛顿

艾萨克·牛顿爵士（1643—1727）是英国博学者，被认为是历史上最有影响力的科学家之一。除了提出牛顿力学和万有引力定律，牛顿还在光学、天文学、流体力学和数学方面做出了重大贡献，并独立于同时代的戈特弗里德·莱布尼茨发展了微积分学。他与剑桥大学和英国皇家学会关系密切。

向下的力

牛顿第一运动定律

除非外力作用于物体上，否则物体将保持静止或匀速直线运动。

牛顿第二运动定律

物体的加速度取决于物体的质量和作用于它的力。

牛顿第三运动定律

自然界中每一个作用力都有一个大小相等、方向相反的反作用力。

牛顿用 18 个月完成了《自然哲学的数学原理》一书的创作

牛顿万有引力定律

牛顿在《自然哲学的数学原理》中阐述了万有引力定律，每个物体都会对另一个物体施加引力，这个力的大小取决于物体的质量和物体间的距离。

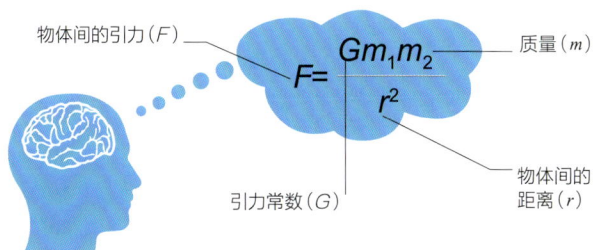

物体间的引力（F）

$$F = \frac{Gm_1 m_2}{r^2}$$

质量（m）

物体间的距离（r）

引力常数（G）

引力与质量

两个物体间的万有引力（F）与它们的质量（m）成正比。例如，若一个物体的质量增加一倍，物体间的引力也增加一倍。

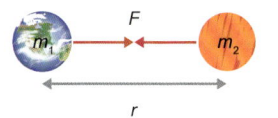

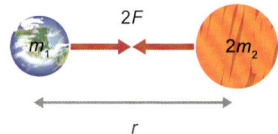

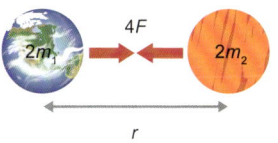

m_1 — F — m_2
r

m_1 — $2F$ — $2m_2$
r

$2m_1$ — $4F$ — $2m_2$
r

引力与距离

万有引力与物体间距离（r）的平方成反比，例如两倍的距离会使引力减少四倍。

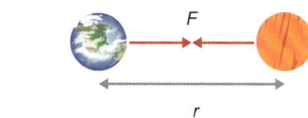

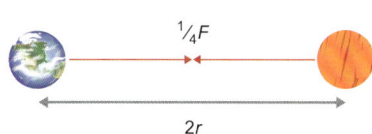

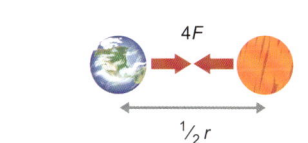

F
r

$\frac{1}{4}F$
$2r$

$4F$
$\frac{1}{2}r$

质量与重量

物体的重量是指施加在它上面的重力。在地球的地面之上，重力是把物体拉向地面的力。物体的质量是指物体所含物质的多少。如果排除空气阻力的影响，不同质量的物体在同一高度落下，会同时落地。

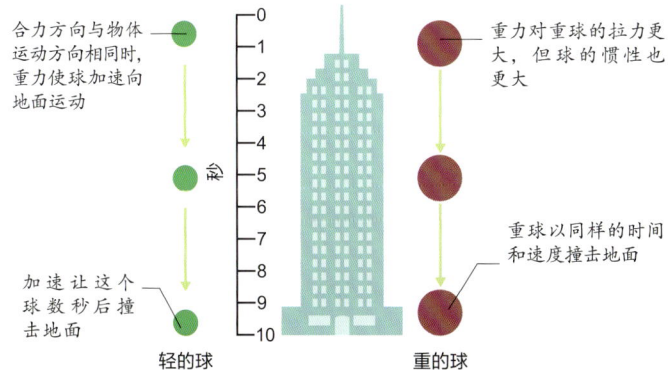

合力方向与物体运动方向相同时，重力使物体加速向地面运动

加速让这个球数秒后撞击地面

轻的球

秒
0
1
2
3
4
5
6
7
8
9
10

重力对重球的拉力更大，但球的惯性也更大

重球以同样的时间和速度撞击地面

重的球

参见能源：第 262—263 页 ▶

热力学

有关热、温度和物质特性的物理学被称为热力学。它研究以热为形式的能量是如何在不同的物质形态之间、或在不同地点之间传递或转化。热力学的核心是四条描述熵和封闭系统中的热的定律。

热力学诞生于人类努力提高早期蒸汽机效率的过程中

气体动力学

动力学理论将气体描述为许多无规则运动的点状粒子的集合，它们不断地相互碰撞并和容器壁碰撞。这个简化的模型可以有效地理解如温度、压力和体积等可测量的特性。加热气体会给它的粒子增加分子动能，使它们移动得更快，并发生更频繁的高能碰撞，这会导致气体体积膨胀。如果气体被固定在容器内，则会导致气体中的粒子更频繁地与容器壁碰撞，容器壁所受压力会增大。

压强与温度

气体动力学被用于解释为什么气体，即使在加压容器内，当它上升到水面时也会膨胀。

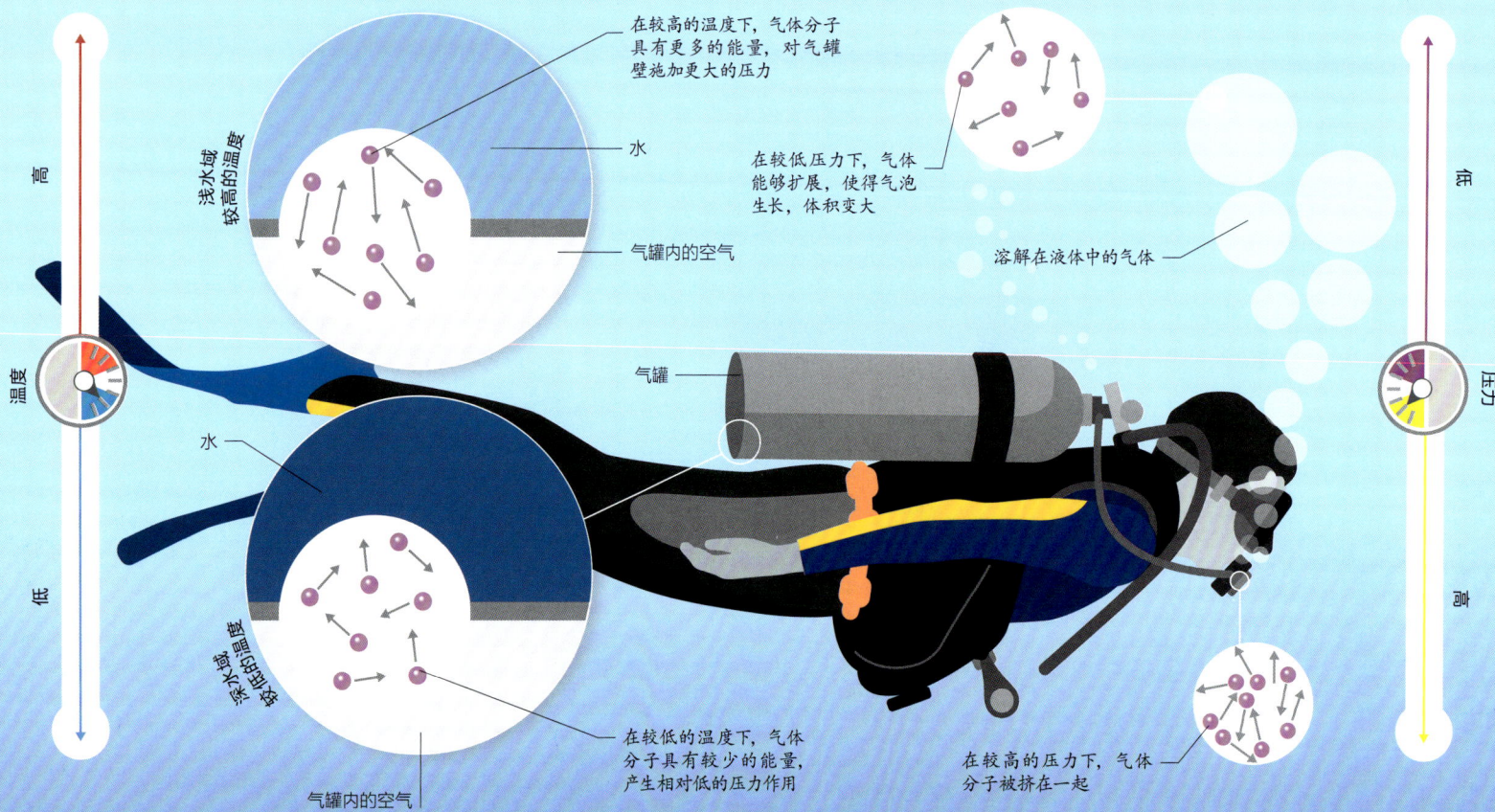

在较高的温度下，气体分子具有更多的能量，对气罐壁施加更大的压力

水

气罐内的空气

在较低压力下，气体能够扩展，使得气泡生长，体积变大

溶解在液体中的气体

气罐

高

温度

低

浅水域较高的温度

深水域较低的温度

水

在较低的温度下，气体分子具有较少的能量，产生相对低的压力作用

气罐内的空气

在较高的压力下，气体分子被挤在一起

低

压力

高

热力学定律

热力学四定律描述了热能在系统中的行为。至关重要的是指出能量不能被创造或消灭，且热能会自动地沿着一个"方向"移动（即从温度高的地方到温度低的地方）。这些原理是自然科学中最重要的原理之一。四定律没有按惯例编号，因为第一个定律的概念上是在最后制定的。

第零定律
与第三个系统处于热平衡的两个系统彼此也处于热平衡。

第二定律
孤立系统中的熵（无序或随机）始终增加。

第一定律
能量可以以不同形式存在，但不能被创造或消灭。

第三定律
虽然存在温度的最小值，但实际上不可能达到绝对零度。

宇宙的事实（热寂说）

熵，任何封闭系统中衡量无序程度的指标，总是随着时间而增加。结果是，宇宙最终将达到一个熵最大的状态，在那里没有更多的"功"可以做。（宇宙处在死寂的永恒状态）

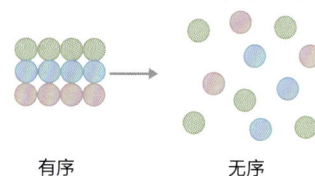

有序

无序

在 0.01℃时，水可以同时以固态冰、液态水和气态水蒸气的形态存在

能量与温度

热能，也叫热，是一特定物体内部能量的总和，其大小取决于它的质量、粒子的类型和粒子的速度。然而，温度是指内部粒子的平均能量。火花产生的发光点具有很高的温度，但由于它们的尺寸较小，能量并不大。

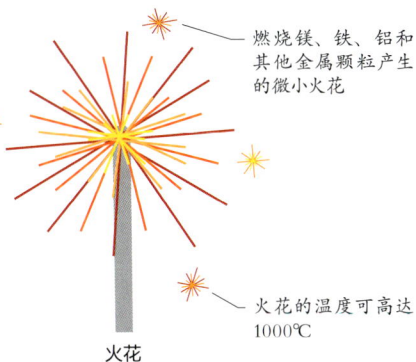

燃烧镁、铁、铝和其他金属颗粒产生的微小火花

火花的温度可高达1000℃

火花

温度的测量

开尔文（K），摄氏度（℃）和华氏度（℉）是温标。某些自然现象在这些规定的温度下发生：例如，水在100℃沸腾。物理学家大多使用开尔文温标，该温标从可能的最低温度"绝对零度"开始。

图注
℃ 摄氏度　　　　K 开尔文
℉ 华氏度

温标

利用某些自然现象发生时的温度作为定点，科学家可以创造出温标。

威廉·汤姆森

威廉·汤姆森（1828—1907）亦称开尔文勋爵，他计算出如果一个物体失去了它所有的热能直到它内部的粒子不能运动，它的温度将是 –273℃，即所谓的绝对零度。

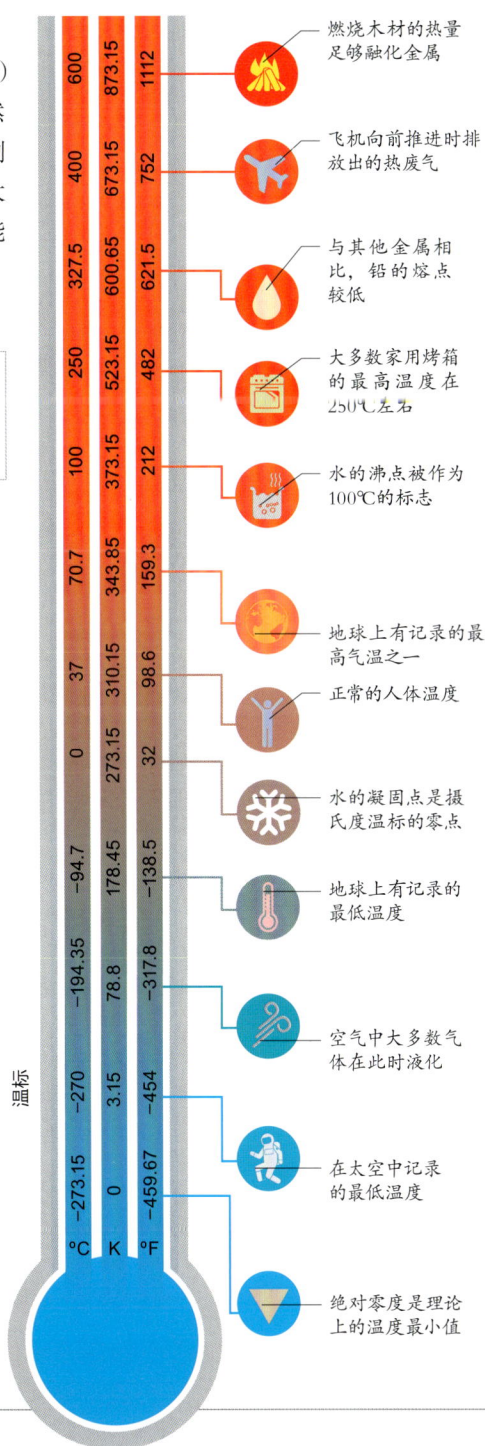

温标

℃	K	℉	
600	873.15	1112	燃烧木材的热量足够融化金属
400	673.15	752	飞机向前推进时排放出的热废气
327.5	600.65	621.5	与其他金属相比，铅的熔点较低
250	523.15	482	大多数家用烤箱的最高温度在250℃左右
100	373.15	212	水的沸点被作为100℃的标志
70.7	343.85	159.3	地球上有记录的最高气温之一
37	310.15	98.6	正常的人体温度
0	273.15	32	水的凝固点是摄氏度温标的零点
–94.7	178.45	–138.5	地球上有记录的最低温度
–194.35	78.8	–317.8	空气中大多数气体在此时液化
–270	3.15	–454	在太空中记录的最低温度
–273.15	0	–459.67	绝对零度是理论上的温度最小值

热的传递

热在物体之间通过三种方式传递，对流、传导和辐射。热量传递的方式取决于物体的属性，例如固体由于其紧凑的原子结构而利于传导。

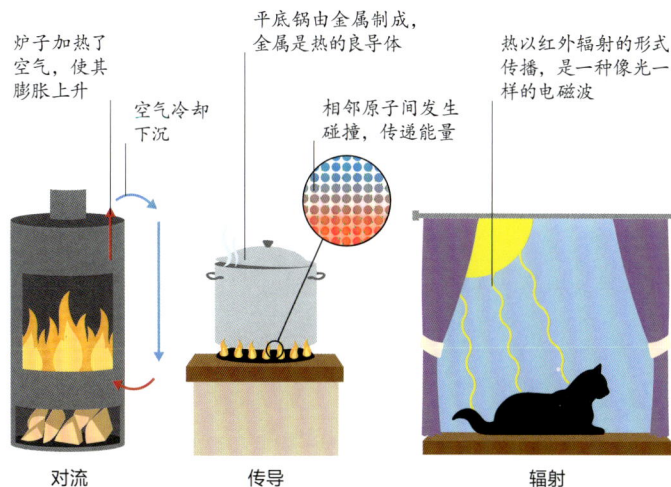

炉子加热了空气，使其膨胀上升

空气冷却下沉

平底锅由金属制成，金属是热的良导体

相邻原子间发生碰撞，传递能量

热以红外辐射的形式传播，是一种像光一样的电磁波

对流　　　　传导　　　　辐射

热平衡

热总是自发地从热的物体向冷的物体传递，该过程持续进行，直到物体达到相同的温度，也就是达到热平衡状态。

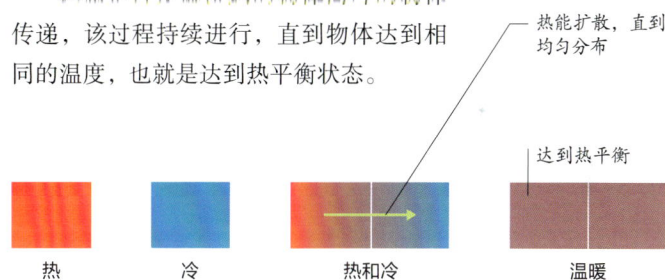

热能扩散，直到均匀分布

达到热平衡

热　　　冷　　　热和冷　　　温暖

相变和潜热

物质以不同的状态存在，包括固态、液态和气态。向物体增加能量会使其粒子的内能更大，最终打破它们之间的化学键，改变其状态。在这些相变过程中，能量以潜热的形式工作，不会使物质的温度升高。

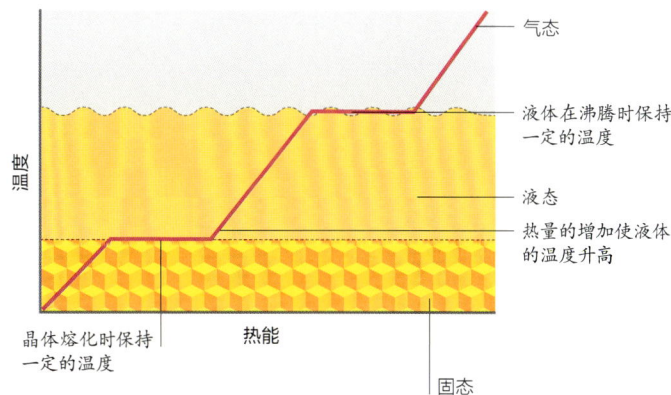

气态

液体在沸腾时保持一定的温度

液态

热量的增加使液体的温度升高

温度

热能

晶体熔化时保持一定的温度

固态

参见**电磁学**：第190—191页 ▶ **核物理与粒子物理**：第194—195页 ▶

波

波是一种有规律的、围绕一个固定的中点反复的振动。它们有许多不同的形式——例如可静止不动，或在穿过物质或真空时传递能量——但波都可以描述为一组共同的行为。光、声和机械波（如水面上的涟漪）是自然界中最常见的波。

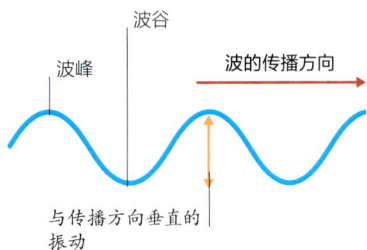

波的本质

波可以通过振动将能量从一处传递到另一处。这些运动以各种形式出现，其性质取决于传播介质。例如，声波是通过物质传播的压力产生的振动。

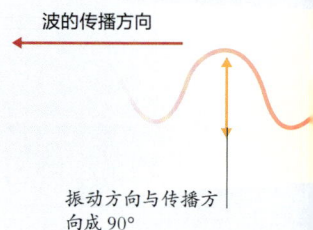

波的传播方向

振动方向与传播方向成 90°

机械波

像声音或水体中的涟漪样的机械波，其物质本身围绕平衡位置来回振动。

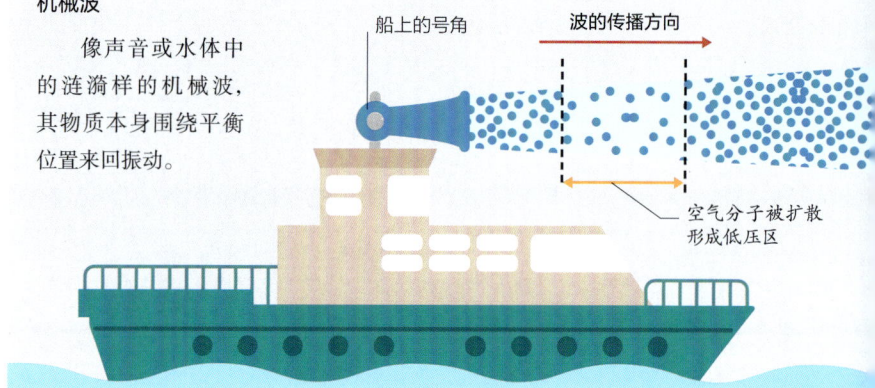

船上的号角

波的传播方向

空气分子被扩散形成低压区

波峰

波谷

前后振动

波的传播方向

波的传播方向

与传播方向垂直的振动

横波

横波的振动垂直于它的传播方向。电磁波，例如光，就是一种横波。

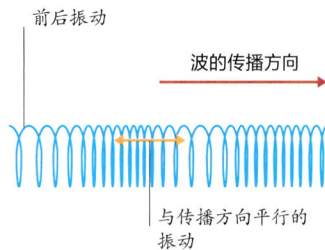

与传播方向平行的振动

纵波

纵波的振动与波传播的方向一致。声波就是一种纵波。

波的特征

可以通过测量一组所有波共有的特性来定量地描述波。波的频率是每秒完成振动的次数，而波长是一个振动所覆盖的距离。波的大小或"高度"被称为振幅——表明了它的能量。

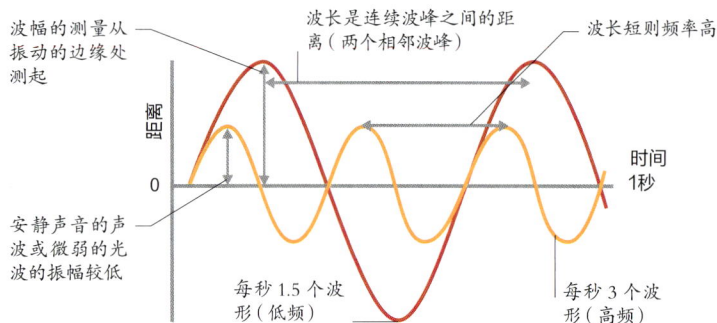

波幅的测量从振动的边缘处测起

波长是连续波峰之间的距离（两个相邻波峰）

波长短则频率高

距离

安静声音的声波或微弱的光波的振幅较低

0

时间 1秒

每秒 1.5 个波形（低频）

每秒 3 个波形（高频）

衍射

当波穿过缝隙时，它们会弯曲并散开，这叫作衍射。衍射只发生在间隙小于波长的情况下，如果间隙太大，则几乎觉察不到弯曲。

当一个短波经过一个大的间隙时，衍射几乎不发生

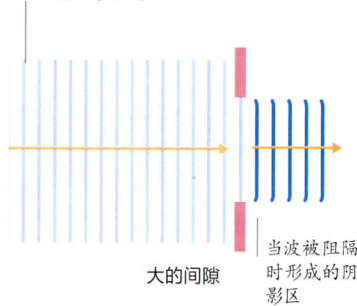

大的间隙

当波被阻隔时形成的阴影区

反射

当波碰到障碍物或边界时，它们从边界反射回来的角度（称为反射角）与射入的角度（入射角）一样大。反射波的形状取决于入射波和所遇到边界的形状。

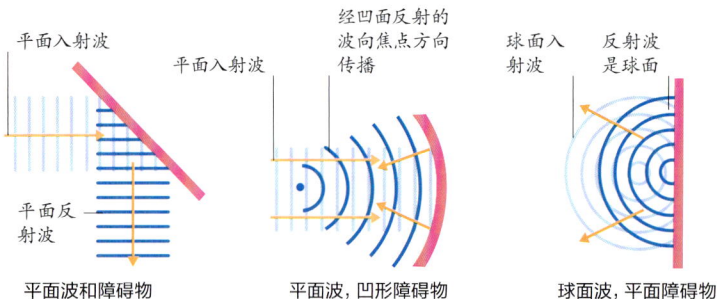

平面入射波

平面入射波

经凹面反射的波向焦点方向传播

球面入射波

反射波是球面

平面反射波

平面波和障碍物

平面波，凹形障碍物

球面波，平面障碍物

折射

波通过不同物质时的传播速度不同。例如，光在水中比在空气中慢。当波跨越物质之间的边界时，它们的速度和角度会发生变化，这就是波的折射。

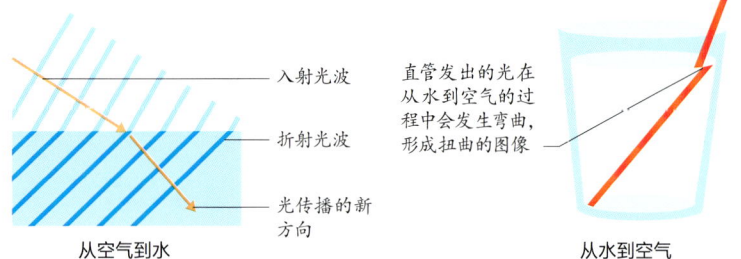

入射光波

折射光波

光传播的新方向

从空气到水

直管发出的光在从水到空气的过程中会发生弯曲，形成扭曲的图像

从水到空气

当一个长波经过一个小的间隙时，衍射发生

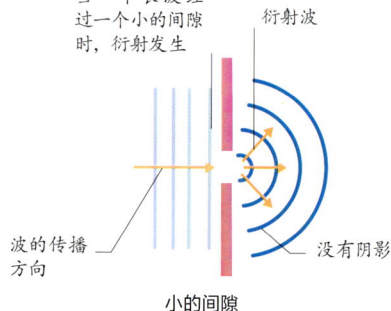

衍射波

波的传播方向

没有阴影

小的间隙

波围绕着中心位置振动

电磁波

机械波

空气分子被压缩形成高压区

电磁波

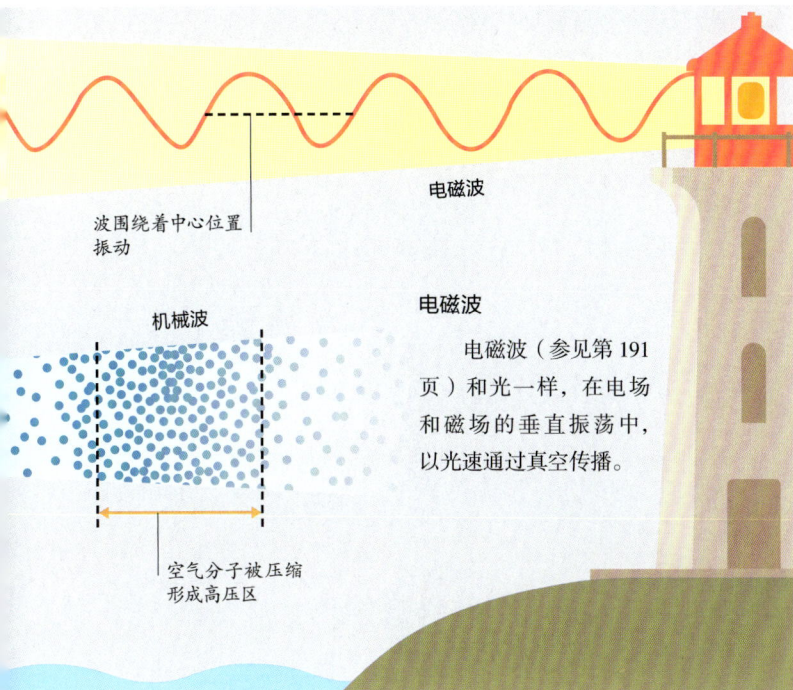

电磁波（参见第191页）和光一样，在电场和磁场的垂直振荡中，以光速通过真空传播。

干涉

多个波可以合成一个波。当波峰叠加形成振幅较大的波时就发生相干干涉；当这些波部分或完全相互抵消时，就发生相消干涉。

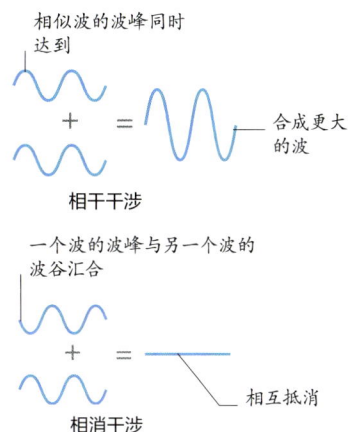

相似波的波峰同时达到

+ = 合成更大的波

相干干涉

一个波的波峰与另一个波的波谷汇合

+ =

相消干涉 —— 相互抵消

海浪

横过水面的波是一种称为表面波的波。当风吹过海洋时，水面的水就会循环流动，在海面形成波峰和波谷。波峰和波谷的中点是水静止时的水位。

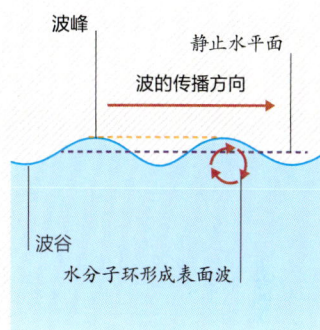

波峰

静止水平面

波的传播方向

波谷

水分子环形成表面波

多普勒效应

即使是快速的波，如声波，也会受到声源移动的影响。当一辆装有警报器的汽车靠近时，声波被挤压在一起，频率随之提高；当车经过和离开时，声波被拉长。这就是所谓的多普勒效应。

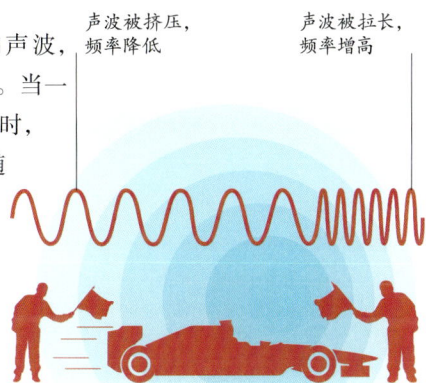

声波被挤压，频率降低

声波被拉长，频率增高

平衡

振动不仅发生在波中，也发生在许多自然现象中。例如，一架秋千以一种称为简谐运动的振动形式围绕它的平衡位置（垂直垂下）摆动。这意味着秋千离平衡越远，将它拉回平衡的回复力就越强。

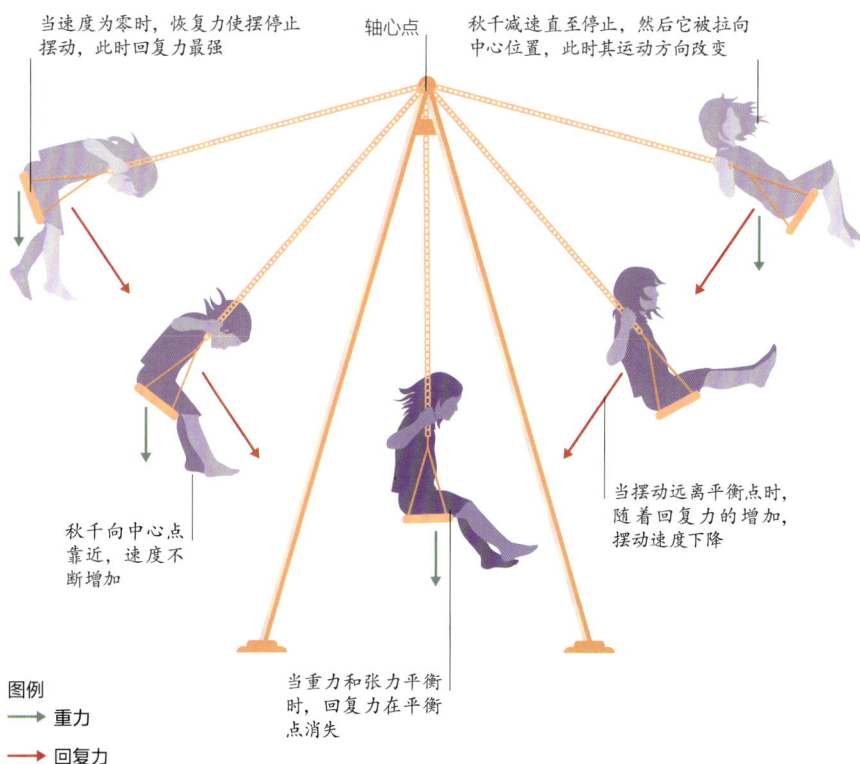

当速度为零时，恢复力使摆停止摆动，此时回复力最强

轴心点

秋千减速直至停止，然后它被拉向中心位置，此时其运动方向改变

波如何传递能量

波在传播过程中可以传递能量，但不能传递物质。机械波在经过的时候会在物质所在地形成干扰，尽管物质并不随水移动。这就是飘浮物体在波经过时发生波动的原因。

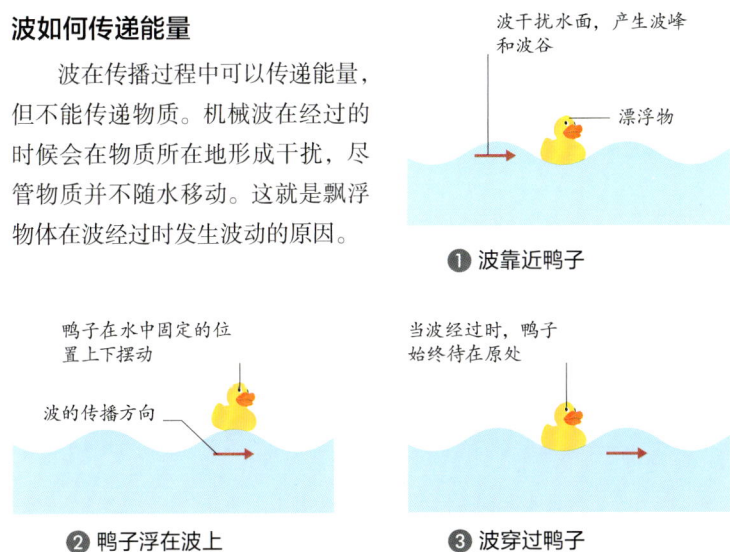

波干扰水面，产生波峰和波谷

漂浮物

❶ 波靠近鸭子

鸭子在水中固定的位置上下摆动

波的传播方向

❷ 鸭子浮在波上

当波经过时，鸭子始终待在原处

❸ 波穿过鸭子

秋千向中心点靠近，速度不断增加

当摆动远离平衡点时，随着回复力的增加，摆动速度下降

当重力和张力平衡时，回复力在平衡点消失

图例
→ 重力
→ 回复力

参见**电磁学**：第 190—191 页 ▶ **核物理与粒子物理**：第 194—195 页 ▶ **相对论和大统一理论**：第 196—197 页 ▶

光与物质

研究光及其与物质相互作用的物理学被称为光学。我们用来感知世界的可见光是一种位于电磁波谱中间的波。每一种类型的电磁波都有其独特的性质，它们以不同方式与其他物质相互作用，这取决于其能量（波长）。光和物质之间的许多相互作用可以通过把光看作一种波来理解和解释。然而，一些其他现象却使 20 世纪早期的物理学家们挑战这一惯例，并将光描述为一种粒子，即光子。

光谱

电磁波谱是电场和磁场同步振动的范围。它的波长范围从长波（低能波）到短波（高能波）。

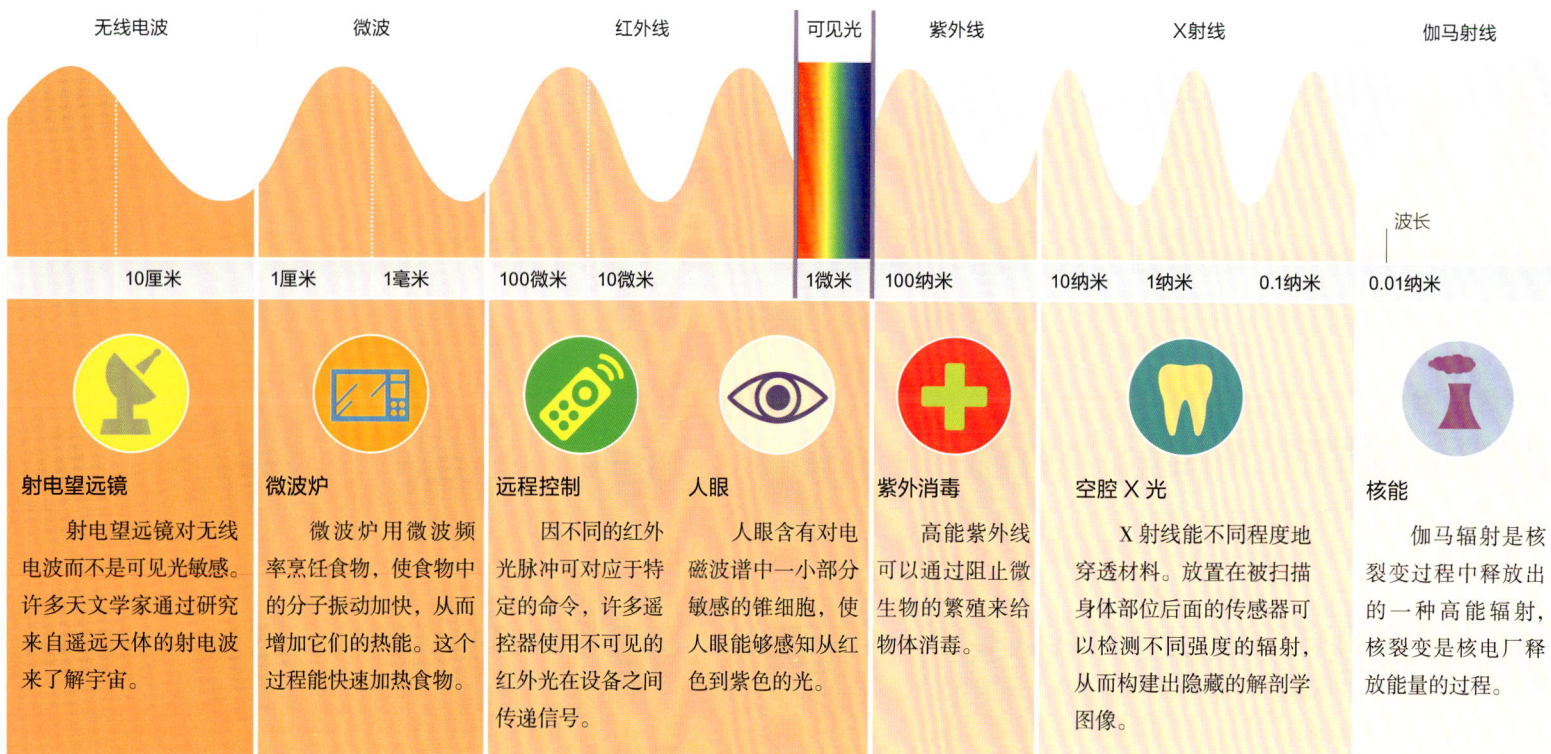

无线电波	微波	红外线	可见光	紫外线	X射线	伽马射线

波长

| 10厘米 | 1厘米 | 1毫米 | 100微米 | 10微米 | 1微米 | 100纳米 | 10纳米 | 1纳米 | 0.1纳米 | 0.01纳米 |

射电望远镜

射电望远镜对无线电波而不是可见光敏感。许多天文学家通过研究来自遥远天体的射电波来了解宇宙。

微波炉

微波炉用微波频率烹饪食物，使食物中的分子振动加快，从而增加它们的热能。这个过程能快速加热食物。

远程控制

因不同的红外光脉冲可对应于特定的命令，许多遥控器使用不可见的红外光在设备之间传递信号。

人眼

人眼含有对电磁波谱中一小部分敏感的锥细胞，使人眼能够感知从红色到紫色的光。

紫外消毒

高能紫外线可以通过阻止微生物的繁殖来给物体消毒。

空腔 X 光

X 射线能不同程度地穿透材料。放置在被扫描身体部位后面的传感器可以检测不同强度的辐射，从而构建出隐藏的解剖学图像。

核能

伽马辐射是核裂变过程中释放出的一种高能辐射，核裂变是核电厂释放能量的过程。

光的波粒二象性

光同时具有波和粒子的特性。双缝实验是一种显示光的波动性的简单方法。尽管光的波动模型多年来一直在科学领域占据主导地位，但物理学家们仍然难以用这个模型来解释电磁辐射与温度的关系。只有当光也可以被描述为小的、离散的能量包（被称为光子）时，他们的观察才能得到解释。

光在真空中的传播速度是 300000000 米 / 秒

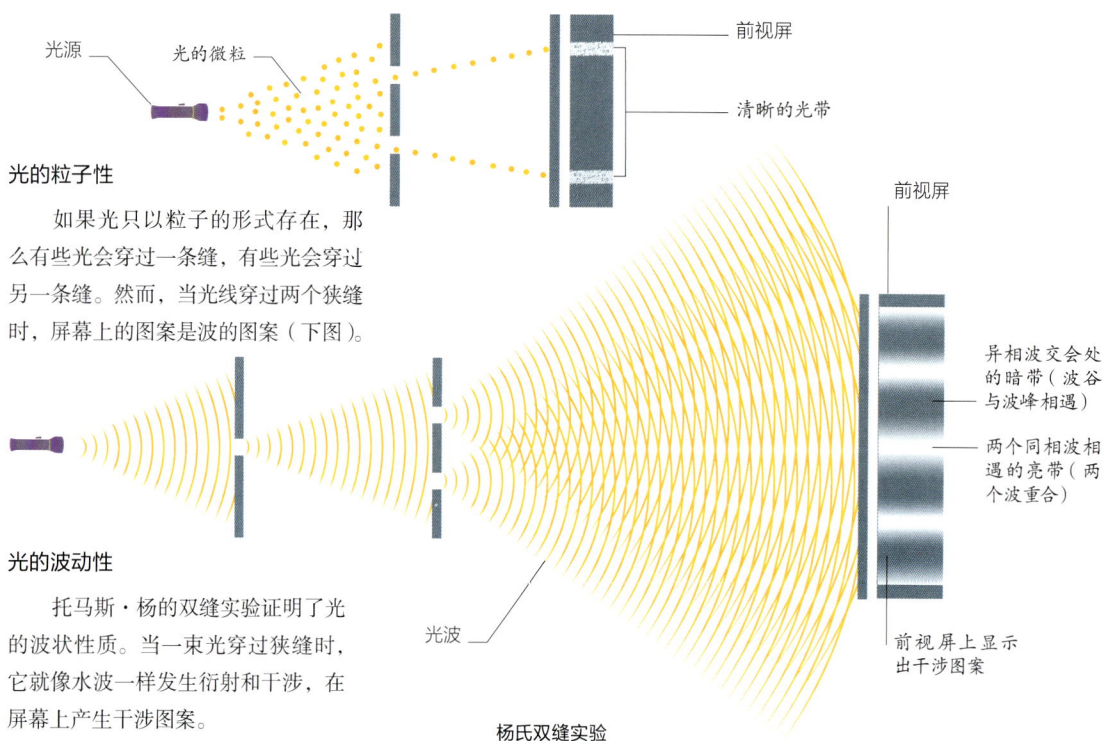

光源
光的微粒
前视屏
清晰的光带

光的粒子性

如果光只以粒子的形式存在，那么有些光会穿过一条缝，有些光会穿过另一条缝。然而，当光线穿过两个狭缝时，屏幕上的图案是波的图案（下图）。

前视屏
异相波交会处的暗带（波谷与波峰相遇）
两个同相波相遇的亮带（两个波重合）

光的波动性

托马斯·杨的双缝实验证明了光的波状性质。当一束光穿过狭缝时，它就像水波一样发生衍射和干涉，在屏幕上产生干涉图案。

光波
前视屏上显示出干涉图案

杨氏双缝实验

来自太阳光子的动力可以推动装有太阳帆的航天器

光和物质

我们所见的材料特性取决于它与光的相互作用。例如，透明材料允许大量的光通过，而不透明的物体几乎不允许任何光通过。物体所显现的颜色取决于哪些光波被反射，哪些光波被吸收。

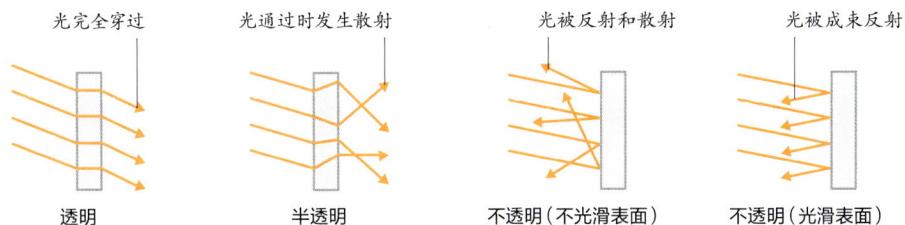

光完全穿过

光通过时发生散射

光被反射和散射

光被成束反射

透明

半透明

不透明（不光滑表面）

不透明（光滑表面）

折射

光从一种物质进入另一种物质时速度会发生变化，通常会导致光线弯曲。当白色（混合）光穿过棱镜时，由于每个波长光的弯曲角度略有不同，它会分裂成不同的颜色。

光分离出不同波长的光

棱镜

镜面

大多数物体都有微小的不规则性的表面，导致以各个角度反射（即发生散射）。而镜子有极其光滑的表面，允许光束以其原始的排列方式反射，并产生清晰的虚拟图像。

反射角等于入射角（光线射入镜子的角度）

法线垂直于镜面

镜子

光线照射到物体上，再反射到镜面上

镜像

镜子产生一个"虚像"，它看起来是反过来的且在镜子的"后面"。

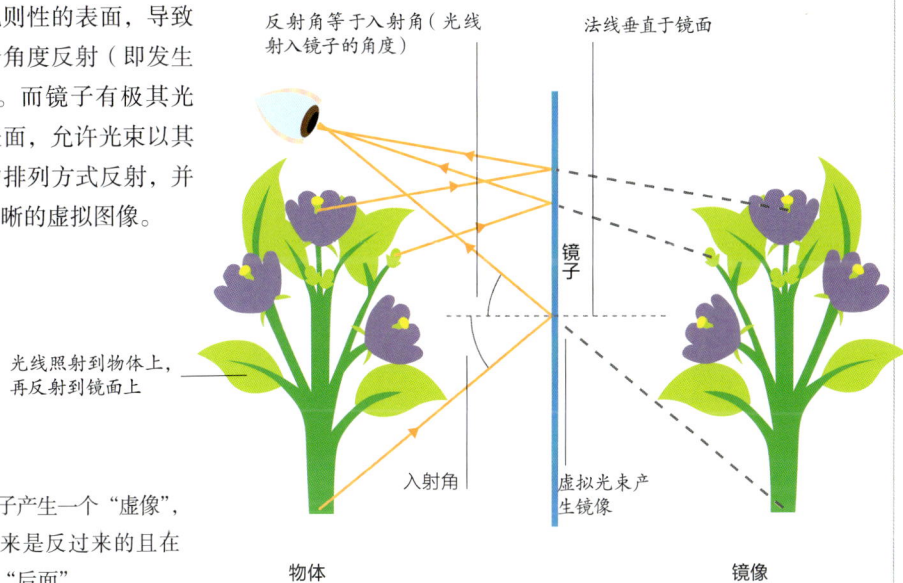

入射角

虚拟光束产生镜像

物体

镜像

透镜

透镜是一种通过折射改变光线的透明物体。一个透镜一般有两个曲面，所以光线以不同的角度进入和离开它，折射的量也不同。透镜有两种主要类型：凸透镜（光线向内弯曲）和凹透镜（光线向外扩散）。

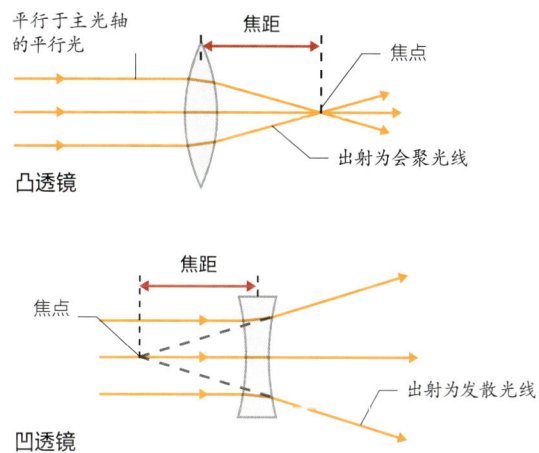

平行于主光轴的平行光

焦距

焦点

出射为会聚光线

凸透镜

焦距

焦点

出射为发散光线

凹透镜

原子如何发光

当原子外层电子在它们的能层之间跃迁时，原子以光的形式吸收和释放能量。当电子吸收光子时，它会跃迁到一个更高的能级，当电子跃迁到一个更低的能级时，它会以光子的形式释放能量差。

位于低能级的电子

原子核

吸收紫外线辐射

获得能量的电子跃迁到更高的能级

电子跃迁回来

发射光子

❶ 稳态的原子
电子填满原子核周围的能级（壳层）。

❷ 电子向上跃迁
一个电子吸收了一个光子而被激发，跃迁到一个更高的能级。

❸ 电子回迁
电子迅速回落到一个较低的能级，以光的形式释放出多余的能量。

荧光是怎么回事？

荧光是物质发光的方式之一。荧光物体吸收光子并随后释放它们，通常其波长比吸收的光长（能量更低）。例如，一个荧光物体可以吸收紫外线并发射可见光。

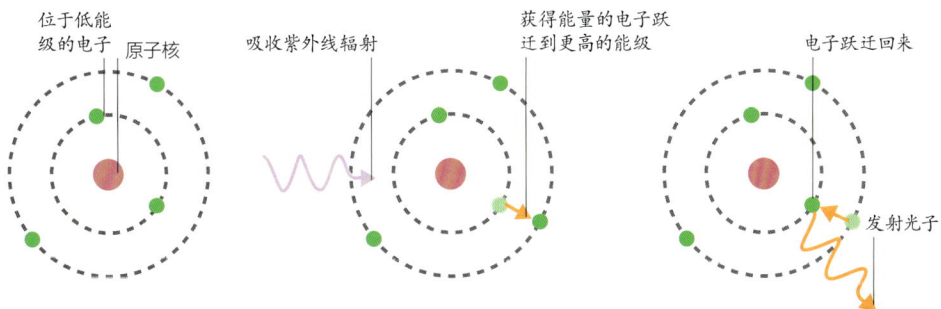

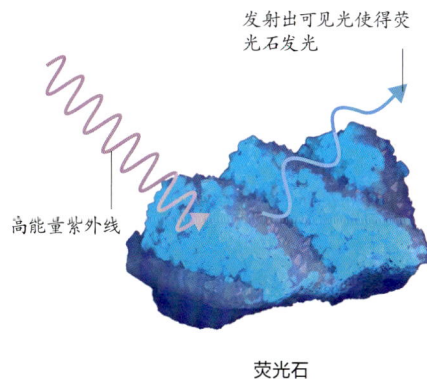

发射出可见光使得荧光石发光

高能量紫外线

荧光石

参见**量子力学**：第192—193页 ▶

电磁学

电磁学是研究带电物体及其通过电场和磁场产生相互作用的物理学。电场力和磁场力一度被认为是不同性质的力，但詹姆斯·克拉克·麦克斯韦（1831—1879）将它们统一起来，描述为同一力的不同方面。除万有引力外，电磁力是四种基本力中最常见的一种：它使电子设备运转并产生电磁波，比如光。

静电

原子内包含一个带正电的原子核，原子核周围环绕着带负电的电子，这些电子可以自由地流向其他物体。一个有多余电子的物体带负电荷，吸引带正电荷、缺乏电子的物体。

图注
- 🟢 电子
- ➕ 正电荷

剩余的电子

❸ 受电击

当电子跳到导电的金属把手上时，人就会受到轻微的电击，有时还会产生可见的火花。

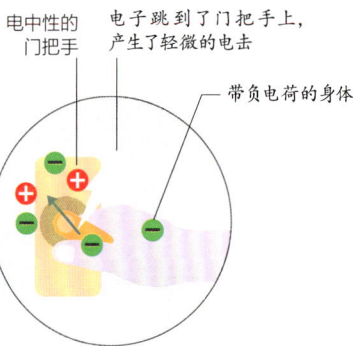

整个身体获得少量负电荷

电中性的门把手

电子跳到了门把手上，产生了轻微的电击

带负电荷的身体

❷ 放电

当手接近门把手时，一些电子被转移到门把手上，使身体保持电中性。

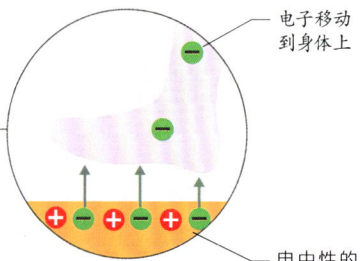

电子移动到身体上

电中性的地毯

❶ 摩擦起电

当脚与地毯上的纤维摩擦时，电子就会从地面输送到身体，使身体带上轻微的负电荷。

产生电流

电荷的定向移动形成电流，例如电流在电路中沿导线传输。在电流中，带电粒子会被拉向电性相反的电极。电源产生电流，电源间两个电极的电势差使电流保持流动。电流容易通过的材料叫作导体，不容易通过的材料叫作绝缘体。

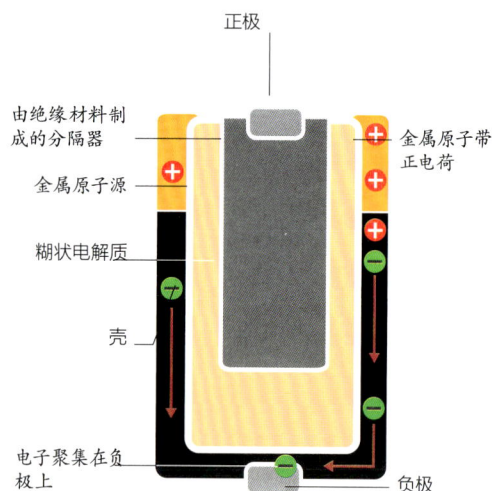

正极

由绝缘材料制成的分隔器

金属原子带正电荷

金属原子源

糊状电解质

壳

电子聚集在负极上

负极

化学电池

一个化学反应由金属原子释放电子，它们被电解质吸引。

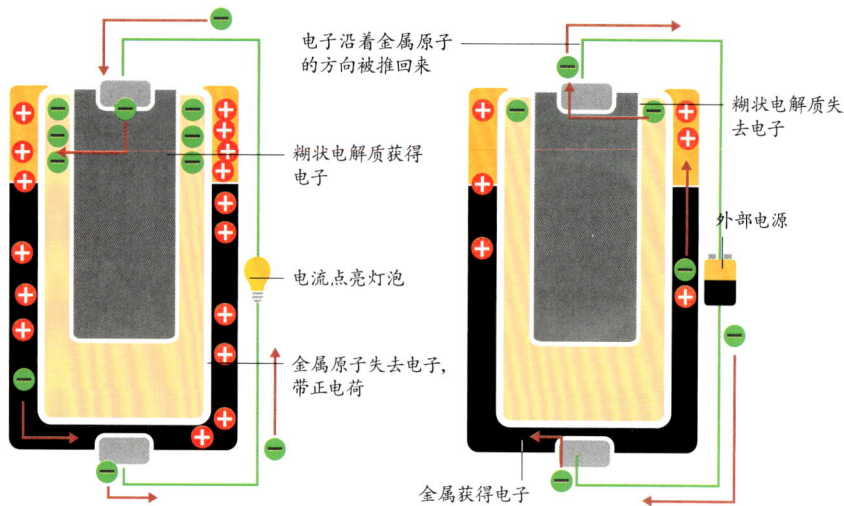

图注
- — 电线
- ➡ 电子的运动方向

电子沿着金属原子的方向被推回来

糊状电解质获得电子

电流点亮灯泡

金属原子失去电子，带正电荷

糊状电解质失去电子

外部电源

金属获得电子

放电

两个电极被分开，迫使电子通过连接线到达正极。

充电

某些电池可以通过迫使电子回流到负极来充电。

磁场和磁力

一个磁铁有南北两极，其周围存在磁场，磁场对放入其中的其他磁性材料施加吸引力和排斥力。磁场向各个方向延伸，但随着距离的增加会迅速减弱。材料内部粒子的行为产生了不同类型的磁体。

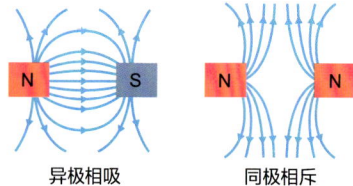

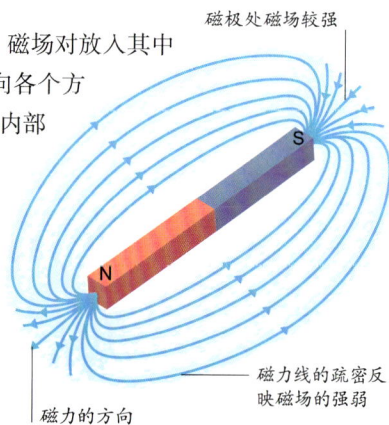

磁极处磁场较强

异极相吸

同极相斥

磁力的方向

磁力线的疏密反映磁场的强弱

电磁现象

电现象和磁现象总称电磁现象。它描述了电场和磁场之间的关系，例如磁场方向与电流方向的关系。

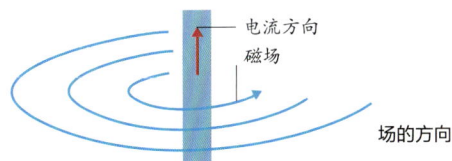

电流方向
磁场

场的方向

电磁感应

变化的磁场可以与电路相互作用产生电流，电流的强度和方向随磁场变化而变化。这就是所谓的电磁感应。

感应电流

发电机通过导线快速切割磁场而产生电流。

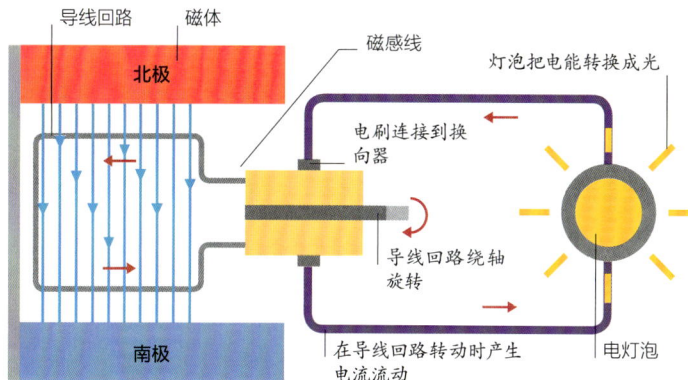

导线回路　磁体
北极
磁感线
灯泡把电能转换成光
电刷连接到换向器
导线回路绕轴旋转
南极
在导线回路转动时产生电流流动
电灯泡

电磁铁

当电流通过一个紧密缠绕的线圈（称为螺线管）时形成的磁铁称为电磁铁，其磁场大小可以通过改变流经磁铁的电流强度来控制。

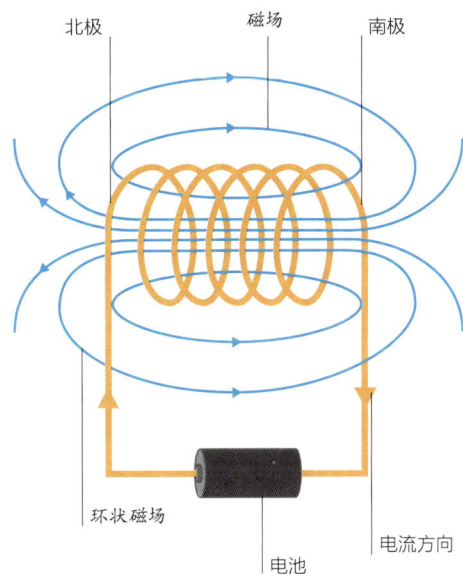

北极　　磁场　　南极

环状磁场

电池

电流方向

电磁波

电磁波，例如可见光，是电场和磁场的变化（振荡），完全同步，但互相垂直。

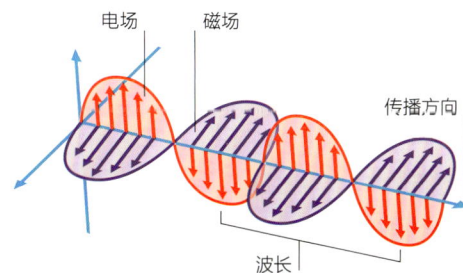

电场　磁场

传播方向

波长

电动机

电磁感应是许多电子器件的核心。电动机就像倒着运转的发电机。在电机中，磁场内的线圈（称为电枢）在电流流过时旋转。

电钻内部

电钻是使用电机通电后产生旋转运动的一种设备。

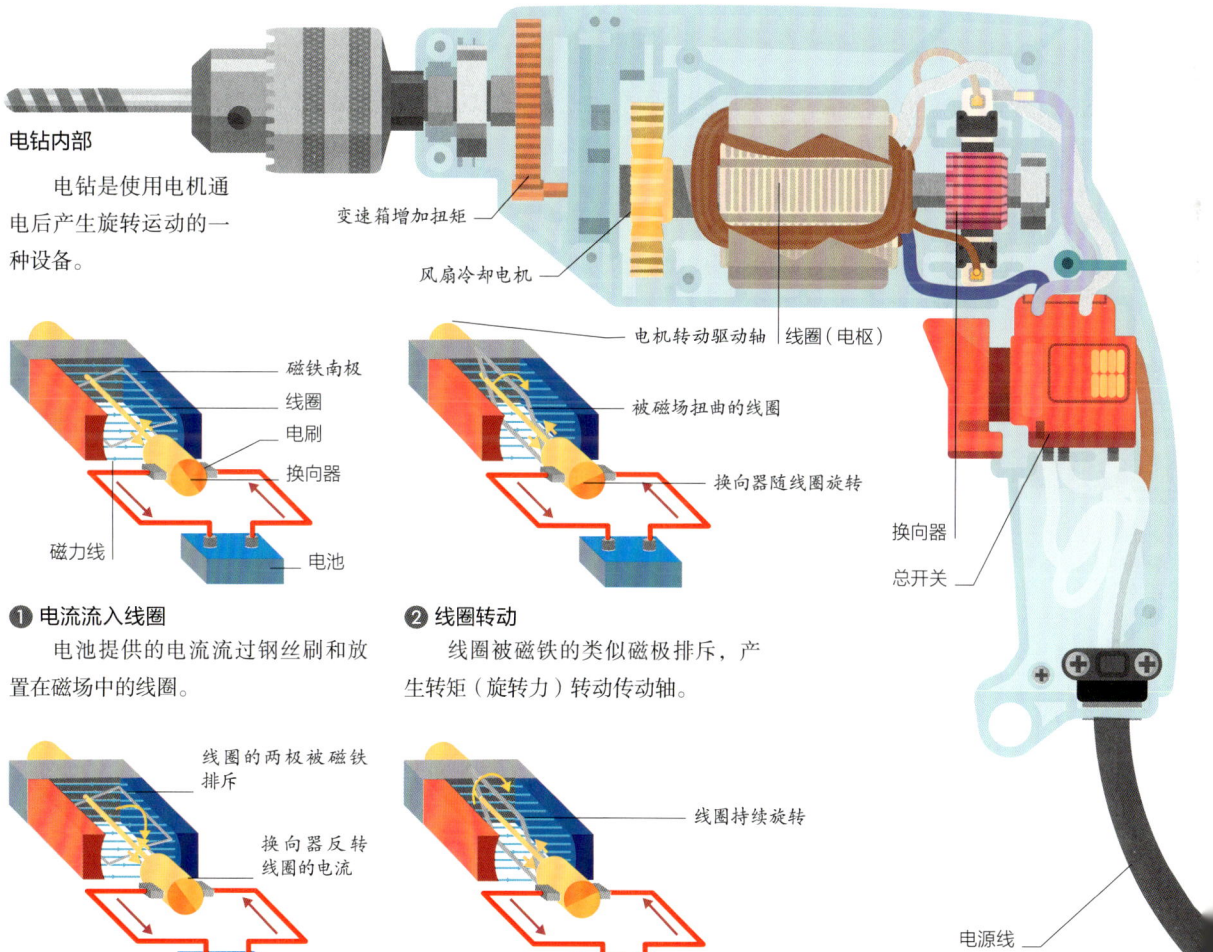

弗莱明的左手定则

"左手法则"是英国电机工程师约翰·安布罗斯·弗莱明（1849—1945）提出的一种用三根手指计算电机运动方向的方法。

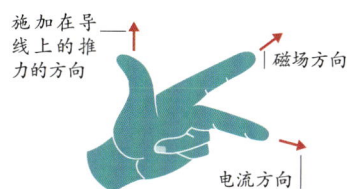

施加在导线上的推力的方向
磁场方向
电流方向

变速箱增加扭矩
风扇冷却电机

电机转动驱动轴　线圈（电枢）
被磁场扭曲的线圈
换向器随线圈旋转
换向器
总开关

磁铁南极
线圈
电刷
换向器
磁力线
电池

❶ 电流流入线圈

电池提供的电流流过钢丝刷和放置在磁场中的线圈。

❷ 线圈转动

线圈被磁铁的类似磁极排斥，产生转矩（旋转力）转动传动轴。

线圈的两极被磁铁排斥
换向器反转线圈的电流

线圈持续旋转

❸ 反转电流

每当线圈翻转时，换向器就会使电流的方向反转。

❹ 磁极相斥

线圈的磁极每转一圈都会发生变化，先是被磁铁排斥，然后又被磁铁吸引，使其始终朝着同一个方向旋转。

电源线

参见量子力学：第192—193页 ▶　核物理与粒子物理：第194—195页 ▶

量子力学

什么是量子?

"量子"是指一些物理量可能的最小量，比如能量、时间或角动量。例如，最小的电磁能量（如可见光）是光子。量子化是量子力学的核心，也是与自然界在原子和亚原子尺度上的运行机制有关的物理学。

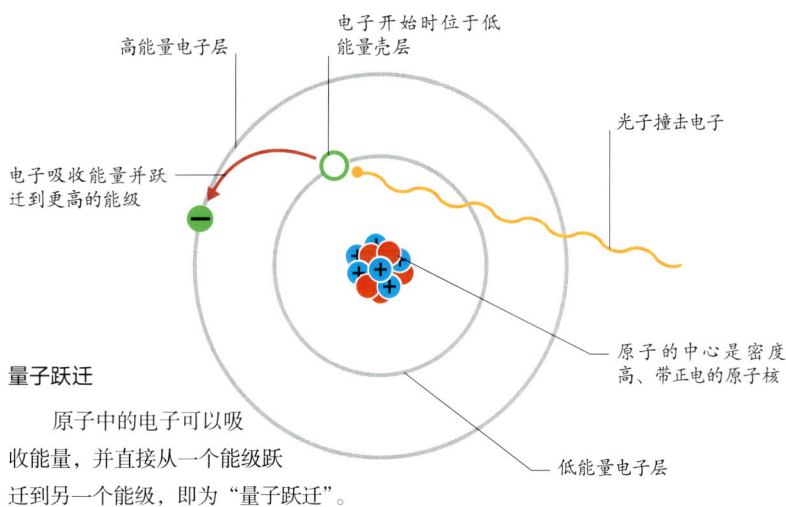

不确定性原理

在量子尺度上测量某些物理性质时，其精度是有限的。这是因为测量一个粒子的行为会干扰它，使其他测量结果变得不精确。其中一对是位置和速度，当粒子的位置越精确，它的速度就越不确定。

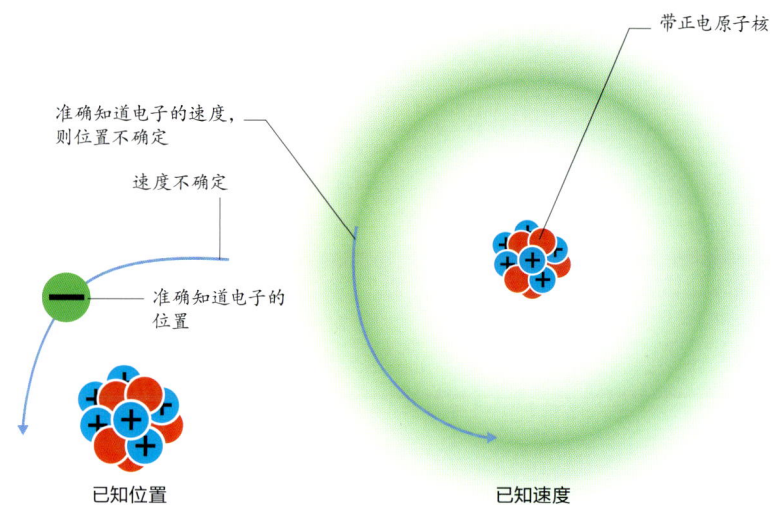

电子开始时位于低能量壳层

高能量电子层

电子吸收能量并跃迁到更高的能级

光子撞击电子

带正电原子核

准确知道电子的速度，则位置不确定

速度不确定

准确知道电子的位置

原子的中心是密度高、带正电的原子核

低能量电子层

已知位置

已知速度

量子跃迁

原子中的电子可以吸收能量，并直接从一个能级跃迁到另一个能级，即为"量子跃迁"。

量子隧道效应

在量子尺度上，物体可以通过暂时"借用"周围环境的能量而穿越能量屏障，这就是所谓的量子隧道效应，它是核聚变和一些电子学原理的基础。

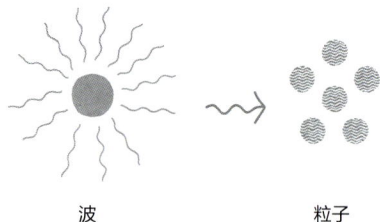

波

粒子

"粒子具有波动性。"

埃尔温·薛定谔（1887—1961）
奥地利物理学家

经典图像

在经典力学中，物体需要达到能量的最低值才能克服障碍。例如，一个电子需要一定的能量才能穿透带负电荷的电场。如果电子缺乏这种能量，它就会在电场势垒中偏转。

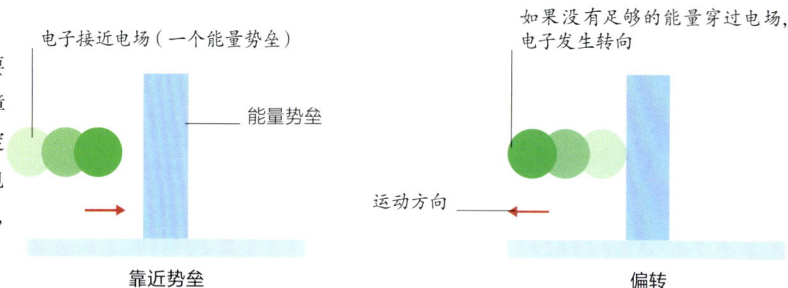

电子接近电场（一个能量势垒）

能量势垒

如果没有足够的能量穿过电场，电子发生转向

运动方向

靠近势垒

偏转

量子图像

在量子力学中，不确定原理意味着亚原子粒子，如电子，没有绝对确定或不可能的位置。这意味着粒子存在于势垒（如电场）的相反一侧的可能性很小。

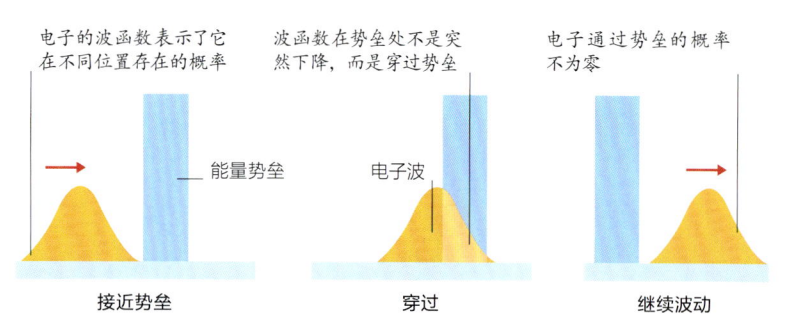

电子的波函数表示了它在不同位置存在的概率

波函数在势垒处不是突然下降，而是穿过势垒

电子通过势垒的概率不为零

能量势垒

电子波

接近势垒

穿过

继续波动

时间线

量子力学诞生于 20 世纪初，当时，物理学家们发现一些现象无法用经典物理学解释。量子革命标志着对可预测的"机械宇宙模型"的背离。

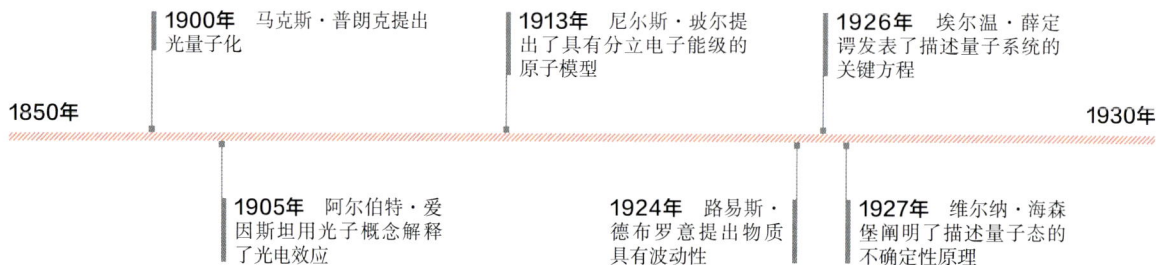

1850年

1900年 马克斯·普朗克提出光量子化

1913年 尼尔斯·玻尔提出了具有分立电子能级的原子模型

1926年 埃尔温·薛定谔发表了描述量子系统的关键方程

1930年

1905年 阿尔伯特·爱因斯坦用光子概念解释了光电效应

1924年 路易斯·德布罗意提出物质具有波动性

1927年 维尔纳·海森堡阐明了描述量子态的不确定性原理

薛定谔方程

薛定谔方程可预测一个量子力学系统的状态（它的波函数）在确定初始条件下如何随时间变化。例如，可以使用该方程计算出在某一点找到一个粒子的概率。物理学家用这个方程建立解释一些现象的模型，比如 α 衰变（一种元素失去两个质子和两个中子而变成另一种元素）。

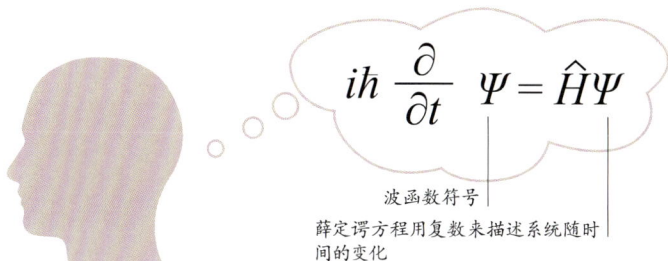

$$ih\frac{\partial}{\partial t}\Psi = \hat{H}\Psi$$

波函数符号

薛定谔方程用复数来描述系统随时间的变化。

量子叠加态

叠加态是多个量子态的组合。粒子以叠加态的形式存在，直到它们被观察到并采用一种确定的状态，从而导致其叠加态坍塌。

不确定的状态

多世界解释

量子力学的另一种解释提出：在量子事件中，宇宙为每个可能的结果分裂成可选择的时间线。

平行世界

薛定谔的猫

量子叠加可以产生奇特的情景。例如，一个放射性原子可能处于"未衰变"和"已衰变"的叠加状态。在薛定谔的思维实验中，衰变导致了毒素的释放，杀死了一只圈养的猫，要知道猫是死是活的唯一方法就是直接看盒子内部。但只要系统未被观察，这只猫既是死的又是活的。

活的猫是两种可能状态之一

死的猫是两种可能状态中的另一种

如果有放射性衰变被测量到，就会由盖革计数器触发锤子

一瓶毒药

放射性物质

盖革计数器

薛定谔的猫思维实验

量子纠缠

当一对粒子相互连接（纠缠）时，就会发生量子纠缠。当这种情况发生时，一个粒子的状态无法彼此独立地来描述。这意味着，即使两个粒子相距很远，操纵一个粒子也能立即改变另一个粒子。

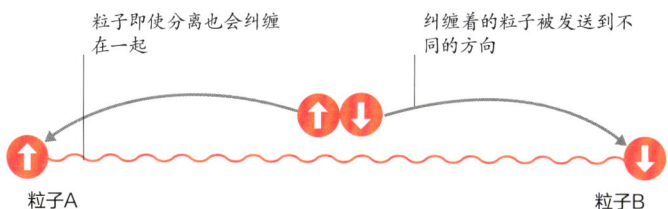

粒子即使分离也会纠缠在一起

纠缠着的粒子被发送到不同的方向

粒子A

粒子B

不确定性原理允许"虚粒子"出现或消失

量子计算机

量子计算机使用量子现象（如叠加）来完成计算。尽管量子计算机仍处于开发的早期阶段，但它们可能会比传统计算机强大得多。

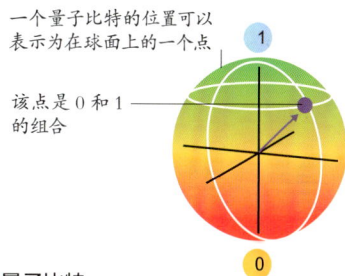

1   0

一比特的二进制值

传统的比特

比特，经典计算中数据的基本单位，可以取 0 或 1 两个值中的一个。

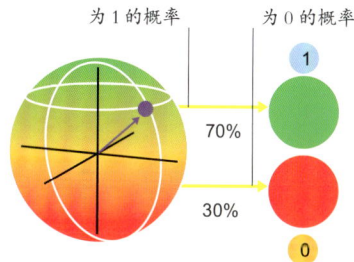

一个量子比特的位置可以表示为在球面上的一个点

1

该点是 0 和 1 的组合

0

量子比特

一个量子比特不仅仅局限于两种状态，它可以表示 0、1 或者这两种状态的叠加，这增加了它能携带的信息量。

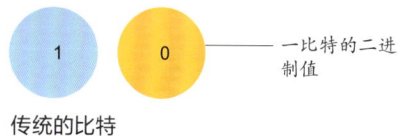

为 1 的概率

为 0 的概率

1

70%

30%

0

量子比特的测量

量子计算机测量每个量子比特的状态，即它为 0 的概率和为 1 的概率，从而产生一个经典的 0 或 1 作为输出。

参见核物理与粒子物理：第194—195页 ▶ 医学前沿：第260—261页 ▶ 计算机技术：第274—275页 ▶

核物理与粒子物理

几千年来，科学家和哲学家试图了解物质的基本组成以及它们是如何工作的。尽管原子（意为"不可分割的"）长期以来被认为是最小的物体，但 20 世纪的物理学揭示了隐藏在原子内部的令人眼花缭乱的各种粒子。

原子内部大多数地方是真空

电子在电子层的轨道上绕原子核运动

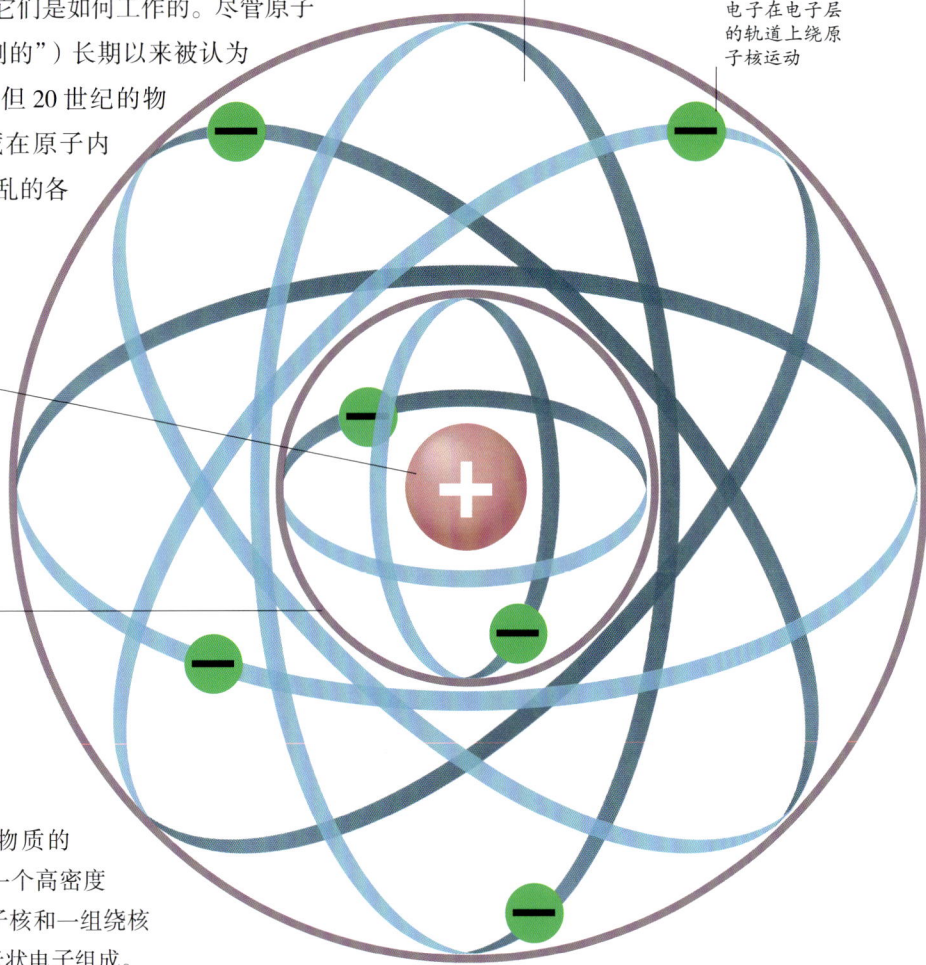

原子核是由质子（带正电）和中子（电中性）组成。

低能量电子层

原子的内部

原子是组成物质的基本单位，它由一个高密度的、带正电的原子核和一组绕核运动、带负电的云状电子组成。

碳原子

夸克

核子（质子或中子）由被称为夸克的基本粒子组成。夸克有其固有的性质，如电荷和自旋（内部角动量）；夸克的种类被称为"味"，可分为上、下、奇、粲、底和顶六"味"。

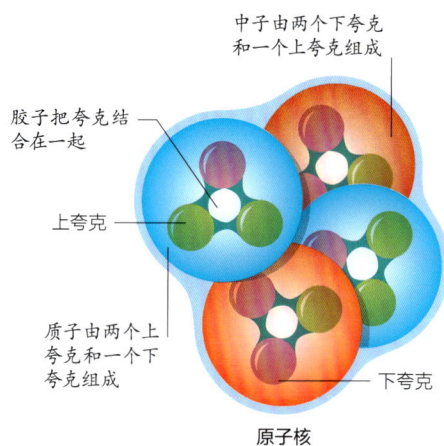

中子由两个下夸克和一个上夸克组成

胶子把夸克结合在一起

上夸克

质子由两个上夸克和一个下夸克组成

下夸克

原子核

奇异粒子可包含五种夸克和胶球

亚原子世界

在原子尺度之下，存在着具有各种性质的亚原子粒子的"粒子动物园"。许多自然现象可以归因于这些粒子之间的相互作用。

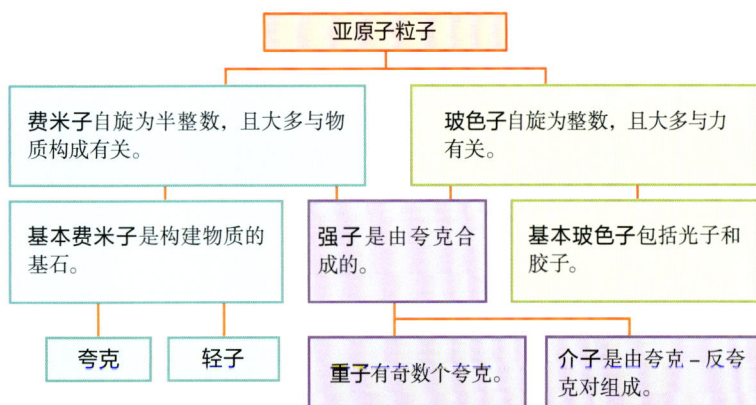

亚原子粒子

费米子自旋为半整数，且大多与物质构成有关。

玻色子自旋为整数，且大多与力有关。

基本费米子是构建物质的基石。

强子是由夸克合成的。

基本玻色子包括光子和胶子。

夸克

轻子

重子有奇数个夸克。

介子是由夸克–反夸克对组成。

粒子动物园

亚原子粒子可以被广泛地分为费米子和玻色子，它们遵循不同的规律。一些亚原子粒子是基本粒子，其余是复合粒子。

标准模型

费米子			玻色子	
u 上夸克	c 粲夸克	t 顶夸克	g 胶子	H 希格斯玻色子
d 下夸克	s 奇夸克	b 底夸克	γ 光子	
e 电子	μ μ子	τ τ子	Z Z玻色子	
ν_e 电子中微子	ν_μ μ中微子	ν_τ τ中微子	W W玻色子	

图标
- 夸克
- 规范玻色子
- 轻子
- 希格斯玻色子

标准模型是对已知基本粒子进行分类的框架。所有的粒子根据它们的性质被分为费米子（物质构成的基石）和玻色子（传递力的粒子）。

基本力

自然界中所有的相互作用可以归结为四种基本类型：强相互作用、弱相互作用、电磁相互作用和引力相互作用。大多数基本相互作用是由已知的"力载体"粒子传递的。

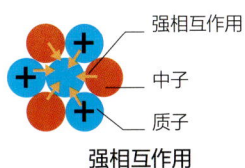

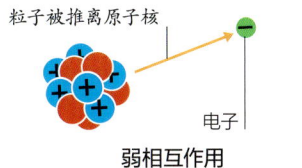

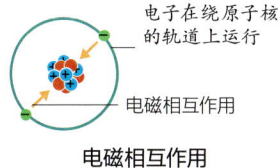

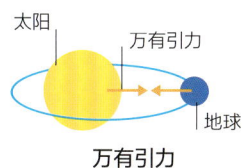

强相互作用
强作用力将夸克（和核子）结合在一起，它由胶子传递。

强相互作用 / 中子 / 质子

弱相互作用
弱相互作用会引起某些类型的放射性衰变，它由 W 玻色子和 Z 玻色子传递。

粒子被推离原子核 / 电子

电磁相互作用
这种力负责带电粒子之间的相互作用，它是由光子传递。

电子在绕原子核的轨道上运行 / 电磁相互作用

万有引力
万有引力使大质量物体之间产生引力作用，目前没有已知的载体。

太阳 / 万有引力 / 地球

希格斯玻色子模型

粒子通过与希格斯场（一种看不见的能量场）相互作用而获得质量。一些粒子与其产生较强的相互作用，导致它们减速并获得大量质量——比如在流沙中涉水。有些粒子与其相互作用很弱，获得的质量更少，还有一些粒子，比如光子，根本不和它有相互作用。物理学家在 2012 年证实了希格斯玻色子的存在，希格斯玻色子是相互作用力的载体。

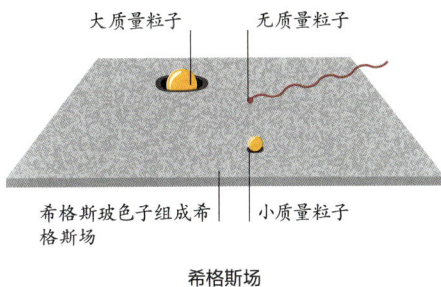

大质量粒子 / 无质量粒子 / 希格斯玻色子组成希格斯场 / 小质量粒子

希格斯场

粒子加速器

粒子加速器利用电场将带电粒子束加速到高能量并将它们粉碎。粒子加速器使物理学家能够创造极端的条件（包括大爆炸后的瞬间），并在碰撞的残留物中发现新现象和粒子。

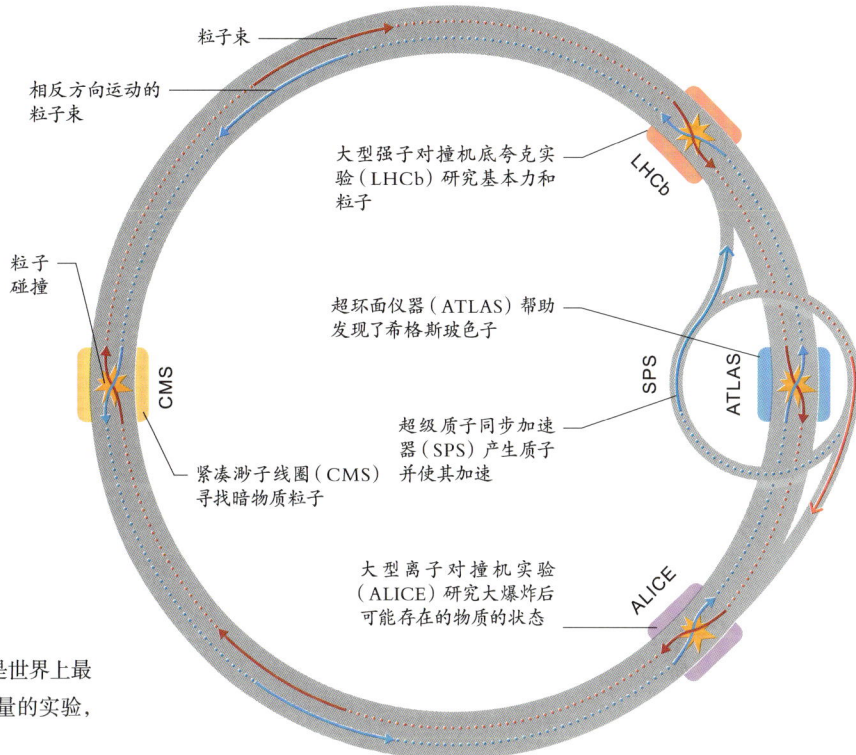

粒子束 / 相反方向运动的粒子束 / 粒子碰撞

大型强子对撞机底夸克实验（LHCb）研究基本力和粒子

超环面仪器（ATLAS）帮助发现了希格斯玻色子

超级质子同步加速器（SPS）产生质子并使其加速

紧凑渺子线圈（CMS）寻找暗物质粒子

大型离子对撞机实验（ALICE）研究大爆炸后可能存在的物质的状态

LHCb / SPS / ATLAS / CMS / ALICE

大型强子对撞器

大型强子对撞机粒子加速器是世界上最大的机器。物理学家用它做了大量的实验，包括成功寻找到希格斯玻色子。

放射性

有些原子核具有放射性，即随着时间的推移容易分裂（衰变）。这些不稳定核的中子数与同一元素的稳定核的中子数不同。原子核发出辐射有三种主要方式：α、β 和 γ 衰变。

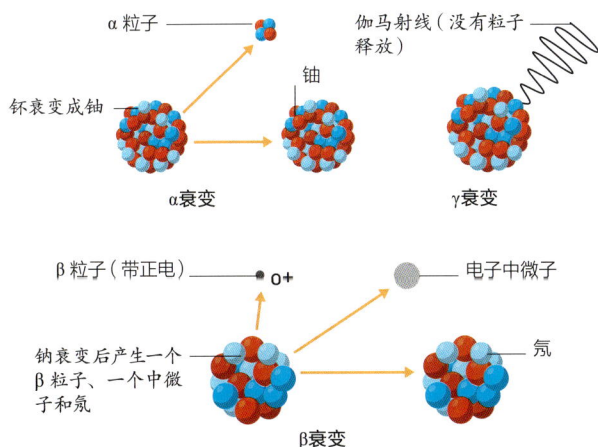

α 粒子 / 钍衰变成铀 / 铀 / 伽马射线（没有粒子释放）

α衰变 / **γ衰变**

β 粒子（带正电）/ 0+ / 电子中微子 / 钠衰变后产生一个 β 粒子、一个中微子和氖 / 氖

β衰变

核裂变和核聚变

核裂变是重核的分裂，核聚变是轻核的聚合；这两个过程都释放出大量的能量。核电站利用核裂变（使用铀-238）发电，科学家希望最终能够采用核聚变作为一种清洁和可持续的能源。

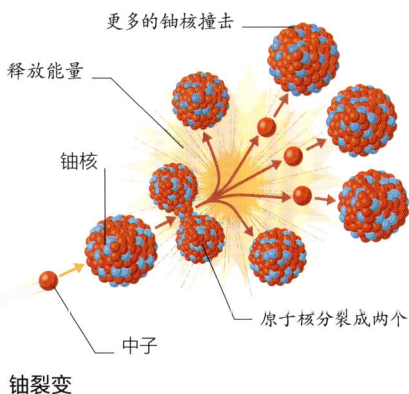

更多的铀核撞击 / 释放能量 / 铀核 / 原子核分裂成两个 / 中子

铀裂变
一个中子撞击目标原子核，将其分裂成两个较小的原子核和多个高速中子，它们再去撞击其他原子核。

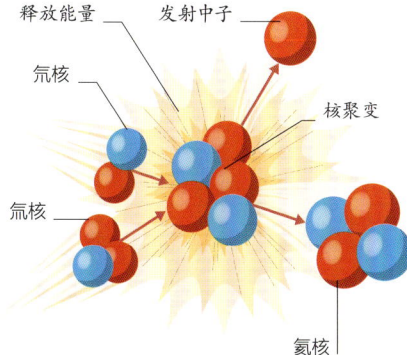

释放能量 / 发射中子 / 氘核 / 氚核 / 核聚变 / 氦核

氦的形成
氦是通过两个氢核（氘和氚）的聚变产生的，这一过程维持着恒星一生的大部分时间。

相对论和大统一理论

20 世纪初，物理学家阿尔伯特·爱因斯坦提出了狭义相对论和广义相对论，改变了我们对宇宙的认识。相对论将空间和时间描述为可塑的纠缠并预测了黑洞和引力波等现象。也许物理学最大的挑战是把相对论和它的另一个支柱——量子力学统一成唯一的"万物之理"。

质能方程

著名的方程 $E=mc^2$ 描述了质量和能量之间的当量关系。这种等效性的结果之一是物体加速到接近光速时其质量增加。

能量　　质量　　光速

$$E=mc^2$$

爱因斯坦方程

狭义相对论

狭义相对论解决的问题之一是光速观测中的矛盾，即无论你的参照系是什么，光速都是恒定的。该理论解释说，物体在空间中移动得越快，在时间中移动得越慢。

> "过去、现在和未来之间的区别只是某种意义上的幻觉。"
>
> 阿尔伯特·爱因斯坦的私人信件

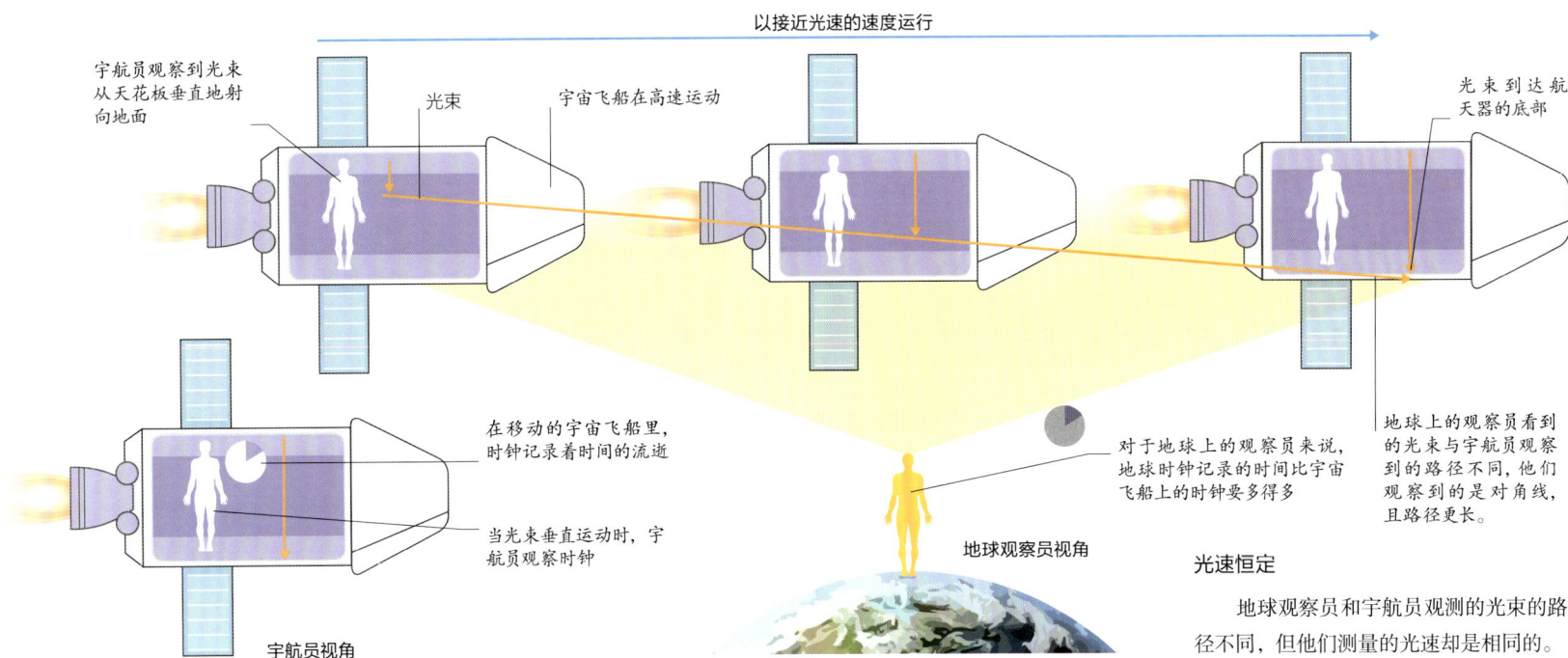

以接近光速的速度运行

宇航员观察到光束从天花板垂直地射向地面

光束

宇宙飞船在高速运动

光束到达航天器的底部

在移动的宇宙飞船里，时钟记录着时间的流逝

当光束垂直运动时，宇航员观察时钟

宇航员视角

对于地球上的观察员来说，地球时钟记录的时间比宇宙飞船上的时钟要多得多

地球观察员视角

地球上的观察员看到的光束与宇航员观察到的路径不同，他们观察到的是对角线，且路径更长。

光速恒定

地球观察员和宇航员观测的光束的路径不同，但他们测量的光速却是相同的。

广义相对论

狭义相对论将空间和时间紧密联系在一起，爱因斯坦通过重塑引力模型，将狭义相对论推广到广义相对论。广义相对论把时空定义为一个被大质量物体扭曲的连续体，从而产生引力效应。

等效原理

广义相对论的一个重要原理，即引力场与以适当加速度运动的力场效应是等价的。它们对电梯里的人来说是无法区分的，不管电梯是向上加速还是处在引力场中。利用这一原理，爱因斯坦意识到引力对光的影响与以一加速度运动的参考系对光的影响是一样的，都是通过扭曲时空来实现的。

引力使光线弯曲

扭曲的时空不仅会影响恒星等物体，还会使光的路径发生弯曲。在 1919 年的全日食期间，当太阳在恒星和地球之间移动时，恒星的视位置发生了变化，广义相对论得以证实。

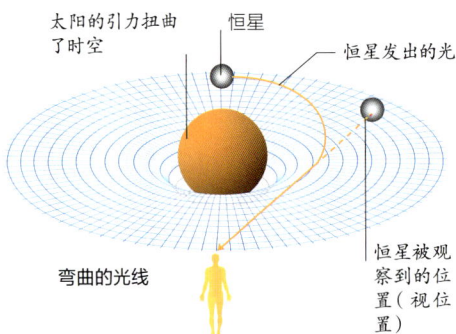

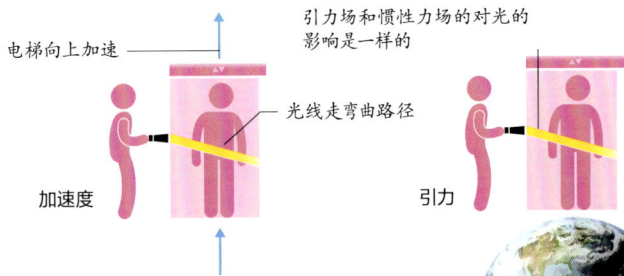

太阳的引力扭曲了时空

恒星

恒星发出的光

弯曲的光线

恒星被观察到的位置（视位置）

电梯向上加速

引力场和惯性力场的对光的影响是一样的

光线走弯曲路径

加速度

引力

空间－时间

空间和时间可以组合成一个四维体系，物体可以在三维空间加一维时间中运动。这可以通过堆叠连续的空间快照来表示。

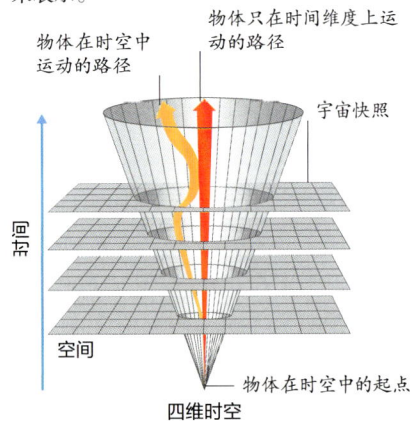

物体在时空中运动的路径

物体只在时间维度上运动的路径

宇宙快照

时间

空间

物体在时空中的起点

四维时空

在银河系的中心有一个质量
比太阳大数百万倍的黑洞

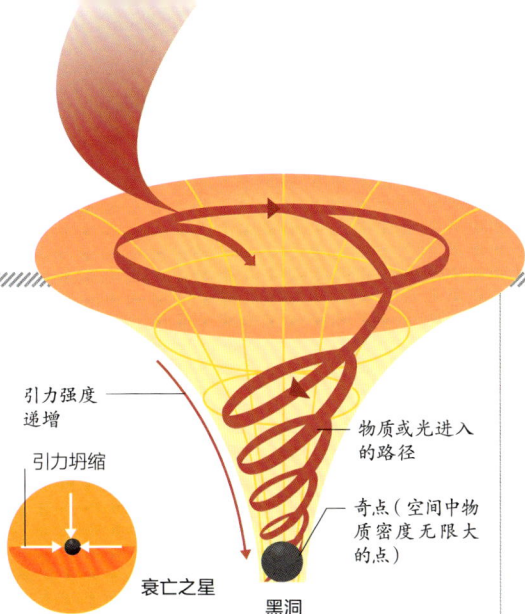

引力强度
递增

引力坍缩

物质或光进入的路径

奇点（空间中物质密度无限大的点）

衰亡之星

黑洞

黑洞

根据广义相对论，时空可以被坍缩的巨大恒星的残骸扭曲成一个无底洞，从而形成一个密度无限的物体——黑洞。在一定的距离（视界）内，任何东西都无法逃脱它的引力。

引力波

引力波是由黑洞碰撞等极端天文现象引起的时空涟漪。1916 年，爱因斯坦预言了引力波，物理学家们在一个世纪后才发现它们。

拉伸   挤压

波的传递方向

引力波如何穿越太空

这些波使物体之间的距离随着波的频率而波动。只有非常灵敏的仪器才能监测到。

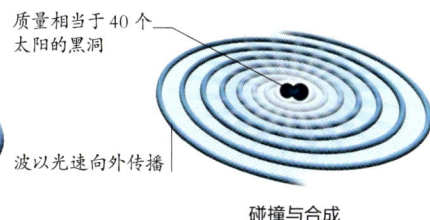

如何产生引力波

当两个黑洞相互环绕运行时，它们会通过引力波失去轨道能量。当它们彼此坠落时，它们会释放出更强烈的引力波。

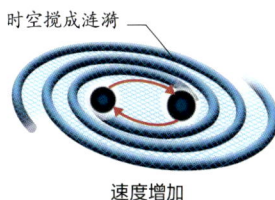

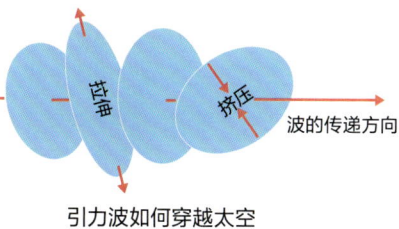

质量相当于 20 个太阳的黑洞

相互环绕的黑洞

时空搅成涟漪

速度增加

质量相当于 40 个太阳的黑洞

波以光速向外传播

碰撞与合成

万物之理

物理学家猜测宇宙中的四种基本力曾经是一个力，在大爆炸后的一秒内分裂。他们还不明白这是如何发生的。如果物理学家能够用在量子力学理论下统一三种非引力的理论框架来描述引力，他们就会找到物理学的"圣杯"——万物之理。

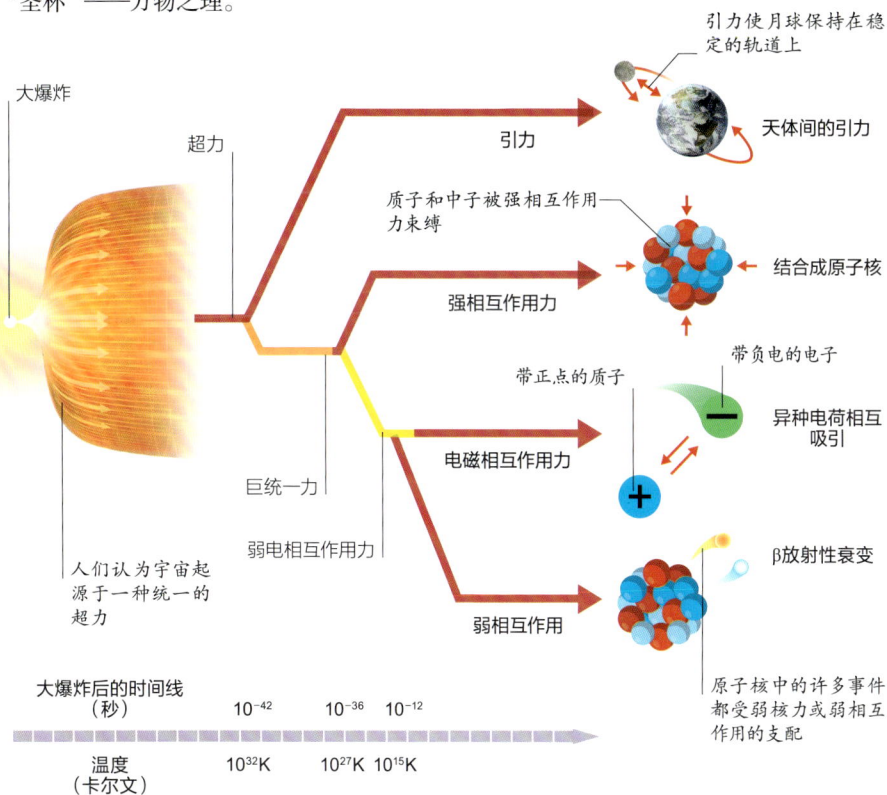

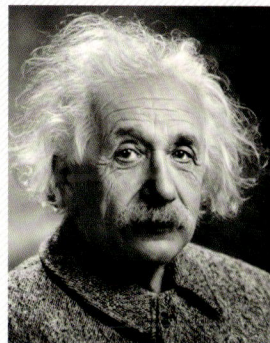

大爆炸

超力

巨统一力

人们认为宇宙起源于一种统一的超力

引力使月球保持在稳定的轨道上

引力   天体间的引力

质子和中子被强相互作用力束缚

强相互作用力   结合成原子核

带负电的电子

带正点的质子

电磁相互作用力   异种电荷相互吸引

弱电相互作用力

弱相互作用   β放射性衰变

原子核中的许多事件都受弱核力或弱相互作用的支配

大爆炸后的时间线（秒） 10^{-42} 10^{-36} 10^{-12}

温度（卡尔文） $10^{32}K$ $10^{27}K$ $10^{15}K$

相对论告诉我们, 对相同现实 (在不同参考系中的) 不同描述之间的联系

阿尔伯特·爱因斯坦

阿尔伯特·爱因斯坦（1879—1955），出生于德国的物理学家，也是历史上最伟大的科学家之一。除相对论理论，他的主要成就还包括对量子力学和统计力学的贡献。他年轻时移居瑞士学习，后来在美国定居。他于 1921 年被授予诺贝尔物理学奖。

弦理论

弦理论将基本粒子描述为一维的"弦"模型，它们像乐器上的弦一样以不同的频率振动。这是一个万物之理的候选理论，尽管它被批评为缺乏可证伪性——它似乎不可能被证明。

能量弦线

弦理论中的弦几乎是尽可能短的细丝，可以是"开弦"或"闭弦"，它们的特性由其多维振动决定。

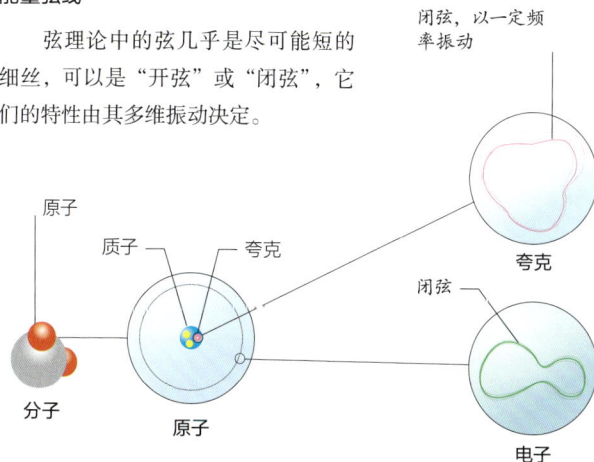

闭弦，以一定频率振动

原子

质子   夸克

夸克

闭弦

分子   原子

电子

物质的状态

物质可以以三种不同的状态存在，固体、液体或气体。例如，水可以是冰、液态水或水蒸气，水可以从一种形式转化为另一种形式并不改变其化学式。水在室温下是液体，但其他单质和化合物在室温下可能是固体或气体。

向冰中加入盐会降低其熔点

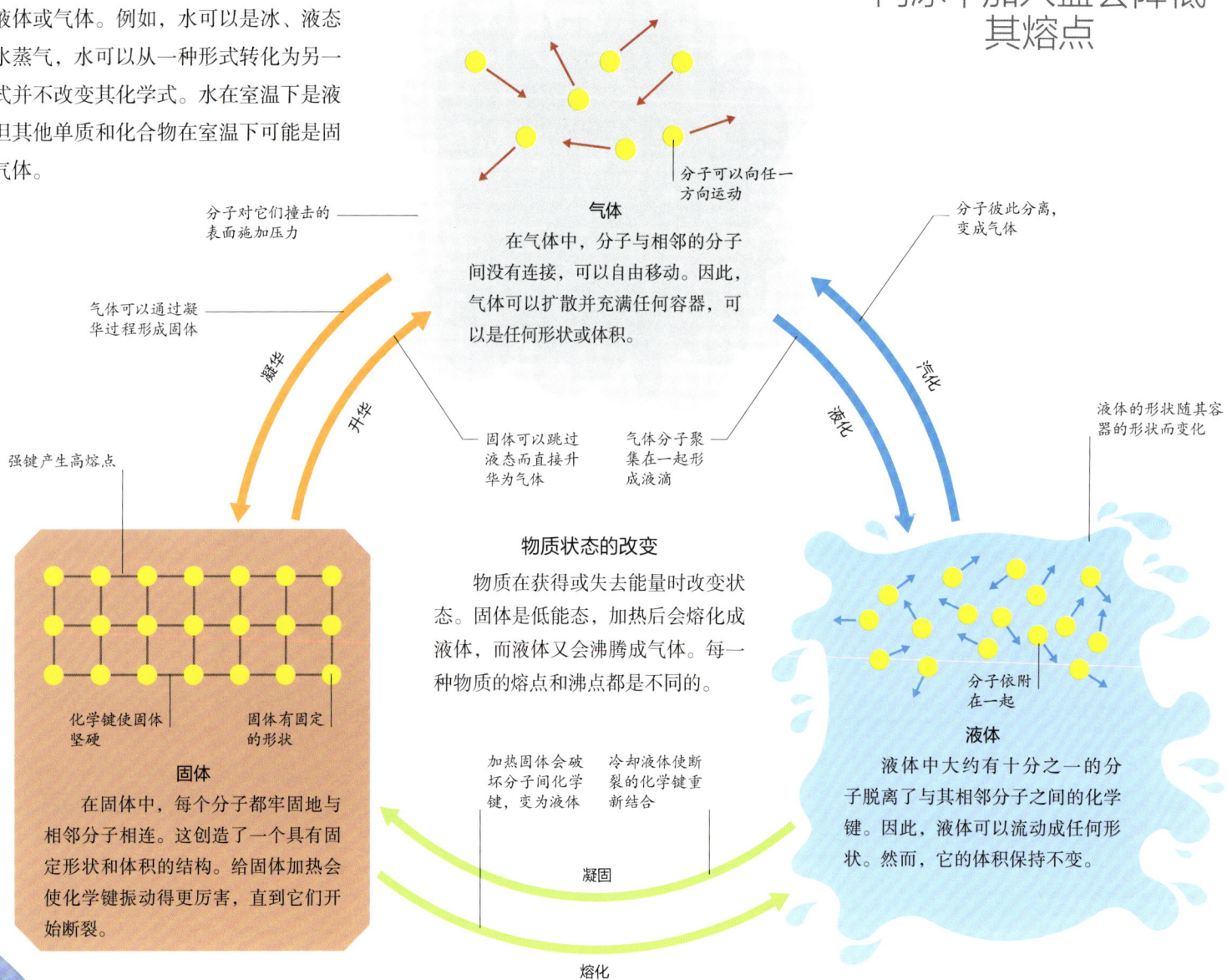

气体

分子对它们撞击的表面施加压力

分子可以向任一方向运动

在气体中，分子与相邻的分子间没有连接，可以自由移动。因此，气体可以扩散并充满任何容器，可以是任何形状或体积。

分子彼此分离，变成气体

气体可以通过凝华过程形成固体

凝华

升华

固体可以跳过液态而直接升华为气体

气体分子聚集在一起形成液滴

汽化

液化

液体的形状随其容器的形状而变化

固体

强键产生高熔点

化学键使固体坚硬

固体有固定的形状

在固体中，每个分子都牢固地与相邻分子相连。这创造了一个具有固定形状和体积的结构。给固体加热会使化学键振动得更厉害，直到它们开始断裂。

物质状态的改变

物质在获得或失去能量时改变状态。固体是低能态，加热后会熔化成液体，而液体又会沸腾成气体。每一种物质的熔点和沸点都是不同的。

加热固体会破坏分子间化学键，变为液体

冷却液体使断裂的化学键重新结合

凝固

熔化

分子依附在一起

液体

液体中大约有十分之一的分子脱离了与其相邻分子之间的化学键。因此，液体可以流动成任何形状。然而，它的体积保持不变。

物质的奇异状态

物质可以呈现出一些奇异状态，在转变成这种状态的过程中，其化学性质和物理性质都会发生改变。加热气体可以产生等离子体；把物质冷却到非常低的温度会产生奇怪的冷凝物，所有的原子会合并到单一能量状态。

辉光是由带电气体产生的等离子体

等离子球

室温下的气体

常温下气体原子不带电。它们彼此只施加很小的力，而且不导电。

原子

电子绕核运动

原子是电中性的

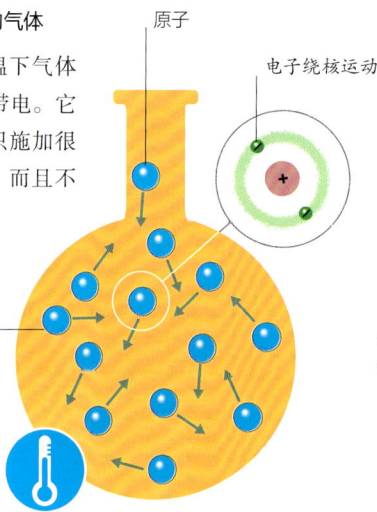

带电等离子体

在高温下，极端的能量将原子解离成带正电的离子和带负电的电子，形成导电的等离子体。

原子

电子没有被原子核束缚

电子和离子可以自由移动

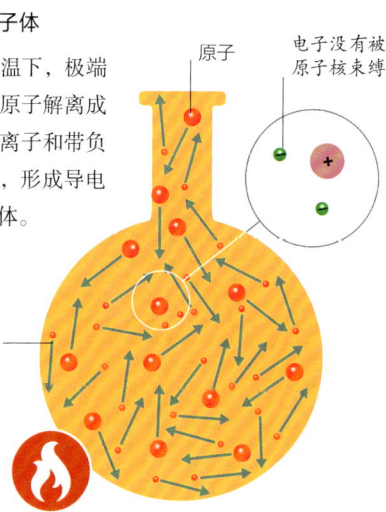

◀ 参见光与物质：第188—189页　　◀ 核物理与粒子物理：第194—195页

气体三定律

气体的温度、体积和压强都是彼此相关的。如果其中一个测量值发生变化,而第二个保持不变,那么第三个测量值将总是与第一个测量值成比例地变化。这些关系用气体三定律来描述,且每一定律都以其发现者命名。

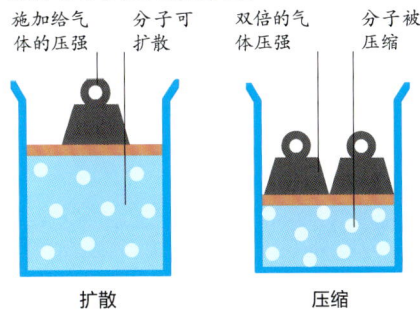

施加给气体的压强　分子可扩散　双倍的气体压强　分子被压缩

扩散　　　　压缩

玻意耳－马略特定律

如果温度保持恒定,气体压强与体积成反比,即压强加倍会使体积减半。

热与气体

在原子水平上,热(表征为温度)是原子的运动程度。当物质变热时,它们的原子运动得更剧烈。在较热的气体中分子移动得更快,并向四面八方扩散,其撞击表面的频率也更高。

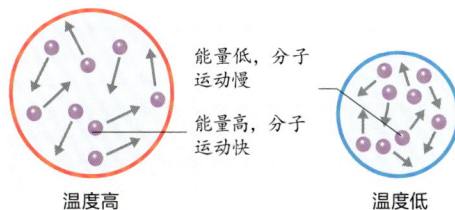

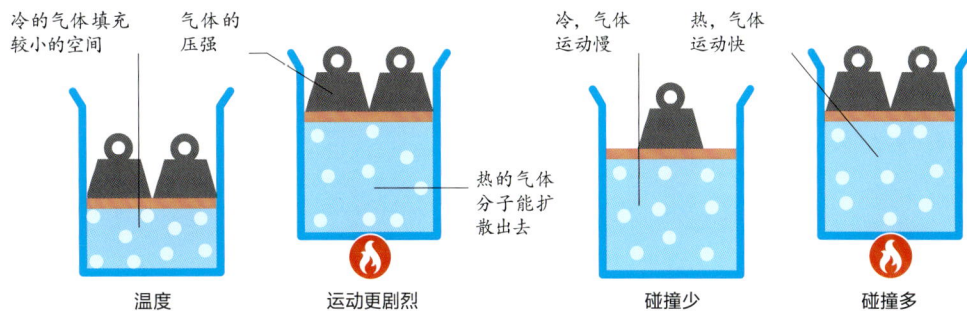

能量低,分子运动慢　能量高,分子运动快

温度高　　　温度低

冷的气体填充较小的空间　气体的压强

热的气体分子能扩散出去

温度　　　运动更剧烈

查理定律

如果压强保持不变,加热气体会增加体积。热量使分子移动得更快,如果压强保持恒定,分子就需要更多的空间。

冷,气体运动慢　热,气体运动快

碰撞少　　　碰撞多

盖－吕萨克定律

如果体积保持不变,那么气体的压强与温度成正比。气体的温度升高,压强也随之升高。

晶体与非晶体

固体中的原子连接在一起形成一定的刚性结构。当这种原子结构以某种模式重复时,固体就被归类为晶体。非晶体则没有重复的原子结构。

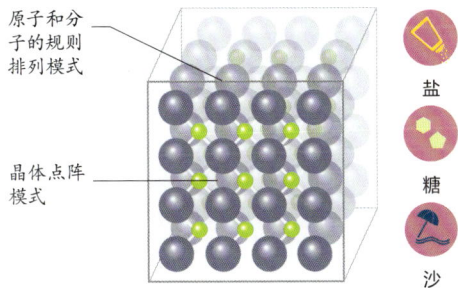

原子和分子的规则排列模式

晶体点阵模式

盐
糖
沙

晶体

盐、糖和沙子的颗粒都是晶体,它们都是由重复的晶格单元构成的。

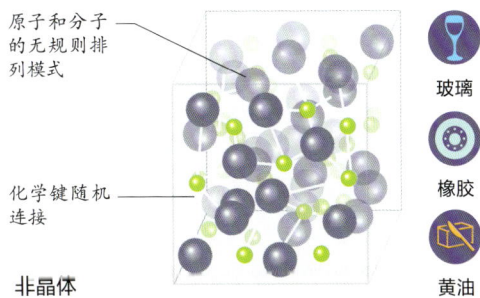

原子和分子的无规则排列模式

化学键随机连接

玻璃
橡胶
黄油

非晶体

与晶态固体不同,非晶态固体缺乏长程有序的结构。虽然橡胶可以被拉伸或压缩,但它不会呈现容器的形状,流动性小。

液体的黏度

液体流动的能力称为它的黏度。高黏度液体流动缓慢;低黏度液体流动快,容易飞溅和滴下。黏度取决于分子的大小和分子之间的结合强度等特性。

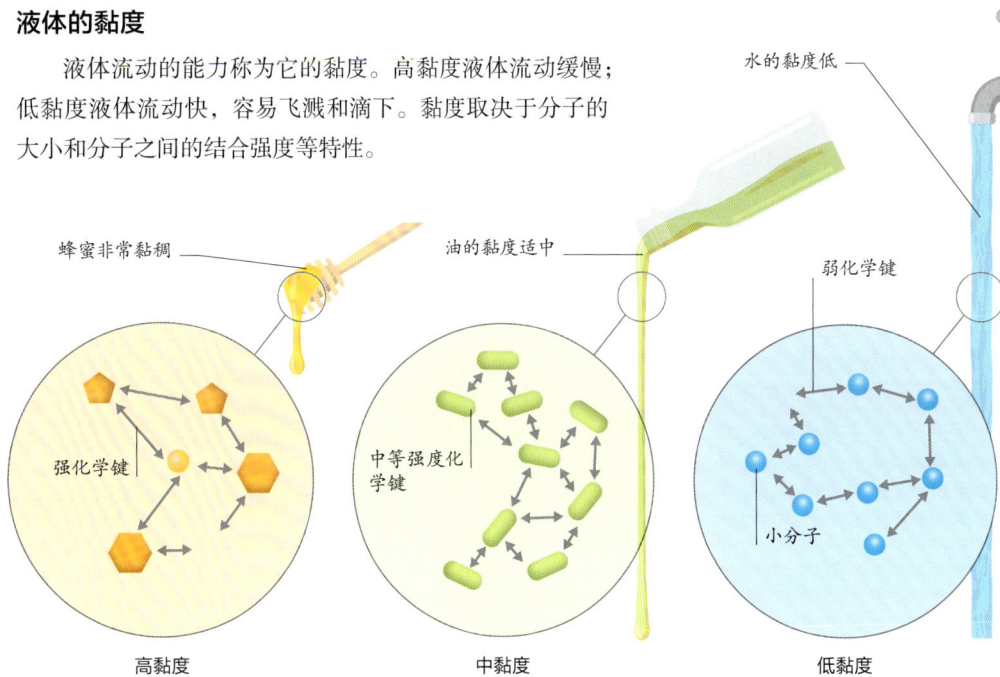

水的黏度低

蜂蜜非常黏稠　　油的黏度适中　　弱化学键

强化学键　　中等强度化学键　　小分子

高黏度　　　中黏度　　　低黏度

沥青是一种高黏度的液体,在室温下需要几年的时间才能形成一滴

非牛顿流体

非牛顿流体是一种奇怪的流体,它的黏度是可变的,这取决于施加在它上面的力的大小。例如牙膏、水中的玉米淀粉悬浮物、流沙,甚至血浆。

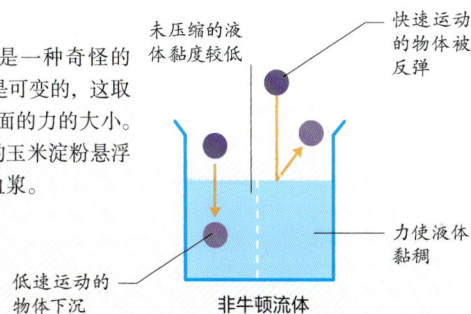

未压缩的液体黏度较低　　快速运动的物体被反弹

力使液体黏稠

低速运动的物体下沉

非牛顿流体

元素周期表

元素周期表是一张把所有化学元素放在一起的图表。它使用了一种系统方法，使化学家通过某一物质在表中的位置就能预测这种物质可能的性质。元素的物理和化学性质取决于其原子的独特结构。元素周期表按照原子序数的顺序排列元素，原子序数随着元素原子结构的复杂性而增加。这张表的主要设计者是俄罗斯化学家德米特里·门捷列夫（他于1869年出版了自己的版本），不过它也是过去230年来许多科学家研究成果的结晶。

图例

- **氢**：一种活泼的气体

活泼金属
- **碱金属**：质地柔软，非常活泼的金属
- **碱土金属**：较为活泼的金属

过渡元素
- **过渡金属**：一组不同的金属，其中许多具有有价值的性质

主要非金属
- **类金属**：具有介于金属和非金属之间性质的元素
- **其他金属**：主要是熔点较低、质地较软的金属
- **碳及其他非金属**
- **卤素**：非常活泼的非金属
- **稀有气体**：无色、极不活泼的气体

镧系元素和锕系元素
- 镧系元素具有相似的化学性质和电子结构，都是活泼金属；锕系元素都具有放射性，且其中部分元素由人工合成得到。

说明框

原子序数：原子核中质子的数目

相对原子质量：原子核中质子和中子的平均粒子数

H 氢

元素符号：由一个或两个字母组成的缩写名称（通常第一个字母大写，第二个字母小写）

通用名称：可随语言而变（化学符号不变）

周期：行，编号 1—7

族：列，编号 1—18

过渡金属

元素周期表的中心部分由一组被称为过渡元素的金属元素组成。在这里，随着原子序数的增加，电子不是添加到外层，而是填充到原子内部的空隙。因此，该系列中所有元素的外层电子构型和相关的化学性质或多或少是相同的。

元素周期表

1	2	3	4	5	6	7	8	9	10	11
1 1.008 **H** 氢										
3 6.941 **Li** 锂	**4** 9.012 **Be** 铍									
11 22.990 **Na** 钠	**12** 24.305 **Mg** 镁									
19 39.098 **K** 钾	**20** 40.078 **Ca** 钙	**21** 44.956 **Sc** 钪	**22** 47.867 **Ti** 钛	**23** 50.942 **V** 钒	**24** 51.996 **Cr** 铬	**25** 54.938 **Mn** 锰	**26** 55.845 **Fe** 铁	**27** 58.933 **Co** 钴	**28** 58.693 **Ni** 镍	**29** 63.546 **Cu** 铜
37 85.468 **Rb** 铷	**38** 87.620 **Sr** 锶	**39** 88.906 **Y** 钇	**40** 91.224 **Zr** 锆	**41** 92.906 **Nb** 铌	**42** 95.950 **Mo** 钼	**43** (98) **Tc** 锝	**44** 101.070 **Ru** 钌	**45** 102.905 **Rh** 铑	**46** 106.420 **Pd** 钯	**47** 107.868 **Ag** 银
55 132.905 **Cs** 铯	**56** 137.328 **Ba** 钡	57—71	**72** 178.490 **Hf** 铪	**73** 180.948 **Ta** 钽	**74** 183.840 **W** 钨	**75** 186.207 **Re** 铼	**76** 190.230 **Os** 锇	**77** 192.217 **Ir** 铱	**78** 195.084 **Pt** 铂	**79** 196.967 **Au** 金
87 (223) **Fr** 钫	**88** (226) **Ra** 镭	89—103	**104** (267) **Rf** 𬬻	**105** (268) **Db** 𬭊	**106** (269) **Sg** 𬭳	**107** (270) **Bh** 𬭛	**108** (270) **Hs** 𬭶	**109** (278) **Mt** 䥑	**110** (281) **Ds** 𫟼	**111** (281) **Rg** 𬬭

镧系元素

57 138.905 **La** 镧	58 140.116 **Ce** 铈	59 140.908 **Pr** 镨	60 144.242 **Nd** 钕	61 (145) **Pm** 钷	62 150.360 **Sm** 钐	63 151.964 **Eu** 铕	64 157.250 **Gd** 钆

锕系元素

89 (227) **Ac** 锕	90 232.038 **Th** 钍	91 231.036 **Pa** 镤	92 238.029 **U** 铀	93 (237) **Np** 镎	94 (244) **Pu** 钚	95 (243) **Am** 镅	96 (247) **Cm** 锔

周期和族

周期表中元素是随着原子序数的增加（即原子核中质子数的增加）而排列的。随着它们的增加，电子的数量也会增加。电子位于有固定空间的电子层中。当一个电子层被填满后，就开始填充另一个新的电子层。一行，即周期，表示原子中电子层数量相同的元素。第一周期只包含两个元素，因为最里面的电子层只能容纳两个电子。一个新的电子层开始填入即为第二周期，能容纳八个电子，而第七周期有 32 种元素。处于行中的同时，元素也形成列，即族，包含具有相同外层电子数量的元素。这些电子参与了化学键的形成，所以一个族的成员都有类似的反应方式。

德米特里·门捷列夫

俄国化学家门捷列夫（1834—1907）在不知道原子结构的情况下，根据化合价排列元素，于 1869 年发明了元素周期表。

此扩展版本的元素周期表于 2016 年发布，其中收录了 115、117 和 118 号人造元素的名称

12	13	14	15	16	17	18
						2　4.003 **He** 氦
	5　10.810 **B** 硼	6　12.011 **C** 碳	7　14.007 **N** 氮	8　15.999 **O** 氧	9　18.998 **F** 氟	10　20.180 **Ne** 氖
	13　226.982 **Al** 铝	14　28.085 **Si** 硅	15　30.974 **P** 磷	16　32.060 **S** 硫	17　35.450 **Cl** 氯	18　39.948 **Ar** 氩
30　65.380 **Zn** 锌	31　69.723 **Ga** 镓	32　72.630 **Ge** 锗	33　74.922 **As** 砷	34　78.971 **Se** 硒	35　79.904 **Br** 溴	36　83.798 **Kr** 氪
48　112.414 **Cd** 镉	49　114.818 **In** 铟	50　118.710 **Sn** 锡	51　121.760 **Sb** 锑	52　127.600 **Te** 碲	53　126.904 **I** 碘	54　131.293 **Xe** 氙
80　200.592 **Hg** 汞	81　204.380 **Tl** 铊	82　207.200 **Pb** 铅	83　208.980 **Bi** 铋	84　(209) **Po** 钋	85　(210) **At** 砹	86　(222) **Rn** 氡
112　(285) **Cn** 鎶	113　(286) **Nh** 鉨	114　(289) **Fl** 铁	115　(289) **Mc** 镆	116　(293) **Lv** 铊	117　(294) **Ts** 钿	118　(294) **Og** 鿫

65　158.925 **Tb** 铽	66　162.500 **Dy** 镝	67　164.930 **Ho** 钬	68　167.259 **Er** 铒	69　168.934 **Tm** 铥	70　173.055 **Yb** 镱	71　174.967 **Lu** 镥
97　(247) **Bk** 锫	98　(251) **Cf** 锎	99　(252) **Es** 锿	100　(257) **Fm** 镄	101　(258) **Md** 钔	102　(259) **No** 锘	103　(267) **Lr** 铹

碳的同素异形体

单质的原子连接方式不止一种，由此可以形成被称为同素异形体的不同形式。碳有四种主要的同素异形体（如下所示），它们都是纯碳，但不同的内部结构使它们具有不同的性质和用途。

金刚石

每个碳原子与四个相邻碳原子成键，从而形成一个重复的四面体结构。晶体晶格非常坚硬，且在各个方向上都一样坚硬，这使得金刚石成为我们已知的最坚硬的物质。

只有另一个金刚石才能切断这些化学键

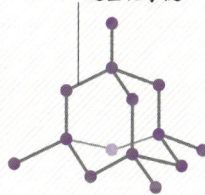

石墨

这些碳原子以弱连接的六边形层状结构排列，这些层可相互滑动。每个碳原子只有三个键，第四个电子在层内自由移动，这使石墨能够导电。

重复六边形的多层结构

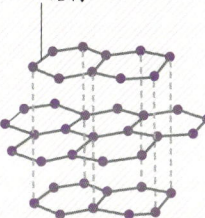

石墨烯

石墨烯是由单层石墨组成的，它极其薄但非常坚固，抗撕裂，可以卷成纤维。化学工程师正在开发用于电子和纳米技术的石墨烯。

一层只有单个原子的深度

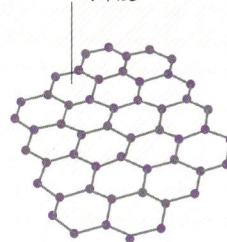

富勒烯

也被称为巴基球，其基本单元是一个由 60 个碳原子组成的像足球表面一样的中空球形分子。也有可能由 72 个、76 个、84 个甚至 100 个原子组成的更大的形状，但不太稳定。

坚固、刚性、笼状结构

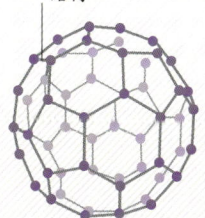

分子、离子和化学键

分子是由至少一对共用电子连接的两个或多个原子，这被称为共价键。组成分子的原子可能是相同的，如氯分子（Cl_2）或氧分子（O_2），也可能是不同的，如水分子（H_2O）或乙醇分子（CH_3CH_2OH）。原子还可以失去或获得电子而成为离子，离子之间形成离子键。以这种方式形成的物质，例如食盐（NaCl）不是分子，而被称为离子化合物。

电子层

电子存在于原子核周围的"壳层"中。除了稀有气体原子，其他原子的最外层只有部分被填满，这些电子层中的电子可能被共享以形成共价键，或获得或失去后成为离子。

图例
● — 电子

镁原子的电子层

镁原子的前两个电子层是满的。最外层未填满，只有2个电子。

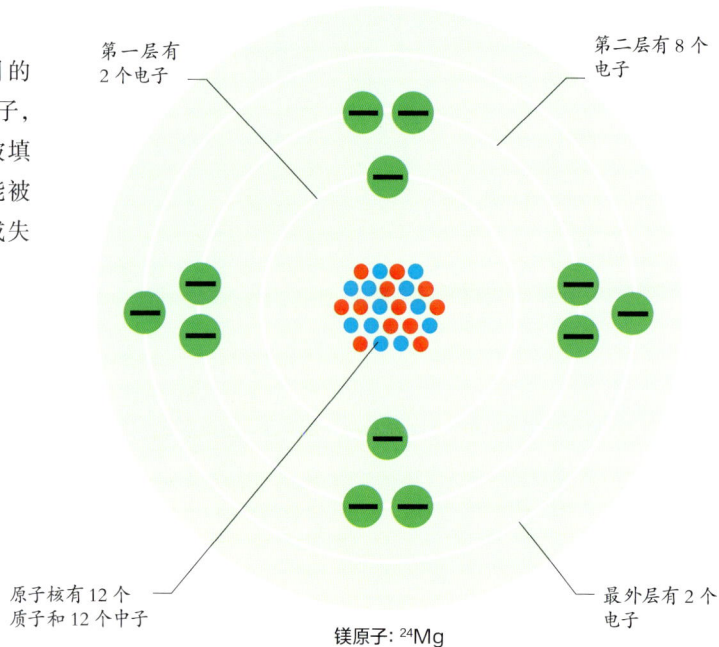

第一层有2个电子

第二层有8个电子

原子核有12个质子和12个中子

最外层有2个电子

镁原子：^{24}Mg

共价键

相邻原子间通过共用电子对形成共价键，这样每个原子都有效地获得了一个全充满的最外电子层。

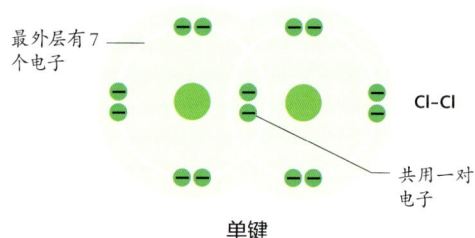

最外层有7个电子

共用一对电子

Cl-Cl

单键

每个氯原子的外层有7个电子。共用电子对的意思是每个氯原子都通过共享另一个原子提供的第8个电子使原子的最外层充满电子。

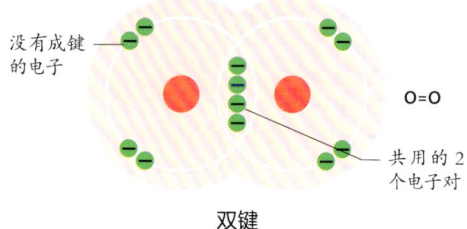

没有成键的电子

共用的2个电子对

O=O

双键

每个氧原子的外层有6个电子。2个氧原子共用4个电子（两对）形成一个双键。

什么是离子？

当原子获得或失去电子时，形成带负电荷或正电荷的离子。因为带负电的电子数目不再等于带正电的质子数目，所以离子的电荷数是不平衡的。有更多的电子时是一个带负电的离子（阴离子），当电子数少于质子数时，就形成带正电的离子（阳离子）。

钠离子

一个中性的钠原子总共有11个电子，最外电子层只有1个电子。这个电子很容易丢失，变成带正电的钠离子，写成 Na^+。

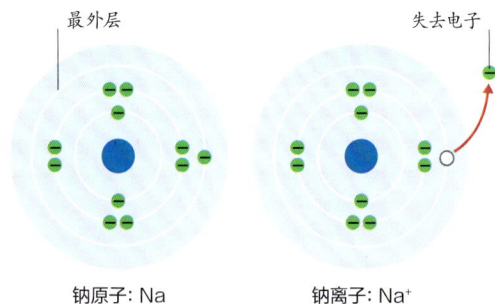

最外层

失去电子

钠原子：Na

钠离子：Na^+

氯离子

一个中性的氯原子最外层有7个电子。这个电子层有容纳8个电子的能力，所以氯很容易得到1个电子，形成一个带负电的离子（Cl^-）。

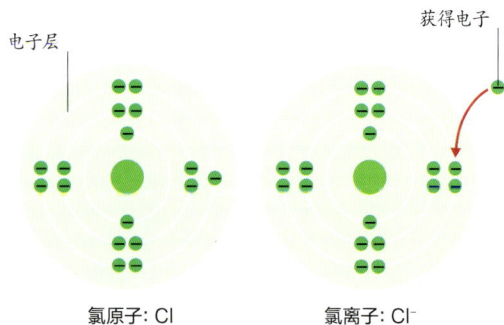

电子层

获得电子

氯原子：Cl

氯离子：Cl^-

离子键

离子键是由阳离子和阴离子之间的相互作用而形成的。通常是由金属离子（阳离子）和非金属离子（阴离子）组成的。阳离子和阴离子相互吸引，形成离子键晶格。破坏这些吸引力需要很多能量，所以离子化合物往往具有高熔点。

❶ 电子转移

钠原子失去其最外层电子形成钠离子（Na^+），氯原子获得电子形成氯离子（Cl^-）时，离子化合物氯化钠（NaCl）就形成了。

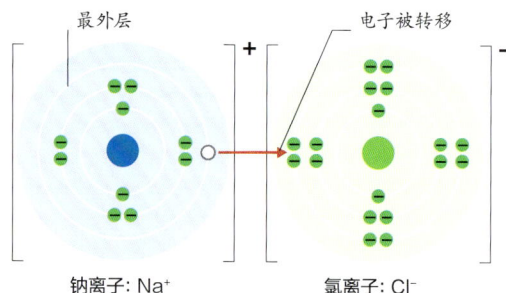

最外层

电子被转移

钠离子：Na^+

氯离子：Cl^-

❷ 形成离子键

离子键是阳离子和阴离子之间的静电吸引作用形成的。离子键并不是单独存在的——离子化合物是由阳离子和阴离子组成的重复的三维晶格。其化学式是最小的重复单元。

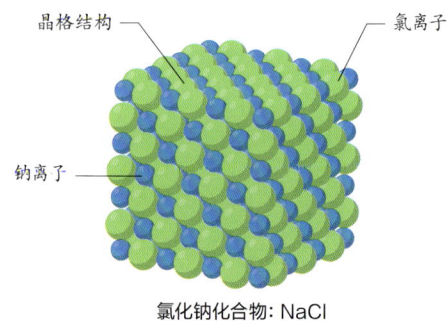

晶格结构

氯离子

钠离子

氯化钠化合物：NaCl

按质量计算，铁是地球上含量最多的元素，占地球总质量的 30% 以上；
而铝是地壳中含量最高的金属元素，占地球总质量的 8%

金属键

金属元素的原子很容易失去电子。在固体金属内部，电子变得"自由"（即离域），同时属于所有的原子。所产生的金属离子被固定在这些离域电子组成的"海洋"中。这种金属键产生了金属的独特性质。

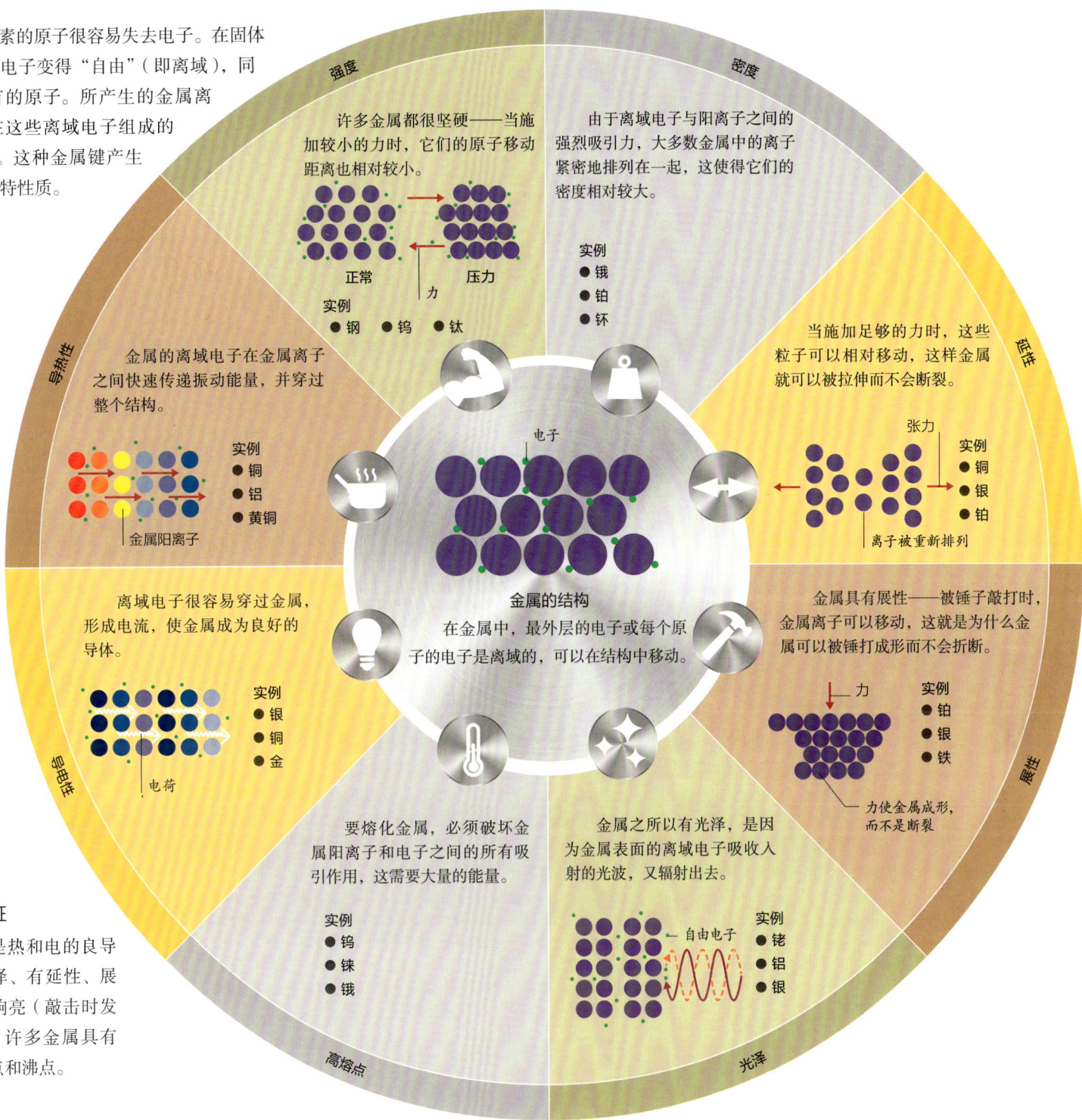

强度

许多金属都很坚硬——当施加较小的力时，它们的原子移动距离也相对较小。

正常 　 压力
力

实例
● 钢 　 ● 钨 　 ● 钛

密度

由于离域电子与阳离子之间的强烈吸引力，大多数金属中的离子紧密地排列在一起，这使得它们的密度相对较大。

实例
● 锇
● 铂
● 铼

导热性

金属的离域电子在金属离子之间快速传递振动能量，并穿过整个结构。

实例
● 铜
● 铝
● 黄铜

金属阳离子

延展性

当施加足够的力时，这些粒子可以相对移动，这样金属就可以被拉伸而不会断裂。

张力

实例
● 铜
● 银
● 铂

离子被重新排列

导电性

离域电子很容易穿过金属，形成电流，使金属成为良好的导体。

实例
● 银
● 铜
● 金

电荷

展性

金属具有展性——被锤子敲打时，金属离子可以移动，这就是为什么金属可以被锤打成形而不会折断。

力

实例
● 铂
● 银
● 铁

力使金属成形，而不是断裂

金属的结构

电子

在金属中，最外层的电子或每个原子的电子是离域的，可以在结构中移动。

高熔点

要熔化金属，必须破坏金属阳离子和电子之间的所有吸引作用，这需要大量的能量。

实例
● 钨
● 铼
● 锇

光泽

金属之所以有光泽，是因为金属表面的离域电子吸收入射的光波，又辐射出去。

自由电子

实例
● 铑
● 铝
● 银

金属的特征

金属是热和电的良导体，有光泽、有延性、展性，发声响亮（敲击时发出响声），许多金属具有较高的熔点和沸点。

合金

合金是多种元素的混合物，其中至少有一种是金属。通过实验或设计，科学家创造了许多具有实用性的合金，如极高硬度或极高熔点等。

铜 　 锡

青铜

锌

铜

黄铜

铬 　 碳

铁

不锈钢

不锈钢

不锈钢耐腐蚀，这意味着它不会生锈。不锈钢实际上就是一种合金，含有大约 88% 的铁，11% 的铬以及少量的碳，但确切的成分各不相同，可能包含其他元素。

参见混合物、化合物、溶剂与溶液：第 204—205 页 ▶　化学反应：第 206—207 页 ▶

混合物、化合物、溶剂与溶液

科学与技术

我们周围的物质很少是由一种单一元素构成的。不同的原子结合形成化合物，不同的化合物（有时是单质）可以组合形成混合物。许多我们熟悉的液体物质实际上是溶液，也就是一种物质溶解在另一种物质中。例如，自来水通常含有溶解在水中的钠、钙和氯离子。

多萝西·霍奇金

霍奇金（1910—1994）是一位英国化学家，她使用 X 射线晶体学来测定生物分子的结构。她证实了青霉素的结构，研究出了胰岛素的结构，并于 1964 年被授予诺贝尔化学奖。

混合物

混合物中含有的物质彼此之间没有化学键合。例如，如果铁和硫在室温下混合，硫不会以化学方式与铁键合。混合物中的粒子是随机排列的，可以很容易地用磁铁把它们分开。

铁粉 + 硫黄 → 混合物

铁和硫混合

混合物中的元素

硫分子中含有 8 个硫原子（S_8），这些原子通过共价键彼此结合（它们共享一对电子），但在铁和硫的混合物中，硫原子和铁原子之间没有化学键。

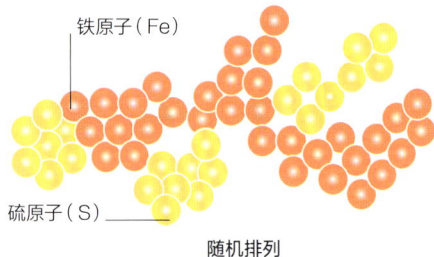

铁原子（Fe）
硫原子（S）
随机排列

每天可见的混合物

地球的大气层是氮、氧、氩、二氧化碳和其他气体的混合物。大气层中还包含不同数量的水，具体含量取决于天气状况。云是一种胶体，当微小的液态水分散到空气中时就形成了云。

化合物

一种化合物由两种或两种以上的元素化学结合而成。例如，如果铁和硫的混合物被加热，就会发生化学反应，在铁和硫之间形成化学键，生成化合物硫化亚铁。把这个化合物分解成纯铁和纯硫需要很多能量。

铁粉 + 硫黄 + 加热 → 化合物

铁和硫的化合物

化合物中的元素

硫化亚铁是一种含亚铁离子（Fe^{2+}）和硫离子（S^{2-}）的化合物。不同的带电离子（参见第 202 页）由静电作用相互吸引，形成一个重复的模式，可用化学式 FeS 表示。

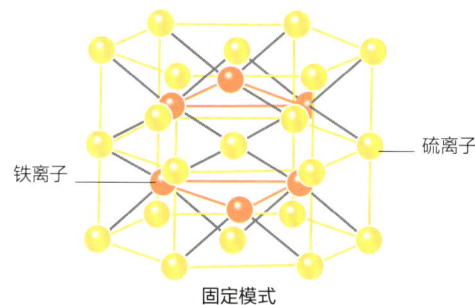

铁离子
硫离子
固定模式

当鸡蛋煮过头时，蛋黄表面会因为形成硫化亚铁而变绿

混合物的类型

在混合物中，物质间可以像泥土那样松散地混合在一起，也可以像溶液那样紧密地混合在一起，胶体则是介于两者之间的中间状态。鉴别混合物类型的一种方法是用一束强光照射它们。如果溶质完全溶解在溶剂中，光就会直接穿过溶液。然而，在胶体和悬浮液中，光线会被悬浮在液体中的粒子散射。

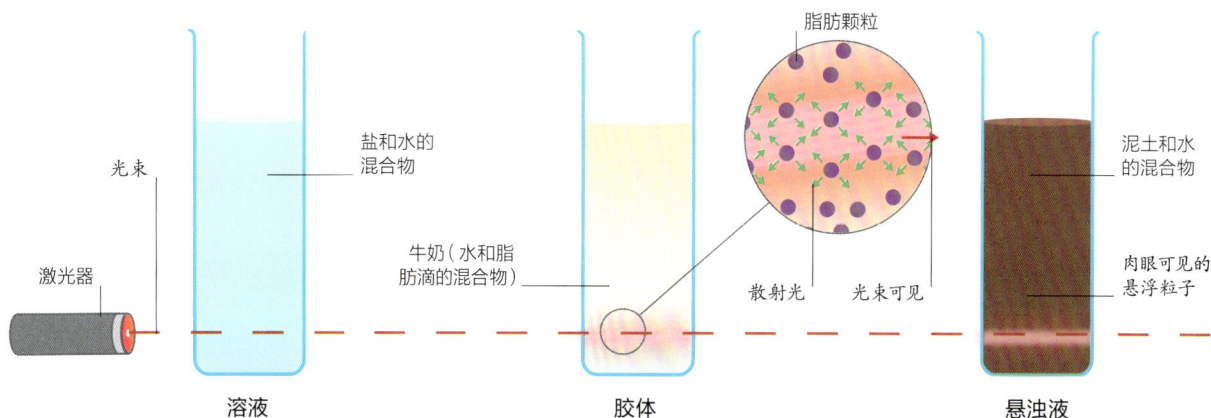

光束
盐和水的混合物
激光器

脂肪颗粒
牛奶（水和脂肪滴的混合物）
散射光　光束可见

泥土和水的混合物
肉眼可见的悬浮粒子

溶液

如果溶质（这里是盐）完全溶解在溶剂（这里是水）中，则溶液是透明的，这意味着光可以直接通过。

胶体

胶体，如牛奶，有微小的颗粒分散在流体中，但不溶解。悬浮粒子将反射穿过混合物的光线。

悬浊液

随着时间的推移，悬浮在液体中的大颗粒往往会分离出来，混合物很有可能是完全不透明的。

在"干洗"过程中，衣物被浸泡在非极性溶剂中，这种溶剂可以溶解油性（非极性）污渍

溶液的类型

溶液是由一种物质（溶质）溶解在另一种物质（溶剂）中形成的。特定的溶质是否能很好地溶解于一种溶剂，取决于该溶剂是否是极性的。极性溶剂（如水）是由带有部分电荷的分子组成的；非极性溶剂（如己烷）含有不带部分电荷的分子。

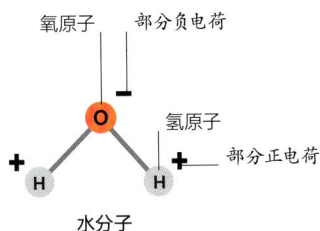

氧原子
部分负电荷
氢原子
部分正电荷
水分子

极性溶剂

水是极性的：由于氧比氢更能吸引成键电子，所以氧带部分负电荷，而氢带部分正电荷。

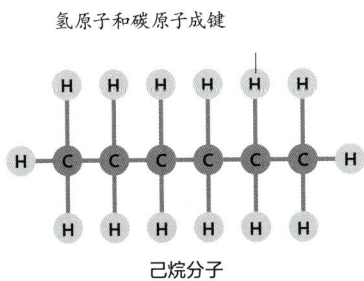

氢原子和碳原子成键
己烷分子

非极性溶剂

正己烷是非极性的：原子具有相似的电负性（倾向于吸引成键电子），所以总体上没有部分电荷。

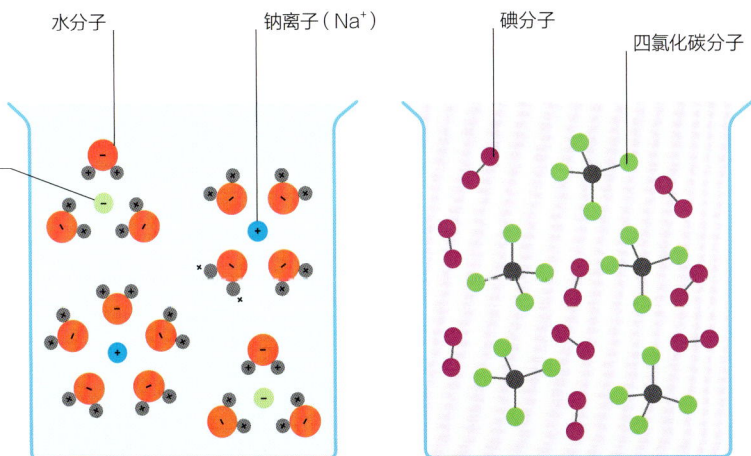

水分子
钠离子（Na⁺）
氯离子（Cl⁻）

极性溶剂中的离子溶质

离子溶质，如盐（NaCl），能很好地溶解在极性溶剂中。离子被水分子上的部分电荷所吸引。

碘分子
四氯化碳分子

非极性溶剂中的非极性溶质

非极性分子不会溶解在像水这样的极性溶剂中，因为没有电荷可被水分子吸引——但它们会很好地溶解在非极性溶剂中。

溶解性

固体、液体和气态物质（溶质）可以溶解于其他物质（溶剂）的特性称为溶解性。溶质在溶剂中的溶解度取决于各种条件，如温度和压力。一般来说，固体更容易溶解在温度较高的液体中，而气体在温度较低的液体中更容易溶解。在特定的压力和温度下，在给定量的溶剂中溶解的最大溶质量被称为溶解度。

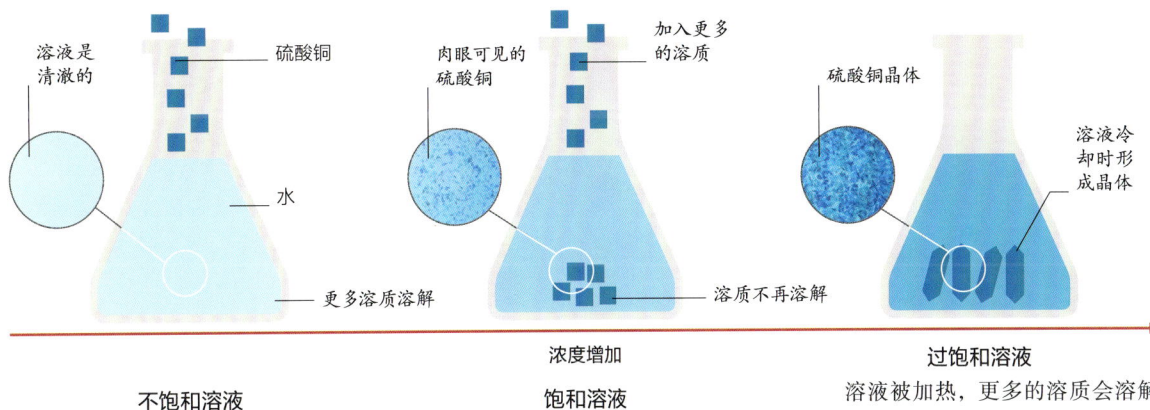

溶液是清澈的
硫酸铜
水
更多溶质溶解

肉眼可见的硫酸铜
加入更多的溶质
溶质不再溶解

硫酸铜晶体
溶液冷却时形成晶体

浓度增加

不饱和溶液

当少量溶质（此处为固体硫酸铜）加入水中时，它容易且能完全溶解，即形成的溶液是不饱和的。

饱和溶液

如果加入更多的硫酸铜，它最终会停止溶解，固体颗粒仍然可见，这就是饱和溶液。

过饱和溶液

溶液被加热，更多的溶质会溶解其中。此溶液冷却时，溶质将从溶液中析出形成晶体。在析出晶体之前，溶液中溶质质量大于相应温度下的溶解度，这时的溶液就是过饱合溶液。

过渡金属

过渡金属是位于元素周期表中间的一大组元素。它们有不同的氧化态，这意味着它们可以形成带不同正电荷的离子。还能形成溶解在水中的离子化合物，且不同的离子会产生不同的颜色。它们具有一系列的性质和用途，有些是很好的催化剂（参见第206页）。钒是其中一种特别有趣的过渡金属，因为它有各种各样的氧化态和颜色。

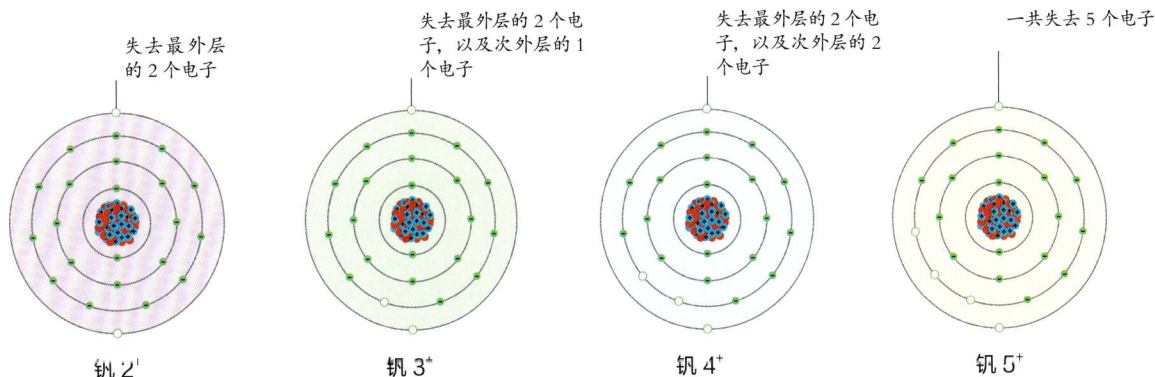

失去最外层的2个电子

钒 2⁺
溶液的颜色取决于原子失去的电子数量。含钒 2⁺ 离子的溶液呈紫色。

失去最外层的2个电子，以及次外层的1个电子

钒 3⁺
溶液的不同颜色是由光与不同数量的电子相互作用造成的。含钒 3⁺ 离子的溶液是绿色的。

失去最外层的2个电子，以及次外层的2个电子

钒 4⁺
含有钒 4⁺ 离子的溶液是蓝色的。钒氧化物有时被用来使玻璃呈蓝色或绿色。

一共失去5个电子

钒 5⁺
五氧化二钒是制造硫酸和制造陶瓷的催化剂。含有钒 5⁺ 离子的溶液呈黄色。

参见**化学反应**：第 206—207 页 ▶ **化学技术**：第 210—211 页 ▶

化学反应

化学反应是两种或两种以上的化学物质发生变化形成新物质的过程。在反应前后存在的物质可以是单质或化合物，在化学反应中，原子间的化学键会断裂或形成，但原子的数量和物质的总质量保持不变。

铯很活泼，一接触水就会爆炸

反应物和生成物

化学反应的初始物质叫作反应物。它们在反应中被转化为叫作生成物的新物质。化学反应不会产生或破坏原子。

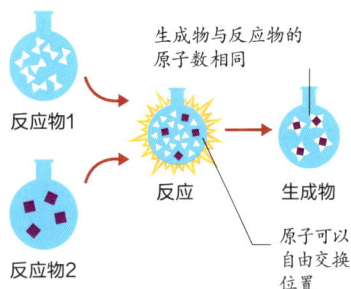

生成物与反应物的原子数相同

反应物1

反应物2

反应

生成物

原子可以自由交换位置

化学反应的能量特性

化学反应需要输入能量来启动，这个能量被称为活化能，通常以热能的形式施加。反应物之间的化学键也以热能的形式释放能量。

放热反应

将反应物混合生成产物所释放的能量比反应过程中所吸收的能量要多。

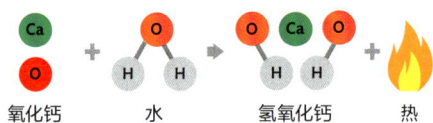

Ca O + H H → O Ca O + 热
氧化钙　　水　　　氢氧化钙　　热

吸热反应

在这种反应中，断裂反应物需要吸收的能量比释放的能量要多。

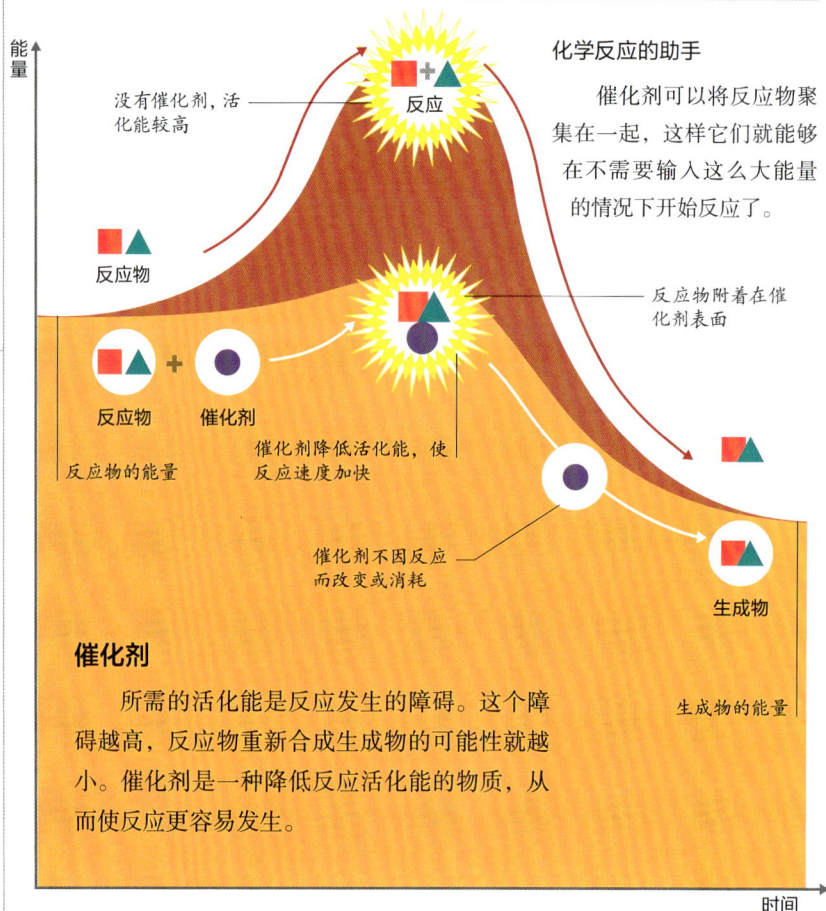

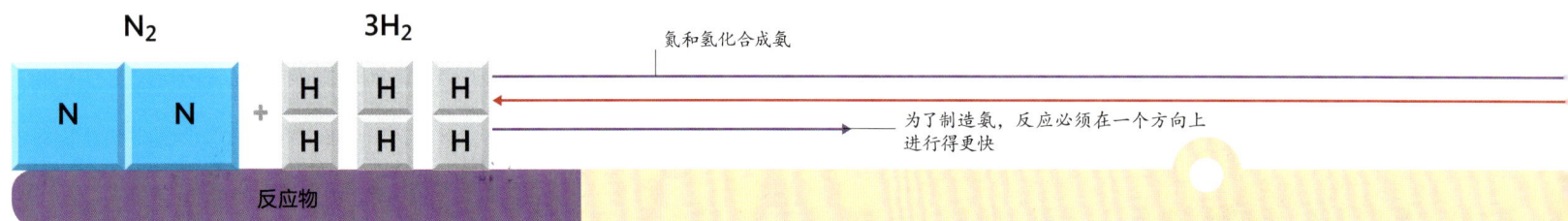

O C O + 热 → Ca O + C O
碳酸钙　　热　　氧化钙　　二氧化碳

化学反应的助手

催化剂可以将反应物聚集在一起，这样它们就能够在不需要输入这么大能量的情况下开始反应了。

能量

没有催化剂，活化能较高

反应物

反应物的能量

反应物附着在催化剂表面

催化剂降低活化能，使反应速度加快

催化剂不因反应而改变或消耗

生成物

生成物的能量

时间

催化剂

所需的活化能是反应发生的障碍。这个障碍越高，反应物重新合成生成物的可能性就越小。催化剂是一种降低反应活化能的物质，从而使反应更容易发生。

N_2　　$3H_2$

N N + H H H / H H H

反应物

氮和氢化合成氨

为了制造氨，反应必须在一个方向上进行得更快

动态平衡

原则上，所有的化学反应都是可逆的：由于所有的原子仍然存在，产物也可以进行反应重新形成反应物。许多简单的反应在两个方向上都很容易进行。然而，也有一个平衡点，在这个平衡点上，反应在两个方向上以相同的速度进行。这种平衡是动态的，它的改变取决于温度、压强、反应物和生成物的浓度等条件。

没有气体参与的反应平衡，如溶液中的离子平衡，不要求在封闭体系中进行

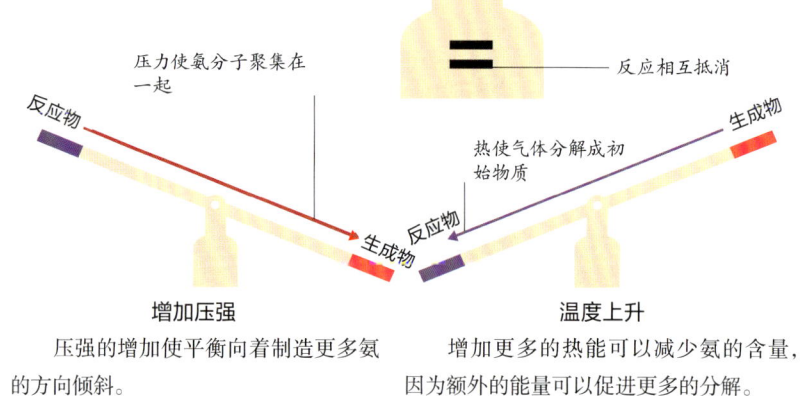

压力使氨分子聚集在一起

反应物

生成物

反应相互抵消

热使气体分解成初始物质

生成物

反应物

增加压强

压强的增加使平衡向着制造更多氨的方向倾斜。

温度上升

增加更多的热能可以减少氨的含量，因为额外的能量可以促进更多的分解。

酶是一种强大的生物催化剂，它可以加速一个特定的化学反应，
使其速率加快 100 万倍，甚至更多

化学反应的类型

化学家根据发生变化的种类把化学反应分成不同的类型。化学反应可以用来创造或合成新的化合物，或将化合物还原为单质。

化合反应

在这种反应中，两种或两种以上的反应物结合生成一种产物。这些反应通常具有较低的活化能。

氢气和氧气以 2:1 的比例混合

气体化合成水分子

H
H
氢

O
氧

O
H H
水

分解反应

在这种反应中，单个反应物分解成两种或两种以上的生成物。反应过程通常需要热量。

加热碳酸盐使其释放出二氧化碳

Ca
O C O
O
碳酸钙

Ca
O
氧化钙

O
C
O
二氧化碳

置换反应

有些元素的活动性比其他元素强，它们会把较弱的原子从化合物中挤出，在置换反应中取代它们的位置。

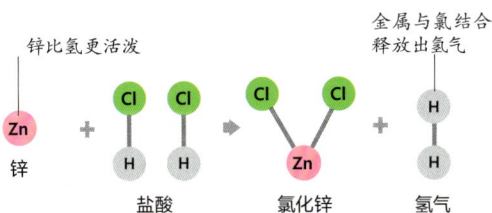

锌比氢更活泼

金属与氯结合释放出氢气

Zn
锌

Cl Cl
H H
盐酸

Cl Cl
Zn
氯化锌

H
H
氢气

与氢不同，稀有气体不活泼，不容易形成化合物

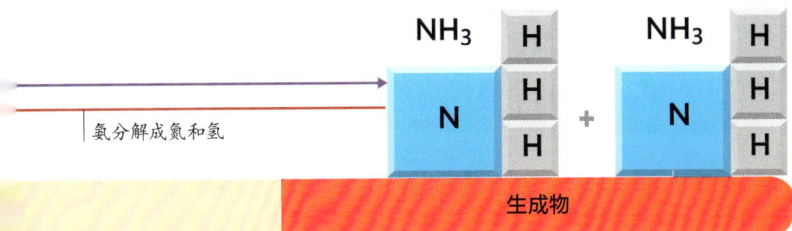

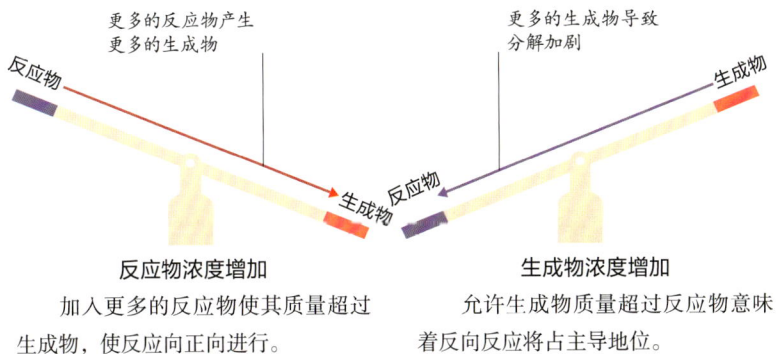

NH₃
H
H
N
H

NH₃
H
H
N
H
H

氨分解成氮和氢

生成物

更多的反应物产生更多的生成物

更多的生成物导致分解加剧

反应物

生成物

生成物

反应物

反应物浓度增加

加入更多的反应物使其质量超过生成物，使反应向正向进行。

生成物浓度增加

允许生成物质量超过反应物意味着反向反应将占主导地位。

酸和碱

酸是一种化合物，溶解在水中时会释放氢离子（H^+）。离子的反应性很强。酸的对立面是碱，当碱溶解在水中时，会释放出同样反应性的氢氧根离子（OH^-）。

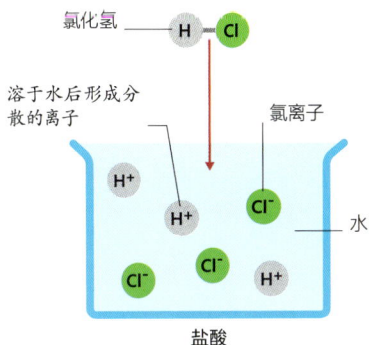

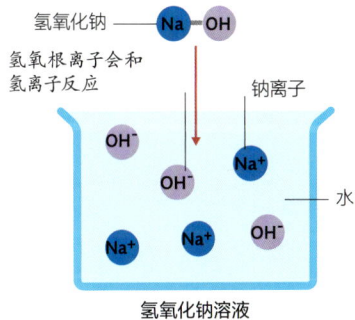

氯化氢
H Cl

溶于水后形成分散的离子

氯离子

H^+
H^+
Cl^-
Cl^-
Cl^-
H^+

水

盐酸

氢氧化钠
Na OH

氢氧根离子会和氢离子反应

钠离子

OH^-
Na^+
OH^-
Na^+
Na^+
OH^-

水

氢氧化钠溶液

酸（HCl） + 碱（NaOH） → 盐（NaCl） + 水（H_2O）

中和

酸和碱发生反应时，它们的活性离子结合形成中性水分子。其他离子形成一种不活泼的化合物，称为盐——在上面的例子中是氯化钠（也就是食盐）。

电解

水导电是因为一些分子解离成带正电的氢离子（H^+）和带负电的氢氧根离子（OH^-）。当电流通过水时，这些离子分别获得和失去电子，并变成氢气和氧气。

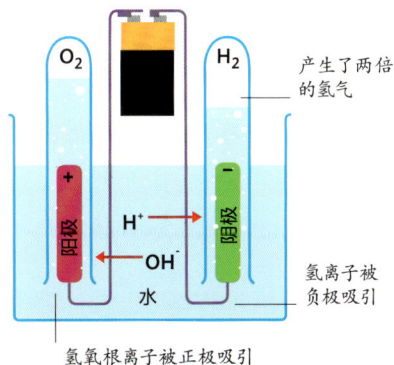

O₂
H₂
产生了两倍的氢气
阳极
阴极
H^+
OH^-
水
氢离子被负极吸引
氢氧根离子被正极吸引

pH 的范围

酸或碱的强度用 pH 表示。这与溶液中氢离子的浓度有关。纯水，既非酸也非碱，pH 为 7。

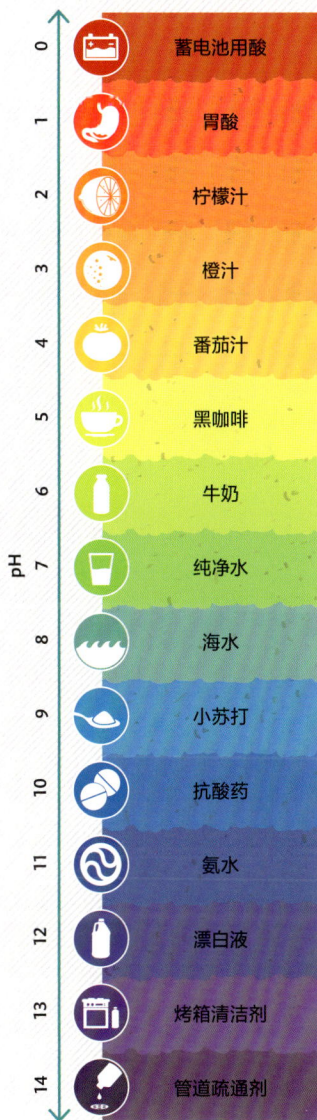

pH

0	蓄电池用酸
1	胃酸
2	柠檬汁
3	橙汁
4	番茄汁
5	黑咖啡
6	牛奶
7	纯净水
8	海水
9	小苏打
10	抗酸药
11	氨水
12	漂白液
13	烤箱清洁剂
14	管道疏通剂

有机化学

有机化学是研究碳基化合物的学科。碳可以形成作为生命基础的长分子链，如蛋白质和淀粉。最简单的有机化合物叫作碳氢化合物——只包含氢和碳。它们是汽油等燃料的关键成分，也可以用来制造塑料。醇和羧酸都是有机分子，也含有氧。富勒烯、石墨烯和碳纳米管是新近发现的仅含有碳原子的材料。在这些材料中，石墨烯和碳纳米管具有很高的抗拉强度，是良好的导电材料。

烃

烃又叫碳氢化合物，是由氢和碳原子组成的共价键分子。它们在与氧反应（燃烧）时会释放出大量的能量，因此经常被用作燃料，如甲烷（CH_4），也就是天然气。

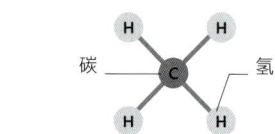

碳 — 氢

单键

最简单的碳氢化合物是甲烷（CH_4）。四个共价键把中心的碳原子和四个氢原子连接起来。

分子链

烃可以形成长碳原子链。在长链分子中，每个碳原子形成四个键，而每个氢原子形成一个键。

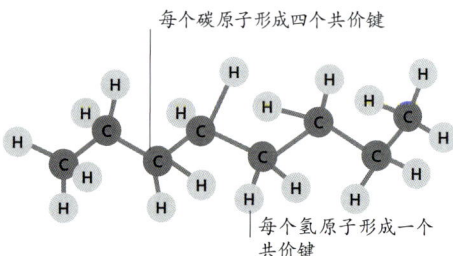

每个碳原子形成四个共价键

每个氢原子形成一个共价键

结构式

化学式可以用结构式表示。所有的化学键都用直线表示，原子用原子符号来标识。

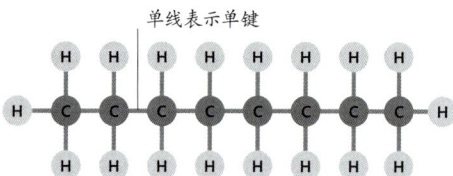

单线表示单键

同分异构体

同分异构体指的是分子式相同（原子数目和种类相同），但原子结构不同的化合物。同分异构体具有不同的化学和物理性质。化学家们使用系统命名法来明确不同同分异构体的确切结构。

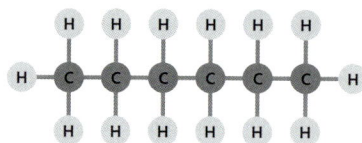

己烷（C_6H_{14}）

分子式 C_6H_{14} 的化合物可以有几种不同的原子排列方式。这个直链叫己烷。

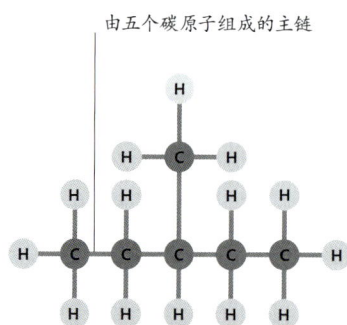

由五个碳原子组成的主链

3-甲基戊烷（C_6H_{14}）

在这个同分异构体中，一个 CH_3 基团连着由五个碳组成的主链。尽管它的分子式也是 C_6H_{14}，但是被命名为 3-甲基戊烷。

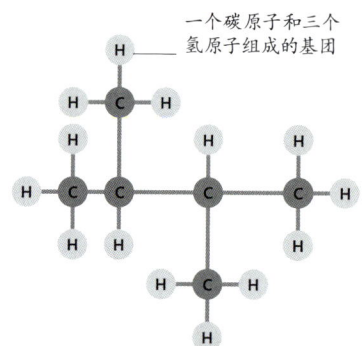

一个碳原子和三个氢原子组成的基团

2,3-二甲基丁烷（C_6H_{14}）

这里，最长的碳链有四个碳原子，两个 CH_3 基团为支链。这也是 C_6H_{14}，但名称为 2,3-二甲基丁烷。

烷烃、烯烃和炔烃

碳原子可以形成双键和三键。只有单键的烃链被称为烷烃。烯烃至少含有一个 C=C 的双键。炔烃至少含有一个三键 C≡C。重键不稳定，所以有双键或三键的分子比只有单键的分子反应性更强。

反应性增强 →

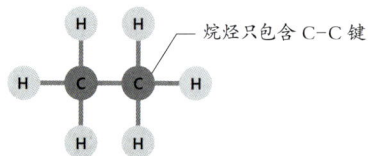

烷烃只包含 C-C 键

乙烷（C_2H_6）

烷烃的名称都以"烷"结尾。烷烃的通用分子式是 C_nH_{2n+2}，其中氢原子数量是碳原子数量的两倍加 2。

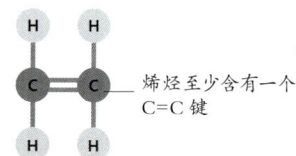

烯烃至少含有一个 C=C 键

乙烯（C_2H_4）

烯烃的名称都以"烯"结尾。烯烃的通用分子式是 C_nH_{2n}，其中氢原子数量是碳原子数量的两倍。

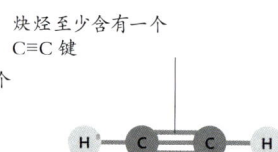

炔烃至少含有一个 C≡C 键

乙炔（C_2H_2）

炔的名称都以"炔"结尾。炔烃的通用分子式是 C_nH_{2n-2}，其中氢原子数量是碳原子数量的两倍减 2。

聚合和制造塑料

原油是烃的混合物，它被分离成它的组分，称为馏分。其中一些部分被用作燃料，另一些被用于制造塑料、药品和其他化学品。长分子的烃被分解（裂解）成小分子。

❶ 原油

大多数烃来自原油。原油是不同长度烃的混合物，必须把它们分离成具有不同成分和沸点的馏分。

石油平台用于开采原油

原油开采

❷ 蒸馏

原油被加热，按沸点分离出馏分。沸点高的馏分在分馏塔底部收集。

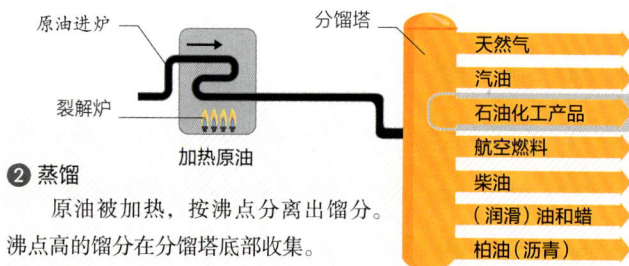

原油进炉

裂解炉

加热原油

分馏塔

天然气
汽油
石油化工产品
航空燃料
柴油
（润滑）油和蜡
柏油（沥青）

◀ 参见碳循环：第 78—79 页　◀ 分子、离子和化学键：第 202—203 页　◀ 混合物、化合物、溶剂与溶液：第 204—205 页

羧酸

羧酸分子是一种碳基分子，包含一个 C=O 和一个 O-H（通常写成 COOH）。羧酸是弱酸，在水中部分电离释放出 H^+ 离子。

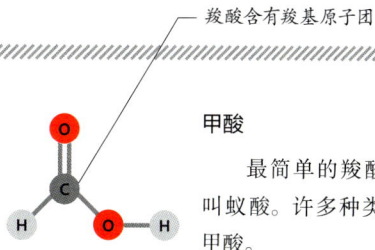

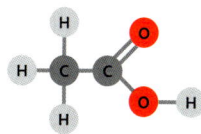

羧酸含有羧基原子团

甲酸

最简单的羧酸是甲酸，也叫蚁酸。许多种类的蚂蚁产生甲酸。

乙酸

乙酸（CH_3COOH），也被称为醋酸，是赋予醋独特气味和味道的化学物质。

醇类

醇是一种有机分子，它含有一个连在一个碳原子上的羟基。醇类是很好的燃料——燃烧时能释放大量能量，产生的烟尘比燃烧烃时少。许多醇类还是很好的溶剂（可以溶解其他物质的化学物质）。最常见醇类是乙醇。

醇类分子中都有一个 O-H 基连在一个碳原子上

乙醇分子中有六个氢原子，两个碳原子和一个氧原子。

甲醇

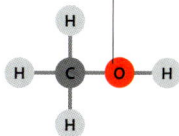

最简单的醇是甲醇（CH_3OH），也被称为木醇。它被用作生产其他化学品的基本有机原料。

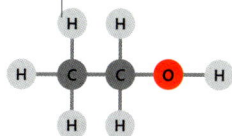

乙醇

乙醇（C_2H_5OH）是酒精饮料中发现的一种醇类，也常被用作消毒剂和防腐剂。

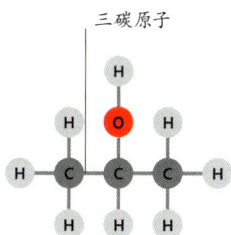

三碳原子

四碳原子

异丙醇

2-丙醇（C_3H_7OH）也被称为异丙醇，通常用于防腐剂和家用洗涤剂。

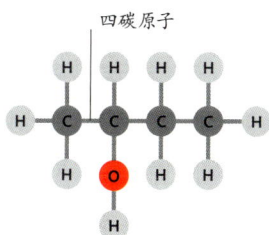

仲丁醇

2-丁醇（C_4H_9OH）又称仲丁醇，是一种主要用于生产工业溶剂丁酮的醇。

单体和聚合物

聚合物分子是长链状结构，是由许多较小的分子（单体）连接在一起形成的。加成聚合物是一类普遍的聚合物，由烯烃制成，其中最常见的一种是聚乙烯，它由乙烯（C_2H_4）分子聚合而成。

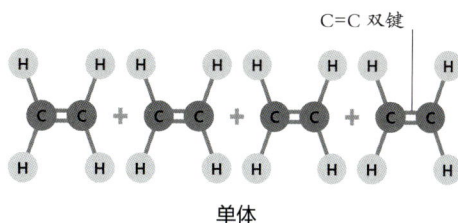

C=C 双键

单体

乙烯是由单体组成的。在聚合过程中，每个 C-C 键中的一个键断开，单体连接成一个含有 C-C 键的长链。

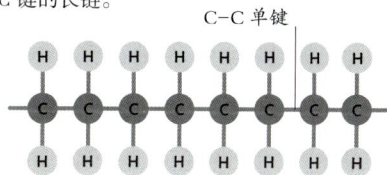

C-C 单键

聚合物

聚乙烯是通过许多乙烯分子连接或加聚制成的。聚合物分子非常大，有时也被称为"高分子"。

蛋白质　淀粉　纤维素　DNA（脱氧核糖核酸）

天然聚合物

天然存在的聚合物都是缩合聚合物，当单体连接成链时，会释放出小分子副产物（通常是水）。

富勒烯和石墨烯

同素异形体是同一元素组成的不同结构（参见第 201 页），但每一种都具有不同的结构和性质。富勒烯（C_{60}）是碳的同素异形体，其原子排列成球形。在另一种被称为石墨烯的结构中，碳原子形成一层六边形。富勒烯层和石墨烯层可以用来生产一种叫作碳纳米管的材料，它的厚度相当于人的头发的万分之一。

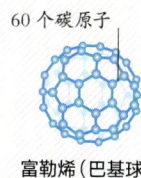

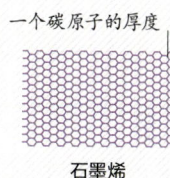

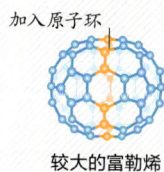

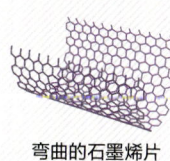

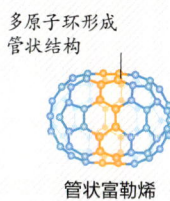

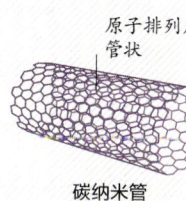

60 个碳原子

一个碳原子的厚度

富勒烯（巴基球）

石墨烯

加入原子环

较大的富勒烯

弯曲的石墨烯片

多原子环形成管状结构

原子排列成管状

管状富勒烯

碳纳米管

碳基聚合物聚乙烯是世界上最常见的塑料类型

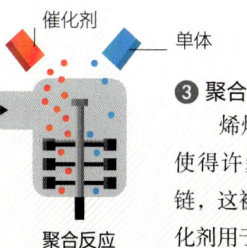

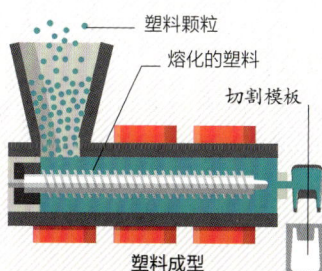

催化剂

单体

❸ 聚合

烯烃中的 C=C 键可以断裂，使得许多分子可以连接形成长链，这被称为聚合物或塑料。催化剂用于加速和控制反应。

聚合反应

塑料颗粒

熔化的塑料

切割模板

❹ 塑料成型

塑料可以制成许多不同的形状。塑料颗粒被熔化、压缩，然后成型。这可通过将其注入模具或将其制成片材来完成。片材可以被切割成各种形状。

塑料成型

塑料袋

❺ 最终产品

不同的塑料有不同的性质。热塑性塑料在相对较低的温度下熔化，而热固性塑料一旦成型，就不会熔化，只能燃烧。用来制作塑料袋的塑料既防水又轻便。

参见**环境化学**：第 212—213 页 ▶　**什么是"生命"**：第 214—215 页 ▶

化学技术

分离物质，确定它们是什么，这是化学的一个重要部分。化学家使用许多不同的技术来分离混合物，以鉴定特定的元素、单质和化合物，并计算出存在于混合物或化合物中的物质量。

过滤

过滤是一种将液体从不溶解的固体中分离出来的方法。过滤操作会用到过滤器，如滤纸——一种在浸湿条件下仍能保持强度的特殊的纸，它在允许液体通过的同时阻止固体颗粒。例如用滤纸过滤沙子和海水，沙子是不可溶的，可以过滤掉，但溶解在水中的盐需要用其他方法除去。

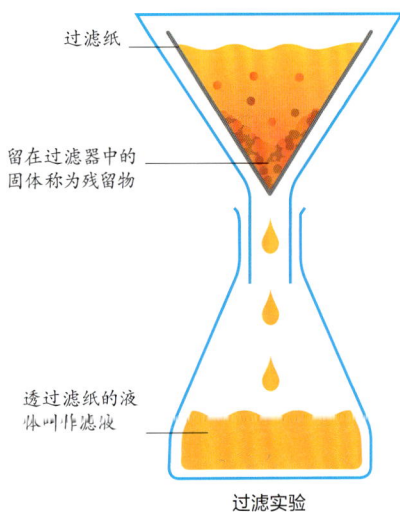

过滤纸

留在过滤器中的固体称为残留物

透过滤纸的液体叫作滤液

过滤实验

第一个水处理设备利用过滤来生产干净的饮用水

色谱分析法

色谱这个词的第一部分来自希腊语中的颜色一词，因为它最初是用来分离植物色素的。色谱包括固定相（如纸）和流动相（如水）。混合物溶解在流动相中，并在穿过固定相时被分离。类似的技术也可以用于气体。

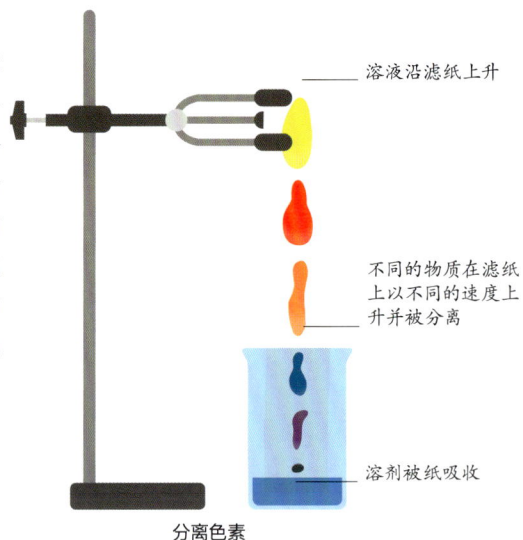

溶液沿滤纸上升

不同的物质在滤纸上以不同的速度上升并被分离

溶剂被纸吸收

分离色素

气相色谱分析

在气相色谱法（GC）中，流动相是一种气体，而固定相是固体载体上的一种微观涂层，被装入细玻璃或金属管（称为色谱柱）中。GC可以告诉我们混合物中所含化合物的种类以及每种化合物的含量。它通常与质谱（MS）结合使用，气相色谱-质谱（GC-MS）用于法医和药物检测。

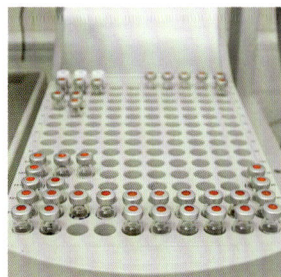

气相色谱法分析样本瓶

酸碱指示剂

石蕊是最古老的酸碱（pH）指示剂之一，这种物质在酸或碱存在时会变色，遇酸变红，遇碱变蓝。浸渍了石蕊的纸可以用来快速地测试溶液和气体的酸碱性。

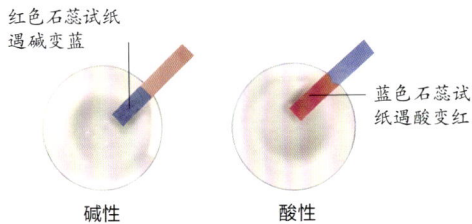

红色石蕊试纸遇碱变蓝

蓝色石蕊试纸遇酸变红

碱性　　　酸性

李比希（1803—1873）

德国化学家李比希是第一批专注于实证研究（基于观察和测量）的化学家之一。他发明了测定有机物质中氢、碳、氧含量的仪器，是实践化学教育的先驱。

滴定法

滴定法被用于测定溶液的浓度。已知体积的一种溶液与已知浓度的另一种溶液混合。测量使它们完全反应所需的溶液体积，并计算未知浓度。

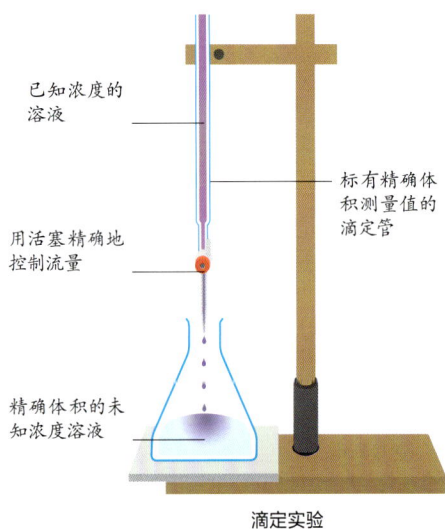

已知浓度的溶液

用活塞精确地控制流量

标有精确体积测量值的滴定管

精确体积的未知浓度溶液

滴定实验

沉淀法

有时，溶液中含有多种不同的离子，当加入另一种物质时，其中一种离子会形成不可溶性沉淀物（固体）。例如，当铅离子与含有碘离子的溶液混合时，就会形成亮黄色的碘化铅沉淀。

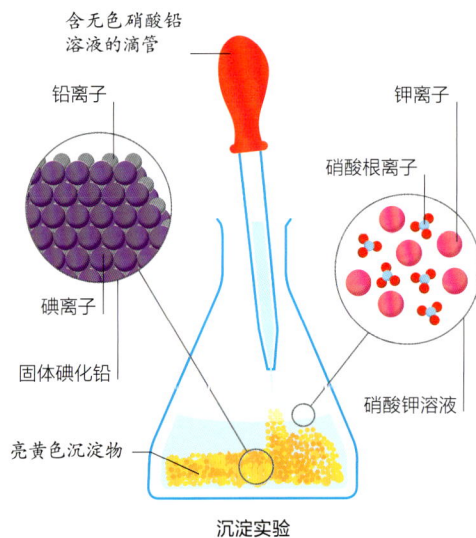

含无色硝酸铅溶液的滴管

铅离子　　　　　钾离子

硝酸根离子

碘离子

固体碘化铅

硝酸钾溶液

亮黄色沉淀物

沉淀实验

◀ 参见元素周期表：第200—201页　◀ 分子、离子和化学键：第202—203页　◀ 混合物、化合物、溶剂与溶液：第204—205页

质谱分析法

这种方法用来测定混合物中存在哪些化合物。质谱仪用电子轰击样品。这些碰撞会把一些电子从分子中剥离开，产生离子。离子被加速朝向检测器；磁场使它们沿着曲线运动。由于质量较小的离子比质量较大的离子的曲线更弯，所以离子可以因质量不同而被分开。

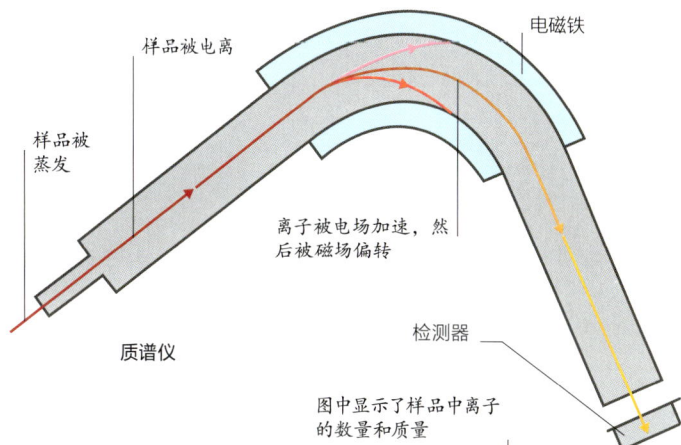

- 样品被电离
- 电磁铁
- 样品被蒸发
- 离子被电场加速，然后被磁场偏转
- 检测器
- 质谱仪
- 图中显示了样品中离子的数量和质量

美国国家航空和航天局的海盗1号宇宙飞船使用质谱仪在火星上寻找有机化合物

质谱分析法的结果

离心法

离心机的工作原理是将混合物质样品绕着固定的轴高速旋转。这会对混合物施加一个强大的向外的力（离心力）。其中密度较大的物质向外运动，密度较小的物质向相反的方向移动。离心机用于快速分离不溶性物质，这些物质的自然分离非常缓慢。

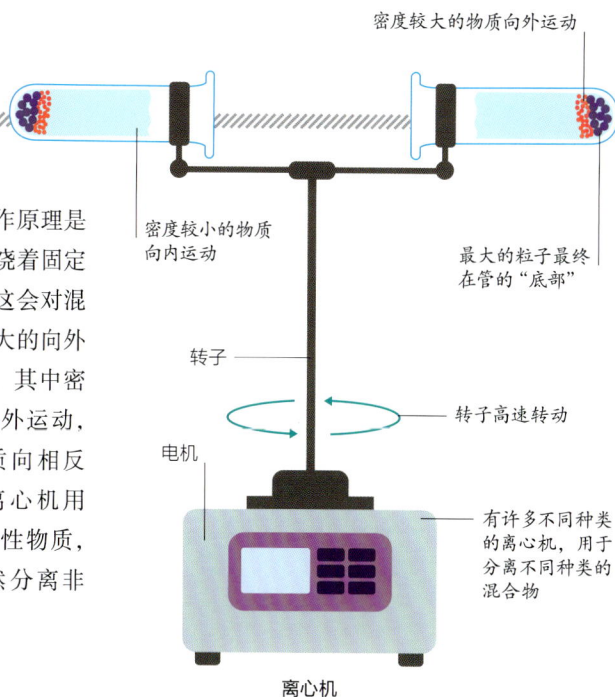

- 密度较大的物质向外运动
- 密度较小的物质向内运动
- 最大的粒子最终在管的"底部"
- 转子
- 转子高速转动
- 电机
- 有许多不同种类的离心机，用于分离不同种类的混合物
- 离心机

蒸发

这项技术用于从溶剂中分离可溶性固体。加热可以除去大部分溶剂，但通常会留下一些自然蒸发，以避免固体残渣的分解。

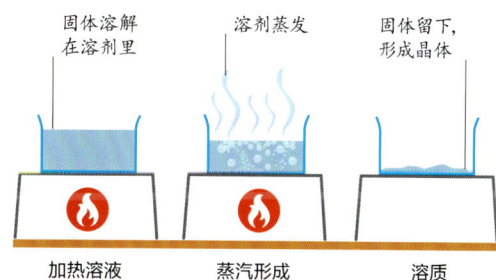

- 固体溶解在溶剂里
- 溶剂蒸发
- 固体留下，形成晶体
- 加热溶液
- 蒸汽形成
- 溶质

蒸馏

蒸馏是分离具有不同沸点的液体的一种方法。当混合物被缓缓加热时，沸点最低的物质首先汽化。该气体向上移动，进入冷凝器。在那里，它经过温度较低的表面，冷凝成液体，从最初的混合物中分离出来。

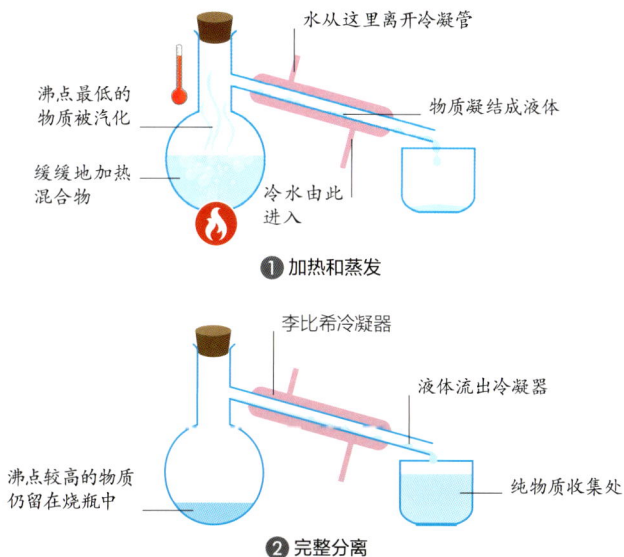

- 水从这里离开冷凝管
- 沸点最低的物质被汽化
- 物质凝结成液体
- 缓缓地加热混合物
- 冷水由此进入
- ❶ 加热和蒸发

- 李比希冷凝器
- 液体流出冷凝器
- 沸点较高的物质仍留在烧瓶中
- 纯物质收集处
- ❷ 完整分离

焰色反应

焰色反应是通过加热化合物识别金属。在高温下，原子中的电子被激发并发出可见光谱中特定颜色的光，这是特定元素的特征。例如，钡盐会产生绿色火焰。

- 浅绿 — 钡
- 亮红 — 锶
- 橙红 — 钙
- 浅紫 — 钾
- 橙黄 — 钠
- 正红 — 锂

本生灯

本生灯是由德国化学家罗伯特·本生设计的，旨在产生一种非常热的、无烟的、不发光的火焰，以便让人们更容易看到不同化合物中金属产生的颜色。燃烧器在燃烧前将空气与气体混合，这种设计仍在实验室中使用。

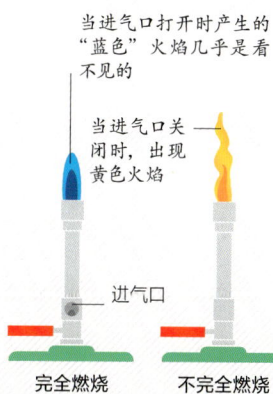

- 当进气口打开时产生的"蓝色"火焰几乎是看不见的
- 当进气口关闭时，出现黄色火焰
- 进气口
- 完全燃烧
- 不完全燃烧

◀ 参见化学反应：第206—207页　环境化学：第212—213页 ▶　诊断：第256—259页 ▶

环境化学

环境化学是对发生在地球上的化学过程的研究，包括自然发生的以及人类活动引起的化学过程，如针对空气、水和土地的研究。环境化学通常与"绿色化学"联系在一起，其具体目标是减少化学过程对环境的污染。

重金属

重金属包括砷、汞和铅，会由于采矿和废物处理等人类活动而累积。它们是有毒的，浓度高时会引起中毒。长期的低剂量暴露也会导致健康问题。

废水

废水是被人类使用而污染的水。它包括城市污水、来自采矿业和制造业生产过程的水，以及流经城市的水。

空气污染

除了水蒸气外，我们的大气还含有 78% 的氮气（N_2）、21% 的氧气（O_2）、近 1% 的氩气（Ar）、0.04% 的二氧化碳（CO_2）以及其他微量气体，还有工业生产所产生的其他物质。

图例
- 电力
- 燃料供给
- 建造
- 交通运输
- 工业
- 农业

海洋中 80% 的污染来自陆地

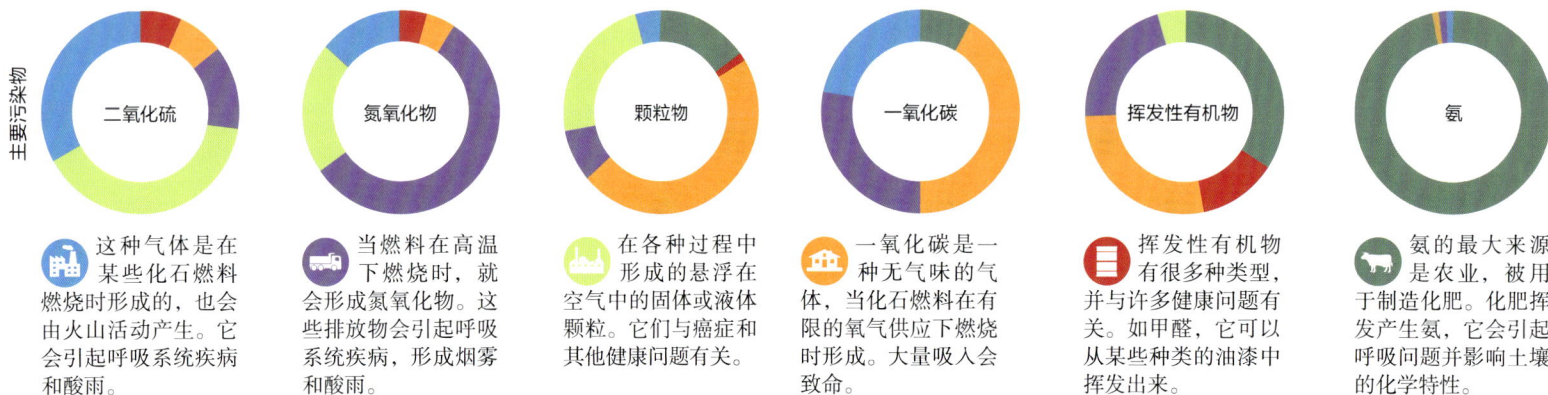

主要污染物

二氧化硫
这种气体是在某些化石燃料燃烧时形成的，也会由火山活动产生。它会引起呼吸系统疾病和酸雨。

氮氧化物
当燃料在高温下燃烧时，就会形成氮氧化物。这些排放物会引起呼吸系统疾病，形成烟雾和酸雨。

颗粒物
在各种过程中形成的悬浮在空气中的固体或液体颗粒。它们与癌症和其他健康问题有关。

一氧化碳
一氧化碳是一种无气味的气体，当化石燃料在有限的氧气供应下燃烧时形成。大量吸入会致命。

挥发性有机物
挥发性有机物有很多种类型，并与许多健康问题有关。如甲醛，它可以从某些种类的油漆中挥发出来。

氨
氨的最大来源是农业，被用于制造化肥。化肥挥发产生氨，它会引起呼吸问题并影响土壤的化学特性。

氧循环

氧循环解释了大气中氧气所经历的化学变化。它将绿色植物、藻类和一些细菌进行的光合作用与呼吸作用连接起来，呼吸作用是所有生物从葡萄糖中释放能量的过程。

夜晚与白天

植物通过光合作用利用阳光创造食物。氧气是白天植物暴露在阳光下产生的副产品。

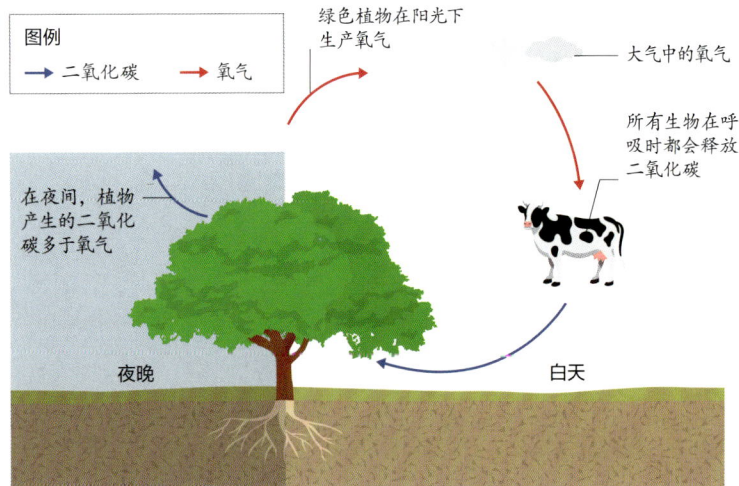

图例
- → 二氧化碳
- → 氧气

绿色植物在阳光下生产氧气

大气中的氧气

所有生物在呼吸时都会释放二氧化碳

在夜间，植物产生的二氧化碳多于氧气

夜晚

白天

氮循环

氮循环解释了大气中的氮在再次以氮的形式释放到大气中之前所经历的化学变化。氮是核酸（如 DNA）和蛋白质的关键组成部分，因此是所有生物生存所必需的。

固氮

氮气（N_2）是相对惰性的气体。固氮是从氮中形成氨（NH_3）或其他化合物，如硝酸盐（NO_3^-）的过程。

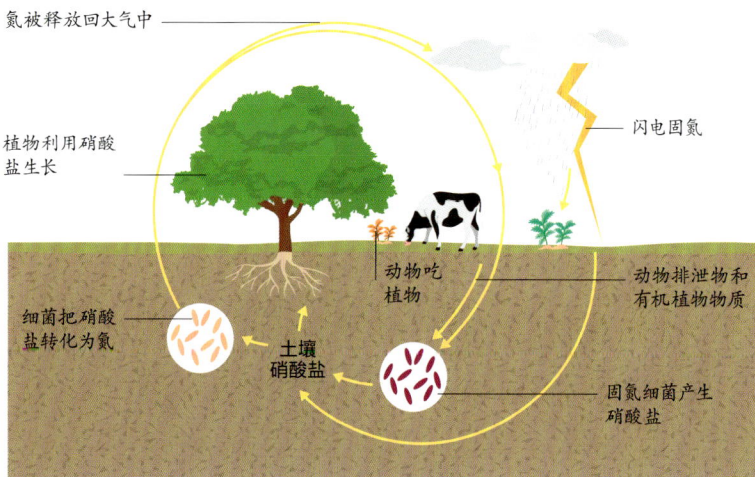

氮被释放回大气中

闪电固氮

植物利用硝酸盐生长

动物吃植物

动物排泄物和有机植物物质

细菌把硝酸盐转化为氮

土壤硝酸盐

固氮细菌产生硝酸盐

杀虫剂和除草剂

杀虫剂和除草剂用来防治动植物害虫。没有它们就不可能大规模生产粮食作物，但它们会对环境造成影响，比如伤害传粉昆虫或水生植物。如果不小心控制，它们也可能伤害人类。

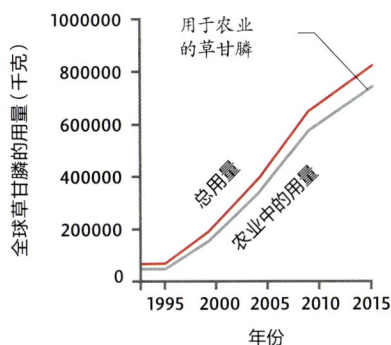

草甘膦的销量

在全球范围内，自 20 世纪 70 年代以来，杀虫剂的使用已有所减少，但草甘膦等一些除草剂的使用却仍在增加。

生物放大作用

生物在环境中是相互联系的：如果一个较大的生物吃掉了许多被毒素污染的较小的生物，随着时间的推移，它会吸收大量的有毒物质。这一过程在食物链中逐级放大，被称为生物放大作用。

海洋酸化

海洋直接从大气中吸收二氧化碳。由于燃烧化石燃料导致大气中的二氧化碳含量增加，海洋反过来吸收了更多的二氧化碳，降低了pH，并对珊瑚和软体动物等生物造成了伤害。

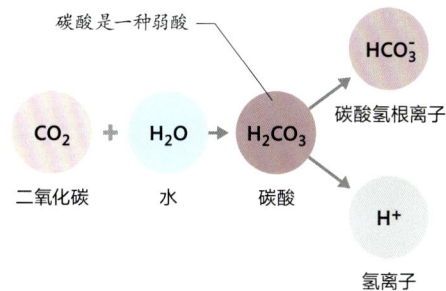

酸化的化学过程

二氧化碳溶解于水中会形成碳酸，碳酸又会释放氢离子（H⁺），从而降低溶液的 pH。

塑料污染

塑料碎片可能需要数年时间才能分解。由大块垃圾形成的微小颗粒可以进入食物链并造成危害，原因可能是它们含有毒素，也可能只是因为它们的积聚。

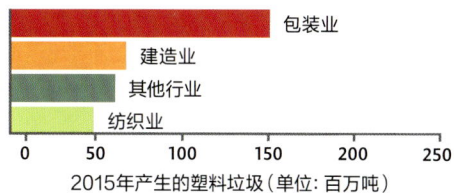

过量的塑料垃圾

每年产生数百万吨塑料垃圾。塑料垃圾包括纺织工业产生的合成材料。

酸雨

雨水本来是微酸性的（ pH 约为 5.5 ），但当大气中的水分与排放出的二氧化硫（ SO₂ ）或氮氧化物（ NOₓ ）混合时，它的酸性会增强，危害生命并造成侵蚀。

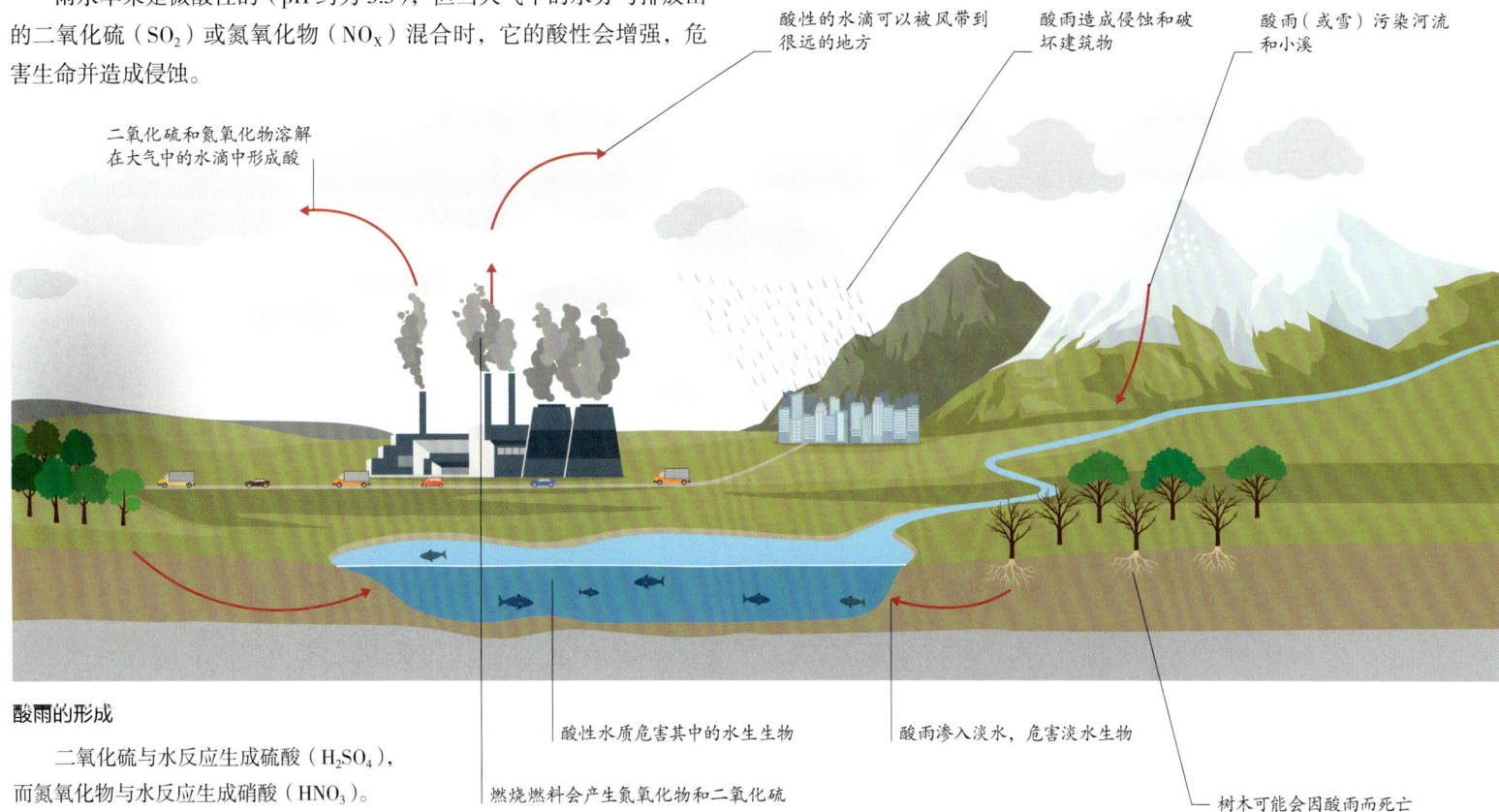

酸雨的形成

二氧化硫与水反应生成硫酸（ H₂SO₄ ），而氮氧化物与水反应生成硝酸（ HNO₃ ）。

◄ 参见化学反应：第 206—207 页 ◄ 有机化学：第 208—209 页 呼吸与新陈代谢：第 222—223 页 ►

什么是"生命"

"生物学"的目的在于阐明生命本质，但即使对生物学家来说，也很难准确地定义生命是什么。几千年来，神学家、哲学家，以及来自化学、生物学、物理学和机器人工程学等学科的科学家提出了一百多种关于生命构成的不同定义，然而没有一个定义被普遍接受。随着科学不断进步，其达成的共识就越少。目前，区分生命和非生命的唯一方法是通过研究所有生命体具有的共同基本功能。

生殖支原体只有 525 个基因，是地球上最简单的细胞生命

生命的七种特征

尽管地球上的生命种类繁多，但数以百万计的物种都具有共同的特征。这七种说法并不绝对，例如，计算机程序和一些晶体都会增长并复制，但是，如果所有七种特征（生长、生殖、摄食、运动、排泄、呼吸、应激）都具备，那么我们就认为它是"活的"。

摄食
为了维持生命，生命体必须摄取或生产食物以获取能量和营养，从而支持并维持所有其他功能，例如生长、运动和呼吸。

生殖
生殖是指一个生命体通过无性生殖（例如简单的细胞分裂）或有性生殖（例如通过融合两个个体的遗传物）而创造出新的生命体。

运动
所有生命都会或多或少地移动，虽然植物可能不会行走，但其根部却扎入地表，叶子和花朵可能会"转向"太阳。

生长
当有足够的能量可用于产生新的细胞或使其长大时，就可以增加生命体的大小。这使得生命体可以长到鲸一样大。

生命体
单细胞生物绿眼虫既会像动物一样消耗食物，也会像植物一样进行光合作用。

排泄
生命体必须清除废物，否则堆积物会产生威胁生命的毒素。包括单细胞细菌也以液体、气体或固体形式排泄废物。

应激
生命体感知并响应环境变化（例如化学、光或温度）的能力对其生存至关重要。每个刺激都会触发一组特定的调节响应。

呼吸
为了生存，生命体需要稳定的能量供应，这种能量是通过分解食物的化学反应来获得的。复杂的多细胞生物通过使用氧分解糖来实现这一目标。

◀ 参见生命之网：第 80—81 页   ◀ 生命的故事：第 86—87 页   ◀ 动物界：第 106 页

非生命

一些无生命的物体可能看起来是活的，因为它们似乎具有七种生命特征中的一个或多个。但是，如果它们不具备所有的特征——除非它们会死亡，否则它们并非活的。

内燃机

人造发动机吸收燃料并排放废物，但由于它们缺乏感知力，既不繁殖也不生长，因此不能被视为具有生命。

水晶

晶体在发生化学变化而生长时显示出一些生命迹象，甚至在响应光时也会移动。然而，它们无法繁殖。

计算机

对计算机进行编程可以感知其环境并存储信息，有些计算机可以复制程序，但是却不能独自完成。

病毒

病毒介于生命和非生命之间。尽管它们能够对环境做出适应反应并在生命体内进行复制，但它们不会摄食、呼吸或生长。

构成生命的成分

地球上大多数生物都是由相同的基本元素构成的，包括氢、氧、氮、碳，以及磷和硫。当这些原子结合在一起时，它们不仅产生了形成基本大气和海洋所必需的水、氨和甲烷，而且这些简单的分子可以结合产生氨基酸，从而为复杂的蛋白质或单糖的形成奠定基础。

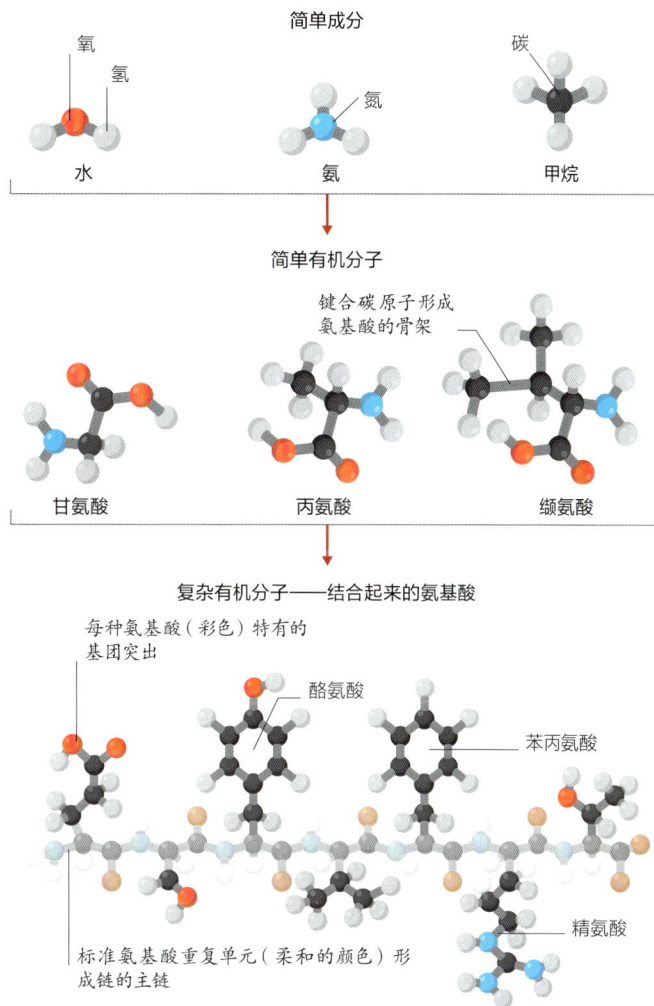

简单成分

氧
氢
水

氮
氨

碳
甲烷

简单有机分子

键合碳原子形成氨基酸的骨架

甘氨酸

丙氨酸

缬氨酸

复杂有机分子——结合起来的氨基酸

每种氨基酸（彩色）特有的基团突出

酪氨酸

苯丙氨酸

精氨酸

标准氨基酸重复单元（柔和的颜色）形成链的主链

形成细胞

赋予生命的碳基分子链与活细胞不同，活细胞需要膜来集中和保护其内容物。这些细胞膜是由磷脂提供的：油性分子聚集形成在水中的膜——生命从此开始。

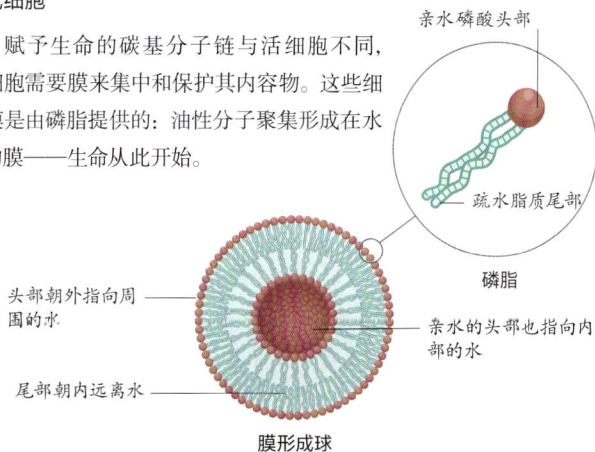

亲水磷酸头部

疏水脂质尾部

磷脂

头部朝外指向周围的水

亲水的头部也指向内部的水

尾部朝内远离水

膜形成球

形成生命的条件

1952 年，芝加哥大学的斯坦利·米勒和哈罗德·尤里检验了一种假设，认为复杂的有机分子可以由简单的无机材料形成，为生命起源的研究开拓了新的道路。通过用火花激发无机混合物的能量来模拟闪电，他们重新创造了年轻地球的状况，并生成了简单的氨基酸——生命的基础。

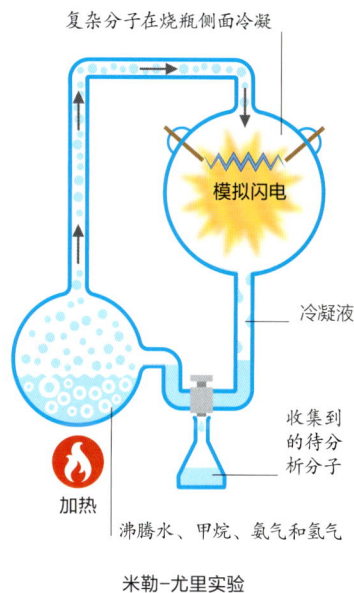

复杂分子在烧瓶侧面冷凝

模拟闪电

冷凝液

收集到的待分析分子

加热

沸腾水、甲烷、氨气和氢气

米勒－尤里实验

有什么可以永远活着吗？

除了"永生水母"——灯塔水母，大多数生命体的寿命都是有限的。水母始于附着在海床上的水熄体。水熄体长成自由游动的水母，水母成熟后又会产卵生成幼体，这些幼体会变成水熄体，水母随之死亡。然而，灯塔水母可以从水母退行成水熄体，从而达到重生。

永生的水母

参见生物种类：第 216—217 页 ▶ 细菌与病毒：第 218—219 页 ▶ 细胞如何工作：第 220—221 页 ▶

生物种类

从冷峭的冰川到炙热的沙漠，再到海洋深处的热泉口都发现了生命体。科学家研究了这些生命体的解剖结构和DNA，希望能发现它们之间的联系。根据这些信息，他们将生命体从界开始，越来越细致的分类，以了解地球上的生命可能具有的多样性。

所有的生命体，无论是现生的还是灭绝的，都被认为在基因上存在关联

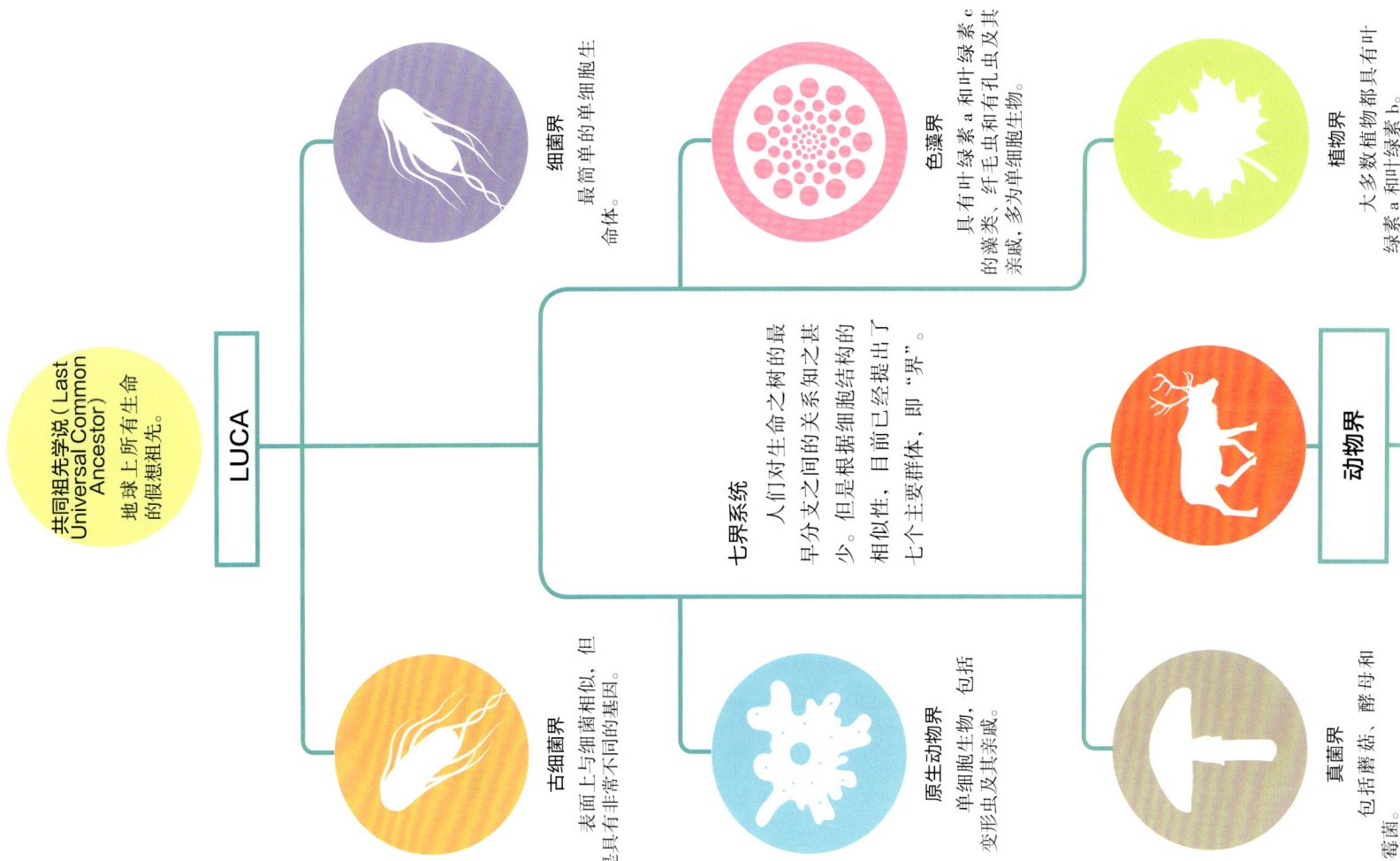

细菌界
最简单的单细胞生命体。

色藻界
具有叶绿素 a 和叶绿素 c 的藻类、纤毛虫和有孔虫及其亲戚，多为单细胞生物。

植物界
大多数植物都具有叶绿素 a 和叶绿素 b。

共同祖先学说（Last Universal Common Ancestor）
地球上所有生命的假想祖先。

LUCA

七界系统
人们对生命之树的关系知之甚少。但是根据细胞结构的相似性，目前已经提出了七个主要群体，即"界"。

动物界

古细菌界
表面上与细菌相似，但是具有非常不同的基因。

原生动物界
单细胞生物，包括变形虫及其亲戚。

真菌界
包括蘑菇、酵母和霉菌。

植物群体的分类

分类学家将生命体分为不同的组别，称为"分类群"，从最高级别的"界"到最低级别的"种"。通过比较基本的形状相似和结构，植物界首先被分为几个"门"。每个等级的标准变得越来越具体，例如花和水果的具体生理结构。来自化石记录和脱氧核糖核酸（DNA）分析的证据也被用于将每种植物放入正确的分类群中。

▶门：根据主要特征对植物进行分类，例如被子植物和裸子植物

▶纲：根据基本差异对植物进行分类，例如单子叶植物和双子叶植物

▶目："纲"的主要细分，包含一个或多个"科"，例如蔷薇目

▶科：具有一系列基本自然特征的属，例如蔷薇科

▶属：具有一系列独特特征的种，例如蔷薇科蔷薇属

▶种：一群自然交产生具有相似特征后代的个体，例如法国蔷薇

▶变种：在植物结构上与相同物种的其他个体略有不同的个体，例如法国蔷薇变种

▶品种：一种经过选择或人工培育的独特变体，例如法国蔷薇变种"变色鸢尾"

生命之树

科学家根据生物的系统发育（即它们与其他生命形式的演化关系）对生物进行分类。系统发育树也称为"演化树"，描绘了生物相应的演化关系。为了创建这样的图谱，科学家需要寻找不同生物具有的共同特征，但仅使用共同祖先的相关特征。这样，科学家不仅可以将相似的生物进行分组，而且目可以将密切相关的生物进行分组。

"同一种类的所有生物的亲缘关系有时可以用一棵大树来表示。我相信这个比喻在很大程度上讲的是事实。"

查尔斯·达尔文，《物种起源》，1859 年

无脊椎动物

无脊椎动物是一个非自然群体

无脊椎动物主要具有共同的特点是任何身体中轴无脊椎骨组成的脊柱。尽管它们具有共同的祖先，但是它们没有共同的特征，有的复杂，有的简单。由于脊椎动物（鱼类及其祖先）是从一支无脊椎动物演化而来的，排除这些后代会使得这个分支不完整，而不是一个演化枝。

- 海绵动物
- 刺胞动物，包括海葵和水母
- 节肢动物、软体动物和大多数蠕虫
- 海星及其亲戚

鱼类

鱼类是一个非自然群体

像无脊椎动物一样，鱼类会形成演化枝。所有鱼类确实有一个共同的祖先，但是四肢动物（四足动物）是从肉鳍鱼演化而而来的，并不能将其归类为"鱼"。但是，与四肢动物不同，鱼类在复杂性上非常相似，并且具有许多共同特征，因此它们形成了一些物种集团。

- 无颌鱼（七鳃鳗和盲鳗）
- 鲨鱼、鳐鱼和银鲛
- 辐鳍鱼
- 肉鳍鱼

自然和非自然群体

现代分类方法可以避免出现两种非自然群体——不相关群体和不完整群体。例如，如果由于鸟类和昆虫都具有有翅膀就将它们归为一类，那就是非自然的，因为它们是分别演化出的翅膀并且没有亲缘关系。通过将一个共同祖先的所有后代分组在一起，就可以避免出现不完整的群体。一个完整的群体称为演化枝。实际上，人们许多熟悉的群体，都不是演化枝。

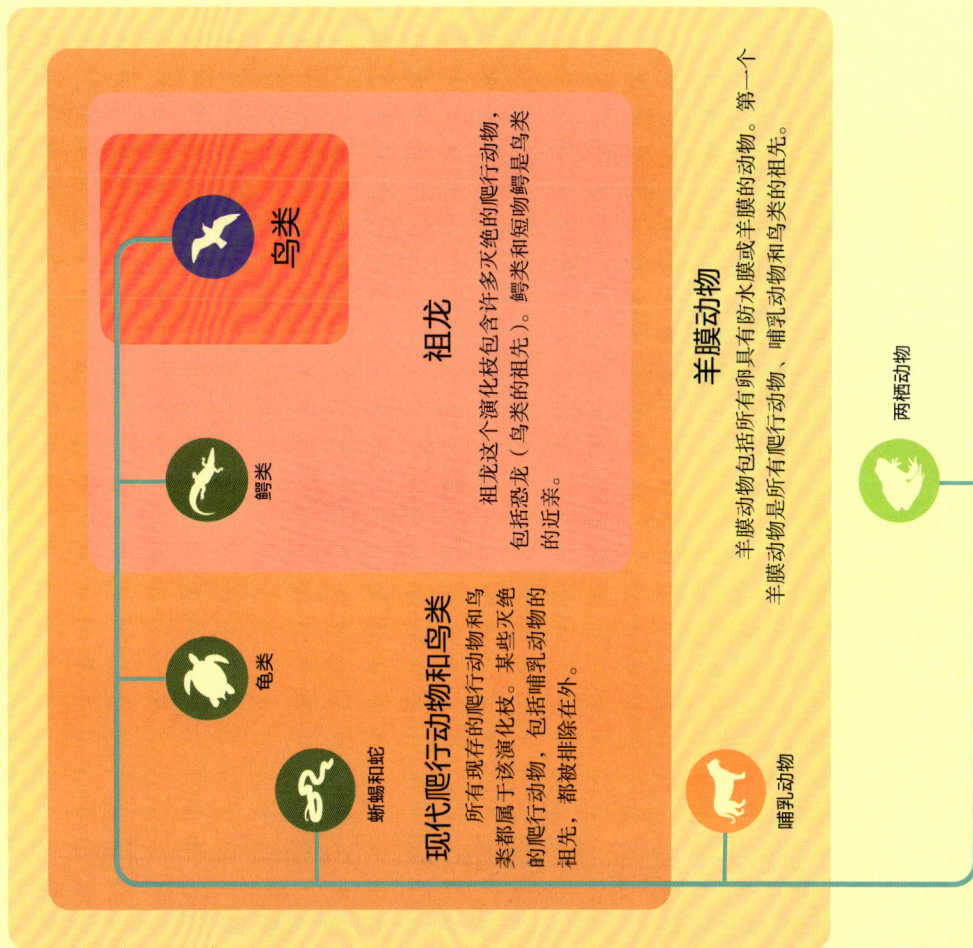

四足类

作为一个天然类群的四足类

四足类之所以成为一个分支，是因为该类群包括第一种四肢动物的所有后代。一些四足动物，如鲸和蛇，虽然已经失去了四肢，但它们被包括在内，因为它们有亲缘关系。将所有现存生物划分为鸟类使其难以坚守原有的分类群，因为类群包含在上一级类群中而不是并排排列。

现代爬行动物和鸟类

所有现存的爬行动物和鸟类都属于该演化枝。某些灭绝的爬行动物，包括哺乳动物的祖先，都被排除在外。

- 鸟类
- 鳄类
- 龟类
- 蜥蜴和蛇

祖龙

祖龙这个演化枝包含许多灭绝的爬行动物，包括恐龙（鸟类的祖先）。鳄类和短吻鳄是鸟类的近亲。

羊膜动物

羊膜动物包括所有具有防水膜或羊膜的动物。第一个羊膜动物是现存所有爬行动物和鸟类的祖先。

- 哺乳动物
- 两栖动物

细菌与病毒

细菌和病毒是两类截然不同的实体。病毒不能独立于宿主细胞存活，因此通常不被认为是"活的"，而细菌则可以生活在许多不同的环境中。某些称为噬菌体的病毒会感染细菌。

细菌的种类

细菌已经演化得可以在许多不同的环境中生存。它们的细胞可以是球形（球菌）、棒状（杆菌）、弯曲或螺旋形（螺旋菌）。

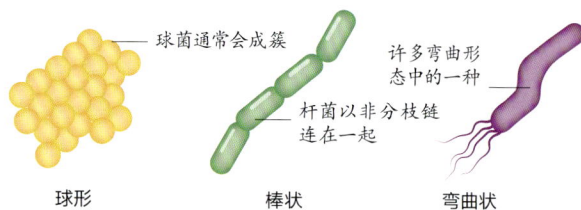

球菌通常会成簇

杆菌以非分枝链连在一起

许多弯曲形态中的一种

球形　　棒状　　弯曲状

细菌

细菌是单细胞微生物，具有单个大型的环状拟核DNA（参见第224—225页）。一些细菌还具有称为质粒的DNA小环，其中包含一些额外的基因，这些基因赋予了诸如抗生素抗性等优势。从寒冷的北极冰雪到海底深处的热泉喷口都发现了细菌，而且人体内的细菌比人体细胞数量还要多。生活在土壤中或死去植物上的细菌有助于将营养释放到环境中，细菌还可以制造必需的维生素B12，而所有生命都需要它来生成DNA和蛋白质。

细菌结构

细菌是原核生物，这意味着细胞内部没有成形的细胞核，这与动植物细胞（真核生物）不同。它们拥有帮助自身生存的一系列特征。

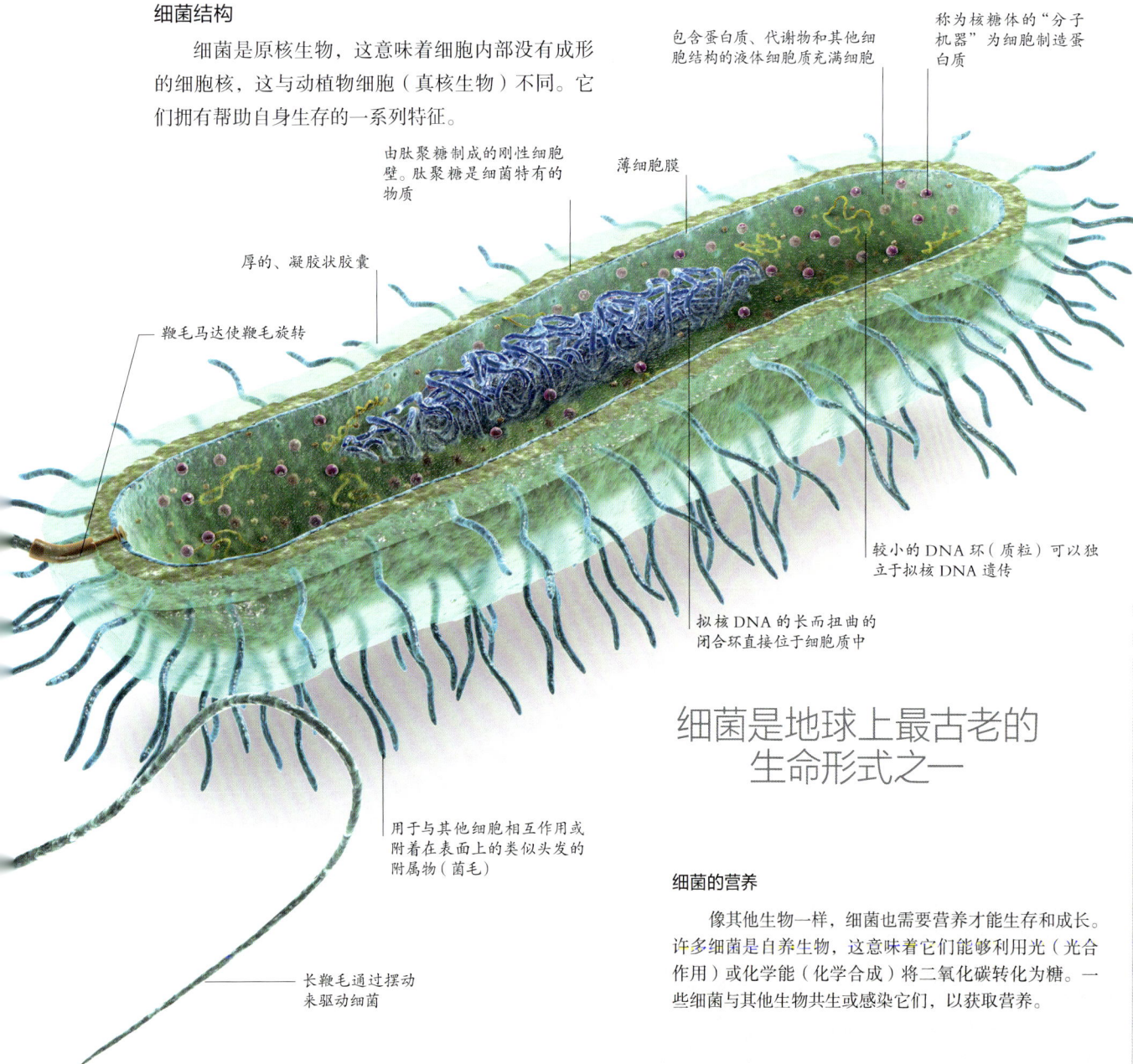

包含蛋白质、代谢物和其他细胞结构的液体细胞质充满细胞

称为核糖体的"分子机器"为细胞制造蛋白质

由肽聚糖制成的刚性细胞壁。肽聚糖是细菌特有的物质

薄细胞膜

厚的、凝胶状胶囊

鞭毛马达使鞭毛旋转

较小的DNA环（质粒）可以独立于拟核DNA遗传

拟核DNA的长而扭曲的闭合环直接位于细胞质中

用于与其他细胞相互作用或附着在表面上的类似头发的附属物（菌毛）

长鞭毛通过摆动来驱动细菌

细菌是地球上最古老的生命形式之一

细菌的营养

像其他生物一样，细菌也需要营养才能生存和成长。许多细菌是自养生物，这意味着它们能够利用光（光合作用）或化学能（化学合成）将二氧化碳转化为糖。一些细菌与其他生物共生或感染它们，以获取营养。

细菌如何复制

细菌通常通过二分裂生殖，这是无性生殖的一种形式，在此过程中，细胞复制其DNA并分裂成两个新的相同"子代"细胞。分裂最快可每20分钟发生一次。

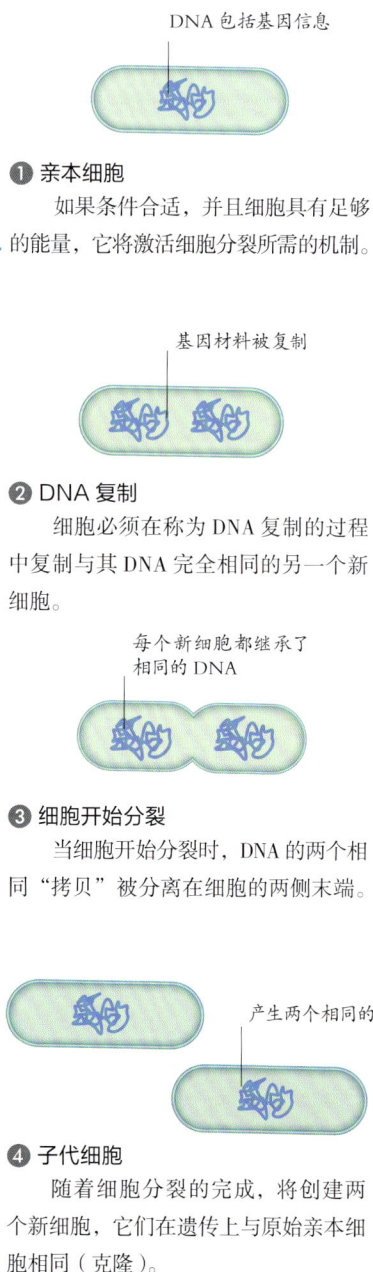

DNA包括基因信息

❶ 亲本细胞

如果条件合适，并且细胞具有足够的能量，它将激活细胞分裂所需的机制。

基因材料被复制

❷ DNA复制

细胞必须在称为DNA复制的过程中复制与其DNA完全相同的另一个新细胞。

每个新细胞都继承了相同的DNA

❸ 细胞开始分裂

当细胞开始分裂时，DNA的两个相同"拷贝"被分离在细胞的两侧末端。

产生两个相同的细胞

❹ 子代细胞

随着细胞分裂的完成，将创建两个新细胞，它们在遗传上与原始亲本细胞相同（克隆）。

天花病毒直到 1980 年被宣布彻底消灭，在它存在的 12000 年中已经杀死了 3 亿~5 亿人

病毒的种类

不同的病毒具有不同的形状和大小，可以使用 DNA 或核糖核酸 RNA 编码其遗传信息。

两种蛋白质制成的保护壳（衣壳）

球状病毒

刺突帮助病毒附着到宿主细胞上

囊膜包裹着衣壳

具有囊膜的病毒

衣壳蛋白亚基（衣壳粒）

螺旋病毒

头部（衣壳）

鞘

尾部纤维

复合病毒

病毒如何复制

病毒本质上只是遗传密码的一部分，可以用外壳保护自己。外壳的特征也有助于它们侵入宿主细胞。由于病毒没有自己的细胞，因此病毒无法自己制造蛋白质，而必须劫持宿主细胞以复制自身的遗传物质并制造新的外壳蛋白。可以说，所有病毒都是寄生虫。

① 病毒附着

病毒外壳蛋白已经演化为可以附着到具有特定特征的宿主细胞上。该病毒具有识别特定结构的能力，可以确保它感染适合其自身复制的宿主细胞。

② 病毒穿透细胞

病毒通过膜融合，或者在膜上形成孔或洞进入细胞。如果病毒在进入时被宿主细胞的膜包裹，那么一旦进入细胞内，它就会破坏包裹的膜。

③ 病毒外壳破裂

一旦病毒进入宿主细胞，它必须将其遗传物质释放到细胞中。脱掉外壳的过程称为"脱壳"。

④ 病毒基因组复制

为了生成新的病毒，病毒的遗传密码必须自我复制并利用自身来指导宿主制造新的病毒蛋白，包括外壳蛋白和可以改变宿主细胞的蛋白。

⑤ 病毒破坏宿主的蛋白质制造机制

一些病毒会阻止宿主的蛋白质合成，从而使该宿主花费更多的时间来制造病毒蛋白质。有些病毒甚至会改变宿主的行为，以增加其感染下一个宿主的机会。

⑥ 组装新病毒

一旦宿主的核糖体制造了新的病毒外壳蛋白，并且复制了病毒的遗传密码，就可以在宿主细胞的机制下组装新的病毒。

⑦ 释放新病毒颗粒

新的病毒颗粒从宿主细胞的表面释放出来，并且每个病毒颗粒都做好了感染新宿主细胞的准备。这个过程可能会破坏并杀死原宿主细胞。

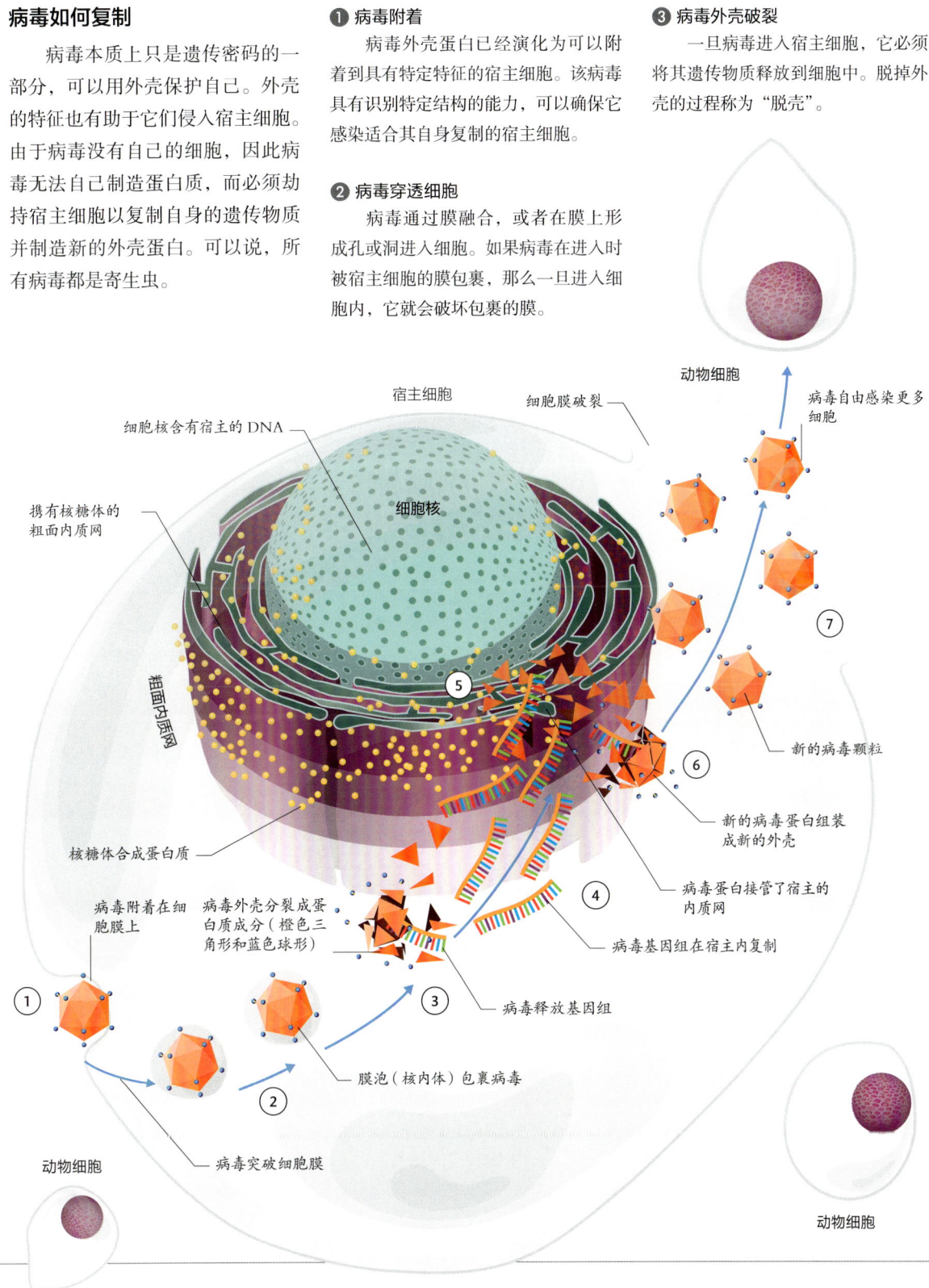

罗莎琳德·富兰克林

英国科学家罗莎琳德·富兰克林（1920—1958）以其在解析 DNA 结构方面的研究而闻名于世。她还使用 X 射线衍射解析了烟草花叶病毒（第一个被发现的病毒）的结构，这项工作开创了研究其他人类病毒（如脊髓灰质炎病毒）结构的先河。

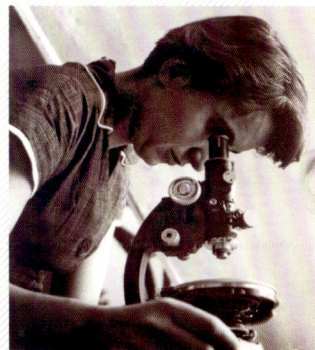

宿主细胞

细胞膜破裂

细胞核含有宿主的 DNA

细胞核

携有核糖体的粗面内质网

粗面内质网

核糖体合成蛋白质

动物细胞

病毒自由感染更多细胞

新的病毒颗粒

新的病毒蛋白组装成新的外壳

病毒蛋白接管了宿主的内质网

病毒基因组在宿主内复制

病毒释放基因组

病毒附着在细胞膜上

病毒外壳分裂成蛋白质成分（橙色三角形和蓝色球形）

膜泡（核内体）包裹病毒

病毒突破细胞膜

动物细胞

动物细胞

参见**细胞如何工作：**第 220—221 页 ► **基因如何工作：**第 224—225 页 ► **当代医学：**第 252—253 页 ►

细胞如何工作

细胞是生命的基本单位。生物可以仅由一个细胞组成，也可以由许多协同工作的专门细胞组成。每个细胞都有自己的 DNA（参见第 224 页）用于制造其生存所需的蛋白质。细胞主要分为两类：原核细胞（例如细菌，参见第 218 页）和真核细胞。真核细胞具有被称为细胞器的膜结合区室，它们在细胞中具有不同的功能，例如存储 DNA 的细胞核[*]和呼吸作用的主要场所线粒体。动植物细胞是真核细胞。

[*] 审者注：在一些观点中，细胞核被单独拿出来，不归入细胞器内。

一平方毫米的叶子中有多达 50 万个叶绿体

植物细胞的结构和功能

植物细胞已经演化出许多专门的功能。它们拥有细胞壁，可以保持细胞的刚性，从而有助于保持其形状并防止它们在吸收水分时破裂。植物细胞还具有称为叶绿体的细胞器，这是进行光合作用的场所——来自太阳光的能量在这里转化为可以存储的化学能。叶绿体中含有一种称为叶绿素的色素，可反射绿光，这就是植物呈现绿色的原因。

❶ 接收指令

细胞核包含植物的 DNA，该 DNA 编码了制造植物生存所需每种蛋白质的指令信息。一种被称为信使 RNA（mRNA）的分子会作为该指令的临时副本，并将其运出细胞核。

❷ 制造

mRNA 包含了制造蛋白质的指令，因此必须进行"翻译"。mRNA 被携带到核糖体中，核糖体能够翻译其中的遗传密码并合成蛋白质。核糖体集中在内质网上，因此后者外观看上去比较粗糙。

❸ 包装

蛋白质一旦合成，便会通过被称为囊泡的小膜泡穿过细胞质到达高尔基体。在这里，蛋白质会被分类，并可以通过添加其他有助于其功能的分子（例如糖或脂肪）进行修饰。

❹ 运输

一旦蛋白质准备就绪，它就会从高尔基体中被运送到细胞内部（有时甚至是细胞外部）所需的位置。这种蛋白质被包裹在囊泡中，囊泡会被打上分子标记以注明它们的去向，就像邮政编码一样。这些囊泡会与细胞膜发生融合，以向外释放蛋白质。

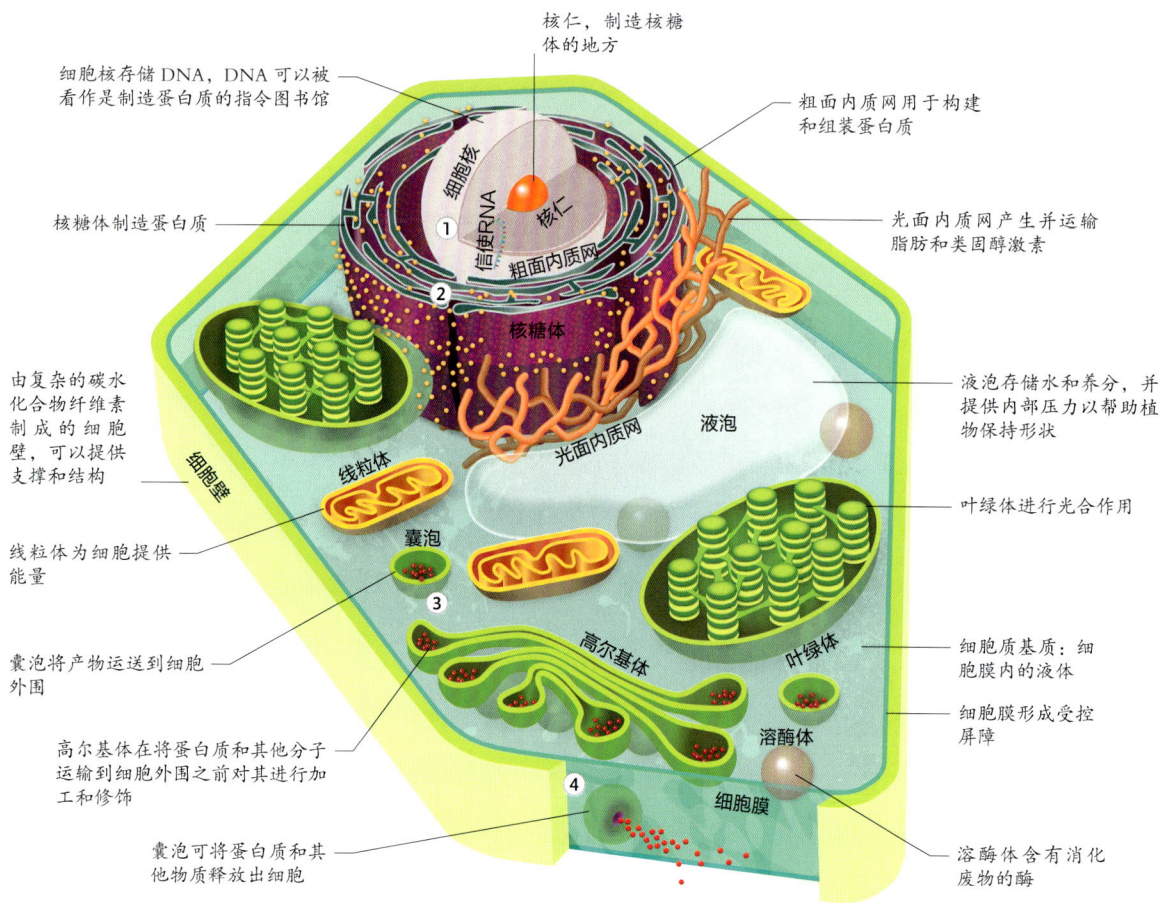

图中标注：
- 核仁，制造核糖体的地方
- 细胞核存储 DNA，DNA 可以被看作是制造蛋白质的指令图书馆
- 粗面内质网用于构建和组装蛋白质
- 核糖体制造蛋白质
- 光面内质网产生并运输脂肪和类固醇激素
- 细胞核
- 信使 RNA
- 核仁
- 粗面内质网
- 核糖体
- 由复杂的碳水化合物纤维素制成的细胞壁，可以提供支撑和结构
- 液泡存储水和养分，并提供内部压力以帮助植物保持形状
- 液泡
- 光面内质网
- 细胞壁
- 线粒体
- 囊泡
- 叶绿体进行光合作用
- 线粒体为细胞提供能量
- 细胞质基质：细胞膜内的液体
- 囊泡将产物运送到细胞外围
- 高尔基体
- 叶绿体
- 细胞膜形成受控屏障
- 高尔基体在将蛋白质和其他分子运输到细胞外围之前对其进行加工和修饰
- 溶酶体
- 细胞膜
- 囊泡可将蛋白质和其他物质释放出细胞
- 溶酶体含有消化废物的酶

植物细胞的类型

植物具有许多执行特定功能的专门细胞。例如，根毛细胞吸收土壤中的水分和矿物质。木质部细胞将水从根部输送到叶片，而韧皮部组织则输送葡萄糖和其他营养物质。叶子中存在的叶肉细胞具有进行光合作用的叶绿体。

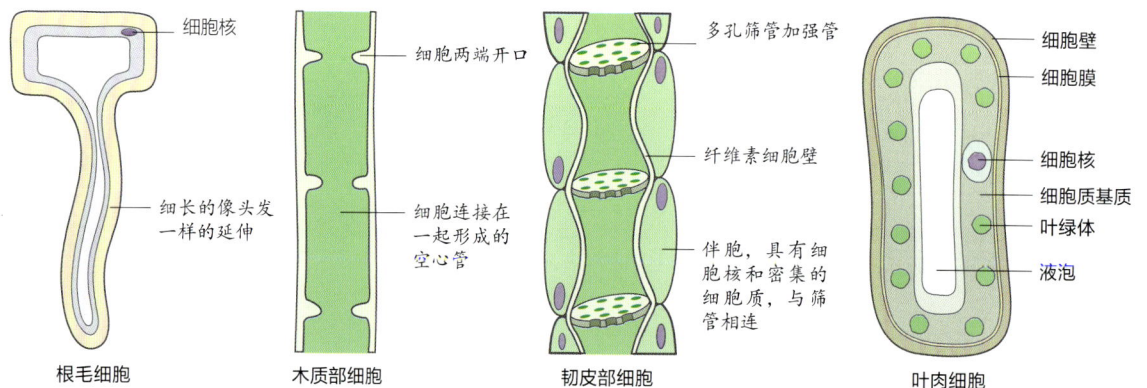

图中标注：
- 细胞核
- 细长的像头发一样的延伸
- 根毛细胞
- 细胞两端开口
- 细胞连接在一起形成的空心管
- 木质部细胞
- 多孔筛管加强管
- 纤维素细胞壁
- 伴胞，具有细胞核和密集的细胞质，与筛管相连
- 韧皮部细胞
- 细胞壁
- 细胞膜
- 细胞核
- 细胞质基质
- 叶绿体
- 液泡
- 叶肉细胞

◀ 参见生命的故事：第 86—87 页　◀ 细菌与病毒：第 218—219 页

人类最小的细胞是长 0.05 毫米的男性精子细胞，
而最宽的是超过 0.1 毫米的女性卵细胞

动物细胞的结构和功能

动物细胞与植物细胞的不同之处在于它们没有细胞壁，因此它们的形状更加柔韧，并且没有叶绿体来制造养分。动物已经演化出一种支撑系统以保持其身体的形状稳定，并且它们必须吃植物或其他生物才能生存。但是与植物细胞一样，动物细胞也具有细胞核、线粒体、内质网和高尔基体，它们都具有与植物细胞相同的功能。

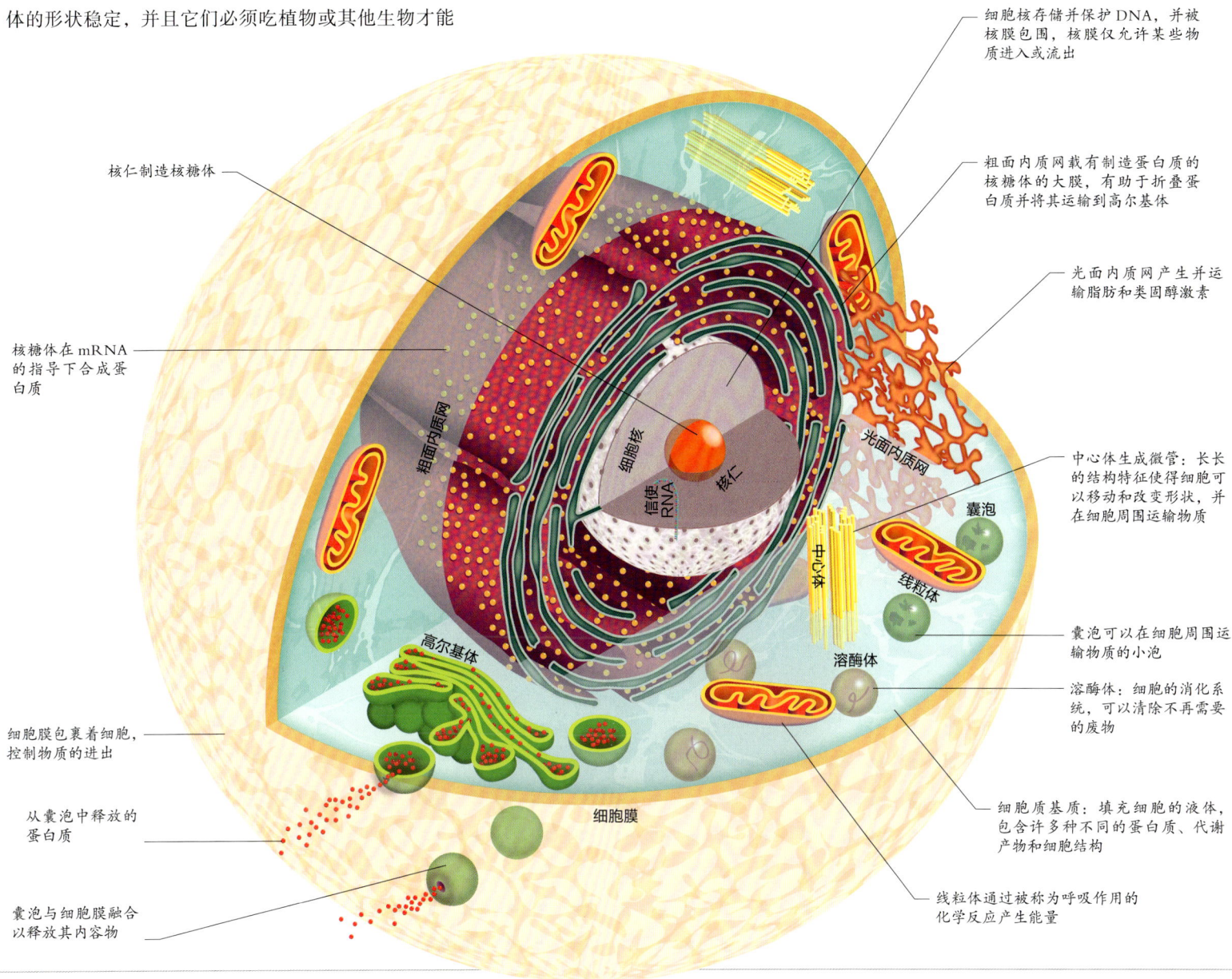

细胞核存储并保护 DNA，并被核膜包围，核膜仅允许某些物质进入或流出

粗面内质网载有制造蛋白质的核糖体的大膜，有助于折叠蛋白质并将其运输到高尔基体

光面内质网产生并运输脂肪和类固醇激素

核仁制造核糖体

核糖体在 mRNA 的指导下合成蛋白质

中心体生成微管：长长的结构特征使得细胞可以移动和改变形状，并在细胞周围运输物质

囊泡

线粒体

囊泡可以在细胞周围运输物质的小泡

溶酶体：细胞的消化系统，可以清除不再需要的废物

细胞膜包裹着细胞，控制物质的进出

粗面内质网

细胞核

信使 RNA

核仁

中心体

溶酶体

高尔基体

细胞膜

细胞质基质：填充细胞的液体，包含许多种不同的蛋白质、代谢产物和细胞结构

从囊泡中释放的蛋白质

囊泡与细胞膜融合以释放其内容物

线粒体通过被称为呼吸作用的化学反应产生能量

动物细胞的种类

像植物中一样，动物也具有许多执行特定功能的专门细胞。例如，神经细胞是一个极端的例子，它可以传递信息，在某些动物中可以达到几米长。

还有肌肉细胞，其中含有大量的线粒体以提供能量，红细胞则在体内携带氧气。

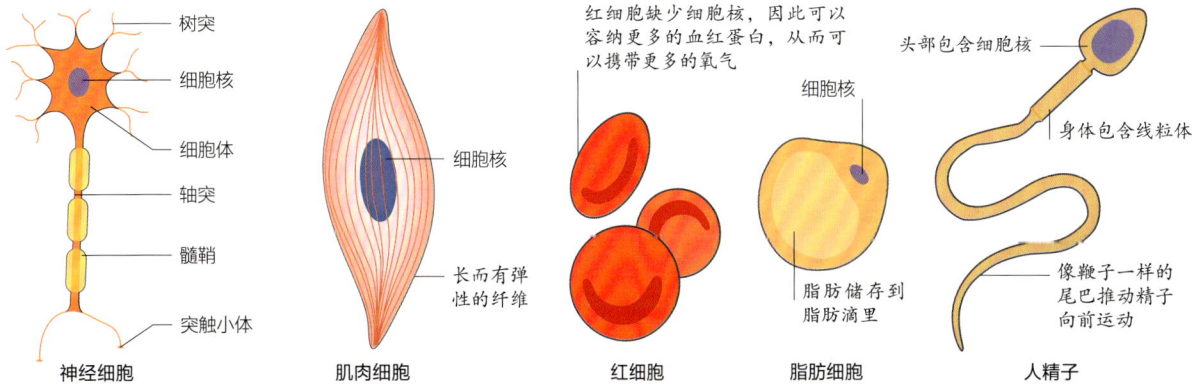

红细胞缺少细胞核，因此可以容纳更多的血红蛋白，从而可以携带更多的氧气

树突

细胞核

细胞体

轴突

髓鞘

突触小体

细胞核

长而有弹性的纤维

细胞核

脂肪储存到脂肪滴里

头部包含细胞核

身体包含线粒体

像鞭子一样的尾巴推动精子向前运动

神经细胞　　肌肉细胞　　红细胞　　脂肪细胞　　人精子

呼吸与新陈代谢

科学与技术

呼吸和新陈代谢是细胞内部的化学反应，为细胞提供能量和生存所需的分子。呼吸作用是一系列反应，它们从糖（葡萄糖）中释放出能量，以生成腺苷三磷酸（ATP），细胞可利用该分子来驱动其工作机制。从呼吸到合成蛋白质，再到排出废物，细胞中全部生命化学过程被称为新陈代谢。

汉斯·克雷布斯

在谢菲尔德大学工作期间，英国科学家汉斯·克雷布斯研究了细胞利用氧气分解葡萄糖释放能量的机制。他发现了线粒体中发生的化学反应序列，现在称为三羧酸循环。

能量

地球上的大多数生命是由能够进行光合作用的生命体维持的。光合作用可以利用太阳能来合成糖。如果生命体无法进行光合作用，则必须摄入其他的有机体，例如植物或自己食用植物的生物。这种糖可作为能源以提供能量。

动物的细胞呼吸

在动物细胞中，大多数呼吸作用的化学反应在线粒体内进行。线粒体利用氧气在有氧呼吸的过程中释放能量。如果缺乏氧气，细胞还可以进行无氧呼吸，但是效率低得多。

❶ 提供能量

在较大的动物中，包括葡萄糖在内的营养物质会从消化系统的食物中吸收，并通过血液输送到身体各处。氧气可以从皮肤、肺或鳃中吸收，并与红细胞中的血红蛋白结合。

葡萄糖通过血液输送到身体各处

为了进行有效的呼吸作用，每个葡萄糖分子需要六个氧分子

葡萄糖

当细胞需要能量时，糖原就会释放出葡萄糖

释放能量

氧气

糖原

葡萄糖分子连接在一起成为糖原储存在肌肉和肝脏中

六个氧分子

六个水分子

丙酮酸盐

血管

线粒体

线粒体进行有氧呼吸

葡萄糖分解成丙酮酸分子

二氧化碳被血液带走

六个二氧化碳分子

产生六个水分子和六个二氧化碳分子作为代谢产物

释放能量

丙酮酸盐

肌纤维

❷ 无氧阶段

呼吸作用的第一阶段发生在线粒体外部，其间每个葡萄糖分子被分解为两个丙酮酸分子。这样就产生了两个ATP分子，并且没有氧气和线粒体参与。该阶段存在于无氧呼吸中。

❸ 有氧阶段

如果有氧气可用，则丙酮酸分子进入线粒体并开始三羧酸循环。两个丙酮酸分子可产生36～38个ATP分子。

❹ 产生代谢产物

三羧酸循环会产生二氧化碳和水，二氧化碳进入血液，从皮肤、肺或鳃中释放出来，水可能会被细胞利用。

一个成年人每天平均吸入约
11000 升的空气

一个人消耗的大部分能量都来自他的新陈代谢

有氧呼吸和光合作用

有氧呼吸利用氧气和糖反应来释放能量。通过消耗来自太阳的能量，植物可以在光合作用过程中逆转这一反应。将二氧化碳转化为糖的过程称为"碳固定"。

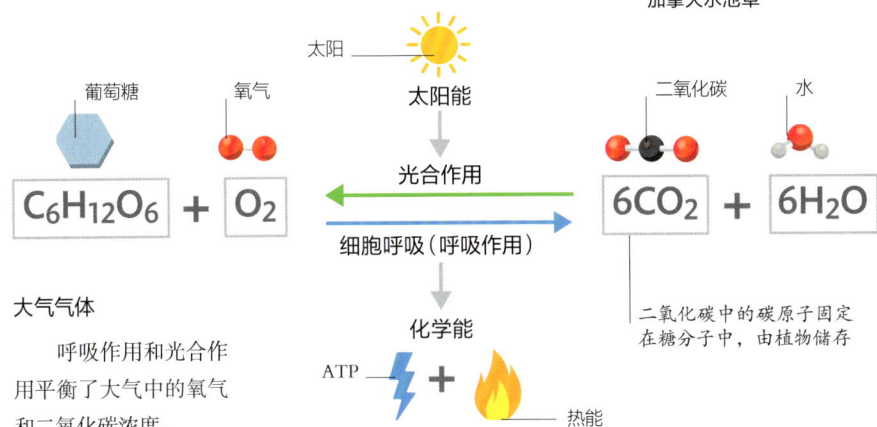

光合作用时释放的氧气气泡

加拿大水池草

$$C_6H_{12}O_6 + O_2 \xrightarrow[\text{细胞呼吸（呼吸作用）}]{\text{光合作用}} 6CO_2 + 6H_2O$$

葡萄糖　氧气　太阳　太阳能　二氧化碳　水

化学能　ATP ＋ 热能

二氧化碳中的碳原子固定在糖分子中，由植物储存

大气气体

呼吸作用和光合作用平衡了大气中的氧气和二氧化碳浓度。

无氧呼吸

如果氧气耗尽，细胞会通过切换到无氧呼吸的方式来维持自身的活力。尽管这不需要氧气，但效率很低，还会产生有毒的废物，如乳酸，这会导致肌肉酸痛。

剧烈运动

在剧烈的运动中，由于氧气不能足够快地抵达肌肉，这导致它们切换为无氧呼吸。安静下来时，乳酸分解为二氧化碳和水。

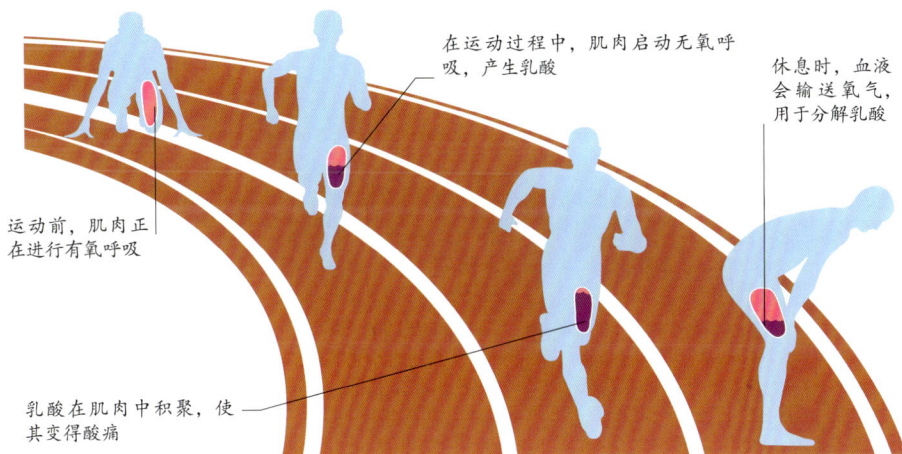

运动前，肌肉正在进行有氧呼吸

在运动过程中，肌肉启动无氧呼吸，产生乳酸

休息时，血液会输送氧气，用于分解乳酸

乳酸在肌肉中积聚，使其变得酸痛

动物的无氧呼吸

无氧呼吸是指将一个葡萄糖分子分解为两个丙酮酸分子，然后将其转化为乳酸。

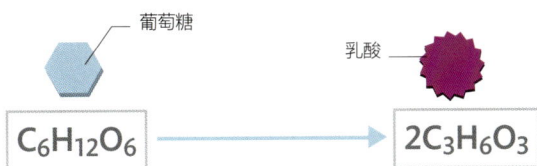

葡萄糖　乳酸
$$C_6H_{12}O_6 \rightarrow 2C_3H_6O_3$$

植物和酵母中的无氧呼吸

植物和酵母中的无氧呼吸会产生代谢产物乙醇。乙醇是有毒的，最终可能会杀死该生物。

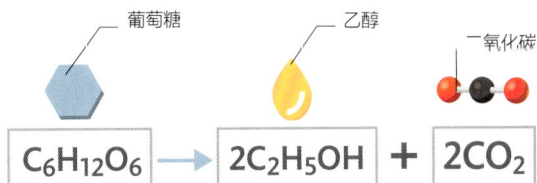

葡萄糖　乙醇　一氧化碳
$$C_6H_{12}O_6 \rightarrow 2C_2H_5OH + 2CO_2$$

什么是新陈代谢？

新陈代谢是细胞或生命体内发生的全部化学反应，包括消化、肌肉收缩，以及热量产生、蛋白质合成、DNA复制和废物清除等过程。这些过程中有许多是由酶驱动的化学反应链。

酶

酶是充当生物催化剂的蛋白质，可加速生化反应。催化剂减少了化学反应所需的能量，使反应更加高效。

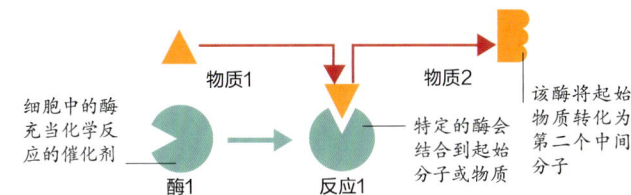

细胞中的酶充当化学反应的催化剂　物质1　物质2　该酶将起始物质转化为第二个中间分子

特定的酶会结合到起始分子或物质

酶1　反应1

酶和反应物

酶2将中间分子转化为最终产物

第二个中间分子可能会移动到细胞的其他部分或留在原处　物质2　最终产物

酶2与中间分子结合

酶2　反应2

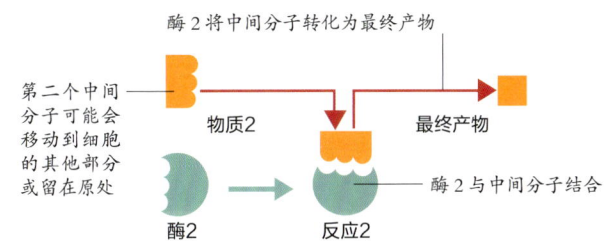

最终产物形成

如何使用能量？

酶使用呼吸作用产生的ATP中的能量来驱动细胞内的化学反应，从而使生命得以存活。生命体的生长或移动也需要更多的能量。

植物

植物使用呼吸作用所产生的能量来维持和制造新细胞，使自身生长并繁殖。

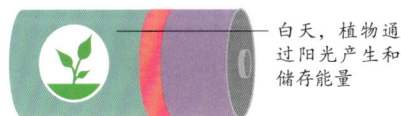

白天，植物通过阳光产生和储存能量

变温动物——蛇

冷血动物直接晒太阳，从而温暖自己。但是，它们仍然需要能量来运动。

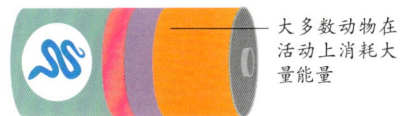

大多数动物在活动上消耗大量能量

恒温动物——老鼠

恒温动物会利用自己的能量来保暖，因此它们不需要依靠太阳。

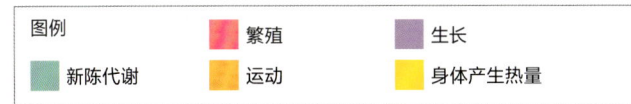

温血动物必须消耗大量能量调节体温

图例：繁殖　生长　新陈代谢　运动　身体产生热量

参见肌肉系统：第234—237页 ▶ 呼吸与心血管系统：第240—241页 ▶

基因如何工作

什么是基因？

基因是一段含有特定遗传信息的核苷酸序列。通常编码制造蛋白质的指令。基因的任何变化都会导致蛋白质的变化，并会改变其工作方式。基因序列的变异意味着尽管具有相同的基因集，但个体看起来可能彼此不同。基因序列的新变化称为突变。尽管大多数突变会停止蛋白质的功能，并可能导致遗传疾病，但少数突变可能是有益的。

基因如何构建蛋白质？

DNA 编码由称为"碱基"的四个不同化学物质组成，可以分别用字母表示：腺嘌呤（A），胸腺嘧啶（T），胞嘧啶（C）和鸟嘌呤（G）。每三个字母形成的"单词"被称为"密码子"。每个密码子对应一种特定的氨基酸——蛋白质的组成部分。碱基的顺序决定了蛋白质中氨基酸的顺序。

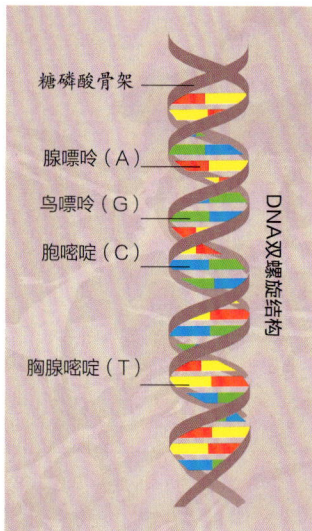

糖磷酸骨架

腺嘌呤（A）

鸟嘌呤（G）

胞嘧啶（C）

胸腺嘧啶（T）

DNA双螺旋结构

❶ DNA 结构
四个碱基通过专门配对形成 DNA 阶梯的"梯级"：A 始终与 T 配对，C 始终与 G 配对。

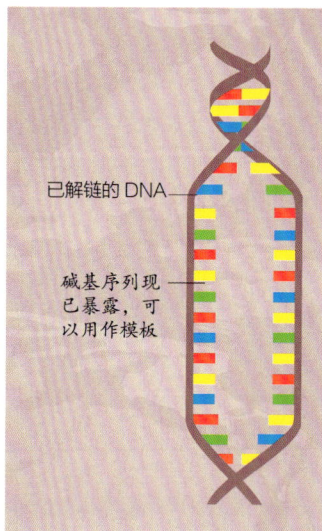

已解链的 DNA

碱基序列现已暴露，可以用作模板

❷ DNA 解链
为了读取基因，必须在特定位置解开两条 DNA 链，以沿着一条链暴露碱基。

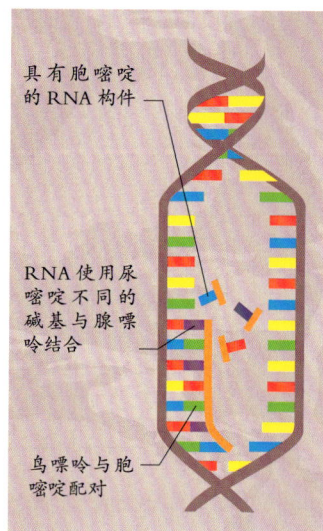

具有胞嘧啶的 RNA 构件

RNA 使用尿嘧啶不同的碱基与腺嘌呤结合

鸟嘌呤与胞嘧啶配对

❸ 转录
RNA 碱基与裸露的 DNA 碱基配对，形成基因的临时拷贝，称为转录。

基因和基因组

人类拥有超过 25000 个基因，包含超过 30 亿个 DNA 碱基对。DNA 的全部序列被称为基因组。人的基因组由 46 条染色体中的 DNA 单链构成。每个物种都有不同大小的基因组。

控制基因

基因之间的 DNA 片段的主要功能是充当开关，负责打开和关闭基因，以便它们仅在需要时才产生蛋白质。

如果将人体中的所有 DNA 展开并首尾相连，则大约需要 800 亿千米长

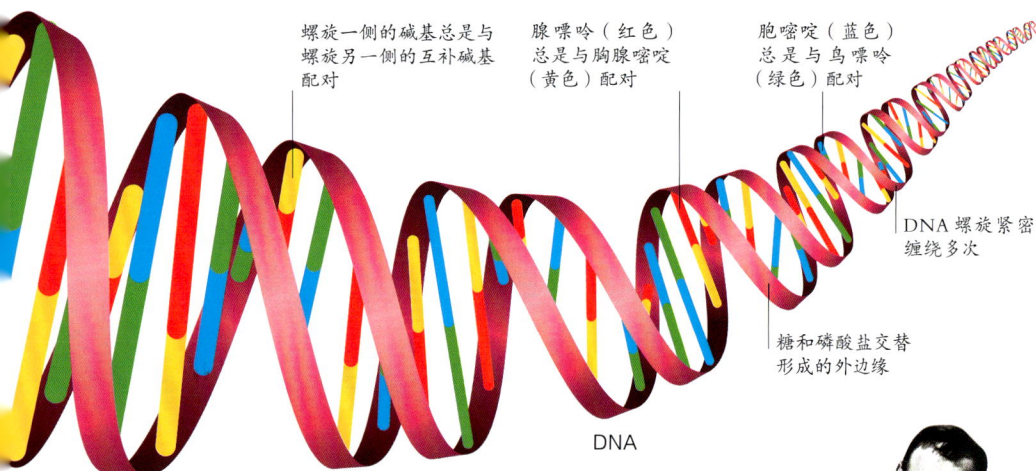

螺旋一侧的碱基总是与螺旋另一侧的互补碱基配对

腺嘌呤（红色）总是与胸腺嘧啶（黄色）配对

胞嘧啶（蓝色）总是与鸟嘌呤（绿色）配对

DNA 螺旋紧密缠绕多次

糖和磷酸盐交替形成的外边缘

DNA

包装 DNA

几乎每个细胞都包含基因组的完整副本。在人类的每个细胞中的 DNA 长度都能达到 2 米。为了适合细胞核，必须将 DNA 紧紧缠绕成线圈，并在细胞分裂过程中将 DNA 紧紧缠绕成超螺旋。

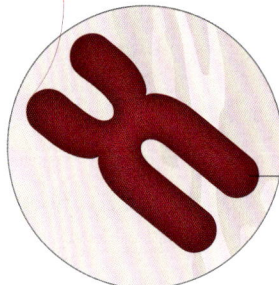

染色体在细胞分裂过程中形成 X 形

染色体

人类细胞

DNA 双螺旋

1953 年，美国科学家詹姆斯·沃森和英国科学家弗朗西斯·克里克分别发表了有史以来最著名的生物结构——DNA 双螺旋结构。它们的 DNA 结构基于罗莎琳德·富兰克林的工作（参见第 219 页）。沃森和克里克意识到，如果将 DNA 螺旋的两条链分开，则每条链都可以用作构建螺旋另一侧的模板，从而可以复制 DNA。

由金属板和金属丝制成的模型

詹姆斯·沃森

性染色体

一对性染色体可以确定个体的性别。在人类中，它们分别称为 X 和 Y。女性通常是两个 X，而男性通常是 X 和 Y。

男性的 X 染色体（长）和 Y 染色体（短）

细胞核包含 23 对染色体

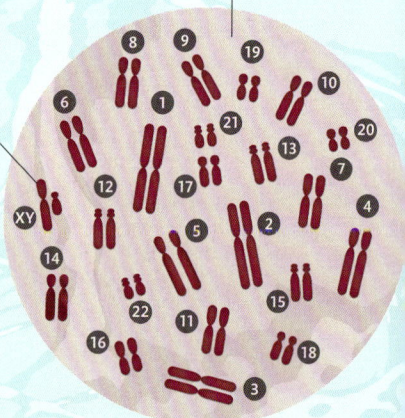

基因的拷贝由 mRNA 组成

转运 RNA（tRNA）具有三个碱基，与 mRNA 上的密码子互补匹配

基因拷贝

转运 RNA（tRNA）

对应于三个碱基密码子的特定氨基酸连接到 tRNA

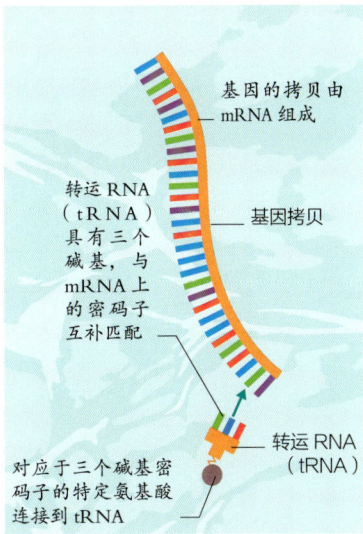

④ RNA 离开细胞核

前面完成的信使 RNA（mRNA）链从细胞核转移到细胞质，在此处转运 RNA（tRNA）分子与每个密码子匹配。

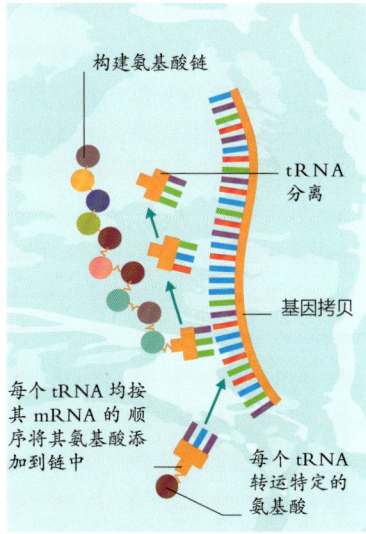

构建氨基酸链

tRNA 分离

基因拷贝

每个 tRNA 均按其 mRNA 的顺序将其氨基酸添加到链中

每个 tRNA 转运特定的氨基酸

⑤ 翻译成氨基酸链

每个 tRNA 分子都连接到特定的氨基酸，氨基酸结合在一起形成一条氨基酸链。这样，碱基序列就被翻译成了氨基酸。

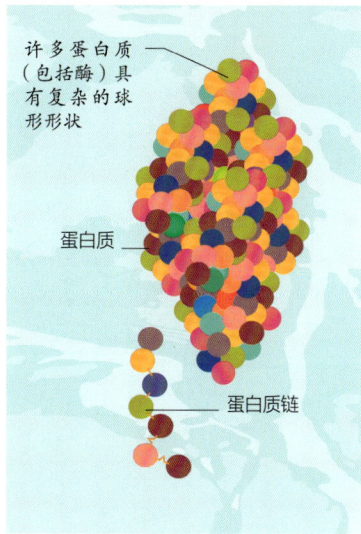

许多蛋白质（包括酶）具有复杂的球形形状

蛋白质

蛋白质链

⑥ 氨基酸折叠成蛋白质

一旦形成蛋白质链，它就会折叠成 3D 结构。具体的空间结构由链中氨基酸的顺序决定。

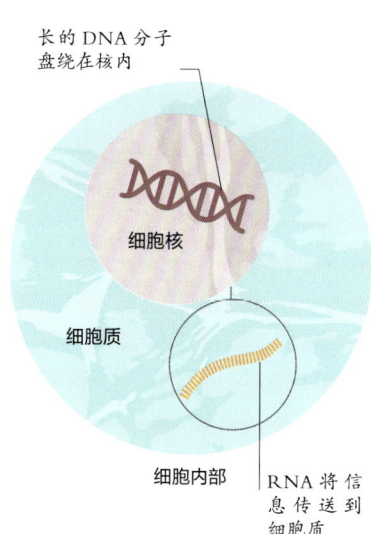

长的 DNA 分子盘绕在核内

细胞核

细胞质

细胞内部

RNA 将信息传送到细胞质

这一切在哪里发生？

DNA 被包裹在细胞核内以提供保护。RNA 将编码信息传送到细胞质中的蛋白质制造机器。

我们如何遗传基因？

基因从父母传给后代，形成遗传。19 世纪一位名叫乔治·孟德尔的神父发现了遗传规则。通过研究豌豆，他意识到一个人必须从父母那里各自继承一半的基因，但是他并不知道是哪个分子负责这种遗传。

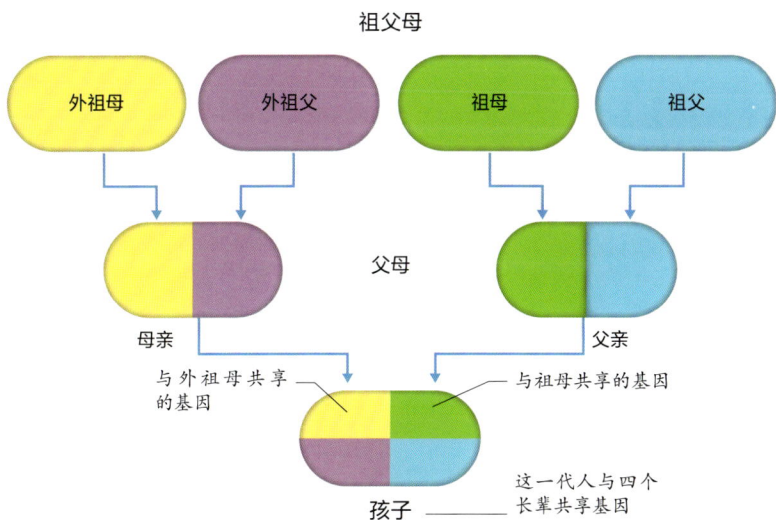

孟德尔遗传

每个基因的不同版本称为等位基因。当一个人从父母那里各自继承一个不同的等位基因时，一个等位基因通常是显性的（总是表达），而另一个是隐性的。要显示隐性特征，一个人必须从父母双方那里都遗传一个隐性等位基因。

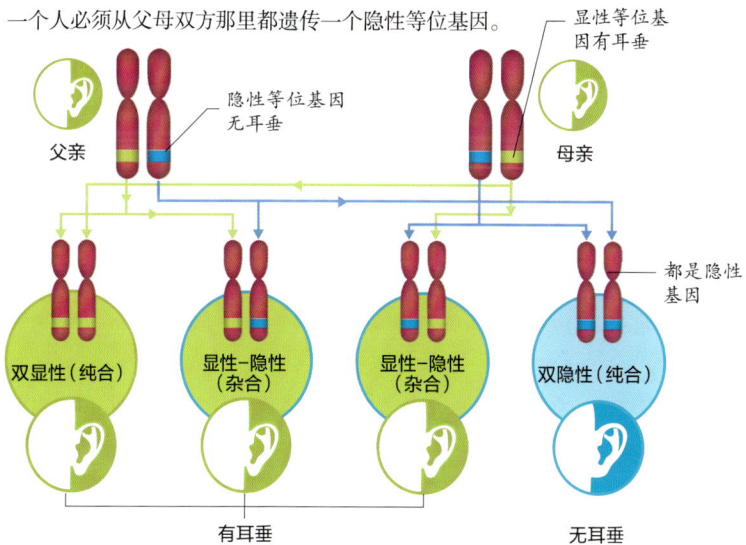

显性等位基因有耳垂

隐性等位基因无耳垂

父亲

母亲

都是隐性基因

双显性（纯合）

显性-隐性（杂合）

显性-隐性（杂合）

双隐性（纯合）

有耳垂

无耳垂

祖父母

外祖母

外祖父

祖母

祖父

父母

母亲

父亲

与外祖母共享的基因

与祖母共享的基因

孩子

这一代人与四个长辈共享基因

家族基因

在整个基因组以及整个个体群体中进行平均，一个孩子与每个父母共享大约一半的基因，与每个祖辈共享 1/4 的基因。

人类出现新突变的频率为每代人 1000 万个碱基对中的 1 个

多基因性状

许多特征（例如人的身高）不受单个基因或该基因的等位基因控制。相反，许多基因共同起作用，并且不同的组合导致身高不尽相同。

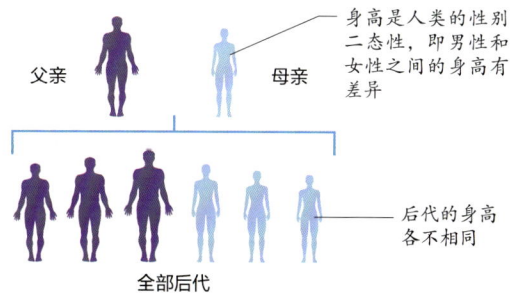

父亲

母亲

身高是人类的性别二态性，即男性和女性之间的身高有差异

后代的身高各不相同

全部后代

参见**生殖**：第 226—227 页 ▶   **演化**：第 228—229 页 ▶   **医学前沿**：第 260—261 页 ▶

生殖

定义生命的特征之一是它们的生殖能力。生命从开始出现就一直在发展生殖策略，因此现在存在许多不同的生殖方式。但是，这些策略大多数都属于两类中的一种：无性生殖，其中只有一个个体的遗传物质被用于制造新的生命体；有性生殖，其中两个个体贡献 DNA 来创造新的生命体。无性生殖会迅速产生新个体；而有性生殖会引入更多变异，从而使该物种更加健壮。

无性生殖

无性生殖是不经过生殖细胞的结合，由亲体直接产生后代的生殖方式，这意味着后代具有与父母相同的 DNA。由于无性生殖产生的生命体具有相同的 DNA，因此种群中几乎没有变异。如果环境变化或出现新的掠食者，每个个体都同等地容易受到掠食者的伤害。

复制

无性生殖导致克隆体的产生，这些克隆体包含彼此完全相同的 DNA。多数单细胞生物（例如变形虫）就以这种方式生殖。

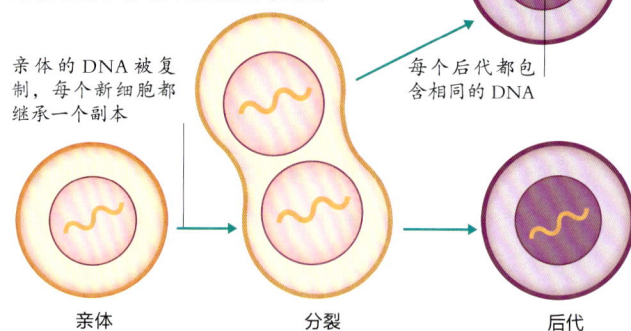

亲体的 DNA 被复制，每个新细胞都继承一个副本

每个后代都包含相同的 DNA

亲体　　　　分裂　　　　后代

有性生殖

在有性生殖过程中，两性生殖细胞结合产生新的个体。这意味着后代从亲体双方那里继承了特征的随机组合，从而保持了遗传变异并增加了物种存活下来的机会。为了进行有性生殖，亲体必须在减数分裂的过程中产生称为配子的专门细胞。配子包含父母双方一半的 DNA，因此当两个配子结合时，新个体就包含完整的 DNA。

地球上任何两个人的 DNA 序列都有大约 600 万个差异

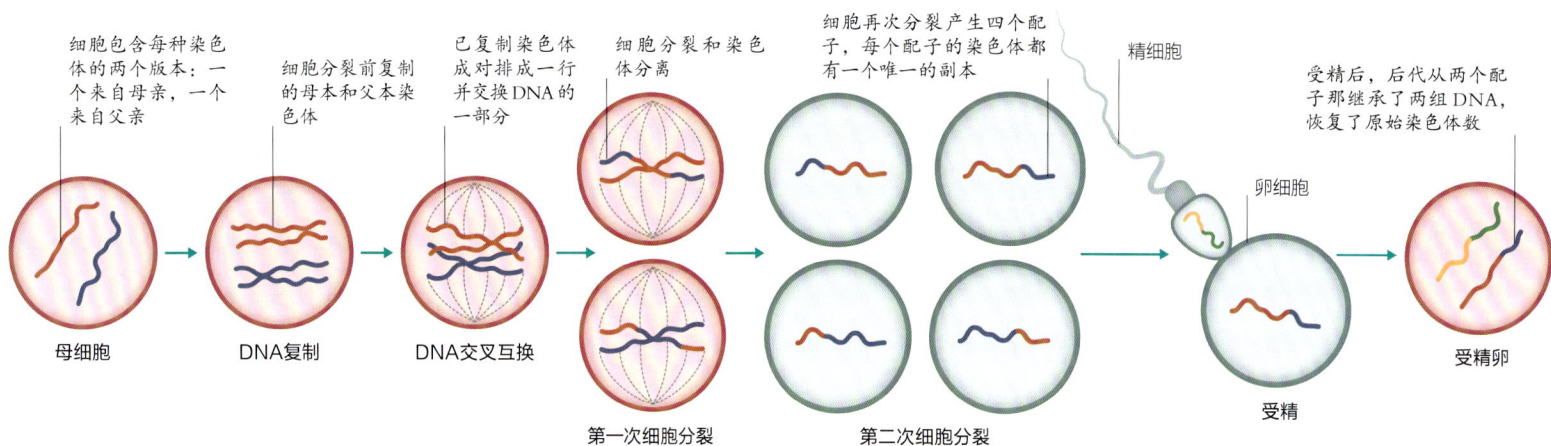

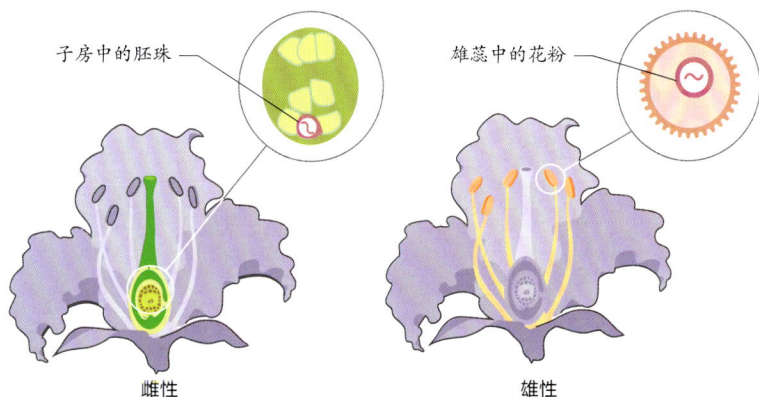

细胞包含每种染色体的两个版本：一个来自母亲，一个来自父亲

细胞分裂前复制的母本和父本染色体

已复制染色体成对排成一行并交换 DNA 的一部分

细胞分裂和染色体分离

细胞再次分裂产生四个配子，每个配子的染色体都有一个唯一的副本

精细胞

受精后，后代从两个配子那继承了两组 DNA，恢复了原始染色体数

卵细胞

母细胞　　DNA复制　　DNA交叉互换　　第一次细胞分裂　　第二次细胞分裂　　受精　　受精卵

子房中的胚珠

雄蕊中的花粉

卵巢中的卵细胞

睾丸中的精子

雌性　　　　雄性

雌性　　　　雄性

被子植物的性行为

被子植物的性器官是花。在花的基部是子房，其中包含胚珠、雌配子，而围绕子房的雄蕊产生花粉，含有雄配子。

动物的性行为

在动物中，雌配子是卵细胞，雄配子是精子。精子有一条长鞭状的尾巴，其中大量线粒体提供了能量，促使精细胞游向更大的卵细胞。

◀ 参见**生命的故事**：第 86—87 页　　◀ **基因如何工作**：第 224—225 页

在理想条件下，细菌可以每 20 分钟分裂一次，
这意味着一个细菌在 12 个小时后将拥有 690 亿个后代

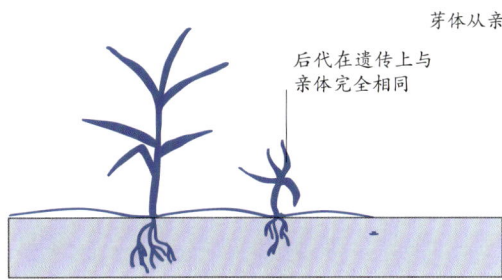

后代在遗传上与
亲体完全相同

植物产生葡匐茎
营养生殖

一些植物可以无性生殖，例如草莓、树莓和吊兰等。它们延伸在地上或地下生长的葡匐茎，然后生出新的根和叶。

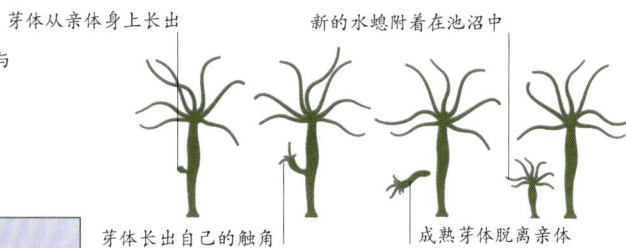

芽体从亲体身上长出

芽体长出自己的触角

新的水螅附着在池沼中

成熟芽体脱离亲体

水螅是如何出芽的
出芽生殖

水螅是小型水生动物，它们可以进行有性生殖。但是当食物丰富时，它们也会通过出芽进行无性生殖。在此过程中，芽体先从亲体中形成，然后与亲体分离并发展为独立个体。

母蚜虫

仅使用雌性卵细胞
产生的后代

蚜虫无性生殖
单性生殖

单性生殖是指雌性卵细胞不经受精就可以发育为成年个体。某些植物、无脊椎动物（包括线虫和蚜虫），甚至一些鱼类、两栖动物和爬行动物都可以通过这种方式生殖。

交配行为

选择合适的伴侣对于成功生殖至关重要，许多动物已经演化出复杂的行为，使其能够向一个或多个潜在伴侣展示自己的生殖能力。

雄性鸣唱，例如这只
鹪鹩，通过唱歌来吸
引雌鸟

多彩的雄性孔雀蜘
蛛通过跳舞向雌性
求爱

唱歌

跳舞

求爱与竞争

许多动物执行复杂的求爱仪式以吸引潜在的配偶。它们在求爱方面的成功决定了他们能否生殖。雄性动物通常表现出从唱歌或跳舞到复杂的潜水等各种吸引雌性的能力。某些物种的雄性或雌性通过战斗赢得与伴侣的接触机会。

雄黇鹿通过打架
争取交配权

䴙䴘通过精心设计的
求爱行为确定关系

打架

求爱

生殖灵活性

两个个体之间的有性生殖是保持健康基因库的最佳方式。然而，有些动物已经演化出了其他的生殖策略，以保证在没有雄性时依然能够生产后代。例如科莫多巨蜥，其雌性可在圈养的条件下通过单性生殖进行繁衍。

科莫多巨蜥

生殖策略

生殖非常耗能。亲体必须投入能量以养育脆弱的后代，而且首先需要大量能量来生产后代。通过平衡这两种能量的需求，生命体有最佳的机会生殖出能够传递其基因的幼体，动物已经能够通过不同的策略来达成这一目标。

雄帝企鹅在南极冬季孵化一个企鹅蛋会失去近一半的体重

奥斯卡·赫特维希

奥斯卡·赫特维希（1849—1922）是德国胚胎学家和解剖学家，他发现了精细胞如何使卵子受精。当时，科学家还不知道精细胞只是接触到卵还是进入了卵。通过研究透明海胆卵中的受精情况，赫特维希观察到精子确实进入了卵中，一旦受精，其他精细胞就会被阻止进入。

鱼 → 鱼卵

一次生产大量的后代

鱼一次可以产下数百甚至数百万个卵。这些卵大多数无法存活，但是其产下的大量卵中仍有一些能够顺利长大。

神鹫 → 神鹫的蛋

一次生产较少的后代

神鹫每两年只产一枚蛋，这使得父母双方都可以抚养自己的孩子直到下一枚蛋产下，从而增加了幼崽的成活概率。

参见**演化**：第 228—229 页 ▶ **生殖与内分泌系统**：第 246—247 页 ▶ **人类生命周期**：第 248—249 页 ▶

演化

进化论是生物学中最重要的理论之一。演化是指生物体随时间变化的过程，有助于解释新物种是如何产生的。演化是由自然选择驱动的，具有良好遗传特性的个体更有可能生存并将其传给后代。因此，这些特征在整个种群中传播，使其种群能够更好地适应当时的环境。

自然选择

在任何种群中，基因组中都会出现随机突变，从而导致可遗传的变异。这些突变中的部分是有利的，使该种群获得了提高其生存能力的性状。然后，这些生物将这种特性传给下一代。这个过程称为自然选择，并由此推动演化。

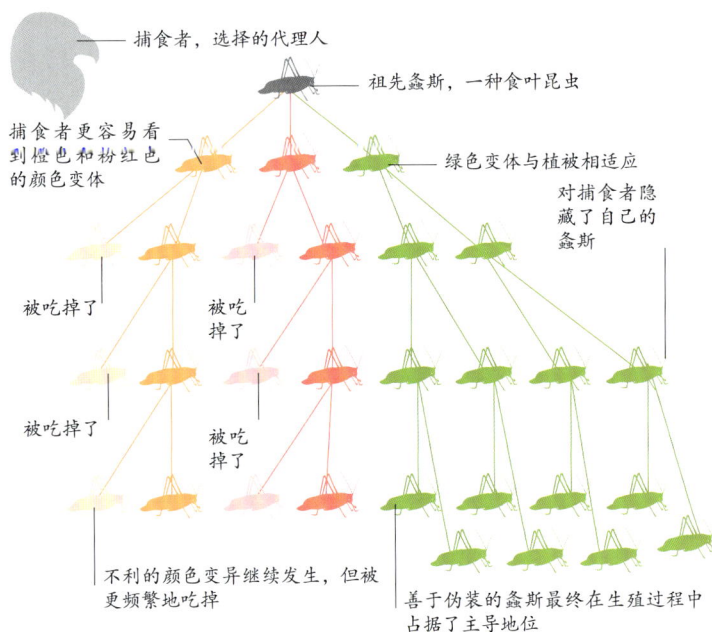

捕食者，选择的代理人

祖先蠹斯，一种食叶昆虫

捕食者更容易看到橙色和粉红色的颜色变体

绿色变体与植被相适应

对捕食者隐藏了自己的蠹斯

被吃掉了

被吃掉了

被吃掉了

被吃掉了

不利的颜色变异继续发生，但被更频繁地吃掉

善于伪装的蠹斯最终在生殖过程中占据了主导地位

适者生存

自然选择之所以起作用，是因为不同的选择压力作用于种群。具有伪装等适应性特征的生物比没有伪装的生物更容易生存和生殖。这就是大家所熟知的"适者生存"。

查尔斯·达尔文

查尔斯·达尔文（1809—1882）是一位英国博物学家。他乘坐罗伯特·菲茨罗伊船长的贝格尔号前往南美洲，并带回了航行途中遇到的不同物种的许多样本。此船于 1835 年 9 月到达科隆群岛，达尔文对这些岛上鸟类的观察为他的进化理论奠定了基础。进化理论于 1859 年在他的《物种起源》一书中发表。

物种形成

物种形成是指一个祖先物种中的两个或两个以上种群独立发生演化。发生这种情况的原因可能是祖先物种的不同种群在地理上相互分离，然后每个种群采取了不同的演化路径；或者祖先物种的不同种群以不同的方式产生了特化，例如食用不同的食物。

地理隔离

来自单一种群的个体可能会分离，最终隔离在如山脉等障碍物的两侧。这两个亚群继续独立演化，最终形成两个独立的物种。

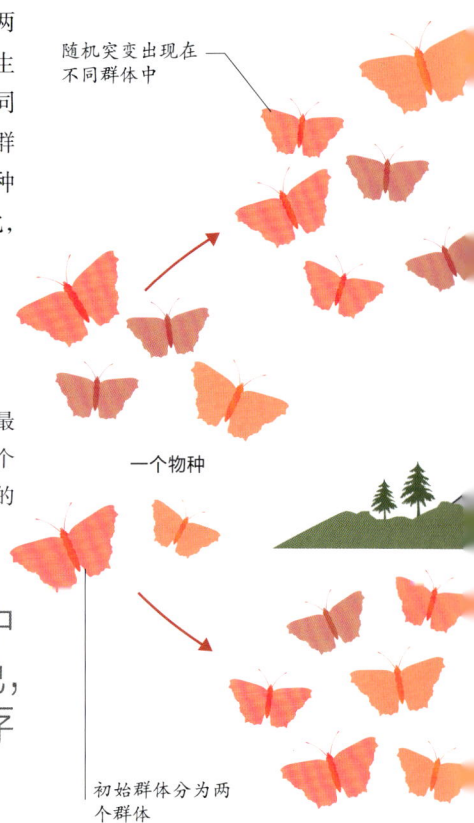

随机突变出现在不同群体中

一个物种

初始群体分为两个群体

大多数在演化过程中出现的物种现已灭绝，但它们的基因在生存下来的后代中得以保存

适应性辐射

适应性辐射是一个物种同时在许多不同方向上演化的过程。如果有新的食物来源或环境发生变化，从而开辟了新的栖息地，则可能发生这种情况。

达尔文地雀

达尔文指出生活在科隆群岛上的雀类显示出不同的特征。以大而坚硬的种子和坚果为食的鸟喙大而深，而吃昆虫的鸟喙小而锐利。他意识到，每个地雀种群都朝着不同的方向演化，从而导致了许多新物种的出现。

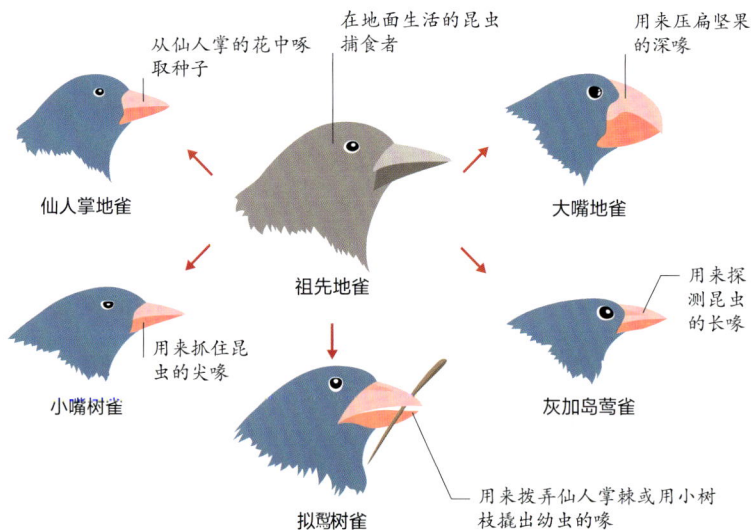

从仙人掌的花中啄取种子

在地面生活的昆虫捕食者

用来压扁坚果的深喙

仙人掌地雀

大嘴地雀

祖先地雀

用来抓住昆虫的尖喙

小嘴树雀

用来探测昆虫的长喙

灰加岛莺雀

拟䴕树雀

用来拨弄仙人掌辣或用小树枝撬出幼虫的喙

大多数刺鱼生活在海水中，但是新的淡水物种是由上一个冰河时代被困在湖中的鱼类演化而来的

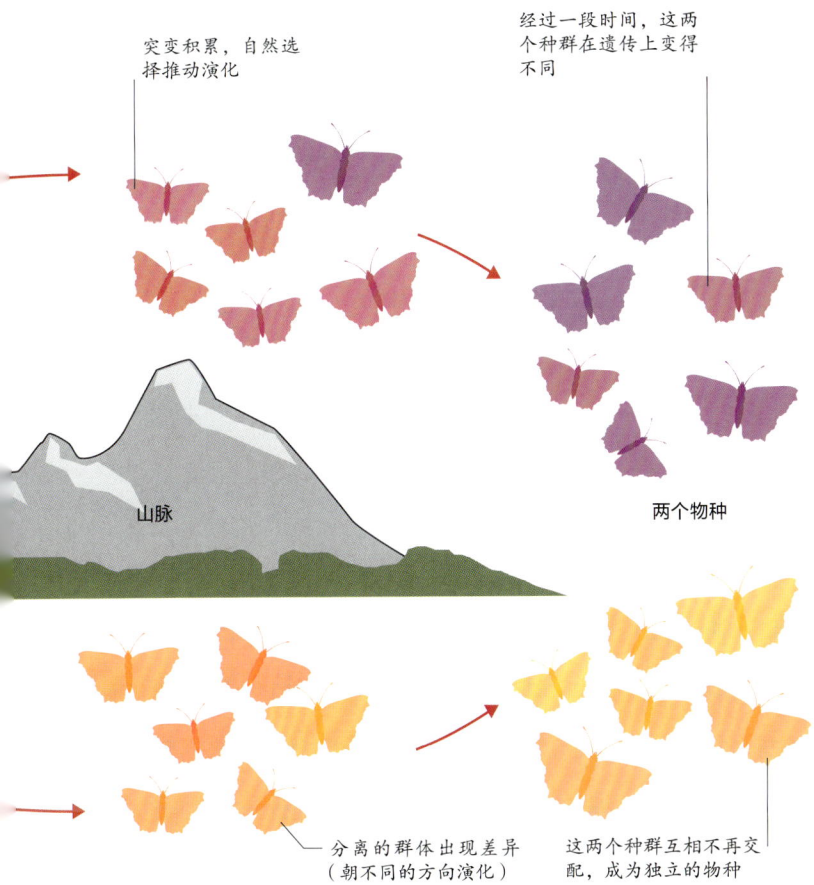

突变积累，自然选择推动演化

经过一段时间，这两个种群在遗传上变得不同

山脉

两个物种

分离的群体出现差异（朝不同的方向演化）

这两个种群互相不再交配，成为独立的物种

逆行演化

逆行演化是指群体失去了一种较新的特征并发展出了以前在更老的世代中所出现的特征，因为这在新环境中更有优势。例如，以前的陆地动物——海豹和海豚，它们现在已经回到祖先生活的海洋，并演化出了适应水中生活的性状。

坚硬而狭窄的翅膀就像鳍状肢，能在水中快速推动

通过头部上方的鼻孔呼吸空气以适应水中生活

帝企鹅

企鹅的祖先在 6000 万年前失去了飞行的能力。它们精巧的身体和密集的骨头使其成为水下游泳最快的鸟类和潜得最深的潜鸟。

宽吻海豚

海豚和鲸是大约 5000 万年前从陆地哺乳动物演化而来的海洋哺乳动物。它们的前肢变成了鳍状肢，并失去了后肢。

3.75 亿年前，最早的陆地脊椎动物从有鳍的鱼类演化而来

趋异演化

在很长的一段时间内，反复的物种形成导致新的后代与它们的共同祖先变得截然不同，这被称为趋异演化。例如，生活在陆地上的所有生物都脱离了其水生祖先。如今，所有现存的哺乳动物物种都与大约 2.1 亿年前的哺乳动物不同。

共有祖先

尽管马的腿看起来与蝙蝠的翅膀截然不同，但四肢骨骼的共有序列表明所有的哺乳动物都是从共同的祖先演化而来的。

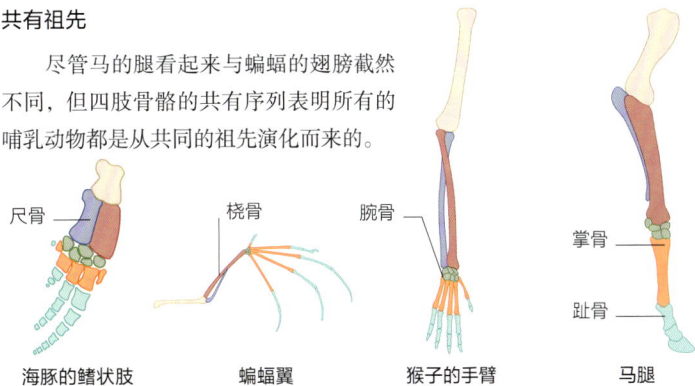

尺骨　桡骨　腕骨　掌骨　趾骨

海豚的鳍状肢　蝙蝠翼　猴子的手臂　马腿

协同演化

协同演化发生在具有密切联系并发展相互适应的生命体中。如果一个生命体为第二个生命体提供了必要的功能，而第二个生命体又为第一个生命体提供了食物或庇护所等资源，则会发生协同演化。例如，蜜蜂、蜂鸟和一些蝙蝠在取食花蜜的同时会为花朵授粉。

趋同演化

当不同的生物由于生活在相同的环境中而独立地演化出相似的性状或外表时，就会发生趋同演化。例如，蝙蝠、鸟类和蝴蝶都具有翅膀并且可以飞翔，但是它们亲缘关系很远，并且与上文的哺乳动物四肢不同，它们的翅膀不是拥有共同祖先的结果，而是相似生活方式的结果。

相似的身体形态

鱼龙是食肉性海洋爬行动物，生活在 2.5 亿年—9000 万年前。它们演化出了在当今鲨鱼等掠食性鱼类中所见的特征。

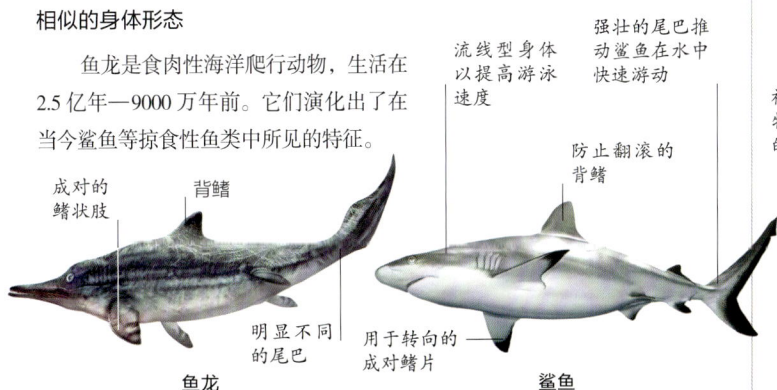

成对的鳍状肢　背鳍

流线型身体以提高游泳速度

强壮的尾巴推动鲨鱼在水中快速游动

防止翻滚的背鳍

明显不同的尾巴

用于转向的成对鳍片

鱼龙　鲨鱼

被龙舌兰植物花粉包裹的身体

蝙蝠用长长的舌头伸到龙舌兰花基部取食花蜜

蝙蝠进食的同时给植物授粉

小长鼻蝙蝠

◄ 参见**基因如何工作**：第 224—225 页　◄ **生殖**：第 226—227 页　**229**

人体

科学与技术

人体的组成部分以越来越复杂的层次结构存在，其中每个层次都构成一个更大的整体。化学物质被结合到细胞中；细胞结合在一起形成组织，并且与其他组织一起发育形成器官，器官相互协作以执行人体的基本功能。

DNA 和染色体

基因——一种制造和维持身体的指令——以一种称为 DNA 的化学形式存储。每个基因都具有构建人体物质（蛋白质）的代码。DNA 被存储为非常长且紧密盘绕的分子，称为染色体。

人类基因组

在每个人体细胞中，23 对（共 46 条）染色体中的 DNA 共同构成了人类基因组。每对染色体中的一条来自母亲，另一条来自父亲。在显微镜下，条带的不同模式代表着不同的基因。

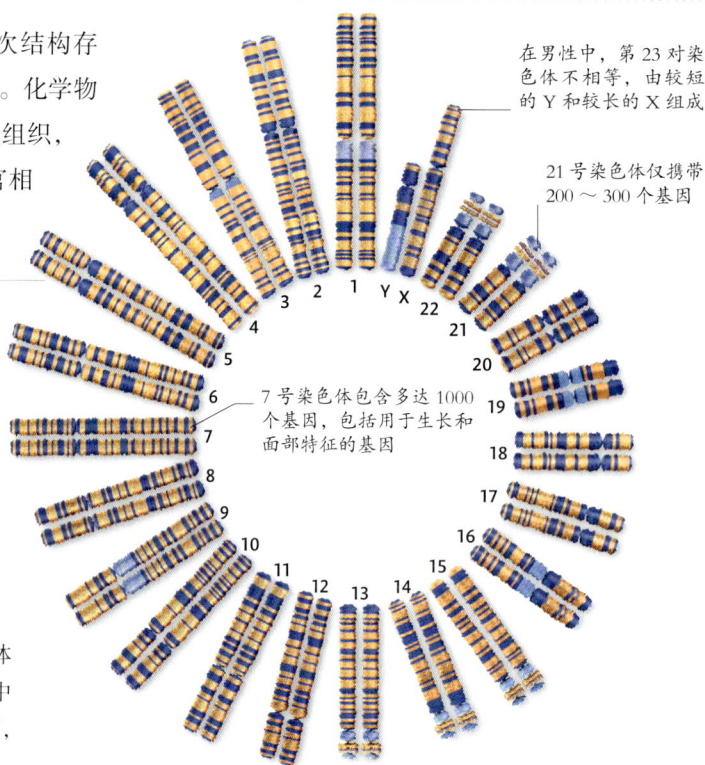

在男性中，第 23 对染色体不相等，由较短的 Y 和较长的 X 组成

21 号染色体仅携带 200 ～ 300 个基因

7 号染色体包含多达 1000 个基因，包括用于生长和面部特征的基因

A. 维萨里

1543 年，比利时医学家 A. 维萨里（1514—1564）发表了《人体构造论》，这是生命科学领域的一个重要里程碑。维萨里开创了人类认识自我的科学精神，用理性主义和实验手段代替了迷信和教条。

身体的组织

人体可被视为不同组织的层次结构。人体的基本单位是细胞，人体中包含 30 万亿～40 万亿个微观细胞。具有相同功能的细胞集合在一起形成的细胞团叫作组织，由多种组织构成的、行使一（特）定功能的结构单位叫作器官。

从细胞到身体系统

细胞形成组织，组织构成器官，一组器官协同工作以实现一种主要的身体功能，例如消化，这被称为身体系统。身体的健康水平和工作效率取决于各个身体系统能否协同工作。

共同协作分解食物的一系列器官被称为消化系统

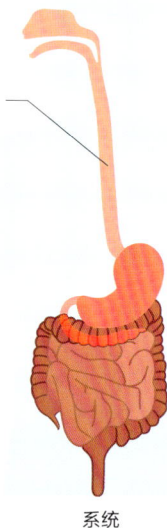

细胞种类和组织类型

人体有 100 多种不同的细胞，每种细胞都有适合其任务的形状和结构。这些不同的细胞形成了四种基本的组织类型：上皮组织、结缔组织、肌肉组织和神经组织。

皮肤占普通成年人体重的 1/6

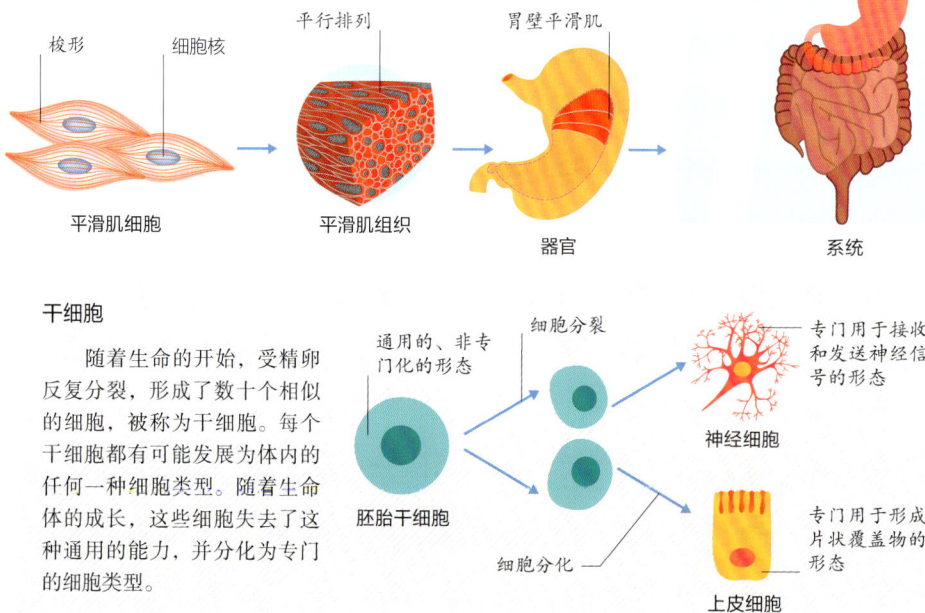

神经组织

神经细胞具有细长的延伸部分，可传递称为神经信号的微小电脉冲。

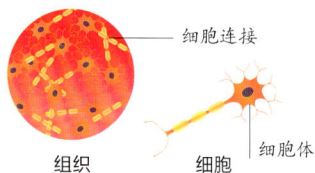

细胞连接

细胞体

组织　细胞

肌肉组织

肌肉中的细胞又大又长，专门变短或收缩，从而可以活动身体部位。

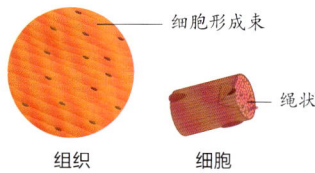

细胞形成束

绳状

组织　细胞

上皮组织

这种组织构成了身体许多部位和器官的外部覆盖物以及内部衬里。

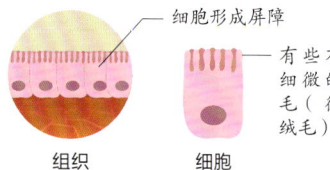

细胞形成屏障

有些有细微的毛（微绒毛）

组织　细胞

梭形　细胞核　　平行排列　　胃壁平滑肌

平滑肌细胞　　平滑肌组织　　器官　　系统

干细胞

随着生命的开始，受精卵反复分裂，形成了数十个相似的细胞，被称为干细胞。每个干细胞都有可能发展为体内的任何一种细胞类型。随着生命体的成长，这些细胞失去了这种通用的能力，并分化为专门的细胞类型。

通用的、非专门化的形态　　细胞分裂

胚胎干细胞

细胞分化

专门用于接收和发送神经信号的形态

神经细胞

专门用于形成片状覆盖物的形态

上皮细胞

皮肤和头发

作为人体最大的器官，成年人的皮肤平均覆盖面积为 1.6 ～ 1.8 平方米。它可以感受触摸并保护内部组织免受物理伤害和变干燥。随着细胞的脱落，死去的片状细胞表面层迅速被下层替换。皮肤还会在阳光的作用下产生维生素 D。头发和体毛有助于保持热量；除根部以外，毛发是由死亡的细胞组成的。

紫外线防护

太阳的紫外线会伤害人体组织。自然的深色皮肤可保护下面的部分免受伤害。肤色是由黑色素细胞产生的黑色素引起的。如果遇到太阳暴晒，浅色皮肤可以通过制造比平常更多的黑色素来逐渐适应环境变化。

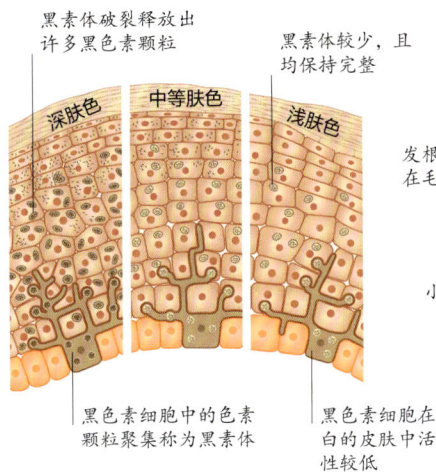

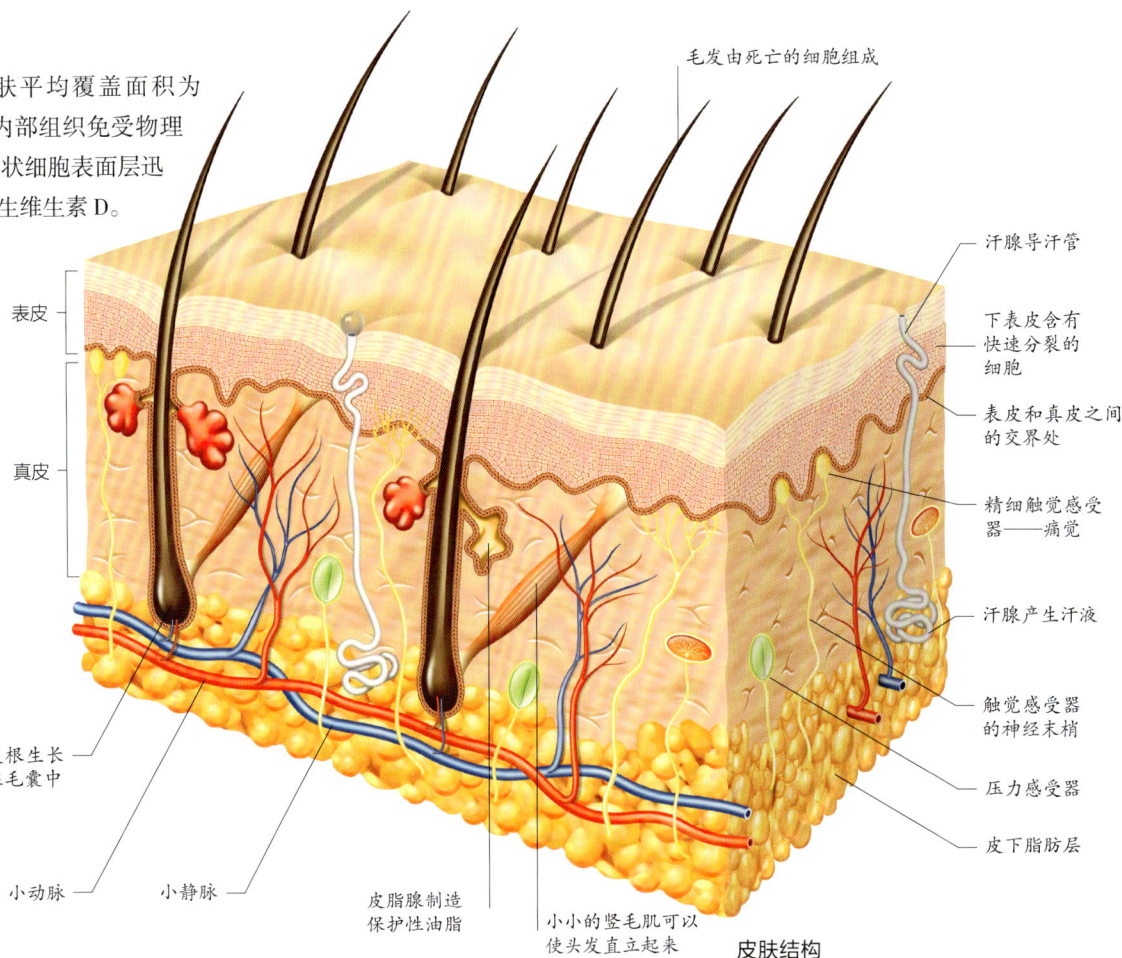

黑素体破裂释放出许多黑色素颗粒

黑素体较少，且均保持完整

深肤色　中等肤色　浅肤色

黑色素细胞中的色素颗粒聚集称为黑素体

黑色素细胞在白的皮肤中活性较低

毛发由死亡的细胞组成

表皮

真皮

汗腺导汗管

下表皮含有快速分裂的细胞

表皮和真皮之间的交界处

精细触觉感受器——痛觉

汗腺产生汗液

触觉感受器的神经末梢

压力感受器

皮下脂肪层

发根生长在毛囊中

小动脉

小静脉

皮脂腺制造保护性油脂

小小的竖毛肌可以使头发直立起来

皮肤结构

皮肤的最上层，也就是表皮，会随着磨损自动替换。下面是具有血管、触摸感受器、腺体和发根的比较厚的真皮。

人类的指尖每平方厘米有 300 个神经末梢

体温调节

皮肤有助于维持恒定的体温。当身体过热时，皮肤的血管就会扩张，从而使较多的血液流过皮肤，使热量散失到外部。热量也可以通过汗液从皮肤表面蒸发时散失，头发也会更加柔顺以促使空气流动。如果身体太冷，这些过程将反过来执行。

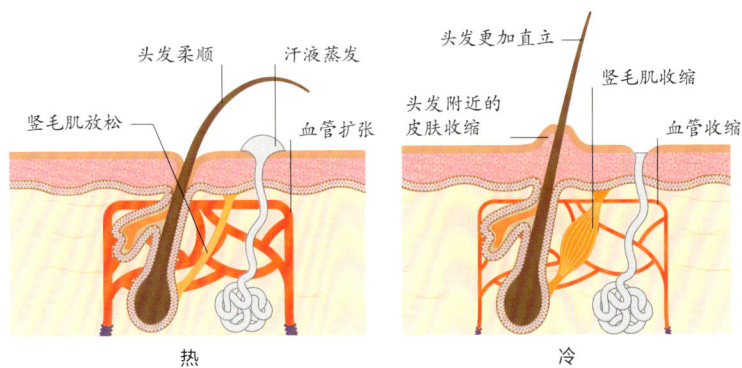

头发柔顺　　汗液蒸发

竖毛肌放松　　血管扩张

热

头发更加直立

头发附近的皮肤收缩

竖毛肌收缩

血管收缩

冷

指甲

指甲是由角质形成的，也就是形成毛发的一种坚韧耐用的物质，并且存在于上表皮皮肤细胞中。指甲从皮肤下的根部长出，并沿着甲床滑动到手指或脚趾的末端。指甲会不断地自我修复。

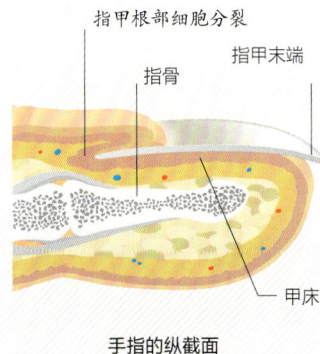

指甲根部细胞分裂

指甲末端

指骨

甲床

手指的纵截面

皮肤愈合

当血管变窄并且血液增稠成凝胶状块（凝块）时，皮肤的损伤会很快被"密封"。同时，这种凝块可以有效阻止细菌感染，渐渐地，周围的细胞不断分裂并扩散到受损区域。

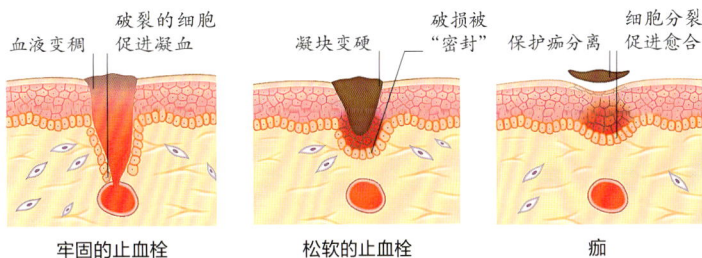

血液变稠

破裂的细胞促进凝血

凝块变硬

破损被"密封"

保护痂分离

细胞分裂促进愈合

牢固的止血栓

松软的止血栓

痂

参见人类生命周期：第 248—249 页 ▶

骨骼系统

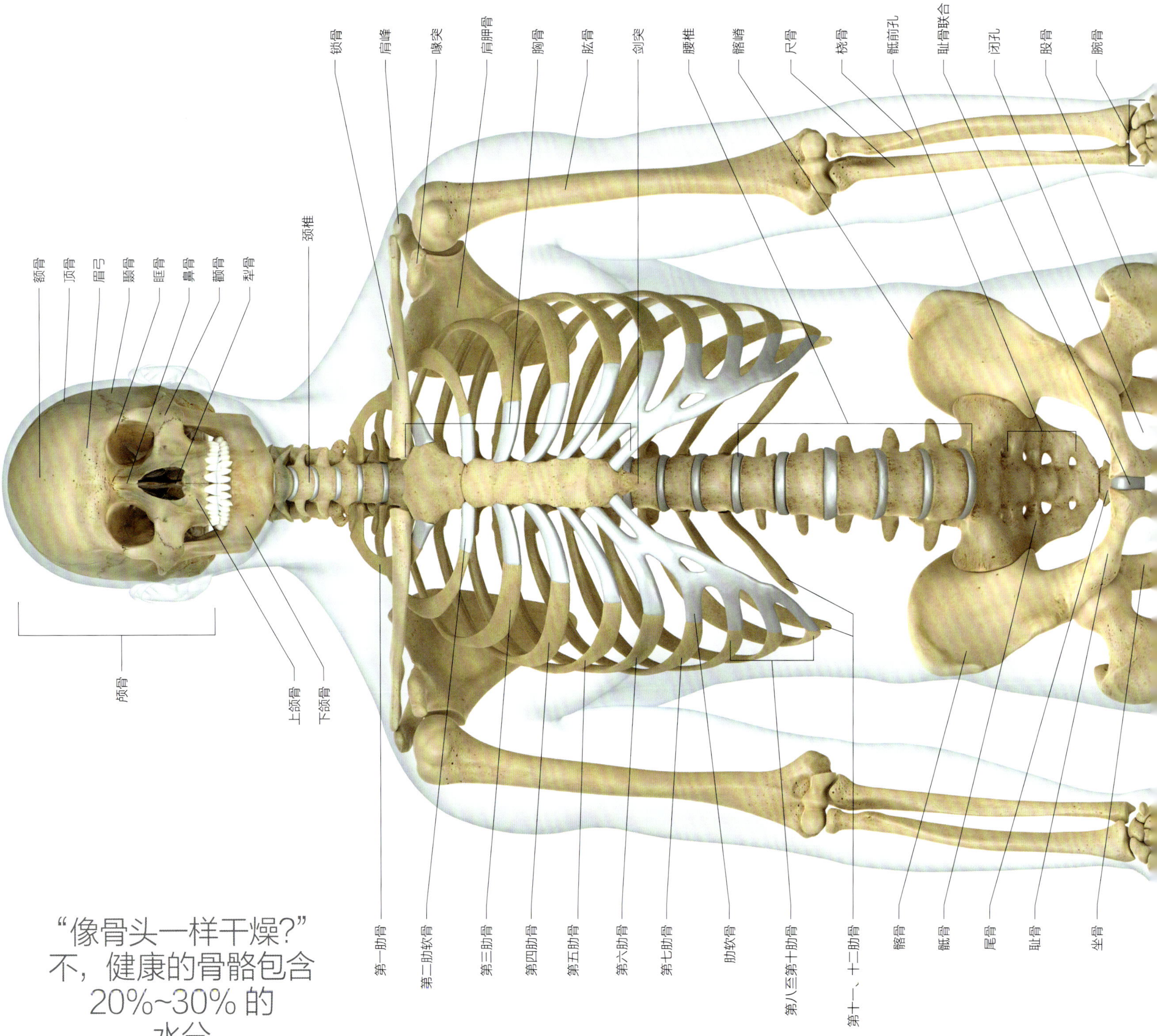

额骨
顶骨
眉弓
颞骨
眶骨
鼻骨
颧骨
犁骨
颈椎
颅骨
上颌骨
下颌骨
锁骨
肩峰
喙突
肩胛骨
胸骨
肱骨
剑突
腰椎
髂嵴
尺骨
桡骨
骶前孔
耻骨联合
闭孔
股骨
腕骨
第一肋骨
第二肋软骨
第三肋骨
第四肋骨
第五肋骨
第六肋骨
第七肋骨
肋软骨
第八至第十肋骨
第十一、十二肋骨
髂骨
骶骨
尾骨
耻骨
坐骨

“像骨头一样干燥?”
不，健康的骨骼包含
20%~30% 的
水分

◂ 参见**人类的演化**：第 94—95 页

人体的 206 块骨头形成了一个坚固且可移动的内部骨架，支撑着身体的柔软部位。骨骼也可以起到保护作用，例如，头盖骨包裹着脑。超过一半的骨头——106 块——在手腕、手、脚踝和脚；头部有 28 块骨头。骨骼的中轴，包括头骨、脊柱和肋骨，被称为"轴向骨骼"；臀部、腿、

肩膀和手臂构成了"附肢骨骼"。每块骨头都有一个解剖学名称，它的每一个部分、凹陷、孔洞和隆起也都有相应的解剖学名称。许多骨头及其组成结构有时也会重名，例如颊骨，它是颧骨的上颌突起部分，但有时也被笼统称为颧骨。

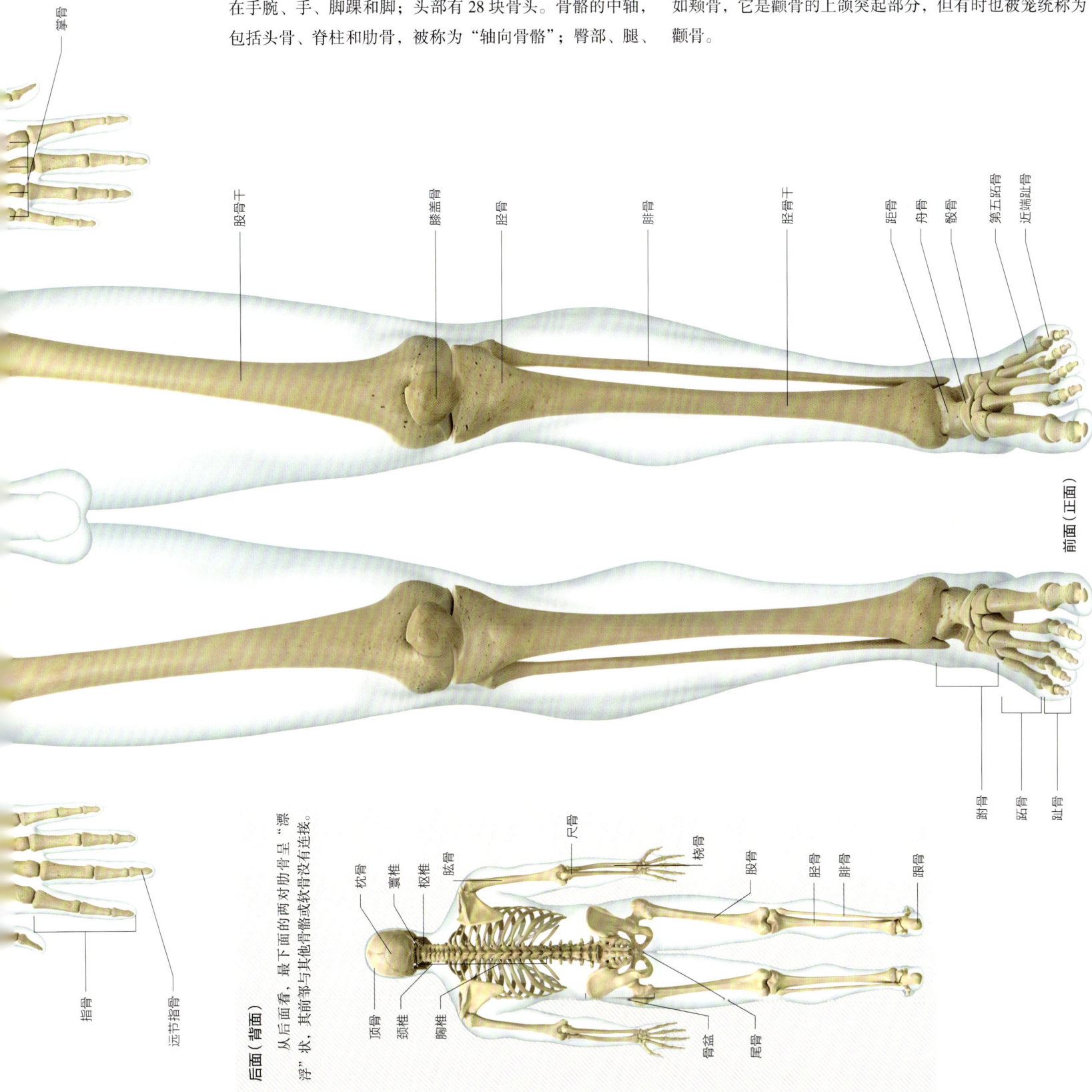

掌骨

股骨干

膝盖骨

胫骨

腓骨

胫骨干

距骨

舟骨

骰骨

第五跖骨

近端趾骨

前面（正面）

跗骨

跖骨

趾骨

指骨

远节指骨

后面（背面） 从后面看，最下面的两对肋骨呈"漂浮"状，其前邻与其他骨骼或软骨没有连接。

枕骨

寰椎

枢椎

肱骨

尺骨

桡骨

股骨

胫骨

腓骨

跟骨

顶骨

颈椎

胸椎

骨盆

尾骨

肌肉系统

正面（前面）深层肌肉

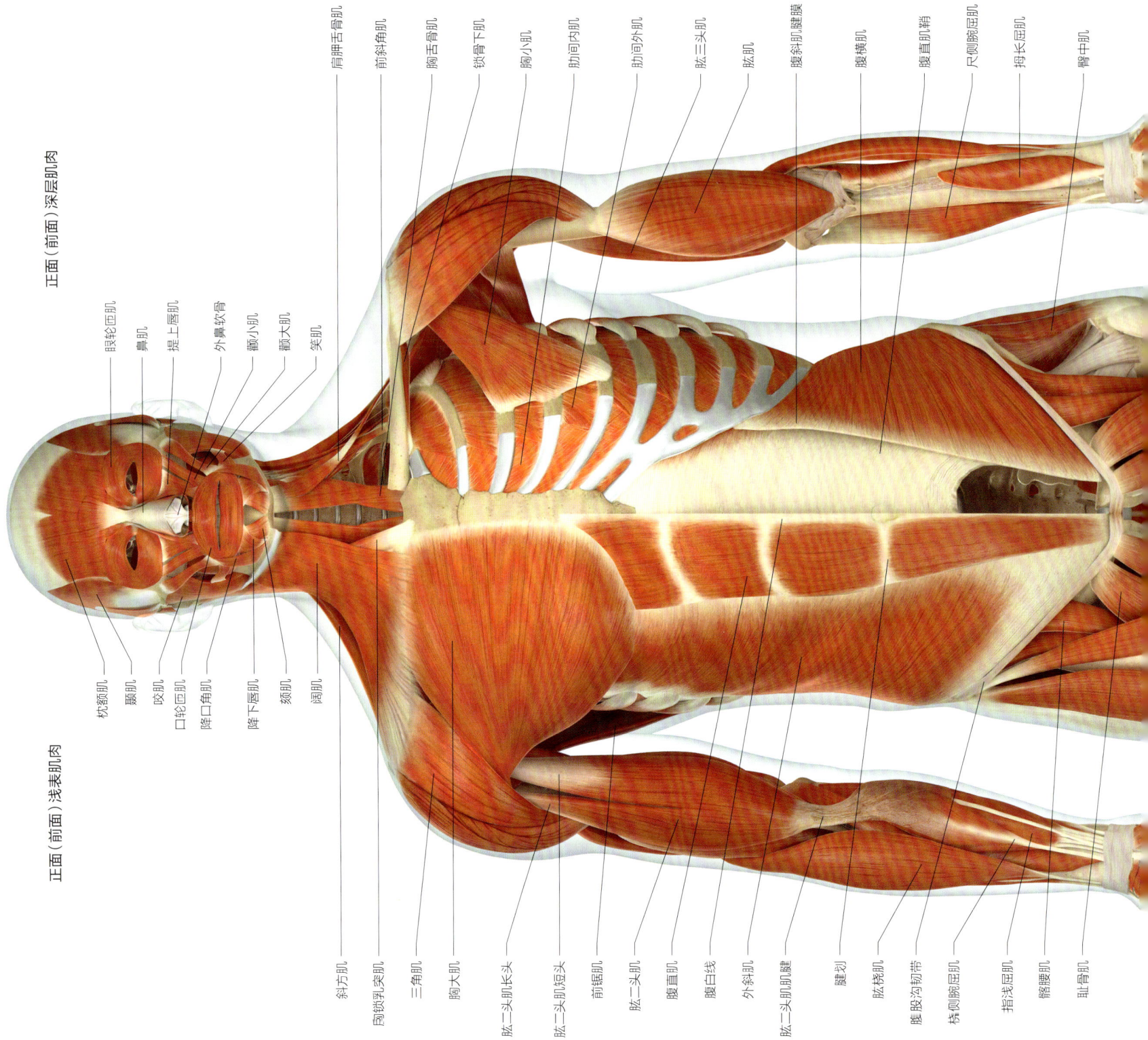

正面（前面）浅表肌肉

肩胛舌骨肌　前斜角肌　胸舌骨肌　锁骨下肌　胸小肌　肋间内肌　肋间外肌　肱三头肌　肱肌　腹斜肌腱膜　腹横肌　腹直肌鞘　尺侧腕屈肌　拇长屈肌　臀中肌

眼轮匝肌　鼻肌　提上唇肌　外鼻软骨　颧小肌　颧大肌　笑肌

枕额肌　颞肌　咬肌　口轮匝肌　降口角肌　降下唇肌　颈阔肌　阔肌

斜方肌　胸锁乳突肌　三角肌　胸大肌　肱二头肌长头　肱二头肌短头　前锯肌　肱二头肌　腹直肌　腹白线　外斜肌　肱二头肌肌腱　腱划　肱桡肌　腹股沟韧带　桡侧腕屈肌　指浅屈肌　髂腰肌　耻骨肌

前部肌肉

骨骼肌是指与骨骼或彼此相连接以活动身体部位的肌肉。目前已有 650 多种典型肌肉已被命名，占人体总重量的 2/5。不同的人其肌肉数量也会有所不同，例如，有些人缺乏颈阔肌——颈部呈片状宽阔的肌肉。骨骼肌倾向于分层排列，浅表肌肉位于皮肤下面，中间层位于浅表肌肉下面，深层肌肉与骨骼相邻。肌肉只能通过缩短来施加力量，而无法做推的动作。因此，肌肉都是分组排列，有的可以单向拉动骨头，而有的则以相反的方向移动骨头。

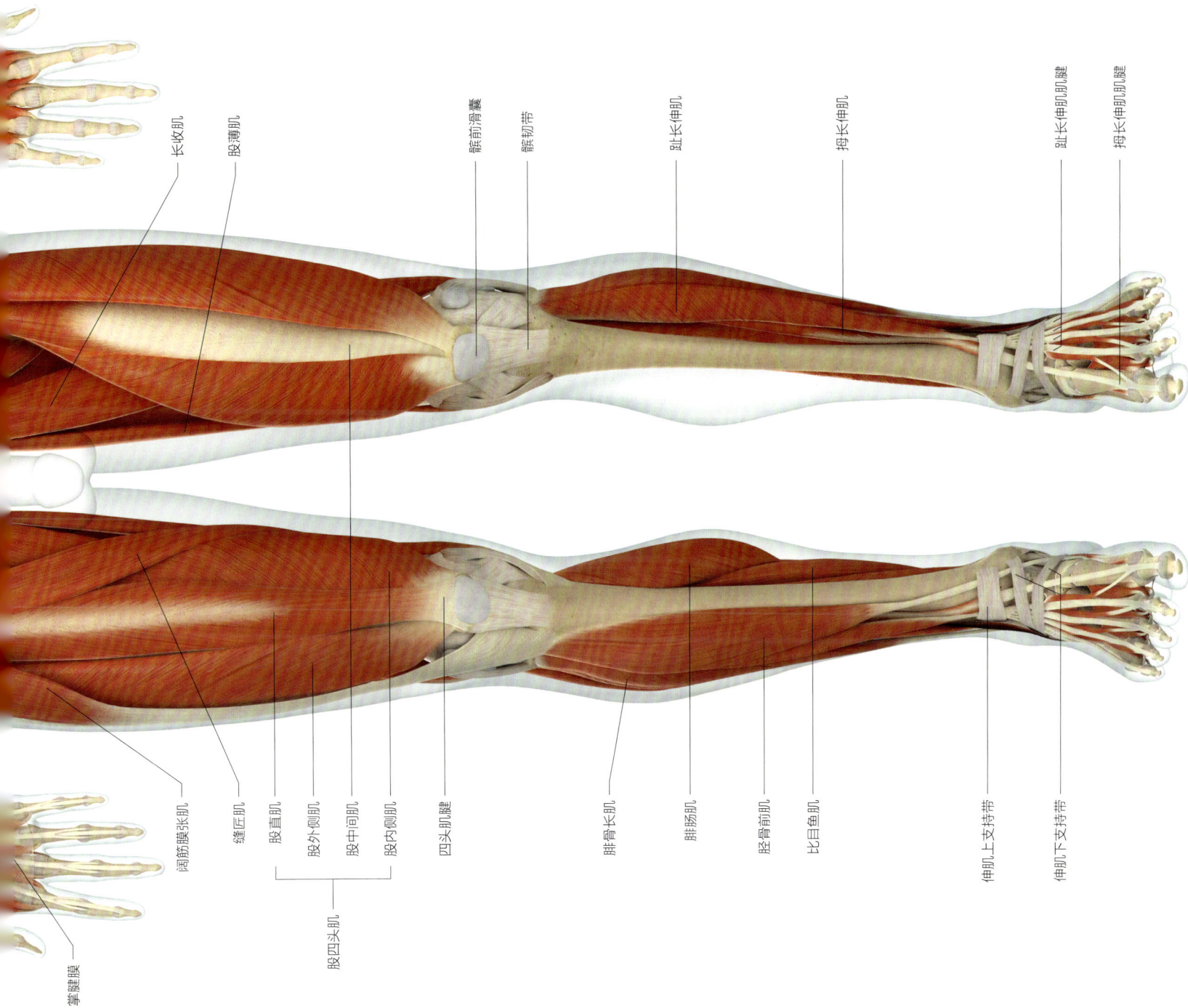

长收肌　股薄肌　髌前滑囊　髌韧带　趾长伸肌　拇长伸肌　趾长伸肌肌腱　拇长伸肌肌腱

阔筋膜张肌　缝匠肌　股直肌　股外侧肌　股中间肌　股内侧肌　四头肌腱　腓骨长肌　腓肠肌　胫骨前肌　比目鱼肌　伸肌上支持带　伸肌下支持带

股四头肌

掌腱膜

2016 年在大腿上发现了一种未知的
肌肉——股中间张肌

◀ 参见人体：第 230—231 页　◀ 骨骼系统：第 232—233 页　**235**

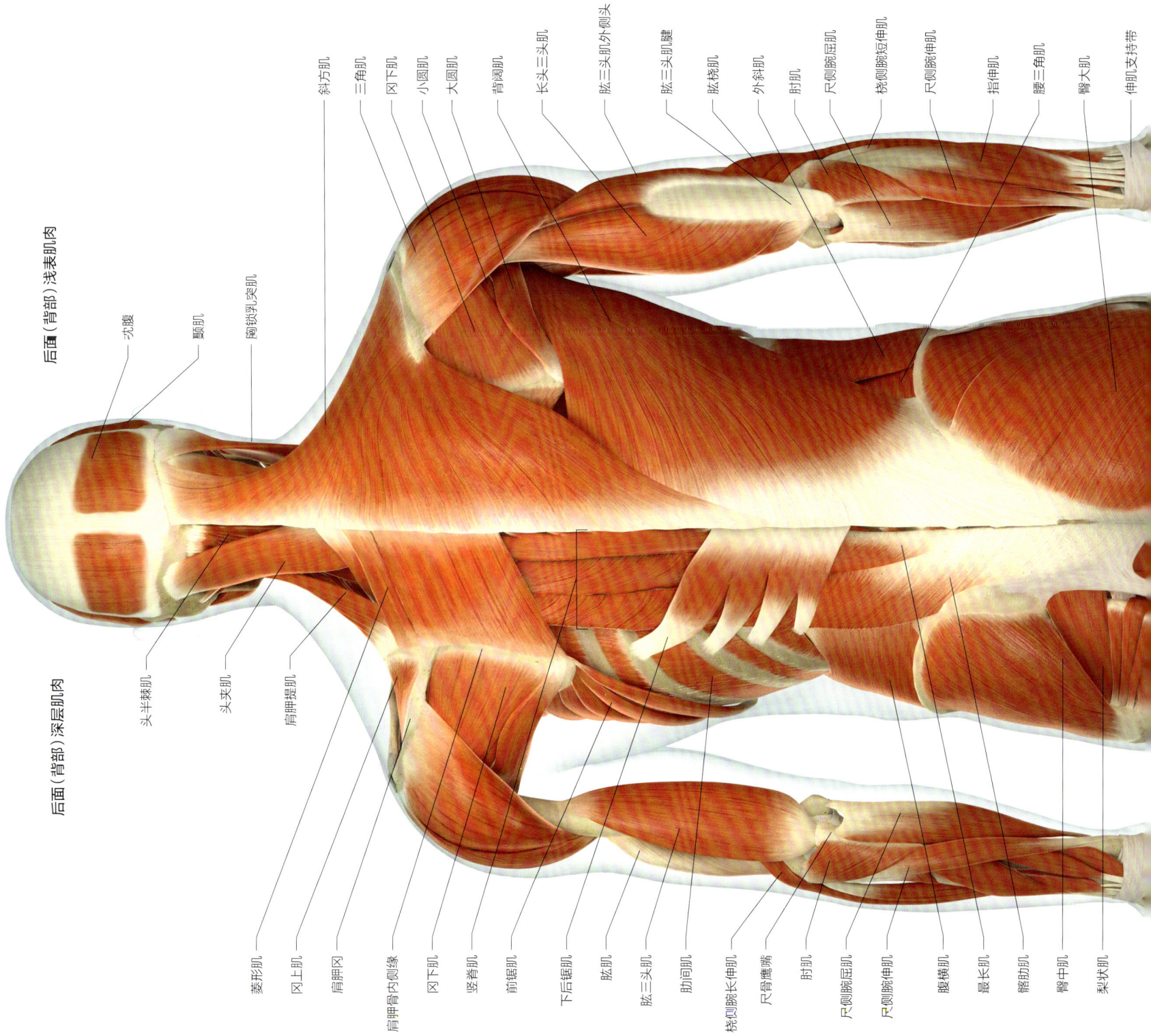

后面（背部）浅表肌肉

后面（背部）深层肌肉

斜方肌
三角肌
冈下肌
小圆肌
大圆肌
背阔肌
长头三头肌
肱三头肌外侧头
肱三头肌腱
肱桡肌
外斜肌
肘肌
尺侧腕屈肌
桡侧腕短伸肌
尺侧腕伸肌
指伸肌
腰三角肌
臀大肌
伸肌支持带

沈腹
颞肌
胸锁乳突肌

头半棘肌
头夹肌
肩胛提肌

菱形肌
冈上肌
肩胛冈
肩胛骨内侧缘
冈下肌
竖脊肌
前锯肌
下后锯肌
肱肌
肱三头肌
肋间肌
桡侧腕长伸肌
尺骨鹰嘴
肘肌
尺侧腕屈肌
尺侧腕伸肌
腹横肌
最长肌
髂肋肌
臀中肌
梨状肌

后部肌肉

后视图或背视图显示了人体最大的肌肉，即臀部的臀大肌。它位于髋骨和股骨之间。站立时，绷紧它可以使背部和大腿成一直线，而收缩则将大腿向后拉以行走、奔跑和跳跃。同时还可以看到人体最大、最粗的肌腱——跟腱，它把腓肠肌和其他小腿肌肉连接到下方的跟骨上，并且踮起脚尖时会更加突出。几条更长、更细的肌腱从前臂的肌肉中伸出，并在腕部的伸肌支持带下方通过，以伸直手指。

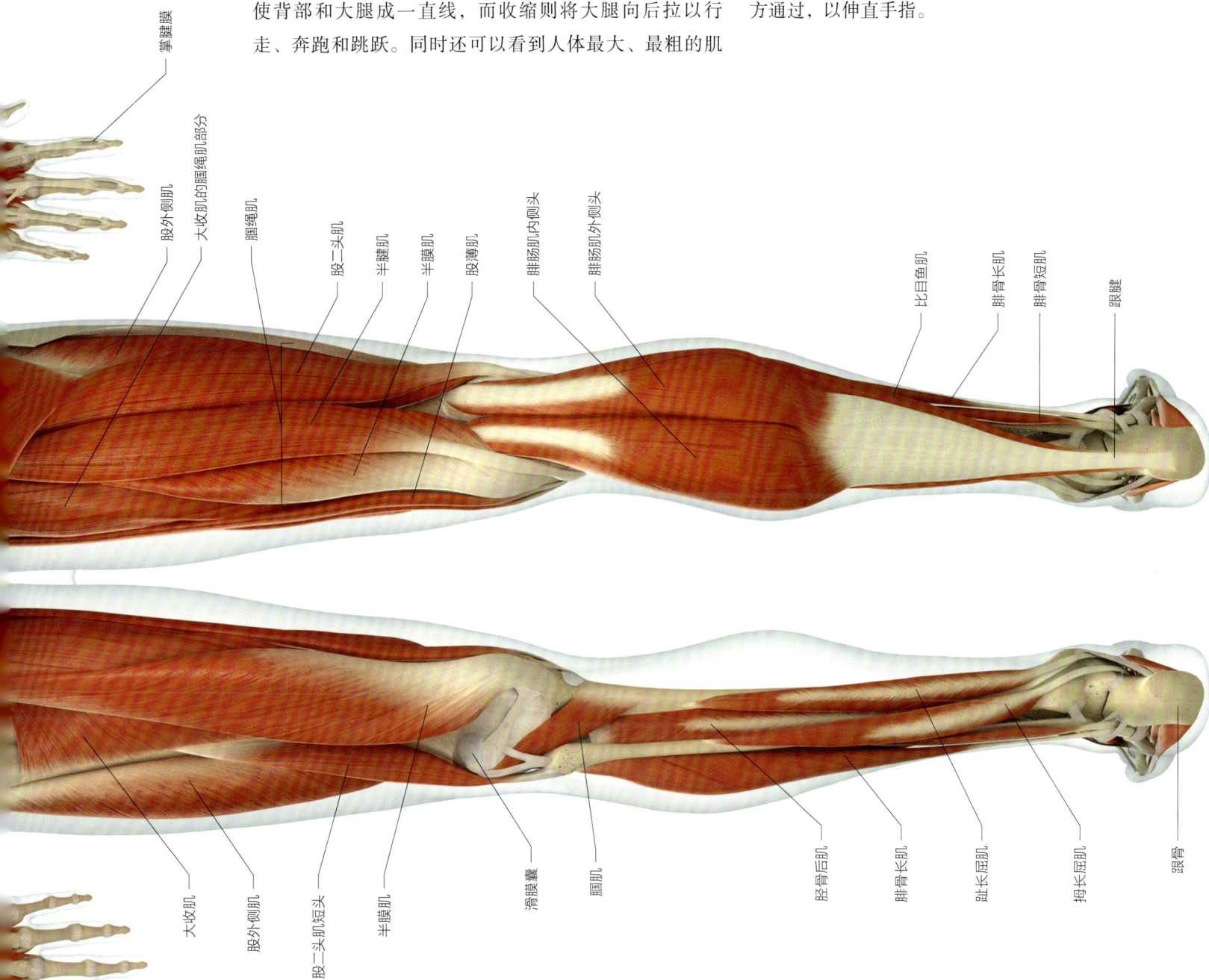

掌腱膜

股外侧肌

大收肌的腘绳肌部分

腘绳肌

股二头肌

半腱肌

半膜肌

股薄肌

腓肠肌内侧头

腓肠肌外侧头

比目鱼肌

腓骨长肌

腓骨短肌

跟腱

大收肌

股外侧肌

股二头肌短头

半膜肌

滑膜囊

腘肌

胫骨后肌

腓骨长肌

趾长屈肌

拇长屈肌

跟骨

如果所有骨骼肌都朝同一方向拉，则可以举起 20 吨以上的重物

肌肉如何工作

肌肉只能通过缩短来产生力量，而不能主动伸长来推动。为了使肌肉在多个方向上运动，其成对或成组排列，并朝着不同的方向拉动。例如，上臂的肱二头肌收缩以弯曲肘部。当肱二头肌放松时，其下方的肱三头肌收缩以使肘部伸展。

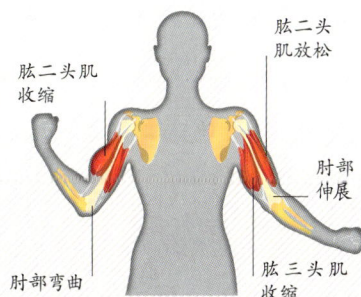

肱二头肌收缩

肘部弯曲

肱二头肌放松

肘部伸展

肱三头肌收缩

神经系统

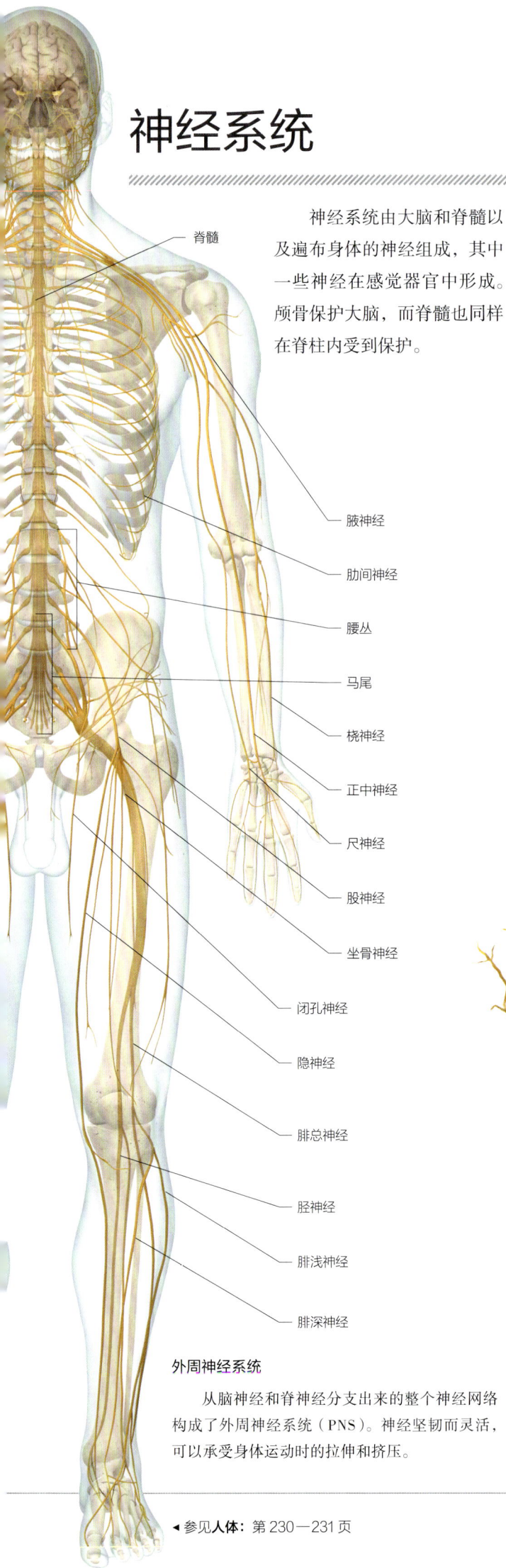

神经系统由大脑和脊髓以及遍布身体的神经组成，其中一些神经在感觉器官中形成。颅骨保护大脑，而脊髓也同样在脊柱内受到保护。

脊髓

腋神经

肋间神经

腰丛

马尾

桡神经

正中神经

股神经

尺神经

坐骨神经

闭孔神经

隐神经

腓总神经

胫神经

腓浅神经

腓深神经

外周神经系统

从脑神经和脊神经分支出来的整个神经网络构成了外周神经系统（PNS）。神经坚韧而灵活，可以承受身体运动时的拉伸和挤压。

中枢神经系统

脑的底部逐渐变细，直至脊髓。脑和脊髓一起形成了中枢神经系统（CNS）。脊髓沿着椎骨的中央向下延伸，在椎间隙之间发出31对脊神经。

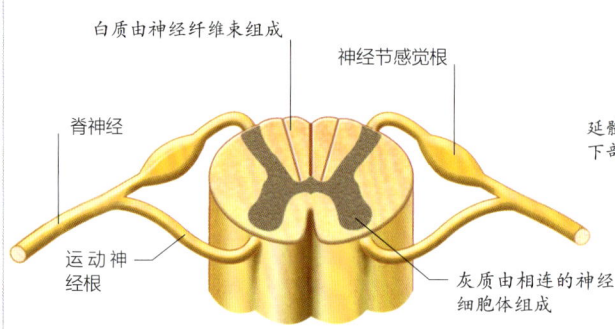

白质由神经纤维束组成

神经节感觉根

脊神经

运动神经根

灰质由相连的神经细胞体组成

脊髓节段

脊神经的根部分裂成向肌肉传递运动脉冲的前（腹）分支和带来感觉信息的后（背）分支。

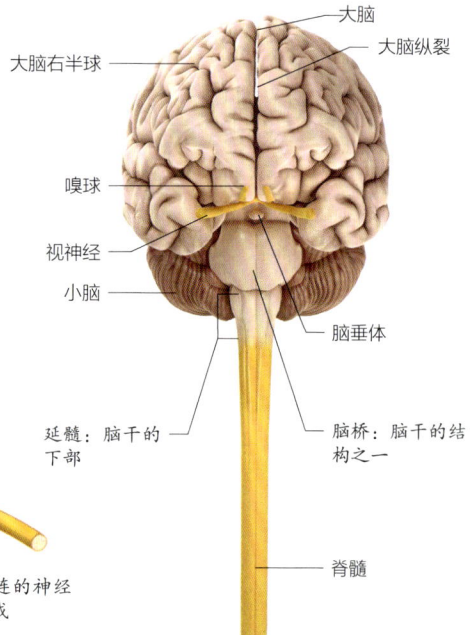

大脑

大脑右半球

大脑纵裂

嗅球

视神经

小脑

脑垂体

延髓：脑干的下部

脑桥：脑干的结构之一

脊髓

中枢神经系统正视图

大脑被大脑纵裂分为左、右两个半球。大脑下方是小脑和脑干。

神经元的组成

单个神经细胞或神经元具有许多不同的形状和模式，但大多数具有相同的组成部分。细的、多分支的树突从其他神经元收集神经冲动或信号，并将其传递至主要细胞体。在此过程中，脉冲被合并，并且如果达到某个阈值，信号将沿着轴突或神经纤维传送给其他神经元。

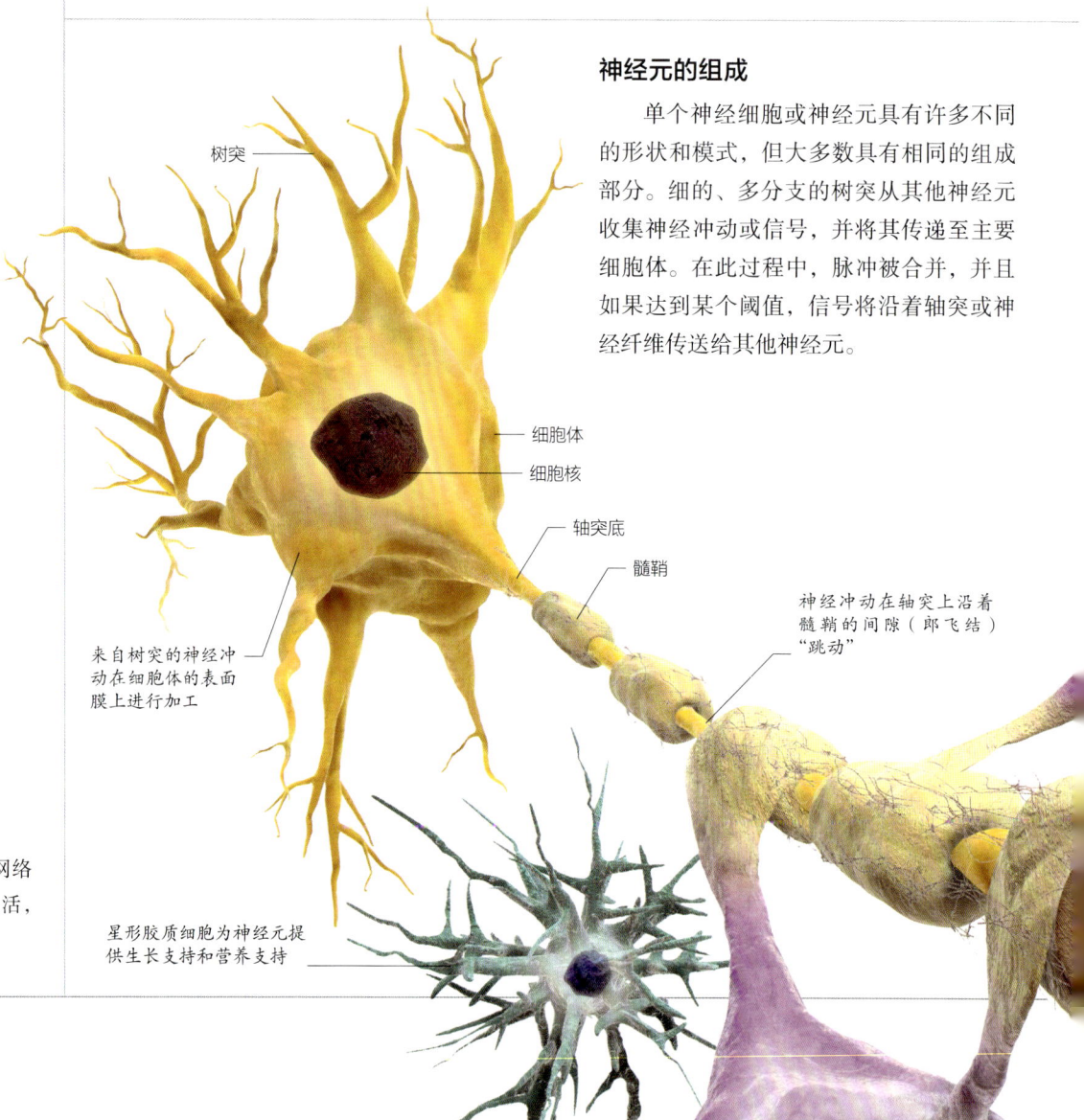

树突

细胞体

细胞核

轴突底

髓鞘

神经冲动在轴突上沿着髓鞘的间隙（郎飞结）"跳动"

来自树突的神经冲动在细胞体的表面膜上进行加工

星形胶质细胞为神经元提供生长支持和营养支持

◀ 参见**人体**：第230—231页

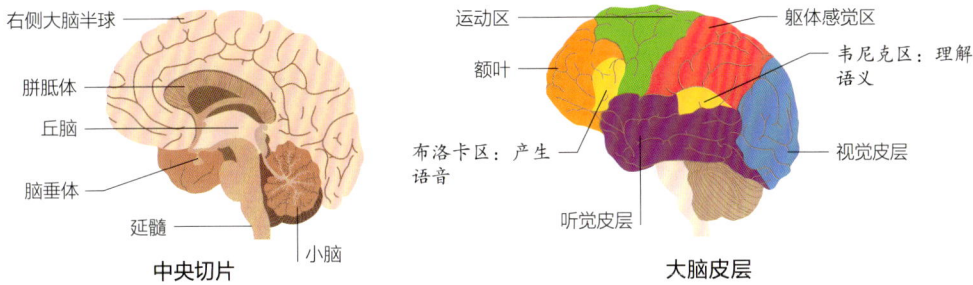

中央切片

从侧面观看的垂直切片显示，大脑的半球由神经纤维束（胼胝体）相连。

右侧大脑半球
胼胝体
丘脑
脑垂体
延髓
小脑

运动区
额叶
布洛卡区：产生语音
听觉皮层
躯体感觉区
韦尼克区：理解语义
视觉皮层

大脑皮层

大脑皮层是包裹在大脑外表的 2～3 毫米的细胞层。所有皮层区域协同工作，但某些区域具有特定功能，包括加工图像和文字等。

大脑只占人体总重量的2%，但消耗其能量的 20%

加工触觉信息

大脑皮层的躯体感觉区从全身皮肤接收信息。最敏感的躯体感觉（例如手、嘴唇和舌头）对应的皮层区域最大。

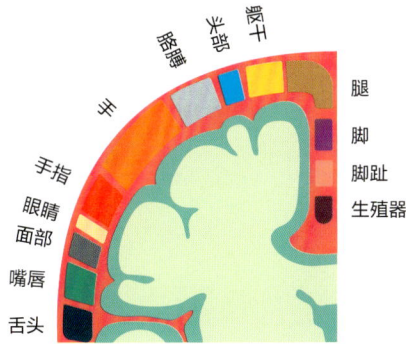

躯干
头部
腿
脚
脚趾
生殖器
手
手指
眼睛
面部
嘴唇
舌头

感官

主要的感觉是视觉、听觉、嗅觉、味觉和触觉，但是感觉还包括自身的内部信息，例如身体部位的位置和重力的方向。

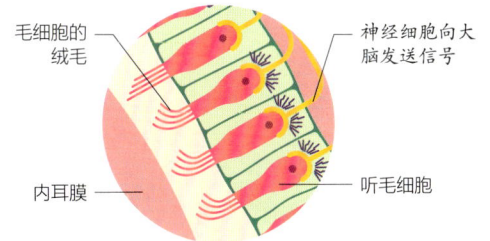

毛细胞的绒毛
内耳膜
神经细胞向大脑发送信号
听毛细胞

耳朵

在内耳中，声音会引起振动，从而震动嵌入了微毛的耳膜，这会触发毛细胞产生神经冲动。

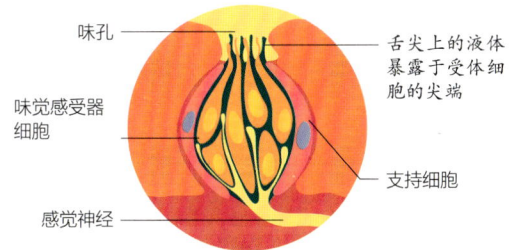

味孔
味觉感受器细胞
感觉神经
舌尖上的液体暴露于受体细胞的尖端
支持细胞

舌头

舌头表面上存在多达 10000 个微观味蕾，可分辨出五种主要味道：甜、咸、酸、苦和鲜。

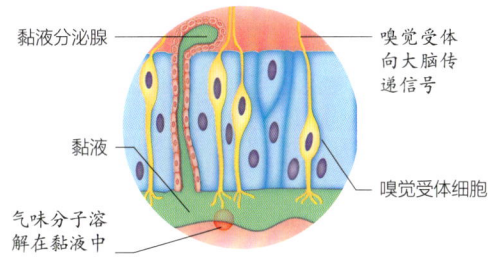

黏液分泌腺
黏液
气味分子溶解在黏液中
嗅觉受体向大脑传递信号
嗅觉受体细胞

鼻子

像舌头一样，鼻子对特定的化学物质也有反应，它们能够被鼻腔顶部两个斑块中的 5000 万个嗅觉受体细胞检测到。

将信号传递给下一个神经细胞

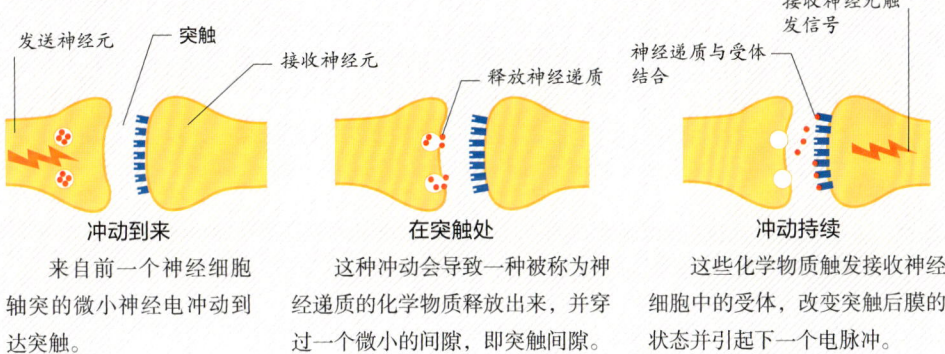

发送神经元
突触
接收神经元
释放神经递质
接收神经元触发信号
神经递质与受体结合

冲动到来

来自前一个神经细胞轴突的微小神经电冲动到达突触。

在突触处

这种冲动会导致一种被称为神经递质的化学物质释放出来，并穿过一个微小的间隙，即突触间隙。

冲动持续

这些化学物质触发接收神经细胞中的受体，改变突触后膜的状态并引起下一个电脉冲。

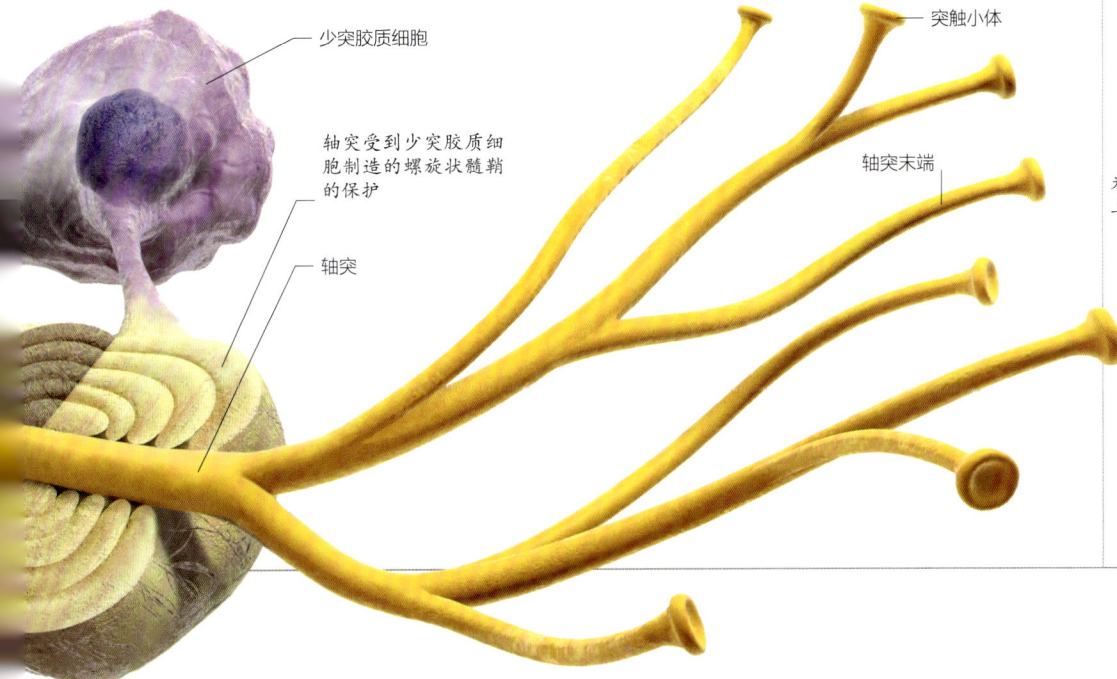

少突胶质细胞
轴突受到少突胶质细胞制造的螺旋状髓鞘的保护
轴突
突触小体
轴突末端

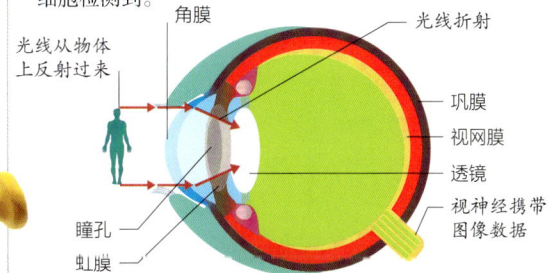

光线从物体上反射过来
角膜
光线折射
巩膜
视网膜
透镜
视神经携带图像数据
瞳孔
虹膜

眼睛

光线被圆顶状角膜折射，穿过虹膜中的缝隙或瞳孔，然后由晶状体聚焦到感光视网膜上。

参见**生殖与内分泌系统**：第 246—247 页 ▶

呼吸与心血管系统

呼吸和心血管是人体中最重要、最直接的系统。如果一个人停止呼吸或血液循环仅有几分钟，生命也会停止。呼吸可以从空气中获取必需的氧气，同时也可以清除体内的二氧化碳。二氧化碳在体内累积过多就会致命。由心脏、血管和血液组成的心血管系统将氧气、营养物质和数百种其他物质分布到身体各处，同时收集二氧化碳和其他废物。

呼吸系统

上呼吸道是指鼻子、咽部和喉部。它们通向气管，并分支成两个称为支气管的空气通道——每个都通向肺部。支气管又在每个肺内分支成更细的细支气管。

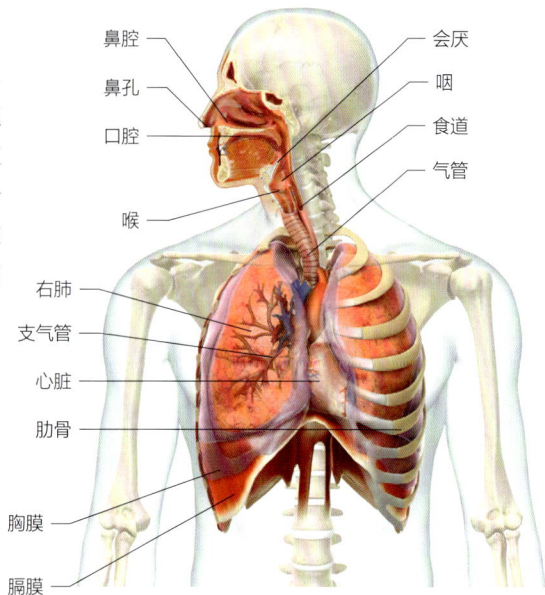

鼻腔
鼻孔
口腔
喉
会厌
咽
食道
气管
右肺
支气管
心脏
肋骨
胸膜
膈膜

吸气和呼气

吸气时，肺下的膈肌收缩并变平，肋骨间的肋间肌收缩以扩张胸部。这两个动作都能使海绵状的肺扩大以吸入空气。当这些肌肉放松时，肺部收缩并呼气。

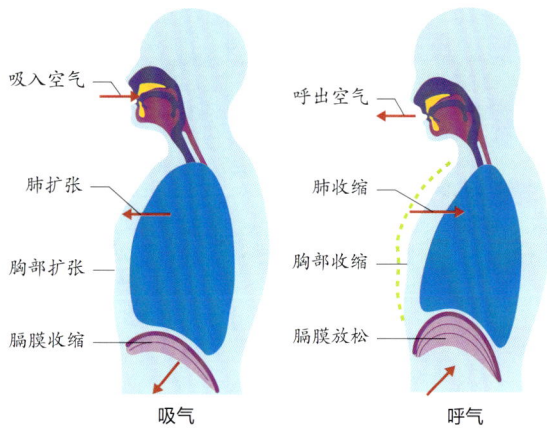

吸入空气
肺扩张
胸部扩张
膈膜收缩
吸气

呼出空气
肺收缩
胸部收缩
膈膜放松
呼气

从空气到血液

在肺的深处，细支气管反复分支到肺泡的微小空气空间中，每个肺泡都被微小的毛细血管网络包围着。氧气从浓度较高的肺泡空气中扩散到氧气较低的血液中。二氧化碳在血液中的浓度更高，所以它会向反方向扩散。

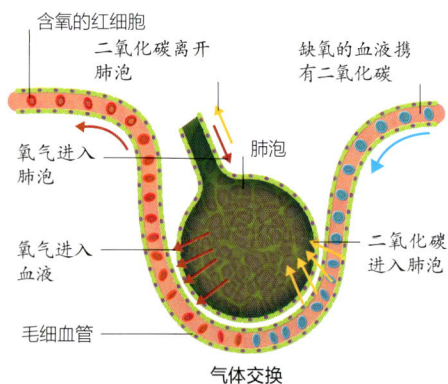

含氧的红细胞
二氧化碳离开肺泡
缺氧的血液携有二氧化碳
氧气进入肺泡
肺泡
氧气进入血液
二氧化碳进入肺泡
毛细血管
气体交换

颈静脉
颈动脉
主动脉
肺动脉
肺静脉
肱动脉
心脏
肱静脉
腔静脉
髂总动脉
桡动脉
桡静脉
髂总静脉
股静脉
股动脉
腘静脉
腘动脉
大隐静脉
胫后动脉
胫后静脉

心血管系统

主动脉是将血液从心脏输出的主要动脉。血管从它分支出来，供给体内几乎所有的细胞。血液最终流入人体最大的静脉——腔静脉。腔静脉将用过的血液回流到心脏。

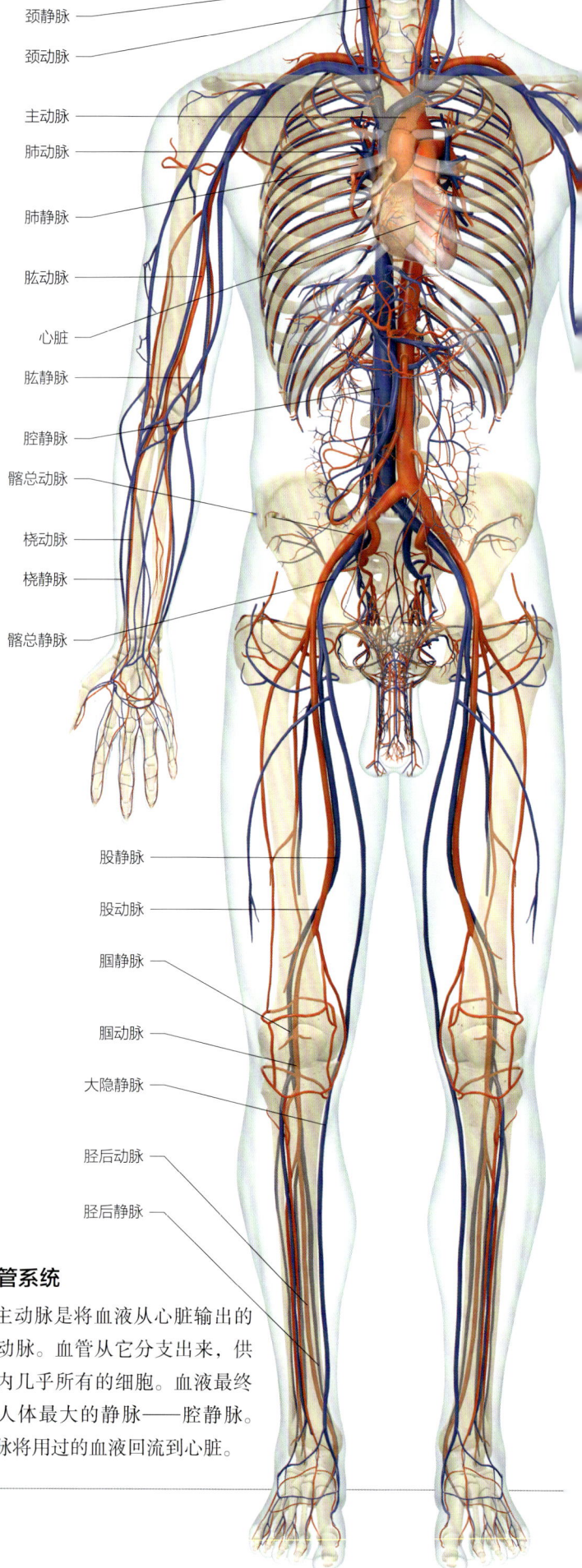

一个人的所有血管首尾相连，几乎能环绕地球三圈

人体

心脏如何跳动

心脏壁由厚而强壮的心肌组成。每隔一秒左右，它们都会经历一个协调的循环收缩和放松，这就是心跳。心肌的电活动可以被检测出来，并显示为一条波形线，即心电图（ECG）。

心房收缩

心脏天然起搏器窦房结发出微弱电信号，会触发上面两个小的心房收缩。血液通过瓣膜流向下心室腔。心电图上表现为P波。

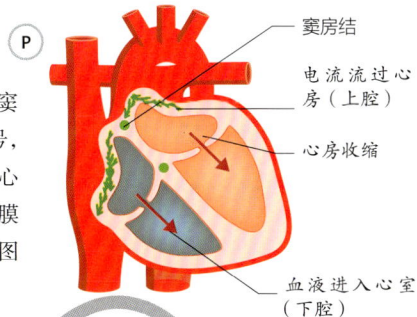

窦房结
电流流过心房（上腔）
心房收缩
血液进入心室（下腔）

信号传递

心室的肌肉更粗壮。电信号由房室结沿着心室壁的特殊传导纤维传递到基底部。

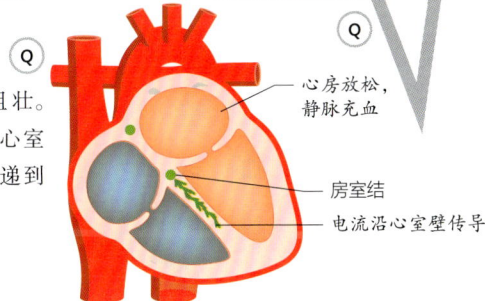

心房放松，静脉充血
房室结
电流沿心室壁传导

心室收缩

当信号从心室基部通过其肌肉壁向上传递时，会刺激心室收缩，使血液通过瓣膜向上挤压，从心脏进入主要动脉。心电图上呈"R"形峰值。

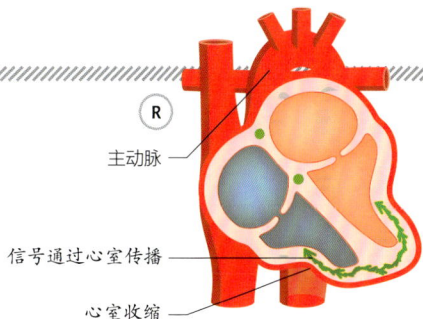

主动脉
信号通过心室传播
心室收缩

肌肉收缩完成

在心电图上，厚心室壁的完整收缩动作被称为QRS波复合体。下降的S波表明这些肌肉动作已经完成并开始恢复。

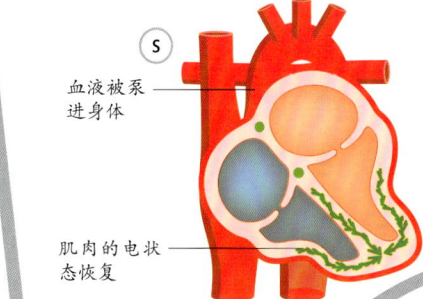

血液被泵进身体
肌肉的电状态恢复

心脏充电

电活动恢复到中性，心肌恢复和放松。然而，心脏并没有主动扩大以吸收更多的血液。相反，主静脉内的压力将血液推入心房，以便进行下一个搏动周期。

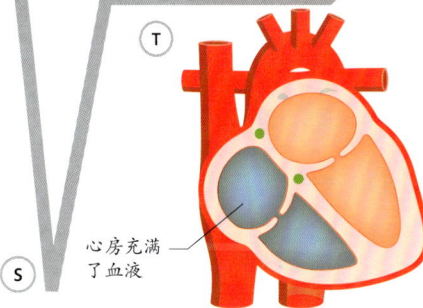

心房充满了血液

血液传播方式

从心脏输送血液的动脉有坚固的管壁，可以改变管径来控制流向身体各部分的血液。每条动脉多次分裂成更细的小动脉，最后是相当于毛发1/10粗细的毛细血管，这是气体交换发生的地方。毛细血管通过小静脉连接到主静脉，主静脉的单向阀确保血液回流到心脏。

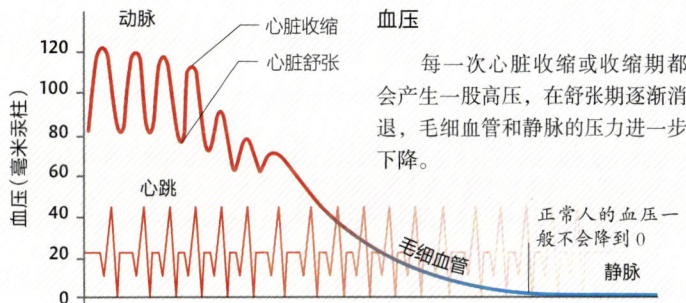

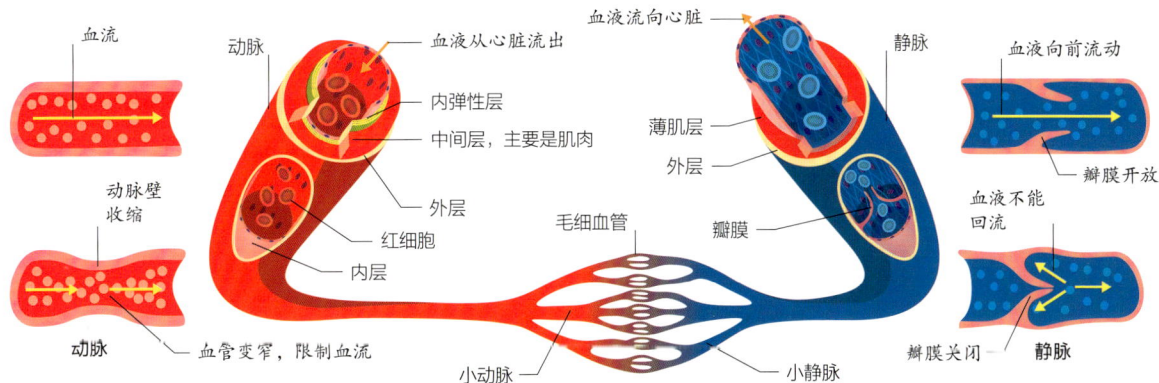

血压

每一次心脏收缩或收缩期都会产生一股高压，在舒张期逐渐消退，毛细血管和静脉的压力进一步下降。

动脉
心脏收缩
心脏舒张
心跳
毛细血管
正常人的血压一般不会降到0
静脉
血压（毫米汞柱）

血流
动脉
血液从心脏流出
内弹性层
中间层，主要是肌肉
外层
红细胞
内层
动脉壁收缩
动脉
血管变窄，限制血流
血液流向心脏
静脉
薄肌层
外层
瓣膜
毛细血管
小动脉
小静脉
血液向前流动
瓣膜开放
血液不能回流
瓣膜关闭
静脉

在任何时候，血液的80%在静脉，10%在动脉，5%在毛细血管，5%在心脏

双循环

心脏是双循环的交叉点。低氧血液从右心室流向肺部以获取更多的氧气（肺循环）。接下来，血液返回到左心房，并被泵到全身的细胞和组织（体循环），再返回到右心房。

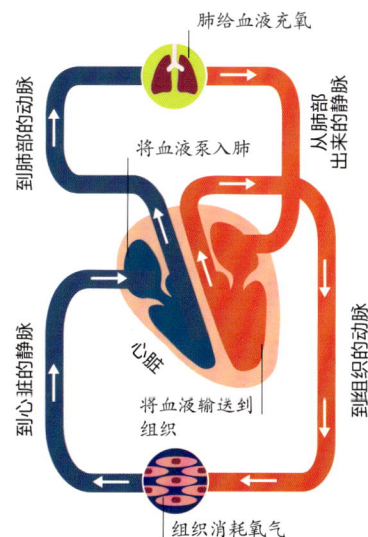

肺给血液充氧
将血液泵入肺
到肺部的动脉
从肺部出来的静脉
到心脏的静脉
将血液输送到组织
心脏
到组织的动脉
组织消耗氧气

参见淋巴与免疫系统：第242—243页 ▶ 消化与泌尿系统：第244—245页 ▶ 人类生命周期：第248—249页 ▶ **241**

淋巴与免疫系统

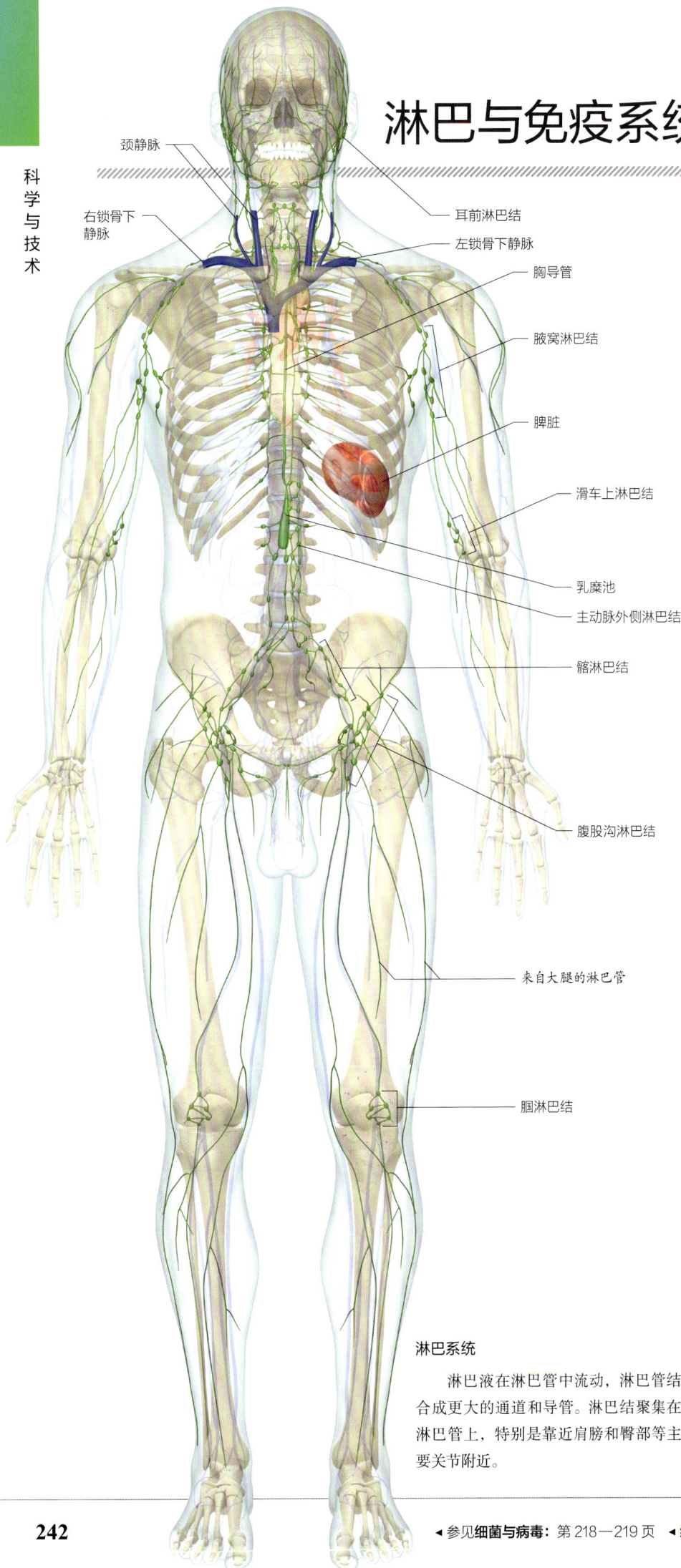

颈静脉

右锁骨下静脉

耳前淋巴结

左锁骨下静脉

胸导管

腋窝淋巴结

脾脏

滑车上淋巴结

乳糜池

主动脉外侧淋巴结

髂淋巴结

腹股沟淋巴结

来自大腿的淋巴管

腘淋巴结

淋巴系统

淋巴液在淋巴管中流动，淋巴管结合成更大的通道和导管。淋巴结聚集在淋巴管上，特别是靠近肩膀和臀部等主要关节附近。

淋巴系统是人体第二大体液流动网络，仅次于血液循环系统。但是淋巴液在很小的压力下缓慢移动，而且只有一个方向，而不是循环。它从身体细胞之间的空隙排出液体，分配营养物质和收集废物。它也与保护人体免受损害和疾病的免疫系统密切相关。

淋巴组织和器官

淋巴组织存在于身体的许多部位，包括消化系统的大部分。特别是富含淋巴细胞的器官，例如，鼻子里的腺样体、喉咙里的扁桃体、脾脏、骨髓（产生许多免疫细胞的地方）和胸腺（免疫细胞成熟的地方）。

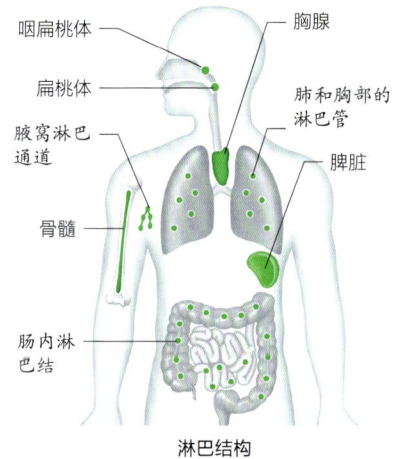

咽扁桃体

胸腺

扁桃体

肺和胸部的淋巴管

腋窝淋巴通道

脾脏

骨髓

肠内淋巴结

淋巴结构

淋巴是如何工作的

淋巴运动是由于肌肉和身体活动的按摩作用引起的。导管和血管中的瓣膜确保液体从细胞和组织单向流动，最终将液体回流到血液中。

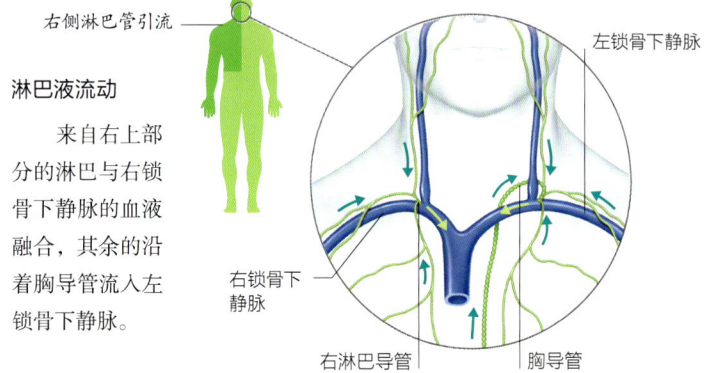

右侧淋巴管引流

淋巴液流动

来自右上部分的淋巴与右锁骨下静脉的血液融合，其余的沿着胸导管流入左锁骨下静脉。

左锁骨下静脉

右锁骨下静脉

右淋巴导管

胸导管

淋巴过滤

淋巴起源于细胞排出的液体和细胞间的液体。它由约600个淋巴结渗出，那里的白细胞（如淋巴细胞）会攻击并清除异物，尤其是入侵的微生物。

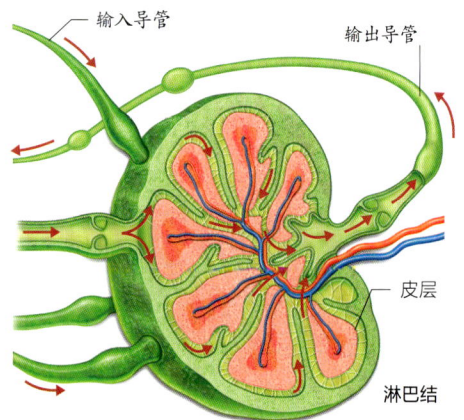

输入导管

输出导管

皮层

淋巴结

◀ 参见**细菌与病毒**：第218—219页　◀ **细胞如何工作**：第220—221页　◀ **人体**：第230—231页

一些巨噬细胞可以吃掉 200 多个细菌，
然后通过"暴饮暴食"的方式自我毁灭

免疫系统

免疫系统是遍布全身的器官、组织和细胞组成的网络。它的主要任务是识别和消除对健康的威胁，例如入侵的微生物。

免疫细胞

免疫细胞是白细胞的一种，包括吞噬细菌等颗粒的巨噬细胞。

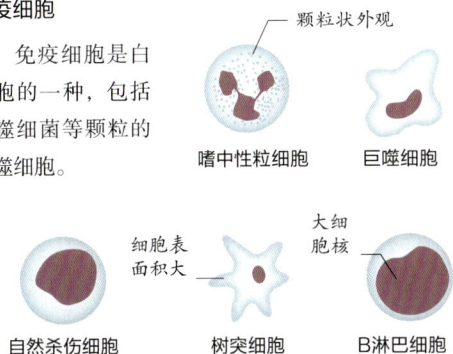

- 颗粒状外观
- 嗜中性粒细胞
- 巨噬细胞
- 细胞表面积大
- 自然杀伤细胞
- 树突细胞
- 大细胞核
- B淋巴细胞

炎症反应

除了击退入侵者，免疫系统还有助于识别和修复损伤。许多白细胞参与其中。在受伤的部位，肥大细胞释放组胺，使局部血管扩张，从而引发防御功能。该部位会发红、发热、肿胀，可能还会疼痛——这是炎症的四个症状。

第一道防御

在皮肤的裂口处，局部反应使毛细血管壁变宽、多孔。白细胞通过缝隙挤进"战区"。

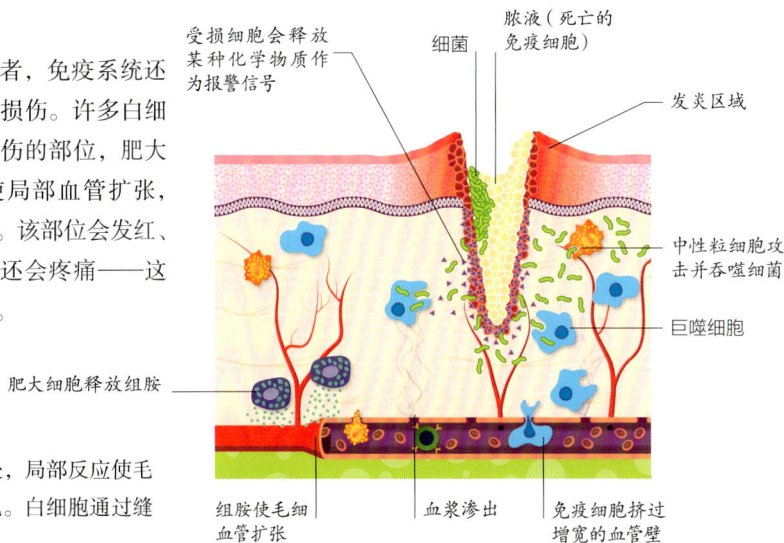

受损细胞会释放某种化学物质作为报警信号
脓液（死亡的免疫细胞）
细菌
发炎区域
中性粒细胞攻击并吞噬细菌
巨噬细胞
肥大细胞释放组胺
组胺使毛细血管扩张
血浆渗出
免疫细胞挤过增宽的血管壁

适应性免疫应答

对几乎所有类型的损害或入侵的一般反应被称为固有免疫反应。此外，针对某些特定的感染细菌产生的特定的反应称为适应性免疫应答。

基于抗体的免疫反应

免疫系统能识别入侵者的"非自身"抗原。B 淋巴细胞产生抗体，并与抗原结合，以中和并破坏它们。

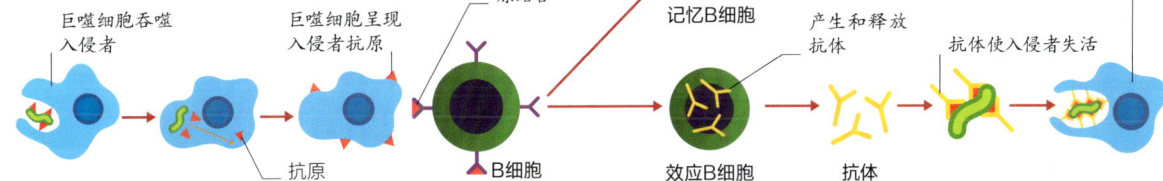

巨噬细胞吞噬入侵者 → 巨噬细胞呈现入侵者抗原 → 抗原 → B 细胞与抗原结合 → B细胞 → 特定记忆 B 细胞会为以后的使用而增殖 → 记忆B细胞 → 产生和释放抗体 → 效应B细胞 → 抗体 → 巨噬细胞吞噬受损的入侵者 → 抗体使入侵者失活

❶ 呈现抗原
巨噬细胞通过吞下入侵者并将入侵者的抗原展示给其他免疫细胞来开始这一过程。

❷ 抗体生产
B 细胞与外来抗原结合并克隆自身，生成记忆 B 细胞和产生抗体的效应 B 细胞。

❸ 抗体释放
抗体进入血液并粘附入侵者，把它们标记出来，等待其他免疫细胞的攻击。

细胞免疫反应

和以抗体为基础的系统一样，以细胞为基础的免疫反应产生记忆细胞，记忆细胞会在第二次发动更快的攻击。

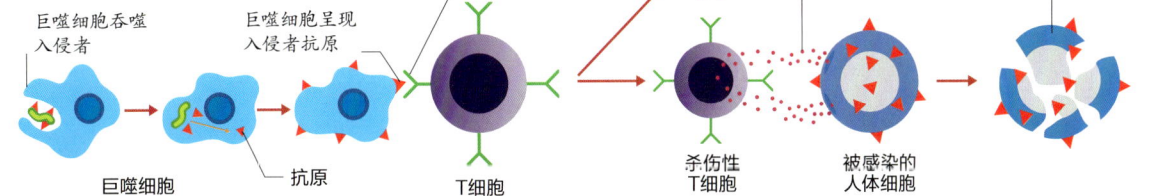

巨噬细胞吞噬入侵者 → 巨噬细胞呈现入侵者抗原 → 抗原 → 巨噬细胞 → T 细胞被细胞表面的抗原激活以供以后的使用 → T细胞 → 特定记忆 T 细胞会为以后的使用而增殖 → 记忆T细胞 → 杀伤 T 细胞释放细胞杀伤毒素 → 杀伤性T细胞 → 细胞破裂和死亡 → 被感染的人体细胞

❶ 呈现抗原
同样地，免疫细胞如巨噬细胞或树突细胞，吞下入侵者并显示外来抗原。

❷ T 细胞工作
在外来抗原的触发下，T 细胞（或 T 淋巴细胞）自身克隆产生记忆 T 细胞和杀伤性 T 细胞。

❸ 杀伤性 T 细胞
杀伤性 T 细胞直接攻击不需要的物质。特定的记忆 T 细胞被储存起来以应对下一次攻击。

识别自身和非自身

每个人体细胞都有一层独特的标记蛋白或抗原。抗原是向免疫细胞发出的信号，这样它们就能被识别。

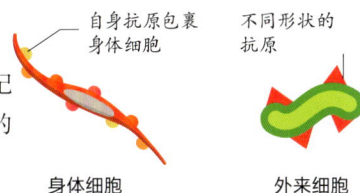

自身抗原包裹身体细胞
身体细胞
不同形状的抗原
外来细胞

每一滴血含有 37.5 万个免疫细胞

接种疫苗

在对抗特定的入侵者（如病毒）后，免疫系统可以利用记忆细胞迅速发动另一次攻击。在免疫中，一种失活的病毒或它的一部分作为疫苗进入人体。这不会导致疾病，但抗原会引发一种免疫反应，在未来感染病毒时可以被迅速激活。

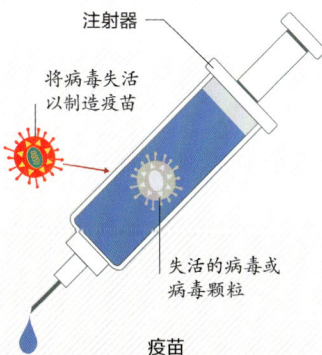

注射器
将病毒失活以制造疫苗
失活的病毒或病毒颗粒
疫苗

◀ 参见呼吸与心血管系统：第 240—241 页　当代医学：第 252—253 页 ▶　疾病传播与控制：第 254—255 页 ▶

消化与泌尿系统

腹部包含两个与输入和输出有关的身体系统。消化系统会分解食物，把它的能量和营养带入血液，然后分配给身体。血液从细胞和组织中收集多余物质，并且排泄出去。排泄的主要产物是尿液，因此这个系统被称为泌尿系统。

肝脏是人体最大的内脏器官，有 500 多种功能

牙齿

消化过程从口腔开始。每颗牙齿的牙根都在颚骨上，牙冠上覆盖着人体最坚硬的物质——牙釉质，用于咬和咀嚼。在这下面是不那么硬的、能减震的牙本质。中央是有神经和血管的牙髓。

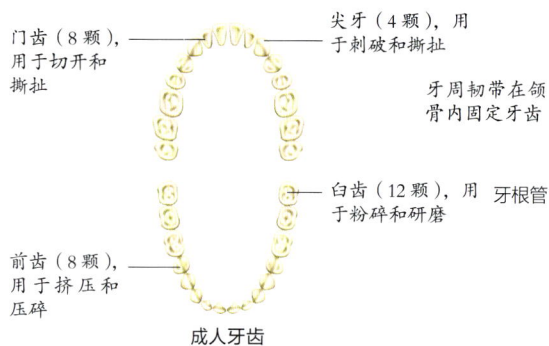

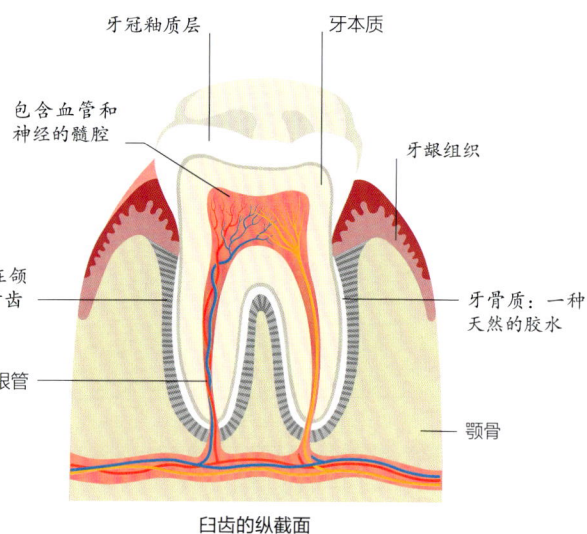

门齿（8 颗），用于切开和撕扯

尖牙（4 颗），用于刺破和撕扯

白齿（12 颗），用于粉碎和研磨

前齿（8 颗），用于挤压和压碎

成人牙齿

牙冠釉质层

牙本质

包含血管和神经的髓腔

牙龈组织

牙周韧带在颌骨内固定牙齿

牙根管

牙骨质：一种天然的胶水

颚骨

臼齿的纵截面

消化系统

最初在口腔中的消化过程主要是物理捣碎和压碎。不过也会发生化学消化过程——唾液酶可以分解淀粉。胃部会进行物理挤压，同时也会产生一些酸性物质和蛋白酶。肠道消化主要是化学过程。

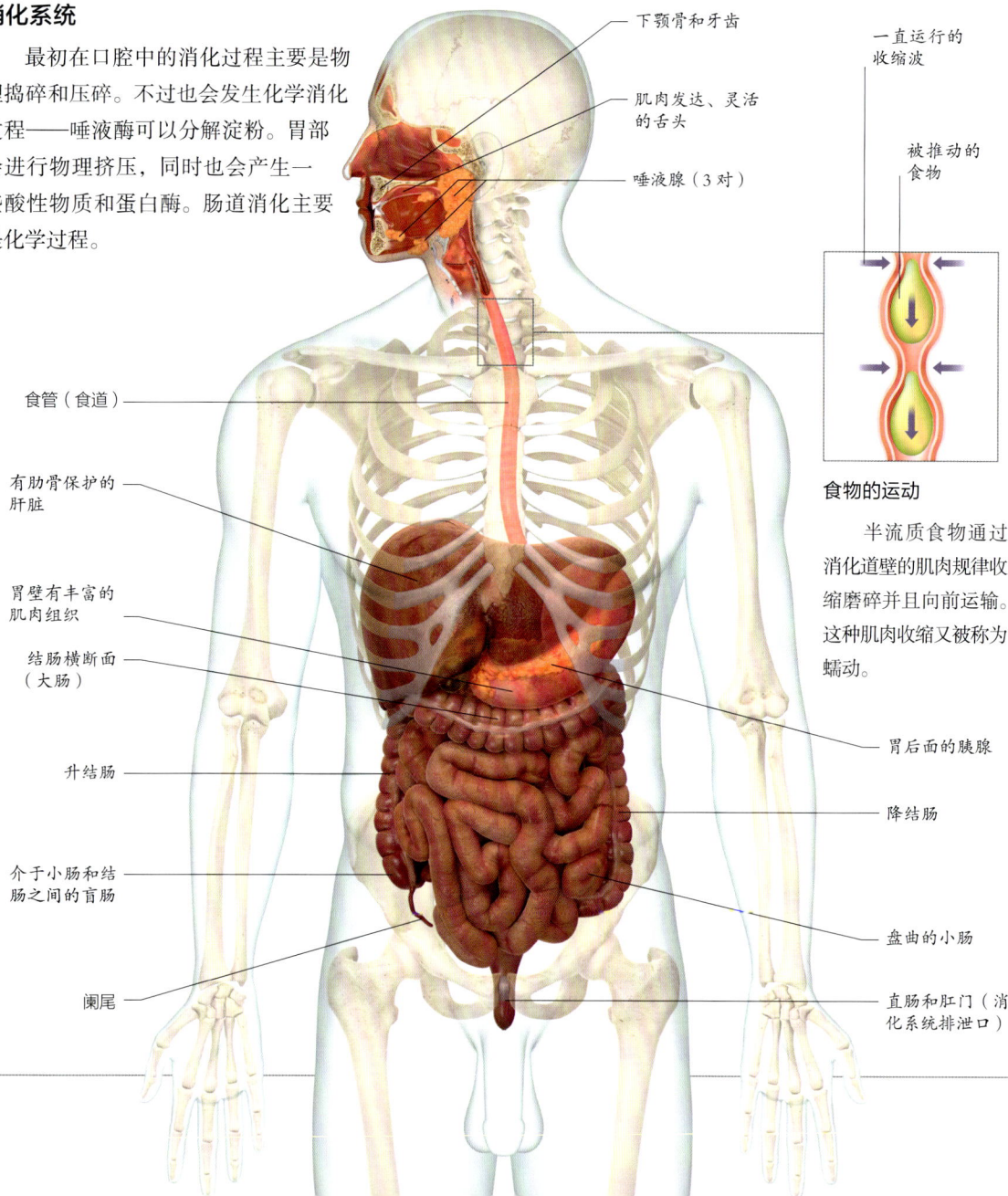

下颚骨和牙齿

肌肉发达、灵活的舌头

唾液腺（3 对）

食管（食道）

有肋骨保护的肝脏

胃壁有丰富的肌肉组织

结肠横断面（大肠）

升结肠

介于小肠和结肠之间的盲肠

阑尾

胃后面的胰腺

降结肠

盘曲的小肠

直肠和肛门（消化系统排泄口）

一直运行的收缩波

被推动的食物

食物的运动

半流质食物通过消化道壁的肌肉规律收缩磨碎并且向前运输。这种肌肉收缩又被称为蠕动。

消化道

消化道是一个单程的、从口到肛门的长通道。不同的区域执行不同的功能，食物通常需要 24 ～ 36 小时才能通过。

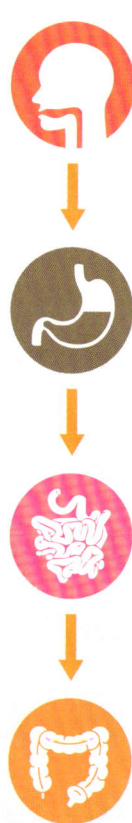

嘴和喉咙

食物由嘴唇进入，由牙齿咀嚼，由舌头改变形状，从而为吞咽做准备。

胃

像袋子一样的胃能够膨胀好几个小时以消化食物。

小肠

消化系统中最长的部分，主要完成化学消化和吸收物质到血液。

大肠

大量的水和人体必需的盐分被吸收，剩下的就形成了粪便。

两个肾脏虽然不到身体重量的 1%，却接收着超过心脏总供血量 1/5 的血液

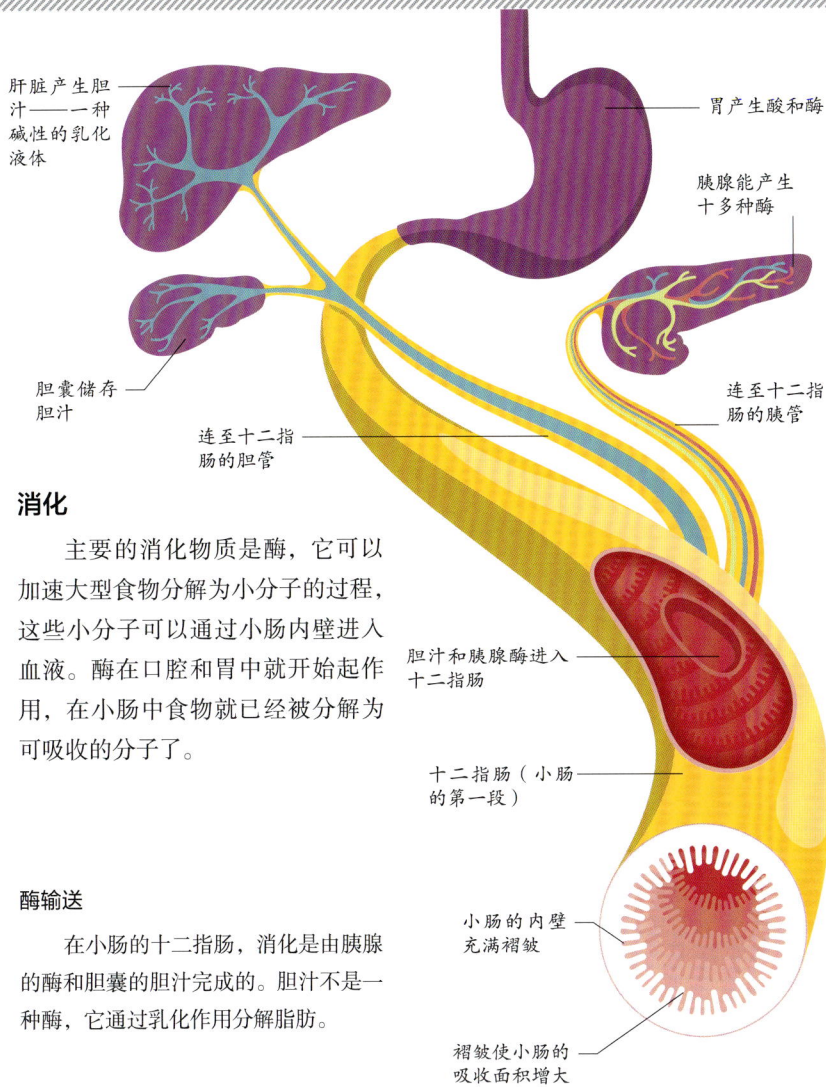

肝脏产生胆汁——一种碱性的乳化液体

胆囊储存胆汁

连至十二指肠的胆管

胃产生酸和酶

胰腺能产生十多种酶

连至十二指肠的胰管

消化

主要的消化物质是酶，它可以加速大型食物分解为小分子的过程，这些小分子可以通过小肠内壁进入血液。酶在口腔和胃中就开始起作用，在小肠中食物就已经被分解为可吸收的分子了。

胆汁和胰腺酶进入十二指肠

十二指肠（小肠的第一段）

酶输送

在小肠的十二指肠，消化是由胰腺的酶和胆囊的胆汁完成的。胆汁不是一种酶，它通过乳化作用分解脂肪。

小肠的内壁充满褶皱

褶皱使小肠的吸收面积增大

营养

一个健康的身体需要均衡摄取五种主要的营养成分——碳水化合物、蛋白质、脂肪、维生素和矿物质。维生素和矿物质是人体必需的，但与碳水化合物、蛋白质和脂肪相比，它们的需求量很小。

碳水化合物
糖和淀粉是主要的能量提供者，它们在细胞中被分解，为生命过程提供能量。

维生素
从皮肤更新到食物消化，人体各种生命过程大约需要 13 种维生素。

蛋白质
它们被分解成氨基酸，是所有组织重构所必需的结构分子。

矿物质
大部分是简单的化学物质，包括牙齿和骨骼所需的钙，等等。

脂肪
适量的脂肪对健康的神经系统和其他组织来说非常重要，而且也是人体重要的能量来源物质。

水
人体的大部分新陈代谢是在细胞内和细胞间的水状液体中进行的。

泌尿系统

两个肾脏是泌尿系统的核心。它们位于上腹部的后部，将血液中的尿素和其他数十种废物过滤形成一种液体——尿液。肾脏还能调节人体的水分平衡，一方面保持水分，使尿液浓缩，另一方面排出多余的水分，使尿液更稀。

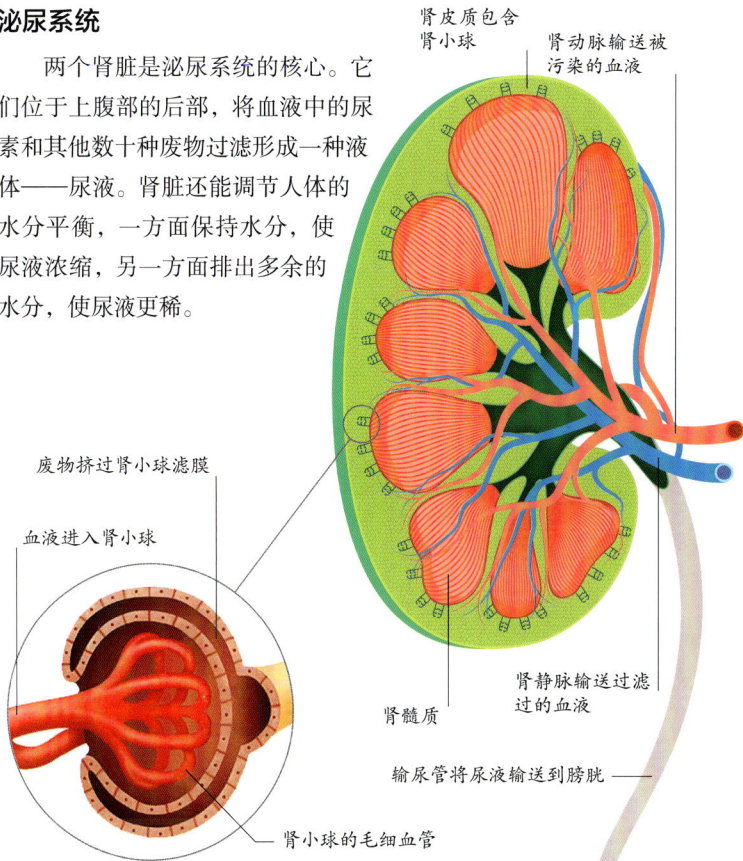

肾皮质包含肾小球

肾动脉输送被污染的血液

废物挤过肾小球滤膜

血液进入肾小球

肾静脉输送过滤过的血液

肾髓质

输尿管将尿液输送到膀胱

肾小球的毛细血管

过滤器特写
水和废物通过毛细血管（肾小球）从血液中排出。

肾脏功能
外层，即皮层，包含一百万个微滤细胞（肾小球）。尿液聚集在中央区域。

男性和女性泌尿道

尿液从肾脏流向输尿管，储存在一个有弹性的肌肉袋，即膀胱中。女性从膀胱排出尿液的尿道通向生殖器区域。男性尿道大约是女性尿道的 5 倍长，并且尿道就在生殖器末端开口。

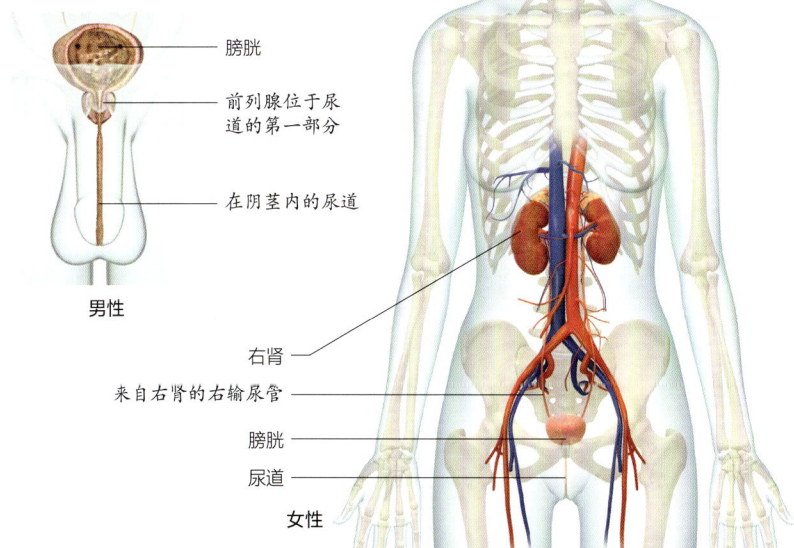

膀胱

前列腺位于尿道的第一部分

在阴茎内的尿道

男性

右肾

来自右肾的右输尿管

膀胱

尿道

女性

◀ 参见**呼吸与心血管系统**：第 240—241 页　**人类生命周期**：第 248—249 页 ▶

生殖与内分泌系统

生育后代的生殖系统与控制和协调消化、排泄、血液形成、心率、血压、睡眠–觉醒。周期、身体生长和性成熟等诸多过程的内分泌或激素系统之间有许多密切的联系。这也是女性和男性之间区别最大的两个系统。

男性生殖系统是如何工作的

精子是由包裹在每个睾丸内的输精管中的精原细胞快速分裂产生的。它们逐渐成熟，长出尾巴，储存在睾丸旁边的一根 6 米长的附睾的螺旋管中。

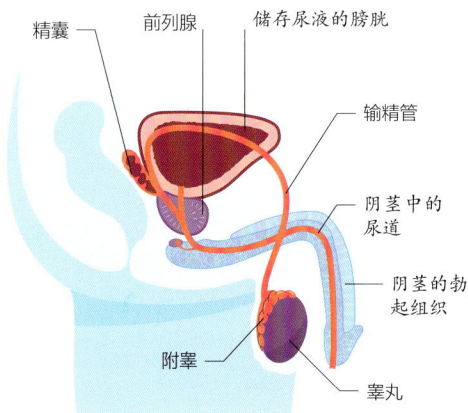

精囊　前列腺　储存尿液的膀胱
输精管
阴茎中的尿道
阴茎的勃起组织
附睾
睾丸

精子之路

在精子释放（射精）时，精子会沿着输精管通过。前列腺和精囊增加营养液以形成精液，并沿尿道排出。

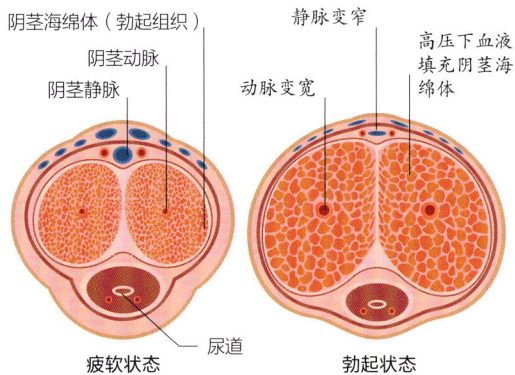

阴茎海绵体（勃起组织）　静脉变窄　高压下血液填充阴茎海绵体
阴茎动脉
阴茎静脉　动脉变宽
尿道
疲软状态　勃起状态

阴茎结构

为了使阴茎僵硬和勃起以进行性交，它的动脉变宽以填充更多的血液，但静脉会变窄。血液在压力下使阴茎海绵体组织充血。

生殖系统

男性和女性身体的生殖系统有很大的不同，这是由于它们在联合完成生殖过程中所起的作用不同。女性生殖系统包括了为新生婴儿生产乳汁的乳房和乳腺，以及卵细胞发育的卵巢和胎儿发育的子宫。

两个睾丸以每秒 1500 多个精子的速度产生精子

男性生殖系统

与女性性器官不同的是，男性的性器官大多在下腹的外面。这里稍低的温度有利于高效地产生精子。

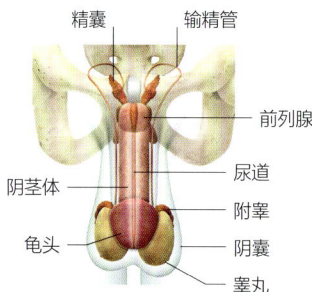

精囊　输精管
前列腺
阴茎体　尿道
附睾
龟头　阴囊
睾丸

女性生殖系统

女性生殖系统包括产生卵细胞并使其成熟的卵巢，可用于受精的输卵管，胚胎生长的子宫，以及胎儿出生的产道——阴道。

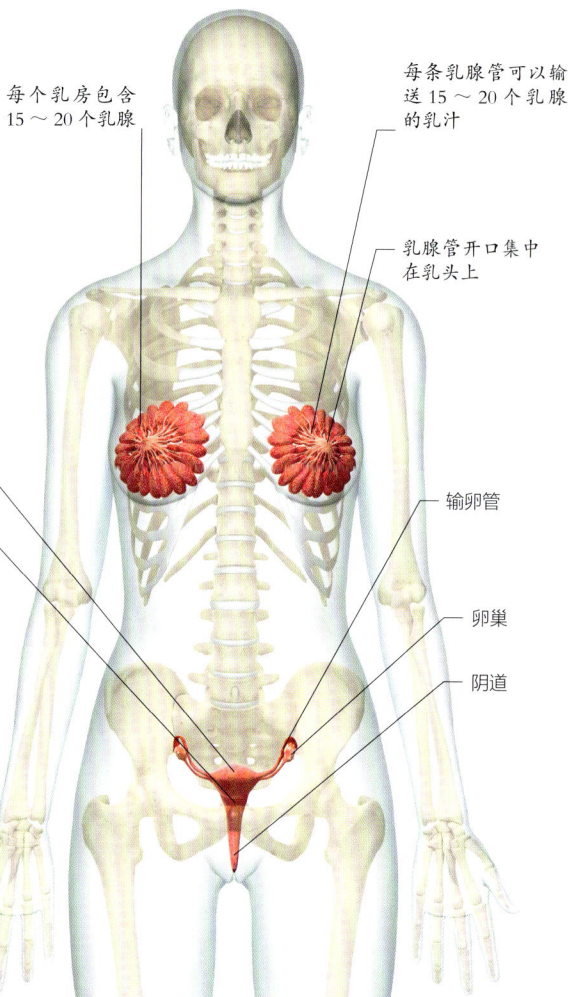

每个乳房包含 15 ～ 20 个乳腺
每条乳腺管可以输送 15 ～ 20 个乳腺的乳汁
乳腺管开口集中在乳头上
子宫
子宫颈
输卵管
卵巢
阴道

女性生殖系统是如何工作的

每个月，女性的生殖系统都会为怀孕做准备。两个卵巢各有成千上万个处于休眠状态的卵子，其中一个开始在卵泡中成熟，同时子宫内膜开始变厚，为卵子提供滋养。

排卵

在激素控制的月经周期中，卵细胞生长、成熟和排卵（参见第 247 页）。

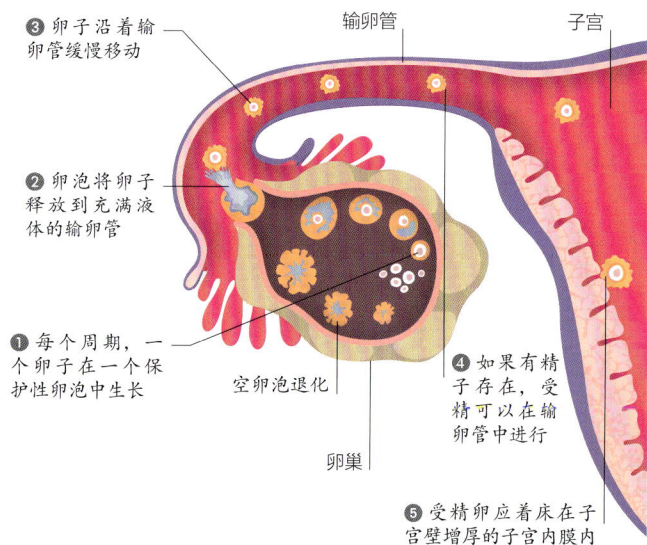

❸ 卵子沿着输卵管缓慢移动　输卵管　子宫
❷ 卵泡将卵子释放到充满液体的输卵管
❶ 每个周期，一个卵子在一个保护性卵泡中生长
空卵泡退化
卵巢
❹ 如果有精子存在，受精可以在输卵管中进行
❺ 受精卵应着床在子宫壁增厚的子宫内膜内

一个女孩出生时，
她的卵巢里就已经有 50 万到 100 万个卵细胞了

内分泌系统

激素是由内分泌腺或组织中产生的。它们在血液中循环，影响被称为目标器官或组织的部位。有些激素对全身都有影响，例如，来自胰腺的胰岛素控制所有身体细胞如何使用葡萄糖作为能量来源。有些激素则是特异化的，例如，来自肾上腺的醛固酮控制肾脏功能，调节身体的水分平衡。

主要内分泌腺

大多数腺体是多功能的。甲状腺分泌了调节身体新陈代谢速度的甲状腺激素；肾上腺也分泌许多激素，包括肾上腺素等。

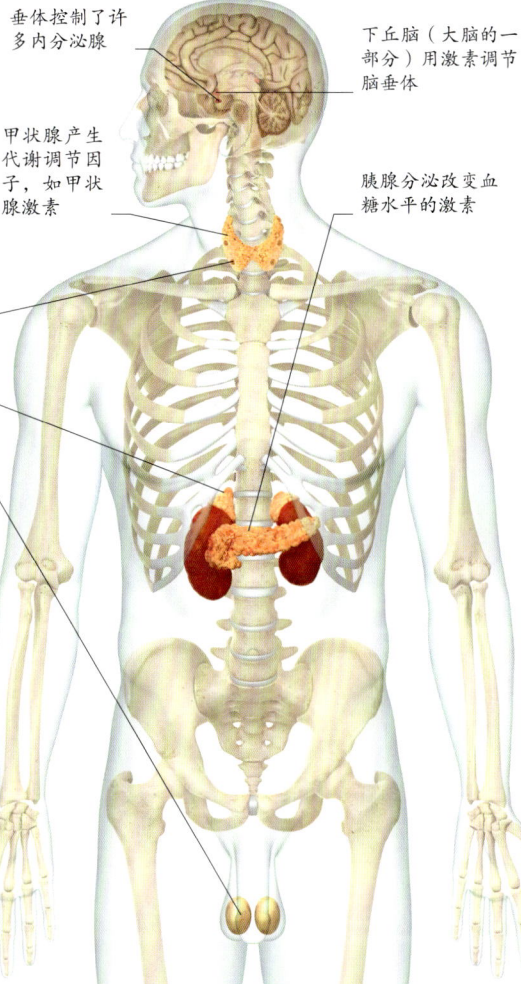

垂体控制了许多内分泌腺

下丘脑（大脑的一部分）用激素调节脑垂体

甲状腺产生代谢调节因子，如甲状腺激素

胰腺分泌改变血糖水平的激素

来自甲状旁腺（位于甲状腺后部）的激素调节身体的钙水平

肾脏上方的肾上腺分泌调节血容量和血压的激素

来自男性睾丸的睾丸激素会影响性发育和精子的产生

女性其他内分泌腺

两个卵巢能够产生激素，如主要的雌激素，它控制着性发育和生殖或月经周期。

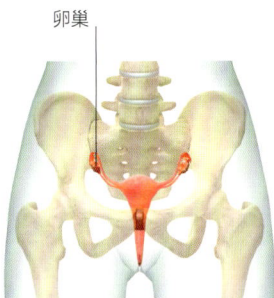

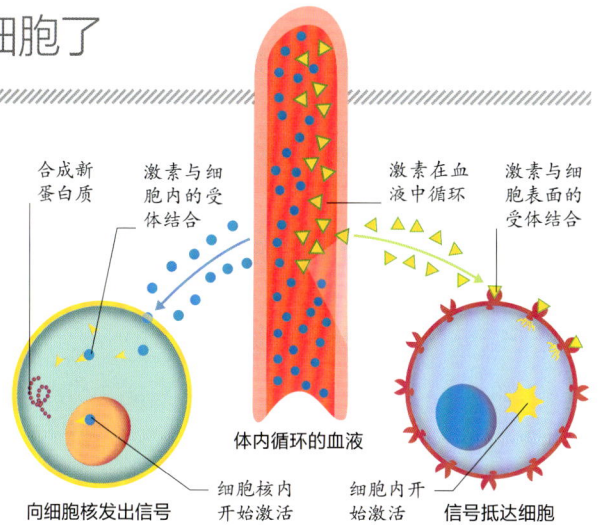

卵巢

合成新蛋白质

激素与细胞内的受体结合

激素在血液中循环

激素与细胞表面的受体结合

体内循环的血液

向细胞核发出信号

细胞核内开始激活

细胞内开始激活

信号抵达细胞

激素是如何工作的

某些激素直接进入细胞核，刺激目标物质的产生。在某些情况下，激素会触发细胞膜受体。

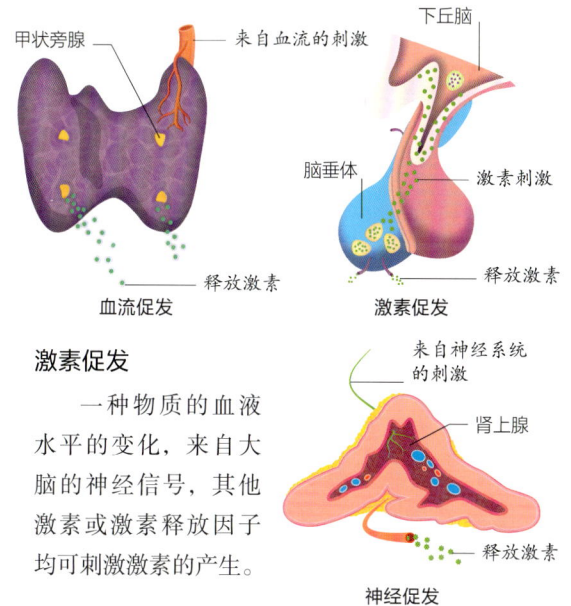

甲状旁腺

来自血流的刺激

下丘脑

脑垂体

激素刺激

血流促发

释放激素

激素促发

释放激素

激素促发

一种物质的血液水平的变化，来自大脑的神经信号，其他激素或激素释放因子均可刺激激素的产生。

来自神经系统的刺激

肾上腺

释放激素

神经促发

激素周期

雌激素刺激子宫内膜的生长，其峰值会引发更多的激素，从而在第 14 天或第 14 天左右引发排卵。孕激素进一步刺激子宫内膜的生长，但如果没有受精卵着床，它的水平就会下降，从而减少子宫内膜的血液供应，导致内膜脱落。

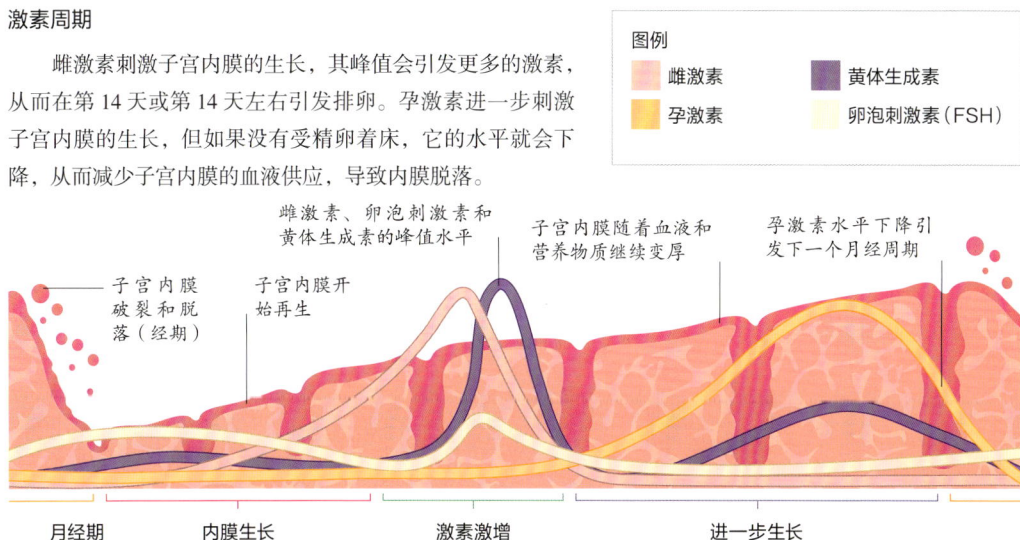

图例

■ 雌激素　　■ 黄体生成素
■ 孕激素　　□ 卵泡刺激素（FSH）

子宫内膜破裂和脱落（经期）

子宫内膜开始再生

雌激素、卵泡刺激素和黄体生成素的峰值水平

子宫内膜随着血液和营养物质继续变厚

孕激素水平下降引发下一个月经周期

月经期　　内膜生长　　激素激增　　进一步生长

月经周期

月经周期一般持续 28 天左右，但也可能会显著不规则。第一天是月经的开始，充血的子宫内膜破裂，并通过阴道流失。

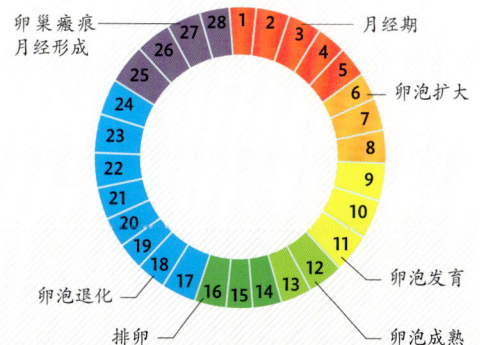

卵巢瘢痕月经形成

月经期

卵泡扩大

卵泡发育

卵泡成熟

排卵

卵泡退化

◀ 参见演化：第 228—229 页　◀ 人体：第 230—231 页　人类生命周期：第 248—249 页 ▶

人类生命周期

人类的发育始于在卵细胞内父亲 DNA 与母亲 DNA 的结合，并在受精卵植入母亲子宫内膜时继续进行。发育过程通常从童年持续到成年，但人的寿命不可避免地受到限制。

受精

人类生命开始时，一个直径约 0.1 毫米的女性卵子与一个更小、只有 0.05 毫米长的男性精子结合而受精。受精卵先分裂成两个细胞，再分裂成四个细胞，以此类推。这些细胞在形成不同的组织和器官时继续增殖和分化。

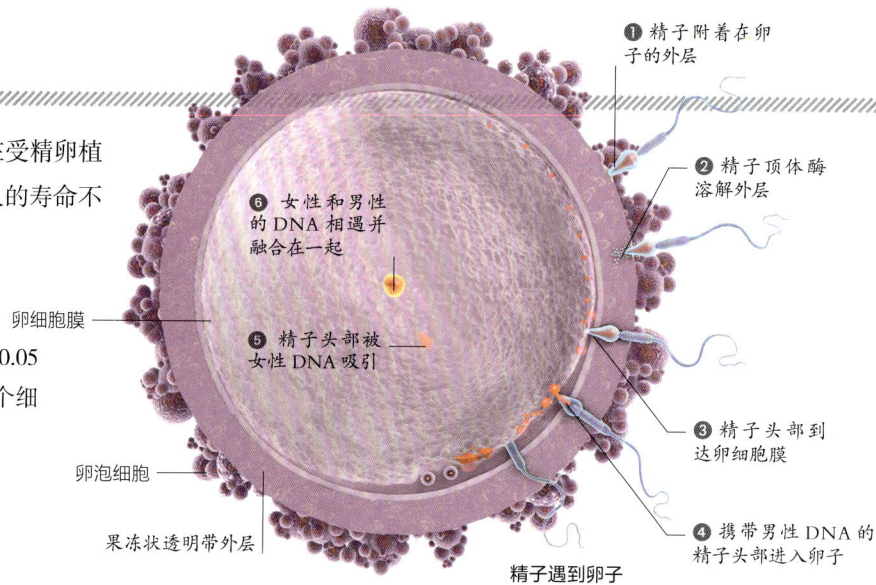

男性健康的精液每毫升含有 4000 万 ~ 3 亿个精子

❶ 精子附着在卵子的外层
❷ 精子顶体酶溶解外层
❸ 精子头部到达卵细胞膜
❹ 携带男性 DNA 的精子头部进入卵子
❺ 精子头部被女性 DNA 吸引
❻ 女性和男性的 DNA 相遇并融合在一起

卵细胞膜
卵泡细胞
果冻状透明带外层

精子遇到卵子

妊娠期

怀孕从受精开始持续约 9 个月。胚胎最早形成的器官是心脏，它在 3 周之前就开始跳动了，还有大脑和脊髓。到 8 周时，所有的主要器官都出现了，此时的胚胎被称为胎儿。

头和脸形成
子宫壁（子宫）
10周

胎盘位于子宫壁
胳膊和腿成型
14周

手非常活跃，能够接触脸和身体
母亲可以感觉到胎儿肢体的运动
24周

胎儿头朝下出生
脐带连接着胎儿和胎盘
40周

出生

分娩时间可以少于 1 小时或超过 1 天，但通常对母亲的第二个和随后的孩子来说时间更短。催产素是主要的分娩激素，由下丘脑（参见第 247 页）产生，由脑垂体释放到血液中，能够刺激子宫壁肌肉的有力收缩。更强烈、更频繁的宫缩会使子宫颈变宽，使婴儿沿着产道移动。

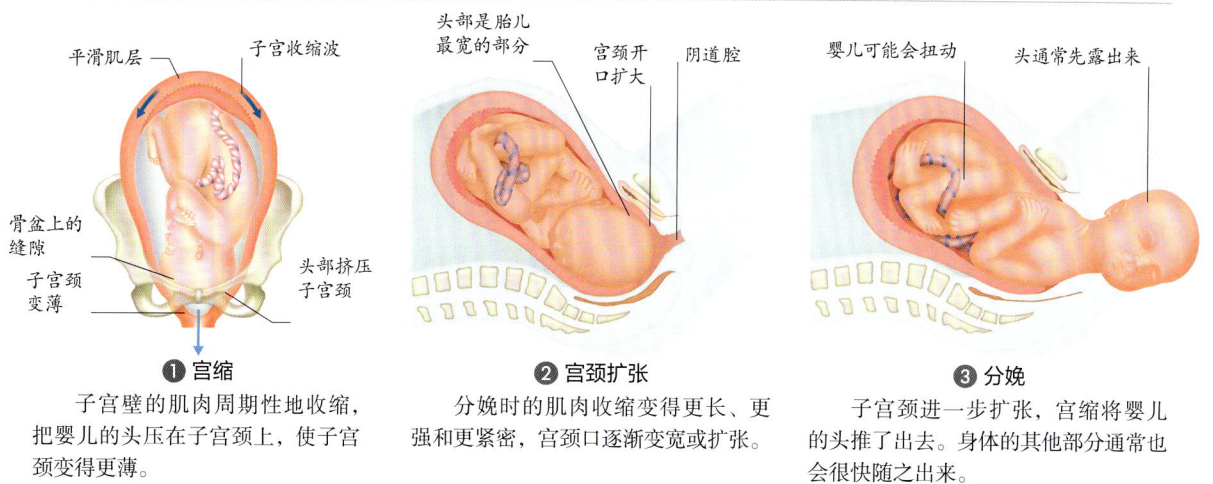

平滑肌层
子宫收缩波
骨盆上的缝隙
子宫颈变薄
头部挤压子宫颈

❶ 宫缩

子宫壁的肌肉周期性地收缩，把婴儿的头压在子宫颈上，使子宫颈变得更薄。

头部是胎儿最宽的部分
宫颈开口扩大
阴道腔

❷ 宫颈扩张

分娩时的肌肉收缩变得更长、更强和更紧密，宫颈口逐渐变宽或扩张。

婴儿可能会扭动
头通常先露出来

❸ 分娩

子宫颈进一步扩张，宫缩将婴儿的头推了出去。身体的其他部分通常也会很快随之出来。

胎盘

胎儿通过胎盘从母亲那里接收氧气、液体、营养物质和能量，胎盘连接着母亲和胎儿。在胎盘内，胎儿血管被母体血液池包围，两者的血液在各自的封闭管道内循环，互不相混，但可进行物质交换。

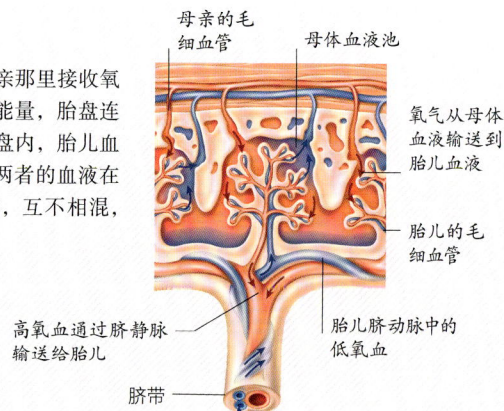

母亲的毛细血管
母体血液池
氧气从母体血液输送到胎儿血液
胎儿的毛细血管
高氧血通过脐静脉输送给胎儿
胎儿脐动脉中的低氧血
脐带

双胞胎

有两种过程会导致两个婴儿一起发育，他们通常相隔几分钟出生。在单卵双胞胎中，一个受精卵分裂成两个，然后这两个细胞继续各自发育成一个婴儿。在异卵双胞胎中，同时释放两个卵细胞，每个卵细胞由独立的精子受精。

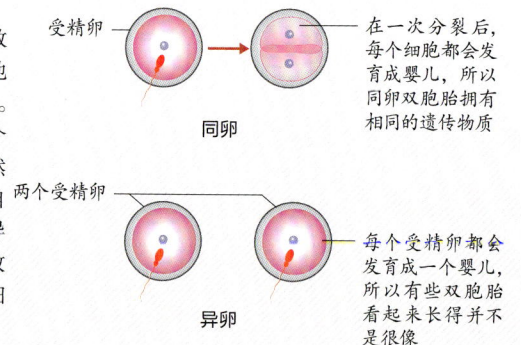

受精卵
在一次分裂后，每个细胞都会发育成婴儿，所以同卵双胞胎拥有相同的遗传物质
同卵

两个受精卵
每个受精卵都会发育成一个婴儿，所以有些双胞胎看起来长得并不是很像
异卵

新生儿

在最初的几秒和几分钟内，新生儿的身体会经历重大的变化。呼吸开始于肺部膨胀并开始吸收氧气。供应它们的肺血管扩张，而通往胎盘的脐带血管开始变窄并退化。消化系统开始为第一次母乳喂养做准备。

乳牙

20颗乳牙从前到后逐步萌芽，到24～26个月时才萌出完毕。大约6年后，它们开始脱落，再次从前面脱落到后面。

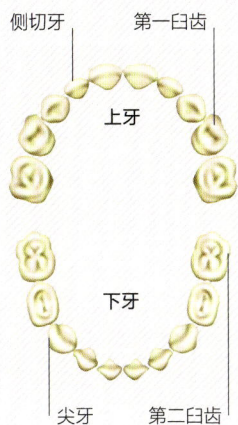

侧切牙　第一臼齿

上牙

下牙

尖牙　第二臼齿

向门：连合胎儿或新生儿颅顶各骨间的膜质部

随着颅骨的生长，向门会被闭合

第一颗牙齿仍然在颌骨内，通常在6个月后出现

若肝脏功能不全，宝宝可能会出现黄疸（皮肤发黄）

肺在出生后几秒就会膨胀

胸腺比例很大

骨骼的软骨部分会逐渐变硬成骨头

由软骨组成的骨骼末端（蓝色）

新生儿图
与成年人相比，新生儿的某些器官相对较大，包括胸腺和大脑。

新生儿的大脑重量只有成人的 1/4

成长

9岁或10岁之前，在生长激素和其他激素的影响下，男孩和女孩的生长速度相似。在青春期阶段，性激素增加，生长速度加快，性别特征形成。

女性

随着阴毛、腋毛和乳房的发育，女性的青春期通常比男性早1～2年，在大约20岁时达到完全的体型和身体成熟。

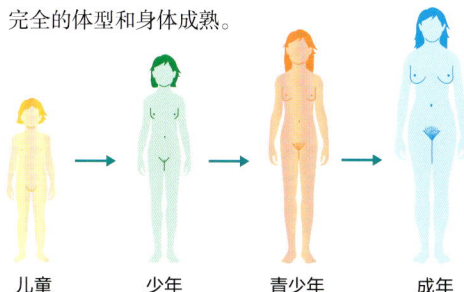

儿童　　少年　　青少年　　成年

男性

在青春期阶段，男性比女性长得更快，促使男性的平均身高更高。男性的面部和身体长有毛发，嗓音也比女性低沉。

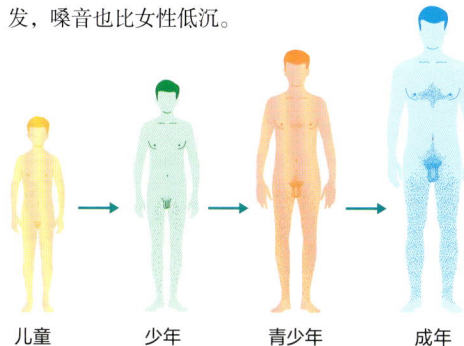

儿童　　少年　　青少年　　成年

在青春期生长高峰期，身高一年可以增加 9 厘米

衰老

身体衰老的速度取决于基因、饮食、运动，以及生活方式、病史和环境条件等因素。身体细胞似乎只能分裂固定的次数，以维持和替换那些死亡的细胞。

端粒

每条染色体臂的末端都有一个DNA的保护端，叫作端粒。它负责保持染色体的完整性和控制细胞分裂周期。

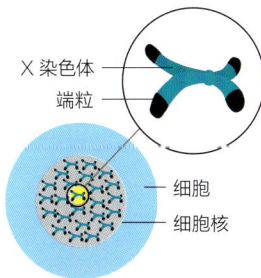

X染色体
端粒
细胞
细胞核

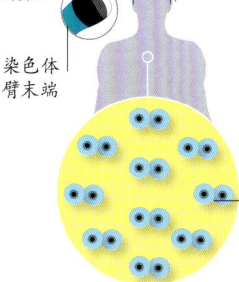

正常端粒
染色体臂末端
细胞周期性分裂

❶ 正常的细胞更新
分子附着在端粒上，在细胞分裂过程中控制DNA的复制。在这个过程的最后，端粒的最后一个片段没有被复制。

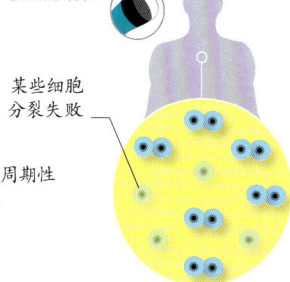

较短的端粒
某些细胞分裂失败

❷ 端粒变短
随着细胞继续分裂，每个端粒变得更短。渐渐地，分子的结合变得更加困难。

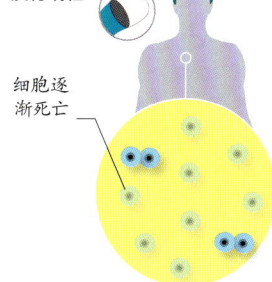

没有端粒
细胞逐渐死亡

❸ 端粒缺失
最终端粒变得很短，复制分子无法再附着上去，细胞死亡时无法进行自我替换。

医学史

医学的起源可以追溯到几千年前。最早的实践者很可能是那些想要帮助伤者或病人的人，他们意识到自己可以发展技能来做到这一点。在其历史的大部分时间里，医学实践与信仰和宗教纠缠在一起。然而，在 15 世纪的欧洲文艺复兴时期，以理性原则为基础，包括观察、实验和记录保存的新医学方法变得普遍起来。科学方法是在 19 世纪发展起来的，20 世纪和 21 世纪见证了医疗技术的广泛使用。

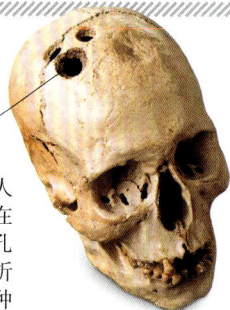

用钻头开凿的圆形切口

公元前 5000 年，人们用钻孔术——在病人的颅骨上凿孔来治疗从颅骨骨折到精神障碍等各种疾病。

颅骨开孔

詹纳为他 11 个月大的儿子接种了天花疫苗，以证明其安全性

1796 年，英国外科医生爱德华·詹纳为了测试一种病毒对另一种病毒的保护潜力，先给一个小男孩种了牛痘，然后让他感染天花病毒。在这一过程中，他普及了疫苗接种，并确立了免疫接种的原则。

爱德华·詹纳正在接种天花疫苗

1628 年，经过多年的研究，英国医生威廉·哈维发表了《心血运动论》——第一部关于循环系统的完整报告。

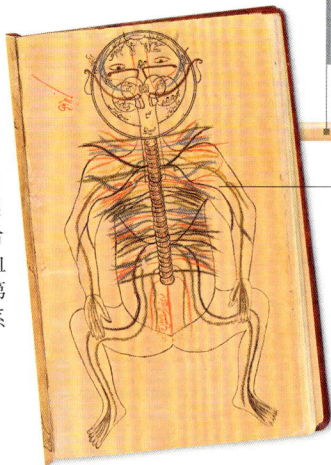

对神经系统的描述，包括了大脑、脊髓和神经

公元 600—1500 年，伊斯兰医学的黄金时代随之到来，包括伊本·西拿（西方称为阿维森纳）在内的杰出医生们深入研究了人体的各个系统（如神经系统和循环系统）的工作细节。

《阿维森纳医典》，1025年

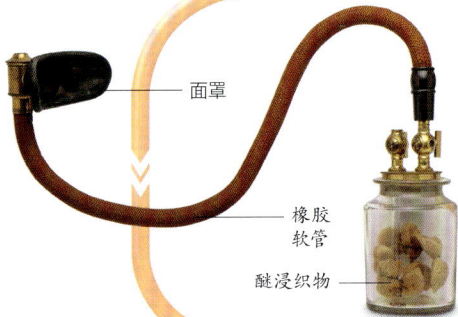

面罩

橡胶软管

醚浸织物

乙醚吸入器

19 世纪 40 年代，吸入麻醉领域的发展使外科医生能够使用一氧化二氮、乙醚或氯仿进行麻醉止痛。

1870 年，法国化学家巴斯德发现了有害的细菌，并证明了疾病的细菌理论。该理论认为，细菌，而不是生物体的弱点，是导致许多疾病的原因。

路易·巴斯德

1895 年，德国物理学家威廉·伦琴发现了 X 射线，出于医学目的拍摄了人体内部的第一张图像。

金属戒指阻挡了 X 射线

第一张X光片

20 世纪 70 年代，英国工程师戈弗雷·亨斯菲尔德将从不同角度拍摄的 X 射线图像结合在一起，创造出一种三维图像，即计算机断层扫描（CT）。

戈弗雷·亨斯菲尔德

1953 年，美国生物学家詹姆斯·沃森和英国物理学家弗朗西斯·克里克发现了 DNA（脱氧核糖核酸）的螺旋状结构，推动了生物和医学领域的众多进展。

双螺旋骨架

携带遗传密码的碱基配对梯级

DNA双螺旋结构

20 世纪 50 年代，微型电子元件如晶体管的发明，使心脏起搏器从最初可以戴在体外，并最终完全植入胸部。

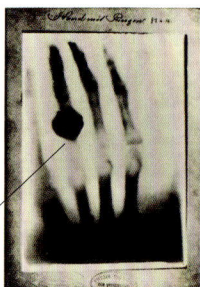

连接心脏的电线

植入式心脏起搏器，1958系列

20 世纪 80 年代，世界卫生组织（WHO）宣布消灭了天花——在 1959 年通过消灭天花免疫计划的 20 年后。

弗朗索瓦丝·巴尔·西诺西

1983 年，法国病毒学家弗朗索瓦丝·巴尔·西诺西和卢克·蒙塔格尼尔发现了一种逆转录病毒，后来被称为人类免疫缺陷病毒（HIV）。

1988 年，机器人技术和几乎即时的电子通信促成了第一例机器人辅助手术和远程控制手术。

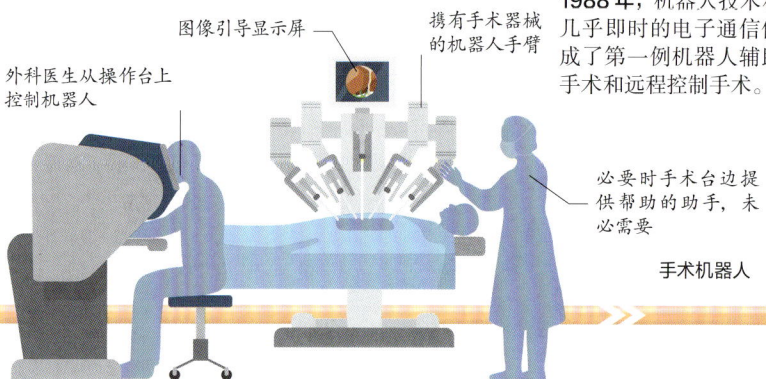

图像引导显示屏

携有手术器械的机器人手臂

外科医生从操作台上控制机器人

必要时手术台边提供帮助的助手，未必需要

手术机器人

写在棕榈叶上的《妙闻集》是阿育吠陀的原始文献之一

阿育吠陀医学论著

公元前 3000 年，阿育吠陀强调平衡身体的生命力、能量消耗和体质。它有很长的口述历史，印度医生苏什鲁塔在公元前 800 年写了这部关于阿育吠陀医学和外科的开创性著作《妙闻集》。

印和阗的雕像，膝盖上放着一张莎草纸

公元前 2650 年，印和阗是埃及国王乔瑟尔的首席侍从，也是一位有天赋的治疗师和大祭司。他创立了几项持续了 3000 年的医学和宗教实践。

印和阗雕像

公元前 2200 年，中医的发展包括根据脉搏进行诊断，并使用草药和针灸来平衡生命能量（气）的流动。

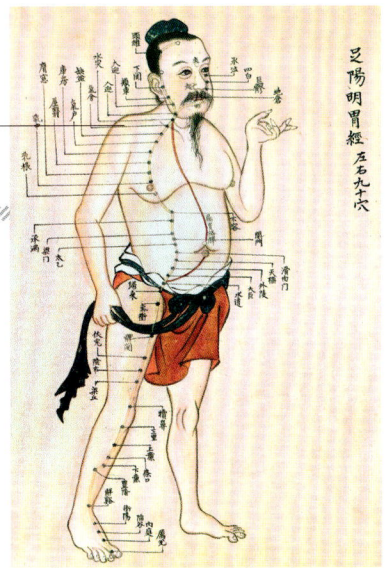

标记的为治疗疾病而针灸的穴位

穴位图

公元前 27 — 公元 410 年，在古罗马，外科手术的发展是因为越来越多的医生被要求治疗在战争中受伤的士兵，以及以娱乐的名义遭受严重伤害的竞技场角斗士。

用来切割组织的刀

外科器械

公元前 400 年，希腊医生，如希波克拉底，坚持认为人体内含有四种液体或体液，这种不平衡会导致疾病。每种体液也都与一种元素、一个器官和一个季节相关联。

与肝和夏天有关

黄胆汁（火）

与心和春天有关

血液（空气）

黑胆汁（地球）

与脾和秋天有关

黏液（水）

与脑和冬天有关

四种体液

1901 年，在奥地利，免疫学家将血液分为 A、B 和 O 三种类型，以保证更安全的输血。

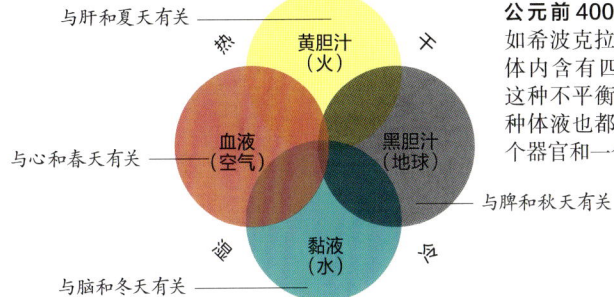

收集血液的漏斗

抽取血液的注射器

注射血液的软管

输血

1922 年，为了治疗即将死于糖尿病的人，加拿大医生弗雷德里克·班廷和美国科学家查尔斯·贝斯特使用了一种含有胰岛素的胰腺提取物。

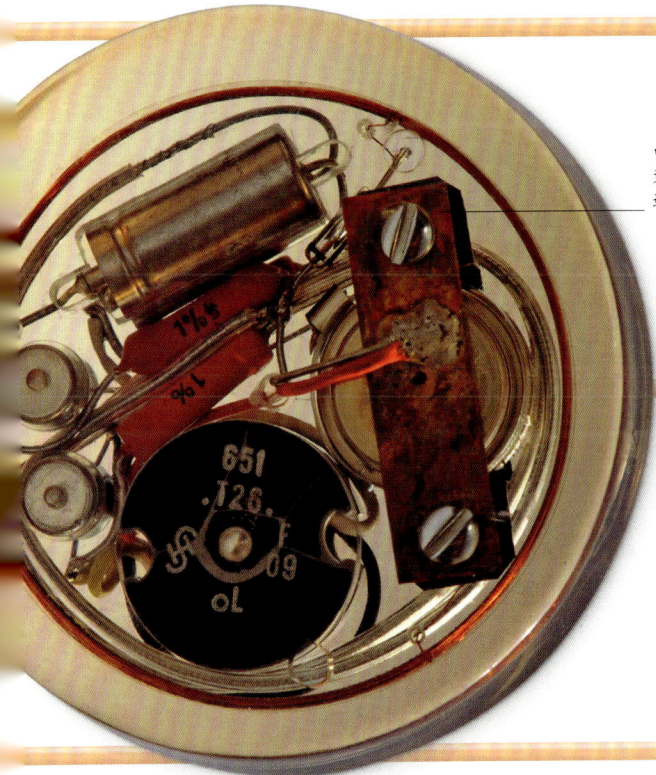

电路和电池封装在透明的人造树脂中

1947 年，捷克裔美国生物化学家格蒂和卡尔·科里因发现葡萄糖分解为乳酸，乳酸在肝脏中循环，然后储存为糖原而被授予诺贝尔奖。

1928 年，在苏格兰，科学家亚历山大·弗莱明发现青霉菌会释放一种杀菌物质——青霉素。这导致了第一个现代抗生素的发明。

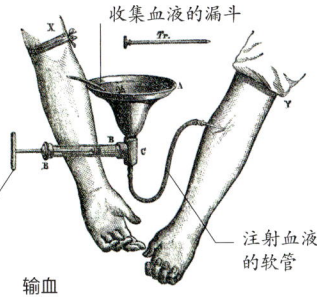

细菌的复制体

添加了青霉菌

青霉素杀死细菌

青霉菌是如何杀死细菌的

2000 年，人类基因组计划（一项识别和排序典型人类基因组中每个基因的计划）的第一份草案已经完成，为治疗数百种疾病铺平了道路，包括遗传疾病和其他疾病。

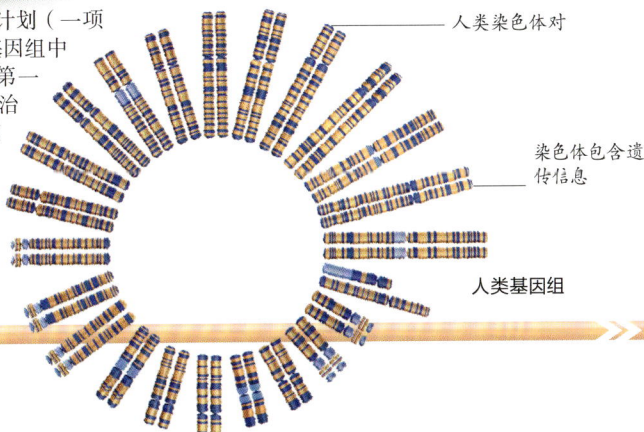

人类染色体对

染色体包含遗传信息

人类基因组

2020 年，一种新型冠状病毒（称为 COVID-19）在全球迅速传播。这导致了全球大流行，造成大量病例和死亡。

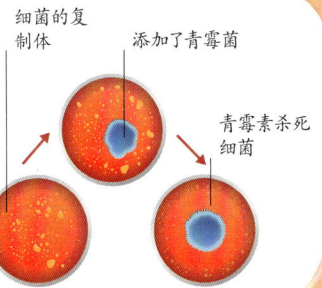

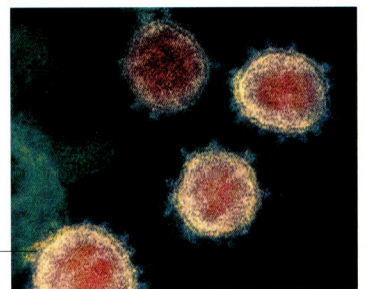

冠状病毒因其冠状尖刺而命名

新型冠状病毒

参见当代医学：第 252 — 253 页 ▶ 疾病传播与控制：第 254 — 255 页 ▶

当代医学

医学可以细分为数十个专业领域，并且通常具有自身的特点。导致健康问题的常见原因包括感染、事故、蓄意伤害、营养不良、卫生条件差、环境恶劣、药物滥用以及生理缺陷如：糖尿病、癌症、大脑和神经或心脏和血液等主要功能系统失调；还包括遗传问题、退行性疾病（从关节炎到痴呆症）等。

传染病

感染和相关疾病是由病原体（有害的病毒或微生物，如细菌、真菌和寄生虫等）进入人体，或附着在其表面，然后繁殖引起的。传染病（参见第 254 页）是指通过人体直接或间接接触，通过血液、痰等身体产物，或受污染的物体或表面传播的感染。

细菌

典型的细菌体积是人体细胞的百分之一。细菌的形状千姿百态，很多都带有称为鞭毛的长鞭状延伸。有害的细菌感染可以用抗生素进行治疗。

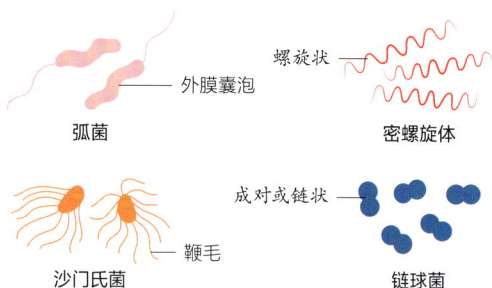

外膜囊泡 — 弧菌
螺旋状
密螺旋体
成对或链状
沙门氏菌 — 鞭毛
链球菌

病毒

病毒比细菌小得多，而且无法独立繁殖。它们需要入侵宿主细胞，利用宿主细胞进行复制，这个过程很可能还会摧毁宿主细胞。预防病毒感染最好的办法是接种疫苗。

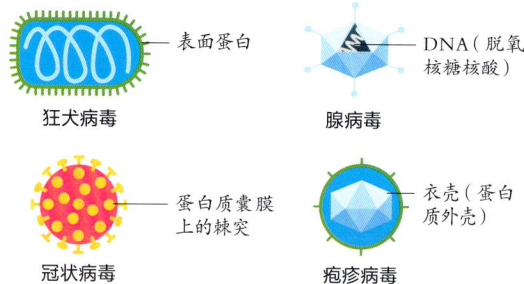

表面蛋白 — 狂犬病毒
DNA（脱氧核糖核酸）— 腺病毒
蛋白质囊膜上的棘突 — 冠状病毒
衣壳（蛋白质外壳）— 疱疹病毒

原生生物和寄生动物

原生生物（单细胞生物）经常通过受污染的水传播。寄生动物包括蠕虫、吸虫和昆虫幼虫。其中绦虫长度可达 20 多米。

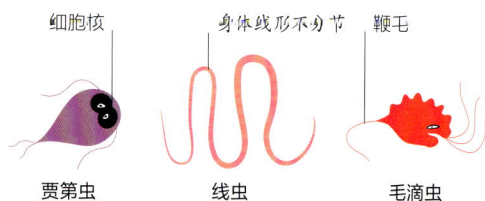

细胞核 — 贾第虫
身体线形不分节 — 线虫
鞭毛 — 毛滴虫

真菌

蘑菇的亲戚，寄生菌以细小而坚韧的孢子形式传播。它们会分解寄生环境周围的组织，从皮肤到肺等，以吸收营养物质。

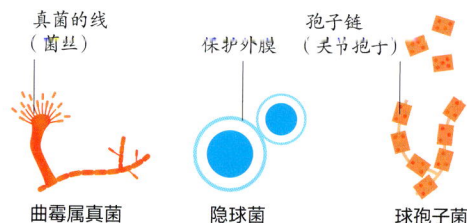

真菌的线（菌丝）— 曲霉属真菌
保护外膜 — 隐球菌
孢子链（关节孢子）— 球孢子菌

事故和创伤

医院的急诊科负责处理紧急事故的伤口、骨折和其他损伤，这些情况通常都是由意外引起，但也有一些情况下是由于使用武器造成的。急诊科还处理其他疾病的初级阶段，如心脏病发作、严重哮喘和药物滥用等。

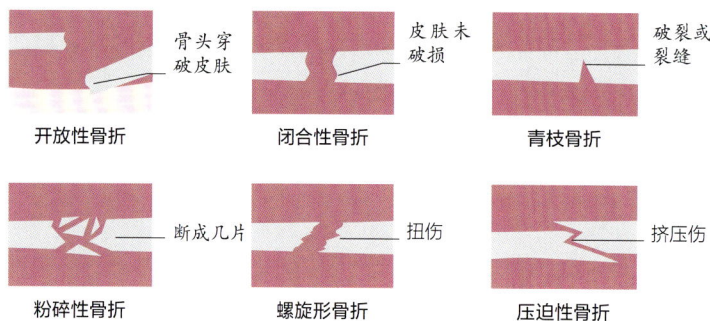

骨头穿破皮肤 — 开放性骨折
皮肤未破损 — 闭合性骨折
破裂或裂缝 — 青枝骨折
断成几片 — 粉碎性骨折
扭伤 — 螺旋形骨折
挤压伤 — 压迫性骨折

心理健康

心理健康问题在各个层面上影响着人们的心智状态，从对自我和他人的认识，到日常行为和社会交往异常，乃至产生严重焦虑和抑郁状态，甚至在身体和情绪压力下做出可能危及生命的反应。大脑的许多部分都可能参与其中。

医学门类

现代医学分为许多专业。有些专业领域是基于身体的某个部位或系统，如心脏病学。另一些则涉及不同的生命阶段，包括产科、儿科和老年病学（与衰老有关的医学）。不同的专业领域经常需要协同工作。

古罗马的医生专攻特定的医学领域

麻醉学
抑制感觉，如痛觉（局部）和意识（整体）。

心脏病学
聚焦于心脏和循环系统疾病。

牙科学
专门从事牙齿、牙龈、舌头、口腔卫生的医学。

皮肤病学
治疗皮肤、头发和指甲问题，还包括美容问题。

急诊医学
诊断、治疗急性（突发性）或短时间内可能危及生命的疾病。

全科医学
综合性医学学科，尤其是涉及多个系统的疾病。

医学遗传学
研究和诊断遗传物质（DNA）和遗传疾病。

神经病学
涉及脑和神经系统，也包括神经－肌肉疾病。

妇产科学
女性生殖及相关器官、生育、怀孕和分娩。

肿瘤学
肿瘤的诊断、研究和治疗，尤其是癌症。

眼科学
眼睛及相关部位的问题，如泪腺和眼睑。

骨科学
处理骨骼、关节、肌肉、肌腱和相关部位的问题。

药物是如何工作的

药物是可以治愈或减缓疾病、减轻症状或减轻疼痛的化学物质。某些药物，尤其是止痛药（止痛剂）会干扰神经信号产生的方式，或者神经信号沿着神经纤维和连接（突触）传递到大脑的方式。

感受疼痛

疼痛的感觉通常来自细胞破裂和泄漏化学物质的受损组织。它们会刺激感觉神经末梢，而感觉神经末梢会产生发送给大脑的神经信号。

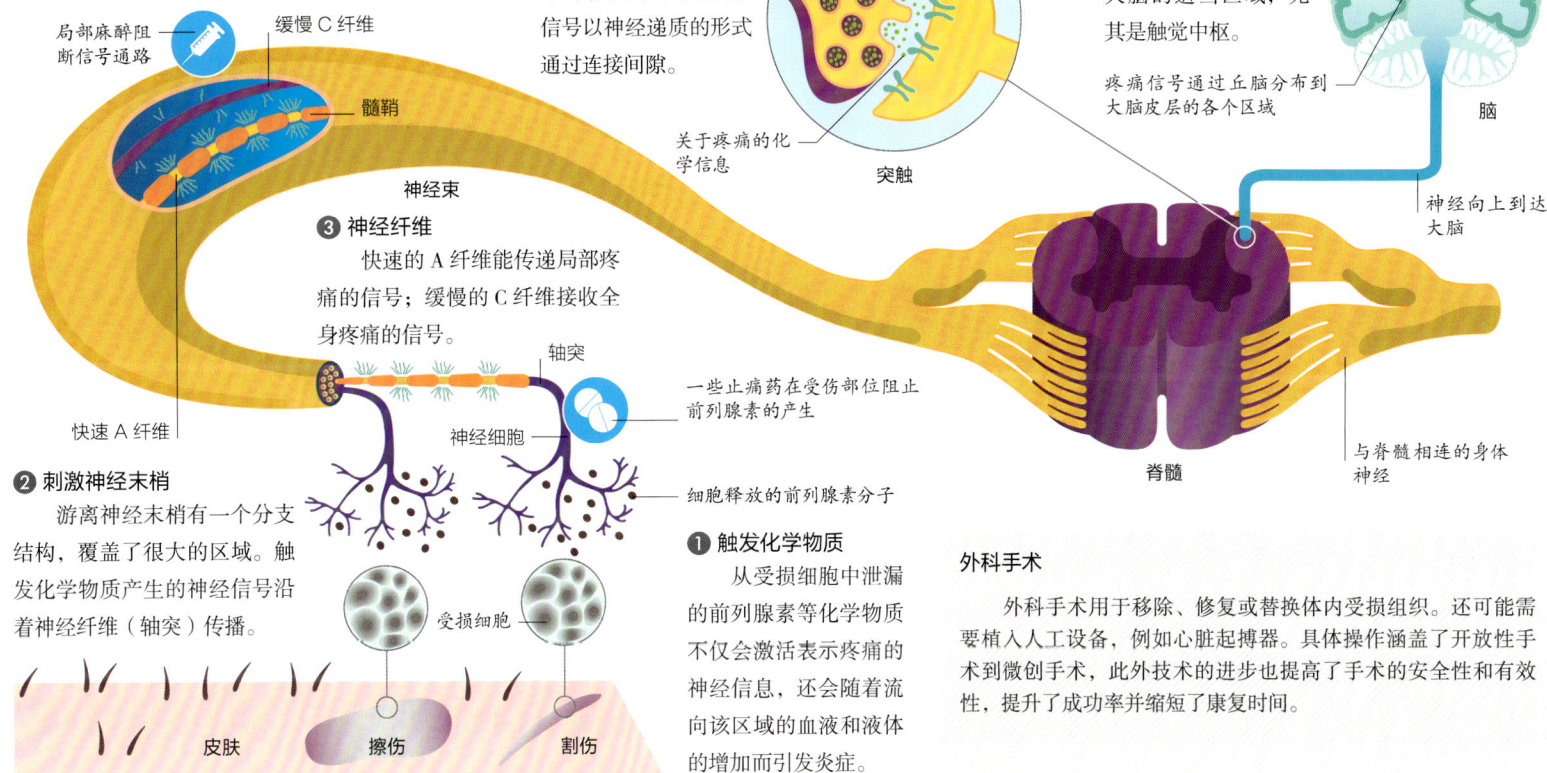

局部麻醉阻断信号通路

缓慢 C 纤维

髓鞘

神经束

❸ 神经纤维

快速的 A 纤维能传递局部疼痛的信号；缓慢的 C 纤维接收全身疼痛的信号。

快速 A 纤维

轴突

神经细胞

一些止痛药在受伤部位阻止前列腺素的产生

❷ 刺激神经末梢

游离神经末梢有一个分支结构，覆盖了很大的区域。触发化学物质产生的神经信号沿着神经纤维（轴突）传播。

细胞释放的前列腺素分子

受损细胞

皮肤　　擦伤　　割伤

药物的类型

大多数细胞都有专门的受体区域，受体与体内的各种化学物质相结合就可以控制细胞的各个过程。激动剂可以与特定的细胞受体结合并增强生物反应；拮抗剂与受体结合后本身并不引起生物学效应，但能够阻断该受体激动剂介导的作用。

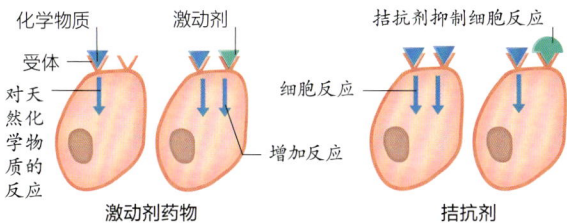

化学物质

受体

对天然化学物质的反应

激动剂

细胞反应

增加反应

拮抗剂抑制细胞反应

细胞反应

激动剂药物　　　　　　拮抗剂

某些止痛药可能会阻断这里的化学信号

❹ 神经结

脊髓周围的神经纤维与脊髓纤维有连接。信号以神经递质的形式通过连接间隙。

关于疼痛的化学信息

突触

❶ 触发化学物质

从受损细胞中泄漏的前列腺素等化学物质不仅会激活表示疼痛的神经信息，还会随着流向该区域的血液和液体的增加而引发炎症。

❺ 到达大脑

脊髓纤维与丘脑中的神经细胞相连，丘脑把神经细胞送到大脑的适当区域，尤其是触觉中枢。

疼痛信号通过丘脑分布到大脑皮层的各个区域

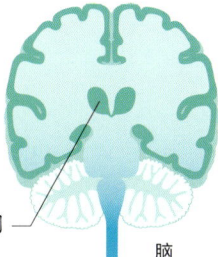

脑

神经向上到达大脑

与脊髓相连的身体神经

脊髓

外科手术

外科手术用于移除、修复或替换体内受损组织。还可能需要植入人工设备，例如心脏起搏器。具体操作涵盖了开放性手术到微创手术，此外技术的进步也提高了手术的安全性和有效性，提升了成功率并缩短了康复时间。

儿科学

关注婴儿、儿童和青少年，也包括青春期的变化。

病理学

广义上说，是对疾病的研究；狭义是指疾病对细胞、组织和体液的影响。

药学

为病人的利益开发、评估、监测和管理药物。

康复医学

物理治疗，包括运动治疗和康复。

足部医学

治疗脚趾和趾甲、脚、脚踝、小腿和下肢的疾病。

精神病学

治疗精神障碍，包括认知、知觉和情绪等障碍。

影像学

使用 X 光、超声波和磁共振诊断和治疗。

外科学

用手术的方式来治疗损伤或身体障碍。

传统医学

许多地区在数千年的时间里发展出了诊断和治疗方法，包括南亚的阿育吠陀、非洲的草药和占卜等。在中国，五行学说强调身体与宇宙之间的相互作用。

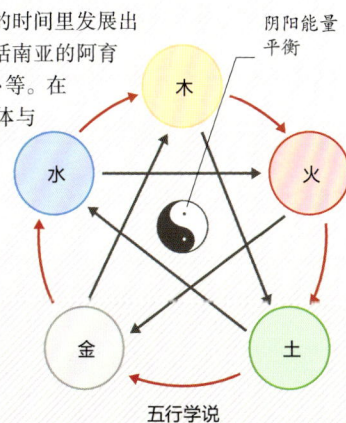

阴阳能量平衡

木

水　　火

金　　土

图例
→ 相生
→ 相克

五行学说

参见**疾病传播与控制**：第 254—255 页 ▶　**诊断**：第 256—259 页 ▶　**对抗疾病**：第 364—365 页 ▶　**253**

疾病传播与控制

纵观历史，传染病——那些可以在人与人之间传播的疾病——具有破坏性的影响。研究传染病的致病原因、传播方式，以及如何控制或限制它们的学科被称为流行病学。

传播条件

传染病的传播需要满足某些条件。首先病原体必须存在，而且必须有良好的生存条件，宿主不得具有免疫力或其他抵抗力。

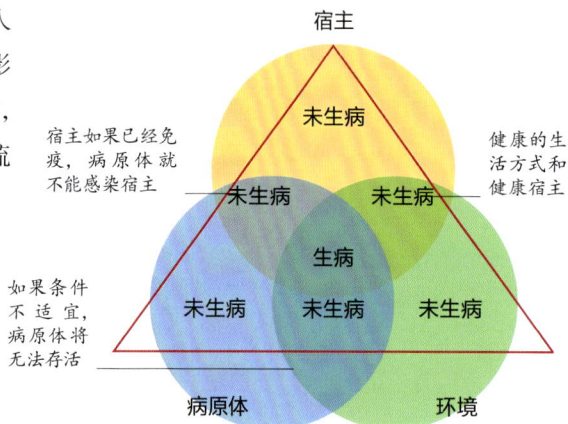

宿主

未生病

宿主如果已经免疫，病原体就不能感染宿主

健康的生活方式和健康宿主

未生病　　未生病

生病

如果条件不适宜，病原体将无法存活

未生病　未生病　未生病

病原体　　　　　　环境

是否会传播？

- **感染**：由在体内或身体上生活和繁殖的侵入性生物体引起的疾病。
- **病原体**：引起疾病的生物体。
- **带菌者**：在人与人之间传播病原体的媒介有机体。
- **传染性**：能够在人与人之间传播的。
- **接触感染**：仅通过密切接触传播。
- **暴发**：传染病发生的突然、局部增加。
- **传染病 / 流行病**：影响到广大区域 / 大洲上成千上万的人。

研究暴发

流行病学家研究疾病传播的模式。他们研究疾病在哪里传播，比如在一个特定的城市区域。他们研究感染的人，比如某个年龄段的人或者从事某种特定工作的人。

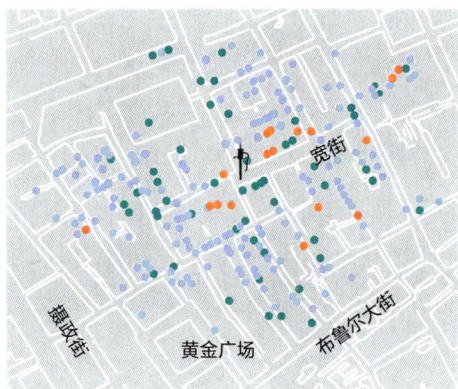

1854 年的伦敦霍乱暴发

约翰·斯诺绘制了伦敦霍乱死亡人数的地图。他意识到他们集中在宽街的一个公共水泵上，禁用该水泵大大减少了霍乱暴发（参见第 365 页）。

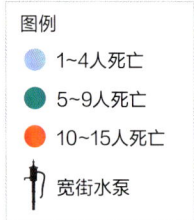

图例
- 1~4人死亡
- 5~9人死亡
- 10~15人死亡
- 宽街水泵

约翰·斯诺

英国医生约翰·斯诺（1813—1858）对 1854 年霍乱暴发的分析有助于建立了流行病学医学。他还促进了污水处理、卫生和其他公共健康方面的进步。

疾病和社会

传染病和其他疾病的传播模式在世界各地有所不同，往往根据文化和传统而有所不同，此外传播模式也会随时间而改变。据世界卫生组织称，减少疾病最重要的环境因素是提供清洁的水供饮用、烹饪和洗涤。

贫穷病

历史上造成健康问题的主要原因就是卫生条件差，教育、提高公众意识和政府政策有助于降低不利影响。

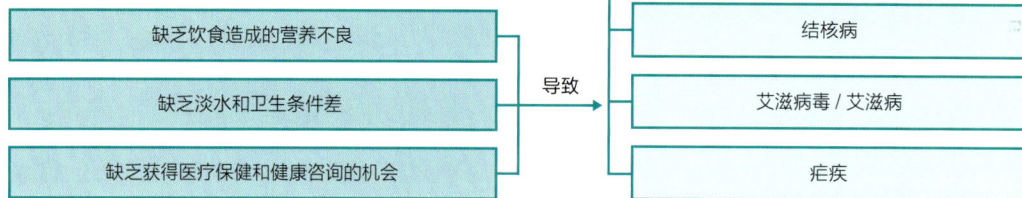

- 缺乏饮食造成的营养不良
- 缺乏淡水和卫生条件差
- 缺乏获得医疗保健和健康咨询的机会

导致

- 通过水传播疾病，如霍乱和伤寒
- 结核病
- 艾滋病毒 / 艾滋病
- 疟疾

- 汽车使用的增加
- 运动减少
- 久坐不动职业的增加
- 容易获得的大量低成本加工食品
- 获得低成本酒精和烟草的机会增加
- 新鲜和季节性食物的消费减少

导致

富贵病

富裕和发达的经济体已经把不同的疾病风险推到了显著位置，尤其是那些与肥胖和老龄化有关的疾病。

- Ⅱ型糖尿病
- 心脏疾病
- 某些种类的癌症
- 酒精和药物相关问题
- 肥胖

疾病如何传播

传染病有几种人与人之间的传播途径。最具传染性的疾病之一是麻疹。病毒通过咳嗽和打喷嚏时的飞沫传播，也可以通过直接接触和受污染的物体传播。

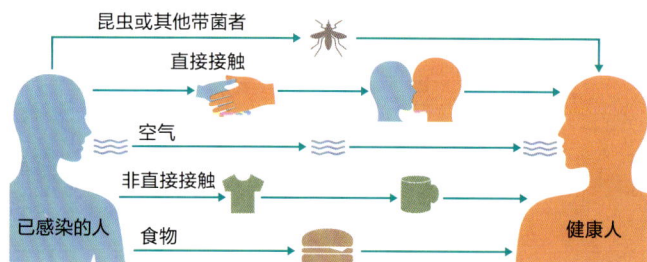

昆虫或其他带菌者

直接接触

空气

非直接接触

食物

已感染的人　　　　　健康人

◀ 参见**细菌与病毒**：第 218—219 页　◀ **当代医学**：第 252—253 页

埃博拉病毒疾病的平均死亡率为 50%，但这一数字在某些疫情暴发情况下高达 90%

疫苗的种类

疫苗含有失活病原体、部分失活病原体或其毒性产物，这些病原体对人体无害，但仍能激活人体免疫系统来保护自己和抵御疾病，就像自然感染时发生的情况一样。

致病病原体

用不同的方法处理不同的病原体，从而生产出有效的疫苗，而且副作用很小。例如在黑死病疫苗中，病原体是灭活的。

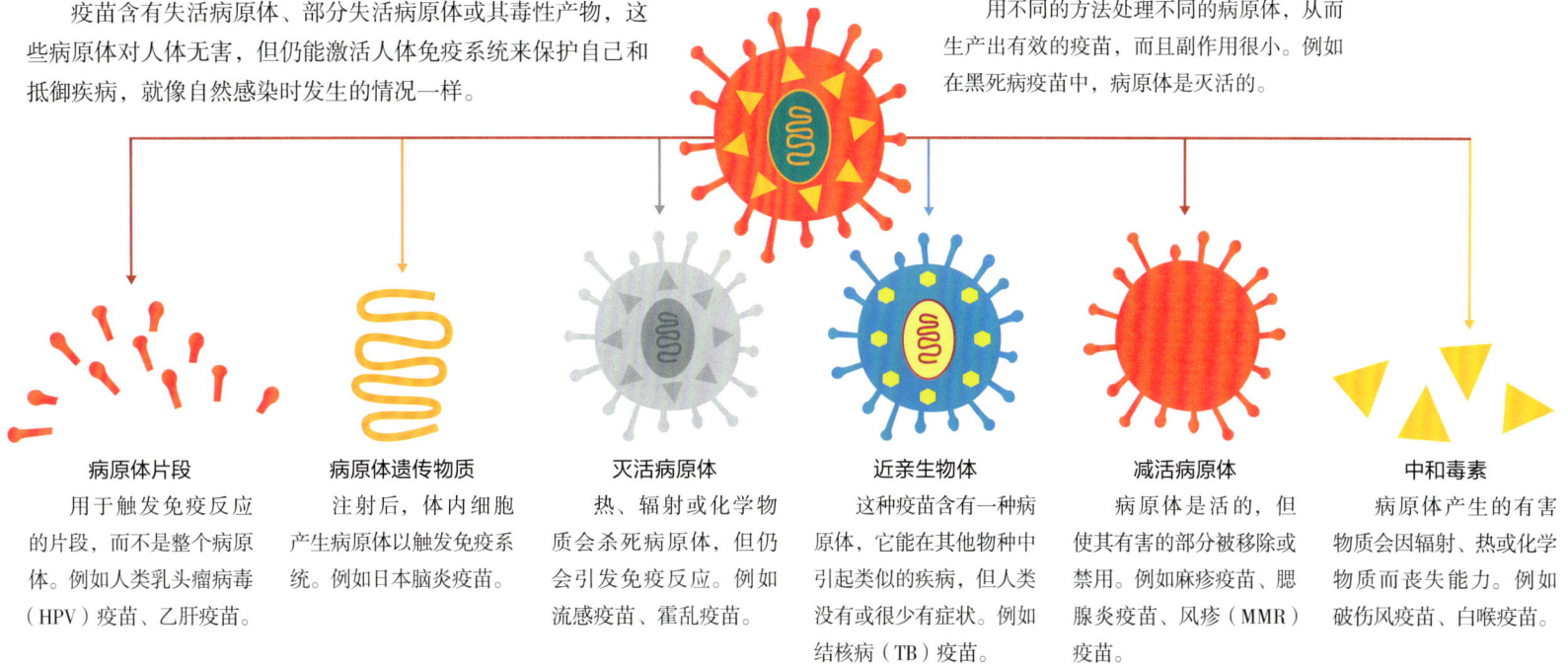

病原体片段

用于触发免疫反应的片段，而不是整个病原体。例如人类乳头瘤病毒（HPV）疫苗、乙肝疫苗。

病原体遗传物质

注射后，体内细胞产生病原体以触发免疫系统。例如日本脑炎疫苗。

灭活病原体

热、辐射或化学物质会杀死病原体，但仍会引发免疫反应。例如流感疫苗、霍乱疫苗。

近亲生物体

这种疫苗含有一种病原体，它能在其他物种中引起类似的疾病，但人类没有或很少有症状。例如结核病（TB）疫苗。

减活病原体

病原体是活的，但使其有害的部分被移除或禁用。例如麻疹疫苗、腮腺炎疫苗、风疹（MMR）疫苗。

中和毒素

病原体产生的有害物质会因辐射、热或化学物质而丧失能力。例如破伤风疫苗、白喉疫苗。

预防或控制传染病

对于许多传染病来说，使用疫苗进行免疫接种是防止其传播的最有效方式。

免疫者的防御系统随时待命，攻击病原体的速度非常迅速，以至病原体没有时间繁殖并传播给他人。

零免疫

这种疾病在人群中不受控制地传播，尽管可能有人已经有某种形式的自然免疫。天花导致 3 亿~5 亿人死亡，直到疫苗接种运动才将其根除。

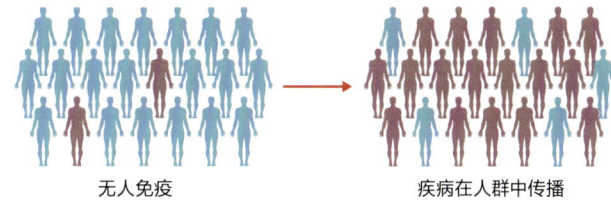

少数免疫

这种疾病通过人群传播，因为被感染的人会持续传播它。然而，被感染的人数比没有接种疫苗的人要少。

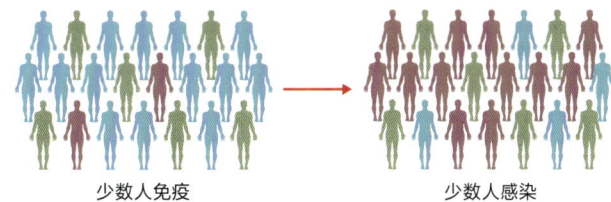

多数免疫

接种疫苗的人口比例达到 80% 以上可能带来群体免疫，受保护的人不会传播病原体，未接种疫苗的人也不会遇到它。没有新的宿主供感染，病原体可能会死亡。

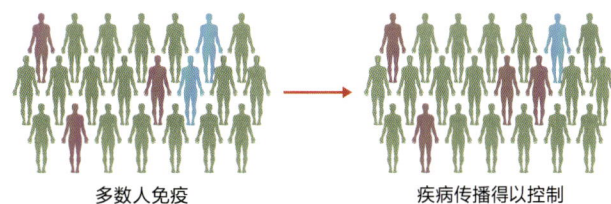

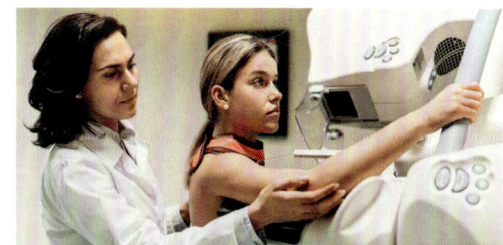

免疫接种

没有一种疫苗是 100% 有效的。有些疫苗有副作用，通常比较轻微，但对某些人来说可能会比较严重。然而，总的来说，接种疫苗的缺点远低于未接种疫苗而感染的风险。

图例

免疫且健康　未免疫但健康　未免疫、生病且具传染性

无人免疫　　疾病在人群中传播

少数人免疫　　少数人感染

多数人免疫　　疾病传播得以控制

征服天花

经过 20 年的全球大规模运动，人们使用了一系列副作用很小的高效疫苗，天花终于在 1980 年被宣布根除。

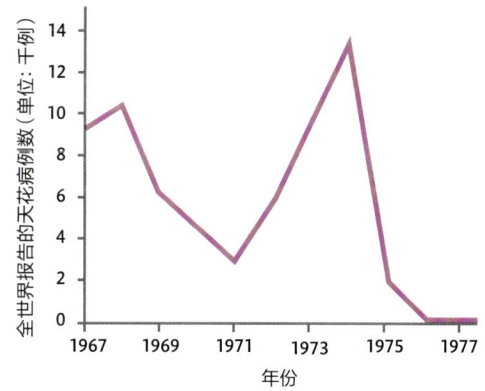

全世界报告的天花病例数（单位：千例）

14　12　10　8　6　4　2　0

1967　1969　1971　1973　1975　1977
年份

疾病筛查

检查潜在严重疾病的早期迹象对于癌症和心脏病等非传染性疾病尤其重要。

乳房X光可以检查乳腺癌

参见医学前沿：第 260—261 页 ▶　对抗疾病：第 364—365 页 ▶　现代健康：第 372—373 页 ▶

诊断

在一种疾病能够真正得到治疗和治愈之前，必须找出其根本原因。这是一种诊断行为，有时也被称为科学逻辑与医学艺术形式相结合的实践。医生需要对潜在的大量证据来源进行综合和评估，从在体格检查、临床检查或医学检查期间对患者的初步观察，到最复杂的扫描图像和样本分析结果等。

身体检查

体检由以下几个部分组成：一是病史，包括病人自己的描述和医疗记录；二是身体检查，从观察病人的举止到研究眼睛、舌头和皮肤等部位；还有一些基本测试，比如血压和心脏听音。

血压

通过血压计测量血液在血管中涌动时所施加的压力，这是指示许多情况的宝贵指标。袖带膨胀到足以阻止动脉血流，然后释放来测量最高压力。袖带充分放气时测量最低压力。

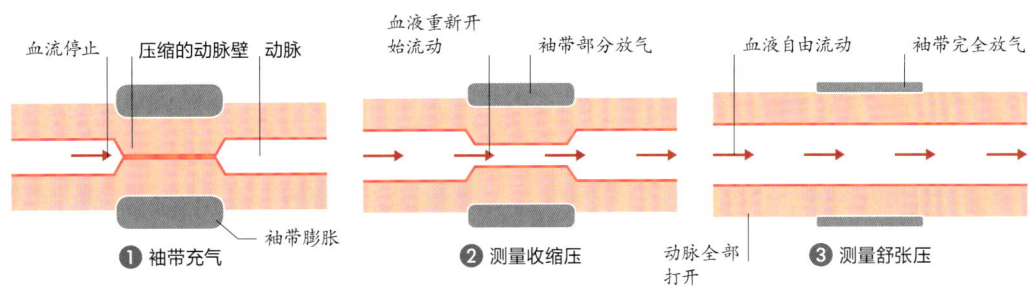

眼睛检查

检眼镜将光线射入眼球，以放大视网膜和其他部位的图像，这可以揭示某些眼部疾病的迹象。

耳朵检查

轻轻调整耳郭使耳道变直，这样医生就可以用检耳镜观察鼓膜的放大图像。

体重

一些计算与体重、身高、胸围、腰围和臀围以及其他身体尺寸有关。例如 BMI（身体质量指数），是体重除以身高的平方。这些指标反映了总体健康状况和肥胖程度。

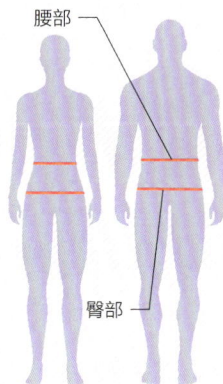

腰部

臀部

性别	女性	男性
健康	<0.8	<0.9
中风险	0.8~0.89	0.9~0.99
高风险	≥0.9	≥1.0

腰臀比

① 袖带充气
血流停止　压缩的动脉壁　动脉　袖带膨胀

② 测量收缩压
血液重新开始流动　袖带部分放气

③ 测量舒张压
血液自由流动　袖带完全放气　动脉全部打开

血压读数

最高的数字是收缩压——当心脏收缩时所施加的最高压力。下面是较低的，或者说舒张压。舒张压的数值较低，因为它是心脏放松时的动脉压。

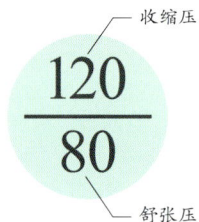

收缩压

$$\frac{120}{80}$$

舒张压

刚性内窥镜

该设计的直径范围从 1 毫米到超过 10 毫米。例如鼻腔（鼻镜）、膀胱（膀胱镜）和腹部（腹腔镜）等不同类型的内窥镜。

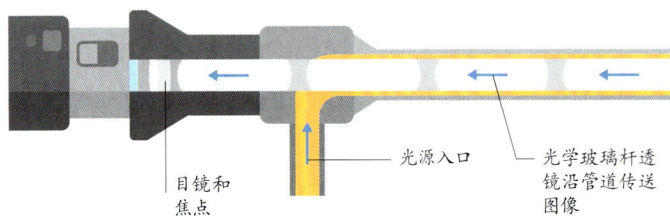

目镜和焦点

光源入口

光学玻璃杆透镜沿管道传送图像

柔性内窥镜

这种设备可以弯曲和卷曲，沿着消化道或大血管等部位在身体中穿行。

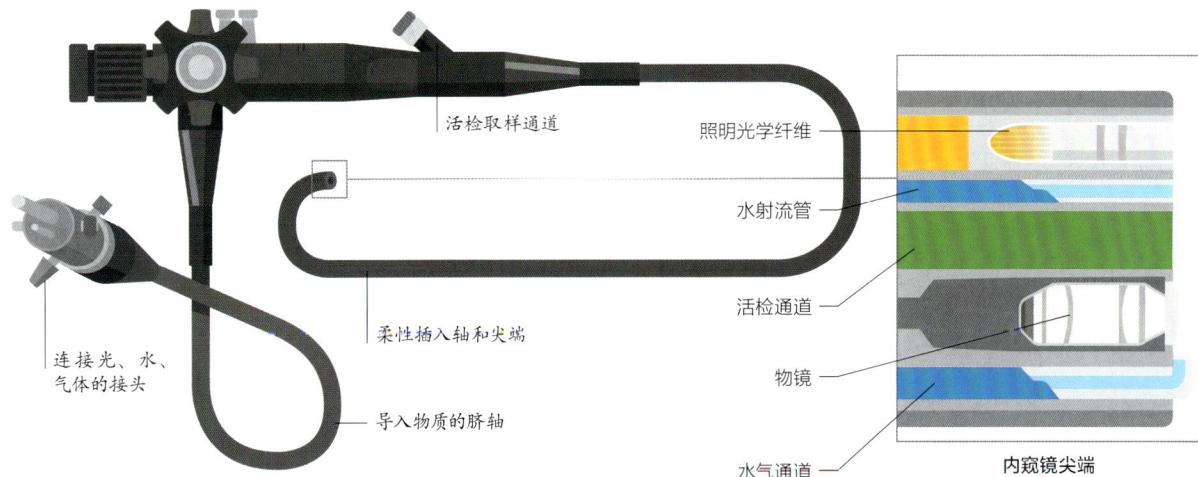

内部检查

内窥镜可以提供内部图像，采集组织和液体的活检样本，进行细微操作如封闭血管等小手术。内窥镜的名字往往是根据所检查的身体部位来命名的，比如可以检查肺部的支气管镜。

活检取样通道

柔性插入轴和尖端

连接光、水、气体的接头

导入物质的脐轴

胶囊内窥镜

胶囊内窥镜大小如同一颗大药丸，里面有微型摄像头和用于无线通信的电子设备。被吞下后，它会拍摄消化道内部的图像，并通过无线方式将图像传送出来。

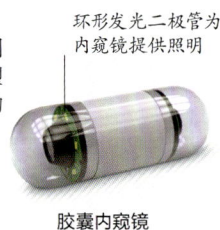

环形发光二极管为内窥镜提供照明

胶囊内窥镜

照明光学纤维

水射流管

活检通道

物镜

水气通道

内窥镜尖端

◀ 参见光与物质：第 188—189 页　◀ 电磁学：第 190—191 页　◀ 人体：第 230—231 页

扫描和成像

自 1895 年首次用于医疗目的的 X 射线照片问世以来，无创诊断成像已发展成为一个巨大的领域。在 20 世纪 70 年代，计算机开始将一系列 X 射线图像组合成可以从任何角度观看的 3D 图像。

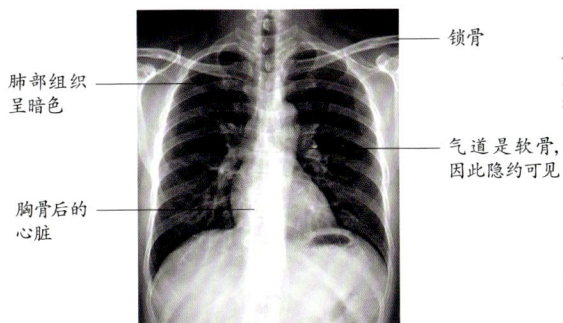

目前有 20 多种技术可以用来观察人体内部，包括声波、磁性、X 射线和其他电磁波、阻挡 X 射线的化学物质以及释放其他形式辐射的物质。在相关医学专业中，类似的机器也会被用于治疗某些疾病，例如在精确的定向放射治疗中收缩和移除肿瘤。

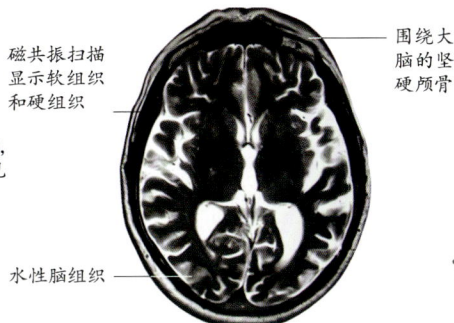

标准 X 光成像

肺部组织呈暗色

锁骨

气道是软骨，因此隐约可见

胸骨后的心脏

X 射线图像显示，X 射线无法通过的较硬的、呈苍白形状的组织，主要是骨头、软骨和牙齿。注入能吸收 X 射线的物质，也就是射线无法透过的物质，可以描绘出它们所聚集的柔软部分。

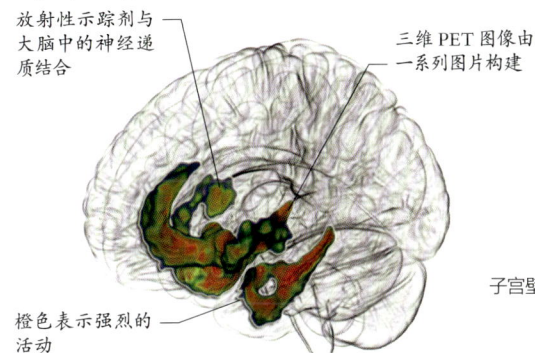

磁共振成像，MRI

磁共振扫描显示软组织和硬组织

围绕大脑的竖硬颅骨

水性脑组织

身体周围强大的磁场使其氢原子排列整齐。当磁场消失时，氢原子恢复正常时会释放出微小的无线电波脉冲，可以被探测器记录下来。

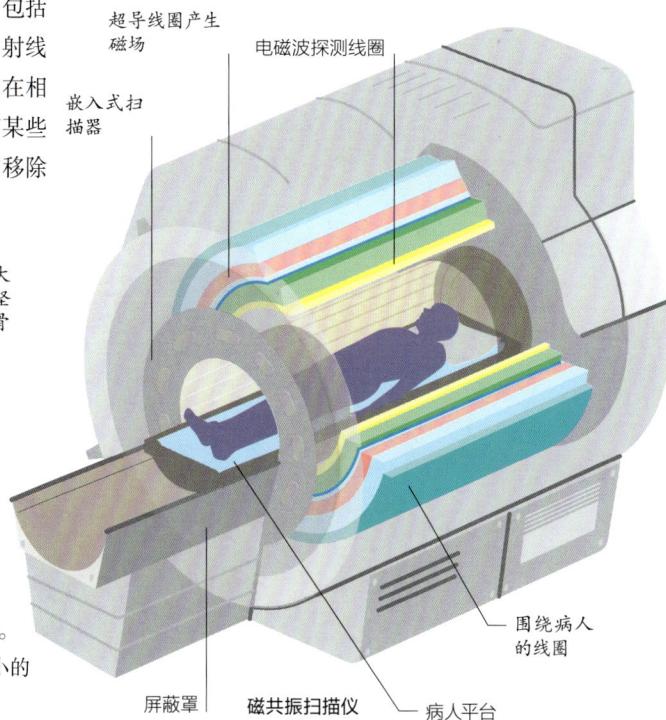

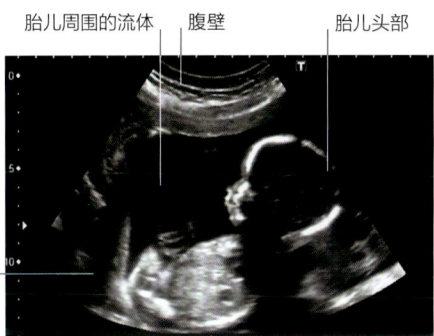

超导线圈产生磁场

电磁波探测线圈

嵌入式扫描器

围绕病人的线圈

屏蔽罩　　**磁共振扫描仪**　　病人平台

正电子断层扫描，PET

放射性示踪剂与大脑中的神经递质结合

三维 PET 图像由一系列图片构建

橙色表示强烈的活动

注射、吞食或吸入含有放射性示踪剂的染料物质，它们被某些具有更高化学活性的组织吸收，使得这些组织在图像中显示得更亮。

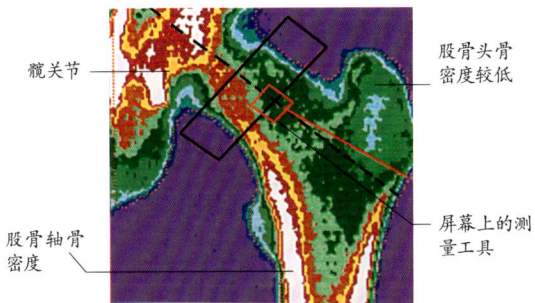

超声成像，US

胎儿周围的流体　　腹壁　　胎儿头部

子宫壁

频率很高的声波被各种组织以不同的方式反射。接收机检测回声，这些回声被组合成实时变化的图像。这种技术不使用类似 X 射线的辐射，因此在孕期检查中应用广泛。

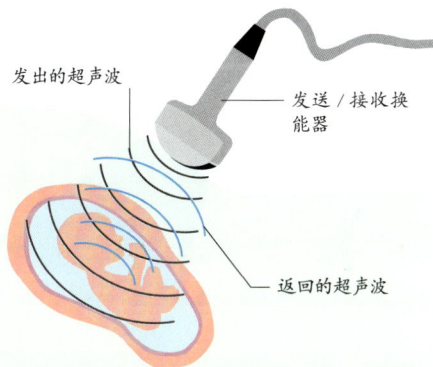

发出的超声波

发送 / 接收换能器

返回的超声波

胎儿超声成像

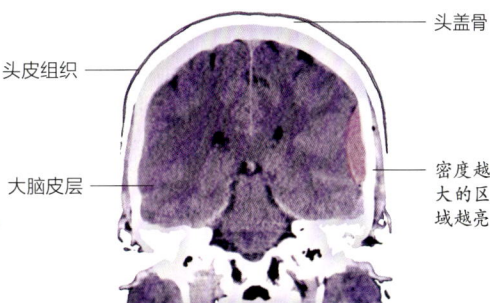

双能 X 线骨密度仪，DFXA

髋关节

股骨头骨密度较低

股骨轴骨密度

屏幕上的测量工具

DEXA 也被称为骨密度扫描，它使用低剂量 X 射线来分析骨骼的密度或强度。例如，在某些情况下或在某些治疗过程中，它被用来监测骨骼是否变薄。

计算机断层扫描，CT

头皮组织

头盖骨

大脑皮层

密度越大的区域越亮

CT 扫描使用的 X 射线源围绕身体旋转，探测器则位于身体的另一侧。在所有的放射成像技术中，X 射线的剂量都被调整到副作用最低的剂量。

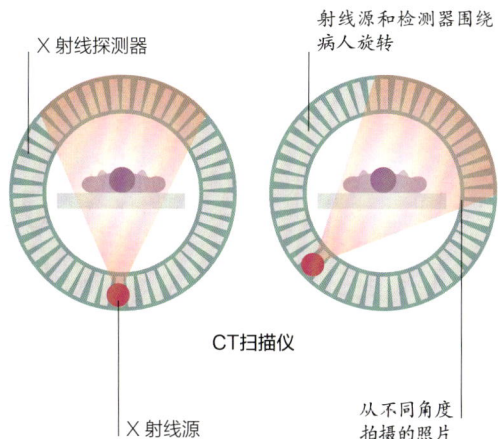

X 射线探测器

射线源和检测器围绕病人旋转

CT扫描仪

X 射线源

从不同角度拍摄的照片

◀ 参见**骨骼系统**：第 232—233 页　◀**呼吸与心血管系统**：第 240—241 页　◀**医学史**：第 250—251 页

≫ 诊断（续）

电诊断

人体天生就有微弱的电信号。大脑、神经、心脏和肌肉尤其忙碌，它们的电脉冲可以通过在皮肤上放置电极来检测，或者在更复杂和更精确的条件下，通过将传感器插入器官和组织来检测。电信号通过某种方式显示在屏幕上或画在纸上，通过分析可以揭示它们的源头是否健康。

在纸上或屏幕上显示电压随时间变化的图表

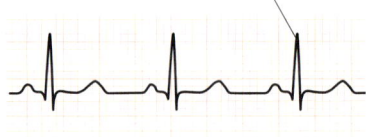

心电图，ECG

当心肌细胞产生的电信号通过组织向外传导到皮肤表面时，连接在胸部和四肢的电极会接收到这些电信号。

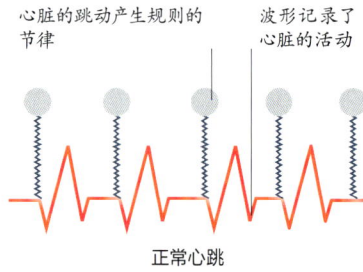

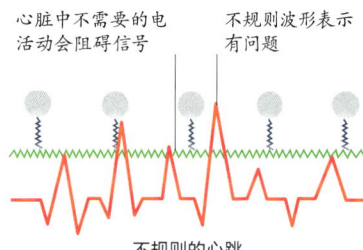

心脏的跳动产生规则的节律

波形记录了心脏的活动

正常心跳

心脏中不需要的电活动会阻碍信号

不规则波形表示有问题

不规则的心跳

读取心电图

心电图显示的是心率（每分钟搏动次数）以及电信号刺激肌壁收缩、迫使血液流出的方式。

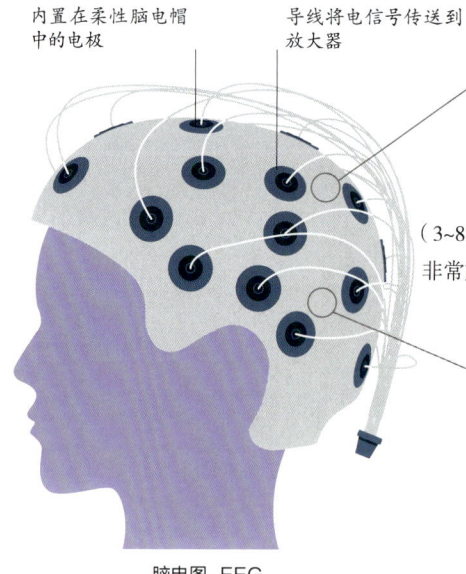

内置在柔性脑电帽中的电极

导线将电信号传送到放大器

脑电图，EEG

脑电帽

脑电帽可以确保电极放置在头部的正确位置，以便脑电图可以准确显示脑电活动。

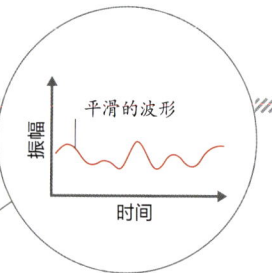

平滑的波形

振幅 / 时间

θ 波

波速相对较慢，为每秒 3~8 个波（3~8Hz）。θ 波在睡眠时，或清醒着但非常放松时，又或昏昏欲睡时可见。

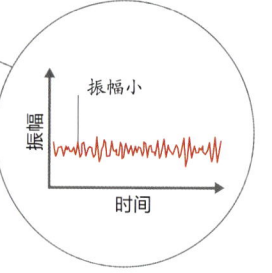

振幅小

振幅 / 时间

γ 波

30~100Hz 的脑电波，γ 波表明这个人的大脑正处于高度注意和记忆的意识过程。

取样和检验

身体中的任何物质几乎都可以被提取和检验，以评估健康状况。液体如痰、尿和粪便相对容易获得。血液是最常用的样本之一。活检包括内窥镜检查过程中从皮肤、肠壁或肺内膜提取的细胞或组织（参见第 256 页）。

检验的种类

一些化学检验可以当场进行，例如糖尿病患者血液中的血糖检测；其他的则在需要在实验室进行。基因检测可以检测 DNA 中有缺陷的基因。

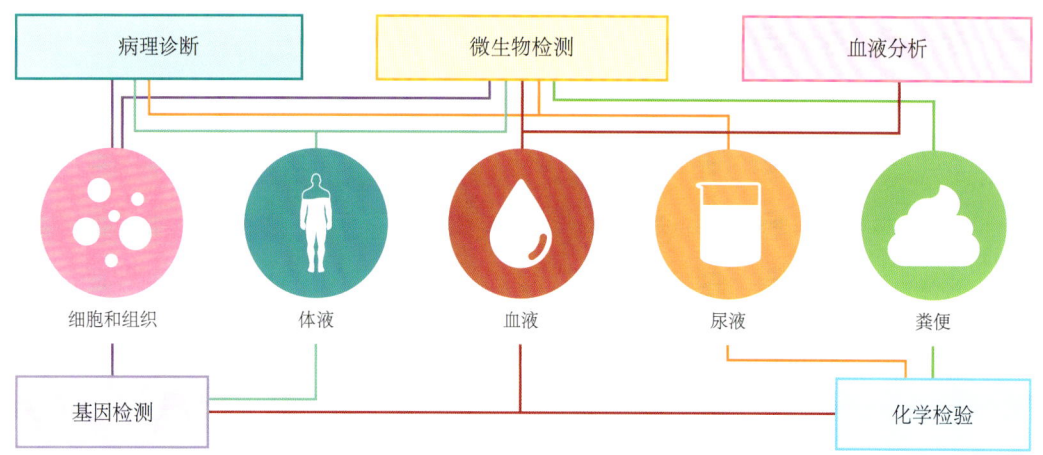

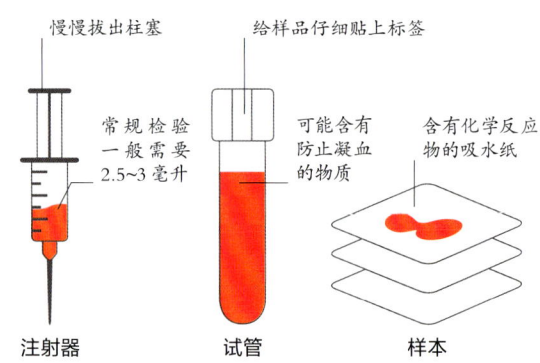

病理诊断	微生物检测	血液分析

细胞和组织　体液　血液　尿液　粪便

基因检测　　　　　　化学检验

慢慢拔出柱塞

常规检验一般需要 2.5~3 毫升

给样品仔细贴上标签

可能含有防止凝血的物质

含有化学反应物的吸水纸

注射器　**试管**　**样本**

血液样本

血液通常是用注射器插入手臂静脉抽出来的，如果量大则会被储存在袋子或烧杯中。皮肤穿刺会形成出血点。

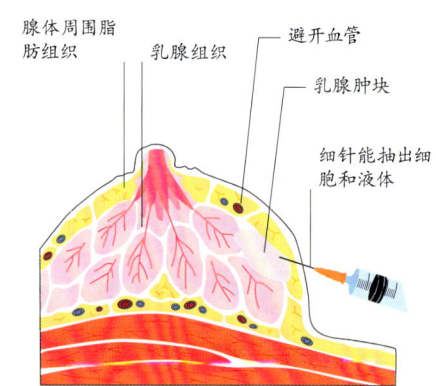

腺体周围脂肪组织

乳腺组织

避开血管

乳腺肿块

细针能抽出细胞和液体

活组织检查

细针抽吸法使用非常细的针和注射器，从靠近体表的柔软、柔韧的组织（如乳房）中提取活组织检查样本。

尸体解剖

自中世纪以来，外科医生就一直进行尸体解剖以确定死亡原因。这可以与患者的症状和生活状况联系起来，以改进未来的治疗方法。

16世纪的尸体解剖

体外检测

英语意为"在玻璃中"，即检测是在容器和设备中进行的，而不是在体内，往往待检测目标的数量成千上万。最常用于分析的是血液和尿液的检测。一般来说，血液会首先被分离成细胞和血浆这两种主要成分。

血液可以检测100多种不同的物质

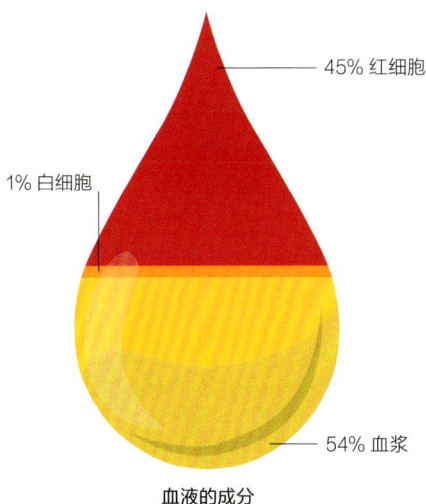

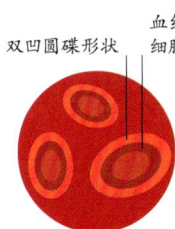

45% 红细胞

1% 白细胞

54% 血浆

血液的成分

双凹圆碟形状

血红蛋白使得红细胞呈现红色

红细胞

红细胞中含有血红蛋白，能够从肺部吸收氧气并运输至全身的细胞附近释放。

嗜中性粒细胞

白细胞

白细胞的主要类型（参见第 243 页）有助于保护身体免受感染和清除有害物质。

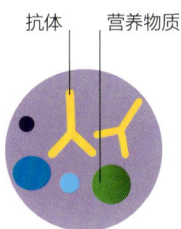

抗体

营养物质

血浆

血浆中含有数百种物质，包括营养物质、激素、抗体和凝血化学物质。

尿酸

碳酸氢盐

肌酐

血清钾

血清钠

血清氯

血尿素

尿液中的物质

尿液的酸碱性或红细胞、糖的存在可以帮助诊断包括糖尿病在内的一系列疾病。

成分	可以检验
红细胞	受遗传和其他疾病影响的数量、形状和大小
白细胞	受感染和白血病等会影响白细胞的疾病
血红蛋白	低水平可能表明贫血或严重失血
血浆	检验可能揭示炎症或某些自身免疫性疾病

血糖

检测血液中的葡萄糖浓度有助于诊断和监测糖尿病。糖尿病是一种血糖调节障碍。葡萄糖是人体细胞的主要能量来源。它的血液水平是由两种胰腺激素控制的（参见第 247 页），胰岛素和胰高血糖素。胰岛素触发细胞利用葡萄糖，因此血糖下降。胰高血糖素会释放储存的葡萄糖。

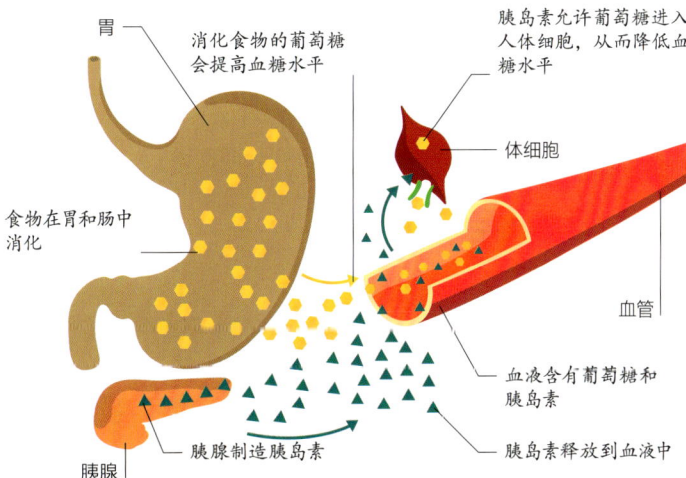

胃

消化食物的葡萄糖会提高血糖水平

食物在胃和肠中消化

胰腺

胰腺制造胰岛素

胰岛素允许葡萄糖进入人体细胞，从而降低血糖水平

体细胞

血管

血液含有葡萄糖和胰岛素

胰岛素释放到血液中

病理学

病理学广义上是指疾病的原因和结果。然而，它通常指的是实验室中的活动——液体、细胞、组织和微生物的实验室检测，特别是用于诊断和评估治疗效果。这项工作大多涉及显微镜和被称为染色的组织着色物质。

细胞病理学

这是在细胞水平上对疾病的研究。显微镜检查可以鉴别出外来细胞，或数目、形状、排列异常的细胞。这是某些典型疾病的特征，尤其是癌症。

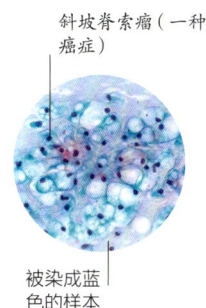

斜坡脊索瘤（一种癌症）

被染成蓝色的样本

组织病理学

对整个组织和组织组的检查称为组织病理学。在显微镜下仔细观察组织以寻找细胞及其周围结构的异常。

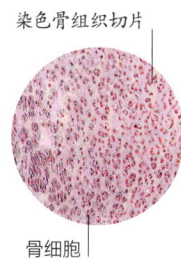

染色骨组织切片

骨细胞

直到 20 世纪 60 年代，妊娠测试都是将尿液注射到一只非洲爪蛙体内，以观察它是否排卵

法医病理学

这个病理学专业侧重于研究尸体和身体产物，如血迹、污渍、头发和唾液等；检验还包括提取 DNA 和蛋白质，深入研究各种分子细节。其目的是确定死亡原因并为法律案件侦破提供证据。

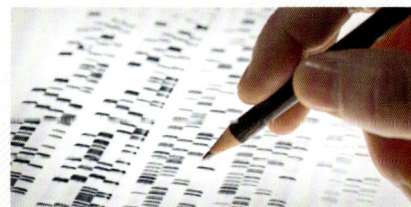

解读DNA凝胶

医学前沿

几乎每年，医疗诊断、治疗和护理方面都会取得长足的进步。其中一些进步来自其他领域或研究，如计算机科学、机器人技术、显微技术、纳米技术和遗传学研究。此外，还有来自医学本身的进展，例如创新的显微外科技术，以及用于防治新的或老年疾病的新疫苗、新药物。然而，医学上的所有进展都应该缓慢而谨慎，因为虚假的希望可能导致痛苦和折磨，最终危及生命。

基因操作

包含人类遗传信息的完整基因组在 2003 年被完全确定，其主要的应用是识别导致问题（如遗传疾病和某些癌症）的基因序列缺陷，并通过有针对性的基因操作修复或替换它们。

基因编辑

制造专门的分子并使其附着在有缺陷的 DNA 上，酶和其他化学物质会剪掉问题序列，并用一个正确的序列替换它，这样细胞就可以正常工作了。

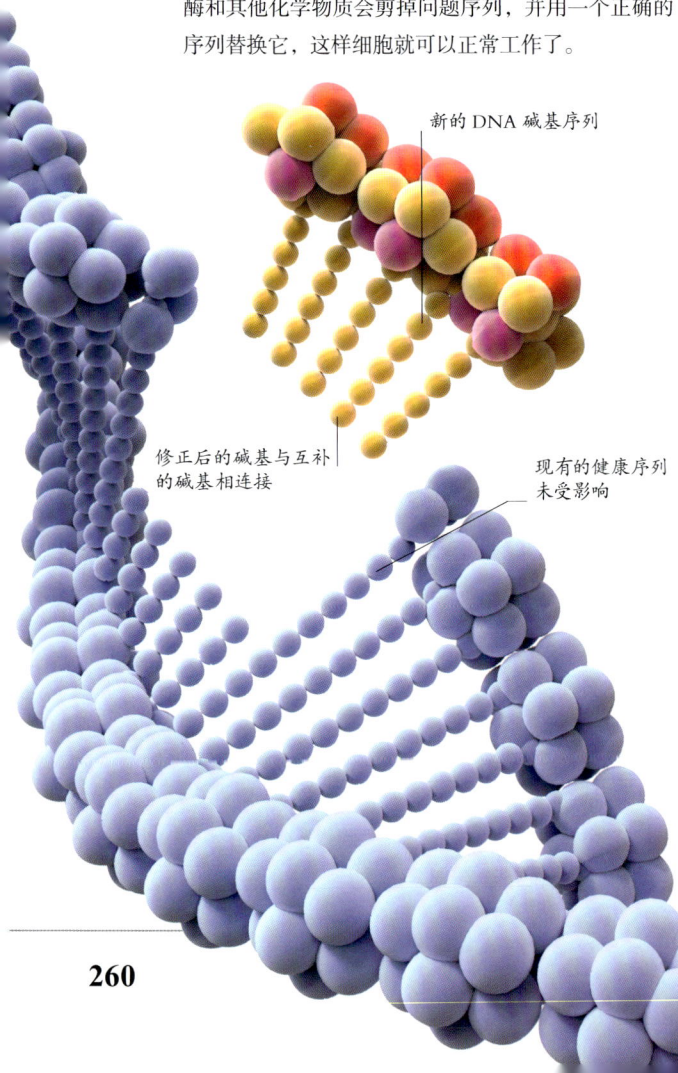

新的 DNA 碱基序列

修正后的碱基与互补的碱基相连接

现有的健康序列未受影响

三维打印

计算机 3D 打印正以多种方式应用于医学。将生物友好型物质打印成框架充当支架，供细胞定植并制造骨骼、软骨和肌肉等组织。实体细胞也可以被打印机排列成多组织的部分，比如耳朵。

打印出来的人体组织

对打印小型"类器官"的研究已经产生了一颗微型人类心脏，完整地包含了血管、肌壁腔室和瓣膜。

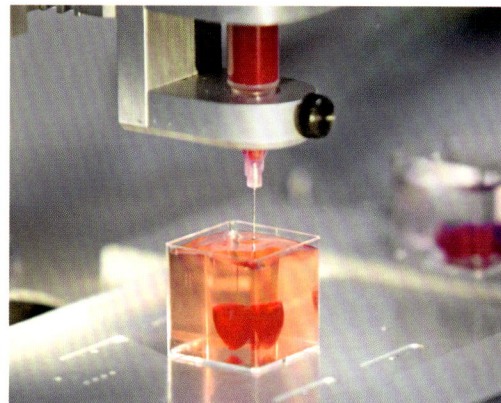

高科技助力

即使是人体最复杂、最神秘的部分——大脑，科学家也正在逐渐揭示其工作原理的秘密。与此同时，电子设备正变得越来越小、越来越复杂，这使得微技术能够帮助甚至增强大脑功能。

控制器发送的信号

电极延伸到下脑的深部

电线把电力接到电极上

电池、脉冲发生器和控制器

记忆芯片

微处理器和记忆芯片可以被植入大脑的不同区域，以提高记忆力和回忆能力。其中一个特别有趣的区域是海马体，它在将短期经历转变为长期记忆方面非常活跃。

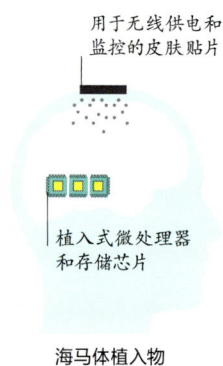

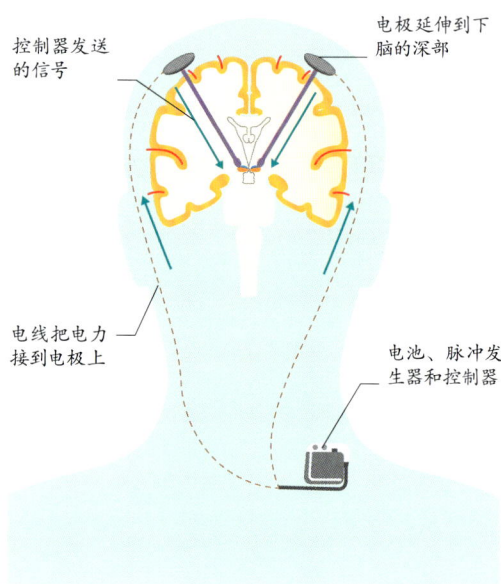

用于无线供电和监控的皮肤贴片

植入式微处理器和存储芯片

海马体植入物

脑深部电刺激

在这种治疗中，电极被植入在大脑的下半部分，通常是帮助控制运动的区域。被控制的电脉冲发送到电极，改变周围神经信号的模式。

干细胞疗法

干细胞是指那些尚未分化成神经、血液或其他特定细胞类型的细胞。它们有可能发育成任何一种细胞。干细胞疗法通过转化成体细胞中产生的未分化细胞，如骨髓中的造血细胞，并将这些细胞引入某个身体部位，使其特化并形成新的组织。

干细胞可以帮助伤员在脊髓损伤后恢复一些运动能力

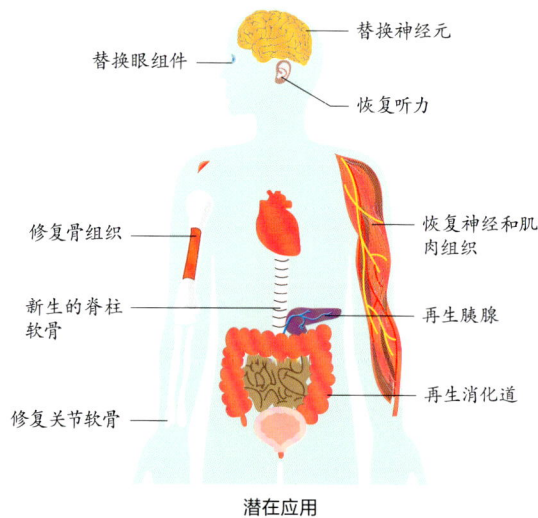

替换神经元

替换眼组件

恢复听力

修复骨组织

恢复神经和肌肉组织

新生的脊柱软骨

再生胰腺

修复关节软骨

再生消化道

潜在应用

个性化医疗

众所周知，不同的人对同一种药物的反应可能不同。分析一个人基因组中的某些序列可以显示出某一种药物的效果是好是坏，因此药物疗法可以因人而异。

免疫疗法

免疫疗法可以增强人体自身对癌症的防御能力。在一种免疫疗法中，一种定制的疫苗被生产出来，它可以让 T 细胞攻击特定的癌细胞。传统情况下，T 细胞可能无法识别这种威胁，因为癌细胞是由人体自己产生的。

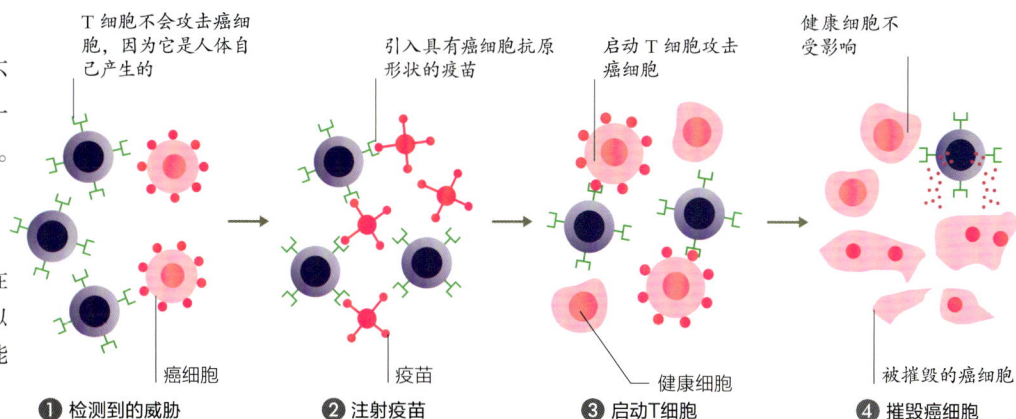

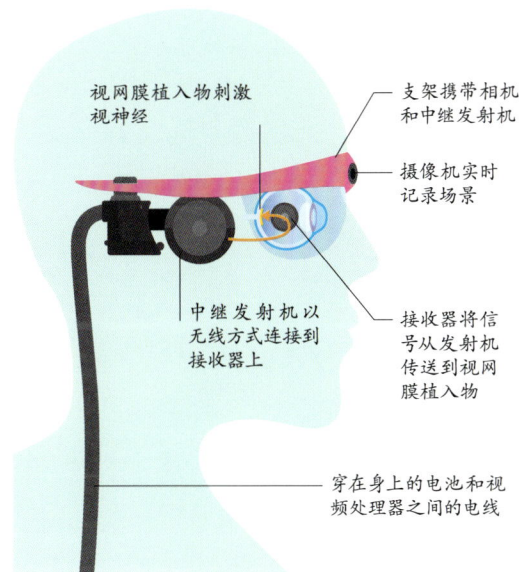

T 细胞不会攻击癌细胞，因为它是人体自己产生的

引入具有癌细胞抗原形状的疫苗

启动 T 细胞攻击癌细胞

健康细胞不受影响

癌细胞

疫苗

健康细胞

被摧毁的癌细胞

❶ 检测到的威胁　　❷ 注射疫苗　　❸ 启动T细胞　　❹ 摧毁癌细胞

视网膜植入物刺激视神经

支架携带相机和中继发射机

摄像机实时记录场景

中继发射机以无线方式连接到接收器上

接收器将信号从发射机传送到视网膜植入物

穿在身上的电池和视频处理器之间的电线

感觉植入物

电子眼睛和耳朵每年都在发展。在上面的系统中，摄像机捕捉到的场景作为电子信号传输到外部继电器，并将其无线传输到视网膜植入物。

大约 3000 年前，埃及人就开始使用假体

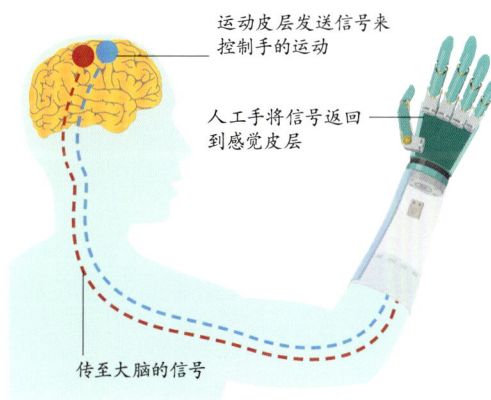

运动皮层发送信号来控制手的运动

人工手将信号返回到感觉皮层

传至大脑的信号

假肢手

最新的义肢有双向功能。大脑发送信号来控制它们的运动，假肢有感觉感受器来感受触摸和压力，并将信号传回大脑。

纳米医学

"纳米"是"微"级之下的更小级别，在分子和原子的尺度上，比细胞还小。治疗性纳米机器可以在人体各处移动，按程序摧毁细菌、癌细胞或有毒物质。纳米电子机器人可能会帮助生病或受损的细胞，纳米粒子可能还会直接将药物缓释到目标组织中。

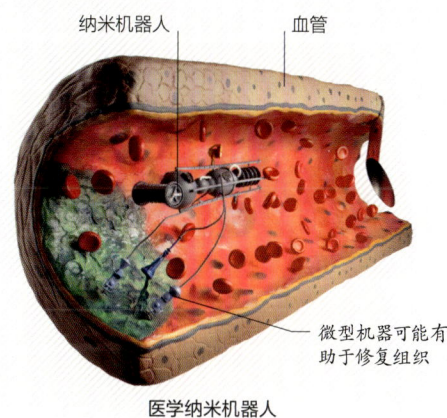

纳米机器人

血管

微型机器可能有助于修复组织

医学纳米机器人

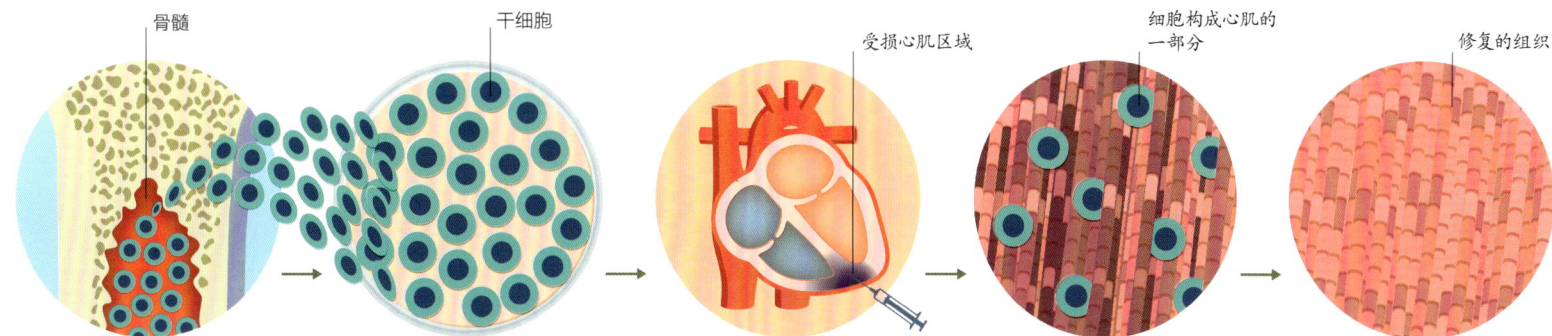

骨髓

干细胞

受损心肌区域

细胞构成心肌的一部分

修复的组织

❶ 获取

某些类型的干细胞是从成人骨髓中取出来的，在自然条件下，这些干细胞主要是制造不同种类的血细胞。

❷ 培养

这些细胞被放入专门的营养液中，这些营养液中含有的物质可以增强它们成为其他细胞类型的潜能。

❸ 注射

干细胞被注射到受损的心脏壁上，这里环境适宜，可以刺激它们分化成心肌细胞。

❹ 开始修复

干细胞继续增殖，但有些发生变化，产生了专门的心肌细胞。

❺ 修复完成

已经被心脏病发作（如心肌梗死）所破坏的心肌细胞，正在逐渐恢复。

◀ 参见基因如何工作：第 224—225 页　　◀ 人体：第 230—231 页　　淋巴与免疫系统：第 242—243 页　　◀ 医学史：第 250—251 页

能源

事物的运转需要能量。能量无法被创造或销毁，只会不断在其众多不同形式之间进行转换。电能对人类而言是非常重要的形式，因为它易于存储、传输及转化为其他类型的有用能源，所以人们投入了大量精力来发电。能量以焦耳（J）为单位。能量在不同形式之间转换的速率称为功率。功率以瓦特（W）为单位。

煤炭始于数亿年前，由腐朽生物物质形成

发电站的工作原理

发电站是利用石油或核燃料发电的设施。大多数发电站装有发电机，发电机将动能转换为电能。然后，这些电能就可以通过电网传输到千家万户了。

燃煤发电站

在燃煤发电站，燃烧会释放出化学能，产生沸水与蒸汽。蒸汽使涡轮机旋转，涡轮机驱动发电机运转。

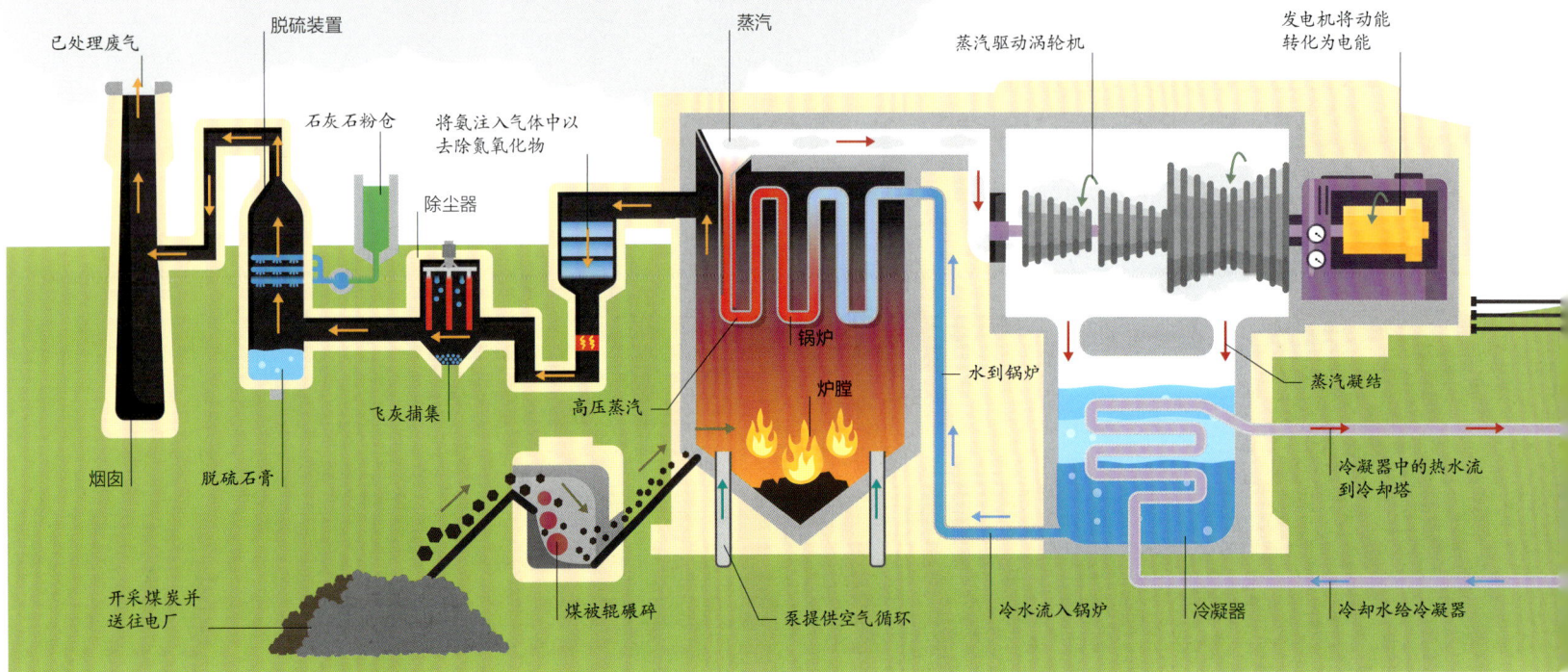

已处理废气 | 脱硫装置 | 蒸汽 | 蒸汽驱动涡轮机 | 发电机将动能转化为电能
石灰石粉仓 | 将氨注入气体中以去除氮氧化物 | 除尘器
飞灰捕集 | 高压蒸汽 | 锅炉 | 水到锅炉 | 蒸汽凝结
烟囱 | 脱硫石膏 | 炉膛 | 冷凝器中的热水流到冷却塔
开采煤炭并送往电厂 | 煤被辊碾碎 | 泵提供空气循环 | 冷水流入锅炉 | 冷凝器 | 冷却水给冷凝器

水力

水的运动可以用来发电。人们可以利用自然流动的水（比如潮汐）或下落的水的动能来发电。尽管建设水力发电设备会对环境有一定影响，但水力仍然是一种清洁的可再生能源。

水力发电

水力发电是利用水下落或快速流动的动能发电。通常是将水储存在水库里，需要时让水从高处落到低处，从而驱动涡轮机，再带动发电机发电。

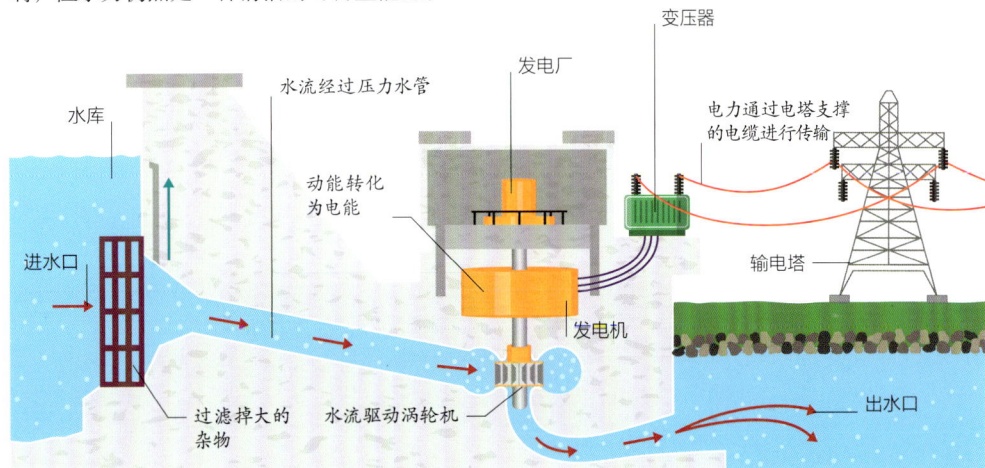

水库 | 水流经过压力水管 | 发电厂 | 变压器 | 电力通过电塔支撑的电缆进行传输
动能转化为电能 | 输电塔
进水口 | 过滤掉大的杂物 | 水流驱动涡轮机 | 出水口 | 发电机

地热能

地热能是地球内部产生并存储的热能。人们可以通过获取地下热水，或者将冷水泵入地下高温区域，来利用地热能。

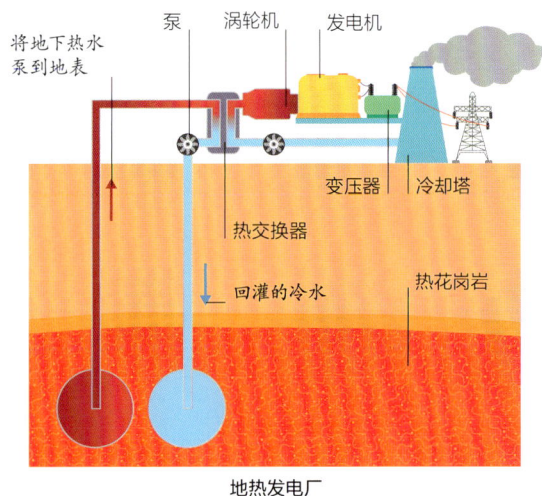

将地下热水泵到地表 | 泵 | 涡轮机 | 发电机
变压器 | 冷却塔
热交换器
回灌的冷水 | 热花岗岩
地热发电厂

◀ 参见太阳：第 20—21 页　◀ 地球内部：第 46—47 页　◀ 洋流、海浪和潮汐：第 66—67 页

技术与工程

清洁排放

虽然燃煤电厂炉膛中产生的气体经过处理可以除去大部分有害污染物，但最终排放到空气中的废气仍然包含二氧化硫等污染物。

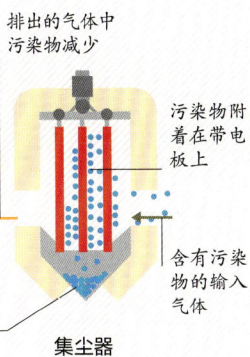

排出的气体中污染物减少

污染物附着在带电极板上

含有污染物的输入气体

过滤下来的污染物

集尘器

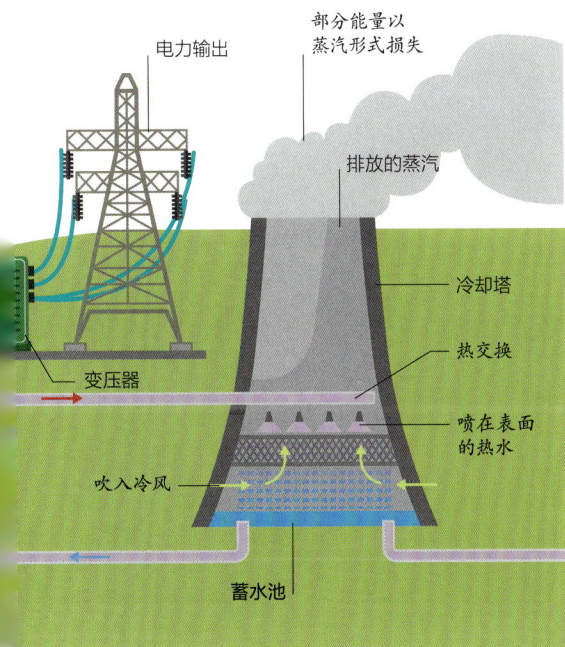

电力输出

部分能量以蒸汽形式损失

排放的蒸汽

变压器

冷却塔

热交换

喷在表面的热水

吹入冷风

蓄水池

核能

核电站利用原子核裂变时释放的核能来发电。这些反应会受到控制，以确保核能的稳定释放。未来，人们还可以利用核聚变来发电。

第一座核反应堆建于 1942 年，位于美国芝加哥的一座足球场下面

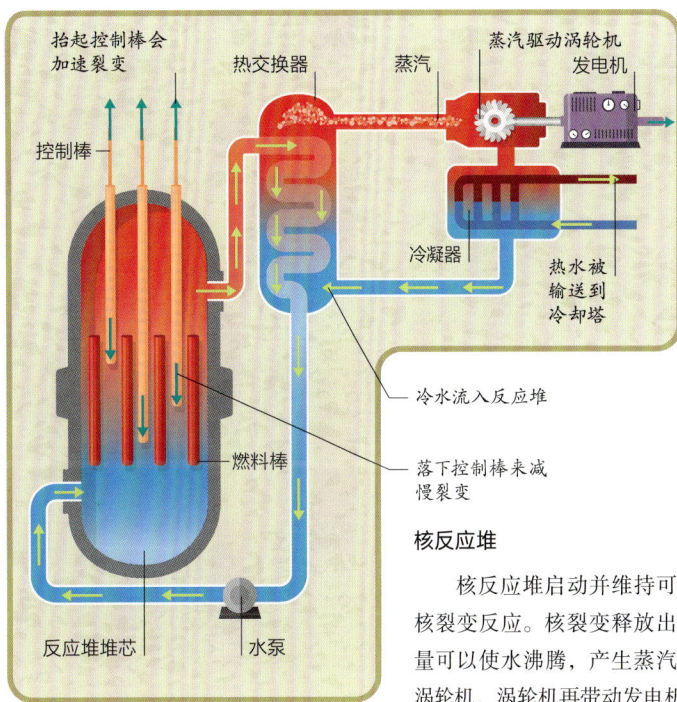

抬起控制棒会加速裂变

热交换器

蒸汽

蒸汽驱动涡轮机

发电机

控制棒

冷凝器

热水被输送到冷却塔

冷水流入反应堆

落下控制棒来减慢裂变

燃料棒

反应堆堆芯

水泵

核反应堆

核反应堆启动并维持可控的核裂变反应。核裂变释放出的热量可以使水沸腾，产生蒸汽驱动涡轮机，涡轮机再带动发电机。

放射性废物处理

核电站产生的一些核废料具有放射性，必须妥善处理和储存，以防止辐射泄漏。

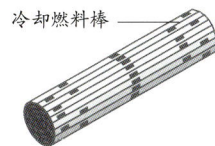

冷却燃料棒

❶ 燃料棒束

铜容器

❷ 处置罐

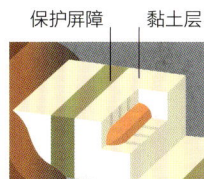

保护屏障

黏土层

❸ 用黏土密封

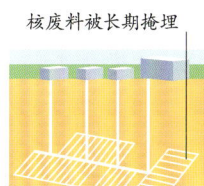

核废料被长期掩埋

❹ 核废料处理场

风能

风能是一种可再生的清洁能源，它利用风的动能来驱动涡轮机发电。由于风力发电需要风，所以它并不适合所有环境。

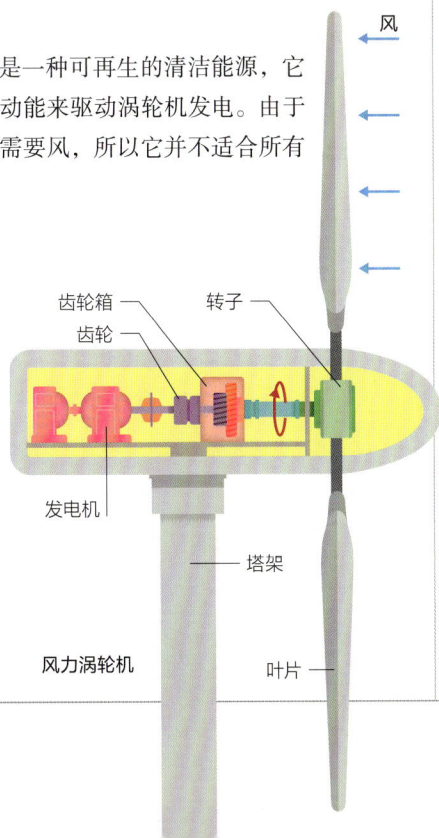

风

齿轮箱

齿轮

转子

发电机

塔架

风力涡轮机

叶片

太阳能

太阳的能量可以被直接用来发电，比如通过太阳来烧水，再让蒸汽驱动涡轮机发电。另外一种方法是利用光伏电池板，这些电池板可以将入射的太阳光转化为直流电。太阳能是一种可再生的清洁能源。

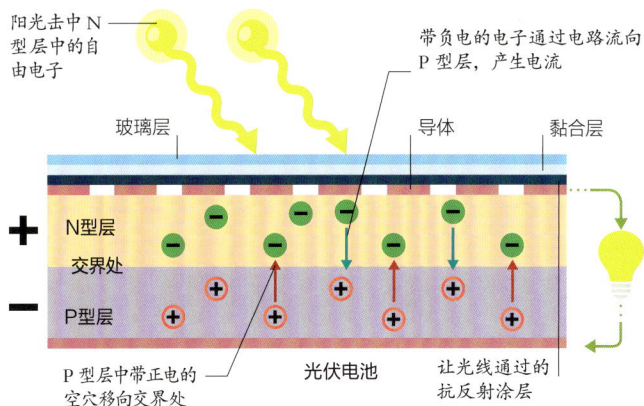

阳光击中 N 型层中的自由电子

带负电的电子通过电路流向 P 型层，产生电流

玻璃层

导体

黏合层

N 型层

交界处

P 型层

P 型层中带正电的空穴移向交界处

光伏电池

让光线通过的抗反射涂层

生物能

生物能是燃烧木材和秸秆等物质所释放的化学能。生物能是可再生能源，但同时会排放二氧化碳，而且需要土地来生产燃烧的物质。

工业废渣

动物废渣

污水

农业废物

林业

◀ 参见天气：第 74—75 页 ◀ 碳循环：第 78—79 页 汽车：第 286—287 页 ▶

材料

所有物体都是由材料制成的。材料具有不同的特性，能适用于各种领域。一些材料是天然存在的，而其他一些（例如钢或尼龙）则是出于某些目的而由人工合成的。研发具有新颖特性的材料对于技术进步至关重要。

混凝土

混凝土是一种人造材料，数千年前就被用于建造房屋。混凝土像石头一样结实耐用，价格便宜且易于生产。湿混凝土可以浇筑到几乎任意形状的模具中，凝固后都会硬化成形。

制作混凝土

混凝土由黏结剂和填料组成。黏结剂是由水和水泥制成的糊状流体。人们常用砾石或粒状沙子填料当作骨架。

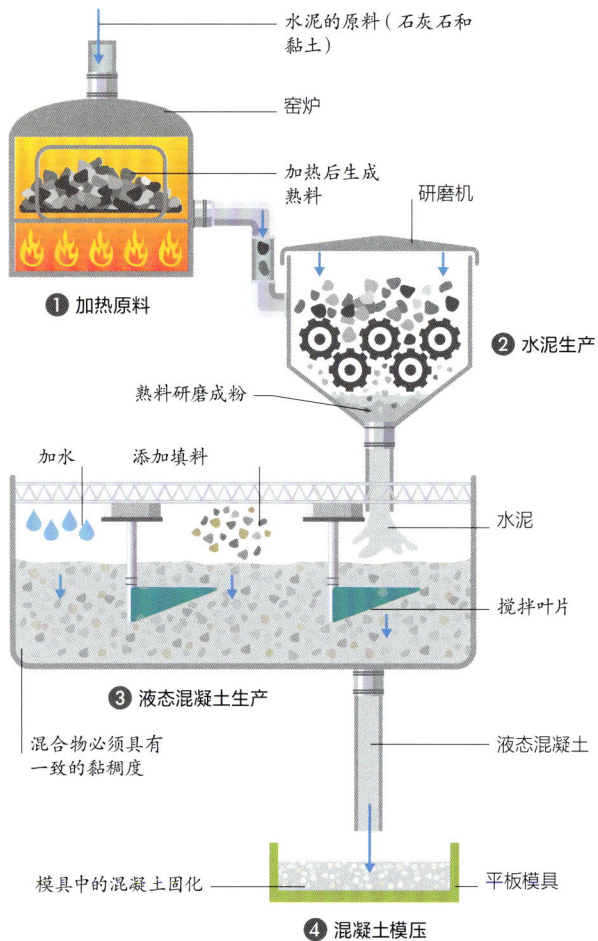

水泥的原料（石灰石和黏土）
窑炉
加热后生成熟料
研磨机
❶ 加热原料
熟料研磨成粉
❷ 水泥生产
加水
添加填料
水泥
搅拌叶片
❸ 液态混凝土生产
混合物必须具有一致的黏稠度
液态混凝土
模具中的混凝土固化
平板模具
❹ 混凝土模压

混凝土在罗马帝国时期是一种常用材料，罗马人用它建造了斗兽场和万神殿

金属

金属包括一系列材料，这些材料包括某些元素和元素的组合。在现代世界中，从珠宝首饰到电子产品领域，金属被广泛使用。由于其特性（参见第 203 页），它们导热和导电性能良好，坚固而具有延展性。

炼钢工艺

钢是一种合金，其中含有铁、少量碳以及微量的其他元素。它可以通过在高炉中熔化铁矿石来冶炼，或在电弧炉中熔化废钢制成。

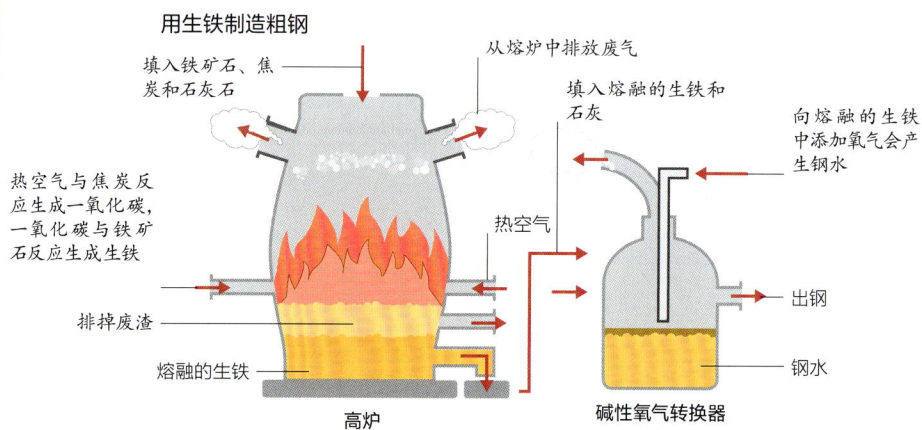

用生铁制造粗钢
填入铁矿石、焦炭和石灰石
从熔炉中排放废气
填入熔融的生铁和石灰
向熔融的生铁中添加氧气会产生钢水
热空气与焦炭反应生成一氧化碳，一氧化碳与铁矿石反应生成生铁
热空气
排掉废渣
出钢
熔融的生铁
钢水
高炉
碱性氧气转换器

合金

合金是金属或金属和其他元素的组合，保留了金属的特性。合金可以产生具有与纯金属不同特性的材料。例如，钢（铁和碳的合金）比纯铁更坚硬，而玫瑰金（金和铜的合金）呈粉红色，因此在珠宝制作中很受欢迎。有些合金材料，比如琥珀金，是自然形成的，但绝大多数的合金都是人工制造的。

金属塑形

金属中的原子形成晶体结构。加热时这些结构会分解，导致金属变软，更易于塑形。在某些情况下，金属也可以不加热就塑形。

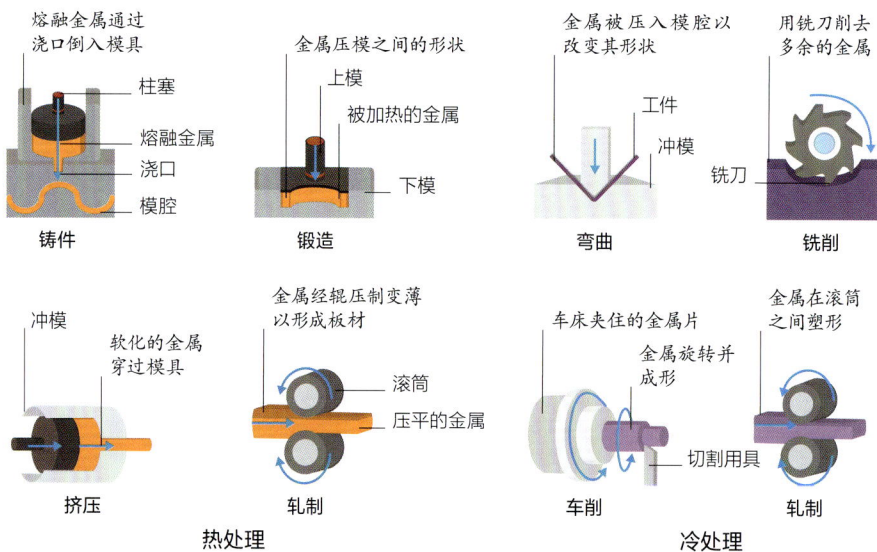

第一种人造合金是青铜

熔融金属通过浇口倒入模具
柱塞
熔融金属
浇口
模腔
铸件

金属压模之间的形状
上模
被加热的金属
下模
锻造

金属被压入模腔以改变其形状
工件
冲模
弯曲

用铣刀削去多余的金属
铣刀
铣削

冲模
软化的金属穿过模具
挤压

金属经辊压制变薄以形成板材
滚筒
压平的金属
轧制

热处理

加热后软化的金属可以重新加工成新的形状。随着金属冷却，原子重结晶并再次变硬。

车床夹住的金属片
金属旋转并成形
切割用具
车削

金属在滚筒之间塑形
切割用具
轧制

冷处理

金属也可以不加热而重塑形状，这种冷处理方法使用机械应力来加工金属。

◂ 参见热力学：第 184—185 页　◂ 物质的状态：第 198—199 页　◂ 元素周期表：第 200—201 页

玻璃

玻璃是一种固体材料，通常是透明且易碎的。它是通过快速冷却熔融物质（例如硅砂），将原子困在无序的无定形结构中形成的。

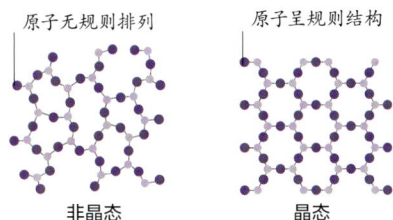

当闪电击中沙子时，沙子可以自然地融化成玻璃

原子无规则排列　　　原子呈规则结构

非晶态　　　晶态

结构体

玻璃是无定形的，这意味着它的原子没有像晶体固体那样排列成规则的结构。

玻璃的特性

玻璃被广泛用于建筑和装饰中。由于其非晶态结构，它通常是透明或半透明的。它的防水和耐腐蚀性能使其成为理想的阻隔层和容器材料。但是，它很易碎，只有通过加固工艺后的钢化玻璃才可以用在汽车和手机屏幕上。

易碎　　　透明

防水　　　耐腐蚀

塑料

塑料是由聚合物（长链重复分子）制成的合成材料。它们用途广泛，具有多种特性，价格便宜且易于生产。

热塑性塑料

聚合物之间的键在加热过程中断裂，在冷却过程中再次结合。

吸引力弱

热固性塑料

加热时会形成交联键，使材料永久硬化。

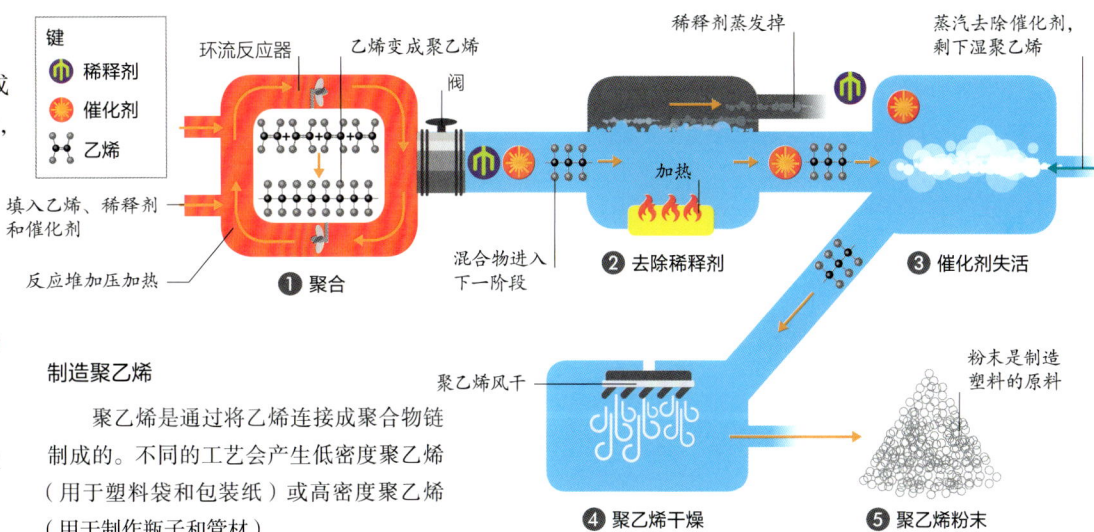

牢固的交联键

键
稀释剂
催化剂
乙烯

环流反应器　　乙烯变成聚乙烯　　阀
填入乙烯、稀释剂和催化剂
反应堆加压加热
❶ 聚合

混合物进入下一阶段

稀释剂蒸发掉
加热
❷ 去除稀释剂

蒸汽去除催化剂，剩下湿聚乙烯
❸ 催化剂失活

制造聚乙烯

聚乙烯是通过将乙烯连接成聚合物链制成的。不同的工艺会产生低密度聚乙烯（用于塑料袋和包装纸）或高密度聚乙烯（用于制作瓶子和管材）。

聚乙烯风干
❹ 聚乙烯干燥

粉末是制造塑料的原料
❺ 聚乙烯粉末

复合材料

复合材料是由结合在一起的不同材料制成的，这些材料的结合赋予复合材料与众不同的特性。有些复合材料是天然存在的，不过大部分都是人类设计的具有特殊用途的材料，比如碳纤维。

天然复合材料

自然界中的大多数材料都是复合材料，包括木材和岩石。人体中也包含许多复合材料，例如我们的指甲和骨头。骨骼主要由脆性的羟基磷灰石和柔软而富有弹性的胶原蛋白构成——这些胶原蛋白赋予了骨骼支撑起人体所需的特质。

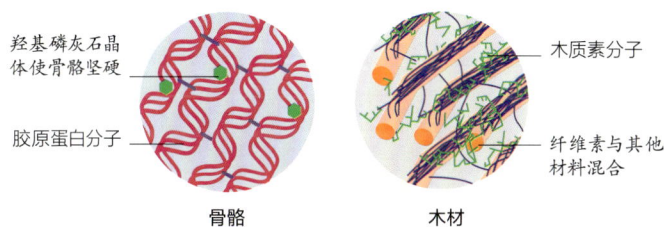

羟基磷灰石晶体使骨骼坚硬
胶原蛋白分子
骨骼

木质素分子
纤维素与其他材料混合
木材

制作碳纤维聚合物

碳纤维聚合物非常轻便且结实。它的生产过程涉及多个复杂步骤，且需要用到多种不同物质。

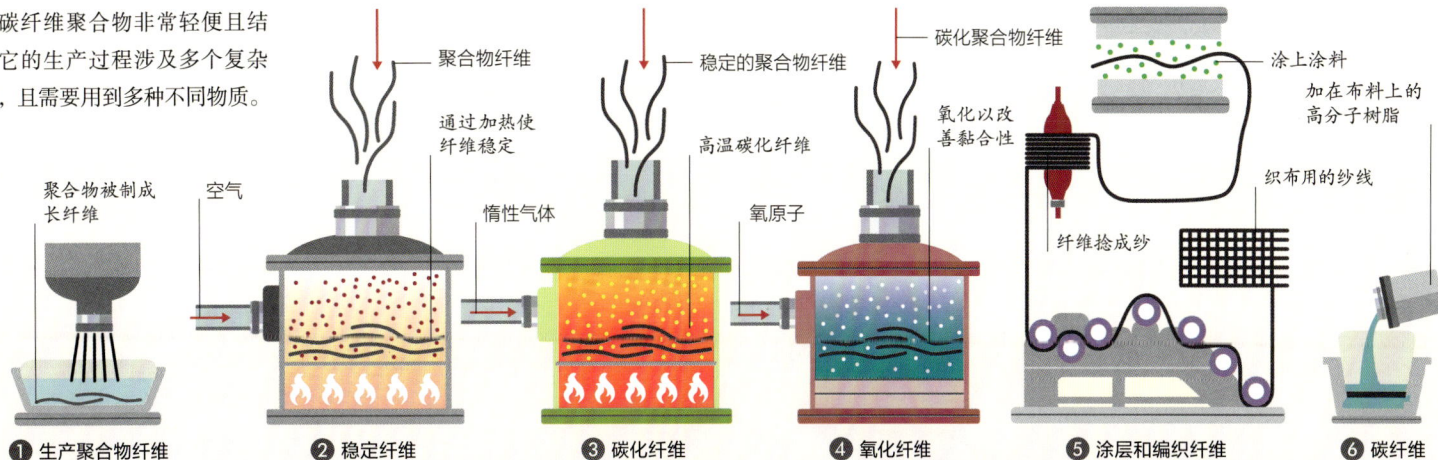

聚合物被制成长纤维
❶ 生产聚合物纤维

空气
通过加热使纤维稳定
聚合物纤维
❷ 稳定纤维

惰性气体
高温碳化纤维
稳定的聚合物纤维
❸ 碳化纤维

氧原子
氧化以改善黏合性
碳化聚合物纤维
❹ 氧化纤维

涂上涂料
加在布料上的高分子树脂
纤维捻成纱
织布用的纱线
❺ 涂层和编织纤维

❻ 碳纤维

◀ 参见分子、离子和化学键：第202—203页　◀ 化学反应：第206—207页　结构与构造：第266—267页 ▶

结构与构造

我们的生活离不开房屋、桥梁、道路和下水道等人造建筑。这些建筑是由工程师设计的，其目的是能给人提供安全的生活环境。然后，人们利用起重机和挖掘机等重型机械，使用不同的零件和材料将其建造而成。

起重机

建筑往往由非常重的部件组成，需要重型设备才能搬运、安装到位，这一过程通常是使用起重机来实现的。起重机是一系列简单机器的集合，这些机器能放大人的操控力量，从而更轻松地举起、移动或降低重物。起重机种类繁多，被设计用于各种目的。

回转环

回转环让悬臂能够旋转并将负载放置在半径等于悬臂长度的大圆圈内的任何位置。

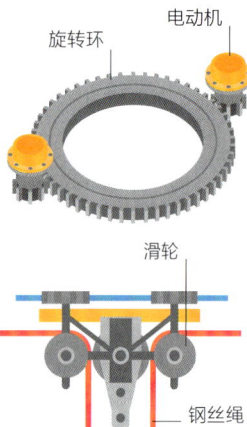
旋转环　电动机

吊运车

吊运车沿着吊臂上的钢缆移动。它支撑吊钩组块，该吊钩组块由钢丝绳升高和降低。

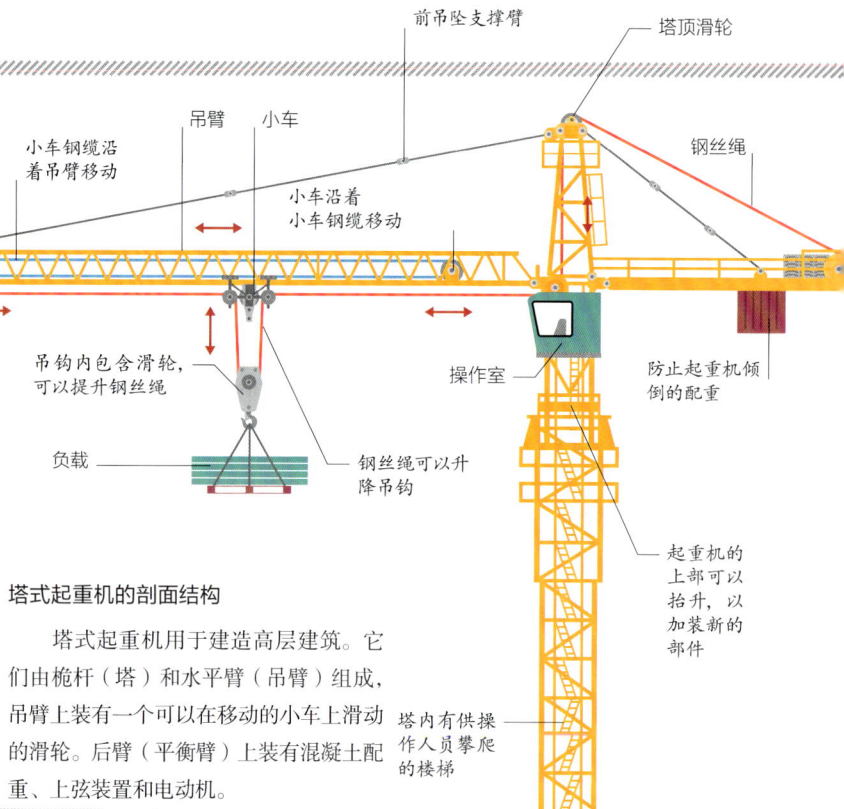
滑轮
钢丝绳

塔式起重机的剖面结构

塔式起重机用于建造高层建筑。它们由桅杆（塔）和水平臂（吊臂）组成，吊臂上装有一个可以在移动的小车上滑动的滑轮。后臂（平衡臂）上装有混凝土配重、上弦装置和电动机。

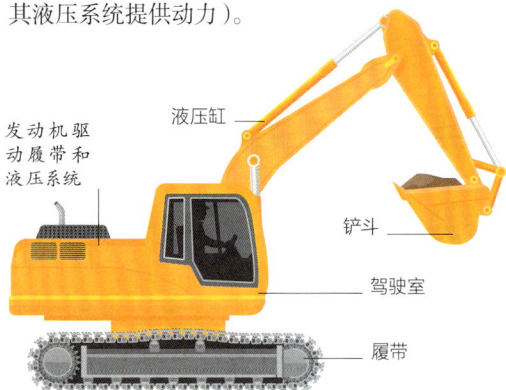
前吊坠支撑臂　塔顶滑轮
小车钢缆沿着吊臂移动　吊臂　小车　钢丝绳
小车沿着小车钢缆移动
吊钩内包含滑轮，可以提升钢丝绳
操作室
负载　钢丝绳可以升降吊钩
防止起重机倾倒的配重
起重机的上部可以抬升，以加装新的部件
塔内有供操作人员攀爬的楼梯

土方机械

施工中有一个关键环节是挖掘、移动和填筑土方，以腾出空间为建筑物打地基。人们使用挖掘机、推土机和前装载机等土方机械，利用杠杆和液压装置来搬运大量的土方。

挖掘机

挖掘机被设计用来铲运大量材料。挖掘机的核心是驱动履带和泵的发动机（泵又为其液压系统提供动力）。

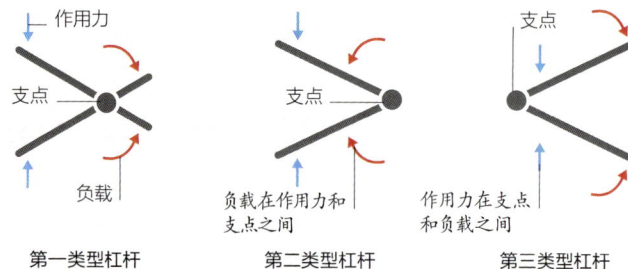
发动机驱动履带和液压系统
液压缸
铲斗
驾驶室
履带

液压系统

液体不能被压缩，因此施加在液体上的力会通过液体传递。当在封闭的气缸内向液体的一端施加力时，力会传递到另一端。通过改变活塞杆和液压缸的相对宽度，可以极大地将力放大。

杠杆

杠杆是用于放大不同方向上的力或运动的机械装置。根据输入力（作用力）和输出力（载荷）相对于支点的位置来区分，杠杆可分为三类。

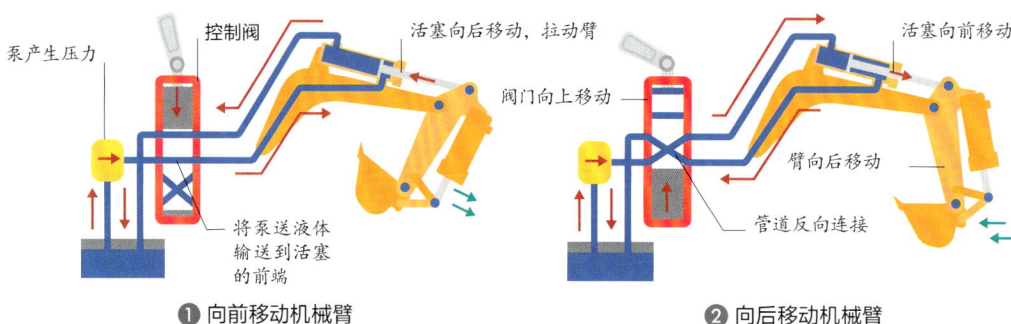
作用力　支点　支点
支点　负载在作用力和支点之间　作用力在支点和负载之间
负载
第一类型杠杆　第二类型杠杆　第三类型杠杆

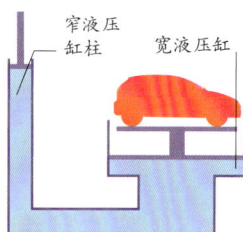
控制阀　活塞向后移动，拉动臂　活塞向前移动
泵产生压力　阀门向上移动　臂向后移动
将泵送液体输送到活塞的前端　管道反向连接

❶ 向前移动机械臂

泵产生液压，向封闭管道系统内的流体施加力。该力将活塞向后推动，使机械臂向前拉。

❷ 向后移动机械臂

由操作员控制的阀门使液压油在管道中反向流动，对活塞的另一侧施加压力。这会将活塞沿相反的方向推回，从而将机械臂向后拉。

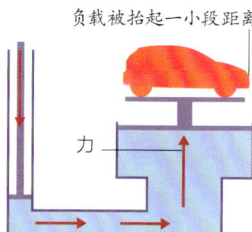

❶ 倍增力

尽管液体压力保持不变，但在狭窄液压缸中对活塞施加的力可以通过液体传送到较宽的液压缸中和活塞上，顶起更重的物体。
窄液压缸柱　宽液压缸

❷ 距离减半而力加倍

宽活塞的面积是窄活塞面积的两倍，因此所施加的力增加了一倍，而大活塞运动的距离仅是小活塞距离的一半。
负载被抬起一小段距离
力

桥梁

桥梁是跨越障碍物的建筑形式。桥梁有大有小，有的只是跨过小溪，有的则连接两个国家。但对于建桥而言，至关重要的是，桥必须能够承受并传递桥梁重量及载荷所产生的拉力和压力。

钢缆的主体结构

主钢缆由多股扭绞在一起的高强度钢制成，外面用钢丝包裹。

编织钢绞线

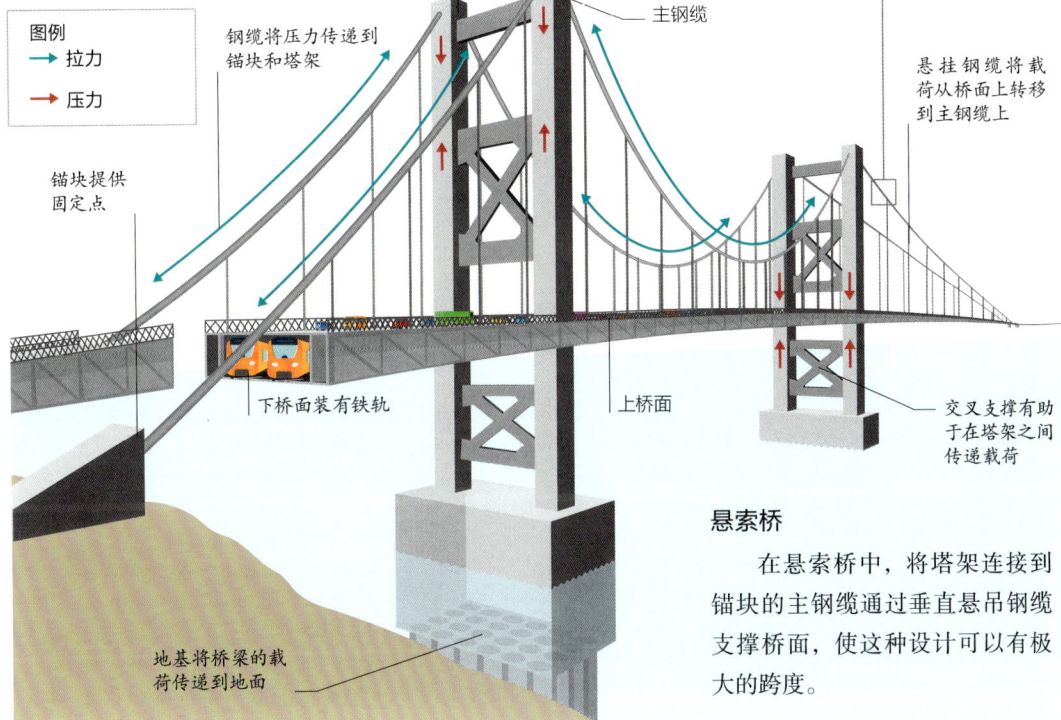

塔架将载荷压力转移到地基

钢缆将压力传递到锚块和塔架

主钢缆

图例
→ 拉力
→ 压力

锚块提供固定点

悬挂钢缆将载荷从桥面上转移到主钢缆上

下桥面装有铁轨

上桥面

交叉支撑有助于在塔架之间传递载荷

地基将桥梁的载荷传递到地面

悬索桥

在悬索桥中，将塔架连接到锚块的主钢缆通过垂直悬吊钢缆支撑桥面，使这种设计可以有极大的跨度。

桥梁类型

世界上许多不同的桥梁都是几个基本类型的变体。桁架和拱桥的跨度相对较短，而其他类型如斜拉桥和悬索桥则允许建造更长的跨度。

拱桥

桥面下方至少有一个拱形支撑，将压力传递到桥墩。

桥墩支撑桥面

斜拉桥

连接到一个或多个垂直塔上的多根钢缆支撑桥面。

钢缆支撑桥面

桁架桥

带有对角支柱的大梁框架可抵抗压力，为桥面提供额外的支撑。

承重桁架

悬臂桥

一对水平伸出的"跷跷板"固定在桥的两端，并在桥的中心相遇。

锚点

现代建筑

从简陋的石头小屋到拥有数百个公寓的摩天大楼，最重要的人造结构无疑就是人类居住的建筑。现代生活建筑的结构更安全，拥有遮阴和避开极端天气的条件，并能提供水电气等重要的公用设施。

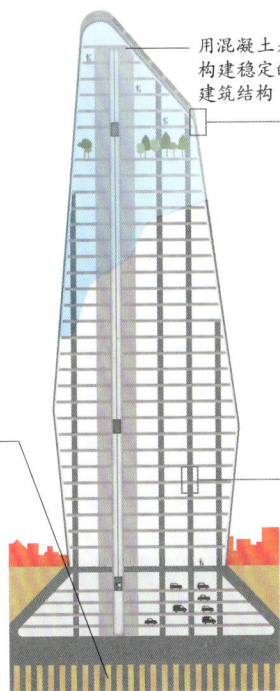

用混凝土来构建稳定的建筑结构

下方的桩基支撑起整个建筑物

摩天大楼

高层建筑能提供大量空间，同时占用相对较少的土地，是人口日益稠密的大都市中受欢迎的建筑形式。随着科学技术的进步，人们建造的摩天大楼越来越高。

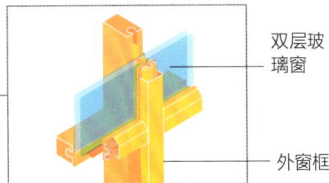

双层玻璃窗

外窗框

幕墙

外幕墙附着在建筑物的框架上，它们不承载建筑物的重量。

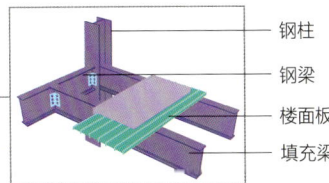

钢柱
钢梁
楼面板
填充梁

钢框架

框架由水平钢梁和垂直钢柱组成，并由填充梁提供额外支撑。

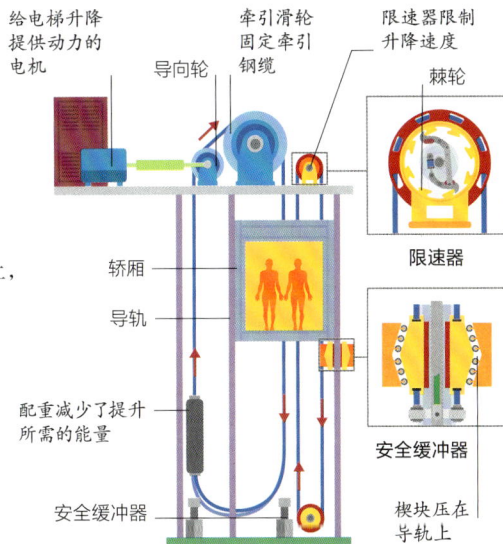

给电梯升降提供动力的电机

牵引滑轮固定牵引钢缆

限速器限制升降速度

导向轮

棘轮

轿厢

导轨

限速器

配重减少了提升所需的能量

安全缓冲器

安全缓冲器

楔块压在导轨上

电梯

电梯通过由电机驱动滑轮的钢缆，使轿厢沿着导轨垂直移动，钢缆的另一端是一个配重。

参见建筑的元素：第 448—449 页 ▶ 建筑的细节：第 452—453 页 ▶

家用技术

从相对简单的机械系统到复杂的计算机，家庭生活中充斥着各种科技产品，包括用于供暖、制冷、清洁和管理房屋的各种类型的设备。这些设备大多都依赖电力、水和互联网连接等公共服务。现代家庭中的基础设施（例如水暖管道和光纤电缆）都是用来支持这些设备的。

冰箱

冰箱通过冷却剂在封闭的管道系统中的运动来吸收能量以冷却其内部。冷却剂被压缩和膨胀，在液体和气体之间转换，并在此过程中从冰箱内部吸收热量。

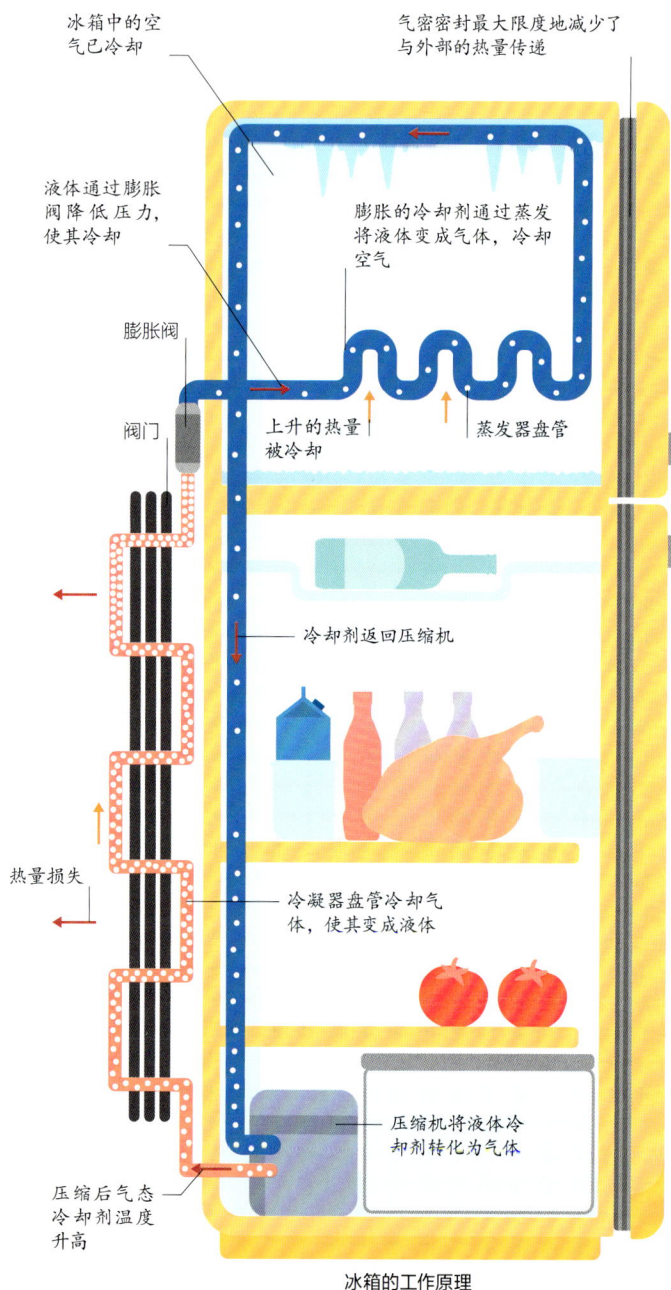

气密密封最大限度地减少了与外部的热量传递

冰箱中的空气已冷却

液体通过膨胀阀降低压力，使其冷却

膨胀的冷却剂通过蒸发将液体变成气体，冷却空气

膨胀阀

上升的热量被冷却

蒸发器盘管

阀门

冷却剂返回压缩机

热量损失

冷凝器盘管冷却气体，使其变成液体

压缩机将液体冷却剂转化为气体

压缩后气态冷却剂温度升高

冰箱的工作原理

微波炉

微波炉使用微波（一种电磁波）来加热食物。微波会穿透食物，激发水和脂肪分子以释放能量。用微波烹饪比用传统烤箱要快得多。

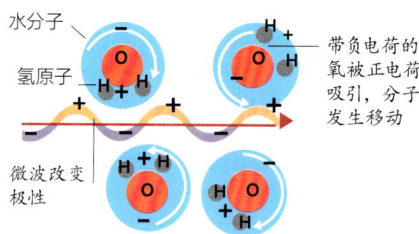

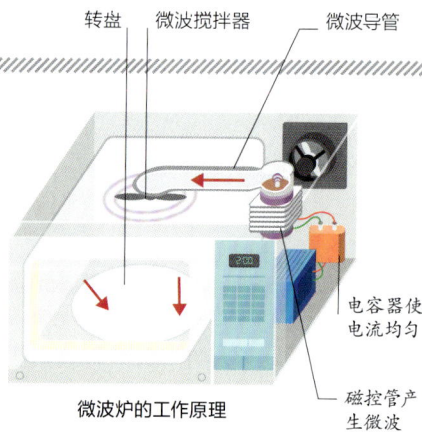

转盘　微波搅拌器　微波导管

电容器使电流均匀

磁控管产生微波

微波炉的工作原理

水分子

氢原子

带负电荷的氧被正电荷吸引，分子发生移动

微波改变极性

致热效应

水分子与微波的电场对准。电场迅速切换极性，导致水分子翻转并释放由于摩擦而产生的热量。

电水壶

当接通电水壶时，电流流经加热元件，加热并将热能传递到水中。当恒温器检测水温达到沸腾温度时，它将中断电流。双金属恒温器使用了在加热时会弯曲的金属，当达到所需温度时，金属就会弯曲，从而断开电路。

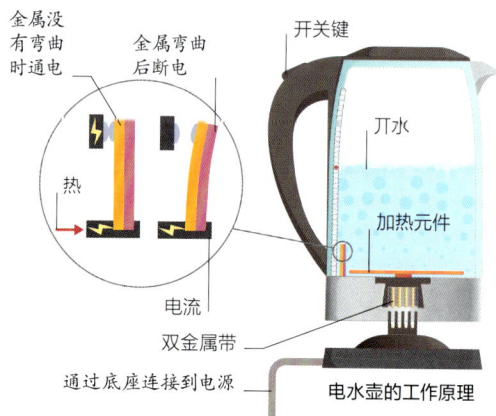

金属没有弯曲时通电

金属弯曲后断电

开关键

沸水

加热元件

热

电流

双金属带

通过底座连接到电源

电水壶的工作原理

洗衣机

洗衣机包含一个外滚桶，它是由弹簧和减震阻尼器固定在一个位置，并包含一个内滚桶。内滚筒由电动机旋转，用以转动衣物、水和洗涤剂。

清洁剂的工作原理

洗衣粉中的分子一端是亲水性的（被水分子吸引），而另一端则被油吸引。这使它们能够从织物上分离油性污渍，从而让水将其冲洗掉。

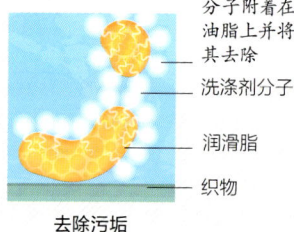

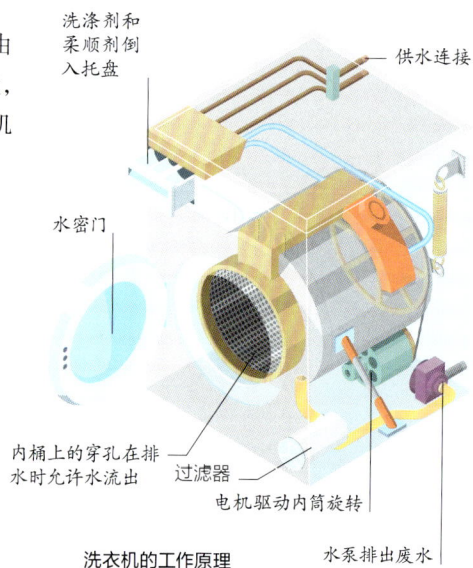

洗涤剂和柔顺剂倒入托盘

供水连接

水密门

内桶上的穿孔在排水时允许水流出

过滤器

电机驱动内筒旋转

水泵排出废水

洗衣机的工作原理

分子附着在油脂上并将其去除

洗涤剂分子

润滑脂

织物

去除污垢

一些洗衣机的转速高达 1800 转 / 分

◀ 参见能源：第 262—263 页　◀ 材料：第 264—265 页

厕所

厕所将人的粪便从家里转移到污水处理厂。目前，清理排泄物有真空或冲水等不同方式。抽水马桶是使用自来水管道供应的淡水，通过排水管将排泄物冲洗到排放系统中。废水可以通过虹吸管从马桶中抽出，排入排水管。

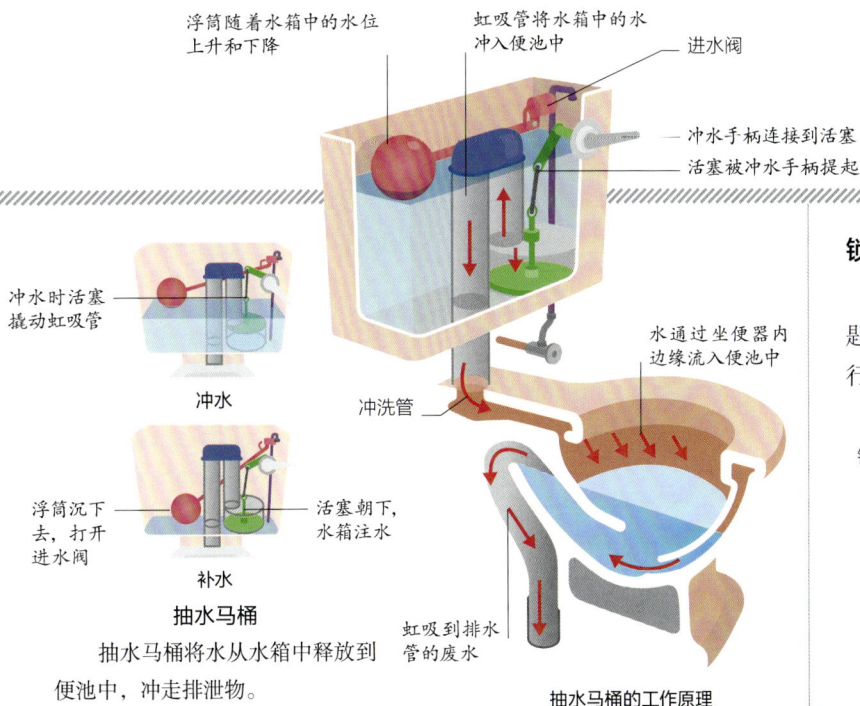

浮筒随着水箱中的水位上升和下降

虹吸管将水箱中的水冲入便池中

进水阀

冲水手柄连接到活塞

活塞被冲水手柄提起

冲水时活塞撬动虹吸管

冲水

水通过坐便器内边缘流入便池中

浮筒沉下去，打开进水阀

活塞朝下，水箱注水

补水

抽水马桶

抽水马桶将水从水箱中释放到便池中，冲走排泄物。

冲洗管

虹吸到排水管的废水

抽水马桶的工作原理

恒温器

恒温器用于控制房屋或其他建筑物内的温度。当室内温度降至用户设定的温度以下时，恒温器将连通一个电路，该电路会发送信号，指示锅炉点火并产生更多的热量。恒温器还用于空调系统中，以将房间的温度保持在某个特定温度以下。在恒温箱中，恒温器用于将温度保持在某个范围内。

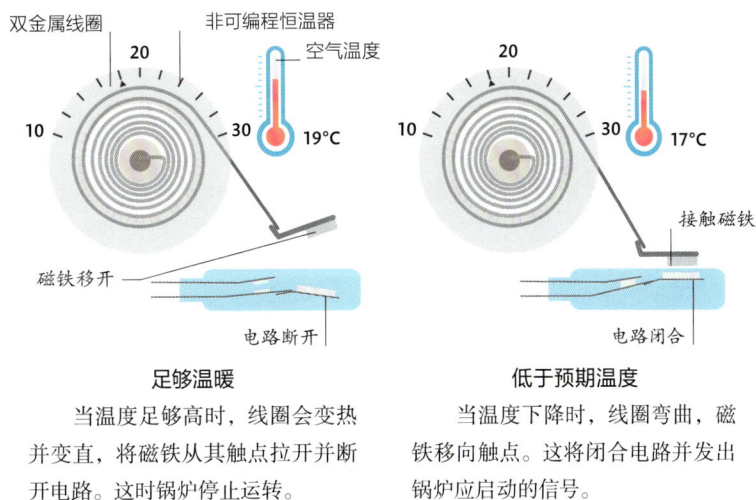

双金属线圈

非可编程恒温器

空气温度

20

10   30

19°C

磁铁移开

电路断开

足够温暖

当温度足够高时，线圈会变热并变直，将磁铁从其触点拉开并断开电路。这时锅炉停止运转。

20

10   30

17°C

接触磁铁

电路闭合

低于预期温度

当温度下降时，线圈弯曲，磁铁移向触点。这将闭合电路并发出锅炉应启动的信号。

锁

锁是一种安全的紧固装置，需要钥匙才能打开。尽管电子锁变得越来越流行，但大多数房屋仍使用常规的机械锁。

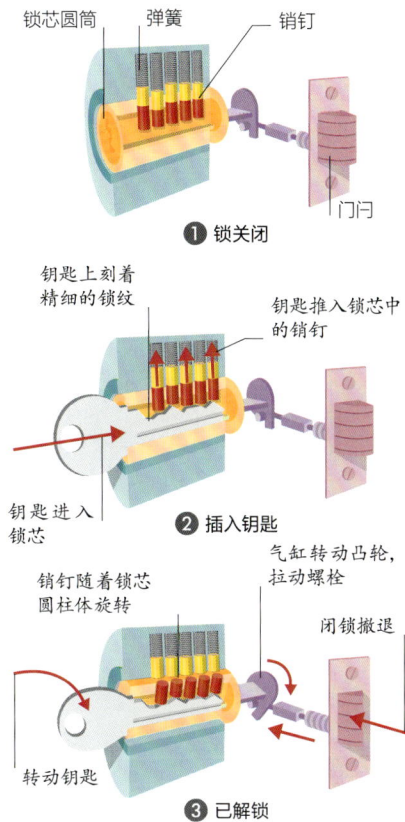

锁芯圆筒   弹簧   销钉

门闩

❶ **锁关闭**

钥匙上刻着精细的锁纹

钥匙推入锁芯中的销钉

钥匙进入锁芯

❷ **插入钥匙**

气缸转动凸轮，拉动螺栓

闭锁撤退

销钉随着锁芯圆柱体旋转

转动钥匙

❸ **已解锁**

弹子锁

弹子锁是最常见的锁，只有插入正确的钥匙，其内部的圆柱体才能旋转，这时弹子锁会松开。如果钥匙不对，一组包含各种长度的销钉的腔室会阻止这个圆柱体转动。

数字助理

小型声控计算机（被称为智能音箱）利用语音识别技术将语音命令转换为操作指令。它们的功能包括简单的互联网搜索、音乐播放，还可以用来控制家中门禁系统、空调或冰箱等智能设备。

智能音箱的工作原理

智能音箱会捕获音频，并通过互联网连接将其传输到云服务器进行处理，然后做出响应。

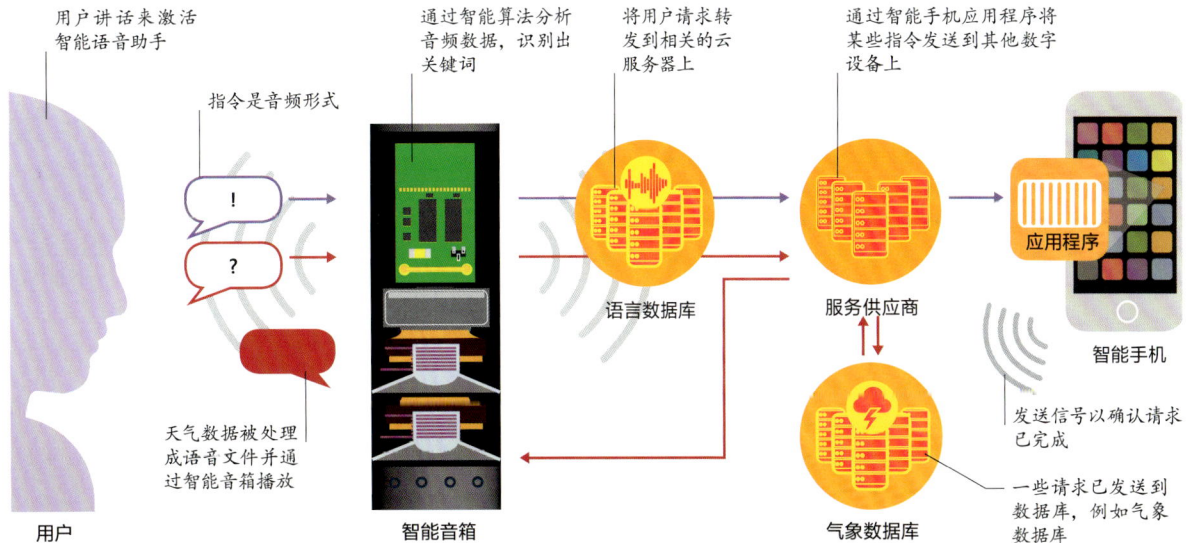

用户讲话来激活智能语音助手

指令是音频形式

通过智能算法分析音频数据，识别出关键词

将用户请求转发到相关的云服务器上

通过智能手机应用程序将某些指令发送到其他数字设备上

应用程序

语言数据库

服务供应商

智能手机

天气数据被处理成语音文件并通过智能音箱播放

用户

智能音箱

发送信号以确认请求已完成

一些请求已发送到数据库，例如气象数据库

气象数据库

参见**计算机技术**：第274—275页 ▶ **现代全球化和经济增长**：第370—371页 ▶

声音、灯光和视觉技术

几个世纪以来，从镜头到计算机等方面的技术进步，使我们能够捕捉、存储、操纵和产生声音和光线。这些技术广泛应用于从外科手术到影视娱乐的各种领域。

今天，任何拥有智能手机的人都可以记录和回放视听信息。它们被编码并存储为二进制数字序列，从而可以重建原始声音和图像。

望远镜

双筒望远镜可以放大远处物体的图像，使其更易于被观察。它们由一对装有棱镜的框架式望远镜组成，这些棱镜可将倒置的图像翻转并向其自身反射光，尽管双筒望远镜的尺寸有限，但仍可实现较长的焦距。

双筒望远镜的横截面

穿过双筒望远镜的光线会经过一系列透镜和玻璃棱镜，这些透镜和玻璃棱镜起到聚焦、放大和翻转图像的作用，然后才将光线传递到眼睛。

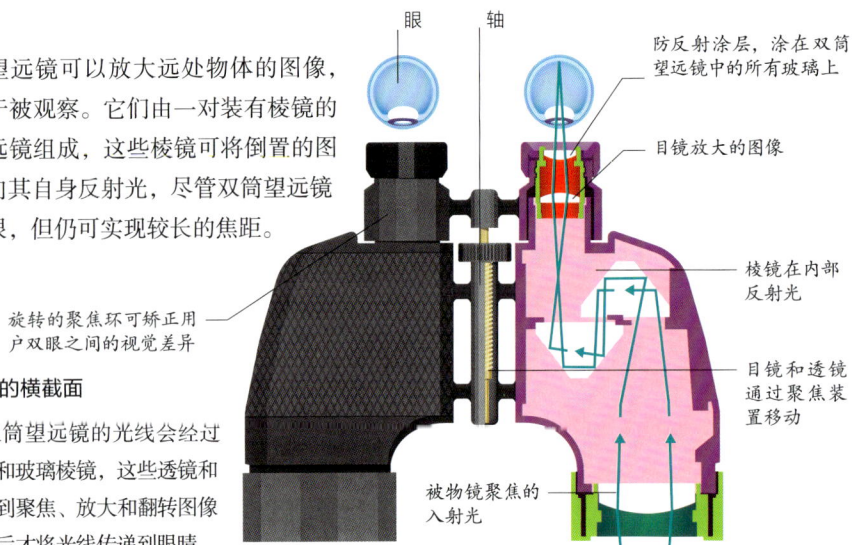

眼　轴

防反射涂层，涂在双筒望远镜中的所有玻璃上

目镜放大的图像

棱镜在内部反射光

目镜和透镜通过聚焦装置移动

旋转的聚焦环可矫正用户双眼之间的视觉差异

被物镜聚焦的入射光

扬声器

扬声器是一种将音频信号（代表声音数据的电信号）转换成声音的设备。携带信号的电流被施加到电磁体上的线圈上。电磁感应（参见第191页）迫使线圈移动，从而振动隔膜。这会推动扬声器前面的空气，产生与音频信号模式相匹配的声波。

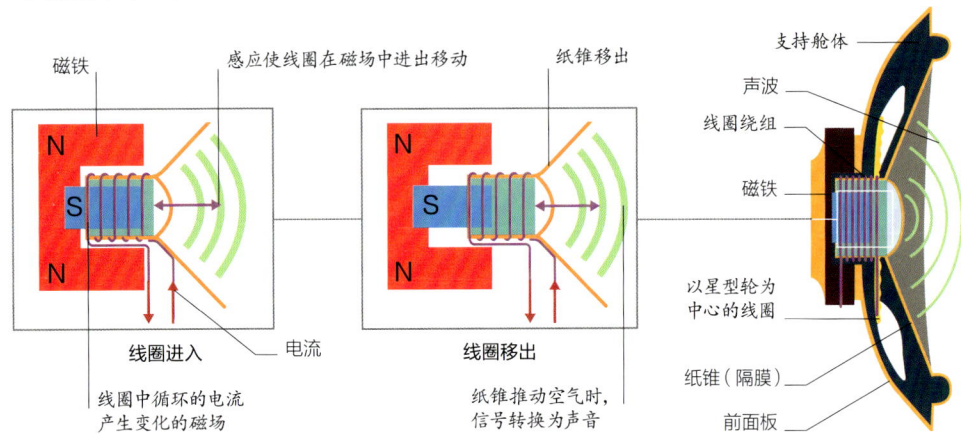

磁铁　　感应使线圈在磁场中进出移动　　纸锥移出

支持舱体

声波

线圈绕组

磁铁

以星型轮为中心的线圈

纸锥（隔膜）

前面板

线圈进入　电流

线圈移出

线圈中循环的电流产生变化的磁场

纸锥推动空气时，信号转换为声音

数字声音

声音可以存储为二进制数字序列。传声器可以将声波转换为以二进制形式表示的电信号。这些二进制数字随后用于重建原始音频信号，并通过扬声器播放。

电压转为二进制数码

硬盘存储数字信息

从二进制数字重新创建音频信号

模数转换器（ADC）　　**储存设备**　　**数模转换器（DAC）**

电气照明

荧光灯，白炽灯和LED（发光二极管）照明均利用电流发光。在荧光灯中，灯管内壁被发光物质（荧光粉）覆盖。

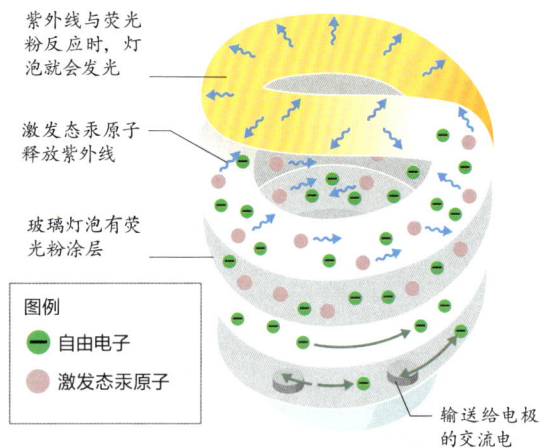

紫外线与荧光粉反应时，灯泡就会发光

激发态汞原子释放紫外线

玻璃灯泡有荧光粉涂层

图例
- 自由电子
- 激发态汞原子

输送给电极的交流电

日光灯

灯泡内的电子相互碰撞会产生紫外线，紫外线与荧光粉接触时会发光。

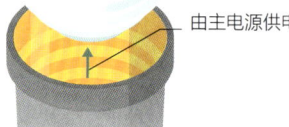

由主电源供电

打印机

打印机是一种可以将存储在计算机上的文档以实物形式呈现出来的设备，通常是在纸张上以墨迹形式打印。最常见的打印机是喷墨打印机和激光打印机。

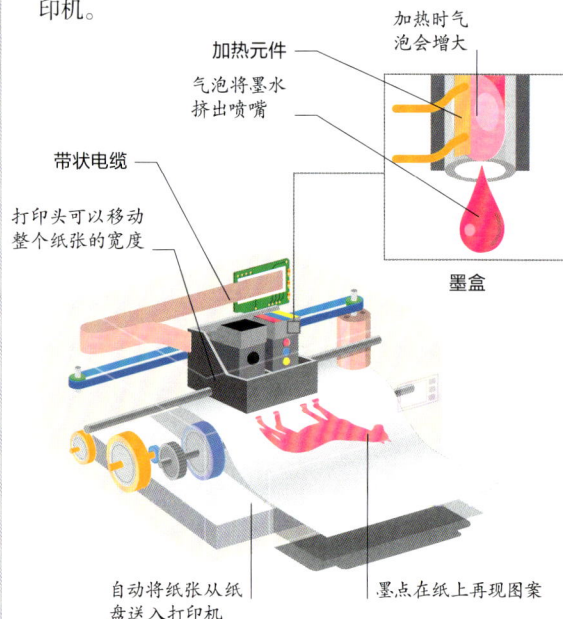

加热元件

加热时气泡会增大

气泡将墨水挤出喷嘴

带状电缆

打印头可以移动整个纸张的宽度

墨盒

自动将纸张从纸盘送入打印机

墨点在纸上再现图案

喷墨打印机

喷墨打印机使用计算机二进制代码作为指示，在微小的墨滴上形成标记。墨盒中含有黄色、品红、青色和黑色颜料，当纸张在其下方移动时将墨滴喷到纸张上。

◀ 参见**光与物质**：第188—189页　◀ **电磁学**：第190—191页

放映机

放映机将一系列明亮的图像快速投射到一个平面上，这些图像以数字形式存储或存储在胶片上。

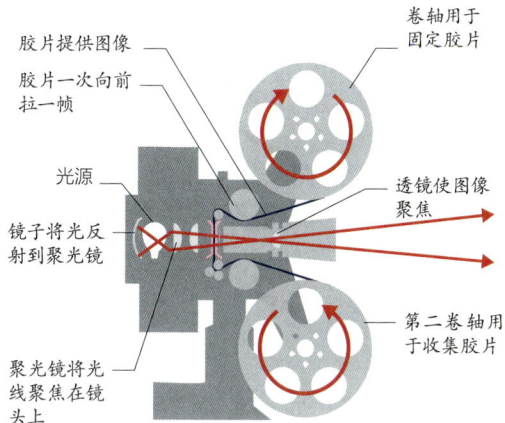

胶片提供图像
胶片一次向前拉一帧
卷轴用于固定胶片
光源
镜子将光反射到聚光镜
透镜使图像聚焦
聚光镜将光线聚焦在镜头上
第二卷轴用于收集胶片

胶片放映机

胶片放映机包含一个旋转式快门，它让光线可以短暂地通过胶片卷轴上的每一幅静止图像（帧），然后再移动到胶片卷轴上的下一帧。

数码相机

数码相机不需要胶片，而是在电子传感器上以数字方式捕获和存储照片。光线通过镜头进入相机，镜头将图像聚焦在相机内部。传感器测量该图像每一点的颜色和亮度，处理器将这些细节转换为一串二进制数字。数码相机能快速小型化，并集成到智能手机和平板电脑等其他数字设备中。

数码单反相机

单反相机包含一个反射镜，将来自主镜头的光导向目镜镜头。释放快门按钮时，反光镜会向上翻转，使光线射到传感器上。

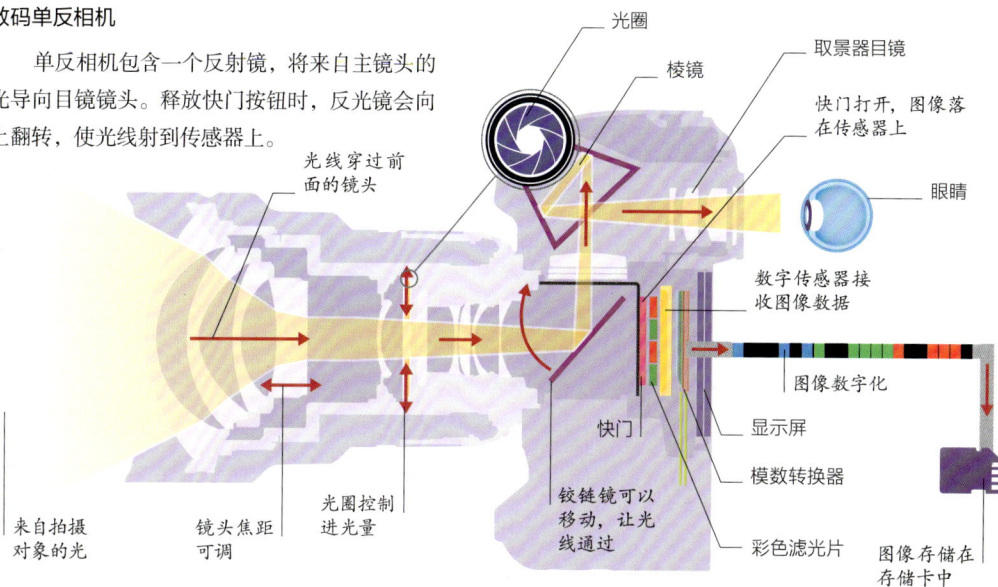

光线穿过前面的镜头
光圈
棱镜
取景器目镜
快门打开，图像落在传感器上
眼睛
数字传感器接收图像数据
来自拍摄对象的光
镜头焦距可调
光圈控制进光量
铰链镜可以移动，让光线通过
快门
彩色滤光片
图像数字化
显示屏
模数转换器
图像存储在存储卡中

激光

激光是一种强烈的光束。与其他光不同，其光束是准直的（几乎不扩散），并且是相干的（光波全部是同步的，并且频率相同）。

激光打印机

激光束扫过旋转的硒鼓面，使特定区域带负电。带正电的墨粉被这些带负电的区域吸引并附着其上，最后被转移到纸上并固定下来。

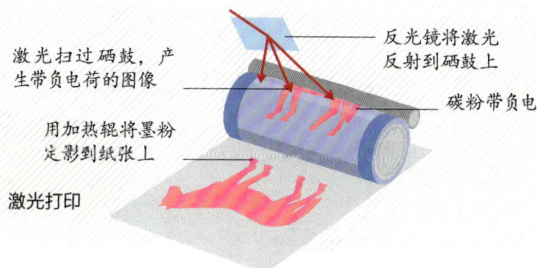

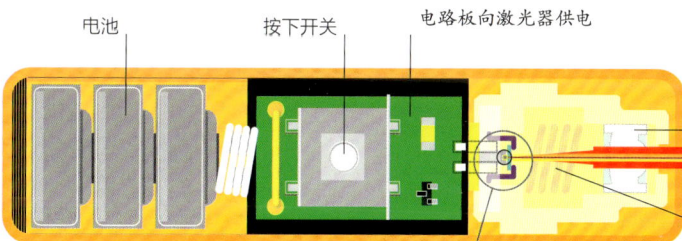

激光扫过硒鼓，产生带电荷的图像
反光镜将激光反射到硒鼓上
碳粉带负电
用加热辊将墨粉定影到纸张上

激光打印

电池
按下开关
电路板向激光器供电
准直透镜使光束变直、变窄
激光束
二极管

激光笔

激光笔包含一个准直透镜和一些电了组件，其中有一个激光二极管，可以将电能转换为光子并发射出去。

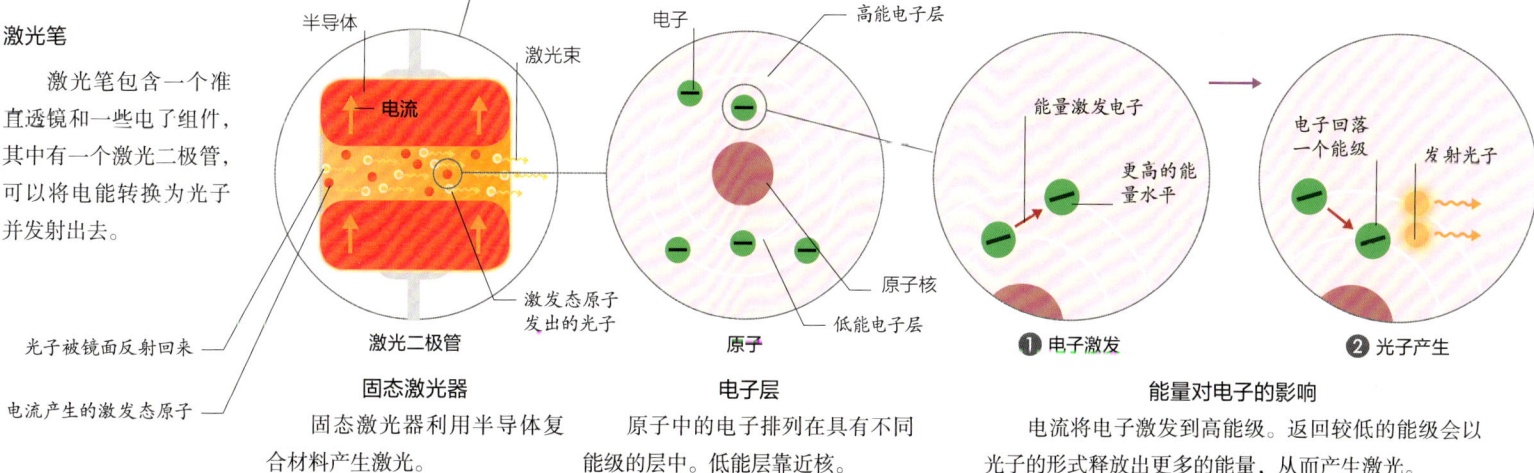

半导体
激光束
电子
高能电子层
光子被镜面反射回来
电流
激发态原子发出的光子
电流产生的激发态原子

激光二极管

固态激光器

固态激光器利用半导体复合材料产生激光。

原子
原子核
低能电子层

电子层

原子中的电子排列在具有不同能级的层中。低能层靠近核。

能量激发电子
更高的能量水平
① 电子激发

电子回落一个能级
发射光子
② 光子产生

能量对电子的影响

电流将电子激发到高能级。返回较低的能级会以光子的形式释放出更多的能量，从而产生激光。

参见通信技术：第272—273页 ▶ 计算机技术：第274—275页 ▶ 摄影：第486—487页 ▶

通信技术

现代世界中，许多活动，如电话通话或电视广播，都取决于能否快速地发送和接收信息。即便是发送短信这样简单的操作，也需要使用多层通信基础设施，例如移动消息应用程序，以光脉冲形式高速传输数据的光纤电缆，以及用于中继无线电波编码信息的发射器和接收器等。

电视广播

电视广播让任何拥有电视机的人都能观看电视广播公司发送的视频内容。人们用摄像机和麦克风将真实场景捕获为电信号，经过调制后通过地面天线、卫星或电缆传输到千家万户。

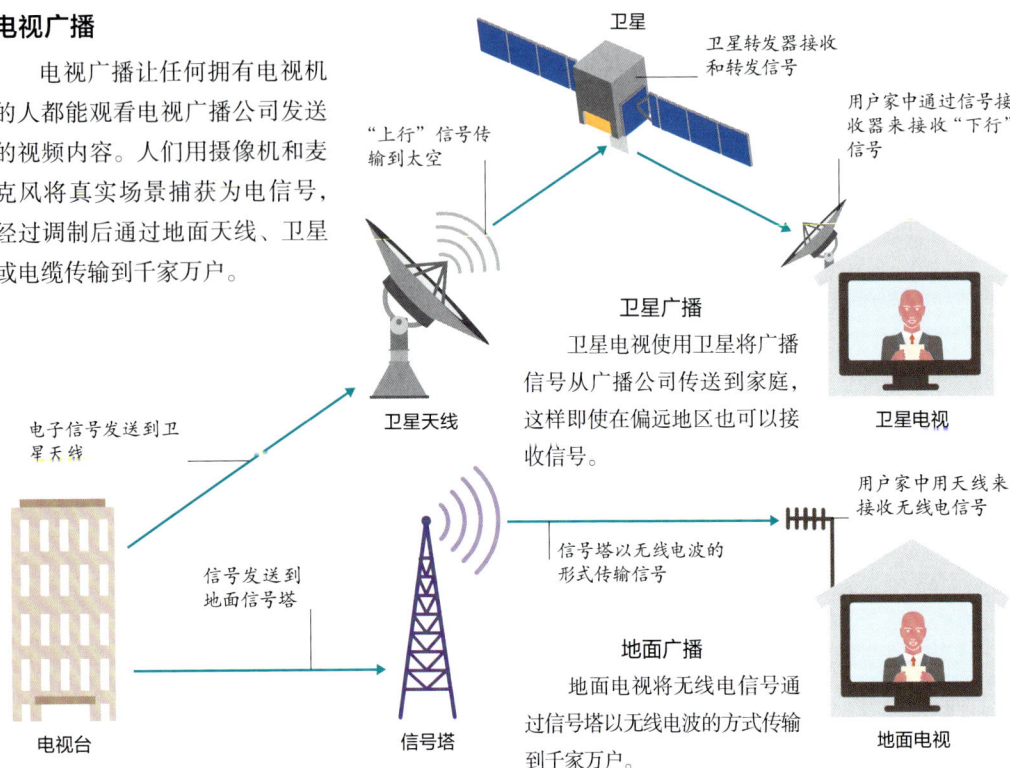

卫星
卫星转发器接收和转发信号

"上行"信号传输到太空

用户家中通过信号接收器来接收"下行"信号

电子信号发送到卫星天线

卫星天线

卫星广播

卫星电视使用卫星将广播信号从广播公司传送到家庭，这样即使在偏远地区也可以接收信号。

卫星电视

信号发送到地面信号塔

电视台

信号塔

信号塔以无线电波的形式传输信号

用户家中用天线来接收无线电信号

地面广播

地面电视将无线电信号通过信号塔以无线电波的方式传输到千家万户。

地面电视

万维网

万维网是通过互联网访问的庞大且不断增长的信息网络。它由数十亿个以通用语言设置格式的相互链接的网页组成，托管在数百万台服务器上，每个网页都由一个唯一的地址标识。用户通过浏览器程序进行导航、浏览和下载。

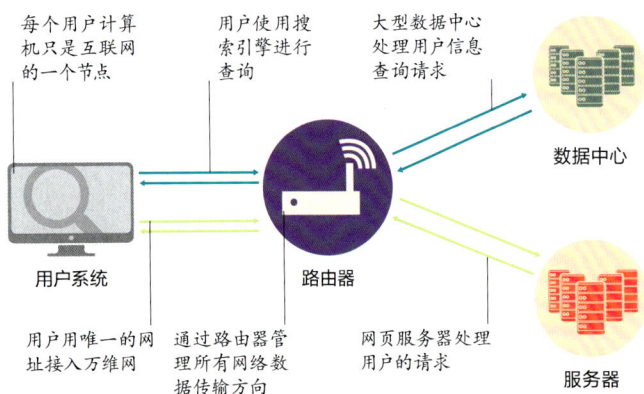

每个用户计算机只是互联网的一个节点

用户使用搜索引擎进行查询

大型数据中心处理用户信息查询请求

用户系统

路由器

数据中心

用户用唯一的网址接入万维网

通过路由器管理所有网络数据传输方向

网页服务器处理用户的请求

服务器

无线网络(Wi-Fi)信号

Wi-Fi利用设定频率范围内的无线电波使附近启用Wi-Fi功能的设备进行无线数据交换。多个设备共享数据传输的特定通道（即信道）。重叠的信道（例如2.4GHz频谱）可能会造成干扰。5GHz频谱没有重叠，因此效率更高。

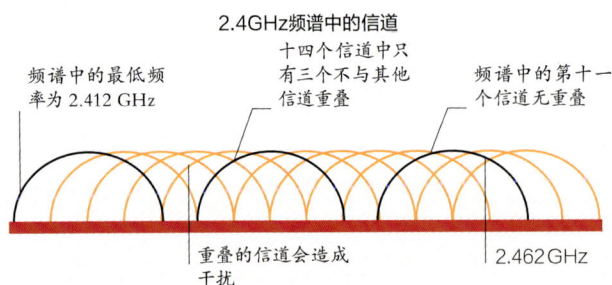

2.4GHz频谱中的信道

频谱中的最低频率为2.412 GHz

十四个信道中只有三个不与其他信道重叠

频谱中的第十一个信道无重叠

重叠的信道会造成干扰

2.462GHz

无线电信号

无线电波用于电信、广播和导航领域，无须连接电缆即可共享数据。通过修改波特征可以将数据编码为无线电波。信号通过天线发送和接收，然后解码以还原数据。

❶ 无线电广播

工作室中的主持人对着麦克风讲话，麦克风将声音信号转换成电信号。

❷ 演播传送链路（STL）

演播传送链路（STL）从演播室接收音频信号，然后通过微波链路或光纤电缆将其传送到天线上。

❸ 传输信号

发射天线中的电流使电子振动，产生变化的电场和磁场，形成对外辐射的电磁波。

❹ 收到广播

接收天线将电磁波转换回电流，使扬声器音盆振动并发出声波，从而还原了主持人的声音。

电信网络

电信网络使信息交换成为可能。它由无数个连接的节点组成，这些节点通过电线、电缆、卫星和其他基础设备，将信号传输到目的设备上。

移动电话

使用移动电话的第一步是发出无线电信号，传输有关通话目的地的信息。

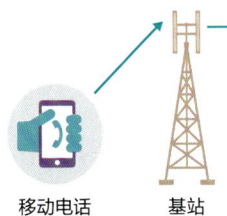

移动电话

基站

固定电话

使用固定电话，需要通过有线连接传输电信号。

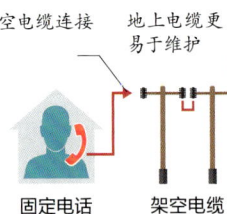

通过架空电缆连接的话机

地上电缆更易于维护

固定电话

架空电缆

◀ 参见**空间探测**：第36—37页　◀ **太阳系探索任务**：第38—39页　◀ **声音、灯光和视觉技术**：第270—271页

卫星导航

来自卫星导航系统的定位信息是由卫星网络提供的。接收器通过测量无线电信号从卫星传输到自身所需的时间来计算其位置。

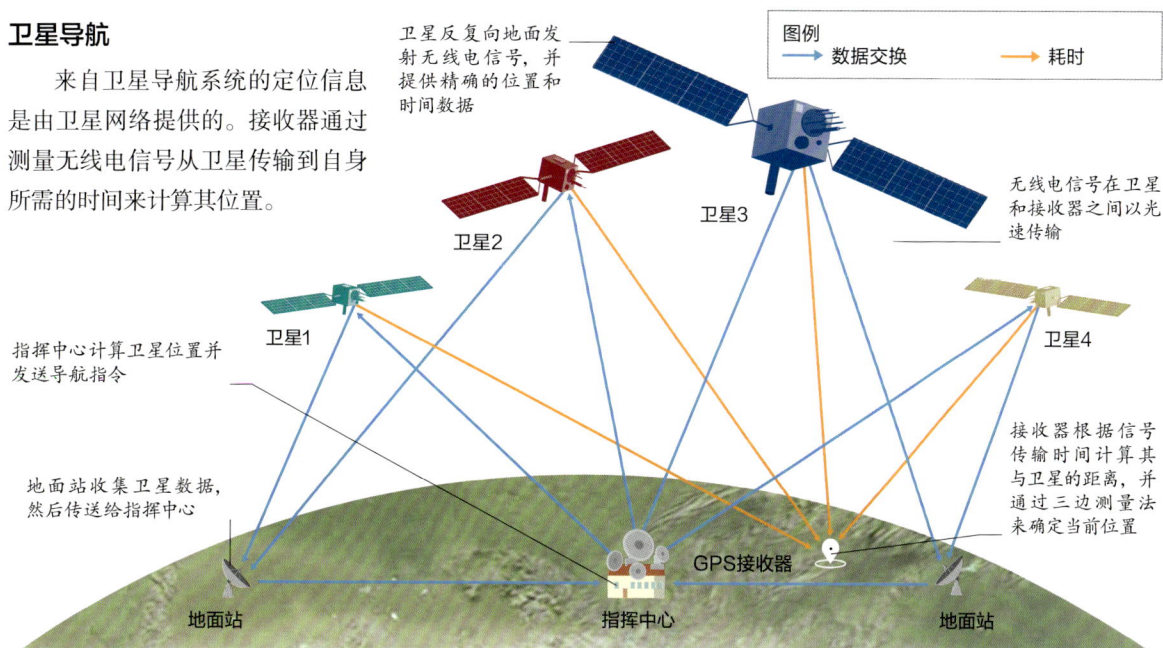

卫星反复向地面发射无线电信号，并提供精确的位置和时间数据

图例 数据交换 耗时

卫星3

卫星2

无线电信号在卫星和接收器之间以光速传输

卫星1

指挥中心计算卫星位置并发送导航指令

卫星4

接收器根据信号传输时间计算其与卫星的距离，并通过三边测量法来确定当前位置

地面站收集卫星数据，然后传送给指挥中心

GPS接收器

地面站　　指挥中心　　地面站

GPS 卫星

卫星导航系统使用每天绕地球运行两次的卫星。GPS（全球定位系统）卫星分布在六个轨道平面上，每个平面包含四颗卫星，以确保在地球上任何位置、任何时间都可以检测到至少四颗卫星。

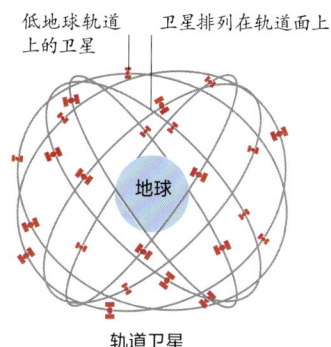

低地球轨道上的卫星　卫星排列在轨道面上

地球

轨道卫星

几何测量

接收器通过计算与多颗卫星的距离来确定自己的位置。每颗卫星发送的结果都是一个较大的范围，但接收器的位置落在可能位置的较小交叉点内，每增加一颗卫星就会缩小一定的范围。

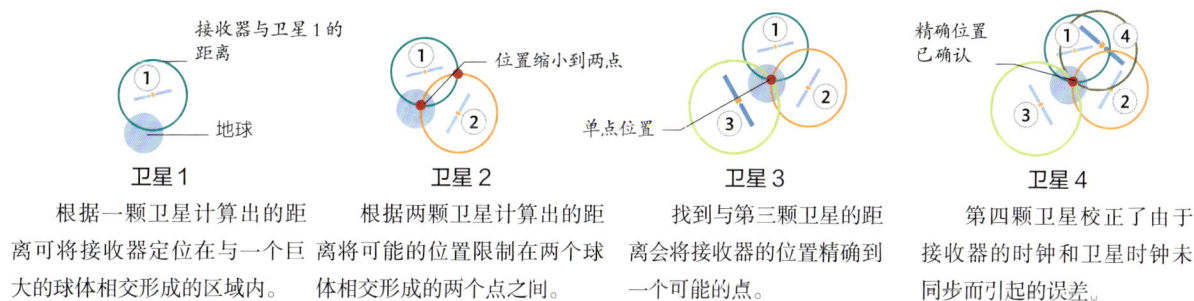

接收器与卫星1的距离

地球

卫星 1

根据一颗卫星计算出的距离可将接收器定位在与一个巨大的球体相交形成的区域内。

位置缩小到两点

卫星 2

根据两颗卫星计算出的距离将可能的位置限制在两个球体相交形成的两个点之间。

单点位置

卫星 3

找到与第三颗卫星的距离会将接收器的位置精确到一个可能的点。

精确位置已确认

卫星 4

第四颗卫星校正了由于接收器的时钟和卫星时钟未同步而引起的误差。

天线接收和转发信号

向远距离的塔台转发信号

交换机从本地基站接收信号

通过主交换将呼叫转发到更广泛的网络

信号通过卫星链路进行国际间通信

通信卫星

上行链路

卫星将信号中转到另一个国家的通信网络

下行链路

移动交换中心

中继塔

国际交换中心

水下电缆

国际交换中心

拨号上网

曾经每天都有数以百万计的人使用电话网络访问互联网。用户的计算机通过其互联网服务提供商（ISP），用电话线向互联网发送信息。拨号上网需要使用调制解调器，对通过电话线传输的音频信号进行编码和解码。

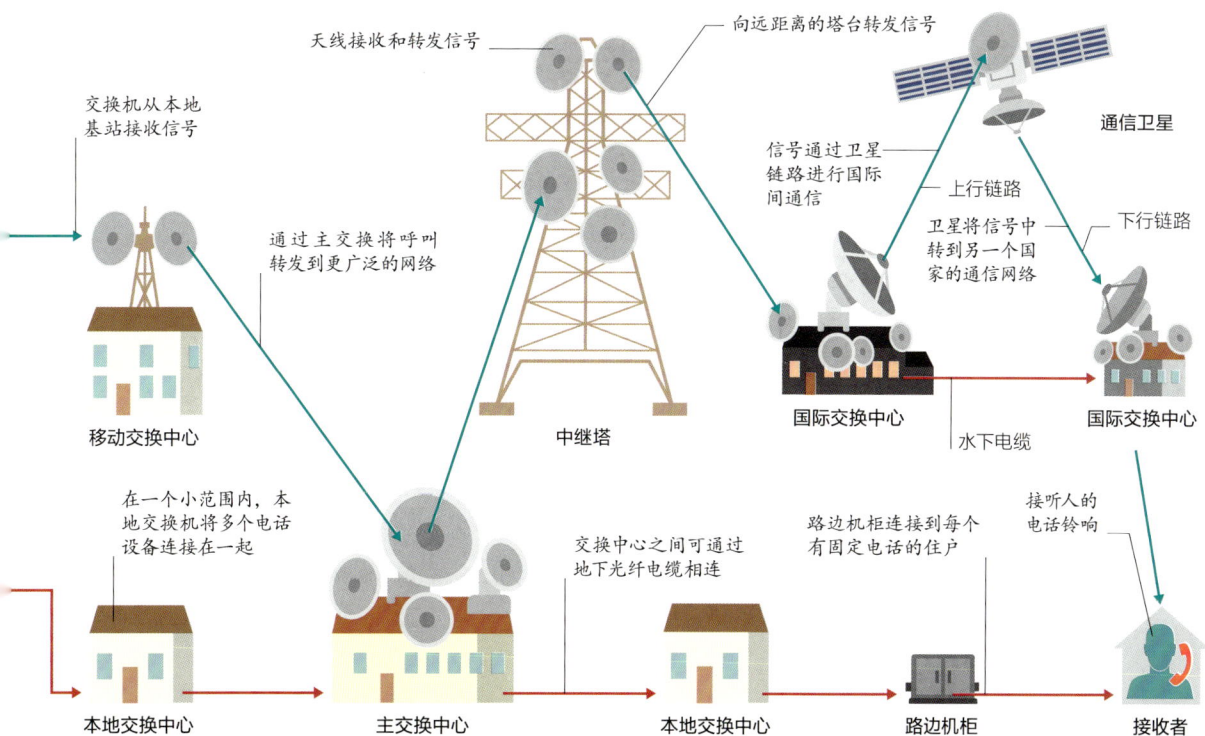

调制解调器来解码音频信号

通过电话线传输调制解调器的音频信号

以太网电缆

在一个小范围内，本地交换机将多个电话设备连接在一起

交换中心之间可通过地下光纤电缆相连

路边机柜连接到每个有固定电话的住户

接听人的电话铃响

本地交换中心　**主交换中心**　**本地交换中心**　**路边机柜**　**接收者**

拨号连接

参见**计算机技术**：第 274—275 页 ▶ **273**

计算机技术

计算机是一种自动执行一系列命令（程序）的机器。现代计算机（例如笔记本电脑和智能手机）可以运行各类程序，完成许多自动化任务，所以计算机对于现代世界至关重要。

笔记本电脑

中央处理器（CPU）是笔记本电脑的大脑，它可以按照程序执行命令。其他硬件用于输入、输出和存储数据。

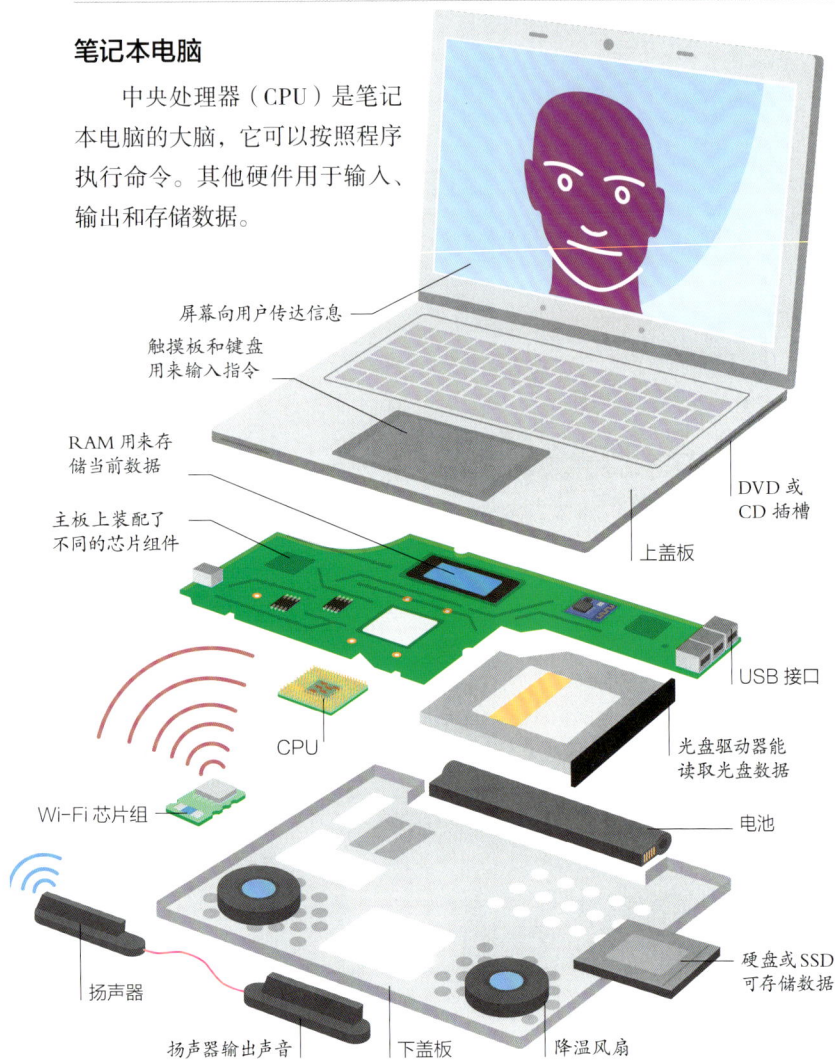

屏幕向用户传达信息

触摸板和键盘用来输入指令

RAM 用来存储当前数据

主板上装配了不同的芯片组件

Wi-Fi 芯片组

CPU

扬声器

扬声器输出声音

下盖板

降温风扇

上盖板

DVD 或 CD 插槽

USB 接口

光盘驱动器能读取光盘数据

电池

硬盘或 SSD 可存储数据

存储器

计算机存储和处理数据。程序所需的数据存储在随机存取存储器（RAM）中以便即时访问，而非活动数据（例如文档和照片）则存储在驱动器上，即使在计算机关闭时也可以保留信息。

控制电路

USB 连接器

内存芯片存储数据

主板上有很多存储芯片

控制电路

USB 驱动器

USB 驱动器是一种有限量的可移动存储设备。

固态硬盘（SSD）

与常规硬盘驱动器相比，存储在 SSD 上的数据读写速度更快。

移动触摸技术

移动设备其实都是便携式的计算机。大多数移动设备可以连接到其他设备和互联网。有些是为一系列任务而设计的，比如电子阅读器，而智能手机等其他设备则用途广泛。

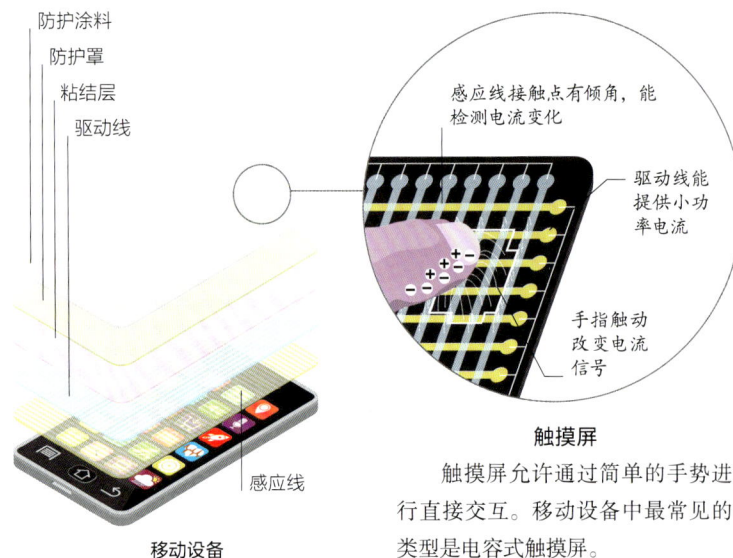

防护涂料
防护罩
粘结层
驱动线

感应线接触点有倾角，能检测电流变化

驱动线能提供小功率电流

手指触动改变电流信号

感应线

移动设备

触摸屏

触摸屏允许通过简单的手势进行直接交互。移动设备中最常见的类型是电容式触摸屏。

计算机的工作原理

计算机的核心是运行指令的 CPU。CPU 与计算机的其他部分进行通信，接收来自键盘和鼠标等设备的输入，读写内存并通过屏幕或扬声器等产生输出。

ROM 存储不可更改的数据

总线将数据传输到输出设备

CPU

RAM 存储活动数据

图形处理器将输出发送到屏幕

主板

CPU 和其他组件安装在被称为主板的印刷电路板上。

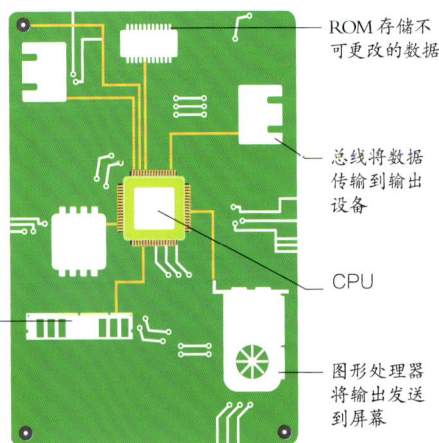

在 CPU 内部

控制单元（CU）控制 CPU 的操作次序，算术逻辑单元（ALU）执行计算操作，操作结果暂时保存在寄存器中。

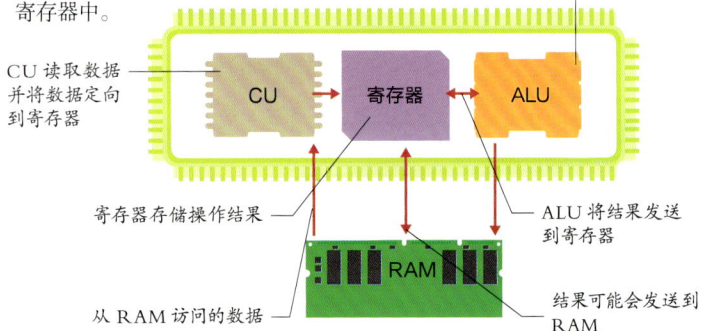

ALU 对数据进行计算

CU 读取数据并将数据定向到寄存器

CU

寄存器

ALU

寄存器存储操作结果

ALU 将结果发送到寄存器

RAM

从 RAM 访问的数据

结果可能会发送到 RAM

软件

软件是命令和资源的集合，它们告诉计算机该怎么做。与硬件不同，它们是无形的，仅以电信号形式存在。软件可以用不同的编程语言来编写，但最终所用的指令都是一组二进制（0 和 1）的序列。

算法

算法是一系列步骤，每个步骤都有一条精确的指令，可以告诉计算机如何执行特定任务。计算机程序是算法的集合。

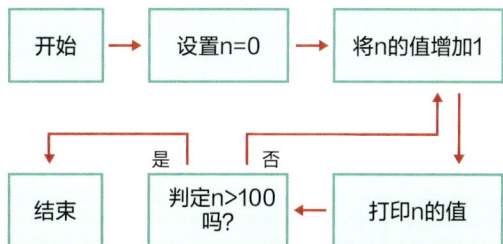

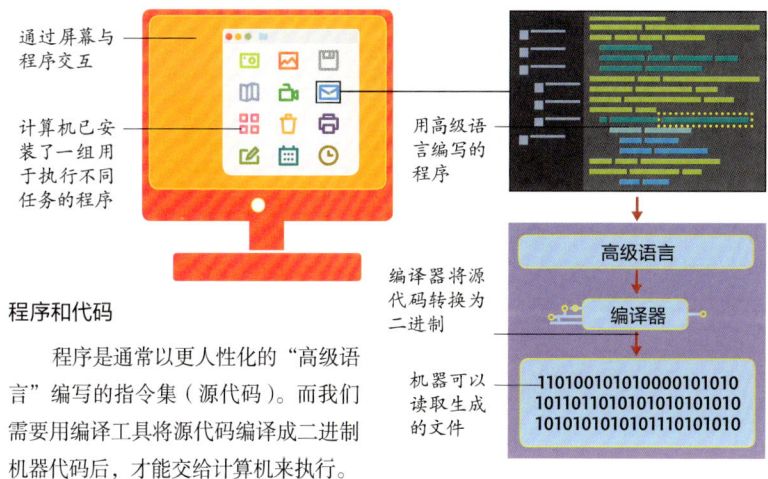

开始 → 设置n=0 → 将n的值增加1

结束 ← 判定n>100 吗？ ← 打印n的值

是／否

通过屏幕与程序交互

计算机已安装了一组用于执行不同任务的程序

用高级语言编写的程序

高级语言

编译器

编译器将源代码转换为二进制

机器可以读取生成的文件

11010010101000010101011011010101010101010101010101011101010

程序和代码

程序是通常以更人性化的"高级语言"编写的指令集（源代码）。而我们需要用编译工具将源代码编译成二进制机器代码后，才能交给计算机来执行。

互联网

互联网是根据一组共享规则（互联网协议套件）交换数据的全球计算机网络。互联网是现代通信的核心，支持万维网和电子邮件等应用程序。

数据交换

软件层将数据划分为"数据包"，并通过互联网基础设备发送到目的地。

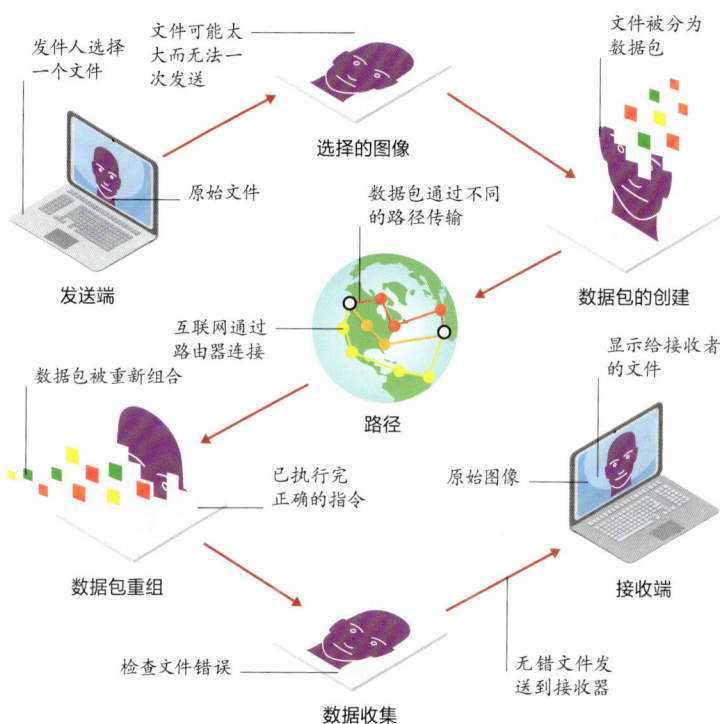

发件人选择一个文件

文件可能太大而无法一次发送

原始文件

选择的图像

文件被分为数据包

发送端

数据包的创建

数据包通过不同的路径传输

互联网通过路由器连接

显示给接收者的文件

数据包被重新组合

路径

原始图像

已执行完正确的指令

数据包重组

接收端

检查文件错误

无错文件发送到接收器

数据收集

人工智能（AI）

AI 是机器表现出的智能，不仅仅是执行诸如预测文本之类的有限任务的能力，也包含诸如驾驶汽车之类的更"通用"的智能。许多人工智能研究都集中在机器学习领域——计算机不需要人类编程，而自我学习，自主执行任务。

人工神经网络

机器学习可以通过人工神经网络来实现。与生物神经元类似，人工神经元根据接收到的信息产生输出。这些信息通过神经元的多个隐藏层进行处理，随着处理的信息增多，它们会不断"学习"。

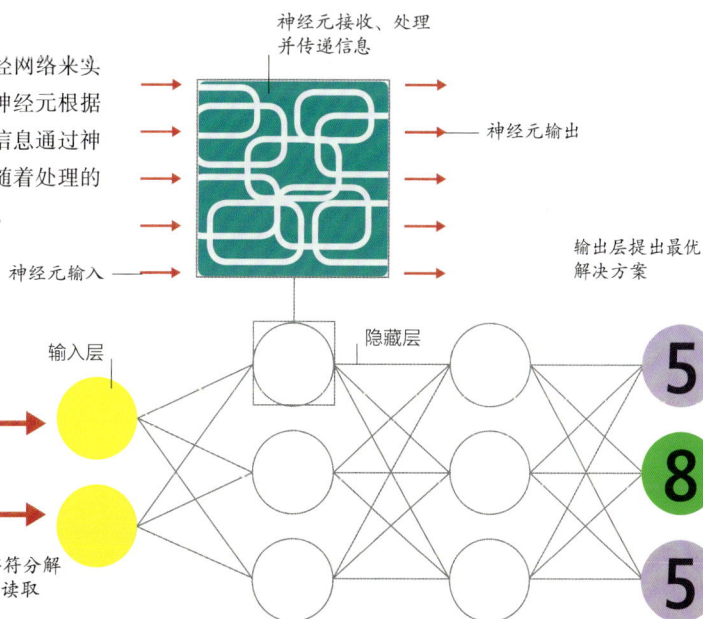

神经元接收、处理并传递信息

神经元输出

神经元输入

信息进入网络

输入层

隐藏层

输出层提出最优解决方案

手写字符

计算机将字符分解成像素进行读取

5
8
5

AI 的应用

AI 的应用非常广泛，包括交通、医疗和金融等领域。尽管计算机在通用智能方面无法与人类匹敌，但人类可以教导它们以极高的速度和精度执行更精密的任务。

推荐音乐

AI 可用于识别音乐偏好，并根据这些偏好来推荐歌曲。

辅助医生诊断疾病

经过健康记录训练的 AI 工具可以根据患者的症状，提出可能的诊断方案。

自动驾驶汽车

AI 利用来自各种传感器的实时信息保证在道路上安全行驶。

图像识别

AI 可以学会根据像素模式识别数字图像中的对象。

参见 21 世纪的交通：第 290—291 页 ▶　现代全球化和经济增长：第 370—371 页 ▶

3D 打印和机器人

为了使工作更轻松，人们不断发明新机器。3D 打印机几乎可以通过数字设计打印出任何形状的物体。机器人是在最少的人类指导下执行任务的机器，在工厂中可以利用机器人来完成加工组装工作。

打印头左右移动

固态丝加热

熔融并挤出长丝

来自计算机的数据

垂直打印头

丝线轴

底板来回移动

3D打印机

3D 打印

传统打印机使用墨水创建平面图像，而 3D 打印机则在数字设计的指导下逐层构建物体结构。尽管创建更详细的对象会花费更长的时间，但这样可以廉价、高效地生产几乎可以想象到的任何形状的物品。

用混凝土材料、巧克力食品材料和活细胞生物材料来打印 3D 物体都是可能的

3D 打印的过程

3D 打印机使用丝状材料（通常是塑料）来构建物体。一般先将丝状材料加热软化，然后通过喷嘴挤出以形成层层叠加的结构。

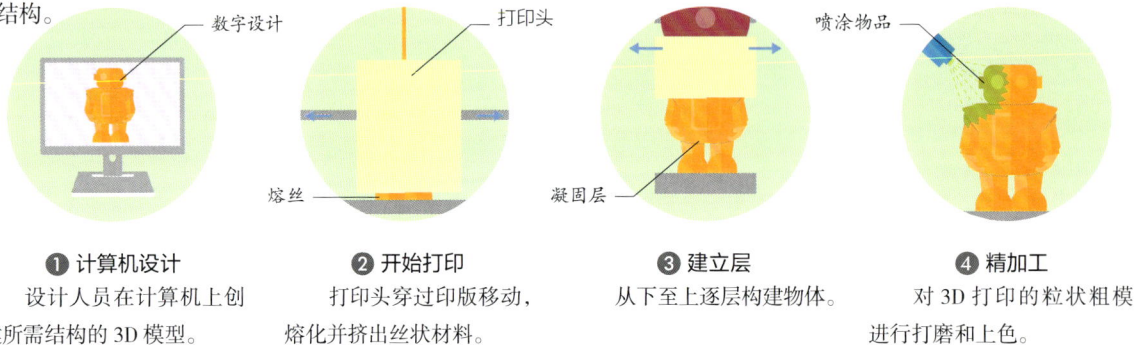

数字设计

打印头

喷涂物品

熔丝

凝固层

① 计算机设计
设计人员在计算机上创建所需结构的 3D 模型。

② 开始打印
打印头穿过印版移动，熔化并挤出丝状材料。

③ 建立层
从下至上逐层构建物体。

④ 精加工
对 3D 打印的粒状粗模进行打磨和上色。

机器人的工作原理

机器人是可以执行计算机指令来完成动作的机器。它们具有各种不同的形状和大小，广泛应用于医疗保健、制造业和其他许多行业。大多数机器人都能在周围环境中移动，并通过执行器移动其零件。

轴 5

相机收集数据以引导手臂

电缆为电动机和其他设备供电

轴 4

末端执行器

机械臂的"手"被称为末端执行器。可以安装各种工具，从而使机器人可以执行不同的任务，例如钻孔、抓握、焊接或操纵物体。

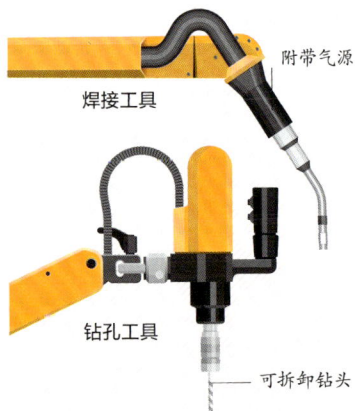

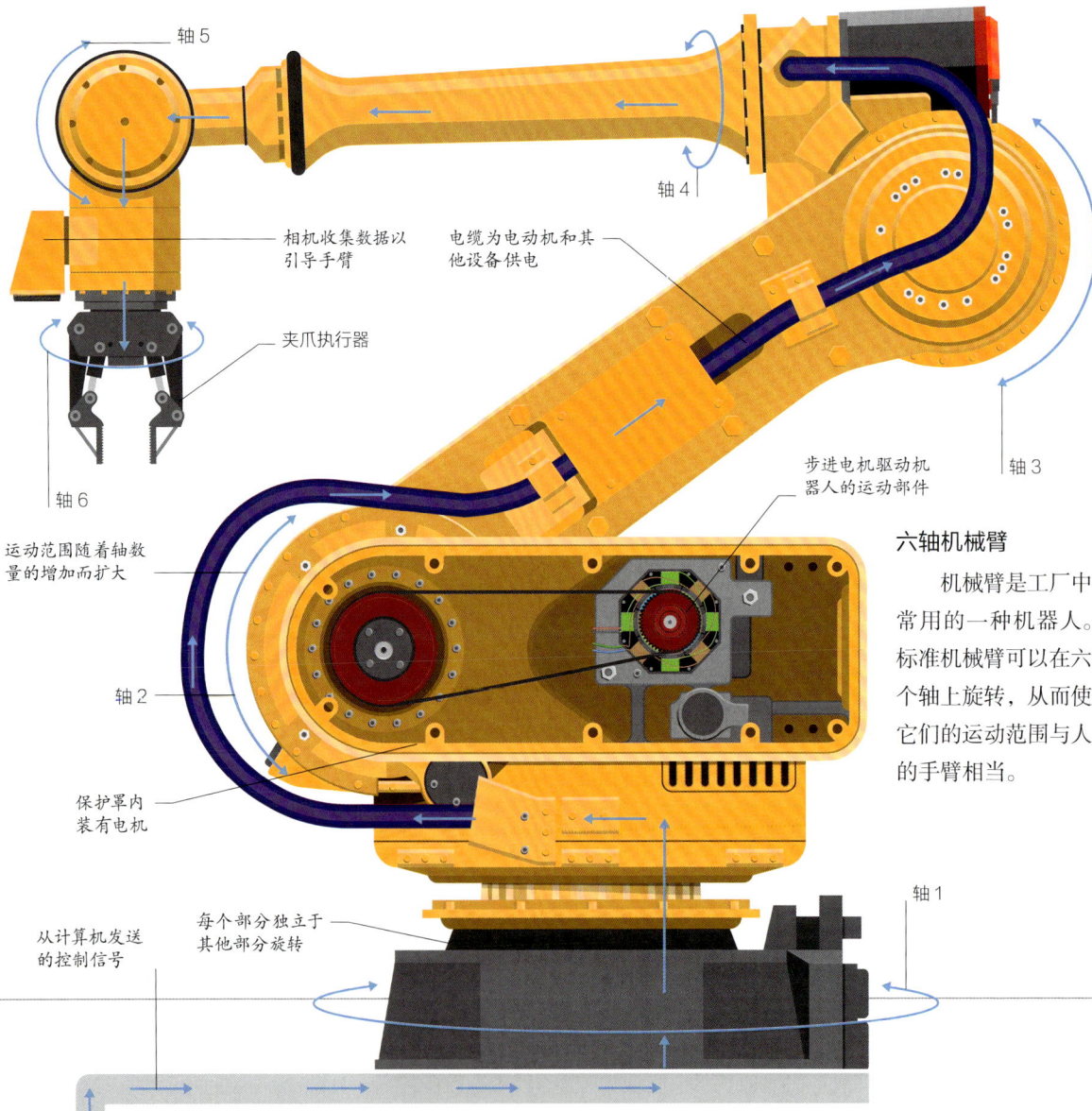

夹爪执行器

轴 6

运动范围随着轴数量的增加而扩大

轴 3

步进电机驱动机器人的运动部件

附带气源

焊接工具

轴 2

六轴机械臂

机械臂是工厂中常用的一种机器人。标准机械臂可以在六个轴上旋转，从而使它们的运动范围与人的手臂相当。

钻孔工具

可拆卸钻头

保护罩内装有电机

从计算机发送的控制信号

每个部分独立于其他部分旋转

轴 1

1920 年的一部捷克舞台剧《罗梭的万能工人》中首次出现"机器人"一词，当时该词的含义是"强迫劳动"

3D 打印机的用途

目前 3D 打印尚未广泛用于批量生产，但已经在医疗保健、餐饮和体育等行业的定制项目中得到应用。

药品

3D 打印可用于制造包含精确组合物质的药丸，这种药丸溶解速度非常快。

运动鞋

一些运动员穿着定制的 3D 打印鞋子。这些鞋子设计轻巧且非常合脚。

义肢

可以根据原始形状，用 3D 打印的钛合金来制作缺失的骨头或义肢。

乐器

吉他和长笛等乐器可以部分或全部 3D 打印。3D 打印出来的乐器音色略有不同。

步进电机

步进电机由一个转子组成，该转子是一个磁体，被电磁体（定子）包围。激活不同的电磁体组会使磁极对齐或错位，从而逐步旋转转子。

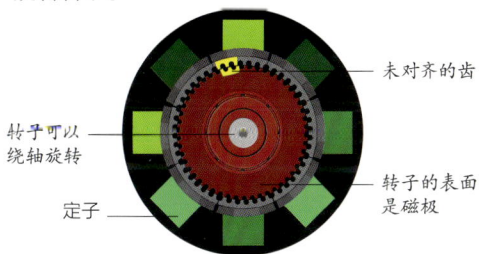

- 未对齐的齿
- 转子可以绕轴旋转
- 转子的表面是磁极
- 定子

电机关闭

定子内部装有一个磁性转子，该定子由一圈成对的固定电磁体组成。转子和定子上都有齿。

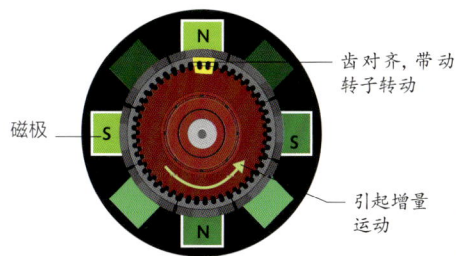

- 齿对齐，带动转子转动
- 磁极
- 引起增量运动

电机开启

依次激活电磁体对，将使带有相反极性的齿对齐咬合，同时将匹配的磁极推开以使其对齐，从而迫使转子旋转。

自主性与人工智能

一些机器人会根据它们从传感器收集的数据自主做出决策和行动。自主机器人和半自主机器人都使用人工智能，在无须明确程序命令的情况下学习执行任务。

半自主机器人

半自主机器人遵循来自远程操作员的命令，它们有一个内部计算机来帮助它们执行任务。

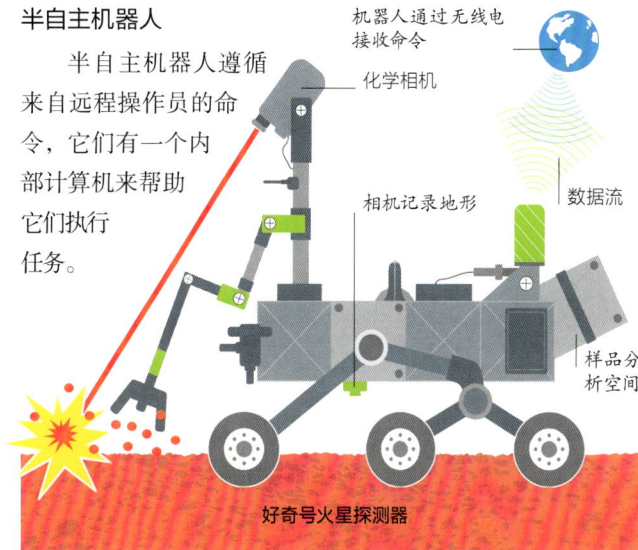

- 机器人通过无线电接收命令
- 化学相机
- 相机记录地形
- 数据流
- 样品分析空间

好奇号火星探测器

自主机器人

机器人在工厂等受控环境中的表现很好，但在面对复杂的现实世界时却表现不佳。全自动机器人需要功能强大的计算机、训练有素的人工智能和复杂的传感器来做出决策。

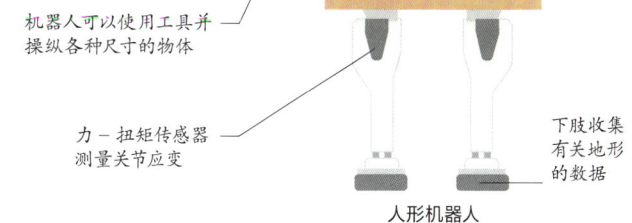

- 传感器分析环境
- 液压臂
- 机器人可以使用工具并操纵各种尺寸的物体
- 力-扭矩传感器测量关节应变
- 下肢收集有关地形的数据

人形机器人

感官数据

自主机器人通过摄像头、雷达和其他传感器收集有关其环境的数据。他们根据这些数据做出决定。例如，对自动驾驶汽车进行训练，使其在检测到行人时停车。

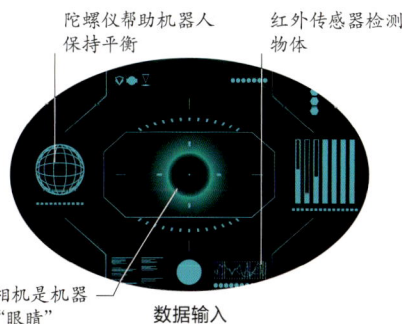

- 陀螺仪帮助机器人保持平衡
- 红外传感器检测物体
- 光学相机是机器人的"眼睛"

数据输入

机器人类型

机器人被设计用于执行各种任务，从组装汽车到辅助手术。根据其设计和编程，每个机器人只能执行有限数量的任务。

自主	半自主
自动驾驶汽车	救援机器人
扫地机器人	导弹
工厂机器人	手术机器人

机器人动作的要素

机器人的"大脑"——CPU 会根据传感器所收集的感官数据选择动作，并使用预先编程的指令执行动作。在执行动作的过程中，它们会收集更多的信息数据，从而调整行为。

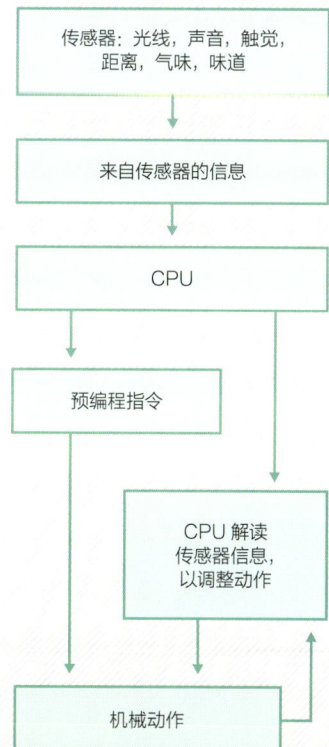

传感器：光线，声音，触觉，距离，气味，味道
↓
来自传感器的信息
↓
CPU
↓
预编程指令
↓
CPU 解读传感器信息，以调整动作
↓
机械动作

◀ 参见医学前沿：第 260—261 页　◀ 计算机技术：第 274—275 页

现代交通的起源

步行、骑马和借助其他动物以及划简单的船是史前人类仅有的交通方式。因此，他们旅行很少，即使有也大多限于短途旅行。随着陆、海、空运输的发展，人们、货物和原材料得以更快、更远地运输。运输技术的创新推动了人类的大规模迁移和全球贸易，并促进了对地球和太空的探索。

从小路到公路

捣碎的泥土、原木和石头都被用来加固破旧的小路，将它们变成坚固的道路。古罗马人利用混凝土、多层材料和弧形弯度来进行道路建设，以便排走雨水。修建了约 400000 千米的罗马道路，其中一些仍然保留着。约公元前 625 年，沥青最初被巴比伦人用来铺平街道，在 19 世纪 20 年代被广泛采用，如今大多数高速公路都采用沥青铺路。

探索海洋

第一批航海者使用简单的木筏和树干制成的独木舟开始水上航行，而利用风力的帆最早是在 5000 多年前首次投入使用的。从 15 世纪开始，一个探索的黄金时代见证了欧洲帆船发现新大陆，并与非洲、亚洲和美洲建立了贸易路线。在 19 世纪，蒸汽和柴油发动机使长途航运更加普及。

自行车的发明

装有铁圈的木轮

1869 年法国的米歇尔脚踏车

1817 年，德国公务员卡尔·冯·德赖斯将两个木轮安装在带有车把和马鞍的车架上。他的"跑步机"没有脚踏板，骑行者用脚蹬地来加速。后来在 19 世纪 60 年代，踏板被直接安装到了脚踏车的前轮上。1885 年，约翰·肯普·史塔利在英国发明了现代自行车的前身——安全自行车，它通过踏板驱动链条来转动后轮。

亨利·福特和 T 型车

美国汽车先驱亨利·福特推广了移动式装配流水线，该装配线将车身沿传送带运送并装配好零件。这加快了生产速度，降低了成本，并使福特的车型更加便宜。在 1908 年至 1927 年之间，生产了超过 1500 万辆 T 型车。

福特密歇根工厂生成的 T 型车

火车和铁路

蒸汽机最初用于从矿井中抽水，在 19 世纪早期被改装，用来为沿着铁轨运行的轮式机车提供动力。蒸汽机车在 19 世纪 20 年代和 19 世纪 30 年代首次牵引旅客和货物，从而减少了旅行时间。数万千米的铁路网络遍布世界各地，第一条地下城市铁路于 1863 年在伦敦开通。这种铁路被称为都市铁路，由蒸汽机车牵引的木制燃气照明车厢组成。六年后，第一条横跨美国大陆的铁路竣工。20 世纪，柴油和电力机车取代了蒸汽机车，高速电力列车以超过 270 千米/时的速度运行，在主要城市之间建立了快速联系。

机动车辆到来

蒸汽马车是道路上的第一批机动车辆，但事实证明它缓慢、笨重且不可靠。1876 年，德国工程师尼古拉斯·奥托改进了一种适用于在陆地上推进轮式车辆的发动机。在他的四冲程内燃机中，汽油和空气在气缸内混合、压缩和燃烧，以产生驱动活塞的膨胀气体（参见第 286 页）。1885 年，卡尔·本茨使用了类似的发动机生产了第一款汽车，即奔驰专利的机动三轮车，其最高时速达 16 千米/时。汽车制造在欧洲和美国迅速发展，其中，兰塞姆·奥兹的奥兹莫比尔公司在 1901 年首先给汽车装上车速表，并成为第一家大批量生产汽车的公司。标志性的、价格实惠的汽车，例如福特 T 型车（1908 年）、大众甲壳虫（1938 年）和英国汽车公司（BMC）迷你车（1959 年）都生产了数百万辆。随后进行了安全创新，包括三点式安全带（1959 年），安全气囊（20 世纪 70 年代）和撞击缓冲区（20 世纪 50 年代），后者可以将撞击力安全地从驾驶员和乘客身上转移走。在 21 世纪初期，人们越来越关注使用化石燃料的环境问题，导致电动汽车数量不断增加。

飞向天空

人们早就梦想着飞翔，直到法国的蒙哥尔费兄弟于 1783 年建造并驾驶了第一个有人驾驶且不受束缚的热气球。两位美国兄弟奥维尔·莱特和威尔伯·莱特继续了包括德国飞行员奥拓·李林塔尔在内的先驱者进行的滑翔实验。经过多年的试验，他们于 1903 年首次驾驶了第一架重于空气的有动力飞机。莱特兄弟引发了一场航空热潮，随后三十年中，客运飞机、空邮机和货机相继问世。所有这些都使用内燃机驱动的螺旋桨进行飞行，直到 20 世纪 30 年代英国的弗兰克·惠特尔和德国的汉斯·冯·奥海因发明了更快、功率更大的喷气发动机。喷气式客机可以在数小时之内实现跨大陆的低成本快速旅行，而以前，这种旅行历来都是由轮船或螺旋桨飞机多次停靠，花费数天或数周来完成。世界上最大的客机——空中客车 A380，于 2007 年投入使用。它的最大载客量为 853 人，到 2019 年，超过 1.9 亿人次的旅客乘坐过了 A380。

> 莱特飞行器首飞当天最长的飞行时间为 59 秒

时间线

数千年来，运输一直依赖人力、畜力或风力等自然力量。从 18 世纪开始，使用木材、煤炭或石油作为燃料的发动机的发展为车辆提供了比以往更快、更远的动力。

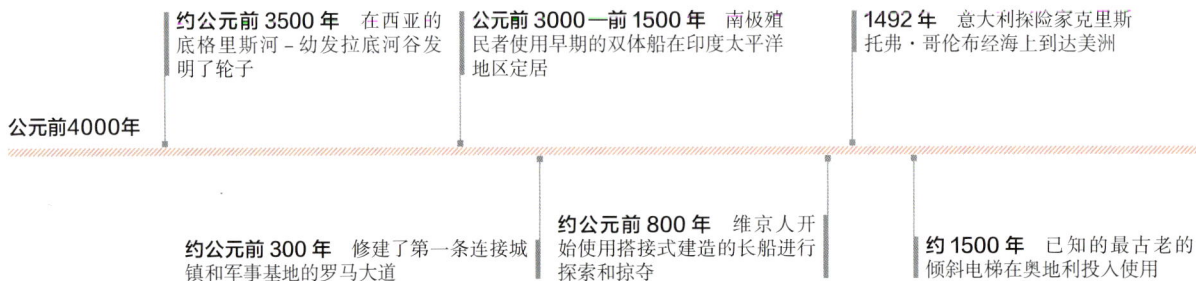

公元前 4000 年

约公元前 3500 年 在西亚的底格里斯河–幼发拉底河谷发明了轮子

公元前 3000—前 1500 年 南极殖民者使用早期的双体船在印度太平洋地区定居

1492 年 意大利探险家克里斯托弗·哥伦布经海上到达美洲

约公元前 300 年 修建了第一条连接城镇和军事基地的罗马大道

约公元前 800 年 维京人开始使用搭接式建造的长船进行探索和掠夺

约 1500 年 已知的最古老的倾斜电梯在奥地利投入使用

参见航海历史：第 280—281 页 ▶ 帆船：第 282—283 页 ▶ 火车和铁路：第 284—285 页 ▶

L'ARMENIE SOVIETIQUE

◀ 新出行时代

左边这张风格化的海报来自 20 世纪 30 年代的苏联，描绘了乘坐快速蒸汽火车或汽车可以带来的交通自由。

进入太空

逃离地球的引力进入太空需要巨大的动力。火箭发动机混合和燃烧燃料，并自行供应氧气或氧化剂（一种产生氧气的物质），因此它们可以在地球上富含氧气的低层大气之外发挥作用。在 20 世纪 50 年代，由火箭驱动的远程导弹被改装成第一批运载火箭，携带人造卫星和其他设备进入太空。1957 年，苏联的人造卫星开始进入太空。12 年后，有史以来最强大的运载火箭，高度为 110.6 米的土星五号执行了阿波罗 11 号任务，首次将人类送上月球。

阿波罗 11 号登月舱的代号是"鹰"

阿波罗11号任务的复制品

在发射升空时，土星 5 号运载火箭每秒消耗超过 13 吨的燃料和氧气

1804 年 英国发明家理查德·特雷维西克建造了第一台全比例蒸汽机车

1816 年 苏格兰工程师约翰·朗顿·麦克亚当设计了第一条现代道路。

1886 年 德国工程师卡尔·本茨制造了第一辆量产的汽车——奔驰专利汽车。

1817 年 德国发明家卡尔·德拉伊斯制造了"跑动机"，这是自行车的雏形。

1905 年 美国发明家莱特兄弟制造了飞行者三号，这是第一架可以在三个轴上操纵的飞行器。

1903 年 第一次环法自行车赛举行。

1952 年 哈维兰彗星号成为第一款商用服务的喷气客机。

1997 年 日本汽车制造商丰田推出首款混合动力汽车——普锐斯。

2000 年

1961 年 苏联宇航员尤里·加加林成为第一个进入太空的人。

参见汽车：第 286—287 页 ▶   航空历史：第 288—289 页 ▶   21 世纪的交通：第 290—291 页 ▶   **279**

航海历史

自古代的独木舟问世以来，航海事业已走过了漫长的道路。航海促进了贸易、勘探活动的开展，甚至帝国的建立。5000 多年前，随着帆的出现，人们开始利用风能为远距离航行的船只提供动力。直到 18 世纪和 19 世纪蒸汽动力出现前的几千年里，帆船一直在海上航行中占据主导地位，之后蒸汽动力又被柴油发动机所取代。

挖空的船体
尖头
独木舟

约公元前 8000 年 用石器工具挖空单个树干，再制成可以用简单桨叶推动的独木舟。

船只白天由反光镜导航，夜间由炉火导航

公元前 280—前 247 年 埃及的亚历山大港建造了 100 米高的导航灯塔来引导船只安全入港。

石墙

亚历山大灯塔的模型

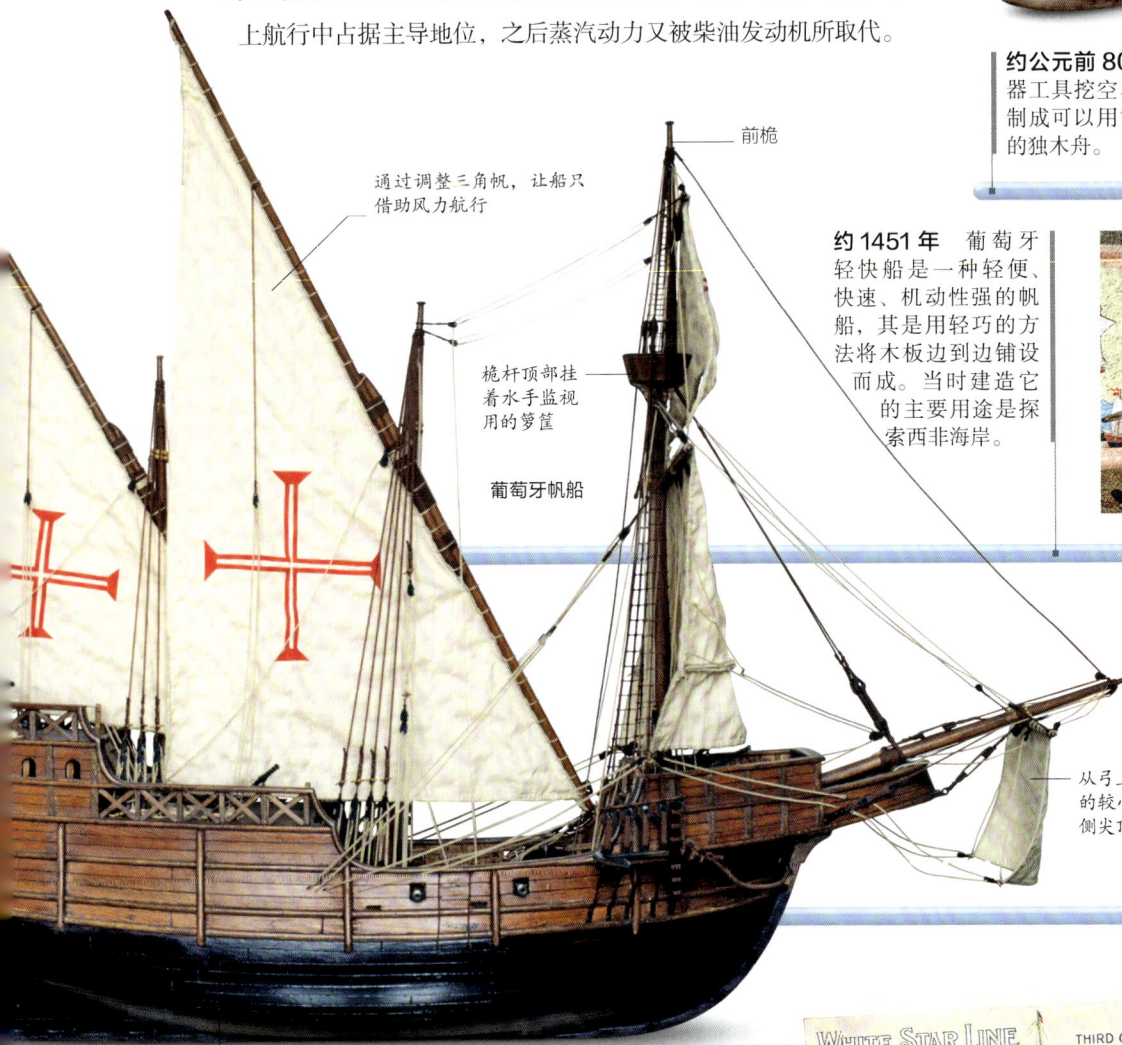

前桅

通过调整三角帆，让船只借助风力航行

桅杆顶部挂着水手监视用的箩筐

葡萄牙帆船

约 1451 年 葡萄牙轻快船是一种轻便、快速、机动性强的帆船，其是用轻巧的方法将木板边到边铺设而成。当时建造它的主要用途是探索西非海岸。

1405 年 中国明朝航海家郑和，率领 62 艘船和 25000 余人开启了首次远航，该船队探索了南亚的大部分地区，到达印度、斯里兰卡和爪哇国（今印度尼西亚爪哇岛一带）。

郑和

15 世纪 人们发明了新的导航工具，水手们开始使用经度和纬度进行导航。

视线

1492 年 意大利探险家克里斯托弗·哥伦布到达圣萨尔瓦多岛（岛名是他取的），成为第一个到达巴哈马的欧洲人。

从弓上飞过的较小的四侧尖顶

旋转转子的手柄

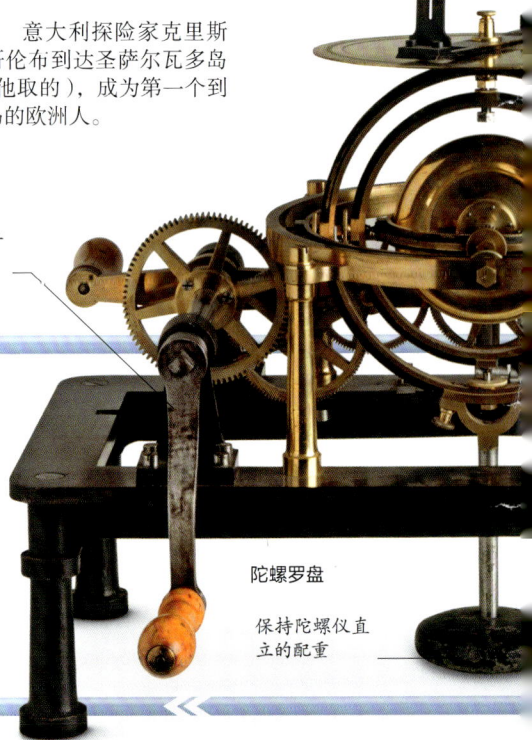

陀螺罗盘

保持陀螺仪直立的配重

船体通常有 15~23 米长

1912 年 长 269.1 米的泰坦尼克号邮轮，在首次跨大西洋航行中撞上冰山后沉没，造成 1500 多人丧生。

泰坦尼克号

WHITE STAR LINE
OLYMPIC & TITANIC
THIRD CLASS ACCOMMODATION
THE LARGEST STEAMERS IN THE WORLD

可容纳 100 多名船员的船舱宿舍

舵

潜水艇瞭望塔，其中配备了导航和通信设备

潜艇

声纳球

1914—1918 年 第一次世界大战期间发明了现代潜艇，配备了柴油电力系统和鱼雷武器。战争期间，德国的 U 型潜艇击沉 6000 多艘船。

水压载舱

圆形小船舱

的里雅斯特号潜水器

1960 年 载有两名船员的的里雅斯特号自动化潜水器下潜至海底最深处，深度为 10911 米。

◀ 参见现代交通的起源：第 278—279 页　帆船：第 282—283 页 ▶

固定外盘，或称母盘，带有度数和小时刻度标记

黄铜板描绘了带有恒星位置的天球

星形指针

星盘

公元前 220—前 150 年 古希腊数学家阿波罗尼奥斯发展了星盘。通过这个工具，水手能够根据天空中太阳和星星的位置，来确定船的纬度（即他们位于赤道以南或以北的距离）。

约公元前 87 年 古希腊的安提基特拉装置——一种早期的机械计算机——可能已被用于为航海导航计算天空中恒星的位置。

船尾有较短的三个桅杆，其主要是为了稳定船身，而不是为了提供航行动力

主帆

前帆

中式古帆船

约 220 年 到达中国的外国船只促进了中式古帆船的发展。这些帆船有着软木船体，配备多面用板条（竹条或木条）加固的扇形帆。

波利尼西亚独木舟

两个船体的结构确保航行稳定

约 1280 年 大洋洲东部的波利尼西亚人用大型独木舟穿越太平洋南部，到达新西兰并在此定居。

11 世纪 在中国，指向磁北的指南针首次被用于航海。指南针降低了探险者对天文导航的依赖。在 12 世纪，指南针被传入欧洲。

刻度

北方标识

早期水手用的指南针

约 1000 年 冰岛探险家雷夫·埃里克森航行到文兰，大约是加拿大纽芬兰的海岸。他是第一位抵达北美洲的欧洲人。

9 世纪 维京人乘坐长而窄，装备有方形帆的船只穿越大西洋，掠夺并占领遥远的土地用来殖民。

使用叠接木板的熟料方法建造的船体

维京长船

安装在陀螺仪框架上的面板

陀螺仪转子

约 1514 年 经过几个世纪不断改良后的直角仪，可通过测量地平线与太阳或恒星之间的角度以确定纬度，被用于海上航行。

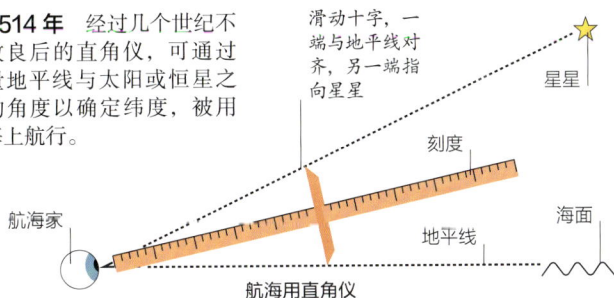

滑动十字，一端与地平线对齐，另一端指向星星

星星

刻度

航海家

地平线

海面

航海用直角仪

1519—1522 年 葡萄牙探险家费迪南德·麦哲伦从西班牙出发完成环球航行，最终 260 多名船组人员只有 18 名幸存。

费迪南德·麦哲伦

1729 年 英国医师和发明家约翰·艾伦获得了由蒸汽机来驱动船只的第一项专利。

约 1908 年 陀螺罗盘使用快速旋转的圆盘代替磁化的针，这种指北方法不受磁场影响，从而实现更精确的导航。

1906 年 挪威探险家罗尔德·阿蒙森首次成功完成了西北航道——从北极到太平洋的一条路线。

富兰克林探险

1848 年 英国海军军官约翰·富兰克林的探险队全力以赴，寻找一条穿越北极水域到达太平洋的航路。

18 世纪 六分仪被广泛用来导航。该设备使用后视镜可以精确地计算角度，从而更准确地找到船只的纬度。

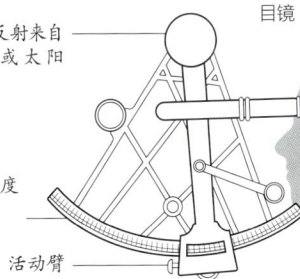

镜子反射来自星星或太阳的光

目镜

标注角度的刻度

活动臂

六分仪

客舱阳台

救生艇

船员宿舍

弓

一艘游轮

20 世纪 80 年代 世界上第一艘巨型游轮下水。海洋交响曲号长达 361 米，可容纳 6680 名乘客，是当时世界上最大的游轮。

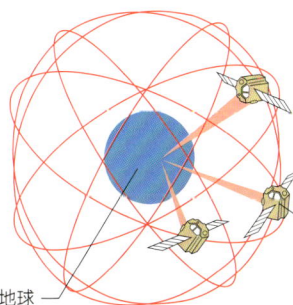

1994 年 全球定位系统（GPS）全面投入使用。来自 27 个卫星网络的信号为人们提供了全球精密导航定位。

卫星在 20000 千米的高度轨道上运行

地球

GPS: 全球定位系统

参见中国：唐、宋、元和明朝：第 322—323 页 ▶ 贸易与探险：第 340—341 页 ▶

帆船

勘探与贸易

带风帆的船在河流和近海沿岸航行了数千年。从 14 世纪开始，人们学会建造足够稳定且结实的大型木质船，这些木船配备深船舱、多根桅杆和帆，从而人们开始远离海岸航行。中国明朝航海家郑和率领船队启航，探索了亚洲和非洲。而来自葡萄牙、意大利和西班牙的许多船只，在这个大航海时代，开始不断探索既往欧洲人从未见过的岛屿和大洲。

帆的类型

在使用结实的织物（例如棉帆布）之前，帆通常是由打平的植物纤维制成的。几个世纪以来，人们开发出了各种形状的帆，每种形状的帆都有不同的功效，配备在不同的船只上。人们就是操控这些船来进行航行，探索世界。

方帆

最早的帆是矩形或正方形的，从水平横杆桅桁上悬挂下来。这种帆利于快速顺风航行。

桅桁与桅杆成直角

斜杠帆

帆被悬挂在船艏斜桅的细长梁（在船艏前方延伸的细长翼梁），在大多数克拉克帆船中都使用了斜杠帆。

斜杠帆桅桁臂与船首倾斜成一定角度

三角帆

在罗马时代逐步改进的挂不规则帆的船只，其在逆风时采用之字形模式航行。

留有超出的边

倾斜的桅桁支撑着帆的顶部

百慕大型帆

仅将帆前缘连接在桅杆上的一种三角帆。在某些游艇上，这类型的帆仍被用作主帆。

帆的底部边缘

越洋航海

1492 年，意大利探险家克里斯托弗·哥伦布（Christopher Columbus）驾驶一艘名为圣玛丽亚号的克拉克帆船，从西班牙出发，穿越大西洋，于 1492 年 12 月搁浅在加勒比海的岛屿。

后桅桁

船的三角旗

探险队的西班牙赞助商的旗帜

后桅索

称为桅索的绳子用来稳定桅杆

后桅

挂着主帆的主桅杆

船长舱上方的船尾甲板，可以看到整艘船的景象

船长舱

装有舵柄和导航仪器的后甲板

后甲板

舵连接到舵柄，通过偏转水流来控制船的前进方向

储存备用帆、索具、补给品和压舱石，这样就能保持船体稳定

顶帆，主要用来操控顶部风力

拉升顶帆的绳

顶桅主支柱

被称为鸟巢的观察岗

主绳

主帆是船上悬挂的最大的帆

主桅杆

用绳子作为绳梯直达桅杆顶部

用于上岸的划桨驱动的长型小船

隼炮

据估计，中国明朝航海家郑和，在他的七次下西洋之旅中
航行了 20 万千米

现代帆船

现代帆主要由坚韧、柔软的人造材料制成，包括尼龙、涤纶和芳纶。大型帆通常是用嵌板做成的，缝在一起或用胶粘在一起，有时还被称为板条的水平翼梁加固和支撑。航行时，帆形成翼型，其作用与飞机机翼类似，随着空气流过帆的两侧，气压的变化产生升力。水手可以根据风向，调整帆的形状和位置，最大程度获得驱动力。这时帆船可以利用迎面而来的风逆风折线前进。

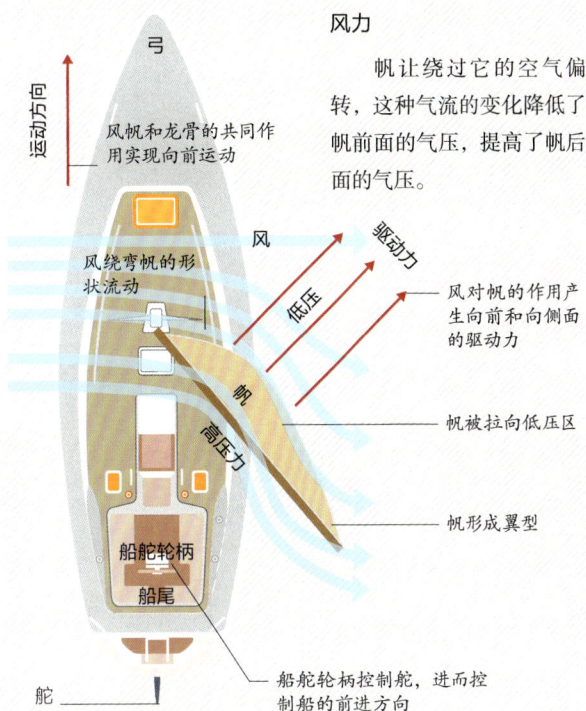

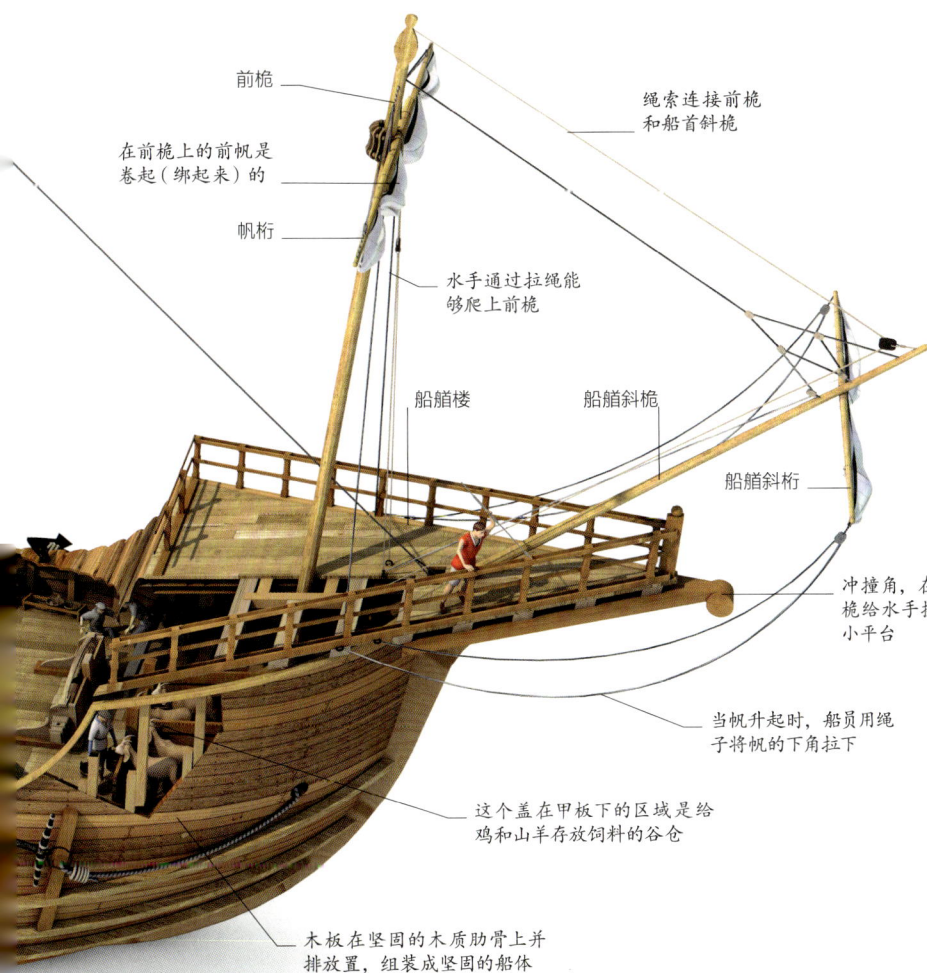

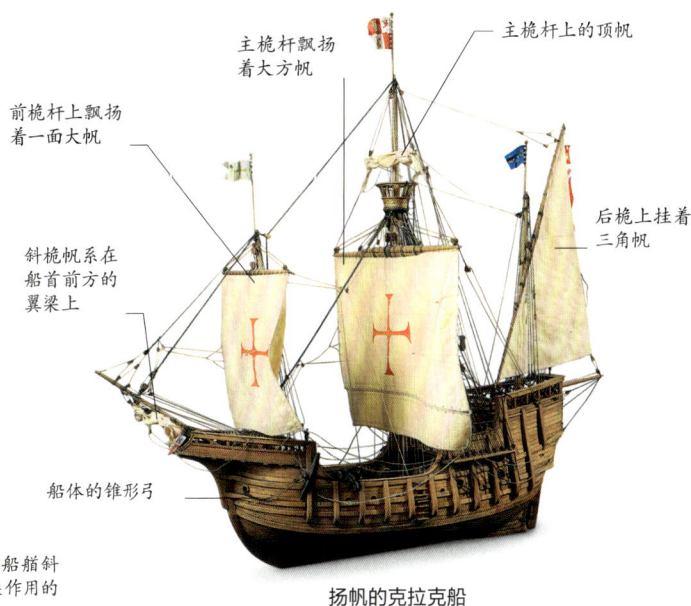

风力

帆让绕过它的空气偏转，这种气流的变化降低了帆前面的气压，提高了帆后面的气压。

弓

运动方向

风帆和龙骨的共同作用实现向前运动

风绕弯帆的形状流动

风

低压

帆

高压力

船舵轮柄

船尾

舵

驱动力

风对帆的作用产生向前和向侧面的驱动力

帆被拉向低压区

帆形成翼型

船舵轮柄控制舵，进而控制船的前进方向

流体动力学设计的龙骨

将大型扁平叶片或面板安装在船体底部，这种新型龙骨技术改变了航行方式。龙骨在水中行进时会产生自身的升力。它使船只不仅能顺风航行，而且在遇到来自正面和侧面的风时仍能向前移动，同时也会产生强大的侧向力，这时船体会倾斜，也能继续前进。

侧向力

水手可以通过调整帆来控制船的倾斜程度。

后倾力使船向一侧倾斜

船尾

龙骨挤压水以抵抗侧向力

阻力

前桅

在前桅上的前帆是卷起（绑起来）的

帆桁

水手通过拉绳能够爬上前桅

船艏楼

船艏斜桅

绳索连接前桅和船首斜桅

船艏斜桁

冲撞角，在船艏斜桅给水手操作用的小平台

当帆升起时，船员用绳子将帆的下角拉下

这个盖在甲板下的区域是给鸡和山羊存放饲料的谷仓

木板在坚固的木质肋骨上并排放置，组装成坚固的船体

主桅杆飘扬着大方帆

主桅杆上的顶帆

前桅杆上飘扬着一面大帆

后桅上挂着三角帆

斜桅帆系在船首前方的翼梁上

船体的锥形弓

扬帆的克拉克船

"土地被发现了……到达了海岸……看到了非常绿的树木、河流和各种各样的水果。"

克里斯托弗·哥伦布，日记，1492 年 10 月 12 日

参见古代中国：第 308—309 页 ▶ 贸易与探险：第 340—341 页 ▶ 中世纪的美洲：第 342—343 页 ▶

火车和铁路

矿业与冶炼业的兴盛极大地推动了蒸汽动力机车牵引的火车与铁路的发展。19 世纪 20 年代，铁路首先从英国兴起，逐步拓展到欧洲及其他地区。19 世纪的美国铁路网开始以惊人的速度发展，自 1840 年后仅仅五十年间，美国铁路总里程从 4506 千米发展到 26.3 万千米。

蒸汽机车通过牵引多节客运车厢或货运车厢，大大缩短了世界各地城市之间和国家之间的旅行时间。20 世纪，不需要像蒸汽机车那样停下来补充煤炭和水的柴油机车和电力机车逐渐流行起来。如今，高速电力列车的运行速度远超以往的水平。

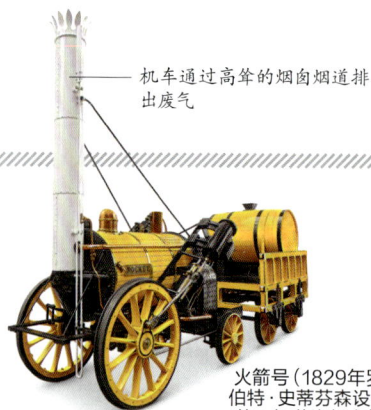

机车通过高耸的烟囱烟道排出废气

火箭号（1829年罗伯特·史蒂芬森设计的一辆蒸汽机车）

1828 年 世界首条城际铁路在英国的利物浦和曼彻斯特两座城市之间运营，火箭号就是该铁路线上最早的一批火车。

目前全球货运的 40% 都是用火车运载的

1896 年 在英国威尔士开通了配有齿轮沿齿轨移动的斯诺登登山铁路列车。

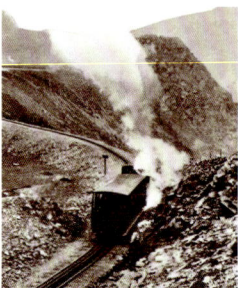

斯诺登登山铁路

1879 年 柏林工业展上，德国工程师维尔纳·冯·西门子在 300 米长圆形轨道上展出了他设计的人类历史上第一台电力机车。

维尔纳·冯·西门子

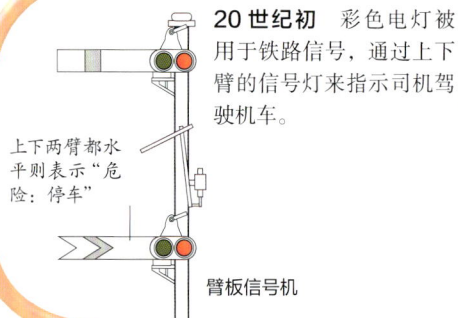

20 世纪初 彩色电灯被用于铁路信号，通过上下臂的信号灯来指示司机驾驶机车。

上下两臂都水平则表示"危险：停车"

臂板信号机

列车屋顶的门廊方便工作人员在车顶行走

1913 年 在北美铁路建设如火如荼的时期，这种称作"守车"的短轨车厢一般挂在列车最后，常用作乘务员的办公室与宿舍。

第16型守车

1961 年 在高速列车测试中，德国第 18.201 号机车创造了 184 千米/时的纪录。该类型的机车一直用到 2005 年。

具有鲜明圆锥形特点的烟箱门机头

18.201 号

1955 年 人类发明了单臂受电弓装置，该装置能为高速列车提供架空电力。

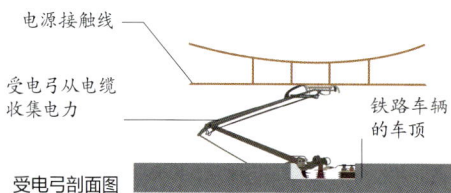

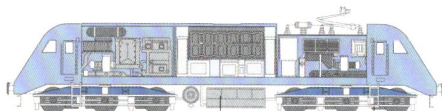

电源接触线

受电弓从电缆收集电力

铁路车辆的车顶

受电弓剖面图

电力机车 降压变压器

电动马达车轮

1960 年代 成千上万的铁路线进行了电气化改造。电力机车更安静、更快捷也更环保。

1964 年 世界上第一列超高速电力火车——日本新干线开始运营，它将东京到大阪的旅行时间缩短了一半。

新干线

 ◀ 参见**现代交通的起源**：第 278—279 页

目前日本 L0 磁悬浮列车是世界上速度最快的
火车，最高时速可达 603 千米

19 世纪 60 年代
美国实业家科尼利尔斯·范德比尔特建造了许多铁路，其中包括哈得孙河和纽约中央铁路。

科尼利尔斯·范德比尔特

1863 年 B 型第 147 号，绰号叫撒切尔·珀金斯号的蒸汽火车，在巴尔的摩到俄亥俄铁路最陡峭的线路上线。这台车在美国南北战争期间用于运送北方联军，并服役了 29 年。

装有火花阻截器的烟囱

驾驶员操控的警示摇钟

用于照亮前方的车头大灯

撒切尔·珀金斯号（B 型第 147 号）机车

1869 年 美国工程师乔治·威斯汀豪斯发明了更为强大且可靠的三阀式空气制动机。

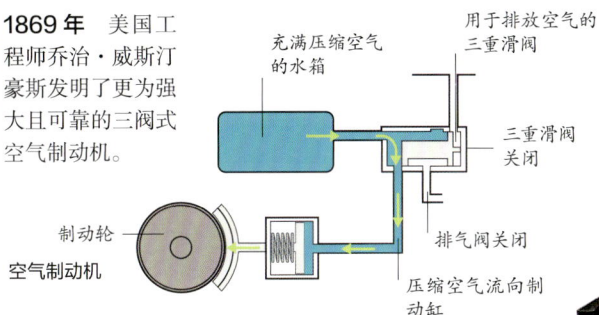

充满压缩空气的水箱

用于排放空气的三重滑阀

三重滑阀关闭

制动轮
空气制动机

排气阀关闭

压缩空气流向制动缸

20 世纪 20 年代 铁路的普及促进了英国等欧洲国家和美国的假日旅游业。铁路公司为招揽生意印刷了丰富多彩的广告海报。

铁路广告

铜烟囱释放来自燃煤炉的气体

1930 年 以英国国王爱德华二世命名并配备重型牵引机车的特快列车上线，主要在伦敦到英格兰西部地区间的线路上运营。

爱德华二世号

1931 年 在美国费城开始运营的雷丁多厢电轨铁路，每辆车长 22.2 米，最大承载 86 位乘客。

雷丁多厢电轨车（第 800 号）

1938 年 马拉德号蒸汽火车创下时速 203 千米的蒸汽火车最高时速纪录。该类型的蒸汽火车在英国一直使用到 1963 年，总行驶长度为 240 万千米。

配备高压锅炉的机车主体长 5.5 米

流线型楔形车头以减小空气阻力

马拉德号

1933 年 SVT877 型，绰号叫飞行汉堡人的柴油列车在德国汉堡到柏林的铁路上线，它最高时速是 160 千米 / 时。这个纪录直到 1997 年才被打破。

飞行汉堡人柴油火车

1982 年 被称为车轮上的豪华宫殿号火车在印度上线。该火车由 23 节车厢组成，其中包含两个餐车、一个水疗中心和一个休息室，最大承载 104 名乘客。

车轮上的豪华宫殿号的餐车

磁悬浮列车的地板

固定在车厢上的磁体以保持与铁轨之间的间隙

导轨的电磁线圈和铁轨支撑体产生排斥力进而将火车悬浮

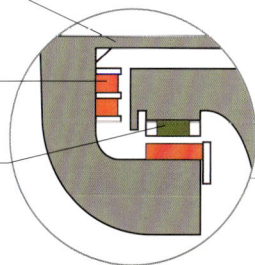

2004 年 中国上海的磁悬浮列车投入运营，其利用磁力将列车悬浮于轨道上方，以最高时速 431 千米刷新了世界纪录。

磁悬浮列车

参见 21 世纪的交通：第 290 — 291 页 ▶

汽车

汽油动力内燃机的发展带给个人交通领域的一次突破。起初，汽车只是富人的玩具。很快，大规模生产大幅降低了价格。加上道路和基础设施的一并发展，在整个 20 世纪汽车都占据着交通运输的主导地位。赛车和跑车的发展促使汽车技术不断创新，拥有了更好的制动系统和更安全的轮胎，以及越来越快的速度。到了 20 世纪 70 年代，交通安全以及化石燃料（例如汽油和柴油）的影响已成为关键问题。到了 21 世纪，科学家们转向了替代燃料，而人工智能（AI）则使驾驶过程本身实现了自动化。

安全

夹层玻璃是 20 世纪 20 年代首个以安全性为导向的创新技术。可变形的起皱区在 1950 年被开发。现在汽车内部的安全带、防抱死制动器和安全气囊等功能，对乘员安全做出了最大贡献。

安全气囊在碰撞测试中展开

汽车内部

每辆汽车的主要作用是搭载坐着的乘客。它需要一个动力装置来产生推进力，一个制动系统来停止，一个变速机构来应对不同的坡度，一个悬架系统来缓冲路面的冲击，并需要一个转向系统以便驾驶员能够准确地改变方向。这些子系统一起被称为动力传动系统。大量的工程专业知识被用于整合动力传动系统，从而在现代汽车中，驾驶员已不再需要直接操控机械部件。电气系统在 20 世纪 20 年代被引入汽车，最初是为了使启动过程自动化。后来汽车中的电气系统逐步扩展到照明和加热。再发展就包括了电动车窗、空调、车载娱乐系统和数字通信。

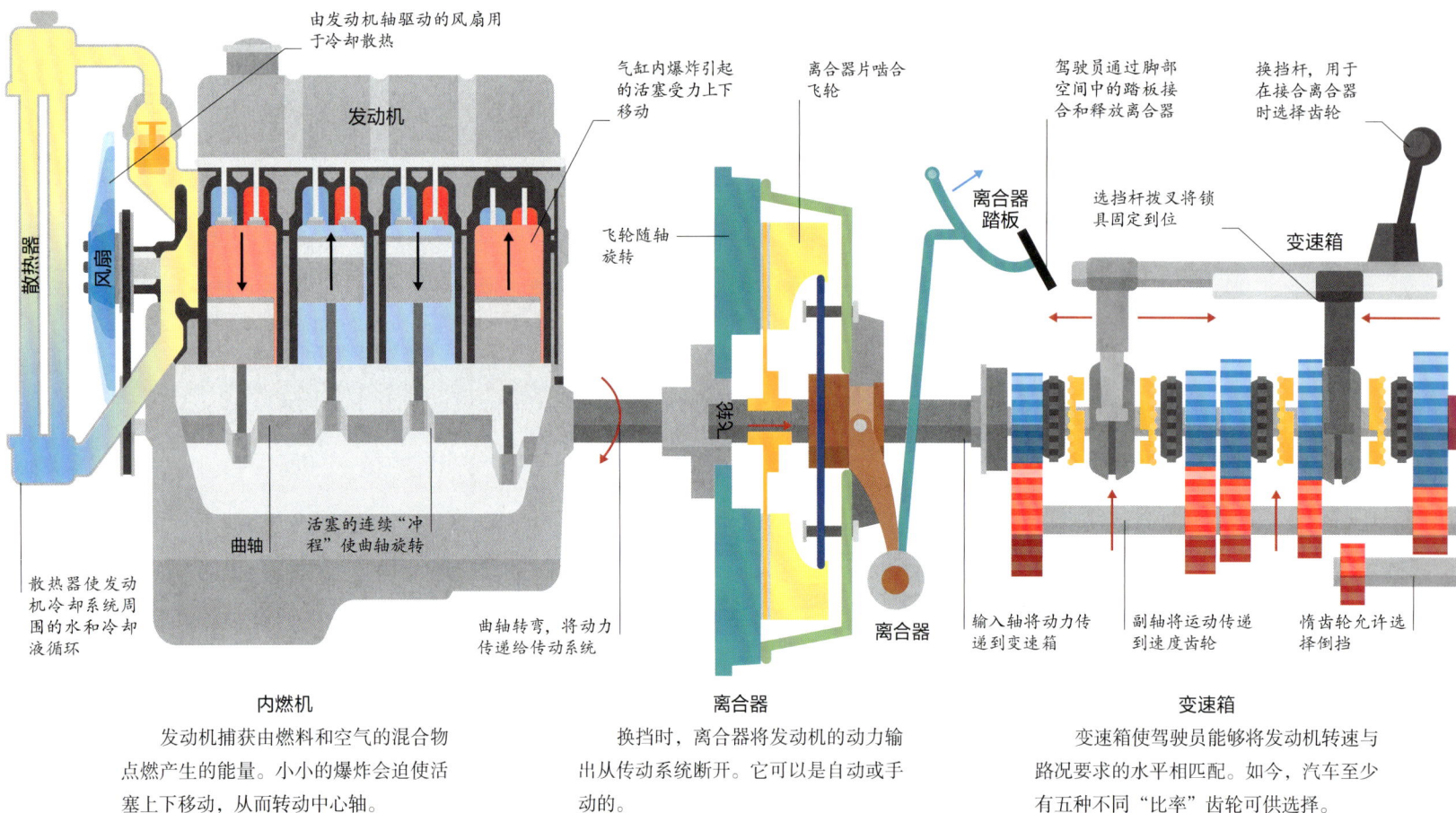

由发动机轴驱动的风扇用于冷却散热

发动机

散热器

风扇

气缸内爆炸引起的活塞受力上下移动

飞轮随轴旋转

曲轴

活塞的连续"冲程"使曲轴旋转

散热器使发动机冷却系统周围的水和冷却液循环

曲轴转弯，将动力传递给传动系统

离合器片啮合飞轮

飞轮

离合器

驾驶员通过脚部空间中的踏板接合和释放离合器

离合器踏板

换挡杆，用于在接合离合器时选择齿轮

选挡杆拨叉将锁具固定到位

变速箱

输入轴将动力传递到变速箱

副轴将运动传递到速度齿轮

惰齿轮允许选择倒挡

内燃机

发动机捕获由燃料和空气的混合物点燃产生的能量。小小的爆炸会迫使活塞上下移动，从而转动中心轴。

离合器

换挡时，离合器将发动机的动力输出从传动系统断开。它可以是自动或手动的。

变速箱

变速箱使驾驶员能够将发动机转速与路况要求的水平相匹配。如今，汽车至少有五种不同"比率"齿轮可供选择。

时间轴

曾有数百家公司参与了汽车制造，但如今只有十几家组织主导着全球汽车行业。2009 年，中国超越美国成为全球最大的汽车市场。

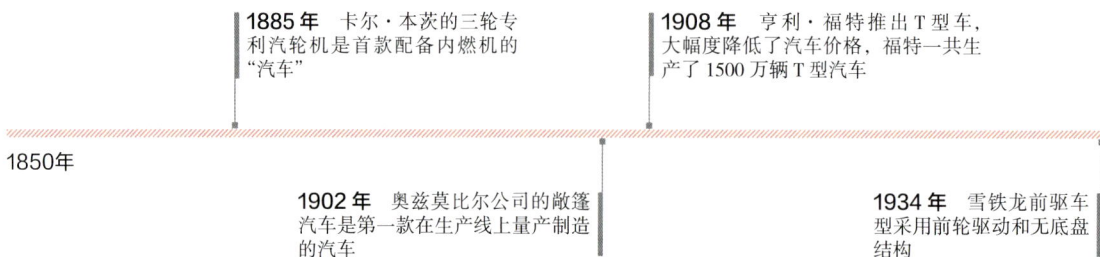

1885 年 卡尔·本茨的三轮专利汽轮机是首款配备内燃机的"汽车"

1908 年 亨利·福特推出 T 型车，大幅度降低了汽车价格，福特一共生产了 1500 万辆 T 型汽车

1850年

1902 年 奥兹莫比尔公司的敞篷汽车是第一款在生产线上量产制造的汽车

1934 年 雪铁龙前驱车型采用前轮驱动和无底盘结构

◀ 参见能源：第 262—263 页 ◀ 现代交通的起源：第 278—279 页

您可以选择任何车身颜色，只要它是黑色的

亨利·福特，T型，1909年

差异

当汽车转弯时，外轮转速必须比内轮快。差速器允许每个车轮以不同的速度转动，同时均匀分配扭矩。对于后轮驱动，差速器是后轴的一部分；对于前轮驱动器，它内置在每个驱动器单元中。

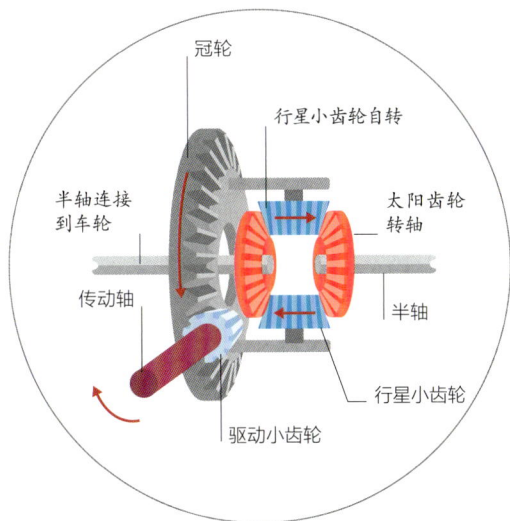

冠轮
行星小齿轮自转
半轴连接到车轮
太阳齿轮转轴
传动轴
半轴
驱动小齿轮
行星小齿轮

橡胶轮胎抓地力强大

输出轴将驱动力传递给车轮

传动轴

车轮转动可推动汽车前进或后退

1924 年，意大利在米兰和瓦雷泽之间建造了世界上第一条快速城际汽车行驶道路

汽车设计

一些早期的汽车在动力装置上方设有座椅；前置发动机的引入降低了高度并提高了稳定性。随后采用钢焊接技术，到 20 世纪 30 年代末，封闭式轿车（轿车）车身样式变得普遍，设计师开始采用空气动力学原理融入设计中。随着 20 世纪 60 年代前轮驱动的出现，汽车的内部空间变得更加宽敞，用途更加多样化。

动力单元组在座椅下方
戴姆勒汽车
1886

可折叠的车顶
福特T型车
1908—1927

低矮的底盘提升道路抓地力
阿斯顿·马丁二号
1934

流线型车身体现了装饰艺术风格
林肯泽菲尔
1936

车辆后备箱内装有风冷发动机
大众甲壳虫
1938

车轮由液压气动悬架缓冲
雪铁龙DS
1955

巨大的尾翼彰显 1950 年代喷气机时代风格
卡迪拉克62系列
1959

燃油喷射发动机提升了履带性能
宝马3.0 CSL
1972

高性能超级跑车典型的抱地楔形设计
兰博基尼伯爵
1988

汽油／电动混合动力系统－首次应用于普锐斯
丰田普锐斯MKII
2004

1959 年 具有横置发动机的英国汽车公司（BMC）迷你车彻底改变了全球汽车设计

1987 年 法拉利 F40 成为首款时速达 322 千米的量产公路车

2005 年 宝马成功进行了氢燃料电池车的实际道路测试

2020年

1964 年 运动型福特野马发布；在前两年就售出了 100 万辆

2012 年 特斯拉的豪华电动车型 ModelS 问世，这对传统汽车行业产生了重大影响

参见 *21 世纪的交通*：第 290—291 页 ▶

航空历史

长久以来人类梦想着能够飞上天空。早期许多有翼滑翔机的冒险尝试都以死亡和灾难告终。直到18—19世纪，经过不断的实验，人们才对飞行的原理有了更深入的认知。通过热空气或比空气轻的气体，我们可以用热气球和飞艇空升飞行，随后出现了动力飞机。20世纪，随着战斗机、直升机、喷气式飞机，到航空货运及大型客机的发展，航空业迎来了蓬勃发展的时期。

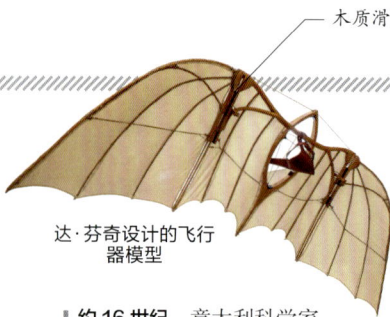

木质滑轮系统用于扇动翅膀

达·芬奇设计的飞行器模型

机翼由木肋制成，上面覆盖有织物

约16世纪 意大利科学家和艺术家达·芬奇，以蝙蝠和鸟类运动为模型，设计出一种飞行器。

曼弗雷德·冯·里希特霍芬

1914—1918年 第一次世界大战期间，军用航空得到飞速发展，涌现了德国的曼弗雷德·冯·里希特霍芬等王牌飞行员。

国际飞行大会的海报

1909年 第一次国际飞行大会在法国兰斯举行，这次大会让飞机作为一种实用的运输方式的想法深入人心。

1907年 法国飞行员亨利·法尔曼驾驶沃依辛双翼飞机在欧洲完成了首次持续一分钟以上的飞行，正因如此盛举，日后沃依辛公司制造了60多架双翼飞机。

方向舵转向操控飞机

1903年 奥尔维尔和威尔伯·莱特兄弟在美国北卡罗来纳州，制造了世界上第一架重于空气的航空器，并在距离地面3米的高度上完成了12秒持续而且受控的人类首次动力飞行。

Do-X飞船

带三层甲板的金属船体

1929年 有史以来最重的巨型多用途水上飞船Do-X号，它有12台发动机，能承受载荷高达49000千克。

阿梅莉亚·埃尔哈特

1932年 美国人阿梅莉亚·埃尔哈特驾驶洛克希德·维加5B型飞机，从加拿大纽芬兰飞到北爱尔兰，成为首位进行跨大西洋单机飞行的女飞行员。

兴登堡飞艇事故

1937年 大型德国客机飞艇LZ-129兴登堡号在美国海军基地停靠时起火摧毁，此次事故造成36人丧生。

F-16战隼战斗机

翼展为9.9米

1974年 F-16战隼战斗机首飞。这款多功能超音速战斗机累计已打造超过4600架，在20多个国家和地区服役。

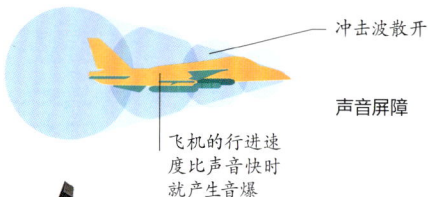

冲击波散开

声音屏障

飞机的行进速度比声音快时就产生音爆

1969年 英法联合研制的超音速客机协和飞机首飞，以几乎两倍于音速的速度在天空飞行。协和飞机从1976年一直服役到2003年。

轻型铝合金机身

霍克·西德利鹞式3型战斗机

1967年 鹞式战斗机是首架能够转动引擎以推力垂直起降的作战飞机，它是由英国霍克·西德利公司研制的。

F-117后掠尾翼集成方向舵与升降舵的操控功能

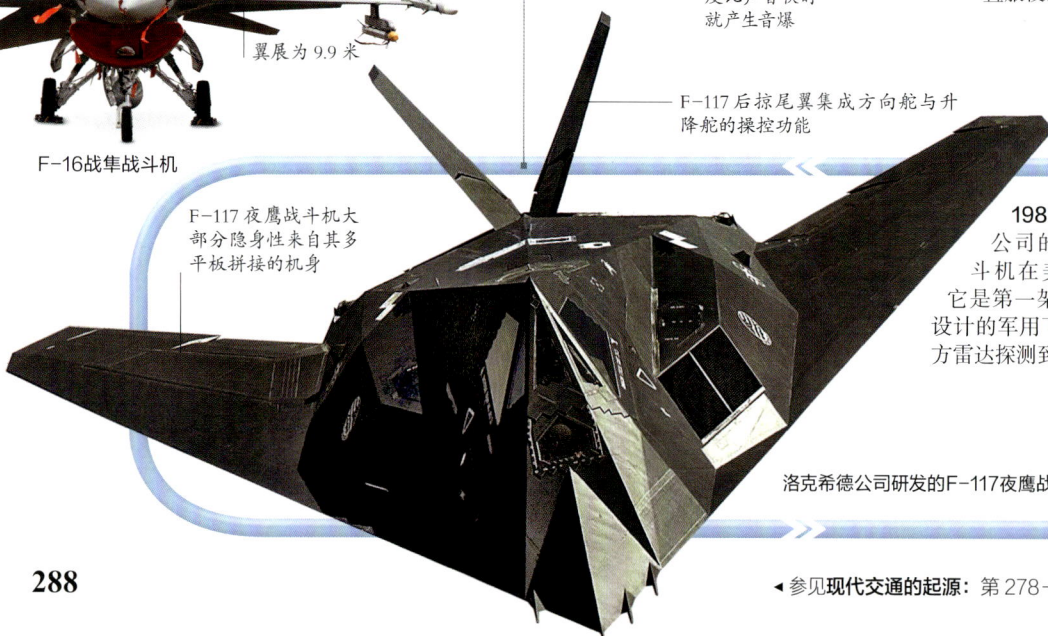

F-117夜鹰战斗机大部分隐身性来自其多平板拼接的机身

洛克希德公司研发的F-117夜鹰战斗机

1983年 洛克希德公司的F-117夜鹰战斗机在美国空军服役，它是第一架采用隐形技术设计的军用飞机，无法被敌方雷达探测到。

1986年 双座的鲁坦76型旅行者号从美国加利福尼亚州的莫哈韦起飞，成为世界上第一架实现载人无须着陆或加油即可环球飞行的飞机。

纪念鲁坦旅行者号环球飞行的邮票

◀ 参见**现代交通的起源**：第278—279页

1890—1896 年，德国飞行员奥托·李林塔尔进行了 2000 多次滑翔机飞行

塔夫绸制成的热气球球囊

蒙哥尔费热气球

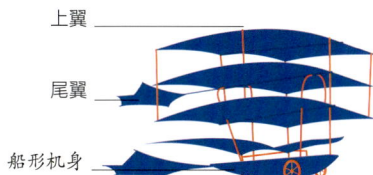

1783 年 由法国造纸商蒙哥尔费兄弟设计并制造的热气球完成了首次载人飞行，热气球到达巴黎上空 910 米，并在空中停留了 25 分钟。

上翼
尾翼
船形机身

凯利的滑翔机

1849 年 英国发明家乔治·凯利制造了带有多个机翼的滑翔机以增强上升力。这架滑翔机可以载着一个小男孩完成短途飞行。

1891 年 斐迪南·冯·齐柏林从德国军队辞职，他致力于设计刚性飞艇，第一架刚性飞艇 LZ 型于 1900 年试飞成功。

斐迪南·冯·齐柏林伯爵

1896 年 美国科学家塞缪尔·皮尔庞特·兰利使用弹射器，将一架大型模型飞机发射到 1460 米的高空。

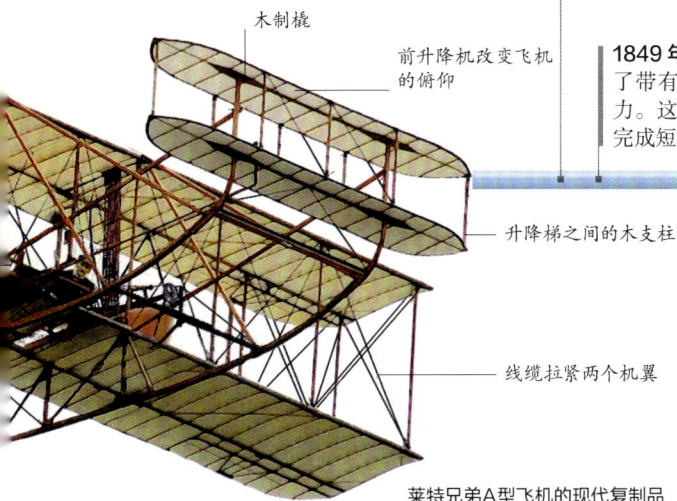

木制橇
前升降机改变飞机的俯仰
升降梯之间的木支柱
线缆拉紧两个机翼

莱特兄弟A型飞机的现代复制品

约 20 世纪初 德国科学家马丁·威廉·库塔和俄国科学家尼古拉·茹科夫斯基提出了一个定理，该定理可帮助计算机翼形状（如机翼在空中移动时）的升力。

库塔-茹科夫斯基假定

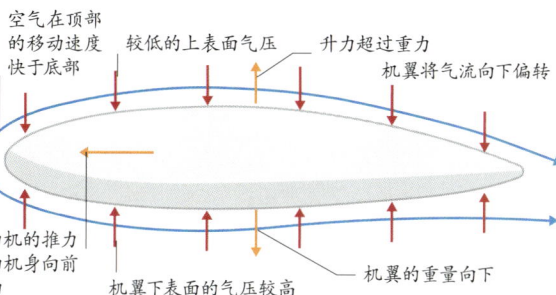

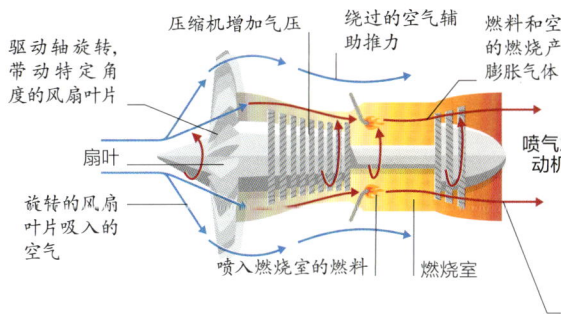

空气在顶部的移动速度快于底部
较低的上表面气压
升力超过重力
机翼将气流向下偏转
发动机的推力驱动机身向前运动
机翼下表面的气压较高
机翼的重量向下

压缩机增加气压
绕过的空气辅助推力
燃料和空气的燃烧产生膨胀气体
驱动轴旋转，带动特定角度的风扇叶片
扇叶
旋转的风扇叶片吸入的空气
喷入燃烧室的燃料
燃烧室
喷气发动机
气体从排气口冲出，产生推力

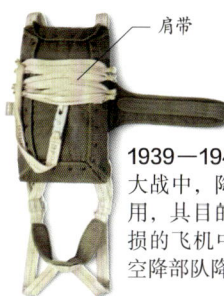

1939 年 亨克尔 He-178 是世界上第一架使用涡轮喷气发动机飞行的飞机，也是第一架采用金属机身的喷气飞机，它的涡轮发动机是德国物理学家汉斯·冯·奥海因发明的。

肩带

T5型降落伞

1939—1945 年 第二次世界大战中，降落伞首次大规模使用，其目的是将机组人员从受损的飞机中拯救出来，或者使空降部队降落到地面上。

1942 年 梅塞施密特 Me-262 战斗机首次展示了其喷气动力。这款配备了双喷气发动机的德国战斗机最高时速达到了 900 千米。

1952 年 波音公司生产的 B-52 同温层堡垒轰炸机首次亮相，这种大型远程战略轰炸机最多可携带 31500 千克的弹药。

压力服

约 20 世纪 50 年代 美国不断推进飞行服技术的发展。新的压力服和防重力服使飞行员能够在更高的空中安全飞行。

1949 年 哈维兰彗星号是由英国哈维兰公司研发的喷气式客机。也是全球首款以喷气引擎为动力的民用飞机，它比螺旋桨驱动的飞机飞得更快、更高。

1945 年 俄裔美国人西科斯基设计的 R-4 直升机是世界上首款量产的直升机，该飞机可乘坐两人。

旋转的叶片产生升力
旋翼头倾斜向前飞
尾翼保持飞行稳定

经典直升机动力学

端翼可减少端流
翼展为 79.8 米

2005 年 世界上最大的喷气式客机空中客车 A380 首飞。该双层客机的机身长 72.7 米，最多可容纳 853 名乘客。

空中客车 A380

2015 年 阳光动力 2 号太阳能飞机从日本名古屋到美国夏威夷连续飞行 117 小时，创造了新的世界纪录。

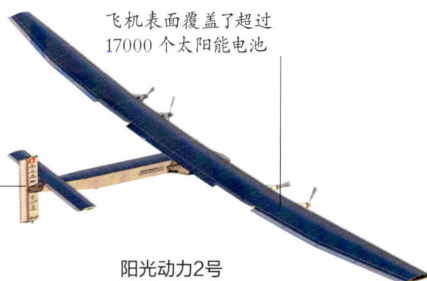

飞机表面覆盖了超过 17000 个太阳能电池
方向舵控制左右移动

阳光动力2号

参见 21 世纪的交通：第 290—291 页 ▶

21 世纪的交通

在 21 世纪的前二十年中，随着世界上的人际交流越来越频繁，使得跨陆、海、空的快速、安全且便宜的客运与货运需求大大增加。全球人口的不断增加以及环境问题的日益突显，未来的交通将不断迎接新的挑战。

磁悬浮列车

磁悬浮系统于 1984 年首次在商业上亮相，当时是一辆低速穿梭巴士将乘客从英国伯明翰机场运送到附近的火车站。此后，虽然只是建造了几条磁悬浮线路，但未来的前景却不可限量。磁悬浮列车用功能强大的电磁铁取代了传统的车轮和轨道，从而将火车提升到其导轨上方，然后沿其路线推拉。磁悬浮没有接触摩擦，因此噪声、振动和磨损减少，燃油效率更高。超越传统高铁的速度也是可能的。2015 年，日本的 L0 系磁悬浮列车达到了时速 603 千米的世界纪录。

磁悬浮列车

电动汽车

电动汽车的历史十分悠久。第一辆电动汽车由苏格兰发明家罗伯特·安德森在 19 世纪 30 年代制造。但直到 21 世纪，因为燃烧化石燃料并导致局部污染，电动汽车才成为内燃机汽车的实用替代品。电动汽车有望带来更安静、更清洁的道路运输。得益于可充电电池和电动机设计的改进，电动汽车在一次充电后可以行驶的距离越来越远。2019 年，全球道路上的电动汽车数量是 2013 年的 15 倍，其中在中国的所有新车中有 40% 以上是电动汽车。使用可再生能源可以减缓全球变暖的趋势。

混合动力汽车

在 1997 年丰田普锐斯推出之后，使用电动和汽油发动机的混合动力汽车在 21 世纪变得越来越流行。混合动力汽车使用小型汽油发动机为电池充电和驱动。电池还通过再生制动进行充电——汽车将动能转换为电能，并存储在电池中。插入式混合动力电动汽车插入电源插座以充电。除了减少有害排放外，混合动力车还比普通车辆提供更高的燃油经济性——每百千米油耗低至 2.5 升。

无人驾驶汽车

21 世纪，机器人技术的研究导致了智能驾驶辅助装置的应用，例如停车防撞传感器和自适应巡航控制。在自动驾驶或无人驾驶车辆中，人类驾驶员被计算机控制器取代，该计算机控制器从复杂的传感器包中接收数据。这些传感器包括：雷达，用于检测附近物体的速度和距离；光检测和测距（激光雷达），其激光脉冲可构成车辆周围环境的详细 3D 图像。

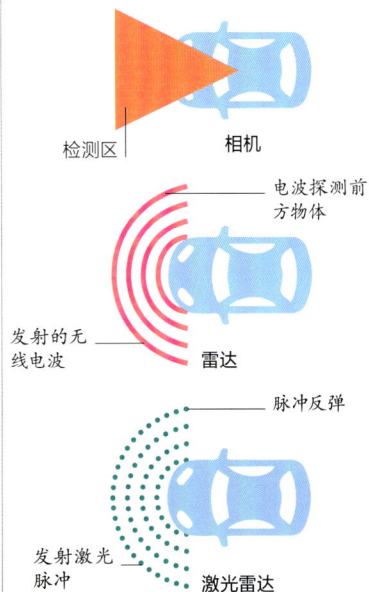

检测区 　　 相机

电波探测前方物体
发射的无线电波　　雷达

脉冲反弹
发射激光脉冲　　激光雷达

21 世纪的航空旅行

在 2018 年，飞机载客量超过 42 亿人次。新型更节能的飞机，无人驾驶的载货无人机和机场更高的自动化水平，都有助于满足航空运输的供应需求，这在 2000—2020 年翻了一番。尽管许多机场已满负荷运转，但更大的飞机尚未被预测：853 座容量的空中客车 A380 于 2019 年发布，较小的双引擎喷气客机似乎是未来的发展方向。到 2020 年初，世界上最长的直飞航班是新加坡航空公司的纽瓦克至新加坡航线，航程为 15344 千米。

出入舱口　　载货空间容积为 9.3 立方米

由 SpaceX 公司开发的龙型载人宇宙飞船

太空旅游

在现代世界中，并非每个进入太空的人都需要成为训练有素的宇航员。2001 年，美国商人丹尼斯·蒂托成为世界上第一位太空旅行者。他在国际空间站上停留了 7 天 22 个小时，花费了 2000 万美元，由联盟号宇宙飞船接送至该空间站并返回。从那时起，多家公司开始研发自己的私人航天器，这些航天器有望能够载运短途亚轨道飞行的乘客进入太空或进入低地球轨道。其中包括波音的星际计划，维珍银河和美国企业家埃隆·马斯克的太空探索技术公司 SpaceX。

▶ 现代高速火车

一架和谐号 CRH380A 型电力高速列车驶入中国北京站。北京至上海的高铁每年以每小时 350 千米的速度载客 1.6 亿人次。

超级高铁

作为 21 世纪正在发展的一种快速地面运输技术，运载乘客的超高架吊舱被设计为飘浮在空中滑雪板上（空气垫），就像冰球一样，或者使用磁悬浮技术。根据这个概念，吊舱在长管内移动，风扇将大部分空气从长管中吸出。然后将这些空气吹到超环后面或下方，以帮助推动它。吊舱的空气阻力小得多，吊舱可以高效移动，比常规的铁路旅行消耗更少的能量，并且有可能以高达 1200 千米/时的速度移动。在美国、西班牙和印度提出的超级高铁项目旨在将城市之间的旅行时间减少 3/4 或更多。

交通与环境

在 21 世纪，人们越来越意识到燃烧化石燃料对环境的有害影响，尤其是空气污染和气候变化带来的主要威胁。发动机效率的提高和流线型车辆以降低空气阻力的方法提高了燃油经济性，但机动车和飞机仍然是二氧化碳、氮氧化物和其他有害物质向大气排放的主要来源。为了实现减排目标，需要进行重大改变，解决方案的重点是更清洁的燃料、可再生能源以及改善公共交通，包括自行车设施。

城市共享单车

2019 年，交通运输中二氧化碳的排放量约占全球总排放量的 1/4

历史

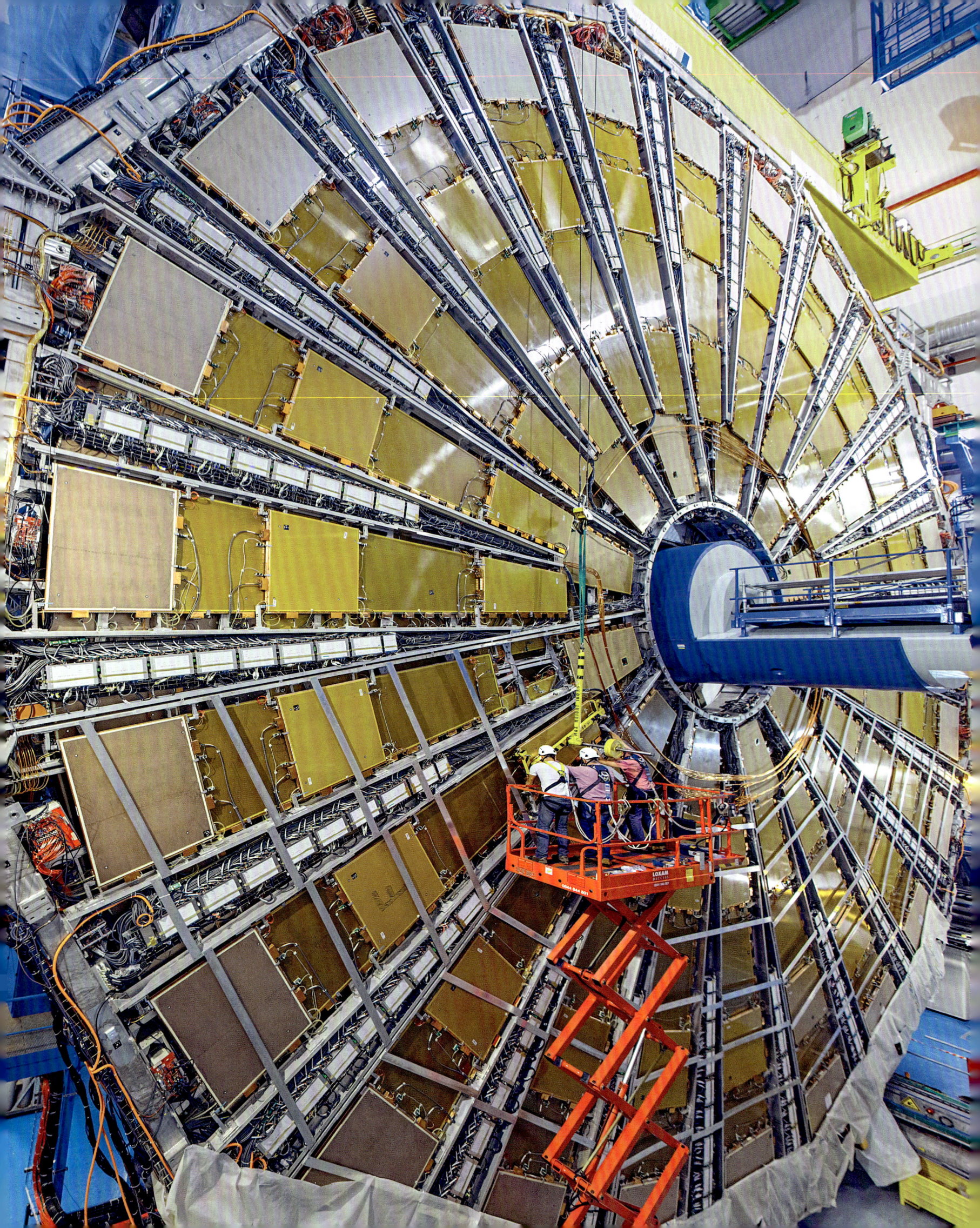

宇宙的历史

138 亿年前发生了一场大规模爆炸，造成膨胀，这就是人们所说的"宇宙大爆炸"事件，我们的宇宙诞生于此。随着大规模能量爆发，四维宇宙从此成形。其中空间有三维，时间本身占了一维，因此，问大爆炸"之前"有什么是没有意义的。就在最初几分钟之内，能量聚合为大量的高密度物质，现在宇宙中所有物质都由这些原料构成。

我们是怎么知道的？

大爆炸这一概念是怎么产生的呢？它源于科学家观测到，宇宙一直在扩张。20 世纪 20 年代，埃德温·哈勃发现几乎所有星系都在远离我们，首次提出了宇宙持续膨胀这一观点。

1931 年，比利时天文学家、宇宙学家乔治·勒梅特提出，今天这个仍在持续扩张的宇宙，最初处于一个紧凑、致密的状态，而且无比炽热，超过如今任何已知温度。他称这种状态为"原始原子"（后来有科学家为嘲讽这种想法有多么荒唐，称它为"砰！"，也就是"big bang 大爆炸"）。

1948 年，物理学家揭示出，原始原子中的能量在膨胀过程中如何转化为最简单元素的原子，这些元素的比例与从早期宇宙中测量到的一致。1964 年，天文学家又探测到大爆炸本身残留的辐射余晖，也就是宇宙微波背景辐射，它弥漫在整个宇宙空间中。今天，我们通

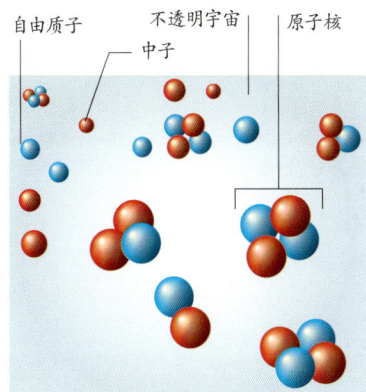

质子和中子形成第一个原子核

◀ 大型粒子加速器

在位于瑞士日内瓦附近的欧洲核子研究中心内，科学家利用大型强子对撞机进行实验，模拟大爆炸时期温度，探索此条件下的粒子物理现象，帮助我们构建宇宙起源的图景。

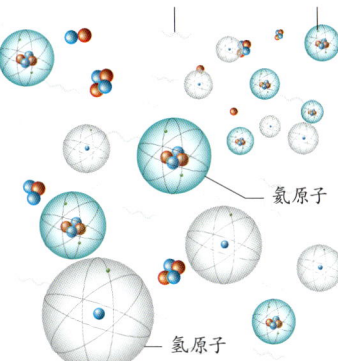

第一个原子的形成

过观测遥远的宇宙和粒子加速器实验，重现 138 亿年前的能量条件，继续构建"宇宙大爆炸"这一理论。

宇宙起源

大爆炸从一次瞬间的能量爆发开始，这次爆发的条件正好合适，能够触发膨胀而非坍塌，在宇宙诞生之初的前 10^{-43} 秒内，能量涌入了刚诞生的宇宙中。这一时期被称为普朗克时期，因为其条件过于极端，以至于我们目前无法得知这期间发生了什么。

在普朗克时期结束时，随着宇宙迅速膨胀并从接近无限高温的状态中冷却下来，诸如电磁定律等物理定律开始发挥作用。在宇宙历史的大约 $10^{-36} \sim 10^{-32}$ 秒内，发生了一个戏剧性事件，科学家称为"暴胀"，在一瞬间内，空间的尺度扩大了 10^{28} 倍，物质密度的亚微观波动转变为"种子"，而这些"种子"将成长为庞大的星系团。

物质的诞生

根据爱因斯坦著名的方程式 $E=mc^2$（参见第 196 页），质量和能量是可以相互转换的。物质的粒子中，既有重量级的夸克，又有较轻的轻子（包括

电子），这些粒子能够在瞬间出现又消失，通常与一个带有相反电荷的"反粒子"成对产生。在最初 1 微秒内，由于温度下降，无法再形成夸克，但是此时最稳定的轻子（电子和中微子）仍在持续形成，历时大约 10 秒。

不到 1 小时，宇宙内所有的原子核已形成

质子和中子

之后，夸克开始以三三一组的方式结合，形成质子和中子（以及它们的反粒子），如今，我们在原子核中就能找到这样的质子和中子。绝大多数的粒子和反粒子在相遇时会能量爆发而相互毁灭，但一小部分物质粒子会幸存下来，其中质子的数量是中子的 7 倍。在大爆炸后的 2 ～ 20 分钟内，随着温度的下降，质子和中子得以结合，形成了最简单的元素的原子核，如氦和锂。

迎来第一个原子

此时，宇宙中绝大多数的能量以高能伽马射线光子的形式存在。然而，物质密度如此之大，这些射线在与物质粒子碰撞或被物质粒子偏转之前，只能行进极短的距离。在此过程中，粒子被加热，光子沿新的方向散射，能量略有减少。丰富的辐射如此强烈，产生了一种压力，使得物质无法因引力作用而聚集在一起。宇宙

发现宇宙微波背景辐射

宇宙微波背景辐射是来自光子首次自由辐射穿过空间的那一刻的微弱余晖。经过 138 亿年的旅程，它减弱为较弱的微波。1948 年科学家预测到它的存在，但直到 1964 年才偶然发现它。阿诺·彭齐亚斯和罗伯特·威尔逊为卫星通信实验建造了一个巨大的微波天线，但发现它接收到了来自整个天空的持续微弱信号，这使他们倍感困惑。

在本质上仍然是混沌一片——它是一个不断膨胀的、炽热的雾状火球。

随着光子散射缓慢减少辐射中的能量，宇宙的能量平衡也发生变化。伽马射线逐渐减弱为低能量的 X 射线，继而成为紫外线辐射。大约在 47000 年后，大部分辐射能量被物质吸收。与此同时，宇宙在膨胀过程中不可避免地冷却下来。

大约在 38 万年后，温度终于降低到一定程度（大约 3000℃），原子核和电子得以结合成原子。这导致自由粒子数量骤降，雾气终于消散，此时，光子终于以可见光的形式，以光速在宇宙中穿行，形成宇宙中最古老的可见辐射。如今它仍然从各个方向到达地球。

红色区域比平均温度高 0.0002℃

蓝色区域比平均温度低 0.0002℃

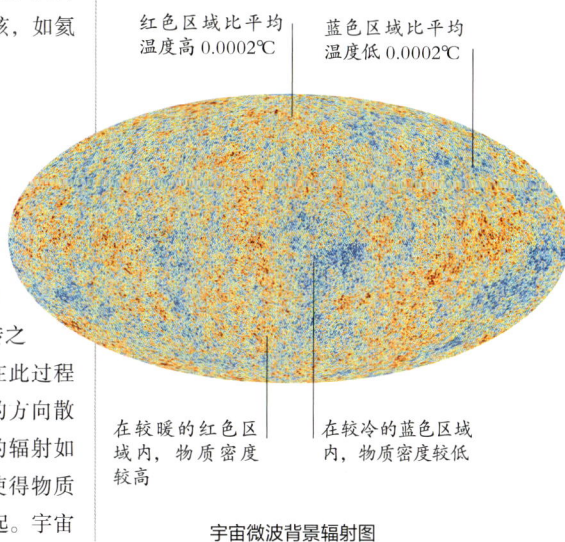

在较暖的红色区域内，物质密度较高

在较冷的蓝色区域内，物质密度较低

宇宙微波背景辐射图

彭齐亚斯和威尔逊的天线

◀ 参见太阳系：第 12—13 页　◀ 宇宙：第 30—33 页　◀ 观测宇宙：第 34—35 页

295

≫ 宇宙的历史（续）

大爆炸产生了宇宙中的所有物质和能量，并确立了支配宇宙运转的基本力。然而，宇宙得以演变为如今的样子，随后一段时期同样至关重要。物质聚集成第一颗恒星和星系，轻元素开始转化为更重的元素，从而产生了复杂的化学反应，并形成了像地球这样的岩石行星。

从黑暗到光明

所谓的解耦事件，即光子在大爆炸后大约 38 万年可以自由地在宇宙中穿行（参见第 295 页），这是宇宙历史上的一个重大转变。宇宙突然变得透明，但随着早期火球的辐射逐渐消失，它也陷入完全的黑暗之中。

在这个宇宙的黑暗时代，其他力量在起作用。物质粒子不再因辐射压力而分散，最终可以在引力的影响下聚合。实际上，这个过程早已开始：神秘的暗物质（参见第 32—33 页）构成所有物质的 85%，它不受辐射影响，因此早在解耦之前就开始聚合，集中在所有密度稍高的区域周围。

在大爆炸后 1.5 亿～3 亿年，某些累积成团的物质变得非常致密和炽热，它们开始燃烧，形成第一代恒星。

这些恒星与我们今天所知的恒星大不相同。它们由大爆炸形成的原材料组成——几乎完全由氢和氦构成，它们持续增大，其质量可能是太阳的数百倍。尽管如此，它们在仅仅几百万年内就迅速"燃尽"其氢气，照亮了早期宇宙，并在其内核之中生成更重的元素，如碳和氧，而如今的大质量恒星也是如此。

播种宇宙

第一批恒星在超新星爆炸中死亡，这些爆炸可能与今天所见的大相径庭（参见第 25 页）。理论模型推测，一股突然的核聚变波穿过整个恒星，抛出大量重元素，在恒星原来所在的地方，

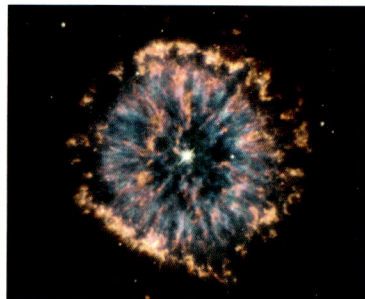

从垂死恒星脱落的物质

没有留下任何残余。这些超新星发出的强烈辐射可能开始为填充早期宇宙的巨大氢气云提供能量，分裂其分子，剥离其电子，这一事件被称为再电离。今天的星际空间是由这种再电离创造的稀薄等离子体，几乎所有辐射都能穿越其中。

第一代恒星的诞生和死亡开启了

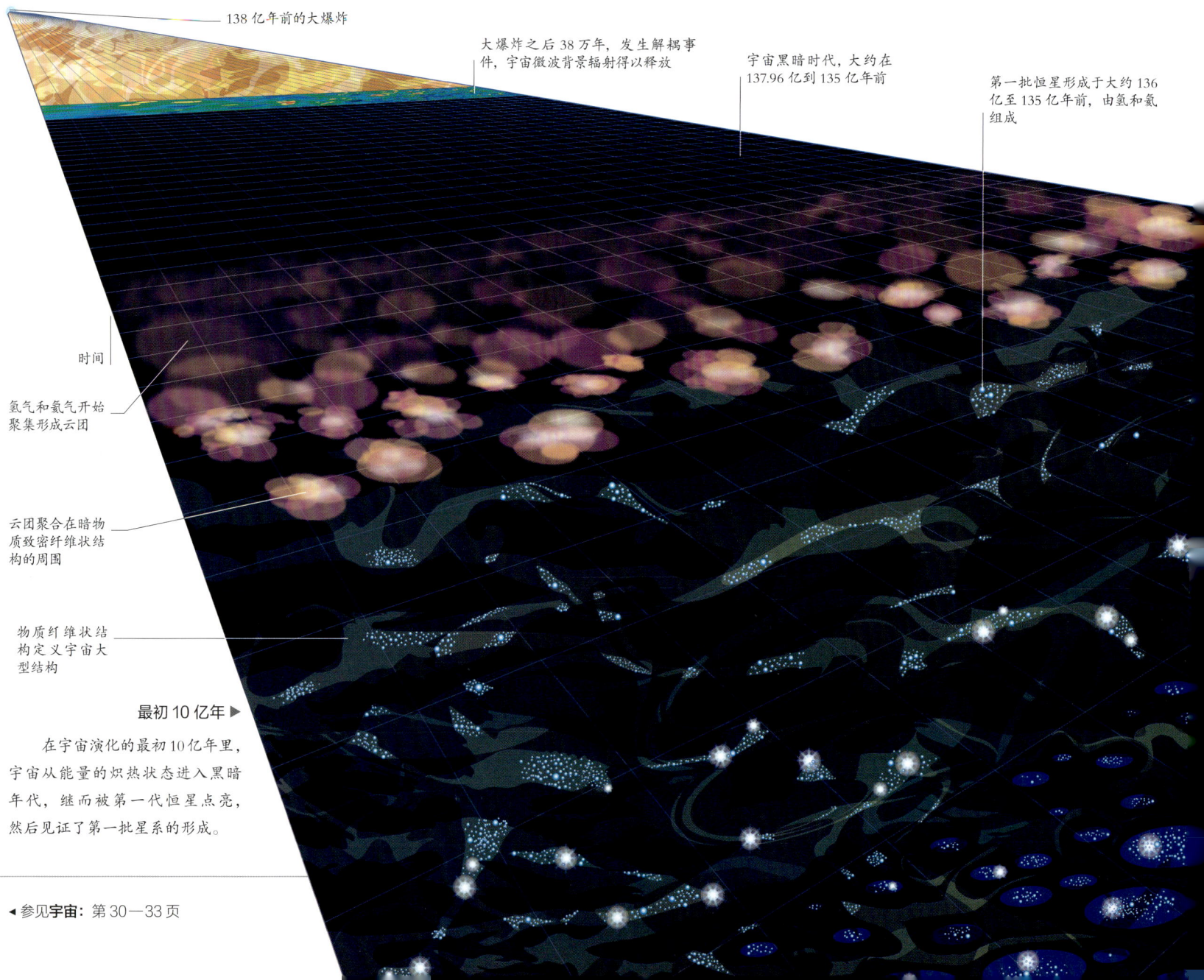

138 亿年前的大爆炸

大爆炸之后 38 万年，发生解耦事件，宇宙微波背景辐射得以释放

宇宙黑暗时代，大约在 137.96 亿到 135 亿年前

第一批恒星形成于大约 136 亿至 135 亿年前，由氢和氦组成

时间

氢气和氦气开始聚集形成云团

云团聚合在暗物质致密纤维状结构的周围

物质纤维状结构定义宇宙大型结构

最初 10 亿年 ▶

在宇宙演化的最初 10 亿年里，宇宙从能量的炽热状态进入黑暗年代，继而被第一代恒星点亮，然后见证了第一批星系的形成。

 ◀ 参见**宇宙**：第 30—33 页

吸积的明亮星系核被称为类星体，这些燃烧的星系核如此明亮，以至于其光线能够穿透 130 亿光年的空间，至今仍然可见

一个全新的时代，使宇宙充满了重元素。当第二代恒星形成时，这些重元素的存在使它们燃烧得更快、更亮，但这也意味着它们不会再像第一代恒星那样变得巨大。几百万年后，第二代恒星的燃料也逐渐耗尽，它们像今天的超新星一样爆炸，产生了较少量的重元素，并留下了坍缩的核心，即微小而致密的中子星和无限致密的黑洞。

最初的星系

第一批星系和第一代恒星聚集在同一个区域，但时间可能稍晚。根据目前已知的理论可知，最早的星系不仅小，而且尚未定型，其中既有来自星系间空间的原始氢气，也有第一代恒星形成的重元素。这些星系相互碰撞，或是擦身而过，产生涟漪；这些涟漪又开启新一代恒星诞生的进程。第二代以及之后各代恒星留下黑洞，星系中的黑洞因此越来越多。在这些

黑洞相互碰撞、合并的过程中，多数星系的核心逐步产生巨大的黑洞。黑洞起到了重力锚的作用，将恰巧相撞的星系合并在一起，确保星系成长为更大、更复杂的系统。在这些不断聚合的星系的核心，巨大的黑洞也在合并，并吞噬周围的物质。在黑洞周围，掉落物质在超热吸积盘中旋转，发出强烈的辐射，这种明亮的活跃星系核被称为类星体。

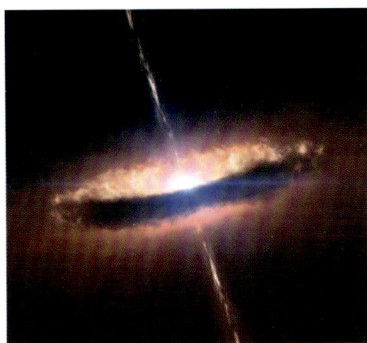

恒星诞生

迎来地球的诞生

随着星系不断增大，大规模合并的频率降低，核心黑洞也变得宁静而黑暗。圆盘状气体和尘埃云团沿轨道绕着星系核运行，陷入螺旋形的"交通阻塞"之中；这使得幸存的大型星系都形成了旋臂，包括我们年轻的银河系。在引力作用之下，这些阻塞的气体和尘埃云又演变为新一代恒星。在短短数百万年内，那些最大的恒星历经生死，当它们变为超新星时，再一次将重元素抛撒至星际介质（恒星之间的物质）之中。

太阳正是从这些星际介质演变而来：大约46亿年前，在引力作用下，这些星际介质集中到一个由气体和尘埃组成的旋转圆盘之中。经过一代又一代的恒星和超新星，构成旋转圆盘的原始物质包括生成固态物质和岩石行星所需的元素。太阳是个行动缓慢的长寿之星，它从诞生之地冉冉升起，融入不同物质会聚的星系圆盘，此时新生的太阳系已经伴其左右。

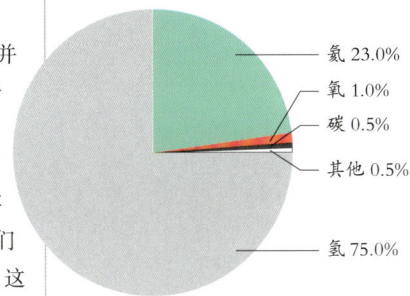

氦 23.0%
氧 1.0%
碳 0.5%
其他 0.5%
氢 75.0%

宇宙中的元素

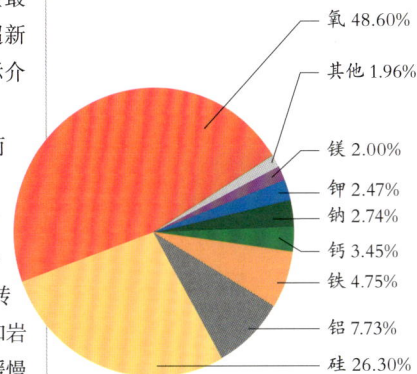

氧 48.60%
其他 1.96%
镁 2.00%
钾 2.47%
钠 2.74%
钙 3.45%
铁 4.75%
铝 7.73%
硅 26.30%

地球地壳中的元素

数百万年之后，第一批恒星以超新星的形式毁灭

由于来自高温恒星和超新星的辐射，气体开始再电离过程，等离子体泡沫产生

尚未定型的小星系开始形成

星系增大，部分原因是它们相互碰撞、合并

星系合并的过程中，往往会将沿轨道运行的物质拉平，形成旋转的圆盘

成熟的、圆盘状的星系形成螺旋臂，其中包括新恒星生成区域

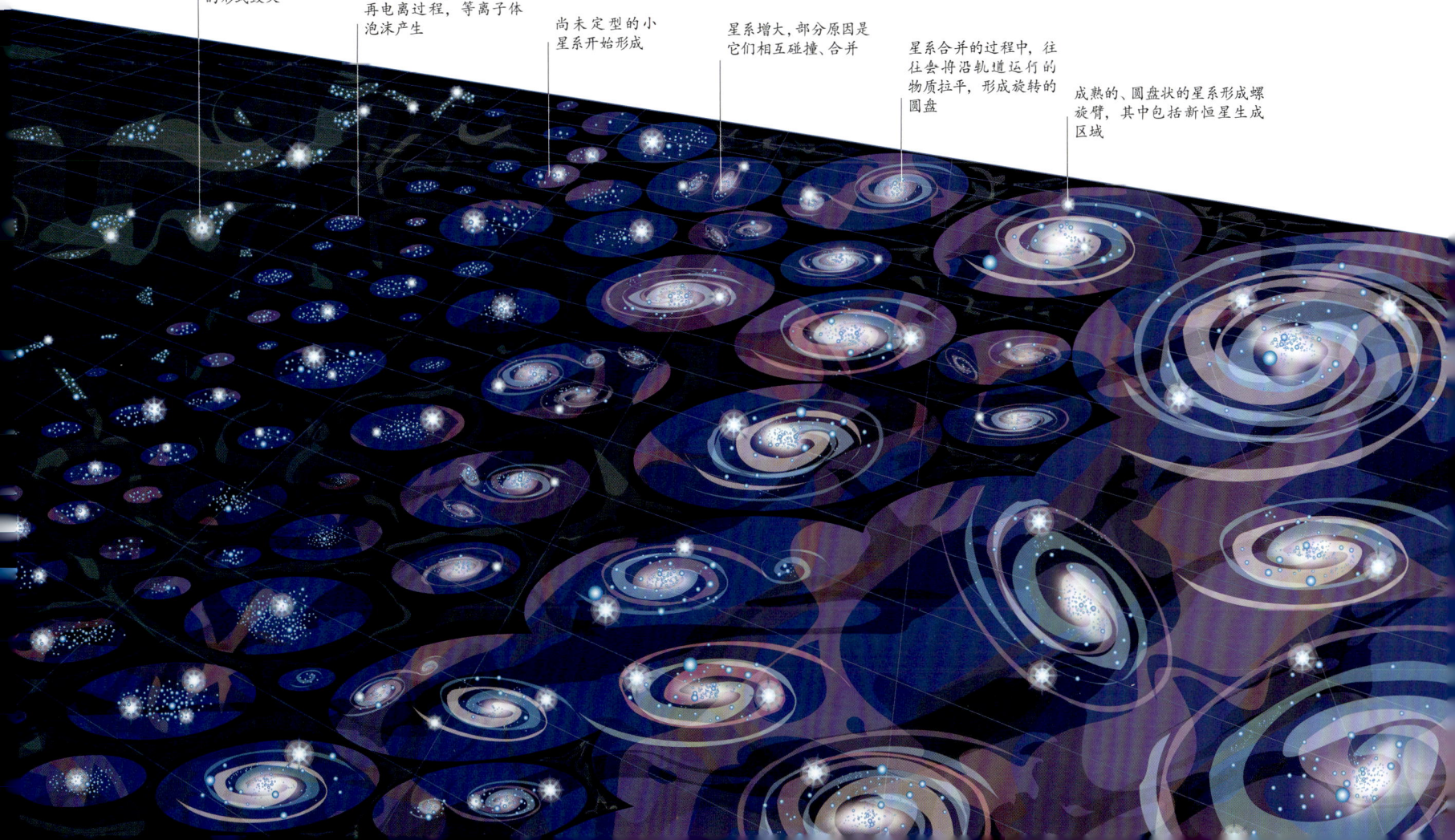

地球的历史

起初，地球仅仅是星际间由气体和尘埃构成的云团，最终演变成复杂的世界，气候适宜，得以滋养生命。在此期间，由于地质、大气、海洋和生命之间的互动，地球经历了几个不同的阶段。在 45 亿年的持续变化之中，来自地球最初期的直接证据大多已被抹去，但是科学家从陨石中以及在其他没有那么活跃的行星的表层上寻找蛛丝马迹，利用计算机模型，重新勾勒出地球上曾经发生的事件。

太阳系的诞生

我们的太阳系从星际间的一片星云中诞生，同样的气体和尘埃云团孕育了太阳（和许多其他恒星）。当时，可能附近有一颗超新星，为这片星云带来丰富的放射性元素，最终催生出太阳系。

在这个过程之初，星云内部的气团由于自身引力作用开始坍缩，形成不透明云团，即博克球状体。博克球状体坍缩，质量向其核心集中，其旋转速度也越来越快（好比滑冰选手在旋转时，会收缩手臂，以加强转速）。不同轨道上的气体尘埃团块相互碰撞，整个云团逐渐变得扁平，形成宽阔的旋转盘，盘内物质向其中心做螺旋式运动。

最终，星云核心的温度足够高，密度足够大，使核聚变反应成为可能，太阳因此诞生。太阳风和辐射的外向压力减少了落入太阳的星际尘埃的数量，在今天的太阳系边缘留下了一个宽大的柯伊伯带。年轻的太阳的热量确保了附近那些易融化、易挥发的物质（比如冰）蒸发为气体，并被推入太阳系外，只留下高熔点的尘埃。

物质聚合

在环绕着初生太阳的原行星盘中，行星通过一种叫吸积的过程聚集在一起。在太阳系中最早的地球这一部分内，尘埃颗粒逐渐集结，吸引它们的，可能是弱静态电力。这些团状集结逐渐增大，引力也越来越大，吸引越来越多的周围物质，最终形成一批星球（或者说星子），小的约有月球那么大，大的则和火星类似。这些星子相互碰撞，最终成为行星。一种理论认为，最近的一次碰撞可能发生在 45 亿 ~ 44 亿年前，这是原始地球和一个火星大小的星球（忒伊亚）之间的碰撞。这次碰撞摧毁了星体，将构成忒伊亚的物质与原始地球的一大部分地幔射向太空。大部分物质落回地球或逃逸到太空中。然而，仍有一大块"云团"留在轨道上并与周围物质集结，在几十年内成为月球。

原始地球与忒伊亚碰撞之后，飘散到太阳系内部的残骸被行星"吸积"，碰撞后的余波骤然消失。另一次碰撞大约发生在 39 亿年前，科学家称为"晚期重大撞击事件"。当时，由于巨行星轨道发生变化，在碰撞过程中，富含冰的物质被送入太阳系内部。

分层过程

碰撞是行星诞生的推手之一，每一次碰撞都会加热所涉及的物质。因此，科学家认为，早期地球的温度极高。甚至在地球尚未完全形成之前，内部高温就已经触发了被称为"分异"的过程，即在重力影响下，各种元素分别形成层状。残余热量，再加上来自太阳星云的放射性物质释放的热量，为地球内部的融熔和分层提供条件：重元素沉入地核，轻元素覆盖其上。

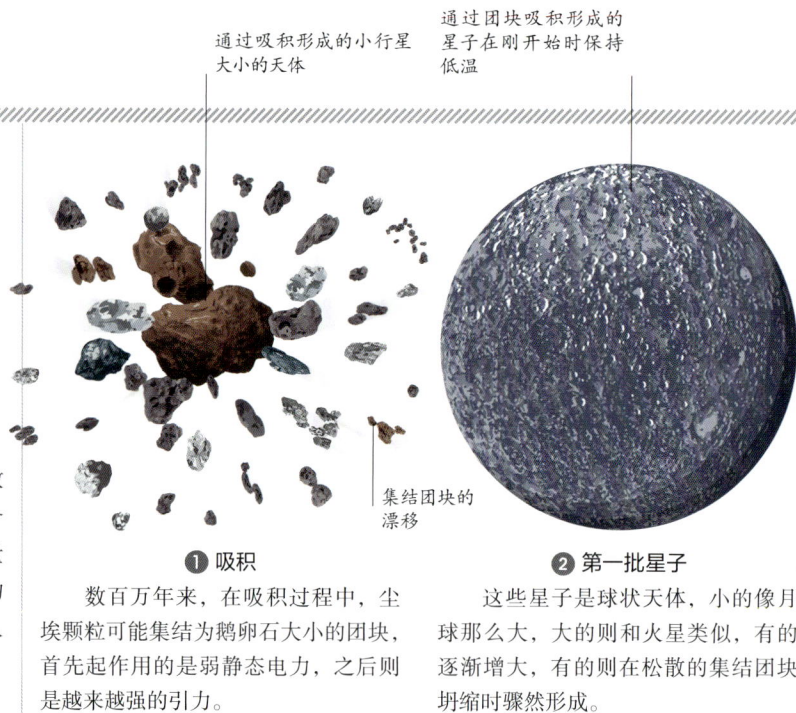

通过吸积形成的小行星大小的天体

通过团块吸积形成的星子在刚开始时保持低温

集结团块的漂移

① 吸积

数百万年来，在吸积过程中，尘埃颗粒可能集结为鹅卵石大小的团块，首先起作用的是弱静态电力，之后则是越来越强的引力。

② 第一批星子

这些星子是球状天体，小的像月球那么大，大的则和火星类似，有的逐渐增大，有的则在松散的集结团块坍缩时骤然形成。

地球上最古老的地壳遗迹是埋藏在锆石晶体内 44 亿年前的化学物质

◀ 地狱景象

从地球诞生到大约 40 亿年前这段时间被称为冥古代，该名字出自希腊神话中的冥界之神哈迪斯。与现在相比，那时月球离地球更近，地球表面覆盖着熔岩。

◀ 参见**岩质行星**：第 14 — 15 页 　 ◀ **恒星的分类**：第 22 — 23 页 　 ◀ **地球内部**：第 46 — 47 页

吸引较小的星体

碰撞过程中，动能转化为热量

由于撞击形成的热量，表层融化

掉落天体喷射出易挥发物质

轻元素上升，形成表层

地核仍然处于熔融状态，直到15亿年前才改变

③ **强引力**

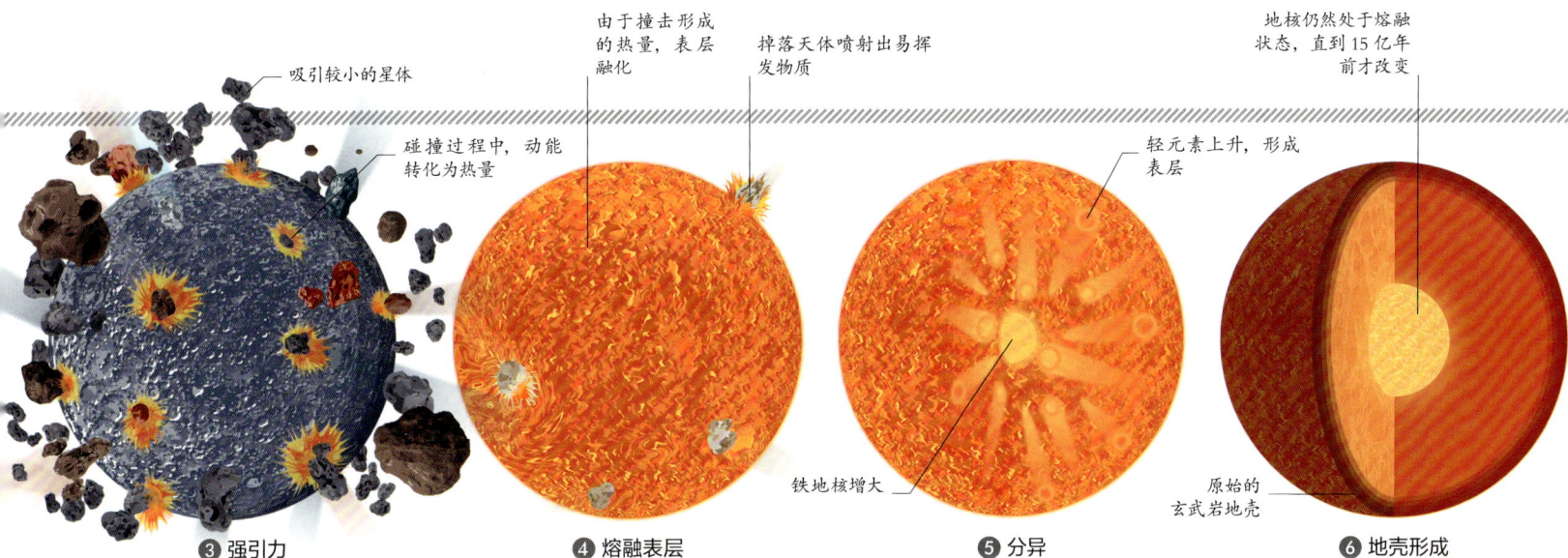

更大的星子引力更强，能吸引更多其他物体。最终，多个星子相互碰撞、合并，形成行星，其中包括地球。

铁地核增大

④ **熔融表层**

碰撞产生的热量和放射性元素释放的热量提升早期地球的温度，致使其表层熔化，内部活跃。

⑤ **分异**

地球内部的流体状态为其元素的分层提供条件：密度大的金属元素下沉，轻质元素上升。

原始的玄武岩地壳

⑥ **地壳形成**

随着地球的冷却，原始地壳形成，覆盖下层地幔。内部的热量以极高的速率逸出，以至于火山遍布。

时间慢慢过去，地球内部形成了类似今天的岩层。决定不同元素分布状况的因素有两种，一是相对密度，二是它们相互之间产生化学反应的倾向。地核的主要成分是铁，在形成期间，地核带走了地球上大部分亲铁元素（金、铂、钴和镍）。那些容易和氧或其他轻元素（分别为亲石元素和亲铜元素）发生反应的元素大多在地核以上，形成厚

中的水一定是在地球降温之后才出现的。现在科学家却认为，海洋至少在44亿年前就已经形成。为什么海洋的形成如此之早？一种解释是，在地球形成期即将结束的时候，富含冰的天体把水蒸气喷射到大气层。另一种解释是，在地球温度达到峰值的时候，由于压力作用，水也埋藏在地球矿物质内，仅能在火山爆发时逃逸，从而释放出来。很

最初的大陆

地球的原始地壳是坚硬的一整块，上面到处是火山口，喷发着热气。但在大约40亿年前，地壳分裂为数个板块并开始漂移，启动了地壳活动周期，称为板块构造（参见第48—49页）。这一过程可能发端于"晚期大撞击事件"，当时，地球表层在撞击中被碾为齑粉。

由于地势日益升高，地壳更易受到风和水的侵蚀，这不仅形成了最早的沉积岩，而且开始改变地球大气。在新的化学风化进程中，二氧化碳缓慢地与硅酸盐岩石发生反应，最终将其转化为碳酸盐岩石。数百万年以来，地壳中硅酸盐和碳酸盐岩石的平衡持续调节大气中二氧化碳的浓度。

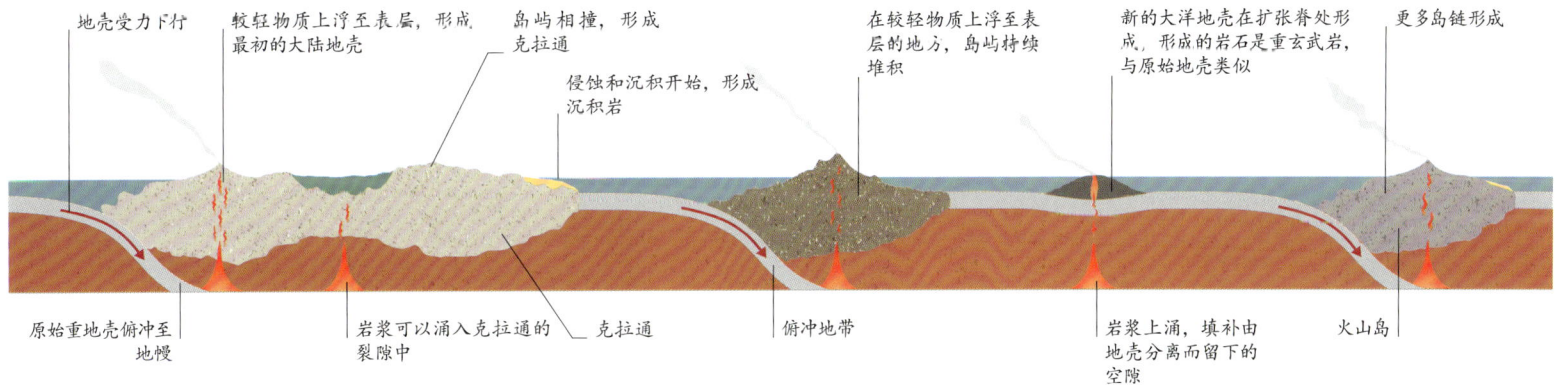

地壳受力下沉

较轻物质上浮至表层，形成最初的大陆地壳

岛屿相撞，形成克拉通

侵蚀和沉积开始，形成沉积岩

在较轻物质上浮至表层的地方，岛屿持续堆积

新的大洋地壳在扩张脊处形成，形成的岩石是重玄武岩，与原始地壳类似

更多岛链形成

原始重地壳俯冲至地幔

岩浆可以涌入克拉通的裂隙中

克拉通

俯冲地带

岩浆上涌，填补由地壳分离而留下的空隙

火山岛

厚的地幔。顶层的地壳由最轻的元素组成，坚硬，但不稳定。原始地壳很薄，几乎没有什么地形特征。

早期的大气和海洋

覆盖在早期地球岩石之上的物质是水和气体层，即海洋和大气层。关于地球上的水的来源，科学家争论不休。过去科学家认为，太阳星云内部如此干燥，地球又如此炎热，以至于地球形成期间，一直处于极度干旱的状态，海洋

可能这两种进程都发挥了作用，还有一些水则由彗星送到地球。有痕迹表明，地球早期历史上可能发生过灾难性事件，导致海洋中的水全部蒸发（至少一次），之后又再次凝结。

地球的大气也处于不断变化之中。最初，它由轻元素氢和氦构成，但是随着太阳风卷走这些元素，火山爆发改变了大气的成分，使其成为富含二氧化碳、高温高密度的混合气体，从而产生强烈的温室效应。

板块漂移过程中，某些板块会因受力而沉入或俯冲至相邻板块之下。俯冲产生的热量融化上层岩石，导致火山爆发，将较轻的岩石送至表层。新的地壳具有浮力，能够堆积到海拔更高处，形成火山岛。板块相互推挤，而火山岛会抵挡俯冲作用。由于原始地壳更重，更容易发生俯冲，使大陆地壳得以持续生长。岛屿堆积在一起，形成更大的地块，称为"克拉通"，即古陆核。当时地球散发热量的速度远远大于今日，这加速了大陆的形成。

▲ **大洲的形成**

在板块构造的早期阶段，由相对轻质岩石构成的岛链反复碰撞、合并，继而形成大陆的核心。

如今在格陵兰岛上，依然能够找到形成于板块构造早期的岩石，这些岩石已有38亿年的历史

◀ 参见板块构造：第48—49页　◀ 地球演化：第50—51页　◀ 地球大气：第70—71页

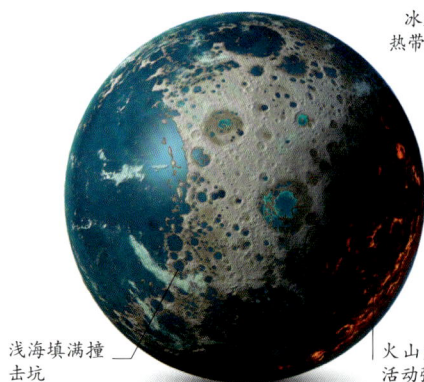

冰层延展至
热带纬度地区

炎热、干旱
的内陆地区

热带海岸

北美太平洋沿岸板块
相互碰撞，落基山脉
因此形成

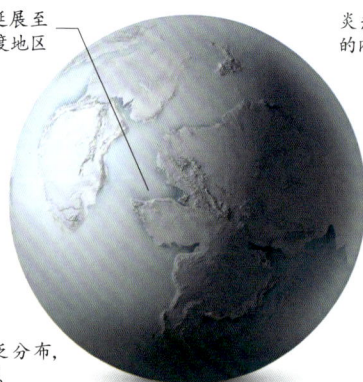

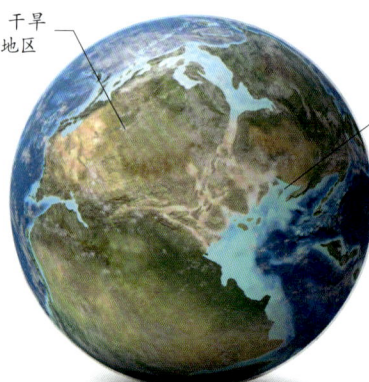

浅海填满撞
击坑

火山广泛分布，
活动强烈

❼ 冥古地球

大约 40 亿年前，地球的早期玄武岩地
壳上，布满"晚期大撞击事件"留下的
凹坑。

❽ 冰雪地球

大约 8 亿年前，大陆集中在热带地区，
在多种因素共同作用之下，地球降温，
引发了几乎全球性的冰川化。

❾ 盘古大陆

距今最近的超大陆，大约 3 亿年前聚
合而成，由于远离海岸，降水稀少，
广大内陆地区变为沙漠。

大约 5550 万年前，火山向大气释放二氧化碳，地球平均气温因此上升了 5~8 摄氏度

生命扎根

大约 40 亿年前，板块运动开始，标志着早期冥古代的结束和太古代的开始。太古代持续了 15 亿年。由于后来的板块运动，这一时期留下的地球历史证据大多被毁坏或掩埋，但一些罕见的科学发现揭示了地球内部及表面曾经发生的故事。新大陆地壳持续生成，由于陆地生长的速度超过受侵蚀的速度，地球的大陆表面逐渐成形。在太古代结

▲ 地球遗迹

此图是 1787 年的一张素描，展示苏格兰耶德堡的岩层，对此类复杂岩层的考察，激发了早期地质学家的灵感。苏格兰地质学家詹姆斯·赫顿描述了一个"没有开始痕迹，也没有结束前景"的世界。

束时，陆地面积已经达到如今面积的80%。至少 35 亿年前就已存在的地球磁场强度增加，提高了地球偏转太阳风强辐射的能力。这种技能来得"恰逢其时"，因为太古代也是生命在地球上开枝散叶的时期。最早的生命化石证据可以追溯到大约 35 亿年前（科学家还发现了某些更古老的化学痕迹，可能来自生命活动），这些化石是蓝细菌的遗迹，这种群居细菌从阳光中获取能量，并用二氧化碳制造复杂的生化物质。

新大气，新生命

元古代始于 25 亿年前，留存至今的元古代岩石记载着地球沧海桑田的变化。在元古代早期，板块十分活跃，大陆分分合合，地球上所有的陆地有时几乎合为一体，形成超大陆；有时又散落在茫茫海天之中。但是，在这个时期真正产生持续影响的，是地球大气和生命的变化。

10 亿年来，蓝细菌通过光合作用降低了大气中二氧化碳的浓度，地球温度随之下降，最早的冰河期证据来自这一时代早期。同时，在光合作用中，氧气作为废弃物被排出，而氧具有化学活性，易于和其他元素或化合物发生反

应，地壳内因而产生新的矿物质。数亿年间，氧气与地球大陆之中的铁以及其他化合物发生反应，在矿物质之中积累起来。

大约 24 亿年之前，氧气已经填满矿物质，开始外逸，不断注入海洋和大气之中。对于当时的大部分生物而言，这是末日灾难——它们不习惯高氧环境，最终被自己的代谢废物毒死。在这场所谓的"大氧化事件"中幸存下来的生物体已经进化为氧气的消耗者。它们需要在富氧环境中生活，这种需求甚至可能促成了更复杂的生命形式的到来（参见第 220—221 页）。

生命周期

大约 7.75 亿年前，元古代进入尾声，有证据表明，一系列漫长的冰河期自此开始，地球上大部分地区笼罩在冰雪之中，科学家称为"冰雪地球"。冰期结束后，地球上新的多细胞生命形式蓬勃发展（包括早期动物），这标志着显生宙的开始。显生宙始于大约 5.41亿年前，延续至今。在显生宙期间，地质、气候和生命联结在一起。伴随一系列大规模物种灭绝事件，生物种类的多样性呈现出强弱交替的态势，与气候的

南美洲板块北移

❿ 温暖时期

大约 5500 万年前，全球变暖期间，冰盖融化，海平面上升，许多低洼地被洪水淹没。各大洲板块逐渐漂移，演化为今日的分布格局。

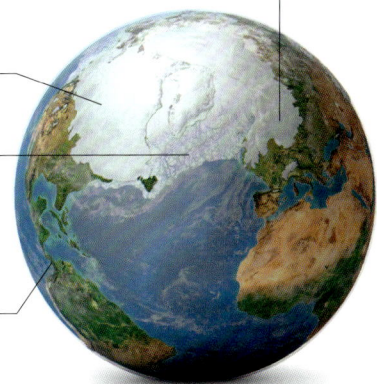

今日欧洲的大部分地区没入浅海之中

冰川作用鼎盛时期的欧亚大陆冰盖

劳伦泰德（即北美大陆）冰盖，延展至最大范围

大洋冰盖

巴拿马地峡将大西洋环流与太平洋分隔开来

⑪ 冰期

大约 260 万年前，南美和北美大陆相连，并改变了海洋环流，地球继而进入冰期。冰川最盛期发生在 2 万年前。

剧烈变化也有关联。物种灭绝的原因多种多样。有些可能是环境引起的，比如大规模火山爆发，天体撞击，或是与陆地分布和洋流相关的全球热平衡的变化；有些可能是由生命本身引发，比如当植物最初在陆地上扩散时，大气中温室气体逐渐减少，或者近年来人类活动骤然释放大量温室气体。地球大气、岩石、海洋和生物之间的相互关系决定了地球的历史，并将左右地球的未来。

查尔斯·莱尔

苏格兰地质学家查尔斯·莱尔（1797—1875）提出了均变论，认为塑造地球过去的力量，今天仍在以类似的速率改造地球。地球岩层缓慢形成的过程表明，地球的年龄远比之前认为的几千年要古老得多。

北非撒哈拉地区被洪水淹没

◀ 参见**碳循环**：第 78—79 页　◀ **环境影响**：第 82—83 页　◀ **生命的故事**：第 86—87 页　◀ **生物种类**：第 216—217 页

从史前时代到公元前 3000 年

在非洲，人类的远古祖先进化为首批真正意义上的人类，自此掀开史前时代的序幕。数百万年之后，文字的出现标志着史前时代的终结。在石器时代（分为旧石器时代、中石器时代和新石器时代），人类从狩猎－采集转向农耕。紧随其后的是青铜器时代，在此期间，人类发明了金属加工工艺。到了铁器时代，在亚洲、欧洲和非洲部分地区，人们开始使用钢和铁制造工具和武器。

330 万至 176 万年前 人亚族（两腿直立行走的灵长类动物，人类祖先）造出最早的石器。大约 176 万年前，旧石器时代，人们开始用石头制造手斧和其他大型切割工具。

从石核上敲下第一块石片

敲下第一块之后，又陆续剥除多块石片

两边轮流敲击石片，此时石核大略呈手斧形状

打磨边缘和尖部，制成锋利的手斧

制造手斧

绳索状压印装饰图案

约公元前 13000 年 最早的陶器由中国的狩猎－采集者制造。约公元前 13000 年，最早的日本人，又称"绳文人"，露天烧制出陶器。

高级绳纹陶器

约公元前 14000 年 狗成为人类驯化的第一批动物。如图所示，在以色列埃南遗址中，狗的骸骨和一位女性的尸骸埋在一起。

28 周幼犬的遗骸

与狗的骸骨埋在一起的女性遗骸

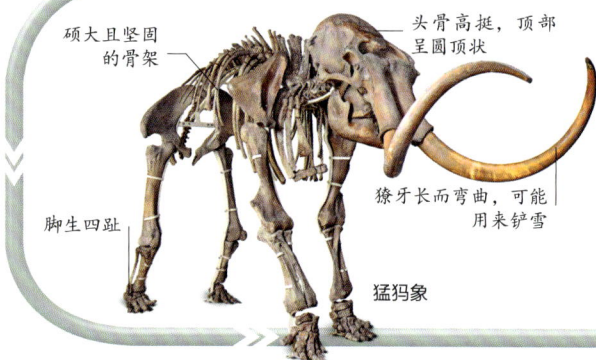

硕大且坚固的骨架

头骨高挺，顶部呈圆顶状

獠牙长而弯曲，可能用来铲雪

脚生四趾

猛犸象

约公元前 9700 年 冰河期以全球骤然变暖而告终。洋流变化，大气中的二氧化碳含量增加，可能是触发全球变暖的环境因素。随着环境变化，像猛犸象这样的动物开始走向灭绝。

约公元前 10500 至前 9500 年 农业起源于新月沃地，即包括埃及、今日土耳其，以及今日伊拉克部分地区在内的广大区域。诸多农作物在这里生长，其中包括现代小麦的野生祖先。

更大、更饱满的麦穗

麦穗细长，籽粒小

颖壳紧密包裹麦粒

直至脱粒前穗部都保持完整

野生小麦

野生单粒小麦

人工培植的二粒小麦

现代用于制作面包的小麦

用铜合金制成的乌鲁克罐，带喷嘴

约公元前 4000 年 美索不达米亚平原（大部分位于今日伊拉克和科威特境内）上出现了世界上最早的城市，如乌鲁克。这些城市之间相互进行贸易，得以繁荣发展。

乌鲁克罐

约公元前 4500 年 欧洲新石器时代族群为了举办宗教仪式，建造了墓葬和祭祀场地。科学家认为，英国的巨石阵就是这样的遗址，用于祭祀和墓葬。

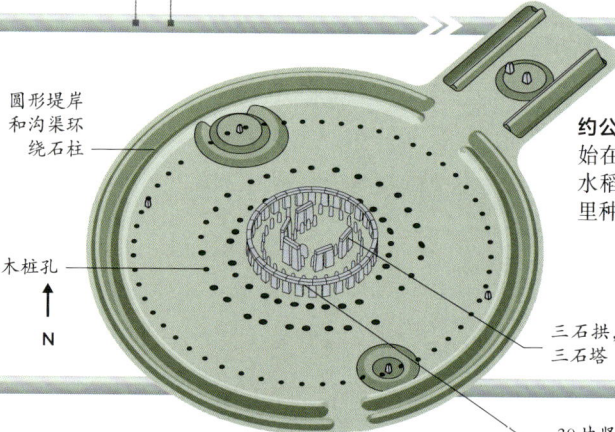

圆形堤岸和沟渠环绕石柱

木桩孔

N

三石拱，又称三石塔

30 块竖立的巨石围成的圆环

约公元前 5000 年 人们开始在中国南方的河谷培植水稻。人们在泥泞的稻田里种植水稻。

巨石阵

牛

太阳

鱼

楔形文字

约公元前 3300 年至前 2900 年 美索不达米亚地区的苏美尔人在今伊拉克境内发明了楔形文字，这是已知最早的书写形式。该地区的其他文明很快也开始使用这种文字。

约公元前 3200 年 战车是最早的轮式交通工具，被广泛应用于战争中。乌尔军旗（公元前 2600 年）上绘有战车图案，留下最早的历史记录。

驴拉的苏美尔实心轮战车

乌尔军旗

 ◀ 参见**史前哺乳动物**：第 92—93 页　◀ **人类的演化**：第 94—95 页

约 21 万年前　第一批智人扩散到非洲大部分地区之后，追随人亚族祖先的脚步，取道中东，迁移至欧洲，并到达中亚和东亚。

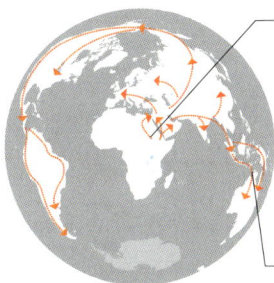

智人走出非洲，踏上迁移之路

人类开始漂洋过海，行程缓慢，历经艰辛，最终到达澳洲

人类大迁移

公元前 58000 至前 38000 年　海平面大大降低，人类漂洋过海，从印度尼西亚进入澳大利亚北部，随后扩散至整个澳洲大陆。

约公元前 44000 年　石器时代的人们创造了生动的洞穴岩画。迄今为止，考古学家发现的最古老的洞穴岩画来自印度尼西亚苏拉威西岛，藏在洞穴深处，描绘了狩猎猪和水牛的场景。

洞穴壁上的矮水牛（与水牛同属一科，但是体型较小）

苏拉威西洞穴岩画

约公元前 26000 至前 19000 年　在旧石器时代早期的欧洲，人们制作女性小像，它们被统称为维纳斯雕像。这些小像由柔软的岩石、骨头和象牙雕刻而成，或者由黏土塑形，然后烧制成像。

复杂的发型或头饰

维纳斯雕像

约公元前 28000 至前 14000 年　最后一个冰河期，海平面降低，令陆桥露出地表，人类和动物得以从亚洲进入北美洲。几千年后，冰块消融，人们继续南下。

约公元前 38000 年　最后的尼安德特人从欧洲消失。他们可能难以适应气候变化，最终发现，自己根本无力与早期智人争夺资源。

约公元前 43000 年　1868 年，地质学家路易·拉尔泰在法国的克罗马农山洞中，发现了欧洲早期现代人类的化石。

圆形的头骨

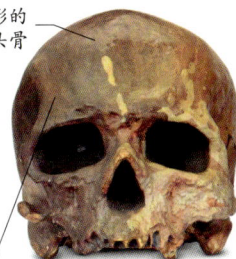

前额高耸，几乎与头顶垂直

欧洲早期现代人类的颅骨

几乎没有多少面部特征

约公元前 9000 年　土耳其的哥贝克力石阵里，伫立的巨型石柱围成圆形，有人认为这是人类历史上第一座神庙。

大的 T 形柱子镶嵌在干石墙中

新石器时代的神殿

约公元前 8000 年　人们专门建造防护石墙，用来保护巴勒斯坦的杰里科聚居地，这是人类历史上第一个由石墙防护的地方。而杰里科用于瞭望、防御的塔楼建造年代更为久远。

通往塔楼的阶梯

防护墙

第一个配备防护墙的聚居地

尼罗河沿岸的富饶地区

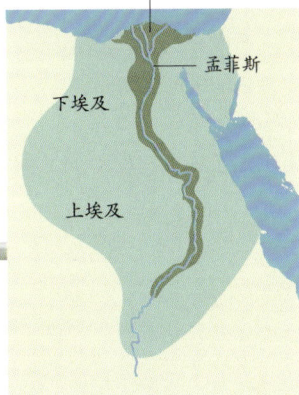

下埃及

孟菲斯

上埃及

古埃及

约公元前 5000 年　在南美洲今日秘鲁的安第斯山脉，人们驯化了美洲驼，其祖先为类似骆驼的大羊驼。印加人常常用美洲驼来驮运货物。

约公元前 5000 年　铜加工知识经由美索不达米亚平原传至埃及，埃及人从此能够用铜制造工具、兵器和装饰品。

刀刃

用来将扁斧安装到木手柄上的榫眼

铜扁斧

仪式用太阳盘，其中有两头公牛、一头鹿，形象栩栩如生

约公元前 3000 年　在西亚，人们将锡与铜按比例混合，制作出青铜（这种金属更加坚固，适合制作各种器具，无论是武器，还是装饰品，都各尽其妙），人类由此迎来青铜时代。

突出臀部和乳房，可能用来表现生育能力

约公元前 3100 年　上埃及的统治者（可能是美尼斯或纳尔迈）入侵下埃及，统一埃及，并建都孟菲斯。

土耳其境内出土的青铜器

参见**最初的文明**：第 304—305 页 ▶　**古埃及**：第 310—311 页 ▶　**文字的历史**：第 456—457 页 ▶

最初的文明

最后一个冰河时期之后气候变暖，人口增加，在世界各地，史前人类不约而同地放弃了狩猎–采集这种生活方式，转而从事农耕，他们的聚居地逐渐发展为村庄、小镇和城市。约公元前4000年，最早的城市出现在美索不达米亚肥沃富饶的平原上；继那以后，各地又涌现出新的城市，埃及的孟菲斯和底比斯，以及印度河流域的哈拉帕和摩亨佐·达罗就是其中翘楚。

贸易

尽管人们常将商品交换与城市生活联系在一起，但考古证据表明，早在最初的聚居地和城市出现之前，人类已经频繁从事贸易活动，交换由黑曜石制成的武器和工具。考古学家在肯尼亚的奥洛戈赛利盆地发现的黑曜石制品，大约有396000年的历史，而当地根本不出产黑曜石，可见它们必定来自远方的黑曜石产地，是长途运输和贸易交换的

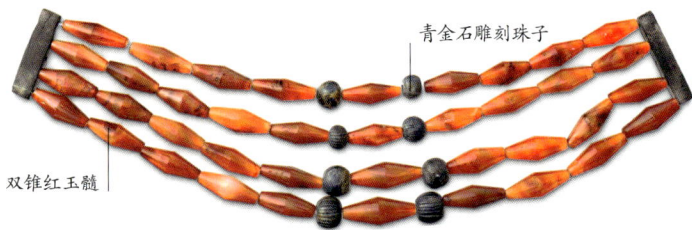

青金石雕刻珠子

双锥红玉髓

美索不达米亚珠带

结果。在希腊大陆的弗兰克西洞穴发现的工具和武器同样由黑曜石制成，考古学家认为其历史超过15000年，从米诺斯岛上开采出来，经爱琴海运送到此地。用红玉髓和青金石等制成的珠宝也在广泛交易，在印度河流域和美索不达米亚地区之间尤其频繁。约公元前4000年，西西里岛的琥珀手工艺品已在西班牙进行交易。

涂有彩色颜料

环状罐耳

约公元前2350年 新石器时代中国陶罐

定居

约公元前10000年，石器时代的人们开始耕作土地，没有人确切知道其中原因。或许他们是出于方便把野生农作物移植到新的家园，又或许他们只是意识到种子蕴含着巨大潜力，能提供可靠的食物来源。我们知道的是，每个地区的居民都培育出了适合当地气候的特定作物。在中美洲，人们在约公元前7000年就开始种植玉米。

在美索不达米亚，小麦驯化的时间比玉米驯化的时间要早约2000年。在中国和南亚，公元前8000至公元前7000年，人们开始培育水稻。

在世界上的部分地区，动物的驯化要早于农作物。在非洲，早在公元前8500年，人们可能已经将野牛驯化为家畜，但是直到公元前4500至前3500年，才开始种植谷物，比如小米和高粱。在欧洲，猪、绵羊和山羊的驯化时间也是大约在公元前8500年；根据考古证据表明，至少3500年之后，人们才开始驯养马。

手握余粮

农业彻底改变了史前人类的生活。为了种植农作物、牧养家畜，人们必须居有定所。这种生活方式提供了相对可靠的营养来源，能够满足人们迫在眉睫的需求；农作物丰收的时候，人们还能够存储余粮，以备荒年。在美索不达米亚，人们广建粮仓，这意味着任何余粮都可以安全地储存。

过去人们认为，农耕以狂飙突进

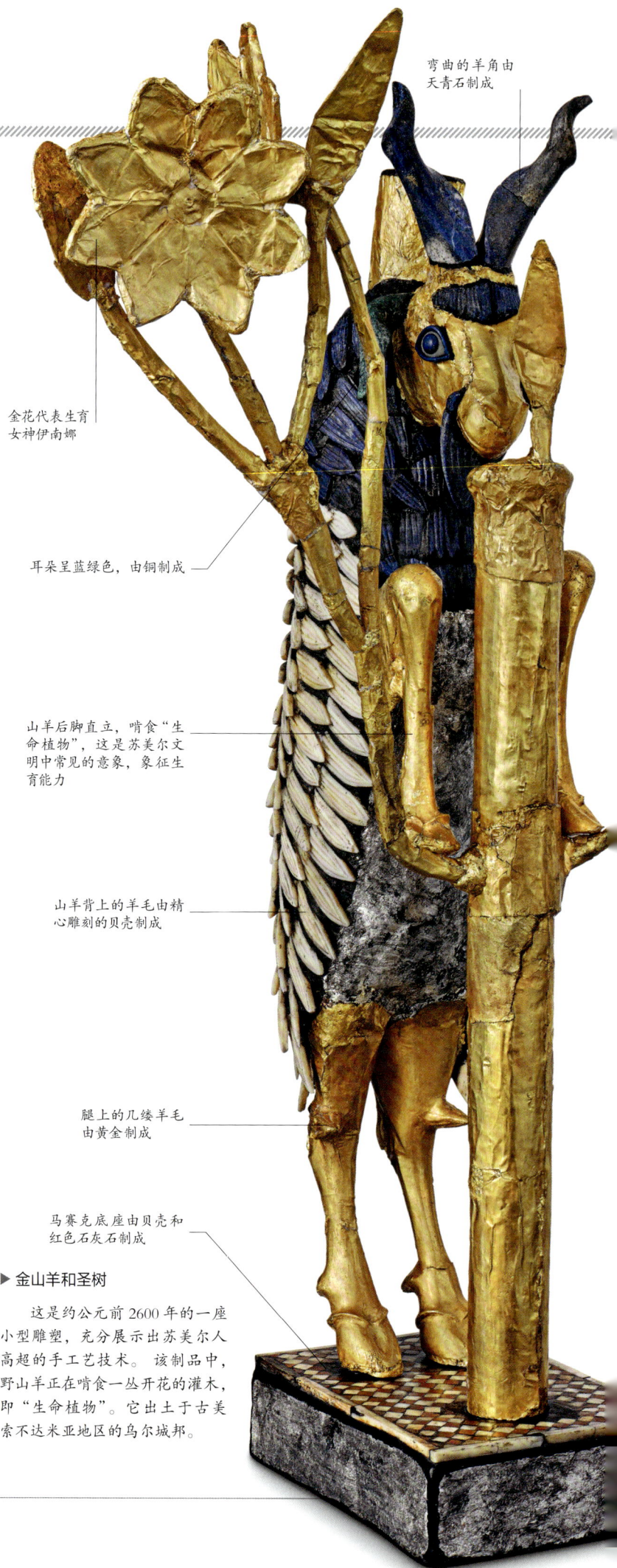

弯曲的羊角由天青石制成

金花代表生育女神伊南娜

耳朵呈蓝绿色，由铜制成

山羊后脚直立，啃食"生命植物"，这是苏美尔文明中常见的意象，象征生育能力

山羊背上的羊毛由精心雕刻的贝壳制成

腿上的几缕羊毛由黄金制成

马赛克底座由贝壳和红色石灰石制成

▶ 金山羊和圣树

这是约公元前2600年的一座小型雕塑，充分展示出苏美尔人高超的手工艺技术。该制品中，野山羊正在啃食一丛开花的灌木，即"生命植物"。它出土于古美索不达米亚地区的乌尔城邦。

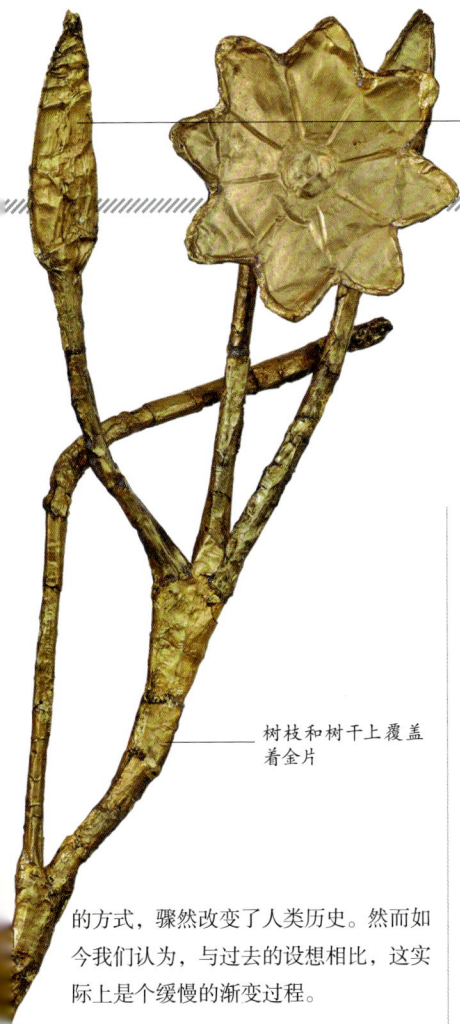

在"生命植物"上，不仅有花朵，而且有叶子或花苞

由半透明的雪花石膏制成的雕像

眼睛由青金石和贝壳制成

树枝和树干上覆盖着金片

"当耕种开始，其他艺术随之兴起。因此，农民是文明的奠基人。"

丹尼尔·韦伯斯特，《英国的农业》，1840年

约公元前2400年，美索不达米亚地区马里城邦总督埃比·伊勒的像

的方式，骤然改变了人类历史。然而如今我们认为，与过去的设想相比，这实际上是个缓慢的渐变过程。

百工技艺

农业诞生之后，食物供应得到改善，族群规模增大。人们建起聚居地，这些地方又发展成最初的村庄和城镇。人类开发出更先进的工具，到了新石器时代末期（距今约5000—4000年前），更是出现技术飞跃，人们开始用铜器替代石器。新石器时代的工匠包括房屋建造者，他们用黏土烧制砖块，建造更坚固的房屋。有些人还建造防护墙，用来保护自己和同胞免受外界攻击。

陶器的出现是新的定居生活方式的一大特点，用于建造房屋的黏土材料，也被用来制造存储容器。其他工匠制作珠宝和艺术品，包括用石头和骨头雕刻出令人惊艳的小雕像。还有些人学会了编织，并制作出实用性和艺术性兼备的织物。

武器也随着技术的进步而有很大的发展。战士开始使用铜制匕首、斧头和箭头，而以前他们只能使用石头制造、安插在木柄或木杆上的武器。

最初的城镇

加泰土丘地处今土耳其中部，靠近美索不达米亚地区的西端，是世界上最早的城镇之一。约9500年前，就有人在此定居；在鼎盛时期，加泰土丘的居民多达8000人，他们种植小麦、大麦、芸豆、豌豆和其他豆类，还牧养绵羊和山羊。加泰土丘的房屋背靠背紧挨在一起，没有门窗。房屋的入口设在屋顶，人们通过梯子进入屋内的主房间，那里设有一副炉灶，还有几个可以躺卧的平台；另外还有两个辅助房间，用于存储或处理家务。

在美索不达米亚地区的其他地方、埃及、印度河流域和中国，都出现了与加泰土丘类似的城镇，并发展成为城市。直到最近，历史学家还认为，如此规模的城市化是欧亚非大陆独有的现象。然而，秘鲁的北奇科文明也孕育出卡拉尔等城市，其规模和复杂性不亚于前述古老城市。卡拉尔位于安第斯高原上的素普谷地，曾经是一个繁荣的大都市，有六个石制金字塔、圆形露天剧场、华丽的广场和房屋。卡拉尔创建于公元前2600年，与埃及金字塔大约同时出现。

远古宗教

历史学家很难确定，宗教到底源自何方。似乎每种文化都对超自然现象形成了自己的信念，来解释自然现象如黑夜、白天和季节，或帮助个人理解自己。早期的大多数宗教都是多神教，崇拜许多神灵；但也有些宗教是一神教，神只有一位，但会以不同的形式出现。

在美索不达米亚地区，有明确记录的宗教活动可追溯到公元前3500年。人们信奉的强大神灵中，有击败提亚马特和混沌力量并创造世界的马尔杜克，以及爱、性和战争女神伊南娜。阿胡拉·马兹达是古印度–伊朗的至高神，受到麾下诸神的爱戴，包括掌管生育、健康、治愈、水和智慧的女神阿纳希塔。

古埃及人信奉众多神灵，但他们把法老视为神。在中美洲，玛雅人崇拜250多位神灵，每位神灵都有明确的势力范围。各地的神殿里都有很多装饰物和雕像。

城邦

在促使人类文明发展的所有因素中，水源是非常重要的因素之一。美索不达米亚便是如此。苏美尔的乌鲁克被认为是世界上第一个城邦。约公元前2800年，乌鲁克城邦进入鼎盛期，居民多达4万至8万人，防护墙则长达10千米。

约公元前1500年，在中国的黄河流域和印度河流域，沃野千里，城邦繁荣。公元前3300—前1900年，印度河流域的哈拉帕文明熠熠生辉。之后哈拉帕文明突然瓦解，原因不详，也许毁于大举南下的雅利安侵略者之手，也许毁于地球板块构造运动之中，毕竟，在一系列的板块运动中，哺育哈拉帕文明的印度河深受影响。

文字的发明

随着社会变得越来越复杂，记录成为首要任务。苏美尔象形文字可追溯到公元前3400年，是目前已知的最早的书写形式，后来被简化为楔形标记，即"楔形文字"。古埃及人发明的象形文字形似图画，其中的单个符号代表意义、声音和音节。中国和中美洲古文明分别创造出各自的文字，古印度文明可能也获得同样的成就。已知最早的汉字是公元前1200年左右刻在骨头上的文字。

用象形文字书写的埃及法老拉美西斯二世的名字

王室姓名用椭圆形框标示

秘鲁卡拉苏佩圣城

含有象形文字的埃及瓷砖

参见古代世界（公元前3000—公元600年）：第306—307页 ▶ 文字的历史：第456—457页

古代世界（公元前 3000—公元 600 年）

公元前 4000 年之初，人类开始兴建复杂邦国，这些邦国最先出现在北非和中东，之后又见于中国和美洲。从公元前 3000 年到公元 600 年间，还出现了第一批具有实质性意义的书面记录，专家学者借此重构历史，了解法老统治下的古埃及、波斯阿契美尼德王朝和罗马帝国的兴衰过往。从那个时代流传至今的，不仅有气势恢弘的建筑，比如墨西哥特奥蒂瓦坎的金字塔和圣殿，更有儒学、佛教、犹太教、古印度教、伊斯兰教和基督教，各领风骚。

约公元前 2580 年 在埃及吉萨，人们建造巨大的金字塔，用来安放法老胡夫的遗体。金字塔由手工切割的巨型石灰石砌筑而成，其原始高度为 147 米。

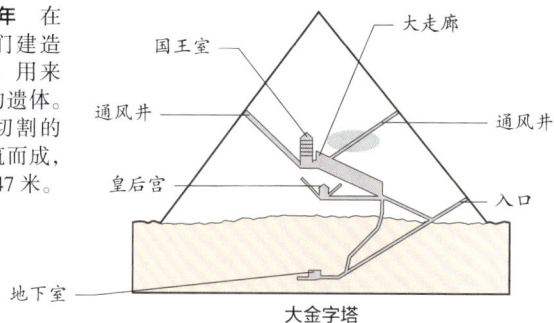

国王室　大走廊　通风井　通风井　皇后宫　入口　地下室

大金字塔

细长石碑　石雕人物可能在举行仪式　独立雕像

玉制雕像

奥尔梅克人物雕像

公元前 1274 年 埃及法老拉美西斯二世和赫梯统治者穆瓦塔利二世各率大军在卡迭石战役中交锋，双方都宣称获胜。卡迭石是叙利亚重要的贸易中心。

神庙壁画中拉美西斯的"胜利"场景

卡迭石战俘（浮雕）

公元前 1500 至前 1200 年 用古梵语创作的《吠陀》（含有宗教、哲学和非宗教的内容）是印度西北各民族最早的文献记录之一。

公元前 1200 年 奥尔梅克人在墨西哥东南部建立了圣洛伦索市。奥尔梅克文明是中美洲最初的璀璨文化之一。奥尔梅克人以石雕见长，他们用玄武岩制成高达 3 米的巨型头像。

用来研磨植物根茎等的浅石臼

公元前 900 年 查文文明在秘鲁蓬勃发展，在其鼎盛时期，这里出现了用石块筑成的巨型建筑群，即闻名遐迩的"查文德万塔尔建筑群"。

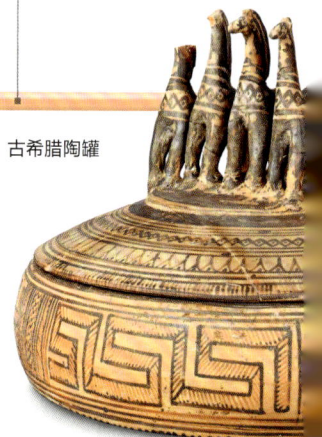

查文遗址出土的豹形石臼

古希腊陶罐

公元前 27 年 凯撒被暗杀之后，屋大维成为第一位罗马皇帝，被称为"奥古斯都"。公元 14 年，屋大维去世，此时罗马帝国疆域广阔，东临英吉利海峡，西至埃及。

东部边界　西部边界

公元 14 年 西欧境内的罗马帝国

■ 罗马帝国

公元前 221 年 历经几个世纪的诸侯国战乱后，今日中国陕西省境内的秦国凭借其强大的军事力量，兼并六国，统一华夏，秦王嬴政成为帝国统治者，称"始皇帝"。

布满精美雕刻的拱形石门

桑奇大塔

公元前 322 年 月护王率众起义，推翻了印度东部摩揭陀王国的难陀王朝，并建立孔雀王朝，这是印度历史上第一个统一的帝国，该帝国最终统治了南亚次大陆的大部分地区。

公元 220 年 一度强大而富于创新的汉朝（开辟了著名的丝绸之路，即东西方之间的贸易通道）灭亡，中国陷入分裂。

盖子呈山峰状，博山是传说中的仙山，通往天堂

汉代文物，博山盖神兽纹铜樽

公元 300—600 年 阿克苏姆王国（其中心位于今日埃塞俄比亚北部）进入鼎盛时期。阿克苏姆国王控制黄金和象牙贸易，从而获得巨大的财富，成为撒哈拉以南非洲地区第一批铸造钱币的统治者。

埃扎纳国王的石碑

公元 378 年 哥特部落叛乱，击败罗马军队，并在阿德里安堡战役中杀死了罗马皇帝瓦伦斯。罗马帝国开始衰落。

瓦伦斯大帝

罗马金币

 ◄ 参见从史前时代到公元前 3000 年：第 302—303 页　◄ 最初的文明：第 304—305 页　文字的历史：第 456—457 页 ►

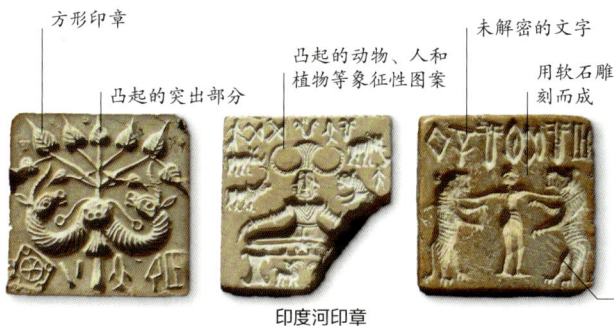

方形印章

凸起的突出部分

凸起的动物、人和植物等象征性图案

未解密的文字

用软石雕刻而成

约公元前2500年 哈拉帕文明进入鼎盛时期，覆盖面积约为100万平方千米，横跨今日印度、巴基斯坦和阿富汗地区。

石料经烧制之后，更加耐用

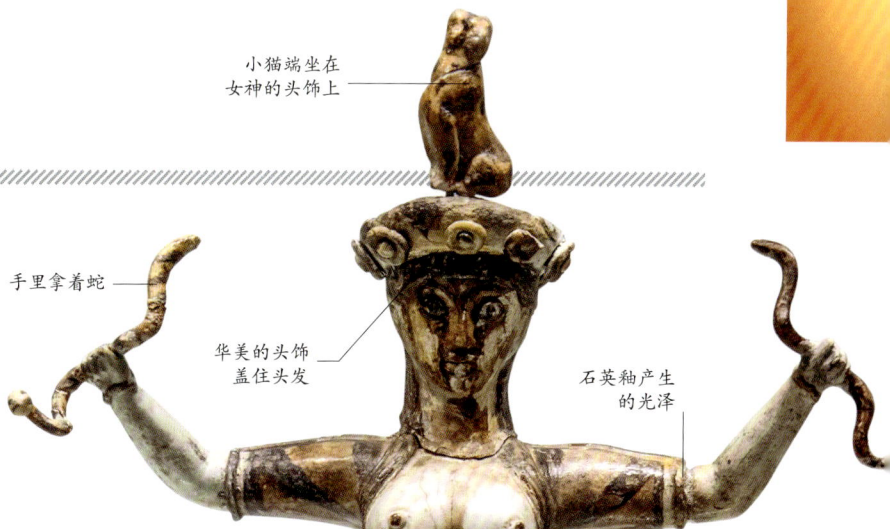

印度河印章

小猫端坐在女神的头饰上

手里拿着蛇

华美的头饰盖住头发

石英釉产生的光泽

约公元前1600年 商朝建立。这是中国第一个留下书面记录、有高度成熟的历法及精美青铜器的朝代。

铭文

商朝青铜觚

沙玛什，古巴比伦的正义之神

约公元前1775年 巴比伦国王汉谟拉比下令将《汉谟拉比法典》刻在一块巨大的黑色石柱上。《汉谟拉比法典》正文包含282条法律，内容涉及贸易、罚款等多个方面。

《汉谟拉比法典》石柱

约公元前2000年 克里特岛上富有的米诺斯统治者建造了豪华的宫殿，其中一些可以容纳数百人。这些宫殿不仅装饰得富丽堂皇，而且配备了完善的供水和排水系统。

蛇"女神"

带垂直条纹的紧身腰带

约公元前800年 继黑暗时代之后，希腊人口大幅增长。城邦兴起，在行政和宗教领域占据中心地位。

几何图案

公元前509年 君主制延续了几个世纪之后，罗马人建立新的政府制度，由民选高级官员管理政务，罗马共和国正式成立。

字母的意思是"罗马元老院和公民"

罗马共和国徽章

SPQR

公元前334年 马其顿帝国的亚历山大三世（人称"亚历山大大帝"）在一场战役中入侵波斯，继而征服了大部分已知世界。

亚历山大大帝

公元前450年左右 铁器时代凯尔特文化（起源于今日瑞士地区）进入鼎盛时期，先进的金属加工技术是凯尔特文化的标志。

古希腊陶片，用来投票决定是否放逐某人

公元前508年 希腊雅典的首席执行官克里斯提尼实行政治改革，推行民主（又称"民治"）制度，建立了第一个民主制城邦。

礼仪服装

多层宝塔裙，裙裾及地

公元5世纪左右 由商人从印度引进的佛教在中国落地生根。中国僧侣，如法显（于公元399年）前往印度寻找佛经，其他僧侣则将佛教传播到更远的地方。

刻在石头上的装饰

约420至589年间的中国佛像（浮雕）

公元476年 日耳曼人首领奥多亚塞废黜罗马皇帝罗慕路斯·奥古斯都，成为意大利国王，这标志着西罗马帝国的终结。奥多亚塞后来被哥特统治者狄奥多里克取而代之。

奥多亚塞的木刻肖像

Odoacer ein konig

Theodoricus ein konig

奥多亚塞和狄奥多里克

公元531年 萨珊王朝最伟大的波斯国王霍斯劳一世即位，他改革税收制度，限制地方贵族的权力，并赢得一系列战役，将帝国的边界向东扩展。

古代中国

约公元前 4500 年，在长江和黄河两岸，人们种植水稻和小米，手握余粮，因此，在各个聚居地上，新石器时代文化焕发出勃勃生机，这些聚居地也逐步发展为邦国。历经春秋战国、诸侯争霸，公元前 221 年时，秦灭六国，完成统一大业。中国从此进入一个长期繁荣的时期，其影响辐射至中亚和东南亚等周边地区。

中国的起源

大约从公元前 4500 年开始，中国涌现出丰富而多元的新石器时代文化。分布于今辽宁省西部和内蒙古东南部的红山文化，以擅长制作玉器而闻名，出土了玉龙、玉龟；而黄河流域的仰韶文化可能已经形成萨满式宗教体系，还在半坡建起一座有围沟保护的小镇。公元前 3000 年左右，龙山文化赓续传统，推陈出新，用陶轮制作精致的黑陶。公元前 1900 年左右，二里头文化标志着华夏文明发展的新阶段，人们使用的符号，可能是中国文字的早期形态；大量的墓葬反映当时社会存在更

抽象动物形态图案，
伴有羽毛状花纹　　罐耳

新石器时代，马家窑遗址出土的罐

分明的等级制度。二里头文化可能与中国第一个王朝——夏朝有密切的关系。

商朝

公元前 1600 年左右，商朝建都于今河南郑州，成为中国历史上第一个经考古记录证实存在的朝代。商朝首都有巨大的防御性土方墙。城中还出土了"甲骨"，即用于占卜的龟壳和兽

骨，其上所刻文字就是最早的中国文字"甲骨文"。商朝手工艺者生产用于祭祀的青铜器，做工精致。在安阳发现的王家墓葬十分奢华：王后妇好的墓葬中有 468 件青铜器、755 件玉器和 3 件象牙杯。

装饰精美的戈柄　　宽刃

商代青铜戈

周朝

根据中国正史记载，商朝末代君主商纣王暴虐无道，酒池肉林；由于纣王疏于国事，西岐的诸侯国，即西周兴兵伐纣。公元前 1046 年左右，周武王攻占商朝都城朝歌，建立周朝，定都丰镐（今西安附近）。周朝沿袭了多项商朝旧制，却首创"封建"制度。封建制又称"分封制"，即周天子将大量领地分封给士族、功臣和贵族，建立诸侯国，以巩固周王朝对广大疆域的统治。公元前 771 年，国家内外交困，造反的诸侯和入侵的犬戎（北方游牧部落）联合兴兵，攻占镐京。继位的周平王被迫迁都洛邑，东周自此开始，分封制土崩瓦解。

春秋战国时期

东周分为春秋和战国。春秋（公元前 770—前 476）时期，周王室日渐衰微，诸侯争霸，战乱频仍。但是，这一时期文化繁荣，百家争鸣，群星璀璨，例如道家创始人老子和儒家创始人孔子。

战国时期（公元前 475—前 221），各诸侯国相互兼并，大约在公元前 300 年时，有实力比较强大的七国存在，即七雄并立。最西边的秦国实施变法，军事力量增强，继而兴兵扫除六国。

始皇帝和兵马俑

秦王嬴政于公元前 246 年继位，至公元前 221 年，他消灭六国，统一中国，自称始皇帝。他铁腕推行严格的中央集权政策，将战败诸国的贵族迁入王都咸阳定居，并焚毁列国史书。他废除分封制，统一度量衡和文字，并修建长城，以防北方戎族入侵。后期，秦始皇沉迷于寻找长生不老药，为其统治蒙上阴影，他还下令让工匠打造 8000 尊真人大小的兵马俑作陪葬，意在来世供其驱使。

汉朝与丝绸之路

秦二世昏庸无道，各路英豪揭竿而起，抗击暴政，刘邦就是其中之一；公元前 202 年，刘邦获取胜利之后，建都长安，成为汉朝的开国皇帝，史称汉高祖。汉朝的商队带着中国商品从长安出发，沿着丝绸之路辗转而行，深入中亚，直至罗马帝国，并带回金银与昂贵的当地特产，比如中亚宝马。丝绸之路沿途分布着多个绿洲城镇，商贸往来扩大了中国的影响力，并为新文化（比如佛教）传入中国创造条件。

汉朝科技

汉朝（公元前 202—公元 220）国祚绵长，在技术上取得了许多进步，例如用于耕作的改良犁壁，协助灌溉的水转翻车，以及指南针的鼻祖司南。在公元 1 世纪，人们发明了一种独轮手推车，用于短途搬运。而公元 105 年，纸张的发明降低了信息记录的成本。科学家张衡甚至在公元 132 年制造出候风地动仪，从精铜铸成的龙首中吐出的铜球，能指示出地震发生的方向。

汉朝的开疆拓土

汉朝空前强盛，并很快开始开疆

> **"秦王为人……少恩而虎狼心……诚使秦王得志于天下，天下皆为虏矣……"**

尉缭，语出《史记·秦始皇本纪》

◀ 蒲轮征贤

16 世纪《帝鉴图说》彩绘插画，描绘汉武帝征聘名儒申培公的情形。

扩土。在汉武帝（公元前 141—前 87 在位）统治下，王朝达到了鼎盛时期。在北部边界，汉武帝抗击匈奴，并于公元前 121 年征服河西走廊，并深入塔里木盆地，控制了中亚的大部分地区（中国人称之为西域）。汉武帝还于公元前 111 年征服南越，并扩大了对中国南方的控制。

汉朝的衰败

公元 9 年，王莽篡汉，改国号为新。公元 25 年，刘秀（光武帝）称帝，光复汉室，史称"东汉"，定都洛阳。东汉

手袖似在挡风，实为虹管，用来吸收油烟

执灯跽坐的宫女

西汉长信宫灯

汉和帝之后，皇帝大多年幼，无法亲政，于是外戚干政，宦官专权，东汉政权摇摇欲坠。公元 184 至 186 年，带有浓厚宗教色彩的黄巾军起义使东汉王朝名存实亡。最后一位汉朝皇帝汉献帝于公元 220 年被废黜之后，中国再次分裂，进入三国时代。

参见中国：唐、宋、元和明朝：第 322—323 页 ▶ 贸易与探险：第 340—341 页 ▶ 伟大的哲学家：第 380—381 页 ▶

古埃及

古埃及是古代史上最悠久的文明，大约历时 3000 年。在此期间，32 个王朝更替，法老们统治着这个由尼罗河哺育的王国，建起神庙、宫殿和奢华的陵墓（包括金字塔），这些建筑上铭刻的象形文字记录着他们的功绩，并称颂名目繁多的神祇。古埃及人创造了一段社会繁荣、文化承续的时期，直到公元前 30 年被罗马帝国征服。

土地与尼罗河

埃及被称为"尼罗河的赠礼"，因为尼罗河水每年泛滥，水退时在两岸留下一层肥沃的淤泥，形成非常适合农业耕作的土地资源，并促进了早期灌溉技术的发展。埃及的所有主要人口中心都聚集在尼罗河两岸的狭长地带。

埃及统一

政治上，早期的埃及被分为两个王国：南部的上埃及和北部的下埃及。在公元前 3100 年左右，上埃及的统治者征服北部并统一了整个国家，将象征下埃及的红色王冠和象征上埃及的白色王冠合二为一。这位征服者的身份如今史学界并无定论，后来的史书多称其为"美尼斯"，但这与反映埃及统一的纳尔迈调色板上铭刻的主人公姓名不符。也有史学家认为，第一王朝的开国之君阿哈才是他的真实身份。

古王国

埃及古王国时期从公元前 2686 年持续至公元前 2181 年，建立了以首都孟菲斯为核心的中央集权制国家。法老将埃及领土划分为多个诺姆，每个诺姆均有行政长官，称为诺马尔赫，并开始建造大型石碑。法老还率军东征迦南，南伐努比亚，势力扩散到周边各地。

金字塔时代

早期的法老墓葬呈矩形，由泥砖砌成。但在公元前 2650 年左右，法老左塞尔指示首席大臣伊姆霍蒂普将这些砖块逐层堆叠起来，从而创建了阶梯式金字塔。在第四王朝（公元前 2613—前 2494）期间，出现了真正的石头金字塔。其中最大的是胡夫金字塔或吉萨大金字塔，所需石料超过 200 万块，由成千上万劳工的血汗凝聚而成。

关于死亡和来世的宗教和信仰

古埃及人信奉多神教，其中多位神祇常常以兽头人身的形象出现，例如众神之王阿蒙以公羊头示人，地狱之神阿努比斯则以胡狼面目出现。埃及人将法老和贵族的尸体做成木乃伊保存，并举行复杂的仪式，以确保死后灵魂的永生。墓葬的墙壁上写满了咒语，以帮助死者通过种种考验（比如阿努比斯用羽毛衡量死者的罪孽，如果罪孽比羽毛还轻，就能进入来世），安全渡过地狱之旅。

中王国

古王国在饥荒中结束，地方长官纷纷称王，埃及四分五裂。约公元前 2050 年，南部的底比斯统治者孟图霍特普二世统一埃及，开启中王国时代，持续到公元前 1640 年。中王国恢复了强有力的中央集权统治，还派出贸易远征队，抵达努比亚以南的庞特地区。由于古王国后期地方分裂，中王国法老严格限制地方行政长官的权力，并且复兴传统，在埃尔利什特和达舒尔建造金字塔墓葬。在第十二王朝（公元前 1991—前 1786）统治之下，埃及军队出征叙利亚、巴勒斯坦和努比亚，但实力不济，国力耗尽。约公元前 1725 年，来自西亚的喜克索斯人在尼罗河三角洲聚居，埃及再次分裂，陷入地方割据。

> "我是国王鞋底所踏的尘泥……我的主是太阳，于白昼莅临，光耀四方。"
>
> 推罗王，《写给阿蒙霍特普四世的信》，公元前 1417 年

仪式性的胡须

图坦卡蒙的黄金罩

新王国

在新王国时期（公元前 1567—前 1085），埃及发展到鼎盛时期，实力空前强大，社会无比繁荣。公元前 1330 年，图坦卡蒙（约公元前 1336—前 1318）着手修复在父亲统治期间严重受损的阿蒙神殿。后来，在位时间最长的统治者拉美西斯二世（约公元前 1303—前 1213）在埃及最南端的阿布辛贝建造了一座巨大的庙宇。

面部特征栩栩如生，逝者灵魂安居于棺椁之内

精致华贵的木质外棺

第22王朝石棺

◄ 参见航海历史：第 280—281 页 ◄ 古代世界（公元前 3000—公元 600 年）：第 306—307 页 1750 年以后的世界：第 350—351 页 ►

科学、数学和医学

　　约公元前4000年，埃及人最先发明用牛拉的犁，还发明了一种用于灌溉的提水装置——桔槔。数学家可以求解二次方程，而医生虽然不知道内部器官的功能，却能进行基本的外科手术。

眼科医生在工作

埃及帝国在近东的扩张

　　埃及在中王国时期曾干预近东，而在新王国时期，埃及军队频繁深入近东腹地，征服更广阔的疆域。图特摩斯三世（公元前1504—前1450）近20次发兵远征叙利亚和巴勒斯坦，最远到达幼发拉底河。在公元前1274年的卡迭石战役中，拉美西斯二世率领的军队败于赫梯人，之后埃及在该地区的势力逐渐衰落。

晚期埃及

　　新王国崩溃后，埃及经历了一段分裂时期，其间还曾被利比亚和努比亚统治。公元前664年，普萨姆提克一世结束异族统治，重建埃及本土王朝，古埃及迎来最后一段繁荣时期。即便如此，埃及仍然经历了长达一个多世纪的波斯统治（公元前525—前404）。公元前323年，曾是亚历山大大帝部将的托勒密建立了托勒密王朝。

◄ **墓室壁画**

　　法老拉美西斯一世（左）与普塔神（在古埃及人的信仰中，普塔赐予逝者在来世吃喝的能力）站在一起。

参见神话：第388—389页 ►

311

古希腊

大约 4000 年前，欧洲最早的文明起源于希腊克里特岛。希腊内陆的诸多城邦蓬勃发展，逐渐形成生机勃勃的新文化，并向地中海地区殖民，推动了科学、哲学和民主的发展。然而，城邦之间常年争战，实力日渐消退，尽管它们成功抵御了波斯的进攻，但最终被亚历山大大帝的军队所征服。

米诺斯文明

约公元前 2000 年，米诺斯文化在克里特岛发展起来，并与整个地中海东部地区互通商贸。米诺斯统治者居住在克诺索斯、法伊斯托斯等地的华丽宫殿中，既是政治首脑，又是宗教领袖。米诺斯人创建了复杂的行政管理制度，使用线形文字 A（目前学界尚未解读出这种文字）记录信息。他们并不好战，大约在公元前 1450 年，地震和迈锡尼人的入侵导致米诺斯文化的式微。

迈锡尼人

约公元前 1600 年，迈锡尼宫殿文化在希腊南部的伯罗奔尼撒兴起。迈锡尼人用巨大的石墙建造了迈锡尼、皮洛斯和蒂林斯等要塞。统治者去世后被埋入竖井式墓穴之中，里面堆满了奢华的陪葬品。迈锡尼人留下大量用线性文字 B 书写的历史资料。他们的陶器上有精美的装饰，壁画也用多彩的颜料涂饰，从中可见米诺斯文化的影响。约公元前 1200 年，大多数地区中心的宏伟宫殿都遭受灾难性破坏，可能是袭击者所为。

城邦崛起

迈锡尼文明沦陷后，希腊进入黑暗时代，这一阶段没有留下任何文字记录。规模较小的聚居中心控制了乡村腹地，逐步扩展为城邦。最初，多数城邦实施君主制，但公元前 650 年左右，诸多城邦都由僭主（即暴君）掌权。城邦之间经常发生械斗，公元前 600 年左右，底比斯、科林斯、斯巴达和雅典成为主导城邦。

殖民活动

从公元前 9 世纪末开始，一些希腊殖民者前往地中海和小亚细亚西部，建立了新的聚居地，并和母邦保持紧密联系。首批殖民地包括约公元前 733 年建立的叙拉古。意大利南部的殖民地非常密集，因此该地区被称为大希腊，成为希腊影响新兴的罗马文化的渠道。

> **"就像是池塘里的青蛙一样，我们已经在这里的海岸上落地生根。"**
>
> 苏格拉底，出自柏拉图的《斐多篇》

雅典民主

雅典城邦发展了一种早期的民主形式。在这种民主形式中，公民（女性、奴隶和外国人不在其列）拥有更大的发言权。公元前 508 年，一个名叫克里斯提尼（公元前 570—前 507）的首席执政官制定了新宪法，根据该宪法，140 个选区每年选举出成员，组成 500 人的议事会。任何具有雅典公民资格的人都可以参加公民大会，就重要事项投票表决，包括商议军事策略和选举军事领导人。成员还可以通过"陶片放逐法"，决定是否放逐某位政治人物。

用锋利的工具雕刻出细节

用一整张薄金片锤打出人脸

公元前16世纪陪葬面具

希腊宗教和神庙

希腊宗教属于多神教，宙斯和他的妻子赫拉为众神之首。雅典人相信，宙斯和赫拉与其他诸神一起生活在奥林匹斯山上，其中就有智慧女神、雅典守护神雅典娜。在大多数希腊城市中，神庙众多。

希腊哲学

希腊文明可能是第一个思考世界本质而非只考虑神灵的文明。从公元前 6 世纪到公元前 3 世纪，希腊哲学家研究

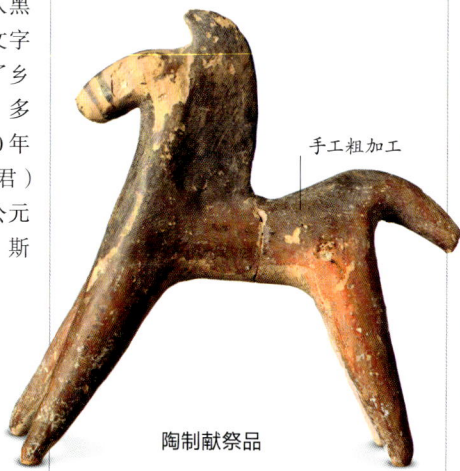

手工粗加工

陶制献祭品

了几何学、伦理学，并推测了宇宙的原始物质，米勒斯·泰勒斯（公元前 624—前 546）认为答案是水。之后，苏格拉底（公元前 469—前 399）、柏拉图（公元前 427—前 347）和亚里士多德（公元前 384—前 322）等人前赴后继，将哲学发展得日趋严谨，其影响力绵延至今。

希波战争

公元前 499 年，雅典协助小亚细亚西部的希腊城市反抗波斯统治。公元前

希腊"红色人像"杯 ▶

公元前 490 年的古希腊杯，其装饰图案描绘了一个在宴会上的客人，躺着听乐师吹奏竖笛。

490 年，为了报复，波斯统治者大流士（公元前 550—前 487）入侵雅典。雅典人在马拉松击败了波斯大军。十年后，大流士的儿子薛西斯一世（公元前 519—前 465）发动了一场更大规模的入侵。一些希腊城邦叛变，但是忠诚、坚毅的斯巴达人死守温泉关，直至全部阵亡。雅典人在萨拉米斯海战中出奇制胜，扭转了战局。

伯罗奔尼撒战争

好战尚武的斯巴达试图输出其社会模式，而雅典则弘扬民主政治，这两大希腊城邦之间的竞争日趋激烈。公元前 432 年，雅典的盟友波提狄亚城试图背叛盟约，投靠斯巴达，两国之间的战争爆发。公元前 415 年，雅典远征叙拉古（斯巴达盟友），遭遇惨败。公元前 404 年，被围困的雅典最终向斯巴达投降。

希腊化世界

亚历山大大帝（公元前 356—前 323）登基后，先征服希腊诸城邦，之后继续东进，征服了波斯帝国及其他地区。亚历山大大去世后，帝国分裂为若干继承国，例如埃及的托勒密王国。亚历山大大生前曾下令，在帝国境内建立希腊殖民地，这些城市成为希腊文化进一步往东传播至今日印度和阿富汗的中心，形成了希腊化世界。

亚历山大大帝

公元前 336 年，战术天才亚历山大大帝登基。公元前 334 年，亚历山大入侵波斯阿契美尼德帝国，以少敌多，屡战屡胜，击败帝国统治者大流士三世（公元前 381 年—前 330）。到公元前 331 年，亚历山大成为波斯的主人，继续东进，攻入印度。此时，士兵饱受思乡之苦，大军有哗变的危险。公元前 323 年，亚历山大因发烧而死亡，他的军事行动就此终止。

 ◀ 参见古埃及：第 310—311 页 ▶ 什么是哲学：第 376—377 页 ▶ 伟大的哲学家：第 380—381 页 ▶

参见**文字的历史**：第 456—457 页 ▶ **文字体系**：第 458—459 页 ▶

古罗马

公元前 8 世纪中期，罗马只是意大利中部的一个无名的山顶小镇，但自那以后，它稳步扩张，南征北战，首先控制了意大利，之后又将欧洲南部和西欧大部分地区，北非及近东的大部分地区纳入版图。整个帝国的城镇里，神庙和圆形剧场成为标配，并由一支能征善战的军队保护。这样的体制一度固若金汤，直到公元 4 到 5 世纪时，蛮族入侵导致罗马帝国衰落。

罗马的起源

根据古罗马传说，战神玛尔斯的儿子罗慕路斯和孪生兄弟雷穆斯出生即被抛弃，由母狼喂养长大，于公元前 753 年建立罗马城。实际上，最早的定居点可以追溯到公元前 8 世纪初，位于当地拉丁部落和北部发达的伊特鲁里亚城邦之间的边界。早期罗马先后由七任国王统治，其中几位国王是伊特鲁里亚人。尽管这些国王将罗马疆域扩大到意大利中部，但最后一任国王塔奎尼乌斯·苏佩布斯是残酷的暴君。公元前 510 年，贵族联合起来，将他驱逐出罗马的领土。

共和国

君主制被推翻之后，罗马成为共和国，由元老院和每年选举产生的两名执政官掌握政治权力，两名执政官的主要

罗慕路斯和雷穆斯吮吸母狼奶水

卡比托利欧狼雕像

职责是领导军队。新兴的共和国动荡不安：富裕的土地所有者、贵族及无地平民之间冲突不断。公元前 494 年，共和国设立平民保民官，缓解了社会矛盾。

征服意大利

从公元前 499 年，罗马军队战胜当地城镇联盟——拉丁联盟开始，罗马军队稳步扩张领土。到公元前 264 年，罗马人控制了整个意大利半岛。

汉尼拔和布匿战争

迦太基人是海上民族，他们建立的帝国雄踞北非和西西里岛。罗马人与他们进行了三场布匿战争，遭遇最严峻的军事挑战。第二次布匿战争（公元前 218—前 201）期间，迦太基名将汉尼拔入侵意大利，在数次行动中获胜，重创罗马兵力，但最终还是无奈撤退。公元前 146 年，罗马军队将迦太基城夷为平地。

凯撒

到了共和国晚期，罗马的权力集中在军事强人手中。公元前 49 年，颇受欢迎的将军庞培与征服高卢（今法国）、荣耀加身的凯撒之间爆发了内战。凯撒赢得

了决定性胜利，并在公元前 44 年被任命为终身独裁官。传统主义者担心凯撒自封为王，破坏共和制，于是暗杀了他。

罗马军队

罗马军队威名远扬，在帝国初期，军队由大约 28 个军团构成，每个军团有 5000 名正规军，而辅助部队则由非罗马公民组成，其中包括专门的骑兵和弓箭手小队。罗马军团训练有素，对那些缺乏训练的对手造成毁灭性打击。

帝国初期

凯撒遇刺身亡后，他的支持者联合起来，先是击败了暗杀凯撒的共和派，然后

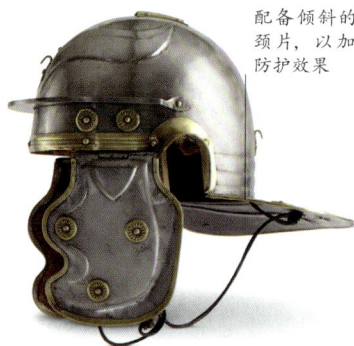

配备领斜的护颈片，以加强防护效果

军团头盔（仿制品）

罗马竞技场能容纳大约 5 万人，是罗马帝国最大的圆形剧场

> "我扑灭了内战的火焰。为表彰我的这一贡献，元老院颁布法令，授予我'奥古斯都'称号。"
>
> 出自《奥古斯都皇帝自传》，公元14年

又陷入内战。公元前31年，凯撒的继承人屋大维（公元前63—公元14）在阿克提姆的海战中击败了他的前盟友马克·安东尼。四年后，屋大维让元老院授予自己至高无上的权力，并获得奥古斯都的头衔，成为罗马第一位皇帝，并征服了多瑙河沿岸和德国。他去世后，其指定的继承人提比略（公元前14—公元37在位）继位。

帝国鼎盛时期

奥古斯都之后，罗马帝国放慢了扩张的步伐。图拉真（公元98—117在位）是第一位出生在意大利之外的罗马皇帝，他在位期间，将达契亚（今罗马尼亚）和美索不达米亚大部分地区纳入罗马版图，帝国疆域空前广阔。图拉真死后，他的养子哈德良（公元117—138在位）致力于稳固帝国边陲，下令在英国北部边境修建哈德良长城。

内乱时期

由于帝国疆域广阔，对于历任皇帝而言，管理都绝非易事。公元235年亚历山大·塞维鲁被谋杀后，帝制已经难以为继。之后半个世纪之内，大多是行伍出身的统治者像走马灯一样轮番上场，破坏了帝国的稳定。高卢、不列颠、叙利亚纷纷争取独立，反对帝国统治。公元273年，奥勒良（公元214—275）重新统一罗马帝国，但是其实力已经大大削弱。

戴克里先与改组

公元284年，军队推举戴克里先军官为皇帝。他不愿意独霸皇权，而是选中一位战友马克西米安共掌帝国。戴克里先统治帝国东部，马克西米安则执掌西部。公元293年，两人又分别选了另一位较年轻的皇帝（或称"凯撒"）从旁襄助。"四帝共治"制度最初行之有效，但在戴克里先于305年退位后崩溃。

君士坦丁与基督教

公元306年，帝国西部军队拥戴君士坦丁称帝，六年后，君士坦丁在罗马郊外击败马克森提乌斯（马克西米安之子），赢得帝位争夺战。君士坦丁是第一个使基督教合法化的皇帝，并颁布法令禁止宗教迫害。君士坦丁在战场上屡获胜利，到公元324年时，已经成为无可争议的"大帝"。他改革行政管理制度，分离军事和民事职位，并于公元325年召集各地主教参加尼西亚会议，首次统一了基督教核心教义。

蛮族入侵

自3世纪以来，日耳曼部落联盟日益强大，罗马帝国边陲的局势也越来越紧张。西哥特人更是在378年突破防线，在阿德里安堡摧毁一支庞大的罗马军队。公元406年，蛮族大队人马渡过莱茵河，横扫高卢平原，占领西班牙的大部分地区，并一路攻入北非。

崩溃与存续

由于蛮族占领更多的罗马行省，帝国无法再增加税收以支付军费。罗马城在410年、455年接连两次遭洗劫，皇帝成为日耳曼军队首领的傀儡。公元476年，一位名叫奥多亚克的首领废黜了最后一位西罗马皇帝罗慕路斯·奥古斯都。东罗马帝国存续至1453年，其首都是拜占庭。

▼ 帝国游戏

公元2世纪末的罗马马赛克，属于战车比赛中激烈角逐的场景。赛马是罗马人最喜爱的消遣方式。

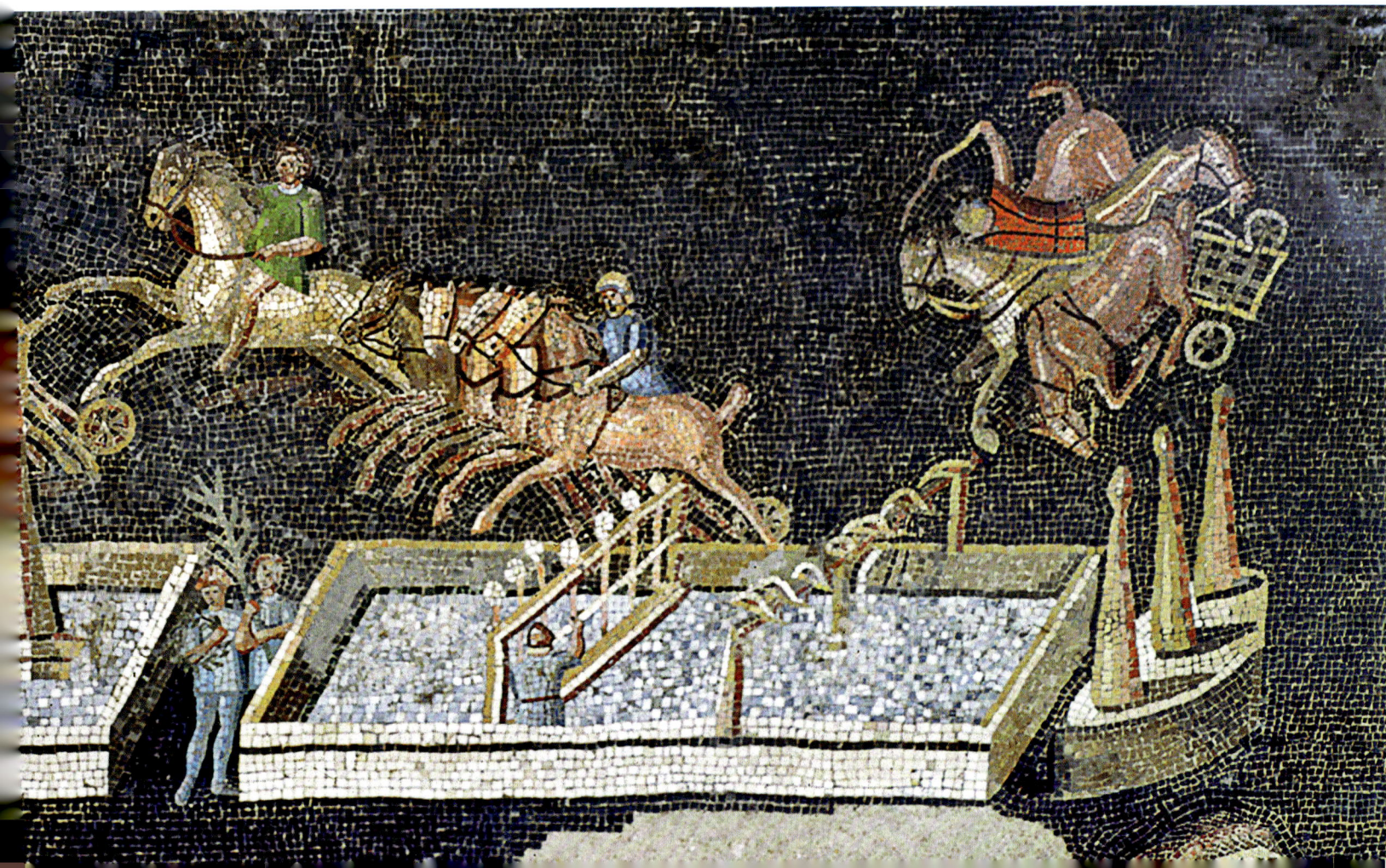

古代美洲

公元前 1000 年时，在美洲，不仅出现了种植玉米的村庄，而且已经形成一系列以大型祭拜场所为中心的发达文化。墨西哥的奥尔梅克人和秘鲁的查文人以神庙和宫殿为中心，建立了城市。北美洲的聚居地人口较分散，却形成了四通八达的贸易网络。在中美洲，人们留下文字，记录了玛雅城邦之间的一系列冲突，这可能是导致这些城邦在公元 900 年左右衰落的因素之一。

面具没有眼孔，可见它不是用来戴在脸上的

头上有缺口，显示出奥尔梅克雕刻工艺的特征

奥尔梅克面具

奥尔梅克文化

年代	约公元前 2000—公元 300
地点	墨西哥

奥尔梅克是中美洲出现的首个文明，建造了拉文塔和圣洛伦索等城市，那里有排水系统，用于举行宗教仪式和沐浴的水池、广场和神庙。人们用玄武岩石块雕刻出巨大的头像，重达 50 吨，可能是代表强大的奥尔梅克统治者。他们的艺术作品描绘了美洲豹和半人半兽生物，并且他们可能早在公元前 900 年就发明了文字，这应该是西半球最早的文字系统。

玛雅文化

年代	约公元前 2000—1697
地点	墨西哥、危地马拉、洪都拉斯、伯利兹

玛雅人居住在分散的城邦之中，公元 300 年左右，这些城邦之间互通有无，构成活跃的贸易网络。每个城邦都有中央广场和巨大的石制神庙、金字塔、用来观测天象的建筑物，以及用来进行仪式性球赛的场地。我们至今仍不知道玛雅城邦衰落的原因，但是今天大约有 800 万玛雅后裔仍然居住在中美洲，他们从未离开故园。

查文文化

年代	约公元前 900—前 200
地点	秘鲁

查文文化是南美洲早期的一种先进文化，查文人种植玉米，并在查文德万塔尔建造了规模宏大的神庙建筑群，其核心是兰宋石碑，即一根高 5 米的薄花岗岩石柱。石碑上雕刻着半人半豹的神祇，这也是查文艺术中经常出现的形象；石碑的年代可能早于周围建筑。神庙建筑群见证了思想、文化和宗教观念的融合和传播。查文诸神中，有一位微笑之神、一位鳄鱼神，以及一位两手各执一根权杖的神。

鼻孔大张，表达愤怒

獠牙和美洲豹类似

微笑之神

阿迪纳文化

年代	约公元前 1000—前 100
地点	俄亥俄河中游

阿迪纳人是在俄亥俄河畔聚居的美洲原住民，他们狩猎，种植南瓜、笋瓜和烟草。他们垒筑巨大的土墩，用于墓葬和祭拜。他们用赭石和其他明亮的颜料涂饰死者的遗体，并将其葬在带有圆木夹层的墓穴中，还放入丰富的陪葬品，比如精细的燧石刀片、陶制烟斗、铜手镯、海贝壳和刻有动物图案的石碑。这些土墩可能还是聚落领地的标志。

闪电神科奇约的脸

分叉的蛇信子

陶瓮上的萨波特克神造型

萨巴特克文化

年代	公元前 500—公元 900
地点	墨西哥瓦哈卡谷

萨巴特克人以蒙特阿尔班山顶聚居地为据点，统一了墨西哥瓦哈卡山谷的大部分地区。萨巴特克的统治者通过军事征服和殖民扩张，将战败的聚落纳入萨巴特克帝国。他们利用从征服中获得的财富建造金字塔和具有宗教意义的球赛场。在一座神庙遗址中，还出土了著名的"舞者"浮雕，浮雕上的人物做出怪异的姿势，是被俘的地方首领。石雕上的文字显示出，萨巴特克人已经有成熟的文字体系和完善的历法。萨巴特克人信奉多神教，其中许多神灵都与农业和生育有关，他们还敬奉其他中美洲文化的神灵。由于未知的原因，到公元 900 年时，阿尔班山已经沦为废墟。

可可最早种植于中美洲。早在公元前 1900 年，统治阶级就开始享用由可可豆制成的浓稠饮料

◀ 萨巴特克墓葬的壁画

考古学家在墨西哥南部的蒙特阿尔班发现了 170 座墓葬，每座墓葬中都有大量雕刻品和文物，还有栩栩如生的绘饰。

纳斯卡文化

年代	约公元前 200—600
地点	秘鲁南部

纳斯卡人居住在村落里，从事农耕、狩猎和金属加工。他们在卡瓦奇建起巨大的祭拜中心。他们的彩陶制品美观精致，描绘了拟人化的神话生物。他们还创造了"地画"，即刻在荒漠地表上的大幅图画，勾画各种动物或抽象形状。这些画造型繁杂精细，有的只有在空中才能看清全貌，比如一幅蜂鸟吮吸花蜜的画。纳斯卡文明在公元 800 年左右突然消失。

用来在祭祀时砍头的图米刀

"斩首者"神，一半是人，一半是美洲豹

纳斯卡陶瓶

霍普韦尔文化

年代	约公元前 200—公元 400
地点	美国中西部

霍普韦尔文化以俄亥俄河谷为核心，种植玉米和南瓜，捕猎野生动物，并用捶打工艺制造优质铜器。霍普韦尔的墓葬工艺考究，如俄亥俄州南部的大蛇家长 380 米，用来安葬重要人物，墓室用圆木作夹层，陪葬品包括有鸟类装饰的精美矮陶器。霍普韦尔人用来制作复杂艺术品的原材料来自遥远的地方，通过贸易网运来，该贸易网一直延伸到落基山脉、卡罗来纳州和墨西哥湾。

参见中世纪至近代早期（476—1750 年）：第 320—321 页 ▶ 中世纪的美洲：第 343—344 页 ▶ 神话（续）：第 384—385 页 ▶

游牧民族

在古代，中亚曾涌现许多动荡的王国、部落联盟和游牧民族。星移斗转，这些社会组织瓦解，一波又一波的族群被迫迁移，所到之处往往造成混乱，动摇王国的统治。游牧民族逐水草而居，大多骁勇善战，那些骑射手更是令人闻风丧胆。利用这种得天独厚的优势，匈奴人和蒙古人曾缔造横跨数个大洲的庞大帝国。

哈尔施塔特和拉坦诺文化

公元前 1250 年前后，即青铜时代末期，瓮棺墓地文化在中欧形成，后来发展为哈尔施塔特文化。哈尔施塔特很可能就是凯尔特人的祖先。他们有深厚的尚武传统和稳固的部落结构，擅长骑术。到公元前 500 年的铁器时代，哈尔施塔特文化又演变为拉坦诺文化，人们自给自足，以今日法国境

两块青铜片合在一起

哈尔施塔特头盔

内的小型聚居地为起点，逐步扩散至东欧。拉坦诺文化的珠宝和金属制品独具特色，带有旋涡和螺旋状纹饰。

不列颠群岛的凯尔特人

目前尚不清楚，是大量凯尔特人移民到不列颠群岛，还是英国原住民接纳了凯尔特文化。尽管如此，大约在公元前 800 年，哈尔施塔特文化，以及公元前 500 年后的拉坦纳文化，都扩散到不列颠岛（之后又传播至爱尔兰）。凯

剑鞘由青铜条纹装饰

鞘中的凯尔特匕首

尔特人统治着英格兰、威尔士和苏格兰南部，直至公元 43 年被罗马人征服。凯尔特在爱尔兰的统治则延续到 12 世纪。

巴泽雷克墓葬

公元前 6 至前 2 世纪左右，在阿尔泰山一带的山谷高处，巴泽雷克人将死者埋葬在巨大的墓冢（又称"库尔干"）中，墓中还有保存完好的精美地毯，地毯上的骑士图案表明，巴泽雷克人确实是游牧民族。墓主人的尸身上，还保留着神话生物文身。

斯基泰人

斯基泰人骁勇善战，令人闻风丧胆，自公元前 9 世纪起，他们就在今日俄罗斯南部和乌克兰一带居住。他们擅长骑射，使用弓箭、斧头等武器，曾经一路奔袭，洗劫巴比伦和亚述；又与黑海附近的希腊城市通商，富庶一方。因此，他们有条件制造华丽的黄金器物，包括猛禽造型的金盘。约公元 300 年，日耳曼部落大举西征，最终征服斯基泰人。

萨卡和嚈哒（又称白匈奴）

萨卡是来自伊朗高原的游牧民族，从公元前 6 世纪左右开始入主亚欧大草原，建立了一系列王国，然后在公元前 88 年左右征伐印度北部。萨卡人建立的印度王朝延续了大约 2 个世纪之久。公元 6 世纪中叶至 7 世纪中叶，嚈哒人统治了中亚，并对萨珊波斯帝国东部边境形成巨大威胁，严重削弱了帝国实力。

匈奴

从公元前 3 世纪开始，游牧民族匈奴在蒙古草原上兴建帝国。他们的轻骑兵以复合弓为装备，侵扰中原。在公元前 200 年，汉朝送公主与匈奴首领联姻，以"和亲"的方式限制匈奴南下劫掠。匈奴控制着中西方丝绸之路的一个关键区域，直到公元 90 年左右被另一个游牧民族鲜卑取代。

匈奴的时代

公元 4 世纪 70 年代，匈奴人在中亚崛起，大举进攻罗马帝国、波斯帝国和古普塔帝国（位于今日印度北部）。后来，在 5 世纪 30 年代，匈奴各部落在阿提拉的率领下联合起来，与罗马帝国作战，几乎长达 20 年，双方损失惨重，直到 453 年阿提拉去世，匈奴帝国迅速瓦解。

东哥特王国硬币

哥特分裂

公元 4 世纪后期，哥特人（在黑海附近聚居的一支日耳曼人）对罗马帝国发起一系列进攻。之后，他们分裂成两个分支——东哥特和西哥特人，并在意大利、法国西南部和西班牙建立了王国。

匈牙利的诞生

马扎尔人属于游牧民族，擅长骑射。公元 9 世纪初，他们从中亚迁出，抵达现今俄罗斯南部的草原地带。在 9 世纪 60 年代，他们开始进入中欧劫掠，东至君士坦丁

奢华的金色长袍

阿尔帕德大公的雕像

▶ **狩猎场景**

巴泽雷克马鞍由皮革、毛毡、毛皮、头发和黄金制成，马鞍上装饰着猛狮扑羊的图案。

堡，西达不来梅的广大地区，都曾在他们的铁蹄下战栗。9 世纪 90 年代，在阿尔帕德大公率领下，马扎尔人征服了多瑙河沿岸的斯拉夫人和匈奴人。在那里，马扎尔人皈依基督教，并于一个世纪后建立匈牙利王国。

蒙古帝国

1206 年，成吉思汗（1162—1227）成功统一蒙古，将分散的游牧部落联合起来，形成纪律严明的军事同盟。成吉思汗及其继任者率领蒙古骑兵征服了中亚、俄罗斯、伊朗和中国的广大地区。鼎盛时期的蒙古帝国是人类历史上陆地面积最广的帝国。然而，到 1294 年时，帝国分裂为一系列规模较小的汗国，其实力逐渐衰退，最终相继覆灭。

用羽毛装饰的头盔

1279 年，蒙古帝国进入鼎盛时期，其疆域超过 2300 万平方千米

中世纪至近代早期(476—1750 年)

西罗马帝国灭亡以后,集权国家再次出现之前,西欧经历了漫长的分裂时期。反观中国,尽管也不止一次陷入战乱,但是无论唐宋,还是明清,都曾在统一王朝治下,谱写盛世华章。北非和中东大部分地区则见证了一个伊斯兰帝国的崛起,这一帝国的统治长达 3 个世纪。这一历史阶段即将结束的时候,欧洲的军事技术实现飞跃,探险家纷纷从欧洲出发,扬帆起航,足迹遍布世界各地,为欧洲取得全球统治地位打下基础。

618 年 中国唐朝建立,开国皇帝唐高祖和第二位皇帝唐太宗统一国家,并迎来大唐盛世。907 年,唐朝终结。

622 年 在阿拉伯半岛西部,先知穆罕默德率教众由麦加迁徙到麦地那。为纪念这一事件,伊斯兰历将 622 年设为元年。

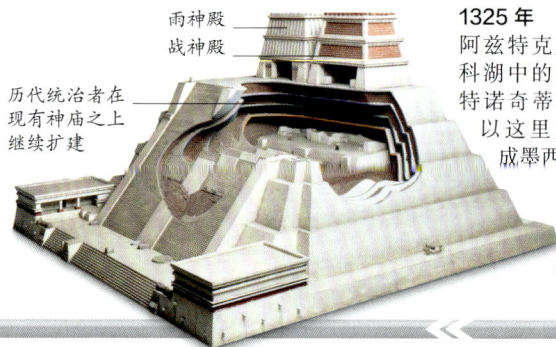

唐太宗

英格兰长弓兵成功抵御法国骑兵的冲锋,这场胜利对中世纪的军事战术产生了深远的影响

1337 年 英格兰国王爱德华三世宣称自己对法国王位拥有合法继承权,这成为英法百年战争爆发的导火索。到 1453 年末,英格兰已经失去它在法国的几乎所有领土。

雨神殿
战神殿
历代统治者在现有神庙之上继续扩建

1325 年 迁移之后,阿兹特克人在特斯科科湖中的岛上建造了特诺奇蒂特兰市,并以这里为中心,建成墨西哥帝国。

克雷西战役,1346 年

阿兹特克神庙的模型

1347 年 鼠疫在欧洲迅速蔓延,消灭了三分之一的人口,触发社会和经济变化。

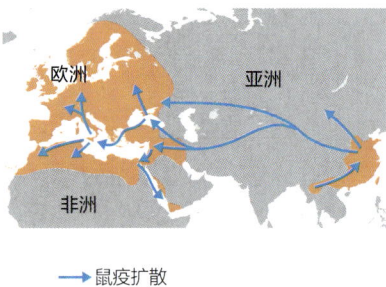

欧洲
亚洲
非洲

■ 重灾区 　→ 鼠疫扩散

1368 年 在中国,曾经做过和尚的朱元璋率众驱除元朝统治者,并建立明朝,恢复强大的政权,也重塑繁荣的经济。

明朝镜子(背面)

1508 至 1512 年 意大利艺术家米开朗琪罗在罗马西斯廷教堂天花板上绘制的壁画,是体现文艺复兴精神的艺术瑰宝。

体现大明盛世的动物图案

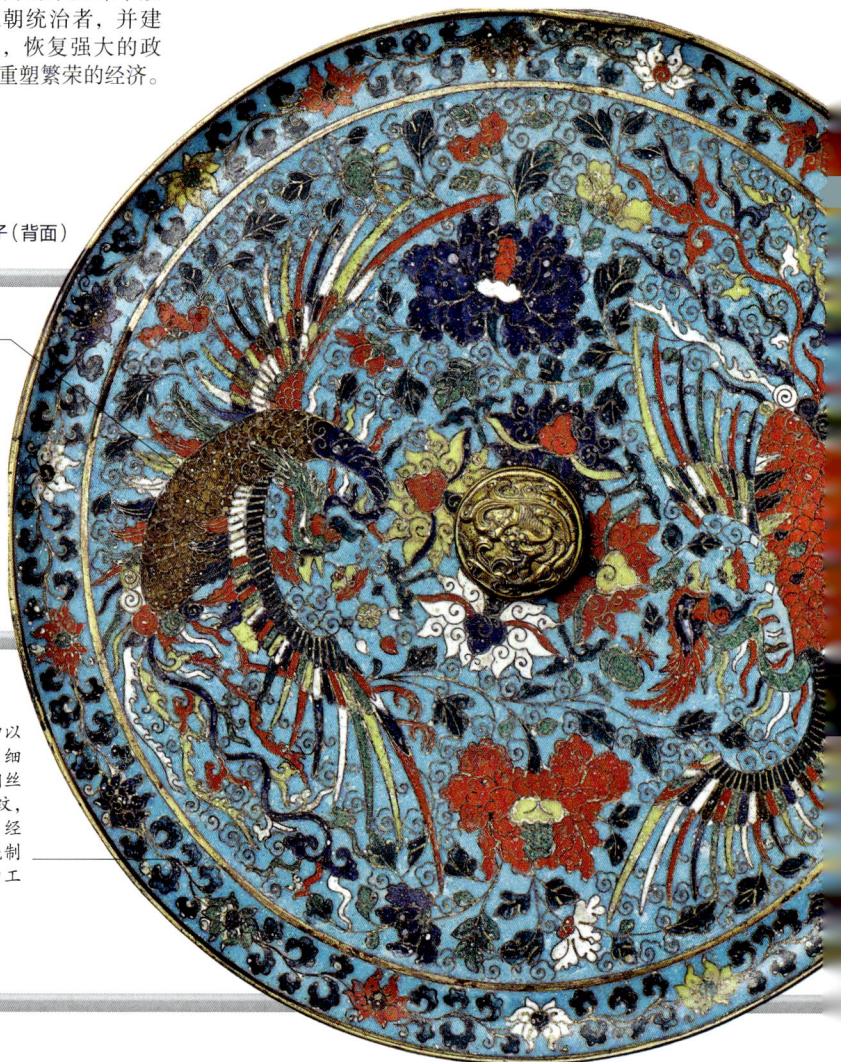

西斯廷教堂天花板(局部)

1517 年 德国神学家马丁·路德发表《九十五条论纲》,谴责教会的腐败行为。这引发了宗教改革运动,最终促成了新教的产生,以及欧洲宗教版图的重新划分。

景泰蓝是一种以紫铜作胎,用细薄的金线或铜丝掐成各种花纹,中充珐琅釉,经过多道工序烧制而成的多彩的工艺美术品

马丁·路德

庙室

玛雅历规定，一年有 365 天，此处的 365 级台阶象征天数

此处横截面显示出，神庙并非一次性建成，而是在早期较小规模神庙的基础上逐步扩建而成

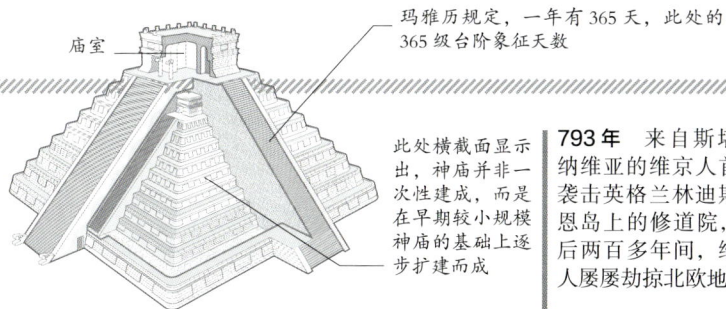

奇琴伊察的库库尔坎神庙

约公元前 600 年，蒂卡尔和奇琴伊察等玛雅城市规模扩大并成为区域中心。自那以后，奇琴伊察一直是重要城市，但是在 13 世纪时衰落。

793 年 来自斯堪的纳维亚的维京人首次袭击英格兰林迪斯法恩岛上的修道院，此后两百多年间，维京人屡屡劫掠北欧地区。

青铜饰面

800 年 加洛林王朝的法兰克国王查理曼由教皇利奥三世加冕为罗马皇帝，这标志着神圣罗马帝国的诞生。

988 年 基辅大公弗拉基米尔与拜占庭帝国结盟，皈依东正教，并在俄罗斯大力推行东正教。

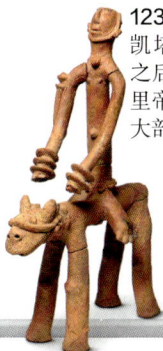

加洛林贵族小雕像

库特布丁建造的宣礼塔是胜利的象征

1235 年 松迪亚塔·凯塔建立马里帝国，之后三百多年内，马里帝国统治着西非的大部分地区。

1215 年 蒙古人在成吉思汗的领导下，攻占金朝的中都（今北京），在中国北方占据统治地位。

1206 年 库特布丁·艾巴克建立了由穆斯林统治的印度德里苏丹国。尽管最初政权并不稳定，但到 14 世纪时，苏丹国统治范围扩大，吞并印度南部。

1096 年 欧洲发起第一次十字军东征，1099 年占领了耶路撒冷城。

1066 年 诺曼底公爵威廉在黑斯廷斯战役中击败盎格鲁－撒克逊国王哈罗德，随后征服英格兰。他将大部分土地分给追随他的诺曼将领和贵族。

由铁皮制成

马里骑马士兵雕像

德里的库特布丁塔

诺曼头盔

1438 年 在帕查库蒂统治期间，印加帝国大举扩张，将安第斯山脉中部、南部及秘鲁沿海地区纳入版图。约 1450 年，帕查库蒂下令修建马丘比丘建筑群。

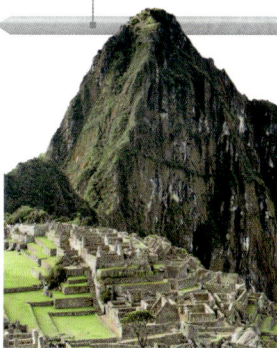

约 1440 年 德国印刷商约翰内斯·谷登堡在美因茨发明欧洲第一部活字印刷机。这项发明为图书的批量生产提供了技术条件。

木制框架

1453 年 奥斯曼帝国苏丹穆罕默德二世围城七周之后，攻占君士坦丁堡，这标志着拜占庭帝国的灭亡。穆罕默德二世将这座城市更名为伊斯坦布尔，并在此建都。

马丘比丘遗址

印刷机

哥伦布的旗舰圣玛丽亚号

1492 至 1493 年 热那亚航海家克里斯托弗·哥伦布扬帆起航，在茫茫大西洋上寻找通往东亚的航线，但实际上却在美洲登陆。

1480 年 莫斯科大公伊凡三世击败蒙古大帐汗国，结束了蒙古对俄罗斯的统治。莫斯科开始崛起。

护鼻甲

哥伦布舰队的插画

大公伊凡三世

1467 年 日本对立的大名之间不断发生冲突，应仁之乱由此爆发，这标志着日本陷入分裂，进入长达一个世纪的战国时代。

1521 年 西班牙征服者埃尔南·科尔特斯率领士兵和当地盟友攻占特诺奇蒂特兰市，这标志着阿兹特克帝国的覆灭和西班牙对墨西哥统治的开始。

1526 年 中亚王子巴布尔在帕尼帕特击败德里苏丹，建立莫卧儿帝国。到 1700 年，莫卧儿帝国控制了印度次大陆上大部分地区。

1600 年 日本幕府将军德川家康在关原之战中获得胜利，结束战国时代，日本再次统一。

帕尼帕特战役

德川家康

*编者注：活字印刷术是中国北宋时期发明家毕昇最早发明的。

参见**日本：从奈良时代到德川时代**：第 324－325 页 ▶ **印度的统治者**：第 326－327 页 ▶ **早期俄国**：第 336－337 页 ▶

中国：唐、宋、元和明朝

公元 618 至 1644 年，中国历经唐、宋、元和明四大朝代。在文化和官僚制度方面，唐、宋和明朝都注重传承，从而实现长期的政治和经济稳定。然而，每个朝代也成为派系斗争、吏治腐败的受害者，并且屡受塞外游牧民族的威胁，从而导致"合久必分"，在统一的主旋律中，又穿插分裂的杂音。

重新统一中国

公元 220 年东汉灭亡后，中国经历了数百年的分裂，东西晋的短暂统一后再度分裂割据，政权层出不穷。公元 577 年，北周统一北方。588 年，隋文帝南征灭陈，再次统一中国。他的儿子隋炀帝继位之后，大兴土木，穷兵黩武，征收苛捐杂税，激起广大民众的反抗，617 年，隋朝旧部李渊起兵，次年建立唐朝，史称唐高祖。

新的丝绸之路

在唐高祖和唐太宗（626—649 在

托盘用来接住滴下的蜡油

唐三彩：黄、绿、白三色彩釉

唐朝烛台

位）的统治之下，新的丝绸之路得以贯通，对外贸易带来巨大财富；史治清明，行政系统高效，社会长治久安，欣欣向荣，迎来"贞观之治"。唐朝开展一系列行动，征讨失地，攻占一系列丝绸之路上的中亚城镇（比如于阗）。但是，周围的游牧部落虎视眈眈，边陲小镇必须由重兵守卫，这给

唐朝财政带来巨大压力。

安史之乱与唐朝的衰落

唐朝中期，边疆并不稳定。公元 751 年，阿拉伯军队在塔拉斯河岸大败唐军。节度使拥兵自重，大权在握，其中一名节度使安禄山于 755 年发动叛乱，引发长达十年的内战，中国北方遭到战火荼毒，东都洛阳也曾沦陷。尽管安禄山最终战败，但是唐朝从此由盛转衰。边境失守，藩镇割据，宦官专权，皇帝沦为傀儡。907 年，末代皇帝唐哀帝被废黜。

王朝都城

改朝换代之际，开国皇帝通常建立新的都城（尽管往往和旧都城相去不远）。隋朝大兴土木，重建了汉朝都城长安（今西安）。它东边的洛阳，在公元 1 至 2 世纪曾为东汉首都，7 世纪末，中国唯一的女皇帝武则天又迁都于此，但历时不久。960 年，位于洛阳之东的开封成为北宋首都。1126 年金朝攻陷开封，北宋灭亡，其残余势力在南方建立了南宋，建都临安（今杭州）。

宋朝经济

唐朝瓦解之后，中国又一次陷入分裂；直到 960 年，宋太祖才再次统一中国。随后，皇帝恢复了文治传统，再次迎来"海内升平，民物阜康"的盛世。到 1100 年，人口翻了一番多，达到 1 亿左右，运河网络四通八达，

带动贸易蓬勃发展。随着现金交易经济的增长，对货币的需求随之增加。1120 年，宋朝出现世界上最早的由政府发行的纸币——"交子"。宋朝的官方作坊生产丝绸，并大规模制造陶器、纸张和铁器，中国的产业技术水平达到新高度。

忽必烈的肖像

金兵入侵与北宋的灭亡

北宋政府党争不断，官僚机构臃肿，效率低下。1068 年，宋神宗支持宰相王安石实施变法，试图改革税制，但是遭到保守派的反对，变法失败，王朝衰微。1126 年，女真族建立的金国大举入侵，攻占开封，并掳走宋徽宗和宋钦宗，宋朝在北方的统治于 1127 年结束，但是其忠诚的旧部在南部重建政权，史称南宋，其统治一直持续到 1279 年。

元朝

1234 年，成吉思汗的儿子窝阔台

> "国破山河在，城春草木深。"
>
> 《春望》，唐朝诗人杜甫（712—770）

汗（参见第 318 页）联宋灭金，征服中国北方。成吉思汗的孙子忽必烈定国号为元，迁都北京，并于 1275 年挥军南下，四年后灭亡南宋。忽必烈及其继任者实行民族等级制度，保持蒙古族的习惯，并任用汉族官员管理政府。政府效率低下，腐败严重。14

世纪 50 年代，元朝迅速衰落，起义四起。

洪武之治，明朝崛起

朱元璋出身贫农，加入抗元的红巾军之后，迅速崭露头角，并于 1368 年建立明朝，年号"洪武"，继而攻占北京。朱元璋改革军队，将税收责任交给地方政府，并整顿吏治。明朝皇帝恢复了中国在东南亚的影响。从 1405 年到 1433 年，明成祖朱棣派遣三宝太监郑和（参见第 341 页）七下西洋，最远抵达东非。

明朝的衰落

尽管明朝重修长城（参见第 308 页），但是北部边境上的蒙古部落依然屡屡进犯。1449 年，明英宗御驾亲征，反而被俘，并被瓦剌拘禁 1 年多，明朝遭受重创。后来的明朝皇帝，例如万历（1572—1620 在位）疏于朝政，耽于逸乐，导致国库空虚。17 世纪 20 年代，连年歉收，农民起义爆发；1644 年，李自成率领义军攻占北京，明朝覆灭。

烛台　　石胎饰以绿釉

明漆板 ▶

这块漆板产于 14 世纪 30 年代，设计精美，饰以精雕细刻的龙、凤和花卉图案，展现了明代中期工匠的高超技艺。

◀ 参见**古代中国**：第 308—309 页　　◀ **游牧民族**：第 318—319 页　　◀ **中世纪至近代早期**（476—1750 年）：第 320—321 页

用刷子在木制或布制底层上涂硬漆

龙

展翅飞凤

采用小型凤凰
图案装饰漆板四角

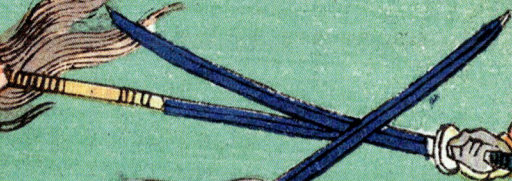

日本：从奈良时代到德川时代

在日本历史早期，中央集权国家已经逐步成形，但是皇权逐渐为将军把持，而将军的武士家臣则构成统治基础。由于派系斗争，战乱频繁，日本出现军阀割据的局面，直到17世纪末才再次统一。虽然日本统治者曾在短期内鼓励国际贸易的发展，然而很快就再次闭关锁国，技术开发停滞不前，但是社会安定，政局平稳。

佛教的传播

佛教于公元6世纪中叶从朝鲜半岛的百济王国传入日本。强大的苏我氏宣布皈依，随后，推古女天皇（592—628年）于594年正式立为国教。到7世纪中叶，日本已有近百座佛教寺庙。几个世纪以来，佛教对宫廷中占主导地位的神道教构成威胁，也与701年仿效唐朝建立的贡举（科举）制相矛盾。

阿米达佛（净土教派）

金漆饰面

日本佛像

奈良时代

公元5世纪，日本出现中央集权国家，其国号为"倭"，又称"大和"。710年，元明女天皇（707—715年在位）将首都迁至奈良，这是一个仿照唐都长安建立的新都城。中国的影响力渗透到宗教、政府管理和艺术等各个领域，日本文字也是在汉字基础上改写而成。奈良时代的天皇，特别是桓武天皇（781—806年在位），在与北部虾夷人交战的过程中，大幅度扩张疆域面积。

◀ 长筱之战（1575）

在这幅1857年由歌川芳员创作的插画中，武田胜赖的军队与织田信长和德川家康的联军在长筱城外交战。

平安时代与藤原家族的崛起

公元794年，佛教日益强大，朝廷被迫迁至平安京（京都）。801年，为表彰田村麻吕征服虾夷的战绩，桓武天皇授予他"征夷大将军"的封号，简称"将军"，后来的军事首领沿用这一封号。858年，藤原良房将军成为幼帝清和的摄政大臣，开启了藤原家族把持朝政长达300年的局面。1086年后，"院政（即退位上皇在寺院中仍然行使政治权力）"的做法进一步削弱了皇权，幼帝更早即位，将军掌握实权。

氏族纷争与源平合战

天皇威望日益式微，敌对氏族之间的冲突加剧，一个新的阶层应运而生，这就是武士，他们是将军的家臣，也是为其效忠的军事力量，而"武士道"就是武士引以为傲的行为准则。随着藤原家族的没落，平氏和源氏家族之间矛盾激化，双方都试图推举自己支持的天皇候选人上位。源平合战（1180—1185年）因此爆发，在坛之浦海战中赢得胜利后，源氏家族的源赖朝成为幕府将军。

镰仓幕府

源平合战结束后，源赖朝在镰仓设立幕府，镰仓成为新都。幕府将军分别于1274年和1281年击退元军进攻（1281年，两次进攻都为风暴所阻，日本人称为"神风"）。1333年，后醍醐天皇试图夺回权力，最后一位镰仓幕府将军在倒幕运动中被推翻。随之而来的是足利幕府（1338—1573年）时期，权力下放到地方军阀，即"大名"手中。

日本文学

在公元8世纪初期的奈良时代，出现了一系列编年史和诗集。平安时代以古典文学著称，当时的宫廷文化十分风雅，出现了优雅的诗歌和长篇小说，如女官紫式部撰写的《源氏物语》（约1010年）。随着皇权的衰落，尽管如藤原定家在1205年左右编写的《新古今和歌集》等诗歌仍然很受欢迎，但民间故事和战争故事，如1240年左右出现的《平家物语》，越来越为人们所喜闻乐见。

木版画

> "欲求和平，必先备战。"
>
> 织田信长

战国时代

1467年，各方为争夺幕府将军继承权，再次打响内战，战争持续了11年，导致中央权力崩溃，史称"应仁之乱"。随后的100年内，各地大名及其武士军队陷入无止无休的混战，这就是日本历史上的室町时代后期，又称"战国时代"。后来的足利幕府将军也仅仅是更有权势的大名的傀儡，这些大名在自己的领地称王称霸，多数大名最终被废黜并客死异乡。武士军队在乡村游荡，大名们在日本各地修建要塞，多座城堡拔地而起。

日本统一

1560年，日本中部的大名织田信长开始迅速扩大领地，并于1568年占领京都。在1582年被暗杀时，信长手握重权，已占领日本大部分地区。丰臣秀吉继承其未竟之志，并于1590年完成了日本的统一。1598年丰臣秀吉去世后，大名之间爆发了新的权力斗争，德川家康在1600年关原之战后胜出。

德川改革与文化

德川家康于1603年在江户（东京）建立新幕府，命令前大名们在京都建造府邸并每年到幕府居住，以此严控大名，保持幕府的权威。为了确保社会稳定，他建立等级制度，将臣民分为武士、工匠、商人和农民四个等级，并严格限制阶层之间的流动。德川幕府鼓励对外贸易，葡萄牙和荷兰商人欣然来到日本，基督教也随之传入日本。

中央灯室四周的镂空护板

用于安装木杆的底座

江户时代的灯

日本闭关锁国时期

从17世纪30年代开始，德川幕府将军担心外国对日本影响太大，颁布了一系列法令，驱逐基督教传教士，并对日本的基督教信徒加以限制。从1633年起，日本臣民被禁止从事对外贸易。到1639年，唯一允许的对外贸易是在长崎附近一个小岛上与荷兰人之间的交易。之后日本与外界隔绝200多年，直到1853年美国远征舰队的到来，才再度撬开日本的大门。

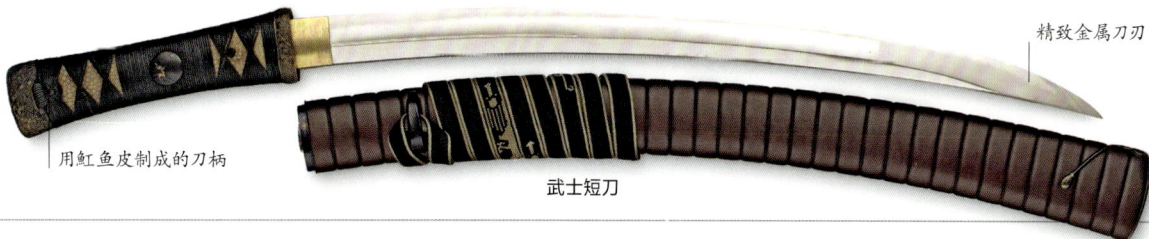

用虹鱼皮制成的刀柄

精致金属刀刃

武士短刀

参见贸易与探险：第340—341页 ▶　佛教和儒学：第379页 ▶　哲学通史：第378—379页 ▶

印度的统治者

公元6世纪，笈多王朝（又称古普塔帝国）瓦解之后，印度经历了数百年的政治分裂，小国层出不穷，德里苏丹国就是其中翘楚。16世纪莫卧儿王朝崛起，成为强大帝国。莫卧儿帝国以德里为中心，拥有雄厚的军事力量，采取宗教宽容政策，支持艺术的发展；在其统治之下，穆斯林和印度教徒形成脆弱的联盟，缔造出辉煌盛世。

中世纪印度的统治者

年代	606—1015
地点	北印度

笈多王朝（约320—540）灭亡后，7世纪时，在戒日王的统治下，北印度曾再度统一，但很快又分裂为多个小国。9世纪，朱罗王朝曾在南印度称雄，但是未能将势力扩展至北方。而在北方，1001年至1025年间，由加兹尼的马哈茂德领导的伊斯兰大军发动多次袭击，最终建立伽色尼王朝。

火焰圈

湿婆，莲花座上的舞者

朱罗时期的湿婆雕像

德里苏丹国

年代	1206—1526
地点	德里和北印度

1193年，来自中亚的穆罕默德·古尔率军入侵德里，并征服了拉杰普特印度教公国。他去世后，其副手库特布·乌德·丁自封为苏丹，建立德里苏丹国。由于政局不稳，早期的11名苏丹中有5人被暗杀，突厥和阿富汗派系之间经常发生争端。步入14世纪之

后，苏丹国逐步稳定，并征服了南部部分地区；14世纪30年代，苏丹穆罕默德·本·图格鲁克将国都迁至道拉塔巴德。1398年，由于帖木儿（成吉思汗的后裔）率蒙古大军入侵，德里苏丹国元气大伤，到1451年洛迪王朝统治时，苏丹国领土已大大缩小。

巴布尔和莫卧儿帝国的创立

年代	1526—1555
地点	北印度

1526年，帖木儿的后裔巴布尔未能在中亚建立帝国，转而入侵印度北部。巴布尔在帕尼帕特战役中用火炮击败德里苏丹国末代苏丹易卜拉欣，攻占洛迪王朝首府阿格拉。次年，巴布尔击败拉杰普特王公梅瓦尔·辛格，吸引麾下将士留在印度，建立了莫卧儿帝国。但是1540年，其子二世胡马雍被阿富汗首领舍尔沙·苏尔逐出德里，莫卧儿帝国濒临覆灭。

阿克巴的统治

年代	1556—1605
地点	北印度和印度中部

1555年，胡马雍复国后不久去世，其子阿克巴即位。阿克巴在位近半个世纪，莫卧儿帝国进入鼎盛时期，疆域大大扩展，北至克什米尔，东抵孟加拉都。阿克巴励精图治，勤于国事，并改革帝国行政管理制度，建立中央集权制，由人称"曼萨布达尔"的武士兼贵

阿克巴大帝

莫卧儿皇帝阿克巴（1556—1605在位）具有卓越的军事才能，因此被称为"阿克巴大帝"。他在军中推行多项重要的改革措施：提高战马使用的效率，支持新技术，在战斗中发挥个人领导力的作用；在此基础上，他将麾下军队打造成一部作战机器，在印度次大陆上所向披靡。他还鼓励各方开展宗教辩论，并在宫廷扶持艺术和文化。

族担任官员，他们凭借忠诚而非世袭特权赢得官位。阿克巴在宗教上保持开明的态度，不仅娶信奉印度教的拉杰普特公主为妻，而且取消了对非穆斯林征收的人头税。1571年，阿克巴将首都迁至阿格拉以西的法塔赫布尔西格里，在这个新建的都市中，他统领的宫廷人才济济。他还推广圣教，这种宗教集合了当时印度所有信仰中的重要元素。

维贾亚纳加尔帝国

年代	1336—1565
地点	南印度

莫卧儿帝国最初未能征服印度南部，其中部分阻力来自维贾亚纳加尔帝国。它创建于1336年，辐员大，防御工事坚固；在桑伽玛王朝统治之下，它成为印度教徒的区域性堡垒。为巩固权力，桑伽玛王朝每年都会庆祝为期10天的"复圣节"，并实施"军务官"制度，即由地方军事指挥官负责征税。桑伽玛王朝试图向北方扩张，但是在德干地区遭遇巴赫曼尼苏丹的抵抗。16世纪，桑伽玛王朝被图卢瓦王朝取代，随后是阿拉维杜王朝，后者在1565年败于当地的穆斯林，此后帝国覆灭。

沙·贾汗统治时期

年代	1628—1658
地点	北印度和印度中部

1605年阿克巴大帝去世，在随之而来的内战中，其子贾汉吉尔胜出。贾汉吉尔于1627年去世之后，他的四个儿子激烈交战，最终库拉姆取胜，成为莫卧儿又一代帝王，封号为沙·贾汗。沙·贾汗在德里新建都城（包括红堡），并将其更名为"沙·贾汉纳巴德"，而他最不朽的遗赠是位于阿格拉的泰姬陵，这是他为妻子穆姆塔兹·玛哈尔（1631年死于分娩）修建的陵墓。沙·贾汗的战绩同样令人瞩目：他挥军南下，吞并艾哈迈德纳加尔，并征服戈尔孔达和比贾普尔。但是，1657年沙·贾汗身患重病时，被皇子奥朗则布废黜，从此被幽禁在自己的宫殿之中，直至数年后身故。

奥朗则布和莫卧儿帝国的衰落

年代	1658—1707
地点	印度

沙·贾汗众皇子之间爆发内战，

▶阿克巴逮捕白拉姆汗

这幅画出自阿克巴官方编年史《阿克巴纳玛》，在画中，阿克巴的部队抓获了摄政王白拉姆汗。

奥朗则布是这一轮的胜利者。他征服孟加拉地区，突破阿富汗边境，几乎扩张到印度的最南端。但是，外部的马拉塔王国日趋强大，内部皇子叛乱，帝国面临巨大威胁。奥朗则布恢复了对非穆斯林加以限制的法律，并且四处征战，帝国因此不堪重负。在他于1707年去世后，莫卧儿帝国分崩离析。到19世纪初，曾经的强大帝国沦为德里周边的小型飞地。

莫卧儿文化艺术

年代	1526—1707
地点	印度

莫卧儿帝王是慷慨的艺术赞助者。阿克巴大帝大兴土木，推动建筑艺术的发展，如美轮美奂的法塔赫布尔·西格里城市建筑群。他还建立了一个皇家工作室，邀请艺术家为书稿配上精美的微型插图。阿克巴的儿子贾汉吉尔继续推广莫卧儿艺术，培养了被称为"时代奇迹"的阿布·哈桑等艺术家。然而，到了莫卧儿王朝后

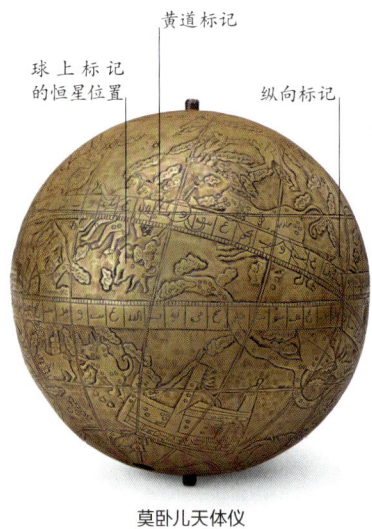

黄道标记

球上标记的恒星位置

纵向标记

莫卧儿天体仪

期，随着帝国疆域的萎缩，艺术变得过于正式，流于呆板。

弯曲的刀刃可以在战斗中刺穿对方士兵的链式护甲

用大象雕像装饰的精美手柄

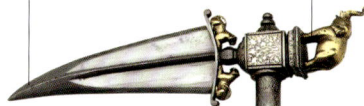

金属球上插满尖刺

莫卧儿战棍

战镐

马拉塔王国的崛起

年代	1650—1818
地点	印度中西部

17世纪40年代，贵族希瓦吉·朋斯勒开始在印度中部西海岸开辟独立领土，建立马拉塔王国。尽管最初被奥朗则布遏制，但1670年希瓦吉再次叛乱，1674年自立为王。马拉塔军队背靠一系列山顶要塞，那里易守难攻。17世纪80年代，面临奥朗则布的强大攻势，马拉塔人退守一隅。但是18世纪初，在希瓦吉的孙子沙胡的带领下，马拉塔王国再度崛起。此后，马拉塔王公占据印度中西部大部分地区，直到1818年第三次英国－马拉塔战争期间才最终被英国东印度公司击溃。

> "如果人间也有极乐园，那就在这里，在这里，在这里。"

沙阿杜拉汗的诗句，刻于德里红堡的觐见厅内，1639 1646年

参见殖民帝国：第356—357页▶ **327**

欧洲的重建

公元 476 年西罗马帝国瓦解之后，日耳曼各部落占据大部分帝国领地，建立起一系列王国；王国统治者保留罗马行政管理制度的精髓，踏上漫长的重建征程。9 世纪和 10 世纪，这些王国屡遭维京人掳掠，但它们幸存下来，许多现代欧洲国家正是从这些王国演化而来。

高卢墨洛温王朝和西班牙西哥特王国

法兰克人是日耳曼部族的一个分支，在公元 5 世纪时，向西进入罗马帝国的高卢行省。克洛维消灭对手，统一法兰克各部，开创墨洛温王朝，征服罗马帝国残余势力，并在 496 年左右皈依天主教。克洛维的后代创造了一种融合了法兰克文化与罗马文化的混合文化，传承大量罗马时期的知识，并颁布延续罗马传统的成文法典。墨洛温王朝有将领土划分给多个继承人的传统，因而内战频仍，王国羸弱。768 年，王朝被宫相（高级官员）矮子丕平推翻。

西哥特人是日耳曼部族的另一个分支，最初在高卢西南部聚居，但在 507 年被法兰克人击败后出逃西班牙。他们建都托莱多，统一整个伊比利亚半岛，但后来因内战而衰落。711 年，柏柏尔－阿拉伯穆斯林大军入侵，摧毁了业已虚弱不堪的西哥特王国。

盎格鲁－撒克逊王国

公元 411 年，不列颠岛脱离罗马帝国的统治，日耳曼人的多个分支（朱特人、盎格鲁人和撒克逊人，他们被统称为盎格鲁－撒克逊人）陆续进入不列颠岛。公元 500 年左右，盎格鲁－撒克逊人在不列颠东部建立诸多小国，之后稳步西进，到公元 6 世纪后期，他们已经占据英格兰大部分地区。坐拥南部和西部的韦塞克斯、中部的麦西亚和北部的诺森比亚，都是实力较强的盎格鲁－撒克逊王国。为夺取霸权，这些王国争战不休，直到公元 9 世纪，维京海盗摧毁其他诸国，只有韦塞克斯的阿尔弗雷德大帝成功抵抗维京人的入侵，成为无可争议的霸主。最终在公元 10 世纪时，韦塞克斯发展为统一的英格兰。

东哥特、伦巴第和拜占庭帝国

由于奥多亚塞推翻了西罗马末代皇帝的统治，为实施报复，东罗马皇帝芝诺邀请东哥特人于 488 年从巴尔干进入意大利。东哥特国王狄奥多里克建立了一个稳定的王国，大量任用罗马人为政府官员。但是，533 年，拜占庭（东罗马帝国）大帝查士丁尼发动一场旨在收复失地的战争，持续到 554 年。尽管东罗马帝国夺回意大利大部分地区，但这里却惨遭战火荼毒。568 年，伦巴第人（日耳曼人的另一分支）入侵亚平宁半岛并建立一系列公国，这些公国最终统一，但是 774 年，统一的伦巴第王国又被法兰克人征服。

加洛林王朝和神圣罗马帝国

矮子丕平创建加洛林王朝之后，在其子查理曼统治期间，新王朝欣欣向荣，疆域扩大，将西班牙、萨克森和意大利的部分地区纳入版图。查理曼还见证了王朝的文化蓬勃发展，后来这段时期被称为加洛林文艺复兴；其推行的法兰克教会及王国行政体制的改革也得以成功实施。公元 800 年，查理曼被加冕为"罗马人的皇帝"，象征性地复兴了西罗马帝国。然而，他的继任者未能维持住统一局面，840 年，王国被他的三个孙子瓜分，实力随之削弱。东部王国（后来演变为现代德国）的统治者奥托一世于 962 年继承罗马帝国皇帝头衔，这标志着神圣罗马帝国的开始。

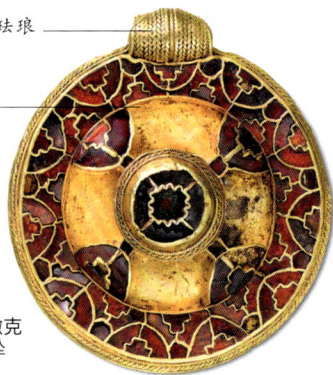

由黄金和珐琅制成

中间的基督教十字

盎格鲁－撒克逊人吊坠

"警惕内讧，警惕内战，否则你我流离失所，民族危急存亡。"

图尔的格里高利，
《法兰克史》第五卷，公元 594 年

▲ 贝叶挂毯

挂毯长约 70 米，展现了 1066 年诺曼底公爵威廉征服英格兰时的场景。

基督教的传播

罗马帝国晚期，基督教就已在西欧和南欧蓬勃发展，而且并未因帝国覆灭而停止传播，但是新兴日耳曼王国的统治者大多是异教徒。到公元 6 世纪初，这些异教徒开始皈依基督教。以西哥特人为例，他们最初皈依的，是属于基督教异端的阿里乌斯教。不久之后，传教士离开了信徒众多的核心地区，去基督教日渐衰落或从来未曾强盛的地方传播福音。597 年，教皇利奥二世派遣圣奥古斯丁到达英格兰传教，历时半个世纪，使当地居民基本皈依。8 世纪时，基督教传到了弗里西亚（今荷兰），然后继续向北和向东传播。10 世纪 60 年代，丹麦和波兰的人们也成为基督教徒，在 11 世纪至 14 世纪之间，居住在今瑞典和立陶宛的最后的大批异教徒也纷纷皈依。

保加利亚帝国

公元 7 世纪，拜占庭管辖的巴尔干地区多被斯拉夫人入侵者占据。7 世纪 80 年代，保加利亚人（斯拉夫人的一个分支）在多瑙河下游建立王国；9 世纪初期，克鲁姆一世统治期间，王国疆域扩大一倍，对拜占庭帝国构成严重威胁。保加利亚王国在 9 世纪、10 世纪盛极一时，并于 864 年奉基督教为国教，巩固了它作为南斯拉夫人文化中心的地位。922 年，西美昂一世击败拜占庭军队，夺得皇帝头衔，进而围攻君士坦丁堡。然而，拜占庭帝国卷土重来，并于 1014 年在克莱迪翁重创保加利亚帝国。12 世纪和 13 世纪，巴尔干半岛上的拜占庭势力再次崩溃，保加利亚帝国实现复兴。

维京人

公元 8 世纪后期，斯堪的纳维亚半岛上出现了一群海上劫掠者。之后两个世纪之中，这群维京人出没在欧洲西北部海岸线旁，令当地人闻之色变：维京长船速度快，吃水浅，增加了维京海盗的机动性，为他们四处劫掠提供了技术条件。由于族群人口过多，政局动荡，在家乡找不到机会，

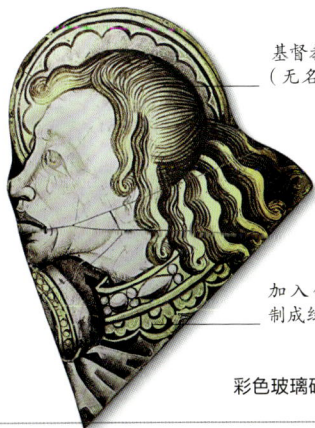

基督教圣徒（无名氏）头像

加入铜矿石，制成绿色玻璃

彩色玻璃碎片

1012 年，英国国王埃塞尔雷德二世向维京人支付 22000 千克白银，试图以此换取和平，阻止他们在英格兰岛上大肆劫掠

维京人首先袭击英格兰、爱尔兰，之后是法兰克，甚至前往君士坦丁堡。在英格兰北部、爱尔兰东部和诺曼底，他们建立了维京王国，这些王国存续至 10 世纪和 11 世纪。在更远的地方，维京人在北大西洋探险，找寻新大陆。大约 870 年，他们在冰岛聚集，980 年左右来到格陵兰，并在大约 1000 年到达北美洲。

诺曼人

维京首领罗洛与法国"糊涂查理"国王查尔斯签订条约，以保护该地区免受袭击为条件，换取在法国北部建立聚居地的权利。诺曼人（或称"北方人"）就是这些维京人的后裔。到 11 世纪，整个诺曼底都成为诺曼人的领地，而罗洛的后代威廉公爵于 1066 年在黑斯廷斯击败盎格鲁－撒克逊国王哈罗德之后，又将英格兰纳入版图。从 11 世纪 30 年代开始，诺曼雇佣军也卷入了意大利南部各王国之间的派系大战，在罗伯特·吉斯卡德和他的兄弟罗杰的率领下，他们在那里和西西里岛上建立诺曼王国，这些王国存续至 12 世纪末。

12 世纪手稿中的插图

信仰与封建制度

11世纪时，现代欧洲国家的雏形已经出现，但由于君主竭力扩张各自领地，欧洲大陆上战乱不休。随着城镇的发展，商人凭借贸易致富，但是保守的封建制度将农民束缚在土地上，阻碍了经济发展。在这一时期，尽管世俗统治者也在行使职权，但基督教会仍然掌握主导权。

中世纪教堂：教皇权力与改革

中世纪早期，教皇试图迫使意大利之外的主教服从其权威。教皇格里高利七世（1073—1085年在任）实施改革，坚持教皇在教会之内至高无上。1074年，他禁止神父结婚，并规定只有教皇（而非世俗统治者）才有任命主教的权力。

新修道会

11世纪时，修道士生活糜烂：修道院从祈祷圣地沦为财富仓库。出于对基督精神回归的渴望，新的宗教修道会成立，如1084年的卡尔特会和1098年的西多会，它们强调体力劳动和祈祷的重要性。此后又出现了托钵修士会，如1212年成立的方济各会，修士放弃私产，直接向普通民众传道。

神圣罗马帝国

公元800年，教皇为法兰克国王查理曼加冕，称其为"罗马人的皇帝"，象征性地复兴了罗马帝国。从962年开始，该头衔由德国的奥托和萨利安等王朝继承。到11世纪时，皇帝（从1157年起被称为神圣罗马帝国皇帝）统治一系列亲王和公爵，但其实际权力由皇帝的个人能力和政治手腕决定。

十字军东征

1095年，应拜占庭皇帝阿历克塞一世的请求，教皇乌尔班二世号召基督徒武装朝圣，从穆斯林手中夺回圣城耶路撒冷。1099年，他们攻陷耶路撒冷，并建立了许多基督教国家，这些国家存续到1291年。这是首次十字军东征，至1271年十字军东征共发生了9次。

贸易城市：威尼斯和热那亚

从12世纪起，意大利城邦热那亚和威尼斯凭借地利，发展地中海沿岸贸易，财富日益增长。1214年，由威尼斯领导的联军占领拜占庭首都君士坦丁堡，这两个城市垄断了前拜占庭帝国疆域内的贸易。1381年，威尼斯击败热那亚，成为地中海地区最强大的商贸城邦，并维持其霸主地位直到16世纪。

收复失地运动

公元711年，阿拉伯人入侵西哥特王朝统治下的西班牙，仅剩北部狭小地区仍被基督徒控制。基督徒逐步开展"收复失地运动"。11世纪时，统治西班牙的穆斯林，即科尔多瓦哈里发国日渐衰退，基督徒则越战越勇。1212年，基督徒在拉斯纳瓦斯德托洛萨获胜，穆斯林退守格拉纳达王国，直到1492年才被驱逐。

百年战争

英格兰国王爱德华三世自称是法国王位的合法继承人，入侵法国。1337年，英法战争爆发。战争初期，英军在克雷西战役（1346年）中获胜，征服法国北部大部分领土，但是法军成功反击，收复失地。亨利五世重燃战火，在阿金库尔战役（1415年）中击败法国，占领卢瓦尔河以北地区。而法军在贫农出身的圣女贞德的激励下，士气大振，到1453年战争结束时，英国人仅仅保留了对加来港的控制权。

封建制度与中世纪经济

中世纪早期（约500—1000）出现了一种土地保有制度，即封建制度。在这种制度下，国王将土地分配给贵族，作为

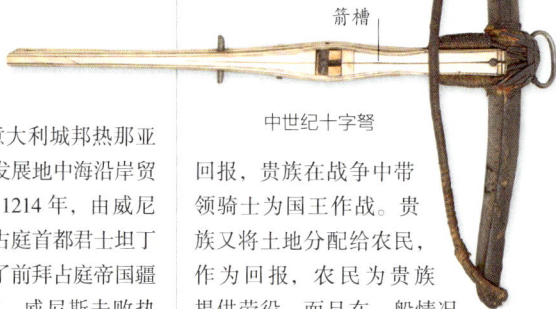

箭槽

中世纪十字弩

回报，贵族在战争中带领骑士为国王作战。贵族又将土地分配给农民，作为回报，农民为贵族提供劳役，而且在一般情况下，农民不得离开土地。

黑死病及其影响

1348年，一场毁灭性的流行病席卷欧洲，这种疾病由黑鼠身上的跳蚤传播，被称为黑死病或淋巴腺鼠疫，其症状是患者的腋下、颈部或腹股沟会出现一个或多个肿胀的淋巴结。1347年，瘟疫在意大利首先发生，之后迅速蔓延，导致欧洲三分之一至一半的人口死亡。这造成劳动力短缺，增加了农民的议价能力，并有助于削弱封建制度。

波兰-立陶宛联邦

1240年蒙古人摧毁了基辅罗斯公国的首都基辅之后，立陶宛大公国成为东欧的主要国家。1386年，立陶宛

> "人们的境遇如此悲惨，令人不忍目睹。
> 每天都有成千上万人病倒，
> 尸横遍野……"

乔万尼·薄伽丘,《十日谈》, 1353 年

统治者亚盖洛皈依基督教，并与波兰女王雅德维加联姻，其联邦成为当时欧洲最大的国家。

中世纪城镇

尽管中世纪的欧洲主要是农村地区，但城镇作为行政和商业中心，发挥了重要作用。有些城镇是罗马帝国遗留的产物，例如罗马城和伦敦。另外一些，例如汉堡（成立于公元808年），则是新开垦的聚居区，由于经济繁荣，发展为集镇。这一时期城镇人口相对较少，到1300年，伦敦有8万居民，但是大多数城镇少于1万人。很多城镇从国王或地方领主那里获得特许状，拥有一定自治权。

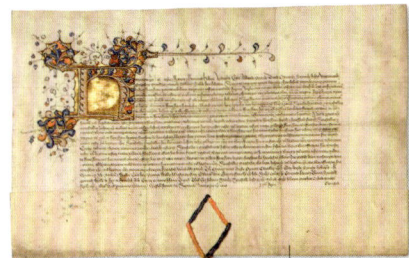

破损的封蜡　　羊皮纸

城镇特许状

贸易和汉萨同盟

随着欧洲贸易的发展，中世纪商人组成协会以求保障。1241年，驻吕贝克和汉堡的商人签订一项正式协议，以保障他们的贸易活动。其他城市也加入了这个组织，即汉萨同盟，并在伦敦和卑尔根等非成员城市设立特别办事处。由于规模大，势力强，13世纪和14世纪，汉萨同盟控制了整个波罗的海和北海的贸易，直到15世纪中叶才逐渐衰落。

◀ **第六次十字军东征**

1229年，在与埃及苏丹达成协议之后，神圣罗马帝国皇帝腓特烈二世率领十字军进入耶路撒冷受降，兵不血刃。

参见**早期俄国**：第336—337页 ▶ **331**

伊斯兰世界

公元 7 世纪，起源于阿拉伯中部的伊斯兰王国迅速扩张，西吞西班牙，东并阿富汗。庞大的帝国以巴格达为中心，在建筑、天文和医学等领域取得进步，创造璀璨的文化。到 10 世纪，帝国开始分裂。但 16 世纪时，土耳其、伊朗和印度均出现大型伊斯兰王国，标志着其文明在局部地区的复兴。

伊斯兰教的诞生

公元 6 世纪，阿拉伯半岛上的聚居者按其信仰可以分为三类：异教徒、基督徒和犹太教徒。先知穆罕默德生于商贸城市麦加，来自一个富裕的商人家族，大约在 610 年时创立了伊斯兰教，并进行传播。由于受到保守派的反对，穆罕默德于 622 年率领信徒逃到附近的麦地那，并以之为据点四处征战，到 632 年穆罕默德去世时，这些穆斯林几乎已经征服整个阿拉伯半岛。

阿拉伯人的征服和倭马亚王朝

穆罕默德的继任者（"四大哈里发"）轻松征服了拜占庭帝国和波斯帝国。公元 637 年，哈里发欧麦尔的军队攻占耶路撒冷，并于 642 年击败萨珊波斯王朝。穆斯林军队深入北非和中亚，但此时争夺哈里发之位的内战爆发，阻挡了帝国征程。661 年，倭马亚王朝赢得内战，再次建立统一的哈里发王国，定都大马士革。

阿拔斯王朝

倭马亚王朝内部不和，主流逊尼派承认倭马亚王朝的统治地位，而什叶派则认为穆罕默德堂弟阿里的后裔才是合法统治者。公元 750 年，什叶派起义，推翻末代倭马亚哈里发，建立新王朝，即阿拔斯王朝。改朝换代之后，第二任哈里发曼苏尔于 762 年在巴格达兴建新首都，迎来盛世。但是疆域如此广

照准仪指示特定星星的位置

可以绕轴旋转的观测条

伊斯兰星盘

阔的帝国难以实现长治久安，到了 9 世纪、10 世纪，许多地区分裂出去。

巴格达与伊斯兰科学

早期的阿拔斯王朝哈里发都大力支持科学的发展。曼苏尔（774—775 年）在新首都创立了"智慧宫"，将更多希腊和波斯的科学作品译成阿拉伯语。天文学家比鲁尼（973—1052）和医师伊本·西拿（980—1037）都是开拓性学者，其作品数世纪来被人们反复研读。

法蒂玛王朝和阿尤布王朝

阿拔斯帝国瓦解后，原有疆土迎来又一代王朝。公元 969 年，什叶派法蒂玛王朝征服埃及，并兴建新都开罗。王朝领袖自称哈里发，与阿拔斯统治者进行了长时间的战争对抗，占领了也门、叙利亚，甚至在 1058 年攻陷巴格

达。但是，法蒂玛王朝后期过于依赖土耳其雇佣军，于 1169 年覆灭，被库尔德人萨拉丁（出生于今伊拉克境内）开创的阿尤布王朝取代。

奥斯曼帝国的崛起

奥斯曼帝国起源于小亚细亚西部，紧靠拜占庭帝国边界，最初仅仅是一个突厥小部落。1324 年，奥斯曼帝国苏丹奥尔汗攻占重要城市布尔萨，并在那里建都。随后，奥斯曼帝国从拜占庭帝国手中，夺取小亚细亚多个城市，并于 1354 年攻入欧洲。

征服君士坦丁堡

1402 年，蒙古大军来势汹汹，奥斯曼帝国几乎遭遇灭顶之灾，但帝国很快卷土重来，收复小亚细亚和巴尔干地区。1453 年，苏丹穆罕默德二世围攻君士坦丁堡，这是拜占庭帝国仅剩的重要领地，也是其首都；守军最终攻陷这座城市，将它定为新首都。

苏莱曼一世的黄金时代

从 1520 到 1566 年，在苏莱曼大帝统治下，奥斯曼帝国的疆域空前广阔。他的父亲塞利姆一世已经于 1517 年征服埃及，苏莱曼大帝则占领罗得岛和匈牙利，随后又围攻奥地利的维也纳，但未能赢得攻城战。苏莱曼大帝被称为立法者，他编纂奥斯曼法律，资助教育机构，并且支持艺术，他本人还是一位诗人。

萨法维帝国的鼎盛时期

穆罕默德二世（1432—1481）

穆罕默德二世曾两次统治奥斯曼帝国。他的父亲穆拉德二世退位之后，穆罕默德首次登基，并于 1444 年在瓦尔纳击败了最后一次重要的十字军东征。1451 年他再次成为苏丹，1453 年攻占君士坦丁堡，赢得"征服者"称号，并得以挟此威望，继续远征。1456 年他率军围困贝尔格莱德，但是并未赢得攻城战。1460 年至 1461 年，默罕默德扫除拜占庭在希腊的残存势力，1478 年至 1479 年征服阿尔巴尼亚，甚至在 1480 年短暂占领了意大利南部的奥特朗托。

奥斯曼宫廷，16 世纪 ▶

在这本装饰手稿中，苏莱曼大帝在宫廷众臣陪同下，拟定律法。

到 14 世纪，萨法维教团已经在波斯东北部的阿尔达比勒省立足。15 世纪后期，随着内战爆发，萨法维开始扩张。1501 年，萨法维王朝开国皇帝阿·伊斯梅尔一世攻占并定都大不里士。1514 年至 1517 年，莎阿·伊斯梅尔一世成功抵御奥斯曼帝国的进攻，稳定了西部边界。1598 年，大帝沙阿·阿巴斯迁都至伊斯法罕，在这座波斯城市中，他修建了雄伟的清真寺、宗教学校、市场和大型公共广场。在其统治期间，阿巴斯大帝重新确立中央权威，巩固了政府地位，并战胜乌兹别克王国和奥斯曼帝国，收复失地。1629 年阿巴斯大帝去世后，帝国逐渐衰落，最终于 1722 年覆灭。

黄铜盖

萨法维陶瓷罐

> "在巴格达，我是沙阿；在拜占庭王国，我是凯撒；在埃及，我是苏丹……"
>
> 苏莱曼大帝，刻在摩尔多瓦本德尔城堡上的铭文，1558 年

◀ 参见哲学通史：第 378—379 页 ▶

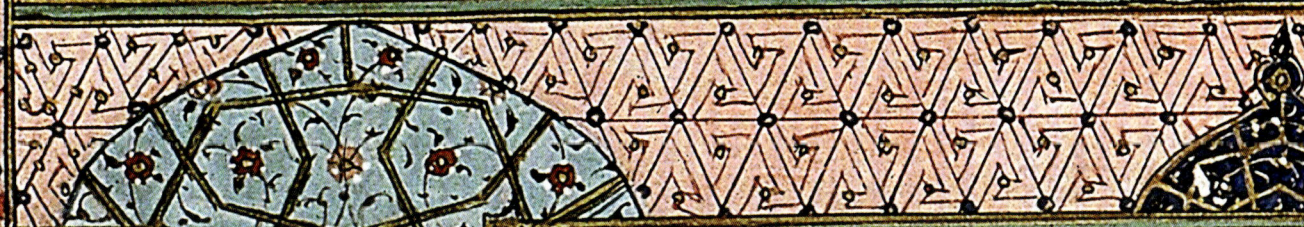

火药的故事

火药是一种混合物，最初由中国人炼制丹药时偶然发现，后来它改变了战争进行的方式，开启抛射武器新时代。火药武器从中国传播到伊斯兰世界和欧洲，世界各地的战场上，人们广泛使用枪炮。射击装置越来越精密，中世纪的单发手炮射程仅在数十米之内，但是到20世纪时，机枪发射速度为每分钟6000发，步枪射程最远达3.5千米。

火药

公元9世纪 中国炼丹师在炼制仙丹的过程中，无意中发现了火药的配方。

960—1279年 中国人发明鞭炮，又称"炮仗"，即竹筒中装入火药，燃烧后噼啪作响，之后加入引信和有色烟雾，制成烟花。

烟花

转轮罩

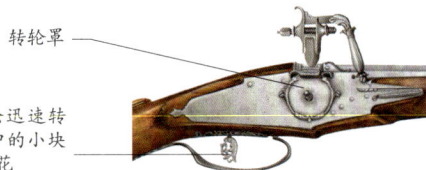

扣动扳机时，齿轮迅速转动，击打燧石夹中的小块黄铁矿石，产生火花。

印度教女神

转轮点火枪机

约1530年 人们发明转轮点火装置，簧轮式短管火枪（即卡宾枪）是骑兵的理想武器。

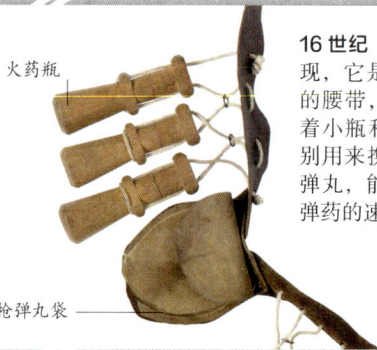

火药瓶

火枪弹丸袋

16世纪 弹药带出现，它是系在身上的腰带，腰带上挂着小瓶和袋子，分别用来携带火药和弹丸，能加快装填弹药的速度。

弹药带

16世纪 欧洲出现了用油纸包裹的预装弹药，含一次射击所需的弹丸和定量火药。使用时，必须先咬开包装油纸，然后将火药和弹丸先后放入枪管之中。

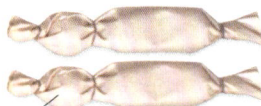

装在尾端的弹丸

油纸包裹的定装弹药

16世纪 葡萄牙商人在1550年将火绳枪引进日本。火绳枪也通过奥斯曼帝国传至印度，莫卧儿王国利用火绳枪，在战场上如虎添翼，最终雄霸一方。

印度火绳枪火药瓶

17世纪 在意大利的矿山中，人们使用桶装炸药，还用它来拓宽山区道路。很快，炸药的使用在欧洲得到普及。

硫磺

硝石

木炭

火药的成分

17世纪20年代 在一把燧发枪机中，燧石撞击火镰（即L形钢板）以点燃引火药。燧发枪可以单手操作，与簧轮枪相比，燧发枪易于制造。

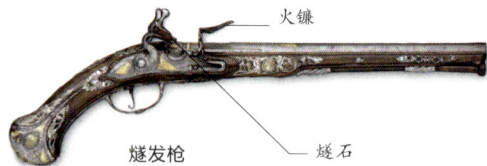

火镰

燧石

燧发枪

1884年 美国发明家希拉姆·马克西姆改进机枪性能，只要扣动扳机，就能利用后坐力自动完成供弹、击发和抛壳等一系列动作。

希拉姆·马克西姆

1880年 法国化学家保罗·维耶尔使用火棉（用硝石处理过的棉）开发出一种新型的无烟火药。

无烟火药

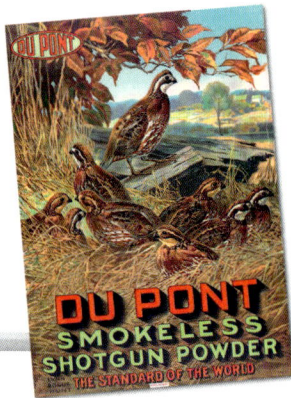

1862年 美国发明家里查德·加特林设计的机枪第一次在美国内战中使用，加特林机枪有多根枪管，绕中心轴旋转，由手摇式曲柄驱动，射速为每分钟600发。

折叠式机枪后座

加特林机枪

击锤打击撞针，撞针急速冲击弹匣的底火

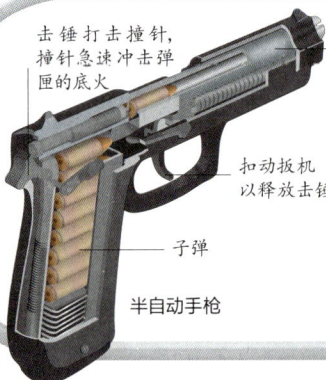

枪管

扣动扳机以释放击锤

子弹

半自动手枪

1891年 奥匈帝国和德国的枪械师利用马克沁机枪的后坐力自动供弹原理，发明了适用于手枪的自动装弹装置，制造出高射速手枪。

1919年 美国设计师约翰·汤普森使用摩擦反吹装置，利用空弹壳的能量自动装填下一发弹药，研制出了第一支美制冲锋枪，射速高达每分钟700发。

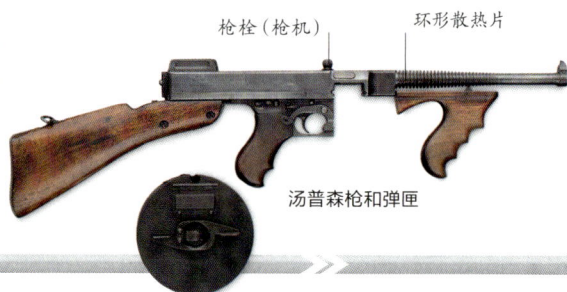

枪栓（枪机）

环形散热片

汤普森枪和弹匣

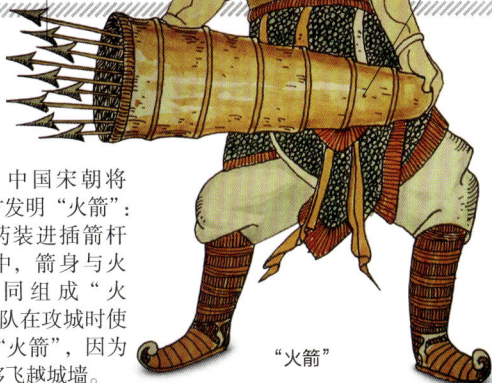

同时发射多支箭

竹制锥形箭镞发射器

969 年 中国宋朝将领岳义方发明"火箭"：他将火药装进插箭杆的箭筒中，箭身与火药筒共同组成"火箭"。军队在攻城时使用这些"火箭"，因为箭头能够飞越城墙。

"火箭"

竹管固定在杆子上

1132 年 中国人使用一种以火药为燃料的喷火器，火焰从竹筒中射出，射程最远为 3.5 米。还可以在竹筒中装填碎陶片，对敌人造成进一步的伤害。

"火枪"

1326 年 欧洲出现首批便携式火炮。这种火炮由安装在木制炮托上的炮筒组成。炮筒中的火药直接用引火纸点燃。

火门

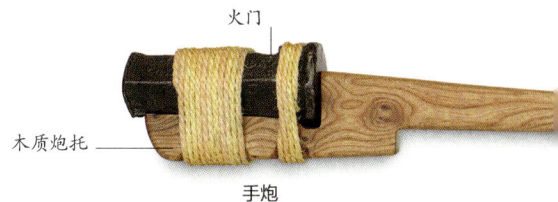

木质炮托

手炮

处于缓慢燃烧状态的火绳

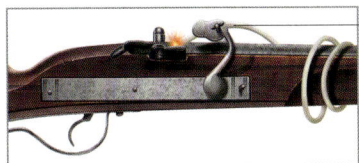

枪管

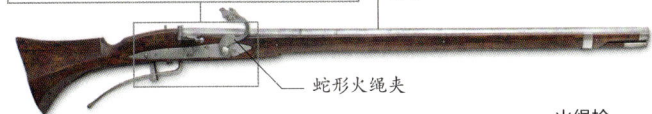

蛇形火绳夹

火绳枪

约 1450 年 火绳枪问世。扣动蛇杆的扳机部分，就能将火绳自动送入枪机内。它降低了枪支点火的难度。奥斯曼帝国率先使用火绳枪，之后这种武器传播到欧洲。

约 1431 年 加农炮管强度增加，为铸铁炮弹的使用提供条件，替换了更原始的石头炮弹，在百年战争中，勃艮第公爵"好人菲利普"首次使用加农炮，将城墙炸为齑粉。

引火孔　火药　炮弹　推弹杆

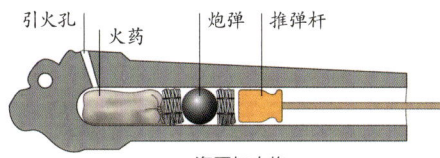

海军加农炮

约 1431 年 欧洲海军使用重型加农炮，炮弹从前膛装填，这种武器对当时的木质船造成毁灭性破坏。

弹匣

旋转枪管

升降螺杆　木轮

金属定装弹

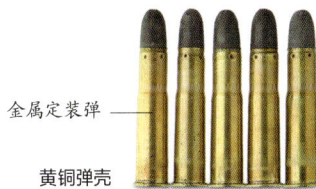

黄铜弹壳

19 世纪 金属弹壳定装弹投入使用，引火药、发射药和弹头都装在一个弹壳之中。

1814 年 英国发明家研制出击发火帽，火帽内装有化学物品，一旦被击发就会爆炸，并点燃发射火药，不受天气条件的影响。

击发火帽

1855 年 美国发明家塞缪尔·柯尔特开发出柯尔特 1855 型"罗特"左轮手枪，其特点是击锤放在侧面，这是首款具有坚固框架的左轮手枪。

塞缪尔·柯尔特

转轮

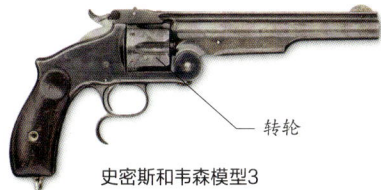

史密斯和韦森模型3

1852 年 美国史密斯和韦森公司开始生产填装完全独立式定装弹的速射连发手枪。

1947 年起 为了满足苏联军队对廉价、可靠的突击步枪的需求，苏联枪械设计师卡拉什尼科夫开发出 AK-47 自动步枪，世界各地游击队都使用这款步枪。

20 世纪 90 年代 无壳弹药，其中的推进剂是固态块状物而不是包裹在传统的定装弹之中，减轻了弹药的重量，并且不需要抛出空弹壳。

推进剂主体　子弹

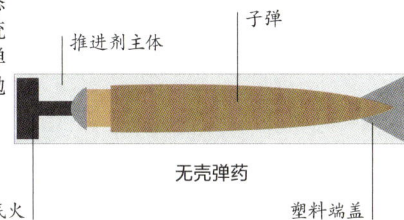

可燃性底火　无壳弹药　塑料端盖

可拆卸弹匣

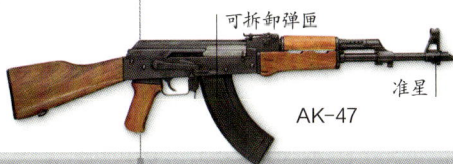

准星

AK-47

参见**工业革命**：第 354—355 页 ▶　**全球冲突的年代**：第 360—363 页 ▶

早期俄国

数百年来，在俄罗斯的广袤土地上，生活着多个游牧民族，他们面向西方，逶迤而行。直到公元9世纪，在维京入侵者的影响下，这里才出现城邦。其中最强大的基辅罗斯成为该地区文化和政治中心，但是后来分裂为多个规模较小的公国，最终在13世纪被蒙古入侵者摧毁。莫斯科公国从废墟中崛起，逐渐演变为现代俄罗斯国家。

俄罗斯民族

俄罗斯地理位置独特，其民族历史错综复杂。它位于来自中亚的游牧民族穿越亚欧大草原的路线上。在南部，自公元前8世纪开始，斯基泰、哥特、匈奴、阿瓦尔、哈扎尔和以佩切涅格为代表的突厥族群都一度占据统治地位。在北部，芬兰－乌戈尔部落与斯拉夫人争夺领地，斯拉夫人最初可能来自第聂伯河中游流域。从公元8世纪开始，来自瑞典的维京人开始从波罗的海沿岸向南迁移，建立商贸聚居地，这些聚居地逐渐演变为中世纪俄罗斯邦国。

基辅罗斯的建立

维京人最初只为从事贸易而建立基地，斯塔拉亚·拉多加（今圣彼得堡附近）就是其中一个。遵照传统，公元862年，诺夫哥罗德人邀请由留里克率领的一群维京人为他们提供保护。二十年后，留里克的儿子奥列格占领了南部的基辅城，并以此为中心，建立罗斯公国。在奥列格后代的统治之下，基辅罗斯发展为强大的公国，占据乌克兰和俄罗斯西部大部分地区。

俄罗斯和拜占庭

维京人称君士坦丁堡为"大城"，作为东罗马帝国（即拜占庭）的首都，它既是贸易圣地，也是绝佳的袭击目标。公元860年和907年，维京人两次袭击这座城市，并在911年与拜占庭签订条约，条约规定维京人可以在此从事贸易。每年他们会组成一支舰队，在第聂伯河河口过冬，沿水路往来君士坦丁堡。在940年和944年，维京大军再次发动袭击，维京商人在城内的贸易活动因此受到限制。但10世纪后期罗斯公国将基督教定为国教，他们和拜占庭最终实现和平相处。

智者雅罗斯拉夫

弗拉基米尔第四个儿子雅罗斯拉夫（980—1054年）与兄弟们争战20

鸟象征生殖能力　　吊坠钩挂在头饰上

12世纪吊坠

年，在11世纪30年代终于掌控了整个基辅罗斯。在他的统治之下，基辅进入全盛时期。他的三个女儿在法兰西、挪威和匈牙利成为王后，他在基辅兴修防御工事，并颁布了第一部俄罗斯成文法典。为了鼓励基督教的传播，雅罗斯拉夫在基辅建造宏伟的新圣索菲亚教堂，以媲美君士坦丁堡的同名教堂；他还任命了基辅的第一位非希腊大主教。然而，他并无傲人的军事成就：在南方，像佩切涅格人这样的游牧民族虎视眈眈，他于1043年远征拜占庭的行动也以失败告终。

诺夫哥罗德和俄罗斯公国

1054年，雅罗斯拉夫去世之后，基辅罗斯分裂成十几个公国，包括基辅。1113年至1125年之间，弗拉基米尔·莫诺马赫曾实现短暂的统一，但由于南方的波洛韦茨大军屡屡侵袭，切断了基辅与君士坦丁堡之间的贸易往来，基辅罗斯又迅速衰落。再次分裂之后，北部的诺夫哥罗德公国日益强大。它的统治机构是公民大会，王公由选举产生，而非世袭，他们与相邻的弗拉基米

尔－苏兹达尔公国争夺霸权，在基辅公国崩溃时吸引了大量移民。大约在1147年，弗拉基米尔－苏兹达尔公国兴建莫斯科城，后来它成为俄罗斯的首都。

蒙古入侵

1223年成吉思汗率领蒙古军队首次袭击俄罗斯南部，大败数个公国的联军。蒙古人在1237年再次发动进攻，洗劫了梁赞、莫斯科和弗拉基米尔－苏兹达尔。三年后，他们消灭俄罗斯南部所有公国，包括基辅。俄罗斯成为金帐汗国统治下的帝国西部边陲。许多地方首领被留用，但他们被迫为蒙古大汗搜集巨额贡品，并为蒙古军队提供新兵。俄罗斯人积怨日深，将蒙古人的占领称为"鞑靼枷锁"，直到15世纪蒙古帝国覆灭，他们方才冲破枷锁。

莫斯科的崛起

莫斯科最初仅是弗拉基米尔－苏兹达尔公国内的小型聚居地。由于未受蒙古统治者严格控制，该地区日趋繁荣。14世纪初期，丹尼尔大公在南部、东北部和西部扩展疆域，领土成倍扩张。14世纪末和15世纪初，在德米特里·顿斯科伊和瓦西里一世的领导下，莫斯科领土进一步扩张，其影响超过弗拉基米尔－苏兹达尔和特维尔等公国，并成为俄罗斯教会大主教的所在地。

沙皇制度的建立

伊凡三世在1462年成为莫斯科大公，其统治长达40多年。1480年，他击败了钦察的阿赫迈德，从此不再向钦察帝国缴纳贡品，之后他致力于领土扩张，吞并诺夫哥罗德公国，将成千上万的本地居民驱逐出境，并用莫斯科人取而代之。他颁布新的法典，并依据贵族的军功而非世袭特权授予土地。伊凡大权独揽，几乎没有任何对手，他模仿罗马皇帝，授予自己"沙皇"头衔，并自称"独裁者"。

恐怖伊凡

伊凡四世（1530—1584年）幼年即位，在其童年时代，莫斯科由军事贵族阶层波雅尔掌权，其内部矛盾剧烈，几乎使莫斯科四分五裂。成年后，伊凡派遣莫斯科军队四处出征，攻占东部的阿斯特拉罕汗国，向西则达到波罗的海，占领利沃尼亚大部分地区。1547年他正式加冕为沙皇，然后建立了一支常备军，称为"射击军"。在伊凡四世统治后期，他实行暴政，雇用私人民兵组成民团，于1570年洗劫诺夫哥罗德，大肆杀害反对者，包括波雅尔成员。由于手段残忍，而且禁止农民离开自己的土地，人们称为"恐怖伊凡"。

> **"我们的土地富饶辽阔，但缺乏秩序。来统治我们并建立公国吧。"**
>
> 编年史家圣·涅斯托尔，关于诺夫哥罗德在9世纪向瓦兰吉人求助事件的记载，《俄罗斯编年史初编》，1113年

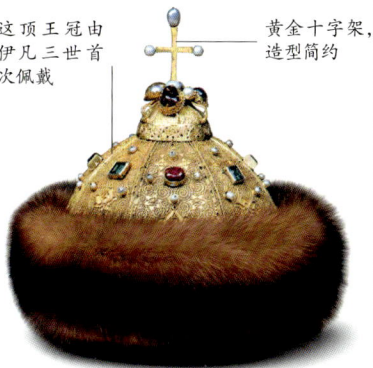

这项王冠由伊凡三世首次佩戴

黄金十字架，造型简约

钦察帝国金王冠

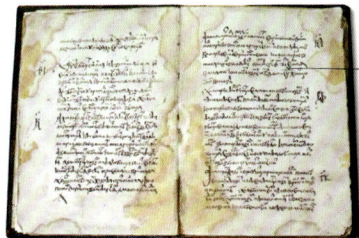

纸张破损，还有污渍

沙皇伊凡四世法典

▼ **武士队列**

在这幅作于16世纪50年代的圣像中，诺夫哥罗德王公亚历山大·涅夫斯基和圣乔治率领一队天国武士参战。

参见政治革命：第352—353页 ▶ 全球冲突的年代：第360—363页 ▶

文艺复兴

从14世纪开始，欧洲的思想家们开始摆脱中世纪传统的束缚，转而向古典时代的先辈寻求灵感。这一运动被称为文艺复兴，它始于意大利，并逐渐传播到北欧和西欧，形成了一个国际学者网络。艺术创作蓬勃发展，印刷术的出现促进了医学、天文学和制图学等领域的进步。

交叉的钥匙象征着教皇

盾徽上有六个球

底部有拉丁铭文

美第奇饰章

中世纪的大学和经院哲学

在中世纪，致力于高等教育的机构开始出现，这些机构被称为"大学"。最早的大学出现在1088年的意大利博洛尼亚，随后扩展到了法国、德国、英国乃至整个欧洲。它们的教学大纲较为保守，集中于"三艺"（逻辑、修辞和语法）和"四术"（算术、天文、地理和音乐），并深入研究神学、教会法和医学。经院哲学是当时主要的批判性思维流派，其目标是调和古典文献如亚里士多德著作中的矛盾，亚里士多德的逻辑学著作在12世纪开始为人所知。尽管诸如圣托马斯·阿奎那（1224—1274）写出了《神学大全》这样影响巨大的著作，但是僵化的经院哲学似乎已经缺乏对新思想的接受能力了。

塞满了马毛的皮质墨水球

印刷机

印刷术的发明

1455年，来自美因茨的印刷商约翰内斯·谷登堡（约1400—1468）将活字印刷术引入欧洲。与缓慢的手工抄写相比，他的印刷机可以大量印刷书籍。早期的书籍大多以拉丁文印刷，但从16世纪开始，本地语言的作

艺术与赞助人

从14世纪开始，意大利的艺术家们发展出一种有别于中世纪程式化作品的新风格。从乔托·迪·邦多纳（1267—1337）开始，艺术家们开始尝试透视法，这是一种自罗马时代以来就已失传的技法。皮耶罗·德拉·弗朗切斯卡（1412—1492）和列奥纳多·达·芬奇（1452—1519）等画家，多纳太罗（1386—1466）和米开朗琪罗（1475—1564）等雕塑家，以及莱昂·巴蒂斯塔·阿尔伯蒂（1404—1472）等建筑师，创作了体现文艺复兴精神的作品。意大利北部多个城邦争权夺利，政治竞争激烈，这也为这些艺

术家提供了空间。这些城邦的商人们组成了范围广泛的统治集团，他们通过一掷千金购买艺术家的作品来提高自己的声誉。佛罗伦萨的统治者美第奇家族以银行业发家，是米开朗琪罗、拉斐尔（1483—1520）和波提切利（1445—1510）等众多艺术家的赞助人。

布鲁内莱斯基与建筑

菲力波·布鲁内莱斯基（1377—1446）是一名训练有素的佛罗伦萨金匠，最初是一名雕塑家，但他以建筑师

> "我们，通过我们的艺术，可以被称为上帝之孙。"
>
> 列奥那多·达·芬奇，《笔记》（第一册），约1478—1519年

人文主义的兴起

从14世纪开始，以意大利为主的欧洲地区越来越多的古希腊和古罗马手稿被一些学者重新发现。这些学者包括了编纂了罗马历史学家李维的全集的诗人彼特拉克（1304—1374）。人文主义是一种新的知识运动，表现为人的知识，而非神的恩赐，并强调恢复和重新解释古典作品的好处。在中世纪，这些作品很多遭遇误读、篡改甚至失传。教会文人波吉奥·布拉乔里尼（1380—1459）等人文主义者在15世纪继续推行这一运动，并蔓延到整个欧洲。此时，欧洲的学者德西德里乌斯·伊拉斯谟（1466—1536）出版了希腊语和拉丁语版《旧约》，以及神学的辩论著作。

品也开始出现在印刷品中，而且数量巨大。仅在威尼斯，1450—1500年间就印刷了约250万册书籍。知识传播的长足进步推动了科学的飞速发展。

佛罗伦萨大教堂

的身份获得巨大声誉。1418年，他受命修缮完成一座城市的大教堂，自14世纪中叶以来，这座教堂一直没有穹顶。布鲁内莱斯基采用人字形砖砌来分散穹顶的重量，并在内部建造了一个二级穹顶来加固它。尽管文艺复兴时期的建筑师设计了各种教堂和市政建筑，但布鲁内莱斯基的穹顶仍然是这个时代最伟大的建筑壮举，它高达115米，是有史以来最大的砖砌穹顶。

文艺复兴时期的天文学

1543年，波兰天文学家尼古拉斯·哥白尼出版了《天球运行论》一书，得出了与1世纪以来盛行的地心说完全相反的结论——地球绕着太阳旋转。他的日心说有助于解释行星逆行等异常现象。1597年，德国天文学家约翰内斯·开普勒在哥白尼理论的基础上完善了日心说模型，计算出行星围绕太阳的轨道是椭圆形，而非正圆。1609年，多才多艺的意大利人伽利略·伽利莱使用新近发现的望远镜

发现了月球上的环形山和木星的四颗卫星。虽然天主教会在1633年判定为日心说辩护的伽利略为异端，但那时日心说已被广泛接受。

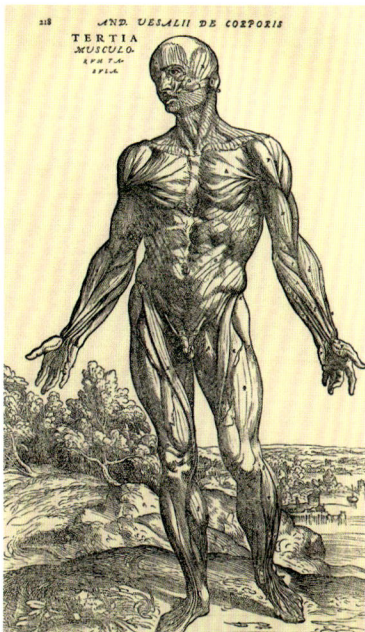

《人体构造》

维萨里乌斯与医学

受希腊罗马医生盖伦（约130—216）提出的体液说（参见第251页）的影响，医学直到16世纪仍非常保守。14世纪，意大利的大学开始进行公开解剖，让学生亲眼观察内脏器官，从而取得了一些实际进步。1543年，解剖学家安德烈亚斯·维萨里乌斯出版了《人体构造》一书。该书附有骨骼、肌肉、动脉和器官的详细插图，成为

外科医生和内科医生了解人体的重要工具。英国医生威廉·哈维（1578—1657）据此提出血液通过心脏在体内循环的精确理论，从而进一步促进了观察法的发展，并使医学告别了古代世界的理论概念。

文艺复兴和宗教改革

14世纪，罗马和阿维尼翁两地教皇并立和分裂减弱了天主教会在宗教思想上的垄断地位，而人文主义思想的出现和印刷术的传播更是火上浇油。对亚里士多德和柏拉图等古典哲学家的研究带来了新颖多样的思维方式。《圣经》的新译本使普通民众也能理解《圣经》的教义。这种趋势随着本地语言译本的出现而更加明显，1523年出现了法文版《新约》，1525年出现了英文版《新约》。在这种环境下，马丁·路德（1483—1546）等宗教改革家的思想引发了一场全欧洲范围内的宗教改革运动。虽然天主教会的反应是扼杀不同意见，但它也利用文艺复兴推动自身改革，包括创建新的修会如耶稣会（成立于1540年），以对抗新教的传播。

"……太阳高踞宝座，统治着围绕它旋转的行星家族。"

哥白尼，《天球运行论》，1543年

地图绘制与发现

14世纪末，托勒密于公元2世纪所著《地理学》被重新发现，该书用经纬线将世界划分为一个个网格，引发了人们对绘制全球地图的新兴趣。在1492年克里斯托弗·哥伦布发现美洲之前，1488年葡萄牙航海家已在探索非洲过程中到达了非洲大陆南端的好望角。绘制这些地区的地图需要新的技术。1533年，荷兰制图师赫马·弗里修斯（1508—1555）将三角测量技术描述为确定任意两点之间距离的一种方法。1569年，他的助手杰勒德斯·墨卡托（1512—1594）绘制了一幅世界地图，该地图采用投影法，将弯曲的地球表面以平面、二维的形式表现出来，罗盘航线显示为直线。这种方法简化了导航过程，并且比以往任何地图都更加精确。

米开朗琪罗（1475—1564）

出生于佛罗伦萨前贵族家庭。米开朗琪罗14岁时成为画家多梅尼科·吉兰达约的学徒，之后在美第奇人文学院学习。在30岁之前，他雕出了两件杰作：《哀悼基督》（1499年）和《大卫》（1501年）。他的西斯廷教堂天顶画（1508—1512年）经常被誉为有史以来最伟大的艺术作品之一。他在罗马去世，享年88岁，葬于佛罗伦萨。

罗马西斯廷教堂天花板上的壁画描绘了大约300个人物。1508年，受教皇尤利乌斯二世的委托，米开朗琪罗花了四年时间完成这个天花板的绘画

参见**宗教改革**：第344页 ▶ **绘画的历史**：第436页 ▶

贸易与探险

自古以来，贸易与探索携手前行。公元前3000年左右，古美索不达米亚和印度河流域之间建立了第一条长途贸易路线。后来，中国通过连接东西方的丝绸之路，使玉石、香料和丝绸等贸易获得繁荣发展。15世纪，奥斯曼土耳其帝国封锁了这条路线，使这些奢侈品无法进入西方，促使欧洲人寻找其他通往东方的通道，从而开启了全球海上探险的新时代。

波利尼西亚对太平洋的探索

波利尼西亚人是起源于东南亚的一个航海民族。约公元前3000年，他们开始向南、向东横跨太平洋。大约公元前1世纪，他们到达了汤加和萨摩亚群岛，并以此为基地继续冒险，北至夏威夷，东至复活节岛，西南到达遥远的新西兰。他们的船两侧各有一条独木舟，托起主船体，可搭载多达24人，并携带植物、鸡和猪，以便在他们发现的岛屿上耕种和饲养。

FERDINAN. MAGALA.

双臂独木舟

波利尼西亚航海家

独木舟一侧是中央船体

丝绸之路

丝绸之路源于公元前 2 世纪，主要是由中国西汉时期的使者张骞首次开辟的。公元前 138 年，张骞率领使节团队出使西域，建立了交通和贸易联系，标志着连接古代东西方陆上贸易路线的开启。贵金属、动物毛皮、玻璃器皿、毛毯和地毯等货物从西方运往东方；而茶叶、瓷器、玉器，尤其是丝绸等奢侈品，则从东方运往西方。丝绸在古罗马尤其受到追捧，包括奥古斯都在内的几位罗马皇帝都曾以不道德为由，试图禁止人们穿着丝绸。

维京人在大西洋的扩张

约公元 800 年，斯堪的纳维亚的维京人在法罗群岛定居，开始了他们在北大西洋的探索。他们的船只从那里向西航行，在 8 世纪 30 年代发现了冰岛。"红发埃里克"在 986 年发现了格陵兰岛；他的次子莱夫·埃里克森在 1000 年后不久到达了北美海岸。在那里，他发现了巴芬岛，命名为"地狱岛"；他还发现了一个拥有白色沙滩和森林的地区，并将其命名为"马克兰"；最后，他在西南方发现了一个生长着野生葡萄的地区，并将其命名为"文兰"。1961 年在纽芬兰岛北端发现的文物证实了维京人在北美洲的存在。

中国人的探索

1405 年至 1433 年，中国迎来了海上发展的黄金时代，这主要归功于明朝永乐皇帝的太监总管郑和。在七下西洋中的第一次，郑和访问了越南、爪哇、苏门答腊和马六甲，然后绕道印度南端到达科钦和卡利卡特。后来，他航行到

◀ 麦哲伦的环球航行

这幅 16 世纪的彩色铜版画由西奥多·德·布莱创作，以奇幻的手法描绘了费迪南德·麦哲伦乘坐"维多利亚号"的旅程。

波斯湾和东非海岸，但随着他的去世，永乐的继任者宣德皇帝以探险费用过高为由，突然停止了更多的探险活动。

葡萄牙人与西非

15 世纪上半叶，在航海家亨利王子的资助下，葡萄牙水手驾驶着机动性极强的小型帆船开始探索西非海岸。后来，他们于 1456 年到达佛得角，巴托洛梅乌·迪亚士于 1488 年绕好望角航行，瓦斯科·达·伽马于 1497 年环绕非洲并横渡印度洋到达印度。在那里，葡萄牙人将果阿作为主要贸易中心，而在西非，他们与加纳、马里、贝宁和其他部落王国进行黄金、象牙、胡椒和奴隶贸易。

哥伦布与美洲

1492 年 8 月，热那亚船长克里斯托弗·哥伦布说服西班牙统治者资助他的航行，并从帕洛斯德-拉弗龙特拉启航，他深信只要向西横渡大西洋，就能找到一条通往中国和东方，特别是印度群岛中的香料群岛（摩鹿加群岛）的新航线。10 月 12 日，他和他的三艘船的船员首次登陆巴哈马群岛的一个岛屿，并将其命名为圣萨尔瓦多岛；之后在 1493 年、1498 年和 1502 年的三次航行中，他进一步深入加勒比海，在伊斯帕尼奥拉岛建立了殖民地，并到达南美海岸线。然而，尽管物证确凿，他还是拒绝承认自己发现了新大陆。相反，他坚持认为自己已经到达了印度。

香料贸易与印度群岛

数个世纪以来，东方的香料通过丝

绸之路运往欧洲。随着奥斯曼帝国关闭了这条路线，葡萄牙人带头开辟了一条通往印度群岛香料产区的海上直达路线。1501 年，佩德罗·阿尔瓦雷斯·卡布拉尔成为第一个通过好望角将香料从印度带到欧洲的人，而弗朗西斯科·塞朗则在 11 年后抵达了香料群岛。在这些年里，葡萄牙人一直是欧洲探索东方的主导力量。然而，他们对香料贸易的控制只持续到 1602 年，此后，荷兰东印度公司的商人们取而代之，在接下来的两个世纪里垄断了肉豆蔻、丁香和胡椒等香料的贸易。

探索北美洲

虽然西班牙人于 1565 年在佛罗里

> **"它是如此美妙，**
> **我不知道该如何描述……"**
>
> 征服者贝纳尔·迪亚斯初见特诺奇蒂特兰的情景，
> 《征服新西班牙》，1565 年

达州的圣奥古斯丁建立了第一个北美永久定居点，但法国人和英国人才是进一步探索北美大陆的先锋。在加拿大，法国航海家雅克·卡蒂亚于 1534 年至 1542 年间探索了圣劳伦斯河，后来法国人于 1605 年在加拿大新斯科舍省的罗亚尔港建立了第一个定居点。他们还宣称拥有密西西比河沿岸的大片领土，并将其命名为路易斯安那。1607 年，英国人在詹姆斯敦建立了第一个成功的定居点，这就是后来的弗吉尼亚殖民地。在 17 世纪末，英国人在大西洋沿岸已经建立了 13 个殖民地。

环球航行

1519 年，葡萄牙航海家费尔南

马可·波罗

13 世纪末，威尼斯商人兼探险家马可·波罗沿着丝绸之路来到中国，他在中国为蒙古大汗忽必烈服务了 17 年。回国后，他将自己的旅行经历写成了《马可·波罗游记》。当时很少有读者相信他的冒险故事，不过这本畅销书如今已成为了解当时东亚生活的宝贵资料。

多·德·麦哲伦代表西班牙开始了环球航行。虽然他的西班牙部下胡安·塞巴斯蒂安·埃尔卡诺于 1522 年完成了这次航行，探险取得了成功，但麦哲伦却在前一年因劝原住民皈依基督教而被杀害。不过，由于他此前曾从西面前往菲律宾，因此被誉为第一位完成环球航行的航海家。随后，弗朗西斯·德雷克爵士成为第二位完成环球航行的人。1577 年至 1580 年期间，他乘坐金鹿号远航，获利颇丰。他在秘鲁海岸从西班牙人那里缴获了大量黄金和白银，还带回了来自香料群岛的丁香。

西属美洲和白银贸易

1519—1521 年，埃尔南·科尔特斯击溃了阿兹特克帝国，将墨西哥纳

镌刻文字"西班牙人"

皇家盾徽

1770 年的西班牙硬币

入西班牙的控制之下。1531—1535 年，弗朗西斯科·皮萨罗征服了秘鲁的印加统治者。西班牙人从这些南美和中美洲帝国攫取了巨额财富，推动了本国的经济发展。1545 年在安第斯山脉的波托西发现了白银，16 万秘鲁人和来自非洲的奴隶被送去劳作。1 年后墨西哥的萨卡特卡斯也发现了白银。这些白银每年都会被马尼拉大帆船队运回西班牙，其中很多被用来铸造比索，即西班牙银圆，这是历史上最早的国际货币之一。

◀ 参见中国：唐、宋、元和明朝：第 322—323 页　中世纪的美洲：第 342—343 页 ▶　殖民帝国：第 356—357 页 ▶

中世纪的美洲

特奥蒂瓦坎文化兴盛于公元 1 年至 750 年，是中美洲最具影响力的文化之一，影响范围从墨西哥中部一直延伸到哥斯达黎加北部。在安第斯山脉以南，各种文化在沿海地区繁荣发展。几个世纪后，墨西哥和秘鲁出现了两个强大的帝国：阿兹特克帝国和印加帝国。在北美洲，游牧民族定居下来，建造悬崖居所和坚固的定居点，并建立了广泛的贸易网络。

特奥蒂瓦坎

公元 1 世纪至 7 世纪，特奥蒂瓦坎成为古代中美洲最大、最强盛的文化中心之一。这座位于墨西哥山谷内的城市在公元 500—550 年达到顶峰，当时的人口多达 20 万。其杰出的遗迹，尤其是太阳金字塔和月亮金字塔，是其重要性的现存证明。人们生产陶器和纺织品，并创造了色彩斑斓的浮雕。

蒂亚瓦纳科

蒂亚瓦纳科遗址（位于玻利维亚境内）海拔近 4000 米。人们对其早期历史知之甚少，但它已成为前哥伦布时期重要的宗教中心。在其鼎盛时期，其影响力遍及安第斯山脉南部，并延伸到今秘鲁、智利和阿根廷。可能是由于气候变化影响了它所依赖的农业，蒂亚瓦纳科在公元 1000 年后被遗弃，但其宗教意义仍保留至今。印加人认为它是人类的发源地。

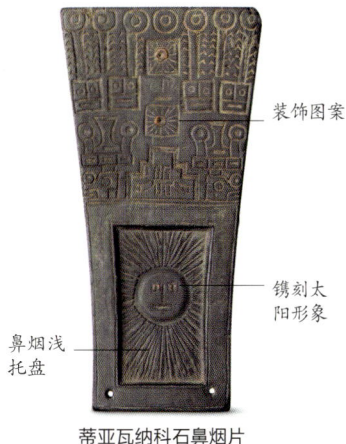

装饰图案
鼻烟浅托盘
镌刻太阳形象

蒂亚瓦纳科石鼻烟片

◀《博博尼库斯法典》

这是阿兹特克祭司在西班牙征服前后撰写和绘制的法典中的一页。它详细介绍了两种历法的周期。

托尔特克人

最初的托尔特克人可能是从西北部沙漠迁入墨西哥中部的移民。他们建立的文明兴盛于 10 世纪到 12 世纪中期。他们是凶猛的战士，为了传播最伟大的神——羽蛇神，他们经常征战。首都图拉以奢华的建筑而闻名，其工匠都是熟练的陶工和金属工匠。托尔特克文明突然崩溃的原因至今不明，可能由于干旱或北方民族入侵。

奇穆人

奇穆文明于公元 1100 年至公元

在手柄处开口
马镫形状的壶口连接至女性形象的头部和背部
模具制成的形状

早期奇穆水壶

1470 年间兴盛于秘鲁北部沿海地区，后被不断扩张的印加帝国征服。奇穆人是熟练的农民，他们设计了精细的灌溉系统来浇灌土地，极大地提高了农业生产率。位于奇莫尔州的昌昌城是他们的首都。在奇穆文明的鼎盛时期，这里的人口多达 4 万。许多奇穆人是天赋异禀的工匠，他们制作精美的金属制品、引人注目的单色陶器和色彩斑斓的纺织品。

密西西比文化和卡霍基亚

密西西比文化被认为始于公元

1000 年左右，遍布北美中西部和东南部多地。由于种植高产的玉米、豆类和南瓜，密西西比文化繁荣起来，并形成一个形态复杂的社会，其首领在设有大型神庙的防御性城市中心进行统治。位于今圣路易斯附近的卡霍基亚是其中最大的一个城镇。卡霍基亚曾在 1050 年至 1350 年间繁荣一时，后来可能由于土壤枯竭或政治动乱而被遗弃。

北美西南部的民族

玉米的种植促使西南部的游牧民族定居下来，他们居住在靠近山洞或山脊的浅坑式住宅中。公元 400 年至约 1200 年间，他们在岩石峭壁上或沿着峡谷和山壁建造悬崖住所，被称为普韦布洛人。他们设计了复杂的灌溉系统，即使在干旱地区也能种植庄稼。他们的后代成为熟练的陶工和篮子制作者；有些人开采绿松石，并与托尔特克人进行交易。

印加人

从 1438 年开始，印加人在他们的

哥伦布大交换

以克里斯托弗·哥伦布的名字命名的哥伦布大交换，指的是植物、贵金属、动物、文化、技术、人口和疾病在欧亚大陆、美洲和西非之间的广泛转移。在 15 世纪和 16 世纪的接触和贸易中，许多东西都发生了交换，有些是有益的，有些则是有害的。

地上建立了特诺奇蒂特兰城。仅一个世纪后，其统治者伊兹科特尔与另外两个强大的城邦特斯科科和特拉科潘结成联盟，扩大了阿兹特克人的势力。连续四任阿兹特克统治者继续迅速扩张，控制了墨西哥北部的大部分地区。特诺奇蒂特兰发展成为前哥伦布时期美洲最大的城市之一，人口至少有 20 万。然而，阿兹特克人能否继续维持对该地区的统治，取决于他们是否有能力控制其附庸城邦。被征服的民族必须定期向阿兹特克城进贡，这些进贡都有详细记录。由于特诺奇蒂特兰

太阳金字塔是世界上第三大的金字塔

故乡秘鲁库斯科山谷建立了一个庞大而富裕的南美帝国。到 1500 年，印加帝国的版图从今天的厄瓜多尔一直延伸到智利南部。首都库斯科位于一个长达 4 万千米的道路网络的中心，与其他主要城市相连。高效的税收和行政管理制度巩固了统治者萨帕·印加（首领头衔）对这个前哥伦布时期最大帝国的统治。

阿兹特克人

1325 年左右，阿兹特克人（又称墨西卡人）在墨西哥特斯科科湖的沼泽

的宗教要求定期用人作为祭品来安抚神灵，阿兹特克战士会为了捕获战俘而发起战争。

西班牙人在美洲

当埃尔南·科尔特斯于 1519 年登陆墨西哥时，他很快就与对阿兹特克皇帝蒙特祖马二世不满的阿兹特克附庸城邦结盟。科尔特斯在特诺奇蒂特兰没有遇到任何抵抗就俘虏了蒙特祖马。1521 年 8 月，特诺奇蒂特兰城陷落，阿兹特克帝国也随之灭亡。1531 年，弗朗西斯科·皮萨罗抵达秘鲁时，印加帝国已经分崩离析。他在卡哈马卡的一场血腥伏击战中俘虏了在位的萨帕印加阿塔瓦尔帕，并将其处死。1572 年，印加人的抵抗最终被粉碎。

现实主义设计
锤击金

印加羊驼雕像

参见**殖民帝国**：第 356 —357 页 ▶

宗教改革

1517 年，德国神学家马丁·路德发表《九十五条论纲》，谴责教会的许多做法，特别是出售赎罪券（即用金钱赎罪）的做法，将几十年来人们对教会和统治教会的教皇的不满推向顶点。随后的教会大分裂导致了各种新教的诞生，包括路德教、胡格诺派、加尔文教、英国国教等，并迅速传遍了整个欧洲北部。此后多年，天主教徒和新教徒之间爆发了激烈的冲突。

罗拉德派和胡斯派

早在路德之前，14 世纪末，英国神学家约翰·威克里夫及其追随者，即"罗拉德派"，成为第一个质疑教皇权威的团体。他们不喜欢教会的普遍存在的腐败现象，也不认同一些宗教教义。他们的活动起初得到宽容，但后来遭受迫害，并在 1414 年起义失败后被迫转入地下。然而，他们作为榜样影响了欧洲的其他人，特别是捷克神学家扬·胡斯。胡斯派同样因激进观点受到迫害，胡斯本人在 1415 年作为异端被烧死在火刑柱上。

教会大分裂

1309 年到 1377 年，教廷被迫长驻法国的阿维尼翁。1377 年，格里高利十一世把教廷迁回罗马。次年他去世后，教廷不同势力先后选出了两位教皇，分别在罗马和阿维尼翁，造成分裂。1409 年在比萨的会议又选出第三位教皇。直至 1417 年，德国康斯坦茨召开的大公会议终于选出了一致认可的马丁五世为教皇，大分裂结束。为了回应对教会的批评，一些主要知识分子主张对教会进行改革，其中包括最著名的荷兰人文主义者德西德里乌斯·伊拉斯谟。

马丁·路德的论纲

尽管马丁·路德将他的《九十五条论纲》钉在维滕贝格城堡教堂门上的故事很可能是个传说，但其发表所产生的影响是毋庸置疑的。这篇文章宣称，只有《圣经》才是最终的宗教权威，只有通过信仰而非行为才能获

讽刺反路德教的版画

得救赎。路德还抨击了教会腐败的财政，认为后者出售赎罪券得到了教皇敕令或"通谕"的支持。

改革教会的发展

路德的改革宣言激起整个欧洲的共鸣。1525 年，普鲁士公爵阿尔布雷希特宣布转信路德宗，成为欧洲首位将新教定为国教的统治者。他的行动很快被其他统治者效仿，其中最著名的是萨克森、黑森和石勒苏益格－荷尔斯泰因的诸侯们。在北欧，瑞典国王古斯塔夫·瓦萨于 1536 年宣布放弃天主教，丹麦和挪威则在 1537 年成为新教国家。

加尔文教

15 世纪 40 年代，法国神学家约翰·加尔文以瑞士日内瓦为基地，派遣牧师赴各地传授他的新教教义。在苏格兰，他们创立了长老会；在英格兰和荷兰，他们推动了清教徒运动；到 1562 年，法国有 200 万人成为加尔文教徒。加尔文的思想比路德更为激进，尤其是在《基督教要义》一书中，他宣扬上帝的至高主权和预定论，即上帝预先选择了那些注定要得到救赎的人。

《圣经》翻译和阅读

新教徒认为，人们有权用自己的语言阅读《圣经》。虽然约翰·威克里夫在 1382 年出版了英文版《圣经》，扬·胡斯在 1406 年出版了捷克文版《圣经》，但直到 15 世纪晚期印刷术发明后，更广泛地阅读新译本才成为现实。威廉·廷代尔的英译本是最早的成果之一，他的英文版《新约全书》（1526）是从德国偷运到英格兰的。廷代尔于 1536 年被处死，但当时马丁·路德的德语版《圣经》已成为标准参考书。

德国和法国的宗教战争

神圣罗马帝国皇帝查理五世从一

> "我憎恶分歧……它违背了基督的教诲，
> 也违背了天性的隐秘倾向。"
>
> 荷兰哲学家和学者德西德里乌斯·伊拉斯谟，
> 《致马尔库斯·劳林斯的信》，1523 年

◀ 参见 **欧洲的重建**：第 328－329 页　◀ **信仰与封建制度**：第 330－331 页

开始就试图镇压路德宗，但新教诸侯们从 1530 年开始反抗，导致了数十年的战争。在德国，1555 年在奥格斯堡达成和平协议，允许新教徒在新教国家自由礼拜。在法国，天主教徒和胡格诺派从 1562 年开始进行了一系列激烈的宗教战争。1598 年，重新皈依天主教的前胡格诺派教徒亨利四世给予胡格诺派宗教自由，实现了宗教和解。

英国的宗教改革

在英国，1534 年，亨利八世因想离婚却被教皇拒绝，一怒之下与罗马

彩色玻璃显示他是新教的可敬反对者

羽毛笔

托马斯·莫尔爵士

决裂，建立了以他为首的英格兰国教（或英国圣公会）。大法官托马斯·莫尔因反对此举而被斩首。亨利的继任者爱德华六世继续推行新教，但他去世后，他的天主教徒姐姐"血腥女王"玛丽一世废黜了新教，而伊丽莎白一世上台后又恢复了新教。在苏格兰，女王玛丽一世登基后，天主教和新教剑拔弩张，内战一触即发，女王逃亡英格兰，新教在苏格兰稳固确立。

反宗教改革

1545 年至 1563 年，特伦特宗教会

"我们以为教士……完全是我们的臣民……但他们只是我们的一半臣民……"

亨利八世，《抨击英国神职人员对教皇的效忠》，1532 年

议召开，开启了反宗教改革运动的进程。这表明天主教会已经认识到自身的不足，并准备做出改变。会议维护了教皇至高无上的地位，澄清了教会教义，并解决了诸如出售赎罪券等弊端。他们制定了禁书清单，恢复了罗马宗教裁判所（1542 年成立，旨在惩治异端邪说），并成立耶稣会以让人们重新皈依天主教。

三十年战争

1618 年，波希米亚新教徒反抗神圣罗马帝国皇帝、天主教徒斐迪南二世，点燃了三十年战争，战争波及整个帝国，直到 1648 年《威斯特伐利亚条约》赋予所有新教徒自由信仰权。西班牙和天主教联盟站在皇帝一方，而丹麦、瑞典和法国则支持新教徒。数百万人在冲突中丧生。

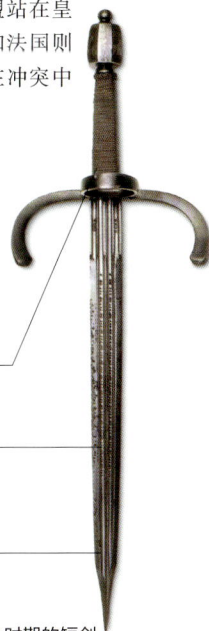

剑把的十字形护手，起抓握和保护作用

两边开刃

剑锋上

宗教改革战争时期的短剑

◀《圣经》的"重量"

在这个关于宗教改革的寓言中，天平评估了双方的相对优势，新教的《圣经》轻而易举地超过了天主教会的世俗财富。

参见**启蒙运动**：第 346—347 页 ▶

启蒙运动

启蒙运动也被称为"理性时代"，是一个始于 17 世纪中叶的思想和哲学时期。当时，一场科学革命引发了新的思维方式和研究方法。社会和政治哲学家们运用同样的方法进一步研究人类的本质，引起了科学活动和哲学思想的爆炸性发展，并对许多长期以来被接受的成见、教条和信仰提出了挑战。

勒内·笛卡尔与哲学

法国哲学家勒内·笛卡尔（1596—1650）被公认为现代西方哲学之父，是理性主义的创始人。他提出，演绎法是实现理性主义的唯一途径，他的名言"我思故我在"便是这一思想的缩影。他还认为亚里士多德等哲学家的学说存在缺陷，因为它们是非理性的。

伽利略和新天文学

意大利天文学家伽利略·伽利莱（1564—1642）利用自己设计的望远镜帮助人们彻底改变了对宇宙的认识。他的观测证实了 16 世纪波兰天文学家哥白尼首次提出的行星围绕太阳运行的观点。伽利略因此被罗马宗教裁判所裁定为异端，并在软禁中度过了他最后的岁月。其他有影响力的天文学家包括约翰内斯·开普勒（1571—1630）和乔凡尼·卡西尼（1625—1712），前者提出了行星运动定律，后者测量了木星和火星自转所需的时间。

卢梭、洛克和启蒙哲学

英国的约翰·洛克（1632—1704）和瑞士出生的让–雅克·卢梭（1712—1778），这两位政治哲学家是启蒙思想的主要贡献者。洛克主张用社会契约来帮助人们保护自己的权利，并主张代议制政府，但规定只有成年男性财产所有者才能投票。卢梭认为人之初性本善，但社会却使他们堕落——为了和平共处，他们必须将个人意愿置于他所谓的集体或普遍意愿之后。

牛顿与万有引力

英国数学家艾萨克·牛顿（1642—1727）在 1687 年首次出版的《数学原理》一书中奠定了现代物理学的基础。这本书花费了他 2 年的时间，囊括了他 20 多年的思考和实验。牛顿在书中概述了他的微积分理论、三大运动定律及其最重要的万有引力理论。直到 20 世纪初，德国出生的物理学家阿尔伯特·爱因斯坦在他的《广义相对论》中提出了一个替代方案，牛顿对万有引力的观察才受到质疑。

罗伯特·波义耳与化学

当英国科学家罗伯特·波义耳

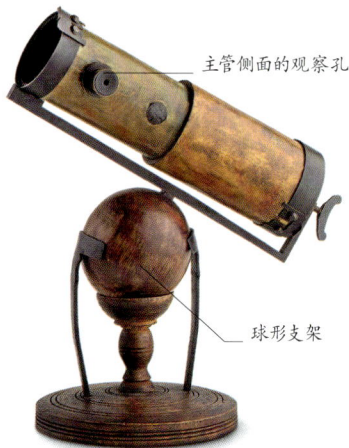

牛顿的反射望远镜

主管侧面的观察孔

球形支架

（1627—1691）和他的助手罗伯特·胡克（1635—1703）一起设计出空气泵时，他为一种新的科学研究方法奠定了基础，即实验是验证理论的唯一方法。他证实，声音的传播、火焰的燃烧及生命维持都需要空气。他提出了波义耳定律：大量气体所产生的压力与它所占的体积成反比。

医学进步

这一时期，医学知识取得了巨大

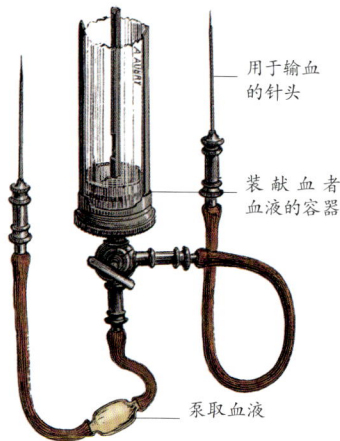

输血器械，1876 年

用于输血的针头

装献血者血液的容器

泵取血液

进步。1628 年，英国医生威廉·哈维（1578—1657）证明了心脏泵血的原理。1676 年，荷兰研究员安东尼·范·列文虎克（1632—1723）发现了血细胞，并用他的新显微镜观察到了活细菌。18 世纪末，苏格兰兄弟约翰·亨特（1728—1793）和威廉·亨特（1718—1783）在解剖学方面取得了进展，爱德华·琴纳（1749—1823）开创了疫苗接种。

科学学会

17 世纪和 18 世纪，科学学会应运而生。1603 年，伽利略成为罗马新成立的林琴科学院的重要成员。在法国，路易十四于 1666 年成立了皇家科学院。伦敦皇家学会成立于 1660 年，查理二世于 1662 年成为其赞助人。欧洲和北美也成立了类似的团体；美国哲学学会于 1743 年在费城成立。

亚当·斯密与《国富论》

苏格兰思想家和经济学家亚当·斯密于 1776 年首次出版了《国富论》一书，他在书中指出，所有人都有将自身需求和利益放在首位的自然倾向。他指出，经济进步有赖于追

亚当·斯密

亚当·斯密（1723—1790）是苏格兰启蒙运动的领军人物，被誉为经济学和资本主义之父，1751 年成为格拉斯哥大学教授后开始崭露头角。他的第一本书《道德情操论》于 1759 年出版，而《国富论》的出版进一步巩固了他的声誉。

求开明的自身利益、他所谓的"劳动分工"和贸易自由。他还认为，政府应尽可能减少对经济运行的干预，让市场这只"看不见的手"来调节经济。他的观点对整个欧洲和新独立的美国正在崛起的中产阶级产生了巨大影响。

狄德罗与《百科全书》

法国哲学家丹尼斯·狄德罗（1713—

1784），他的合著者、编辑、数学家让·勒朗·达朗贝尔（1717—1783），以及其他 140 多位撰稿人，试图将人类现有的所有知识分支汇编成一部著作——《百科全书》。狄德罗于 1751 年开始分卷出版《百科全书》，到这部作品完成时，共有 17 卷正文、11 卷插图和 6 卷补充卷。虽然正文于 1765 年完成，但直到 1772 年，所有插图才准备就绪。这部作品影响巨大，同时也饱受争议。狄德罗和其他百科全书编纂者们因其表达的自由主义观点而受到宗教和政府人士的持续攻击。

绝对主义

18 世纪一些有影响力的思想家，如法国作家伏尔泰（1694—1778）和卢梭，认为社会、经济和教育改革只能由新型君主——所谓"开明君主"——来实现。普鲁士皇帝腓特烈大帝曾向伏尔泰请教如何成为开明君主；在俄国，彼得大帝试图使他的国家现代化；在奥地利，玛丽亚·特蕾莎女皇和她的儿子约瑟夫二世成为杰出的改革者。

> "我的国家是世界，我的宗教是行善。"
> 托马斯·潘恩,《人的权利》

▼ 空气泵中的鸟类实验，约瑟夫·怀特，1768 年

这个英式研究展示了一只鸽子正在真空泵中接受实验。

◀ 参见 医学史：第 250—251 页　◀ 文艺复兴：第 338—339 页　什么是经济学：第 392—393 页 ▶

非洲王国

与欧洲、亚洲和南美洲一样，非洲的帝国在中世纪及以后也十分兴盛，其中一些帝国的实力可与古罗马或波斯相媲美。其中位于非洲西部的三个帝国——加纳、马里和桑海——发展成为强大的贸易中心，控制着北非和撒哈拉以南非洲之间黄金、盐和其他商品的流通。它们的财富也使其成为文化和学问的中心。

加纳帝国

从6世纪到13世纪，加纳帝国一直存在于西非，控制着黄金、象牙、鸵鸟毛、皮革和奴隶在北非的地区贸易。与今天的加纳国不同的是，这个帝国的版图包括今天苏丹西部热带草原上的马里和毛里塔尼亚，并由一支包括骑兵在内的强大军队维持治安。其首都昆比萨利赫是当时非洲最大的城市之一，也是西非最富有的城市。该城约有2万人，是加纳国王的故乡，据说加纳国王曾在此囤积金块。

图片显示了夸张的面部特征

廷巴克图和伊斯兰教的传播

7世纪阿拉伯人征服北非后，商人、学者和传教士将伊斯兰教带入西非。由于非洲统治者要么容忍伊斯兰教，要么改信伊斯兰教，伊斯兰教最初能够平稳扩张。但其遭到东非的基督教王国，如努比亚和阿克苏姆的抵制，伊斯兰教在非洲的发展势头被武力所强行改变。伊斯兰教在廷巴克图等城市蓬勃发展，帮助书写艺术在非洲传播。到14世纪，廷巴克图已拥有多所清真寺和大学，成为

阿拉伯文　　　手绘装饰纹

《古兰经》，廷巴克图手稿

穆斯林学者的中心。

卡内姆帝国

卡内姆帝国从9世纪到14世纪一直控制着乍得湖周边地区，但其中心位于乍得湖东岸。虽然其统治者在11世纪末皈依了伊斯兰教，但直到13世纪帝国民众才广泛接受伊斯兰教。卡内姆位于撒哈拉商队路线的尽头，是北非和中非商人与中非和尼罗河流域商人之间贸易往来的天然枢纽。它的财富为一支高效的骑兵队提供了资金，并使其得以向撒哈拉沙漠北部扩张。

桑海帝国

桑海帝国至少可追溯到9世纪，14世纪它脱离马里帝国，在约1460年至约1591年间成为西非最强大的帝国。在被称为"无情的逊尼"的逊尼·阿里（1464—1492）统治下，桑海的国力达到了顶峰。国王运用精明的作战策略击退了进攻者，并在1468年左右确保了帝国领土的安全。除了装甲骑兵，桑海还拥有北非为数不多的海军，逊尼·阿里利用这些海军夺取了衰落的马里帝国的部分领土。

埃塞俄比亚（扎格维王朝和所罗门）

9世纪末，埃塞俄比亚高原的阿高人推翻了曾经统治红海沿岸的阿克苏姆统治者。他们建立了基督教扎格维王朝，在12世纪和13世纪统治埃塞俄比亚。扎格维人最著名的事迹是在首都罗哈用坚硬的岩石建造了11座教堂。13世纪末，扎格维王朝被强大的所罗门王朝取代，所罗门王朝宣称自己是所罗门王的后裔。1974年海尔·塞拉西一世被废黜，所罗门王朝结束。

来自首都的国王侍从穿着传统服饰

脚链

▲ 贝宁青铜器

贝宁国王的宫殿里使用失蜡铸造技术制作的装饰华丽的牌匾。许多牌匾描绘的是国王和他的随从。

大津巴布韦

津巴布韦王国的首都大津巴布韦是传说中示巴女王的故乡。抛开神话传说，11世纪时绍纳人已在此定居。津巴布韦在班图语中的意思是"石头建筑"，该城在鼎盛时期曾有许多花岗岩纪念碑和建筑。虽然津巴布韦的经济以牲畜和农作物为主，但在11世纪到15世纪期间，它曾是一个庞大帝国的中心，当时印度洋沿岸的黄金交易十分活跃。在鼎盛时期，该城居住着多达2万人，其遗址中包含的大围场，是撒哈拉以南非洲最大的圆形石头建筑。

马里帝国

马里帝国由松迪亚塔（1230—1255年在位）建立，延续了四个世纪。在曼萨·穆萨（1312—1337）统治时期，马里是非洲有史以来最大的帝国，从大西洋一直延伸到知识贸易中心廷巴克图，直至撒哈拉沙漠。马里的财富来源于黄金和盐等自然资源，以及对地区贸易路线的控制和征税。1324年，虔诚的穆斯林穆萨前往麦加朝圣时，带走了大量黄金及数万名士兵和奴隶。

约洛夫帝国

约洛夫帝国（或称沃洛夫帝国）于14世纪中叶崛起。它位于西非塞内加尔河和冈比亚河之间，曾经是马里帝国的农业区。它通过经营黄金、象牙、皮革、纺织品、树胶和奴隶等商品致富，这些交易通常是与来自法国和葡萄牙的欧洲

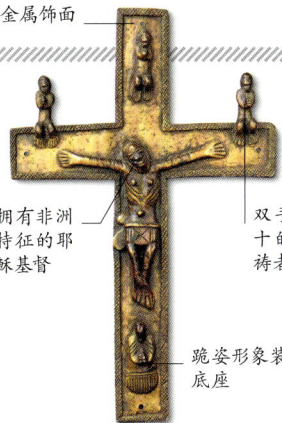

金属饰面

拥有非洲特征的耶稣基督

双手合十的祈祷者

跪姿形象装饰底座

16—17世纪刚果的耶稣受难像

刚果王国

刚果王国位于非洲中部西海岸刚果河以南，由多个地方公国于14世纪末联合组成。它发展成为一个贸易帝国，奴隶贸易创造了其大部分财富。在其鼎盛时期，人口超过200万。刚果由单一君主统治，16世纪开始信奉天主教，政府包括长老议会、总督和地方官员，以及一支由多达2万名奴隶组成的军队。

欧洲人定居和奴隶贸易

富裕的非洲帝国吸引了欧洲商人前来贸易。到16世纪，人们的兴趣从奢侈品转向了奴隶；估计有1250万奴隶被运往大西洋彼岸。这一贸易的影响是毁灭性的。战争加剧，奴隶劫掠司空见惯，只有那些拥有欧洲火器的人才能抵抗。农场被毁导致饥荒，梅毒和天花等欧洲疾病也随之传入。

> "非洲的诞生并不比星球上其他任何地理区域晚。"
>
> 海尔·塞拉西，埃塞俄比亚皇帝（1930—1974年在位）

伊费和贝宁帝国

在尼日利亚诺克发现的撒哈拉以南非洲最早的雕塑，显示了伊费和贝宁艺术王国创造性文化的雏形，这两个王国分别始于11世纪和13世纪。该地区从9世纪开始锻造铁器，用于制造农具和促进工艺品的发展。伊费的艺术家们掌握了青铜铸造技术，创造出精美的人头雕塑。这种技术传播到贝宁，几百年来贝宁一直是重要的贸易中心，15世纪末，黄铜雕塑和牌匾成为与葡萄牙贸易的特产。

商人进行的。直到1600年，奴隶一直占约洛夫"商品"的三分之一，但此后来自该帝国的奴隶被非洲其他地区捕获的奴隶所取代，这一比例逐渐下降。

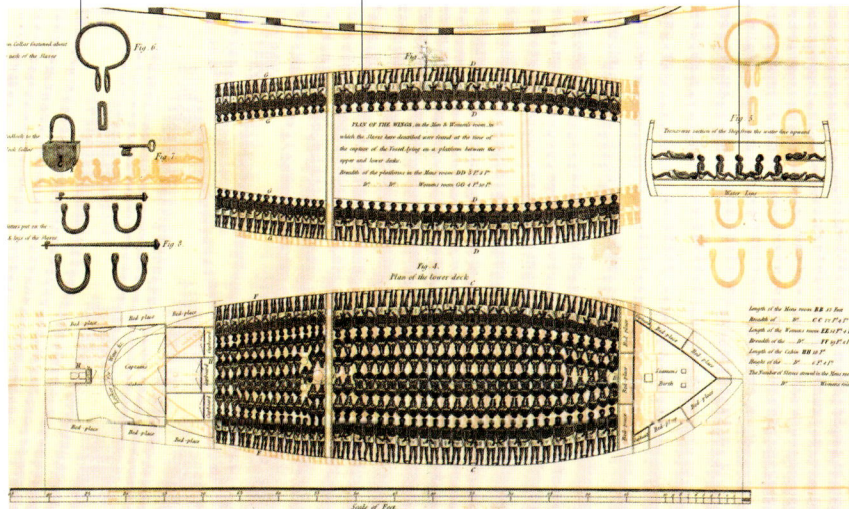

用于铐住奴隶的项圈和腿支架

奴隶躺在甲板之间的平台上

船的横截面

1823年的奴隶贸易船，展示了非洲奴隶是如何被运输的

参见殖民帝国：第356—357页 ▶ 为独立而战：第368—369页 ▶

1750 年以后的世界

过去三个世纪发生了前所未有的变化，革命重塑了疆界，帝国衰落，新的国家诞生，殖民主义和奴隶制成为过去。快速的工业化和蓬勃发展的资本主义经济引发了许多争端，随着农业社会与工业社会、资本主义社会与共产主义社会的碰撞，其中一些争端升级为国内冲突，后来又升级为全球冲突。宗教和种族分歧在全球其他地区爆发为暴力事件。经济兴起、衰落、再兴起；科学创造的一种可怕的武器，结束了一场世界大战，但争夺土地、权力和资源的斗争仍在继续。

"荣耀与祖国"的口号

1754 年 七年战争爆发，英国及其盟国在美洲与法国交战，战争蔓延到印度和欧洲。奥地利、俄国、普鲁士和西班牙也加入了这场冲突。

普鲁士战旗　　帝国之鹰

纽约股票价格指数

210
190
170
150
130
110
90
70
50
30

1926 1927 1928 1929 1930 1931 1932 1933 1934 1935
年份

1929 年 10 月 由于恐慌性抛售导致股价暴跌，纽约证券交易所崩盘。20 世纪 30 年代初银行倒闭，经济大萧条开始。

1922 年 贝尼托·墨索里尼进军罗马，迫使国王任命其为意大利总理，法西斯主义登上世界舞台。

贝尼托·墨索里尼

贝尼托·墨索里尼向罗马进军

1917 年 3 月 15 日 在俄国，彼得格勒的示威者要求进行社会主义改革，沙皇尼古拉二世退位，结束了罗曼诺夫王朝数百年的统治。

90/105 毫米主炮

主炮瞄准镜

炮塔可容纳三名乘员中的一人

20 世纪 30 年代 过度耕作和干旱导致美国土壤流失。沙尘暴肆虐农业州，农民被迫迁徙寻找工作。

1936年的美国移民工人

标语写道："为党的总路线奋斗15年，1917—1932 年"

前苏联宣传海报

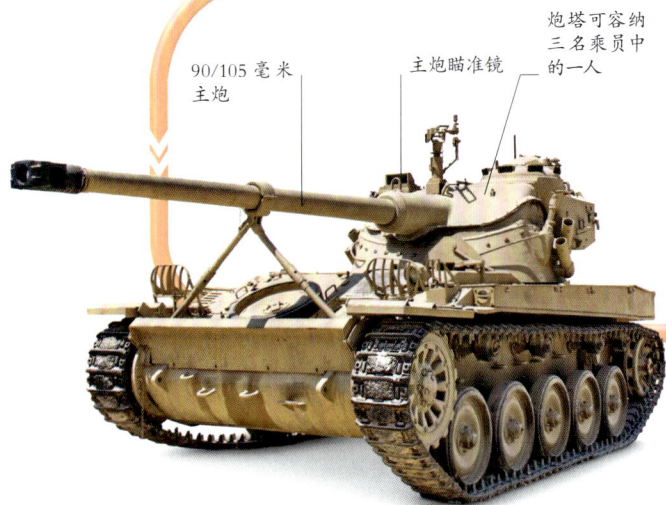

"六日战争"中使用的AMX-13坦克

1967 年 6 月 在"六日战争"中，阿拉伯国家埃及、叙利亚和约旦与以色列交战，以色列赢得了对西奈半岛、加沙地带、东耶路撒冷和戈兰高地的控制权。

民主德国和联邦德国人民坐在柏林墙上庆祝冷战的结束

越南溪山战役中的美国士兵

1965 年 3 月 8 日 美国海军陆战队的两个营抵达岘港，美国加入了越南战争。

1979 年 伊朗宗教领袖鲁霍拉·霍梅尼领导伊斯兰革命，迫使伊朗国王下台，逃离伊朗。

伊朗国王穆罕默德·礼萨·沙阿·巴列维

155 千米长的混凝土墙和带刺铁丝网

1989 年 11 月 9 日 在德国，东柏林宣布东西柏林之间自由通行，存在了长达 28 年之久的柏林墙被拆除。

柏林墙倒塌

签署者包括本杰明·富兰克林，他也参与起草了该宣言

1776 年 7 月 4 日 英军和美军第一次小规模冲突 15 个月后，大陆会议签署了《独立宣言》，宣布美国殖民地从英国独立。

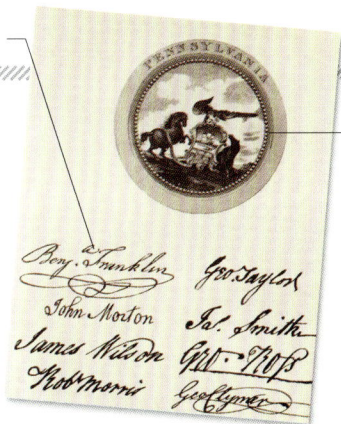

宾夕法尼亚州印章

《独立宣言》

1789 年 10 月，巴黎妇女前往凡尔赛宫，抗议面包价格的上涨

1789 年 7 月 4 日 在法国，巴黎人民冲进巴士底狱，法国大革命开始。

法国大革命场景

1914 年 6 月 28 日 塞尔维亚民族主义者加夫里洛·普林西普在波斯尼亚刺杀了奥匈帝国皇储弗朗茨·斐迪南和他的妻子，引发了第一次世界大战。

弗朗茨·斐迪南

美国内战漫画

1812年拿破仑帝国

1865 年 4 月 美国南方军队投降，长达四年的美国内战结束。

法兰西帝国
法国附庸国
盟国
反拿破仑势力

1815 年 在滑铁卢战役中，威灵顿公爵阿瑟·韦尔斯利率领反法盟军击败拿破仑，结束了长达 23 年的反法战争。

1807 年 《废除奴隶贸易法案》规定英国殖民地的奴隶贸易为非法行为。

该徽章描绘了奴隶挣脱镣铐的场景

纪念废奴法案的徽章

纳粹徽章

万字符

1939 年 9 月 1 日 德国军队在元首阿道夫·希特勒的指挥下，从陆地和空中进攻波兰，第二次世界大战爆发。

1945 年 8 月 美国轰炸机在日本广岛和长崎投下原子弹，估计造成 12 万人死亡。日本于 8 月 15 日无条件投降，第二次世界大战结束。

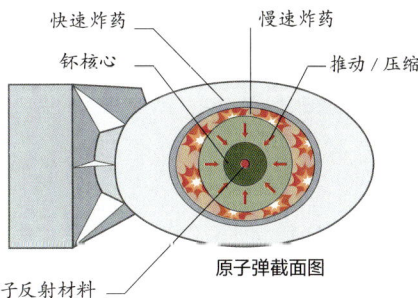

快速炸药　慢速炸药
钚核心
推动／压缩
中子反射材料
原子弹截面图

1947 年 8 月 15 日 《印度独立法案》结束了英国在印度和巴基斯坦长达 200 年的统治，承认它们为独立国家。

政治家尼赫鲁（左）和穆罕默德·阿里·真纳

1960 年 17 个非洲国家摆脱欧洲统治，获得独立。加纳总统夸梅·恩克鲁玛在联合国大会上宣布"一个新时代"已经到来。

机头的喷气进气口

后掠式尾部设计

米格-15

1950 年 6 月 25 日 朝鲜战争爆发，引发了长达四年的流血冲突。

1949 年 10 月 1 日 中华人民共和国成立。

1948 年 5 月 14 日 大卫·本－古里安在特拉维夫宣布以色列国成立，并成为首任总理，2000 年来第一个犹太国家在特拉维夫诞生。

大卫的六角盾

十二颗星可能代表以色列的 12 个部落

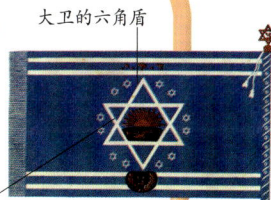

被提议的国旗设计方案，1918 年

1991 年 1 月 16 日 美国总统乔治·赫伯特·沃克·布什宣布开始"沙漠风暴"行动，以驱逐入侵科威特的伊拉克军队。第一次海湾战争爆发。

鼓动伊拉克士兵投降的传单

海湾战争传单，1991—1992 年

2001 年 9 月 11 日 两架被伊斯兰极端分子劫持的客机撞击并摧毁了纽约世界贸易中心（双子塔）。

2008 年 雷曼兄弟等金融公司倒闭，导致自大萧条以来最严重的全球金融危机。

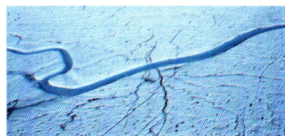

全球变暖

21 世纪初 随着全球气温不断升高，全球变暖问题日益突出。

2011 年 继 2010 年 12 月突尼斯街头艺人穆罕默德·布瓦吉吉的自焚事件后，突尼斯、埃及和利比亚等阿拉伯国家爆发了一系列抗议活动，导致政权更迭。这一事件被称为"阿拉伯之春"。

参见 **政治革命**：第 352—353 页 ▶　**近现代内战**：第 358—359 页 ▶　**为独立而战**：第 368—369 页 ▶

政治革命

18 世纪末的美国独立战争和法国大革命，激发了人们对社会和政治自由的需求，并改变了世界。19 世纪，民族主义运动在欧洲兴起，随后蔓延到全球各地。实现人民主权的尝试与此相伴而生，尽管这些尝试并不一定会带来民主。

苏俄红军帽徽，1919

红色涂层

锤子和犁

议会民主制：英国和法国

1688 年，英国爆发了"光荣革命"，建立了君主立宪制，但远未实现完全的议会民主制——1800 年，只有 10% 的成年男性拥有投票权。1832 年、1867 年和 1884 年的三个改革法案逐步扩大了选举权，但直到 1928 年，才实现了成年人的普选权。不过，英国至少还有议会；而在法国，三级会议在 1614 年到 1789 年间都没有召开，也没有立法权。它所代表的社会三个等级——教士、贵族和第三等级，仅能向国王提出建议。

马里兰第四独立连背包，1776 年

绣有"自由"字样的帆布

连队徽章

美国独立战争

由于英国试图向北美殖民者征收新税，双方之间的紧张关系加剧，1775 年爆发了莱克星顿的枪声，美国独立战争开始。1776 年 13 个殖民地通过《独立宣言》，随后又经历了七年的战争，美国爱国者与英军、效忠派作战。1778 年法国加入后，形势开始有利于美军。1781 年，英国在约克镇遭到决定性的

◀ 巴士底狱陷落，法国巴黎

1789 年 7 月 14 日，巴黎人民袭击了巴士底狱要塞，认为它象征着王室的压迫。

失败，并于 1783 年承认美国独立。

1789—1799 年的法国大革命

1789 年，巴黎人民攻陷巴士底狱，法国大革命爆发。国民议会废除了封建制度并通过了《人权宣言》。1791 年，法国开始实行君主立宪制。1792 年，更激进的民主派从君主立宪派手中夺取了政权，之后宣布成立共和国，并处死国王路易十六。他们成立了公安委员会，行使独裁权力，处决了 2 万名反革命分子。直到 1799 年拿破仑（参见第 361 页）上台，法国才得以建立一个稳固的温和政权。

"革命是一场未来和过去之间的斗争。"

菲德尔·卡斯特罗，古巴革命领袖，1959 年

意大利统一

1815 年拿破仑兵败滑铁卢之后，意大利被重新分割成一个个独立的小国，主要由西班牙波旁王朝和奥地利哈布斯堡王朝控制（参见第 344—345 页）。但意大利人对于民族统一的渴望是无法被消灭的。从 1815 年起，朱塞佩·马志尼和朱塞佩·加里波第最先发起统一事业，但都失败了。1859 年，意大利诸国中唯一独立的国家——撒丁王国，在其首相加富尔伯爵的精心策划下，与法国结盟，发动对奥地利战争，从而收复了伦巴第。其后，意大利中部公投决定加入撒丁王国，加里波第则解放了西西里和那不勒斯。1861 年，意大利王国宣告成立。1866 和 1871 年，新生的意大利王国又借助普奥战争、普法战争之机，将威尼斯和罗马收回。

1848 年起义

1848 年，欧洲民众对现存秩序的不满情绪逐渐滋长，许多地区处于一触即发的状态。革命首先在意大利西西里爆发，随后的法国二月革命推翻了国王

路易–菲利普一世的统治。意大利其他地区和奥地利帝国也爆发了起义，而在德意志，法兰克福国民议会呼吁德意志各邦实现普鲁士统治下的统一。

德意志统一

19 世纪 50 年代初，德意志仍是一个由奥地利主导的松散邦联，但在 19 世纪 60 年代，普鲁士开始主导德意志统一进程。普鲁士首相奥托·冯·俾斯麦策划了 1866 年与奥地利的战争，仅用七周时间就取得了胜利，由此建立了北德意志邦联。1870 年的普法战争中，在与法国的另一场战争中，北德意志与南德意志邦国结盟，击败法国。1871 年德意志帝国宣告成立，俾斯麦成为帝国首任宰相。

俄国革命

1917 年，俄国发生了两次革命。第一次革命发生在 2 月，已经厌倦战争的俄国人迫使沙皇尼古拉二世退位，结束了罗曼诺夫王朝长达 304 年的专制统治。此后一度两个政权并存：一是资产阶级建立的临时政府，二是工农代表苏维埃。流亡多年后回国的列宁领导布尔什维克，进行了第二次革命——十月社会主义革命，推翻了临时政府，并于 1922 年建立了苏联，一个一党制的共产主义联邦国家。苏联在"二战"后成为一个全球超级大国，但于 1991 年因共产主义垮台而解体。

中国革命

1921 年，中国共产党在上海成立。1927 年，由于国民党发动反革命政变，共产党被迫发动武装起义，发动农民坚持斗争。1934 年，由于反"围剿"失败，中共主力红军北上抗日进行长征，历时一年，行程约 25000 里（约 12500 千米）。"二战"结束后，经过四年的国共内战，共产党解放了全中国，1949 年 10 月 1 日，毛泽东宣布成立中华人民共和国。

古巴革命

1953 年，菲德尔·卡斯特罗领导了一次对军营的失败袭击，这激发了各地反对富尔亨西奥·巴蒂斯塔政权的起义。到 1958 年，游击战席卷古巴全岛。1959 年，巴蒂斯塔出逃，卡斯特罗掌权。他的目标是打破美国对古巴经济的控制，因此他与苏联结盟。1961 年，苏联试图在古巴建立导弹基地，一度将世界推向了核战争的边缘。

伊朗革命

1978 年，伊朗爆发了反对穆罕默德·礼萨·巴列维国王专制统治的活动，要求什叶派宗教领袖霍梅尼回归。1979 年，国王出逃。霍梅尼回国后，建立了伊斯兰共和国，并以严格的宗教和社会路线管理国家。伊斯兰与美国的关系持续紧张。

切·格瓦拉

切·格瓦拉（1928—1967）是阿根廷出生的革命家，在菲德尔·卡斯特罗掌权的古巴革命中崭露头角。他在卡斯特罗的新政府中担任部长，并于 1965 年离开古巴，到其他发展中国家实现他发酵革命的雄心。他先后在刚果和玻利维亚战斗，并在玻利维亚被捕并被杀害。

参见**全球冲突的年代：**第 360—363 页 ▶ **自决权和公民权：**第 366—367 页 ▶ **什么是政治：**第 386—387 页 ▶

工业革命

工业革命始于 18 世纪末的英国，逐渐蔓延到欧洲和美国。工业革命的特征是技术创新和工业发展，蒸汽机、纺纱机和动力织布机等新机器的发明推动了大规模的工业化，加上人口激增的刺激，带来了经济的快速增长，改变了全世界人民的生活。

工业革命的起源

工业革命发端于英国，是由多种因素推动的。农业的进步，使得农业剩余人口激增，他们就是潜在的工人。不列颠岛屿有着丰富的矿产资源，尤其是铁矿石和煤炭，促进了钢铁生产，也为蒸汽机提供了动力。众多发明天才的技术创新，如詹姆斯·瓦特改良了蒸汽机，理查德·阿克莱特改进发明了新型水力纺纱机，也促进了工业的增长。此外，英国的地理位置和对海洋的控制，也使其很容易发展出口贸易。

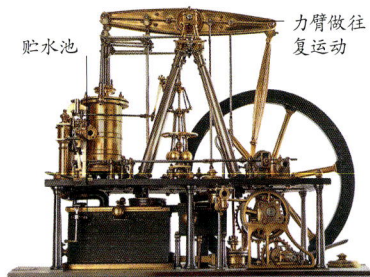

贮水池　　力臂做往复运动

瓦特蒸汽机

詹姆斯·瓦特和蒸汽动力

虽然苏格兰数学仪器制造商詹姆斯·瓦特被普遍认为是蒸汽机之父，但实际上他并没有发明蒸汽机。他意识到现有的蒸汽机效率极低（气缸的反复冷却和再加热浪费了大量有用的蒸汽），于是他设计了一个独立的冷凝气缸来解决这个问题。虽然瓦特在 1765 年就设计出了冷凝器，但直到 1769 年他才获得专利。1774 年，他开始与伯明翰铸造厂主马修·博尔顿合作。两人制造的发动机后来彻底改变了英国和国际上的采矿、炼铁、纺织和制造业。

钢铁工业

1709 年，亚伯拉罕·达比一世率先使用焦炭而不是传统的木炭作为燃料，彻底改变了炼铁业。18 世纪 80 年代，亨利·科特设计出一种更快的方法来制造锻铁。此后 20 年间，铁的产量增加了 400%，不过钢铁的价格依然居高不下。1856 年，亨利·贝塞麦发明了"贝塞麦转炉"，钢铁才得以快速且廉价地生产。

纺织业

纺织业是工业革命中受益最大的行业之一。在英国，多轴纺纱机等发明将家庭手工业转变为工业化生产。在美国，轧棉机让人们更快、更容易地去除棉花中的杂质。从北美和印度进口的棉花，为雨后春笋般出现的纺织厂提供了原料，促成了棉纺织品大众市场的形成。

纺织厂

◀ 参见材料：第 264—265 页　　◀ 火车和铁路：第 284—285 页　　◀ 汽车：第 286—287 页

"这是一个机器林立的小镇，高耸的烟囱浓烟滚滚……"

查尔斯·狄更斯对库克镇的描述，《艰难时世》，1854 年

运河和铁路

更好的交通是工业革命传播的必要前提。运河可以快速高效地运输重型货物。不过，到了 1850 年，运河不得不与铁路展开激烈竞争（参见第 284—285 页）。到 19 世纪末，英国的铁路线纵横交错，英国工程技术还支持了欧洲、亚洲和南美洲的铁路建设。在美国，内战后迎来了铁路建设的高潮（参见第 359 页）。

工业化的传播

英国的工业发展让同时代的人将其称为"世界工厂"，但它的领先地位仅持续了约 50 年就被迎头赶上。在欧洲大陆，比利时一马当先，德国和法国紧随其后。在美国，工业革命始于东北部，一位富有进取心的英国移民塞缪尔·斯莱特建立了美国第一家棉纺厂。美国内战之后，工业化在全国范围内得到了惊人的发展。

城市化

随着工业革命的推进，城镇和城市迅猛发展，这也得益于人口从乡村农场和村庄大量流向城市。在工业化前的英国，超过 80% 的人口居住在农村地区；到 1850 年，超过 50% 的人口居住在城镇。随着工业化在欧洲和北美其他地区的传播，这些地区也开始城市化。19 世纪下半叶，芝加哥成为世界人口增长最快的城市；1860 年至 1900 年间，芝加哥人口从 11.2 万增长到 169.8 万。

工厂和示范住宅区

工厂的主要目的只有一个，最大限度地提高生产力和利润。这些工厂通常杂乱、肮脏、光线不足且不安全。男工、女工和童工每周工作六天，每天工作 12 到 16 个小时。直到 19 世纪初，制造商和社会改革家罗伯特·欧文在苏格兰的新拉纳克工厂率先改善了工作条件，才陆续有雇主试图改变现状。在美国，乔治·普尔曼建立了一个员工集中居住的公司城镇，大获成功。

新工人阶级和工会

在工业革命时期，工人们几乎没有任何权利，政府也很少保护他们。例如，英国 1800 年《组合法》规定罢工为非法，并禁止成立工会。虽然法案在 1824 年被废除，但直至 19 世纪 50 年代，工会才得以争取到一些艰难的让步。美国的情况也大致相同，不断膨胀的人口让工人们为有限的工作岗位而竞争，这意味着雇主可以随意决定薪资的高低。

第二次工业革命

1870 年至 1914 年间，炼钢技术的飞速发展和电力的出现，将工业生产推向了一个前所未有的高度。技术和制造方面的创新，尤其是机床的发展，使得大规模生产各类商品成为可能。电报和电话的发明改变了通信方式，内燃机的发明也彻底改变了交通运输业（参见第 286—287 页）。到 19 世纪末，德国的工业产值超过了英国，而美国则成为工业强国。

社会状况与慈善事业

现代慈善事业大约在 1885 年至 1914 年间形成。受工业化造成的恶劣社会状况的触动，一些富人寻找有益于社会的方式来利用他们的剩余财富，他们通常捐款给医院、穷人或教育机构。

纺织厂的女工

◀ 英国谢菲尔德，19 世纪
在这幅当代手工上色木刻画中，展现了英国工业城市里钢铁厂的烟囱冒出滚滚浓烟的景象。

殖民帝国

殖民主义是指获取海外领土政治控制权的行为，通常是为了经济剥削，并经常涉及对当地居民的暴力征服。殖民主义作为一种独特的现象出现于16世纪，由欧洲列强主导，到1900年，这些列强已将世界大部分地区殖民化，其中包括几乎整个非洲。这些措施扼杀了当地的政治发展，剥夺了整个地区的自治权，给整个社会造成了无法弥补的损害。

现代殖民主义的根源

16世纪，欧洲一系列探险家的远航，使各大陆曾经分离的帝国和国家首次相互接触。这些探险家最初是由其君主派出的，目的是寻找通往胡椒、丁香等珍贵香料产地的新商路。他们通过贸易和开发当地土地，获取了丰厚的经济收益，从而吸引了更多的欧洲冒险家前往殖民地。他们开始定居下来，驱逐当地人，而且往往是通过暴力形式。当时，欧洲多个国家通过各种政治势力的博弈，已经建立了强大的中央集权制度，在军事和技术上都比它们所占领的国家和地区更有优势，后者往往受到政治分裂、内战或疾病的困扰。

帝国的崛起

在美洲，葡萄牙帝国从16世纪初开始占领巴西，而西班牙则在1533年摧毁了原住民建立的阿兹特克帝国和印加帝国，其控制地域北达加利福尼亚。从1607年英国建立詹姆斯敦殖民地开始，英国和法国都在北美建立了移民殖民地。16世纪，欧洲人在西非建立了前哨站，作为将非洲奴隶运往美洲的登船点。17世纪，由于美洲种植园广泛使用奴隶，推动了新殖民地的发展，非洲与美洲之间的奴隶贸易迅速加速。两个世纪后，欧洲列强发起了"非洲争夺战"（1881—1914），殖民化的步伐再次加快，几乎整个非洲大陆都被瓜分。

提普苏丹

反抗

原住民强烈抵制欧洲殖民运动。在北美洲，印第安人从17世纪初就开始了反对殖民者占领其土地的战争，而在1775年，英国控制的13个殖民地的殖民者发动了起义，并于1783年建立了独立的美国。在印度，迈索尔王国的苏丹提普等本土统治者发动了反对英国入侵的战争，但最终以失败告终（1799年迈索尔被征服）。在澳大利亚，毛利人在与英国殖民者的小规模战斗中失败，被从部落领地驱除。而新西兰的毛利人则通过1845年至1872年间的反抗战争，得以至少保留部分土地和生活方式。有的抵抗运动带有宗教色彩，如19世纪80年代苏丹，马赫迪领导伊斯兰起义驱逐英国人，又如1857年的印度民族大起义，英国军官要求手下的穆斯林和印度教士兵使用涂有猪油和牛油的子弹，触犯了后两者的宗教禁忌，导致了席卷全印度的兵变，几乎推翻英国在该地区的统治。

塞缪尔·马哈拉罗

1904年1月，西南非洲（今纳米比亚）赫雷罗族酋长马哈拉罗领导了反对德国占领者的起义。约75%的赫雷罗人丧生，马哈拉罗被迫流亡到英国统治的贝专纳兰，并于1923年在那里去世。在纳米比亚，他被广泛视为民族英雄。

殖民者认为他们给当地人带来秩序

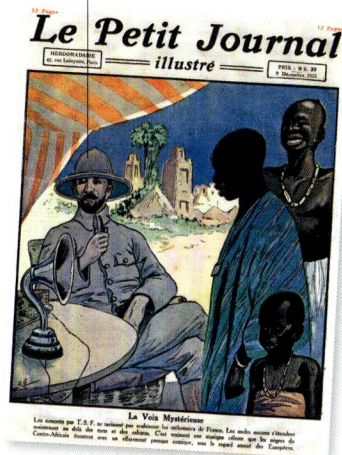

1923年的报纸插图

殖民统治的影响

殖民统治导致当地统治者被赶走，许多民族丧失了独立。殖民地人民很少享有与宗主国公民同等的权利。在 3 个世纪的奴隶贸易中，1250 万非洲人被跨越大西洋，运往美洲的种植园劳作。殖民地的开发是为了殖民者的经济利益，本地人并未从中获益，比如在玻利维亚开采的白银和在南非开采的钻石养肥了欧洲列强。宗主国将殖民地定位为矿产、农产品的提供者，在工业革命之后，也不鼓励殖民地发展自己的工业。即使是名义上保持独立的国家，如中国，其自主权也大受限制：19 世纪 40 和 50 年代，英国为了向中国出口鸦片，发动了两次鸦片战争，迫使中国开放多个通商口岸，并在这些口岸设立了租界，享有治外法权。

今天的殖民地

虽然大多数曾经的欧洲殖民地现

◀ **鸦片仓库**

印度东北部巴特那的工人在包装鸦片。这种毒品大部分都运往中国。

在都已获得独立，但仍有一些被认为面积太小而无法成为独立国家的领土处于殖民控制之下，如圣赫勒拿（由英国统治）。其他一些地区则是国际冲突的焦点，如马尔维纳斯群岛（英国称福克兰群岛），1982 年英国和阿根廷为争夺它的管辖权而爆发了战争。一些前殖民地，如法属圭亚那，仍然完全融入前宗主国的政治体系中。

然而，在获得独立的前殖民地，殖民统治的影响依然存在。许多国家的经济变得过于专业化，如依赖香蕉或蔗糖生产的加勒比国家。独立后，许多国家缺乏教育卫生设施，缺乏其他基本的基础设施，也无法获得建设这些设施所需的资金。这些国家的边界，沿袭了前宗主国留下的国家边界，而这种边界往往是随意划分，往往与民族分布状况不符，这就导致了破坏性的内战。另外，殖民地独立后，宗主国对其独裁政权的支持，也阻碍了许多国家公民社会的发展。殖民主义留下的遗产就是贫困，在资源日益有限、人口不断增长的情况下，它阻碍了现代经济的发展。

马尔维纳斯群岛战争

"殖民主义所做的最糟糕的事情就是模糊了我们对自身历史的认知。"

巴拉克·奥巴马，《奥巴马回忆录：我父亲的梦想》，1995 年

参见**全球冲突的年代**：第 360—363 页 ▶　**自决权和公民权**：第 366—367 页 ▶　**为独立而战**：第 368—369 页 ▶

近现代内战

内战贯穿了整个人类历史，在现代，由于政治运动、独立斗争、种族冲突等因素的驱动，内战仍在持续不断。到 20 世纪末，内战几乎成为一种流行病，据估计，自 1945 年以来，多达 2500 万人在内战中丧生，另有数百万人流离失所，陷入贫困。这里将详细介绍现代的一些主要冲突。

美国内战

美国内战的源头，在于数十年来北方和南方各州之间在奴隶制和州权问题上的对立。1860 年，反奴隶制的亚伯拉罕·林肯当选总统，导致 1861 年南方各州宣布独立，内战爆发。战争持续了 4 年，其间有 70 多万人丧生。前期南方军占据优势，1863 年 7 月，联邦军在葛底斯堡战役中取胜，战局逆转。1865 年 4 月，南方军投降，内战结束。

墨西哥内战

1910 年，墨西哥自由派政治家弗朗西斯科·马德罗发动起义，反对独裁者波菲里奥·迪亚斯，次年将其赶下台，由此开启了漫长而血腥的内战。1913 年初，马德罗被一场军事政变推翻，军方领袖维克多利亚诺·韦尔塔将军就任总统。但他的统治并不稳，埃米利亚诺·萨帕塔和弗朗西斯科·潘乔·比利亚领导游击队起义，为占据人口多数的无地农民和墨西哥梅斯蒂索人（西班牙人和印第安人混血）争取权利。1917 年，富裕地主维努斯蒂亚诺·卡兰萨上台，但他不愿将土地重新分配给贫穷的墨西哥人。直到 1920 年阿尔瓦罗·奥布雷贡成为总统，墨西哥局势终于平定下来。

俄国内战

1917 年十月革命（参见第 353 页）之后，布尔什维克的政权并不稳固，1918 年 6 月爆发了与反革命的白军的内战，后者得到了英国、法国、意大利、美国和日本的支持。1920 年末内战基本结束，共产主义者取得了胜利。他们能获胜，部分原因是他们控制了国家的工业中心地带和大部分铁路网络。他们还拥有极具个人魅力的领导者，主要是弗拉基米尔·列宁和列夫·达维多维奇·托洛茨基，同时他们让俄罗斯民众相信，他们将给人民带来比沙皇政府统治下更好的生活水准。

司令官　苏联军队

支持布尔什维克的海报

中国内战

1927—1949 年，中国共产党与国民党为争夺对中国的控制权展开了斗争。起初，蒋介石发起反革命政变后，共产党人被迫退回到南方农村发动起义，后来又北上长征（参见第 353 页），并在那里建立了根据地。1937 年日本全面侵华后，国共第二次合作，共同抗日。1945 年日本投降后，内战再次爆发。到 1949 年，共产党取得胜利，蒋介石带着 100 多万支持者从中国大陆逃到中国台湾。

美国内战部队，19 世纪 60 年代 ▶

纽约州民兵的工程师在营地休息，准备对抗南方军。

 ◀ 参见 政治革命：第 352—353 页

西班牙内战

1936年7月，在西班牙，埃米利奥·莫拉将军和弗朗西斯科·佛朗哥将军发起武装叛乱，意图颠覆民选共和政府，内战开始，这是自"一战"结束以来西欧所经历的最血腥的冲突。叛乱从摩洛哥开始，迅速蔓延到西班牙西南部。然而，马德里市抵挡住了叛军的进攻。转折点出现在1938年底，叛军取得特鲁埃尔战役和埃布罗河战役的胜利，向巴塞罗那进军。1939年1月巴塞罗那陷落，随后整个加泰罗尼亚也被占领。3月27日马德里向佛朗哥的军队投降，4月1日共和政府被推翻。佛朗哥的胜利部分归功于意大利法西斯和纳粹德国默许的军事援助。

尼日利亚和比亚法拉

由于尼日利亚士兵屠杀了东南部比亚法拉州的数千名伊博人，1967年5月，该地区宣布从尼日利亚独立。7月，尼日利亚军队发动进攻，内战爆发。比亚法拉起初坚守阵地，但尼日利亚军队逐渐侵入他们的领土，占领了比亚法拉人赖以生存的油田。由于没钱进口粮食，饥荒接踵而至；据估计，有50万至300万比亚法拉人死亡。1970年1月，

比亚法拉军队，1968年

比亚法拉政府在失去最后一个据点后投降，战争结束。

南斯拉夫内战

"二战"后，塞尔维亚、克罗地亚、斯洛文尼亚、马其顿、波黑和黑山六个共和国组成了南斯拉夫社会主义联邦共和国。1991年，克罗地亚和斯洛文尼亚单方面宣布独立，南斯拉夫爆发内战。塞尔维亚共和国向两地派兵，斯洛文尼亚很快取得胜利，克罗地亚人则斗争到1995年。波黑共和国于1992年宣布独立，但遭到三大土要民族之一的塞尔维亚人的反对，波黑战争爆发，直到1995年底才平息。1992年4月，南斯拉夫彻底解体。

安哥拉内战

1975年安哥拉从葡萄牙获得独立，安哥拉人民解放运动（简称安人运，得到苏联及古巴支持）掌握政权。但美国及南非支持的另外两大势力，安哥拉人民族解放阵线（简称安解阵）和争取安哥拉彻底独立全国联盟（简称安盟），向安人运发起攻击，安哥拉内战爆发。安解阵在战争中被击溃，安盟却日益强大，到1992年已经控制了安哥拉约三分之二的国土。2002年，经过反复谈判和妥协，安盟与政府达成和平协议，内战结束。

阿尔及利亚内战

阿尔及利亚自1962年脱离法国独立以来，一直由世俗化的民族解放阵线统治。在1991年的选举中，阿尔及利亚人踊跃投票支持伊斯兰拯救阵线。民族解放阵线没有接受选举结果，并解散了伊斯兰拯救阵线，内战由此爆发。多个派别上山发动游击战，其中一些派别屠杀平民。2002年，伊斯兰武装组织被击败。

> **"有时候，战败比根本不战斗更好。"**
>
> 乔治·奥威尔，在《向加泰罗尼亚致敬》中谈论西班牙内战，1938年

阿富汗冲突

1988年苏联从阿富汗撤军后，反抗军控制了阿富汗大部分地区，于1992年攻占喀布尔，推翻了世俗政府。各个敌对的派别（通常以民族划分）为争夺统治权而战，直到1996年塔利班掌权。2001年美国遭受恐怖袭击后（见第374页），美国军队入侵，旨在将塔利班赶下台。

"毒刺"导弹

阿富汗士兵

参见全球冲突的年代：第360—363页 ▶

全球冲突的年代

七年战争（1756—1763）是第一次真正意义上的全球性冲突，在这场战争中，法国、奥地利、俄国和盟国与英国、普鲁士和盟国，在国内和殖民地展开交战。这预示着大规模战争的新时代的到来，主要联盟为争夺领土和统治权而战。拿破仑战争（1803—1815）席卷欧洲，普法战争（1870—1871）也是如此。在1904—1905年的日俄战争中，新兴工业化国家日本出人意料地击败了俄国，从而登上了世界舞台。

七年战争

1756年，奥地利从普鲁士手中夺回西里西亚省，七年战争由此爆发。欧洲列强形成了两个联盟：一方是法国、奥地利、俄国、萨克森、西班牙和瑞典，另一方是普鲁士、英国、汉诺威和葡萄牙。当普鲁士在欧洲大陆作战时，英国则重新开始进攻法国在北美的殖民地，并将目标对准了法国在印度和加勒比海的属地。1763年，恢复了和平。

▼日本海军的胜利

这幅高度风格化的画作展示了海军大将东乡平八郎在1905年5月对马海战中击溃俄国舰队的场景。

时间线

全球范围的战争是现代运输和武器技术发展及殖民扩张运动加剧的结果。这些战争为20世纪的第一次和第二次世界大战做出了铺垫。

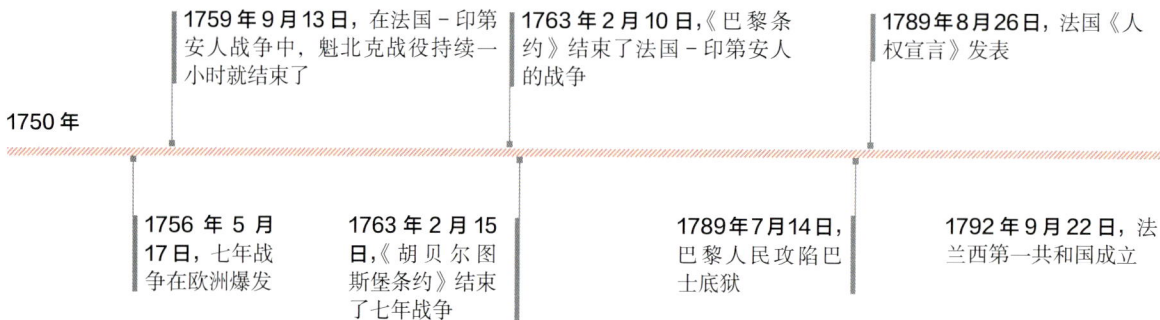

1750年

1759年9月13日，在法国-印第安人战争中，魁北克战役持续一小时就结束了

1763年2月10日，《巴黎条约》结束了法国-印第安人的战争

1789年8月26日，法国《人权宣言》发表

1756年5月17日，七年战争在欧洲爆发

1763年2月15日，《胡贝尔图斯堡条约》结束了七年战争

1789年7月14日，巴黎人民攻陷巴士底狱

1792年9月22日，法兰西第一共和国成立

法国－印第安人战争

在北美，英国、法国及各自的殖民地和印第安人盟友之间的冲突从 1754 年就开始了，并成为七年战争的一部分。英国初期战事不利，但到 1759 年，英国在魁北克战役中击败了法属加拿大。1763 年七年战争结束后，根据《巴黎条约》，法国将其在北美领地割让给英国。

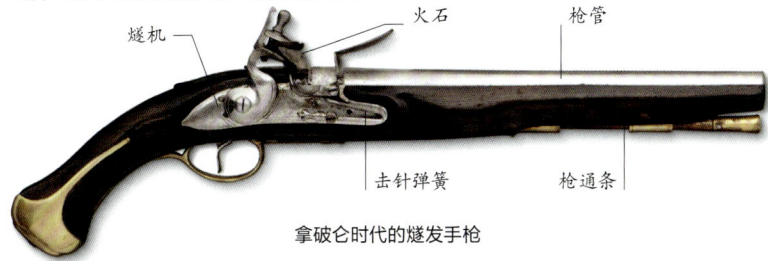

火石　　　　枪管

燧机

击针弹簧　　　枪通条

拿破仑时代的燧发手枪

法国大革命战争

法国大革命引起周边君主国的不安（参见第 353 页），1792 年，奥地利、普鲁士成立联军攻打法国。法国军队被打败，情势危急，法国政府下令大规模征兵。新组建的革命军击退了干涉军，并攻进意大利。拿破仑在此过程中脱颖而出，1799 年在意大利打败奥地利，迫使奥地利求和。

拿破仑战争

1799 年，奥地利、俄国、英国和

维也纳会议与欧洲联盟

1814 年击败拿破仑后，反法联盟在维也纳召开会议，旨在重建战后欧洲秩序。会上通过了《最后议定书》，规定法国将本土以外的领土移交给俄罗斯、普鲁士和奥地利。此后，这三个国家成立了神圣同盟，共同维护欧洲君主政体。

奥斯曼帝国组成第二次反法同盟。拿破仑于 1799 年发动政变，夺取政权，随后击败奥地利，又与俄国和奥斯曼帝国签订了合约，英国因为失去盟友，不得不暂时休战。1803 年，英国宣战，战争再次爆发，拿破仑继续屡战屡胜，与俄国媾和，强迫奥地利和普鲁士成为盟友。到

1809 年，他已成为欧洲大陆的主宰。

拿破仑的失败

拿破仑由于无法在军事上迅速击溃英国，于是转而实行贸易封锁政策，禁止欧洲大陆国家与英国进行贸易，以迫使英国投降。然而，这激起了俄国人的再次反对。1812 年，拿破仑入侵俄国，最终以灾难性的撤退告终，俄国和其他国家组成了第四次反法联盟。这些国家再次得到英国的资助，并在半岛战争（1807—1814）后期，在葡萄牙和西班牙取得了陆上的胜利。

1814 年 4 月，拿破仑被迫退位，并被流放到地中海的厄尔巴岛。次年 2 月，拿破仑逃脱囚禁，返回法国，并在一个月内推翻了复辟的波旁王朝。反法联盟宣布他为逃犯，决心彻底结束他的统治。1815 年 6 月双方在滑铁卢决战，法军失败，拿破仑再次退位。这一次，他被流放到南大西洋偏远的圣赫勒拿岛。1821 年，他在那里去世，可能死于恶劣的生活条件、癌症或中毒。

普法战争

1870 —1871 年的普法战争是建立统一的德意志的最后一步。普鲁士首相奥托·冯·俾斯麦策划了一个外交阴谋，激怒了法国的拿破仑三世，法国宣战。这促使南德意志邦国与普鲁士和北德意志邦联结盟，并迅速取得了战争胜利。1871 年，就在与法国开始和平谈判的前几天，德意志帝国在凡尔赛宣告成立。

1898 年美西战争

美西战争是美国为了夺取西班牙殖民地而发动的战争。1898 年 2 月，美国军舰缅因号在西属古巴哈瓦那港莫名沉没，美国以此为由挑起争端。战争持续时间很短，于 5 月在菲律宾开始，6 月美国在古巴登陆。12 月，两国签订《巴黎条约》，西班牙放弃了对古巴的所有主权要求，将关岛和波多黎各割让给美国，并以 2000 万美元的价格将菲律宾群岛出售给美国。这标志着西班牙帝国在西印度群岛统治的终结。

超大号的德国头盔

骑兵剑

威廉一世卡通形象

日俄战争

俄国和日本为争夺中国东北和朝鲜半岛而关系日趋紧张，1904 年 2 月，日本对中国旅顺港发动突然袭击，战争爆发。在陆上，日本人占领了旅顺港，并在鸭绿江和沈阳击败了俄国人；在海上，他们在对马海战中取得了决定性的胜利。在 1905 年的《朴次茅斯条约》中，俄国同意撤离中国东北，将旅顺港和朝鲜割让给日本。

游击战

游击队，即非正规武装力量，在战争史上一直占有重要地位。在七年战争中，克罗地亚、匈牙利和塞尔维亚非正规军在波希米亚和摩拉维亚骚扰了普鲁士军队；在拿破仑战争期间，法国侵略者在半岛战争中饱受游击队困扰，在 1812 年从莫斯科大撤退的过程中也遭到农民武装和哥萨克队伍的袭击。

美国非裔军团

> "除了输了一场战斗，没有什么能比赢了一半的战斗更让人悲伤。"
>
> 英国指挥官威灵顿公爵在滑铁卢战役之后的信件，1815 年

1804 年 5 月 18 日，拿破仑·波拿巴加冕为法兰西皇帝

1870 年 7 月 19 日，普法战争爆发

1871 年 5 月 10 日，《法兰克福条约》结束普法战争

1898 年 12 月 10 日，美西签署《巴黎条约》，美西战争结束

1910 年

1815 年 6 月 18 日，拿破仑在滑铁卢战中失败，随后再度被流放

1871 年 1 月 18 日，德意志帝国成立

1898 年 4 月 20 日，美西战争在古巴爆发

1904 年 2 月 8 日，旅顺港战役开始

1905 年 5 月 27 —28 日，对马战役爆发

>> 全球冲突的年代（续）

第一次世界大战爆发时，人们预计它在几个月内就会结束，但实际上战争在堑壕战的僵局中持续了四年。各种新式武器如机枪和毒气等的使用，造成了巨大杀伤，导致数百万人丧生。第二次世界大战的破坏性更大，影响更深远，战争结束时，美国和苏联跃居新的世界霸主。双方意识形态的对立，导致了持续数十年的冷战，直到20世纪80年代末的东欧剧变和1991年的苏联解体，美国成为无可争议的军事超级大国。

第一次世界大战爆发

20世纪初，欧洲形成了两大军事同盟：法国、俄国和英国为首的协约国，以及德国、奥匈帝国和意大利为首的同盟国。1914年，塞尔维亚民族主义者刺杀了奥匈帝国皇位继承人弗朗茨·斐迪南，奥匈帝国向塞尔维亚宣战。德国支持奥匈帝国，俄国支持塞尔维亚人，第一次世界大战就此爆发。意大利于1915年加入协约国。

索姆河战役

几个月内，比利时和法国部队就变成依托堑壕对峙，战场陷入胶着，普鲁士、巴尔干、意大利、埃及等地同样如此。索姆河战役于1916年7月1日至11月18日进行，是第一次世界大战中争夺最激烈的战役之一。盟军指挥官希望通过"大举进攻"来打破僵局，但结果却变成了一场消耗战，双方都付出了惨重的代价。

最后的进攻与和平

美国于1917年加入协约国。1918年3月，德国发动了一系列大规模攻势，目的是在美军完全部署到位之前，充分发挥其人数优势。尽管战果斐然，但德军的战线还是停滞不前。协约国分别于7月18日和8月8日发动第二次马恩河战役和亚眠战役，开始反攻，将疲惫不

1914之星

不列颠战争勋章
（授予"一战"军人）

不列颠胜利勋章

三枚"一战"勋章

堪的德军击退。德国战败的同时，国内也发生了革命，11月11日，德国新政府的代表签署了停战协定。

第二次世界大战爆发

德国纳粹党领袖阿道夫·希特勒决心使德国成为欧洲霸主。他恢复了征兵制，创建了德国空军，并扩充国家军队。为了实现这一雄心壮志，德国发明了闪电战，这种战术强调使用快速移动的飞机、坦克和机械化部队进行穿透与包围。1939年9月1日，德国成功闪击波兰，第二次世界大战在欧洲爆发。战争双方，一方是以德国、意大利、日本为主的轴心国，另一方是包括英国、法国及后来的苏联和美国在内的同盟国。从1940年起，丹麦、挪威、荷兰、法国、希腊和南斯拉夫都遭到了闪电战的袭击。

不列颠之战

1940年6月德国征服法国后，向英国提出，只要英国归还"一战"时获得的德国殖民地，便可签订和平协议，但遭到英国拒绝。德国高层由此制定了入侵英国的计划。德国于7月开始空袭不列颠，攻击沿海目标和航运。从8月13日开始，攻击转向内陆，集中攻击英国皇家空军的机场和通信中心。9月，德国空军司令赫尔曼·戈林将攻击目标转向伦敦。英国皇家空军在压力下经受了很大损失，但并没有崩溃。9月17日，在戈林规定的最后期限内，德国人显然无法取得空中优势，入侵行动被放弃。

德国中型轰炸机

巴巴罗萨行动

希特勒于1941年6月22日突袭苏联，令苏联措手不及。到7月中旬，德军已经推进了640多千米，距离莫斯科320千米，但由于希特勒和他的将军们对下一步的方向争论不休，浪费了数周时间。当德军再次发起进攻时，天气已经变坏，为时已晚。12月5日开始，苏联转向反攻，迫使德军撤退到240千米以外，德国的进攻被迫停滞，直到第二年春天。

诺曼底登陆

1941年12月7日，日本偷袭了美国在珍珠港的太平洋舰队，美国加入了同盟国行列。1944年6月6日，盟军在纳粹占领的法国诺曼底大举登陆。这标志着将西北欧从纳粹统治下解放出来的最后斗争的开始。德军对登陆早有预料，但登陆地点的选择还是超出他们的意料。在当天结束时，盟军已在海岸线上建立了稳固的立足点，但用了近三个月的

第一批坦克

坦克是英国人的发明，用于穿越铁丝网和战壕。它们在1916年的索姆河战役中首次亮相，但直到次年秋天才在康布雷战役中大显身手，460辆马克IV型坦克突破了德军防线。尽管坦克最初构造简陋且不可靠，但它们在现代陆战中得到了广泛应用。

拆下灌木栅栏，帮助坦克穿越战壕

两门六磅机炮

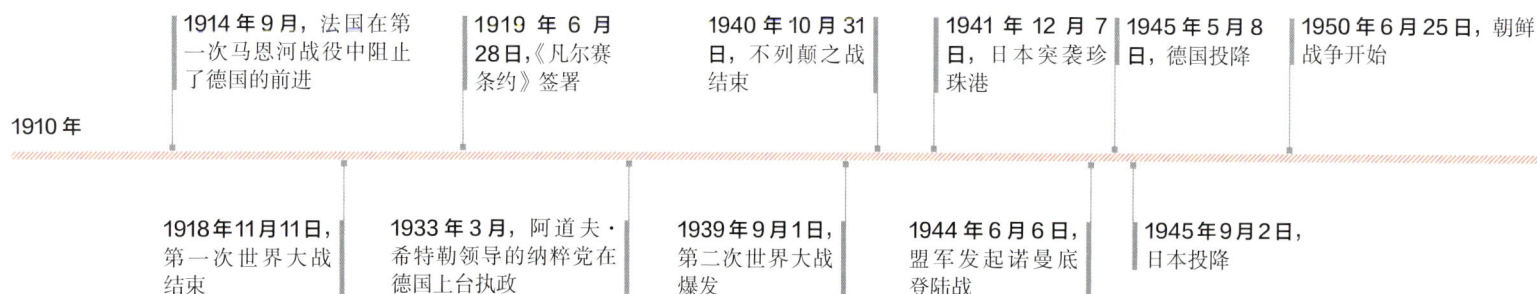

马克IV型坦克

1910年	1914年9月，法国在第一次马恩河战役中阻止了德国的前进	1919年6月28日，《凡尔赛条约》签署	1940年10月31日，不列颠之战结束	1941年12月7日，日本突袭珍珠港	1945年5月8日，德国投降	1950年6月25日，朝鲜战争开始
	1918年11月11日，第一次世界大战结束	1933年3月，阿道夫·希特勒领导的纳粹党在德国上台执政	1939年9月1日，第二次世界大战爆发	1944年6月6日，盟军发起诺曼底登陆战	1945年9月2日，日本投降	

◀ 参见 政治革命：第352—353页　◀ 近现代内战：第358—359页　自决权和公民权：第366—367页 ▶

▲ 第一次海湾战争

美国和沙特阿拉伯的飞机在科威特上空巡逻，同时联军地面部队向科威特首都推进。烟柱来自伊拉克军队撤退时故意点燃的油田。

时间才冲出滩头阵地，向法国腹地进军。

德国的失败

1944 年 12 月，随着盟军逼近德国，希特勒在法国阿登发动了反攻。1945 年 3 月，盟军越过莱茵河。1945 年初，东线在苏联的大规模攻势下崩溃，5 月 2 日，柏林落入苏联手中。德国于 5 月 8 日正式投降。

太平洋战争

1941 年 12 月，日本在珍珠港袭击美国太平洋舰队的同时，也在东南亚发动了进攻。中国香港、马来西亚和新加坡相继沦陷，随后荷属东印度群岛、菲律宾和缅甸也先后落入日本手中。1942

年 6 月，美国海军在中途岛海战中打败日本，结束了日本的扩张。1945 年，美国攻占硫磺岛和冲绳，并以此为基地发动了轰炸，最终于 8 月 6 日和 9 日在广岛和长崎投下了原子弹。日本于 9 月 2 日投降，"二战"结束。

冷战：朝鲜和越南

第二次世界大战结束后，美国和苏联逐渐由盟友转变为对手，1947 年冷战开始，在全世界范围内形成了以美国为首的资本主义阵营和以苏联为首的社会主义阵营。1950 年 6 月，朝鲜战争爆发。其后，美国借联合国名义，组织"联合国军"参战，将战线推进至中朝

边境。中国组织志愿军入朝参战，把敌军击退至南方。1953 年 7 月，双方签署了停战协议。

越南在"一战"前是法国殖民地，1954 年根据《日内瓦协定》，越南分为北越和南越，在 1956 年举行统一国家的选举。但美国扶持南越政权，阻挠和平统一。1961 年越南战争爆发，美国正式介入战争，进攻共产党领导下、得到中国和苏联支持的北越。1973 年，美国撤军。1975 年，越南统一。

中东战争

"二战"后，中东发生了多起冲突，其中一些冲突有外国势力的公开或暗中

参与。以色列在 1948 年建国后，先后五次和阿拉伯邻国开战。波斯湾发生过三次大规模战争。其中历时最长的一次是 1980 年至 1988 年伊拉克和伊朗之间的战争。1990 年，伊拉克统治者萨达姆·侯赛因为了石油入侵科威特，引发了 1991 年的第一次海湾战争，以美国为首的联军将伊拉克军队击退。2003 年的第二次海湾战争推翻了萨达姆政权。

> "你的名字无人知晓，你的功勋永世长存。"
>
> 莫斯科亚历山大花园，
> 无名烈士墓铭文

1953 年 7 月 27 日，朝鲜停战协定签署，朝鲜战争结束

1980 年 9 月 22 日，伊拉克入侵伊朗，引发冲突

1988 年 8 月 20 日，和平谈判结束了两伊战争

2001 年 9 月 11 日，恐怖分子对美国发动袭击

2011 年 12 月 18 日，美军从伊拉克撤军

2015 年

1965 年 3 月 8 日，美军登陆越南南部

1975 年 4 月 30 日，北越军队攻入西贡（胡志明市），标志着越南战争的结束

1990 年 8 月 2 日，海湾战争爆发

1991 年 2 月 28 日，美国宣布停火，海湾战争结束

2003 年 3 月 20 日，伊拉克战争爆发

参见为独立而战：第 368—369 页 ▶

对抗疾病

直到 19 世纪，医生们除了让病人保持舒适并与其他人隔离，几乎没有其他方法来对抗传染病。后来，人们对细菌如何传播疾病的认知取得了长足的进步，通过疫苗接种以提供免疫力，最终还使用抗生素来对抗病菌，从而消除了导致数百万人死亡的传染病的威胁。医学程序的进步，尤其是麻醉术和消毒法的发展，也帮助挽救了许多病人的生命。

马尔萨斯和马尔萨斯主义

英国经济学家托马斯·马尔萨斯在其《人口原理论》（1798）中提出了这样的理论：粮食生产量仅以算术级数增长（每个时间段增加一定量），而人口以几何级数增长（每隔几年翻一番），因此粮食短缺不可避免。马尔萨斯主义者认为，战争、饥荒和疾病共同作用，使粮食和人口水平保持平衡，而防止粮食短缺的唯一方法就是采取节育等措施。

霍乱大流行

霍乱是一种肠道疾病，导致严重腹泻、呕吐甚至死亡。自 1817 年起，霍乱从印度开始在世界各地蔓延，造成数十万人死亡。1854 年，英国医生约翰·斯诺在伦敦的一个水泵周围发现了一组病例，从而认识到霍乱是一种水媒传染病。1883 年，德国流行病学家罗伯特·科赫发现了霍乱细菌。根据这些知识，人们加强预防措施，如修建现代化的下水道来遏制疾病的传播，但霍乱大流行仍在继续，第七次也是最近的一次大流行始于 1961 年。

◀ 路易·巴斯德

这位"微生物学之父"检查了一只感染狂犬病的兔子的脊髓。他于 1885 年研制出狂犬病疫苗。

现代护理

1854—1856 年克里米亚战争期间，英国改革家弗洛伦斯·南丁格尔在管理不善的军队医院任职，这一经历让她确信，有必要建立一个正规的护理行业。1860 年，她在伦敦圣托马斯医院建立了一所护理学校，训练培养医学护士。在美国，美国护士克拉拉·巴顿也率先进行了类似的改革，1864 年，她被任命为内战期间联邦军队的护士长。

巴斯德与细菌理论

19 世纪中期以前，关于疾病如何传播的最常见理论是，疾病是由自发产生的微生物引起的。1861 年，法国科学家路易·巴斯德将加热杀菌的酵母汤放置在特制的曲颈瓶内，使其能接触空气但无法接触空气中的微生物，结果发现酵母汤没有腐败。这推翻了微生物自然发生论。他得出结论，疾病是由病菌本身传播的，他的细菌理论最终得以确立。1876 年，罗伯特·科赫发现了炭疽病的病菌（一种细菌）——第一次将特定微生物与疾病联系起来。五年后，巴斯德在法国公开展示了他研制的炭疽疫苗。科赫继续自己的研究，并确定了导致肺结核（1882）和霍乱的细菌。

防腐剂和卫生

自公元前 4 世纪的希波克拉底以

伦敦污水系统，1859年

来，医生们就知道，如果不保持清洁，伤口就会恶化。1865 年，英国外科医生约瑟夫·李斯特发现，在复合骨折处涂抹苯酚可以防止病菌感染。四年后，他将其发展成一种抗菌喷雾，从而减少了手术中的死亡人数，并使更为复杂的手术成为可能。19 世纪 70 年代，苏格兰外科医生威廉·梅斯文引入蒸汽消毒手术器械。

麻醉

早期的外科医生几乎无法为病人

早期（1847—1848）乙醚麻醉吸入器

提供止痛服务。1846 年，美国牙医威廉·莫顿使用浸有乙醚的手帕来减轻病人拔牙时的疼痛。莫顿改进了这一方法，通过面罩输送乙醚，很快这种方法就被用于截肢等更复杂的手术中。19 世纪 50 年代，乙醚被氯仿这种起效更快的麻醉气体所取代。

公共医疗保健

工业革命期间城市人口的增长凸显了中央主导的公共医疗保健计划的必要性。在英国，社会改革家埃德温·查德威克于 1889 年启动了传染病强制通报制度。在美国，医生萨拉·约瑟芬·贝克于 1907 年发起了一场医疗保健运动，向贫困家庭传授基本卫生知识。她的工作使纽约的儿童死亡率降低了一半。

青霉素和抗生素

即使在巴斯德和科赫发现细菌在

传播传染病中的作用之后，医生们也没有什么办法来治疗这些疾病。1928 年，苏格兰医生亚历山大·弗莱明意外地将培养的细菌暴露在空气中数周，结果发现培养皿上生长的一种霉菌延缓了细菌的生长。他将这种霉菌命名为青霉素——这是第一种抗生素。20 世纪 40 年代，牛津大学的霍华德·弗洛里和恩斯特·钱恩设计出了大规模生产青霉素的工艺，抗生素成为治疗以前无法治愈的疾病的常规药物。

疫苗

1796 年，英国医生爱德华·琴纳发现，给病人注射从牛痘病人身上提取的脓水，可使他们对天花（由天花病毒引起）产生免疫力。多年后，巴斯德研制出了禽霍乱疫苗（1879）、炭疽疫苗（1881）和狂犬病疫苗（1885）。1955 年，美国引入了小儿麻痹症疫苗，帮助控制了每年导致数万名儿童瘫痪的病毒。国际上的一系列接种计划，使得除极少数国家外，所有国家都根除了小儿麻痹症。1980 年，天花被宣布彻底根除。

"为您的孩子接种脊髓灰质疫苗"

VACCINATE I VOSTRI FIGLI CONTRO LA POLIOMIELITE

MINISTERO DELLA SANITÀ
LEGA ITALIANA PER LA LOTTA CONTRO LA POLIOMIELITE

意大利脊髓灰质炎疫苗海报，1962年

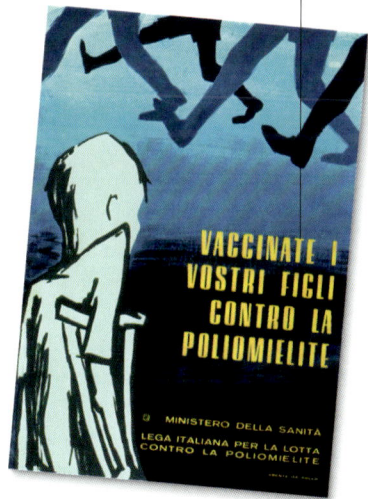

FIVE THOUSAND BY JUNE

GRADUATE NURSES YOUR COUNTRY NEEDS YOU

"一战"招募海报

"把不伤害病人作为医院的首要要求，这一原则，乍一听似乎有些奇怪。"

弗洛伦斯·南丁格尔，《医院笔记》，1863 年

自决权和公民权

自决权是一个民族决定自己命运的权利，1945 年《联合国宪章》第一条承认了这一权利："所有人民均有自决权……以自由决定其政治地位，自由谋求其经济、社会及文化发展。"相比之下，公民权利则确保个人不分种族、性别、宗教或其他个人特征，依法享有平等待遇。争取公民权利的斗争仍在继续。

拉丁美洲独立战争

自哥伦布发现美洲后，拉丁美洲陆续沦为欧洲列强的殖民地，以西班牙为主，葡萄牙和法国也有少量殖民地。1791 年，在法国大革命的影响下，海地举行反法起义，并于 1804 年获得独立。这激发了拉美其他地方的独立运动，南至阿根廷，北到墨西哥，纷纷摆脱了西班牙的控制，建立共和国。到 1826 年，巴西也从葡萄牙独立。至此，除波多黎各和古巴外，所有法国、西班牙和葡萄牙在拉丁美洲的殖民地均获得独立。

希腊独立战争

希腊独立战争正式开始于 1821 年 3 月 25 日，当时伯罗奔尼撒半岛和周边几个岛屿上的革命者发动了零星起义，反抗奥斯曼帝国。1822 年 1 月，希腊宣布独立，但战斗、干预和谈判仍然持续到 1832 年，最终签署了《君士坦丁堡条约》。

爱尔兰问题

1801 年爱尔兰成为英国的一部分后，"爱尔兰问题"这个短语被用来描述如何处理爱尔兰民族主义的问题。1919—1921 年英爱战争后，东北部 6 个主要由新教徒为主的郡于 1922 年成为北爱尔兰，受英国控制，而其余 26 个以天主教为主的郡则分离出去，最终于 1937 年成立爱尔兰共和国。

绿色和橙色取自爱尔兰国旗

奖章背后标识年份

纪念1916年爱尔兰共和党人起义的奖章

第一次世界大战后的新国家

第一次世界大战后重新划定了欧洲国家的边界，在以前由俄国、奥匈帝国和德国控制的土地上建立了奥地利、匈牙利、捷克斯洛伐克和南斯拉夫；波兰恢复了独立；芬兰、爱沙尼亚、拉脱维亚、立陶宛和大罗马尼亚成立。前奥斯曼帝国只保留了土耳其。

欧洲和美国的妇女选举权

过去，在国家选举中投票是男性的特权，往往取决于是否拥有财产。19

面部纹身 ——

饰有鲍鱼眼的手斧标志着尼尼的地位

毛利人首领，国王塔玛提瓦卡·尼尼

> "我们必须学会像兄弟一样生活在一起，否则就会像傻瓜一样灭亡。"
>
> 马丁·路德·金，1964 年

世纪，英国和美国妇女通过和平抗议、绝食甚至暴力等方式，积极争取选举权，最终英国大多数 30 岁以上的妇女于 1918 年获得了选举权，美国女性在 1920 年获得了选举权。

北美、澳大利亚和新西兰的原住民权利

原住民为争取被殖民者剥夺的基本人权而进行的斗争，促使新西兰、美国和加拿大在 18 世纪末至 19 世纪中叶承认了原住民对部分土地和资源的权利。澳大利亚原住民争取宪法承认的斗争仍在继续。

美国的民权运动

内战后，尽管非洲裔奴隶获得了自由，但许多人仍继续受到压迫。20 世纪 50 年代起，从南方开始，发起了声势浩大的民权运动，进行游行、抵制和非暴力反抗。最终，在 1964—1968 年，美国以立法形式废除种族隔离制度，禁止教育和住房等领域的种族歧视。

独裁者与民权：乌干达

独裁者夺取政权后，很快就取消了言论和宗教自由等人权。伊迪·阿明在乌干达军队中步步高升，1971 年推翻了总统米尔顿·奥博特，自封总统。在他 8 年的统治期间，阿明下令处决了约 30 万人。

"阿拉伯之春"

2010 年冬季，突尼斯一名街头小贩为抗议当地警察的骚扰而自焚，引发了示威游行，导致总统下台。随后，抗议运动扩散到其他阿拉伯国家，造成部分政权更迭。

▼ 妇女自由联盟

1907 年，新成立的妇女自由联盟成员在伦敦街头举行示威，反对英国的"男人制定的法律"。

马丁·路德·金

马丁·路德·金（1929—1968）在美国波士顿获得神学博士学位后，回到南方投身于民权运动。他以雄辩的演讲和非暴力抗议而闻名，并获得诺贝尔和平奖，于 1968 年遇刺身亡。

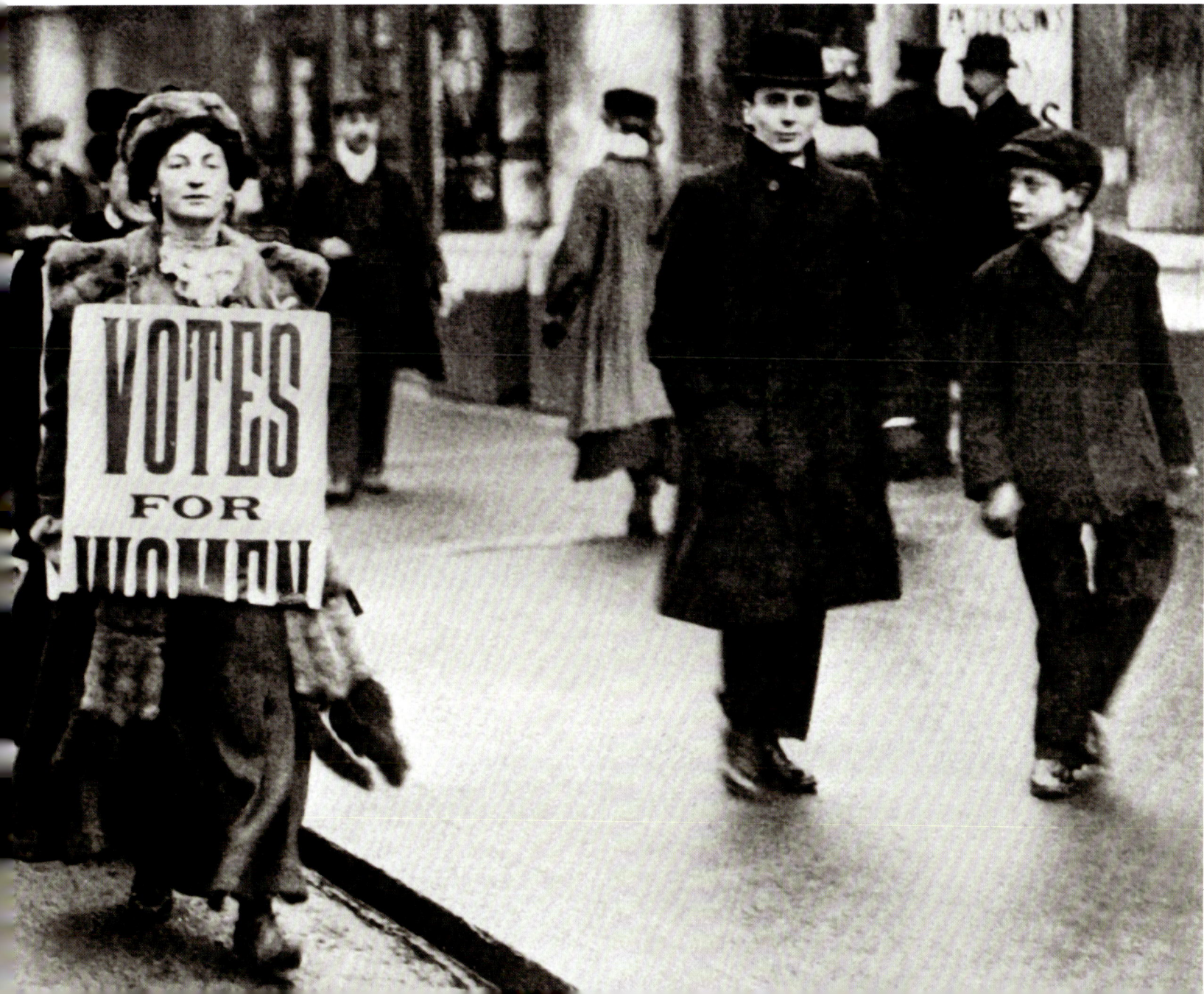

367

TAGARINS
CHAMP-DE-MANŒUVRES
FONTAINE BLEUE
MAISON-CARRÉE
VIVE SOUSTELLE
Cte Salut Public
Femmes
Mahieddine
CITÉ MAHIEDDINE

为独立而战

20世纪初，少数几个欧洲国家统治着非洲和亚洲的大部分地区。20世纪上半叶，这些殖民地建立了一些组织，并最终演变成要求完全独立的群众运动。其中一些运动依靠和平手段，而另一些运动则转向暴力斗争。到1980年，已有近80个独立国家诞生。

美洲先驱

第一次成功反抗殖民国家的起义发生在美洲。1776年，13个殖民地摆脱了英国的控制，成立了美国。1789年法国大革命助推了1791年海地革命，西班牙和葡萄牙至1826年基本放弃了对南美洲的控制。到20世纪初，亚洲和非洲的殖民地也出现了要求自治或独立的组织。

印度和巴基斯坦

1885年印度成立了国民大会党（简称国大党），以印度教徒为主导。1906年成立了全印度穆斯林联盟。1915年甘地回国后，领导国大党发起了全国性的非暴力不合作运动，反抗英国统治。"二战"期间，他呼吁英国"退出印度"，最终促成了印度独立谈判。然而，由于两党的诉求不一致，1947年，英国提出印巴分治方案，将英属印度划分为印度和巴基斯坦两个国家，分别向两党移交政权。两国一为印度教国家，一为伊斯兰国家，导致超过1000万印度教徒、锡克教徒和穆斯林逃到与自己宗教一致的国家，至少有100万人在暴力冲突中丧生。

◄ 阿尔及利亚的自由

1962年7月，阿尔及尔街头人群欢呼雀跃，庆祝从法国赢得了独立。

圣雄甘地

甘地（1869—1948）被追随者称为圣雄，是印度国大党最鼓舞人心的领袖。他发起的和平运动使他成为国际知名人士。然而，他试图调和印度所有信仰的努力却以失败告终，并于1948年遇刺身亡。

以色列和巴勒斯坦

英国曾在第一次世界大战期间支持阿拉伯民族主义者，又在1917年表示支持在巴勒斯坦建立犹太人家园。1936年，巴勒斯坦的阿拉伯人发动了长达三年的起义，反对英国的统治，也反对逃离欧洲迫害的犹太定居者的到来。第二次世界大战后，更多犹太人移居巴勒斯坦，犹太武装分子发动了反英游击战。1948年，以色列国成立，约25万巴勒斯坦人被迫离开家园。

肯尼亚独立

在肯尼亚，对英国统治的不满导致了1952年的起义，当时一个名为"茅茅"的组织开始袭击白人定居者拥有的农庄及忠于英国的肯尼亚同胞。在英国的严厉镇压下，1万多人被杀害，约2万人被监禁。这次起义及对起义的处理方式激起了人们要求独立的呼声，肯尼亚最终于1963年赢得独立。

阿尔及利亚战争

"二战"后，阿尔及利亚反对法国统治的呼声高涨，阿拉伯裔阿尔及利亚人要求获得与法裔阿尔及利亚人相同的权利。民族解放阵线于1954年发动起义，随后爆发了血腥的独立战争。法国军队对起义军进行了严厉报复，冲突双方都有数千人丧生。1962年，民族解放阵线与法国总统戴高乐进行独立谈判，100万法国定居者离开阿尔及利亚，阿尔及利亚获得独立。

胜利的越共领导人胡志明

越南共产党宣传画

东南亚的斗争

20世纪初，在中南半岛法国殖民地（包括今越南、老挝、柬埔寨），反对殖民统治的势力不断壮大，1930年发生了兵变，但很快被镇压。此后，胡志明领导的共产党势力不断壮大。1945年日本战败后，法国卷土重来，与越南共产党交战八年，最终于1954年在奠边府战役中战败（参见第363页），签署了《日内瓦协议》，为越南、老挝、柬埔寨的独立与解放奠定了基础。

非洲的独立之路

与其他地区不同，法国在西非的殖民地相对平稳地向独立过渡。这部分归功于非洲政治领导人与法国统治精英之间的谨慎谈判。到1960年，英国首相哈罗德·麦克米伦所说的"变革之风"席卷非洲。包括14个前法国殖民地在内的17个撒哈拉以南非洲国家，从它们曾经的欧洲宗主国手中获得了独立。

南非和种族隔离

1948年，以国家党为首的南非政府推行种族隔离政策，以暴力手段实施种族隔离，实行白人少数统治。包括非洲人国民大会（非国大）在内的反对派对此进行了抵抗，但收效甚微。1960年，非国大和泛非主义者大会被取缔，其领导人被监禁。非国大继续作为地下组织开展活动，对与种族隔离政权有关的目标发动游击袭击。到20世纪80年代末，国际制裁和持续不断的抗议削弱了政权。1990年，非国大被解禁，1994年，非国大在第一次自由选举中获胜，纳尔逊·曼德拉成为总统。

> "……大英帝国会灭亡，这个
> 想法让人难以置信。"

多丽丝·莱辛，英籍津巴布韦作家，谈她战前在殖民地的童年，2003年

冷战恐惧

尽管美国最初同情反殖民主义，但它担心新独立的国家可能会成为共产主义国家。这导致美国支持南越（参见第363页）。美国提出了"多米诺骨牌"理论来为其干预行动辩护，并将古巴视为共产主义在拉丁美洲和加勒比地区的前哨阵地（参见第353页）。

◄ 参见 政治革命：第352—353页　◄ 殖民帝国：第356—357页　◄ 全球冲突的年代：第360—363页

现代全球化和经济增长

全球化最早起源于公元前2世纪左右的丝绸之路。然而，在20世纪，两次世界大战和经济大萧条导致国际贸易中断，数百万人丧生，经济扩张停滞不前。尽管发生了这些悲剧，但战争也催生了新技术，这些技术被应用于民用领域，并与先进的新通信网络相结合，使贸易蓬勃发展，为今天的全球经济铺平道路。

战后复苏

1945年"二战"结束时，贸易仅占世界国内生产总值（GDP）的5%，达到多个世纪以来的最低水平。然而，由于躲过了如欧洲那样的破坏，拥有丰富自然资源的美国迅速崛起，成为新的经济超级大国。战时运输武器的汽车和飞机开始转而运输货物，由美国、欧洲及苏联控制的早期全球贸易蓬勃发展。

跨国公司

国际货币基金组织（IMF）成立于1945年，实施了一套汇率体系，以允许成员国之间进行交易。通过经济增长促进国际稳定也是美国资本主义政策的核心。到20世纪50年代中期，美国公司已在海外建厂，此后跨国公司如雨后春笋般涌现，它们开辟新市场，绕过贸易限制，并获得了更廉价的劳动力。

美国加油站不得不使用"抱歉没油"标牌来拒绝顾客

能源危机中的标牌

石油冲击

工业经济依赖石油，石油供应的任何突然变化都会破坏发达国家的稳定。1973年，为了报复西方在阿以冲突期间对以色列的支持（参见第363页），石油输出国组织（OPEC）的阿拉伯成员国将石油价格提高了4倍，禁止向美国、日本和西欧出售石油，引发了持续整个20世纪70年代的全球经济衰退。1979年的伊朗革命也导致石油产量减少，价格再次上涨。

亚洲四小龙

在20世纪50年代和60年代的亚洲，中国香港、中国台湾和新加坡、韩国都通过投资来实现快速工业化，并发展大规模出口贸易，保持了持续的高经济增长水平，被称为"亚洲四小龙"。它们各具优势，其中中国香港和新加坡是重要的世界金融中心，而中国台湾和韩国则在汽车、电子元件及信息技术的制造和出口等方面处于全球领先地位。"亚洲四小龙"在历次金融危机和信贷危机中都保持稳定，目前已跻身国际货币基金组织公布的39个最发达经济体之列。

全球金融危机

2007年至2009年间，对于金融危机的恐慌席卷了全球金融市场。部分原因是美国在经济繁荣时过度冒险，银行向客户提供接近甚至高于房屋价值的抵押贷款。为了给贷款提供资金，美国银行和投资公司通常只能向其他外国银行和投资者过度借贷。2006年美国房价下跌，成千上万的借款人拖欠贷款，银行损失惨重，雷曼兄弟等美国金融公司纷纷倒闭，全球金融市场和投资者恐慌不已。

金砖四国

"金砖四国"是美国高盛投资银行创造的首字母缩写词，指巴西、俄罗斯、印度和中国。该公司预测，到2050年，这4个快速发展的国家将成为世界原材料、服务和制成品的主要供应国。2010年，南非成为第五个新兴经济体，"金砖四国"也由此更名为"金砖五国"。据预测，与西方经济体相比，金砖国家崛起的原因主要在于它们的劳动力成本和生产成本低。1990年，最初的"金砖四国"占全球国内生产总值的11%；到

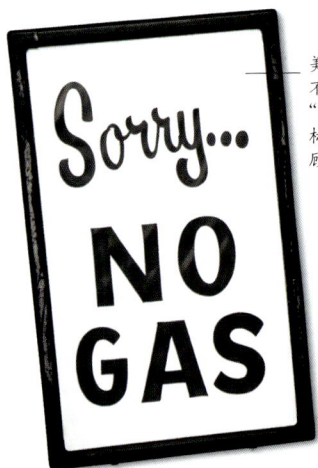

2014 年，这一比例几乎达到 30%。

全球新兴产业

人工智能（AI）作为一个研究领域创立于 1956 年，但在制造能基本模仿人类智能的机器方面却进展缓慢，并几度停止，直到 20 世纪 90 年代末，国际

装配机器人

商业机器公司（IBM）的"深蓝"计算机击败了国际象棋冠军加里·卡斯帕罗夫后这一情况才得以扭转。如今，机器学习已成为许多在线服务中不可或缺的一部分，推动了机器人技术在医学研究、汽车和航天工业等领域的应用。结合了计算机处理系统和电子显微镜等发明的基因操作技术（包括基因拼接），也获得了迅猛发展。

信息技术（IT）革命

1973 年 5 月 22 日，施乐公司加利福尼亚研究中心的鲍勃·梅特卡夫写了一份备忘录，概述了"以太网"如何连接计算机以共享数据的原理，信息技术由此开始真正发展起来。1989 年，蒂姆·伯纳斯 – 李在瑞士的欧洲核子研究中心（CERN）工作时发明了万维网。本地和全球连接网络的兴起及 20 世纪 90 年代个人智能手机的发明，带来了以盈利为目的的"数据挖掘"，以及数不胜数的其他应用行业。如今，信息技术已从简单的处理工具转变为大多数企业的不可或缺的一部分，为从全球证券交易到银行业务等一切业务提供支持。

铁锈地带和地区衰落

就在数字和信息技术崭露头角的同时，传统产业开始衰落，尤其是在美国的某些地区。从纽约到中西部一带一直以煤炭、冶铁和制造业为主。20 世纪 70 年代，随着这些行业的急剧衰落，工厂纷纷倒闭，逐渐破败，该地区因此被称为"铁锈地带"。自此以后，"铁锈地带"一词的含义扩展至任何因劳动力成本上升和制造业的资本密集化而经历经济衰退的昔日工业地区，汽车行业就是一个典型的例子。

全球化和国际贸易

信息技术革命和计算机应用的兴起使世界各国之间的贸易往来变得更加容易，为企业在本国以外的发展创造机会。国际贸易不仅有利于各类公司的发展和扩张，也刺激了相关行业的巨大发展，尤其是交通运输业和信息通信技术行业。随着贸易日益国际化，它还产生了一个副作用，即由于相互联系日益紧密，各国之间变得相互依赖。全球贸易成为希望达到一定经营规模的企业的标准门槛。

不断变化的经济平衡

第二次世界大战后的几十年间，美国、日本、德国、英国、法国和意大利成为发达经济体。它们共同组成了一个政治论坛，即六国集团（G6），1976 年加拿大加入后成为七国集团（G7），1996 年至 2014 年俄罗斯短暂加入，使其成为八国集团（G8）。2000 年时，中国的经济总量仅为美国的十分之一，但到 2010 年，这一情况发生了很大变化：中国经济总量达到了美国的一半，日本经济停滞不前，而金砖国家正在迅速崛起。金砖国家的集体经济实力可能很快就会超过七国集团。

"万维网的最终目标是支持和改善我们在世界上的网状存在。"

蒂姆·伯纳斯 – 李，《编织万维网》，1999 年

◀ 新加坡港

货轮将集装箱运往世界各地的港口。如果没有互联网，就无法协调如此大规模的全球航运。

现代健康

20 世纪至 21 世纪，医学取得了巨大进步。医生开始更深入地了解营养学，科学家研发出先进的治疗方法并发明抗生素，医疗保健系统也随之得到了改善。然而，巨大的挑战依然存在——人口的增长超出了各国提供健康环境的能力范围，与生活方式改变相关的新疾病不断出现。全世界都在与大流行病的威胁做斗争，而人类对这些疾病几乎没有抵抗力。

营养进步

在近代以前，人们对营养在人类健康中所起的作用知之甚少。1747 年，詹姆斯·林德发现，水手吃柑橘类水果可以预防维生素 C 缺乏病，科学家们也逐渐发现了维生素在这方面的作用。1926 年合成了维生素 B_1，1928 年分离出维生素 C。1936 年和 1947 年分别发现了维生素 D_2 和维生素 A。如今，营养学家知道，这些维生素之间的平衡是维持身体健康的必要条件，这使得医生能够通过为病人提供适当的营养搭配来有效治疗许多疾病。

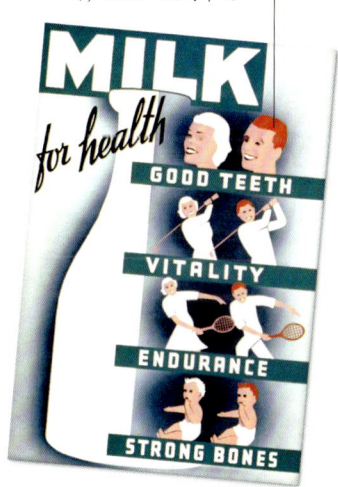
提倡健康生活方式的图片，鼓励人们喝牛奶

美国健康海报，1948 年

医疗保健系统

复杂的医疗保健系统出现于 19 世纪，现代护理专业由弗洛伦斯·南丁格尔创立，在参加了克里米亚战争（参见第 364—365 页）后，她于 1860 年创办

◀ 学生护士

1948 年，在英国伦敦的国家助产士培训学校，一名护士学生抱着一名新生儿。同年，英国国家医疗服务体系成立，为所有人提供免费医疗服务。

了护理学校。然而，当时的医疗保健几乎没有中央拨款，医院只能依靠慈善基金会捐赠或病人付费。1948 年，英国建立了全民免费医疗体系——国家医疗服务体系 (NHS)，由税收支付。其他国家，如美国，倾向于通过私人保险系统为医院提供资金，而新加坡则由政府运营的体系来资助医院。

绿色革命

1950 年，世界人口增至 25 亿，这使发展中国家生产足够粮食的能力捉襟见肘。20 世纪 40 年代，墨西哥的研究人员开发出抗病、高产的小麦新品种。这场"绿色革命"的技术传播到印度，在那里，一种名为 IR8 的水稻新品种大幅提高了粮食产量。然而，"绿色革命"因其大规模使用化肥、只依赖少数几种作物（使其易受疾病侵袭）及未能在非洲再次取得成功而饱受批评。

艾滋病危机

1981 年，洛杉矶的医生发现了一种攻击病人免疫系统的疾病。次年，这种疾病被命名为获得性免疫缺陷综合征（艾滋病，英文缩写为 AIDS）。1983 年，研究人员发现这种疾病是由人类免疫缺陷病毒（HIV）引起的。这种通过体液，尤其是性接触传播的疾病席卷全球。现在，抗逆转录病毒药物可以治疗这种疾病，但还没有找到治愈方法。大约有 7000 万人受到感染，3500 万人已经死亡。

生物技术和转基因

生物技术，即为了工业的目的对自然生物进行改造，其可追溯到过去的育种计划。20 世纪 70 年代，DNA 重组技术的发展（将来自不同生物的 DNA 链拼接在一起）使转基因食品的开发成为可能，1987 年美国种植了第一批转基因

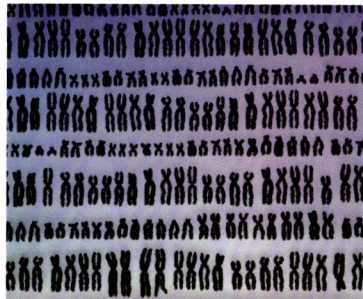
人类染色体

作物。虽然转基因技术提高了产量，但由于担心转基因技术没有经过长期健康影响评估，人们对转基因技术的抵触情绪日益高涨。

人类基因组

脱氧核糖核酸（DNA）含有决定生物形态的遗传指令，1953 年发现脱氧核糖核酸的结构后，人们开始了对生物基因组（或遗传结构）进行测序的探索。到 1995 年，科学家已经完成了细菌的基因组测序，2000 年完成了果蝇的基因组测序。1990 年，人类基因组计划成立，旨在协调国际间的力量对人类基因组进行测序。2001 年，人类基因组计划公布了第一个基因组草图，为许多由基因缺陷引起的疾病的基因疗法开辟了道路。

人口与土地利用

世界人口从 1900 年的 15 亿增加到 2020 年的约 78 亿，增长了 5 倍多，发展中国家的城市（如尼日利亚的拉各斯）人口接近 2000 万。基础设施有限的国家不堪重负，导致贫瘠土地被过度开发。老旧城市周围的棚户区，如巴西的贫民窟，只能获得有限的清洁水或医疗设施，这有可能造就一个新的弱势群体，他们无法享受到上个世纪公共医疗所取得的进步成果。

老龄化和与财富相关的疾病

随着预期寿命的延长，工业化国家发现本国面临人口老龄化问题（2017 年有 9.62 亿人超过 60 岁）。晚年疾病的死亡率上升，医疗系统不得不应对越来越

现代流行病

现代出现了新的疾病，这些疾病通常通过与患病动物的密切接触而传播，并有可能在不受控制的情况下扩散为全球大流行病。埃博拉病毒会导致严重出血，约半数病例会死亡，2013—2016 年在西非暴发的埃博拉疫情造成 1.1 万人死亡。2002 年在中国南方出现的呼吸道传染病 SARS 传播到 26 个国家，造成 774 人死亡。2019 年年底，新冠病毒 COVID-19 大流行。尽管努力加以遏制，但该病毒仍迅速蔓延至全球，造成数十万人死亡，并导致严重的经济衰退。

胰腺组织

多的痴呆症患者。久坐不动的生活方式和饮食习惯的改变导致糖尿病（一种内分泌系统疾病，主要是由于胰岛素分泌不足或胰岛素抵抗引起）发病率上升，到 2018 年，糖尿病患者已超过 4.5 亿人。

新技术

随着技术的进步，医学领域出现了新的机遇。1971 年，第一台计算机断层扫描仪（CT）被用于检测脑肿瘤。微创手术中，外科医生通过使用插入细杆上的摄像头和器械进行手术，减少了对病人的影响。到 2020 年，人工智能（AI）被用于解读 CT 和磁共振成像（MRI）扫描的结果，帮助医生实现有效诊断。

> "在所有形式的不平等中，医疗保健领域的不公正是最令人震惊的。"
>
> 马丁·路德·金，对医护人员的演讲，1966 年 3 月

◀ 参见当代医学：第 252—253 页　◀ 疾病传播与控制：第 254—255 页　◀ 对抗疾病：第 364—365 页

哲学与社会

什么是哲学

哲学的实践旨在理解世界及我们在世界中所处的位置。古希腊哲学家给这一学科赋予的名称意为"爱智慧"。哲学质疑世间万物，例如：我们是谁？现实的本质是什么？拥有心智和意识意味着什么？万物的意义从何而来？我们能知道什么？我们能了解上帝吗？生命和我们存在的意义是什么？人如何度过一生？我们如何理解善或美的价值？

哲学家做了些什么？

哲学家通过运用哲学方法来解答关于人类和世界的根本问题。他们借助论证来支持自己的观点，并通过逻辑思维以及对概念和经验的分析来发展这些观点。哲学家进行批判性思考以发展和捍卫自身立场，并支持、批判或驳斥其他观点。他们的观点常以书面形式（比如书籍和文章）呈现，也会在公共论坛的谈话、与其他哲学家在会议或公共活动的辩论里表达出来。哲学在学术界或学校之外的最新发展和应用包括专业人士的哲学教学、哲学咨询和举办哲学节。

哲学与科学

在古代，哲学和科学并非相互独立。在很长一段时间里，科学被称为"自然哲学"。随着现代科学的发展，部分哲学家认为哲学和科学是具有各自研究方法和研究问题的不同学科，另外一些哲学家认为两者仍有诸多共通之处，并能相互补充。

柏拉图学园

柏拉图是苏格拉底的学生，公元前387年他在雅典郊区创立了柏拉图学园。学园被认为是西方世界的第一所大学。亚里士多德是柏拉图在学园时的学生，他在公元前334年创立了自己的学校——吕克昂学园。

宗教哲学

宗教哲学是针对主要宗教传统所涵盖的概念展开的哲学探究。尤其要指出的是，它关注有关上帝以及上帝神圣属性的概念。宗教哲学也包括关于上帝是否存在的论辩，以及那些围绕宇宙的创造、恶的问题、终极实在的本质、宗教体验和奇迹等展开的论证。

形而上学与本体论

虽然有人认为本体论是形而上学的一部分，但对本体论和形而上学有不同的定义。按照传统的解释，本体论是对存在的事物（一般意义上的存在）的研究。形而上学则是对特定存在范畴（存在的本质）的研究，比如心灵（意识）、身体、自由或上帝等。形而上学的争论涉及一些基本概念，如存在、本质、同一性、可能性、客体、属性、关系、事实、自由、世界以及研究这些问题的相关方法。

认识论

认识论是关于知识的理论。一种传统的观点可能认为，为了获得知识，我们要形成一种信念或见解，持有该信念需有一定依据，且此信念必须是真实的。但这是对知识的充分阐释吗？何为依据？何为真理？这些是相互竞争的知识理论所探讨及争论的问题。

心灵哲学

心灵哲学研究心灵这一概念，即人类心灵的性质和结构，以及它与大脑、身体和物质世界其他部分的关系。核心问题包括"身心问题"。如果心灵和身体是不同的，它们是如何相互影响的？还有我们生存中的主观体验，比如，如何能用大脑中的物理过程来解释我们对颜色或味道的主观体验？

> "无论现在，还是最初，人们都是由于好奇而开始哲学思考的。"
>
> 亚里士多德，《形而上学》

美学

美学是一门哲学学科，是对美、艺术和艺术品的本质的哲学研究。它包括关于美和品位的理论、艺术的本体论、艺术的意义和价值、艺术与美的创造及欣赏，以及艺术与人类生活其他重要方面的关系，如政治、经济和道德价值。

逻辑

在西方传统中，哲学理论一直运用逻辑来开展研究。逻辑涉及正确的推理程序和规则。例如，推论是一种从某些被称为前提的命题出发得出结论的推理形式。如果前提有效地支持结论，那么推理就是有效的。逻辑提供了确立论证有效性的工具，并能阐明各种类型的论证和谬误（有缺陷的论证）的逻辑形式。

◀ 亚里士多德

亚里士多德是公认的最伟大的思想家之一，他撰写并教授了广泛的哲学问题。

道德哲学

我们应如何生活？我们怎样辨别是非对错？道德哲学关注人类行为的道德准则以及诸如善良、幸福和正义等道德价值。不同的伦理理论就这些问题展开辩论，并应用于实际问题，例如动物权利、安乐死和堕胎等议题。

政治哲学

在西方传统中，政治哲学的核心关注点包括国家的正当性、支持与反对民主的论证、关于私有财产和市场的讨论、法律的本质、自由、正义和人权问题等。政治理论处在哲学、政治学、历史、社会学及其他相关学科的交叉领域。它涉及诸如权力、种族、身份、气候变化，以及宗教等跨学科问题。

印度哲学

印度思想的传统包括所谓的"正统"（包括印度教）和"非正统"（包括佛教和耆那教）思想体系。印度哲学的基本概念包括自我或灵魂（atman）、以道德意义和效力角度理解的行为或业（karma），以及解脱（moksha）。解脱是至关重要的存在理念。

佛教哲学

佛教由佛陀（公元前6世纪中叶至公元前4世纪中叶生活在印度）的教诲演变而来，并发展出多个教派和教义。佛教的核心是关心如何从自我的局限性、妄想和痛苦中解脱出来，以及通过开悟克服人性中的无常和无明。

中国哲学

纵观古今，中国哲学的一个重要特征是对人性的关注。与此相关的一些基本概念，更广泛地说，有关宇宙的问题，是关于道（道路或途径）及其相对立的两个方面，即阴和阳，它们分别代表静和动的元素*。于人类而言，道衍生出了美德（德）。最重要的美德是仁（人道、仁爱）和义（正义）。在古代，中国古典哲学在不同的思想流派中发展了这一哲学框架，其中最重要的两个学派分别由孔子（公元前551—前479）和老子（公元前6世纪）所创立。

*译者注：一阴一阳之谓道。

日本哲学

日本哲学的发展历经岁月沉淀，通过本土宗教和精神观念（特别是神道教传统）与外部影响（尤其是佛教、儒家思想，在现代则是西方哲学）的各种交互而形成的。在其发展进程中，日本哲学既曾聚焦形而上学，又曾背离它而转向社会、道德和政治问题。不同的思想流派都曾尝试把各种传统融入自己的思想体系中。当代日本哲学与西方哲学交流，并试图将其与亚洲思想结合。

"学而不思则罔，思而不学则殆。"

孔子，《论语》

哲学通史

本书所呈现的哲学史反映的是有文字记载的传统。因此那些主要通过口头传承哲学思想的地区未得到充分体现；同样，众多女性哲学家也曾被排斥在学术界之外，其作品亦未得以留存。西方哲学发端于古希腊的教义与思想，通常被划分为四个时期——古代、中世纪、现代，以及20世纪。中东哲学可追溯至公元前3000年。它涵盖了伊斯兰、古埃及以及犹太教的思想流派，主要发展自一种关注生活实践指南及对宇宙的思辨性思考的哲学。印度哲学的主要传统可依据其与《吠陀》（印度最古老的宗教文本）的关系来界定。

公元前624—前546年 米利都的泰勒斯是第一批采用理性、科学方法解释自然的古希腊思想家之一。他提出万物皆为水，或源于水。

万物皆源于水

1265—1273年 意大利哲学家托马斯·阿奎那撰写了《神学大全》。他将亚里士多德学派的思想与基督教教义相结合所形成的学说发展为罗马天主教神学的核心部分。

1207—1273年 波斯神秘主义哲学家鲁米提出所有生命存在于一个连续体中，并通过诗歌表达其信仰。

贾拉勒·丁·穆罕默德·鲁米

1126—1198年 伊斯兰博学之士阿维森纳发表了对亚里士多德作品的评注和总结，把这位希腊哲学家介绍给了中世纪的学者们。

公元426年 基督教思想家奥古斯丁出版《上帝之城》，阐述了他对按照基督教原则生活的国家的愿景。

奥古斯丁《上帝之城》的雕刻

1509年 荷兰人文主义者德西德里乌斯·伊拉斯谟创作了著名的讽刺作品《愚人颂》，质疑罗马天主教会所倡导的信仰，并倡导一种基于严格道德原则的生活方式。

伊拉斯谟与同事吉尔伯特·科格纳图斯（左）

1620年 弗朗西斯·培根在英国出版《新工具》。他倡导经验主义及实验探究的重要性，为现代科学方法奠定了基础。

探索超越象征已知世界尽头之柱的海洋的船只

《新工具》扉页

七个隔间中挤满了人，他们践行基督教美德，为升入天堂做准备

1883—1885年 德国哲学家弗里德里希·尼采在其四卷本著作《查拉图斯特拉如是说》中，用一种肯定生命的哲学——关于权力意志的哲学，对抗他眼中现代生活的无意义，即努力实现个人的最大潜能。

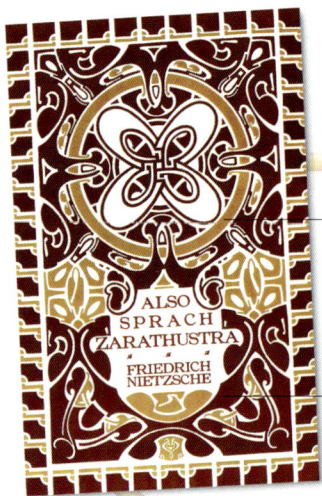

1908年版《查拉图斯特拉如是说》

1848年 德国哲学家卡尔·马克思和弗里德里希·恩格斯发表《共产党宣言》，促成了共产主义意识形态的融合，并引领其作为一种政治制度得以推行。

马克思主义海报

1739年 苏格兰启蒙运动哲学家大卫·休谟在《人性论》中支持经验主义。他与洛克一样，都认为知识来源于感官和经验，而非理性。

比利时画家亨利·范·德·维尔德创作的对称装饰性抽象画，采用深红色和金色

精美的双页扉页的第一页

1910—1913年 英国哲学家阿尔弗雷德·诺斯·怀特海和伯特兰·罗素合作完成了三卷本的《数学原理》，这是一部基于逻辑探讨数学基础的著作。

1943年 法国人让-保罗·萨特在《存在与虚无》一书中表达了他的存在主义观点，即"我们的存在先于我们的本质"。他谴责"宿命论"的概念，力劝人们为自己确立目标。

1949年 法国存在主义作家西蒙娜·德·波伏娃出版了具有开创意义的女权主义作品《第二性》，探讨了女性在与男性的关系中是如何被定义的。她要求质疑当时盛行的"女性气质"观念，认为这一观念是为了迎合男性利益。

让-保罗·萨特与西蒙娜·德·波伏娃

约公元前 569 —前 495 年 希腊哲学家和数学家毕达哥拉斯坚信，宇宙的秩序受数学、道德和神学原则的支配。他的追随者中有哲学家柏拉图和亚里士多德。

毕达哥拉斯

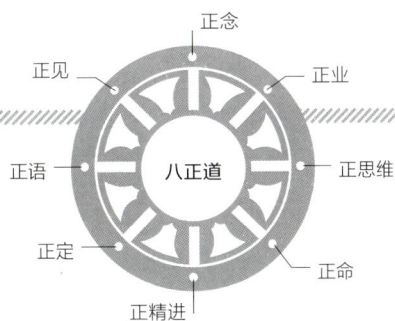

正念 / 正见 / 正业 / 正语 / 正思维 / 八正道 / 正定 / 正命 / 正精进

约公元前 563 —前 483 年 释迦牟尼出生在今天的尼泊尔，他通过冥想获得了对现实本质和人类生活的根本洞见。后来他被称为佛陀，并提出能引领人们走向觉悟的八正道。

公元前 469 年—前 399 年 生于希腊的苏格拉底发展出一种全新的辩证思维方式，这种方式通过对立观点的对话来审视生活。苏格拉底是公认的西方哲学的奠基人之一。

苏格拉底

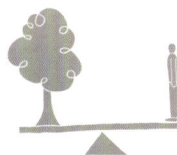

自然的平衡

公元前 387 年 希腊哲学家柏拉图创立了柏拉图学园——西方最早的高等教育机构。公元前 365 年，他遇到了自己最著名的弟子亚里士多德，亚里士多德的思想塑造了后续哲学的发展。

约公元前 332 —前 265 年 希腊人芝诺·克西翁斯，斯多葛学派的创始人，他教导人们，幸福在于理解自身在自然中的角色，并依此生活。

描绘柏拉图的镶嵌画

世人普遍认为，图中心用一根棍棒指向地球仪的人是柏拉图

神圣橄榄树与智慧女神雅典娜相关

雅典卫城城墙

由被称为镶嵌片的微小彩色石头制成的镶嵌画

1637 年 法国理性主义者勒内·笛卡尔在《沉思录》中运用了他的"怀疑论"（将任何不能确定的信念都视为假的）。他怀疑自己对外部世界的所有信念，但确信"我思故我在"这一真理。

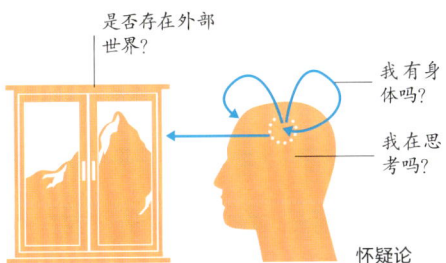

是否存在外部世界？ / 我有身体吗？ / 我在思考吗？

怀疑论

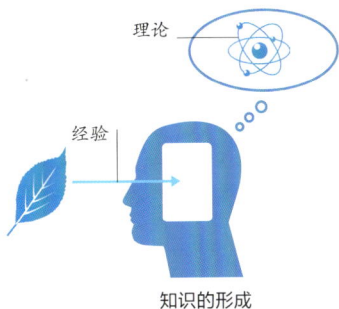

理论 / 经验 / 知识的形成

1689 年 英国人约翰·洛克在《人类理解论》中提出，人出生时，心灵是一张"白板"，后来通过与世界互动，并借助理论和经验形成思想。

1961 年 在法国，历史学家兼哲学家米歇尔·福柯发表了其博士论文《疯癫与文明》，聚焦于精神错乱这一主题以及其在欧洲是如何被认知和对待的。

米歇尔·福柯

1967 年 法国后现代思想家雅克·德里达在《书写与差异》《声音与现象》和《论文字学》三部作品中使用"解构"一词，指代一种批判性地对待形而上学传统的方法论。

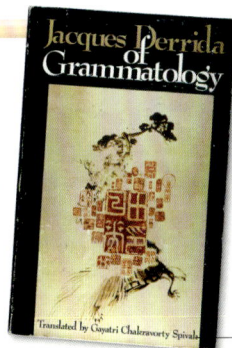

女权主义理论家佳亚特里·斯皮瓦克的英译本使《论文字学》得到更广泛的传播

《论文字学》封面

1989 年 斯洛文尼亚文化理论家斯拉沃热·齐泽克的首部英文著作《意识形态的崇高客体》引起了国际关注。他利用和引用流行文化来表达他的政治和哲学观点。

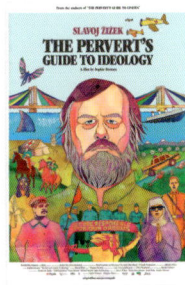

齐泽克 2012年纪录片的海报

参见伟大的哲学家：第 380 —381 页 ▶

伟大的哲学家

纵观人类历史，人们一直尝试解答有关世界本质以及人类在宇宙中所处位置之类的问题。哲学，随着杰出思想家运用理性思维能力去探寻答案，也发展起来。新思想的传播激发了人们进一步发展论点或挑战这些思想的热情，从而产生了广泛的影响。对知识、权力、现实以及信仰的作用的新认知，反过来又帮助塑造发展中的社会。不过，哲学家的思想也反映了他们所处的时代与背景，从他们周围的信仰和文化中汲取养分。这里所列出的只是众多重要且有影响力的哲学家中的一部分，其作品对塑造我们对世界的理解起到了重要作用。

此画像依据人们对孔子的描述创作，因其并无真实肖像留存

传统中式长袍

孔子

米利都的泰勒斯

希腊，约公元前 624—前 546

他被称为第一位哲学家，他的主要关注点是形而上学与宇宙论（他坚信万物源于水）。

释迦牟尼（佛陀）

尼泊尔／印度，约公元前 6 世纪—前 4 世纪

一位精神导师，其对无我、苦难、业力和涅槃的探索构成了佛教哲学的基础。

孔子

中国，公元前 551 — 前 479

备受尊崇的师长，其兴趣涵盖：圣人之道、人文主义、自我修养、礼仪、心理学、国家。

埃利亚的芝诺

意大利／希腊，公元前 490 — 前 430

前苏格拉底时期的哲学家，主要以创建了诸多哲学悖论而著称。

彩色铜版画《阿维森纳》

阿维森纳

苏格拉底

希腊，公元前 469 — 前 399

西方哲学的奠基人之一。兴趣范围：灵魂、无知、美德的统一性、归纳法、苏格拉底法则。

墨子

中国，约公元前 468 — 前 376

墨家学派的创立者。墨家是中国历史上一个颇具影响力的社会与哲学学派。理论／兴趣：伦理、精神及政治秩序。

柏拉图

希腊，约公元前 427 — 约前 347

西方哲学史上最具影响力的思想家之一。理论／兴趣：理念、灵魂不朽、哲学王。

亚里士多德

希腊，公元前 384 — 前 322

被认为是最伟大的哲学家之一。理论／兴趣：本质主义、因果关系、幸福与美德、形式逻辑。

孟子

中国，公元前 372 — 前 289

儒家哲学家，其著作探究人性、心灵以及善恶的概念。

庄子

中国，公元前 4 世纪末

颇具影响力的哲学家，关注道家思想、自然主义、伦理相对主义、怀疑论和实用功利主义。

龙树

印度，公元前 2 世纪

印度哲学和佛教"中道"（基于空的理念）发展过程中的关键人物。

希帕蒂娅

埃及，355—415

亚历山大城新柏拉图主义学派的领袖，也是著名的数学家和天文学家。

阿尔·肯迪

伊拉克，约 808 — 870

当时的人尊称他为"阿拉伯哲人"。理论／兴趣：世界的永恒性、神的单纯性、人类灵魂。

阿维森纳（伊本·西那）

伊朗，980—1037

博学之士，对哲学和医学作出了重要贡献。理论／兴趣：伊斯兰教、亚里士多德主义、理性灵魂、上帝。

罗摩奴

印度，1017—1137

有影响力的神学家和哲学家。理论／兴趣：印度教、物质与灵魂的有条件非二元论。

阿伯拉尔

法国，1074—1142

才华横溢的哲学家，主要研究领域包括唯名论、逻辑、智慧与信仰及道德责任问题。

阿威罗伊（伊本·路世德）

西班牙／摩洛哥，1126 — 1198

将伊斯兰哲学与柏拉图主义和亚里士多德主义的希腊传统融合的宗教哲学家。

贾拉尔·阿德丁·穆罕默德·鲁米（鲁米）

中东，1207 — 1273

学者、神秘主义者，也是备受赞誉的诗人，以诗歌形式阐述其信仰。核心兴趣：苏菲主义（伊斯兰神秘主义）

圣托马斯·阿奎那

意大利，1225 — 1274

基督教神学家和哲学家，著述涉及上帝的存在与属性、永生与美德以及自然法。

◄ 参见**什么是哲学：** 第 376 — 377 页　◄ **哲学通史：** 第 378 — 379 页

"未经审视的人生不值得过。"

苏格拉底，出自柏拉图《申辩篇》，约公元前 399 年

弗兰西斯·培根

英国，1561—1626

重要的经验主义科学家，对科学方法的发展做出了重要贡献。理论 / 兴趣：自然哲学、归纳法。

勒内·笛卡尔

法国，1596—1650

颇具影响力的理性主义哲学家。理论 / 兴趣：理性主义、天赋观念论、"我思故我在"、身心二元论、上帝。

伊丽莎白（波西米亚的帕拉丁公主）

英国 / 捷克共和国，1618—1680

因与笛卡尔的哲学通信而闻名。主要兴趣：身心相互作用、政治。

王夫之

中国，1619—1692

重要的新儒家思想家，出生在明朝末期。理论 / 兴趣：唯物主义、行动、伦理学。

玛格丽特·卢卡斯·卡文迪什

英国，1623—1703

多产且涉猎广泛的作家。理论 / 兴趣：自然主义、唯物主义、活力论的因果关系、自由意志。

加布里埃尔·苏雄

法国，1632—1703

女权运动的杰出倡导者。兴趣领域：激进哲学、女性教育、自主权和自由。

约翰·洛克

英国，1632—1704

经验主义思想家，也是最具影响力的政治哲学家之一。理论 / 兴趣：社会契约、个人身份。

玛丽·阿斯特尔

英国，1666—1731

早期女权主义者，因其对洛克的批判而闻名。理论 / 兴趣：女性教育、二元论形而上学。

乔治·贝克莱

爱尔兰，1685—1753

18 世纪杰出的经验主义者之一。理论 / 兴趣：经验主义、主观唯心主义（非物质主义）、宗教。

大卫·休谟

苏格兰，1711—1776

启蒙运动时期的重要思想家。理论 / 兴趣：经验主义、怀疑论、因果关系、归纳、伦理非认知主义。

伊曼努尔·康德

德国，1724—1804

现代哲学发展过程中的关键人物。理论 / 兴趣：道德律与自主、先验唯心主义。

玛丽·沃斯通克拉夫特

英国，1759—1797

提倡性别平等的道德和政治哲学家，主张妇女有受教育的权利。

约翰·斯图尔特·密尔

英国，1806—1873

19 世纪英国最有影响力的思想家之一。理论 / 兴趣：自由主义、功利主义、经验主义。

卡尔·马克思

德国，1818—1883

对世界产生深远影响的革命思想家。兴趣领域：历史唯物主义、共产主义。

弗里德里希·尼采

德国，1844—1900

哲学家、激进的文化批评家。理论 / 兴趣：观点论、虚无主义、权力意志、超人、上帝之死。

埃德蒙德·胡塞尔

德国，1859—1938

胡塞尔关于经验和意识结构的工作影响了其他许多学科。理论 / 兴趣：现象学。

西田几多郎

日本，1870—1945

将西方哲学与东方精神传统相结合。理论 / 兴趣：意识、经验、虚无。

伯特兰·罗素

英国，1872—1970

现代分析哲学创始人。理论 / 兴趣：逻辑主义、逻辑原子主义、语言理论。

路德维希·维特根斯坦

奥地利 / 英国，1889—1951

被公认为 20 世纪最伟大的哲学家之一。理论 / 兴趣：语言、意义、确定性。

马丁·海德格尔

德国，1889—1976

当代欧洲哲学颇具影响力的人物。理论 / 兴趣：本体论、存在主义、解释学现象学。

鲁道夫·卡尔纳普

美国，1891—1970

维也纳学派的杰出成员。理论 / 兴趣：逻辑经验主义、归纳逻辑、验证与确认。

让－保罗·萨特

法国，1905—1980

理论 / 兴趣：存在主义、本体论、自由、虚无、虚伪、真实。

汉娜·阿伦特

德国 / 美国，1906—1975

杰出的政治理论家。主要兴趣：政治存在的现象学、判断、公民身份和极权主义。

西蒙娜·德·波伏娃

法国，1913—1986

重要的知识分子和女权主义者，其作品对存在主义和女性主义理论的发展起到了关键作用。

威拉德·范·奥曼·奎因

美国，1908—2000

20 世纪英美哲学界知名思想家。主要兴趣领域：自然化认识论、形而上学。

米歇尔·福柯

法国，1926—1984

颇具争议的哲学家和历史学家。理论 / 研究兴趣：后结构主义、权力与知识、性、疯狂。

格拉谢拉·希耶罗

墨西哥，1928—2003

著名女性主义哲学家，伦理学专家。理论 / 兴趣：女性主义的快乐伦理学。

雅克·德里达

法国，1930—2004

因开创了一种名为"解构"的分析形式而闻名。理论 / 兴趣：后现代主义、解构主义。

桑德拉·哈丁

美国，1935—

杰出的立场理论家。理论 / 兴趣：后殖民主义、女性主义立场认识论、强客观性。

成中英

美国，1935—2024

美国的中国哲学的先驱。理论 / 兴趣：本体诠释学、内与外、管理哲学。

玛丽亚·卢戈内斯

阿根廷 / 美国，1944—2020

哲学家、活动家，致力于抵抗压迫的理论研究。理论 / 兴趣：去殖民化女性主义和多重自我。

艾丽斯·马里恩·杨

美国，1949—2006

政治理论家，对性别化身体的现象学以及差异视角下的正义与政治问题抱有兴趣的政治理论家。

霍拉西奥·塞鲁蒂·古尔伯格

阿根廷，1950—

拉丁美洲哲学运动"解放哲学"的代表人物之一。

贝尔·胡克斯

美国，1952—2021

作家和社会活动家，其作品关注女性主义身份认同和压迫、种族、阶级和性别等问题。

贝尔·胡克斯

参见**什么是政治**：第 386—387 页 ▶　**政治理论**：第 390—391 页 ▶　**社会学**：第 400—403 页 ▶

神话

神话被认为是人类为了理解诸如生命、死亡、自然界、宇宙结构以及善恶等道德问题而产生的。地球上的每一种文化都有神话。最初，神话通过口口相传一代又一代流传。公元前 3300 年，西亚的美索不达米亚地区发明了文字，为后世保留下许多神话。除了对历史人物的详尽记述，神话还包括魔法、诸神、女神和其他超自然生物的故事以及拥有超自然力量的人类英雄的传说。

美索不达米亚

美索不达米亚的每个城邦（见第 304 页）都有自己的信仰，但都崇拜类似的最高神灵，包括至高神安（An，亦称阿努）、母神宁胡尔萨格（Ninhursaga）、风暴之神恩利尔（Enlil）以及神圣工匠恩基。这些神灵掌控着从农作物的丰产到地下恶魔等一切事务。然而，美索不达米亚最著名的神话人物当属吉尔伽美什。他是苏美尔城邦乌鲁克真实存在过的一位人类国王。在神话中，他化身为具有超人力量的战士。他不仅与狮子、公牛和怪物战斗，还与相遇的恩奇杜交战，之后，恩奇杜成了他的挚友和兄弟。恩奇杜患病去世后，吉尔伽美什踏上了一段探索之旅，最终以他接受自己必死的命运而告终。

恩奇杜与吉尔伽美什

"究竟何人能与他的王者相抗衡？"

《吉尔伽美什史诗》，约公元前 2150 —公元 1400 年

埃及

从公元前 4000 年左右到公元前 30 年左右，埃及人关于死后世界和主要为善的神祇的观念不仅对埃及社会的各个方面产生了影响，而且也影响了包括希腊和罗马在内的其他文化的信仰。埃及的神祇最初是以动物形态的部落神出现，但到了古王国时期，已呈现出人类的形态。在留传下来的数百位神祇中，最先受到崇拜的是大地之神盖布和天空之神努特的子女：伊西斯、赛特、涅弗提斯、霍鲁斯和奥西里斯。奥西里斯被赛特所杀，但被伊西斯复活，并成为灵魂的审判者和冥界之主——这是所有古埃及人存在的下一阶段。

希腊

就像美索不达米亚和埃及那样，希腊神话也描绘了世界从虚无（混沌）中的诞生过程以及奥林匹斯山上的众神谱系。这些神祇的形态和人类相似，能随心所欲地变成动物，且许多神祇都具有人类的弱点。奥林匹斯有十二神，包

括众神之王宙斯和天后赫拉，太阳神阿波罗，美与爱的女神阿佛洛狄忒，以及其他精通火、酒等技艺的神祇。希腊神话中，人类、半神以及诸如森林之神萨提尔和半人马之类的生物比比皆是，而雅典哲学家柏拉图提到的失落的亚特兰蒂斯岛等传说则作为警示故事流传下来。

《亚特兰蒂斯的传说》

"在一天一夜……亚特兰蒂斯岛消失于深渊之中……"

柏拉图《蒂迈欧篇》和《克里提亚斯篇》，约公元前 360 年

罗马

罗马诸神和希腊众神的关系密切，有些神的名字相同，比如阿波罗。从公元前 8 世纪罗马建立以来，希腊就对意大利半岛产生了影响。然而，罗马很快就将其信仰烙上了自己的印记。罗马神话始于这座城市的创世故事：战神玛尔斯与一位人类国王的女儿育有一对双胞胎儿子。一名敌对的国王把这对唤作罗穆卢斯和雷穆斯的婴儿扔入河中，想让他们溺亡。一只母狼救起了这两个孩子并抚养他们长大。他们长大后建立了罗马。罗穆卢斯后来杀了雷穆斯以便独自统治。与希腊众神一样，罗马诸神也脾气暴躁，常常表现得十分残暴。不过，献祭牺牲既可平息神的怒火，当事人也因而获益。

萨提尔是森林中的生物　　罗马的萨提尔有着山羊的角和耳朵

罗马萨提尔镶嵌画，约 138—192 年

凯尔特人

古代凯尔特人（见第 307 页）既非单一的种族也非单一的民族，他们创造了数百个独特的神话，这些神话口口相传，直到中世纪才被僧侣记录下来。现今留存下来的主要是反映凯尔特威尔士、爱尔兰、苏格兰以及布列塔尼和高卢的神话。

每个凯尔特部落都有自己的神和守护者，但大多数部落都承认光明、治愈、艺术和手工艺之神卢格，以及与动物和生育有关的有角神塞努诺斯。女性神祇尤其重要，特别是像莫里甘这样的战争女神，知识和治愈女神布丽吉德和马女神埃波娜。魔法、巫师、重生和人类可以通过精灵山丘进入的超自然"异界"在凯尔特神话中占有重要地位。

◀《精灵骑士》

1911 年，约翰·邓肯描绘的超自然精灵族（Aos Si，即 Sidhe），也就是爱尔兰和苏格兰传说中的"善良的精灵（仙女）"。

◀ 参见**古希腊**：第 312—313 页　◀**古罗马**：第 314—315 页

» 神话（续）

鹰头形悬垂环

锤头上的交织带是北欧艺术的典型特征

10世纪　雷神之锤吊坠

北欧

北欧人是北日耳曼民族，他们在公元8至11世纪生活在现在的斯堪的纳维亚半岛。那些出境劫掠和进行贸易的人被称为维京人。酷寒的北欧，其神话中经常出现残酷场面，兄弟神奥丁、威利和维用巨人的身体创造了宇宙，将其划分为不同的层次或领域，由伟大的世界之树伊格德拉修连接起来。人类居住在米德加尔德，即中土世界；而众神阿萨神族和华纳神族则居住在天界，通常简称为阿斯加德。阿萨神族是司掌天空与战争的神祇，由奥丁统领，其成员包括他的妻子弗丽嘉、他们的儿子雷神托尔、巴德尔和提尔，以及狡黠之神洛基。华纳神族是主管爱情、生育和繁荣的神祇，其中包括落泪成金的弗蕾亚和弗雷。冥界"尼福尔海姆"由洛基之女赫尔统治。众神大部分时间都在互相争斗，或是与霜巨人或其他怪物、矮人、精灵作战。最终，"诸神的黄昏"——世界末日——来临。在一个版本中，宇宙

神话类型

大多数文化都有创世神话，讲述生命与宇宙的起源，也有围绕众神和女神展开的神话。例如，阿兹特克人（见第343页）认为奥索莫科和西帕科塔尔（右图）是全人类的祖先。洪水毁灭文明的神话也颇为常见。在美洲原住民和凯尔特文化的神话中，动物占据重要地位；而在其他文化中，人类英雄，如希腊的赫拉克勒斯（Heracles）则占有重要地位。

被摧毁。但在另一个版本中，在这场毁灭之后，一个由众神和人类组成的新世界得以兴起。

毛利人

毛利人大约13世纪定居于新西兰。根据毛利神话，天空之神兰吉努伊和大地女神帕帕图阿努库紧紧拥抱在一起，众多的儿女生活在他们父母之间的暗黑空间。为了见到光明并拥有生存空间，孩子们将他们推开，世界也由此诞生。其中一个孩子，森林之神塔内试图用红赭石创造生物，但起初仅造出树木。当他向树木吹气，便创造出第一个女人希娜。新西兰的诞生与狡黠的半神毛伊有关，他因兄弟们出海捕鱼时未带他同行而恼怒，于是偷偷藏在他们的独木舟上，并用魔法鱼钩钓到一条怪物鱼，结果这条鱼变成了北岛。

印度传统故事

印度传统史诗讲述远古时代的故事，其中的一部作品是创作于公元前400年至公元300年的《摩诃婆罗多》，叙述了俱卢族和般度族这两个堂兄弟家族之间争夺王位的斗争。这场世仇始于俱卢族的祖先持国因失明未能继承哈斯蒂纳普拉的王位，其后代试图从他兄弟般度的家族手中夺回王位。《摩诃婆罗多》包含诸多故事，（转下页）

▶ **神话中的幽灵形象**

19世纪日本艺术家歌川国贞擅长描绘歌舞伎剧场的场景。这幅画描绘了从灯笼中冒出来的女妖怪。

奥索莫科　西帕科塔尔

15世纪　阿兹特克手抄本

例如，在一场史诗般的掷骰子游戏中，般度族将王国输给了俱卢族。这部作品以一场史诗般的战役收尾，据说战役标志着历史新纪元的开端。

日本

在日本的民间传说中，乡村遍布着妖怪——怪物、鬼魂和恶魔，它们会袭击那些毫无防备的路人。妖怪的形态多种多样，大多类似动物，但也有植物形态或无生命形态。化猫是能变形的妖怪，可以变成狐狸或獾。人头蛇身，爪子锋利如刃的怪兽以津真天会在瘟疫肆虐时出现在天空。据说，像巨大蝾螈一样的河童会把不慎落入河中的孩子淹死。辘轳首是外表像人类的长颈妖怪，它的头会在夜间脱离身体，四处游荡寻找猎物。安抚妖怪很重要，人们会给它们供奉祭品，比如把黄瓜扔进河里以安抚河童。

中国

在中国神话里，世界是盘古创造的杰作。盘古是一个从原始混沌中神奇出现的巨型蛋中孕育出来的巨人，当他从蛋中破壳而出时，蛋中最轻的部分上升形成了天，而较重的部分则下沉形成了地。守卫着大地四角的是四只传说中的神兽：东方的青龙、北方的玄武、西方的白虎和南方的朱雀。许多社会现象都被归因于传说中的统治者，比如黄帝，在他的统治下，中国发明了历法和文字。

马赛人

肯尼亚的马赛人的故事与牛紧密相连，放牧牛群是他们的主要生活方式。他们的主神恩凯具有双重身份：作为黑神恩凯–纳罗克，他带来雨水和繁荣；作为红神恩卡–纳–尼奥基，他会让那些激怒他的人陷入饥荒。据说，当地球和天空分离的时候，恩凯用野生无花果的树皮制成的绳子把牛送到了地上。所有的牛都去了马赛人那里。不过，恩凯也把蜂蜜和野生动物送给了狩猎部族托罗博；把种子送给基库尤人，他们后来成了农民。据说恩凯还通过把一棵树分成若干不同部分变成人类来创造了这三个部族，并用剩余的部分给了马赛人一根手杖，让他们用来放牧牛群；

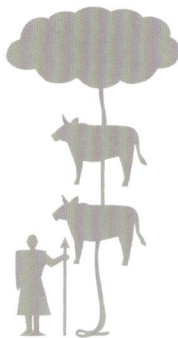

"我会给你们一些叫牛的东西。"

马赛人口头文学

给了基库尤人一把锄头，让他们用来翻耕农田；给了猎人一张弓和一支箭。

印加

秘鲁的印加人相信当水神维拉科查从的的喀喀湖出现时，世界便应运而生。之后，他创造了其他神、人类、太阳、月亮和星辰。他的儿子太阳神因蒂，是月亮女神玛玛·奎拉的兄弟和丈夫，是印加人最为尊崇的神灵。据说日食是其愤怒的象征。他也被视为印加皇帝萨帕印加的祖先。大多数神居住在上层世界哈南帕查，那是那些在现世过着美好生活的人死后希望能去的地方。作恶的人会受到惩罚，被送到乌库帕查，也就是死神苏帕伊的领地，苏帕伊还要求用活人献祭，以此来为他的王国繁衍后代。

"最初，在这个世界被创造之前，存在着一个叫维拉科查的神。"

佩德罗·萨米恩托·德·甘博亚著，《印加史》，1572 年

什么是政治

政府是行使国家权力的政治组织体系，政治是政府、政党等主体管理公共事务的活动。当政府、政党做政治决策时，无论这些决策是涉及大到战争与和平、还是小到当地垃圾处理的方式，都需要妥协和平衡。通常，正式的政治进程（特别是讨论某些强制性规则时）都要遵守宪法和法律程序。例如，关于是否在国家或地方层面实施增税或减税的决策都要遵循既定的程序。

政治道德主义

政治道德主义关注信念、伦理和道德如何持续影响一个地区公众的思维方式，进而在公众最终做出政治选择中发挥的关键作用。这些信念有时会催生带有偏见的制度，具有相似信仰的群体往往会组建政党来推进他们的议程，这会损害少数族裔或宗教少数群体的利益。如今，尽管政治领域的偏见仍普遍存在，但是管理机构通常会抵制明显偏袒特定信仰体系的措施。

政治现实主义

几个世纪以来，利用权力来实现各种目标一直是本土及国际政治的一个显著特征，这也是政治有时被视为虚伪且不道德的原因之一。在此背景下，政治常被视作通过经济或军事优势占据主动的行为，而非单纯追求妥协与共识的艺术。政治现实主义理论更倾向于维护国家或强势行为体的利益，而非优先考虑弱势及边缘化群体。

公众意见咨询制度

在传统的社会和文化中，获得智慧且明智的判断是依靠年龄和经验，这和现代社会中依靠民主协商机制相冲突。大多数社会都试图平衡这些因素，但在那些传统上极为重视孝道观念（子女对父母的义务）的社会中，这往往颇具难度。现在，大多数国家都要求在做出决定之前建立公众意见咨询制度。这一流程为专家或有经验的人建言献策提供了时间和空间。

◀ 欧洲议会

欧洲议会，是通过直接选举产生的欧盟立法机构之一，位于法国斯特拉斯堡。

劳工行业的写照

1930 年挪威工党海报

专制制度

从 18 世纪开始，现代选举制逐渐取代了传统的治理方式，但公众仍需找到超越宗教或传统信仰的新的现代国家认同。20 世纪发展起来的法西斯主义为了实现既定目标，对国内社会经济等方面实行专制管理。

政府体制

每种政府体制都有其自身的特点。权力集中在单一统治者手中的政府属于威权政体或绝对君主制。民主政体的特点是民众选举代表，由这些代表行使权力，并可以对代表进行问责。某些名义上的民主国家，也可能是由少数人掌控着政权（寡头政治），或者宗教信仰决定政策（神权政治）。如果一个国家没有政府机构或中央权威，那么就可以称为无政府状态。

社会主义

社会主义是一种以生产资料社会公有制为基础的制度，是共产主义社会的初级阶段。在近现代的西方工人运动中流行着一种改良主义的政治思潮——民主社会主义。

民族主义

民族主义在不同的历史背景下呈现不同的面貌。在殖民时代，它表现为被殖民地区人民追求独立和自主决策的强烈意愿。20 世纪 40 年代至 60 年代，印度、尼日利亚、印度尼西亚和埃及都涌现出要求独立的民族运动。当一些群体取得政权后，其往往以民族利益为掩饰加紧对本族劳动人民的剥削和奴役，并以各种形式侵犯其他民族的利益。法西斯主义和纳粹主义是这种民族主义的极端产物，它暴力迫害少数群体和边缘群体。

凯末尔·阿塔图尔克 民族主义领袖

> "民主是最坏的制度，但其他已尝试的制度更坏。"
>
> 选自温斯顿·丘吉尔
> 1947 年在英国议会的演说

民主

民主是由全体公民直接或通过他们自由选举出的代表行使权力和公民责任的政府治理形式，这种方式已在世界大多数地区应用。然而，一个有效的民主政体还需要对政府的行政权力进行制约，并在宪法体系中明确政府的权力与责任。在实践中，存在多样的民主组合方式，从全民公决（全体选民的投票）到直接选举官员、间接选举官员，再到历史上曾存在的有限选举制。

世界各国的政治制度

每个国家都发展出独具特色的政治体制，并采用相应的形式和原则。这就形成了几个较为典型的政体类型：君主制（如英国）、共和制（如美国）、混合型体制（如俄罗斯）等。大多数国家坚持了民主和自由主义原则。在国际层面上，二战后重建国际秩序的需求推动联合国于 1945 年成立。

政府体制	一人统治	由少数特定人群统治	由多数人统治
	君主制	寡头政治	民主制
	独裁制	神权政治	无政府状态

参见 **政治通史**：第 388—389 页 ▶　**政治理论**：第 390—391 页 ▶　**社会学**：第 400—403 页 ▶

政治通史

自古以来，为确保安全与繁荣，每一种文明和文化都发展出了关于如何治理人民的理念，并为人民提供精神引导和道德规范。战争、敌对状态以及其他形式的冲突导致了在欧洲一种新的治理模式脱颖而出，并通过帝国扩张和殖民征服在全球范围内传播。该治理模式脱胎于希腊和罗马的传统，同时融入了大量基督教价值观以及政治、公民和人权方面的思想。虽然它经常与世界各地的传统和信仰存在差异，但它仍极大地影响了当地的各种体制和实践。

公元前 508 年 雅典政治家克利斯提尼对雅典的政治架构和程序进行改革，由此缔造了首个民主政体。雅典的自由男性公民可以参加公民大会并被赋予投票权。

公元前 500 年 中国哲学家孔子提出一种基于传统价值观"仁"和"礼"的政府体系构想，由君主统治下的学者来管理。

克利斯提尼

1789 年 法国大革命确立了共和政体。《人权和公民权宣言》是由革命者起草的一项具有开创性的人权宣言。

1792 年开始使用刀刃锋利的断头台

法国断头台复制品

独立的美国

■ 西部领土　■ 13个州

1783 年 由于政治上的分歧，美洲 13 个英属殖民地击败英国，建立起独立的美利坚合众国。这是世界史上第一次大规模的殖民地成功争取民族独立。

1648 年 《威斯特伐利亚和约》（一系列条约）终结了欧洲长达 30 年的战争。它促成了现代国家体系的形成，并确立了国家主权原则。

《威斯特伐利亚和约》

1804 年 经过长达 14 年的革命，海地摆脱法国的殖民统治，获得独立，成为世界上第一个独立的黑人国家，也是首个废除奴隶制的国家。

法国国民公会成员制服

海地革命家让-巴蒂斯特·贝利

1819 年 委内瑞拉政治家西蒙·玻利瓦尔宣布大哥伦比亚共和国成立（今巴拿马、哥伦比亚、厄瓜多尔和委内瑞拉），其原属西班牙的殖民地。

玻利瓦尔身着军装的画作

西蒙·玻利瓦尔

1833 年 英国通过法案废除了奴隶制。随后，法国在 1848 年废除了奴隶制，美国则是在 1865 年才废除奴隶制。

1930 年 印度民族运动领袖甘地发动人民破坏英国殖民政府的食盐专卖法，展开了第二次非暴力不合作运动。

1922 年 苏联成立，同年约瑟夫·斯大林当选为联共（布）中央总书记，1924 年列宁逝世后，其逐步成为苏联党和国家主要领导人。

约瑟夫·斯大林

1918 年 第一次世界大战停战协定生效。参战双方次年签署了《凡尔赛和约》，德国不得不承担巨额赔款并丧失大片领土。

1917 年 军事上败于德国和随后的国内动乱迫使俄国沙皇尼古拉二世退位。弗拉基米尔·伊里奇·列宁建立了第一个社会主义国家。

旗帜上印有革命年份

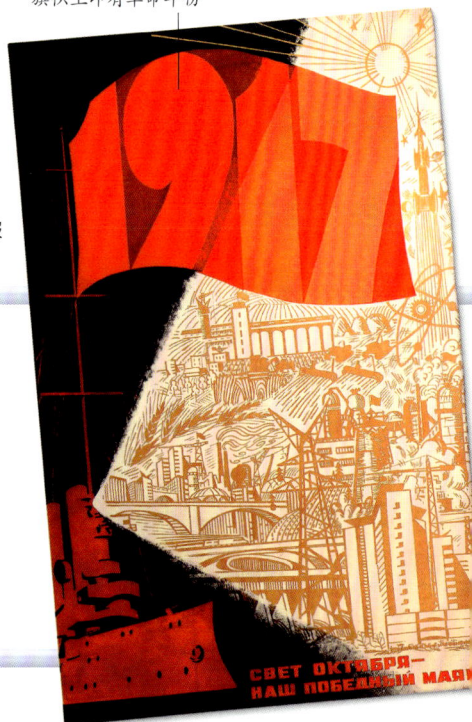

苏维埃宣传海报

1939 年 阿道夫·希特勒于 1933 年在德国掌权，随后欧洲各地的法西斯势力结盟。德国、意大利、日本通过《反共产国际协定》形成法西斯轴心同盟。1939 年发生的波兰战役标志着第二次世界大战全面爆发。

法西斯国家

1945 年 盟军主要领导人在克里米亚半岛的雅尔塔会面，讨论战后德国问题等一系列问题。同年联合国成立，其核心宗旨是维护国际和平与安全、促进国际合作与发展。

1960 年 西丽玛沃·班达拉奈克当选为斯里兰卡总理，成为第一位民选女总理。近些年女性参政人数稳步增加。

狄奥多西向官员颁发任命书

约公元前 390 年 古希腊哲学家柏拉图创作了其最为知名的作品《理想国》，书中讨论了伦理学、政治学、形而上学、知识论、灵魂学说、教育学和文艺理论等多方面的主题。

380 年 罗马皇帝狄奥多西一世将基督教确立为罗马帝国的官方宗教，开启了基督教在欧洲占据统治地位的历程。在当时的历史背景下，宗教与政治联系非常紧密。

皇宫卫兵

复制品：狄奥多西一世在大型仪式用的银盘

622 年 先知穆罕默德为处理麦地那穆斯林公社内外关系制定的麦地那宪章倡导协商与宽容，并禁止内部通过战争解决冲突。这是将宗教观念付诸政治实践的早期范例。

8 世纪至 18 世纪 欧洲的政治传统采纳了君主统治权源于神权的观点。反对这一观点可能会被视为是亵渎神明。

1513 年 意大利政治思想家尼科洛·马基雅维利撰写了《君主论》，这是一部关于君主统治策略和方法的著作，奠定了现代政治学实证分析的基础。作品从人性的角度对政治进行分析，而不是将政治视为神的意志。

基督教骑士

1095 年至 1291 年 十字军东征使基督教和伊斯兰教之间因争夺圣地的控制权而陷入长期冲突。双方之间的敌对状态在欧洲乃至世界产生了深远且持久的政治影响。

十字军东征的插图

802 年至 1463 年 东南亚各国占据优势的是佛教，同时各国也吸收了印度教和儒家思想的某些元素。这些国家与中国和印度有着广泛的贸易往来。

吴哥窟寺庙尖顶　吴哥

献给佛罗伦萨统治者洛伦佐·迪·皮耶罗·德·美第奇

《君主论》的封面

1871 年 普法战争之后，德国在德皇威廉一世的军事统治下成为一个统一的国家，并从法国得到了阿尔萨斯和洛林地区。

普鲁士头盔

女性选举权

1893 年 新西兰成为首个女性在议会选举中获得选举权的自治国家，但她们直到 1919 年才获得被选举权。

皮革头盔

1914 年 奥匈帝国皇位继承人弗朗茨·斐迪南大公遇刺身亡，这一事件引发了一系列的政治冲突和军事行动，第一次世界大战全面爆发。

刺杀弗朗茨·斐迪南所使用的手枪

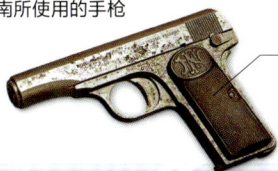

半自动手枪

1912 年 中国最后一个封建王朝被推翻，君主专制制度终结。以孙中山为首的革命党人建立共和政体，孙中山担任中华民国临时大总统。

孙中山

1964 年 美国国会通过《民权法案》，从法律的角度上保护了黑人等少数族裔争取公正公平的运动。1968 年马丁·路德·金遇刺，其领导的争取平等的运动，在全球范围内激励了许多人为争取平等权利而斗争。

1989 年 柏林墙倒塌，引发了一系列连锁反应：德国的统一和东欧剧变。

美国和苏联领导人

1990 年 南非反种族隔离活动家纳尔逊·曼德拉获释出狱。1994 年南非举行了首次不分种族的选举，终结了种族隔离制度。

纳尔逊·曼德拉

2016 年 唐纳德·特朗普当选总统后，美国政治转向单边主义（即一国外交政策仅以自身国家的利益为出发点）。

政治理论

政治制度以及国家治理模式的形成和演变都受到哲学家、宗教领袖、军事家和政治家的影响。个人的信仰体系、宽泛的社会责任和义务问题以及政治体系的运作模式问题是政治辩论的主要议题。以下列举的仅是历史上曾出现的众多理论中具有代表性的一部分范例。

儒家思想

孔子（公元前551—前479）将忠诚、责任和尊重等中国传统美德纳入到儒家思想体系中。儒家思想通过"君子"（理想中的人）这一概念得以深化，"君子"的行为为其他人树立了榜样，从而形成了一种代代相传的传统。儒家思想中，社会和谐源于每个人在各自的角色中恰当地行事。

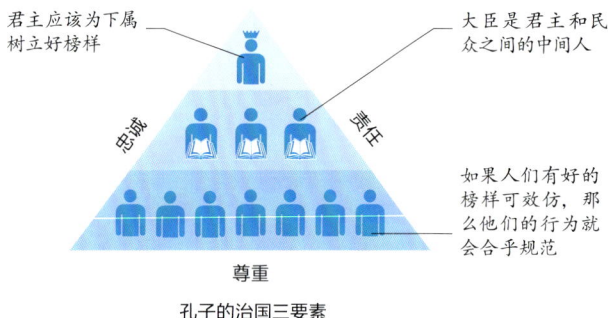

君主应该为下属树立好榜样

大臣是君主和民众之间的中间人

如果人们有好的榜样可效仿，那么他们的行为就会合乎规范

忠诚　责任　尊重

孔子的治国三要素

女权主义社会理论

尽管历史上女性财产权、法律地位和政治权利长期被剥夺或忽视，但从女性的视角对政治问题解读一直是政治理论的重要部分。20世纪初期的"第一波"女权主义主要关注争取女性平等的政治权利。20世纪60年代的妇女解放运动关注生殖权利、职场平等和家庭暴力等问题，构成了"第二波"女权主义。当代"第三波"女权主义关注跨种族主义、性取向问题等。

正义战争

现代关于"正义战争"的思想渊源可追溯至托马斯·阿奎那（约1225—1274）。尽管基督教倡导和平主义，但阿奎那认为，有时为了正当理由，战争是被允许的。

理由正当
发动战争必须有正当理由，如抵抗侵略、保卫国家和人民安全、恢复不公正剥夺的权利等。

权威正当
只有在统治者或君主的授权下，才能发动正义之战，其他的战争皆为非正义。

目的和意图正当
战争需要有正确的目的和意图，应该是为了实现正义、恢复和平与秩序。

社会契约论

在社会契约理论框架中，个体自愿让渡部分自然权利给政治共同体以换取安全保障。让－雅克·卢梭（1712—1778）主张，这样的社会契约能维系社会平等，个人也可借由法律获取自由。托马斯·霍布斯（1588—1679）认为社会契约的主要目的是确保和平，在这一体系下，共同体需要具有绝对的权威。

	没有社会契约	有社会契约	自由
霍布斯	生活是丑陋的	保证和平	存在于法律之外
卢梭	人们都满足	消除不平等	在法律范围内

个人责任

现代法治体系在保障个人的权利和自由的同时，也要求个人承担相应的义务，比如公民有遵守法律的义务。

康德的绝对命令

康德（1724—1804）的"绝对命令"要求一个人应该始终按照愿意让它成为适用于所有人的普遍法则的准则行事。

要是每个人都闯红灯，那可太糟糕啦

共产主义

虽然资本主义是一种较为高效的经济体制，但是在19世纪，哲学家卡尔·马克思（1818—1883）认为，它蕴含着自我否定的矛盾。他指出，资本家占有生产资料，通过雇佣关系剥削工人的剩余价值，改变此状况的唯一途径是废除生产资料的私有制，并建立无产阶级专政。

资本主义与异化论

马克思认为，在资本主义体系中，当工人将完工的产品卖给雇主时，他便与自己生产的这些产品失去了本质联系。工人与产品之间的这种分离导致了他们内心的疏离感。

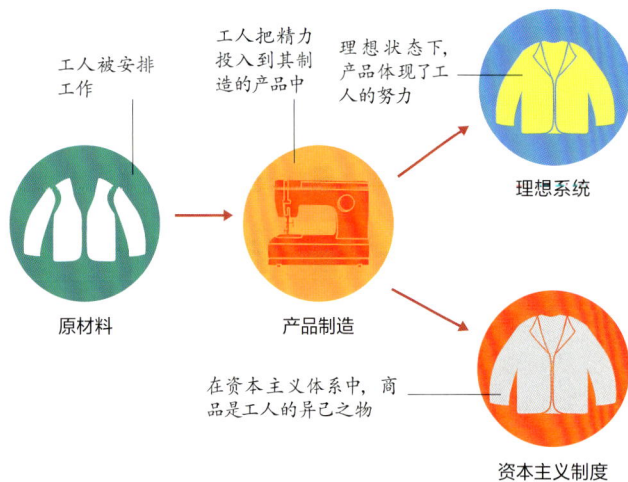

工人被安排工作

工人把精力投入到其制造的产品中

理想状态下，产品体现了工人的努力

原材料　产品制造　理想系统

在资本主义体系中，商品是工人的异己之物

资本主义制度

哲人王

柏拉图认为，唯有真正理解善的理念并具备完善道德修养的哲学家担任统治者，才可以确保民众生活美满，因此政治权力应仅赋予哲学家。

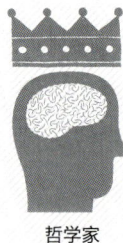

哲学家

◀参见哲学通史：第378—379页　◀伟大的哲学家：第380—381页　◀政治通史：第388—389页

"知己知彼，百战不殆。"

孙武，《孙子兵法》，公元前 6 世纪

《孙子兵法》

中国军事家孙武（约公元前 545—前 470）为军事战略提供了一个框架，该框架亦可应用在政治竞争中。其内容涵盖诸多方面，包括季节等自然因素（天）、地形地貌特征（地）、统治者的道德影响力（道）、将领的能力和品质（将）以及士兵的组织和纪律（法）等。

地

多样的地形

军事家必须将地理的因素纳入考量，包括距离远近、地形的开阔或狭窄等因素都将影响安全情况以及生存的概率。

士兵服从统治者

道

统治者拥有良好的道德影响力，士兵们将完全服从统治者。

等级制度构建秩序

法

军队必须由合理的兵种结构组成，并依据等级进行组织，以强化纪律约束。

对立的事物处于平衡状态

天

军事家必须注意昼夜、晴雨、寒冷、炎热、季节气候的变化等。

将

一名成功的将军必须智慧、真诚、勇敢和仁慈。

普选权

普选权指的是，除了法定例外情形以外，所有成年人不论其财富状况、性别、种族、民族、财产所有权或其他任何限制，均享有投票权。

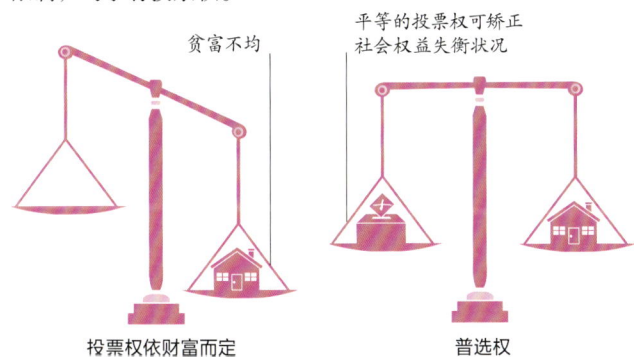

贫富不均

平等的投票权可矫正社会权益失衡状况

投票权依财富而定

普选权

分权制

一个国家内部的权力分为行政权（负责法律执行与公共事务管理）、立法权（负责制定法律与修行法律）和司法权（负责法律解释与争议裁判），以制约个人或团体滥用权力。

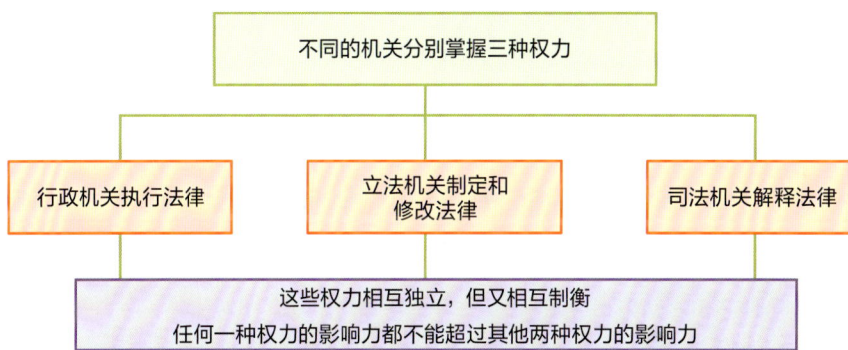

不同的机关分别掌握三种权力

行政机关执行法律

立法机关制定和修改法律

司法机关解释法律

这些权力相互独立，但又相互制衡
任何一种权力的影响力都不能超过其他两种权力的影响力

社会公正

社会公正的概念源于每个人的个人权利都应从社会中受益的理念。法律制度和机构需要通过纠正既往的不平等或歧视来实现社会公正，民主问责制也应持续推动这一进程。

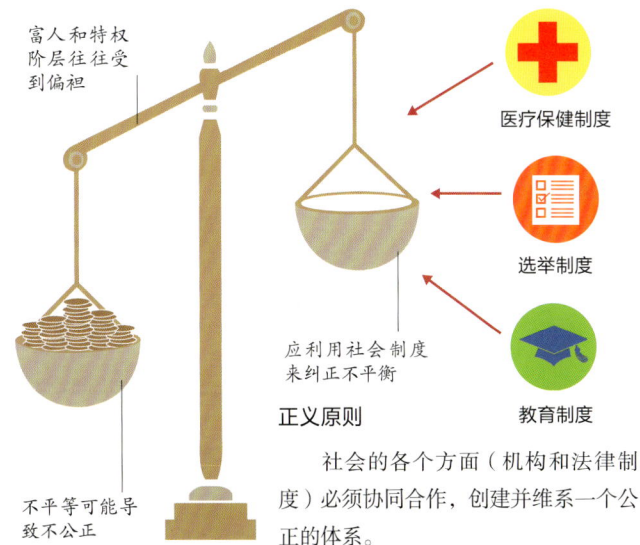

富人和特权阶层往往受到偏袒

医疗保健制度

选举制度

应利用社会制度来纠正不平衡

教育制度

正义原则

社会的各个方面（机构和法律制度）必须协同合作，创建并维系一个公正的体系。

不平等可能导致不公正

个人自由

哲学家约翰·斯图尔特·密尔（1806—1873）对政府权力和个人自由之间的界限有浓厚的兴趣。他主张三项基本自由（如下所示），并且认为政府只能在防止个人对他人造成伤害时，才可以对个人进行干预。

言论自由

人人都应有发表意见的自由和写作的自由。

个性和行为自由

只要不伤害他人，人人都可以按照自己的意愿追求自己的爱好。

结社自由

人们可以为了任何不会对他人造成伤害的目的，自由的集合结社。

有限政府

约翰·洛克（1632—1704）主张有限政府原则，主张政府的主要目的是保护人民的生命权、自由权和财产权，其权力行使须基于被统治者同意。在他看来，立法权是最高权力机构的核心权威。

制定好的法律

制定法律是国家政权最重要的职能之一。

人民的权利

法律应该保护人民的权利。

法律的执行

政府必须以公众的利益为出发点，执行已制定的法律。

参见**经济通史**：第 394—395 页 ▶ **社会学**：第 400—403 页 ▶

什么是经济学

经济学是研究人们如何管理资源以及组织商品和服务的生产与分配的学科。经济学以法律、心理学或社会学等其他学科为基础，帮助解释人们作为消费者和生产者如何做出选择，以及人们如何在无限的需求与世界有限的资源之间进行协调。关于经济如何运作的理论有很多，经济学家们对最佳解释争论不休。

做出理性选择

每当消费者权衡可供他们选择的各种成本和收益，也就是试图使收益盈余大于成本，并根据自身偏好做出决定时，他们就是在做出微观经济学家所说的理性选择。经济学家基于这一前提来预测消费者的行为，假定他们的行为始终是为了实现自身利益的最大化。

所有权与产权

市场交换的经济功能，也就是生产、销售和购买行为，是建立在资源归某人所有这一原则之上的，这一概念被称为产权。这些权利旨在确保以和平而非暴力的方式争夺资源。例如，私人产权可以表现为拥有一栋房子。作为房屋所有者，此人有权将"权利"委托、出租或出售给任何愿意满足双方商定的条件（比如交易的价格和时间）的另一方。

什么是货币？

货币是一种交换单位，只有当人们相信它代表某种特定价值时它才具有价值，但它并不等同于财富。从历史上看，最早的交换单位是以商品的形式出现的，比如可可豆、盐和干玉米等，因其需求广泛而被认为具有价值。几个世纪以来，这一体系逐渐被以黄金价值为基础的纸币和硬币所取代，但在 20 世纪 70 年代，以黄金为支撑的货币被所谓的"法定货币"所取代，也就是由政府发行并赋予法定货币地位的不兑现纸币。

供需过程

市场上提供的商品或服务的数量称为供给。消费者在特定时间想要的商品或服务的数量称为需求。这两者共同作用确定了商品或服务的价格。例如，依据供求定律，如果每一个空缺的会计职位都有十名符合条件的会计师可供选择，那么雇主所提供的薪资就不太可能发生变化。反之，如果每十个空缺的会计职位只有一名符合条件的会计师可供选择，那么雇主将会提高薪资，以吸引稀缺的求职者。

◀ 水上市场

商品与货币的交换发生在社会的诸多层面，从本地市场商贩兜售商品到政府间贸易均涵盖其中。

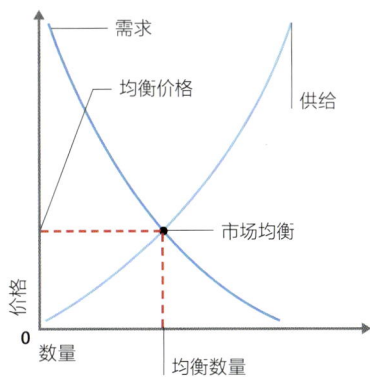

马歇尔交叉图

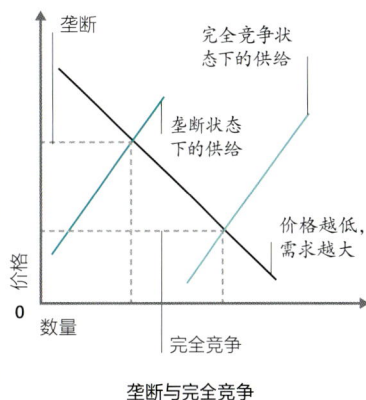

垄断与完全竞争

市场竞争

市场竞争是经济活动的关键驱动力，也是资本主义的显著特征。在这里，竞争是指同一行业内的企业之间的竞争，每个企业都想扩大自己的市场份额。为了实现这一目标，生产商或供应商会通过调整价格、创新产品、推出促销活动或改变产品的销售地点等方式来吸引其他企业的客户。"垄断"是指供应商独占某个市场，在这种情况下，供应商可以随意定价。"完全竞争"指的是在竞争激烈的市场环境中，众多供应商实现了一种均衡价格。

微观经济学

微观经济学的研究重点是商品及服务的个人消费者和供应商的行为。这项研究的起点是市场机制，或者说是对关键因素的分析。例如：用马歇尔交叉图（见左图）说明供需动态、资源的配置、生产效率、劳动力的分配，以及政府监管和税收对整个过程的影响。它还

约翰·梅纳德·凯恩斯

英国经济学家约翰·梅纳德·凯恩斯（1883—1946）在 20世纪 30 年代提出政府支出对维持充分就业具有重要意义，这一观点彻底改变了当时的经济思想，通过增加需求来刺激了经济。

研究了为什么个人和生产者以特定方式对价格做出反应，以及他们的行为在什么价格水平上会发生变化。

宏观经济学

宏观经济学研究大规模经济体系的运行和表现，评估它们在地区、国家或国际层面上的运作方式。宏观经济学通过研究失业率、增长率、国内生产总值（GDP）和通货膨胀等指标来关注经济变化。它将政府、银行和工业等对一个国家总体或综合经济活动有贡献的因素联系起来，并分析可能影响这些因素的微观经济因素。政府和企业使用宏观经济模型来帮助制定经济政策。

> "若国家不过分举债，
> 就是一国百姓的福祉。"
>
> 亚历山大·汉密尔顿，
> 1781 年 4 月 30 日致金融家罗伯特·莫里斯的信

经济类型

经济理论确定了四种经济类型，每种类型均由资源分配的方式所决定。在传统的以农业为基础的经济中，供给刚好满足需求。在计划经济（如右图所示）中，决策由中央权威机构或政府制定。自由市场没有政府干预，而混合经济则存在一定程度的中央干预。

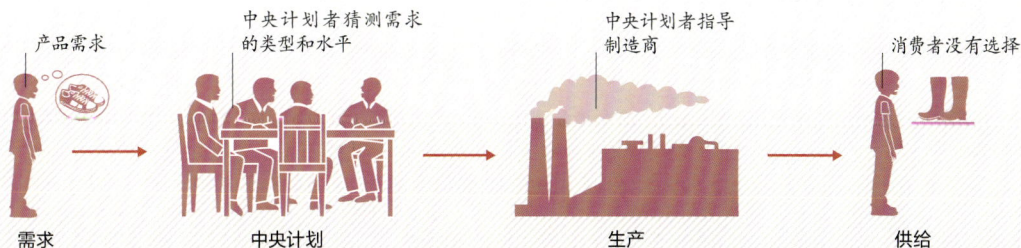

需求 → 中央计划 → 生产 → 供给

产品需求 / 中央计划者猜测需求的类型和水平 / 中央计划者指导制造商 / 消费者没有选择

经济通史

从物物交换到加密货币，经济学从简单的交换发展为复杂的金融算法和全球贸易的市场机制。作为一种正式思考商品和服务如何生产和消费的学科，经济学在古希腊时期便已出现。然而，直至18世纪，亚当·斯密等理论家才开始分析个人的买卖行为是如何影响一个国家的经济运行方式的。卡尔·马克思、约翰·梅纳德·凯恩斯和米尔顿·弗里德曼等其他重要思想家进一步塑造了经济在实际运行中的模式，对商界领袖和政府的行动产生了影响。

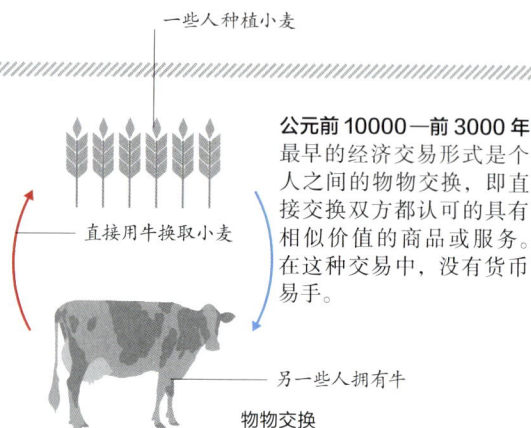

一些人种植小麦

直接用牛换取小麦

另一些人拥有牛

公元前 10000—前 3000 年 最早的经济交易形式是个人之间的物物交换，即直接交换双方都认可的具有相似价值的商品或服务。在这种交易中，没有货币易手。

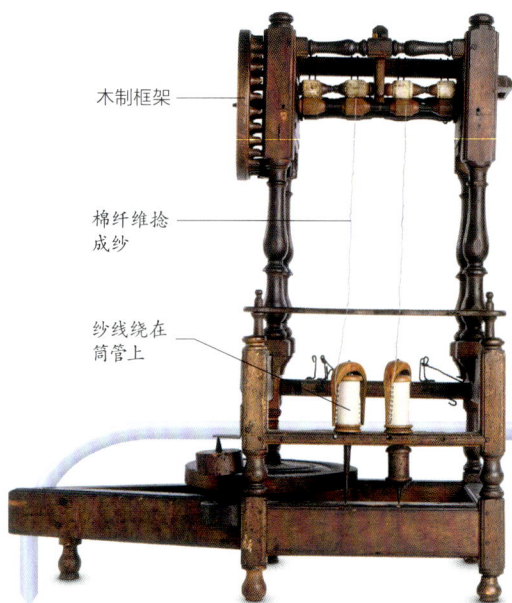

物物交换

木制框架

棉纤维捻成纱

纱线绕在筒管上

休谟身着哲学家的托加长袍

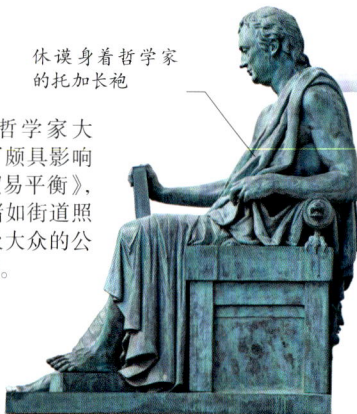

1752 年 英国哲学家大卫·休谟发表了颇具影响力的论著《论贸易平衡》，主张政府应为诸如街道照明和国防等惠及大众的公共物品支付费用。

大卫·休谟

1637 年 荷兰富裕的中产阶级对异国郁金香的需求引发了历史上首个有记录的泡沫经济。郁金香在证券交易所以巨额资金进行交易，很快价格暴跌，致使"泡沫"破裂。

"永远的奥古斯都"郁金香

阿克莱特的水力纺纱机

1771 年 发明家理查德·阿克莱特在英国德比郡建造了一座水力驱动的纺纱厂，这标志着从家庭手工业生产向集中工业化生产的转变。

1776 年 英国经济学家亚当·斯密在《国富论》一书中描述了一个以劳动分工为核心，新兴的工业化资本主义社会的运作方式。他反对垄断和过度的政府干预。

1844 年 英国全面实行金本位制，将英格兰银行发行的纸币定为官方货币，并将英镑的价值与一定数量的黄金挂钩。

政府持有黄金储备，并发行纸币和硬币。

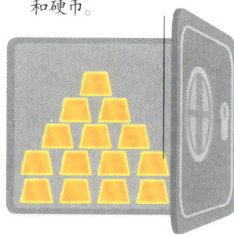

金本位制

1867 年 德国哲学家卡尔·马克思出版《资本论》一书，对资本主义生产方式提出了质疑，并提出一种新的理论体系。在这个体系中，政府扮演着更为重要的角色，以确保工人的福祉。

1960 年 一些主要产油国成立了石油输出国组织（OPEC），旨在调节石油供应并维持公平的石油价格。

抽油机从地下抽取石油

抽油机

1957 年 六个欧洲国家签署《罗马条约》，成立欧洲经济共同体，同意取消关税壁垒并制定共同的农业政策。

《罗马条约》

1971 年 美国总统尼克松宣布放弃金本位制，以应对美元因外国投机活动而出现的高估问题，从而结束了固定汇率制度。

穿透岩石的油井

1989 年 美国政治经济学家爱丽丝·阿姆斯登描述了"亚洲四小龙"的经济崛起，将其成功归因于工业化战略，如价格控制和减少进口等措施。

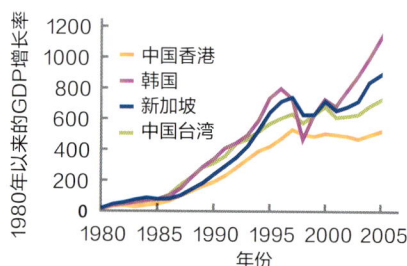

1980年以来的GDP增长率

— 中国香港
— 韩国
— 新加坡
— 中国台湾

年份

"亚洲四小龙"经济体的增长

◀ 参见现代全球化和经济增长：第 370—371 页　◀ 什么是经济学：第 392—393 页

纸币有效期为三年

公元前600—公元1100年
在吕底亚，即今天的土耳其境内，开始使用真正意义上的硬币作为交换媒介。交易实体根据每枚硬币的贵金属含量来确定其价值。

由金银合金制成的硬币

手工铸造的带有狮头图案的硬币

吕底亚硬币

11世纪20年代
在中国，出现了世界上第一批由政府发行的纸币。纸币比硬币更轻，更便于携带。

宋代纸币

1397年 意大利佛罗伦萨的美第奇家族创立了一家专门从事投资的私人银行。该机构创新地采用了复式记账、信用证和控股公司等方式。

美第奇银行的11家分行由当地初级合伙人而非雇员管理

美第奇银行

海报上写着：共产主义青年，去开拖拉机吧！

1492年 西班牙探险家克里斯托弗·哥伦布发现了美洲大陆，从此南美矿山中的黄金和白银大量涌入欧洲。这导致西班牙银本位货币价值下降，物价上涨。

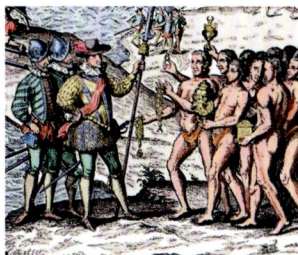

哥伦布在西印度群岛

从15世纪开始，欧洲商人开始使用汇票作为无现金支付方式。汇票由银行或商人签发，是一种支付义务，可以避免因长途运输现金而产生的风险。

1929年 在斯大林的领导下，苏联政府实施了农业集体化政策，通过合作社把个体小农经济改造成为社会主义集体经济。

集体化运动

1929—1940年 1929年10月的股市崩盘以及随后的美元挤兑导致了大萧条的到来，这是历史上最严重且持续时间最长的全球性经济衰退。

大萧条时期的抗议活动

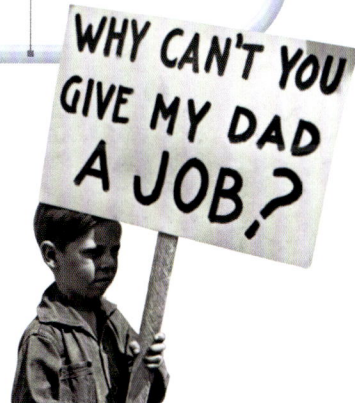

WHY CAN'T YOU GIVE MY DAD A JOB?

1951年 美国数学家约翰·纳什的博弈论：研究人们在竞争情况下，如玩石头剪刀布时的行为方式，进一步推动了经济模型的发展。

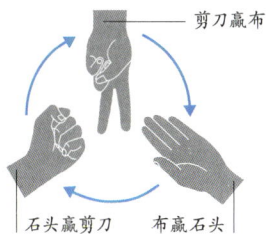

剪刀赢布
石头赢剪刀
布赢石头

石头剪刀布

1945年 国际货币基金组织成立，旨在促进全球经济合作和建立一个与美元挂钩的新汇率体系。

1999年 欧洲货币联盟的11个成员国决定采用欧元纸币和硬币作为新的法定货币。两年后，希腊成为第12个成员国。

欧洲联盟盟旗

欧元纸币

货币供应增长缓慢导致经济衰退

货币供应

经济之轮

货币的力量

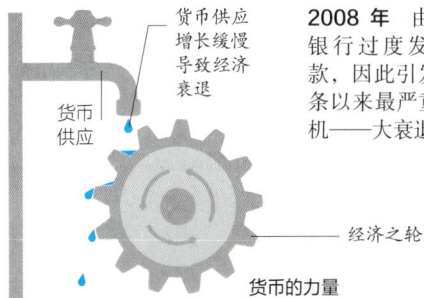

2008年 由于美国的银行过度发放抵押贷款，因此引发了自大萧条以来最严重的金融危机——大衰退。

2009年 一位或一群化名为中本聪的匿名程序员或团队发布了第一种完全数字化的加密货币——比特币。

比特币

参见经济学理论：第396—399页 ▶

经济学理论

几个世纪以来，亚当·斯密和卡尔·马克思等理论家已经对经济是如何运行的或应该如何运行做出了解释。一些理论已被政府和企业采纳或加以调整，影响其在支出、税收、借贷和其他金融生活方面的决策。

看不见的手

亚当·斯密于1759年提出了"看不见的手"理论，它是一个隐喻，用来描述这样一种经济原理：当一个人为了自己的利益而采取行动（例如购买商品）时，会产生看不见的力量，其结果是为整个社会带来经济利益。

供给与需求的变化

亚当·斯密用"看不见的手"来支持自己的观点：在自由市场经济中，供给和需求的力量会自然而然地达到平衡。在下面这种情况中，雨伞厂将获得更多的利润，直至其他新雨伞厂进入市场。

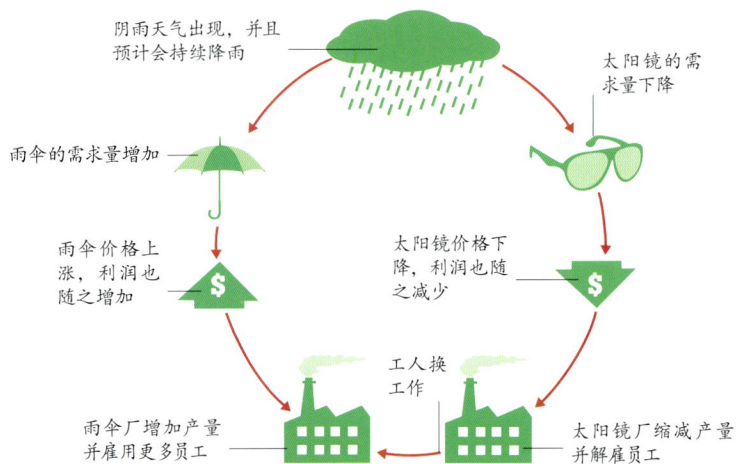

阴雨天气出现，并且预计会持续降雨

太阳镜的需求量下降

雨伞的需求量增加

雨伞价格上涨，利润也随之增加

太阳镜价格下降，利润也随之减少

工人换工作

雨伞厂增加产量并雇用更多员工

太阳镜厂缩减产量并解雇员工

弗里德曼的货币主义

美国经济学家米尔顿·弗里德曼提出，政府可以通过调节利率来控制经济中的货币供应量。

利率下降会使消费者的借贷成本降低，从而鼓励他们更多地消费。反之，利率升高会使消费者的借贷成本提高。

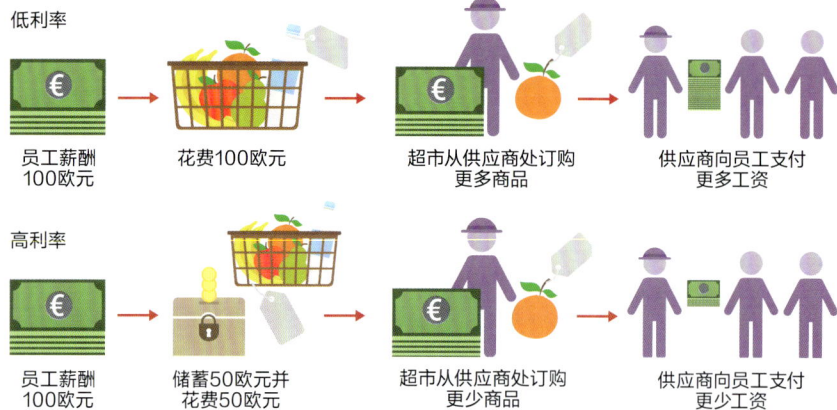

低利率

员工薪酬100欧元 → 花费100欧元 → 超市从供应商处订购更多商品 → 供应商向员工支付更多工资

高利率

员工薪酬100欧元 → 储蓄50欧元并花费50欧元 → 超市从供应商处订购更少商品 → 供应商向员工支付更少工资

利率的影响

当利率较低时，流通中的货币量会增加。消费者更愿意消费，从而刺激商业活动，创造更多就业机会。当利率较高时，情况正好相反，因为消费者担心可能无法支付更高的借贷成本，所以会减少消费。

> "我们的晚餐并非来自屠夫、酿酒师或面包师的恩惠，而是源自他们对自身利益的考虑。"
>
> 亚当·斯密，
> 《国民财富的性质和原因的研究》（简称《国富论》），1776年

凯恩斯的乘数论

凯恩斯的乘数论是凯恩斯基于英国经济学家理查德·卡恩1931年的研究成果发展而来的。凯恩斯乘数是指在经济中注入资金时国内生产总值的上升量，或抽走资金时国内生产总值的下降量。

凯恩斯货币理论

凯恩斯认为，可以通过增加政府支出和减税来抵消经济衰退和萧条的影响。

国防

治安、教育、医疗和社会福利

交通基础设施

建筑：住宅、学校和医院

销售数据

政府

如果政府注入更多资金并减税，就可以刺激经济，实现充分就业。

投资

增加公共项目支出，为社会各个领域创造就业机会。

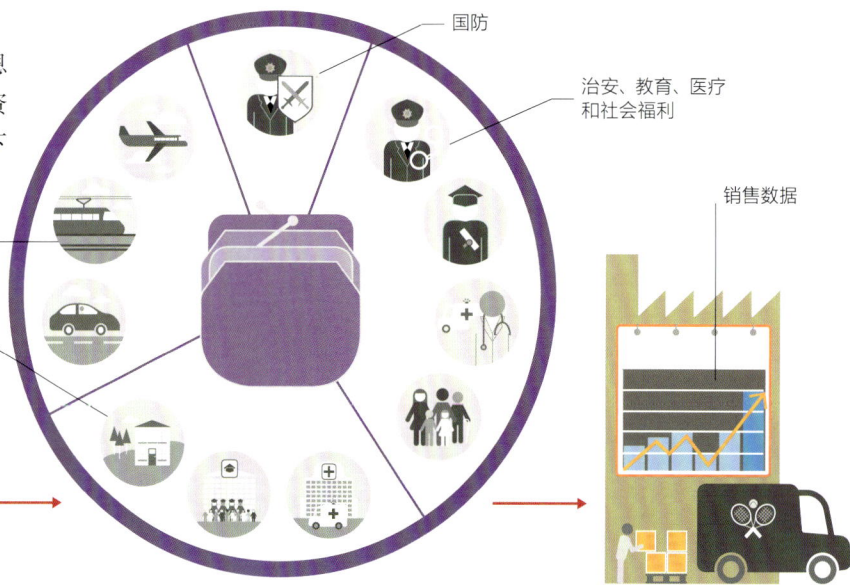

刺激需求

随着越来越多的劳动者进入劳动力市场，他们会花掉原本不会花的钱。

增加生产

因为消费者的消费增多，商品和服务的销售额相应增长，从而引发更多的生产行为。

◄ 参见什么是经济学：第392—393页　◄ 经济通史：第394—395页

> "经济学揭示了人类存在的永恒特征之———选择的冲突。"
>
> 莱昂内尔·罗宾斯，
> 《经济科学的性质和意义》，1932 年

权利理论

1976 年，印度学者阿玛蒂亚·森指出，饥荒不仅仅是由食物短缺引起的，如果工人作为劳动者无法行使用自己的劳动换取食物的权利，那么饥荒就会发生。

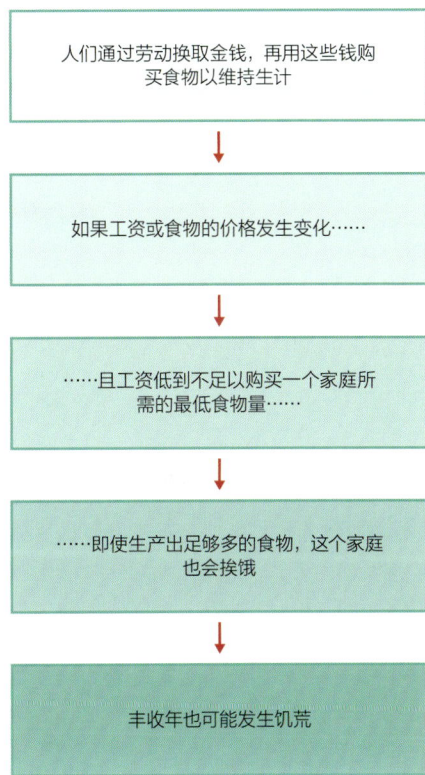

人们通过劳动换取金钱，再用这些钱购买食物以维持生计

↓

如果工资或食物的价格发生变化……

↓

……且工资低到不足以购买一个家庭所需的最低食物量……

↓

……即使生产出足够多的食物，这个家庭也会挨饿

↓

丰收年也可能发生饥荒

公共物品

公共物品是由政府或公共机构提供的产品或服务，旨在惠及所有社会成员，且通常不以盈利为目的。例如，国防、公共公园、街道照明、医疗服务，甚至清洁的空气。

路灯　　桥梁　　灯塔

司法　　教育　　国防

炫耀性消费

美国经济学家索尔斯坦·凡勃伦在 1899 年创造了"炫耀性消费"这一术语，用来描述有闲阶级为显示自身财富和地位而大规模消费——这些消费超出实用和生存必需，以炫耀为目的，具有浪费性和奢侈性。

东京的购物者

机会成本

机会成本是指在选择一种活动而非另一种活动时理论上错失的收益。例如，一家企业必须决定是将其资源投入生产刹车还是电池。如果选择生产刹车，那么机会成本就是理论上可以通过生产电池而获得的收益。

生产可能性边界

生产可能性边界（PPF）是指在既定的生产要素和生产条件下，一种经济体所能生产的最优商品组合的集合，在数学上表示为一条曲线。

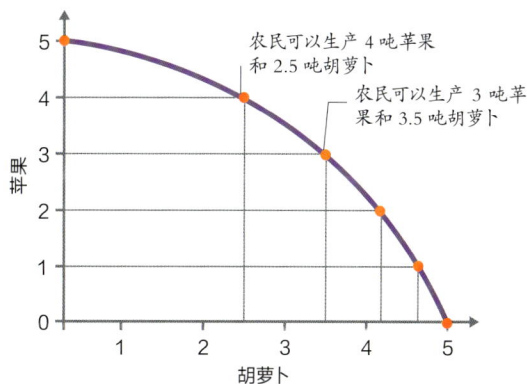

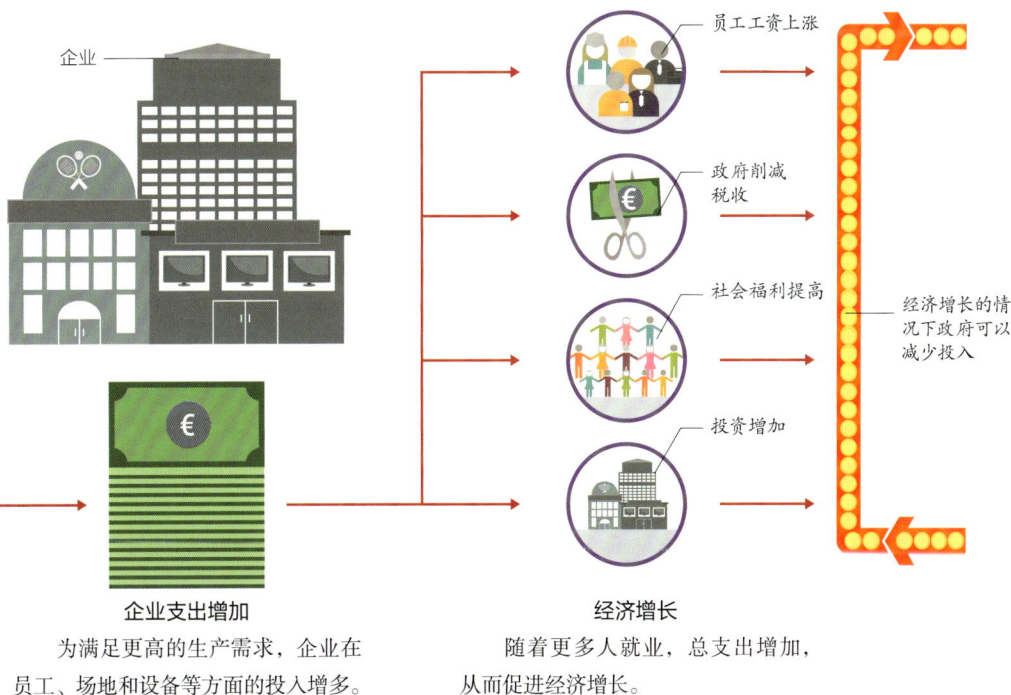

农民可以生产 4 吨苹果和 2.5 吨胡萝卜

农民可以生产 3 吨苹果和 3.5 吨胡萝卜

苹果／胡萝卜

企业

员工工资上涨

政府削减税收

社会福利提高

投资增加

经济增长的情况下政府可以减少投入

企业支出增加

为满足更高的生产需求，企业在员工、场地和设备等方面的投入增多。

经济增长

随着更多人就业，总支出增加，从而促进经济增长。

马克思主义经济学

卡尔·马克思认为，资本主义将人类划分为两个主要群体：拥有生产资料的少数人和出卖自身劳动力的多数人。资本家通过剥削工人的剩余价值来获得利润。

1双鞋　＝　2小时劳动（时薪10欧元）　＝　20欧元

1件连衣裙　＝　10小时劳动（时薪10欧元）　＝　100欧元

马克思的劳动价值论

商品的价值由生产该商品所耗费的社会平均劳动时间决定。

>> 经济学理论（续）

通货膨胀

通货膨胀是指一定时期内的货币供应量超过经济对货币的需求量，从而导致商品和服务的一般价格水平持续上涨，货币购买力持续下降的经济现象。物价上涨的百分比一般用居民消费价格指数（CPI）表示，通常由国家统计部门通过监测一篮子常购物品的价格，计算后得出。

❶ 单位成本增加

原材料价格上涨5%，因此生产线上单位产品的制造成本也会随之上升。

❷ 工资上涨

由于劳动力供应不足，工厂给工人的工资上涨5%。

生产商也许在一段时间内能够承受成本的增加

❸ 产品成本增加

生产商将增加的成本转嫁给消费者，商品价格上涨10%。

只要需求强劲，生产商就会提高价格

如果消费者继续购买，价格将继续上涨

❹ 价格上涨

如果消费者愿意多支付10%的额外费用，社会总需求不变就会出现成本推动型通货膨胀。如果他们推迟购买，社会总需求就会下降。

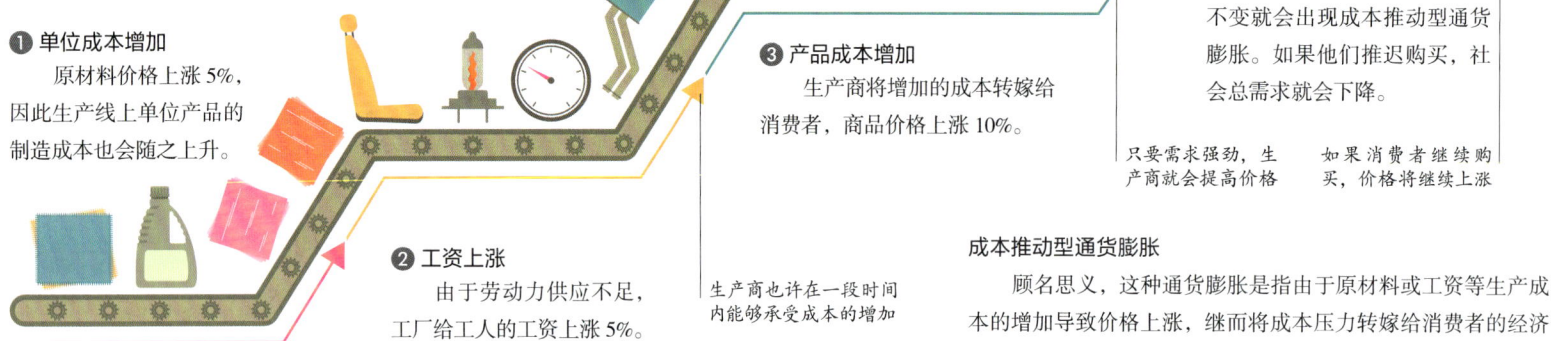

成本推动型通货膨胀

顾名思义，这种通货膨胀是指由于原材料或工资等生产成本的增加导致价格上涨，继而将成本压力转嫁给消费者的经济现象。

金融危机

引发金融危机的因素包括：投资者迅速抛售高估资产；金融机构出现恐慌性提款；大规模债务违约；金融或实物资产价值急剧下跌。这些通常会导致经济衰退或萧条。

经济泡沫

当投资者被一种新的资产所吸引并疯狂购买时，资产价格会急剧上涨。当不再有投资者愿意购买时，就会出现大规模抛售，资产价格则会大幅下跌。

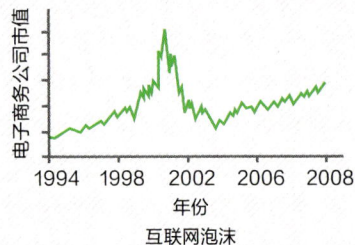

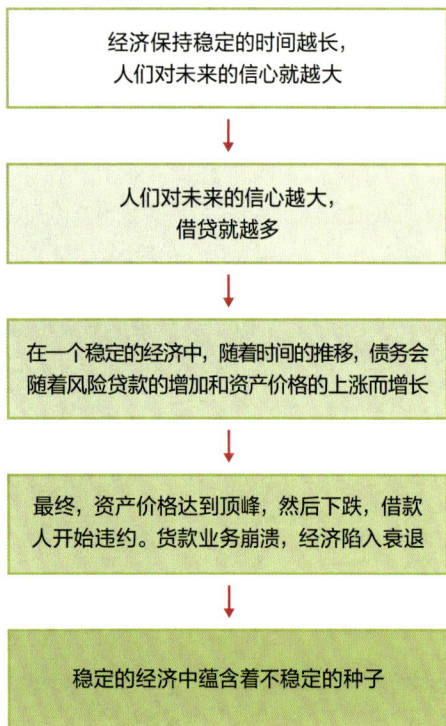

电子商务公司市值

1994　1998　2002　2006　2008
年份
互联网泡沫

经济保持稳定的时间越长，
人们对未来的信心就越大

↓

人们对未来的信心越大，
借贷就越多

↓

在一个稳定的经济中，随着时间的推移，债务会随着风险贷款的增加和资产价格的上涨而增长

↓

最终，资产价格达到顶峰，然后下跌，借款人开始违约。货款业务崩溃，经济陷入衰退

↓

稳定的经济中蕴含着不稳定的种子

比较优势

一个人或企业能够以比其竞争者低的成本生产商品或提供服务，这就是所谓的比较优势。具有比较优势的卖家可以享有更高的利润率。

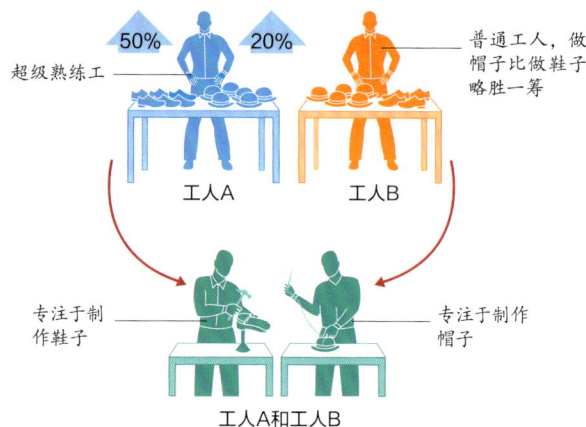

50%　20%

超级熟练工

普通工人，做帽子比做鞋子略胜一筹

工人A　工人B

专注于制作鞋子

专注于制作帽子

工人A和工人B

工人之间的比较优势

由于工人A比工人B制作鞋子的效率高50%，但制作帽子的效率只高20%，因此，利用工人A的时间专注于制作鞋子可以获取更高的利润。

需求弹性

消费者对某种商品或服务的购买意愿受价格或其他因素影响的程度称为需求弹性。它通常用需求量变化的百分比除以价格变化的百分比来计算。需求越是随着价格上涨而下降，其弹性就越大，即越敏感。

需求类型

当价格上涨时，所产生的需求量变化可以是富有弹性的、缺乏弹性的、完全无弹性的或完全有弹性的。当价格和需求量以相同的比例变化时，需求被认为是单位弹性的。

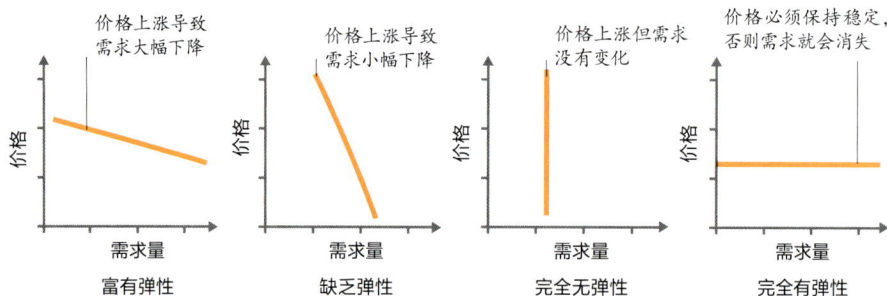

价格上涨导致需求大幅下降

价格
需求量
富有弹性

价格上涨导致需求小幅下降

价格
需求量
缺乏弹性

价格上涨但需求没有变化

价格
需求量
完全无弹性

价格必须保持稳定，否则需求就会消失

价格
需求量
完全有弹性

"通货膨胀在任何时候和任何地方都是一种货币现象。"

米尔顿·弗里德曼，
《货币理论中的反向革命》，1970 年

❶ 需求上升

消费者推迟购买笔记本电脑，等待有更快处理速度的新一代笔记本电脑上市。

❷ 满负荷生产

新一代笔记本电脑投入生产，媒体对此进行了报道。此前持观望态度的消费者如今打算购买。

❸ 供不应求

生产商和营销人员会根据新一代笔记本电脑的独特性以及消费者对它的迫切需求来计算出消费者愿意支付的最高价格。

❹ 价格上涨

在需求得到满足或待售的新一代笔记本电脑数量多于消费者需求量之前，价格将会保持高位。

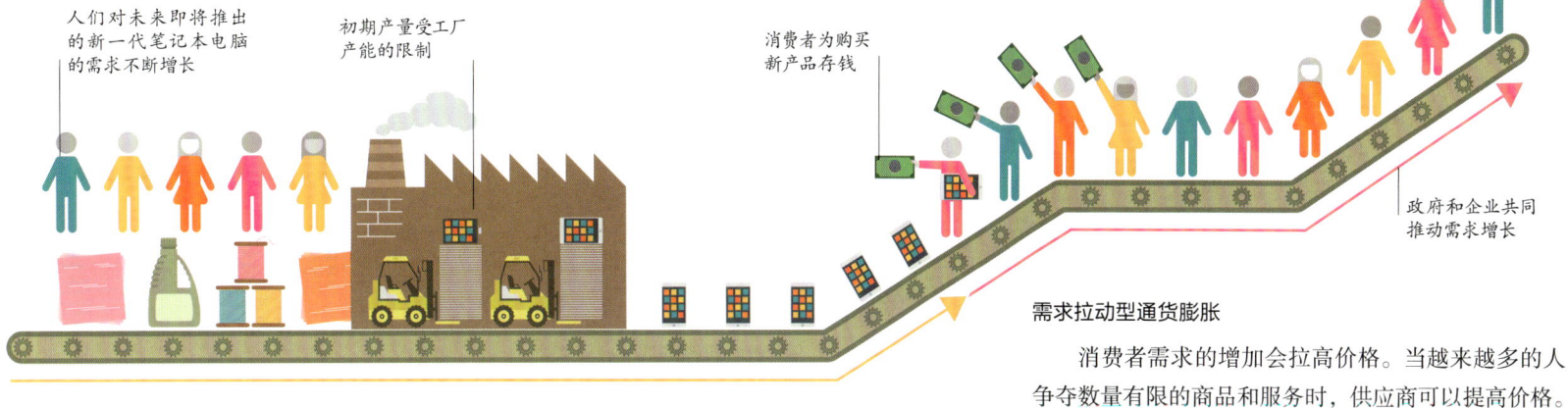

人们对未来即将推出的新一代笔记本电脑的需求不断增长

初期产量受工厂产能的限制

消费者为购买新产品存钱

政府和企业共同推动需求增长

需求拉动型通货膨胀

消费者需求的增加会拉高价格。当越来越多的人争夺数量有限的商品和服务时，供应商可以提高价格。

劳动分工

将经济生产划分成不同的任务，并将每项任务分配给最适合完成该任务的个人或企业，这样就实现了劳动分工。从最简单的层面来说，这意味着专门从事某一项任务（例如外科手术）的个人可以利用其经济实力购买另一个人的专长（例如干洗服务）。

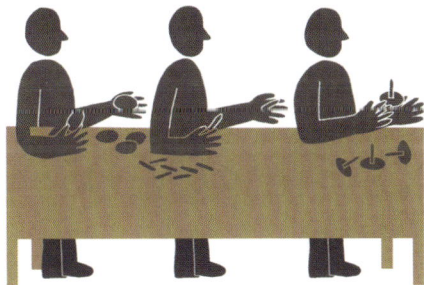

专业化提高生产效率

让每个工人专注从事一项自己擅长的任务，可显著提高生产效率。

"每一次扩大劳动分工都会给所有参与其中的人带来好处。"

路德维希·冯·米塞斯，
《社会主义：经济学与社会学的分析》，1922 年

规模经济

生产一定数量的产品时，并非每个单位的生产成本都相同。最初的单位生产成本较高，是因为要投入资金建立生产线等，但随着产品数量的增加，单位成本就会降低，因为初始投资被分摊到了更多的单位上。

规模经济示意图

规模经济曲线显示，每生产一个额外单位时，单位生产成本的变化情况。

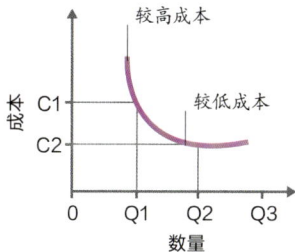

较高成本
较低成本
成本
C1
C2
0 Q1 Q2 Q3 数量

博弈论

20 世纪 50 年代，博弈论在约翰·纳什的努力下发展起来，通过数学模型描述了理性人在竞争情况下最有可能做出的反应。应用于经济学领域的博弈论勾勒出个人或组织的信念、偏好及可能的行动，并根据另一个人或组织所提供的条件推演出这些因素会如何发生变化。"参与者"力求使自身利益最大化。

囚徒困境

作为展示博弈论如何应用的一个理论设定，"囚徒困境"涉及两名因犯罪而被分别关押的囚犯。对他们整体而言，最佳结果是两人都保持缄默。然而，每个囚犯更可能做出对个人更有利的举动，因此他们会互相背叛。

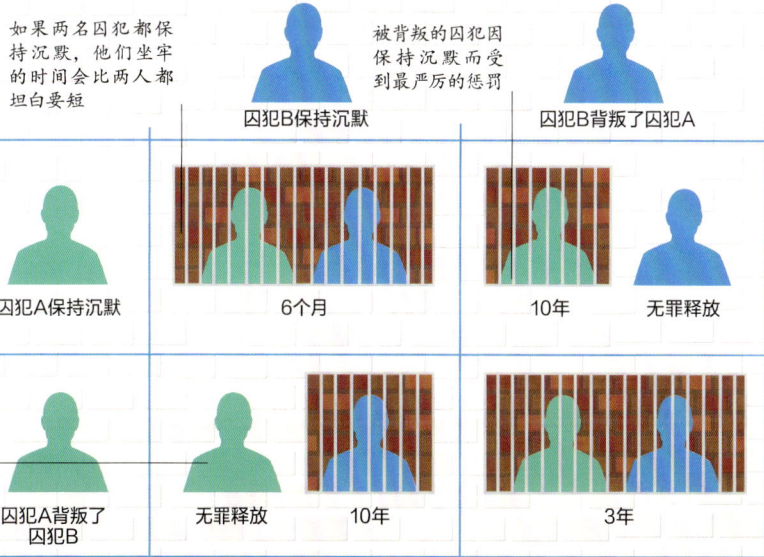

如果两名囚犯都保持沉默，他们坐牢的时间会比两人都坦白要短

被背叛的囚犯因保持沉默而受到最严厉的惩罚

囚犯B保持沉默 | 囚犯B背叛了囚犯A
囚犯A保持沉默 | 6个月 | 10年 | 无罪释放

只有在囚犯B保持沉默的情况下，囚犯A坦白才会有更好的结果

囚犯A背叛了囚犯B | 无罪释放 | 10年 | 3年

社会学

社会学这门学科起源于 19 世纪深刻的社会和政治变革。社会学研究人类社会，更具体地说，是研究社会群体、社会体系和社会制度的组织与结构如何影响个人的思维、行为及其社会关系的形成。社会学分析社会过程和社会结构，如社会阶层、性别、性取向和种族等，也研究集体认同的不同形式。

古典社会学家：构想社会

姓名：卡尔·马克思

生卒年：1818—1883

哲学家、经济学家和理论家卡尔·马克思的社会学著作聚焦异化这一概念。异化指的是个体和群体受自身行为的后果所支配的过程。现代资本主义社会高度异化，其根源在于对财富的极端追求，整个社会的组织形式都围绕财富积累展开。因此，这种社会的典型特征是对立的社会阶级为争夺社会和经济权力而产生的冲突与不平等。

姓名：埃米尔·涂尔干

生卒年：1858—1917

埃米尔·涂尔干被视作社会学的奠基人。涂尔干将社会学定义为对社会事实的研究。社会事实是指塑造所有个体的社会因素，但不能简化为任何特定个体的特征或意志。宗教、文化和语言都是典型的社会结构；自杀也是一种社会结构，因为它发生在所有社会中。涂尔干的经典研究《自杀论：社会学研究》（1897）展示了当社会结构无法对个体进行整合和调节时所产生的可怕后果。

姓名：马克斯·韦伯

生卒年：1864—1920

社会学家马克斯·韦伯的著作标志了历史社会学的开端。韦伯强调了"理念"因素而非"物质"因素在塑造社会行为方面所起的作用。韦伯最著名的研究成果《新教伦理与资本主义精神》（1905）探讨了 16 世纪新教所产生的工作伦理如何逐渐发展为推动资本主义追求利润的伦理观。韦伯的著作以"非预期后果"概念为基础，强调了西方资本主义兴起背后的社会和历史变迁在很大程度上是非预期的。

姓名：格奥尔格·齐美尔

生卒年：1858—1918

齐美尔对社会的分析侧重于社会互动的"形式"与"内容"之间的区分。人类的社会生活通过一系列一般的社会互动形式表现出来，如冲突、团结、个体认同等。所有社会互动都由这些形式构成，但其内容表达方式会因特定的个体、社会和历史时期不同而有所不同。在研究中，齐美尔剖析了不同形式的社会互动是如何随着时间的推移而发展变化的。

社会学起源于 19 世纪的欧洲

社会学家做什么？

在学术界，社会学家可能从事授课、研究或学术写作。在学术界之外，社会学家可能将其知识应用于公共服务领域，如社会工作、执法研究或政治事务。了解人和社会是如何运作的，对于市场营销和人力资源等领域具有重要应用价值。

结构主义和后结构主义模型

名称：结构主义和后结构主义

时间：1960 年代至今

结构主义强调社会结构对个体思维和行为方式所起的作用。社会学的研究对象是社会结构而非个体。结构主义者对社会结构的作用持不同看法：马克思认为社会阶级等结构限制了人们的生活方式和身份认同；涂尔干则认为宗教和文化等结构具有赋能作用，因为它们能够对人的行为进行整合和规范。后结构主义于 20 世纪 60 年代兴起。"话语"，也就是语言与权力的关系，是后结构主义思想的核心。

名称：法兰克福学派

时间：1918年至今

法兰克福学派最初是一个由德国犹太裔社会学家和哲学家组成的学派，总部设在法兰克福大学。20 世纪 40 年代，该学派成员为躲避纳粹迫害而逃往美国，对美国资本主义文化和娱乐产业持批评态度。"文化产业"这一术语描述了美国流行文化在好莱坞等大型资本主义机构的控制下被商业化的过程。文化产业支撑着资本主义的运转，并催生了关于自由、选择以及消费者自主定义自身身份的虚假表象。法兰克福学派认为，文化产业通过隐蔽的方式对资本主义社会的成员进行社会和政治操纵。

名称：米歇尔·福柯

生卒年：1926—1984

社会理论家和历史学家米歇尔·福柯在法国结构主义和后结构主义思想的发展中极具影响力。他的历史研究著作《规训与惩罚》（1975）指出，西方政府越来越强调规训和塑造公民的思想，而非直接控制其身体。福柯着重阐述了社会权力的不同形式。语言是他理论分析的核心，因为语言决定了我们如何理解自己和他人。借由精神病学和犯罪学等权威话语体系，福柯阐释了语言的分类和结构如何被用来区分个体，比如理性或疯癫，正常人或罪犯。这些分类体系的权威性支撑了福柯的论断，即在现代社会晚期，权力越来越依赖由强大机构定义和控制的话语体系。

个体中心社会学

名称：个体中心社会学

时间：1920年代至今

个体中心社会学以个体视角分析

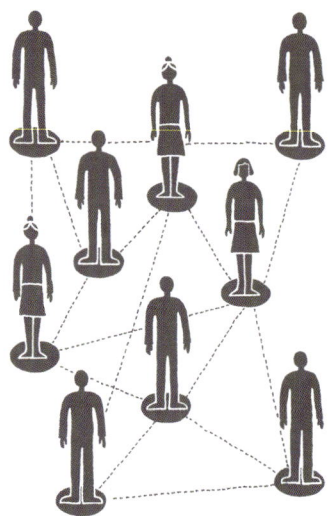

> "任何不具备历史性的社会学，都称不上真正的社会学。"
>
> 埃米尔·涂尔干，《历史与社会学的解释》，1908 年

社会现象。它与方法论个人主义密切相关，这是一种研究社会生活的分析方法。社会并非由个体孤立构成，而是由个体在小规模群体和更广泛的社会群体中的互动所塑造。大多数社会情境的有序性和可预测性并非自然发生，而是通过个体和群体遵循特定的行为模式来实现和维持。个体中心社会学的思想最早见于马克斯·韦伯和格奥尔格·齐美尔的著述。从 20 世纪 20 年代起，美国社会学家在多个方向上发展了这一研究路径。

 ◀ 参见伟大的哲学家：第 380—381 页　◀ 政治理论：第 390—391 页　◀ 经济学理论：第 396—399 页

NO PARKING
8 AM TO 6 PM
MON. THRU
NO COMMERCIAL
DEPT OF

名称：理性行动者理论

时间：1950年代至今

理性行动者理论（RAT）认为，个体有意识且理性地行动以达成目标。该理论源自托马斯·霍布斯和约翰·斯图尔特·密尔等思想家的政治哲学思想，并在20世纪50年代成为美国社会学的主流。在《人类群体》（1950）和《让个体回归》（1964）等研究中，美国社会科学家乔治·霍曼斯及其哈佛大学的同事强调，所有人类关系本质上都包含交换关系。霍曼斯对将人类行为过度社会化的、即认为人类行为完全由社会结构决定的观点持批判态度。因未能解释理想和期望在调节人类社会互动中的作用，尽管理性行动者理论在美国社会学中仍然存在，但它从各种社会学角度都受到了严厉批评。

名称：符号互动论

时间：20世纪

符号互动论起源于20世纪初的芝加哥大学。乔治·米德、查尔斯·库利和赫伯特·布鲁默等思想家强调语言在理解人类社会互动秩序基础方面的重要性。语言是形成身份的关键：只有通过语言向他人表达我们的想法和感受，我们才能形成自我身份感。在这种观点下，身份更多是社会的，而非个人的。厄文·戈夫曼的研究将这一理论拓展到了社会互动的非语言行为方面。戈夫曼将社会互动比作一种持续进行的现场戏剧形式。就像演

▲ 20 世纪 50 年代美国退伍军人协会成员游行

无论是有组织的（如这里所示）还是非正式的，大多数群体活动都能看到社会联系的形式。

员一样，人们使用社会情境中的内置剧本，这些剧本提供了用丁与他人互动的线索。

批判规范主义

名称：批判－规范性视角

时间：19世纪至今

对社会进行批判性思考是社会学的关键部分。批判－规范性视角源于马克思对现代资本主义社会的深刻批判，关注社会不公、社会不平等以及群体间权力分配不均等问题。虽然马克思的研究聚焦于上层阶级和下层阶级之间的经济不平等，但社会学家已将其批判思想进一步拓展，解释个人和群体间的权力差异如何通过性别、种族等结构，以及近来受到关注的性取向结构得以体现。批判－规范性视角通常将社会学视为推动社会进步与变革的重要力量。

名称：女权主义

时间：19世纪至今

女权主义是一种政治运动，旨在挑战其认为是男性对女性压迫的现象。在一个社会中，如果大多数社会情境和机构中普遍存在对女性的系统性压迫，那么这个社会就被称为父权制社会。女性主义社会学家安·奥克利、多萝西·史密斯以及各类马克思主义女性主义者的工作激发了旨在解决性别不平等的政治改革。奥克利的《性、性别与社会》（1972）一书探讨了父母如何通过性别化游戏来维护父权制结构；史密斯的"断裂线"概念揭示了女性在男性主导文化中所感受到的疏离感。

名称：新马克思主义

时间：20世纪至今

新马克思主义是一种思想体系，旨在对马克思的著作及西方马克思主义进行调整与发展。新马克思主义中一个极具影响力的分支源自伊曼纽尔·沃勒斯坦的《现代世界体系》（1974）。沃勒斯坦以马克思的思想为基础，对全球经济和政治不平等现象进行了批判性分析。从西欧国家的殖民遗产入手，沃勒斯坦描绘了世界被划分为"核心""半边缘"和"边缘"三类区域的格局。他指出，西欧和北美是核心国家，它们依赖巴西和葡萄牙等半边缘国家来调解与非洲、南美洲部分地区等地的边缘国家之间的剥削关系。

名称：批判性种族理论

时间：1980年代至今

依据批判性种族理论，族裔指的是围绕历史、宗教和文化因素组织成的集体认同形式，然而种族是一个社会建构的术语，并没有生物学基础。不过，种族刻板印象和冲突在现代社会中仍是主要的分裂和不平等形式。批判性种族理论的观点展示了基于种族的制度性和语言性分类如何被群体用于支配和施展权力。黑人女性主义批判性种族学者帕特里夏·威廉姆斯的著作《肤色无差别的未来》（1998）指出，即便在多元文化和倡导平等的社会中，种族也是理解边缘化群体的生活和身份的核心概念。

改变了个体思考、感受和行为的方式。通过强调人类经验和社会变化的动态特性，过程社会学详细地解释了长期的社会进程是如何塑造个体的行为与互动的，又是如何被其塑造的。

姓名：诺贝特·埃利亚斯
生卒年：1897—1990

诺贝特·埃利亚斯的著作《文明的进程》（1939）是过程社会学领域的经典之作。埃利亚斯旨在阐明15世纪西方宫廷社会所特有的"文明"行为、自我约束和礼节是如何逐渐渗透到更广泛的社会层面，并随着时间的推移而改变的。埃利亚斯展示了个体如何在相互之间以及自我压力的驱使下，以被视作尊重、克制和文明的方式行动和互动。埃利亚斯的核心论点是，西方社会中人格结构、社会关系和文化标准的变化主要是长期文明化进程的意外结果。

姓名：皮埃尔·布迪厄
生卒年：1930—2002

皮埃尔·布迪厄最具影响力的概念是"惯习"，它深刻揭示了个人所处的社会阶层如何在他们几乎未察觉的情况下塑造其自我认同。布迪厄的著名研究《区分》（1979）通过统计学方法和访谈，证明了人们在音乐、食物、爱好等各类文化形式上的个人品位，是由他们所融入的阶级群体或惯习决定的。决定个人品位和偏好的是社会惯习，而不是人格特质或诸如广告等更宽泛的影响因素。

过程社会学

名称：过程社会学
时间：19世纪至今

过程社会学对个体中心主义和结构主义的观点持批评态度。过程社会学家认为将个体与社会割裂开来是毫无意义的。相反，他们认为社会是由多个持续进行的过程所构成，其中个体模式化的行为引起了社会的变化，而这种社会变化又

当代社会学：挑战与变革

名称：当代社会学：社会理论
时间：20—21世纪

进入21世纪以来，社会学在多个新方向上得到扩展，这引发了大量新问题、新主题和新议题的繁荣。其中的一个关键标志是，社会学理论转向了一个更具包容性和跨学科的理论概念体系，即社会理论。社会理论将

研究方法

社会学家使用广泛的研究方法和数据来进行研究，包括社会调查、统计学、历史研究、参与式观察、集体访谈法等。社会学研究成果通常会在专业期刊和杂志上进行评审。

社会学的理论概念和方法与来自包括文学理论、科学与技术研究及后殖民研究在内的人文学科的理论概念和方法结合在一起。社会学家借助社会理论来扩大其研究领域，涵盖对文化符号和意义的研究、技术在调节社会经验中日益重要的作用，以及西方社会在制造全球不平等中所扮演的角色。

名称：行动者网络理论
时间：2000年至今

行动者网络理论（ANT）在社会学领域，尤其是在科学与技术领域，越来越受到重视。该理论认为社会是由多个网络或组合体构成的。关键的是，这些组合体和网络不仅包括人类行动者，还包括非人类行动者，比如动物和智能手机等技术设备。行动者网络理论对传统社会学观点持批评态度，因为后者淡化或忽略了非人类行动者在塑造个体经验和互动方面的重要性。

名称：文化社会学
时间：20世纪至今

文化社会学由美国社会学家杰弗里·亚历山大创立。在《社会生活的意义》（2003）等研究中，亚历山大强调意义和价值观的模式化特征，以及与社会结构相对的文化结构在塑造个体对人、情境和事件的反应方式上的作用。文化社会学的一个核心主张是，社会生活是由富有情感和象征意义强大的叙事所构建的。文化社会学家认为，群体之间的冲突与凝聚力源自价值观的差异，而非植根于基于阶级的对抗形式。

社交媒体是现代文化的标志性特征

名称：后殖民理论
时间：19世纪至今

后殖民理论植根于多元的批判－规范性思想，其中包括批判性种族理论和后结构主义。它的主要关注点在于阐释殖民主义和帝国主义如何助推北美和西方社会在全球舞台占据了主导地位。尽管西方的殖民帝国大多已在20世纪60年代解体，但其压迫性遗留的影响依然存在。美国的朱利安·戈等后殖民理论家力图发展出批判性的概念，以构建一个更加平等的世界。

> "不同的社会以不同的方式吸收现代性的要素。"

阿尔君·阿帕杜莱，《消散的现代性》，1996年

▲"大松果"地标建筑，纽约

就像在社会中一样，人们可以在这个公共装置中自由活动，但仅限于固定的框架内。

参见伟大的作家：第434—435页 ▶

艺术与休闲

音乐理论

音乐理论是研究音高、节奏、和声和表现力等音乐基本要素的学科。音乐素养和表演相关理论可以分解为很多组成部分。

音高

空气振动时会产生声音。当产生的声音规律、一致时，人们就认为它们具有一定的音高。频率较高的声波产生的音较高；频率较低的声波产生的音较低。

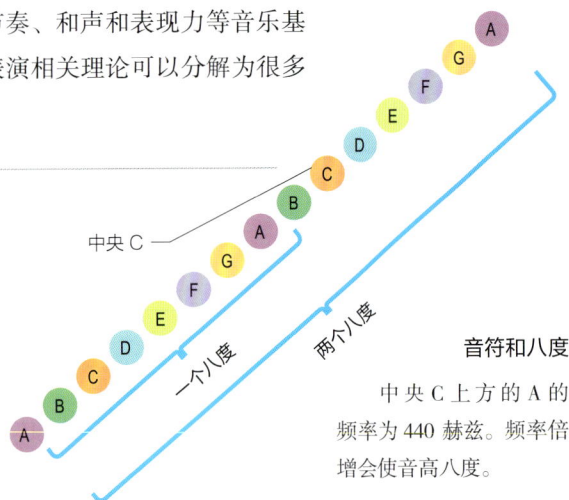

中央 C

一个八度

两个八度

音符和八度

中央 C 上方的 A 的频率为 440 赫兹。频率倍增会使音高八度。

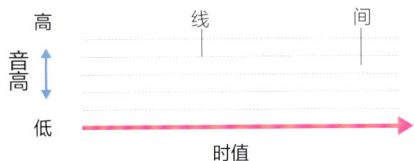

高　　　线　　　间

音高　　高　　低

时值

五线谱

音符在五线谱的线上或间上的位置确定了它的音名和音高。音符从左到右排列。音高越高，这个音的音符在五线谱中的位置就越高。

降半音　　　升半音

降号　　还原号　　升号

升号和降号

升号表示将某个音升高半音（钢琴演奏时，要弹该音右边的琴键）。降号表示将音降低半音。

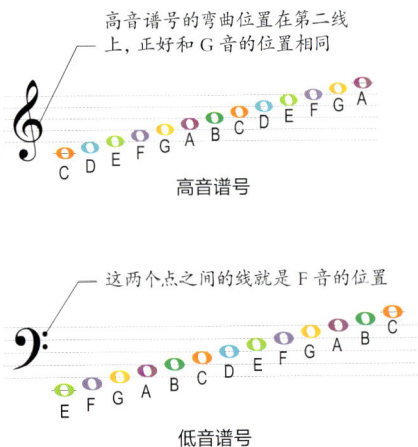

高音谱号的弯曲位置在第二线上，正好和 G 音的位置相同

高音谱号

这两个点之间的线就是 F 音的位置

低音谱号

谱号

通常位于每行乐谱的起始处，在线和间上的位置是确定的。高音谱号表示音较高；低音谱号表示音较低。

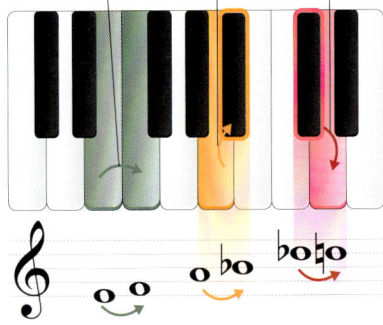

两个白键之间的半音（如 E 到 F）

白键和黑键之间的半音（如 A 到 ♭B）

黑键和白键之间的半音（如 ♭D 到 D）

半音

把一个八度音阶（纯八度）划分为十二个音，两个相邻的音之间的音程是半音，相邻的两个钢琴键之间的音程就是一个半音。

白键 C 上移一个全音至白键 D

黑键 #F 上移一个全音至黑键 #G

白键 B 上移一个全音到黑键 #C

全音

全音指包括两个半音的音程。

节奏

节奏是声音在时间上的组织。通过对音的持续时间和休止时间进行系统安排，可以产生可识别的节奏。节奏可能是有规律或不规律的律动（或"节拍"）。

小节和小节线

节拍被小节线分割成小节，每个小节中的节拍数是相对固定的。

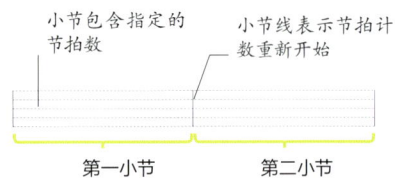

小节包含指定的节拍数

小节线表示节拍计数重新开始

第一小节　　　第二小节

附点四分音符　附点二分音符　　附点四分休止符　附点八分休止符

附点音符

附点将音符的时值延长了一半，如让二分音符的时值变成了三拍。

附点休止符

附点让休止符的时值延长了一半，如符点四分休止符的时值变成了一拍半。

音阶

音阶是调式中的各音从主音到其八度音，按音高次序排列而成的音列。音阶中的每一个音都叫音级，两个相邻的音级之间，有的构成全音，有的构成半音。全音和半音的排列模式赋予音阶独特的特征。

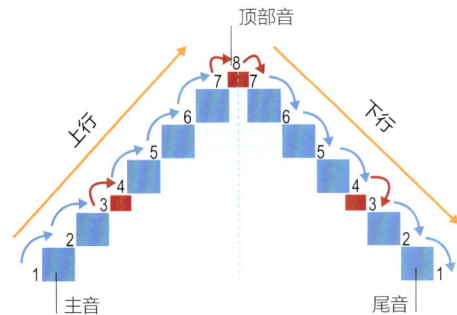

图例
■ 全音
■ 半音

顶部音

上行　　　下行

主音　　　尾音

大调音阶

所有上行的大调音阶（do—re—mi—fa—so—la—ti—do）都以相同的模式逐步向上移动，即相邻两个音之间的音程依次为全音、全音、半音、全音、全音、全音和半音。

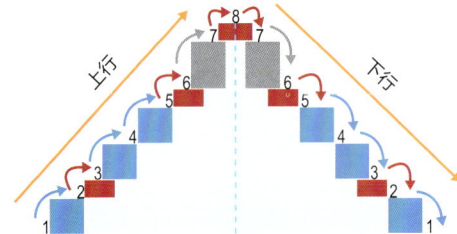

图例
■ 全音
■ 半音
■ 增二度

上行　　　下行

和声小调音阶

在这个音阶中，六级和七级之间的三个半音使和声小调独具特色（之所以这样说，是因为其和弦产生了小调音乐的基础和声）。

拍号

每个小节有两个二分音符

$\frac{2}{2}$

$\frac{2}{2}$拍号

每个小节有四个四分音符

$\frac{4}{4}$

$\frac{4}{4}$拍号

每个小节有三个八分音符

$\frac{3}{8}$

$\frac{3}{8}$拍号

拍号

拍号用来表明乐曲的节拍。上面的数字表示每个小节中的拍数，下面的数字表示以几分音符为一拍。

全音符

二分音符

四分音符

八分音符

十六分音符

第1拍　第2拍　第3拍　第4拍

音符时值

音符时值是指音符的持续时间，以节拍来计数：全音符持续四拍（1—2—3—4），二分音符持续两拍（1—2）。四分音符的时值是二分音符的一半；两个八分音符的时值和一个四分音符的时值相同。

全休止符

二分休止符

四分休止符

八分休止符

十六分休止符

第1拍　第2拍　第3拍　第4拍

休止符的时值

休止符的时值与和其名称相对应的音符的时值相同。全休止符休止四拍；四分休止符休止一拍。

和声

和声是指两个或两个以上的音同时响起，在这个意义上与和弦是同义词。和声和谐而动听，为音乐创作奠定了基础。

C大调　　　C小调

大调和弦与小调和弦

这两组和弦分别属于 C 大调和 C 小调，它们将一个八度中的一级、三级、五级和八级叠放在一起发声。

调号

由于乐曲使用的某个大调或小调音阶（如 D 调）会重复使用相同的升降号，因此在五线谱的开始处就标出"调号"，以表明乐曲的调。

1 2 3 4 5 6 7

F C G D A E B

升号在调号中按此顺序标注

F C G D A E B

调号中的升号

1 2 3 4 5 6 7

B E A D G C F

降号在调号中按此顺序标注

B E A D G C F

调号中的降号

演奏符号

这些符号向音乐家传达了除音高和节奏以外的重要细节，如音量、力度，以及音与音之间应平滑衔接还是留有间隔。

表达

熟练的音乐家会改变各个音符和乐句的能量；他们可能会使用各种持续的、刺耳的、柔和的或渐弱的声音产生技术来演奏音乐、表达个性。演奏者在作曲家的演奏指示下做出这些决定。

音与音之间留有间隔

断奏（STACCATO）

平滑流畅

连奏（LEGATO）

力度

力度是指音量的强弱等级。作曲家利用意大利语单词 piano 和 forte 的各种变形来表明演奏意图。

耳语　　说话的声音　　呼喊的声音

pp　*p*　*mp*　*mf*　*f*　*ff*
很弱　弱　中弱　中强　强　很强

速度

速度是音乐的行进速度。作曲家会通过节拍号来建议演奏节奏，或者用一些意大利语单词来描述速度。

Accelerando（加速）	Presto（急板）
Piu mosso（更快）	Allegro（快板）
Stringendo（渐快）	Moderato（中板）
Ritenuto（突慢）	Andante（行板）
Ritardando（渐慢）	Adagio（柔板）
Rallentando（渐慢）	Lento（慢板）

越来越快　越来越慢

快速的　慢速的

参见**音乐的历史**：第 408—409 页 ▶ **管弦乐队和乐器**：第 410—411 页 ▶

音乐的历史

音乐可能在人类诞生之初就存在了。人类至少在53万年前就拥有了完整的音域，因此具有唱歌的能力，而已知最古老的乐器可追溯到大约4万年前。受社会审美、风俗传统和技术的影响，音乐不仅被用于宗教仪式、讲述民间故事，还用于娱乐的方方面面。在现代，音乐仍然是一种普遍的艺术形式。现在它已成为一种流行的娱乐产业，在全球范围内，各种各样的音乐表演形式不断演变。

镀金公牛

约公元前 2550 年 在乌尔地区（位于今天的伊拉克境内），古代的苏美尔文明就出现了木管乐器和弦乐器。

木质音箱上描绘了驴演奏七弦琴的场景

苏美尔七弦琴

背面装饰画

1538 年 小提琴制作者安德烈亚·阿玛蒂制作了世界上最早的大提琴——"国王"大提琴。

法国国王查理九世的"国王"大提琴（背面）

约 9—12 世纪 奥尔加农是一种和声吟唱，最初为两个声部，是西方已知的最早的复调音乐形式。

用来体现人物性格特征的颜色

8 世纪 中国成立了梨园（唐代教练宫廷歌舞艺人的场所），创建了中国第一批在戏剧中加入配乐的戏曲剧团。

中国戏曲面具复制品

约 8 世纪 当时，南美洲的音乐家在社交和文化活动中演奏管弦乐器和打击乐器。

用黏土制成的管乐器

陶器

以 17 世纪画家弗兰斯·弗兰肯的风格绘制的画

16 世纪初 来自荷兰的鲁克斯家族创造了具有双层键盘和重型结构的羽管键琴。

1655 年 钢琴的发明使得演奏者可以弹奏出不同力度的音。

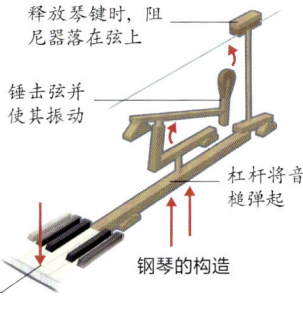

释放琴键时，阻尼器落在弦上

锤击弦并使其振动

杠杆将音槌弹起

钢琴的构造

按下琴键，推动操纵杆

1763 年 7岁的奥地利作曲家沃尔夫冈·阿玛多伊斯·莫扎特开始了他的音乐巡回演出，访问了慕尼黑、巴黎和伦敦等地。

沃尔夫冈·阿玛多伊斯·莫扎特

与钢琴不同，羽管键琴是用拨动琴弦的方式而不是敲击琴弦的方式来发音的。

精致的外壳彰显主人的高雅品位

1913 年 由俄国作曲家伊戈尔·斯特拉文斯基担任作曲的芭蕾舞剧《春之祭》首演，其前卫的音乐、服装和编舞引起了观众的骚动。

俄国异教徒故事中向大地献祭自己的少女

《春之祭》

双层键盘

华丽的雕花琴腿

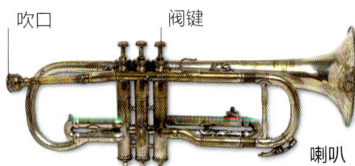

吹口　阀键

喇叭

1920—1930 年 受欧洲和声结构和非洲节奏的影响，爵士音乐从雷格泰姆和布鲁斯演变成一种新的合奏流行音乐。

羽管键琴

20 世纪 50 年代 最早的电子音乐工作室成立，并率先使用合成声音创作出抽象的音乐作品。

德国作曲家卡尔海因茨·施托克豪森

◀ 参见**音乐理论**：第 406—407 页

公元前 800 年 拉格是一种来自印度、孟加拉国和巴基斯坦的古典音乐，使用弦乐器演奏它时，会在音阶上使用重复的音符来营造氛围。

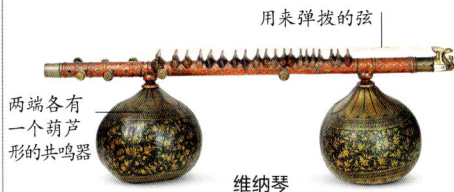

用来弹拨的弦

两端各有一个葫芦形的共鸣器

维纳琴

公元 230 年起 加美兰是印度尼西亚的一种传统的合奏音乐形式，以锣和用槌敲打的定音金属乐器为特色，其中，巴厘岛、爪哇岛的加美兰乐队合奏尤为著名。

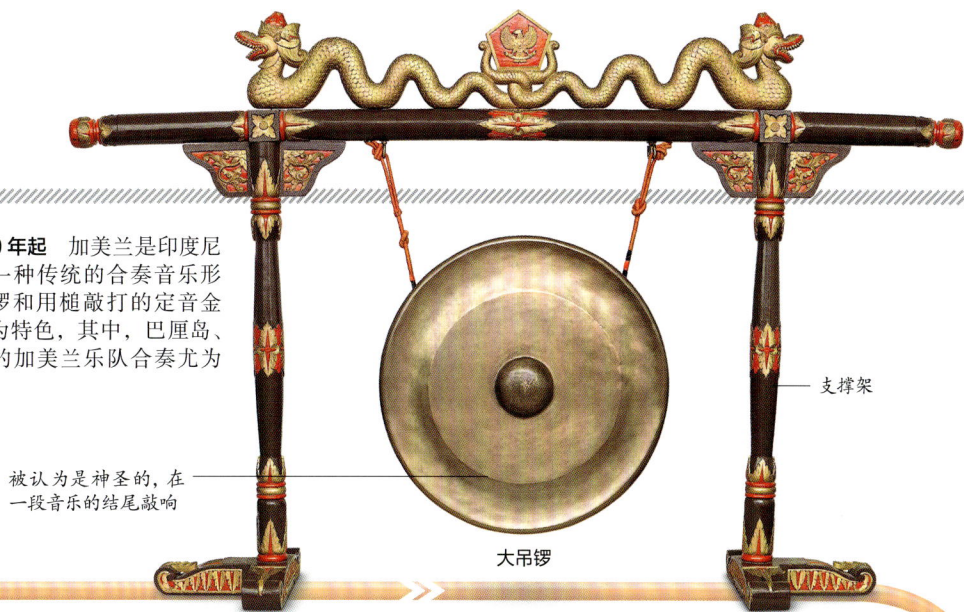

支撑架

被认为是神圣的，在一段音乐的结尾敲响

大吊锣

约公元 8 世纪 木质的乌德琴是一种阿拉伯弦乐器，从北非传入欧洲，它对于琉特琴的发展有很深的影响。

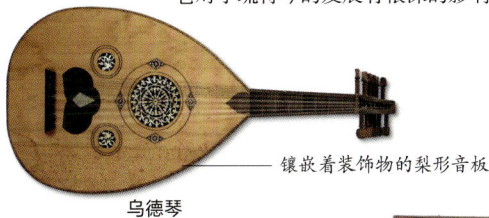

镶嵌着装饰物的梨形音板

乌德琴

公元 618—907 年 在中国唐朝时期，流行以琵琶（弦乐器）、笙（管乐器）、箜篌（弦乐器）和鼓演奏为主的音乐。

笙

琵琶

箜篌

唐代乐俑

公元 600 年起 由男声演唱的单声部音乐——格里高列圣歌成为罗马天主教的基本音乐。

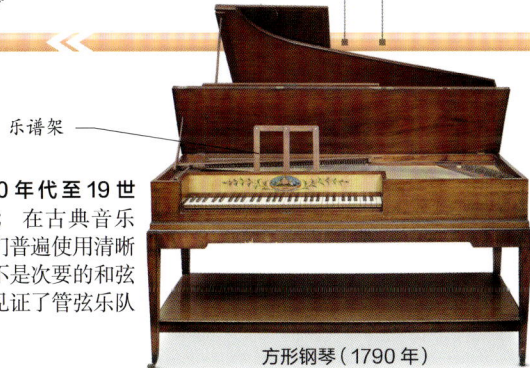

18 世纪 30 年代至 19 世纪 20 年代 在古典音乐时代，人们普遍使用清晰的旋律而不是次要的和弦伴奏，并见证了管弦乐队的发展。

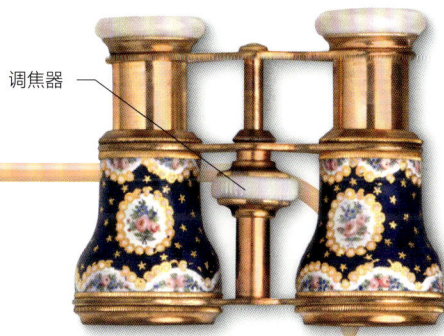

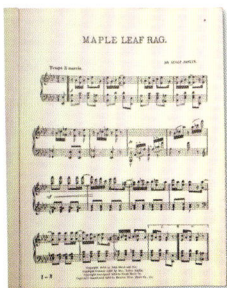

乐谱架

方形钢琴（1790 年）

1795 年 德国的路德维希·范·贝多芬首次公开演出。后来，他成为那个时代最有影响力的作曲家。

路德维希·范·贝多芬

1820—1910 年 为了响应席卷欧洲的民族主义热潮，波兰的弗雷德里克·肖邦等作曲家创作了许多爱国音乐作品。

调焦器

华丽的歌剧眼镜

1895—1919 年 美国南部的钢琴演奏者创造了雷格泰姆音乐，这是一种流行的"粗糙的"、以切分音为主要特点的音乐风格，是爵士乐的先驱。

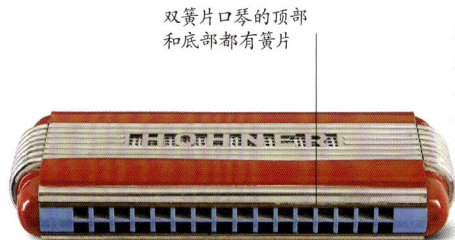

《枫叶雷格》的乐谱

双簧片口琴的顶部和底部都有簧片

口琴

19 世纪 50 年代至 20 世纪 布鲁斯是一种民间音乐形式，最早在美国的非洲裔美国人社区表演中诞生。

约 1800 年 "大歌剧"是西方歌剧中一种大型的、精心制作的体裁，首先出现在法国巴黎。

由于埃尔维斯充满激情的弹奏风格造成的过度磨损

调音器

埃尔维斯·普雷斯利（猫王）的马丁吉他

20 世纪 50 年代 受布鲁斯音乐影响，音乐家开始创造一种新的流行音乐形式，从此，摇滚音乐席卷了美国和欧洲。

20 世纪 60 年代 灵魂乐成为主流。美国歌手艾瑞莎·弗兰克林等艺术家的单曲进入了流行音乐榜单前 40 名。

艾瑞莎·弗兰克林

20 世纪 80 年代以后 使用鼓机、合成器和计算机软件创作的电子音乐越来越流行。

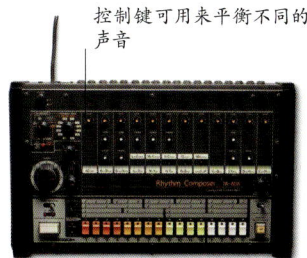

控制键可用来平衡不同的声音

罗兰公司生产的鼓机

参见管弦乐队和乐器：第 410—411 页 ▶   伟大的作曲家：第 412—413 页 ▶

管弦乐队和乐器

管弦乐队是将木管乐器、铜管乐器、弦乐器和打击乐器等组合在一起演奏的乐队。乐器通过定音的弦、膜、共鸣器，以及各种打击机制产生声音。

西方古典乐团

音乐家面向指挥家坐成半圆形。音量较大的乐器放在后部，以平衡声音。

图例

- 指挥
- 第一小提琴
- 第二小提琴
- 中提琴
- 大提琴
- 低音提琴
- 长笛
- 双簧管
- 单簧管
- 巴松
- 圆号
- 小号
- 长号和大号
- 竖琴
- 鼓
- 其他打击乐器
- 钢琴

木管乐器

木管乐器会放大空气在木头、金属或塑料管中经过时发出的声音。比如，单簧管吹嘴装有芦苇材质的簧片，演奏者吹动时，簧片就会振动。

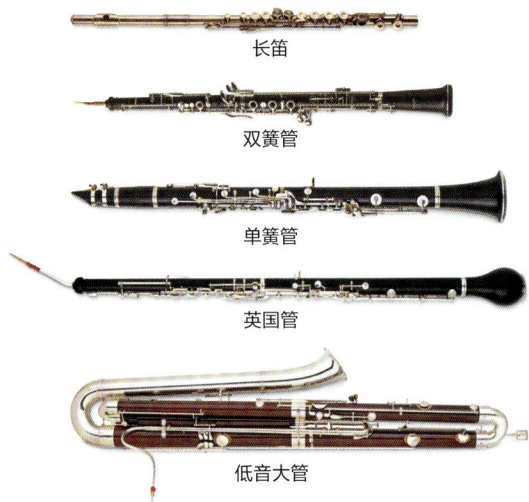

长笛
双簧管
单簧管
英国管
低音大管

铜管乐器

铜管乐器演奏者用嘴控制气流，吹奏不同形状的铜管乐器。有些铜管乐器（如长号）通过滑管来控制气流，而有些则使用阀键。

长号
控制阀键就能发出不同的声音
小号
大号
喇叭口
圆号

打击乐器

打击乐器是一组以摇动（如铃鼓）、敲击（如鼓）等方式来演奏的乐器。有些打击乐器有音高，如木琴，其琴键预设了不同的音高；而有些则没有一定音高，比如钹。

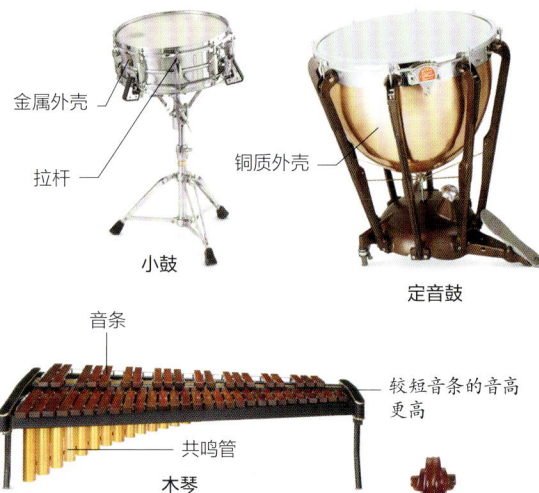

金属外壳
拉杆
小鼓
铜质外壳
定音鼓
音条
较短音条的音高更高
共鸣管
木琴

弦乐器

弦乐器通过振动的琴弦来发出声音，这些用金属或尼龙制成的琴弦被固定在木质主体上，演奏者通过拨弦、击弦和拉弦的方式使弦乐器发出声音，声音通过木质音箱放大。

音域

小提琴体积最小，但音高最高。中提琴、大提琴和低音提琴与小提琴的形状基本相同，但体积逐渐增大，琴弦逐渐加长，声音逐渐低沉。

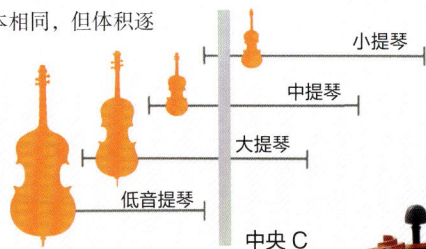

小提琴
中提琴
大提琴
低音提琴
中央 C

琴颈，通过手指按弦来改变音高
小提琴
最细的弦产生的音最高
中提琴
传统大提琴的云杉木琴身
大提琴
指板是光滑的
低音提琴
提琴家族典型的 F 形传声孔
腮托

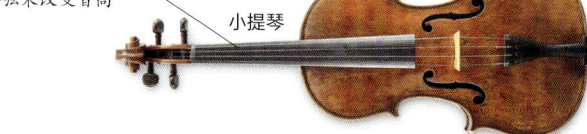

 ◀ 参见音乐理论：第 406—407 页 ◀ 音乐的历史：第 408—409 页

钢琴

钢琴通过手指按动琴键来演奏。当手指按下琴键时，与琴键相对应的琴槌会敲击琴身内部的琴弦，这样钢琴就会发出声音。

按下琴键时，琴弦被琴槌击中

三角钢琴

琴键

黑键比白键高，比白键短

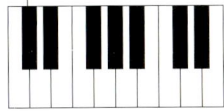

琴键

竖琴

现代竖琴通常有 47 根弦，其音域与钢琴大致相同。竖琴演奏者使用除小指外的手指在弦上拨动或扫动，并通过脚踩踏板来改变琴弦的音高。

大约在公元前 3500 年，竖琴就已经在非洲、亚洲和欧洲出现

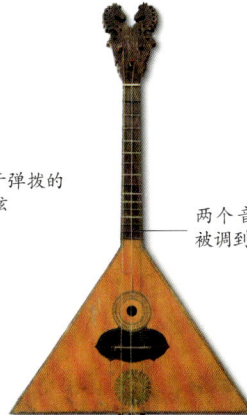

调音栓

较短的琴弦产生较高的音

音板

世界各地的乐器

来自世界各地的民间乐器和古典乐器会产生各种各样的声音。有些乐器使用的音阶或音程与西方音乐不同。

日本筝

琴马（琴码）

弦轴

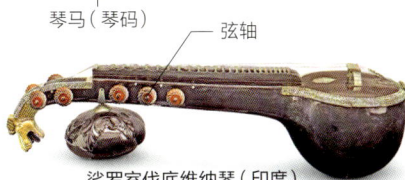

娑罗室伐底维纳琴（印度）

金属板

鼓膜

拇指琴（坦桑尼亚）

琴头

琴颈

月琴（中国）

达拉布卡（西亚、北非等地）

电子乐器

20 世纪中叶出现了纯电子乐器，例如合成器、磁带机，还有用于产生和调节声音的计算机。

琴键

合成器

吉他家族

在管弦乐队演奏或弗拉门戈音乐演奏中，古典吉他可用于独奏或和声伴奏。在民间音乐中，原声吉他是弹拨式或指弹式的。电吉他通过扩音器来增大音量，这会使声音失真。

琴颈

用于弹拨的琴弦

尤克里里

两个音高较低的弦被调到同一个音高

巴拉莱卡

三根尼龙弦和三根羊肠弦

古典吉他

琴弦通常由铬、镍或不锈钢制成

吉他琴颈的顶层是指板

指板上装有弦枕和很多金属制成的品丝，品丝把指板分成许多品，同一根弦相邻品之间相差半音

品位记号帮助演奏者找到每一个音对应的位置

背带扣用来固定吉他背带

拾音器开关，选择不同的拾音器可改变声音

拾音器是一种转换器，将振动转化成电信号

电吉他的琴身通常由实木制成

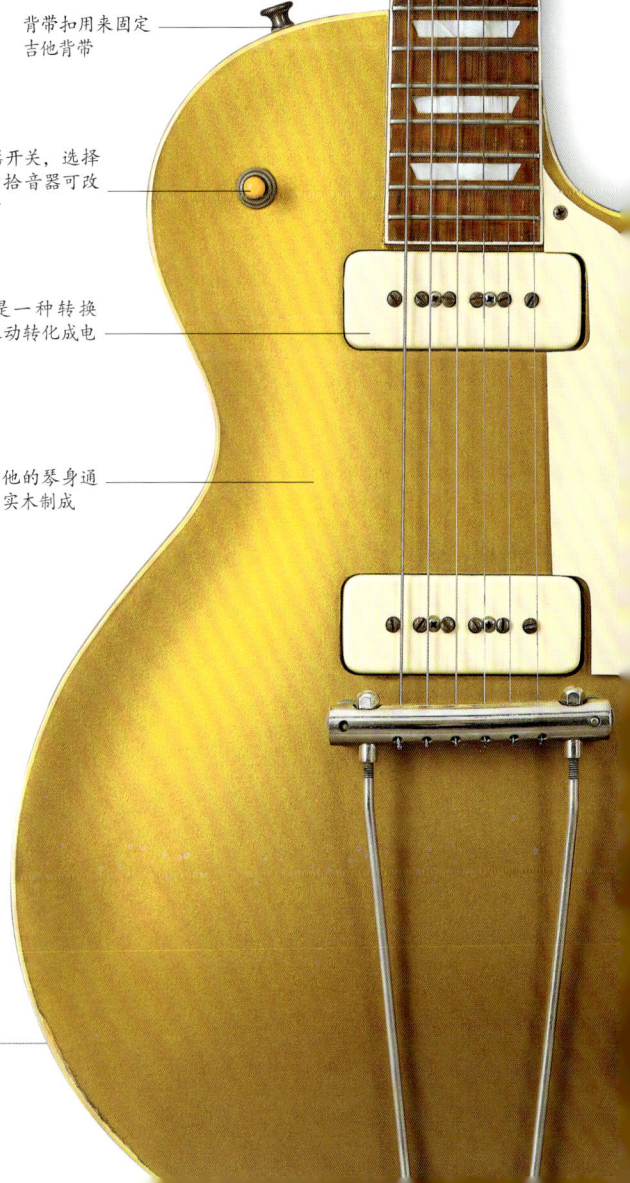

电吉他

电吉他的弦由金属制成，弹奏时的振动会由拾音器转换成电信号。然后，信号通过扩音器转换为可听见的声音。

参见伟大的作曲家：第 412—413 页 ▶ 流行音乐：第 414—415 页 ▶

伟大的作曲家

在古代，音乐主要通过口头传播，直到 10 世纪第一种记谱法的出现，宣告了一个可以永久记录作曲家作品的新时代出现了。随后的 1000 年，音乐史的发展是由不同时期和流派的作曲家及其作品共同塑造的。一些作曲家收获了声望、财富和荣誉。而有的作曲家在生前几乎没有得到认可，但在后世却变得名声赫赫。最近，许多作曲家避开了经典作曲风格，转而支持实验主义。每个历史时期都有来自世界各地的音乐创新者。以下为大家精选出了部分历史上杰出的作曲家。

> **或在身内，或在身外，我都不知道，只有神知道**
>
> 约在 1741 年，乔治·弗里德里希·亨德尔为他的《弥赛亚》撰写"哈利路亚"合唱的歌词

齐亚卜
伊拉克、叙利亚、西班牙，789 — 857

他长期生活在西班牙的科尔多瓦，担任倭马亚王朝的宫廷乐师。他以博学著称，据说能记忆 1 万首歌曲。

阿德马尔·德·夏班纳
法国，988 — 1034

一位法国僧侣。他发明了最早的记谱法，该系统的特点是出现了指示音高的垂直轴。

火焰代表神圣的灵感

宾根的希尔德加德

宾根的希尔德加德
德国，1098 — 1179

她是一位女修道院牧师和作曲家，自称受到神的异象启发。代表作：《上启的和谐交响曲》。

姜夔
中国，1155 — 1221

字尧章，号白石道人，饶州鄱阳人。中国南宋词人，精通音乐，亦善填词，自度十七曲传世。代表作：《暗香》《疏影》。

若斯坎·德普雷
法国，1450 — 1521

复调大师，他的创作包括世俗音乐和宗教音乐。代表作：《林中仙女》。

胡安·纳瓦罗
墨西哥，1550 — 1610

方济会修道士和神圣音乐的作曲家。代表作：载有基督受难的书的其中四本。

八桥检校
日本，1614 — 1685

富有创造力的作曲家和日本筝（弦乐器）演奏家。代表作：《四季曲》《六段之调》。

芭芭拉·史特罗齐
意大利，1619 — 1677

女高音歌手和作曲家，以她的小咏叹调、咏叹调和康塔塔而闻名。代表作：《意大利牧歌（作品 1 号）》《独唱小咏叹调（作品 6 号）》。

安东尼奥·维瓦尔第
意大利，1678 — 1741

巴洛克时代的大师，以小提琴协奏曲而闻名。代表作：《颂歌》《四季》。

约翰·塞巴斯蒂安·巴赫
德国，1685 — 1750

著名的作曲家，他运用法国和意大利的曲风来丰富德国的音乐风格。代表作：《勃兰登堡协奏曲》。

乔治·弗里德里希·亨德尔
英国，1685 — 1759

著名的演说家和 40 多部歌剧的作曲家。代表作：《塞尔斯》《弥赛亚》。

科亚罗莫克诺
夏威夷群岛，1716 — 1784

以音乐圣歌和诗歌而闻名。代表作：《天际之风，轻轻吹拂》《你向我提问》

弗朗茨·约瑟夫·海顿
奥地利，1732 — 1809

古典弦乐四重奏和交响乐的先驱。代表作：《第四十五交响曲》《弦乐四重奏（作品 50 之一）》。

伊莎贝尔·德·夏里埃
荷兰，1740 — 1805

法国大革命期间的启蒙作曲家。代表作：《勋爵》。

威廉·比林斯
美国，1746 — 1800

美国本土生出的第一位合唱作曲家，他的音乐充满了节奏感。代表作：《大陆和弦》。

沃尔夫冈·阿玛多伊斯·莫扎特
奥地利，1756 — 1791

多产且极具影响力的古典音乐作曲家。代表作：《费加罗的婚礼》《C 大调第四十一交响曲》《魔笛》。

路德维希·范·贝多芬
德国，1770 — 1827

作曲家、钢琴演奏家，贝多芬上承古典乐派传统，下启浪漫主义之风格与精神，因而在音乐史上占有非常重要的地位。代表作：《命运（C 小调第五交响曲）》。

弗朗茨·舒伯特
奥地利，1797 — 1828

他的作品复杂多变，以抒情和优美著称。代表作：《美丽的磨坊女》。

范妮·门德尔松
德国，1805 — 1847

开创了无言歌曲体裁的钢琴家。代表作：《降 E 大调弦乐四重奏》。

胡安·佩德罗·伊斯诺拉
阿根廷，1808 — 1878

民族主义音乐家，以阿根廷国歌的创作而闻名。

朱塞佩·威尔第
意大利，1813 — 1901

他是意大利歌剧大师。代表作：《茶花女》。

克拉拉·维克·舒曼
德国，1819 — 1896

浪漫主义时代最杰出的女钢琴家之一。代表作：《A 小调钢琴协奏曲》《G 小调钢琴三重奏》。

彼得·伊里奇·柴可夫斯基
俄国，1840 — 1893

作曲家。代表作：《第四交响曲》《第一钢琴协奏曲》，歌剧《胡桃夹子》。

安东·德沃夏克
捷克，1841 — 1904

多才多艺的作曲家，擅长汲取民间音乐元素。代表作：《第九交响曲》，歌剧《水仙女》。

沃尔夫冈·阿玛多伊斯·莫扎特

◀ 参见**音乐的历史**：第 408 — 409 页　◀ **管弦乐队和乐器**：第 410 — 411 页

伊戈尔·费奥多罗维奇·斯特拉文斯基

加布里埃尔·于尔班·福雷

法国，1845—1924

一位很有影响力的钢琴家和法国音乐学院院长。代表作：歌剧《佩内洛普》，戏剧配乐《佩利亚斯与梅丽桑德》。

穆罕默德·奥斯曼

埃及，1855—1900

以创作室内音乐而闻名的歌手。代表作：《我想到什么》《伊什娜·舒夫纳》。

埃塞尔·史密斯

英国，1858—1944

不拘一格的作曲家和女权活动家。代表作：《救援队》《妇女进行曲》《水手长的伙伴》。

伊萨克·阿尔贝尼兹

西班牙，1806—1909

使用西班牙民间音乐元素的后浪漫主义钢琴家。代表作：《西班牙圣歌》《阿斯图里亚斯的传奇》《伊贝利亚》。

让·西贝柳斯

芬兰，1865—1957

著名的芬兰作曲家，他根据民间故事创作了民族主义作品。代表作：《库勒沃》《芬兰颂》。

斯科特·乔普林

美国，1867—1917

被誉为"拉格泰姆之王"。代表作：《枫叶拉格》《演艺人》、歌剧《特里莫尼莎》。

艾米·玛西·比奇

美国，1867—1917

第一位成功的大型古典音乐女作曲家。代表作：《E小调交响曲》。

拉尔夫·沃恩·威廉斯

英国，1872—1958

英国交响乐家和民族主义作曲家。代表作：《海上交响曲》《英国民歌组曲》。

贝拉·巴托克

匈牙利，1881—1945

比较音乐学领域的创始人。代表作：《神奇的满大人》《乐队协奏曲》。

伊戈尔·费奥多罗维奇·斯特拉文斯基

美国，1882—1971

革命性的现代主义作曲家，其作品获得了国际赞誉。代表作：《春之祭》。

玛娜·祖卡

美国，1885—1981

歌剧作曲家和多产的词曲作者。代表作：以迪克西为主题的幽默歌曲；《生命之爱》。

山田耕筰

日本，1886—1965

著名的管弦乐作曲家，拥有超过1600首作品。代表作：交响曲《明治颂歌》，歌剧《黑船》，童谣《红蜻蜓》。

海托尔·维拉－罗伯斯

巴西，1887—1959

大提琴家和吉他手，他是拉丁美洲音乐史上不可或缺的作曲家。代表作：《巴西的巴赫风格（作品第1号）》。

弗洛伦斯·普赖斯

美国，1887—1953

1933年，她成为历史上第一位进行大型管弦乐队交响乐演奏的非裔美国女性。

阿隆·科普兰

美国，1900—1990

具有现代风格的表现力作曲家。代表作：《钢琴协奏曲》《阿巴拉契亚之春》《比利小子》。

菲拉·索旺德

尼日利亚，1905—1987

音乐教授，以撰写古典欧洲风格的尼日利亚艺术音乐而闻名。代表作：《六幅素描》《非洲套房》。

拉维·香卡

印度，1920—2012

他被称为"西塔尔琴大师"，于1949年成立了印度国家管弦乐队。代表作：《萨雷·贾汗》《奉献》。

彼得·斯克尔索普

澳大利亚，1929—2014

作曲家，深受澳大利亚原住民音乐和乐器的影响。代表作：《卡卡杜》《安魂曲》。

武满彻

日本，1930—1996

以西方古典音乐与传统东方乐器的融合而闻名。代表作：《十一月的脚步》《绕秋之弦》。

克里斯托弗·潘德列茨基

波兰，1933—2020

他是一位现代作曲家，以其创新和不寻常的管弦乐作品而闻名。代表作：《广岛受难者的挽歌》。

阿沃·帕特

爱沙尼亚，1935—

虔诚的东正教音乐家，以中世纪的礼拜仪式而闻名。代表作：《致阿丽娜》《白板》。

凯雅·萨莉亚霍

芬兰，1952—2023

作曲家，以将传统乐器与电子产品结合而闻名。代表作《远方的爱》《西蒙受难》。

谭盾

中国，1957—

当代古典作曲家，以电影配乐而闻名。代表作：《卧虎藏龙》。

武满彻

蕾切尔·波特曼

英国，1960—

学院奖得主，她为电影、电视和广播创作了100多个配音作品。代表作：《艾玛》《巧克力》。

林瑞玲

澳大利亚，1966—

从管弦乐乐谱到艺术装置的国际知名艺术家。代表作：《天空图集》。

参见流行音乐：第414—415页 ▶ 伟大的舞者：第420—421页 ▶

流行音乐

流行音乐（popular music）涵盖了许多类型，从摇滚、电子音乐和重金属，到放克、嘻哈和乡村音乐。人们经常把它与流行乐（pop music）相混淆，流行乐是一种在 20 世纪 50 年代首次兴起的流行音乐流派。流行音乐因其种类多样，可以采用任何基调：从诚挚的抗议歌曲到轻松的情歌。流行音乐通常由价值数十亿美元的音乐产业制作，其受众广泛是源自它的平易近人和名人表演者的影响力。

北美

北美的流行音乐借鉴了其多元文化的多种传统。拉格泰姆于 19 世纪 90 年代中期从南部出现，并在受非洲节奏和欧洲影响后兴起了爵士乐。20 世纪 20 年代，美国黑人布鲁斯音乐与美国西部的阿巴拉契亚民谣和牛仔音乐相结合，形成了乡村音乐。20 世纪初期，来自纽约出版中心流行音乐界的活泼乐谱为大众带来了表演音乐，并巩固了流行音乐的形式，例如重复的合唱和吸引人

美国流行歌手、音乐制作人泰勒·斯威夫特

◀ 摩城音乐，1965 年

在电视特辑中可以看到美国著名唱片公司摩城音乐的明星。（表演者包括玛莎·里夫斯和范德拉斯乐队，诱惑乐队，达斯蒂·斯普林菲尔德，斯莫基·罗宾逊和奇迹乐队，史蒂维·旺德和至乐队。）

的"钩子（hook，一般出现在副歌的位置）"。在 20 世纪 80 年代，在循环节拍和有节奏的人声的带动下，嘻哈音乐逐渐流行起来。

欧洲

20 世纪晚期，欧洲出现了几种流行音乐趋势。来自英国利物浦的一支摇滚乐队——披头士乐队取得了巨大的成功，其将古典、印度音乐风格和迷幻摇滚的影响融入他们的音乐中。这不仅推动了 20 世纪 60 年代和 70 年代的

1967年披头士乐队在英国伦敦的合照

青年文化运动，还导致了所谓的"英国入侵"，进入美国音乐排行榜的前 40 位。20 世纪 70 年代，一系列舞台摇滚乐队崛起，如英国皇后乐队，以及瑞典迪斯科超级乐队 ABBA。20 世纪 80 年代，旋律优美的欧洲流行舞曲与受美国俱乐部影响的电子音乐、浩室（House）和其他舞曲子流派电子声音一起发展起来。一年一度的欧洲歌唱大赛仍在庆祝欧洲各地的各种流行音乐。

拉丁美洲

从萨尔萨舞和探戈舞到巴西的波萨诺瓦舞曲（意为"新趋势"），拉丁美洲拥有自己独特的音乐传统。这些风格独立或彼此结合的，富有节奏的舞蹈

音乐，在全世界被广泛称为拉丁音乐。南美洲的许多音乐都源于民间乐器，例如秘鲁安第斯山脉的排箫和特立尼达的卡利普索民谣中的钢鼓。这些传统还催生出数百种高度同化、交融的拉丁美洲音乐子流派，包括雷鬼、拉丁民谣和梅伦格。

非洲

非洲流行音乐融合了本土音乐和西方音乐。20 世纪 40 年代，古巴音乐广播（通过奴隶贸易源于非洲）在刚果普及了非洲古巴风格音乐。20 世纪 70 年代，塞内加尔市区的音乐家将莎莎舞与塞内加尔的传统舞蹈音乐"mbalax"结合在一起，然后进一步借鉴了拉丁流行音乐风格。"mbube"是一种具有力量感的南非声乐类型，以无伴奏的四声部合唱形式演唱，已在世界范围内被 Ladysmith Black Mambazo 等乐队普及。

苏联 / 俄罗斯

从 20 世纪 60 年代开始，流行音乐和摇滚音乐在苏联与西方平行发展。到 20 世纪 80 年代，有多达 2500 万人收听英国广播公司的音乐节目播放的英美热门歌曲。1991 年苏联解体后，俄语流行音乐和摇滚音乐继续蓬勃发展。21 世纪初，俄罗斯流行音乐二人组合 t.A.T.u 在欧洲、日本、美国和其他国家和地区都广受好评。

东亚

20 世纪 80 年代，日本流行音乐（J-pop）融合了西方风格，以电子音乐为主，并逐渐受到嘻哈音乐的影响。崔健（被称为"中国摇滚之父"）等艺术家的出现为 21 世纪初大批国际明星进入中国（包括碧昂斯和说唱歌手乐队"公敌"）巡回演出铺平了道路。韩国流行音乐的发展主要依靠演员和模特组成的"偶像"团体。韩国流行歌手朴载相（Psy）的《江南 Style》视频是第一个获得十亿播放量的互联网视频。

印度

印度流行音乐始于 20 世纪 70 年代，是印度民间音乐、古典音乐和西方摇滚的融合。如今，它融合了嘻哈和雷鬼等世界音乐元素，形成了一种全球性的声音。在印度电影院中播放的宝莱坞音乐因歌手、演员的明星魅力，以及其动听的歌舞表演而出名。宝莱坞音乐通常包含短颈萨兰吉小提琴般的声音和塔布拉鼓的鼓点。

印度歌手、作曲家拉曼

澳大利亚和新西兰

世界上一些星光熠熠的明星艺人，包括 AC / DC 摇滚乐队和创作型歌手"流行公主"凯莉·米洛，都来自澳大利亚。受凯尔特民间音乐风格影响，"丛林乐队"的音乐具有乡村民谣的特色，歌曲内容多围绕澳大利亚的风土人情。新西兰的流行音乐产业还比较年轻，1949 年，由鲁鲁·卡拉伊蒂安娜创作、皮茜·威廉姆斯演唱的《蓝烟》是新西兰的第一首热门歌曲。新西兰人理查德·奥布赖恩在 20 世纪 70 年代创作了音乐剧《洛基恐怖秀》，这是对经典科幻表演的致敬，也是对经典科幻电影和 B 级恐怖电影的致敬。

下载与流媒体

苹果公司推出了便捷的音乐存储播放设备 ipod，该设备在 21 世纪初推动了音乐的下载。听众需要付费才能从在线音乐库中检索并将音乐存储在设备中。如今的流媒体服务为互联网收听者提供了数百万首曲目的点播访问——无须保存或存储。

音乐……是人性的爆炸性表达。它是使我们所有人都被感动的东西

美国歌手、音乐创作人比利·乔尔

◀ 参见声音、灯光和视觉技术：第 270—271 页　◀ 音乐的历史：第 408—409 页　舞蹈史：第 416—417 页 ▶

舞蹈史

舞蹈起源于古老的仪式活动，经过数千年的发展，承载着多种功能：在古代世界具有文化表达的作用；在中世纪作为家族和政治伙伴关系的催化剂；在 20 世纪，舞蹈是强有力的社会宣言。舞蹈的风格最初局限于其产生的特定地区，但是随着跨地域的贸易和交流，舞蹈风潮从华尔兹舞到迪斯科舞开始在全球流行。

史前时期

印度洞穴壁画显示，大约在 9000 年前，舞蹈就已成为集体生活的一部分。在欧洲，新石器时代的考古发现表明，每年举行的丰收舞蹈是为了祈求土地富饶和人类的繁衍生息而举行的仪式。舞蹈活动还被用来庆祝年轻的男女步入成年，通过编舞突出男性的力量或女性的魅力。在大多数人不识字的时代，舞蹈表演也是讲述故事和事件的一种流行方式。

印度古典舞

印度古典舞最古老的形式是泰米尔纳德邦的婆罗多舞和奥里萨邦的奥迪西舞，它们起源于寺庙舞蹈。随着时间的推移，其他舞蹈也出现在印度不同地区，包括：来自北方邦的卡塔克舞、来自喀拉拉邦的卡塔卡利舞、来自安得拉邦的库契普迪舞、来自曼尼普尔邦的曼尼普里舞，以及来自阿萨姆邦的萨特里亚舞。每种舞蹈都有自己独特的风格和服装，但都有一些共同点，例如男性、女性不同的站姿、踩脚的节奏，以及手印（象征性手势，用于讲故事）。

被称为 "ghungroos" 的小铜铃随着舞者的舞步叮当作响

系带绑在脚踝上

印度响铃脚饰

民间舞蹈

一直以来，民间舞都是以固定的舞步和服饰进行集体表演，通常整个村落或城镇的居民都参与其中，无论是否有舞蹈经验。世代相传的民间舞蹈反映了起源地的文化和特征。其中最著名的是日本舞踊、旁遮普地区彭戈舞、捷克波尔卡舞、爱尔兰里尔舞、英国莫里斯舞和美国方块舞。

老彼得·勃鲁盖尔
《婚礼舞会》，1566年

撒哈拉以南的非洲舞蹈

班图语系地区的音乐节奏是撒哈拉以南非洲舞蹈的基础。在这种舞蹈中，身体本身也是一种节奏乐器。舞蹈通常根据目的是娱乐还是仪式，以及舞者的性别、年龄和社会地位而有所不同。奴隶贸易将非洲舞蹈带到了美洲，在美国产生了新的舞种——步态舞。步态舞由黑人奴隶为模仿白人跳舞而创造，在1900年左右成为美国和英国舞厅的热潮。

华尔兹舞和舞厅

华尔兹舞起源于奥地利和巴伐利亚的民间舞蹈，后来成为维也纳哈布斯堡宫廷的正式社交舞。华尔兹舞的名字源自德语单词 "walzen"，意为 "转动"，两人手臂相扣用四三拍的节奏旋转舞蹈。到 18 世纪末，华尔兹舞在欧洲广为流行，但由于紧密的身体接触被有些人认为有伤风化。它的受欢迎程度促进了公共舞厅的开放，作曲家们创作了华尔兹舞曲，其中约翰·施特劳斯的《蓝色多瑙河》最为著名。

芭蕾舞

芭蕾舞起源于 15 世纪意大利文艺复兴时期的贵族舞蹈，名字来源于意大利语 "ballare" 一词，意为 "跳舞"。随着凯瑟琳·美第奇嫁给法国国王亨利二世，佛罗伦萨的宫廷舞蹈风格也来到法国，其后成为法国的一种舞蹈技巧。法国和俄国先后发展了芭蕾舞，包括在 19 世纪初的足尖鞋、20 世纪初俄国芭蕾舞团的前卫服装、编舞和布景。

拉丁舞

拉丁舞因其起源于拉丁美洲地区而得名，如今熟知的拉丁舞源自传统的原住民舞蹈，而后经过欧洲殖民地和非洲的影响，发展出了新的风格。除了社交拉丁舞外，还有国际比赛中的五种拉丁舞：桑巴舞、恰恰舞、牛仔舞、斗牛舞和伦巴舞。桑巴舞起源于巴西西非奴隶的音乐和舞蹈，是最早走向国际的拉丁舞之一。桑巴舞俱乐部于 20 世纪 20 年代在里约热内卢开设，并于 1939 年在纽约世界博览会上首次在国际上亮相。

摇摆舞

大多数摇摆舞起源于 20 世纪 20—30 年代的非洲裔美国社区，受到了当时爵士乐的启发。最早的两种摇摆舞是南方的沙格舞和在纽约哈林区演变而来的林迪舞。摇摆舞的其他形式还包括巴尔博亚舞、林迪查尔斯顿舞、布吉伍吉舞和东海岸摇摆舞。这些舞蹈的共同特点是采用六拍或八拍的节奏，以及身体前后摆动的有力动作。美国的乐队领队

吉特巴舞

卡布·卡洛韦使用 "吉特巴舞" 一词指代摇摆舞，使该词流行起来。

迪斯科舞

在美国夜总会的舞池上，迪斯科舞成为 20 世纪 70 年代最具影响力的文化现象。与以前的社交舞不同，迪斯科舞是自由形式的，不需要两个人一起跳舞。夜总会培养了许多 DJ（操作音乐的专业人士），并发展出了当今使用的大多数混音和打碟技巧。

现代舞

20 世纪初期，现代舞在欧洲和美国崭露头角，它借鉴当代文化，以具有实验性的表演来挑战观众，强调紧张与释放相对立的两种身体力量。现代舞先驱包括伊莎多拉·邓肯、玛莎·格雷厄姆（详见第 420 页）和默斯·坎宁安，后来还有特威拉·撒普和阿尔文·艾利。

肯尼亚马赛勇士舞 ▶
马赛族的战士在鼓点打击声和歌唱声中表演传统的竞技跳跃舞。

街舞

街舞兴起于 20 世纪 70 年代，人们在街头随着音乐跳舞，积极回应库尔·赫克等先锋 DJ 们的音乐。库尔·赫克通过在两台唱机上混音，延长舞蹈节奏，这种风格被称为嘻哈。街舞不仅是人们逃离城市困境的一种方式，更是一种自我表达的重要手段。

> "舞蹈是身体灵魂的隐秘语言。"

玛莎·格雷厄姆，《纽约时报》，1985 年

参见**舞蹈风格**：第 418—419 页 ▶ **伟大的舞者**：第 420—421 页 ▶

舞蹈风格

舞蹈的历史源远流长，往往反映出当地的习俗和宗教信仰。从中国的舞狮到新西兰的哈卡舞，舞蹈的种类丰富多样。然而，随着文化影响力席卷全球，舞蹈日益变得国际化。意大利中世纪的宫廷舞蹈在欧洲传播，演变成芭蕾舞。从19世纪中叶开始，非洲舞的节奏为舞蹈注入了新的活力。

约公元前 200 年 在印度南部的印度教寺庙中，舞者表演婆罗多舞，有节奏的步法搭配手印——具有象征意义的手势。

涂在脚底的红色染料

印度古典舞

用来强调舞者动作的扇子

18 世纪 弗拉门戈舞蹈起源于西班牙南部的安达卢西亚，其舞蹈融合了多种文化。它的特点是鲜艳的色彩、拍手和踩脚的动作。

社交舞由男女两人表演，动作往往热情有力

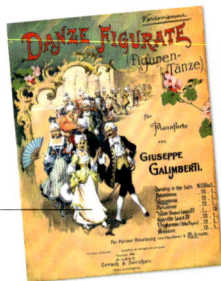

手绘扇

18 世纪 欧洲的皇室宫廷发展出正式的社交舞蹈，例如小步舞。英格兰的乡村舞蹈则逐步演变成沙龙舞和卡德利尔舞。

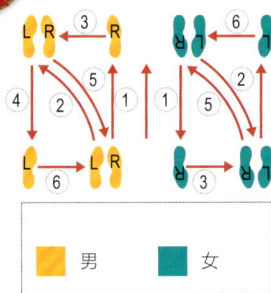

正式的社交舞

有褶的贾拉那裙使舞者的动作更灵活

1800 年 华尔兹舞在奥地利越来越流行，并迅速成为欧洲最受欢迎的娱乐方式之一，但是由于男女舞伴跳得过于亲密受到保守派的批评。

男

女

华尔兹舞步法

1832 年 意大利编舞家菲利波·塔廖尼创作的芭蕾舞剧《仙女》展现了芭蕾舞演员的空灵和超自然的主题，代表了浪漫芭蕾舞的新风尚。这是第一部大量使用足尖舞步的芭蕾舞剧。

浪漫芭蕾舞

脚踝的铃铛发出富有节奏的声音

1933 年 美国舞者弗雷德·阿斯泰尔在《跳舞女郎》中首次登上银幕，与琼·克劳福德合作演出。舞蹈电影成为好莱坞最成功的电影类型之一。

电影中的舞蹈

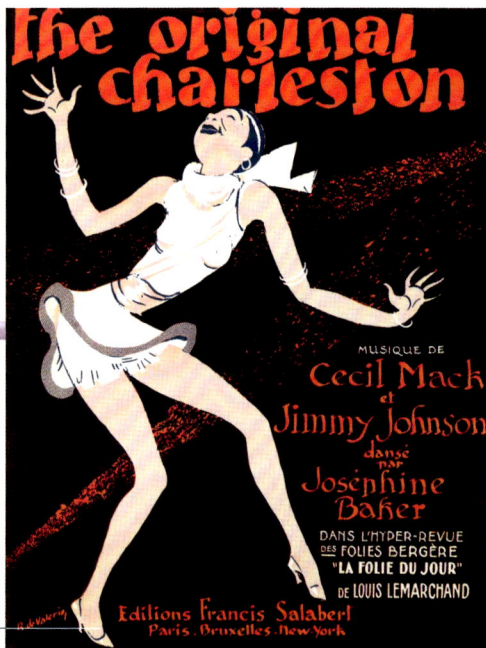

1923 年 起源于美国南卡罗来纳州的非洲裔美国民间舞蹈查尔斯顿舞，在音乐剧《荒野奔跑》中出现后便风靡一时。

查尔斯顿舞

约 1920 年 在融合了西方爵士乐队的乐器和西非鼓的节奏之后，强节奏爵士舞在加纳和尼日利亚日益流行。

木鼓周围缠绕的线圈可调节音高

非洲强节奏爵士舞

20 世纪 60 年代 起源于刚果舞蹈的扭摆舞，在美国歌手查比·切克为摇滚歌曲《扭摆舞》在电视上表演了一段该舞蹈后，开始流行。该舞不需要成对地跳舞，也不需要固定舞步。

脚趾向内，脚跟向外，随节奏扭动

扭摆舞

20 世纪 70 年代 美国纽约的拉美裔社区将萨尔萨舞（一种混合拉丁舞风格的舞蹈）推向街头派对和夜店的流行高峰。它是一种快速的、有节奏的双人舞，舞者踩着四拍的节奏舞动。

以臀部摆动为特点

萨尔萨舞

狮头由一个人操纵，狮尾由另一个人操纵

中国舞狮

2—7 世纪 舞狮在中国广受欢迎。人们认为舞狮可以驱邪，通常在节日里表演。

约 1300 年 毛利人从波利尼西亚迁徙到新西兰定居，发展出一种独特的文化，如哈卡舞。部落民众跳舞的技巧反映了他们的力量和威望。

哈卡舞

16 世纪 加亚尔德舞起源于意大利的一种宫廷舞蹈。这种舞蹈以充满活力的踢腿、跳跃和腾跃为特点，是展现运动能力的一种流行方式。

加亚尔德舞

宫廷芭蕾舞

男舞者的服装体现其在宫廷中的地位

1661 年 法国国王路易十四在巴黎建立皇家舞蹈学院，这是第一个芭蕾舞专业学校，它标志着芭蕾舞从宫廷到舞台的过渡。

精致的服装反映出当时流行的风格

17 世纪 歌舞伎，日本舞剧的一种，开始时仅由女性表演，以其艳丽风格而闻名。后来女性演员被禁止表演，逐渐转为全男性表演。

歌舞伎表演者

约 1600 年 南美洲巴西的非洲奴隶创造了卡波耶拉舞，这是一种融合了战斗、舞蹈和音乐的表演形式，有助于他们在奴隶主面前伪装自己的战斗技能。

卡波耶拉舞

约 1840 年 首届踢踏舞比赛在美国举行，参赛者轮流上场，相互比拼敏捷性和节奏感，以展示自己的高超技艺。

踢踏舞鞋

约 1850 年 在埃及旅行的欧洲作家记录了格瓦济肚皮舞者的表演，他们表演的是巴拉迪舞——当地的一种社交舞蹈。肚皮舞起源于古代中东地区。

细微的手部动作

格瓦济肚皮舞者

19 世纪 90 年代至 20 世纪 洛伊·富勒等舞者摒弃传统芭蕾舞的规则，转向探索即兴、自由的动作和注重个人表达的舞蹈方式。

洛伊·富勒的演出海报

现代舞

1913 年 俄国芭蕾舞团的演出经理人谢尔盖·佳吉列夫的《春之祭》，因其原始主题和对抗性的编舞风格在法国巴黎引发了争议。

春之祭

1913 年 英国作家赫伯特·乔治·威尔斯称这一年为探戈舞之年，这种源自阿根廷的舞蹈以有节奏的步法风靡美国和欧洲。

1895 年 在俄国的圣彼得堡，由彼得·伊里奇·柴可夫斯基作曲，马里于斯·珀蒂帕和列夫·伊万诺夫编舞的《天鹅湖》，演绎了俄国古典芭蕾舞的精髓。

古典芭蕾

表演标志性头旋动作的舞者

约 1972 年 纽约帮派的打斗动作逐渐演变成一种即兴舞蹈，舞者伴着嘻哈 DJ 混合唱片的音轨和重复的鼓点跳舞。

源自吉普赛服饰的分层裙子

霹雳舞

2000 年 出现了一种新的、充满活力的宝莱坞舞蹈风格，它融合了印度古典舞蹈、百老汇音乐剧、音乐电视视频文化和嘻哈舞蹈多种风格。

宝莱坞舞蹈

参见**伟大的舞者**：第 420—421 页 ▶ **电影和电影艺术**：第 422—423 页 ▶ **世界电影**：第 424—425 页 ▶ **419**

伟大的舞者

在舞蹈历史的早期，舞者的名字很少被提及，但到了 17 世纪，舞者崇拜风潮开始兴起。在 18 世纪的欧洲，让－乔治·诺韦尔和他同时代的人将舞蹈从歌剧中独立出来，创作出叙事性芭蕾舞，用舞蹈动作表现剧情，而非仅仅作为美学上的点缀。随着舞蹈表演越来越受欢迎，个体舞者开始在全球范围内建立职业生涯。到 19 世纪 80 年代初，奥古斯特·韦斯特里开创了一种新的运动风格，奠定了现代舞的基础，此后训练和技巧比叙事性更重要。下文所列只是过去曾在皇宫、舞台或银幕上出现的部分杰出舞者。

赵飞燕
中国，约公元前 45—公元 1

她是一位技艺高超的舞者，为汉代传统宫廷舞带来了灵巧的风格。

毕拉德斯（奇里乞亚地区的哑剧艺人）
古罗马，生卒年不详

开创了基于希腊神话的悲哑剧舞蹈，以其宏伟的表演风格而闻名。

静御前
日本，约 1165—1211

日本平安时代白拍子舞者，身着男装表演宫廷舞。

多梅尼卡·达皮亚琴扎
意大利，约 1400—1476

规范了舞者的六种基本动作和技巧，包括协调性和地面空间意识。

威尔·肯普
英国，1603 年卒

普及了莫里斯舞，并因完成从伦敦到诺威奇为期 9 天、超过 160 千米的舞蹈马拉松而广受关注。

路易十四
法国，1638—1715

在他的宫廷里，芭蕾舞被精心编排，演员和观众都来自皇室和贵族。

皮埃尔·博尚
法国，1636—1705

古典芭蕾舞演员、编舞家和作曲家，确立了芭蕾舞中的五种基本脚位的规范。

约翰·韦弗
英国，1673—1760

以哑剧芭蕾、实验性芭蕾和叙事性舞蹈闻名。代表作:《玛尔斯与维纳斯之恋》。

路易斯·迪普雷
法国，1697—1744

高贵的芭蕾舞风格大师，继承了早期的宫廷芭蕾舞风格，因其优雅的体态而受到赞誉。

玛丽·萨莱
法国，1707—1756

她摈弃了过去芭蕾舞演员被要求佩戴的厚重假发和繁复服饰。代表作:《皮格马利翁》。

金杰·罗杰斯（1911—1995）和弗雷德·阿斯泰尔共同主演了 10 部歌舞片

《礼帽》海报（1935 年）

玛丽·卡玛戈
比利时，1710—1770

开创了女芭蕾演员一种跳跃和复杂的脚步技巧，并推动裙装改革，提倡短裙。

巴贝里娜·坎帕尼尼
意大利，1721—1799

芭蕾舞演员，以其运动风格而著称，动作精确，弹跳高，旋转快。

让－乔治·诺韦尔
法国，1727—1810

"戏剧性芭蕾"的创始人，强调通过富有表现力的动作来讲述故事，而非依赖华丽的服饰。代表作:《灵魂与爱》。

加埃唐·韦斯特里
意大利／法国，1792—1808

芭蕾舞演员和编舞家，他提升了首席男舞者在芭蕾中的地位和重要性。

加斯帕罗·安焦利尼
意大利，1731—1803

将舞蹈、音乐和戏剧融入戏剧性芭蕾中。代表作:《唐璜》。

奥古斯特·维斯特
法国，1760—1842

在严格的训练和扶把练习的基础上，为芭蕾舞开创了一种新的富有动感的风格。

玛丽·塔廖尼
瑞典，1804—1884

因足尖技巧而闻名，她开启了对芭蕾舞女演员的崇拜风潮。代表作:《仙女》《四人舞》。

伊莎多拉·邓肯
美国／法国，1877—1927

赤脚跳舞，注重自然的肢体动作，而非拘泥于严格的芭蕾舞技巧。代表作:《亚马孙女战士》。

比尔·鲁宾逊
美国，1878—1949

踢踏舞舞者和杂技演员，擅长独舞，以"楼梯舞"而闻名。

安娜·帕夫洛娃
俄国，1881—1931

俄国芭蕾舞演员，率领自己的舞团在全球巡演。代表作:《天鹅之死》。

瓦茨拉夫·尼因斯基
乌克兰，1889—1950

以跳跃著称的早期现代舞舞者。代表作:《牧神的午后》《春之祭》。

伊藤道郎
日本，1892—1961

现代舞的先驱之一，他的舞蹈深受日本传统戏剧能剧的启发。代表作:《西尔维亚》。

玛莎·格雷厄姆
美国，1894—1991

现代舞舞者，开创了一种新的舞蹈动作体系。代表作:《阿巴拉契亚的春天》。

弗雷德·阿斯泰尔
美国，1899—1987

将踢踏舞、交际舞和芭蕾舞巧妙融合在自己的表演中。代表作:《礼帽》《欢乐时光》《皇家婚礼》。

鲁克米尼·德维·阿伦代尔
印度，1904—1986

舞蹈家和编舞家，致力于复兴并推广印度古典舞——婆罗多舞。

卡门·米兰达
葡萄牙／巴西，1909—1955

桑巴舞和拉丁融合的代表性舞者。代表作:《阿根廷游记》《高朋满座》。

吉恩·凯利
美国，1912—1996

力量型音乐剧舞蹈演员，推动大众

鲁道夫·努列耶夫

◀ 参见波: 第 186—187 页　◀ 声音、灯光和视觉技术: 第 270—271 页

"弗雷德·阿斯泰尔当然很棒，但请不要忘记金杰·罗杰斯所做的一切……都是穿着高跟鞋跟我反向配合。"

鲍勃·塔夫斯，《弗兰克和欧内斯特》，1982 年

上海金星舞蹈团

金星

中国，1967 年生

芭蕾舞演员、现代舞舞者，其作品融合了中国文化元素和现代舞技法。代表作：《从东到西》。

文森特·曼索

南非，1971 年生

作品结合了街舞、当代舞、非洲传统舞蹈和非洲融合舞的风格。代表作：《问候》。

华金·科尔特斯

西班牙，1969 年生

受过经典芭蕾舞训练的弗拉门戈舞者，将其与当代舞融合在一起。代表作：《吉普赛的激情》。

阿克拉姆·汗

英国，1974 年生

当代舞舞者，作品融入了卡塔克舞蹈风格。代表作：《异乡人》。

洛朗·尼古拉·布儒瓦、拉里·尼古拉·布儒瓦（双胞胎舞蹈组合）

法国，1988 年生

新风格嘻哈舞和街舞者，提出"舞者即 DJ"的理念。

迈克拉·德普林斯

塞拉利昂／美国，1995—2024

古典芭蕾舞演员，以其技术和充满活力的表现力而闻名。代表作：《玛塔·哈里》。

改变对男性舞蹈演员的认识。代表作：《雨中曲》。

尼古拉斯兄弟

美国，费亚德·尼古拉斯（1914—2006），哈罗德·尼古拉斯（1921—2000）

戏剧舞蹈演员，将踢踏舞、爵士舞、杂技和芭蕾舞融入表演。代表作：《动感摇摆》。

玛戈·芳廷

英国，1919—1991

以出色的角色塑造和精准的技巧而闻名。代表作：《睡美人》《西尔维亚》《水中仙》。

珀尔·普赖默斯

特立尼达和多巴哥／美国，1919—1994

现代舞舞者，其作品受非洲文化影响。代表作：《黑人谈河流》。

默斯·坎宁安

美国，1919—2009

现代舞舞者，追求"纯粹的运动"的抽象风格，其舞蹈脱离情感表达。代表作：《忏悔者》。

鲍勃·福斯

美国，1927—1987

音乐剧院舞者，对道具和爵士舞动作的运用独具特色。代表作：《歌厅》《芝加哥》。

土方巽

日本，1928—1986

日本舞踏的创始人，舞踏是一种战后形成的舞蹈风格，以缓慢和具有象征性扭曲的动作为特点。代表作：《禁色》。

乔治·巴兰钦

美国，1904—1983

创建了没有故事情节的抽象芭蕾舞，并将古典芭蕾舞与音乐剧融合在一起。代表作：《胡桃夹子》。

马哈茂德·里达

埃及，1930—2020

现代舞舞者，其作品借鉴了阿拉伯传统舞蹈、爵士舞、芭蕾舞，以及印度教和俄罗斯的民间舞蹈。

阿尔文·艾利

美国，1931—1989

现代舞舞者，在作品中融入芭蕾舞和爵士舞风格。代表作：《启示录》。

鲁道夫·努列耶夫

苏联，1938—1993

力量型古典芭蕾舞演员，以爆发性动作和高速旋转而闻名。代表作：《海盗》。

潘迪特·比尔朱·马哈拉杰

印度，1938—2021

印度古典舞舞者，卡塔克舞卡尔卡-宾达丁·加拉那风格的主要代表人物。

皮娜·鲍什

德国，1940—2009

现代舞舞者，创造了被称为"舞蹈剧场"超现实的风格。代表作：《春之祭》。

特威拉·撒普

美国，1941 年生

当代舞舞者，其风格融合了古典舞、爵士舞和流行舞。代表作：《凯瑟琳之轮》。

米哈伊尔·巴雷什尼科夫

拉脱维亚，1948 年生

古典芭蕾舞演员和现代舞的拥护者。代表作：《作品 19／追梦人》。

手臂保持在第五位置，肘部略微弯曲，手腕自然放松

足尖着地

迈克拉·德普林斯

参见**电影和电影艺术**：第 422－423 页 ▶ **戏剧的历史**：第 426－427 页 ▶

电影和电影艺术

从 1895 年法国卢米埃尔兄弟演示电影放映机开始，科学和创造力就推动着电影的发展。电影制作的传统在世界各地发展起来，好莱坞则成了电影制作的主导力量。纵观整个电影史，电影不仅反映了社会、文化和政治趋势，还通过演员、导演、编剧、作曲家和制作团队创造的强有力信息影响着这些趋势。

通过狭缝观看图像

当画片旋转时，男人鞠躬，女人行屈膝礼

标题为"礼貌"的西洋镜画片

19 世纪 诞生了各种各样可以制造运动错觉的装置，包括 1833 年的法国惊盘和 1866 年的米尔顿·布拉德利西洋镜。

胶卷储存在摄影放映机上方

手摇曲柄来拍摄或放映图片

活摄影机

1895 年 在法国，卢米埃尔兄弟演示了电影放映机，这是一种将电影摄影机和放映机合二为一的机器。

1933 年 《金刚》的推出引起了轰动，部分原因是它开创性地使用了由动画师威尔斯·奥布莱恩开发的微缩模型和定格动画效果。

电影《金刚》的海报

1929 年 为表彰 1927 年和 1928 年的最佳影片，首届奥斯卡金像奖颁奖典礼在美国洛杉矶举行，埃米尔·强宁斯获得最佳男主角奖，珍妮·盖诺获得最佳女主角奖。

1929 年 美国企业家乔治·伊斯曼展示了第一部使用三带特艺彩色摄影机拍摄的彩色电影。此工艺不断完善，在 1932 年成为好莱坞彩色电影的标准。

早期的彩色摄影机

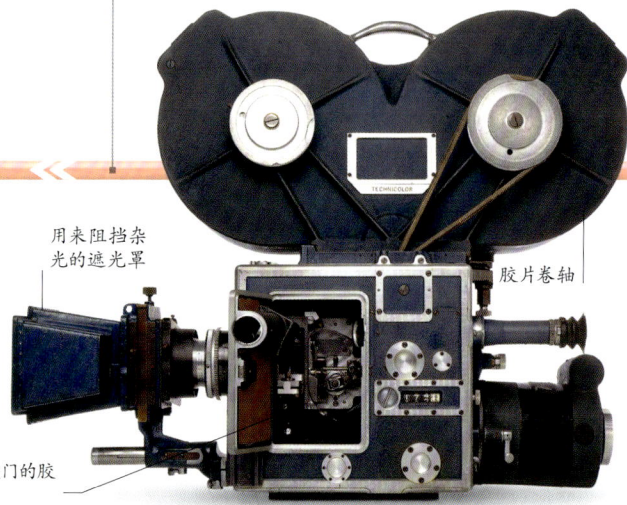

用来阻挡杂光的遮光罩

胶片卷轴

1934 年 《电影制作守则》（又称《海斯法典》）开始得到执行，它是限制美国影片表现内容的审查性法规。1968 年，《海斯法典》被美国电影分级制度代替。

1937 年 《白雪公主和七个小矮人》是第一部动画长片。它采用多平面摄影机构建出三维视觉效果。

包含胶片卷绕系统和快门的胶片盒

1995 年 电影《玩具总动员》是美国动画片导演约翰·拉塞特的导演处女作，也是第一部完全由计算机生成图像（CGI）制作的动画长片。

1988 年 印地语电影《早安孟买》描绘了印度孟买贫民窟中的儿童的痛苦的生活。该片在戛纳电影节上获奖，该片导演米拉·奈尔因此声名鹊起。

《早安孟买》剧照

美国电影剪辑师玛西亚·卢卡斯处理胶片卷轴

电影《星球大战》导演乔治·卢卡斯在剪辑室里

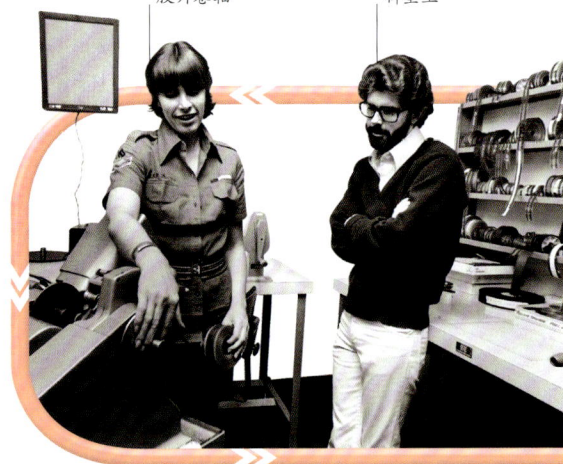

1997 年 德州仪器公司的数字光投影技术（DLP）在好莱坞得到演示，数字电影开始成为现实。两年后，美国导演乔治·卢卡斯将该技术应用在了电影《星球大战前传 1：幽灵的威胁》的拍摄中。

1997 年 美国导演詹姆斯·卡梅隆执导的电影《泰坦尼克号》以超过 10 亿美元的票房收入创造了票房历史，该记录保持了十多年。该片获得了 14 项奥斯卡提名，并赢得了其中 11 项奥斯卡奖，与 1959 年的电影《宾虚》获奖数相同。

乔治·卢卡斯

电影《泰坦尼克号》拍摄现场

早期的五分钱电影院

售票员在五分钱
电影院门口

1903 年 由美国导演埃德温·鲍特执导的电影《火车大劫案》被视为影史上的一座里程碑。它以美国西部为背景，全长 11 分钟，据说制作预算为 150 美元。

1905 年 五分钱电影院是最早的电影院形式之一。第一家五分钱电影院在美国匹兹堡开业，连续放映电影并配以钢琴伴奏。

电影《北方的纳努克》的海报

1908 年 因为出演电影《红姑娘》，出生于加拿大的女演员佛罗伦萨·劳伦斯成为第一位好莱坞电影明星。她一生共出演了 300 多部电影。

佛罗伦萨·劳伦斯

1928 年 《汽船威利》是华特·迪士尼代表角色形象米老鼠的第一部有声动画片，在美国纽约殖民大戏院首映。虽然时长只有八分钟，但它标志着无声动画的结束。

1919 年 苏维埃俄国总理弗拉基米尔·伊里奇·列宁将电影国有化。他宣称，在所有艺术形式中，电影是最重要的。

1913 年 《哈里什昌德拉国王》根据印度史诗《摩诃婆罗多》中的一个故事改编而成，是第一部在印度孟买上映的印度故事片。

1922 年 美国电影制片人罗伯特·弗拉哈迪拍摄了关于加拿大因纽特人家庭生活的电影《北方的纳努克》，这是首部取得商业成功的纪录片。

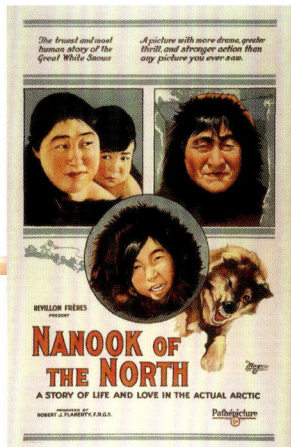
华特·迪士尼

1954 年 日本导演黑泽明执导的电影《七武士》讲述了一队武士聚集在一起执行任务的故事。它确立了动作片这个电影类型。

海报用于向公众介绍电影的演员阵容和制作团队

电影《甜蜜的生活》的海报

1960 年 导演费德里科·费里尼执导的讽刺电影《甜蜜的生活》，让意大利电影走向世界舞台。尽管描绘过度，但这部电影在美国取得了票房成功。

1964 年 西德尼·波蒂埃凭借在电影《野百合》中的表演，成为第一位赢得奥斯卡最佳男主角奖的黑人演员。

西德尼·波蒂埃

磁带存储视频和声音

卷盘

1985 年 美国百视达公司提供超市式的结账服务，比当时现有的录像店提供更多的影片，从而改变了大众观影方式。

1981 年 德国战争电影《从海底出击》以其纪录片般的风格吸引了全球观众。导演沃尔夫冈·彼德森因善于通过特写镜头营造幽闭恐怖感而倍受赞誉。

电影《从海底出击》的剧照

1971 年 索尼公司研发了 U-matic 磁带，这是第一个成功的盒式磁带格式。尽管最初主要针对的是消费者市场，但它的推广改变了电视现场直播。

拆开的盒式磁带

塑料外壳

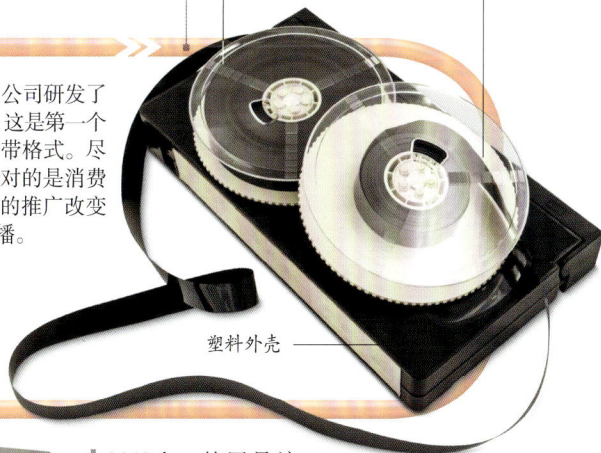

2002 年 哈莉·贝瑞凭借其在电影《死囚之舞》中的表演，成为第一位获得奥斯卡最佳女主角奖的非裔女演员。

奥斯卡奖获奖者哈莉·贝瑞与丹泽尔·华盛顿

2010 年 凯瑟琳·毕格罗成为第一位获得奥斯卡最佳导演奖的女导演。她执导的战争电影《拆弹部队》探讨了伊拉克战争中士兵的心理压力。

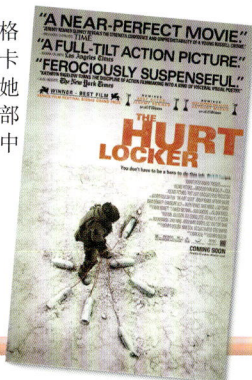
电影《拆弹部队》的海报

2019 年 韩国导演奉俊昊执导的剧情片《寄生虫》获得了包括最佳影片奖在内的四项奥斯卡奖。它也是首部获得戛纳电影节最高奖项金棕榈奖的韩国电影。

世界电影

尽管早期好莱坞在全球范围内占据主导地位，但世界其他地区的电影产业发展出了自己的特色，并在团结具有不同宗教和民族背景的人民方面发挥了重要的社会作用。以印度为例，随着在全球范围内的电影输出，这些电影通过提供对异域文化的洞察，同时重申全世界人们共同的希望和恐惧，激励了国际观众和电影制作者。

北美

美国电影产业以加利福尼亚州洛杉矶为中心，以大卫·格里菲斯的电影为开端，从 1910 年开始在好莱坞发展起来。到 1919 年，格里菲斯与查理·卓别林、玛丽·毕克馥以及道格拉斯·范朋克联手成立了联美影业，这是一家为演员的利益而成立的制作公司。随着无声电影逐渐被有声电影取代，好莱坞新兴的电影制作公司开始主导电影制作，通过精心策划明星及其公众形象营造魅力光环。

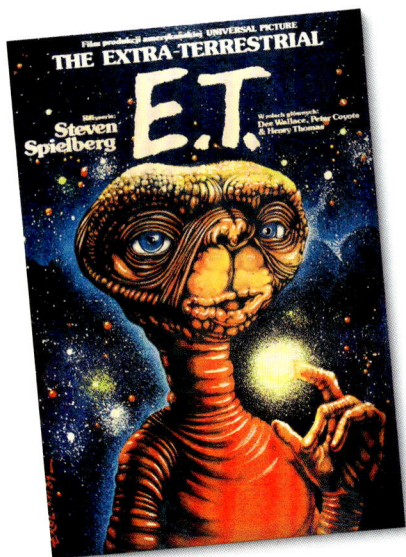

电影《E.T. 外星人》的海报

拉丁美洲

早在 1896 年，巴西里约热内卢、阿根廷布宜诺斯艾利斯和墨西哥墨西哥城就已举办电影放映活动，在接下来的十年里，整个拉丁美洲的电影产业得以发展。在 20 世纪 50 年代电影制作停滞之后，新拉美电影运动于 1967 年在智利举行的一次会议后开始，会议参加者是一群具有实验性和社会意识的导演，为古巴、哥伦比亚和巴西的电影产业注入了活力。从 20 世纪 90 年代开始，墨西哥电影《巧克力情人》（1992）、巴西电影《上帝之城》（2002）以及阿根廷电影《吉普赛人的灵魂》（2004）都赢得了国际认可。

非洲

撒哈拉以南地区的电影制作一直落后，直到非洲国家获得独立才发展起来。塞内加尔的乌斯曼·塞姆班被认为是非洲电影之父，他在 1963 年拍摄的电影《马车夫》是非洲电影史上的里程碑。布基纳法索成为电影制作的重要中心，专注于文化和身份问题，并于 1969 年创立了非洲最重要的电影节，现在称为瓦加杜古泛非电影节。在附近的尼日利亚，导演奥拉·巴洛贡在 20 世纪 70 年代和 80 年代帮助建立了民族电影产业，将约鲁巴语的戏剧改编成电影。尼日利亚的电影产业现在可以与宝莱坞媲美，成为世界第二大电影业。

西欧

法国是电影及其早期技术的先驱。1895 年，卢米埃尔兄弟在巴黎放映短片，为 20 世纪的电影产业奠定了基础。德国在 20 世纪 20 年代开创了表现主义风格，而英国则掌握了纪录片和喜剧片。20 世纪后期的导演，例如让－吕克·戈达尔和费德里科·费里尼，因强调风格和概念而获得了国际追随者。

东欧

波兰电影制作人在 20 世纪初期很活跃，其中包括拉迪斯洛夫·斯塔维奇，他制作了一系列开创性的定格动画电影。到 1948 年，在罗兹成立了一所电影学院，毕业生包括金棕榈奖得主安杰伊·瓦依达。后来，捷克新浪潮运动的成员伊日·门泽尔和米洛斯·福尔曼赢得了赞扬。在苏联时代，东欧的本土电影受到压制，直到 1991 年冷战结束，其电影产业才得以发展。

中东地区

埃及的电影产业是世界上最古老的电影产业之一，埃及第一家电影院于 1906 年开业。埃及电影在 20 世纪 40—60 年代蓬勃发展，以现实主义作品吸引了国际关注，例如尤瑟夫·夏因的电影《开罗车站》（1958）。叙利亚于 1928 年制作了第一部故事片，黎巴嫩则是在 1929 年，之后两国继续积极制作电影。尽管阿拉伯电影制作人在冲突和审查制度下面临各种限制，但巴勒斯坦、也门、叙利亚、约旦、阿尔及利亚、突尼斯和黎巴嫩的富有挑战性的影片在国内外都取得了成功。

伊朗电影《小鞋子》剧照

俄罗斯和中亚

俄罗斯早期电影的一个里程碑是在《保卫塞瓦斯托波尔》（1911）中率先使用了两台摄影机。1925 年，谢尔盖·爱森斯坦在电影《战舰波将金号》中引入了突破性的剪辑和摄影技术，包括蒙太奇和并置。斯大林时期，电影成为强化国家意识形态的工具，苏联管理的中亚国家被设为电影制作中心。苏联解体后，其中一些国家发展了自己的电影产业。

华特·迪士尼在 1932—1935 年拥有特艺集团的三色技术的专有权

印度

印度从 20 世纪 70 年代起，每年以超过 20 种语言制作超过 700 部电影，支持着全球最大的电影产业，包括宝莱坞的印地语电影。关键人物达达萨哈布·法尔克，他在 1913 年制作了第一部无声故事片；阿尔德希尔·伊朗尼，他在 1931 年制作了第一部有声电影。1947 年脱离英国独立后，许多电影都探讨了民族身份认同。从 20 世纪 60 年代开始出现了新的现实主义电影浪潮，但票房热门却是那些将浪漫、喜剧和动作融合在一起的歌舞片。

中国

电影于 1896 年传入中国，当时在上海首次放映了一部短片。受此启发，任庆泰开始拍摄中国戏曲表演的电影。这些电影大受欢迎，并引发了电影制片厂的激增。20 世纪 50—60 年代，电影制作在香港和台湾蓬勃发展。20 世纪 70 年代，武打片成为主导流派，随后《黄土地》（1984）等电影标志着中国大陆回归国际影坛。李安的《卧虎藏龙》（2000）汇集了来自内地和港台的电影制作者。

◀ 参见**声音、灯光和视觉技术**：第 270—271 页　◀**电影和电影艺术**：第 422—423 页

对场景的艺术诠释有助于宣传电影

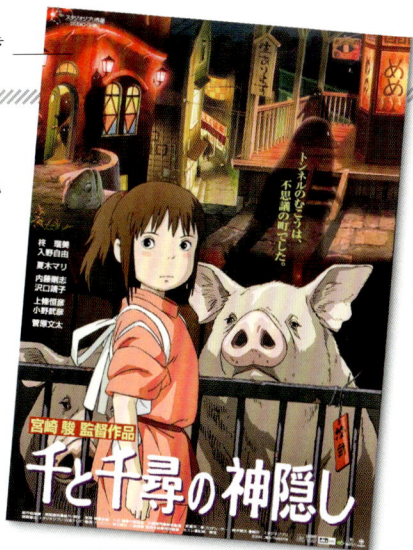

电影《千与千寻》的海报

日本

早期的日本电影对世界各地的电影制作者都产生了巨大的影响，展示了远景镜头在塑造人物情感状态以及光影相互作用方面的力量。20世纪50年代被认为是日本电影的黄金时代，由导演黑泽明、小津安二郎和沟口健二主导。20世纪80年代，宫崎骏等人共同创立了吉卜力工作室，制作了一些日本最著名的动画电影，尤其是《千与千寻》（2001），该片成为首部获得柏林电影节最高奖项的动画电影。

澳大利亚和新西兰

在经历了包括世界上第一部叙事长片《凯利帮的故事》（1906）在内的早期的繁荣之后，澳大利亚电影产业在第一次世界大战后陷入低迷。到了20世纪70年代，得益于政府的激励措施，电影产业复苏，掀起了新一波电影热潮，例如《悬崖下的野餐》（1975）、《疯狂的麦克斯》（1979）和《鳄鱼邓迪》（1986）。同样，在新西兰，政府在20世纪70年代采取的措施鼓励了电影制作者，到20世纪90年代，他们已经赢得了国际声誉，特别是《钢琴课》（1993）导演简·坎皮恩和《指环王1：护戒使者》（2000）导演彼得·杰克逊。

《俄罗斯方舟》（2002）以一镜到底的方式拍摄，片长99分钟

▼ 电影《十面埋伏》的剧照

张艺谋导演的《十面埋伏》（2004）是一部武侠片，这种类型的电影可以追溯到20世纪20年代。

参见戏剧的历史：第426—427页 ▶ 伟大的作家：第434—435页 ▶ 摄影：第486—489页 ▶

戏剧的历史

艺术与休闲

戏剧的历史可以划分为两个不同的脉络：一条是面向精英观众的作品，另一条则是旨在吸引大众口味的作品。例如，在古代中国，戏剧是为王公贵族表演的；而在中世纪的日本，能剧则是针对有一定知识储备、受过良好教育的观众的。与此同时，意大利文艺复兴时期的流行喜剧或伦敦公共剧院的演出，反映了当时社会的共同关切，演员们在剧院这个可控的环境中表达人类的恐惧和其他情感。

奥西里斯的姐姐伊西斯站在宝座后面

奥西里斯，冥界之神和死者统治者

死者崇拜奥西里斯

公元前 2686—前 400 年 古希腊历史学家希罗多德撰写的有关古埃及的著作和记载中，描述了在古埃及一年一度上演的阿比多斯狂想剧，讲述了奥西里斯的神话。

意大利即兴喜剧已经流行了 300 年了。这些戴面具人物都是 17 世纪的表演者

16 世纪 在文艺复兴时期的意大利，意大利即兴喜剧因其滑稽的动作，以及其使用白话意大利语而不是拉丁语，吸引了大量观众。

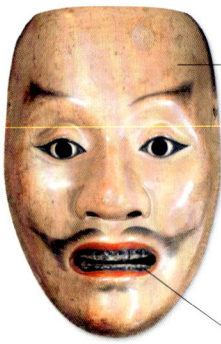

有天然色素的柏木

14 世纪 日本的本土戏剧能剧演变成一种高级艺术形式，它使用象征主义和隐喻的手法来暗示故事情节而不是对其进行解释。

武士的面具

黑色的牙齿表明高贵的身份

10 世纪 在中世纪的欧洲，民间戏剧被并入宗教戏剧，但法国剧作家亚当·德·拉·阿莱为意大利宫廷创立了世俗戏剧。

阿莱创作讽刺剧和音乐剧

亚当·德·拉·阿莱

普钦奈拉

16 世纪 在西非贝宁王国，统治者奥巴·埃西吉创立了乌吉奥罗节，用于展示王国的军事实力。

16 世纪 在英国伦敦，包括环球剧院在内的四家剧院开放，观众蜂拥而至，观看威廉·莎士比亚的戏剧。

环球剧场

罗密欧与朱丽叶中的著名场景中央阳台

演员在舞台下等待

外舞台延伸至场地

16 世纪 90 年代到 17 世纪 80 年代 西班牙享有戏剧的黄金时代，发展了由洛佩·德·维加和佩德罗·卡尔德隆·德·拉·巴尔卡执导的三幕喜剧电影。

19 世纪末 法国剧作家阿尔弗雷德·贾里的《愚比王》是象征主义者使用语言和物体来表示潜在含义的极端例子。

《愚比王》

19 世纪末 挪威剧作家亨里克·易卜生通过诸如《玩偶之家》之类的热门戏剧开创了现实主义社会剧。

亨里克·易卜生

19 世纪末至 20 世纪 美国城市和铁路的发展为现代音乐剧的兴起奠定了基础，推动了百老汇的百年表演。

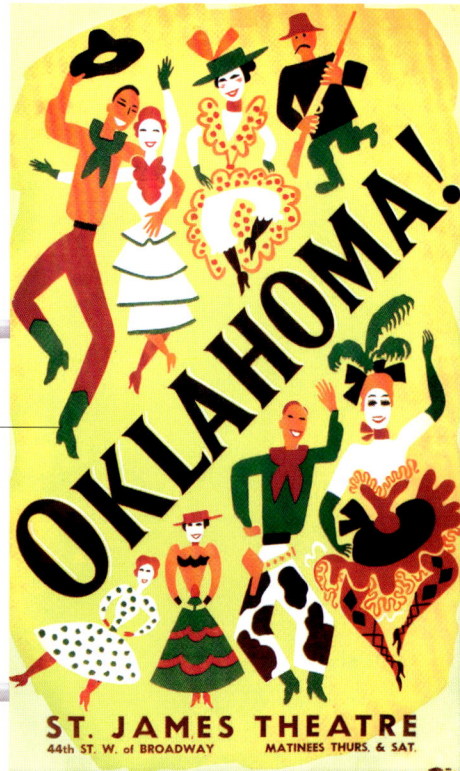

《俄克拉荷马州！》戏剧海报

19 世纪末 俄国制片人康斯坦丁·斯坦尼斯拉夫斯基用他的"方法"训练和指导《海鸥》中的演员来进行表演，从而引发了更广泛的情感表达。

《海鸥》的场景

车上的标语："大胆妈妈 – 香料"

20 世纪 30 年代 在《大胆妈妈和她的孩子们》这样的革命性戏剧中，德国的贝尔托·布莱希特鼓励观众质疑戏剧的结构和演员的表演。

《大胆妈妈》的食堂旅行车

故事发生在 1906 年俄克拉荷马州的一个农场，剧中的主角是一个刚从现代堪萨斯州旅行回来的牛仔

OKLAHOMA!

ST. JAMES THEATRE
44th ST. W. of BROADWAY   MATINEES THURS. & SAT.

梳着双髻的头发

长袖强调手臂运动

公元前 6—公元 1 世纪 古希腊演员使用轻巧的彩绘面具帮助观众角色识别，还可以一个演员扮演多个角色。

人物面具模型

夸张的表情，使观众可以分辨角色

公元前 1—公元 5 世纪 罗马的第一个永久性剧院，在这里上演了有剧本的长篇悲剧和喜剧。观众根据社会地位被划分不同的区域。这种做法在整个帝国范围内被效仿。

庞培剧院，罗马

居高临下的舞台

可容纳 20000 名观众

没有屋顶，但剧院可以盖上遮阳蓬

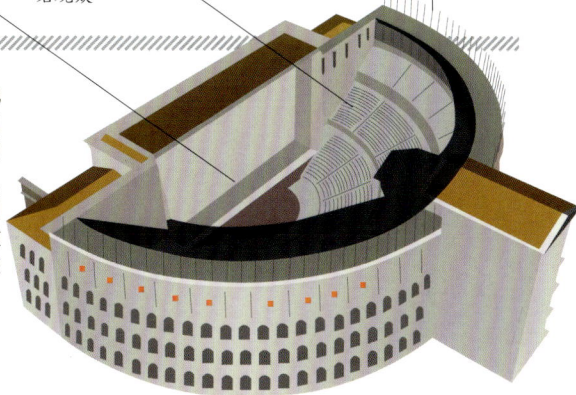

7 世纪 在唐朝，中国戏剧的第一部经典作品被搬上舞台，军事戏剧、家庭闹剧和具有政治讽刺意味的作品成为反复出现的既定类型，并形成了各自独特的角色形象。

唐代表演者

7 世纪 在波斯（今伊朗），穿着戏服的表演者使用诗歌和歌曲以戏剧性的叙事形式讲述民间故事和史诗，这种戏剧化的叙事形式被称为纳卡利。

巴巴德向国王演唱古代波斯的荣耀故事

巴巴德招待科索罗二世

公元 1—9 世纪 用梵语写的、带有音乐和舞蹈的诗歌戏剧在印度各地上演。常见的主题是英雄通过正义的生活来收获财富和爱情。

17 世纪 出云阿国和她的女剧团创作了一种新的歌舞剧，称作歌舞伎。然而，由于被认为有伤风化，女性被禁止出演，歌舞伎演员逐渐由男性担任。

歌舞伎演员

男演员刻画女性角色

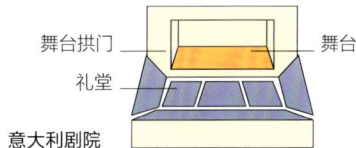

舞台拱门

礼堂

舞台

意大利剧院

17—18 世纪 意大利的剧院引入了一种新的设置——通过一个框架分隔舞台与观众席，这个框架被称为"镜框式舞台"，观众可以通过这个框架来观看演出。

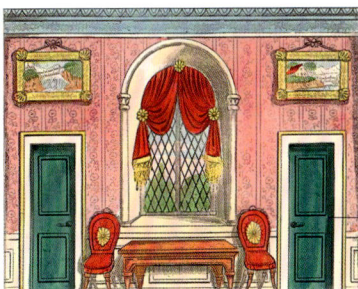

17 世纪中期 法国剧作家让·拉辛用诗意的语言创新戏剧，并强调那些为爱情所激发的角色。

菲德拉和希波吕忒

19 世纪初 法国大革命后，以正义为主题的情景剧开始流行，例如《蒙塔吉斯之犬》《邦迪的森林》。

设置的插图

《蒙塔吉斯之犬》

18 世纪 70 年代至 19 世纪 英国剧作家理查德·谢里丹在风俗喜剧《丑闻学校》中揭露了上流社会的肤浅行为。

彼得·泰兹爵士

1640—689 阿芙拉·贝恩是英国首位成功的女剧作家。她以创作讽刺剧和喜剧为主，作品多围绕王政复辟时期的错综复杂的社会关系展开。

阿芙拉·贝恩

20 世纪 50—60 年代 荒诞的戏剧家放弃了传统戏剧的常规，转而以非理性的、无鲜明个性的人物形象和无连贯故事情节的表演来探索人类存在的本质和意义。

20 世纪 60—70 年代 随着戏剧在非洲新独立的国家中蓬勃发展，埃夫娅·苏特尔兰将加纳的口述叙事传统与西方戏剧性手段结合起来，创造出独特的戏剧形式。

《阿南塞瓦的婚姻》

1960 年到 21 世纪 在后现代时期，导演们对传统剧院的场景设置提出了质疑，通过打造沉浸式戏剧体验，让观众可以深度参与其中。

水箱悬挂在观众上方

极限震撼

参见文学的历史：第 428—429 页 ▶ 诗歌风格的发展：第 432—433 页 ▶

文学的历史

英语中"文学"一词源于拉丁语"Literatura",意为"由字母形成的文字作品"。文学曾被视为一切文字写就的书籍文献,但其定义随着时间的推移发生了改变。在古代,人们希望文学在文字创作和表达上具有一定的价值。到了18世纪,文学不再被简单地认为是任何书籍或文献,而是不同于史学文献或科学专著的、富有想象力的文字作品。

早期的文学

世上现存最古老的文学作品共有两部:《凯什尔神庙颂》和《苏鲁巴箴言》。它们都来自古代的苏美尔,即当今伊拉克东南部地区,其创作时间可追溯到公元前2600—前2500年。《凯什尔神庙颂》是对位于凯什尔的神庙的颂歌,而《苏鲁巴克箴言》则是一部记载了智者规谏劝诫的著作。几个世纪之后,大约在公元前2100年,世界上最早的叙事史诗《吉尔伽美什史诗》的第一个片段被刻录在泥板上。在邻近的古埃及,精英阶层的崛起促使大量叙事作品诞生,这些作品被雕刻在石板和记录在莎草纸上(一种类似于纸张的材料)。

古典时代

在公元前8世纪至公元6世纪的古典时代,古代作家探索了关于生命、真理和美的理想。古希腊作家荷马所著的《伊利亚特》和《奥德赛》都是影响深远的英雄史诗;在古罗马,维吉尔在其作品《埃涅阿斯纪》中讲述了关于城市起源的戏剧性故事;古印度的梵语文学包含了典籍、诗歌、戏剧、寓言故事和民间传说;而在中国,辞赋这种文体为当时的文学创作树立了新标准,《史记》则成为中国历史文学的里程碑杰作。

讲台

中世纪早期作家圣哲罗姆

笔　蜡板

古希腊诗人萨福

◀ 在图书馆

插画描绘了阿拉伯诗人、学者哈里里(1054—1122)所著的《玛卡梅集》中,主人公艾布·宰德在巴士拉(今伊拉克)图书馆朗诵的场景。

中世纪早期的欧洲

欧洲作家第一次使用当地语言而不是拉丁语写作。爱尔兰是欧洲最早使用当地语言对圣人和英雄人物故事进行散文和诗歌创作的,其中最主要的文学代表人物之一是生活在6世纪的爱尔兰民族诗人达兰·福盖尔。在英国,史诗《贝奥武夫》是使用古英语创作的。纵观整个欧洲,民间传说的作者们常以诗意的韵律来营造戏剧感。

中世纪晚期文学

作家们开始实名写作,而不再像中世纪早期那样匿名创作。11世纪,两部描述宫廷生活的文学作品将日本文学推向了高潮,分别是紫式部的《源氏物语》和清少纳言的《枕草子》。同时代的其他重要作家还包括波斯诗人鲁达基、12世纪的法国诗人克雷蒂安·德·特罗亚及英国诗人杰弗雷·乔叟。

文艺复兴

但丁的《神曲》开创了对作家个人崇拜的先河,是中世纪向新时代过渡的桥梁。文艺复兴时期的文学以对古典文化的重新认知及15世纪印刷机的发明为契机,从意大利传播至整个欧洲。这一时期的主要作品包括莎士比亚的戏剧集、乔万尼·薄伽丘的《十日谈》、伊拉斯谟的散文集和埃德蒙·斯宾塞的诗歌集,其共同主题是以理性的态度看待世界万物和人类自身的感官感受。

启蒙运动 / 新古典主义

欧洲的"理性时代"(详见第346—347页)激发了17世纪末到19世纪初的作家们,他们受探究精神的鼓舞,心怀对社会与政治进行变革的愿望。这一时期的主要作品包括玛格丽特·卡文迪什的科学小说《燃烧的世界》(1666年)、让-雅克·卢梭的《社会契约论》(1762年)和托马斯·潘恩的《人的权利》(1791年)。而非洲作家则凭借描述奴隶的故事在欧洲和美洲掀起了巨大的影响,如奥拉达·艾奎亚诺所著的《奥拉达·艾奎亚诺生平奇事》(1789年)。

浪漫主义

浪漫主义是19世纪上半叶在欧洲文坛占主导地位的文学思潮。个人想象力的重要性,以及"创造性将有助于治愈精神创伤"的理念,是威廉·布莱克、威廉·华兹华斯、拜伦和约翰·济慈等浪漫主义作家创作的驱动力。玛丽·雪莱的《弗兰肯斯坦》(1818年)和艾米丽·勃朗特的《呼啸山庄》(1847年)均为当时流行的哥特式小说,这些文学作品主要关注超自然现象以及爱与恨、善与恶之间的平衡。

现实主义

现实主义作家的写作目标是描绘平凡的现实生活,这是对19世纪中期文学流派的强烈抵制。现实主义先锋作家包括法国的奥诺雷·德·巴尔扎克、司汤达,俄国的亚历山大·普希金、安东·契诃夫,以及英国的乔治·艾略特。随后,现实主义运动蔓延至美国,代表作家亨利·詹姆斯与马克·吐温从思想到写作技巧都有独特的创新,特别是后者的小说《哈克贝利·费恩历险

记》表现尤为突出。在澳大利亚,亨利·劳森对丛林生活残酷现实的质朴描写独具开创性。

现代主义

为应对20世纪初期迅速发展的技术变革,以及两次世界大战(详见第362—363页)等重大历史事件,作家们尝试了全新的创作形式和主题,用第一人称来描述个人经历以及内在的自我感受。体现时代精神的文学作品是威廉·福克纳的《我弥留之际》和弗吉尼亚·伍尔芙的《达洛维夫人》。其他与现代主义息息相关的作家还包括欧内斯特·海明威、弗朗西斯·斯科特·菲茨杰拉德和格特鲁德·斯泰因。

现代主义作家弗吉尼亚·伍尔芙

后现代主义

从20世纪50年代开始,越来越多的作家抗拒既有的文学传统风格和叙事形式,他们倾向于将不同的体裁结合在一起,创造幻想,模糊现实与虚构之间的界限,挑战读者接纳无序的不同体裁类型的文学创作。这一时期最有影响力的作家包括豪尔赫·路易斯·博尔赫斯、塞缪尔·贝克特、约翰·巴思、库尔特·冯内古特和亨特·斯托克顿·汤普森。主要作品有约瑟夫·海勒的《第二十二条军规》(1961年)、威廉·巴勒斯的《裸体午餐》(1959年)。近年来,布莱特·伊斯顿·埃利斯的《美国精神病人》(1991年)也被列为后现代主义的经典之作。

> "直接描述人类的生活……似乎是不可能的。"
>
> 列夫·托尔斯泰,《战争与和平》,1869年

参见**历史上的书籍**:第430—431页 ▶　**伟大的作家**:第434—435页 ▶　**文字的历史**:第456—457页 ▶

历史上的书籍

文字最初用于行政贸易、记录保存以及国家法律的颁布与传播。世界现存最早的文学作品可追溯至约公元前 2600—前 2500 年的苏美尔，许多早期的文学作品被认为建立在口述文学传统的基础之上。此后，文学诞生出诸多形式，如诗歌、散文、戏剧、喜剧、悲剧以及讽刺剧。人们对文学的运用在不同时代也不尽相同，但其中一些作品却始终备受重视，如《荷马史诗》，其在人类文化和社会中产生了巨大且深远的影响。还有一些文学作品受益于印刷及出版技术的重大进步，既能使更多的读者阅读欣赏，又可将其转化为其他的视觉艺术形式。

约公元前 750 年 古希腊诗人荷马的史诗作品《伊利亚特》讲述了希腊人围攻特洛伊城的故事。《伊利亚特》来源于古希腊民间的传统口述文学，被视为欧洲文学中的首部杰作。

《伊利亚特》桌游

约 1590 年 《西游记》是中国最著名的文学作品之一，取材于 7 世纪佛教学者玄奘西行印度的故事，描绘了顽皮的主角孙悟空在修成正果之前经历的众多冒险故事。

孙悟空出世

《西游记》插图

1493 年 《纽伦堡编年史》共有 1800 多幅木刻版画插图，是 15 世纪印刷品中令人印象深刻的表率作品。它以百科全书的形式记录了《圣经》中各个时期的历史事件，并对所处时代的城镇进行了描绘。

插图描绘了上帝创造星辰的画面

《纽伦堡编年史》插图

约 1600 年 书法艺术在波斯（今伊朗）蓬勃发展。米尔·艾玛德·哈萨尼完善了波斯体，用以书写诗歌。

1755 年 塞缪尔·约翰逊编撰的《英语词典》收录了 40000 多个词条释义和 114000 条引例说明，是第一部综合性的英语词典。

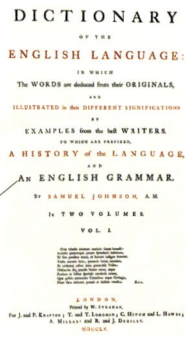

扉页

《英语词典》

1813 年 英国作家简·奥斯汀的小说《傲慢与偏见》一反当时流行的感伤小说和矫揉造作的写作风格，以精辟生动、机智诙谐的笔调对女性和她们生活的世界进行了描写。

简·奥斯汀

此页书法作品融合了墨水、水彩与金箔工艺

1902 年 英国作家毕翠克丝·波特所著《彼得兔的故事》讲述了一个关于顽皮小兔子的轻松幽默的故事。书中配有精美生动的手绘水彩插画，是 20 世纪最畅销的儿童读物之一。

毕翠克丝·波特

1901 年 托马斯·曼的长篇小说《布登勃洛克一家》描写的是德国布登勃洛克家族几代人的兴衰史，以现实主义文学的魅力吸引了大量读者。

《布登勃洛克一家》

哈萨尼署名作品集中的一页

1905—1906 年 日本作家夏目漱石的小说《我是猫》，以一只拟人化的猫的有趣旁观视角来观察现代社会中的人类。

夏目漱石

1935 年 企鹅出版社成为第一家印制低价平装书的主流出版社。凭借其按色彩划分的极具辨识度的书籍封面，企鹅出版社为大众文学图书创造出一个全新的市场。

橙色代表书籍内容为小说

企鹅出版社出版的图书

 ◀ 参见文艺复兴：第 338—339 页　◀ 文学的历史：第 428—429 页　伟大的作家：第 434—435 页 ▶

俱卢族的首领

海螺壳鸣号象征着战争的开始

约公元前400年 印度史诗《摩诃婆罗多》共有10万颂（每颂为1节双行诗体），规模宏大、内容繁杂，主要描述了王室成员般度族和俱卢族之间争夺权力的故事，其中蕴含了早期印度哲学思想。

约公元前150年 死海古卷是记录在羊皮纸、纸莎草纸以及铜片上的古代文献，于1946—1956年在死海附近的洞穴中被发现，其上记载的经文对犹太教的研究具有重大意义。

《摩诃婆罗多》插图

1455年 由德国人约翰内斯·谷登堡印刷出版的拉丁文《圣经》是欧洲第一本使用活字印刷术的书籍。自此，书籍得以以较为低廉的成本被大量印制生产。

谷登堡印刷出版的《圣经》中的一页

彩色插图

1321年 但丁的《神曲》是一部哲学寓言，描绘了诗人笔下虚构的来世之旅。《神曲》是首部由意大利语创作的极其重要的文学作品，并为意大利语成为一种文学语言奠定了基础。

《神曲》

《美洲鸟类》插图

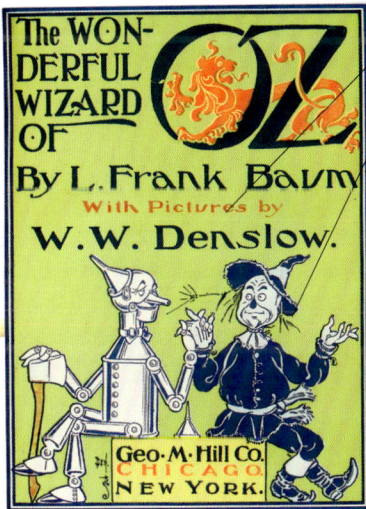

作者和插画作者联合署名

封面插图描绘了故事主角中的铁皮人和稻草人

《绿野仙踪》的封面

1827—1838年 由博物学家约翰·奥杜邦所著的《美洲鸟类》共四卷，收录了435幅实物尺寸大小的插画。这部1米高的书籍配有手绘的插图，为之后的自然历史类出版物树立了标准。该书印刷使用的每一块铜板都是由人工雕刻、印刷和着色的。

1869年 列夫·托尔斯泰的《战争与和平》是俄罗斯文学史中具有深远影响的史诗性作品。全篇以现实主义手法不遗余力地描写了在法国入侵期间，俄国贵族社会经历的种种考验。

列夫·托尔斯泰

1851年 赫尔曼·梅尔维尔发表的《白鲸》是美国文学史上的一部重要作品。小说描写了亚哈船长对一头名为莫比·迪克的白鲸进行的偏执式追踪猎杀的故事。

《白鲸》

1900年 美国作家弗兰克·鲍姆创作的童话作品《绿野仙踪》，讲述了一位名叫多萝西的小女孩被带到魔幻世界的故事。这部作品之后被改编成了电影和舞台剧。

1951年 美国作家杰罗姆·大卫·塞林格的小说《麦田里的守望者》描写了一个对周围肤浅虚伪的社会环境深恶痛绝的青少年形象。

《麦田里的守望者》封面

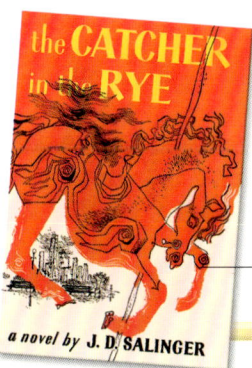

初版封面

1958年 钦努阿·阿契贝的《瓦解》是第一部非洲英语文学作品，也是最伟大的非洲小说之一，记录了前殖民时期的尼日利亚，以及欧洲人到来之后尼日利亚传统社会的解体。

《瓦解》

1985年 加拿大小说家玛格丽特·阿特伍德发表了《使女的故事》。小说讲述了处于男性统治的新极权主义社会中的女性，以及其中少数女性勇敢奋起抗争的反乌托邦故事。

平装书封面

《使女的故事》封面

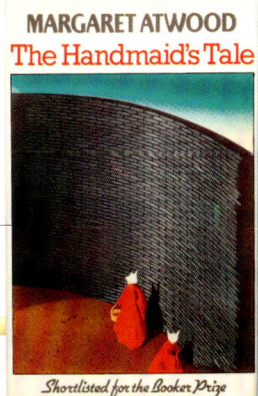

诗歌风格的发展

诗歌是一种运用语言的音韵和节奏来抒情言志的文学体裁，通常以分列成行的诗句组成。诗歌既具有强烈的象征意义，又具有讽喻意义。纵观历史，诗歌素来被诗人用以拓展语言的疆界、推动语言的发展，这也往往导致诗歌难以翻译。诸多诗歌形式均具有古老的起源，经过几个世纪的漫长发展与演变，时至今日，诗歌仍被不断创造出新的风格类型。

寓言诗

寓言诗是最古老的文学体裁之一，有着独特的创作特征，通常赋予动物（有时甚至是无生命的物体）语言和理性能力，借它们的奇特经历传递简单的寓意。例如，公元前6世纪古希腊寓言家伊索所著的寓言故事《蚂蚁与蚱蜢》，其中阐述了勤劳这一美德：蚱蜢享受夏日整天乐于歌唱，而蚂蚁则一直努力勤勉地忙于储存食物，当冬天来临，蚱蜢不得不向蚂蚁乞求食物。

戏剧诗

剧作家常以诗体的形式来撰写戏剧，这样既能更富创造性地运用语言，又能达到强烈的情感升华效果。戏剧诗在公元前6世纪时由埃斯库罗斯等古希腊剧作家开创，在16世纪时凭借威廉·莎士比亚的戏剧作品（参见第440页）而达到英文戏剧诗的巅峰。莎士比亚在其作品中使用了一种被称为五步抑扬格（也称为无韵诗）的诗性韵步，为剧本台词和独白增添了色彩。

抒情诗

抒情诗更注重情感的表达和内化的心境，而不是故事的叙述。它的外文原名来源于古希腊时期通常伴随这种诗歌吟唱而演奏的乐器——里尔琴。这种诗歌形式在公元1世纪的《贺拉斯颂诗集》等古罗马文学作品中得以完善，并对约翰·济慈等后世的浪漫主义诗人产生了尤为深刻的影响。济慈创作于1819年的《希腊古瓮颂》便是此类型诗歌的绝佳范例。在中世纪的欧洲，大量抒情诗通常由旅行的吟游诗人谱曲创作，随后被收录在14世纪的《马内塞古抄本》等诗歌文集中。

诗人的肖像或诗歌描绘的主题

抒情诗手稿

《马内塞古抄本》中的插画

挽歌

挽歌起源于古希腊，当时是指用于描述庄严主题的，尤其是悼念逝去的诗歌。其创作主题涵盖范围很广，从10世纪时盎格鲁-撒克逊诗歌《流浪者》中，那位被领主放逐的战士所流露出的忧伤，到19世纪法国诗人阿尔方斯·德·拉马丁为逝去的女性友人所作的哀诗《湖》——诗中通过对二人昔日共同游览湖区的难忘追忆，描写出对挚友离世的痛惜之情。

散文诗

散文诗违背了诗歌形式中最基本的原则之一，即没有被分列成诗行。然而，散文诗仍不乏诗歌的写作技巧，如注重节奏感、音韵美，运用叠句以及象征性意象。虽然起源较早，

俳句

俳句是一种日本的诗歌体裁，由三行诗句构成，有着"五-七-五"十七字的音节格律，常将两种意象并置，以此捕捉刹那间的精华。俳句于17世纪由松尾芭蕉等大师创作发展而来，不仅是日本最为著名的诗歌样式，而且作为一种英语文学形式也广受欢迎。

17世纪印刷品中有关诗歌写作的插画

但散文诗体裁风格直至19世纪60年代才得以推广普及，其中最著名的作品是法国诗人夏尔·波德莱尔的《酒魂》，此后，格特鲁德·斯泰因和巴勃罗·聂鲁达等后世诗人继续采用散文诗形式进行创作。在被诗坛短暂地冷落了一段时间之后，散文诗于20世纪中期得以复兴，尤其是在诸如艾伦·金斯伯格和杰克·凯鲁亚克这些被称为美国"垮掉的一代"的诗人之中，并且时至今日仍被高度重视。

"垮掉的一代"重要代表人物之一：艾伦·金斯伯格

> ## "真正的诗篇在被理解之前就可以与人相通。"
>
> T. S. 艾略特，英国诗人，1929年

叙事诗

叙事诗是用诗的形式刻画人物、讲述故事的诗歌体裁，起初通常以民谣的形式配上音乐，例如收集于15世纪晚期的关于罗宾汉传说的诗歌。叙事诗用途广泛，18世纪的罗伯特·彭斯创作了长篇叙事诗《谭·奥桑特》，19世纪时埃德加·爱伦·坡的代表作《乌鸦》、阿尔弗雷德·丁尼生勋爵的《伊诺克·雅顿》均以叙事诗的形式创作而成。

约翰·弥尔顿史诗《失乐园》中的一幕，插图由威廉·布莱克绘制

史诗

史诗是长篇的叙事诗，通常为歌颂英雄或讲述冒险故事。从大约公元前2100年创作于美索不达米亚的苏美尔史诗《吉尔伽美什史诗》到最古老的欧洲史诗——诗人荷马讲述特洛伊战争的《伊利亚特》，再到创作于公元前400年左右的印度梵文史诗《摩诃婆罗多》，

大多数古代文化中都有史诗体裁的文学作品。

轻体诗

轻体诗用于描绘相对轻松或滑稽有趣的主题，配以文字游戏、双关语或富于趣味的俚俗用词来为读者提供娱乐。诗人、艺术家爱德华·李尔是19世纪轻体诗大师，他在《胡诌诗集》中运用了五行打油诗这一形式。此外作家刘易斯·卡罗尔将其创作的《伽卜沃奇》等谐趣诗收录在他的著名奇幻童话《爱丽丝镜中奇遇记》之中。

讽刺诗

讽刺诗嘲讽的是同时代之中著名人物的愚行和恶习，并且经常将之包装成寓言人物的形象，稍加掩饰地进行批判。古罗马诗人贺拉斯和尤维纳利斯，在古代就使这一体裁广为人知。尽管讽刺类作品时常被其目标对象审查与批评，但时至今日仍不失为一种受多元化媒体青睐的政治评论工具。

思辨诗

思辨诗人将其诗作置于想象世界或奇幻情境之中。尽管20世纪中叶科幻小说创作的迅猛发展将思辨诗推向了一个全新的高度，但实际上其发展早在19世纪的作品中便可初见端倪，如爱尔兰诗人威廉·巴特勒·叶芝的那首神话诗《仙军出征》。

来世的景象 ▶

但丁叙事诗《神曲》中的这一场景是由古斯塔夫·多雷在1857年绘制的。

伟大的作家

　　过去的七个世纪里涌现出大量的文学作品，作家们记录其所处时代的社会变迁和文化传承，并阐述了关于爱、死亡以及复仇等更为永恒的主题。文学诞生于人类文明之中，究其多数，例如中国和印度的文学，都具有非常古老的文化根源。但直到近代，我们才基本掌握浩瀚文化中各位作家的姓名及其作品。日益广泛的交流使得许多作家在远离故乡之处获得认可，这也往往验证了真正伟大的作家所具有的心理洞察力、语言驾驭能力以及强大的人物塑造能力。本章节仅精选了其中小部分具有影响力的作家。

但丁·阿利吉耶里

意大利，1265—1321

　　诗人，其寓言杰作《神曲》奠定了意大利语作为文学语言的地位。

杰弗雷·乔叟

英国，约 1340—1400

　　被公认为中世纪英国最伟大的诗人，以其不朽作品《坎特伯雷故事集》而闻名于世。

克里斯蒂娜·德·皮桑

法国，1364—1430

　　诗人、小说家、传记作者，也是中世纪主张女性权力的先锋人物。主要作品：《淑女之城》。

米格尔·德·塞万提斯

西班牙，1547—1616

　　西班牙最著名的小说家、诗人、剧作家，其作品《唐·吉诃德》被公认为文学史上的第一部现代小说。

威廉·莎士比亚

英国，1564—1616

　　英国最伟大的戏剧家、诗人，一生共创作了 37 部戏剧作品，包括《李尔王》《哈姆雷特》《罗密欧与朱丽叶》等不朽名作。

约翰·沃尔夫冈·冯·歌德

德国，1749—1832

　　诗人、剧作家、小说家、哲学家，德国早期浪漫派运动的先锋人物，主要作品：《浮士德》。

简·奥斯汀

英国，1775—1817

　　擅于以反讽和现实主义的方式来探究女性遭遇的社会困境。主要作品：《傲慢与偏见》《爱玛》等。

查尔斯·狄更斯

英国，1812—1870

　　技艺精湛的文体家，作品常反映社会现实问题，共创作过《大卫·科波菲尔》《远大前程》等 15 部小说。

维克多·雨果

法国，1802—1885

　　诗人、小说家、戏剧家，法国浪漫主义运动的关键人物，著有不朽名作《悲惨世界》。

夏洛蒂·勃朗特

英国，1816—1855

　　在作品《简·爱》中探索女性为摆脱令人窒息的社会束缚而勇敢奋斗的小说家。

费奥多尔·陀思妥耶夫斯基

俄国，1821—1881

　　其作品在心理层面上深具影响力，针对病态分裂的心灵予以犀利的洞察。主要作品：《罪与罚》等。

列夫·托尔斯泰

俄国，1828—1910

　　批判现实主义大师，著有史诗级名作《战争与和平》。

艾米莉·狄金森

美国，1830—1886

　　其婉约、极富个人风格的诗歌兼具形而上学的感性和敏锐的观察力。

亨利·詹姆斯

美国，1843—1916

　　对矛盾心理倾注深刻理解的心理现实主义文学大师，主要作品：《一位女士的画像》。

奥斯卡·王尔德

英国，1854—1900

　　诗人、小说家、剧作家以及唯美主义的倡导者，以才智出众、风趣幽默著称。主要作品：《认真的重要性》。

约瑟夫·康拉德

英国，1857—1924

　　其小说中的复杂情节描绘了合乎道德规范的人在道德沦丧的环境背景下的困境，主要作品：《黑暗的心》。

塞尔玛·拉格洛夫

瑞典，1858—1940

　　其抒情唯美的风格和高贵的理想主义写作促进了瑞典的浪漫主义运动，主要作品：《古斯泰·贝林的故事》。

拉宾德拉纳特·泰戈尔

印度，1861—1941

　　诗人、博学家，他在作品中将传统与现代相融合，开启了印度文学的复兴。

夏目漱石

日本，1867—1916

　　他在一个传统价值不再是主流的世界里，唤起一种深刻的疏离感。

鲁迅

中国，1881—1936

　　中国 20 世纪最伟大的作家，以短篇小说的形式对当时中国的社会问题进行了尖锐的批判。

詹姆斯·乔伊斯

爱尔兰，1882—1941

　　爱尔兰作家，在小说《芬尼根守灵夜》里使用了实验性的意识流技巧。

弗朗茨·卡夫卡

奥地利，1883—1924

　　其前卫的风格，将平淡无奇与奇幻荒诞并置，产生了极佳效果。主要作品：《审判》《变形记》。

威廉·莎士比亚

"除非你喜欢阅读，否则你永远不会拥有智慧。"

塞缪尔·约翰逊，《给弗朗西斯·巴伯的信》，1770年

加夫列拉·米斯特拉尔

智利，1889—1957

她的诗歌摒弃了唯美主义的形式，旨在表达边缘群体的真实经历，主要作品：《绝望》《柔情》。

安娜·阿赫玛托娃

苏联，1889—1966

她的诗歌擅于运用具象、优雅的表达，与彼时盛行的象征主义相对立。

弗朗西斯·斯科特·菲茨杰拉德

美国，1896—1940

美国现代主义小说大师，在作品中记录了爵士时代的种种放纵行为，主要作品：《了不起的盖茨比》。

欧内斯特·海明威

美国，1899—1961

他以简洁质朴的文笔和娴熟且含蓄的表达手法，打造出《丧钟为谁鸣》《老人与海》等大师级作品。

克莉斯蒂娜·斯台德

澳大利亚，1902—1983

她经常以祖国澳大利亚为背景，运用讽刺和心理洞察来创作小说。主要作品：《爱孩子的男人》。

乔治·奥威尔

英国，1903—1950

他在代表作《一九八四》和《动物农场》等作品中，以清晰易懂的文字抨击了社会不公和极权主义。

巴勃罗·聂鲁达

智利，1904—1973

拉丁美洲最杰出的诗人，其作品风格从早期的晦涩阴沉最终转向了直白明朗。

纳吉布·马哈富兹

埃及，1911—2006

他对现代埃及生活的全面记述既带有民族自豪感，也带有社会批判色彩。

帕特里克·怀特

澳大利亚，1912—1990

他在作品中运用讽喻、变化的视角和意识流等手法来探究发展中国家及其人民的孤独感和自我意识。

艾梅·塞泽尔

法属马提尼克岛，1913—2008

诗人、剧作家，黑人传统精神运动的倡导者，即唤起非洲殖民地社会民众对于自己文化个性与文化归属的自尊、自信和认同的文化和文学运动。

艾丽丝·默多克

英国，1919—1999

她在作品《大海，大海》中，运用心理洞察来探索人物内心世界。

若泽·萨拉马戈

葡萄牙，1922—2010

他的作品具有强烈的社会主义视角，以讽喻手法颠覆了当代历史观。

伊塔洛·卡尔维诺

意大利，1923—1985

新现实主义及荒诞主义风格的寓言大师，主要作品：《树上的男爵》《寒冬夜行人》。

拉提法·艾尔·泽亚特

埃及，1923—1996

其作品记录了在埃及民族主义斗争中，年轻人为摆脱社会从众心理所面临的压力。

维斯瓦娃·辛波丝卡

波兰，1923—2012

她以看似简单平易的诗歌语言，将现实存在的永恒问题与当下时空的短暂易逝进行对照。

纳丁·戈迪默

南非，1923—2014

他以南非反种族隔离斗争为背景，创作出了具有非同寻常力量的关于流亡与异化的作品。

纳吉布·马哈富兹

加夫列尔·加西亚·马尔克斯

哥伦比亚，1927—2014

魔幻现实主义文学大师，他的小说以丰富的想象编织了一个现实与幻想交相辉映的世界，主要作品：《百年孤独》。

玛丽亚玛·芭

塞内加尔，1929—1981

她的女性小说阐述了非洲妇女与不平等的传统价值观进行斗争的困境。

钦努阿·阿契贝

尼日利亚，1930—2013

其作品记录了西方价值观对非洲传统社会结构的巨大影响，主要作品：《瓦解》。

V.S. 奈保尔

英国，1932—2018

以节制优雅的文字质疑了殖民主义背景下个人和集体异化疏离的问题。

安妮塔·德赛

印度，1937—

她以强有力的视觉形象和心理洞察，塑造了社会转型时期背景下人们的挣扎。

恩古吉·瓦·提安哥

肯尼亚，1938—

非洲文学的代表性作家，他偏爱使用基库尤语而拒绝使用英语写作，主要作品：《乌鸦魔法师》。

玛格丽特·阿特伍德

加拿大，1939—

她的反乌托邦小说，尤其是《使女的故事》，通过描绘未来灾难来反思当下的社会趋势。

J.M. 库切

南非，1940—

其小说探讨了殖民化的影响，以及语言本身如何能够使人陷入奴役。

哈尔多尔·拉克斯内斯

冰岛，1902—1998

诗人、小说家，以严厉而抒情的现实主义史诗风格，记录了冰岛乡村生活的挣扎。

克里·休姆

新西兰，1947—2021

在其作品《骨头人》中，她将毛利文化与欧洲文化、梦想世界与现实世界融合到一个复杂叙事中。

洛娜·古迪逊

牙买加，1947—

其带有社会意识的诗歌，颂扬了牙买加人民为争取自主权而进行的斗争。

伊莱亚斯·库利

黎巴嫩，1948—2024

他在作品中运用多重叙述视角和内心独白的手法，深入反思了战后中东地区所发生的灾难性事件。

村上春树

日本，1949—

他以魔幻现实主义的手法，表现出当代世界中日益非人格化的疏离、失落、精神创伤等主题。

奥尔罕·帕慕克

土耳其，1952—

其作品通过探索身份与个性来反思传统与现代社会的冲突，主要作品：《雪》。

阿兰达蒂·洛伊

阿兰达蒂·洛伊

印度，1961—

她通过精心设计的非顺序写作技巧，来探讨印度独立之后的社会歧视问题。

申京淑

韩国，1963—

剖析了韩国在近几十年的快速现代化进程中所经历的失落和疏离，主要作品：《请照顾好我妈妈》。

参见**文字的历史**：第456—457页 ▶

绘画的历史

绘画作为一种艺术形式始于人类对颜料的发现。从天然矿物中提取的颜料，与动物脂肪或其他天然润滑剂和固定剂混合，成为早期艺术家的颜料来源。随着时间的推移，技术进步带来了更精细的绘画工具，也使得新的颜料色彩和质地成为可能。这些发展为不同绘画风格的演变提供了条件，也为艺术家表达思想、反映社会变革提供了形式载体。

史前绘画

我们对于早期人类意识的认知主要来自洞穴壁画（参见第438页），这些壁画可以追溯到公元前44000年左右，比文字的出现早了数万年。这些洞穴壁画和一些露天遗址中的岩刻，都是出现于人类史前时期的经久不衰、令人印象深刻的艺术品。它们表明人类是有意识地运用自己的创造力和想象力来创作艺术图像，而非仅仅为了记录事件。这些史前绘画中的颜料主要来源于天然矿物——红赭石、黄赭石、棕土，而黑色源于木炭。

岩石表面　　图案描绘的似乎是被驯养的动物

青铜时代的岩画

便携的艺术品

在石器时代洞穴艺术诞生的同时，人类也在制作小型便携的艺术品，这些作品由兽骨或石头雕刻而成，并加以彩绘。最久远的例证是于纳米比亚发现的用红赭石、白黏土、蛋壳、赤铁矿以及石膏绘制的有犀牛、斑马和人类形象的石板画。约公元前8000年存在于法国、西班牙和意大利的阿齐利文化中出现了绘有红色几何图案的鹅卵石。在青铜时代的印度，便携艺术品包括绘于装饰板或小盒子上的宗教画。美索不达米亚地区（今伊拉克境内）的彩绘陶壶以及维京时代带有装饰图案的船桨也属于便携艺术品的范畴。

古代绘画

在古代中国、古印度、波斯（今伊朗）、古埃及、古希腊以及古罗马等发展出文字系统的先进古代文明中，艺术绘画日臻成熟。这一时期在美学和技术上的许多进步对后来包括文艺复兴以及新古典主义运动在内的艺术发展阶段都产生了影响。古代中国的宫廷钟情于山水画和讲究用墨、运笔、气韵等表现方法的书法作品。古埃及人研发出新的颜料，用于墓室和神庙墙壁上的艺术作品；古希腊的艺术家们则创造出一种新的用于陶器的绘画风格。

壁画

作为一种与建筑融合的独特艺术形式，壁画是从洞穴壁画自然演变而来的。古埃及人率先使用合成的绿色和蓝色颜料，他们将这些颜料与作为固定剂的阿拉伯树脂混合，涂抹在经过抹平处理的灰泥或石膏表面。壁画装饰了青铜时代米诺斯文明的宫殿，

以及印度的阿旃陀石窟和位于危地马拉圣巴托洛的玛雅建筑群。壁画有各种技法，粉状颜料与生鸡蛋和水混合后绘成的蛋彩画流传甚广。古希腊和古罗马艺术家创造了蜡画法，将颜料与熔融的蜂蜡混合进行绘画。

湿壁画

湿壁画是一种壁画技法，使用用水调和的颜料在新涂抹的湿的石灰灰泥层上作画。不同于普通壁画那样只是绘制在墙壁表面，湿壁画（外文名在意大利语中是"新鲜"的意思）会渗入墙壁，成为墙壁不可分割的一部分。艺术家在绘制湿壁画时，先在抹了粗灰泥的底层

> "如果你听到自己心里说'你画不好'那就竭尽全力去画好，那个声音会乖乖闭嘴的。"
>
> 梵高，《梵高书信》，1883年

《日出·印象》克劳德·莫奈，1872年

上绘制草图，待图渗入墙壁后再涂抹一层细灰泥，在潮湿的新灰泥层完全干燥之前，迅速按照草图轮廓完成壁画。古代米诺斯人发展出早期的湿壁画技法。在中世纪早期的印度，从公元3世纪到7世纪，这种壁画技法得到进一步完善。湿壁画技术在文艺复兴时期的意大利发展到达顶峰，当时的教堂、宫殿、市政建筑中随处可见湿壁画。

文艺复兴时期的透视法

在15至16世纪，欧洲艺术家对科学和数学产生了浓厚的兴趣，并将其作为艺术的理论基础。他们的目标之一是以模仿人眼看待真实世界的方式进行绘画创作，使作品具有景深和透视感。正式的透视法模型是基于意大利建筑师菲利波·布鲁内莱斯基的理论形成的，其核心是围绕视平线上的消失点来创造构图，这便是后来众所周知的线性透视法。为创造透视的效果，物体在空间上越接近消失点就变得越小。以线性透视法著称的艺术家包括列奥纳多·达·芬奇和拉斐尔。

巴洛克风格

欧洲政治和宗教格局的变迁催生出巴洛克艺术，这种新的艺术运动诞生的历史背景是天主教会为应对新教改革发起了反宗教改革运动。巴洛克艺术强调大胆、动态的形式，并注重与观者的情感互动。因与这些新的艺术理念相吻合，再加之炼油技术的进步，油画成为绘画创作的首选形式。这一趋势始于文艺复兴时期，但在巴洛克时期得到巩固，彼得·保罗·鲁本斯、迭戈·委拉斯开兹和尼古拉斯·普桑等艺术家充分运用了油画的光泽质地和丰富的色彩构成来表现其作品。

新古典主义

从18世纪中叶开始，艺术家们回溯古典时期以寻求灵感。这一趋势既受到意大利庞贝古城遗址发现的启发，也源于社会不平等引发的普遍政局动荡。新古典主义画家力图表达美德胜于浮

◀《构图VII》瓦西里·康定斯基，1923年
几何形式反映出现代主义画家瓦西里·康定斯基对形状特性的精神探索。

华的价值观念，因此绘画的主题往往是历史场景。他们相信艺术具有改造和教化社会的力量，作品中往往蕴含道德训诫。此时期的主要画家包括乔书亚·雷诺兹和雅克-路易·大卫，后者通过描绘罗马共和国历史场景来颂扬法国大革命，影响深远。

印象派

印象派画家摒弃单调的颜色，崇尚充满活力的色彩。这得益于实验性合成颜料的发展，也受到日本风俗画的影响。其中，向日葵黄成为主导色调，因其非常适合营造光亮和活力的印象。约瑟夫·马洛德·威廉·透纳尝试了多种黄色颜料，包括一种名为"印度黄"的新的荧光黄色颜料——据说这种颜料取自食用杧果树叶的牛的尿液，和有毒的含铅基的铬黄。而克劳德·莫奈将紫罗兰色作为他个人的标志性颜色之一。1841年，管装颜料的发明改变了绘画，取代了使用猪膀胱储存颜料的悠久传统，极大提升了颜料的便携性，使得画家可以走出画室，走进自然，促使风景画在印象派运动时期占据了主导地位。

现代主义

工业革命推动了绘画艺术的彻底变革。随着生活节奏的加快，火车、汽车和自行车的发明改变了人们的视觉经验，艺术家们将这些新的观察事物的方式转而呈现在画布之上，所绘图像模糊、抽象，分解成多个部分。野兽派画家是最早进行实验的画家群体之一，他们运用率直即兴的笔触，并直接从颜料管中挤出颜料作画。立体主义画家乔治·布拉克在同一块画布上以多个视角呈现物体，开创了抽象艺术的先河。其他有影响力的现代主义画家还包括卡西米尔·马列维奇、萨尔瓦多·达利、皮特·蒙德里安和杰克逊·波洛克。

后现代主义

后现代主义是对已成为主流的现代主义前卫风格的一种回应。后现代主义始于20世纪60年代在美国兴起的新达达主义和波普艺术运动，二者都对艺术意义和价值的传统观念提出了质疑。例如，安迪·沃霍尔描绘日常物品和流行文化偶像，通过把它们呈现在大幅画布上的方式，将平凡或商业化的主题提升到"艺术"的地位。后现代主义绘画强调创造一种可能会令观者震惊或与观者对峙的视觉奇观，同时也挑战了由欧洲男性主导的艺术等级制度，并为欣赏女性主义和少数族裔艺术铺平了道路。

由铜和砷制成的颜料被证明有剧毒，随后被禁止使用

437

绘画的风格

长久以来，一幅画如何创造视觉冲击并引发观者共鸣，一直是艺术家面临的挑战。通过探索形状、线条、色彩、明暗和质感，画家们创造了各种视觉效果来改变作品的呈现方式。一些画家致力于写实描绘，如中国汉代画家或17世纪欧洲的绘画大师们。一些画家创造了更加风格化、浪漫化的世界观，这一点在15世纪左右的日本水墨画中得以充分体现。还有一些画家，尤其是20世纪中期以来的画家们，则发展出新的技法来表达纯粹的情感。对绘画媒介和运用方法的实验也塑造了绘画艺术的风格演进。

公元前 44000 年 印度尼西亚马洛斯－庞格普洞穴壁画使用黑色颜料绘制，描绘了动物以及半人半兽的形象。

人类历史早期的洞穴壁画

画面留白突出动态场景

长谷川等伯绘制的折叠屏风

鞑靼狩猎图

蒙古（鞑靼）狩猎是当时流行的绘画主题

14 世纪—16 世纪 日本艺术家对中国水墨画进行创新，发展出体现禅宗精髓的日本水墨画法。这个时期的代表人物是长谷川等伯。

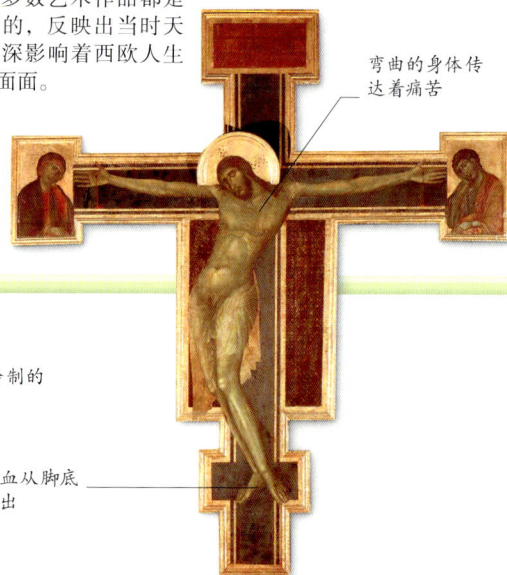

500—1400 年 在中世纪欧洲，绝大多数艺术作品都是宗教题材的，反映出当时天主教会深深影响着西欧人生活的方方面面。

弯曲的身体传达着痛苦

鲜血从脚底涌出

《钉刑图》契马布埃，意大利佛罗伦萨

约 19 世纪 美洲原住民霍皮族艺术家长期使用天然颜料和丝兰叶刷绘制陶器，但他们的艺术直到19世纪才获得广泛认可。

1787 年 伊丽莎白·路易丝·维热·勒布伦以流行的巴洛克风格为法国王后玛丽·安托瓦内特绘制肖像，并在不久后成为王后的御用肖像画家。

全箔的使用增强了表面的光泽

《吻》古斯塔夫·克里姆特

1897 年 古斯塔夫·克里姆特创立了维也纳分离派，这是一个受新艺术运动影响的奥地利艺术家团体，由画家、雕塑家、平面设计师和建筑师组成。

约 1615—1868 年 日本江户时代的浮世绘木刻版画描绘都市日常生活，并对后来的欧洲印象派产生影响。这些木刻版画批量生产并且售价低廉。

木刻三联画的中幅

1874 年 保罗·塞尚、克劳德·莫奈和贝尔特·摩里索等30位艺术家在法国巴黎举办了第一届印象派艺术展，共展出200多件艺术作品。

《阿让特伊》克劳德·莫奈

1905 年 法国艺术家亨利·马蒂斯和安德烈·德朗共同创立并推动了一个全新的先锋艺术运动——野兽派。他们运用强烈的非自然色彩进行创作。

亨利·马蒂斯

以自然的笔触描绘
出埃及人包括娱乐
在内的日常生活

公元前 30000—前 28000 年 在法国肖维-蓬达尔克岩洞中，古人使用白色、褐色、红色三种颜料，以绘画、雕刻和手指画等多元方式创作了各种动物形象。

涂抹于洞壁上的颜料

动物形象为原牛（已灭绝的古代野牛）和马

肖维岩洞壁画，法国

公元前 3100—前 30年 古埃及墓室墙壁上装饰着艺术家们使用海枣树纤维制成的不同尺寸的笔刷涂抹矿物颜料绘制的壁画。他们在白色底层上分层涂抹半透明矿物颜料，以达到提亮的效果。

底比斯内巴蒙墓室壁画

使用细腻线条绘制

精确描绘人物服饰

工笔画技法

公元前 206—公元 220 年 中国早期绘画形式——工笔画，在汉代初现雏形，至魏晋南北朝与唐代逐渐成熟，强调以精谨的笔法和细腻的色彩运用再现现实生活。

描绘的是跳牛仪式

浅色皮肤的女性形象

克诺索斯湿壁画复制品，希腊克里特岛

约公元前 1550—公元 467 年 在古希腊和古罗马，湿壁画装饰着豪宅、陵墓和宫殿的墙壁，展现了当时人们对白铅、红铅、骨螺紫以及深蓝石青等矿物颜料的高超运用。

1508—1512 年 在意大利，拉斐尔绘制了《雅典学院》，展示了符合数学比例的绘画方法。米开朗基罗在西斯廷教堂天顶壁画中也运用了这一绘画原理。

西斯廷教堂天顶壁画，梵蒂冈

1545 年 意大利画家阿尼奥洛·布隆奇诺绘制了《埃莉诺·托莱多和她的儿子》，画作运用了诸如平光以及注重表面刻画等风格主义技巧，展现了精美织物的质感。

《埃莉诺·托莱多和她的儿子》

16—17 世纪 印度莫卧儿王朝时期，绘画在宫廷的赞助下得以发展，主要的创作形式是细密画。

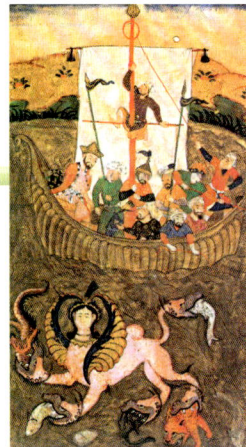

17 世纪 荷兰艺术大师，如约翰内斯·维米尔和伦勃朗·凡·莱因，通过层层叠加手工调制的油画颜料，创造出微妙的色调变化，以表现绘画主体在自然光照耀下的光影效果。

约翰内斯·维米尔《戴珍珠耳环的少女》

莫卧儿王朝细密画

1937 年 巴勃罗·毕加索创作完成《格尔尼卡》，该作品融合了立体主义和超现实主义元素。这幅画是对战争期间无辜平民所遭受苦难的强烈政治抗议。

1952 年 美国艺术家杰克逊·波洛克用房屋油漆以抛洒和滴溅的方法创作了《汇聚》。这幅作品通过颜料的物理和化学特性来表现情感，是抽象表现主义的一个里程碑。

杰克逊·波洛克

20 世纪末 包括凯斯·哈林和让·米歇尔·巴斯奎特在内的美国涂鸦艺术家们使涂鸦和街头艺术成为时尚，在这一过程中，街头艺术提升为高雅艺术，以前被忽视的城市亚文化得到关注。

使用模板创作的艺术作品

现代涂鸦

参见**绘画的要素**：第 440—441 页 ▶　**素描和油画**：第 490—491 页 ▶

绘画的要素

艺术作品的最终呈现取决于艺术家在整体创作过程中所运用的技巧。色彩叠加、对颜料黏稠度与透明度的控制、笔触的变化、所绘对象的大小与位置安排，都是画家在艺术创作中时常运用的方法与技巧。

主题与构图

绘画的主题是指描绘的主要思想或题材。主题也可能决定绘画的构图，即视觉元素的排列。构图包括艺术家用来引导观者视线在画布上移动的手法，如运用比例法则和放射状线条。

明暗

光与影之间的对比可引导观者的注意力集中于画面主体。与此同时，由于观者视线通常会被吸引至画面最为明亮的区域，因此也增强了画面的感染力，这种效果被称为明暗对比法，可用于产生戏剧性效果，增强画面立体感。艺术家从暗部向亮部逐步叠加颜料，使用排线、阴影和色调变化等技法，构建出丰富的明暗层次。

1912—1948 年，包括绘画在内的艺术类竞赛是夏季奥运会比赛项目的一部分

光线方向
在《戴红帽的女孩》中，画家约翰内斯·维米尔通过让人物脸部的一侧显得更亮，营造出临窗的效果。

人物画
在雅克·路易·大卫笔下，拿破仑·波拿巴庄重的姿态与其凌乱的发型和私密的书房环境形成了鲜明的对比。

风景画
约翰·康斯太勃尔通过构思，选择了将从主教花园看到的索尔兹伯里大教堂置于开阔的树冠和蓝天之下的构图设计。

光线质感
卡斯帕·大卫·弗里德里希运用同一色彩的渐变色调，并以蓝色颜料点染，创作出《冬日风景》。

静物画
保罗·塞尚通过赋予织物和水果立体感和空间感，为静物注入了动态的活力。

抽象画
在《黄-红-蓝》中，瓦西里·康定斯基利用对角线的动态效果进行创作。

视点和透视法

一幅画的视点——艺术家希望观者所处的位置——可以透过线性透视来塑造。线性透视利用放射状的消失线与中央视平线相交，创造出三维空间的错觉。

视点
在恩斯特·路德维希·凯尔希纳的画作《红伊莉沙白河岸》中，观者的视线被河流的流向吸引。

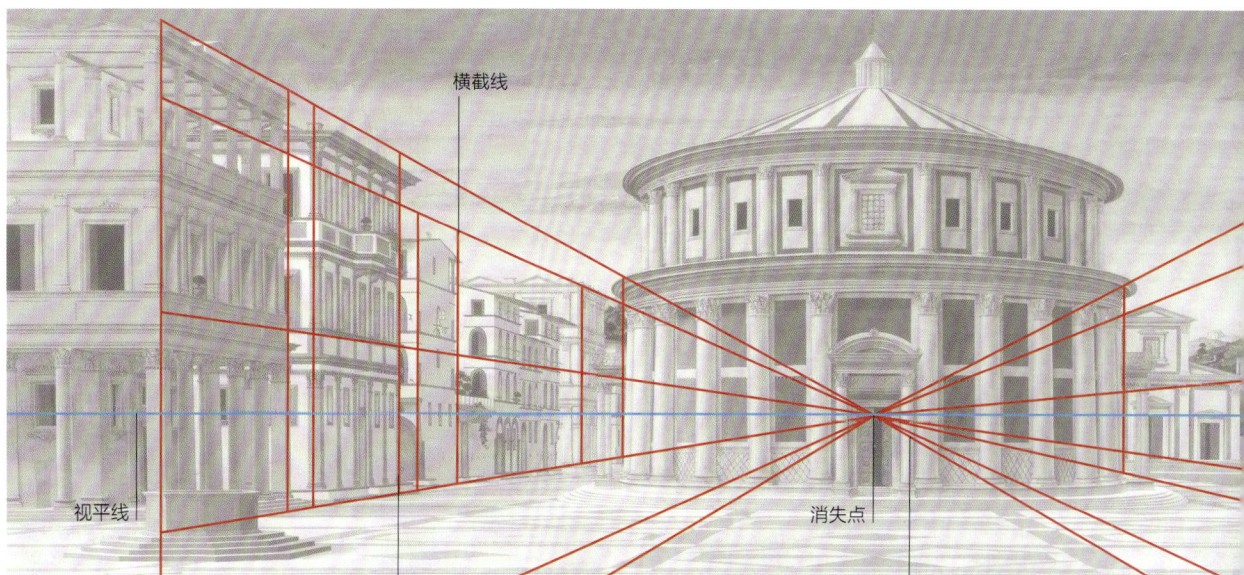
横截线

视平线

消失点

横截线通常用于界定物体的高度、宽度或深度

消失点是观者视线集中的地方，收敛线在此与视平线相交

◀ 参见**绘画的历史**：第 436—437 页　◀**绘画的风格**：第 438—439 页

材料与形式

艺术家可以利用颜料的化学和物理特性实现特定的艺术效果。需要考虑的因素包括画布上颜料的黏稠度或流动性、透明度、凝固速度，以及颜料变干后的质感和光泽。

蛋彩画
蛋彩画是文艺复兴早期的主要绘画形式。杜乔·迪·博尼塞尼亚擅长运用蛋彩画鲜艳的哑光色调和半透明效果创作。

水彩画
水彩颜料形成的薄层具有透明性，光线透过颜料层后从基底反射，呈现独特的视觉效果，正如约翰·辛格·萨金特作品所展现的那样。

油画
如同约瑟夫·马洛德·威廉·透纳绘画作品所呈现的，半透明的釉彩技法使油画颜料呈现出明亮的光泽。

丙烯画
以乳液形式存在的丙烯颜料使画面更加清晰，并赋予作品自由感，我们在南德·卡迪亚尔的作品中可以看到这种效果。

透视法
文艺复兴时期的绘画《理想城市》展示了建筑设计师莱昂·巴蒂斯塔·阿尔伯蒂的线性透视理论。

收敛线
一系列假想的收敛线跟随画中物体延伸，直至消失在视平线上

三分法
英国肖像画家约书亚·雷诺兹创立了三分法，这一构图法提出为了达到理想的构图效果，一幅画应该从水平和垂直方向将画面分为三等份，并将画面主体放在分割线附近或四个交叉点上。

色彩

几个世纪以来，色彩理论一直是绘画的重要基础。这些理论的核心在于将色彩系统分类：色相（指纯色）；明调（在纯色中加入白色形成的颜色）；中间调（在纯色中加入灰色形成的颜色）；以及暗调（在纯色中加入黑色形成的颜色）。

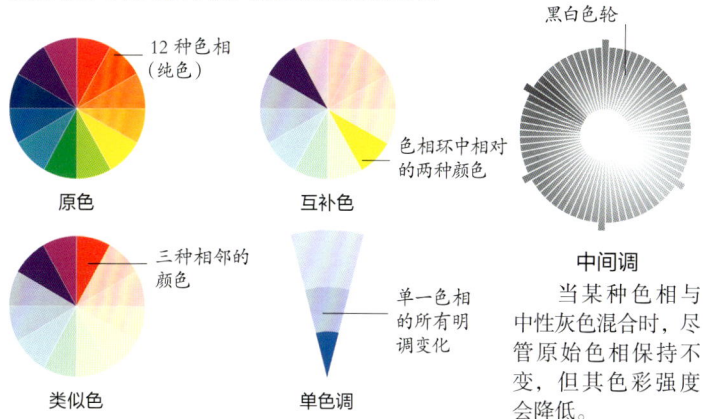

中间调
当某种色相与中性灰色混合时，尽管原始色相保持不变，但其色彩强度会降低。

笔触与质感

艺术家使用的画笔大小、宽度、毛质、笔尖形状、颜料量，以及握笔方式，都会影响颜料厚度和最终呈现的质感。

无形的
艺术家若想表现真实感，则需创造几乎没有笔触痕迹的作品效果。因此，他们会用非常精细的画笔，并通过细小的笔触来打造均匀的表面，避免画面出现明显的笔触质感。

简·维尼克斯的笔触几乎让人无法察觉

可见的
梵高的《星月夜》中，厚重的颜料旋涡体现了画家的手法，这是他常用的一种极富表现力的技巧。厚重的笔触不仅增加了画面的质感，还传递出瞬间的真实感，创造出动感起伏的表面，将光线反射到观者眼中。

浓重的笔触显而易见

中国画
中国传统水墨画使用尖头的毛笔。艺术家以手腕的力道来控制笔触的粗细。由于水墨画是用毛笔在宣纸或绢布上作画，运笔必须流畅，才能创造出平滑而富有动感的形态。

深色来自笔锋的压力

参见伟大的画家：第442—443页 ▶ 素描和油画：第490—491页 ▶ **441**

伟大的画家

艺术家在各种各样的物体表面——如陶器、涂有石灰灰泥的墙壁、亚麻画布、木板、绢布屏风、羊皮纸以及卷轴纸上绘制作品。随着科技的进步，艺术家使用新型颜料，发展出新的技法，来呈现他们所感知到的世界。中世纪中国艺术家郭熙力求以多个视角捕捉场景，而不仅是单纯模仿人眼在某一固定位置的视角。与此同时，意大利文艺复兴时期的代表人物列奥纳多·达·芬奇和米开朗基罗依据科学原理绘画，实现他们的艺术构想。除了科技之外，艺术家的人生经历也在塑造绘画艺术的发展过程中起到重要作用。本章仅列举一小部分伟大的画家进行简介。

艾克塞基亚斯
古希腊，约公元前 550 年
被视为最伟大的黑色图案陶艺画家之一。主要作品：《埃阿斯与阿克琉斯掷骰子》（双耳陶罐·梵蒂冈博物馆藏）。

阿波罗多罗斯
古希腊，公元前 5 世纪
推动了明暗画法（阴影绘画）技术的发展。主要作品：《奥德修斯》《祈祷的祭司》。

宙克西斯
古希腊，公元前 5 世纪
以逼真写实的绘画风格著称的创新画家。主要作品：《特洛伊的海伦》《宙斯登基》《婴儿赫拉克勒斯扼杀蛇》。

顾恺之
中国，约 348—409
以其绢本手卷画而闻名天下。主要作品：《女史箴图》《洛神赋图》。

范宽
中国，950—1032
北宋山水画大师。主要作品：《溪山行旅图》《雪景寒林图》。

格里高利辑录大师
德国，972—1000
天才的宗教手抄本插图画家。主要作品：《格里高利大帝的书信》《特里尔埃格伯特福音手抄本》。

郭熙
中国，约 1000—1090
北宋山水画大师。代表作：《早春图》《树色平远图》。

阿尼哥
尼泊尔，1244—1306
元代时期尼泊尔和中国艺术领域的重要人物。主要作品：大圣寿万安寺（现妙应寺）修建综合工程。

管道昇
中国，1262—1319
元代著名女书法家、画家，擅绘竹画。主要作品：《水竹图》。

费奥凡·格列克
土耳其，约 1340—1410
拜占庭帝国晚期最伟大的画家之一。主要作品：《耶稣显圣图》《顿河圣母像》（后者被认为是其作品）。

扬·凡·艾克
比利时，1390—1441
擅长创作高度精细、惟妙惟肖的绘画作品。主要作品：《根特祭坛画》《阿尔诺芬尼夫妇像》。

纸上的黑粉笔线

《少年画像》拉斐尔

罗吉尔·凡·德尔·维登
比利时，1399—1464
以表现人物丰富情感而著称的宗教题材画家。主要作品：《圣路加为圣母画像》。

列奥纳多·达·芬奇
意大利，1452—1519
博学者、画家、文艺复兴时期重要代表人物。主要作品：《抱银鼠的女子》《最后的晚餐》《蒙娜丽莎》。

唐寅
中国，1470—1523
明代杰出画家。主要作品：《落花诗册》《王蜀宫妓图》。

米开朗基罗
意大利，1475—1564
文艺复兴时期最受尊崇的伟大艺术家之一，擅长雕塑与绘画。主要作品：《圣家族》、西斯廷教堂天顶壁画。

狩野元信
日本，1476—1559
兼采中国画与日本风俗画之长处，创造出一种新的绘画风格。主要作品：《四季花鸟图》。

拉斐尔
意大利，1483—1520
文艺复兴时期以精湛复杂的绘画技艺及现实主义绘画风格著称的画家。主要作品：《雅典学院》《西斯廷圣母》。

苏尔坦·穆罕默德
伊朗，16 世纪早期—中期
波斯细密画绘画大师。主要作品：《列王纪》。

狩野永德
日本，1543—1590
狩野元信之孙，将始自祖父的绘画风格进行创造性的发展。主要作品：《花鸟图》《唐狮子图》。

董其昌
中国，1555—1636
主擅山水画，博采各流派的优长。主要作品：《岩居图》。

阿特米西亚·真蒂莱斯基
意大利，1593—1656
她是在画家被认为是男性职业的时代中，难得的一位成功的女性职业艺术家。主要作品：《苏珊娜与长老》。

马诺哈尔
印度，16 世纪晚期
莫卧儿王朝的宫廷画家。主要作品：《贾汉吉尔皇帝接见他的两个儿子》《巴拉康达》。

伦勃朗·凡·莱因
荷兰，1606—1669
以独特的光线与明暗处理闻名于世的荷兰绘画大师。主要作品：《尼古拉·特尔普教授的解剖课》《夜巡》。

弗朗西斯科·德·戈雅
西班牙，1746—1828
肖像画家，也以描绘战争而闻名。主要作品：《1808 年 5 月 3 日夜枪杀起义者》。

葛饰北斋
日本，1760—1849
著名的日本木刻版画创造者。主要作品：《神奈川冲浪里》《凯风快晴》。

约瑟夫·马洛德·威廉·透纳
英国，1775—1851
19 世纪最具影响力的风景画家之一。主要作品：《被拖去解体的战舰无畏号》《奴隶船》。

克劳德·莫奈
法国，1840—1926
印象派运动的创始人之一。主要作品：《日出·印象》《干草堆》系列、《睡莲》系列。

伊利亚·列宾
俄国，1844—1930
其作品受欧洲绘画技术的影响，但主要描绘俄国主题。主要作品：《伏尔加河上的纤夫》。

玛丽·卡萨特
美国，1844—1926
印象派运动的领军人物。主要作品：《坐在蓝色扶手椅上的小女孩》《给孩子沐浴》。

> "我发现我可以用颜色和形状来表达我无法用其他方式表达的东西——那些用语言所表达的东西。"

乔治亚·欧姬芙，画展目录，1926

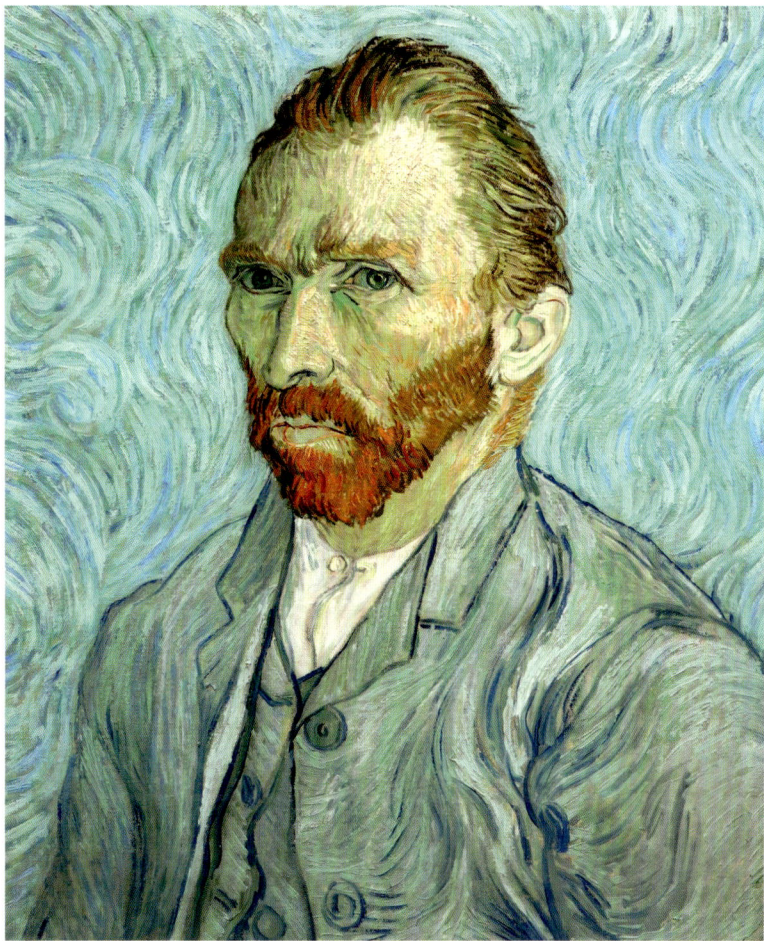

《自画像》梵高

梵高
荷兰，1853—1890

一位有影响力且多产的画家，然而在其有生之年却极少获得认可。主要作品：《星月夜》《鸢尾花》《自画像》。

瓦西里·康定斯基
俄国，1866—1944

先锋抽象画家，其作品具有鲜明的色彩特征。主要作品：《构图Ⅶ》《白色之上Ⅱ》。

彼埃·蒙德里安
荷兰，1872—1944，

凭借对作品中色块和黑线的独特运用而著名。主要作品：《绘画Ⅰ》《红黄蓝的构图Ⅱ》。

巴勃罗·毕加索
西班牙，1881—1973

多产艺术家，以创建立体主义而闻名。主要作品：《亚威农少女》《格尔尼卡》《哭泣的女人》。

乔治娅·奥基夫
美国，1887—1986

将抽象和具象元素结合的现代主义艺术家。主要作品：《黑色鸢尾花》《牛头骨：红、白、蓝》。

塔玛拉·德·兰姆皮茨卡
波兰，1898—1980

以装饰艺术风格描绘格调优雅的肖像。主要作品：《在绿色布加迪里的自画像》《戴手套的女孩》。

马克·罗斯科
美国，1903—1970

擅长以色彩唤起强烈的情感反应。主要作品：《白色中心——玫瑰红上的黄色、粉色及淡紫色》《橙，红，黄》。

威廉·德·库宁
荷兰，1904—1997

抽象表现主义的领军人物。主要作品：《挖掘》《复活节星期一》《猫的叫声》。

弗里达·卡罗
墨西哥，1907—1954

以充满活力的系列自画像而闻名。主要作品：《两个弗里达》《戴荆棘和蜂鸟项链的自画像》。

弗朗西斯·培根
英国，1909—1992

著名的人物肖像画大师。主要作品：《教皇英诺森十世肖像习作》《头像七》。

杰克逊·波洛克
美国，1912—1956

以"行动绘画"闻名的抽象表现主义画家。主要作品：《秋韵：第30号》《蓝极》《汇聚》。

马克布尔·菲达·侯赛因
印度，1915—2011

用当代欧洲风格表现传统印度题材的现代艺术家。主要作品：《嬉戏的象头神》。

安迪·沃霍尔
美国，1928—1987

20世纪五六十年代波普艺术运动的领军人物。主要作品：《金宝汤罐头》《玛丽莲·梦露》《美元符号》。

易卜拉欣·埃尔-萨拉希
苏丹，1930—

结合阿拉伯、非洲以及西方绘画风格元素进行创作的艺术家。主要作品：《痛苦的自画像》《树》。

布里奇特·赖利
英国，1931—

以使用图形和色彩的细微变化来创造动感而闻名。主要作品：《方格运动》《流》。

葆拉·雷戈
英国，1935—

以描绘民俗传说故事中的人物而著名。主要作品：《阿利霍的消防员》《舞》《战争》。

大卫·霍克尼
英国，1937—

以创意运用色彩及透视而闻名的艺术家。主要作品：《更大的水花》《克拉夫妇和珀西》。

安塞尔姆·基弗
德国，1945—

其作品经常借鉴德国历史，带有强烈个人风格。主要作品：《海狮计划》《内部》《奥西里斯和伊西斯》。

马琳·杜马斯
南非，1953—

她因那些令人苦恼、有时令人担忧的肖像画作而广受赞誉。主要作品：《人之初》《画家》《来访者》。

让·米歇尔·巴斯奎特
美国，1960—1988

画家、涂鸦艺术家，其充满活力的作品时常讨论个人与社会问题。主要作品：《无题（1982）》《与死亡同行》。

弗里达·卡罗

村上隆
日本，1962—

其作品将流行文化元素融入高雅艺术。主要作品：《丁丁的城堡》《蓝色花朵与骷髅》。

约翰·柯林
美国，1962—

其作品融合传统与现代，通常具有超现实主义细节。主要作品：《裸体蜜月》《青少年》。

曾梵志
中国，1964—

亚洲最为成功的当代艺术家之一。主要作品：《天安门》《面具系列1996 NO.6》《梵高Ⅲ》。

朱莉·梅雷图
美国，1970—

主要以其巨型尺幅、层叠构成的多重抽象空间绘画作品而知名。主要作品：《体育场Ⅱ》《莫佳马（四部组画）》。

参见**历史上的雕塑**：第 444—445 页 ▶

历史上的雕塑

雕塑艺术在各个时代的进步，既可被视为一种创造性的表达，也可看作一种不断推行的科学实验。艺术家们在这种实验中突破技术的界限，创造出令人叹为观止的作品。史前的便携式艺术雕像可能具有图腾意义，但随着更大规模的雕塑作品的出现，人们开始制作重要的雕塑，用以象征政治和宗教的统治地位。相比之下，更具人文精神的雕塑作品反映出人性的坚强与脆弱。近几十年来，城市街道和乡村景观中的公共艺术使雕塑成为一种极具影响力，并在一定程度上体现生命价值的艺术形式。

雕像高度为
31 厘米

公元前 38000 年 在德国霍伦斯坦的斯塔德尔的山洞里，发现有雕像的残片，人们将残片拼凑起来，是一尊半人半兽的狮身人面像，这是世界上已知最古老的具象雕塑之一。

由猛犸象牙雕刻而成

狮身人面雕像

天使挥舞着金箭，瞄准了特蕾莎的心脏

天使掀起特蕾莎长袍的瞬间，充满了动感

眼睛专注于不同的点

1501 年 26 岁的米开朗基罗耗时二年，在意大利用一块被同时代的人遗弃的卡拉拉大理岩创作了大卫的雕像。

《大卫》大理石雕像，米开朗基罗

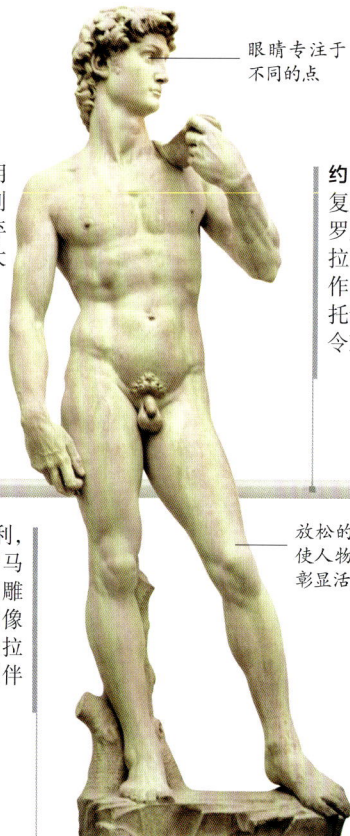

约 1455 年 意大利文艺复兴时期的雕塑家多纳泰罗用白杨木创作了《抹大拉的玛利亚》雕像。这件作品由佛罗伦萨洗礼会委托制作，其现实主义风格令观者震惊。

公元 前 150 — 前 100 年 用于创作《米洛斯的维纳斯》的大理石是开采于希腊帕罗斯岛上的上等白色大理石。雕像的身体各个部位为独立雕刻制作，再以垂直钉进行连接。

裸露的身体与衣裙的褶皱形成对比

《米洛斯的维纳斯》

1647 — 1653 年 在意大利，洛伦佐·贝尔尼受命为罗马一座著名的教堂制作祭坛雕像。这座巴洛克大理石雕像描绘了西班牙修女、阿维拉的隐修者特蕾莎在天使相伴之下的通灵奇遇。

《圣特蕾莎的狂喜》

大理石衣褶呈层层叠状流泄而下

放松的腿部使人物姿态彰显活力

1875 — 1876 年 法国雕塑家奥古斯特·罗丹的《青铜时代》，因其自然主义和对纯粹情感的捕捉，被视为第一件现代雕塑作品。

紧握的手表达出强烈的情感

雕像真人大小，身高约 1.8 米

《青铜时代》

1961 年 瑞士雕塑家阿尔贝托·贾科梅蒂的《行走的人》被解读为存在主义的象征。这一人物的籍籍无名和脆弱感，暗示了 20 世纪战后人们生活的无意义感。

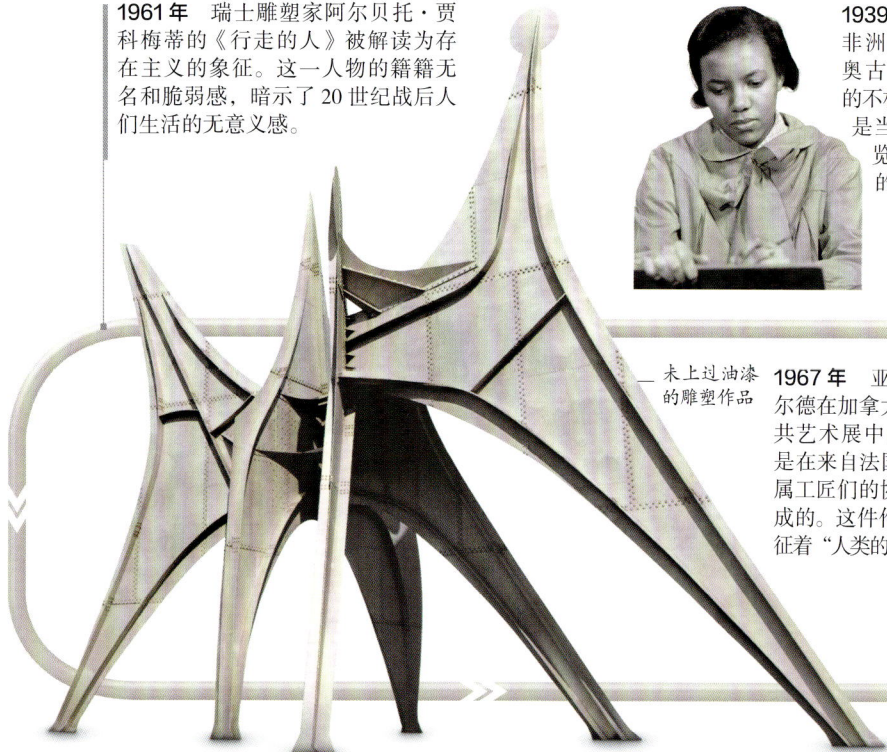

1939 年 根据报道，非洲裔美国艺术家奥古斯塔·萨维奇的不朽作品《竖琴》，是当年纽约世界博览会上最受瞩目的作品之一。

奥古斯塔·萨维奇

锤子和镰刀代表工人和农民

1937 年 生于拉脱维亚的薇拉·穆希娜创作的这件不朽之作，被作为政治宣言安置在法国巴黎世界博览会苏联展览馆的顶部。

《工人和集体农场女庄员》

未上过油漆的雕塑作品

1967 年 亚历山大·考尔德在加拿大蒙特利尔公共艺术展中的大型作品，是在来自法国铸造厂的金属工匠们的协作下共同完成的。这件作品被视为象征着"人类的进步与力量"。

《三个圆盘》

1977 年 亨利·摩尔基金会由这位享有盛名的英国雕塑家创立，旨在保护、展示并推广他的艺术作品。摩尔的大型人物作品和有机形态创作，体现了其对人类完整性的信仰。

亨利·摩尔

以黏土成形、烧制、抛光

圣蛇乌赖乌斯和埃及眼镜蛇符号均为皇室的象征

公元前 38000—前 10000 年 欧洲和亚洲各地都出现了以猛犸象牙、鹿角、兽骨和石头雕刻而成的女性小雕像。它们被认为与生育有一定关联。

公元前 5000 年 陷入沉思状态的《切尔纳沃达的思想家》雕像，被视为新石器时代的艺术杰作。它是从罗马尼亚的一个墓地中随一件女性小雕像一同出土的。

坐在小椅子上的身影

公元前 1345 年 著名的古埃及王后纳芙蒂蒂真人尺寸的半身像，诞生于宫廷艺术家图特摩斯的工作室。雕像的右眼镶有天然水晶，而另一只眼睛则是空白的。

由石灰岩雕刻而成

被灰泥覆盖的石灰石

《莱斯皮格的维纳斯》

《切尔纳沃达的思想家》

纳芙蒂蒂半身像

公元前 246—前 208 年 秦始皇陵兵马俑是中国第一位皇帝——秦始皇的陪葬品，共有 8000 多尊，其中约 2000 尊兵马俑被发掘出土，每尊雕像均具有独特的发型和不同的面部特征。

公元前 1200—前 1000 年 中国青铜时代的冶金匠人通过精炼合金来制作大型雕塑，其中包括从三星堆遗址中发现的几十个面具。

棱角分明的面部特征

中国陕西省西安市秦始皇陵兵马俑

三星堆青铜面具

1881 年 法国艺术家埃德加·德加因其现实主义风格的革命性雕塑作品《十四岁的小舞者》而震惊世人。这尊蜡像雕塑包括丝质芭蕾舞裙、亚麻舞鞋、丝带及其束起的直发。

复制于蜡质原作的青铜雕塑件

1886 年 法国向美国赠送了一座现被称为"自由女神像"的雕塑作品。自由女神像设计者、雕塑家弗雷德里克·奥古斯特·巴托尔迪负责监督将铜片装在钢架上的组装工作。

约 1907—1916 年 罗马尼亚裔法国艺术家康斯坦丁·布朗库西凭借其雕塑作品《吻》成为抽象主义的先驱，并为立体主义做了铺垫。《吻》探讨了私人生活和公共生活之间的分界线。

青铜雕塑遗作

前进的身影因风和速度而变形

《十四岁的小舞者》

自由女神像

青铜雕塑表面有硝酸银沉积

罗纹青铜腿

1917 年 作为概念艺术的一个早期实例，法国裔美国艺术家马塞尔·杜尚的《泉》挑战了艺术品"稀有珍贵""独一无二"的既定理念，将一个普通的小便器作为成品艺术向公众展示。

1913 年 意大利艺术家翁贝托·博乔尼的雕塑创作是未来主义运动的重要作品，反映出一个高速发展和工业化的新时代，表达了作者对时代进步的乐观精神。

表示不断运动的曲线

网囊容纳着大理石制成的卵

《空间连续的独特形式》

1996 年 20 世纪最著名的女雕塑家——法国裔美国艺术家路易丝·布儒瓦创作了 9 米高的巨型蜘蛛雕塑《妈妈》，以此来纪念她的母亲。

2006 年 英国雕塑家安尼施·卡普尔在美国芝加哥创作了融合建筑和艺术的作品《云门》。该雕塑由镜面不锈钢制成，倒映出城市景观，并成为一个互动的公共空间。

每条腿的末端都是尖的

《妈妈》

安尼施·卡普尔

参见**雕塑技术**：第 446—447 页 ▶

雕塑技术

尽管创作雕塑的过程各不相同，但常用的雕塑技术并未随着时间的推移而发生根本性的改变。人类最早的雕塑方法是石刻和泥塑，可以上溯至石器时代。金属雕刻铸件技术始于青铜时代。直到20世纪，建构和组装等新型雕塑技术才被正式纳入艺术范畴。

体态自信、佩戴珠宝的
年轻女人

摩亨佐-达罗青铜雕塑

《跳舞的女孩》（约公元前2500年）出土于古印度河流域（今巴基斯坦）的摩亨佐-达罗遗址，被公认为是世界上最古老的青铜雕塑之一。它便是以失蜡法铸造的。

金属浇铸

金属雕塑是通过浇铸工艺制作成形的。在铸造过程中，选用的金属通常是合金（参见第203页），如青铜，以高温加热熔化，然后倒入雕塑的整体或部分模具之中。金属冷却硬化后再去除模具。

浇铸熔融金属的工匠

砂型铸造

将雕塑铸型置于压实的砂芯中，或直接在湿型砂中雕出造型，使其形成一个模具，接着倒入熔融的青铜液体，待冷却后再将余砂除去。

青铜铸件

来自古代印度河流域、古代中国和古埃及文明的工匠率先掌握了铸造青铜的技术，并通过调整锡、铜和铅的混合比例来制造出颜色各异、硬度不同的青铜器具。

失蜡法

这种铸造方法共有几个版本。以其中一个为例，先制作一个石膏模型的型壳，型壳内层覆蜡后在最里层填充黏土泥芯，加热使蜡质熔出并形成型腔之后，向型腔内浇铸熔融的金属液体。

原版石膏型壳

❶ 外层模

型壳内层覆蜡后内填黏土

❷ 覆蜡层

加热烘烤模具并排出熔化的蜡

❸ 入烤箱

充满熔融金属的型腔

❹ 浇铸金属

青铜铸造的头像
型腔外层去壳

❺ 除去外壳

其他铸造材料

虽然青铜仍是最受欢迎的雕刻艺术铸造材料，但由于其成本高、价格昂贵。于是雕塑家们转而选择成本更为低廉的替代品，包括石膏、树脂、混凝土、橡胶及玻璃纤维。

倒入石膏的硅胶模具

硅胶模具

硅胶复制的精细细节
模具上的型腔得以保留

雕塑

制作模型

制作模型是一个累积的过程，需要艺术家借助一系列专业小工具，手工修饰雕塑原料，逐步完善细节。在创作雕塑成品、制作原始模型或铸造雕塑模具阶段，都要用到这项技术。

制作辅助支架连接至雕塑内部以提供支撑
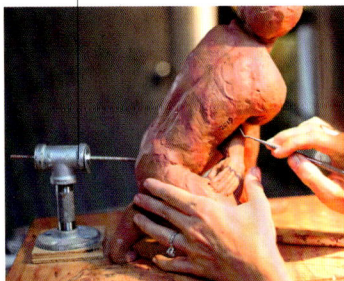
黏土

黏土在常温下具有柔韧性和可塑性，常被用于制作雕塑模型，所需用具包括各种针头、海绵块和钻孔（切圆）工具。

着色之后的蜡赋予雕塑生动的皮肤光泽与质感

蜡

与黏土一样，蜡可以在制作雕塑模型的过程中被重新加工，随时修正错误以及改变创作方向。

建构和组装

得益于工业化和对雕塑构造的更广泛理解，现代艺术家们在材料和技术上有了更加多样化的选择，比如将废金属、硬纸板等各种不同的材料，通过诸如焊接、铆接、缝合、编织以及胶合等技术来创作更为时尚的雕塑作品。

焊机采用加压和加热两种焊接方式

焊接

焊接工艺使得雕塑家们能够使用包括金属板和铸铁在内的各种材料，快速地创作作品。

现场运输和组装的零部件

耐候钢

英国艺术家安东尼·葛姆雷雇佣了20名钢铁工人，来协助其完成用铜和耐候钢创作的雕塑作品《北方天使》。

雕刻

与制模不同，雕刻是一个做减法的过程，艺术家从一件坚实的原料开始，通过切割或雕刻将多余的部分去掉，使其形成新的、预期的人物或物体形状。先使用斧头去除大量多余的原料，初步形成一个基本的形状，然后以锤头和凿子赋予雕塑细节。最后可对其进行抛光，使雕塑线条更加光滑流畅。

《吻》

奥古斯特·罗丹的这件雕塑作品以但丁《神曲·地狱篇》中一对堕入地狱的悲惨情侣为原型进行创作，这座雕像已经成为浪漫爱情的象征。

人物光滑的躯体与粗糙的雕塑基座形成对比

流畅、写实的风格，栩栩如生的形象

头饰上有精致的浮雕

古代贝宁王国埃多州工匠雕刻的象牙（尼日利亚）

牙雕和骨雕

自石器时代以来，象牙因其细腻、光洁的质地和易于进行复杂的雕刻的特点而备受推崇。虽然骨头脆硬易碎，但易于获得。

奥古斯特·罗丹

法国雕塑家奥古斯特·罗丹（1840—1917）运用古典风格和传统方法，创作了大量现代的、富有表现力的作品。他会亲自创作最初的模型，然后由他的石膏铸造工、雕刻师和创建者团队来共同协作完成制作。

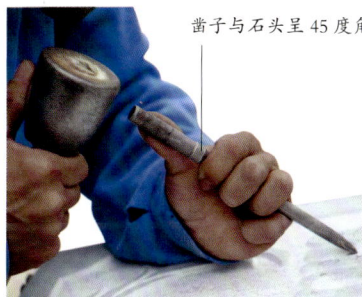

凿子与石头呈45度角

质地柔软的木材可以被用作精细加工

石雕

现代雕塑家使用的工具几乎与古代一样，大多数的雕塑都是用平凿完成的。

木雕

在描绘出轮廓之后，雕刻家先用斧头将基本形状切割出来，再以较小的工具来雕刻细节，然后用砂纸对雕塑表面进行打磨处理。

表面装饰

历史上，许多雕塑成品的表面都是未经雕琢的——例如粗糙的砂岩、陶土或木头——因此艺术家们为增添装饰，研发出了新的技术。人们对于不同审美效果的追求也会跟随当时的偏好而发生变化。

在许多国家，使用汞镀金是违法的，因为此操作过程会产生剧毒

基座上刻有浮雕

古希腊神话中的人物

金漆线

在古希腊黑红彩绘的制陶技术中，陶器的背景是上釉的

这个特里吉特人的木碗上熊的眼睛是以镶嵌在木头里的贝壳制成的

人物未予施釉

模仿牙齿的镶嵌物

镀金

克劳德·加勒于1806年创作的这款钟表，就使用了研磨金和水银对青铜进行奢华镀金。

漆器

漆器是采用漆树的汁液涂抹于器物胎体上的工艺品。漆器可使用镶嵌、雕填或堆饰等工艺技法进行创作。

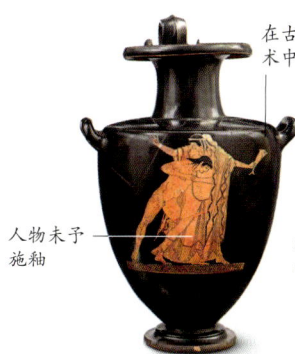

施釉

用于赤陶或其他类型陶器，釉料可以赋予原本不透明或半透明的雕塑半成品以鲜亮或淡雅的色彩。

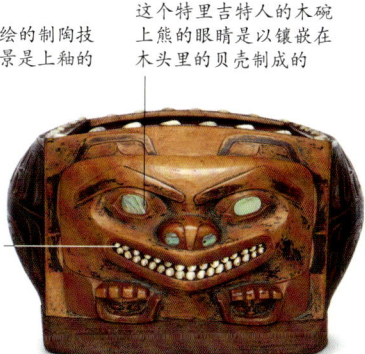

镶嵌

几乎任何基础材料的雕塑都可以镶嵌玻璃、贝壳、石英、贵金属和木头等装饰物。

参见陶瓷和玻璃：第496—497页 ▶

建筑的元素

当建筑师设计一座新建筑时，他们必须对项目的许多方面做出评估与决定，从要使用何种建筑材料到建筑结构如何与周围环境相适应。需待综合评估过建筑项目的所有相关元素后，再创建一个兼具审美、拥有合理施工计划和工程预算的可行性工程项目。

罗马的万神殿拥有世界上最大的无钢筋混凝土穹顶

材料和技术

最早期的建筑者使用的是产自当地的建筑材料，如木材、石块和泥砖。在古罗马，混凝土被运用于诸如拱顶和穹顶之类复杂的建筑结构，而其中的许多建筑仍屹立至今。20世纪初期，钢铁等工业建筑材料的普及使得建造巨型桥梁和摩天大楼成为可能。

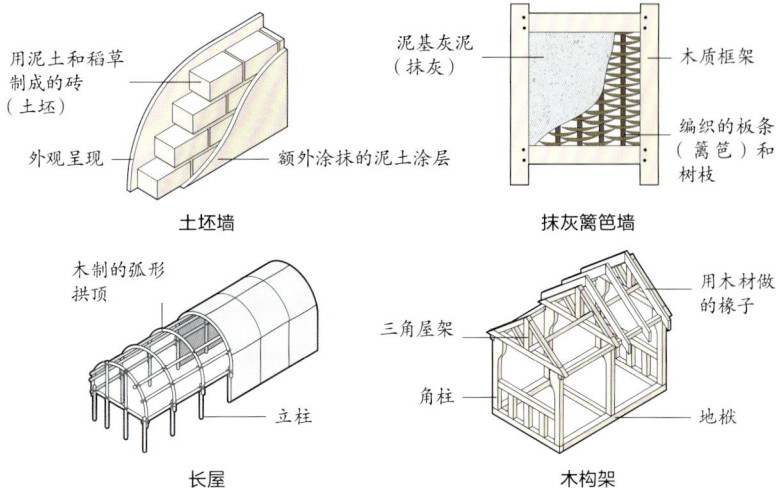

用泥土和稻草制成的砖（土坯）
外观呈现
额外涂抹的泥土涂层
土坯墙

泥基灰泥（抹灰）
木质框架
编织的板条（篱笆）和树枝
抹灰篱笆墙

木制的弧形拱顶
立柱
长屋

用木材做的椽子
三角屋架
角柱
地栿
木构架

结构

大多数建筑物要么凭借坚固的墙体来承受结构的重量，要么通过质量较小的框架结构（类似于骨架）来承受重量。一般情况下，对于承重墙来说，建筑物越高，墙体往往需要越厚。而采用框架结构，则更容易建造高层结构的建筑。

钢铁、玻璃和混凝土

许多现代建筑（如西雅图中央图书馆）的外墙面由钢和玻璃组成，重量则是由钢筋混凝土基座上的钢柱和钢梁框架结构承担。

西雅图中央图书馆（外露钢结构）共使用超过3630吨钢材建造而成

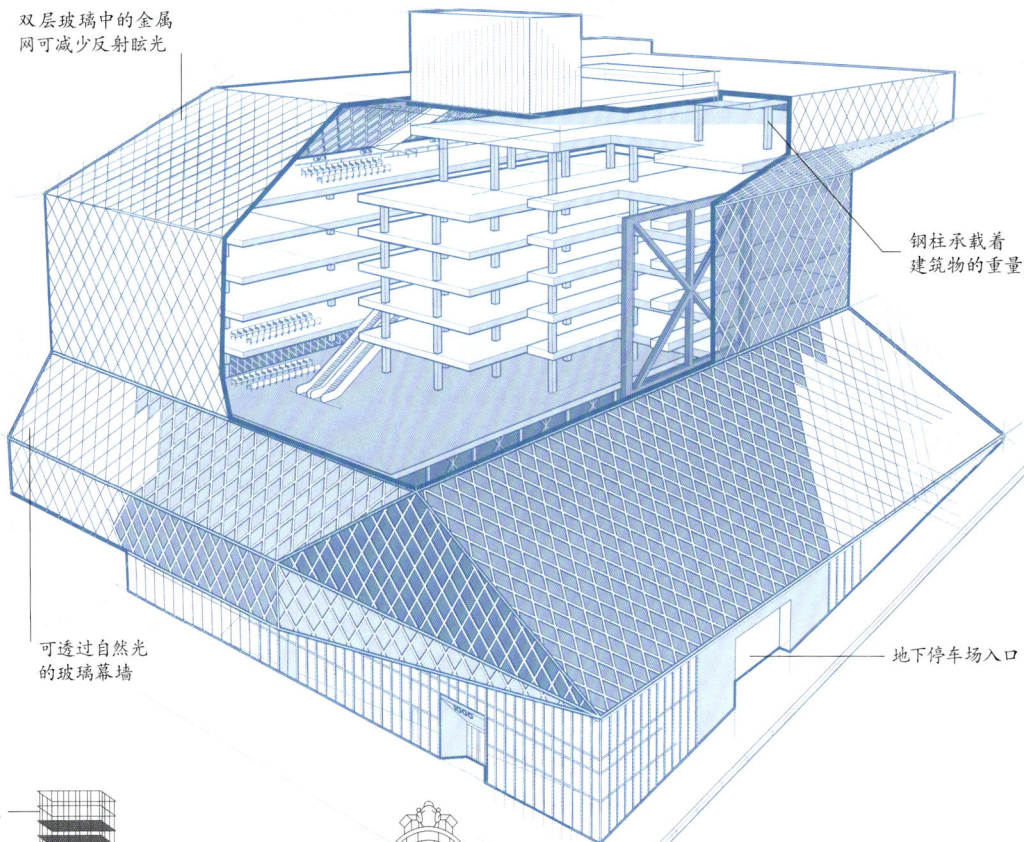

双层玻璃中的金属网可减少反射眩光

钢柱承载着建筑物的重量

可透过自然光的玻璃幕墙

地下停车场入口

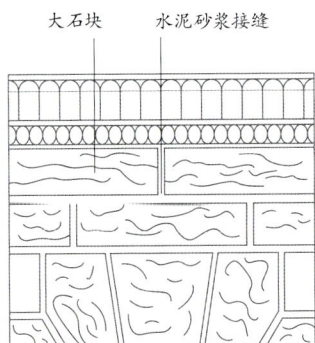

大石块
水泥砂浆接缝

石墙
许多传统建筑都建有石墙。为承受建筑物的重量，这些承重墙必须异常坚固，因此窗户的尺寸会受到限制。

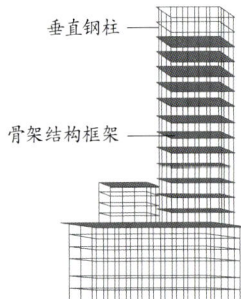

垂直钢柱
骨架结构框架

钢框架
19世纪末期，当人们生产的钢材足够坚韧，能建造出可以承受高层建筑重量的坚固、刚性的建筑框架时，建造摩天大楼成为可能。

楔形石雕
每面外墙均有很多窗户

钢筋和石头
早期的摩天大楼是钢框架结构，外立面覆以石材装饰，使之融入建筑周围的环境之中。

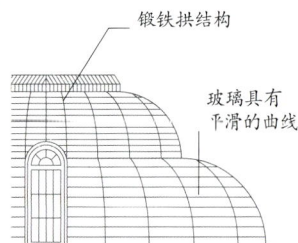

锻铁拱结构
玻璃具有平滑的曲线

曲面玻璃
玻璃制造技术在19世纪的英国已取得很大进步，由此催生出一种在铁框架中嵌入大片玻璃的新建筑结构。

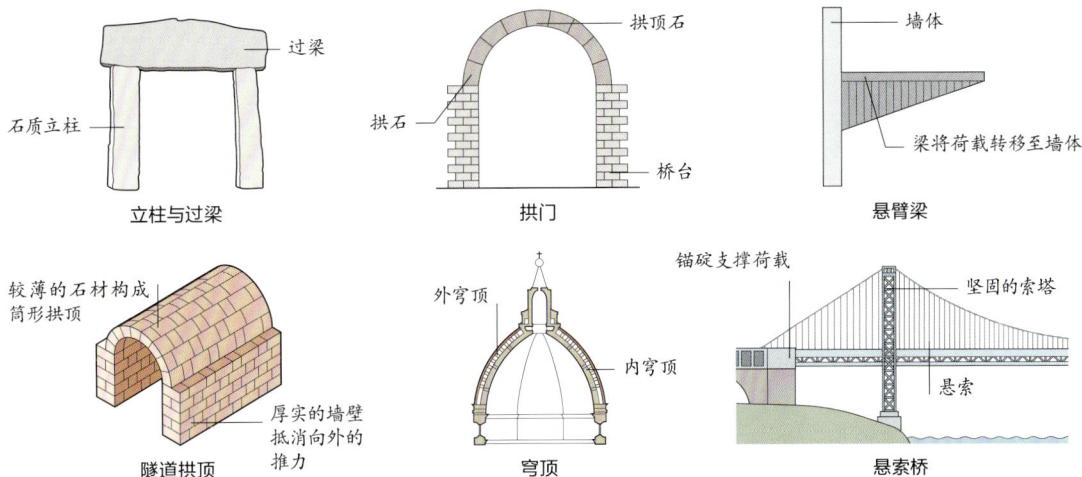

立柱与过梁
- 过梁
- 石质立柱

拱门
- 拱顶石
- 拱石
- 桥台

悬臂梁
- 墙体
- 梁将荷载转移至墙体

隧道拱顶
- 较薄的石材构成筒形拱顶
- 厚实的墙壁抵消向外的推力

穹顶
- 外穹顶
- 内穹顶

悬索桥
- 锚碇支撑荷载
- 坚固的索塔
- 悬索

可持续建筑

现在，建筑师更关注可持续建筑的设计。他们希望通过使用低能耗材料和节能技术，实现建筑保温和制冷，降低资源的消耗。

- 尖端离地面509米
- 双层隔热玻璃

台北101大楼

平面图

建筑平面图能反映出建筑的内部结构、房间布局等信息，是建筑物施工的重要依据。建筑的规划形式丰富多样，既有严格对称的类型（如帕拉第奥式别墅），也有较为非常规的布局，在这些布局中，房间的位置往往由其功能设定以及建筑场地的具体特征来决定。

对称布局

位于印度阿格拉的泰姬陵是莫卧儿王朝的皇家陵墓，工整对称的建筑设计强调了秩序、平衡与庄严。

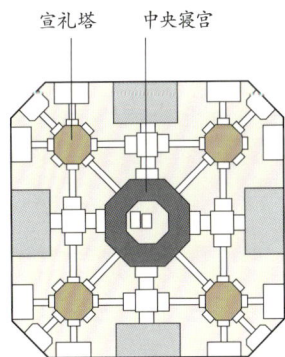

- 宣礼塔
- 中央寝宫

泰姬陵

非对称布局

西班牙塞维利亚的建筑"都市阳伞"将空中步道与公共广场、市场结合在一起。不对称的建筑设计与其周围整齐排列的老建筑形成了鲜明的对比。

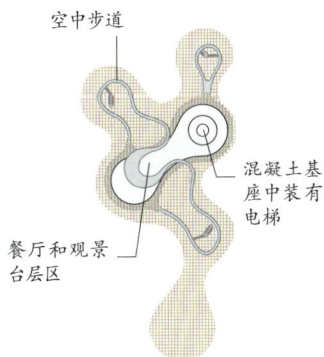

- 空中步道
- 混凝土基座中装有电梯
- 餐厅和观景台层区

都市阳伞

室内空间的利用

建筑师根据建筑内部空间的用途、形状、面积、外观以及照明方式等要素来界定建筑内部空间的特征。例如，为营造庄严肃穆或敬畏之感而设计的教堂，内部空间通常垂直高耸。

威斯敏斯特大厅

这座气势恢宏的中世纪大厅专为皇室宴会和议会活动而建，采用悬臂托梁设计，内部无立柱，屋顶横跨巨大空间。

阿玛琳堡

这座洛可可风格的狩猎行宫的主房间是圆形的，装饰华丽，墙壁上镶嵌的镜子映衬出室外的景色。

博韦大教堂

这座教堂拥有中世纪大教堂最高的内部空间，它的内部格局完美体现了哥特式风格创建者的目标——让人们仰望天堂。

威斯敏斯特大厅拥有英国跨度最大的中世纪木屋顶

有机建筑

美国建筑师弗兰克·劳埃德·赖特认为建筑应该是"有机的"。他于1935年设计的流水别墅，似乎是从绿树成荫的环境中自然生长出来的一般。建筑内部的房间和空间面积均根据实际需要而各有不同。

流水别墅

建筑与环境的融合

一座建筑的背景可以是拥挤的城市，也可以是特别设计的正式园林，如凡尔赛宫殿群中的花园。有些建筑的设计初衷是引人瞩目，但同时又能融入所在的城市街区，如摩天大楼。还有一些建筑则与周围的环境和谐地融为一体。

凡尔赛宫的花园

建筑的风格

在古代，无论是亚洲、欧洲、非洲还是美洲，世界各地的建筑风格都在各自演变，逐步完善。自 16 世纪起，欧洲国家在世界其他地区建立殖民地的同时，也为当地带去了古典式、巴洛克式、哥特式的建筑风格。从 20 世纪开始，随着文化日益全球化，建筑师的视野与建筑风格也相应地越发国际化，相似的建筑开始出现在世界各地。

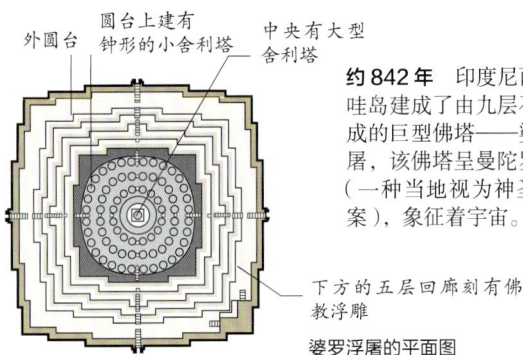

约公元前 2580 年 古埃及修建了吉萨金字塔作为法老胡夫的陵墓。这座高约 147 米的金字塔由花岗岩和石灰石建成。

外部的 46 根大理石柱支撑着水平檐壁

三角形屋顶上方的装饰物由石块或石柱支撑

公元前 438 年 古希腊城邦雅典为致敬该城的守护女神雅典娜而建造的帕台农神庙竣工。这座神庙是古典建筑风格的典范，采用雕有凹槽纹的无柱座多立克柱式结构。

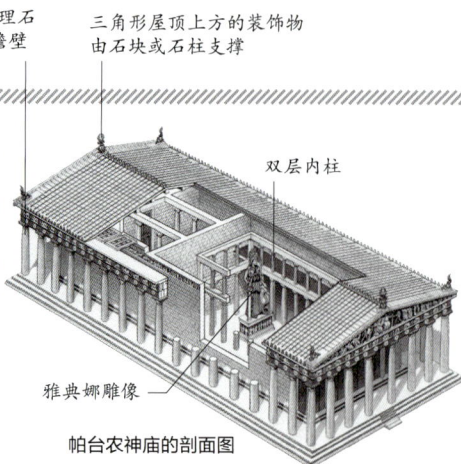

双层内柱

雅典娜雕像

帕台农神庙的剖面图

外圆台

圆台上建有钟形的小舍利塔

中央有大型舍利塔

约 842 年 印度尼西亚爪哇岛建成了由九层石阶组成的巨型佛塔——婆罗浮屠，该佛塔呈曼陀罗形状（一种当地视为神圣的图案），象征着宇宙。

地基不稳定导致塔身倾斜

下方的五层回廊刻有佛教浮雕

婆罗浮屠的平面图

691 年 在耶路撒冷，圆顶清真寺建成。该建筑以其金色穹顶闻名，穹顶由木质框架支撑，表面覆盖金属层。

圆顶清真寺

1010 年 在印度南部，布里哈迪斯瓦拉神庙建成，是德拉威建筑风格的典范。它有着金字塔形的塔楼和高挑大门，用于供奉印度教湿婆神。

耸立在 13 层塔楼之上的圆形屋顶

神庙外部装饰着湿婆神的石雕

布里哈迪斯瓦拉神庙

1173 年 意大利比萨斜塔是一座圆形的钟楼，采用 10—12 世纪流行于欧洲的具圆拱的罗马式建筑风格。

比萨斜塔

1182 年 法国兴建的以彩绘玻璃窗和雕像闻名的巴黎圣母院，是中世纪哥特建筑风格的经典范例。

怪诞的雕像

1930 年 由美国建筑师威廉·范·阿伦采用装饰艺术风格设计的、高达 319 米的、作为汽车制造公司总部的克莱斯勒大厦在美国纽约落成。

通过增加约 56.3 米高的尖顶，使其成为当时纽约最高的建筑

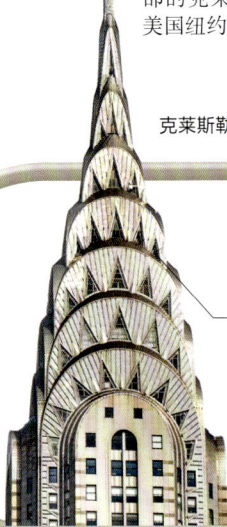

1930 年 因开放式结构以及对玻璃和混凝土的创新性运用，建于法国巴黎的萨伏伊别墅成为法国籍瑞士现代主义建筑师勒·柯布西耶最著名的作品之一。

1894 年 伦敦塔桥将哥特复兴式建筑与现代工程技术相结合，可将下层桥面升起，让泰晤士河上的船只通过。

哥特式的尖顶和塔楼增添了戏剧性的视觉效果

由液压机械驱动的升降巷道

塔桥

具有几何精度的金属覆层尖顶

克莱斯勒大厦的尖顶

1973 年 由丹麦建筑师约恩·乌松设计的澳大利亚悉尼歌剧院以其独特的混凝土壳片屋顶闻名于世。

悉尼歌剧院

1977 年 建筑师理查德·罗杰斯和伦佐·皮亚诺在设计法国巴黎蓬皮杜国家艺术文化中心时，将实用管道和自动扶梯等设备置于室外，从而确保了建筑内部的极简与整洁。

1984 年 位于美国纽约的美国电报电话大厦，顶部是古典的三角形山墙——这一幽默的后现代主义设计是美国建筑师菲利普·约翰逊的作品。

◀ 参见文艺复兴：第 338—339 页　　◀ 建筑的元素：第 448—449 页　　建筑的细节：第 452—453 页 ▶

约公元前30年—前15年 罗马帝国工程师、建筑师维特鲁威编写了《建筑十书》。这本书是关于古典风格的重要著作，是世界上现存最早的建筑学著作。

约公元128年 罗马帝国哈德良皇帝重建了被完整保存至今的、用以供奉诸神的神庙——万神殿。

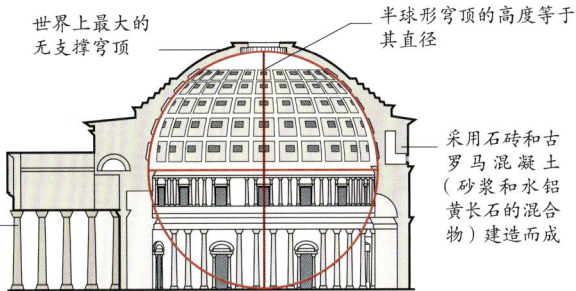

世界上最大的无支撑穹顶

半球形穹顶的高度等于其直径

采用石砖和古罗马混凝土（砂浆和水铝黄长石的混合物）建造而成

入口处排列着精致的科林斯式圆柱

万神殿剖面图

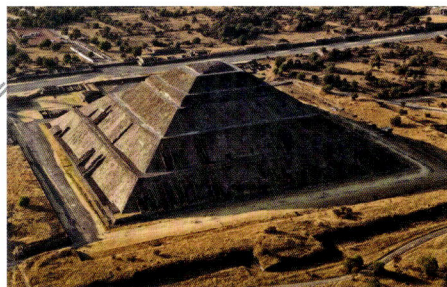

太阳金字塔

约200年 五层的太阳金字塔作为拉丁美洲早期文明最大的建筑之一，高耸于墨西哥中部的提奥提华坎。

607年 法隆寺建筑群修建于日本奈良县。这座木结构佛塔由一根巨型中心柱支撑。

高度超过32米

优雅上翘的屋檐

五层宝塔

537年 拜占庭式建筑圣索菲亚大教堂建于君士坦丁堡（今土耳其伊斯坦布尔），其内部装饰有马赛克和大理石。

由穹顶和半圆顶组成的屋顶

圣索菲亚大教堂

雕像和塔楼装饰着中央外立面

三层汉白玉台基

金銮殿

重檐庑殿顶

紫禁城太和殿

1420年 在中国北京建成紫禁城，其中包含了皇家宫殿和其他具有宗教和政治意义的建筑群。其绝大多数建筑为木质结构。

美第奇宫的庭院

1444年 文艺复兴时期的建筑师们受古罗马建筑的启发，运用圆形拱门及其他古典细节进行设计，如意大利佛罗伦萨的美第奇宫。

马特乌斯城堡正门

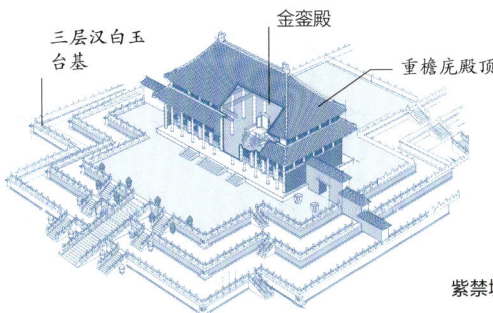

1739年 意大利建筑师尼占劳·纳索尼设计了一座精致的巴洛克风格的葡萄牙宫殿——马特乌斯城堡。

1889年 巴黎最著名的地标——埃菲尔铁塔，是法国工程师古斯塔夫·埃菲尔为1889年举办的世界博览会而建造的，采用了锻铁镂空结构。

埃菲尔铁塔的建造

教堂的"蓬蓬"顶尖饰以威尼斯玻璃制成的马赛克

圣家族大教堂的"诞生立面"

1883年 西班牙加泰罗尼亚建筑师安东尼奥·高迪采用融入自己设计特色的哥特式风格，主持设计了西班牙巴塞罗那圣家族大教堂。

托马斯·杰斐逊

1808年 律师、政治家托马斯·杰斐逊在重建其位于弗吉尼亚州夏洛茨维尔附近的蒙蒂塞洛庄园时，将新古典主义风格引入美国。

1997年 加拿大裔美国建筑师弗兰克·盖里设计了西班牙毕尔巴鄂古根海姆博物馆，该建筑外墙采用了弯曲且闪闪发光的钛金属板，内部空间得到了创新利用。

弗兰克·盖里

2010年 阿拉伯联合酋长国高达828米的迪拜哈利法塔成为世界上最高的建筑。这是一座多功能塔楼，由三个建筑部分逐渐连贯成一个中央核心体，形成"Y"字形楼面。

2012年 位于阿塞拜疆共和国巴库的盖达尔·阿利耶夫文化中心采用了曲线优美、流畅灵动的设计，是伊拉克裔英国建筑师扎哈·哈迪德的典型作品。中心内设有礼堂、画廊和博物馆。

玻璃幕墙

盖达尔·阿利耶夫文化中心

覆盖玻璃纤维增强板的屋顶

建筑的细节

每座建筑都由许多不同部分组成——从地板到墙壁，再到屋顶。每个部分的设计方式不仅影响建筑的整体外观，还影响其结构的合理性和实用性。建筑师必须综合考虑所有的细节，并将它们纳入至整体设计方案之下统一规划。

巴西利亚大教堂的彩色玻璃面积约为 2000 平方米

墙壁

通过甄选石材的质地纹理或选用不同颜色的砖石，建筑师可令砌筑出的墙体既坚固耐用又赏心悦目。还有一种装饰技巧是使用墙面覆层，如铺贴色彩鲜艳的瓷砖，使墙壁既易保持清洁，又能引人瞩目。

伊斯兰彩色瓷砖
伊斯兰世界的建筑师常使用彩色瓷砖建造房屋，比如乌兹别克斯坦撒马尔罕地区的这座建筑。

文艺复兴时期粗犷的石墙
如佛罗伦萨的美第奇宫这类意大利砖石结构建筑，刻意运用了夸张的砖石接缝处理。

彩色砖
以绚丽多彩的石砖（使用不同黏土或对烧制时间进行控制来制成）拼镶出图案，例如威尼斯总督府。

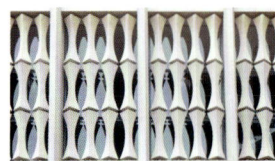
遮阳板
越南统一宫的这个混凝土"竹帘"不能用来承重，但能起到为室内遮阳的作用。

屋顶

屋顶可为建筑挡风避雨，同时也可兼具其他功能，如容纳额外的房间，制造引人瞩目的视觉效果。圆顶和尖顶的使用令清真寺、教堂或市政厅等建筑极具辨识度，甚至可以成为区域地标。

平顶和斜顶

倾斜的屋顶可以迅速地排走雨雪，并可提供阁楼空间作为储藏室或额外的房间。平屋顶则可用作屋顶花园或露台。

尖顶

以石材或木材建造的尖顶最初单纯用于为教堂的方形塔楼添加屋顶，中世纪时发展为具有高度装饰性的八面结构。高耸入云的尖顶似乎具有指向天堂的暗示。一些尖顶的高度几乎是塔楼本身的两倍，璀璨耀目、雅致优美的地标式建筑由此诞生。

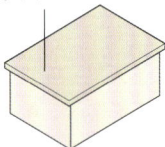
屋顶的轻微坡度可排走雨水
平屋顶

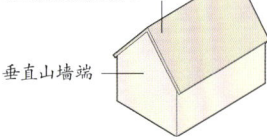
经常降雪的地区的屋顶坡度会更陡
垂直山墙端
三角形屋顶

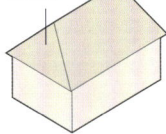
屋顶四面倾斜
坡屋顶

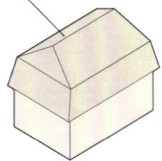
双折两坡顶的陡坡可被利用并设计成大面积的阁楼房间
孟莎式屋顶

圆顶

圆顶通常形似半个球体，但也可能是分成几个部分的多面体。洋葱式圆顶在俄罗斯很常见。

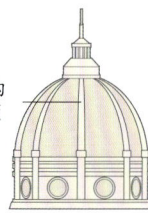
肋状结构加固圆顶
多面体圆顶

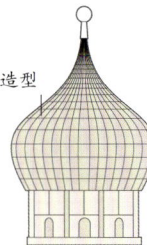
双曲面洋葱造型
洋葱式圆顶

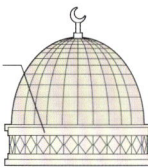
圆顶建立在被称为"鼓"的矮圆柱上
半球形圆顶

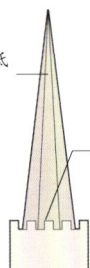
尖顶矗立在低矮的护墙内
护墙遮住了尖顶的底部
针尖顶

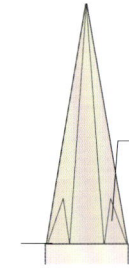
三角锥帮助支撑墙角
尖顶的基部一直延伸到塔墙顶部
基部有三角锥的尖顶

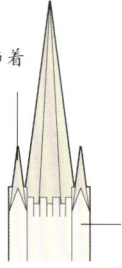
小尖顶装饰着塔楼边角
小尖顶有助于将推力引导至地面
有小尖顶的尖顶

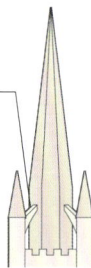
飞扶壁加固尖顶
扶壁尖顶

拱顶

拱顶是用砖或石材建造天花板的一种方式。8—11世纪，石匠们研发出以复杂的肋状网络建造拱顶的技术，以此来支撑沉重的石材，同时抵消削弱拱顶坚固性的外向推力。

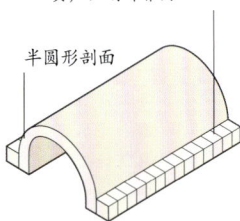
厚实的墙壁支撑重负，抵消外推力
半圆形剖面
筒形拱顶

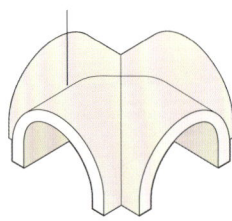
砖石结构形成对角线接缝
交叉拱顶

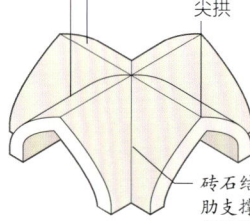
纵肋
横肋
尖拱
砖石结构的肋支撑拱之间的接缝
肋拱顶

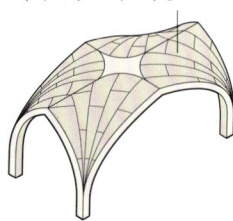
窄肋起装饰作用，并非用于结构性承重
扇形拱顶

◀ 参见**材料**：第264—265页　◀ **结构与构造**：第266—267页　◀ **建筑的元素**：第448—449页

> "作为一名建筑师，你心怀历史为当今而设计，但最终呈现的是尚未可知的未来。"
>
> 诺曼·福斯特，《TED 演讲》，2007 年

拱门

拱门是一种将荷载引导至墙体开口周围的曲线形建筑构造，由被称为拱砌块的楔形块组成，这些相互平衡的楔形块使得建筑结构能够支撑重量。

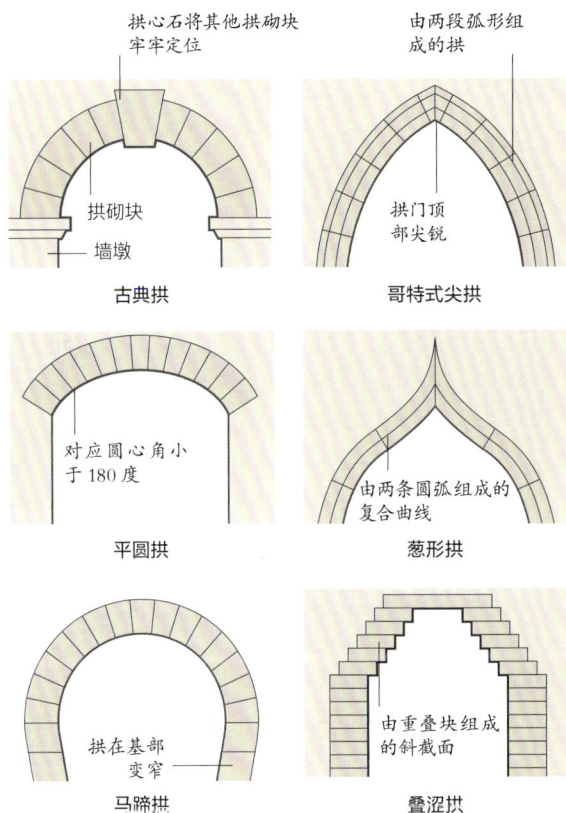

拱心石将其他拱砌块牢牢定位

由两段弧形组成的拱

拱砌块
墙墩

拱门顶部尖锐

古典拱

哥特式尖拱

对应圆心角小于 180 度

由两条圆弧组成的复合曲线

平圆拱

葱形拱

拱在基部变窄

由重叠块组成的斜截面

马蹄拱

叠涩拱

柱

柱是许多建筑结构中极为重要的部分，用以承托拱门或过梁的重量。尽管在一些建筑中，柱隐藏于建筑结构内部，但实际上，它们可以兼具装饰作用，且从石材到混凝土，皆可用于柱的建造。

简朴的多立克式柱头

半圆拱

装饰性的柱头

古典柱式

古希腊人发明出三种风格的柱，包括著名的多立克柱式，每种柱式都可用来支撑扁平的过梁石。

罗马柱式

罗马式柱有时具有很强的装饰性，顶部是饰以华丽雕刻的柱头。

爱奥尼柱式的柱头带有涡卷形雕刻装饰

山形墙

新古典主义风格柱式

18 世纪时，古典式圆柱再次成为建筑风尚，例如上图中的美国弗吉尼亚州议会大厦。

混凝土支柱交汇相连形成的"皇冠"外观

现代主义风格柱式

20 世纪的建筑柱式既有简单的圆柱，也有如巴西利亚大教堂那样极具雕塑感的支撑柱。

女像柱

古希腊人创造了一种被称为女像柱的柱式，它采用站立的、身披长袍的女性形象。右图展示的是雅典卫城建筑之一的伊瑞克提翁神庙的一部分。当古典主义建筑风格在 18—19 世纪重获青睐时，一些建筑师再次开始使用女像柱式进行建筑设计。

伊瑞克提翁神庙

窗

随着时间的推移，建筑师和建造工匠们不断探索各种材质、形状和结构，窗的设计已发生了根本性的变化。哥特式匠人偏爱尖顶窗，矩形窗在如今最为常见。

玫瑰窗

中世纪的工匠们建造出了复杂的圆形玫瑰窗，例如巴黎圣礼拜堂的玫瑰玻璃窗。

摩天大楼的窗

芝加哥信实大厦之类的摩天大楼具有垂直和水平的建筑框架。

新艺术主义之窗

一些建筑师钟情于曲线造型，如位于巴塞罗那的、由高迪设计的巴特罗之家。

当代之窗

柏林犹太博物馆有一层玻璃"外皮"，这意味着它的窗可以是任何形状。

窗花格

窗上部的装饰性交会式石雕被称为窗花格。从 13 世纪的板制窗花格到 14 世纪的曲线窗花格，其间，欧洲哥特式窗的窗花格变得越来越精巧复杂。

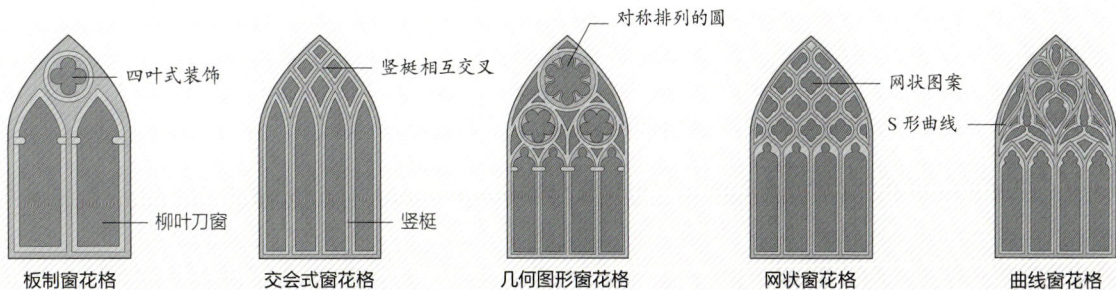

四叶式装饰

竖梃相互交叉

对称排列的圆

网状图案

S 形曲线

柳叶刀窗

竖梃

板制窗花格

交会式窗花格

几何图形窗花格

网状窗花格

曲线窗花格

◀ 参见**建筑的风格**：第 450 —451 页

历史中的时尚

时尚潮流自人类出现以来便随之产生。在古代文明中，服装主要是作为区分人们等级和财富的标志，在这个过程中时尚潮流也历经了数百年的演变和发展。此后，时尚变迁主要得益于不断更新的科技（如纺织、拉链的发明）或是政治影响带来的变化，比如法国大革命，使得此前奢侈的时尚不再流行，20世纪20年代又被称作"喧嚣的二十年代，"当时女性获得了更多的经济自由，随之而来的便是着装自由。从华丽时髦的花花公子风倡导者博·布卢梅尔到朋克时尚先锋薇薇安·韦斯特伍德，许多特立独行的人物在时尚史中留下了不可磨灭的印记。

公元前5000—前3000年 中国掌握了蚕桑技术——通过栽桑养蚕来培育蚕丝的技术。生丝是从蚕蛹的茧中抽出，然后捻成纱，最终织成绢布。在当时，蚕桑技术受到严格的保密措施，任何泄露这项技术的行为都可能被处以死刑。

传统的假发

面料上织就的风景图案

日本和服

1603—1868年 在日本的江户时代，各阶层男女都穿着和服。和服上的图案代表穿着者的个性，同时也顺应了季节的变化。

敞口坎肩下的圆领紧身上衣

衣领和翻边向后翻

1500—1600年 佛罗伦萨的凯瑟琳·德·美第奇和英国的伊丽莎白一世女王开创了奢华宫廷服饰的潮流。然而，服饰风格与标准是严格按身份等级区分的。

文艺复兴的奢华

明艳的色彩

1450—1624年 奥斯曼帝国时期，欧洲东南部绝大多数地区处于伊斯兰政权的统治之下，服饰风格趋向于使用精致面料进行简洁式裁剪。

奥斯曼时期的水彩画

1625—1789年 华丽的巴洛克风格服饰被玛丽·安托瓦内特在凡尔赛宫引领的明艳浮华的洛可可风格服饰潮流所取代。

洛可可风格的时尚

17世纪 起源于印度尼西亚的爪哇岛的蜡染设计通过贸易传入西非，并成为西非地区经久不衰的重要时尚元素。

当代蜡染印花

20世纪30年代 零售商运用好莱坞电影业所创造的人气，销售明星同款的服饰、发型以及化妆品等潮流产品。

弗雷德·阿斯泰尔与金格尔·罗杰斯

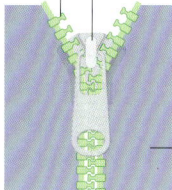

链牙

拉头

20世纪30年代 尽管拉链技术早在19世纪末就已经被发明，但直到20世纪30年代才得以广泛应用。售货员接受过培训，以便向时装消费者演示拉链的用途。

织物的两半合拢连接

拉链

1938年 尼龙的发明彻底颠覆了时尚成衣行业，尼龙质地的服装易清洗、不起皱、价格低廉，人们可以在一个季度后轻松地淘汰旧衣，换上新装。

尼龙袜广告

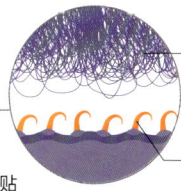

很多微小的圈

尼龙片捏合在一起

钩子勾住圈

魔术贴

1955年 瑞士工程师乔治·德·梅斯特拉尔用两条尼龙片相互粘附的原理，发明了第一个魔术贴，这便是后来众所周知的维可牢魔术贴。

20世纪60年代 一款来自西非、被称为"大喜吉装"的传统服饰被美国种族平等主义的支持者采用，以此颂扬非洲裔美国人的文化传统。

亮色棉布图案

大喜吉装

在维多利亚时代的英国，女性使用含砷的美容产品来提亮肤色

公元前 2800 年 纱丽，一种来自印度次大陆的披肩服饰，开始出现并逐渐演变出各式各样的风格。在今天位于巴基斯坦的摩亨佐·达罗的雕像上可以看到早期纱丽的前身。

单肩穿戴披肩服饰的石雕像
"祭司王"雕像

公元前 1330 年 在古埃及，美容化妆品流行甚广，包括有抗菌性的柯尔眼药膏（防止眼睛感染）、眼影、护唇膏、胭脂、植物指甲油和染发剂。

纳芙蒂蒂半身像

公元前 50—前 30 年 希顿古装是一种由亚麻或羊毛的长方形面料制成的宽松束腰长袍，人们通常用领针将其固定在肩部，这种服饰男女皆宜。

希顿古装（古希腊）

公元前 600—前 476 年 帝国的扩张将来自欧洲大陆各处的设计集中到了拜占庭帝国的首都君士坦丁堡，使其成为一个全球时尚的中心。

拜占庭帝国服饰

手工纺线　驱动轮　纺车

13 世纪 源自中东地区或中国的纺纱机在意大利得以推广普及，进而推动了欧洲布料和地毯的生产。

公元 600—1449 年 欧洲男性身着定制的短上衣（紧身上衣）和一双裹腿（男士紧身裤）以保持身形。

公元前 206—220 年 在中国的汉代，蚕丝制品的工艺达到了更为细腻精致的水平，富裕阶层的女性身穿腰部系有束带的、织有装饰性图案的丝质裹身长袍。

彩色陶俑
中国雕像

公元前 509—476 年 在古罗马时期，托加长袍是公民身份的象征，其颜色、面料与装饰物对应显示穿着者的身份地位、等级与性别。

托加长袍
罗马雕像

18 世纪 70 年代—19 世纪 30 年代 英格兰摄政时期，博·布卢梅尔以其花花公子的风格著称，他强调贴合男性身体线条的流线型剪裁，为精致优雅的都市男性创立了新的潮流。

高高系起的白色领带
博·布卢梅尔

18 世纪 90 年代—19 世纪 20 年代 法国大革命之后，时尚变得简洁，不再追求奢华，这标志着民主和平等的新兴理念的兴起。

紧身长袜
大革命时代决斗者的装束

19 世纪 70—90 年代 随着解放运动的发展，女性在运动时可以选择穿着更为自由的传统男性服装。

定制的修身上衣
骑马服
奥地利的伊丽莎白皇后

20 世纪 20 年代 随着平权运动的兴起，越来越多的女性进入职场，时尚逐渐摒弃了过于女性化的风格，转而青睐直线型和中性化的装束。

双绉长裤套装
中性化服装

1889 年 辛格推出了第一台批量生产的电动缝纫机，短短一年之内，这家公司销售的缝纫机就占了全世界的 80%。

烫金版画
缝纫机广告

1873 年 李维·施特劳斯和雅各布·戴维斯发明了一种将铆钉嵌入男士工装裤中的设计，并因此获得了一项专利，牛仔裤也随之诞生。

低跟靴

1977 年 摒弃嬉皮士审美，薇薇安·韦斯特伍德与她的合作伙伴马尔科姆·麦克拉伦从历史、朋克音乐和青年反主流文化中汲取灵感，创造出颠覆性的时尚风格。

马尔科姆·麦克拉伦和薇薇安·韦斯特伍德

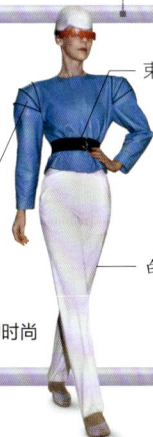

20 世纪八九十年代 女性服装借鉴了商务男士的着装风格，推出了一种被称为"权力套装"的新形式，开创了职场女性全新的时尚语言。

束腰宽带
垫肩　白色休闲裤
20世纪80年代的时尚

21 世纪 出于对环保问题的重视，一部分设计师选择使用环保和循环再生面料，通过更加"道德"的设计和生产，拒绝使用动物毛皮以及廉价劳动力。

来源合乎道德伦理的面料
时尚伦理倡议

文字的历史

文字体系是人类智慧的标志。一种可识别的、稳定的语言系统可以让商人记录贸易，让历史学家记载历史，让学者广泛地分享知识。它使人们能够交流复杂的政治和宗教思想。早期的文字体系分别独立出现在非洲、亚洲和美洲的不同区域。最初的文字体系往往是基于事物视觉表征的远古象形文字，但随着时间的推移，它们也开始表现语言中的语音。

象形文字和楔形文字

时间	约公元前3400—公元100年
地点	美索不达米亚

已知人类最早的文字体系是在象形文字基础上于美索不达米亚（今伊拉克）发展起来的。象形文字是一种代表人或物体外形特征的图像系统。随着时间的推移，象形文字的图像性质减弱，逐渐发展成抽象的符号和字形（简化的图形），可以更便捷地用芦苇秆刻写在潮湿的泥版上。此后，象形文字逐渐演变为楔形文字。那些最初写在泥版上的数字信息（如销售记录或收据），在其存在的前几百年主要用于记账。至公元前2800年，楔形文字开始结合符号来表示特定的音节，使得文字可以表达更为复杂的思想。已知人类最早的文学作品《凯什神庙赞美诗》和一篇教导人们如何行善的经文，可以追溯到此后200—300年。

泥版上的文字记载了关于粮食分配的讨论

美索不达米亚象形文字

古埃及圣书体象形文字

时间	约公元前3200—约公元400年
地点	古埃及

在古埃及，圣书体象形文字（意为"神圣的雕刻"）主要应用于纪念碑、墓碑，以及宗教文献和正式文件中。圣书体象形文字由语标字符系统（描绘文字或思想）、代表独立音节的符号和代表辅音的类似字母的字符组成。最早的圣书体象形文字记录可以追溯到公元前3200年，其鼎盛时期共包含1000多个字符。随后，一种简化版的象形文字——僧侣体出现了，当时的人们用墨水在莎草纸上书写这种文字。这个简化版的象形文字可能为之后出现的人类最初的字母表提供了借鉴。

"王公，王公从房子里走了出来。"

苏美尔人赞美诗《凯什神庙赞美诗》的开场白，
约公元前2600—前2500年

字母表的首次使用

时间	约公元前1800—前1050年
地点	古埃及

人类已知的第一个字母表，可以追溯到约公元前1800年，是在古埃及发展起来的。该字母表源自古埃及圣书体象形文字，被称为原始西奈字母，因为最著名的碑文是在西奈发现的，据传它是由说闪族语言的闪米特人改造而来的。原始西奈字母表是一种辅音音素文字，一种只由辅音字母组成的文字体系。该语言中的每个辅音都由一个字符来表示，使用的字符数在30个以下。原始西奈字母演化成腓尼基字母——希腊字母的前身，以及阿拉姆语，后者演化成古希伯来语并最终发展出阿拉伯字母。

中国汉字

时间	约公元前1200年至今
地点	中国

据传汉字是由黄帝身边长有四只眼睛的史官仓颉创造发明的。中国最早的文字记录可追溯至约公元前1200年，考古学家在兽骨上发现了4500多个不同的符号，这些符号可能被用于宗教仪式。现代汉字起源于从汉代（公元前206—公元220年）发展而来的文字体系。汉字属于表意文字的词素音节文字，每一个汉字都代表独立的语言意义并具有音节。汉字的文字元素被日本和韩国借鉴，成为其各自语言文字的创制基础。

希腊字母表

时间	约公元前800年至今
地点	古希腊

腓尼基人与古希腊人在地中海地区进行贸易，希腊字母表便是从经由贸易传播来的腓尼基字母演化而成的。在腓尼基字母表中，每个字母代表一个辅音，没有代表元音的特殊字符。古希腊人修改了腓尼基字母表，调整了一些字符，并添加了新的字符来代表元音。与腓尼基人不同，古希腊人开始从左往右书写字母。由此产生的希腊字母表于公元前400年被标准化，其中一个版本在希腊和塞浦路斯沿用至今。希腊字母为后来演化成罗马字母的伊特鲁里亚文字奠定了基础。

仓颉

拉丁字母表

时间	约公元前700年至今
地点	意大利

公元前8世纪到公元前4世纪，意大利中部的伊特鲁里亚人通过改编希腊字母创造了自己的文字体系。当罗马人征服伊特鲁里亚时，他们采纳和借鉴了当地的字母表，并逐渐发展出自己的语言——拉丁语。随着罗马人的扩张——他们先是经由意大利、之后进入地中海世界的其他地区和欧洲大部分地区，罗马字母，或称拉丁字母，也随之传播普及。公元5世纪西罗马帝国灭亡后，拉丁文字体系在欧洲大部分地区继续沿用。随着时间的推移，新的字母和发音进入罗马字母表中，被非拉丁语使用者所采用。直到今天，超过20亿人使用源于拉丁字母的某种语言，这使拉

文字体系的创新

文字最显著的变化，是从以图像为代表的文字体系转向以语音为代表的文字体系。许多语言系统随着帝国的扩张而广泛传播。

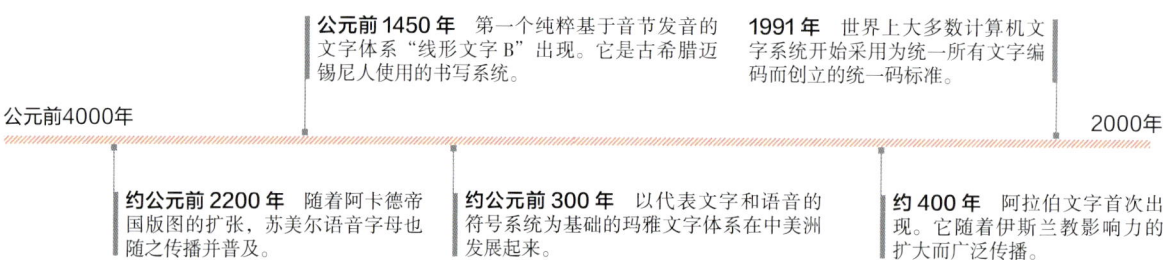

公元前4000年

约公元前2200年 随着阿卡德帝国版图的扩张，苏美尔语音字母也随之传播并普及。

公元前1450年 第一个纯粹基于音节发音的文字体系"线形文字B"出现。它是古希腊迈锡尼人使用的书写系统。

约公元前300年 以代表文字和语音的符号系统为基础的玛雅文字体系在中美洲发展起来。

约400年 阿拉伯文字首次出现。它随着伊斯兰教影响力的扩大而广泛传播。

1991年 世界上大多数计算机文字系统开始采用为统一所有文字编码而创立的统一码标准。

2000年

◄ 参见最初的文明：第304—305页 ◄古代世界（公元前3000—公元600年）：第306—307页 ◄古代中国：第308—309页

有翼的太阳是神性和力量的象征

巴鸟（埃及神话中人头鸟身的生物）象征着死者的灵魂

> "读书使人充实，
> 讨论使人机敏，
> 写作使人严谨。"

弗朗西斯·培根，
《谈读书》，1625 年

丁语成为世界上最广泛使用的文字体系之一。

印度文字

时间	公元前268年至今
地点	印度

　　南亚和东南亚的大多数文字起源于古印度的婆罗米文字。最早的婆罗米文字记录出现于公元前 3 世纪孔雀王朝的阿育王统治期间，被用来记录王的法令。到公元前 2 世纪，婆罗米文字已演变成其他几种文字，尤其是笈多文。笈多文衍生出城文（用于拼写梵文），进而又演变成天城文。梵文字母表由 48 个符号组成，包括 34 个辅音和 14 个元音，自 9 世纪以来基本没有变化。迄今，梵语字母表被用于 100 多种现代语言文字中，包括印地语、尼泊尔语、拉贾斯坦语、马拉地语和信德语。

盲文

　　由路易斯·布莱叶（1809—1852）创造的盲文，是一种让视觉障碍者通过指尖触摸来感知阅读的代码。布莱叶盲文由凸起的圆点排列而成，可以用来书写任何语言，它是在 1808 年法国军官夏尔·巴尔比耶发明的夜间读写法代码（方便士兵们在没有灯的情况下进行通信交流）的基础上改良而来的。布莱叶简化了巴尔比耶的代码，并在 1829 年发布了自己创造并完善的盲文系统。

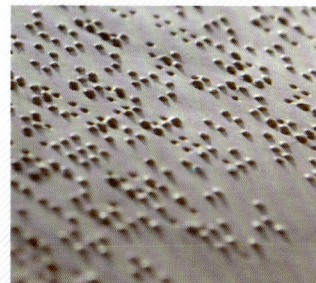

▲ 埃及象形文字碑

　　这块彩绘木碑（纪念碑）可追溯到公元前 3 世纪。它记录了一位埃及祭司的死亡，以及人们祈求他获得幸福的来世的场景。

象形文字内容包括死者的姓名、身份、头衔，以及葬礼上的祈祷文

◄ 参见**古埃及**：第 310—311 页　　◄ **古希腊**：第 312—313 页　　◄ **古罗马**：第 314—315 页　　**文字体系**：第 458—461 页 ►

文字体系

最早的文字体系大约于公元前 3400 —前 3100 年出现在古埃及和苏美尔地区，它的出现源于当时金融交易记录的需求。随着本地和远程贸易路线的扩展，买卖双方意识到记录交易的品种和数量的重要性。随后，文字系统从最初的数字铭文逐渐演变，进而能够满足从制定法律到撰写文学作品等各种应用的需要。

象形文字

最早的文字是由苏美尔人在约公元前 3400 年开创的象形文字。它主要被用作记录商业交易，当时的人们在泥版上使用芦苇秆或木棒刻写带有表示商品种类、数量，以及买卖双方名字的符号来进行记录。

刻画的账目记录

记载行政事务的美索不达米亚泥版书

楔形文字

象形文字在美索不达米亚（今伊拉克）演变成楔形文字。抄写员用削尖的芦苇笔在柔软的黏土上刻写楔形的符号，而不再是刻画形状。在接下来的三千多年中，楔形文字技术应用于多种文字系统中，用来书写其各自的语言。

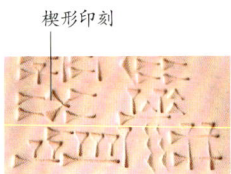

楔形印刻

苏美尔人的泥版书

符号表示售出啤酒的数量

巴比伦泥版书

楔形印记

刻有苏美尔语和阿卡德语

美索不达米亚泥版书

楔形符号记录了货物的交换

赫梯泥版书

公元前 15 世纪黏土的切口

胡利安泥版书

按年代列出的诸位国王

亚述泥版书

圣书体象形文字

圣书体象形文字是古埃及的文字符号。有些符号代表声音，被称为表音符号。另外一些象征概念的符号，被称为语标符号（详见下图）。

篮子　猫头鹰　水

埃及棺木面板

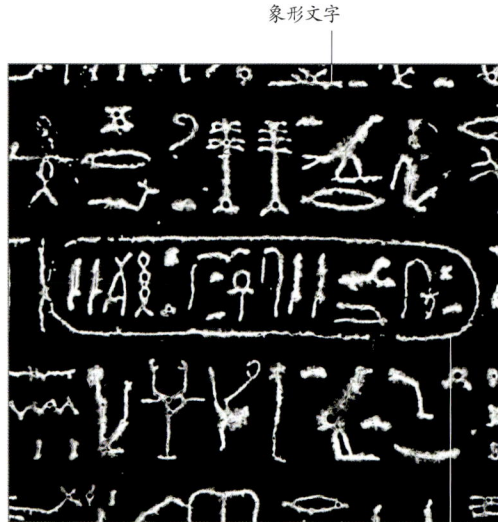

象形文字

椭圆形边框内的象形文字刻有托勒密国王的姓名

手

蛇

猫头鹰

篮子

荷鲁斯之眼

灯芯

水

芦苇小屋

锅架

王冠

希腊文字

线形文字 B 是一种出现于约公元前 1450 年的早期古希腊文字，由线形文字 A 演化而来，而线形文字 A 被认为是米诺斯文明中一种尚未被破译的文字。这些文字体系比字母表的出现要早几个世纪。

未知的语言

线形文字 A 泥版书

迈锡尼文明的希腊字母

世俗体文字

线形文字 B 泥版书

希腊字母书写体系

罗塞塔石碑

罗塞塔石碑（公元前 196 年）是一块记载皇家诏书的石碑，以三种不同的文字刻录了相同的信息——正是这一特征使得法国学者让 - 弗朗索瓦·商博良在 1822 年首次破译了古埃及象形文字。

字母表

字母表是代表口语语音学的一组字符。最早的字母表起源于古代近东地区的闪米特语言。大多数字母表可划分为两种类型，一种为辅音音素文字——例如腓尼基字母和阿拉伯字母，它们是一种仅有辅音的字母表，没有代表元音的字母或符号，元音要么从上下文推断，要么通过加入音调符号来体现；而另一种是真正意义上的字母表，元音具有自己的符号。

最早的字母表

已知最古老的字母表大约出现在公元前1900—前1700年的古埃及，因最初发现于西奈半岛，故有时被称为原始西奈文字。其中大约30个字符被认为是从古埃及语音符号改编而来，以配合闪米特语的发音。

源于象形文字的水的符号

世界上第一个字母表

腓尼基字母

腓尼基字母表由22个辅音字母组成，书写顺序通常为从右往左。腓尼基字母的外形轮廓与古埃及象形文字有相似之处，被认为是从古埃及象形文字的基础上演变而来的。

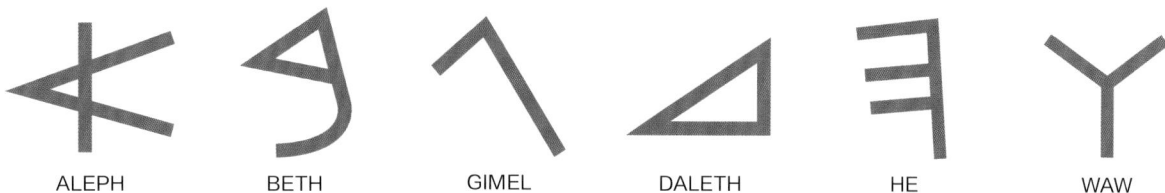

ALEPH	BETH	GIMEL	DALETH	HE	WAW

希腊字母

希腊字母表是世界上最早的既有元音字母又有辅音字母的字母表。它和腓尼基字母书写顺序相同，只是增加了四个新的元音。

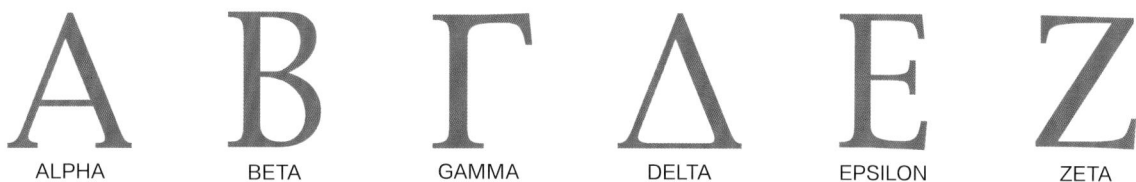

ALPHA	BETA	GAMMA	DELTA	EPSILON	ZETA

伊特鲁里亚字母

贸易活动将希腊字母向西传播至伊特鲁里亚，伊特鲁里亚人增添了一些字母，也对其他一些字母做了改动——例如，用字母"C"取代了字母"γ"。

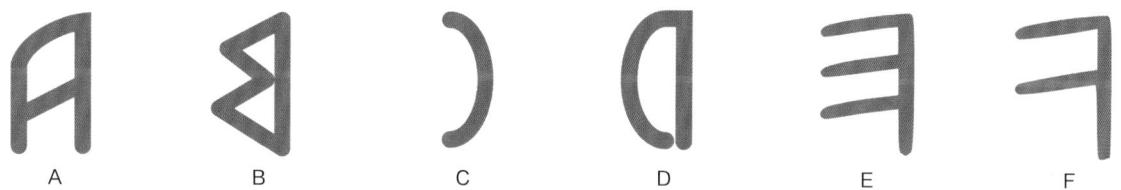

A	B	C	D	E	F

罗马字母

古罗马人对希腊字母做了进一步调整："Z"曾一度被删除，之后又被重新添加到字母表的末尾，以避免打乱原有的字母顺序。

A	B	c	D	E	F

如尼字母

也被称为古弗萨克字母（以字母表中前六个字母命名）。这是北欧日耳曼族使用的字母表，每个字符都是表音符号，但同时也是语标符号，具有象征意义。

FEHU	URUZ	THURISAZ	ANSUZ	RAITHO	KAUNAZ

阿拉伯字母

书写顺序为从右向左，通常使用连笔草书形式。阿拉伯文共有28个字母，其中22个由闪米特字母演化而来。除了"ﺍ"外，其余字母都是辅音字母。

ALIF	BA	TA	THA	GIM	HA

西里尔字母

以希腊字母为基础的文字系统，公元9世纪至10世纪，因基督教在保加利亚第一帝国的斯拉夫地区传播，西里尔字母得以创立并发展。现代形式的西里尔字母主要用来书写俄语及其他斯拉夫语族的语言。

AZǓ	BUKY	VĚD	GLAGOLI	DOBRO	ESTǓ

◀ 参见文字的历史：第 456—457 页 **459**

» 文字体系（续）

意音文字及相关的文字体系

字母文字的每个符号代表一个语音，与之不同的是，像汉字这样的意音文字，每个符号代表了一个语素——语言中最小的音义结合体，比如一个词或一个概念。这就使得意音文字要比字母文字使用更多的符号。然而，没有一个文字体系是纯粹的意音文字，因为所有的文字体系都包含语音成分。

甲骨文

最早的中国汉字刻于龟甲和兽骨之上，其历史可追溯到约公元前 1200 年至前 1050 年。迄今已发现甲骨文单字约 4500 个，其中约 1700 个被识别出来。这些刻有文字的兽骨或龟甲被用于古代的占卜仪式。

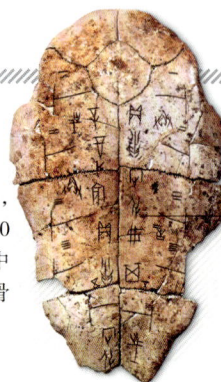

铭文记载着向神灵或祖先提出的问题

龟甲

汉字

汉字共有 8000 多个独立的语标符号。它们从表形、表意逐步演变为在某些情况下具备表音的功能。

美 BEAUTY

清 CLARITY

英 ELITE

命 DESTINY

花 FLOWER

日文

日文在借鉴汉字书写系统的基础上，增加了 46 个平假名为日语注音，以及 46 个片假名表示外来语发音。

あ A 平假名

か KA 平假名

さ SA 平假名

ア A 片假名

カ KA 片假名

谚文

谚文（朝鲜/韩国语）有 24 个基础字母，包括 14 个辅音和 10 个元音。15 世纪时，谚文取代了中国汉字在朝鲜文字体系中的地位。

ㅍ P 谚文辅音

ㅎ H 谚文辅音

ㅑ YA 谚文元音

垂直线代表直立的人类

ㅓ EO 谚文元音

水平线代表大地（阴）

ㅠ YOO 谚文元音

奥尔梅克和萨波特克文字

这些早期的中美洲文字系统在外观上与象形文字类似，其书写方式也是从上到下垂直书写。

领主/花朵 奥尔梅克文字

盘绕的蛇的形象
大蛇 奥尔梅克文字

短吻鳄 奥尔梅克文字

领主/花朵 萨波特克文字

象形文字中可见人脸的轮廓

大蛇 萨波特克文字

玛雅文字

玛雅文字是中美洲唯一一种已被基本破译的文字系统。它由大约 800 个图案符号组成，这些符号使用现实生活中的动物、人或物体来表达思想和声音。

蛇牙
蛇

女人

用手撒播种子
撒播

描绘出三座山峰
山

闪烁的火焰

火

花瓣

太阳

刻有铭文的表面

玉石质地的匾额

公元5世纪的玛雅纪念匾额

象征着火焰

音节文字

音节文字是一种以音节为单位的表音文字系统，其中每个音节都用不同的符号表示。正因如此，许多音节文字所需的字符比语标文字少，如美洲印第安原住民的切罗基语。源自婆罗米字母的印度文字（见下文），以辅音字母为主体，元音则通过附加符号的形式来标注，这种类型的文字被称为元音附标文字或音节音位文字。

古印度河文字

印度次大陆上最古老的文字，来自青铜时代的印度河流域文明（今巴基斯坦和印度）。这些文字雕刻在陶土印章和其他物品上，迄今为止约400个图形符号已被识别出来。然而，这些符号所属的文字体系至今仍未被破译。

文字符号

牛型动物

刻有古印度河文字
的陶土印章

婆罗米文字

婆罗米文字可追溯至公元前8世纪，从左向右书写。它极有可能是由一个或多个闪米特文字系统演化而来的。

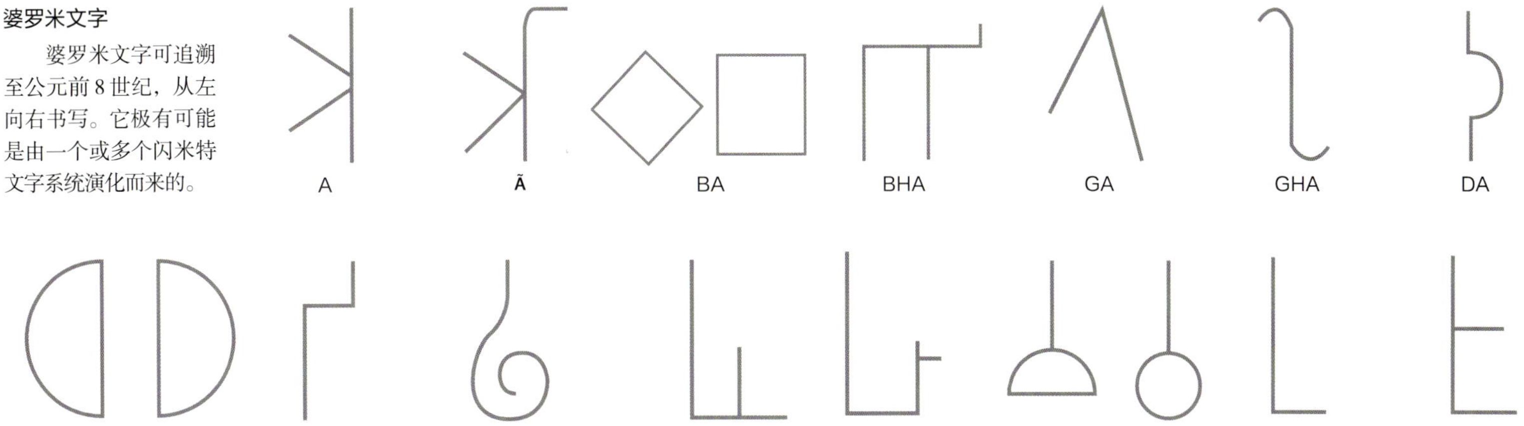

A　Ã　BA　BHA　GA　GHA　DA

DHA　DA　DHA　HA　VA　U　Ū

天城体

在天城体文字中，辅音是根据发音时腭部的具体部位和舌头的发音动作来划分的。

KA　KHA　GA　GHA

NA　CA　CHA　JA　JHA

天城体《薄伽梵歌》

高棉文

高棉文也源自婆罗米文，它有33个辅音和大量元音——包括24个变音符（标示元音的符号）和14个独立的元音。

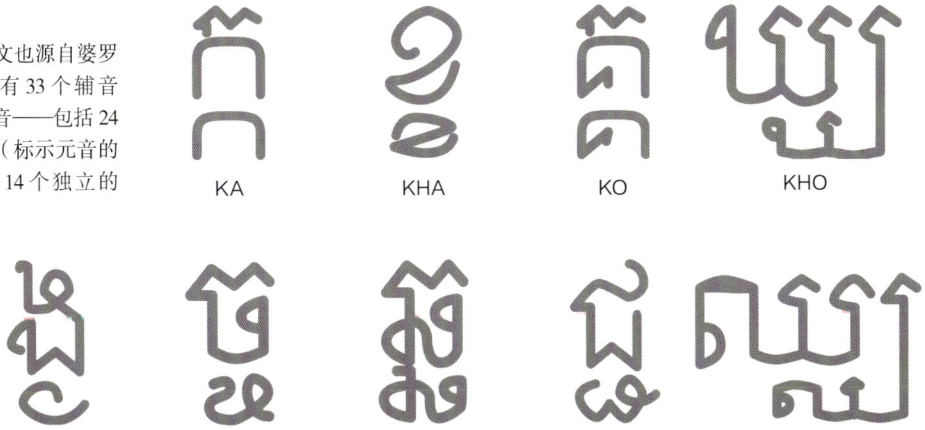

KA　KHA　KO　KHO

NGO　CA　CO　CHA　CHO

罗洛士遗址群中的普利哥寺

高棉铭文的早期遗迹可在普利哥（意为"神圣的公牛"）寺庙中发现，这是一座建于879年的高棉寺庙，位于当时高棉帝国的首都诃里诃罗洛耶（今柬埔寨）境内。

高棉文铭文

◀ 参见文字的历史：第456—457页　◀ 文字体系：第458—461页

461

团队球类运动

团队球类运动源于亚洲、欧洲和美洲，从具有百年历史、使用天然材料制作而成的圆形球开展的游戏发展而来。每周都有上百万人观看这些运动项目，其中最受欢迎的是足球，在每个大洲都开展。世界杯是足球运动中最大的赛事，也是世界上最受期待的体育赛事。

手球
周长：59 厘米
直径：18.8 厘米

排球
周长：66 厘米
直径：21 厘米

沙滩排球
周长：67 厘米
直径：21.3 厘米

篮网球
周长：69 厘米
直径：22 厘米

足球
周长：69 厘米
直径：22 厘米

篮球
周长：75 厘米
直径：24.2 厘米

足球

足球比赛每边由 11 名队员组成，分两个半场，每个半场 45 分钟。每支球队有一个 7.32 米宽的球门，由守门员防守（唯一一名可以在场上用手触及球的队员）。队员通过踢或用头顶的方式，使球越过对方球门线来得分，失分的球队从中场线重新开始比赛。

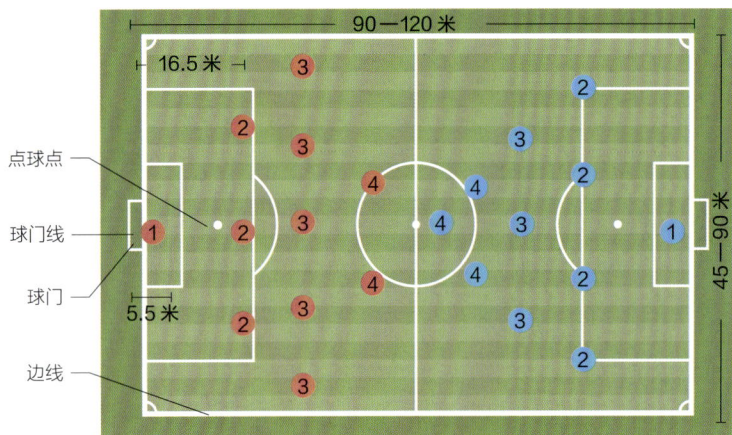

16.5 米 · 90—120 米 · 45—90 米

点球点 · 球门线 · 球门 · 5.5 米 · 边线

足球场

图例

① 守门员
② 后卫
③ 中场队员
④ 前锋

3-5-2 阵型
4-3-2-1 阵型

阵型

队员按照后卫、中场队员以及进攻队员排列成排，组成大家熟知的阵型。一些阵型着重于进攻，一些阵型则着重于防守。

进攻

球队将球转移到空旷位置向对方球门区域发动进攻，采用射门或者头球的方式来得分。

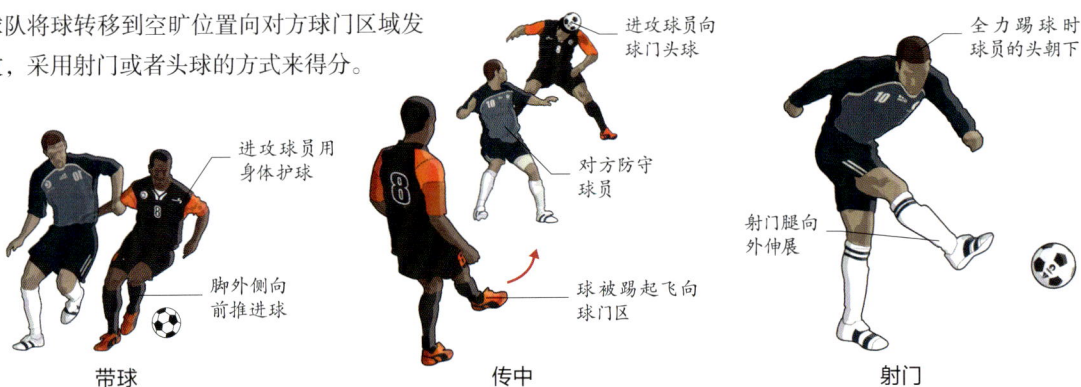

进攻球员向球门头球

进攻球员用身体护球

全力踢球时球员的头朝下

对方防守球员

脚外侧向前推进球

球被踢起飞向球门区

射门腿向外伸展

带球
快速的脚步和良好的身体平衡让队员带球越过对方球员，并通过紧密的防守空间。

传中
球员将球踢向对方球队球门区的中央区域，让进攻队员可以得分。

射门
球员射门时大力地向球门踢球，向球门两个底角的射门对于守门员来说是最难扑救的。

防守

防守球队通过铲球、阻拦和盯人防守避免对方得分，同时他们通过重新获得球权来发动自己的进攻。

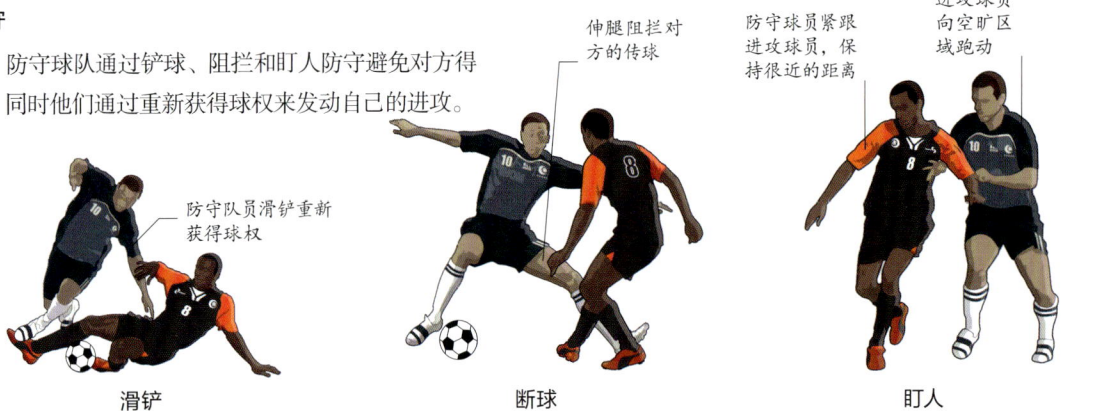

防守队员滑铲重新获得球权

伸腿阻拦对方的传球

防守球员紧跟进攻球员，保持很近的距离

进攻球员向空旷区域跑动

滑铲
滑铲是指在对方球员脚下滑动铲球，从而把球踢走。危险的铲球动作会导致犯规。

断球
球员在对方传球时断球，从而阻止球被对方传到目标位置。

盯人
这一技术是指一名球员紧紧跟住对方一名球员，从而阻止他（或她）获得对球的控制。

主裁判手势信号

主裁判与两名沿着边线执裁的助理裁判控制整场比赛。他们通过手势信号来传达判罚决定，并且通过判罚任意球和点球来处罚犯规。

直接任意球 · **间接任意球**

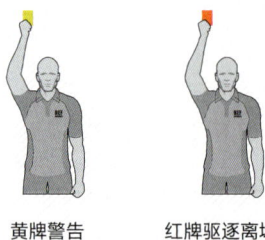

黄牌警告 · **红牌驱逐离场**

有利原则

参见团队球类运动：第 462—465 页 ▶   球棒、球棍和球杆类体育运动：第 466—467 页 ▶   使用球拍的运动项目：第 468—469 页 ▶

在 1962 年的一场 NBA 比赛中，威尔特·张伯伦得到 100 分，创造了单场得分记录

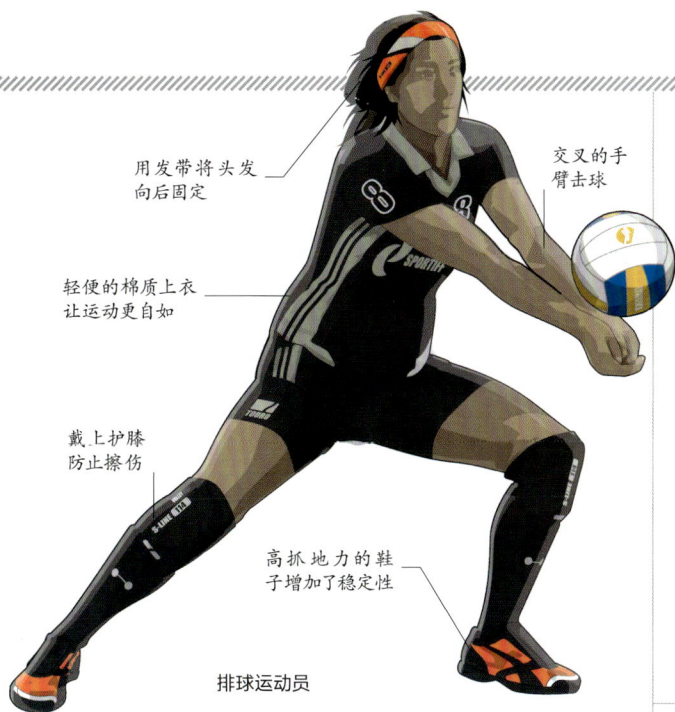

用发带将头发向后固定

交叉的手臂击球

轻便的棉质上衣让运动更自如

戴上护膝防止擦伤

高抓地力的鞋子增加了稳定性

排球运动员

排球

排球比赛每支球队有 6 名场上队员，最多击球 3 次，把球打到对方半场。常有的失误包括触击球超过 3 次和将球打出界，这会使对方球队得分。

网

男子比赛网高 2.4 米，女子比赛网高 2.2 米，球员任何时候触及球网都会使对方得分。

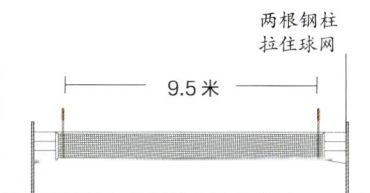

两根钢柱拉住球网

9.5 米

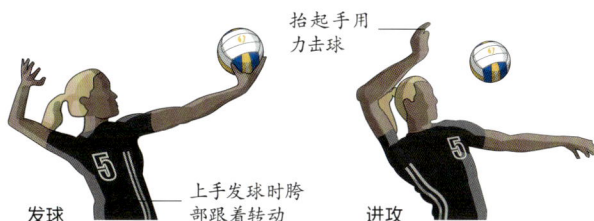

抬起手用力击球

上手发球时胯部跟着转动

发球　　进攻

技术

球员通过拦截和救球阻击对方击球来防守。救球是指在球被打落地面之前向上击球，让队友可以打出大力扣球或者轻巧的拨球。

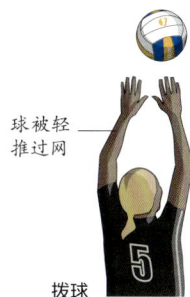

球被轻推过网

拨球

沙滩排球

沙滩排球是排球运动的变式，每边有两名队员，比赛在沙地上进行。两支球队需要覆盖 16 米 ×8 米的场地，比赛中没有换人。以三局两胜为比赛形式，每局比赛先得 21 分的球队获胜。

篮网球

这是一项快速移动的运动项目，两支球队都各由 7 名队员组成。每支球队都将球传入对方的球圈，然后将球扔进对方的球圈进而得分。

球圈高 3.05 米

篮球

比赛中每支球队有 5 名球员，并且换人没有限制次数。球员通过在木制地板上弹球、传球和运球来控制球，并通过向 3.05 米高的篮圈投篮来得分。

手球

每支球队有 7 名场上队员，通过传球并向长方形的球门射门得分。比赛时长 60 分钟，允许身体接触。

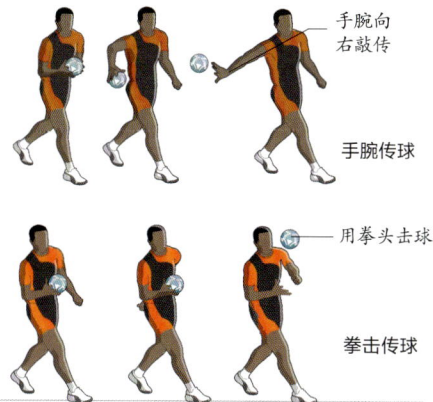

手腕向右敲传

手腕传球

用拳头击球

拳击传球

NBA 还是国际篮联？

国际篮球联合会的比赛在全球开展，比赛每节 10 分钟，共有 4 节。而 NBA 比赛主要在北美开展，每节比赛 12 分钟，共有 4 节。

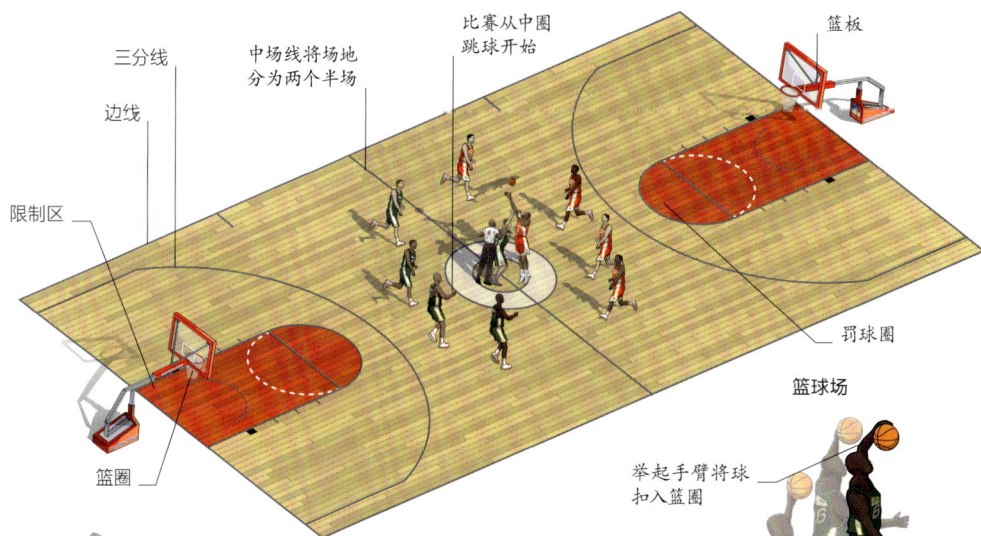

三分线

边线

限制区

中场线将场地分为两个半场

比赛从中圈跳球开始

篮板

罚球圈

篮圈

篮球场

举起手臂将球扣入篮圈

传球越过对方

球员向前下方弹球

传球　　　运球　　　投篮

球员通过各种方式的传球将球传给队友，包括头上传球、击地传球、侧传、胸前传球。

球员可以用一只手弹球并移动。然而，当他们双手持球时，就不能跑动。

远距离投篮可以得 3 分，而在三分线内投中篮和扣篮可以得 2 分。

参见冰雪运动：第 474—475 页 ▶　水上运动：第 476—477 页 ▶　精准性运动项目：第 478—479 页 ▶　　**463**

>> 团队球类运动（续）

美式橄榄球

这项运动由 4 节比赛组成，每节比赛 15 分钟，比赛中有身体冲撞、传球、跑动以及策略的制定。进攻球队在一组进攻机会中，通过带球进入对方端区，或者将球踢进对方球门得分。

一档进攻

如果一支球队在 4 档（次）进攻机会中前进了 9.1 米，那么裁判员会示意获得第一档进攻，球队再次获得 4 档进攻机会。如果失败，则对方获得进攻球权。

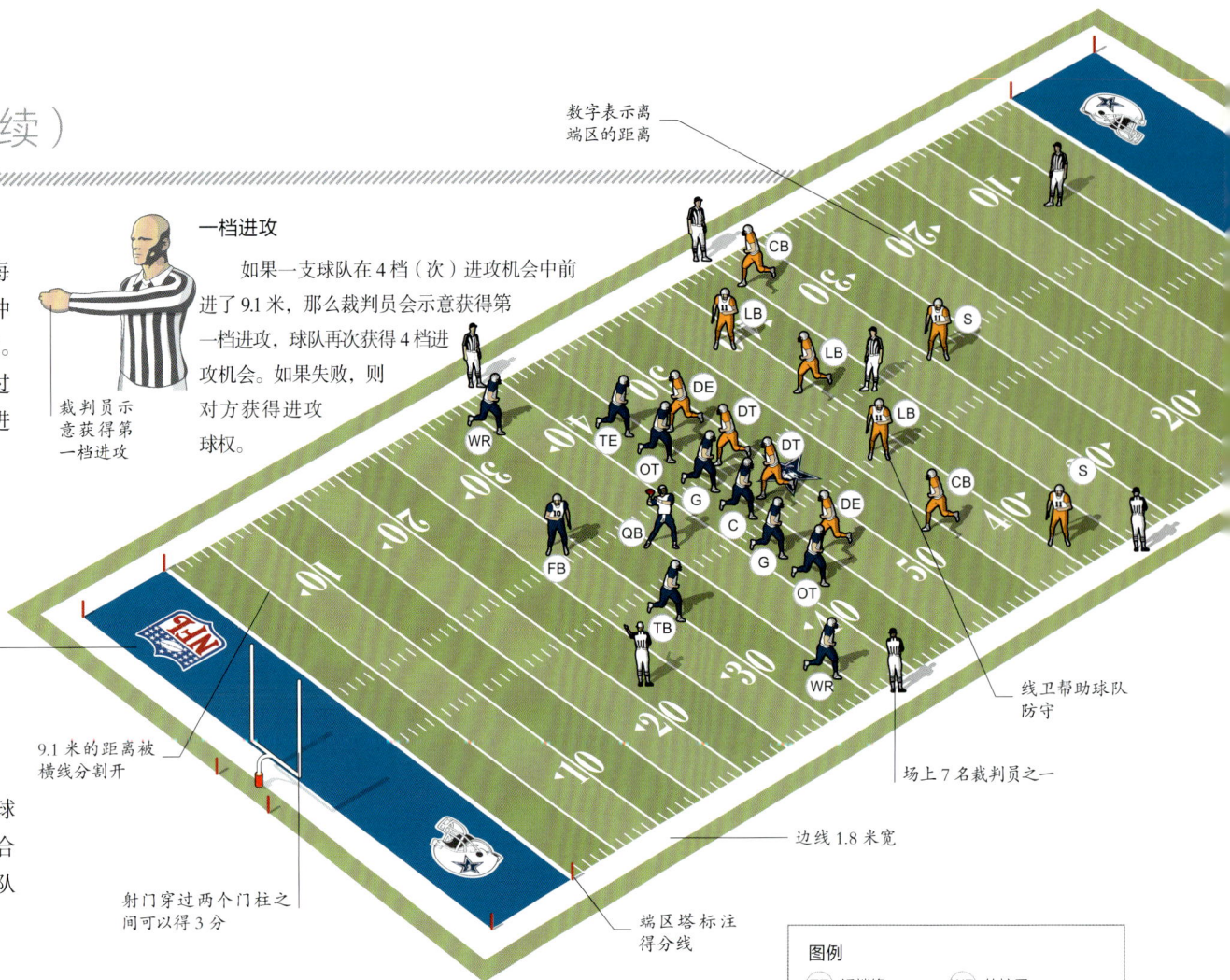

数字表示离端区的距离

裁判员示意获得第一档进攻

9.1 米宽的端区，进入这里可以达阵得分

线卫帮助球队防守

场上 7 名裁判员之一

四分卫

四分卫组织球队的进攻，接球之后他必须选择将球传给场上的合法接球队员，如果没有合法接球队员，他也可以选择自己带球前进。

9.1 米的距离被横线分割开

射门穿过两个门柱之间可以得 3 分

端区塔标注得分线

边线 1.8 米宽

四分卫合起双手并伸出去接球

中锋从两腿之间传球

抓住球的缝合处

四分卫后撤并伺机传球

中锋保护四分卫

开球进攻

开始进攻

传球

图例

TE 近端锋		WR 外接手	
OT 进攻截锋		DE 防守端锋	
G 护锋		DT 防守截锋	
C 中锋		LB 线卫	
QB 四分卫		CB 角卫	
FB 全卫		S 安全卫	
TB 尾卫			

联合式橄榄球

这是一项每边有 15 名队员并带有身体接触的运动，球队通过带球触及对方的得分区，将球穿过对方球门柱之间射门得分。比赛中可以向前踢球，但如果用手传球则只能向后传球。

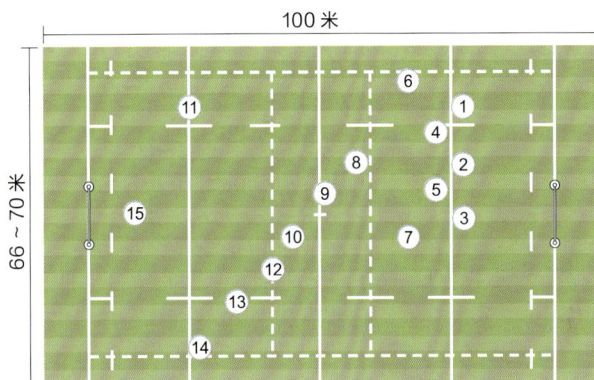

100 米

66～70 米

争球

8 名前锋抱紧和对方形成一个中央通道，在通道中传锋会进行喂球，双方前锋会争夺球权。如果喂球时发生犯规，或者任何一方球员故意使争球队形破坏，裁判员将判罚犯规。

3 名前锋组成第一排

传锋

后排

跳起的球员伸出手臂接钩球锋的传球

界外球

当球出界时，比赛重新开始。钩球锋向场内扔球，同时双方前锋尝试接球。

图例

① 松头支柱	④ 锁球锋	⑦ 大边侧前锋	⑩ 接锋	⑬ 外侧正锋
② 钩球锋	⑤ 锁球锋	⑧ 8 号	⑪ 左边锋	⑭ 右边锋
③ 紧头支柱	⑥ 小边侧前锋	⑨ 传锋	⑫ 内侧正锋	⑮ 最后卫

两根球门门柱相距
5.6 米

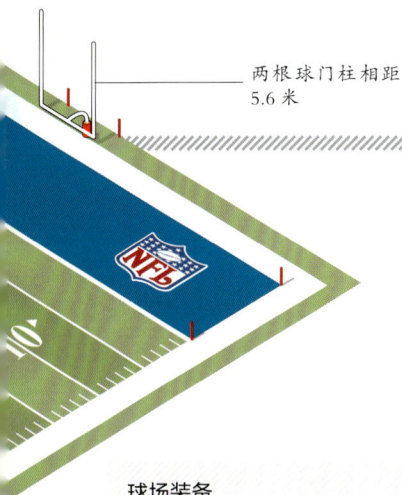

球场装备

球员穿戴宽大的肩膀和胸部护甲，护甲表层是坚硬的塑料，内侧还有吸收冲力的泡沫层。四分卫的头盔里面也会连接对讲机以便他们接收教练员的指令。

有护面的
头盔

可调节
护肩

护腿

护膝

护具

澳式橄榄球（澳式规则）

这项运动每边 18 名队员，队员通过接球、拦截、用手传球以及踢球进行比赛。每场比赛共有 4 节，每节 20 分钟，比赛近乎连续进行，没有停顿，球员通过向椭圆形场地一端的一组门柱内射门得分。

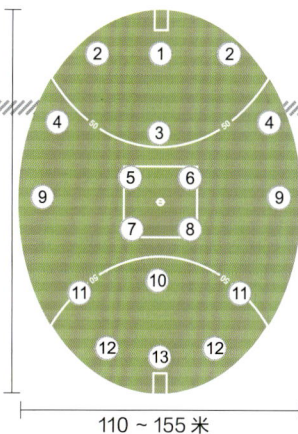

135～185 米

110～155 米

6.4 米　　6.4 米

至少
3 米

至少
6 米

得分

踢球穿过中间的球门柱得 6 分，穿过外侧球门柱得 1 分。

图例	
① 主前锋	⑧ 中锋
② 副前锋	⑨ 边锋
③ 中半前锋	⑩ 中半后卫
④ 半前锋侧翼	⑪ 侧半后卫
⑤ 争球手	⑫ 副后卫
⑥ 抢球手	⑬ 后卫
⑦ 自由球手	

用手控制
球的方向

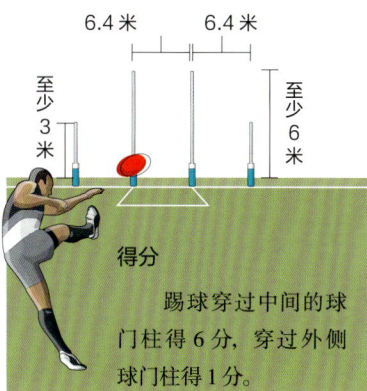

球的两端
翻滚旋转

弃踢

这种踢球可以将球踢到场地中等或较远的距离。球受力旋转，可以使踢球落点更精准。

定球

定球其实是完成一次接球，接住球之前，球必须被踢并飞行 15 米或更远。完成之后，接住球的队员可以在没有放下的情况下进行下一次踢球或握拳击球。

对方队员试图在
定球完成前将
球打掉

盖尔式足球

这是一项英式足球和橄榄球相结合的运动，全爱尔兰精英赛决赛可以吸引 80000 人观赛。比赛中每边 15 名队员，通过将球踢进或用拳击打进对方球门的方式得分，射门如果越过横梁但从门柱之间飞过可以得 1 分。

防守队员

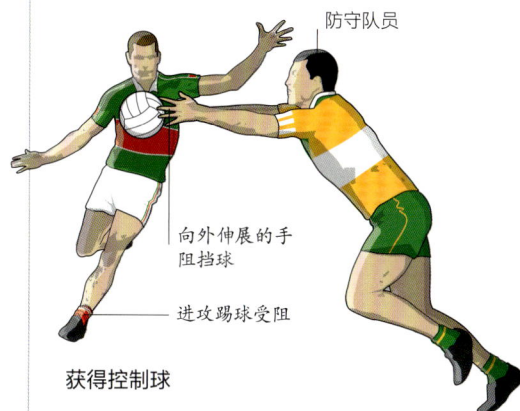

向外伸展的手
阻挡球

进攻踢球受阻

获得控制球

球队需要通过获得控球权，才能有机会得分，球员可以通过拦截和封盖对方的踢球和传球来获得球权。

在爱尔兰开展盖尔式足球的历史可以追溯到公元 1308 年

联盟式橄榄球

源于 1895 年英格兰北部橄榄球俱乐部对橄榄球进行的变式，这项运动和联合式橄榄球有许多相似之处。但是，它每边只有 13 名队员，每次可得 4 分。比赛中每次进攻的档数（次数）更少，更加强调传球和跑动。

1871 年，一名球员在一次训练赛中被撞而去世，此后，橄榄球比赛规则才被正式化

122 米

68 米

图例		
① 最后卫	⑥ 接锋	⑪ 第二排
② 右边锋	⑦ 传锋	⑫ 第二排
③ 中锋	⑧ 支柱	⑬ 松头前锋
④ 中锋	⑨ 钩球锋	
⑤ 左边锋	⑩ 支柱	

开球

在拦截后，队员将球滚向后方的同队队员。6 次拦截之后，球权就归对方所有。因此，在第 6 次拦截之前，控球队员通常会将球踢向对方场地深处以获得场地位置优势。

技术和策略

联盟式橄榄球的成功之处在于使用强硬的、准确的拦截来防守，同时进攻队员还需要灵巧地控球和犀利地跑动。

用鞋底
将球滚
向后方

活球

进攻队员可
以在擒抱完
成前卸球

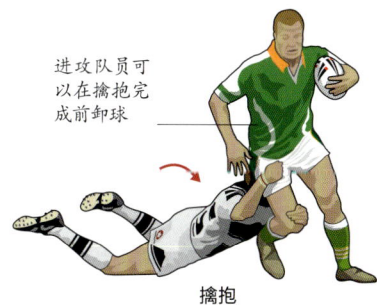

擒抱

参见奥运会：第 482—485 页 ▶　**465**

球棒、球棍和球杆类体育运动

基于用球棒、球棍或球杆击打球或投射物的游戏拥有很长的历史。例如，许多古埃及手工艺品上便描绘了 4000 年前，简易曲棍球的开展场景，而现代用到球棒和球的体育运动则起源于 18 到 19 世纪的欧洲。

棒球的接缝上有 108 道针脚

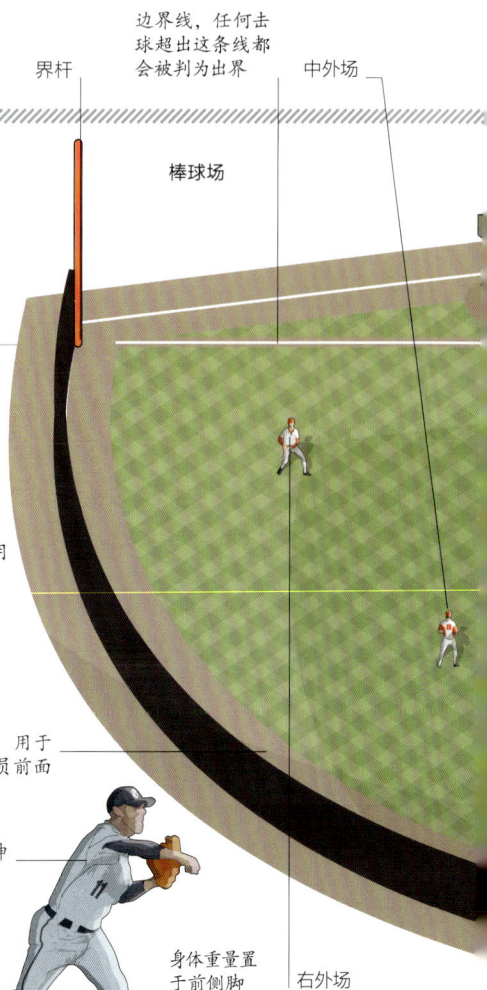

棒球场

边界线，任何击球超出这条线都会被判为出界

界杆

中外场

棒球

棒球比赛共有 9 局，双方球队要在比赛中尽可能多地跑垒得分。为此，击球员需要通过击球，绕三个垒跑动回到本垒来实现。当一支球队三名击球员都出局时（击球被直接接住，或三次未击中投球，或在垒上被持球触及），一局比赛结束。

击球

击球员站在本垒区尝试击球，将球打得尽可能远并不被接住。

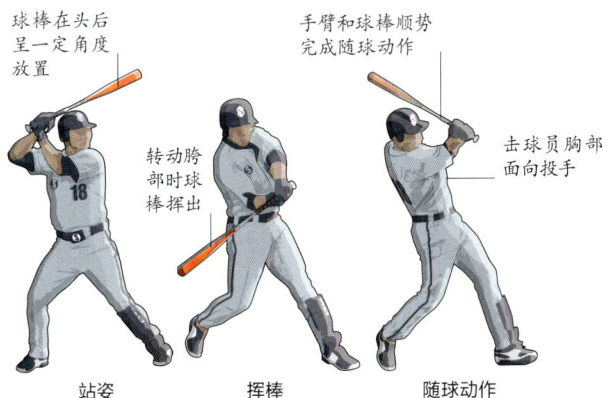

球棒在头后呈一定角度放置

转动胯部时球棒挥出

手臂和球棒顺势完成随球动作

击球员胸部面向投手

站姿　　挥棒　　随球动作

快球

投手将两个手指放在球的顶端，使球沿直线快速飞行。美国职业棒球大联盟（MLB）投手的投球速度可以超过 145 千米每小时。

大拇指起支撑作用

投球

投手通过三次投球，使球穿过击打区（本垒区上方膝盖与胸之间形成的区域）将击球员三振出局。

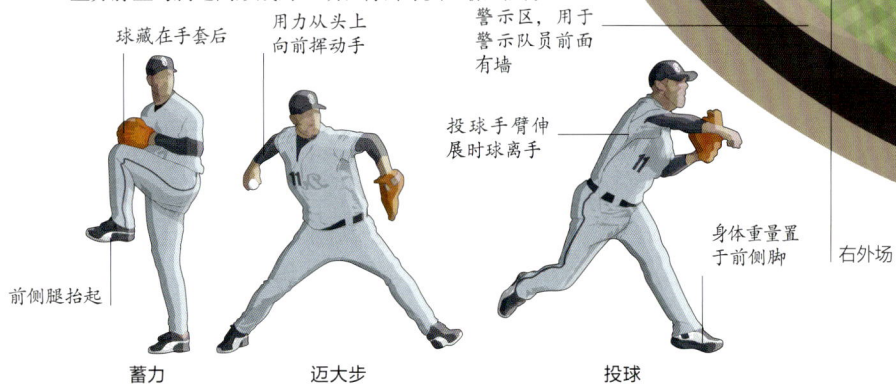

球藏在手套后

用力从头上向前挥动手

投球手臂伸展时球离手

警示区，用于警示队员前面有墙

身体重量置于前侧脚

右外场

蓄力　　迈大步　　投球

板球

每支球队有 11 名队员，两支球队轮流击球，双人得分跑或者接球。为了实现得分跑，击球员击球后需要跑到另一端的位置线。防守队用多种方法尽力使击球员出局，例如，将球掷中三柱门或者接住被击中的球。

投球

投手连续投 6 次球，被称为一轮，投手甩球或将球扔出球场来击败击球员。

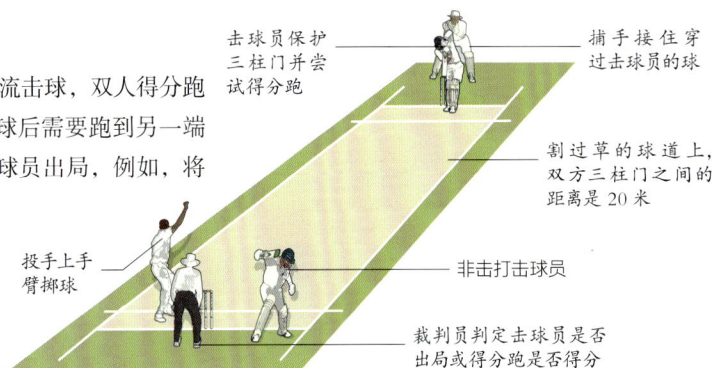

手指抓住球

前侧手抬起同时，投掷手开始过头扔球

投掷动作的最高点球离手

重量转移到前侧腿

收球　　掷球迈步　　掷球

击球员保护三柱门并尝试得分跑

捕手接住穿过击球员的球

割过草的球道上，双方三柱门之间的距离是 20 米

投手上手臂掷球

非击打击球员

裁判员判定击球员是否出局或得分跑是否得分

击球

击球员使用不同的击球方式将球打入防守的缝隙或越过场地区域（比赛场地区域之外），从而实现得分跑。

柳木制成的球棒

前侧腿用保护垫包裹

击球员

垒球

这一流行的休闲体育项目和 9 名队员组成一队的棒球有许多相似之处，它也在钻石形场地进行比赛，各垒之间相隔 18.3 米，围绕 4 个垒（包括本垒）进行得分跑。它采用下手投球，根据比赛不同投球球速可快可慢，球比棒球要大。

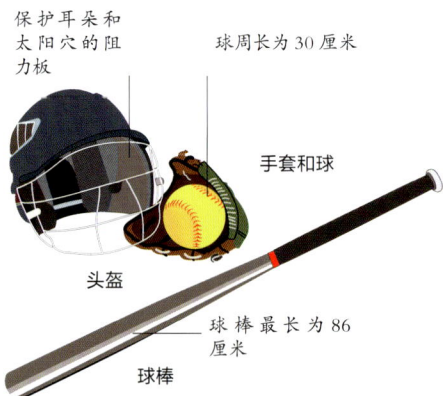

保护耳朵和太阳穴的阻力板

球周长为 30 厘米

手套和球

头盔

球棒最长为 86 厘米

球棒

比赛中最长的一杆进洞，球越过了 473 米

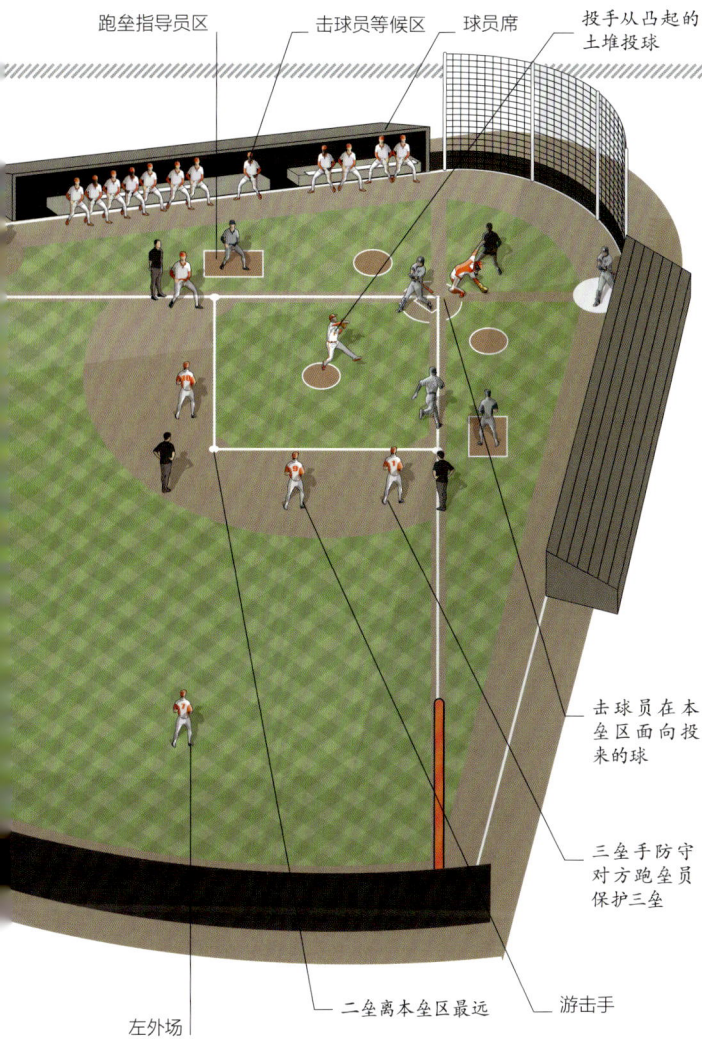

高尔夫球

高尔夫球运动员的目标是用尽可能少的杆数，将球击打进洞。高尔夫球场通常有 18 个洞，同时还有树、河流以及沙坑，它们都是障碍物，高尔夫球手必须避开或绕开它们使球进入绿色区域。

跑垒指导员区
击球员等候区
球员席
投手从凸起的土堆投球

击球员在本垒区面向投来的球

三垒手防守对方跑垒员保护三垒

二垒离本垒区最远
左外场
游击手

球杆抬起并向下挥

良好的握杆可以使杆面垂直击球

高尔夫球手在随球动作过程中转向球的方向

挥杆向上绕圈挥出，同时球员的头仍然向下

下挥杆

球杆

高尔夫球手一般需要 14 根球杆，每根球杆都可以将球打出不同的轨迹，让球飞跃不同的距离。

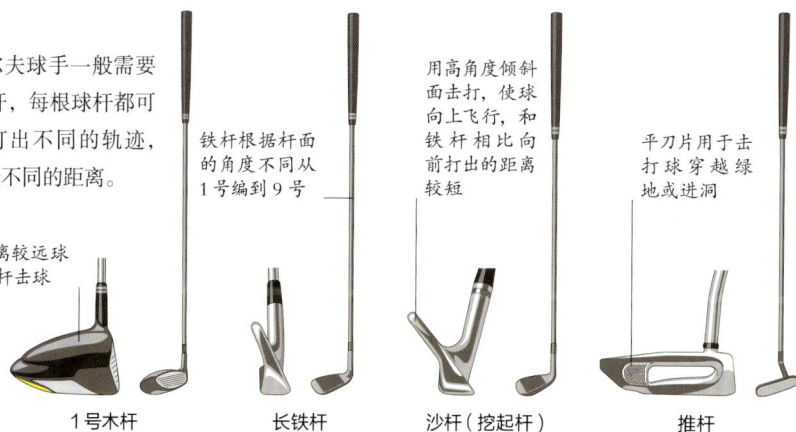

用于距离较远球洞的首杆击球

铁杆根据杆面的角度不同从 1 号编到 9 号

用高角度倾斜面击打，使球向上飞行，和铁杆相比向前打出的距离较短

平刀片用于击打球穿越绿地或进洞

1 号木杆
长铁杆
沙杆（挖起杆）
推杆

曲棍球场地

曲棍球比赛场地为 91.4 米长、55 米宽。两个球门都被 D 形射门圈所环绕，只有在这个区域内才可以射门得分。

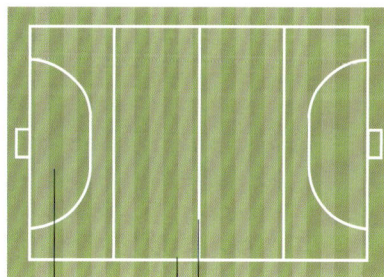

曲棍球

曲棍球运动在 100 多个国家开展，每支球队由 11 人组成，球员试图控制一个小而硬的球。球员只能用弧形球棍上平整的触球面进行传球、射门和带球，穿戴厚重护具的守门员进行守门。

比赛从中场线推球开始

射门区
边线标注了球场的边界

长曲棍球

源于 12 世纪印第安人的游戏，每支球队由 10 名男队员或 12 名女队员组成，每名球员都使用一根头部带网的球杆接球、带球和传球，并将一个海绵橡胶球扔向 1.8 米宽的球门以完成射门。

球
接球的网袋
有把手的长手柄
长曲棍球球棍

冰球

冰球比赛共有 3 局，每局 20 分钟。在这一快速的、身体对抗激烈的体育运动中，每支球队有 6 名滑冰手对冰球展开争夺。每个 1.8 米宽的门由守门员把守，而其他运动员则用 2 米长的、头部为平滑面的球棍进行传球和射门。比赛中的换人次数没有限制。

有帽舌的头盔
身着盔甲和保护性手套
控球
球杆平滑面接触球

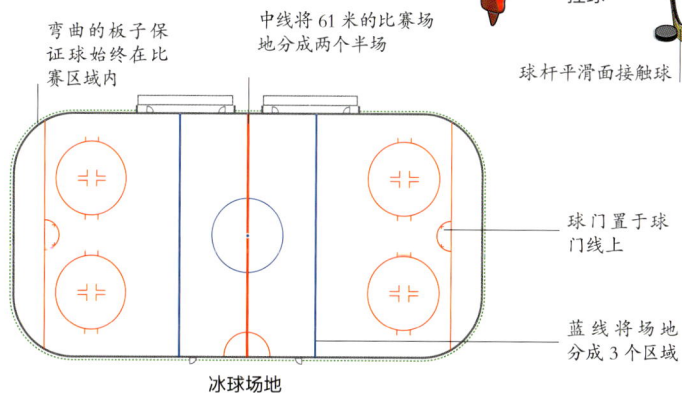

弯曲的板子保证球始终在比赛区域内
中线将 61 米的比赛场地分成两个半场
球门置于球门线上
蓝线将场地分成 3 个区域

冰球场地

参见奥运会：第 482—485 页 ▶

使用球拍的运动项目

第一个在中世纪欧洲流行的球拍运动是球拍比赛（掌击游戏），之后这项运动在 19 世纪的英国逐渐流行，并发展成为现代体育运动，比赛中用手握住球拍或球板在场地内击打球或羽毛球。

羽毛球

这是一项室内运动，球员将羽毛球打过球网，并落在对方半场的地面上便能得分。每局比赛先得到 21 分的球员获胜，每场比赛都是三局两胜制。

比赛区域

比赛场地 13.4 米长，被 6.1 米宽、1.55 米高的球网分成两个半场。

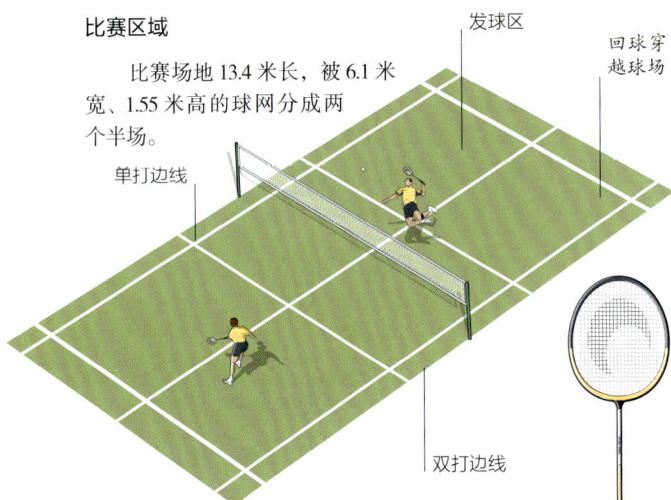

发球区

回球穿越球场

单打边线

双打边线

握柄

轻质量的球

羽毛球重 5.5 克，14 到 16 根鹅羽毛插在软木底座上，比赛中它被球拍来回击打。

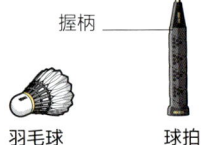

羽毛球

球拍

发球和扣球

羽毛球比赛中发球时，球拍必须低于肩膀的高度。比赛中可以正手击球也可以反手击球，而头上扣杀是最有威力的击球。

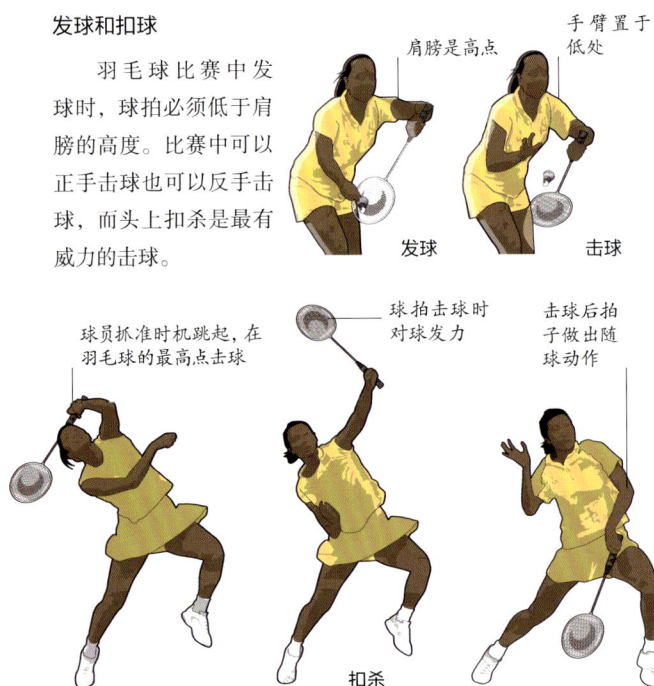

肩膀是高点

手臂置于低处

发球

击球

球员抓准时机跳起，在羽毛球的最高点击球

球拍击球时对球发力

击球后拍子做出随球动作

扣杀

壁球

壁球是室内运动，球员轮流对着正面的或者其他方向的墙击打一个小的橡皮球，给对手制造难以回击的角度和位置。发球队员发球时必须将球打在前墙的发球线以上，如果击球打在墙上后弹地超过两次，或者对方击球先触及地面再触及墙面，即可得分。先得到 11 分或者在 10 比 10 时比对方多得 2 分的球员获胜。

复合材料制成的框架

球拍和球

现代壁球球拍重量可达 225 克，人工合成材料的球拍网面可以击打空心球，击球速度可以超过 260 千米每小时。

球员发球

发球线

比赛从发球区开始

比赛场地

封闭的比赛场地尺寸为 9.75 米 ×6.4 米，比赛区域周围有透明的墙，裁判员和记分员坐在后侧墙的高处观察比赛。

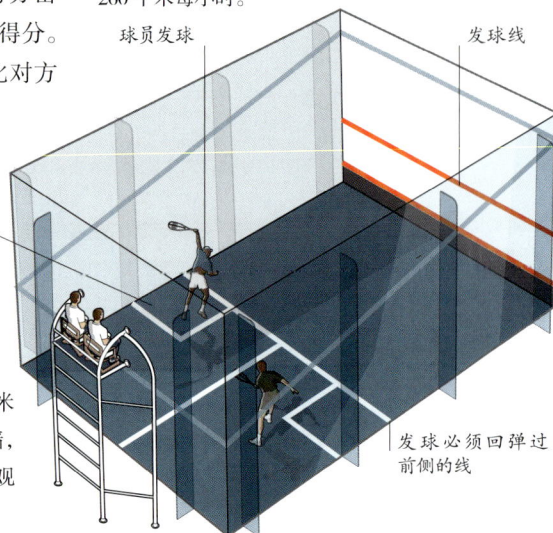

发球必须回弹过前侧的线

乒乓球

这项运动中球员相互将球击打过桌面上的网，网在桌面上 15.25 厘米处，桌面尺寸为 2.75 米 ×1.5 米。先得 11 分或者在 10 比 10 时比对方多得 2 分的球员获胜。

球网是绷紧的

速度与力量

球员通过快速的反应移动脚步，挥动球拍，打出旋转球，大力击球并控制球的落点，让对方跟不上节奏无法击球。

深色平整的桌面

快速移动回球

双脚开立的准备站姿

球拍表面附着橡胶

用一种"握手"的方式握拍

打击面可以看见球员的指关节

"握笔"式握拍

可以看见手指

正面

反面

正面

反面

正统握拍（横拍）

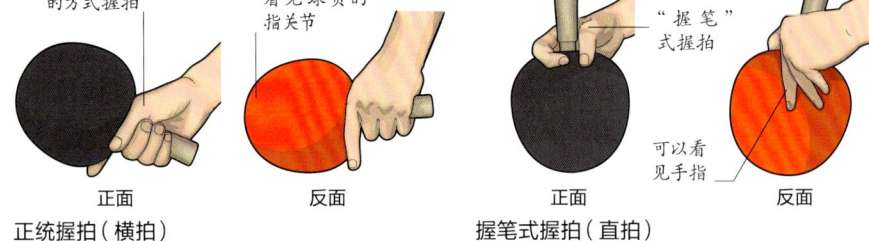

这种握法被称为"握手式握法"，伸展食指握住球拍，在进攻和防守中提供了良好的平衡。

握笔式握拍（直拍）

20 世纪 50 年代发展于日本，这种握拍方式有很强的正手进攻能力，但需要快速的反应才能打出成功的反手球。

耗时最长的职业网球比赛发生在 2010 年的温布尔登网球锦标赛上，总共耗时 11 小时 3 分钟

网球

两名（单打）或者四名（双打）球员在网球比赛中竞争，他们用精准、有力的挥拍以及球的旋转等方式将球击打过网并落到对手的半场，使对方球员无法回球。

单打边线

场地边饰

10.97 米
8.23 米

左侧发球区

23.77 米

发球必须落在发球线之前

端线中点标记

发球必须落在发球区中线的对侧

网

右侧发球区

比赛场地

地面通常是人工合成材料、黏土或者草地，单打比赛场地是 23.77 米长、8.23 米宽，双打比赛场地宽 10.97 米。

双打线扩展了比赛场地区域

发球球员在端线后

结实的椭圆形框架

绷紧的网线用于击球

加衬垫的握把

球拍

尼龙材料外表

球

后场

得分

计分方式为 0 分、15 分、30 分、40 分、获胜。球员在比赛中至少赢下 6 局并且比对手多赢两局，才能赢得一盘。如果双方都各赢得 6 局比赛，那么将进行抢 7。

球拍越过身体

球拍在身体外侧

反手

正手

体育科技

一把现代网球拍可长达 73.7 厘米，由结实的框架和紧绷的网线构成，可以有力并准确地击打外表覆盖毛毡、其中空心的橡胶网球。

美式壁球

这一球速非常快的运动是在室内开展的，场地由四面墙、房顶和地板组成。球员发球需直接命中前墙，并且不能触及其他墙面。击球弹出墙面如果落地两次，或者对方无法回球便得一分。

橡皮球

宽锥面的框架

装备

球拍可长达 55.9 厘米，有一个短手柄和腕带。球员佩戴手套握住球拍，同时还佩戴护目镜保护眼睛。

球拍、球和手套

回力球

世界上有许多不同的回力球，其中之一的壁网球在西班牙和其他西语国家特别流行。两名球员使用长勺手套——一种连接在手套上的篮筐，将一个橡皮芯、外层包有皮革的球，用流畅的动作快速掷向墙壁。任何 25 分和 50 分之间的得分都可能赢得比赛。

回力球的时速可达 300 千米，头盔可用于防止球撞击头部

弯曲的柳木和橡木制成的长勺手套用于抓住和扔出球

拉力赛

从球击打在一面墙上开始计分。拉力赛一直持续到球出场、反弹两次或未反弹终止。

参见**自行车与竞速运动**：第 480—481 页 ▶ **奥运会**：第 482—485 页 ▶

田径

跑步、跳跃和投掷是最古老的运动项目，跑步和竞走比赛早在公元前 776 年的希腊奥运会中就出现了，包括了在跑道上不同距离的比赛。投掷、跳远和撑杆跳比赛是田赛，7 项全能和 10 项全能既包含了田赛项目，也包含了径赛项目。

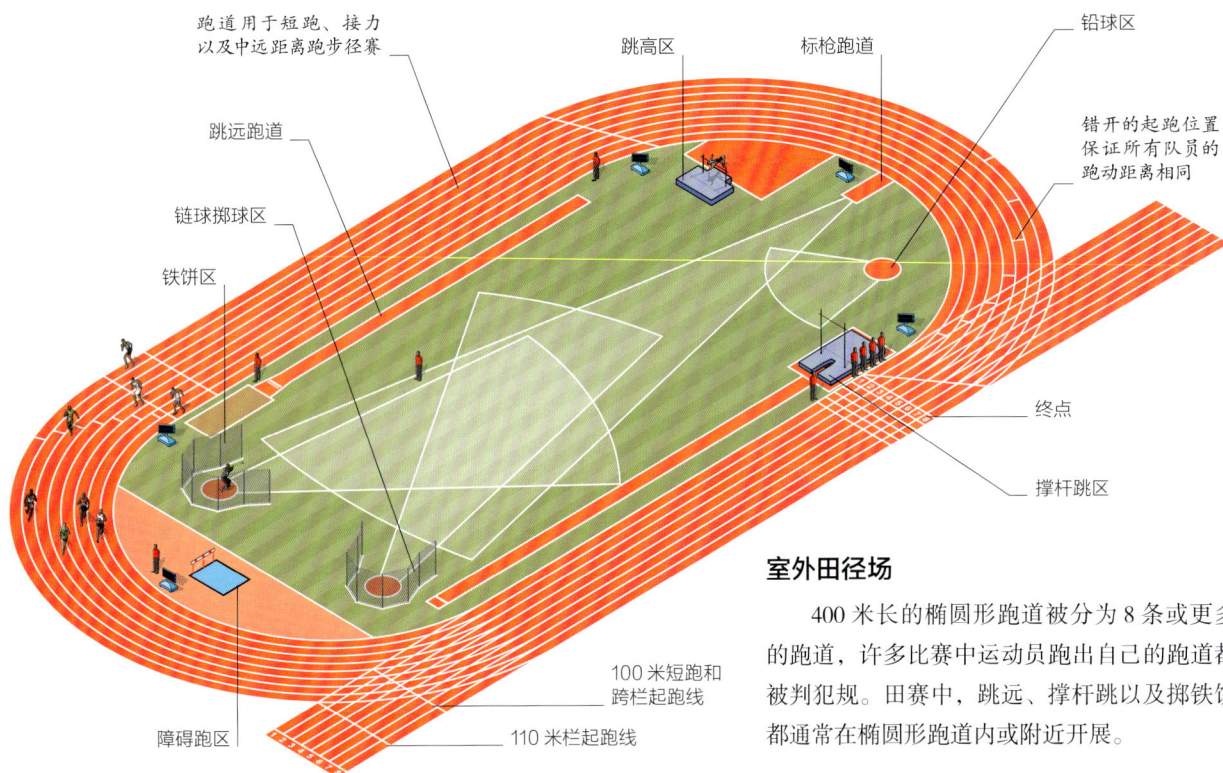

跑道用于短跑、接力以及中远距离跑步径赛
跳高区
标枪跑道
铅球区
错开的起跑位置保证所有队员的跑动距离相同
跳远跑道
链球掷球区
铁饼区
终点
撑杆跳区
100 米短跑和跨栏起跑线
障碍跑区
110 米栏起跑线

室外田径场

400 米长的椭圆形跑道被分为 8 条或更多的跑道，许多比赛中运动员跑出自己的跑道都被判犯规。田赛中，跳远、撑杆跳以及掷铁饼都通常在椭圆形跑道内或附近开展。

中、长距离跑

这是多圈数的比赛，它需要运动员具有速度、耐力、富有战术的头脑以及最终的冲刺能力。这类比赛包括了从 800 米到 10000 米以及 42.2 千米的马拉松比赛。马拉松比赛通常在公路上进行，但在奥运会比赛中运动员会在最后一段路程中在跑道上跑一圈。

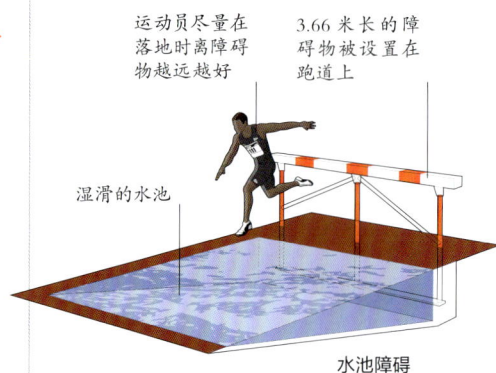

运动员尽量在落地时离障碍物越远越好
3.66 米长的障碍物被设置在跑道上
湿滑的水池
水池障碍

障碍跑

这是一项艰苦的长距离径赛，比赛中要完成 3000 米的跑动距离。比赛中运动员需要越过水池 7 次，越过 4 种障碍物 28 次，总计 35 个障碍。

短跑

室内短跑有 60 米比赛，而室外则有 100 米和 200 米比赛。短跑比赛需要运动员有爆发力，以向上的姿态冲出起跑器，并在其他对手之前冲过终点线。

俯身单膝跪地，脚踩在起跑器上
肩膀向前落于手上方
后侧腿推动运动员向前
各就各位
预备
起跑

起跑器

在短跑比赛中放在田径场上，起跑器有可调节角度的脚踏板，当发令员鸣枪，比赛开始时，短跑运动员发力蹬脚踏板。

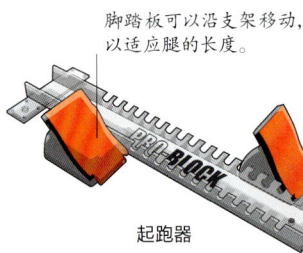

脚踏板可以沿支架移动，以适应腿的长度。

起跑器

跨栏

男子 110 米栏，女子 100 米跨栏比赛，以及男女子 400 米跨栏比赛中都有 10 个像门一样的障碍物（栏架），比赛中运动员必须尽可能快速跨越栏架并保持冲刺速度。

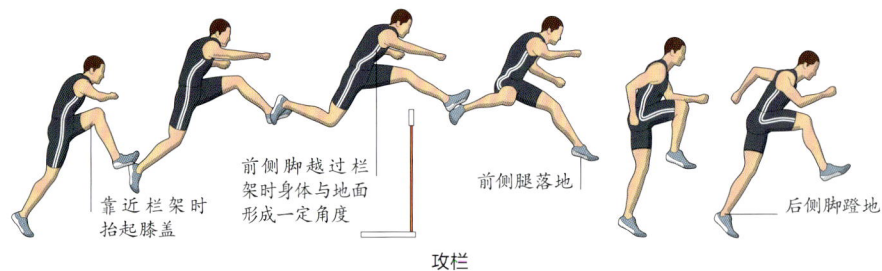

横栏
支撑架朝向运动员
高栏
中栏

靠近栏架时抬起膝盖
前侧脚越过栏架时身体与地面形成一定角度
前侧腿落地
后侧脚蹬地
攻栏

1932 年奥林匹克运动会男子障碍跑比赛中，由于裁判员计数错误，运动员多跑了一圈

接力赛

每队 4 名运动员，每名运动员跑出 100 米或 400 米，然后将接力棒交给队友。掉棒或者没有完成交棒将被淘汰。

下挥交棒

 ◀ 参见**团队球类运动**：第 462—465 页

跳高

运动员单脚起跳，越过放在支架上的横杆。每名运动员有三次机会尝试跳过一个设定的高度，如果三次都失败则会被淘汰。横杆的高度逐渐升高，跳过的高度最高的运动员即为获胜者。

起跳腿蹬地起跳

起跳过程中外侧腿向上抬起

手臂和肩膀先越过横杆后胯部转动

双脚并拢抬起越过横杆

背部拱起腿并拢

运动员肩膀先落地

背越式跳高

20世纪60年代由美国运动员迪克·福斯贝里的使用而流行起来，此后这项肩膀先越杆的动作技术已经被所有优秀运动员所采用。

女子跳高比赛首次出现在1928年的奥运会

跳远

运动员先冲刺，然后从起跳板上起跳，落入沙坑，如果胯部超过起跳板则成绩无效。跳远成绩测量的是从起跳板的最前端到运动员落入沙坑中最近的标记之间的距离。

脚不能超过起跳板前端

起跳板

起跳后手臂扬起

手臂向前向上画圈

运动员准备落地时头和腿在身体前侧

腿从身体下方向前伸

腾空技术

撑杆跳

运动员使用一根长的有弹性的杆，杆的一端可以插入撑杆盒。杆子起初被运动员的重量压弯，之后弹力将运动员撑起形成头朝下的姿势从而越过横杆。和跳高运动员一样，撑杆跳运动员也有三次试跳机会。

撑杆跳运动员在杆子弯曲时向下拉杆子

坚硬且有弹力的杆子由金属和复合材料制成

撑杆跳运动员在形成头朝下的姿势时腿向上挥

标枪

运动员助跑并投掷一根2.2~2.7米的标枪，将其投掷落在场地内。当标枪离手时，运动员必须调整杆头的角度，使得杆头先落地，投掷成绩才算有效。

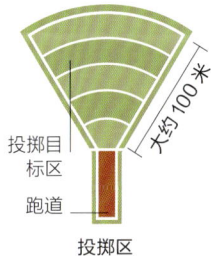

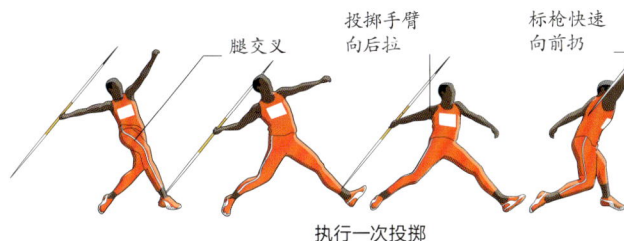

投掷区

大约100米

投掷目标区

跑道

腿交叉

投掷手臂向后拉

标枪快速向前扔

执行一次投掷

链球

参赛选手使用连接着一根铁链和手柄的钢球（男运动员使用的球重7.26千克，女运动员使用的球重4千克）。在球离手前，运动员通过旋转制造动量。

投掷区

护笼

肩膀跟着球的轨迹转动

球面一侧

运动员转动脚

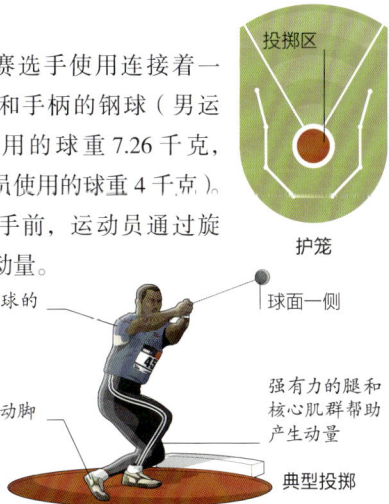

强有力的腿和核心肌群帮助产生动量

典型投掷

铅球

运动员通过投掷，将一个很重的金属球投掷（推）得越远越好。优秀运动员可以将球推向大于20米的距离。

4千克

7.26千克

女子铅球

男子铅球

运动员背向投掷方向

重量转移到一侧时身体转动

不扔铅球的胳膊指向投掷方向

球离手时身体左侧保持平衡

球以40度仰角离手

推球

旋转

猛推

铁饼

在直径2.5米长的投掷圈内经过几次旋转后，运动员以侧身姿势投出铁饼，手指尖按住铁饼外侧以控制投掷角度和铁饼的飞行方向。

运动员抓住铁饼顶端，手指尖扣住铁饼外沿

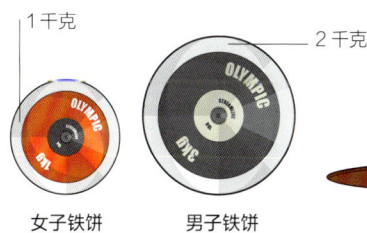

1千克

2千克

女子铁饼

男子铁饼

投掷圈

参见奥运会：第482—485页 ▶

格斗类运动项目

摔跤、拳击以及其他打斗类技艺始于几千年前，并且在军队和其他战斗部队中流行。一些格斗运动以展示姿态和技能的示范动作为特色，但大多数比赛都是在裁判或评审的监督下，在定时比赛中让两名对手上场。

相扑手每次比赛前都会重重地踩向地面，这是一种传统的仪式以驱赶恶魔

相扑

这项运动在土俵——一个高出地面的台面上进行，台面上画有圆圈。相扑选手通过使对方到圈外，或使其除了脚的其他部位接触了地面来获胜。

相扑摔跤手

2017 年最重的相扑选手是大露罗敏，他的体重达到了 288 千克

柔道

在柔道中，柔道选手会将他们的对手摔、拽或压向地面的垫子，比赛中柔道选手通过"一本"（得满分）来获得比赛胜利。获得"一本"既可以通过将对手按在垫子上 25 秒，也可以通过将对手的背部完全摔向地面来获得。

对手被摔过肩膀

腰带的颜色代表了选手的段位

过肩摔

对手被向后向下摔倒

紧逼倒地
以交手姿势把对方逼近场界摔在场外

进攻时被对手推倒

掌击肩背倒
击打对方手臂、背部或肩膀使对方身体接触地面

相扑手使对方出圈

紧逼出界
抱紧对手向后推使对手出圈

拳击

比赛在由绳子围成的方形擂台上进行，拳击手通过击打对方身体的有效部位得分。评审通过 12 个 3 分钟一轮的比赛选出获胜者，除非有一方在比赛中被击倒，则提前被淘汰。

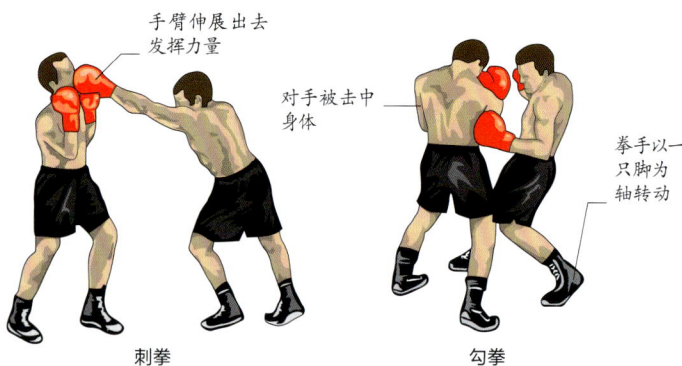

手臂伸展出去发挥力量

对手被击中身体

刺拳

拳手以一只脚为轴转动

勾拳

自由搏击

这是在拳击台上进行的拳击与武术相结合的项目，双方通过使用拳击打以及往高处和低处踢腿进行进攻来得分，比赛亦可以通过将对方击倒来获胜。

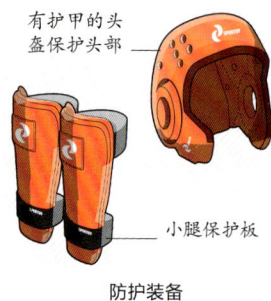

有护甲的头盔保护头部

小腿保护板

防护装备

剑道

这是日本传统剑术的变式，它将金属剑、武士刀换成了竹子做的竹剑。参赛者通过击打对方的头、身体以及手腕上的七个部位来得分。

头盔保护面部和喉咙

长手套保护手臂

有皱褶的宽大裤子

剑道士

武术套路

武术套路是功夫的一种主要形式，它通过将各种站姿、跳跃以及平衡技巧编排在一起，以展现技巧、准确性以及灵巧程度。武术招式组合中无论使不使用武器，都在一个长方形的垫子上进行表演，并有一个 10 人组成的裁判小组进行打分。

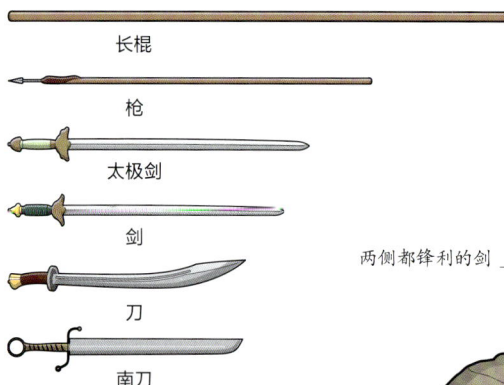

长棍

枪

太极剑

剑

刀

南刀

武器

传统武器从 2.1 米长的长棍到约 97 厘米长的大砍刀——南刀，长短不一。

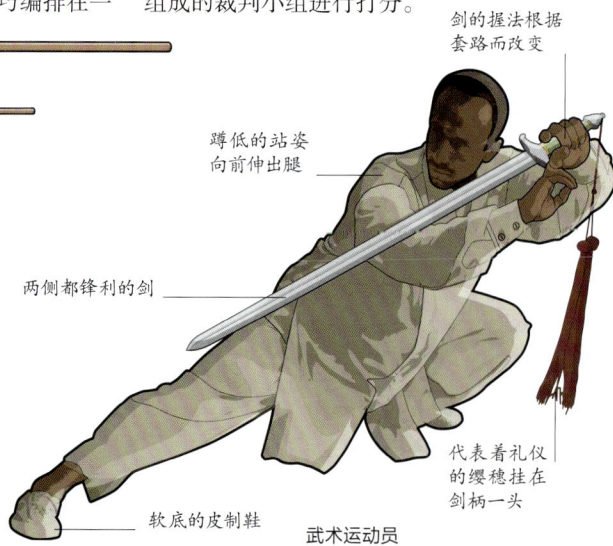

剑的握法根据套路而改变

蹲低的站姿向前伸出腿

两侧都锋利的剑

软底的皮制鞋

代表着礼仪的缨穗挂在剑柄一头

武术运动员

柔术

它有两项比赛要点，一项是选手通过向对方出拳、踢和摔对方来得分，另一项则由裁判员评判选手对对方进攻的防守方式。

进攻方用手绕在对方脖子上

进攻方被摔过肩

肩摔

摔跤

这一运动项目通常用自由式或希腊－罗马式摔跤进行，后者只涉及上半身的接触。两种摔跤方式都以抓、扔对方以及将对方按在垫子上为进攻手段。

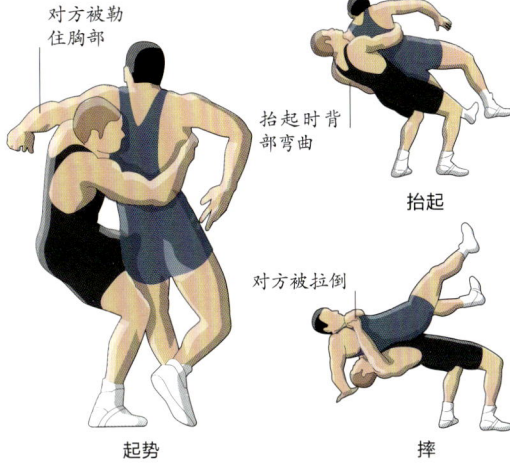

对方被勒住胸部

抬起时背部弯曲

抬起

对方被拉倒

起势

摔

桑博式摔跤

这是一项在 20 世纪 20 年代发源于俄罗斯并从不同摔跤方式中发展起来的运动项目，同时它也受到一些空手道和柔道的影响。每一轮都在垫上的圆形比赛区进行，垫上还有一名临场裁判。摔、抱以及用腿锁住对方都可以得分，第一个获得 12 分的选手是获胜方。

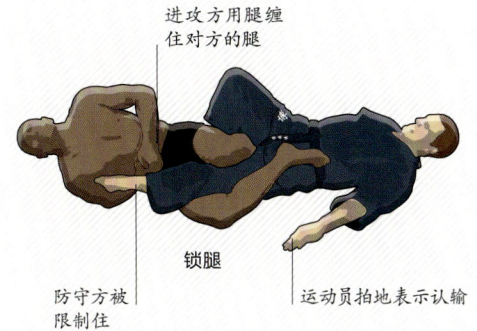

进攻方用腿缠住对方的腿

锁腿

防守方被限制住

运动员拍地表示认输

空手道

这种日本无武器武术有 70 多种风格，并包含各种各样的竞争元素，包括对打——双方对手之间点到为止，以及招数类型——将格斗动作编排好并表演出来。两种方式都要求高度集中注意力、平衡性以及对身体各个部位的精准控制。

脚掌带着脚趾拉回

前踢

拳头紧握拇指朝上

平行冲

宽站姿，手掌打开

手刀格挡

右拳在胸口的高度

反手拳格挡

右拳击

反冲

左臂用力打出

手臂击拳

双手握拳，指关节朝内

双手格挡

击剑

比赛使用的剑是顿头剑，种类主要有三种：花剑、佩剑和重剑。击剑运动员在 14 米的长台上，使用佯攻、刺剑以及防守技术进行比赛。双方运动员在躯干部位都装备了电子传感器，击中该部位可以得分。

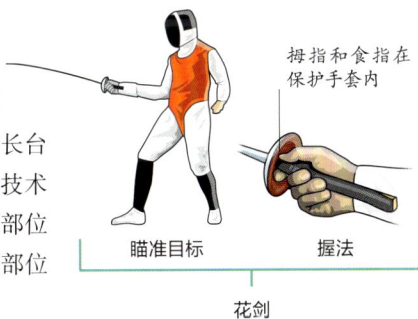

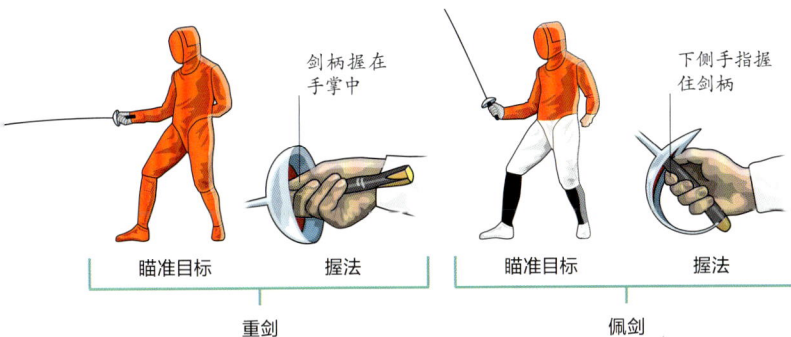

拇指和食指在保护手套内

瞄准目标　　握法

花剑

剑柄握在手掌中

瞄准目标　　握法

重剑

下侧手指握住剑柄

瞄准目标　　握法

佩剑

跆拳道

起源于朝鲜半岛，2000 年首次登上奥运会。这项运动包含打和踢等动作，比赛在 11 米长的正方形垫子上进行，同时还有 1 名主裁判员，以及 4 名边裁判员对运动员进行评分。

运动员用左腿保持平衡

右腿猛力向外对对手踢出

蓄力

躯干与踢出的腿呈一条直线

侧踢

保护性服装

运动员在跆拳道服外还穿着较厚的有保护垫的服装。

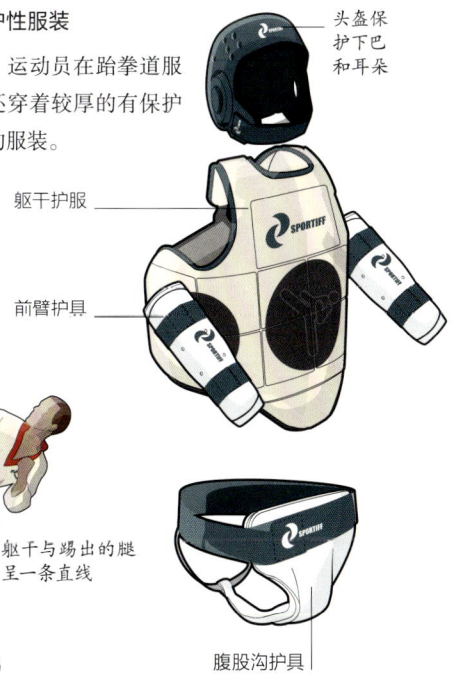

头盔保护下巴和耳朵

躯干护服

前臂护具

SPORTIFF

腹股沟护具

◄ 参见球棒、球棍和球杆类体育运动：第 466—467 页　精准性运动项目：第 478—479 页 ►　奥运会：第 482—485 页 ►

473

冰雪运动

滑雪、滑冰以及雪橇运动发源于北极圈附近和阿尔卑斯山地区，早期当地人曾使用这些运动器械用于运输。在许多主要的国际赛事中，运动员需要展示速度和运动技能，这些赛事包括世界锦标赛、世界杯、世界极限运动以及每4年举办一次的冬季奥林匹克运动会。

高山滑雪者
在高速转弯时须承受
3.5 倍的重力

高山滑雪

这一比赛项目模仿了数百万冬季运动项目爱好者喜爱的滑雪项目，其中包含斜坡下山计时赛。滑雪运动员需要高超的技术和良好的体力来保持他们的行进线路，以便用最短的时间完成比赛路线。

插入衬垫
硬质外壳
头盔
有色目镜减少眩光
护目镜
滑雪靴

雪杖
雪轮防止雪杖扎入雪中
深侧切保证转弯的速度
握革握于手掌和手柄之间

S-LINE 114
障碍滑雪板

伸出雪杖保持平衡
俯身降低重心可以提高速度
门杆标出滑雪路线
滑雪板保持平行以重新获得速度

高山滑降

这是速度最快的高山滑雪项目，运动员最快可以达到150千米每小时，并且需要在2.5～5千米长的有门杆做标记的赛道上做出长距离的腾空跳跃。

更小的转向可以提高速度
滑雪板在门杆前通过
运动员将弹性的门杆推向一边
运动员转移重心为下一个转向做准备

障碍滑雪和大回转

在这项技术性挑战巨大的比赛中，滑雪运动员要用最短的时间完成多次扭转和转向，最多需要通过75个门杆。

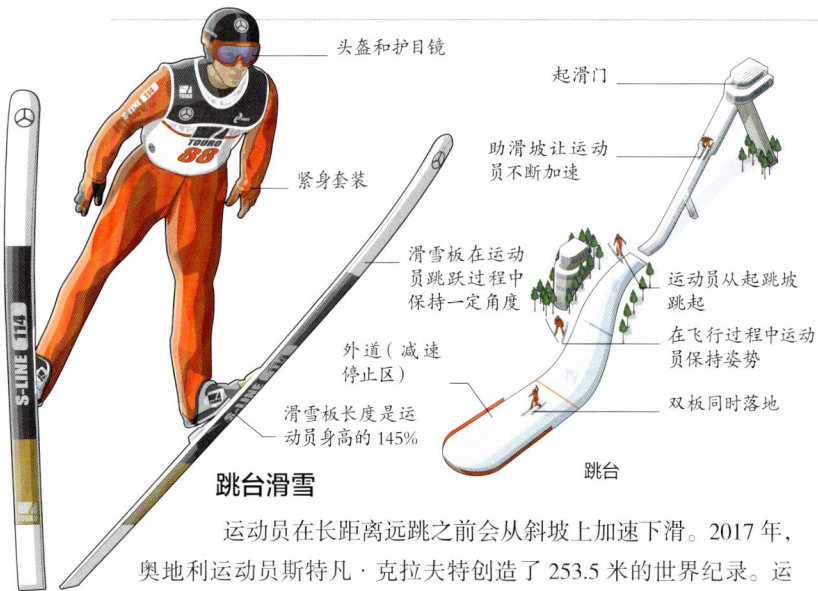

跳台滑雪

头盔和护目镜
紧身套装
S-LINE 114

起滑门
助滑坡让运动员不断加速
滑雪板在运动员跳跃过程中保持一定角度
外道（减速停止区）
滑雪板长度是运动员身高的145%
运动员从起跳坡跳起
在飞行过程中运动员保持姿势
双板同时落地
跳台

运动员在长距离远跳之前会从斜坡上加速下滑。2017 年，奥地利运动员斯特凡·克拉夫特创造了 253.5 米的世界纪录。运动员在落地时必须一个滑雪板在前，另一个滑雪板在后。分数根据跳远距离和"方式"而定——起跳、飞行以及落地时良好的身体姿势至关重要。

越野滑雪

在斯堪的纳维亚半岛和东欧很流行，运动员使用较轻、较窄的滑雪板进行长距离滑雪，包括 50 千米马拉松。比赛包括 4 人组队的接力赛。

右臂向前移动
运动员撑起左杆，向前滑
后侧腿抬起，准备滑出下一步
滑动姿势
斜线滑降

花样滑冰

单人滑冰运动员或双人滑冰运动员通常在伴有音乐的情况下将编排好的组合动作表演出来，展现出力量与优雅。运动员仅通过 4 毫米厚的冰刀与冰面接触，冰刀底部刻有凹槽以减小运动员失误和摔倒的概率。

跳跃

运动员跳离冰面，可旋转 3 到 4 次，在阿克塞尔跳中，运动员手臂抱紧在身体周围。

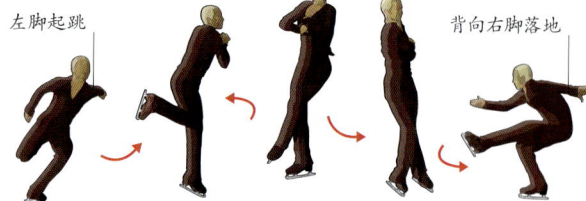

左脚起跳
背向右脚落地

旋转

贝尔曼旋转的技术展现出了速度和控制力，旋转的速度决定了转圈的数量。

抓住冰刀
右腿抬起收拢
左腿在冰上旋转
泪滴姿势

速度滑冰

这项运动需要极大的爆发力和敏捷性，速度滑冰比赛的距离可以从 500 米到 10 千米不等。长距离比赛会在 400 米的椭圆形赛道上进行，短道速滑则在 111.12 米的圆形场地进行，常有运动员在争抢位置以及扫过弯角时相撞。

每滑一步脚跟都会脱离冰刀
42 厘米
长距离开合式滑冰鞋

◄ 参见田径：第 470—471 页

自由滑雪

运动员从斜坡上滑下去时表演跳跃和技巧，裁判员依据技术点、准确性以及表现力进行打分。不同类型的斜坡包括，飞行斜坡含有高斜道用于中等高度的扭转和旋转，同时还有猫跳雪道，运动员跳出斜面抛台在空中表演扭转和翻跟头。

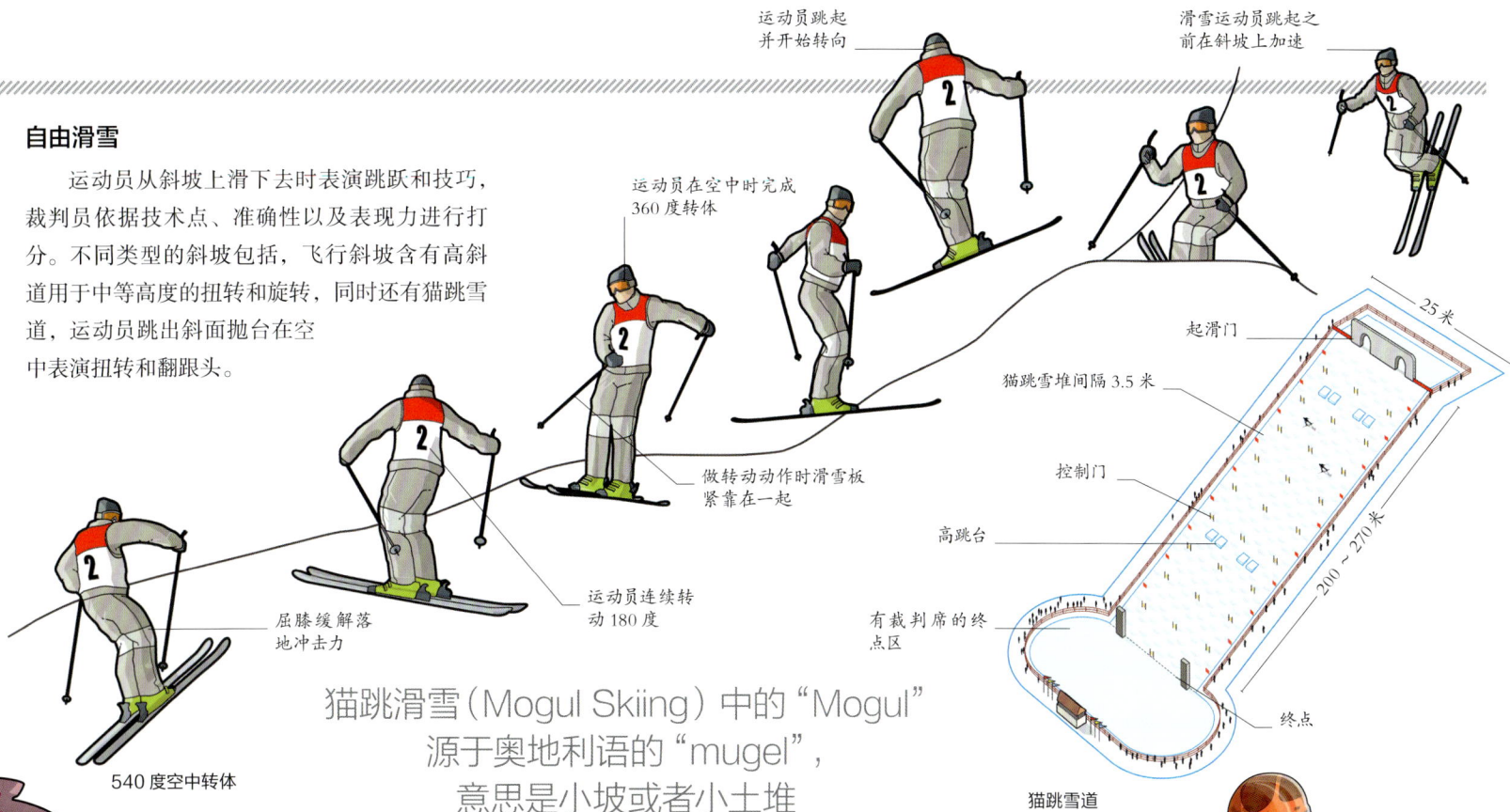

运动员跳起并开始转向

运动员在空中时完成360度转体

滑雪运动员跳起之前在斜坡上加速

做转动动作时滑雪板紧靠在一起

屈膝缓解落地冲击力

运动员连续转动180度

540度空中转体

猫跳滑雪（Mogul Skiing）中的"Mogul"源于奥地利语的"mugel"，意思是小坡或者小土堆

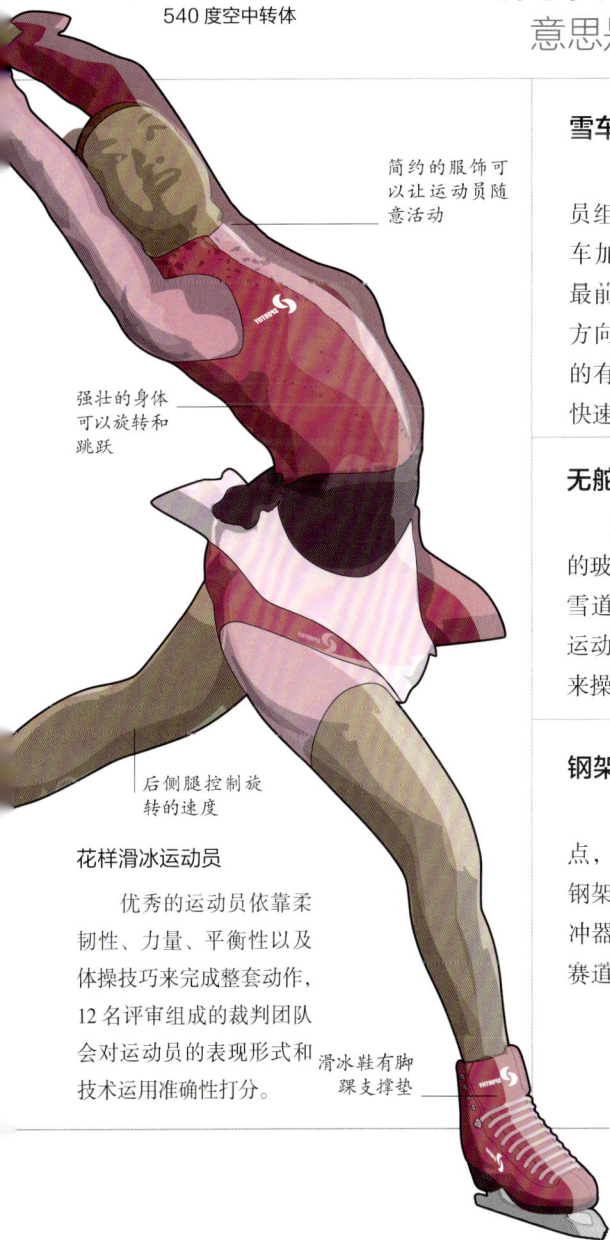

25米

起滑门

猫跳雪堆间隔3.5米

控制门

高跳台

200 – 270米

有裁判席的终点区

终点

猫跳雪道

简约的服饰可以让运动员随意活动

强壮的身体可以旋转和跳跃

后侧腿控制旋转的速度

花样滑冰运动员

优秀的运动员依靠柔韧性、力量、平衡性以及体操技巧来完成整套动作，12名评审组成的裁判团队会对运动员的表现形式和技术运用准确性打分。

滑冰鞋有脚踝支撑垫

雪车

由2名或者4名运动员组成一队，他们先将雪车加速然后快速上雪车。最前面的运动员控制雪车方向，雪车在由冰面构成的有弯道和转向的赛道上快速通过。

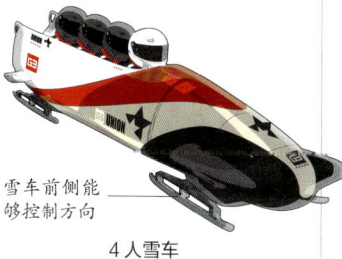

雪车前侧能够控制方向

4人雪车

无舵雪橇

无舵雪橇运动员仰卧在一个窄的玻璃纤维雪橇上，脚朝前通过冰雪道，速度可达140千米每小时。运动员在滑道中用他们的肩膀和脚来操控雪橇做小的转向调整。

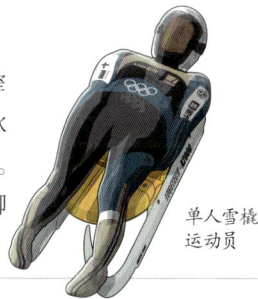

单人雪橇运动员

护腕避免运动员受伤

防水裤

单板滑雪运动员

单板滑雪

运动员踩在配有靴子和绑带的滑雪板上，参加越野滑雪、障碍计时赛，或表演一系列动作和技巧从斜坡或U型池上滑下。

钢架雪车

比无舵雪橇的速度略微慢一点，钢架雪车运动员头在前，趴在钢架雪车上，这是一种配有拐角缓冲器的像托盘一样的雪车。冰冻的赛道至少有1200米长。

俯身跑启动

运动员跳上钢架雪车

手臂贴于身体两侧保持线型姿势

冲刺 **跳跃** **滑行**

钢架雪车出现于1892年，名字来源于其钢架外表

参见**水上运动**：第476—477页 ▶ **奥运会**：第482—485页 ▶

水上运动

游泳和单人筏、单人艇竞速都属于最古老的运动，其起源可以追溯到几千年以前。从1896年开始，水上运动被列入奥运会比赛项目，大多数水上运动项目在室内水上竞技馆进行。也有些水上竞技项目在室外举行，如天然水域游泳、船类竞速。

10米跳台
7.5米跳台（不用于奥运会）
跳水运动员背向跳水
跳水跳台
1米板
3.5米深的水池

游泳

游泳比赛分泳姿进行，即在比赛中，只能使用特定的泳姿。在混合接力赛中，每一棒运动员则需在四种主要泳姿（见下图）中选择一种，并各不相同。游泳比赛既有50米的冲刺赛，也有1500米的长距离耐力赛。

蛙泳

手臂画半圆，同时腿部动作类似蛙踢腿的动作。

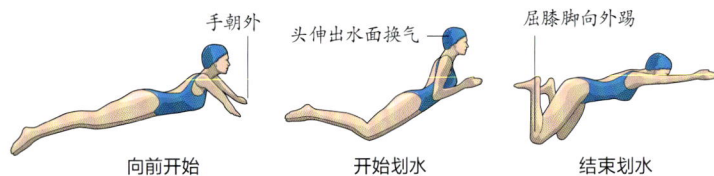

手朝外 / 头伸出水面换气 / 屈膝脚向外踢
向前开始　开始划水　结束划水

仰泳

这是唯一倒着划的泳姿。运动员用两条手臂交替划水，腿部轻踢水。

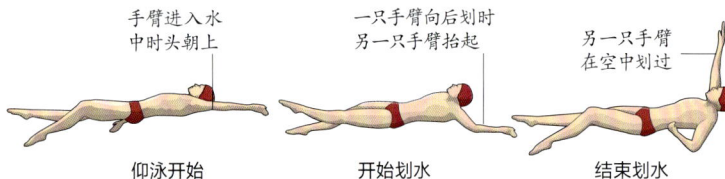

手臂进入水中时头朝上 / 一只手臂向后划时另一只手臂抬起 / 另一只手臂在空中划过
仰泳开始　开始划水　结束划水

自由泳

这种泳姿速度最快，身体交替从一侧转向另一侧，腿则在水下踢水。

手臂完全伸直进入水中 / 一只手臂屈肘 / 一只手臂向回划水时另一只手臂向外伸展
向前开始　开始划水　结束划水

蝶泳

手臂和腿协调划水，需要强大的力量、持久的耐力并能把握好节奏。

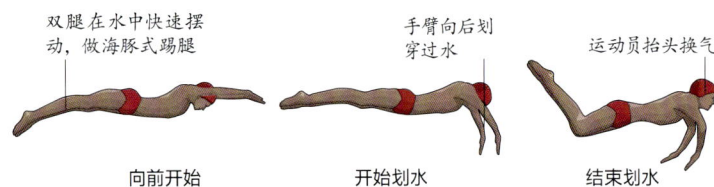

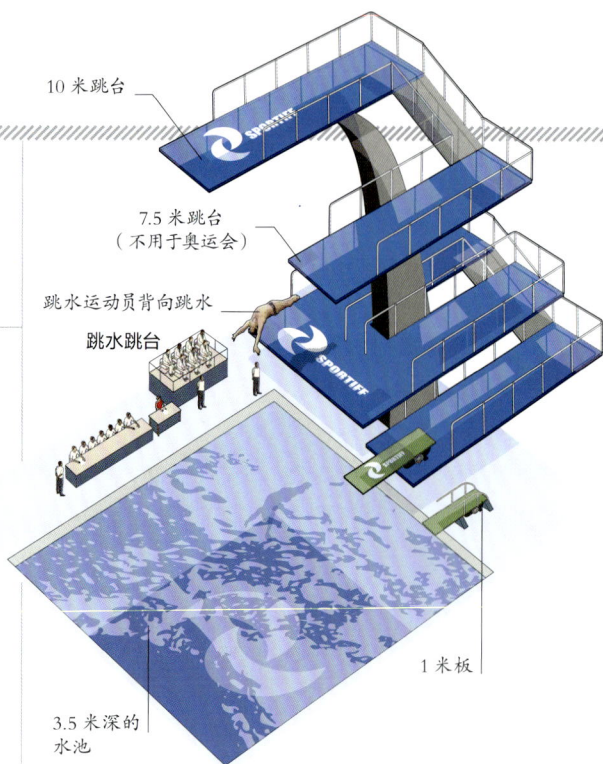

双腿在水中快速摆动，做海豚式踢腿 / 手臂向后划穿过水 / 运动员抬头换气
向前开始　开始划水　结束划水

跳水

跳水比赛分为单人跳水和双人同步跳水。在跳水过程中，运动员会完成一系列不同的动作，由裁判员根据空中动作的完成情况和入水方式进行评分。运动员从不同高度的平台或跳板上跳水入池。

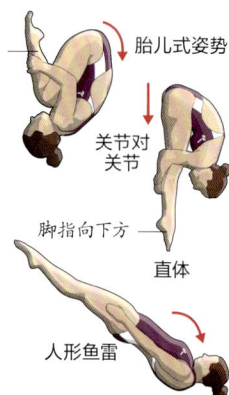

腿收紧 / 胎儿式姿势
关节对关节
脚指向下方 / 直体
人形鱼雷

动作

跳水动作被分为六组，分别是：向前、向后、反身、向内、转体以及臂立。

水球

这项运动中，比赛两队各有7名队员，一场比赛由4节组成，每节8分钟。比赛过程中，一方运动员在游泳池里传一个小球，或者把球放在身前带球游泳，而对方队员则需抢断球以获得球权。每一次成功射门可以得一分。

图例
FW 第一边锋
SW 第二边锋
FD 第一切手
SD 第二切手
PM 后卫
CF 中锋
GK 守门员

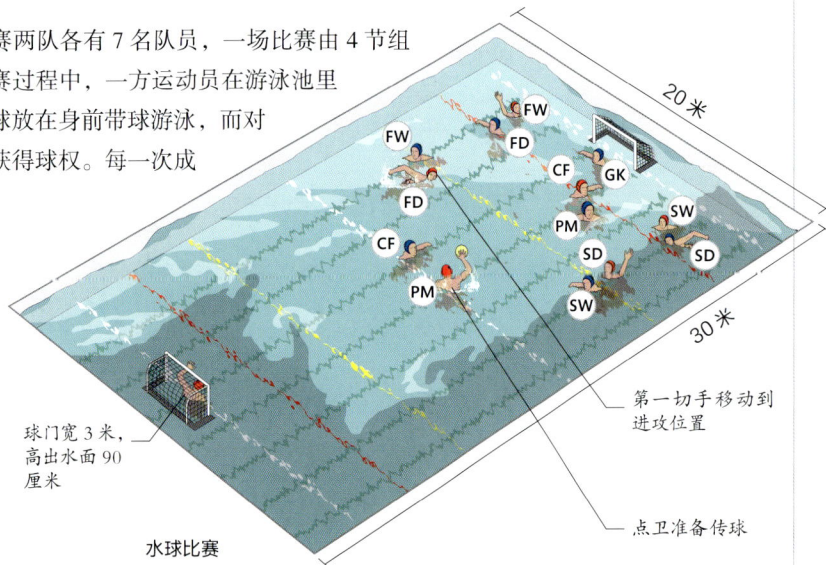

20米
30米
球门宽3米，高出水面90厘米
第一切手移动到进攻位置
点卫准备传球
水球比赛

划艇

运动员用单叶桨划水推动皮艇进行比赛。静水比赛的长度从200米到5000米不等，回旋赛则是计时比赛，在激流水道中进行。

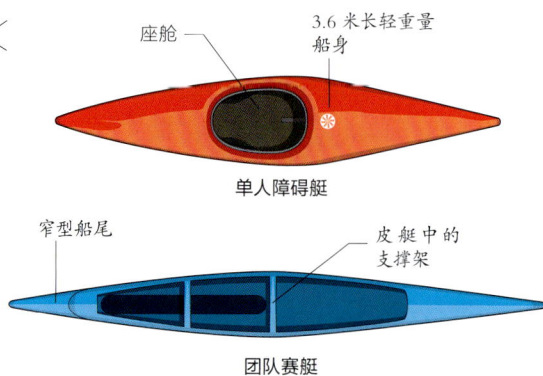

座舱 / 3.6米长轻重量船身
单人障碍艇

窄型船尾 / 皮艇中的支撑架
团队赛艇

◀ 参见**团队球类运动**：第462—465页　◀ 冰雪运动：第474—475页

2017 年，巴西冲浪运动员罗德里戈·科萨于葡萄牙海岸边，完成了 24.4 米的冲浪浪高纪录

帆板运动

帆板比赛中，运动员围绕水面上浮标标定的赛道进行比赛，也可以通过自由跳跃和转弯来表演套路。帆板有一根桅杆，帆连接在一根可移动的横杆上，横杆可以调整帆的角度。帆板运动速度可达每小时 80 千米。

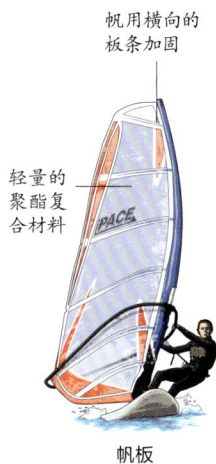

帆用横向的板条加固

轻量的聚酯复合材料

帆板

冲浪

运动员站在窄窄的冲浪板上，保持平衡，掌握时机冲浪。在竞技冲浪比赛中，裁判员根据波浪选择、骑浪位置、骑浪时长和动作质量进行打分。

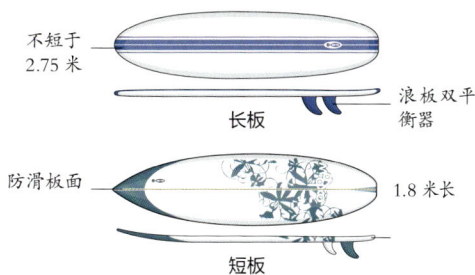

不短于 2.75 米

浪板双平衡器

长板

防滑板面

1.8 米长

短板

龙舟赛

龙舟船体狭窄，通常有 18 名划手，龙舟比赛通常有 6 支队伍同时比拼速度。比赛长度从 200 米短距离赛到 50 千米马拉松比赛不等。

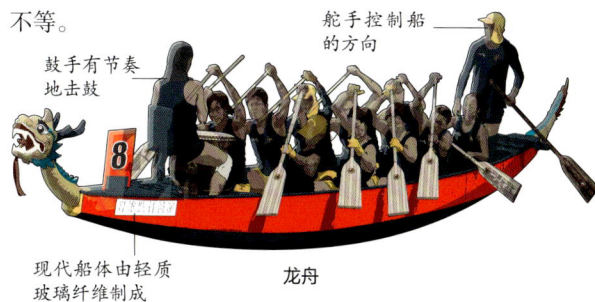

鼓手有节奏地击鼓

舵手控制船的方向

现代船体由轻质玻璃纤维制成

龙舟

滑水

滑水运动员抓住连接汽艇的绳索把手，完成各种动作进行比赛，包括绕过浮标障碍、利用水面上的斜坡跳远。

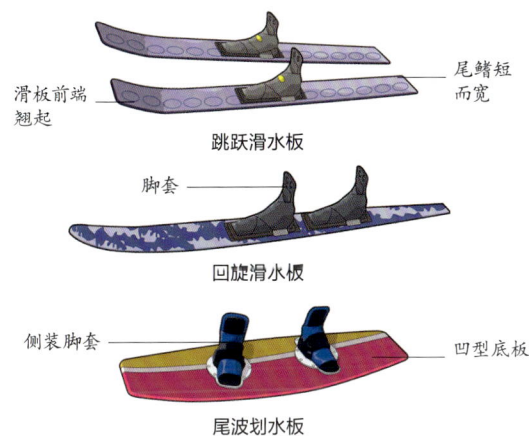

滑板前端翘起

尾鳍短而宽

跳跃滑水板

脚套

回旋滑水板

侧装脚套

凹型底板

尾波划水板

皮艇

比赛中，运动员采用坐姿，使用双叶桨用力滑水。在直线比赛中，有单人赛（K1）、双人赛（K2）和四人赛（K4）在激流回旋比赛中，运动员需要在极富挑战性的激流水道中穿过多个障碍门。

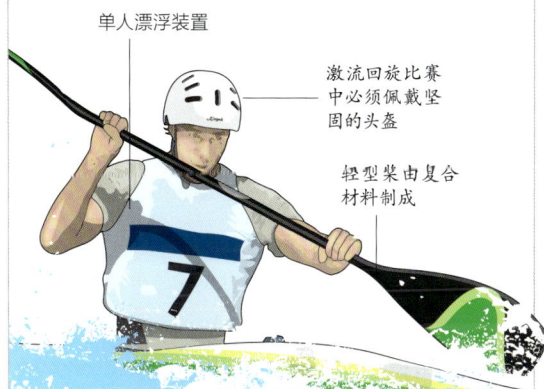

单人漂浮装置

激流回旋比赛中必须佩戴坚固的头盔

轻型桨由复合材料制成

7

帆船

帆船有单体船和多体船，各有不同。比赛中，帆船运动员控制船的方向，通过绳索调整风帆，让船利用风加快速度。

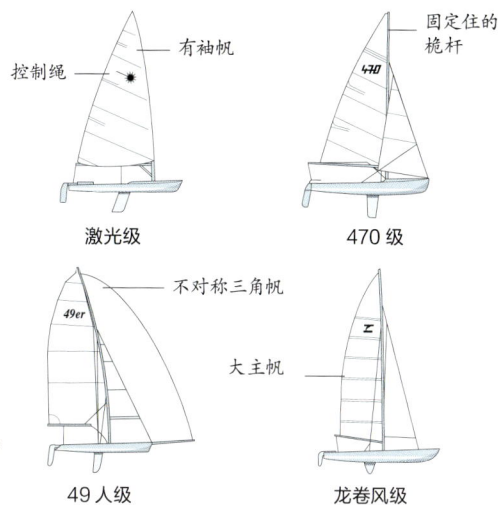

控制绳

有袖帆

固定住的桅杆

激光级

470 级

不对称三角帆

大主帆

49 人级

龙卷风级

赛艇

桨手坐在窄窄的艇上，于直线赛道上进行比赛。赛艇比赛种类多，最标准的是 2000 米比赛。桨手背向前进方向，用单桨或双桨划水使船前进。

装备

轻重量艇身中有可以滑动的座位，划桨通常由碳纤维或其他复合材料制成。

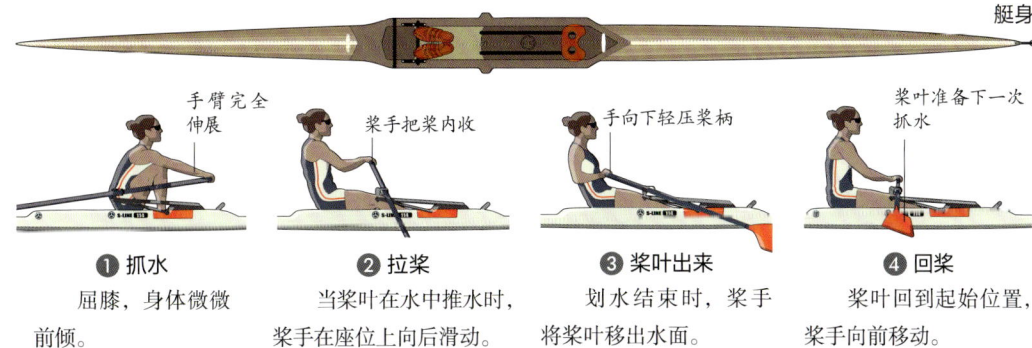

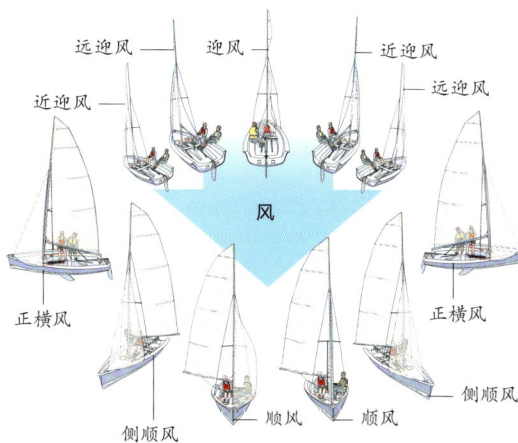

桨杆

塑料桨套

单桨

双桨

艇身

远迎风　迎风　近迎风

近迎风　　　　　　远迎风

风

正横风　　　　　　正横风

侧顺风　顺风　顺风　侧顺风

转向

要使船转向，需要调整风帆和船舵。

❶ 抓水
屈膝，身体微微前倾。

手臂完全伸展

❷ 拉桨
当桨叶在水中推水时，桨手在座位上向后滑动。

桨手把桨内收

❸ 桨叶出来
划水结束时，桨手将桨叶移出水面。

手向下轻压桨柄

❹ 回桨
桨叶回到起始位置，桨手向前移动。

桨叶准备下一次抓水

参见 **自行车与竞速运动**：第 480—481 页 ▶ **奥运会**：第 482—485 页 ▶

精准性运动项目

在精准性运动项目中，准确性高于一切。这一类运动通常需要一次又一次以完美的精准度瞄准球或对准目标发射物体。在体操和蹦床运动中，运动员精准地控制自己的身体做出动作来完成规定的动作。运动员在比赛中的表现，通常会由一组裁判打分。

蹦床

蹦床运动是美国体操运动员乔治·尼森在 1930 年发明的。在竞技蹦床运动中，运动员利用弹力制造腾空高度，在空中表演转体、翻转等成套动作。

竞技体操

运动员在体操馆内的不同器械上完成动作。男子比赛和女子比赛都各有成套的动作，包括跳马、自由体操、双杠、平衡木、鞍马等。

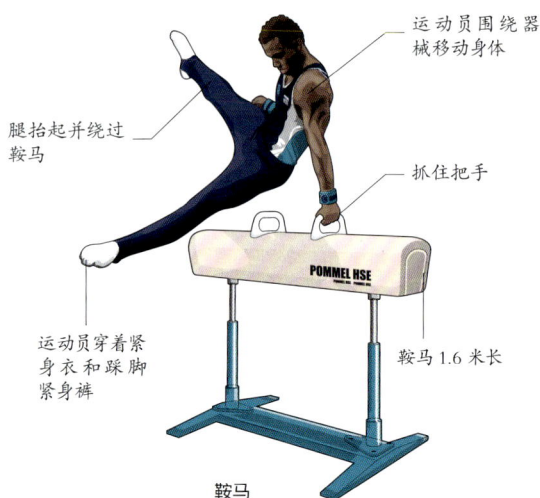

- 运动员围绕器械移动身体
- 腿抬起并绕过鞍马
- 抓住把手
- 运动员穿着紧身衣和踩脚紧身裤
- 鞍马 1.6 米长

鞍马

艺术体操

艺术体操的动作和芭蕾舞相结合，随着音乐进行表演。艺术体操有单人表演，也有团体表演，表演是在垫子上进行的。在连续做动作的过程中，表演器材不能落地。

- 彩带连在手握柄上
- 挥动、旋转、抛接体操棒
- 稳定、弹或滚动体操球
- 在身体和手上绕环、抛接、转动

彩带　**体操棒**

体操球　**体操圈**

- 腿和脚并拢
- 膝盖紧紧内收
- 双手双臂伸直

团身

放直身体　**屈体**

身体姿态

蹦床的所有动作都起始于最基本的跳跃动作，更多复杂的杂技动作则是通过扭转身体完成。

斯诺克

球员在斯诺克球台上按照一定的顺序将球打进球袋以获得分数。每次进球后，裁判员会报出得分。15 颗红球都被打进后，球员需要按照分数从低到高的顺序将彩色球打进。

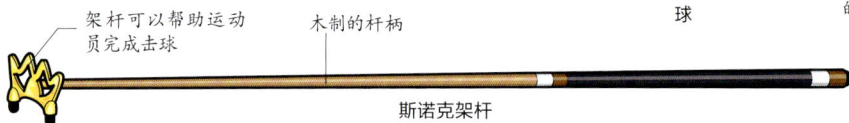

- 白球在 D 形区内开球

斯诺克球桌

| 1 | 2 | 3 | 4 | 5 | 6 | 7 |

进球可以得到的分数

球

- 架杆可以帮助运动员完成击球
- 木制的杆柄

斯诺克架杆

出杆

有效的出杆动作需要用手稳定住球杆，使球杆有正确的运动轨迹，运动员便可以向前击球。

- 球杆头触及球

封闭式手桥　**开放式手桥**

罗尼·奥沙利文以 5 分 8 秒的时间完成了最快的斯诺克满分杆（147 分）

台球

台球分为许多不同的类型，得分方式也不一样。大多数台球桌都有六个球袋，选手通过不同方式击打白球，使白球移动到较好的位置来撞击目标球。

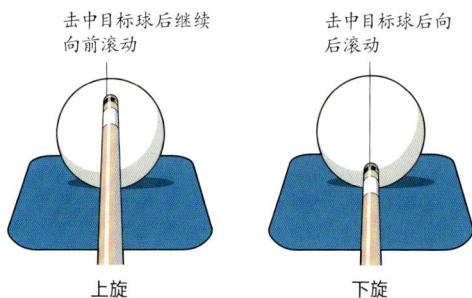

- 击中目标球后继续向前滚动
- 击中目标球后向后滚动

上旋　**下旋**

落袋式台球

大部分落袋式台球中，球员通过母球击打目标红球以及对方的母球来得分。落袋式台球有两个母球和一个红球，开伦式台球中有一个母球是黄色的。

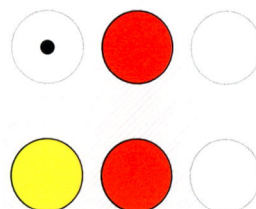

箭术

箭靶直径为 80 厘米或 120 厘米，运动员射中外侧白圈得 1 分，射中中心黄色圈则得 10 分。奥运会比赛中有五项 70 米射箭比赛。

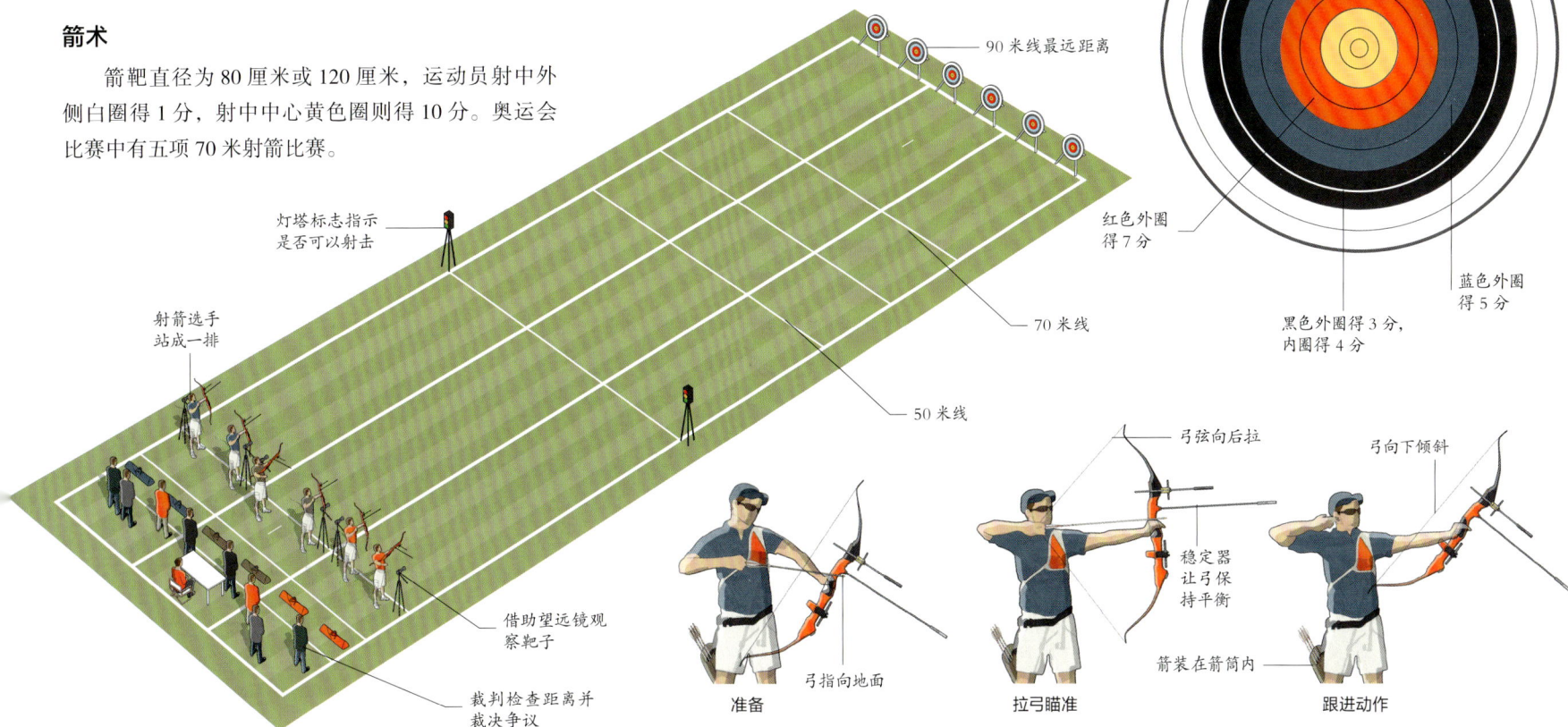

白色内圈得 2 分

90 米线最远距离

灯塔标志指示是否可以射击

射箭选手站成一排

红色外圈得 7 分

70 米线

蓝色外圈得 5 分

黑色外圈得 3 分，内圈得 4 分

50 米线

借助望远镜观察靶子

裁判检查距离并裁决争议

弓弦向后拉

弓向下倾斜

稳定器让弓保持平衡

弓指向地面

箭装在箭筒内

准备

拉弓瞄准

跟进动作

射击（步枪）

射击选手以立姿、跪姿或卧姿对同轴靶圈进行射击，距离通常为 50 米或 100 米。在 50 米射击比赛中，射中靶子最内侧的圈并且超过圈 0.5 厘米就可以得 10 分。

前侧瞄准器帮助瞄准

枪托底板抵在肩膀上

膝垫

站姿

飞镖

两名选手轮流向距离 2.37 米的飞镖盘扔飞镖，比分从 301 分或 501 分开始，飞镖手通过向飞镖盘的不同位置扔飞镖，让自己的分数变为 0 分。中心圈值 50 分，中心圈外的绿色区域值 25 分。

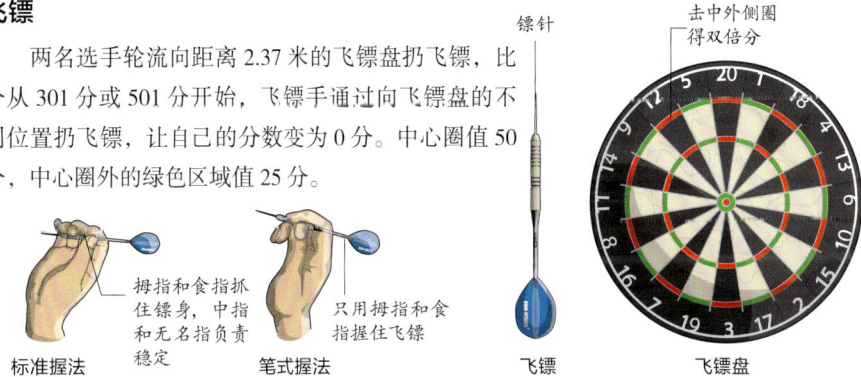

镖针

击中外侧圈得双倍分

拇指和食指抓住镖身，中指和无名指负责稳定

标准握法

只用拇指和食指握住飞镖

笔式握法

飞镖

飞镖盘

槌球

球员用长把手木槌击打球，使球穿过固定在场地上的六个门圈。球员轮流击球，直到一名球员击球穿过所有球门，并击中终点柱。

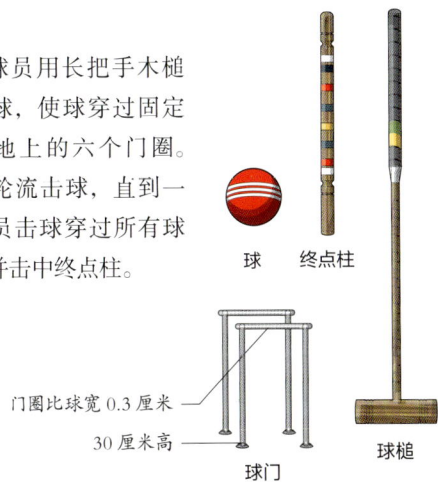

球

终点柱

门圈比球宽 0.3 厘米

30 厘米高

球门

球槌

十瓶保龄球

运动员将球在球道上扔出，并击倒呈三角形排列的 10 个球瓶，一次击倒 10 个球瓶叫作全击，可以得奖励分，满分为 300 分。

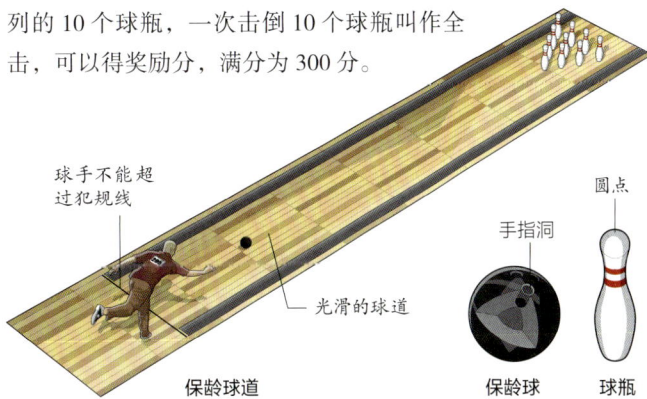

球手不能超过犯规线

光滑的球道

手指洞

圆点

保龄球道

保龄球

球瓶

草地滚球

球员在草地上或者室内地毯上，将 2～4 个偏心球滚向目标，越近得分越高。最先得到 21 分或者 25 分的球员获胜。

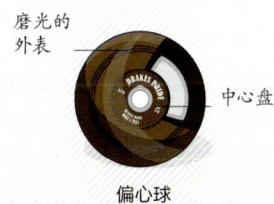

磨光的外表

中心盘

偏心球

参见奥运会：第 482—485 页 ▶

自行车与竞速运动

马术比赛已有数千年的历史，而轮式运动多是现代新兴的运动项目。自行车和机动车辆（如摩托车、汽车、飞机）的发明——都在 19 世纪——使这类运动风靡开来。20 世纪，又出现了滑板运动和山地自行车比赛。

公路自行车

这项艰苦的运动项目非常考验运动员的速度和耐力。运动员在比赛过程中要完成多项挑战：陡峭的爬坡、冲刺、团队协作的长距离骑行。自行车运动的顶尖赛事是一年一度的环法自行车赛，比赛时长为 21 天。

大量车手形成了主车群

车队保障车载有食物、饮料、备用自行车和车轮

比赛监督车辆

四名车手冲出车队，离开主车群

开放的公路

流线型的头盔用于计时赛和冲刺赛，以减少阻力

配备延长把手的下落式车把，用于计时赛

后轮车盘由碳纤维制成

轮胎充气压力高至 15 巴

场地自行车选手

场地自行车

场地自行车只配有单速齿轮，没有刹车。奥运会比赛中，自行车选手在 250 米长的椭圆形倾斜赛道上，骑这种轻质量的自行车绕圈比赛。比赛有双人冲刺赛、团体追逐赛、全能赛等，各有不同。

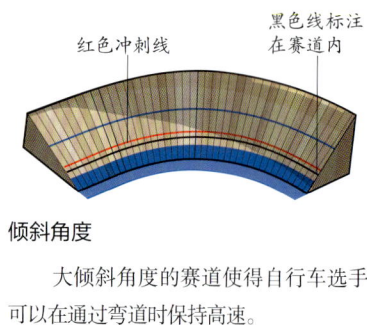

红色冲刺线

黑色线标注在赛道内

倾斜角度

大倾斜角度的赛道使得自行车选手可以在通过弯道时保持高速。

山地自行车

这种结实的多齿轮自行车自 20 世纪 70 年代末问世，便被用于越野赛，后来还发展出速降比赛、障碍攀爬以及四人赛。

后避震　前避震

全避震山地自行车

坚固的后尾　刹车盘

硬尾山地自行车

山地自行车赛最高海拔高达 5200 米

一级方程式赛车

最著名的汽车比赛就是每年一度的一级方程式赛车比赛（F1），F1 赛事在世界各地设置分站赛。车手之间互相竞争，在完成规定圈数后力争第一个冲过终点线。比赛长度可达 305 千米。

干胎　中度湿胎　极度湿胎

接触点

车胎通过不同的纹理，在潮湿或干燥的情况下，与赛道形成最大的接触面。

尾翼增加了向下的力，帮助车辆增加抓地力

轻量的空气动力学车身

驾驶员座舱

橡胶车胎

F1 赛车

通过降低空气阻力，并最大化增加抓地力，F1 赛车设计师设计出轻质量、高抓地力的赛车。

飞行竞赛

在这个运动项目中，驾驶员独自驾驶飞机越过航道上的障碍物，用时最短的飞行员赢得比赛。

碳纤维机翼，翼展有 8 米长

升降航控制飞机的俯仰姿势

摩托艇

摩托艇比赛是速度最快的水上运动。摩托艇在规定好的赛道上竞速，时速可达 225 千米。

尾翼在高速行驶中增强稳定性

结实的轻量框架

无限制级组别

摩托车竞速

公路摩托车比赛是在建造好的赛道上进行，行驶距离在 95～130 千米，比赛的具体长度取决于赛道的长度。

车身倾斜过弯　车手开始加速　车手上抬重心

骑行技巧

◀ 参见**现代交通的起源**：第 278—279 页

滑板

滑板比赛可在不同场地进行。一是在街头,滑板选手在平地或街头障碍物(例如围栏上)表演技巧性动作;二是在滑板场地内,在有陡坡的 U 形场地内做出各种动作。

豚跳

滑板选手跳起时,猛踩滑板尾部使滑板离开地面。

选手向上抬起重心

选手在空中

前侧腿屈膝

脚滑到滑板前侧

猛踩尾部

前脚向板头移动

保持平衡

轮滑

轮滑运动有许多不同的比赛方式,在椭圆形场地内进行竞速比赛,或在街头利用路牙、轨道表演技巧和动作。艺术轮滑和花样滑冰类似,运动员表演组合动作。

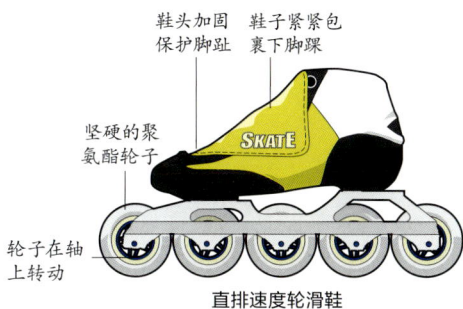

鞋头加固保护脚趾

鞋子紧紧包裹下脚踝

坚硬的聚氨酯轮子

SKATE

轮子在轴上转动

直排速度轮滑鞋

轮滑曲棍球

这一快速移动的运动项目由冰球发展而来,不同的是运动员穿着轮滑鞋进行比赛。运动员在坚硬平整、四周被包围的场地上进行比赛,球队由 5 名球员(有轮换替补队员)传球或向对方球门射球。

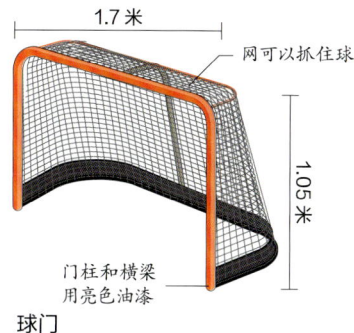

1.7 米

网可以抓住球

1.05 米

门柱和横梁用亮色油漆

球门

由一名守门员在直径 3 米的半圆内把守球门。

直排曲棍球棍刀面有 7.6 厘米深

直径 7.6 厘米

曲棍球

球和球棍

轮滑曲棍球使用一个球或一个坚硬的冰球(橡胶盘状物)进行比赛,球棍由木头、铝、碳复合材料或是石墨制成。

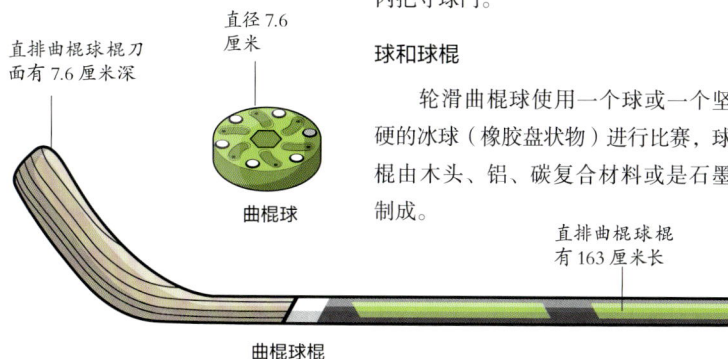

直排曲棍球棍有 163 厘米长

曲棍球棍

马术

1912 年的奥运会上,马术比赛项目增加到了 5 个,包括三项赛、场地障碍和盛装舞步。在障碍赛中,马和骑手需要越过障碍,不能犯规,也不能撞掉障碍物。

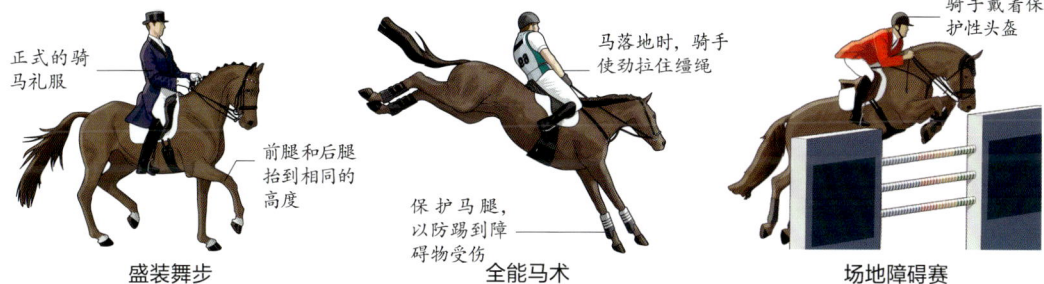

正式的骑马礼服

前腿和后腿抬到相同的高度

盛装舞步

马和骑手在比赛场地里准确地表演编排好的整套动作。

马落地时,骑手使劲拉住缰绳

保护马腿,以防踢到障碍物受伤

全能马术

这一项目包括越野障碍赛,骑手和马需要通过长距离的赛道、越过障碍并表演盛装舞步,为计时比赛。

骑手戴着保护性头盔

场地障碍赛

骑手在比赛场内按照既定路线尽可能快地通过赛道,比赛中需要跳过水坑和障碍物。

赛马

这项运动分为平地赛跑(比赛在平坦的草地或土地跑道上进行),以及障碍赛。由身材不高但很强壮的骑手骑马越过多个大型障碍物或远距离跳跃。

越野障碍赛

马球

公元前 600 年起源于波斯,本是用于训练骑兵部队的。马球比赛主要在室外场地进行,场地长为 274.3 米。比赛按节划分。比赛中骑在马背上的球队成员使用一根很长的球杆击球,使球进入对手的球门。

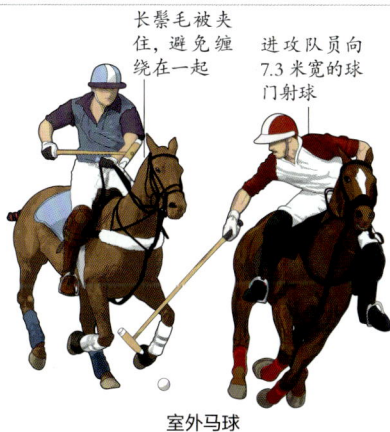

长鬃毛被夹住,避免缠绕在一起

进攻队员向 7.3 米宽的球门射球

室外马球

> 还有骑在牦牛、骆驼或大象上进行的马球比赛

牛仔竞技表演

多流行于美国和墨西哥。选手在不同的骑行和套圈比赛中竞技,包括在野马和公牛身上保持平衡,时间越长越好。

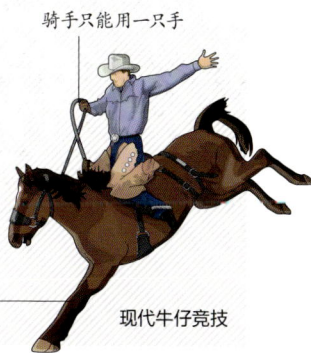

骑手只能用一只手

马试图甩掉骑手

现代牛仔竞技

参见奥运会: 第 482—485 页 ▶

奥运会

现代奥林匹克运动会是世界上规模最大的多项目国际体育赛事，2016 年夏天在巴西里约热内卢举办的奥运会中有 11238 名运动员在 306 个项目中争夺奖牌。大约在 2800 年前，第一届奥运会举办于古希腊，当时只有一项竞走比赛，比赛在奥林匹亚运动场进行，长度大约为 192 米。古代

奥运会在公元 4 世纪时结束，但它的理念一直延续到 19 世纪末。现代奥林匹克运动会从 1896 年开始，每四年举办一次，其中只因两次世界大战和 2020 年的疫情中断过三次。冬季奥运会也是每四年举办一次，吸引有奥运奖牌梦想的冬奥项目选手参赛。

早期的铁饼最初是用石头制成，后来用黄铜、铅或铁制成

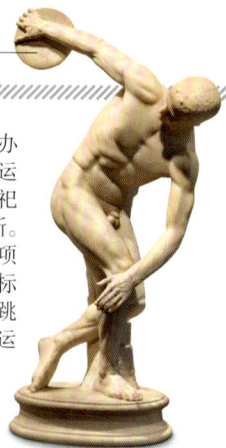

公元前 776 年，举办了第一届古希腊奥运会，传说是为了祭祀奥林匹亚的神宙斯。公元前 708 年，五项全能，包括铁饼、标枪、摔跤、跑步和跳远被列入了古代奥运会项目。

古希腊铁饼选手兰切洛蒂

法国报纸庆祝冬季奥林匹克运动会的到来

Le Petit Journal
illustré

Le premier acte dans les neiges

报纸封面，1924 年 2 月

自行车头盔由皮革制成

1924 年 1 月 25 日至 2 月 5 日　第一届冬季奥林匹克运动会在法国夏蒙尼举办，258 名运动员在 16 个项目中争夺奖牌，包括跳台滑雪和冰壶。

1920 年 4 月 20 日至 9 月 12 日　第六届比利时安特卫普奥林匹克运动会上，奥运五环旗第一次升起。意大利队赢下了团队自行车追逐赛。

意大利自行车选手弗朗哥·乔格特

技艺高超的奥斯卡·斯旺在团体移动靶射击赛中赢得金牌

1912 年 5 月 5 日至 7 月 27 日　第五届奥林匹克运动会在瑞典斯德哥尔摩举行，这届奥运会在田径比赛中使用了自动计时器和终点照相技术，现代五项全能和盛装舞步也首次被列为奥运会比赛项目。

瑞典射击运动员奥斯卡·斯旺

1924 年 5 月 4 日 —7 月 27 日　第八届奥林匹克运动会在法国巴黎举行。帕沃·鲁米被人们称为"芬兰飞人"，赢得了 5 枚田径金牌，并有在几小时内连续获得 2 枚的纪录。

比赛号码帮助裁判员和观众辨别运动员

芬兰田径运动员帕沃·鲁米

1928 年 2 月 11 日—2 月 19 日　第二届冬季奥林匹克运动会在瑞士圣莫里茨举行，挪威运动员索尼娅·赫妮赢得女子花样滑冰金牌，此后，又连续在此项目中获得 2 枚冬奥会金牌。

花样滑冰运动员索尼娅·赫妮

赫妮是性的滑冰

1952 年 7 月 19 日—8 月 3 日　第十五届奥林匹克运动会在芬兰赫尔辛基举办，赫尔辛基也是 1940 年被取消的那次奥运会的东道主。此届奥运会上，印度尼西亚、以色列以及中国首次参加奥运会。

1952 年奥运会的金牌

1952 年 2 月 14 日—25 日　第六届冬季奥林匹克运动会在挪威奥斯陆举行，亚尔马·安德森在四项速度滑冰比赛中赢得了 3 枚金牌，让家乡的观众十分骄傲。

123456789　987654321

射击靶

1948 年 7 月 29 日—8 月 14 日　在英国伦敦举行的第十四届奥林匹克运动会上，由于爆炸导致右手受伤的匈牙利射击运动员卡罗伊·托卡奇用左手赢得了手枪速射的金牌。

1948 年 1 月 30 日—2 月 8 日　第五届冬季奥林匹克运动会在瑞士圣莫里茨举行，德国和日本被排除在外。28 个国家在 22 项赛事中进行角逐。

瑞士高山滑雪运动员卡尔·莫里特尔

尼姬，古希腊的胜利女神

1956 年 1 月 26 日—2 月 5 日　第七届冬季奥林匹克运动会在意大利科蒂纳丹佩佐举行，苏联首次参加奥运会并荣登奖牌榜榜首，在 24 项比赛中赢得了 7 项冠军，而意大利则赢得了长雪橇车金牌。

刹车手在驾驶员后面

流畅的空气动力学车身向下压住

长雪橇车选手欧金尼奥·蒙蒂和伦佐·阿尔维拉

1956 年 11 月 22 日 —12 月 8 日　第十六届奥林匹克运动会在澳大利亚墨尔本举行，这是首届在南半球举办的奥运会。澳大利亚赢得了总共 13 枚游泳金牌中的 8 枚。

澳大利亚游泳运动员道恩·弗雷泽

◀ 参见神话：第 382—385 页　◀ 格斗类运动项目：第 472—473 页

1896 年 4 月 6 日—15 日　在国际奥委会创始人皮埃尔·德·顾拜旦的提议下，第一届现代奥林匹克运动会在希腊雅典举行，来自 14 个国家的 241 名运动员参加了比赛。

法国教育家
皮埃尔·德·顾拜旦

1900 年 5 月 14 日—10 月 28 日　第二届奥林匹克运动会作为世界博览会的一部分在法国巴黎举行。比赛持续了 5 个月之久，甚至使得奥运会不能持续吸引人们的关注了。女子运动员首次参加奥运会，参与了帆船、网球和高尔夫球比赛。

击剑是吸引眼球的主要项目，重剑比赛吸引了 155 名参赛选手参加

1900 年夏季奥运会官方海报

三种击剑比赛用剑，花剑、佩剑、重剑

RÉPUBLIQUE FRANÇAISE
MINISTÈRE DU COMMERCE DE L'INDUSTRIE DES POSTES ET TÉLÉGRAPHES
EXPOSITION UNIVERSELLE de 1900
Direction génle de l'Exploitation

Concours
4 Exercices physiques
et de Sports

CONCOURS
INTERNATIONAUX
D'ESCRIME

FLEURET
du 14 Mai au 1er Juin
DANS LA SALLE DES FÊTES DE L'EXPOSITION
19.500 frs de Prix

ÉPÉE
du 1er au 15 Juin
SUR LA TERRASSE DU JEU DE PAUME AUX TUILERIES
16.000 frs de Prix

SABRE
du 18 au 27 Juin
DANS LA SALLE DES FÊTES DE L'EXPOSITION
9.000 frs de Prix

Pour tous les Renseignements S'Adr 10 Rue Blanche PARIS

imp. CHARDIN.
17 Passage Doudeauville PARIS

1908 年 4 月 21 日—10 月 28 日　第四届英国伦敦奥林匹克运动会专门为马拉松等田径赛事修建了体育场，组委会将马拉松比赛的距离定为 42.195 千米。

意大利马拉松运动员
道多兰多·佩特里

1904 年 7 月 1 日—11 月 23 日　在美国圣路易斯举办了第三届奥林匹克运动会，本届奥运会第一次给优胜者颁发奖牌。美国体操运动员乔治·亚瑟赢得了 6 枚奖牌，尽管他有一条腿是假肢。

乔治·亚瑟

在 1900 年奥运会中击剑奖牌获得者赢得现金

第九届奥运会海报

1928
IX'OLYMPIADE
AMSTERDAM

1928 年 5 月 17 日—8 月 12 日　于荷兰阿姆斯特丹举办了第九届奥林匹克运动会，女子田径运动员首次参赛，印度于此届奥运会拉开了男子曲棍球六连冠的序幕。

1932 年 2 月 4 日—15 日　第三届冬季奥林匹克运动会在美国普莱西德湖村举行，美国的埃迪·伊根成为首位在奥林匹克运动会和冬季奥林匹克运动会都赢得金牌的运动员，他分别在 1920 年的拳击比赛和 1932 年的长雪橇比赛中赢得金牌。

1932 年 7 月 30 日—8 月 14 日　第十届奥林匹克运动会在美国洛杉矶举行，持续了 16 天。主办方为男子运动员专门设立了奥运村，也为颁奖仪式准备了领奖台

1932 年美国击剑运动员
乔治·卡南发表奥林匹克宣言

1936 年 8 月 1 日—16 日　第十一届奥林匹克运动会在德国柏林举行，这届奥运会首次举行了从希腊到主办城市的火炬接力。美国运动员杰西·欧文斯赢得了 4 枚金牌，给了种族优越者以狠狠打击。

有鞋钉和鞋带的特制的轻重量跑鞋

美国运动员
杰西·欧文斯

1936 年 2 月 6 日—2 月 16 日　第四届冬季奥林匹克运动会在德国加米施-帕滕基兴举行，高山滑雪障碍赛和速降赛首次进入奥运会。挪威运动员伊瓦尔·巴兰格鲁德赢得了 3 枚速度滑冰金牌。

速度滑冰运动员伊瓦尔·巴兰格鲁德

1960 年 2 月 18 日—28 日　在美国斯阔谷举办了第八届冬季奥林匹克运动会，冬季两项和女子速度滑冰被列入了冬奥会项目，但长雪橇车比赛没有成为比赛项目，这也是冬奥会历史唯一一次。

1960 年 8 月 25 日—9 月 11 日　在意大利罗马举办了第十七届奥林匹克运动会，匈牙利击剑运动员阿拉达尔·格雷维奇赢得他个人第 7 枚金牌。残奥会比赛中有 400 名残疾人参加。

击剑运动员躲避对手的刺剑

奥运会击剑

1964 年 1 月 29 日—2 月 9 日　在奥地利因斯布鲁克举办了第九届冬季奥林匹克运动会，戈瓦切尔姐妹分别在障碍滑雪和大回转赛中获得了第一和第二。

1964 年 10 月 10 日—24 日　第十八届奥林匹克运动会在日本东京举行，排球和女子五项全能首次成为奥运会比赛项目。苏联体操运动员拉丽莎·拉蒂尼娜赢得了六枚金牌，她职业生涯中共获得 18 枚金牌，在随后的 48 年时间里无人能敌。

描绘排球比赛的邮票

邮票

◀ 参见冰雪运动：第 474—475 页　　◀ 自行车与竞速运动：第 480—481 页

≫ 奥运会（续）

1968 年 2 月 6 日—18 日　第十届冬季奥林匹克运动会在法国格勒诺布尔举行，冬奥会现场首次由彩色电视信号传送，挪威以 6 枚金牌位居奖牌榜榜首。

迪克·福斯贝里跳高

脚向上拉起越过横杆

1968 年 10 月 12 日—27 日　第十九届奥林匹克运动会在墨西哥城举行，这是首次在拉丁美洲举办奥运会。美国跳高运动员迪克·福斯贝里用其独特的技术赢得了金牌。

参赛服由很薄的人造面料制成，以降低风阻

日本跳台滑雪运动员笠谷幸生

胸部与地面平行

有固定的靴子在脚踝处有活动空间

长滑雪板向上抬起给运动员起跳的角度

1972 年 2 月 3 日—13 日　第十一届冬季奥林匹克运动会在日本札幌举行，这是首次在欧洲和美洲以外的地方举办冬奥会，有总共 35 个国家参加了比赛。

1988 年 9 月 17 日—10 月 2 日　第二十四届奥林匹克运动会在韩国首尔举行，东德运动员克里斯塔·卢—罗滕布格尔成为首位同年在冬奥会和夏季奥林匹克运动会中都赢得奖牌的选手。

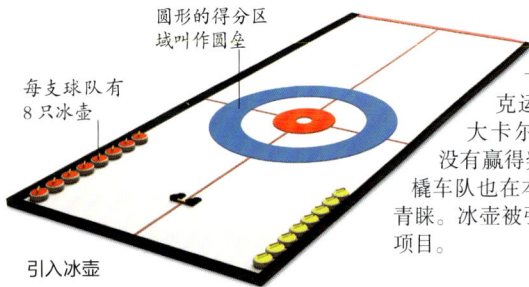

圆形的得分区域叫作圆垒

每支球队有 8 只冰壶

引入冰壶

1988 年 2 月 13 日—28 日　第十五届冬季奥林匹克运动会首次在加拿大卡尔加里举行。虽然没有赢得奖牌，但牙买加雪橇车队也在本届赛事上赢得了青睐。冰壶被引入赛事成为表演项目。

1984 年 7 月 28 日—8 月 12 日　第二十三届奥林匹克运动会在美国洛杉矶举行，花样游泳和女子马拉松赛事首次成为奥运会比赛项目，美国运动员卡尔·刘易斯赢得 4 枚金牌。

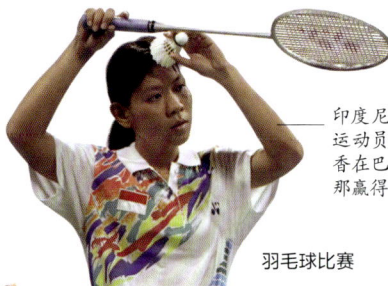

花样游泳

保护性头盔

猫跳滑雪首次进入奥运会

用固定器将靴子连接在滑雪板上

1992 年 2 月 8 日—23 日　第十六届冬季奥林匹克运动会在法国阿尔贝维尔举行，猫跳滑雪、场地速度滑冰和女子冬季两项首次出现。

1992 年 7 月 25 日—8 月 9 日　第二十五届奥林匹克运动会在西班牙巴塞罗那举行，棒球和女子柔道成为奖牌项目，激流回旋重新回归奥运会。

印度尼西亚运动员王莲香在巴塞罗那赢得金牌

羽毛球比赛

1994 年 2 月 12 日—27 日　在挪威的利勒哈默尔举办了第十七届冬季奥林匹克运动会，这是冬奥会和夏季奥林匹克运动会首次在不同年份举行。本届冬奥会将速度滑冰项目移入室内。

尤塞恩·博尔特作出他标志性的"闪电博尔特"姿势

2008 年 8 月 8 日—24 日　第二十九届奥林匹克运动会在中国北京举办，美国游泳运动员迈尔·菲尔普斯赢得了 8 枚金牌，尤塞恩·博尔特打破了田径 100 米和 200 米的世界纪录。

牙买加的代表色

牙买加短跑运动员尤塞恩·博尔特

2006 年 2 月 10 日—26 日　第二十届冬季奥林匹克运动会在意大利都灵举行，德国位居奖牌榜榜首，共赢得 29 枚奖牌。恩里科·法布里成为首位赢得速度滑冰金牌的意大利运动员。

一只手臂放在身后减小阻力

腿向外然后向前挥动

滑冰运动员降低重心保持速度

速度滑冰

2010 年 2 月 12 日—28 日　第二十一届冬季奥林匹克运动会在加拿大温哥华举行，趣味追逐赛首次进入冬奥会。本届冬奥会加拿大以 14 枚金牌位居奖牌榜榜首。

2012 年 7 月 27 日—8 月 12 日　第三十届奥林匹克运动会在英国伦敦举行，本届奥运会上创造了 38 项世界纪录，女子拳击比赛也成为奥运会比赛项目，分为 51 公斤、60 公斤和 75 公斤三个组别。

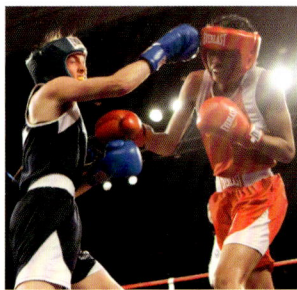

女子拳击比赛

2014 年 2 月 7 日—23 日　第二十二届冬季奥林匹克运动会在俄罗斯索契举行，本届比赛有 12 项新的项目，包括单人雪橇接力、团队花样滑冰和 U 型池双板滑雪等。

1972 年 8 月 26 日—9 月 11 日　在德国慕尼黑举办的第二十届奥林匹克运动会遭到了一名巴勒斯坦恐怖分子的袭击，导致 11 名以色列运动员和官员身亡。不过，比赛照常进行。

反曲弓射出的箭时速可达 200 千米

很长的稳定器增加了垂直面上的平衡性

射箭比赛回到奥运会

1976 年 2 月 4 日—15 日　第十二届冬季奥林匹克运动会在奥地利的因斯布鲁克举行，这是奥地利 12 年内第二次举办冬奥会。冰舞比赛首次进入冬奥会，而单人雪橇和雪橇车赛首次使用同一条赛道。

由于奥地利队的滑雪服太紧，克拉莫在比赛中穿了自己的黄色滑雪服

奥地利滑雪运动员弗朗兹·克拉莫

1976 年 7 月 17 日—8 月 1 日　在加拿大蒙特利尔举行的第二十一届奥林匹克运动会上，罗马尼亚体操运动员纳迪娅·科马内奇成为奥运会历史上首位获得满分 10 分的体操运动员。

罗马尼亚体操运动员纳迪娅·科马内奇

1984 年 2 月 8 日—19 日　在前南斯拉夫的萨拉热窝举办了第十四届冬季奥林匹克运动会。英国运动员杰恩·托维尔和克里斯托弗·迪恩在冰舞比赛中赢得了 12 个艺术满分，获得金牌。

舞蹈动作根据法国作曲家莫里斯·拉威尔的《波莱罗舞曲》编排

杰恩·托维尔与克里斯托弗·迪恩

1980 年 7 月 19 日—8 月 3 日　第二十二届奥林匹克运动会在苏联莫斯科举行，苏联体操运动员阿列克桑德·季佳京赢得 8 枚奖牌。他是第一位在奥运会上赢得满分 10 分的男子体操运动员。

1980 年 2 月 13 日—24 日　第十三届冬季奥林匹克运动会在美国普莱西德湖村举行。美国冰球队击败蝉联四届奥运会冠军的苏联队，本场胜利被吹捧为"冰上的奇迹"。

美国 4 比 3 击败苏联

1996 年 7 月 19 日—8 月 4 日　在美国亚特兰大举办了第二十六届奥林匹克运动会，法国女运动员玛丽·若泽·佩雷克成为首位连续取得两届奥运会 400 米冠军的运动员，她同时也赢得了 200 米的冠军。

佩雷克的速度和苗条的身材为其赢得了"羚羊"的称号

奥运冠军金牌获得者玛丽·若泽·佩雷克

1998 年 2 月 7 日—22 日　第十八届冬季奥林匹克运动会在日本长野举行，重新回归奥运会的冰壶项目成为男女子奖牌争夺的热门项目。单板滑雪和女了冰球第一次出现在冬季奥运会上。

更多的冰刀可以使步伐更快

2004 年 8 月 13 日—29 日　第二十八届奥林匹克运动会重新回到希腊雅典。铅球比赛在古奥林匹亚竞技场举行，女子摔跤和佩剑比赛首次进入奥运会。

开幕式

2002 年 2 月 8 日—24 日　在美国盐湖城举办了第十九届冬季奥林匹克运动会，78 个国家的代表队参加了本届奥运会。中国速度滑冰运动员杨扬赢得了中国冬奥会历史上首枚金牌。

2000 年 9 月 15 日—10 月 1 日　在澳大利亚悉尼举办了第二十七届奥林匹克运动会，凯茜·弗里曼成为第一位在奥运会中点燃圣火的运动员，并赢得了金牌。

澳大利亚运动员凯茜·弗里曼

2016 年 8 月 5 日—21 日　在巴西里约热内卢举办的第三十一届奥林匹克运动会上，迈克尔·菲尔普斯在宣布退役前，将他职业生涯中的奖牌数量提升到金牌 23 枚、银牌 3 枚和铜牌 2 枚。

菲尔普斯被称为"飞鱼"

美国游泳运动员迈克尔·菲尔普斯

2018 年 2 月 9 日—25 日　有 6 个国家在韩国平昌冬奥会上首次参赛，使得总参赛代表队数量达到 98 支。大型空中单板滑雪是新引入的冬奥项目之一。

运动员抓住滑板的前侧

身体转向滑板正面

松开滑板

滑板与平地成一定角度，水平落在斜坡面上

单板滑雪出池换刃技术

2020 年　第三十二届日本东京奥林匹克运动会由于新型冠状病毒感染影响，被推迟到 2021 年举行，自由小轮车首次进入奥运会。

◀ 参见田径：第 470—471 页　◀ 冰雪运动：第 474—475 页

摄影

摄影始于19世纪，最初是通过光线在涂有感光乳剂的胶片上引发化学反应，从而成像。

1975年，数码相机问世，光敏传感器取代了胶片。传感器的电子输出信号经相机处理后，生成存储在存储器中的数字图像文件。文件可通过电脑下载，并进行编辑。

相机类型

数码相机种类繁多，从轻薄的便携相机到体积庞大同时功能也强大的单反相机（见第271页）等。图像质量通常取决于镜头和传感器的质量。随着智能手机摄像头功能的不断增强，越来越多的人喜欢用智能手机来拍照。

旗舰级便携型相机

便携型相机有出色的外观和图像质量，但价格昂贵，通常变焦范围较窄。

内置闪光灯

复古的设计

桥式相机 / 高阶消费型相机

桥式相机的特点是变焦范围宽，体积比单反相机小巧，但与便携型相机一样，不能更换镜头。

快门按钮

闪光灯

内置变焦镜头

无反相机（无反光镜相机）

比单反相机更小、更轻、更安静，无反相机为使用者提供了镜头更换的选择。

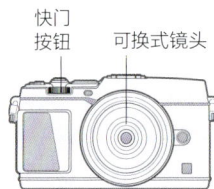

快门按钮

可换式镜头

单反相机

单反相机为用户提供了控制选项、高质量的图像，以及可更换的各种高质量镜头。

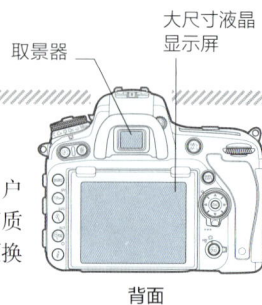

取景器

大尺寸液晶显示屏

背面

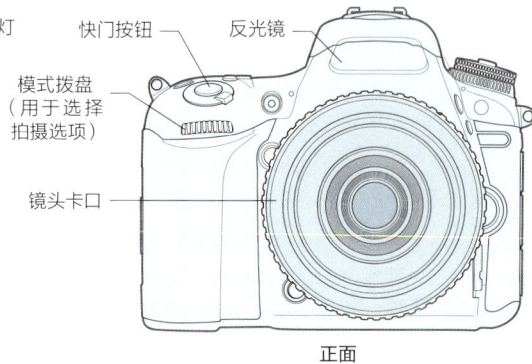

快门按钮

反光镜

模式拨盘（用于选择拍摄选项）

镜头卡口

正面

感光度

感光度是胶片相机的产物，它决定了曝光时所需的光量。相机的标准感光度范围是50~3200。更高的感光度能增强相机传感器发出的信号，从而捕捉到弱光下的图像，但会导致图像出现颗粒感，也就是所谓的"噪点"。噪点是一种干扰现象，通常表现为图像中的彩色斑点。

增加感光度

近距离观察，可以清楚地看到在不同的感光度下细节的变化。

细节 1

细节 2

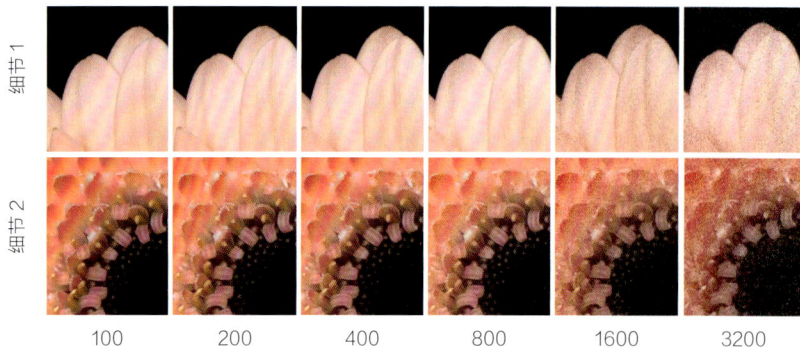

| 100 | 200 | 400 | 800 | 1600 | 3200 |

光圈

由镜头中的一组光圈叶片形成，从而让光线通过。

光圈的大小可以通过一系列光圈系数即f值进行调整。f值通常为1.4~22，f值越小，光圈越大，通过的光线越多。

调整光圈

小光圈，如f/16，可以增加景深，即画面中清晰对焦的范围（见第488页）。大光圈，如f/4，会导致背景模糊。

光圈叶片

叶片收拢，产生较小的光圈

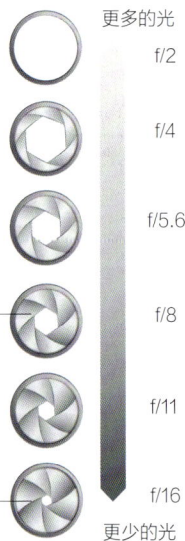

更多的光

f/2

f/4

f/5.6

f/8

f/11

f/16

更少的光

f/4

f/16

快门速度

快门速度决定了曝光时间——光线到达相机传感器的时间长度。它通常以几分之一秒来测量。高快门速度将快速移动的物体拍摄成清晰的图像，但通常需要更高的感光度或更大的光圈来获得足够的光线。

快门速度转盘

快门速度可以手动控制。最高的快门速度适合在非常明亮的光线下拍摄，可以拍摄瞬间动作。

高快门速度

中快门速度

低快门速度

| 1/500 s | 1/125 s | 1/15 s |

曝光和运动

快门速度越慢，移动物体在图像中表现出的模糊效果越强，同时快门能接收到的光线也就越多。

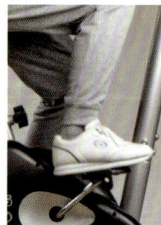

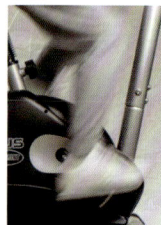

| 1/500 s | 1/125 s | 1/15 s |

焦距

当被摄物在焦点上时，镜头和相机图像传感器之间的距离称为焦距，通常以毫米为单位。定焦镜头的焦距是固定的，而变焦镜头的焦距可以变化。焦距决定着拍摄的视角，即相机能捕获的场景范围。

焦距和视角的关系

镜头的焦距越长，视角越窄，捕捉到的区域就越小，拍摄的物体看起来就越大。

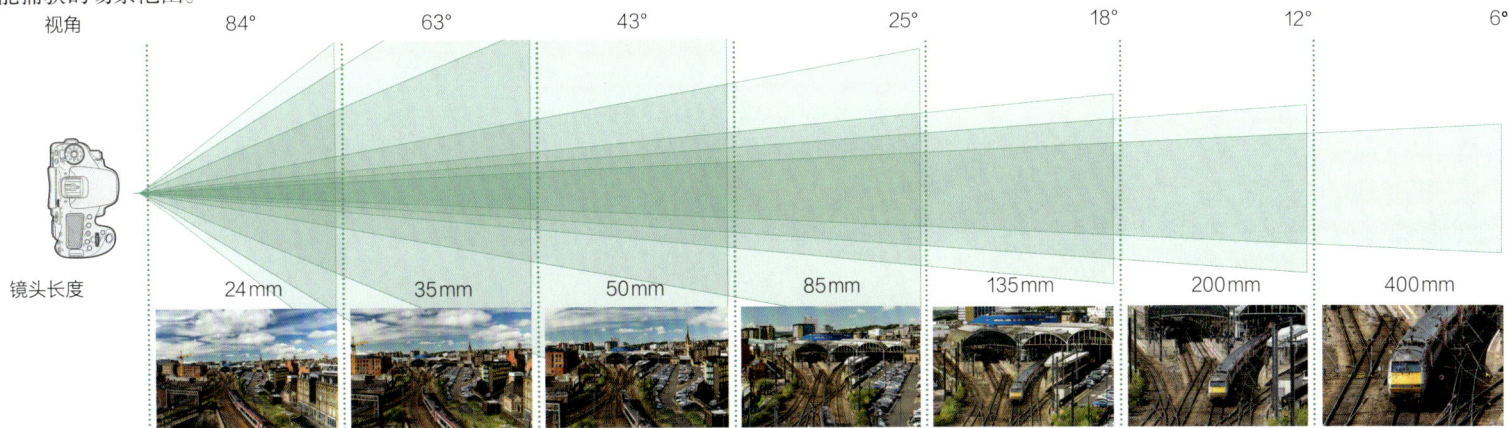

视角 84° 63° 43° 25° 18° 12° 6°

镜头长度 24mm 35mm 50mm 85mm 135mm 200mm 400mm

镜头

镜头可以是定焦镜头（固定焦距）或变焦镜头（可变焦距）。定焦镜头往往具有更大的光圈，所以它们可以在高快门速度下获得更多的光。

广角镜头

焦距在 35mm 以下，在风景、旅行和抽象摄影中提供更广阔的视野。

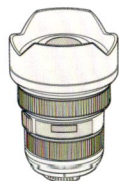

广阔视野

标准镜头

焦距在 35~50mm，标准镜头产生的图像效果近似于用肉眼观察。

自然观看的角度

长焦镜头

焦距在 75mm 以上，可以拉近远处的景物。长焦镜头常用于野生动物摄影。

远处的物体在画面上很大

微距镜头

与其他镜头相比，微距镜头可以在更近的距离对焦，使小的拍摄对象能够填满画面。

大特写效果

一只徕卡 f/5.6、1600mm 长焦镜头在 2006 年以 206.45 万美元售出

闪光

许多数码相机内置闪光灯，也可以通过外部闪光灯枪补充光源。闪光灯枪可脱离相机使用，也可通过热靴安装在相机上。闪光灯能提供短暂但强烈的闪光来照亮场景，其发光强度用闪光指数（GN）衡量：闪光指数越高，闪光的强度越高。

光随距离增加而减弱

适合近距离拍摄的闪光指数在较远距离可能无法起效。

明亮的被摄主体

光随距离增加而减弱

近距离、低闪光指数

较低功率的闪光灯可以使近处昏暗的被摄物或部分阴影处变亮。

被照亮的被摄主体

远距离、低闪光指数

闪光灯不能完全照亮被摄物，导致图像曝光不足。

昏暗的被摄主体

远距离、高闪光指数

增加感光度的灵敏度可以提高闪光灯的闪光指数，从而提供足够的曝光光线。

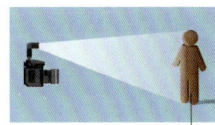

光线到达被摄主体

滤镜

滤镜安装在镜头前面，以执行各种任务。偏振光滤镜可以减少反射，帮助生成色彩饱和的图像；其他滤镜可以散射光，从而产生柔和的图像。

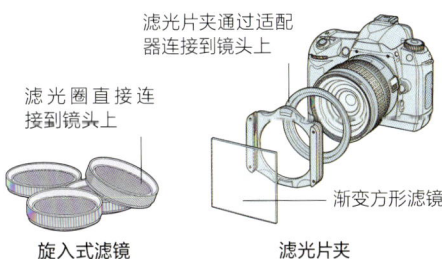

滤光片夹通过适配器连接到镜头上

滤光圈直接连接到镜头上

渐变方形滤镜

旋入式滤镜

滤光片夹

三脚架

三脚架为相机提供了稳定的支撑，防止在曝光过程中发生移动。高度可以通过抬高或降低支架腿来调整。

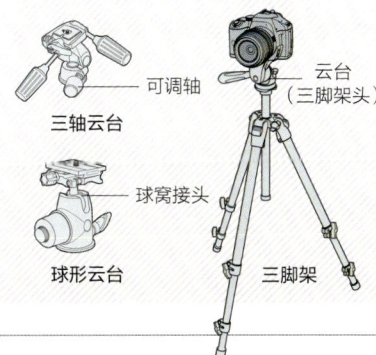

三轴云台

球形云台

可调轴

云台（三脚架头）

球窝接头

三脚架

≫ 摄影（续）

构图

构图是摄影师对画面中不同元素的排列、放置和重要性所做的一系列的决策。这通常包括不同的拍摄角度、取景技术、快门速度和景深等。例如，大光圈可以模糊许多元素，从而突出那些清晰的元素。

> "对我来说，相机就是一本速写本，一种直觉和自发性的工具。"
>
> 亨利·卡蒂埃－布列松，
> 《思想的眼睛》，1999 年

控制景深

景深是图像内被聚焦物体两侧相对清晰的区域。通过调整镜头的光圈可以改变景深，从而使更多或更少的元素进入清晰的视野。

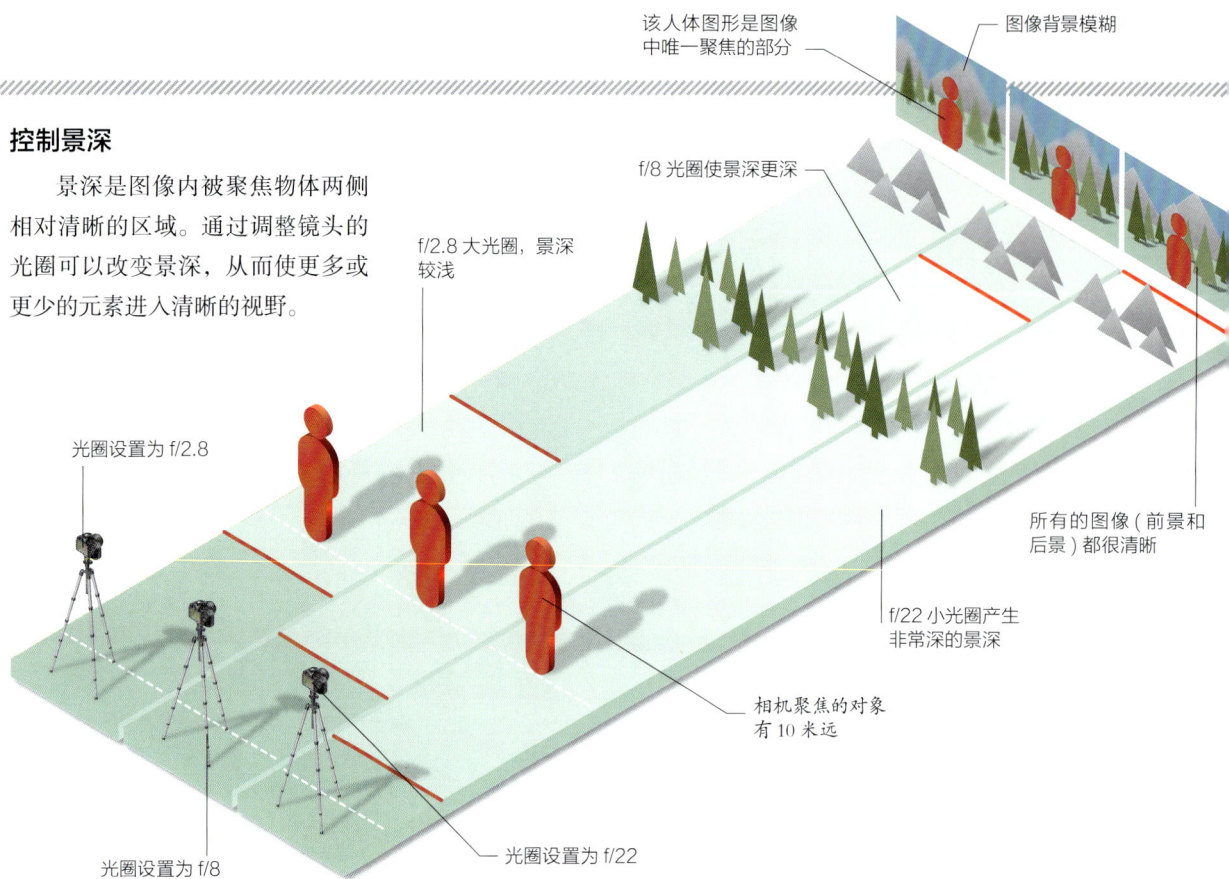

图像背景模糊
该人体图形是图像中唯一聚焦的部分
f/8 光圈使景深更深
f/2.8 大光圈，景深较浅
所有的图像（前景和后景）都很清晰
f/22 小光圈产生非常深的景深
相机聚焦的对象有 10 米远
光圈设置为 f/2.8
光圈设置为 f/8
光圈设置为 f/22

构图框架

对于没有经验的摄影师来说，在拍照中安排和放置元素可能很棘手。简单的构图框架，比如遵循三分法或者在场景中寻找对角线，可以帮助新手摄影师选择准确的视角和构图。

被摄人物的身体位于两条水平线之间

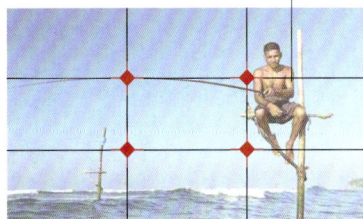

三分法

三分法是指用两条等距的垂直线和两条等距的水平线将场景划分成网格。沿着这些线以及它们的交叉点放置感兴趣的元素，有助于平衡画面。

鸟和树叶形成的对角线，引导观众的眼睛进入画面

对角线

画面中的对角线可以增加动感，将观众的目光引向图像中的一点，并在与其他线相交的地方创造出更多有趣的点。对角线比水平线和垂直线更吸引人。

光和对比

对比是指场景中不同部分在色调和色彩上的差异。强光产生强烈的对比，突出形状和阴影。柔和的、漫射的光会弱化对比，让被摄物更柔和，例如透过云层或透过百叶窗的阳光。不同的主题类型需要不同的光线质量。

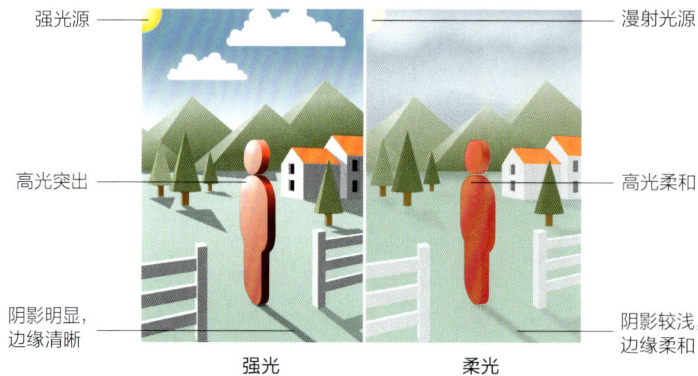

强光源 / 漫射光源
高光突出 / 高光柔和
阴影明显，边缘清晰 / 阴影较浅，边缘柔和
强光 / 柔光

黄金比例

1∶1.62 被称为黄金比例。这一比例在自然界中普遍存在。古希腊人发现边长具有这种比例的长方形更美观。在摄影中，运用黄金比例及其相关的黄金螺旋，可以使构图自然悦目。

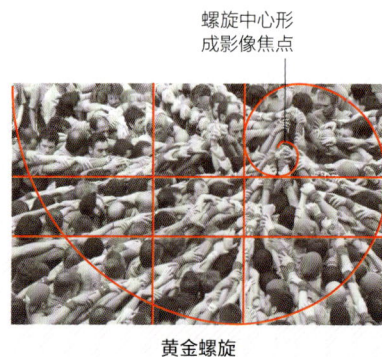

螺旋中心形成影像焦点

黄金螺旋

◄ 参见 电影和电影艺术：第 422—423 页　◄ 世界电影：第 424—425 页　◄ 绘画的要素：第 440—441 页

2011 年，安德烈亚斯·古尔斯基拍摄的照片《莱茵河二号》
在拍卖会上以 4338500 美元的价格售出

主题类型

摄影题材种类繁多，从天文摄影（夜空成像）到建筑摄影等都包含其中。不同类型对摄影师的构图、技术理解和使用设备的要求不同。有些摄影师选择专攻某一领域，发展自己的专项技能，有时还会购买专业设备。

后期处理

照片可以从相机的存储卡传输到电脑，然后用软件对数字图像文件中的数据进行编辑，从而对图像进行处理和增强。对图像特定部分进行后期处理的方式有调整曝光度或色彩饱和度，应用效果和滤镜，或删除少部分、不需要的物体。

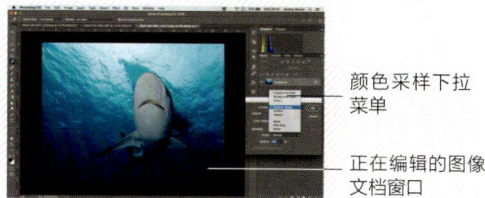

颜色采样下拉菜单

正在编辑的图像文档窗口

图像处理软件

景观

完美地捕捉自然场景需要良好的构图及对对比度、饱和度和景深的控制。色彩滤镜有时会被用来突出风景的自然色彩。

街头

街头摄影是摄影师记录自己所看到的公共空间的摄影。他们的关注点可能是高饱和度的、充满活力的色彩，使用广角镜头拍摄的建筑角度，或是街头生活的抓拍。

动作

在体育运动中，捕捉清晰的快速动作图像需要较高的快门速度。长镜头可以拉近镜头的距离。一些相机的连拍模式每秒可以拍摄多个图像。

抽象

抽象摄影是一种探索自然或日常事物的纹理和不寻常视角的摄影类型。它可以包括微距摄影或长时间曝光产生的模糊效果或光线移动的轨迹。

微距

这种极端的近距离摄影，具有 1∶1 或更高的放大比例，通常需要专用镜头或延长管来放大物体，从而展现肉眼无法观察到的纹理和细节。

人像

捕捉人物的个性和表情是一门艺术，需要精心控制光线、对比度和背景。某些人物摄影可以在自然状态下进行拍摄，而室内人物摄影需要使用专业的工作室设备。

旅行

桥式相机或带有变焦功能的单反相机具有在各种条件下捕捉图像的广泛用途。敏锐地发现不同寻常和引人注目的场景，以及对光的理解，是一种宝贵的摄影能力。

野生动物

巨大的耐心和高度的专注力可以在野外捕捉到非凡的图像。当动物距离远、想要虚化背景以突出视野中央的动物主体时，需要用到长焦镜头。

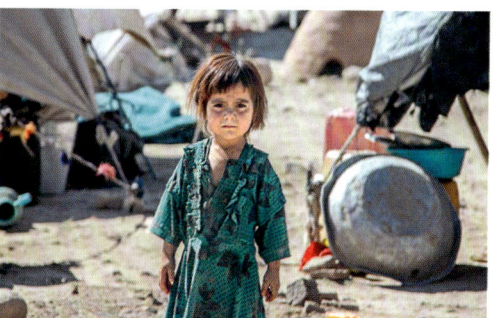

纪实

为了追求能讲述故事的场景，一些纪实摄影以黑白摄影方式来增加视觉冲击力。摄影师可能还需要总结要拍摄的情况，然后瞬间捕捉画面。

素描和油画

艺术与休闲

绘画是一种古老的艺术形式，人类最早在旧石器时代就开始进行绘画。从那时起，它们就被用来表达思想和情感，讲述故事，捕捉场景以及人物、动物和物体的形象。

这些艺术形式利用各种各样的工具和许多不同的笔触、技巧。在19世纪摄影术发明之前，绘画为我们了解历史世界提供了大量的视觉证据。

素描

素描是用各种工具绘制线条和阴影的艺术。它强调形状和轮廓，而不是大量的颜色块，用途非常广泛。画家经常通过素描进行构思和定位。

工具

艺术家可以选择用各种黑色的石墨铅笔、钢笔、炭笔和色彩丰富的蜡笔来绘画。

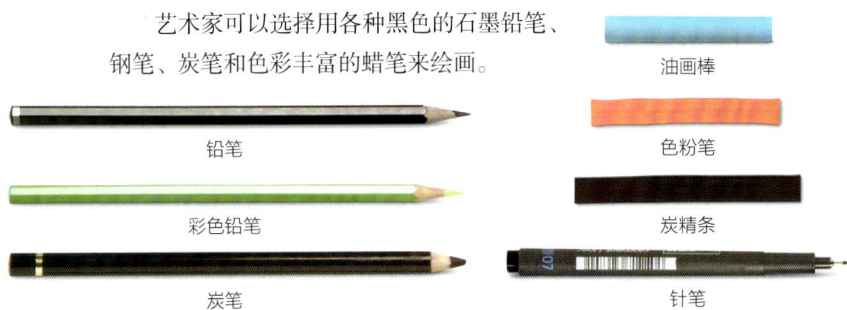

铅笔

油画棒

彩色铅笔

色粉笔

炭笔

炭精条

针笔

铅笔分级

铅笔可以从超软、超黑（9B）到超硬、超浅（9H）进行分级。这是由铅笔中黏土和石墨的含量决定的。

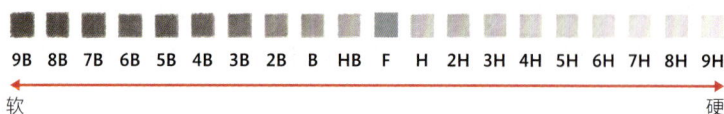

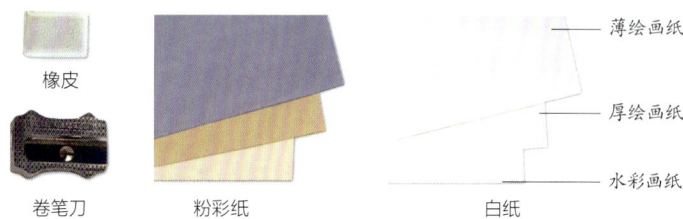

9B 8B 7B 6B 5B 4B 3B 2B B HB F H 2H 3H 4H 5H 6H 7H 8H 9H

软 ————————————————————→ 硬

橡皮

卷笔刀

粉彩纸

白纸

薄绘画纸
厚绘画纸
水彩画纸

绘制图纸

很多绘画作品都是由一系列粗略的线条和几何形状构成，这些线条和形状与所描绘的物体或人物成比例，显示了不同部分之间的相互关系。

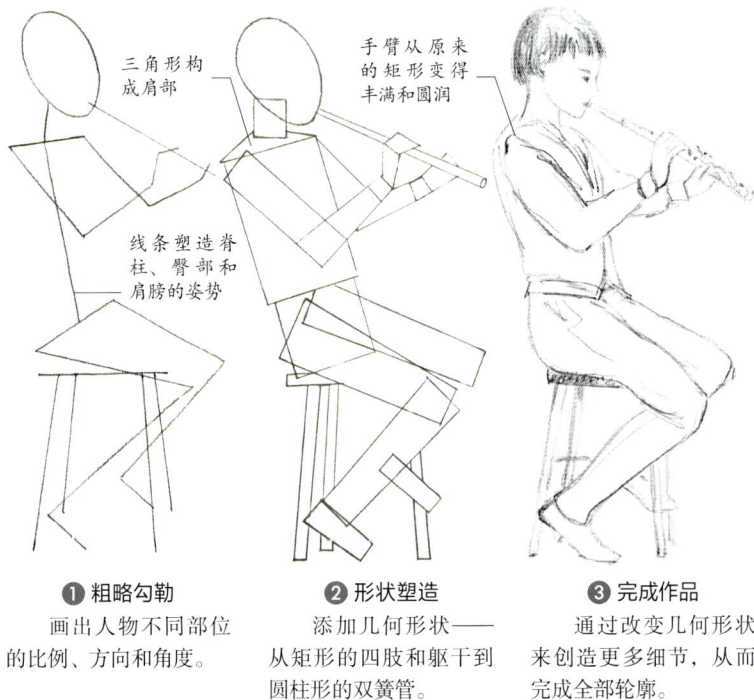

三角形构成肩部

线条塑造脊柱、臀部和肩膀的姿势

手臂从原来的矩形变得丰满和圆润

❶ 粗略勾勒
画出人物不同部位的比例、方向和角度。

❷ 形状塑造
添加几何形状——从矩形的四肢和躯干到圆柱形的双簧管。

❸ 完成作品
通过改变几何形状来创造更多细节，从而完成全部轮廓。

握法

与写字相比，绘画需要更轻、更放松的握法控制铅笔和炭笔。粉彩笔则是用两端或侧面涂抹。

压得越用力，颜色就越浓

铅笔

木炭

色粉笔

画排线和交叉排线

这些描线技巧可以给绘画增加厚重感或纹理，或者创造光影效果。

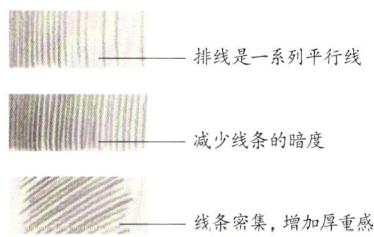

排线是一系列平行线

减少线条的暗度

线条密集，增加厚重感

简单的排线

一系列平行线成直角相交

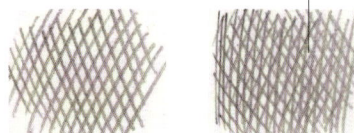

交叉排线

增加色调

色调的变化（明和暗）可以传达出光线如何从不同的方向落到物体上。

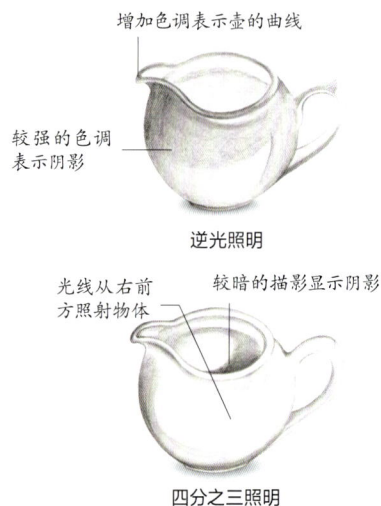

增加色调表示壶的曲线

较强的色调表示阴影

逆光照明

光线从右前方照射物体

较暗的描影显示阴影

四分之三照明

在南非的布隆伯斯洞穴中人类发现了一幅7.3万年前的画作

油画

油画是用调和剂（水或油的液体）混合干颜料，涂在纸、木头或帆布等表面上的图像。最常用的工具是画笔，但刮刀、其他专业刀具、不同形状的海绵可以塑造一系列不同的效果。

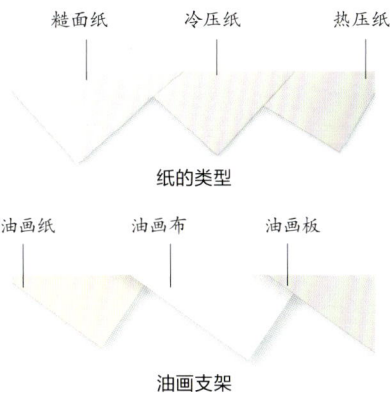

糙面纸　　冷压纸　　热压纸

纸的类型

油画纸　　油画布　　油画板

油画支架

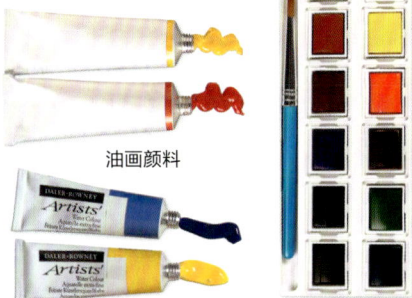

固体颜料块，使用时沾湿

油画颜料

丙烯颜料　　**水彩颜料**

油画颜料

油画颜料会慢慢干透，可以形成层次感和鲜艳的颜色。丙烯颜料干得很快，但可能会变暗，而水彩颜料干后呈现哑光色。

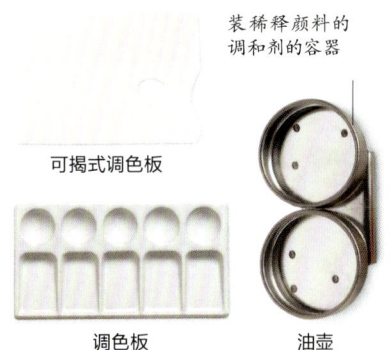

装稀释颜料的调和剂的容器

可揭式调色板

调色板　　**油壶**

工具

不同的颜料画笔有不同的大小和形状。调色板是在颜料涂上纸或画布之前混合颜料用的。

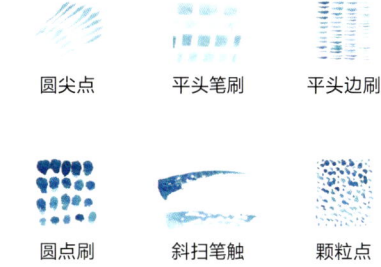

圆尖点　　平头笔刷　　平头边刷

圆点刷　　斜扫笔触　　颗粒点

水彩画笔触

以不同角度握着笔刷，施加不同的压力，可以在画布上产生不同效果。

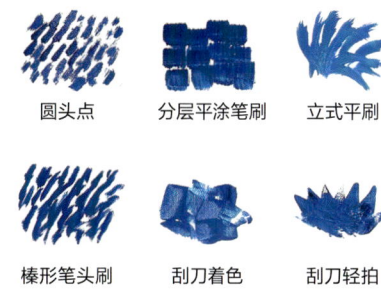

圆头点　　分层平涂笔刷　　立式平刷

榛形笔头刷　　刮刀着色　　刮刀轻拍

油画笔触

油画笔有扇形、榛形、扁平和圆形的，每种画笔都可以用不同的方式涂抹在画布上。

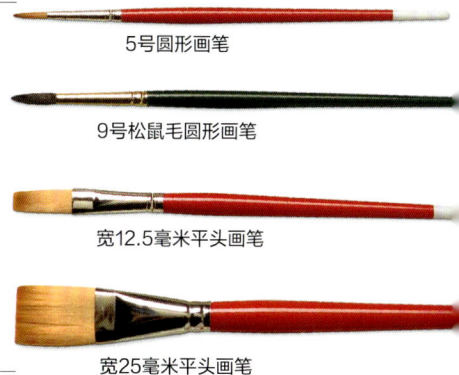

水彩画笔

5号圆形画笔

9号松鼠毛圆形画笔

宽12.5毫米平头画笔

宽25毫米平头画笔

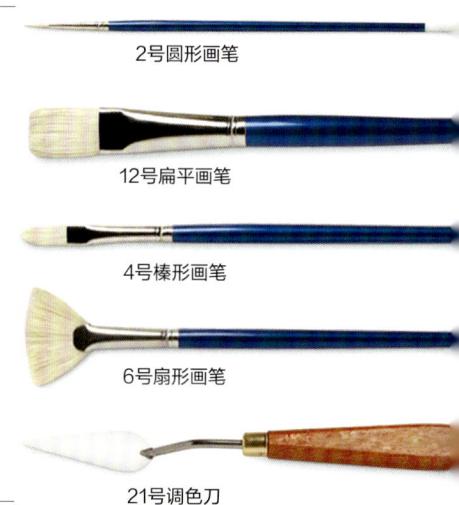

油画刷

2号圆形画笔

12号扁平画笔

4号榛形画笔

6号扇形画笔

21号调色刀

构建一幅画

预备草图决定构图和焦点（即观者首先被吸引的地方）。如果有必要，这些草图可以擦掉和重做。在画布上轻微画出轮廓，然后从画布或画纸的边缘向内涂上底层颜料。

在此基础上，再使用不同的工具逐步添加细节和层次，如用刀具或画笔。

❶ 轮廓和背景

画出轮廓后，从边缘向内填充背景。

❷ 完成背景

花朵之间的背景是用画刀填充的。下面的罐子以布擦拭，以达到更浅颜色的效果。

颜色

色轮可以表示颜色之间的关系。

红、蓝、黄是三种基本色，混合后可形成绿、橙、紫这三种合成色。

再将一种基本色与一种合成色混合，可以进一步创造出六种中间色，从而形成一个由 12 种颜色组成的色轮。

色轮中相对的颜色称为互补色。

❸ 开始画花朵

用小刀将品红色和白色颜料混合成一种明亮的颜色，作为银莲花的底色。

❹ 补充蓝色

用刷子将花和水壶刷上蓝色，并在下面的桌布上制造出微妙的褶皱。

❺ 完成绘画

在简单的背景下，一束鲜艳的花朵和花瓶引人注目。

紫色由红色和蓝色混合而成

色轮

缝纫、编织和钩针

史前时期人类就有了制造织物并将其缝合在一起的需求，他们用动物的筋或植物纤维作为缝纫线将动物的皮毛缝合在一起。据说，用针编织羊毛的方法出现在 1500—2000 年前的中东地区，使用钩针和线的钩针编织方法则是在 19 世纪近代被发明出来的。

卷尺　剪刀　顶针

缝纫

缝纫是用线缝合织物或把物体粘在织物上。它用于制作衣服、毛绒玩具和家居用品，以及调整衣服大小或缝补衣服。缝纫也是刺绣、绗缝、挂毯和贴布绣等其他工艺的基础。

线

线在颜色、粗细、材质、光洁度和弹性方面各不相同。例如，标准棉线的弹性小于涤纶线的。

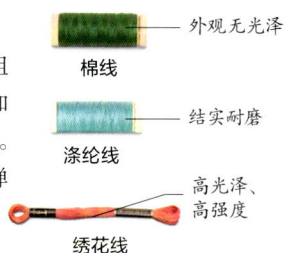

外观无光泽
棉线

结实耐磨
涤纶线

高光泽、高强度
绣花线

狭窄的开口称为针眼

家用大头针　针

工具

一个典型的缝纫盒里面有大小不同的针、裁剪织物的剪刀、缝合前固定织物的大头针，还有金属或塑料材质的顶针，它可以保护中指或食指不被刺伤。

常见的缝法

各种各样的缝法可以用于不同的手工缝纫，从简单但不牢固的跑针针法，到用于收边（织物的折叠边缘）的十字针法。有些缝法纯粹是功能性的，而有些缝法则用于服装和织物的装饰上。

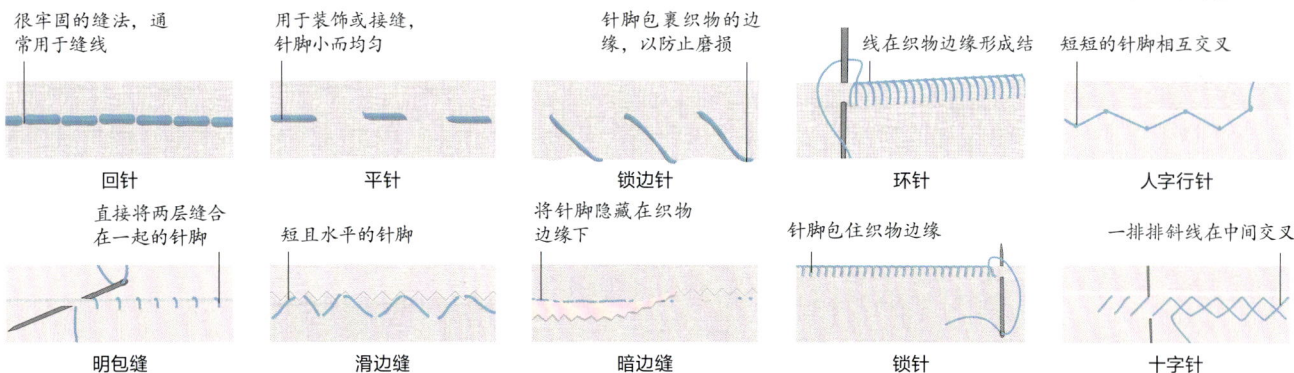

很牢固的缝法，通常用于缝线
回针

用于装饰或接缝，针脚小而均匀
平针

针脚包裹织物的边缘，以防止磨损
锁边针

线在织物边缘形成结
环针

短短的针脚相互交叉
人字行针

直接将两层缝合在一起的针脚
明包缝

短且水平的针脚
滑边缝

将针脚隐藏在织物边缘下
暗边缝

针脚包住织物边缘
锁针

一排排斜线在中间交叉
十字针

织针

织针是用长针将线打结或相互连接，用长长的线编成织物。针织物一般比机织物的伸缩性大。

竹针

塑料针

金属针

竹制双头针

线夹

工具

织针可以是直的、扁的、圆的，由不同的材料制成。塑料针和竹针比较轻巧，而金属针上的线更容易拨弄。

织针换算表

织针的大小不一，从编织复杂花边的小针，到编织 2.5 厘米宽的粗线的大针都有。

欧盟公制	英国（旧）	美国
1.5mm	n/a	000 00
2mm	14	0
2.25mm	13	1
2.5mm		
2.75mm	12	2
3mm	11	n/a
3.25mm	10	3
3.5mm	n/a	4
3.75mm	9	5
4mm	8	6
4.5mm	7	7
5mm	6	8
5.5mm	5	9
6mm	4	10
6.5mm	3	10.5
7mm	2	n/a
7.5mm	1	n/a
8mm	0	11
9mm	00	13
10mm	000	15
12mm	n/a	17
15mm	n/a	19
20mm	n/a	35
25mm	n/a	50

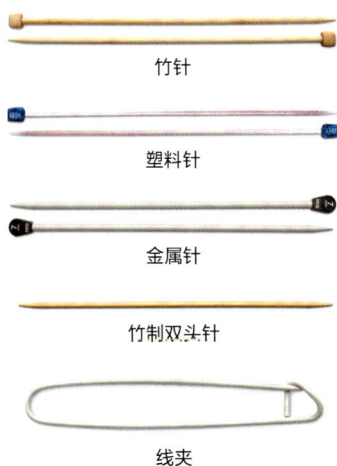

线

线的重量（厚度）各不相同，由天然材料（羊毛、羊绒、棉花和丝）或人造材料（尼龙、腈纶、涤纶）制成，甚至是这两者的混合材料。

保暖耐用
羊毛

极其柔软（来自美利奴羊）
美利奴羊毛

平滑、可机洗
腈纶

编织活结

活结是许多编织的起点。将线团的一端牢牢固定在针上，形成起针的第一个线圈。这是针织的关键技术，是成排编织的第一针。在钩针编织中，它也有同样的用途。

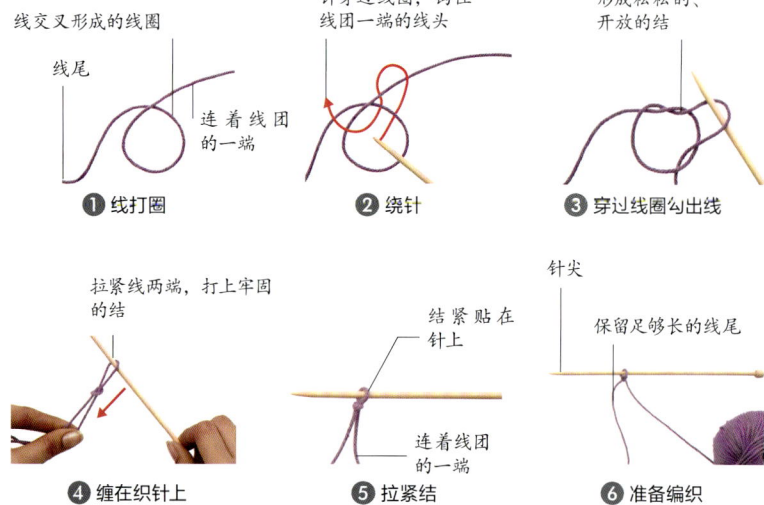

线交叉形成的线圈
线尾
连着线团的一端
❶ 线打圈

针穿过线圈，钩住线团一端的线头
❷ 绕针

形成松松的、开放的结
❸ 穿过线圈勾出线

拉紧线两端，打上牢固的结
❹ 缠在织针上

结紧贴在针上
连着线团的一端
❺ 拉紧结

针尖
保留足够长的线尾
❻ 准备编织

◀ 参见**历史中的时尚：**第 454—455 页

钩针编织

钩针编织是指用一个钩子把线钩住并拉来拉去，编织出有纹理的织物。除了衣服以外，钩针编织的物品还有帽子、玩具、花边和包袋。

钩针玩偶（一种日本的手工艺品）

这些钩针编织的填充玩偶原产于日本。

它们通常先由一个小号钩针钩成螺旋形织物。织物在被填充之前，它们的脚上都压着石头增重，以便能站立起来。

缝上毛毡衬里

钩针编织的玩偶

工具

钩针编织最吸引人的地方之一就是这项工艺所需的设备很少，只需要不同规格的钩针和一根钝头缝针，就可以牢牢地编织线并隐藏松散的线头。

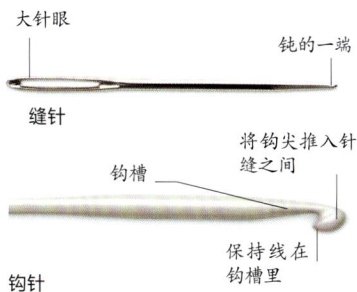

大针眼
钝的一端
缝针
将钩尖推入针缝之间
钩槽
保持线在钩槽里
钩针

持钩和持线

使用钩针可以像拿刀子一样，也可以像拿铅笔一样（如右图）。

控制线是通过将线系在小拇指上，然后从中指和无名指这两个指头下绕过。

5厘米
线穿过食指

持针 **持线**

固定一排针脚

从钩针上取下线圈，将其拉开，将末端穿过钩针，并拉紧系好线圈。

线尾部穿过线圈并拉紧
线圈拉开放大，插入线尾部

编织基础锁针

基础锁针是大多数钩针编织的起始行。简单的基础锁针为其他钩针法创造了空间。

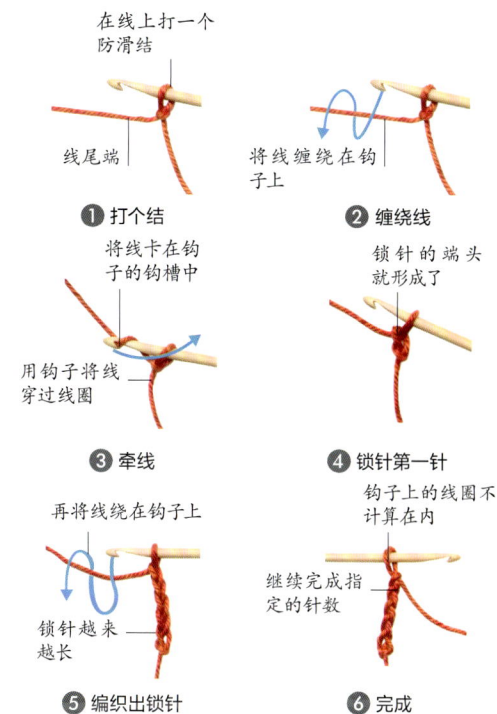

在线上打一个防滑结
线尾端

❶ 打个结

将线缠绕在钩子上

❷ 缠绕线

将线卡在钩子的钩槽中
锁针的端头就形成了
用钩子将线穿过线圈

❸ 牵线

❹ 锁针第一针
钩子上的线圈不计算在内

再将线绕在钩子上
锁针越来越长

继续完成指定的针数

❺ 编织出锁针 ❻ 完成

单线起针

单线起针也称为拇指起针，是最容易学习的起针技术。它用单股线绕在左手大拇指上，将针尖从下往上穿过线圈。根据需要重复该动作，以获得所需的圈数。

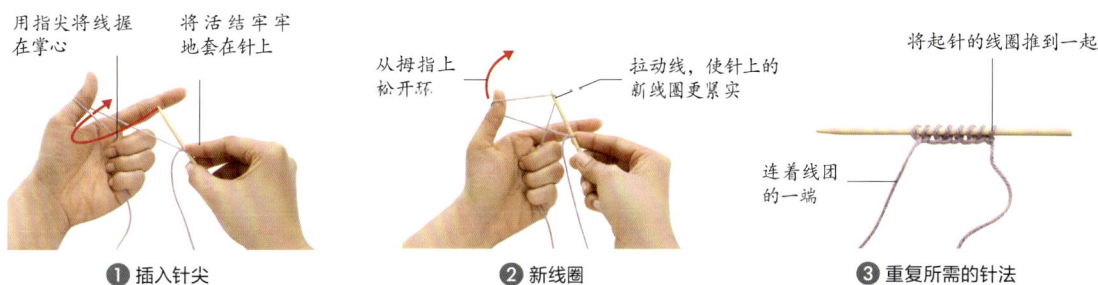

用指尖将线握在掌心
将活结牢牢地套在针上

❶ 插入针尖

从拇指上松开环
拉动线，使针上的新线圈更紧实

❷ 新线圈

将起针的线圈推到一起
连着线团的一端

❸ 重复所需的针法

编织针法

把右针插入左针第一个线圈的后面，线就被绕在右针的下面。然后，线穿过左针上的圈形成一个新的线圈。要稳稳地(不是紧紧地)握着线，保持稳定的张力。任何从针上脱落的线圈稍后都可以再编织进去。

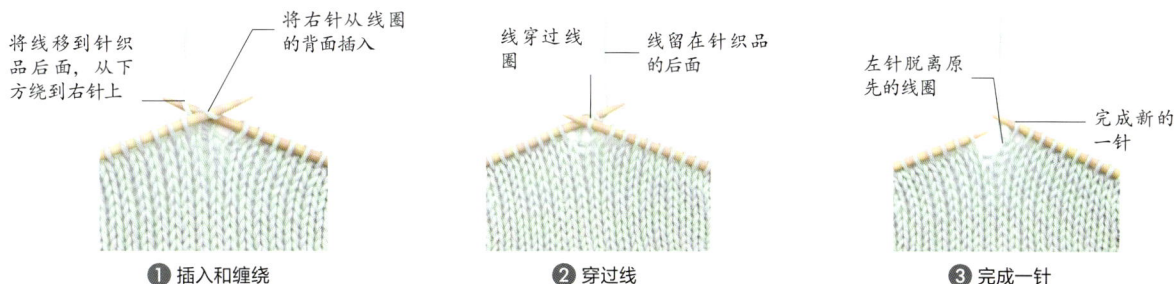

将线移到针织品后面，从下方绕到右针上
将右针从线圈的背面插入

❶ 插入和缠绕

线穿过线圈
线留在针织品的后面

❷ 穿过线

左针脱离原先的线圈
完成新的一针

❸ 完成一针

收针打结

收针是用来结束一列针线和闭合线圈的技术。

当针织完成收针时，可以将线从针上移开，同时避免线圈解开。下面的技巧是，针尖在下一针上提起一针，形成一个封闭式的边缘。线尾应剪得足够长，以便将其织入针织品中。

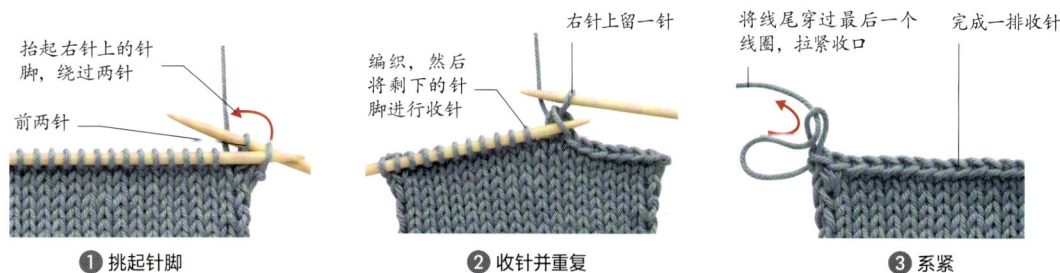

抬起右针上的针脚，绕过两针
前两针

❶ 挑起针脚

编织，然后将剩下的针脚进行收针
右针上留一针

❷ 收针并重复

将线尾穿过最后一个线圈，拉紧收口
完成一排收针

❸ 系紧

木工

木材是人类最古老的建筑材料之一。它能够以多种方式弯曲、切割、钻孔、成型和连接，可以用于多种任务和项目，用途非常广泛。很多人喜欢用木工工艺制作的带功能性或带装饰性的物品，从长凳、橱柜、桌子和椅子到玩具、首饰。

木材的种类

木材和人造板（如胶合板）都表现不同的属性。来自针叶树的软木包括松木和雪松木。生长较慢的落叶树则产柚木、胡桃木和山毛榉等硬木。

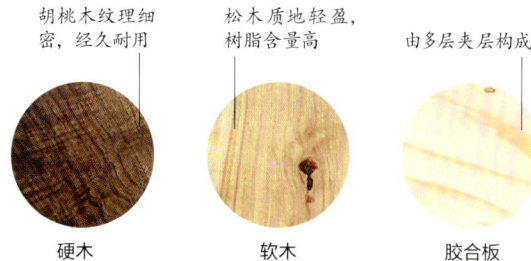

胡桃木纹理细密，经久耐用

松木质地轻盈，树脂含量高

由多层夹层构成

硬木　　　软木　　　胶合板

手动工具

大多数木工工具都是用手来操作和控制的。锯子和凿子可以切割木头、开槽和接头，而锤子等敲击工具可以驱动凿子和钉子。钳子和虎钳是将工件固定在原地的。

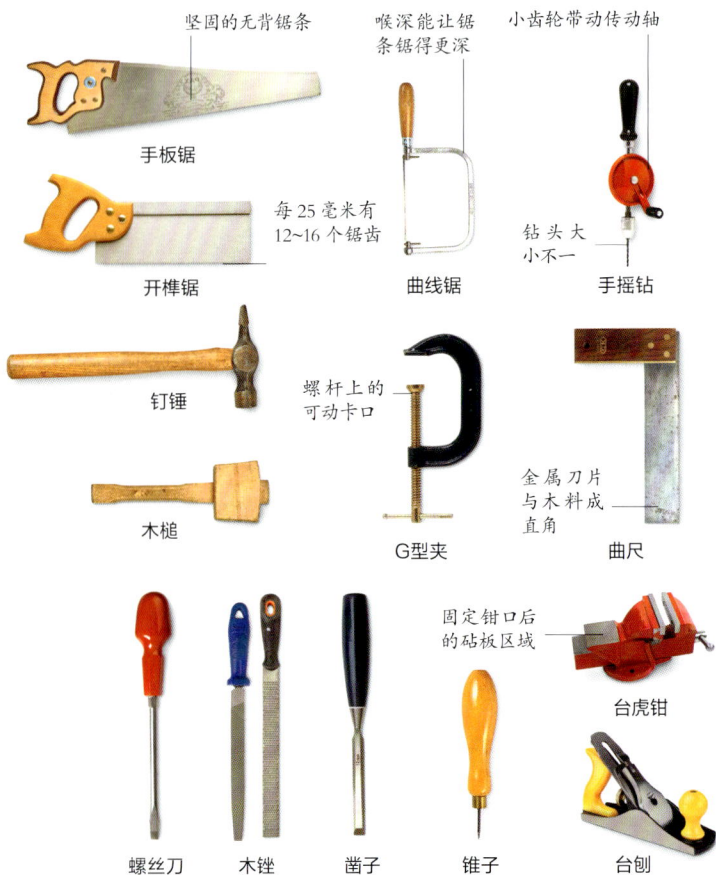

坚固的无背锯条

喉深能让锯条锯得更深

小齿轮带动传动轴

手板锯

每25毫米有12~16个锯齿

钻头大小不一

开榫锯　　曲线锯　　手摇钻

钉锤

螺杆上的可动卡口

木槌

金属刀片与木料成直角

G型夹　　曲尺

固定钳口后的砧板区域

台虎钳

螺丝刀　木锉　凿子　锥子　台刨

电动工具

电动工具减轻了一些手动工具的工作强度。某些电动工具，如线锯机和电钻，可以完成许多人使用手工工具都难以完成的任务。

可调节卡口，接受不同尺寸的钻头

电钻

刀片滚轮导轨

线锯机

锯切

锯子向外的锯齿在木材上形成一个小口，称为锯口。顺着木材纹理纵着锯切和横着锯切是不一样的，通常需要不同的锯子。无论横锯还是纵锯，在锯子进行切割之前，要先测量并标出切割线。使用手板锯纵切和横切木材的效果都很好。

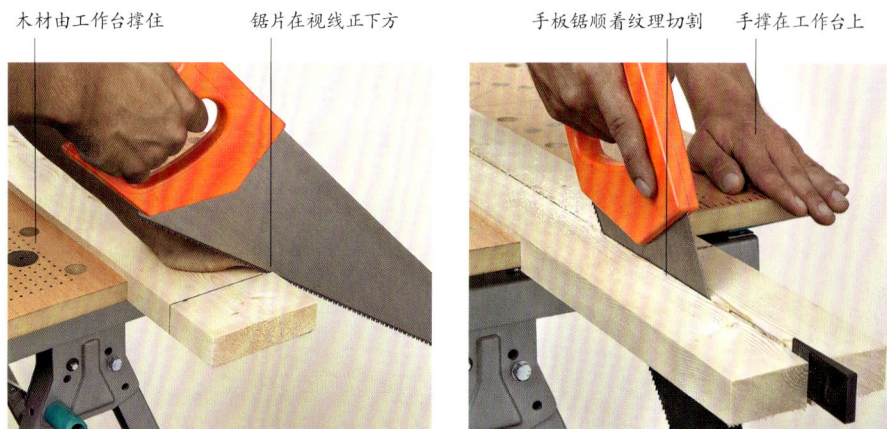

木材由工作台撑住

锯片在视线正下方

手板锯顺着纹理切割

手撑在工作台上

横切

横切时需要用锯齿较多的锯子，这样才能将木质纤维切割干净。切割时用另一只手按住木材。

纵切

沿着纹理切割需要稳定的节奏。在大齿板上沿着切割线锯时，应靠废弃的一边切割木材，以便将多余的部分刨平。

刨平

木刨上的刀片在刨平、刨光和刨直的过程中会削薄木材。刀片的深度可以根据需要调整。刨平是木工沿着木纹反复平推，并随木纹移动。

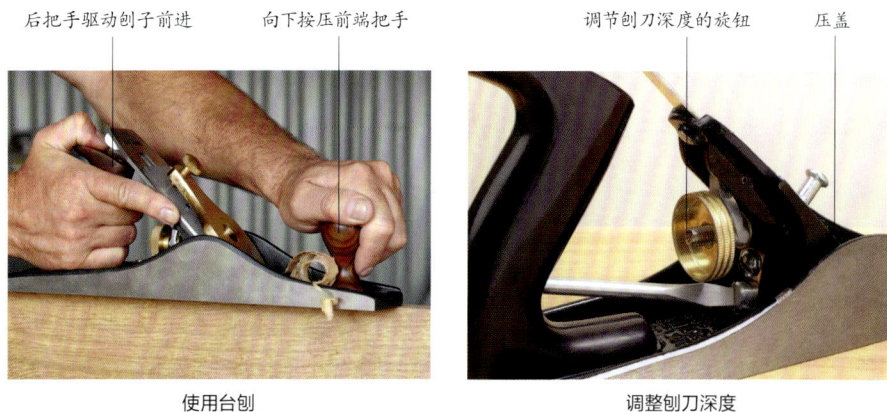

后把手驱动刨子前进

向下按压前端把手

调节刨刀深度的旋钮

压盖

使用台刨　　　　调整刨刀深度

钳子

钳子（夹钳）是在锯切或凿削木材时用来固定工件的工具，也常在连接件或框架上胶并静置时用于施加稳定压力。根据不同需求可以使用不同的夹钳。钢带夹非常适用于压紧由四个直角斜切接头组成的框架。

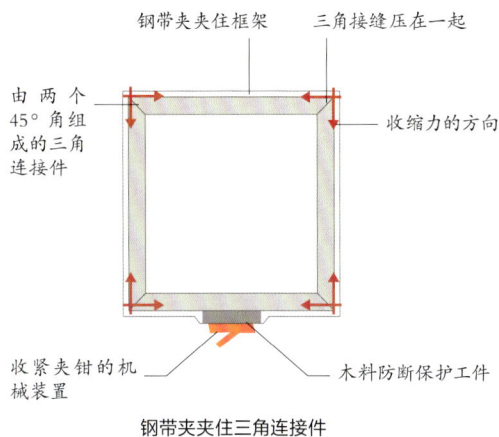

钢带夹夹住三角连接件

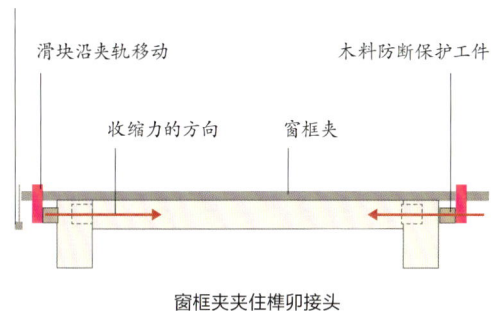

窗框夹夹住榫卯接头

> "它是所有材料中最贴近人类的一种……对人类来说，木头是很美丽的。"
>
> 弗兰克·劳埃德·赖特，《建筑事业》，1928年

工作安全

在整洁、光线充足、通风良好的车间内工作，能防止事故发生。将松散的头发束起，并将电源线和尖锐的工具安全存放起来是非常重要的。应避免穿宽松的衣服或戴首饰，因为它们可能会卡住机器。护目镜可阻挡飞溅的碎片，防尘口罩可阻挡小颗粒。脚上应穿钢制鞋头的防护鞋，以防重物砸伤。

连接

两块木头的连接可以是简单的两个边缘互相对接，也可以是经复杂的切割和凿开工艺的燕尾榫接合。强度、可视性和施工的方便性决定了连接方式的选择。有些连接是用机械固定在一起的，但常需用胶水、螺丝或钉子来辅助完成。

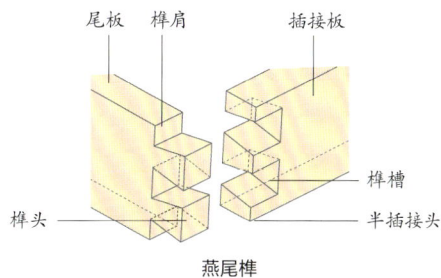

直榫

燕尾榫

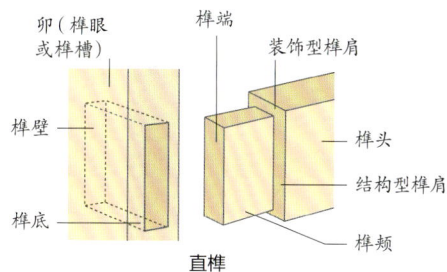

圆木榫

螺丝头的类型

螺丝有不同的头部，如一字型、十字型和六角头，它们都可以用来固定。六角头的螺丝可以使用内六角扳手或六角螺丝刀拧动。

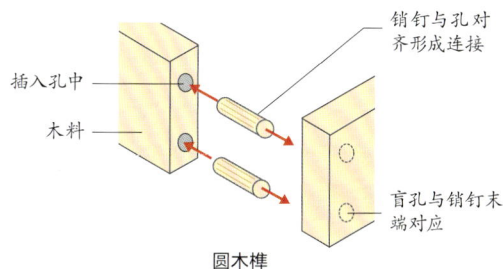

一字型 　十字型 　六角头 　双头

胶粘

木工项目中的许多接缝和部件都需要用胶水来固定。要粘合的表面必须没有灰尘、油漆或清漆，最好均匀地涂上一层胶水。有些胶水见效很快，而聚乙烯醇（PVA）胶水则需要长达12个小时才能完全固化。

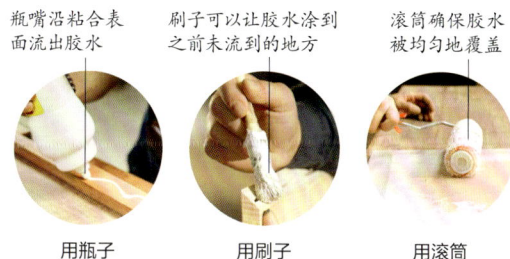

用瓶子 　　用刷子 　　用滚筒

打磨

对木材进行打磨以产生光滑的表面，最常见的方法是使用砂纸。砂纸的粒度范围从100目（粗）到240目（细）不等。虽然电动砂轮机的工作速度很快，但很多人更喜欢使用砂纸来手工打磨，而不是砂轮机。

磨平表面

上漆

上漆的加工方法有很多，包括上清漆、染色和过油漆。上清漆是指涂上一层或多层光滑的、透明的涂料，干燥后通常形成哑光、亮光或缎面（半亮光）的表面，以及坚硬的防水表面。

表面上漆

陶瓷和玻璃

作为一门工艺，陶瓷涉及泥制品的成型、硬化和装饰。世界上最早的陶轮出土于中国浙江跨湖桥遗址，距今约为8200—7300年。

玻璃只能由专门的工匠制作，预先制作好的玻璃制品，如花瓶，可以放在家里做装饰品。

用于柔韧表面的塑形

橡胶刮片

斜边可以去除多余的泥料

木质扇形刮板

吸水材料

海绵

木柄

铁丝切开泥料　割线

制陶

制陶是用潮湿的、加工过的黏土，经过成型、干燥，然后烧制——在一种叫作窑炉的特殊炉子里加热到非常高的温度。由此生成的物质叫作素陶，是一种多孔的固体。使用釉料（一种形成光滑、耐用涂层的玻璃粉）在窑炉中进一步烧制，可以使陶器不透水。

工具

制陶需要使用简单的工具来切割、滚压、塑形和压印图案。有些工具可以用于多种用途。例如，环形工具可以用来雕刻软泥，也可以用来搓泥料条，用于手工制作盆盆罐罐（如下）。

勾画图案或切割的一头

光滑的圆柱体滚压泥料

软毛用于涂抹泥浆或釉料

锋利的刀片修整和雕刻泥料

铁丝可以雕刻湿泥

雕刻工具　**碾锟**　**油漆刷**　**环形工具**　**陶工刀**

手制成型

用手工制作陶器会使用各种技术——从揉捏软泥制作成罐子和碗，到用泥料条筑成壶，再到将泥料压成厚厚的平片来制作瓦片、容器或可作为管道使用的卷筒。

一只手托着泥料

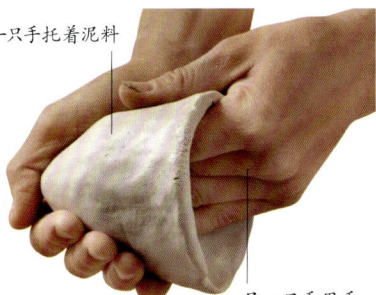

另一只手用手指挤压泥料，塑出壁面高度

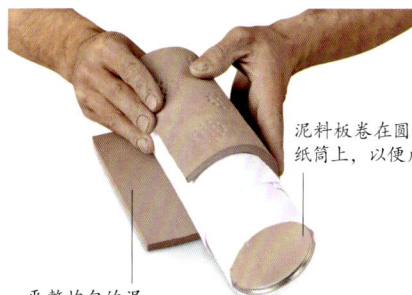

捏

泥料板卷在圆柱形纸筒上，以便成型

平整均匀的泥料板

片

泥料条卷到碗底　**卷**　带轮充当转盘

制陶轮

用电力或人力驱动轮盘（轮子）旋转，用手或手持制陶的工具将泥料加工成各种圆形器物。

制陶椅

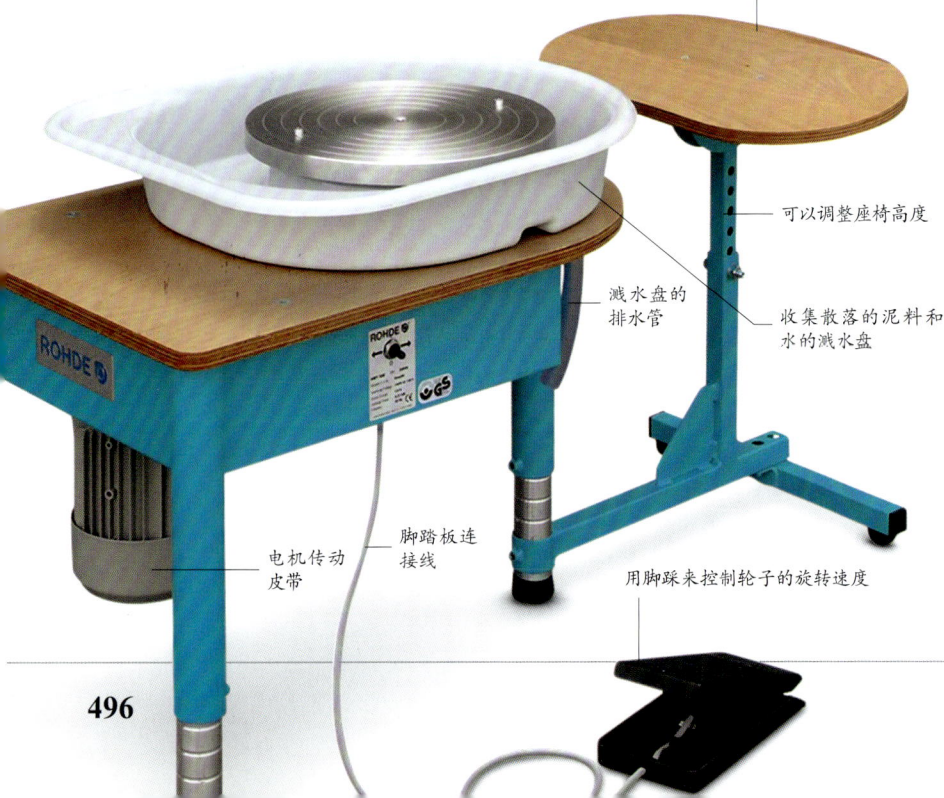

可以调整座椅高度

溅水盘的排水管

收集散落的泥料和水的溅水盘

电机传动皮带

脚踏板连接线

用脚踩来控制轮子的旋转速度

转盘控制泥料

首先将泥料放在旋转轮上的中间位置，然后向下和向外挤压将泥料打开，使其薄壁、凸起、成型，形成所需的陶器型。

当内压泥料，壁升高时，拇指要按住泥料，使其稳定

泥料放在轮子上方的木板上

施釉

釉料不仅可以密封泥料，还可以大大增加陶器的装饰效果。施釉可以将泥坯坯体浸泡在釉浆中，也可以用喷壶或刷子涂上图案。

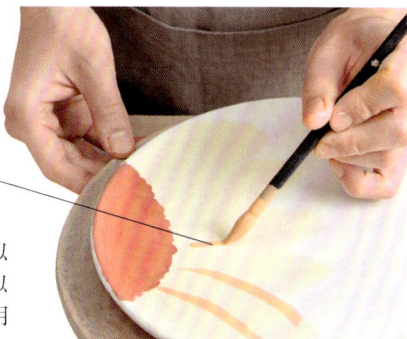

用刷子进行彩绘（上第二层釉）

马赛克

用彩色的小陶瓷片以及贝壳等物品装饰表面，有着悠久的历史。在底座表面上排列和粘贴瓷片等物品，形成醒目的图案或瓷砖画。

工具和材料

需要使用工具来切割由玻璃、石材或陶制成的瓷砖，确定其尺寸，并使用水泥等来灌浆。灌浆时可能会刺激裸露的皮肤，所以不要徒手操作。

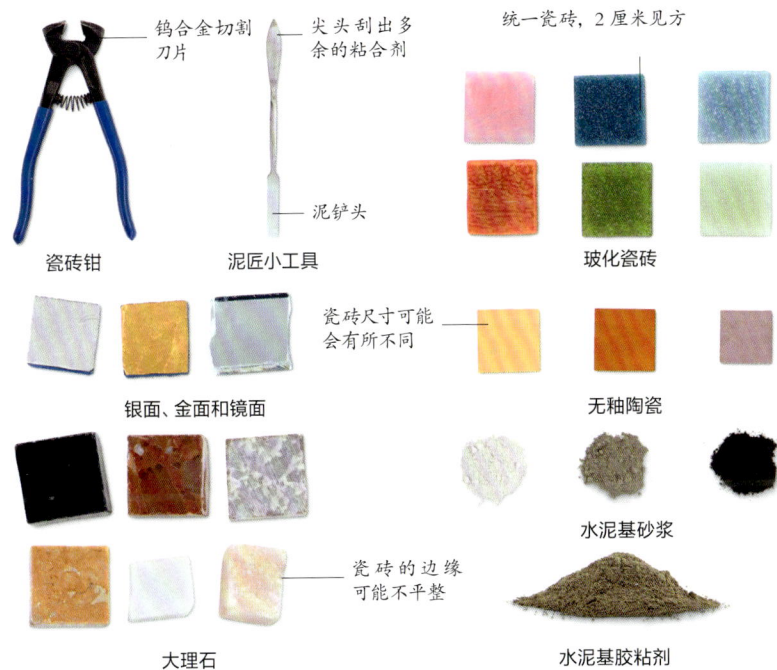

钨合金切割刀片

尖头刮出多余的粘合剂

泥铲头

瓷砖钳

泥匠小工具

涂釉陶瓷

统一瓷砖，2 厘米见方

玻化瓷砖

瓷砖尺寸可能会有所不同

银面、金面和镜面

无釉陶瓷

瓷砖的边缘可能不平整

水泥基砂浆

大理石

水泥基胶粘剂

历史上的马赛克

马赛克发源于美索不达米亚，在古希腊和古罗马中很受欢迎。在古罗马庞贝城的遗迹中，有一幅描绘亚历山大大帝的马赛克画，由 150 万块瓷砖组成。

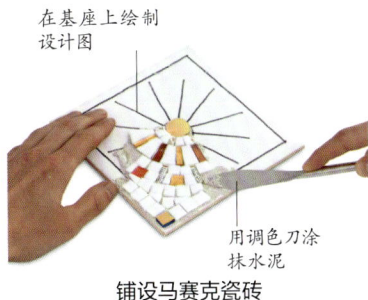

金色瓷砖形成背景

在基座上绘制设计图

用调色刀涂抹水泥

铺设马赛克瓷砖

马赛克的基座上覆盖着一层水泥粘合剂，然后将每块瓷砖压入其中。

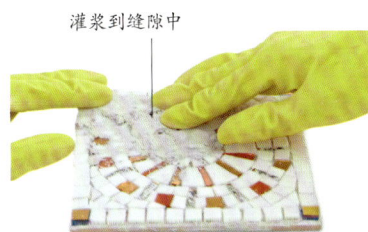

灌浆到缝隙中

灌浆马赛克

用手或铲子涂抹砂浆，填充并密封瓷砖之间的缝隙，就完成了马赛克的制作。

玻璃装饰

装饰玻璃的方法有很多，包括用有色薄膜和铅条来制作仿彩色玻璃。更常见的是，使用专业瓷釉或丙烯酸玻璃颜料为玻璃上色。

对于不透明的玻璃设计，可以先涂上一层底漆。

工具和材料

除了颜料、刷子、勾线笔和裁剪刀，手工艺人还会利用溶剂来给玻璃除油，使用描图纸设计模板。

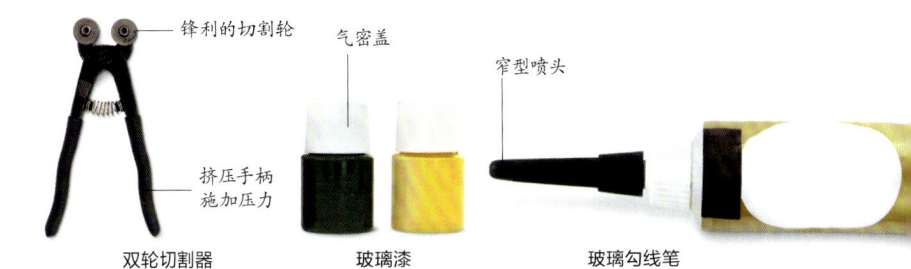

用于复杂装饰的细尖画笔

艺术家的画笔

锋利的切割轮

气密盖

窄型喷头

挤压手柄施加压力

双轮切割器

玻璃漆

玻璃勾线笔

在轮廓内涂上玻璃漆

玻璃碎片边缘用铅痕迹

玻璃上漆

在设计图上勾勒出图形的轮廓线，待其干燥后，再用细刷涂上玻璃漆。

彩色玻璃

彩色玻璃常见于宗教场所，它们通常被安置在焊接好的铅框架内，形成一个类似马赛克的图案或场景。颜色是通过加入化学物质混合而成的。

玻璃吹制

玻璃吹制技术可以追溯到 2000 多年前。它是将熔融状态的玻璃料用一根长长的铁吹管或钢吹管和一系列工具，来吹制成中空玻璃器皿。所需的工具包括被称为"积木"的木拍、桨和铁质收集装置，它们可以在吹制过程中增加额外的熔融状态的玻璃料。

玻璃吹制技术还可以以熔融状态的玻璃料中加入杂质和色丝，使玻璃生成不同的图案和颜色。

工匠通过吹气管吹气

熔融状态的玻璃料被吹膨胀起来

正在工作的玻璃吹制者

◀ 参见**材料**：第 264—265 页　▶ **历史上的雕塑**：第 444—445 页　◀ **雕塑技术**：第 446—447 页

绳结

编结是一门比较简单但应用广泛的技能。它是指将绳子或线环绕、弯曲和转折，使物体能够被捆绑或连接在一起而不会滑落。攀岩绳索、救援吊带以及用于外科手术中的缝合线……这些绳结能起到救命的作用。现代绳结是在人类的历史活动中演变而来的，如建筑施工、拖运重物、航海活动和纺织生产。以下是精选的典型绳结。

绳结的历史

历史学家认为绳结至少有 15000 年的历史。人们早期将植物纤维、动物筋腱和毛发扭曲拧成绳。印加人发明"奇普"（Quipu，一用结绳记事的方法），它使用不同长度、粗细和颜色的绳结来传递信息，并保存记录。

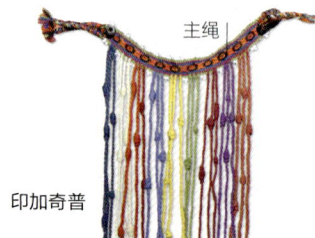
主绳
印加奇普

防脱结

防脱结用在攀岩或其他用途的绳子末端，它们会形成一个较厚的区域，起阻挡作用。这可以防止绳子从开口或其他绳结上滑脱。

四道绕线
固定端拉紧
猴拳结

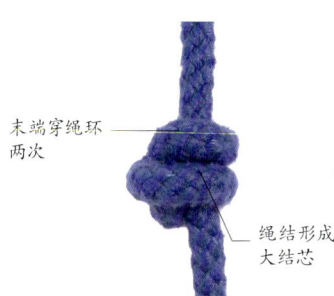
末端穿绳环两次
绳结形成大结芯
双重单结

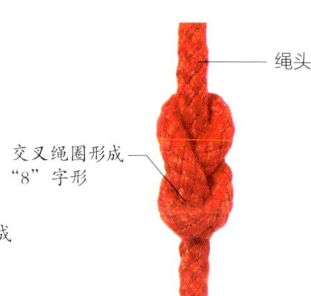
绳头
交叉绳圈形成"8"字形
"8"字结

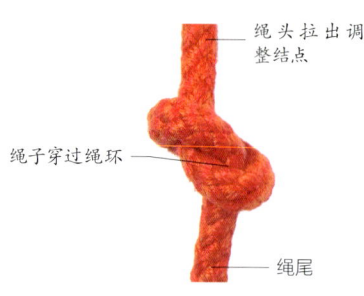
绳头拉出调整结点
绳子穿过绳环
绳尾
单结（参见下一页）

捆绑结

捆绑结用于固定或绑住松散的物体，如同一根粗绳或细绳的两端，甚至鞋带。有些捆绑结，如水手十字结（见右图），纯粹是用来装饰的。

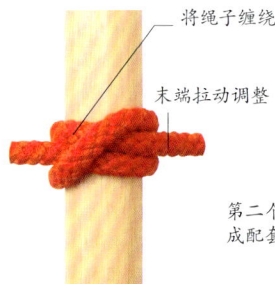
将绳子缠绕
末端拉动调整
双套结

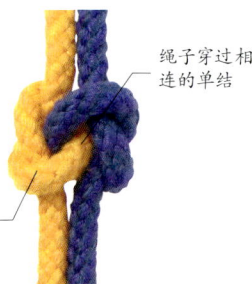
绳子穿过相连的单结
第二个单结形成配套装饰结
真爱结

三个大小相等的绳环
绳头绳尾平行
水手十字结

同一根绳子的两端平行
绳环可将绳子紧紧地拉住
平结（参见下一页）

连接结

连接结是把两根绳子的两端绑在一起的结。有些连接结，如接绳结，适用于绑不同粗细的绳子。还有的连接结，如吊桶结，可以把渔线绑在一起。

其他绳子转向相反的方向
一根绳子绕着另一根绳子转五圈
吊桶结

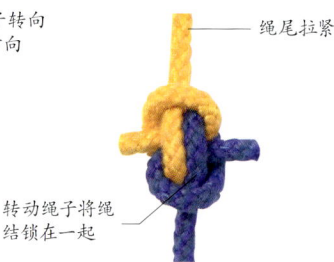
绳尾拉紧
转动绳子将绳结锁在一起
亨特结

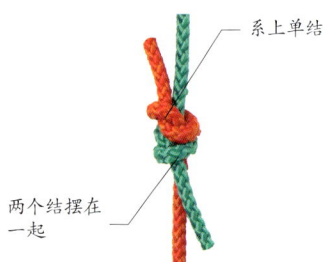
系上单结
两个结摆在一起
渔人结

两个短端在绳结的同一侧
初始绳环
接绳结（参见下一页）

套结

套结是将单根绳子连接到固定的物体上，如树上、船上，或在攀登时系到卡扣上。绑带绳是用套结连接搭钩，来固定两个或多个物体使用的。钩子也通常用套结连在钓鱼线上。

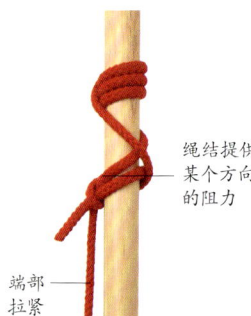
绳结提供某个方向的阻力
端部拉紧
冰柱结

三个绳耳相互拉紧
拉拽绳头可以解开绳结
牧童结

绳子缠绕在支柱上
再转一圈将绳结拉得更紧
方回结

绳子在固定物上缠绕两圈
同一方向打半结
旋圆双半结（参见下一页）

应了解的术语

- 绳子的两端：移动打结的一端为作业端（通俗的说法是绳尾），另一端称为闲置端（通俗的说法是绳头）。
- 绳子的形状：绳子可以做成绳环、绳眼和绳耳（即绳子弯曲的部分）。
- 缠绕物体打环：将一根绳子绕过另一根绳子或物体时称为打环。

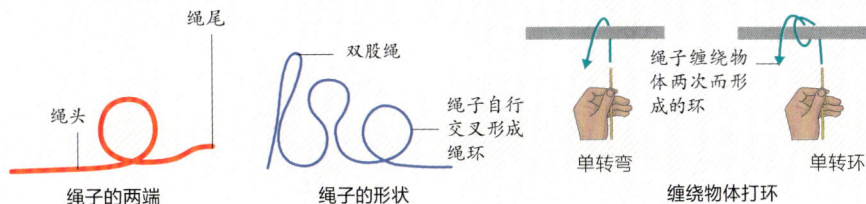

绳头
绳尾

绳子的两端

双股绳
绳子自行交叉形成绳环

绳子的形状

绳子缠绕物体两次而形成的环
单转弯   单转环

缠绕物体打环

单结

这是最容易打的结，也是小孩子最先尝试的打结方法。它也称为拇指结，它有一个简单的环，并且在打紧后很难解开。它还是其他结的组成部分。

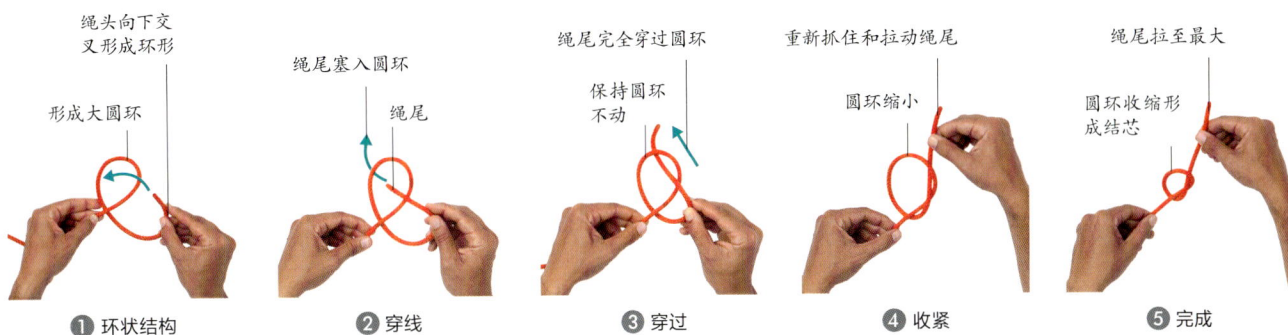

绳头向下交叉形成环形
形成大圆环
① 环状结构

绳尾塞入圆环
绳尾
② 穿线

绳尾完全穿过圆环
保持圆环不动
③ 穿过

重新抓住和拉动绳尾
圆环缩小
④ 收紧

绳尾拉至最大
圆环收缩形成结芯
⑤ 完成

平结

这种常见的、快速的、简单的捆绑结，也被称为方形结或赫拉克勒斯结。它可连接两根绳子或捆绑物品使其不松散。通常它被用来捆绑船帆。

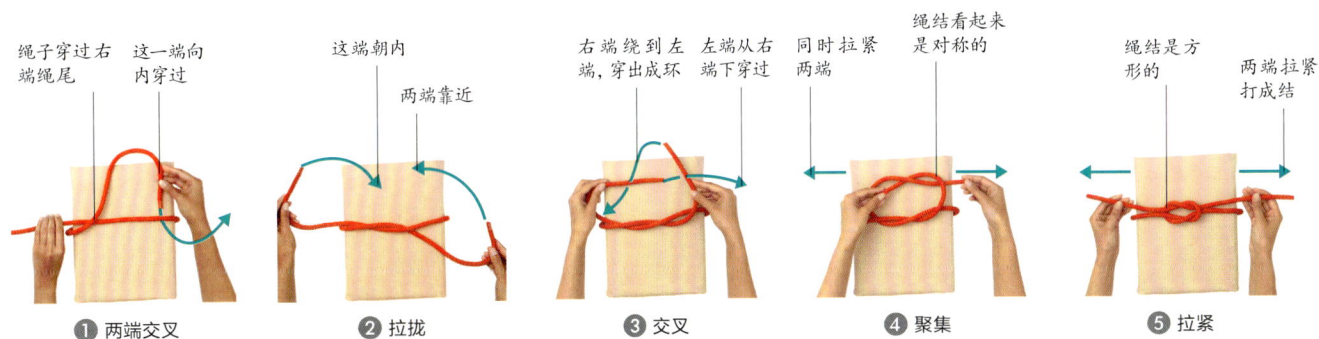

绳子穿过右端绳尾
这一端向内穿过
① 两端交叉

这端朝内
两端靠近
② 拉拢

右端绕到左端，穿出成环
左端从右端下穿过
③ 交叉

同时拉紧两端
绳结看起来是对称的
④ 聚集

绳结是方形的
两端拉紧打成结
⑤ 拉紧

接绳结

这种结也称为纺织结或单编结，用于将不同粗细或不同材质的绳子连接在一起。较粗的绳子用来编初始环。

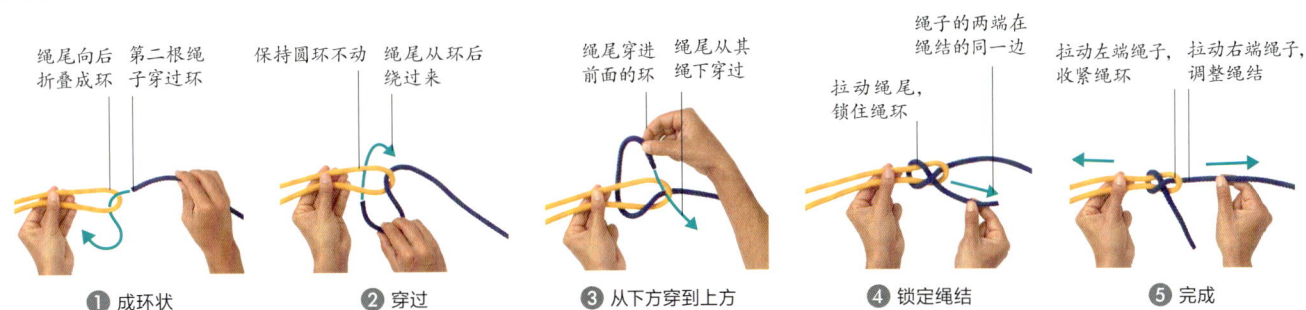

绳尾向后折叠成环
第二根绳子穿过环
① 成环状

保持圆环不动
绳尾从环后绕过来
② 穿过

绳尾穿进前面的环
绳尾从其绳下穿过
③ 从下方穿到上方

绳子的两端在绳结的同一边
拉动绳尾，锁住绳环
④ 锁定绳结

拉动左端绳子，收紧绳环
拉动右端绳子，调整绳结
⑤ 完成

旋圆双半结

这种常见的绳结常用于船只停泊时，连接环、杆或其他固定支撑物的绳子上。它比较结实，即使在绳索承受重物时也可以解开。

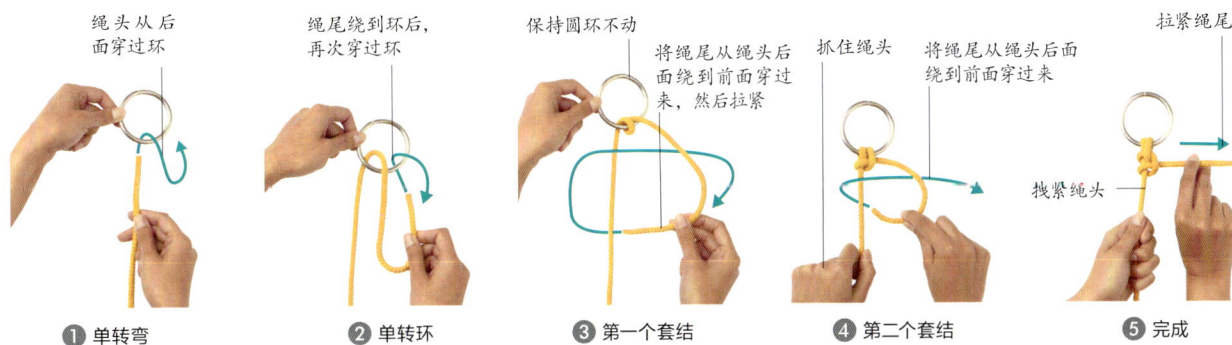

绳头从后面穿过环
① 单转弯

绳尾绕到环后，再次穿过环
② 单转环

保持圆环不动
将绳尾从绳头后面绕到前面穿过来，然后拉紧
③ 第一个套结

抓住绳头
将绳尾从绳头后面绕到前面穿过来
④ 第二个套结

拉紧绳尾
拽紧绳头
⑤ 完成

术语表

抽象表现主义 20 世纪 40 年代在美国纽约出现的一场绘画运动，运用不同程度的抽象手法唤起强烈的表现内容。

白化病 遗传性疾病，引发皮肤、头发、眼睛和羽毛中跟颜色相关的色素缺失。

藻类 结构简单，无花，以水生生物为主，通过内含的叶绿素利用阳光进行光合作用，制造食物（养分）。

算法 数学和计算机科学中用于解决问题的系统程序。

氨基酸 生物体用来制造蛋白质的简单分子。人和动物的消化系统会将食物中的蛋白质分解成氨基酸。

无政府状态 由于缺乏或不承认权威或其他控制系统而导致的混乱状态。

阴离子 指原子由于外界作用得到一个或几个电子，使其最外层电子数达到稳定结构的离子。

种族隔离 南非政府在 20 世纪的政策，该政策认可该国少数白人和多数非白人之间的隔离和歧视。

远地点 指地球卫星在绕地飞行时与地球最远的距离。

树栖 有机体完全或部分（半树栖）生活在树上。

太古宙 前寒武纪最早的阶段，开始于大约 40 亿年前，结束于 25 亿年前。地球上的生命最初形成于这个时期。

咏叹调 歌剧或清唱剧中抒情的一段独唱音乐。

装饰艺术风格 以几何和风格化的形式为特征的艺术风格。它起源于 20 世纪 20 年代的欧洲，繁荣于 30 年代。

专制 最高统治者独揽国家大权，不受限制和约束，专横地决定一切的政治制度。

公理 经过人类长期反复实践的检验，不需要再加证明的命题。

蛮族 这个词最初被古希腊人用来描述所有的外国人，后来被古罗马人用来指罗马帝国之外的所有部落。

巴洛克（建筑与艺术） 盛行于 17 世纪欧洲的一种艺术风格，通常以华丽、动感、强烈的情感和戏剧效果为特征。其建筑特点是形状复杂。

巴洛克（音乐） 欧洲音乐的一种风格，创作于约 1600 年至 1750 年，特点是引入了许多新的复杂音乐形式。

垒 棒球和垒球运动的关键点位，运动员必须接触该点才能得分。

黑体辐射 黑体可以吸收所有照射到它表面的电磁辐射。

宝莱坞 印度电影工业的代名词，特始于 20 世纪 30 年代、以孟买为基地的印度电影业。

苞片 生长在花或花簇的基部周围的叶子，形成一个吸引（昆虫）或保护性的结构。

微积分 数学的一个分支，研究变量在变化过程中的瞬时变化率的计算（微分），或将无穷小的因子结合起来确定整体（积分）。

康塔塔 为讲述故事而创作的，由一个或多个声部演唱，并由管弦乐队演奏的音乐类型。内容既有世俗题材，也有宗教题材。

悬臂梁 一种仅在一端受支撑的梁，另一端承载重量，无支撑。

毛细血管 连接动脉和静脉的微小血管。在这里，氧气、营养物质和代谢废物在血液和组织之间进行交换。

卡拉维尔帆船 即拉丁式大帆船，15 世纪至 17 世纪，西班牙和葡萄牙船队经常使用的一种轻便、快速的三桅帆船。

石炭纪 泥盆纪和二叠纪之间的古生代地质时期，跨度约为 6000 万年。

心皮 是被子植物特有的器官。雌蕊是由心皮卷合而成的。雌蕊的三个组成部分即子房、花柱、柱头都是由心皮所构成的。

卡拉克帆船 14 至 17 世纪欧洲商船队使用的一种深而宽的三桅或四桅的帆船。

催化剂 一种能使化学反应更快发生，但不被化学反应改变的物质。

阳离子 又称正离子，是指失去外层的电子以达到相对稳定结构的离子形式。

因果关系（哲学） 两个连续事件之间的关系，其中一个事件（原因）产生第二个事件（结果）。

叶绿素 植物细胞内的一种绿色色素，能够吸收光并进行光合作用。

叶绿体 植物细胞内含有叶绿素的细胞器，在光合作用中合成有机物质。

进化枝 一个包含源于共同祖先（有机体、种群或物种）的所有进化后代（现存的和灭绝的）的生物群体。

古典（音乐） 约 1750 年至 1820 年左右创作的欧洲音乐的风格。在这个时期，交响乐、协奏曲和奏鸣曲形式较规范，旋律结构比巴洛克时期的音乐简单。它也是一个用来区分用于正式场合和非正式场合的西方音乐的术语。

我思故我在 哲学家勒内·笛卡尔的观点，他从这一点出发，为构建人类知识体系提供了坚实的哲学基础。

殖民化 原指强国向它所征服的地区移民，后指资本主义国家把经济政治势力扩张到不发达的国家或地区，掠夺和奴役当地的人民。

共产主义 人类理想的社会制度。在发展上分两个阶段，初级阶段是社会主义，高级阶段是共产主义。

核 行星的致密的中心区域，例如地球最内层和最热的部分，由液态的外层和固态中心组成，是由铁和镍构成的。它也指恒星的中心区域，在该区域内通过核聚变反应产生能量。还可以指气体云中致密物质集中区域。

冕 太阳或其他恒星大气的最外层部分，只有在日食期间，它以白色"光环"的形式出现时才可见。

宇宙学 把不同的自然科学，特别是天文学和物理学结合起来，把宇宙作为一个整体来研究的一门学科。

立体主义 法国艺术家乔治·布拉克和西班牙艺术家巴勃罗·毕加索在 1907 年开创的一种革命性的艺术风格。他们在一幅画中结合了一个物体的多个视图，从而产生了一个支离破碎的抽象图像。

赤纬 天体在天球赤道以北或以南的角距离。如果天体位于天球赤道以北，赤纬为正（＋），如果天体位于天球赤道以南，赤纬为负（－）。

去殖民化 将政治控制权归还给前殖民地，从而使其独立的过程。

解构主义 起源于 20 世纪 60 年代的哲学运动和文学结构理论，质疑关于确定性、同一性和真实性的假设。

民主 指人民所享有的参与国事或对国事自由发表意见的权利。

话语 20 世纪的法国哲学家米歇尔·福柯将"话语"定义为一种谈论、思考或表现某个主题的方式，通过这种方式可以产生有用的知识，进而影响社会实践并产生实际后果。

脱氧核糖核酸 DNA 是脱氧核糖核酸的缩写，是在所有生物细胞中发现的化学物质，它决定了生物体的遗传特征，对每个生物而言都是独特的。

多立克柱式 发展于公元前 7 世纪下半叶的古典建筑风格之一，其特征是带有平顶的简单凹槽柱。

德拉威风格 7—18 世纪在印度南部建造印度教寺庙所采用的建筑风格，特点是方形圣殿顶部有金字塔形塔楼。

运球（运动） 一种球员在向设定的方向移动时操球的方法。

王朝 一个连续多代统治一个国家的家族。

回声定位 通过发射声波，利用折回的声音来定向的方法。

黄道 在一年中，太阳相对于背景恒星绕天球运行的轨迹。

电子 一种带负电荷的亚原子粒子，在"云"中围绕原子核运动。电流由电子的定向流动形成。

电感受器 在一些动物中发现的器官，能够探测自然界中微弱的静电场。

经验主义 主观主义的一种表现形式，主要特点是轻视理论，夸大感性经验的作用。

认识论 哲学的主要分支，研究人类能知道什么，如何知道，以及知识到底是什么。

赤道 过天体中心且与天体自转轴相垂直的平面与天体表面相交的大圆。

本质主义 哲学中的一种观点，认为事物的本质或属性比其自身的存在更重要。

外骨骼 动物（如昆虫）支撑和保护身体的坚硬的外部骨骼。

因子 在数学中，两个或多个数或量中的一个与另一个相乘产生一个给定的数或量；同样的，一个数可以被另一个数除尽，没有余数，除数是被除数的因子。

封建制度 中世纪欧洲和日本发展起来的一种社会制度，其中农民承诺支持他们的土地所有者，以换取保护。

弗拉门戈 一种来自西班牙南部的歌曲、器乐（吉他和打击乐器）和舞蹈艺术，通常与安达卢西亚的吉普赛人密切相关。

气态巨行星 土星和木星等较大的外行星，主要由气体氦和氢组成，有小的岩石和冰核。

萌芽 种子内部发生的导致其开始生长的物理和化学变化。

葡萄糖 一种简单的碳水化合物，在血液中循环，是身体细胞的主要能量来源。

哥特式 中世纪晚期盛行于欧洲的艺术和建筑风格。该风格建筑的特点是尖拱门和高耸、明亮的内部结构，以及优雅摇曳的人物绘画和雕塑。

冬眠 一些动物在冬季经历的一段休眠期，在此期间它们的身体活动减缓至较低水平。

激素 人和动物的内分泌器官或组织直接分泌到血液中去的对身体有特殊效应的物质。

冰矮天体 也被称为类冥天体，这些小行星的轨道在海王星之外，表面温度较低，其中体积最大的是冥王星、阋神星、妊神星和鸟神星。

冰质巨行星（简称冰巨星） 外行星天王星和海王星虽然主要由氢和氦组成，但其岩石冰核的比例大于它们所含的气体。

火成岩 岩石由地球内部炽热的液体物质（称为岩浆）形成，这些物质到达地表，冷却并硬化。

帝国主义 在建立帝国的过程中，通过直接干预一个国家的事务，夺取领土并征服其人民来扩大国家的统治权的政策。

归纳逻辑 在哲学中，从特殊到一般的推理。例如，苏格拉底死了，柏拉图死了，亚里士多德死了，每一个 130 多年前出生的人都死了，所以以所有人都有一死，最终都会死亡。

立方晶系 一种具有三个等长且相互垂直的轴的晶体。

犁鼻器 某些动物口腔上颚的器官，对空气中的气味很敏感。蛇类经常用它来探测猎物，而一些雄性哺乳动物则用它来寻找处于交配期的雌性。

歌舞伎 一种日本传统表演艺术形式，起源于 17 世纪。它将音乐、声乐、舞蹈和默剧与华丽的服装、布景融合在一起。

汗国 由可汗统治的中亚政治区域或实体。1227 年成吉思汗去世后，蒙古帝国被分为四个汗国。

光年 天文学家使用的一种度量单位，表示光在一年中传播的距离。

光度 恒星等物体发出的光量。

岩浆 地核和地壳或地幔之间的液态、熔融或部分熔融的物质，冷却后形成火成岩。

磁感受作用 某些动物，如鸟类、鱼类、鲸类和其他生物在迁徙过程中探测和感应地球磁场的先天能力。

磁层 太空中带电粒子的运动受行星磁场控制的区域。

星等 天体（如恒星）亮度的度量。天体越亮，星等数值越小。

地幔 位于岩质行星或大型卫星的地核和地壳之间的炽热岩石层。

唯物主义 在哲学中，认为所有事实都依赖于物质的观点。

物质 有质量并占据空间的物理实体。

力学 研究能量和力及其对运动和静止物体的影响的科学。

叶肉 叶片柔软的内部组织，位于表皮的上层和下层之间，含有可进行光合作用的叶绿体。

变质岩 已经存在的火成岩、沉积岩和其他变质岩被热、压力和环境应力所改变，形成成分、结构改变的新岩石。

形而上学 哲学的一个分支，探究宇宙和存在的根本原理。

流星 也被称为陨星，是来自外太空的微小尘埃或岩石进入地球大气层时燃烧起来，产生一道可见光。

陨石 来自太空的一块岩石或金属，进入地球大气层并到达地面而没有烧毁。根据其成分可分为石质、铁质或石铁质。

迁徙 动物沿着一条明确的路线前往不同地区的过程，通常是为了利用一个地方良好的繁殖条件和另一个地方的越冬条件。

线粒体 身体细胞内产生能量以维持细胞存活的细胞器。

多瘤齿兽 一种有三排白齿的小型啮齿类哺乳动物化石,生活在侏罗纪中期到始新世早期。

突变 生物体(或病毒)细胞中的遗传物质发生改变,一些改变能够传递给后代。

纳米技术 原子或分子尺度上的科学技术。

民族主义 提倡个人认同并支持自己的国家或民族,同时排斥任何其他民族利益的意识形态。

自然元素 在自然状态下能以单质形式存在,不能与其他元素结合的化学元素,例如砷、铁和钻石。大气中的气体不是自然元素。

新古典主义(建筑) 18世纪晚期欧洲占主导地位的建筑形式,复兴了古典时期的建筑形式。

新石器时代 约公元前10000年至公元前3000年这一时期,特征是人类开始使用通过打磨和抛光形成的手工石器,永久定居,驯化植物和动物。

中子 原子核中不带电荷的粒子。

虚无主义 一种哲学思想,认为世界上没有任何东西是真实存在的。

唯名论 盛行于中世纪的一种学说,认为普遍的观念和共性并不代表客观存在。

原子核 原子的中心部分,由质子和中子组成。或大多数植物和动物细胞中含有遗传物质的结构。

杂食性动物 既吃植物性食物也吃动物性食物的动物。

本体论 哲学的一个分支,它探讨实际存在的东西,有别于我们对它的认识的本质,被认识论的分支所涵盖。

检眼镜 一种用于检查眼睛内部的手持仪器。

轨道 行星或卫星等绕另一物体(如行星)旋转时所运行的路径。

波动 有规律地来回运动。在物理学中,特指围绕一个中心点位置的有规律的变化,尤指电流的变化。

听(小)骨 非常小的骨头,尤指中耳中把声波从鼓膜传到内耳的三块骨头。

陶片 古埃及人、希腊人和希伯来人用来书写、描绘自然和日常生活场景的陶器或石灰石片。

检耳镜 用于检查外耳和鼓膜的仪器。

超人(哲学) 德国哲学家弗里德里希·尼采提出的哲学论,"超人"指用新的世界观、人生观构建价值体系的人。

氧化物 氧和另一种元素形成的化合物。

病原体 引起(或传播)疾病的媒介总称,尤指微生物。

近地点 在太阳系中,月球在其轨道上距离地球最近的点。

近日点 太阳系中地球或其他行星在其轨道上离太阳最近的点。

现象学 一种通过"直接的认识"描述现象的研究方法。

语音学 研究语音的声学和生理学性质,以及它们如何组合成音节、单词和句子的学科。

光子 电磁辐射的能量量子,可以被视为光的"粒子"。辐射的波长越短,频率越高,光子的能量就越大。

光球 位于太阳大气最内层的薄薄的气体层,是肉眼可见的太阳表面层,太阳大部

分光能由这里发射。

雌蕊 是花的雌性生殖部分,由子房、花柱和柱头组成。

浮游生物 在开阔水域,特别是靠近海面的地方漂浮的生物——其中许多是微生物。

政体 古希腊哲学家亚里士多德提出的作为一个国家或有组织社会的构成条件,他称之为一种符合共同利益的民众政府形式。

公国 本书特指由王子或公主统治的国家或小国,他们的头衔由此而来。

蛋白质 所有生物体内的一种复杂物质,是身体生长和修复所必需的。

质子 原子核中带有正电荷的粒子。

原生动物 显微镜下典型的单细胞生物,具有包裹在细胞膜内的清晰的细胞核。

理性主义 认为人们可以通过理性来获得对世界的认识,而不依赖于感官经验。与之相对的是经验主义。

反应物 化学反应发生时产生变化的物质。

核糖核酸 RNA是核糖核酸的缩写,是一种形式简单的、单链长核苷酸碱基构成的分子,在DNA(脱氧核糖核酸)和细胞其他部分之间传递"信息"。

洛可可 最初是18世纪早期法国的一种装饰风格,将浮雕卷轴和贝壳图案结合在一起。这个术语后来被扩展到描述那个时期的所有艺术。

ROM(只读存储器) 计算机内存中的永久存储部分,用于存储和"读取"信息,但不能被更改。

罗马式 从11世纪中叶到哥特式时期盛行于欧洲的一种建筑风格,以带有拱形天花板、大中殿、半圆形拱门和极少窗户的大型教堂为特征。

浪漫主义(音乐) 19世纪欧洲的主流音乐风格,其特点是打破古典主义音乐的程式化限制,引入更多的乐曲形式。

沉积岩 由岩石碎片、有机残留物或其他沉积在海底或湖底的物质形成的岩石,并随着时间的推移粘结在一起。

地震波 在地震或爆炸后通过地面传播并能够感觉到的冲击波。

萼片 通常是绿色的,这是花朵的一部分,包裹和保护花蕾。

幕府 本书中指1192—1867年日本掌握军事权力的世袭将军建立的政府。

社会联系 在社会学中,指一种联合或分离的互动过程。

苏格拉底法则 苏格拉底通过辩论来揭露对手及学生思想和观点中矛盾的一种方法。

孢子 蕨类、苔藓和真菌等无花植物的微小生殖结构。

雄蕊 花的雄性生殖部分——产生花粉的花药及其支撑的花丝或花梗。

斯多葛学派 一种哲学思想,认为感知是真正知识的基础,那些有德行的人不会被命运、快乐或痛苦所左右。

佛塔 存放圣物的半球形佛教建筑或神龛。

硫酸盐 一种硫酸自然形成的盐类。

硫化物 元素硫和其他元素或一组元素形成的化合物。

苏丹 最初用于描述伊斯兰教的精神领袖,但后来用来表示政治权力。从11世纪开始,这个头衔被授予伊斯兰国家的统治者。

拓扑学 数学中有关几何图形的连续性

的一个分支,这些几何图形的性质在拉伸或收缩时保持不变。

极权主义 不允许个人自由的中央集权、独裁的政府形式。

蒸腾作用 植物通过叶片和茎干蒸发而失去水分。

USB(通用串行总线) 用于将计算机连接到外部设备的硬件接口或端口。

功利主义 一种伦理学和政治学理论,根据行为的结果来判断其道德性。因此,如果一个行为能够促进幸福,那么它就是正确的。

维管植物 一种既有运输营养的组织(韧皮部)又有输送水分的组织(木质部)的植物。

致谢

Dorling Kindersley (DK) would like to thank Garima Agarwal, Sanjay Chauhan, Ankita Das, Meenal Goel, Arshti Narang, Pooja Pipil, Ira Sharma, Steve Woosnam-Savage, and Francis Wong for design assistance; Tom Booth, Sam Borthwick, Jemima Dunne, Peter Preston, Laura Sandford, Tia Sarkar, and Marcus Weeks for editorial assistance; Nand Kishore Acharya, Sonia Charbonnier, Jaypal Chauhan, Satish Gaur, Ashok Kumar, Mrinmoy Mazumdar, Tom Morse, Rajdeep Singh, Bimlesh Tiwary, and Tanveer Zaidi for technical assistance; Suhita Dharamjit, Rakesh Kumar, Priyanka Sharma, and Saloni Singh for the jacket; Vagish Pushp for picture research assistance; Suresh Kumar for cartographic assistance; Joy Evatt for proofreading; and Helen Peters for indexing.

The publisher would like to thank the following for their kind permission to reproduce their photographs:

(Key: a–above; b–below/bottom; c–centre; f–far; l–left; r–right; t–top)

1 Alamy Stock Photo: agefotostock / J.D. Dallet (crb). Dreamstime.com: Lateci (cra). Fotolia: valdis torms (clb). 2 Alamy Stock Photo: imageBROKER / Oleksiy Maksymenko (cra). DK: Gary Ombler / Durham University Oriental Museum (cla); Gary Ombler / University of Pennsylvania Museum of Archaeology and Anthropology (clb). Science Photo Library: KTSDESIGN (crb). 4–5 Getty Images: Sabine Lubenow / LOOK-foto (c). 6 SpaceX: (tl). 7 DK: Gary Ombler / National Railway Museum, York / Science Museum Group (tr). Science Photo Library: Alfred Pasieka (tl). 8 DK: Angela Coppola / University of Pennsylvania Museum of Archaeology and Anthropology (ca). Dreamstime.com: Jaroslav Moravcik (tl). iStockphoto.com: DigitalVision Vectors / ZU_09 (tr). 9 DK: Dave King / Science Museum, London (tl); Gary Ombler / National Music Museum (tc). Getty Images: De Agostini / DEA / G. CIGOLINI (bl). 12 123RF.com: solarseven (cra). NASA: NASA / ESA and The Hubble Heritage Team STScI / AURA (cla). 12–13 M. Meyer, Linter, Germany: http://www.comethunter.de/academie.html (t). 13 Alamy Stock Photo: Panther Media GmbH / Shing Lok Che (cla/Asterism). Dreamstime.com: Neutronman (ca). EHT Collaboration: (cra/Black holes). NASA: CXC / M.Weiss (crb); ESA / Hubble & NASA (cla); JPL-Caltech (cra, fcra). 16 DK: Peter Bull / NASA (tr). 16–17 Dreamstime.com: Vjanez (Used multiple times on the spread). 17 DK: Peter Bull / NASA (cr). 18 NASA: JPL (cb, crb); NEAR Project, NLR, JHUAPL, Goddard SVS (crb/Stony Asteroid). 19 Dreamstime.com: Suyerry (crcb). ESO: H.H.Heyer https://creativecommons.org/licenses/by/4.0 (br). Getty Images: AFP / George Shelton (crb/COMET I IYAKUTAKE). NASA: (ca/Eris, ca/Makemake, ca/Haumea, ca); JPL-Caltech / UCLA / MPS / DLR / IDA (cla); JPL / Johns Hopkins University Applied Physics Laboratory / Southwest Research Institute (cla/PLUTO). 20 NASA: SDO (cra). SOHO: Courtesy of SOHO / LASCO consortium. SOHO is a project of international cooperation between ESA and NASA (cb). 21 Getty Images: Steffen Schnur (cra). 23 NASA: ESA, M. Livio and the Hubble 20th Anniversary Team (STScI) (bc). Schlesinger Library, Radcliffe Institute, Harvard University: (tr). 24 ESO: ALMA (ESO/NAOJ/NRAO) / I.I. Kim et al., ESA/ NASA & R. Sahai, https://creativecommons.org/licenses/by/4.0 (tr). NASA: J.P. Harrington and K.J. Borkowski (University of Maryland), and NASA / ESA (ftr); NASA, ESA, N. Smith (University of Arizona) and J. Morse (BoldlyGo Institute) (br). 25 NASA: ESA, H. Bond (STScI) and M. Barstow (University of Leicester) (tl); NASA, ESA, G. Dubner (IAFE, CONICET-University of Buenos Aires) et al.; (tr). 26 Dreamstime.com: Zhasmina Ivanova / Zhasminaivanova (tc). 26–27 NASA: JPL-Caltech (c). 28 ESO: https://creativecommons.org/licenses/by/4.0 (cra, c/Fornax). Getty Images: The Image Bank / Derek Berwin (cla). NASA: Carnegie-Irvine Galaxy Survey / JPL-Caltech (ca/Horologium); The Hubble Heritage Team (AURA / STScI) / S. Smartt (Institute of Astronomy) and D. Richstone (U. Michigan) (ca); ESA / Hubble & NASA, A. Riess

(STScI / JHU) (cl); ESA / Hubble & NASA / Judy Schmidt (cra/Pavo, cb); ESA, and The Hubble Heritage Team (STScI / AURA) (c, bl); ESA / Hubble & NASA (cr); NASA's Goddard Space Flight Center / ESO / JPL-Caltech / DSS (cr/Pavo); ESA, P. Goudfrooij (STScI) (clb); ESA, and The Hubble Heritage Team (STScI / AURA) / W. Keel (University of Alabama, Tuscaloosa) (cb/Draco); ESA and The Hubble Heritage Team (STScI / AURA) / J. Barrington (crb/Telescopium); ESA / Hubble & NASA, J. Blakenslee, P Cote et al. (bc); ESA, and Z. Levay (STScI) (bc/M87 VIRGO); CXC / Penn State / G. Garmire (br). Sloan Digital Sky Survey (SDSS): (br/NGC 4623). 29 ESO: ESO / WFI (Optical); MPIfR / ESO / APEX / A.Weiss et al. (Submillimetre); NASA / CXC / CfA / R.Kraft et al. (X-ray) https://creativecommons.org/licenses/by/4.0 (cr); VISTA VMC https://creativecommons.org/licenses/by/4.0 (tr); IDA / Danish 1.5 m / R.Gendler and J.-E. Ovaldsen https://creativecommons.org/licenses/by/4.0 (tr). NASA: ESA / Hubble & NASA / Judy Schmidt (tl); ESA, and A. Aloisi (European Space Agency and Space Telescope Science Institute) (tc/I ZWICKY 18); ESA and the Hubble Heritage Team (STScI / AURA) / J. Gallagher (University of Wisconsin), M. Mountain (STScI) and P. Puxley (NSF). (tc); ESA, and D. Elmegreen (Vassar College), B. Elmegreen (IBM's Thomas J. Watson Research Center), J. Almeida, C. Munoz-Tunon, and M. Filho (Instituto de Astrofisica de Canarias), J. Mendez-Abreu (University of St. Andrews), J. Gallagher (Univcrsity of Wisconsin-Madison), M. Rafelski (NASA Goddard Space Flight Center), and D. Ceverino (Center for Astronomy at Heidelberg University) (cla); ESA / Hubble & NASA, L.Ferrarese et al. (ca/M110); ESA / Hubble & NASA / Alessandra Aloisi (STScI) and Nick Rose (c); ESA, and The Hubble Heritage Team (STScI / AURA) (ftr, cra, crb); ESA / Hubble and NASA / Judy Schmidt (fcra); ESA / Hubble & NASA (cl, cb); JPL-Caltech / Roma Tre Univ. (c); ESA / Hubble Heritage (STScI / AURA)-ESA / Hubble Collaboration (c/Perseus); ESA / Hubble & NASA / Judy Schmidt (Geckzilla) (fcr); ESA, the Hubble Heritage Team (STScI / AURA)-ESA / Hubble Collaboration, and W. Keel (University of Alabama, Tuscaloosa (fcrb, fbr). 30 2dF Galaxy Redshift Survey Team (www2.aao.gov.au/2dFGRS): www.2dfgrs.net (bl). 32 Getty Images: The LIFE Images Collection / Fred Rick (crb). NASA: CXC / M.Markevitch et al. / STScI; Magellan / U. Arizona / D.Clowe et al. / STScI; ESO WFI; Magellan / U.Arizona / D.Clowe et al. (bc); ESA / Hubble (br). 34 ESO: https://creativecommons.org/licenses/by/4.0 (tr).

36 Alamy Stock Photo: Zvonimir Atletić (cl); World History Archive (cla). DK: Jason Harding / TerraBuilder / squir (Turbosquid) (ca). NASA: (r). 37 Alamy Stock Photo: DBI Studio (bl); Heritage Image Partnership Ltd / © Fine Art Images (tc); Everett Collection Historical (c); World History Archive (bl). DK: Bob Gathany / Space and Rocket Center, Alabama (tr). NASA: (cb); Jim Ross (cl). 38 NASA. 39 ESA: ATG Medialab (br). NASA: (clb); JPL-Caltech / MSSS (c). 46–47 DK: Peter Bull. 49 Alamy Stock Photo: Tom Bean (cb); Science History Images / Photo Researchers (br). 50 DK: James Kuether (bl) Dreamstime.com: Dmitry Pichugin / Dmitryp (crb). Science Photo Library: Mikkel Juul Jensen (c). 51 Dreamstime.com: Matauw (bc). iStockphoto.com: Aunt_Spray (bc). 56 Alamy Stock Photo: Stocktrek Images, Inc. / Stocktrek Images (cr). Dreamstime.com: Tusharkoley (crb). Science Photo Library: NASA (br). 57 Alamy Stock Photo: Nature Picture Library / Alex Mustard / naturepl.com (bc). DK: Peter Bull / NASA: Earth Observatory / NOAA (br). 59 DK: Peter Bull / U.S. Geological Survey / Elevation data USGS NED (cra). 60 DK: Colin Keates / Natural History Museum, London (cr); Gary Ombler / Oxford University Museum of Natural History (crb). 61 DK: Harry Taylor / The Natural History Museum, London (bc). Dreamstime.com: Vlad3563 (br). 62 DK: Colin Keates / The Natural History Museum, London (fcrb, fbr). Dreamstime.com: Sdbower (crb). 63 123RF.com: welcomia / welcomia (tr). DK: Ruth Jenkinson / Holts Gems (bc). 65 © Caladan Oceanic: NOAA: © Submarine Ring of Fire 2014 - Ironman, NOAA / PMEL, NSF (cr). 66 Alamy Stock Photo: RKive (tr). 67 Dreamstime.com: Puntasit Choksawatdikorn (tc/Copepod); Christopher Wood / Chriswood44 (crb). naturepl.com: Visuals Unlimited (tc). PunchStock: Digital Vision / Tim Hibo (cb). 70 NASA: (bc). 71 NASA: NASA Ozone Watch (fcla, fclb, clb, clb/2019); NASA's Goddard Space Flight Center (cla). 72 Alamy Stock Photo: The Picture Art

Collection (br). PunchStock: Digital Vision / Peter Adams (clb). 75 Ed Merritt / DK: Merritt Cartographic: Ed Merritt (bc). 77 Dreamstime.com: Fourleaflover (cla). 83 NASA: NASA's Scientific Visualization Studio (tr). 86 Alamy Stock Photo: Archive PL (br); Sabena Jane Blackbird (cra). DK: Peter Minister and Andrew Kerr / Dreamstime.com: Xunbin Pan (clb). 87 123RF.com: Corey A Ford (fcrb). DK: James Kuether (cb). Dreamstime.com: Anthony Aneese Totah Jr (clb). Pavel Škaloud (cla). Roman Uchytel: (br). 88 123RF.com: Corey A Ford (bl). 89 DK: Colin Keates / The Natural History Museum, London (clb). 90 123RF.com: Mark Turner (bl/Plesiosaurs). DK: James Kuether (clb, cb). Science Photo Library: James Kuether (bl). 91 DK: James Kuether (bl/ Velociraptor, bl). 92 DK: Jon Hughes (cb); Colin Keates / Natural History Museum, London (tc/Dog teeth). Science Photo Library: Jose Antonio Penas (bl). 93 DK: Jon Hughes (crb/Early horse); James Kuether (crb). 94 DK: Kennis & Kennis / Alfons and Adrie Kennis (fcla, cla, ca, cra, fcra); Dave King / Natural History Museum, London (br); Royal Pavilion & Museums, Brighton & Hove (br). 95 DK: Kennis & Kennis / Alfons and Adrie Kennis (fcla, cla, ca, cra, fcra). 96 Alamy Stock Photo: Don Johnston_PL (ca/Southern Ground Cedar). DK: Gary Ombler / Centre for Wildlife Gardening / London Wildlife Trust (fcra). FLPA: Arjan Troost, Buitenbeeld / Minden Pictures (cra). Getty Images: age fotostock / Daniel Vega (cla/Hornwort); J&L Images (cla/Haircap Moss). iStockphoto.com: Alkalyne (ca). Science Photo Library: Bjorn Svensson (fcla). 97 DK: Alan Buckingham (br). Dreamstime.com: Cloki (cr). 98 Bikash Kumar Bhadra: (c). Sandy Cleland: (bc). DK: Colin Keates / The Natural History Museum, London (c/Clubmoss). naturepl.com: Adrian Davics (ca). 99 123RF.com: Alfio Scisetti (cra). DK: Neil Fletcher (cra/Adder's-tongue Fern). 100 Dreamstime.com: Chernetskaya (bl). 101 Fotolia: Yong Hian Lim (r). iStockphoto.com: E+ / pixhook (ca). 102 DK: Gary Ombler / Green and Gorgeous Flowers (bl); Gary Ombler / Centre for Wildlife Gardening / London Wildlife Trust (fbr). Dreamstime.com: Paop (ftr). iStockphoto.com: Sieboldianus (cl). 103 Alamy Stock Photo: Nigel Cattlin (tl); EyeEm / Birte Möller (crb). DK: Gary Ombler / Green and Gorgeous Flowers (fclb). Dreamstime.com: Daniil Kirillov (fcrb); Voltan1 (ftr); Yurakp (cr); Jan Martin Will (fcr). Getty Images: Getty RF / F. Lukasseck (tc). 104 Dreamstime.com: Martin Green / Mrgreen (cla); Rasmapuspure (fcla). 106 DK: William Bourland (fclb); David J Patterson (cb, cb/Arcella Bathystoma, crb/Green Euglena); Guy Brugerolle (crb); David Patterson / Tina Amaral Zettler / Mike Peglar / Tom Nerad (fcrb); Hwan Su Yoon (fcrb/ Scaly Cercozoan). Science Photo Library: Alexander Semenov (c). 107 DK: Linda Pitkin (c, fclb, br). Getty Images: Universal Images Group / Auscape (fcl). NOAA: Image courtesy of the NOAA Office of Ocean Exploration and Research, Deep-Sea Symphony: Exploring the Musicians Seamounts (cl). SuperStock: Universal Images (cr). 108 DK: Linda Pitkin (ca/Gorgonia Ventalina, cra, fcr). 109 DK: Linda Pitkin (tc, ca/Cassiopea Andromeda, br). Dreamstime.com: Eugene Sim Junying (fclb); Kristina Kostova (ca); Jolanta Wojcicka (cra); R. Gino Santa Maria / Shutterfree,LLC / Ginosphotos / Shutterfree,Llc (c); Lukas Blazek / Lukyslukys (clb). 110 DK: Frank Greenaway / The Natural History Museum, London (bl); Linda Pitkin (cb, br). 111 DK: I inda Pitkin (tl, fclb). Dreamstime.com: Stevenrussellsmithphotos (cb). NOAA: OAR / OER, 2016 Deepwater Wonders of Wake (bl). 112 123RF.com: Eric Isselee / isselee (crb). DK: Forrest L. Mitchell / James Laswel (fclb); The Natural History Museum, London (c, cr). Dreamstime.com: Henrikhl (fbr); Dmitrii Pridannikov (bl). 113 123RF.com: Andrey Pavlov (bl). DK: Frank Greenaway / The Natural History Museum, London (fcra, fcr, fclb, clb); Koen van Klijken (cr); Jerry Young (cb); Colin Keates / The Natural History Museum, London (ftl, ftr, crb). Dreamstime.com: Aetmeister (tl); Fotofred (fbl). 114 DK: Linda Pitkin (ca, bl). Getty Images: NNehring (bc). 115 DK: Shane Farrell (bl); Jens Schou (fcra); Jerry Young (ca); Paolo Mazzei (cra, cr). Dreamstime.com: Kerry Hill / Kezza53 (fbr/ Australian Redback Spider). 116 Dreamstime.com: Sneekerp (tc). 118 DK: Dr. Peter M Forster (bl). Dreamstime.com: Greg Amptman / Thediver123 (br). 119 123RF.com: Corey A Ford (bc). DK: Colin Keates / The Natural History Museum, London (cla). 120 DK: Jason Hamm (br); Jerry Young (tr, ca, fclb, clb); Professor Michael M. Mincarone (bl); Linda Pitkin (fcra). 121 123RF.com: Micha Klootwijk / michaklootwijk (bl). DK: Frank Greenaway / Weymouth Sea Life Centre (cb/Weedy Seadragon); Joseph McKenna (cla); Jerry Young (ca, cb); David Harasti (crb); Linda Pitkin (fcrb, clb/Short dragonfish, fbl, bc, br). 122 DK: Twan Leenders (crb); Harry Taylor / The Natural History Museum,

London (cra). FLPA: Photo Researchers (cr). naturepl.com: Daniel Heuclin (br). 123 DK: Geoff Brightling / Booth Museum of Natural History (tr); Twan Leenders (cb, clb, cb/Striated Salamander); Bill Peterman (bc). 124 DK: Twan Leenders (tl). 125 DK: Twan Leenders (fcla, fcra, bc). Dreamstime.com: Isselee (fcrb); Janpietruszka (cl); Ondřej Prosický (c). 126 DK: Colin Keates / The Natural History Museum, London (crb). iStockphoto.com: Somedaygood (clb). 127 DK: Frank Greenaway / The Natural History Museum, London (c); Twan Leenders (fcla, ca); Jerry Young (cl); Colin Keates / The Natural History Museum, London (bl). Dreamstime.com: Peter Leahy / Pipehorse (tr); Stephanie Rousseau / Stephanierousseau (cra). 128 DK: Colin Keates / The Natural History Museum, London (c). 129 Dreamstime.com: Outdoorsman (tc). 130 DK: Twan Leenders (cl); Gary Ombler / Cotswold Wildlife Park (cr). 131 Dreamstime.com: Industryandtravel (bc). Fotolia: Steve Lovegrove (cb). 132–133 DK: Jerry Young (t, b). 132 naturepl.com: Anup Shah (cra). 133 Dreamstime.com: Mikhail Blajenov / Starper (clb). Getty Images: Shubham Kumar Tiwari / EyeEm (br); Chris Mattison (ca). 134 DK: Andy Crawford / Senckenberg Nature Museum (cl). iStockphoto.com: igorkov (c); KenCanning (r). 135 DK: Peter Chadwick / The Natural History Museum, London (cra/Tawny Owl Feather, fcr/Owl Feather). 136 DK: Chris Gomersall Photography (cr); Roger Tidman (c). Dreamstime.com: Bouke Atema (bl); Steve Byland (fclb); Oleksandr Panchenko (clb); Teh Soon Huat / Shunfa (cb); Christopher Elwell / Celwell (fbl). FLPA: Jurgen & Christine Sohns (fbr). 137 DK: E. J. Peiker (fcl). 138 123RF.com: BenFoto (cl); Keith Levit / keithlevit (fbl); Eric Isselee / isselee (fbr). DK: Jan-Michael Breider (bc); Jerry Young (cra); Mark Hamblin (c); Mike Lane (clb); Gary Ombler / Cotswold Wildlife Park (clb); George Lin (cb); Roger Tidman (crb); Liberty's Owl, Raptor and Reptile Centre, Hampshire, UK (bl). Dreamstime.com: Natalya Aksenova / Natalyaa (fcl). Getty Images: Sjoerd Bosch (fcr); David Tipling / Digital Vision (tr). naturepl.com: Pete Oxford (br). 139 DK: Chris Gomersall Photography (tl, tr); Hanne Eriksen / Jens Eriksen (tc, cb); Andy and Gill Swash (fcla); Mark Hamblin (cra, bc); E. J. Peiker (cr). iStockphoto.com: GlobalP (r); twildlife (ca). naturepl.com: Edwin Giesbers (cb/b). 140 DK: Dave King / Booth Museum of Natural History, Brighton (crb); Jerry Young (cb). 141 123RF.com: Eric Isselee / isselee (br); Sommai Larkjit / sommai (bc). DK: Ramon Campos (fcr); Anahi Fornoso (cra); Tom Swinfield (cr). Dreamstime.com: Julian W / julianwphoto (ca); Marco Tomasini / Marco3t (cb). Fotolia: Mark Higgins (tl). 142 Alamy Stock Photo: Helen Davies (tr). DK: Blackpool Zoo (crb); Malcolm Ryen (clb); Harry Taylor / The Natural History Museum, London (bc); Harry Taylor (br). Dreamstime.com: Isselee (clb); Matthijs Kuijpers (fclb). naturepl.com: Michael & Patricia Fogden (bl). 143 123RF.com: wrangel (br). Alamy Stock Photo: Life on white (t). DK: Greg Dean / Yvonne Dean (crb). 144 123RF.com: Robert Eastman (cl). DK: Jerry Young (ca). Dreamstime.com: Broker (br); Seadam (cb); Isselee (fcrb); Derrick Neill / Neilld (bl); Scattoselvaggio (bc); Kajornyot (br). Getty Images: Encyclopaedia Britannica / UIG (fcrb/Colugo). 145 123RF.com: Eric Isselee / isselee (bl); wrangel (fclb). Alamy Stock Photo: Rick & Nora Bowers (bc). DK: Blackpool Zoo, Lancashire, UK (cb/Hydrochoerus Hydrochaeris); Frank Greenaway / Marwell Zoological Park, Winchester (c); Jerry Young (clb). Dreamstime.com: Musat Christian (br); Isselee (fcl). Fotolia: Matthijs Kuijpers / Mgkuijpers (cb). 146 Alamy Stock Photo: GFC Collection (bc); Nature Picture Library / Andy Rouse (fbl). DK: Blackpool Zoo, Lancashire, UK (c). Dreamstime.com: Lukas Blazek (br); Dennis Van De Water (cr); Lukas Blazek / Lukyslukys (bl); Outcast85 (br). iStockphoto.com: apple2499 (tr). 147 DK: Cotswold Wildlife Park & Gardens, Oxfordshire, UK (cr); Andy and Gill Swash (bl, bc). Dreamstime.com: Lawrence Weslowski Jr / Walleyelj (clb). 148 123RF.com: Maurizio Giovanni Bersanelli / ajlber (fclb); Uriadnikov Sergei (cb/ Bonobo). Alamy Stock Photo: imageBROKER / jspix (fcra); Juniors Bildarchiv GmbH / Juniors Bildarchiv / F279 (cra). DK: Blackpool Zoo, Lancashire, UK (clb). Dreamstime.com: Isselee (cb); Norbert Orisek / Noron (fclb). Alamy Stock Photo: ePhotocorp (crb). 149 Ardea: Steve Downer (crb). DK: Frank Greenaway / The Natural History Museum, London (cr, bc); Jerry Young (tr). Dreamstime.com: Nialldunne24 (t). 150 Alamy Stock Photo: National Geographic Image Collection / Joel Sartore (bc); Newscom / BJ Warnick (bl). Avalon: © NHPA / Photo Researchers (tr, crb). Dreamstime.com: Isselee (br); Martin Sevcik / Martinsevcik (tc); Rudmer Zwerver (cb). iStockphoto.com: 2630ben